나타샤 댄스

Natasha's Dance

A CULTURAL HISTORY OF RUSSIA

러시아문화사

나타샤 댄스

Natasha's Dance

올랜도 파이지스 지음 | 채계병 옮김

이카루스미디어
ICARUS MEDIA

나타샤 댄스

초판 1쇄 발행일 2005년 6월 30일
2쇄 발행일 2014년 8월 30일

지은이 | 올랜도 파이지스
옮긴이 | 채계병
펴낸곳 | 이카루스미디어

출판등록 제8-386호 2002년 12월 10일
136-785 서울시 성북구 길음로 119, 225동 103호
전화 : 070-7587-7611 팩스 : (02) 303-7611
E-mail : icarusmedia@naver.com

ISBN 89-956395-0-4 03900
값은 뒤표지에 있습니다. 잘못된 책은 구입하신 곳에서 바꿔드립니다.

나타샤 댄스

차례

삽화와 사진

모든 저작권자와 연락을 하기 위해 최선을 다했다. 출판사로서는 눈길을 끄는 어떤 실수나 누락도 재판에서는 수정될 수 있기를 바란다.

각 장의 표지

1. Benjamin Paterssen: *Vue de la grande parade au Palais de l'Empereur Alexandre 1er à St Petersburg, c.* 1803. Ashmolean Museum, Oxford
2. Adolphe Ladurnier: *View of the White Hall in the Winter Palace, St Petersburg,* 1838. State Hermitage Museum, St Petersburg/Petrushka, Moscow
3. St Basil's Cathedral, Red Square, Moscow, during the late nineteenth century (photo: David King Collection, London)
4. A typical one-street village in central Russia, *c.* 1910. Photograph by Netta Peacock. Victoria & Albert Museum Picture Library, London
5. Natalia Goncharova: backdrop design for *The Firebird* (1926)Victoria & Albert Museum Picture Library, London
6. Scythian figures: late nineteenth-century archaeological engraving
7. Anna Akhmatova at the Fountain House. Copyright © Museum of Anna Akhmatova in the Fountain House, St Petersburg
8. Igor and Vera Stravinsky arriving at Sheremetevo Airport in Moscow, 21 September 1962. Reproduced from Igor and Vera Stravinsky, *A Photograph Album 1921-1971* (London: Thames & Hudson,1982)

본문 삽화

1. Shifting the huge granite rock for the pedestal of *The Bronze Horseman.* Engraving after a drawing by A. P. Davydov, 1782
2. Seventeenth-century Muscovite costumes. Engraving from Adam Olearius, *Travels to Muscovy and Persia* (Hamburg: Schleswig, 1669)
3. The Sheremetev theatre at Ostankino. Photograph copyright © William C. Brumfield.
4. Gárard de la Barthe: *A Cure Bath in Moscow,* 1790. Pushkin Museum, Moscow

Strawinsky/Lebrecht Collection, London)

20. Hermits at a monastery in northern Russia (photo: Popperfoto, Northampton)

21. Group of Komi people in typical clothing. Photograph, *c.* 1912, by S. I. Sergel. Reproduced from L. N. Molotova, *Folk Art of the Russian Federation from the Ethnographical Museum of the Peoples of the U.S.S.R.* (Leningrad: Khudozhnik RSFSR, 1981)

22. Vasily Kandinsky: sketches of buildings in the Komi region. From the Vologda Diary, 1889. Centre Pompidou, Musée National d'ArtModerne, Paris. (Copyright © Photo CNAC/MNAM Dist. RMN) © ADAGP, Paris and DACS, London 2002

23. Masked Buriat shaman with drum, drumstick and horse-sticks. Photograph by Toumanoff, early 1900s.

24. Watercolour copy of a lost self-portrait with Circassian sword and cloak by Mikhail Lermontov, 1837 (photo: Novosti, London)

25. Vladimir Stasov: study of the Russian letter 'B' from a fourteenth-century manuscript of Novgorod. Reproduced in Stasov, *Russkii narodnyi ornament*, 1872) (photo copyright © British Library, London [ref. 7743])

26. Vladimir Stasov: title page of Rimsky-Korsakov's opera score *Sadko*, 1897. Photograph copyright © British Library, London [ref. G.1073.a]

27. Akhmatova and Punin in the courtyard of the Fountain House,1927. Copyright © Museum of Anna Akhmatova in the Fountain House, St Petersburg

28. Liubov Popova: stage design for Meyerhold's 1922 production of the Magnanimous *Cuckold*. Tretyakov Gallery Moscow (photo: Bridgeman Art Library, London)

29. Alexander Rodchenko: 'To Her and Me', illustration from Mayakovsky's *Pro eto*, 1923. Private collection. © DACS 2002

30. 'The Russian house inside the Italian cathedral'. Final shot from Andrei Tarkovsky's *Nostalgia*,1983 (photo: Ronald Grant Archive, London)

31. Sergei Efron and Marina Tsvetaeva, 1911. Courtesy Viktoria Schweitzer

컬러 도판 1

1. Nikolai Argunov: *Portrait of Praskovya Sheremeteva*, 1802. Copyright © 2002, State Museum of Ceramics and XVIII Century Estate, Kuskovo/Petrushka, Moscow
2. Vasily Tropinin: *Portrait of Pushkin*, 1827. Pushkin Museum, Moscow (photo: AKG London)
3. Alexei Venetsianov: *Morning of the Lady of the Manor*, 1823.Copyright © 2002, State Russian Museum, St Petersburg/Petrushka, Moscow
4. Alexei Venetsianov: *In the Ploughed Field: Spring*, 1827. State Tretyakov Gallery, Moscow (photo: Bridgeman Art Library, London)
5. Vasily Perov: *Hunters at Rest*, 1871. State Tretyakov Gallery, Mos-cow (photo: Bridgeman Art Library, London)
6. Interior of the Terem Palace, the Kremlin, Moscow, restored by Fedor Solntsev (photo: Novosti, London)
7. Vasily Surikov: *The Boyar's Wife Morozova*, 1884. State Tretyakov Gallery, Moscow (photo: Scala, Florence)
8. Imperial Presentation Kovsh by Mikhail Perkin for Fabergé, 1906.Copyright © Photothèque de la Musée des Arts Décoratifs, Paris
9. Siren vase by Sergei Vashkov for Fabergé, 1908. Copyright © 2002, State Historical Museum, Moscow/Petrushka, Moscow
10. Ilia Repin: *Portrait of Vladimir Stasov*, 1873. Copyright © 2002, State Tretyakov Gallery, Moscow
11. Ilia Repin: *The Volga Barge Haulers*, 1873. Copyright © 2002, State Russian Museum, St Petersburg/Petrushka, Moscow
12. Ivan Kramskoi: *The Peasant Ignatiy Pirogov*, 1874. Copyright © 2002, Kiev Museum of Russian Art, Kiev, Ukraine/Petrushka, Moscow
13. Leon Bakst: *Portrait of Diaghilev with His Nanny*, 1906. Copyright © 2002, State Russian Museum, St Petersburg/Petrushka, Moscow

컬러 도판 2

14. Original score by Igor Stravinsky for *The Rite of Spring*, 1913. Private Collection (photo: Bridgeman Art Library, London). Copyright1912, 1921 by Hawkes

& Son (London) Ltd. Reproduced by permission of Boosey & Hawkes Music Publishrs Ltd

15. Viktor Vasnetsov:set design for Mamontov's production of Rimsky-Korsakov's opera *The Snow Maiden* at Abramtsevo, 1881(photo: Novosti, London)
16. Nikolai Roerich's set and costumes for *The Rite of Spring*, reproduced by the Jeffrey Ballet for its revival of the original ballet in 1987.Copyright © Herbert Migdoll
17. Nikolai Roerich: *The Idols*, 1901. Copyright © 2002, State Russian Museum, St Petersburg/Petrushka, Moscow
18. Nikolai Roerich: costume designs for *The Snow Maiden*, 1921, for the Chicago Opera Company production, 1922. Courtesy Nicholas Roerich Museum, New York
19. Vasily Kandinsky: *Motley Life*, 1907. Copyright © Städtische Galerie im Lenbachhaus, Munich © ADAGP, Paris and DACS, London 2002
20. Vasily Kandinsky: *All Saints II*, 1911. Copyright © Städtische Galerie im Lenbachhaus, Munich © ADAGP, Paris and DACS, London 2002
21. Vastly Kandinsky: *Oval No.* 2, 1925. Centre Pompidou, Musée National d'Art Moderne, CCI, Pans. (Copyright © Photo CNAC/MNAM Dist. RMN) © ADAGP, Paris and DACS, London 2002
22. Shaman bird head-dress, cedar wood, first half of nineteenth century. From the collection of Peter the Great Museum of Anthropology and Ethnography (Kunstkamera), Russian Academy of Sciences, St Petersburg
23. Isaak Levitan: *Vladimirka*, 1892. State Tretyakov Gallery, Mos-cow (photo: Scala, Florence)
24. Vasily Vereshchagin: *Surprise Attack*, 1871 (photo: Christie's Images, London)
25. Kuzma Petrov-Vodkin: *Bathing the Red Horse*, 1912. State Tretyakov Gallery, Moscow (photo: Scala, Florence)
26. Kazimir Malevich: *Red Cavalry*, 1930. State Russian Museum, St Petersburg (photo: Scala, Florence)
27. Natan Altman: *Portrait of Anna Akhmatova*, 1914. Copyright © 2002, State Russian Museum, St Petersburg/Petrushka, Moscow © DACS 2002

지도와 본문에 대한 일러두기

지도

지도에 사용된 장소명은 1917년 이전 러시아에서 사용되었던 것이다. 필요할 경우엔 소비에트 시기의 이름을 붙였다. 1991년부터 대부분의 러시아 도시들은 혁명 이전의 명칭으로 되돌아갔다.

러시아 이름

이 책에서 러시아어 이름들은 표준적인 번역 체계에 따랐지만 잘 알려진 러시아 이름은 통상적으로 사용되는 표기를 따랐다.

날짜

1700년부터 1918년까지 러시아는 율리우스력을 고수했으며 율리우스력은 서유럽에서 사용되고 있는 그레고리우스력보다 13일 늦다. 이 책에선 소비에트 러시아가 그레고리우스력으로 바꾼 1918년 2월까지는 율리우스력을 따랐다.

미터법의 이용

거리, 무게, 넓이는 미터법 체계를 따랐다.

일러두기

1. 서적과 연극은 『 』로 표시하였다.
2. 시, 논문, 신문, 잡지는 「 」로 표시하였다.
3. 오페라, 음악, 발레는 《 》로 표시하였다.
4. 조각, 그림, 영화는 〈 〉로 표시하였다.
5. *는 저자의 주, †는 옮긴이의 주이다.

지 도

지도 1 : 성 페테르부르크와 인근 지역

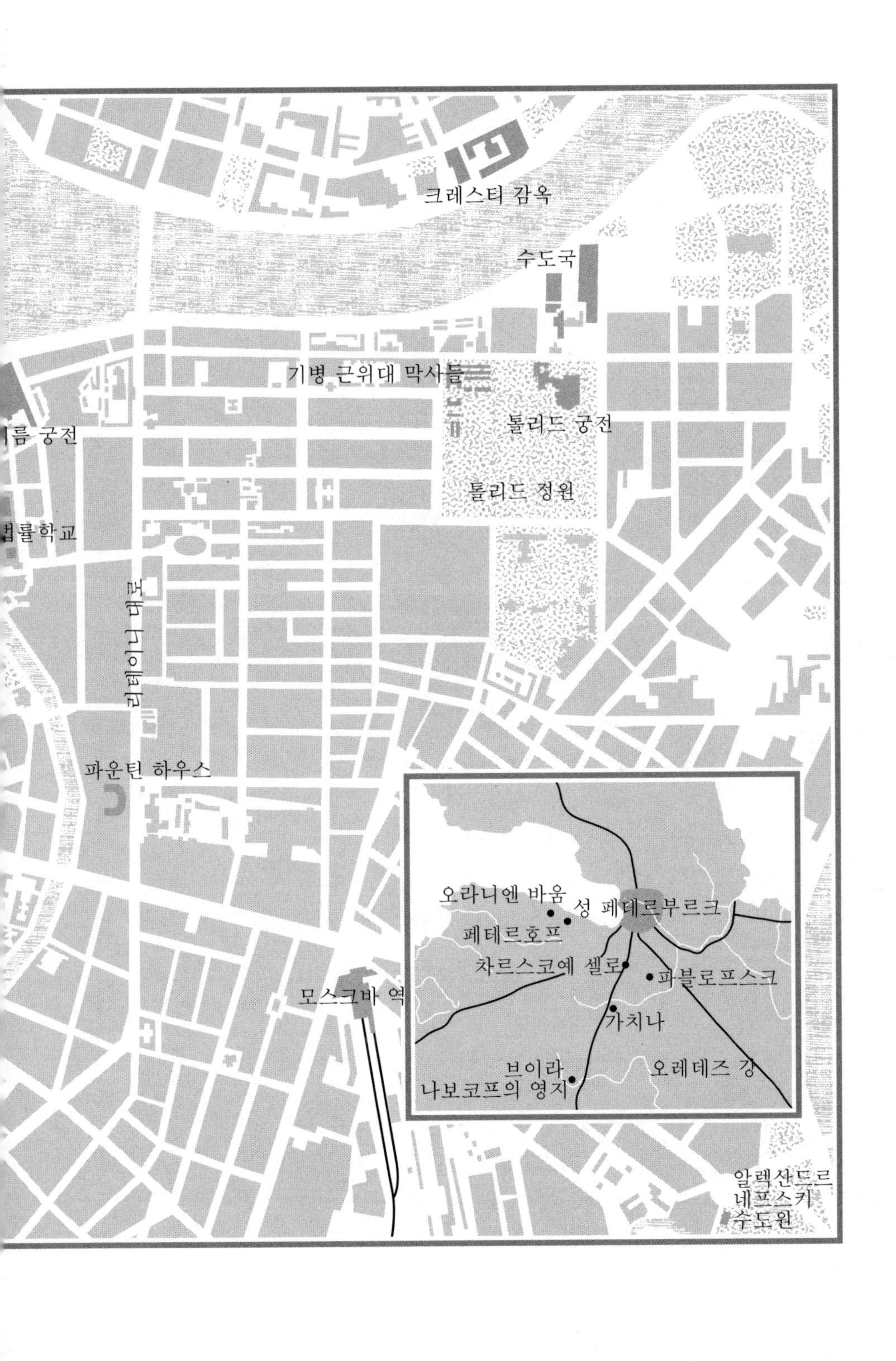

크레스티 감옥
수도국
기병 근위대 막사들
톨리드 궁전
톨리드 정원
름 궁전
률학교
리테이니 대로
파운틴 하우스
모스크바 역
오라니엔 바움
성 페테르부르크
페테르호프
차르스코에 셀로
파블로프스크
가치나
브이라
나보코프의 영지
오레데즈 강
알렉산드르
네프스키
수도원

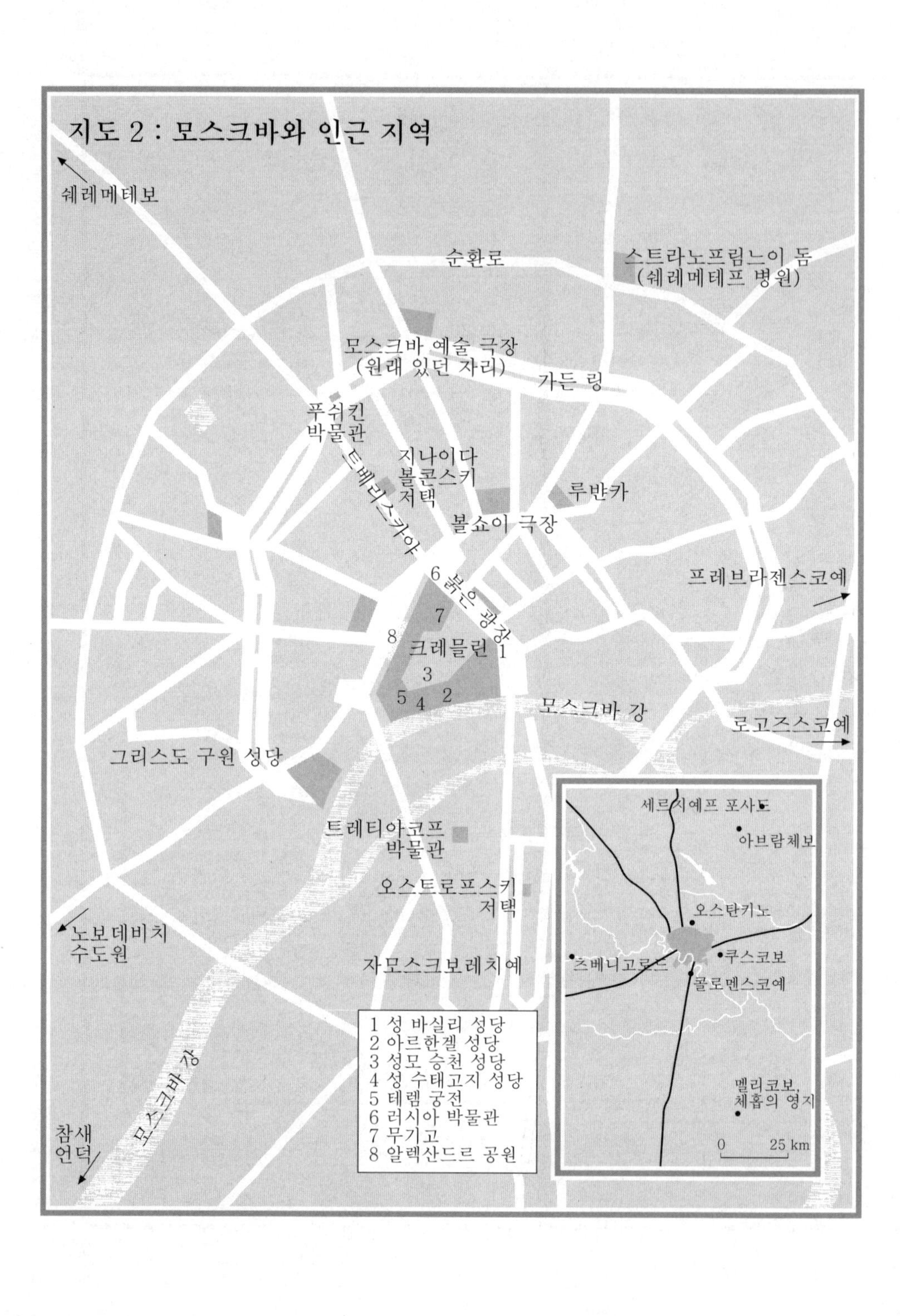
지도 2 : 모스크바와 인근 지역
쉐레메테보
순환로
스트라노프림느이 돔
(쉐레메테프 병원)
모스크바 예술 극장
(원래 있던 자리)
가든 링
푸쉬킨
박물관
트베리스카야
지나이다
볼콘스키
저택
루반카
볼쇼이 극장
6 붉은 광장
프레브라젠스코예
7
8
크레믈린 1
3
5 4 2
모스크바 강
로고즈스코예
그리스도 구원 성당
트레티아코프
박물관
오스트로프스키
저택
노보데비치
수도원
자모스크보레치예
모스크바 강
참새
언덕
1 성 바실리 성당
2 아르한겔 성당
3 성모 승천 성당
4 성 수태고지 성당
5 테렘 궁전
6 러시아 박물관
7 무기고
8 알렉산드르 공원
세르기예프 포사드
아브람체보
오스탄키노
쿠스코보
즈베니고로드
콜로멘스코예
멜리코보,
체홉의 영지
0 25 km

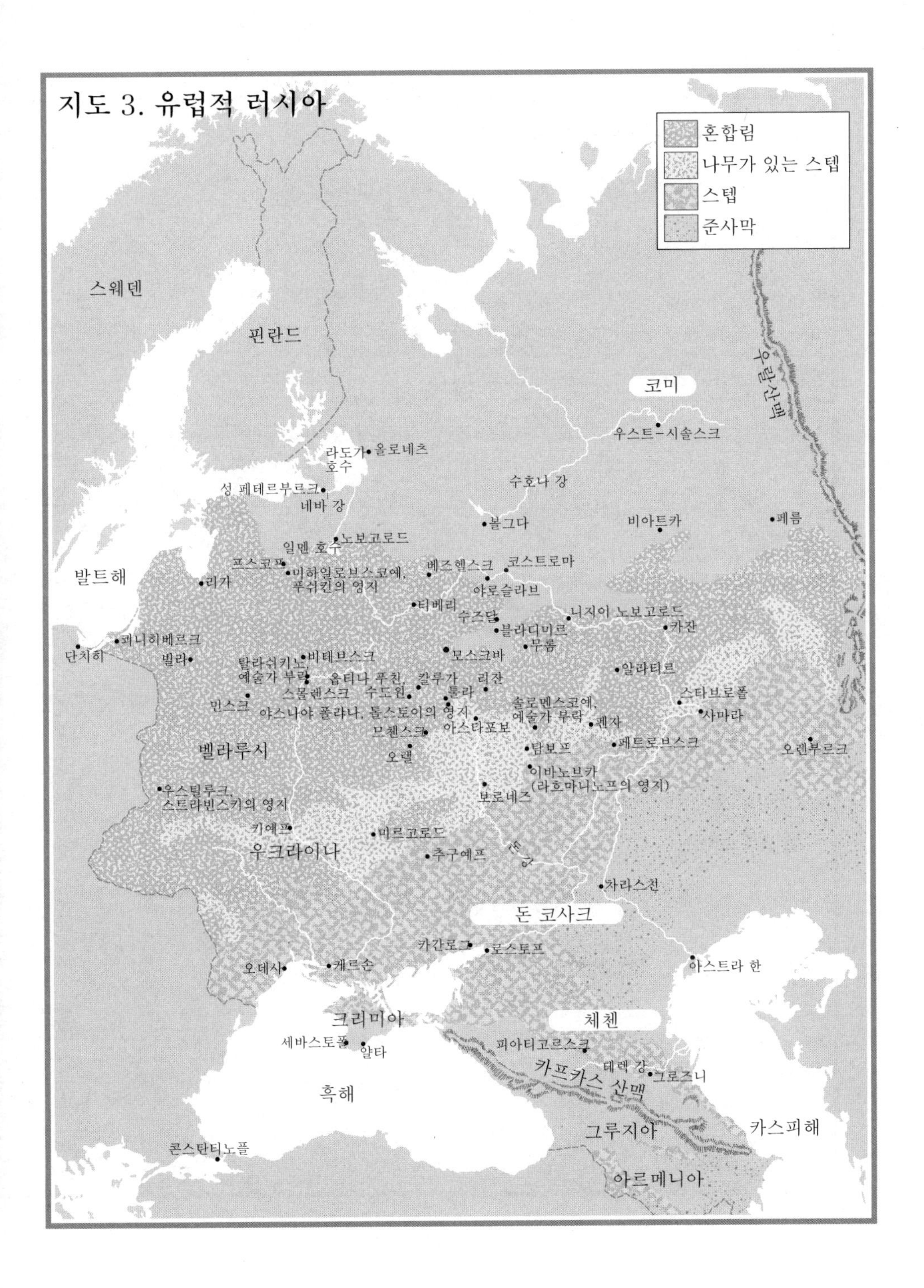

지도 3. 유럽적 러시아
혼합림
나무가 있는 스텝
스텝
준사막
스웨덴
핀란드
코미
우랄산맥
우스트-시솔스크
라도가 호수
올로네츠
성 페테르부르크
네바 강
수호나 강
볼그다
비아트카
페름
노보고로드
일멘 호수
프스코프
미하일로브스코예, 푸쉬킨의 영지
베즈헵스크
코스트로마
야로슬라브
발트해
리가
티베리
수즈달
니지이 노보고로드
카잔
블라디미르
무롬
쾨니히베르크
단치히
빌라
탈라쉬키노, 예술가 부락
비테브스크
모스크바
옵티나 푸친, 수도원
칼루가
리잔
알라티르
스타브로폴
사마라
스몰렌스크
툴라
민스크
야스나야 폴랴나, 톨스토이의 영지
솔로멘스코예, 예술가 부락
펜자
므첸스크
아스타포보
벨라루시
탐보프
페트로브스크
오렌부르크
오렐
이바노브카 (라흐마니노프의 영지)
보로네즈
우스틸루크, 스트라빈스키의 영지
키예프
미르고로드
우크라이나
추구예프
돈 강
차리스친
돈 코사크
카간로그
로스토프
오데사
케르손
아스트라 한
크리미아
체첸
세바스토폴
얄타
피아티고르스크
테렉 강
그로즈니
카프카스 산맥
흑해
그루지아
카스피해
콘스탄티노플
아르메니아

지도 4. 아시아에서의 러시아
카렐리아
바렌츠 해
성 페테르부르크
페트로즈보드스크
사모이예드
모스크바
코미
오브 강
비아트카
오스티아크
아르다토프
알라티르
카잔
콘딘스크
펜자
아르담
오브 강
차리친
볼가강
추바쉬
보굴
토볼스크
흑해
바쉬키르
오스티아크
아스트라한
타타르
예니세이
아트바사르
옴스크
타타르
크라스노이
카스피해
아랄해
카자흐
키르기즈
타쉬켄트
우즈벡
칼미아크
부하라
페르가나 평원
사마르칸트
호칸트
알마타

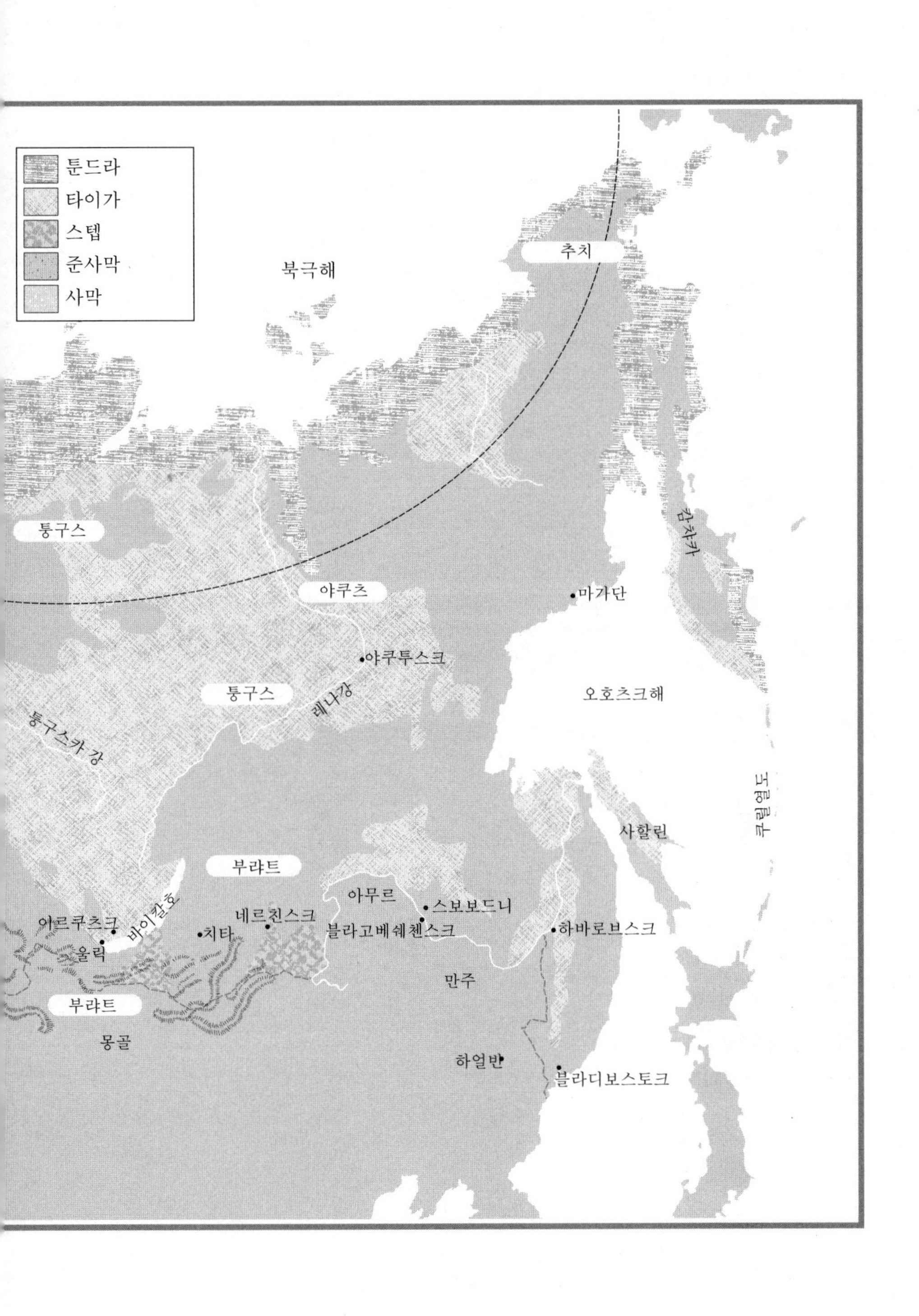

툰드라
타이가
스텝
준사막
사막
북극해
추치
통구스
야쿠츠
마가단
캄차카
야쿠투스크
통구스
레나강
오호츠크해
퉁구스카 강
쿠릴열도
사할린
부랴트
아무르
스보보드니
네르친스크
블라고베쉐첸스크
하바로브스크
이르쿠츠크
바이칼호
치타
울릭
만주
부랴트
몽골
하얼빈
블라디보스토크

서장

톨스토이의 『전쟁과 평화』엔 나타샤 로스토프와 그녀의 오빠 니콜라이가 숲에서의 하루의 사냥을 마치고 '삼촌'(나타샤가 그를 부르는 것처럼)의 초대를 받아 그의 소박한 목조 오두막에서 펼쳐지는 다소 유쾌한 유명한 장면이 나온다. 오두막에선 고매하지만 괴짜 퇴역 장교인 삼촌이 자기 영지의 농노인 통통하고 잘생긴 가정부 아니샤와 함께 살고 있다. 삼촌의 애정어린 시선으로 볼 때 아니샤가 그의 비공식적 '아내'인 것은 분명했다. 아니샤는 집에서 만든 러시아 특별 요리인 절인 버섯, 버터밀크로 만든 호밀 케이크, 꿀에 담근 과일, 거품이 이는 꿀술, 약초 브랜디와 갖가지 종류의 보드카를 쟁반에 담아 내온다. 식사를 하고 나자 사냥을 돕는 하인들의 방에서부터 발랄라이카 선율이 들려온다. 단순한 지방 민요로 여백작이 좋아할 만한 음악은 아니었다. 하지만 조카가 선율에 따라 몸을 움직이는 것을 본 '삼촌'은 기타를 가져오게 한다. 그는 먼지를 불어내고는 아니샤에게 윙크를 하고 널리 알려진 연가 '거리를 내려오는 어떤 소녀' 를 러시아 춤처럼 정확하고 빨라지는 리듬으로 연주하기 시작한다. 나타샤는 이전에 이 민속음악을 들어 본적이 없었지만 음악은 그녀의 가슴에 어떤 알 수 없는 감정을 일깨운다. 노래의 의미는 가사에 있고 가사를 강조하는 역할만을 하는 선율은 '저절로 나오는 듯' 이 '삼촌' 은 자신 있게 농민들처럼 노래를 부른다. 삼촌처럼 직접 노래를 부르는 방식에서 나타샤는 선율에 따라 새가 노래하는 듯한 단순한 매력을 느낀다. '삼촌' 은 그녀에게 함께 민속춤을 추라고 권한다.

'자, 애야!' 그가 막 코드를 친 손을 나타샤에게 흔들며 외쳤다.

나타샤는 숄을 벗어던지고 앞으로 달려 나와 삼촌을 마주보고는 허리에 손을 올린 채 어깨짓을 하며 짐짓 점잔을 뺐다.

젊은 여백작은 이주민 가정교사에게 교육을 받았다. 그런 그녀가 언제 어디서 어떻게 러시아적 분위기에 동화되어 전통적인 러시아의 정신을 받아들여 오래 전에 사라졌다고 생각했던 숄을 걸치지 않는 풍습을 배웠을까? 하지만 그 정신과 움직임은 '삼촌' 이 그녀에게서 기대했던 흉내낼 수도 가르칠 수도 없는 러시아적인 것들이었다. 그녀는 자세를 취하고, 자랑스럽고 자신 있으면서도 약간 즐거운 듯한 미소를 짓는다. 처음에 제대로 하지 못하면 어쩌나 했던 니콜라이와 다른 사람들은 안도하며 이미 모두 그녀에게 감탄하고 있었다.

나타샤는 아주 정확하고 완벽하게 해내고 있었다. 아니샤 표도르브나는 곧 나타샤에게 춤출 때 필요한 손수건을 건넨다. 그리고 나서 아니샤 표도르브나는 귀하게 자라 자신과는 너무 다르지만 아니샤와 아니샤의 부모 그리고 아주머니와 모든 러시아인들이 천성적으로 간직하고 있는 것을 이해할 수 있는 이 날씬하고 우아한 여백작을 주시하며 웃고 있었

다. 하지만 아니샤의 눈에는 눈물이 고였다.[1)]

나타샤는 어떻게 춤의 리듬에 본능적으로 몸을 맡길 수 있었을까? 그녀는 지금까지 사회계급과 교육적으로 격리되어 있던 마을 문화에 어떻게 그렇게 쉽게 어울릴 수 있었을까? 톨스토이가 이 낭만적 장면으로 제시하고 있듯이 러시아 같은 나라는 타고난 감각 같은 보이지 않는 실에 묶여 있을 것이라고 추정해야 하는 것일까? 이 같은 의문으로 우리는 이 책의 중심적 주제에 이르게 된다. 그것을 우리는 문화사라고 부르고 있다. 하지만 독자들이 이 책에서 보게 될 문화적 요소들은 『전쟁과 평화』와 같은 위대한 창작 작품들만이 아니라 나타샤가 걸쳤던 숄의 민속 자수에서 농민가 같은 음악 풍습을 포괄하는 문화유산도 있다. 이 책에서 보게 될 것들은 예술적 기념물이 아니라 정치와 이데올로기, 사회 관습과 믿음, 설화와 종교, 습관과 관습 그리고 문화와 삶의 방식을 구성하는 다른 모든 정신 유물들을 혼합한 민족의식의 흔적으로 제시되고 있다. 누군가 예술은 인생의 창이 될 수 있다고 했다. 나타샤가 춤추는 장면은 사실적 기록으로 접근해서는 안 된다. 물론 이 시기의 회고록을 보면 이런 식으로 마을 춤을 익힌 사례들이 있긴 하다.[2)] 하지만 예술은 믿음의 기록——이 경우엔 『전쟁과 평화』의 유명한 장면들에서 두드러져 보이는 자유주의적 귀족과 애국자들인 '1812년의 사람들'과 톨스토이가 공유한 러시아 민중과의 폭넓은 공감대에 대한 작가의 열망——으로 볼 수 있다.

문화사가들은 러시아에 대해 예술적 형태로 감추어져 있는 것을 음미하고 싶은 매력을 느낀다. 지난 2백년간 의회나 자유언론이 없었던 러시아에서 예술은 정치, 철학 그리고 종교적 논쟁의 장이었다. 톨스토이가 「'전쟁과 평화'에 대한 소견」(1868년)에서 쓰고 있는 것처럼 러시아의 전통적인 위대한 산문 작품들은 유럽적인 의미의 소설은 아니었다.[3] 러시아의 산문 작품들은 관념을 실험하는 실험실인 성상화처럼 상징적 성찰을 필요로 하는 거대한 시적 구조물들이었고 진실을 추구하면서 생기를 얻는 과학이나 종교 같은 것이었다. 이 모든 작품들의 궁극적 주제는 러시아——러시아의 특징, 러시아의 역사, 러시아의 관례와 관습, 러시아의 정신적 정수와 그 운명——였다. 어느 나라나 마찬가지이기는 하지만 러시아의 예술적 에너지는 특별한 방식으로 러시아의 민족성을 분명히 하는 데 거의 전적으로 집중되었다. 러시아의 예술가들은 그 어느 나라에서보다도 더 큰 도덕적 지도력과 민족적 예언의 역할을 감당하며 그 어느 나라에서보다 더 큰 국가의 두려움과 박해를 받았다. 정치적으로 공식적 러시아에서 소외되고, 교육적으로 러시아 민중과 괴리된 러시아 예술가들은 스스로 문학과 예술을 통해 가치와 이념의 민족 공동체를 형성하는 임무를 떠맡았다. 러시아인이란 무엇을 의미하는가? 세계 속에 러시아의 위치와 소명은 무엇인가? 그리고 진정한 러시아는 어디에 있는가? 유럽인가 아니면 아시아인가? 성 페테르부르크인가 아니면 모스크바인가? 차르의 제국인가 아니면 진흙탕 외길만이 있는, 나타샤의 '삼촌'이 살고 있는 촌락인가? 이러한 의문들은 푸쉬킨에서 파스테르나크에 이르는 러시아 문화 황금시대의 모든 진지한 작가, 문학 비평가와 역사가, 화가와 작곡가, 신학자와 철학자들이 씨름했던 '지긋지긋한 문제'들이다. 이 책에서 이러한 문제들은 예술이란 겉모습으로 포장되어 있다. 책에서 논의되는 작품들은 사상과 감정——러시아가 그것을 통해 스스로를 이해하려고 했던 민족의 개념들——의 역사를 보여주고 있다.

세심하게 살펴본다면 그것들을 통해 한 민족의 내적인 삶을 들여다볼 수 있게 될 것이다.

나타샤 댄스는 일종의 서막이다. 이 장면에선 전혀 다른 두 세계가 만나고 있다. 다시 말해서 상류 사회의 유럽적 문화와 러시아 민중의 문화가 조우하고 있는 것이다. 1812년 전쟁은 두 가지 문화가 민족 형성이라는 공통된 방향으로 작용하는 첫 번째 계기가 되었다. 나타샤 세대의 귀족들은 농노들의 애국심에 자극받아 자기들 사회의 외국 풍습에서 벗어나 '러시아적' 원리에 바탕을 둔 일종의 국민의식을 모색하기 시작했다. 그들은 일상생활에서 프랑스어 대신 모국어를 사용하기 시작했으며 관습과 의복, 식습관과 실내 디자인에 대한 취향을 바꾸었다. 또한 모든 예술에 민족적 색채를 가미해 평민들과 접촉하고 그들을 교육시킬 수 있도록 설화, 농민들의 춤과 음악을 배우기 위해 농촌으로 갔다. 그리고 나타샤의 '삼촌'(혹은 사실상 『전쟁과 평화』의 끝부분에서의 그녀의 오빠)처럼 그들 중 일부는 성 페테르부르크의 궁정문화를 버리고 사유지에서 농민들과 함께 더 소박한(더 '러시아적인') 삶을 살기 위해 노력했다.

이 두 세계 사이의 복잡한 상호작용은 민족의식과 19세기의 모든 예술에 중대한 영향을 미쳤다. 상호작용은 이 책의 중요한 특징이다. 하지만 이 책이 말하고자 하는 것이 결국 단일 '민족' 문화가 형성됐다는 사실을 제시하고자 하는 것은 아니다. 러시아는 너무 복잡하고 사회적으로 너무 나뉘어져 있다. 정치적으로 너무 다양하고 지리적으로 정의하기도 어렵다. 또한 단일 민족 문화유산으로 받아들여지기엔 너무 거대하다. 나의 의도는 차라리 러시아 문화의 순수한 다양성을 향유하고자 하는 것이다. 톨스토이는 너무 많은 상이한 사람들을 춤에 동참하게 해야 했기 때문에 글을 해설적으로

써야 했다. 다시 말해서 민중의 세계에 살기는 했지만 민중의 세계에 속하지는 않은 '삼촌', 마을 사람이기는 했지만 또한 나타샤 세계의 언저리에서 '삼촌'과 함께 살고 있는 아니샤가 있다. 또한 아름다운 여백작이 자신들의 춤을 추자 분명 호기심 어린 즐거움(그리고 아마도 다른 감정들도 가지고)으로 주시하고 있는 사냥을 돕는 하인들과 다른 가내 농노들이 함께하고 있다. 나는 톨스토이가 나타샤 댄스를 진술하는 것과 같은 방식으로 러시아 문화를 탐험하려고 한다. 다시 말해서 여러 가지 상이한 방식으로 수행되고 이해된 일련의 만남과 창조적 사회 활동으로 살펴보고자 하는 것이다.

이런 굴절된 방식으로 어떤 문화를 살펴보는 것은 순수하고, 유기적인 혹은 본질적인 핵심 관념을 파악하고자 하는 것이다. 톨스토이가 상상하는 것과 같은 '진정한' 러시아 농민의 춤은 존재하지 않았다. 나타샤가 춤을 추었던 멜로디처럼 대부분의 러시아 '민요'는 사실상 도시에서 유래했다.[4] 톨스토이가 묘사했던 농촌 문화의 다른 요소들──13세기부터 15세기까지 러시아를 지배하다 대부분 무역상, 목축업자와 농부들로 러시아에 정착한 몽골 기마민족을 통해 수입된 요소들──은 아시아 초원 지역에서 유래했다. 나타샤의 숄은 페르시아 것이 거의 확실하다. 러시아 농민들의 숄이 1812년 이후 유행하게 되지만 그들의 장식적 모티브들은 아마도 동양의 숄에서 유래했을 것이다. 발랄라이카는 16세기 러시아에 유입된, 중앙아시아에서 기원한 유사한 기타인 돔브라(이것은 지금도 카자흐 음악에서 광범위하게 사용되고 있다)에서 파생했다.[5] 19세기 일부 민속학자들의 견해에 따르면 러시아 농민춤의 전통도 동양적 형태에서 유래한 것이다. 러시아인들은 짝을 짓기보다는 열이나 원을 지어 춤을 춘다. 율동적 움직임은 발은 물론 손과 어깨가 사용되고 춤을 추는 여성에겐 머리를 움직이지 않고 인형 같은 미묘한 몸짓이 특히 강조된다. 러시아의 민속춤은 나타샤가 첫 번째 무도회에서 안드레이 공작과 함께 춘 왈츠와는 확연히 다르다. 왈츠의 움직임을 흉내내는 것은 그녀를 보고 있는 농민들에게 당연히 이상해보이듯이 그녀에게도 어색하게 느껴졌을 것이다. 하지만 이 마을 장면에서 어떤 고대 러시아 문화도 찾아볼 수 없다면, 어떤 문화의 대부분이 해외에서 수입된 것이라면 이 장면엔 어떤 의미가 있다. 이 장면에서 나타샤의 춤은 이 책이 취하고 있는 관점에 어떤 상징적 의미가 있다. 다시 말해서 순수한 민족문화는 나타샤의 농민춤처럼 순수한 민족문화에 대한 신화적 이미지로만 존재한다.

나는 순수한 민족문화에 대한 신화들을 '해체' 하고자 하는 것은 아니다. 또한 최근의 아카데믹한 문화사가들이 사용하는 전문 용어로 러시아 국민성은 지적 '구조' 에 불과하다고 주장하고 싶지도 않다. 아주 실재적인 러시아──'러시아' 나 '유럽적인 러시아' 혹은 다른 어떤 민족적 정체성에 대한 신화──는 있었다. 18세기 피터 대제가 유럽화를 강요하기 전 역사적으로 존재했던 구 모스크바 Muscovy 의 러시아는 서구와는 전혀 달랐다. 톨스토이가 생존했던 시기에 구 러시아는 여전히 수세기에 걸쳐 생활방식이 거의 변화하지 않았던 교회 전통, 상인들의 관습 그리고 토지에 기반한 많은 귀족, 숲과 초원 전역에 흩어져 있는 50만 개의 외딴 촌락들에 사는 제국의 6천만 농민들로 활기를 띠고 있었다. 이것이 나타샤가 춤추는 장면에서 반향되고 있는 러시아의 핵심이다. 물론 톨스토이가 젊은 여백작을 모든 러시아 남녀와 이어주고 있는 공감대가 있다고 상상하는 것이 허구라고만은 할 수 없다. 이 책이 증명하고자 하는 것처럼 수 세대에 걸쳐 전해 내려온 러시아적 기질, 일종의 고유한 관습과 믿음, 본심에서 우러나는 감정적이고 본능적인 어떤 것이 있기 때문이다. 또한 그것은 인격을 형성하고 공동체를 결속시켜 주었기 때문이다. 러시아적 기질은 파악하기 어렵다. 하지만 러시아적 기질은 어떤 러시아 국가보다도 더 지속적이며 의미 있다는 것을 입증하고 있다. 다시 말해서 러시아적 기질은 국민들에게 러시아 역사에서 가장 어두운 순간들을 살아내고 1917년 이후 소비에트 러시아에서 탈출한 사람들을 통합하는 정신적 구심점이 되었다. 나는 민족의식을 부정하려는 것이 아니다. 오히려 민족의식에 대한 견해가 신화에 소중히 간직되어 있다는 사실을 말하려는 것이다. 러시아의 교육받은 계급들은 유럽인이 되도록 강요받으면서 구 러시아로부터 멀어졌다. 톨스토이 시대에 그들이 자신들을 '러시아인들' 로 다시 한 번 정의하고자 노력할 때, 너무 오랫동안 러시아식으로 말하고 행동하는 법을 잊고 있었기 때문에 그들은 역사와 예술적 신화를 통해 민족을 재창조해내야 했다. 그들은 나타샤가 춤이라는 의식을 통해 '러시아적인 것' 을 발견한 것처럼 문학과 예술을 통해 '러시아적인 것' 을 재발견했다. 따라서 이 책의 목적은 단순히 이 신화들을 제시하려 하는 것이 아니라 러시아 민족의식을 형성하는 신화들의 특별한 힘을 탐험하고 설명하려는 것이다.

19세기의 중요한 문화 운동은 모두 러시아 국민성에 대한 허구적 이미지들을 중심으로 체계화되었다. 즉 슬라브주의자들은 농민들 가운데 천성적인 기독교 신앙과 같은 '러시아적 영혼' 이 있다는 신화를 소중히 간직하고 있었다. 또한 그들은 18세기 이후로 교육받은 엘리트들이 받아들인 유럽 문화의 대안으로 이상화하고 장려하기 시작한 진정한 '러시아적' 삶의 방식을 간직했던 구 모스크바를 경배했다. 반면 서구주의자들은 바다를 매립한 늪지에 건설된 고전주의적 조화와 함께 '서구로의 창'인 성 페테르부르크——러시아를 유럽적 잣대에 맞추어 다시 그리려는 그들 자신의 진보적 계몽주의 야심을 나타내는 상징——를 경쟁적으로 경배했다. 또 다른 한 편으로 톨스토이의 철학과 크게 다르지 않은 인민주의자들은 농민들을 그들의 촌락 제도가 새로운 사회의 모델을 제공하고 있는 타고난 사회주의자들이라고 보았다. 또한 스키타이주의자들은 러시아를 앞으로 있을 혁명에서 유럽 문명의 무거운 빚을 청산하고 인간과 자연, 삶과 예술이 하나가 되는 새로운 문화를 확립할 아시아의 초원에서 유래한 '자연적' 문화로 보았다. 신화들은 단순한 민족 정체성identity의 '구조' 그 이상이다. 신화들은 모두 개인과 민족의 정체성이라는 가장 고양된 형태에서 의복이나 음식, 혹은 사람들이 사용하는 언어의 형태와 같은 가장 일상적인 문제들에 이르기까지 자아에 대한 견해를 발전시킨다. 또한 신화는 러시아 정치의 이상과 충성심을 형성하는 데 중요한 역할을 했다. 슬라브주의자들은 그 점을 보여주고 있다. 슬라브주의자들은 토착 기독교적 원리 같은 가부장적 가족으로서의 '러시아'를 이상으로 했으며 19세기 중반기에 새로운 정치 공동체의 핵심을 구 지방 귀족, 모스크바 상인들과 인텔리겐차, 성직자와 어떤 정해진 부문의 국가 관료의 구성원들로 조직하고자 했다. 상이한 집단들을 결속시키는 러시아 국민성에 대한 신화적 개념은 정치적 상상력에 계속해서 지배적인 영향을 미쳤다. 정치 운동으로서의 러시아 국민성에 대한 신화적 개념은 자유무역과 대외정책에 대한 정부의 입장 그리고 국가와 농민들에 대한 귀족의 태도에 영향을 미쳤다. 슬라브주의자들은 광범위한 문화 운동으로서 일정한 언어와 의상, 구별되는 사회적 상호작용과 행동의 규칙, 어떤 건축 양식과 내부 장식, 문학과 예술에 대한 고유한 접근법을 채택했다. 그것은 바로 인피 신발, 서민적인 외투와 수염, 야채수프와 크바스kvas, 서민적인 목재 가옥과 양파 모양의 둥근 지붕을 한 밝은 색채의 교회들이었다.

서구인들의 이미지엔 이 같은 문화적 형태들이 흔히 '진짜 러시아적인 것'으로 각인되어 있다. 하지만 서구의 인식 또한 하나의 신화, 즉 이국적인 러시아와 같은 신화다. 이국적 러시아에 대한 신화는 처음엔 그들 자신이 나타샤 댄스를 이국적으로 변형해 발레 루시가 수출한 이미지다. 이어 도스토예프스키를 가장 위대한 소설가로 떠받들고 '러시아의 영혼'에 대한 자신들의 해석을 전파한 릴케, 토머스 만과 버지니아 울프 같은 외국 작가들이 형성한 이미지다. 분명히 버려야 할 하나의 신화가 있다면 그것은 러시아를 이국적이고 어딘가 색다른 곳으로 보는 관점이다. 러시아인들은 오랫동안 서구인들이 자신들의 문화를 이해하지 못하고 있다고 생각해왔다. 또한 그들은 서구인들이 거리를 두고 러시아를 바라보며 자기들의 고유한 문화영역을 다루는 것처럼 러시아 문화의 내적 섬세함을 알고 싶어 하지 않는다고 불평해왔다. 부분적으로는 반감과 상처 입은 민족적 자부심에 근거한 것이기는 하지만 러시아인들의 불만엔 나름대로 이유가 있다. 우리는 러시아 예술가, 작가, 작곡가들을 '민족학파'라는 문화적 고립 지역에 할당하고 그들을 개인으로서가 아니라 러시아의 고정관념에 얼마나 부응하는지로 판단하려는 경향이 있다. 우리는 러시아인들이 '러시아적'——민속적 주제의 사용, 양파 모양의 둥근 천장, 종소리로 쉽게 구별되고 '러시아의 영혼'으로 충만한 그들의 예술——이기를 기대한다. 러시아에 대한 편견들이 1812년과 1917년 사이 유럽 문화에서의 러시아와 러시아의 중심적 위치를 제대로 이해하는 데 가장 큰 장애가 되고 있다. 러시아 전통에서 가장 위대한 문화적 인물들(카람진, 푸쉬킨, 글린카, 고골리, 톨스토이, 투르게네프, 도스토예프스키, 체홉, 레핀, 차이코프스키와 림스키-코르사코프, 쟈길레프, 스트라빈스키, 프로코피예프, 쇼스타코비치, 샤갈과 칸딘스키, 만델스탐, 아흐마토바, 나보코프, 파스테르나크, 메이어홀드와 에이젠쉬테인)은 '러시아인' 만이 아니라 유럽인이기도 했으며 이 두 가지 정체성은 다양한 방식으로 뒤얽히고 서로 의존하고 있다. 그들이 아무리 노력해도 러시아인들이 자신들의 정체성 중 어느 한 쪽을 억제할 수는 없었다.

유럽적 러시아인들에겐 두 가지 매우 상이한 개인적 행동 양식이 있다. 성 페테르부르크의 살롱과 무도장, 궁정이나 극장에서 그들은 매우 '의무적comme il faut' 이었다. 다시 말해서 거의 무대의 배우들처럼 유럽식 예절을 준수했다. 하지만 또 다른 그리고 아마도 무의식적 측면에서 그리고 덜 공식적인 사생활 영역에서는 고유한 러시아적 행동 양식이 지배적이었다. 나타샤가 '삼촌' 집을 방문한 것은 공식적인 영역에서 사적인 영역으로의 전환을 묘사하고 있다. 즉 그녀가 집이나 로스토프 궁정, 또는 황제를 알현하는 무도회에서 기대되는 행동 방식은 그녀가 표현적 본능을 자연스럽게 발산할 수 있는 이 촌락의 장면과는 동떨어진 세계다. 나타샤의 춤에서 표현되어 전달되고 있는 것은 분명 그녀가 편안한 사회적 분위기의 교제를 즐거워하고 있다는 점이다. 긴장이 풀리는 느낌, 러시아적 환경에서 '더욱 자신' 이 되어가는 느낌은 그녀의 '삼촌' 을 포함해 나타샤가 속한 계급의 많은 러시아인들이 공유하고 있었던 것처럼 보인다. 시골집이나 다차dacha에서의 소박한 기분전환——숲에서의 사냥, 대중목욕탕에 가거나 나보코프가 '매우 러시아적인 스포츠라고 불렀던 hodit' po gribi(버섯 따기)' [6]——은 시골의 전원을 재음미하는 것 이상으로 자신의 러시아적인 것의 표현이었다. 이 같은 습관들을 해석하는 것이 이 책의 목적들 중 하나다. 예술과 소설, 일기와 편지, 회고록과 전래된 문헌을 이용해 러시아의 민족 정체성의 구조를 이해하고자 할 것이다. 요즘 '정체성' 은 유행어가 되었다. 하지만 이 말은 사회적 상호작용과 사회적 행동 속에서 어떻게 나타나는지 보여줄 수 없다면 그다지 의미가 없다. 문학은 단순히 예술 작품이나 문학 담론으로 구성되는 것이 아니라 무형의 규범, 기호와 상징, 의식과 몸짓, 그리고 작품들의 일반적 의미를 규정하고 사회의 내적인 삶을 체계화하는 일반적인 태도들로 이루어진다. 따라서 독자들은 이 책에서 『전쟁과 평화』같은 문학 작품들에서 민족의식이 식별될 수 있을 일상 생활의 일화(어린 시절, 결혼, 종교 생활, 풍경에 대한 반응, 음식과 음료 습관, 죽음에 대한 태도)가 삽입되는 것을 보게 될 것이다. 이 책에 기술된 일화들은 톨스토이가 유명한 춤추는 장면에서 생각했던 것처럼 삶 속에서 우리가 일반적인 러시아적 감수성의 보이지 않는 연결고리들을 찾게 될 일화들이다.

책의 구조에 대해 몇 가지 점을 환기하고자 한다. 이 책은 문화에 대한 일종의 해석서이며 통사가 아니다. 따라서 독자들은 일부 위대한 문화 인물들이 비중에 비해 짧게 다루어지고 있다는 점에 주의해야 한다. 나는 주제별로 접근했다. 각 장은 러시아의 문화적 정체성에 대한 독립된 요소들을 탐구하고 있다. 각 장은 18세기에서 20세기로 점진적으로 진행되고 있지만 주제의 일관성을 위해 엄격한 연대기적 구분은 피했다. 시대를 명백히 구분하는 1917년을 경과하는 지점에 두 가지 간략한 계기들(3장과 4장의 마지막 절들)이 있다. 또 다른 몇 가지 경우에 역사적 시기, 정치적 사건이나 문화적 제도들이 연속성에서 벗어나 다루어지고 있는 곳에서는 러시아사에 대한 세부 지식이 부족한 독자들을 위해 약간의 설명을 하고 있다. (더 많은 세부 지식이 필요한 독자들은 연대표를 참조하기 바란다.) 나의 이야기는 브레즈네프 시대에서 끝을 맺는다. 도표로 나타나는 문화적 전통은 브레즈네프 시대에 자연적 주기가 종식되고 이후에 나타나는 것은 당연히 새로운 어떤 것의 시작이다. 마지막으로 책 전체를 통해 되풀이 되는 주제들과 변주들, 성 페테르부르크와 두 개의 대명문 귀족인 볼콘스키 가문과 쉐레메테프 가문에 대한 가족 이야기 같은 중심 사상과 가문들이 있다. 독자들은 예기치 않은 전개와 선회의 이유에 대해선 이 책의 마지막에 가서 그 의미를 이해하게 될 것이다.

제1장

상상 속의 '유럽'은 서구 그 자체보다는 '러시아'를 규정할 필요에 따른 것이었다. '러시아'에 대한 관념은 '서구' 없이는 존재할 수 없다('서양'이 '동양' 없이 존재할 수 없는 것처럼). "우리는 이상, 비난의 대상, 본보기로서 유럽을 필요로 한다. 유럽이 그렇지 않다면 우리는 그런 유럽을 창조할 필요가 있을 것이다."-게르첸

유럽적 러시아

1803년 성 페테르부르크의 알렉산드르 황제 궁정에서의 대 열병식(벤저민 페터슨)

1

1703년 안개 낀 어느 날 아침 말을 탄 12명의 러시아인들이 네바 강이 발트 해로 흘러드는 황량한 불모의 늪지를 가로질러 달리고 있었다. 그들은 오랫동안 버려졌던 습지의 소유자로 당시 러시아와 전쟁중이던 스웨덴에 대항해 요새를 건설할 자리를 찾는 중이었다. 러시아는 대양으로 진출할 항구가 없었기 때문에 바다로 흘러드는 넓고 굽은 강의 아름다운 모습은 탐색대의 선두에서 말을 타고 있던 차르에겐 희망과 약속의 땅이었다. 해안으로 접근하자 그들은 말에서 내렸다. 차르는 총검으로 두 개의 토탄 조각을 잘라 습지에 십자가 모양으로 배열했다. 그리고 나서 피터는 말했다. "이곳에 도시를 건설할 것이다."[1)]

유럽에서 가장 큰 국가의 수도로서는 최악의 장소였다. 네바 강의 안개 낀 삼각주에 산재된 작은 섬들엔 숲이 우거져 있었다. 봄에 눈이 녹아 짙은 안개가 깔리고 때로 불어오는 바람으로 인해 강이 범람하는 이 지역은 사람이 살기에는 적당하지 않았다. 여름에 그곳을 찾는 일부 어부들도 오래 머무르지는 못했다. 늑대와 곰들만이 살고 있는 지역이었다.[2)] 이 지역은 천 년 전엔 수면보다 낮았었다. 발트 해에서 라도가 호수로 흐르는 수로에 현재 풀코보와 파르골로보 언덕이 있는 섬들이 있었다. 18세기 말 예카테리나 여제가 통치하던 시기에도 그녀가 풀코보 언덕에 여름 궁정을 건설했던 차르스코예 셀로는 그 지역 사람들에겐 핀란드어로 섬인 사리sarri에서 유래한 사르스코예 셀로로 알려져 있었다.

피터의 군인들이 땅을 파자 일 미터도 안 되는 곳에서 물이 나왔다. 북부 섬들의 약간 더 높은 지대가 튼튼한 기초를 쌓을 수 있는 유일한 곳이었다. 맨손으로 땅을 파고 목재와 석재를 끌거나 등에 져 나르고, 옷에 흙을 싸아 져 나르는 4달간의 격렬한 중노동으로 피터 앤 폴 요새를 건설하기 위해 징집된 2만 명의 노동자들 중 적어도 절반 정도가 사망했다.[3] 건설의 규모와 속도만 놓고 본다면 그것은 놀라운 것이었다. 불과 몇 년 만에 습지는 활기 넘치는 건설 현장이 되었다. 1709~10년 스웨덴에 승리하면서 해안 지역에 대한 러시아의 지배가 확고해지자 도시는 나날이 새로운 모습으로 변모해 갔다. 멀리 카프카스와 시베리아에서 온 25만의 농노와 병사들이 하루 종일 숲을 개간하고 운하를 파고 도로를 만들고 궁정을 건설했다.[4] 목수와 석공들(법령으로 다른 곳에서 일하는 것이 금지된)이 신도시로 몰려들었다. 짐마차꾼, 얼음 깨는 사람, 썰매 끄는 사람, 선원과 노동자들이 빈 공간마다 밀집되어 있는 목조 오두막에서 잠을 자며 일거리를 찾아 도착했다. 처음에는 원시적인 수제 공구를 가지고 서툰 기존 방식으로 진행되었다. 다시 말해서 톱보다는 도끼를 주로 사용했으며 껍질도 벗기지 않은 나무 몸통에 작은 자작나무 통나무 바퀴를 달아 수레로 사용했다. 도시로 들어오는 배와 탈 것들은 의무적으로 2톤의 바위를 적재해 들어와야 할 정도로 석재 수요는 많았다. 하지만 곧 벽돌, 유리, 운모, 방수포를 제작하는 새로운 산업들이 생겨났다. 또한 조선소가 계속해서 늘어나 도시의 수로엔 돌을 적재한 범선과 거룻배들이 북적였고 수백만 그루의 통나무가 매년 강을 따라 떠내려 왔다.

러시아 동화에 나오는 마법의 도시처럼 성 페테르부르크는 비약적으로 성장했다. 성 페테르부르크의 모든 것이 너무 화려하고 새로웠기 때문에 곧 신화적인 곳이 되었다. 피터가 "이곳에 도시를 건설할 것이다"라고 선언했을 때 그의 말은 "빛이 있으라" 했던 신의 명령을 연상시켰다. 전설에 따르면 피터가 말할 때 그의 머리 위를 날던 독수리 한 마리가 내려와 가지가 합쳐져 아치 모양을 하고 있는 두 그루의 자작나무 꼭대기에 둥지를 틀었다고 전해진다. 18세기의 찬미자들은 피터를 신의 반열로까지 격상시켜 태양신 타이탄, 바다의 신 넵튠, 군신 마르스가 합쳐진 인물로 묘사하고 '페트로폴리스'를 로마에 비유했다. 로마는 또한 피터가 카이사르를 모방해 '황제'라는 명칭을 채택하고 새로운 루블화에 월계관, 문장과 함께 자신의 초상을 새겨 넣어 만든 종합적 이미지이기도 했다. 푸쉬킨의 서사시 「청동의 기사」(1833)(러시아의 학생들은 누구나 암송하고 있다)의 유명한 첫 구절은 신의 뜻에 따라 인간이 창조한 성 페테르부르크의 신화를 구체화하고 있다.

쓸쓸한 파도가 밀려오는 해변에서
그는 고매한 생각을 하며 서있네,
먼 곳을 응시하며…….[5)]

푸쉬킨의 시 구절로 전설은 설화가 되었다. 피터 수호성인의 이름이 붙고, 정치가 격변하면서 세 번이나 이름이 바뀐 페테르부르크 시민들은 아직도 이 도시를 '피터'라고 부르고 있다.*

도시가 바다로부터 기적처럼 출현했다는 사실 때문에 대중들은 처음부터 페테르부르크를 전설로 받아들였다. 러시아인들은 피터가 하늘에서 도시를 만든 다음 거대한 모형처럼 그것을 땅으로 내

* 러시아어로는 'Pyotr- 표트르'라고 발음된다. 따라서 '피터'(네덜란드어 어원으로 'Sankt Piter Brukh'로 발음된다)는 시인 조셉 브로드스키가 지적한 것처럼 어떤 외래풍을 연상시키며 어쨌든 비 러시아적인 도시에 적절한 호칭처럼 보인다.

려오게 했다고 말했다. 이것이 도시를 모래 위에 건설했다는 사실을 설명할 수 있는 유일한 방법이었다. 러시아 문학과 예술에 큰 영감을 불어넣은 페테르부르크 신화는 대지에 토대를 두지 않은 수도라는 사실에서 시작되었다. 신화 속에서 페테르부르크는 초자연적인 환상과 유령들의 영역인 비실재적인 도시이자 묵시록적인 이국적 왕국이었다. 그것은 고골리의 작품 『페테르부르크 이야기』(1835)의 고뇌에 시달리는 외로운 인물들과 도스토예프스키의 소설 『죄와 벌』(1866)에서 라스콜리니코프 같은 몽상가들과 살인자들의 고향이었다. 모든 것을 파괴하는 홍수에 대한 환상은 푸쉬킨의 『청동의 기사』에서 안드레이 벨르이의 『페테르부르크』(1913~14)에 이르기까지 이 도시의 운명에 대한 이야기의 지속적인 주제가 되었다. 하지만 예언은 사실에 근거한 것이었다. 페테르부르크는 바다 수면보다 낮은 곳에 건설되었기 때문이었다. 거리를 수면 위로 올리기 위해 엄청난 양의 자갈이 깔렸다. 초기에 일어난 빈번한 홍수 때문에 거리들을 훨씬 더 높이기 위해 수리와 보강작업을 해야 했다. 1754년 네 번째로 현재의 겨울 궁전에 대한 건설 작업이 시작되었을 때 토대가 놓인 지면은 50년 전보다 3미터 더 높았다.

수입된 돌로 물위에 건설된 도시인 페테르부르크는 자연 질서를 거부한다. 강둑의 유명한 화강암은 핀란드와 카렐리아에서 수입된 것이었다. 궁정의 대리석은 이탈리아, 우랄 그리고 중동에서, 반려암과 반암은 스웨덴에서 들여온 것이었다. 또한 조립현무암과 석판암은 오네가 호수, 사암은 폴란드와 독일, 건축용 석회화(石灰華)는 이탈리아, 타일은 베네룩스와 뤼벡에서 가져온 것이었다. 석회암만이 이 지역 채석장에서 채굴되었다.[6] 피라미드를 건설할 때를 제외하면 이처럼 엄청난 양의 석재가 운송된 경우는 전례가 없는 일이

1. 청동의 기사의 화강암 대좌 운반. A. P. 다비도프 그림을 본뜬 판화

었다. 팔코네의 피터 대제 기마상의 화강암 대좌는 높이가 12미터, 둘레가 30미터에 달했다. 무게가 약 66만 킬로그램에 이르는 화강암을 옮기는 데만도 천 명의 인원과 1년 6개월 이상의 시간을 필요로 했다. 이 화강암이 발견되었던 개간한 숲에서 수도까지 13킬로미터를 처음에는 도르레로, 이어 특수하게 제작된 거룻배로 옮겼다.[7] 푸쉬킨의 『청동의 기사』는 이 생기 없는 기념비를 러시아 운명의 상징으로 전환시켰다. 성 이삭 성당의 36개의 거대한 화강암 원기둥은 화강암이 발견된 지역에서 대형 쇠망치와 끌로 채석돼 핀란드 만(灣)의 거룻배까지 30킬로미터 이상을 인력으로 운반해, 그곳에서 다시 성 페테르부르크로 운송해 목재로 제작된 거대한 크래인으로 올려졌다.[8] 가장 무거운 암석을 선적하려면 봄의 해빙을 기다려야 하긴 했지만 눈 때문에 끌기가 더 용이한 겨울에 운반했다. 하지만 겨울의 운반 작업에도 200마리의 말들이 끄는 썰매 팀과 수천 명의 군인들이 동원되었다.[9]

페테르부르크는 다른 도시들과는 다르게 성장했다. 교역이나 지정학으로는 페테르부르크의 발전을 설명할 수 없다. 프랑스 작가인 스타엘 부인이 1812년 이 도시를 방문했을 때 "이곳에 있는 모든 것은 시각적 측면에서 창조되고 있다"라고 말했듯이 페테르부르크는 차라리 예술작품으로 건설되었다고 해야 할 것이다. 때로 페테르부르크는 거대한 무대 장치――도시의 건물들과 사람들은 단지 극장의 소품으로 작용한다――로 만들어진 것처럼 보인다. 자기가 사는 도시의 혼합된 건축 양식에 익숙한 유럽인들이 페테르부르크를 방문하면 특히 페테르부르크의 조화와 종종 무대 장식에 비교되는 도시의 기이한 비자연적인 아름다움에 충격을 받는다. 여행 작가인 마퀴 드 퀴스틴느는 1830년대에 "걸을 때마다 건축 양식의 결합과 무대 장식에 깜짝 놀란다. 피터 대제와 그의 계승자들은 자신들의 수도를 극장으로 생각했다"고 기록하고 있다.[10] 어떤 의미에서 성 페테르부르크는 후대의 무대 작품이자, 배를 타고 지나가는 예카테리나 여제를 즐겁게 하기 위해 드네프르 강둑을 따라 하룻밤 사이에 마분지 조각으로 급조된 고전주의 건축물인 '포템킨 마을들'의 확대 버전일 뿐이었다.

페테르부르크는 물, 돌 그리고 하늘과 같은 자연 요소들이 어우러져 형성된 것으로 인식되었다. 이러한 인식은 자연 요소들을 예술적으로 결합하기 시작한 18세기 페테르부르크의 전경에 반영되고 있다.[11] 늘 바다를 사랑했던 피터는 빠르게 흐르는 넓은 네바 강과 페테르부르크라는 자기 그림의 배경으로 광활한 하늘에 끌렸다. 애초에 궁정이 늘어선 수로와 제방의 설계는 암스테르담(피터가 방문한 적이 있는 도시)과 베니스(피터가 책과 그림으로만 알고 있었던 도시)에서 영감을 얻었다. 하지만 피터는 절충적인 건축 취향을 갖고 있었다. 그는 유럽의 수도들에서 자신이 좋아하는 것을 차용했다. 페테르부르크의 교회들은 모스크바에 있는 교회들의 밝은 색 둥근 지붕과는 다른 모습을 띠고 있다. 페테르부르크 교회들의 엄격한 고전주의적 바로크 양식은 런던의 성 바오로 성당, 로마의 베드로 성당과 현재의 라트비아에 있는 하나의 첨탑이 있는 리가의 교회들을 혼합한 것이었다. 1690년대 유럽을 여행한 피터는 건축가와 엔지니어, 장인과 예술가, 가구 디자이너들과 정원 설계사들을 데리고 러시아로 돌아왔다.* 스코틀랜드인, 독일인, 프랑스인, 이탈리아인 등이 모두 18세기 성 페테르부르크에 대규모로 정착했다. 피터는 자신의 '파라다이스'를 만드는 데 비용을 아끼지 않았다. 스웨덴과의 전쟁이 최고조에 달했던 1710년대에도 피터는 끊임없이 페테르부르크 건설의 세부적인 사항까지도 챙겼다. 여름 정원을 '베르사이유보다 더 아름답게' 만들기 위해 페르시아에서 작약과 밀감 나무, 중동에서 관상용 물고기, 인도에서 노래하는 새들까지 주문해 들여왔다. 하지만 러시아의 추위를 견디고 살아남은 것들은 거의 없었다.[12] 피터는 법령을 제정해 궁정들을 자신이 승인한 디자인에 맞추어 건물 정면을 규격화시키고 지붕 선을 일치시켰으며 발코니의 철제 난간과 벽을 '제방 쪽'으로 만들지 못하게 했다. 피터는 도시를 아름답게 꾸미기 위해 도살장을 로코코 양식으로 재건축하기까지 했다.[13]

18세기 중엽 알가로티 백작은 "이 도시엔 일종의 모조된 건축 양식이 지배하고 있다. 그것은 이탈리아인들과 프랑스인들 그리고 네덜란드인들에게서 훔친 것이다"라고 기록하고 있다.[14] 19세기엔 일

* 피터 대제가 통치하던 시기에 페테르부르크의 중요한 건축가들은 이탈리아인 도메니코 트레즈니, 프랑스인 장 르블롱과 독일인 게오르그 마타르노비였다.

반적으로 페테르부르크가 서구풍의 인위적 복제품으로 인식되었다. 19세기 작가이자 철학자인 알렉산드르 게르첸은 어디선가 페테르부르크는 "유럽의 다른 모든 도시들과 유사하기 때문에 그 모든 도시들과 다르다"고 기술하고 있다.[15] 분명 모방의 결과이기는 했지만 페테르부르크는 바다와 하늘 사이의 광활한 풍경, 규모의 장대함과 특이한 예술적 조화를 띠게 한 건축적 조화의 통일성 등으로 나름의 두드러진 특색을 보이고 있다. 18세기 페테르부르크를 찬미하는 자길레프 서클에서 영향력 있는 인물이었던 미술가 알렉산드르 베누아는 페테르부르크의 특징을 훌륭하게 정의하고 있다. 1902년 그는 "페테르부르크가 아름답다면 그것은 전체적으로 또는 다소 큰 덩어리로 아름다운 것이다"라고 쓰고 있다.[16] 오래된 유럽의 도시들은 수세기에 걸쳐 다양한 건축 양식으로 건축된 아름다운 건물들을 모아 놓은 데 지나지 않았다. 반면 페테르부르크는 50년간 어떤 단일한 일련의 원칙에 따라 완성되었다. 더욱이 이 같은 원칙들을 적용할 수 있을 정도로 넓은 공간을 제공할 수 있는 곳은 페테르부르크뿐이었다. 암스테르담과 로마에선 건축가들이 건물을 건축할 수 있는 공간이 제한되어 있었다. 하지만 페테르부르크에서는 건축가들이 자신들의 고전주의적 이상을 펼칠 수 있었다. 광대한 전경 속에서 곧게 뻗은 길과 광장은 생기를 불어넣는 공간이었다. 건축가들은 도처에 있는 물과 균형을 맞추기 위해 강에 비치는 그림자와 수로를 이용하여 대단히 아름답고 장엄한 효과를 주는 낮고 넓은 대저택을 지을 수 있었다. 물은 장중한 바로크 양식에 경쾌한 느낌을 주며 물가를 따라 늘어선 건물들에 움직임을 부여한다. 가장 좋은 예는 겨울 궁전이다. 겨울 궁전은 엄청나게 크지만(1050개의 방, 1886개의 문, 1945개의 창문, 117개의 계단) 거의 강둑에 떠 있는 듯이 느껴진다. 건물의 푸른 색 정면을 따라 끊기듯 주기적으로 나타나는 흰 원기둥은 옆에 흐르는 네바 강이 반사할 때 움직이는 듯한 느낌을 준다.

건축적인 통일성을 유지하기 위해선 강과 하늘을 배경으로 도로망과 광장, 운하와 공원들을 조화롭게 연결할 수 있는 일련의 도시계획이 필수적이다. 피터가 죽고 나서 12년 후인 1737년 성 페테르부르크 체계적 개발 위원회가 설립되면서 첫 번째 실제적 도시계획이 시작된다. 첫 번째 도시계획은 로마가 피아자 델 포포로로부터 펼쳐지듯이 페테르부르크를 해군 본부 건물에서 세 방향으로 부채꼴로 펼치는 것이었다. 따라서 세 개의 긴 도로가 합쳐지는 해군 본부 건물의 황금빛 첨탑은 각 도로(네프스키, 고로코바이아와 보즈네쉔스키)의 끝에서도 보이는 도시의 상징이자 지형적으로 중심부에 위치하게 된다. 성 페테르부르크 석공 건축 위원회가 설립된 1760년대부터 일련의 조화로움을 목표로 하는 도시계획이 더욱 더 강조되었다. 상류층의 거주 지역인 네프스키 대로에 건설되는 궁정들은 엄격한 건축규정을 적용해 석재를 이용하고 전면의 통일성을 유지하게 했다. 도시계획 규정들은 시야가 닿는 데까지 끊기지 않고 곧게 뻗은 도로의 예술적 개념을 강조했다. 이 같은 도시계획 규정들은 엘리자베타 여제에게서 1753년 시 건설 50주년 기념물을 위임받은 미술가 M. I. 마하예프의 조화로운 전경에도 반영되어 있다. 하지만 통제는 시각적 조화만을 고려한 것은 아니었다. 즉 수도의 구역 분할 계획은 사회적 서열의 형태도 고려한 것이었다. 겨울 궁전과 여름 정원 부근의 귀족 거주 지역은 건초시장(도스토예프스키의 페테르부르크) 인근의 점원과 상인 구역이나 더 외곽에 있는 노동자들의 지역에서 명확하게 분리되어 있었다. 에이젠슈테인의 영화 〈10월〉

(1928)을 본 독자들은 알겠지만 네바 강 위를 가로지르는 다리들은 노동자들이 중심 지역으로 오는 것을 막기 위해 들어 올릴 수 있었다.

성 페테르부르크는 하나의 도시 이상의 의미를 갖고 있다. 페테르부르크는 러시아인을 유럽인으로 개조하기 위한 거의 유토피아적인 방대한 문화 공학 계획이었다. 『지하생활자의 수기』(1864)에서 도스토예프스키는 페테르부르크를 "전세계에서 가장 추상적이고 계획적인 도시"라고 불렀다.[17] 피터 대제식의 페테르부르크의 모든 문화적 측면은 '중세' 구 모스크바(17세기)를 부정하려는 것이었다. 피터 대제의 인식처럼 페테르부르크의 시민이 되는 것은 모스크바에 있는 과거 러시아의 '무지'하고 '후진적'인 관습을 버리고 유럽적 러시아인으로 진보적이고 계몽된 근대 서구세계에 동참하는 것이었다.

구 모스크바는 종교문명이었다. 그것은 비잔틴으로 거슬러 올라가는 동방 교회의 정신적 전통에 뿌리를 내리고 있었다. 몇 가지 방식에서 구 모스크바는 종교, 언어, 풍습 및 그 이외의 것들과 관련이 있는 중세의 중앙 유럽 문화와 관련이 있었다. 하지만 구 모스크바는 역사 · 문화적으로 유럽과 격리되어 있었다. 구 모스크바의 서쪽 영토는 유럽 대륙을 향한 교두보에 지나지 않았다. 말하자면 1720년대까지 러시아 제국은 발트 국가들을 손에 넣지 못하고 있었고 18세기 말에 가서야 서부 우크라이나와 폴란드의 상당 부분을 점령할 수 있었다. 중앙 유럽과 달리 구 모스크바는 르네상스나 종교개혁의 영향을 거의 받지 못했다. 또한 현대 초기의 해양 발견이나 과학혁명에도 참여하지 못했다. 유럽적 의미에서의 거대 도시도 없었고 예술을 후원할 왕후나 주교의 궁전도, 실제적인 도시민이나 중간계급도 없었다. 수도원 전문학교 이외에 대학이나 공공 교육도 존재하지 않았다.

교회의 지배는 구 모스크바에서 르네상스 이후 유럽에서 형성된 세속적 형태의 예술 발전을 방해하고 있었다. 대신 구 모스크바의 종교생활의 중심엔 성상화가 자리잡고 있었다. 성상화는 창조적 예술작품만큼이나 일상적 의식의 문화 유물이다. 성상화는 가정과 교회는 물론 상점과 사무실 혹은 길 옆의 성골함 등 도처에서 찾아볼 수 있다. 성상화를 르네상스에서 기원하는 유럽의 세속화 전통에 결부시킬 수 있는 여지는 거의 없다. 사실 17세기 말 시몬 우샤코프 같은 러시아 성상화가들은 비잔틴의 엄격한 중세 성상화 화풍을 버리고 서구 바로크 양식의 고전주의 기법과 관능성을 받아들이기 시작했다. 하지만 유럽에서 온 방문객들은 한결같이 러시아 미술의 원시적 상태에 놀랐다. 러시아 궁정의 영국인 의사 사무엘 콜린스는 1660년대 크레믈린의 성상화에 대해 '노골적이고 심술궂게' "그들의 그림을 본다면 그것들이 금박을 입힌 싸구려 장식에 지나지 않는다는 사실을 알게 될 것이다"라고 평하고 있다.[18] 최초의 세속적 초상화들(parsuny)은 1650년대 말이 되어서야 나타나기 시작한다. 하지만 이 초상화들은 여전히 성상화 양식을 노골적으로 보여주고 있다. 1645년에서 1676년까지 통치한 차르 알렉세이 시대에 들어서야 성상화와 확실히 양식상의 차이를 보이는 세속적 초상화가 나타나기 시작한다. 피터 대제의 치세까지 혹은 훨씬 더 이후에도 러시아의 그림 목록에서 성상화 이외의 다른 화풍(정물화, 풍경화, 우화, 장르화 등)은 전혀 찾아볼 수 없다.

러시아 교회는 예술의 다른 세속적 형태의 발전도 방해했다. 악기를 사용한 음악(성가와 대조적인 것으로서)은 죄악시 되었고 교회

당국의 무자비한 박해를 받았다. 하지만 음유시인과 음악가들 혹은 교회 대행자들을 피해 탬버린과 구슬리(gusli 일종의 치터)를 가지고 촌락들을 떠돌던 스코모로키(skomorokhi 《페트루쉬카》에서 스트라빈스키가 특징지은)의 민속적 전통은 풍부하다. 문학도 도처에 있는 교회에 의해 억제되었다. 활발한 민간 설화 저술과 17세기말경에 값싼 인쇄술이 도입되면서 삽화 인쇄(lubki)의 형태로 운문이 출판되기는 했지만 인쇄된 소식지나 신문, 희곡이나 시집은 없었다. 1560년대에 설립된 이후로 모스크바 출판소는 1682년 피터가 제위에 오를 때까지 종교적 색채를 띠지 않은 책은 3권밖에 출판하지 않았다.[19)]

피터 대제는 구 모스크바를 싫어했다. 그는 구 모스크바의 고색창연한 문화와 가부장주의, 서구에 대한 미신적 공포와 반감을 혐오했다. 마녀 사냥이 일상적이었고 외국의 이단자들은 붉은 광장에서 공개적으로 화형——피터가 17살 되던 해인 1689년 어떤 신교도가 마지막——에 처해졌다. 피터는 젊었을 때 교회의 압력으로 모스크바의 외국인들이 모여 살도록 한 '독일인' 특별 지역에서 상당 기간을 보냈다. 그는 서구식 복장을 하고 수염을 잘랐으며 정교도들과는 달리 사순절에 고기를 먹었다. 젊은 차르는 러시아가 대륙의 군사대국으로 나아갈 수 있는 데 필요한 신기술을 직접 배우기 위해 북유럽 전역을 여행했다. 네덜란드에서는 조선 기술자로 일했다. 런던에선 천문대, 병기공장, 왕립 조폐소와 왕립 협회 등을 방문했다. 쾨니히스베르크에선 포술을 공부했다. 그는 여행에서 러시아를 근대 유럽 국가로 전환시키는 데 필요한 것들을 조금씩 익혔다. 해군은 네덜란드와 영국을 모델로 하고, 사관학교는 스웨덴과 프러시아를 모방했다. 법률 체계는 독일인들에게서 빌려왔다. 또한 (공직) 서열표는 덴마크로부터 받아들였다. 그는 국가의 권위를 알리기 위해 전투 장면과 초상화 제작을 의뢰하고 페테르부르크에 있는 자신의 유럽식 궁정들에 진열할 조각품들과 장식 그림들을 구입했다.

새로운 수도의 모든 것은 러시아인들에게 좀더 유럽적인 생활방식을 강요하기 위한 것이었다. 피터는 귀족들에게 살 곳, 집을 짓는 법, 도시 주위를 이동하는 법, 교회에서 서 있을 곳, 부릴 수 있는 하인의 수, 연회에서 식사하는 법, 옷 입고 이발하는 법, 궁정에서 행동하는 법과 상류 사회에서 대화하는 법 등을 지시했다. 무력으로 박해받는 수도에서 자연스러운 것은 하나도 남지 않았다. 성 페테르부르크는 강압적인 규제 때문에 적대적이고 억압적인 장소로 각인되었다. 러시아 문학과 예술에서 중심적인 역할을 하는 19세기의 '비실재적 도시'——러시아적 생활방식에 이질적이고 위협적인——에 대한 신화의 근원은 여기에서 기인하고 있다. 베누아는 "페테르부르크엔 로마인들의 정신과 같은 강인하고 순수한 질서의 정신, 일반적으로 단정하지 못한 러시아인들이 참을 수 없지만 분명 매력이 있는, 공식적으로 완벽한 삶의 정신이 지배하고 있다"고 기술하고 있다. 베누아는 러시아인들이 '단정치 못한 늙은 여인' 같은 반면 페테르부르크는 '몽둥이를 든 하사관' — 기계처럼 정확한 성질——같다고 말했다.[20] 19세기 제국 도시의 이미지는 통제 개념으로 정의된다. 드 퀴스틴느는 페테르부르크가 '국가의 수도라기보다는 군의 참모본부' 같다고 지적했다.[21] 또한 게르첸은 페테르부르크의 획일성이 '군 병영'을 연상시킨다고 말했다.[22] 페테르부르크는 비인간적 균형의 도시, 거주자들의 삶보다는 건축 형태의 추상적 균형에 의해 규제되는 도시였다. 사실 바로 이러한 건축 형태의 목적은 러시아인들을 군인들처럼 열을 짓도록 통제하는 것이었다.

하지만 이 같은 유럽식 꿈의 세계의 표면 아래선 여전히 구 러시아가 지배하고 있었다. 피터에게 건물의 정면을 고전주의 양식으로 건축하라고 시달린 많은 귀족들은 모스크바에서처럼 페테르부르크에서도 자신들의 궁정 마당에 동물들을 풀어놓아 길렀다. 때문에 피터는 소와 돼지가 자신의 훌륭한 러시아 거리에 돌아다니는 것을 금하는 많은 법령을 제정해야 했다.[23] 하지만 그의 거리 중에서 가장 유럽적인 네프스키 대로조차 '러시아적' 뒤틀림으로 망쳐졌다. 한 쪽 끝에 있는 해군 본부 건물에서 3킬로미터 떨어진 다른 쪽 끝의 알렉산드르 네프스키 수도원까지 직선으로 뻗은 질서정연한 '대로'로 설계된 네프스키 대로는 서로 다른 팀에 의해 양쪽 끝에서부터 건설되었다. 하지만 그들은 선을 유지하지 못했고 1715년 완성되었을 때 두 팀이 맞닿은 지점에는 명백한 결함이 있었다.[24]

2

폰탄카 강에 있는 쉐레메테프 궁정은 페테르부르크 전통의 전설적 상징물이다. 페테르부르크 시민들은 그것을 '파운틴 하우스'라고 부른다. 1926년부터 1952년까지 이따금 그곳의 공동주택에서 살았던 시인 아흐마토바는 이 저택을 과거의 위대한 예술가들과 함께 거주하는 귀중한 내적 공간으로 생각했다. 푸쉬킨, 크릴로프, 츄쵸프와 주코프스키 등은 모두 이곳에 살았었다.

이 호화저택에 대해

나는 특권을 주장하지 않는다.
하지만 우연히도 전 생애를
이 유명한 저택의 지붕 아래
살아 왔네
파운틴 팔래스의…… 빈민으로
나는 이곳에 왔고, 빈민으로 떠나겠지……[25]

파운틴 하우스의 역사는 러시아에 서구 문화를 정착시키려는 피터 계획의 축소도다. 파운틴 하우스는 차르가 1712년 폴타바 전투에서 피터군의 야전 사령관인 보리스 쉐레메테프에게 하사한 습지의 소지구에 건설되었다. 당시 그곳은 페테르부르크의 외곽에 있었으며 그곳의 숲은 궁정을 시골처럼 보이게 했다. 피터의 선물은 눈에 띄는 가신들에게 하사한 몇 가지 중 하나였다. 차르는 페테르부르크를 개발하려는 계획의 일부로 가신들에게 폰탄카 강변에 건물 정면을 규제한 유럽식 궁정을 건설하라고 명령했다. 전설에 따르면 그 땅은 1712년에는 황무지였다고 한다. 하지만 아흐마토바는 피터 시대 이전의 참나무들에 주목했기 때문에 그곳에 스웨덴인의 농장이 있었다고 믿었다.[26]

18세기 초에 이미 쉐레메테프 가는 궁정과 긴밀한 관계를 가진 엄청나게 부유한 가문으로 확실하게 자리를 잡았다. 로마노프가의 먼 친척인 쉐레메테프 가 사람들은 군사 지휘관과 외교관으로서 황실에 대한 충성의 대가로 막대한 토지를 보상받아 왔다. 보리스 쉐레메테프는 피터의 오랜 협력자였다. 1697년 그는 차르의 첫 번째 유럽 여행을 함께했으며 유럽에서 폴란드, 이탈리아 그리고 오스트리아 주재 대사로 머물렀다. 1705년 스웨덴과의 전쟁에서 활약한 퇴역 군인인 그는 러시아에서 최초로 백작(graf)——피터가 러시아 귀족을 서구화하기 위한 사회운동의 일환으로 유럽에서 수입한 칭호——으로 임명되었다. 보리스는 차르의 호의에 따른 부와 권력을 향유했던 구 모스크바의 유력한 귀족인 최후의 구 '바야르boyars'(새로운 칭호를 부여받은 귀족들이 그들을 대체하면서 피터 통치가 종식될 때까지는 거의 사라졌다)였다. 러시아엔 서구적 의미——차르 권력의 균형추로 작용할 수 있는 독립된 지주 계급——에서의 젠틀리는 없었다. 16세기부터 국가는 지방 공후들의 준봉건적 특권을 일소하고 모든 귀족들(dvoriane)을 궁정(dvor)의 신하로 만들었다. 구 모스크바는 개인 봉토로서 차르가 소유한 세습 국가로 인식되었으며 귀족들은 법률적으로 차르의 '노예'로 규정되었다.* 귀족들은 공무에 대한 보상으로 토지와 농노를 받았지만, 그것은 서구에서처럼 무조건적이거나 자유롭게 사유할 수 있는 재산이 아니라 차르에 대한 봉사를 전제로 했다. 불충에 대한 사소한 의혹만으로도 차르는 귀족의 서열을 강등하고 사유지를 박탈할 수 있었다.

18세기 이전에 러시아엔 귀족들의 대저택이 없었다. 차르의 가신 대부분은 소박한 가구와 토기나 목기가 구비된 농민의 오두막보다 그다지 크지 않은 목조 가옥에서 살았다. 1630년대에 홀스타인의 구 모스크바 외교 사절이었던 아담 오레아리우스 공작에 따르면 러시아 귀족들 중 깃털 침대를 가진 사람은 거의 없었다. 대신 "그들은 쿠션, 짚, 돗자리나 천으로 덮인 긴 의자에 누우며 겨울에는 위가 평평한 스토브에서……하인들……닭, 돼지들과 함께〔누워〕…… 잠을 잔다."[27] 귀족들은 산재되어 있는 사유지를 거의 방문하지 않았다.

* 19세기 말에도 백작과 남작을 포함한 모든 서열의 귀족들은 차르에게 보내는 편지에 '폐하의 비천한 노예'라는 의례적인 문구를 써 넣어야 했다.

차르의 거대한 제국에서 임지를 옮겨 다른 곳에 파견되는 귀족들은 한 지역에 뿌리를 내릴 시간도 그리고 그럴 생각도 없었다. 귀족들은 사유지를 쉽게 교환하거나 팔 수 있는 수입의 원천으로 보았다. 예를 들어 툴라 부근의 아름다운 야스나야 폴랴나는 17세기와 18세기 초 20번 이상 주인이 바뀌었다. 야스나야 폴랴나는 카드 게임과 주연에서 잃거나 동시에 서로 다른 사람들에게 팔리고 빌려주거나 교환되고 저당 잡힌 것에 다시 저당을 잡혔고 마침내 수년 간의 법률 분쟁 끝에 소유권 문제가 해결되자 1760년대에 볼콘스키 가문이 이 땅을 구입했다. 결국 그의 어머니를 거쳐 소설가 톨스토이가 야스나야 폴랴나를 소유하게 된다.[28] 땅에 대한 소유권이 유동적이었기 때문에 귀족들은 실질적으로 토지에 거의 투자를 하지 않았다. 토지를 개발하거나 저택을 건축하려는 일반적인 움직임은 없었으며 중세부터 서유럽에서 일어났던 일은 전혀 일어나지 않았다. 다시 말해서 재산이 수세대에 걸쳐 상속되면서 가문의 토지가 점차 한 지역으로 집중되고 공동체와 유대감을 강화했던 서유럽과는 달리 러시아는 전혀 변화가 없었던 것이다.

17세기에 구 모스크바 '바야르'의 문화 발전은 유럽 귀족에 비해 훨씬 뒤져 있었다. 오레아리우스는 그들이 "향상된 자연과학과 예술에 대해 조야한 견해를 갖고 있는…… 야만인들 속에 있다"고 생각했다.[29] 콜린스 박사는 "그들은 삶은 완두콩이나 당근을 먹는 법을 모르고 돼지처럼 껍질과 함께 전부 먹는다"고 불평했다.[30] 러시아의 후진성은 부분적으로 1230년경에서 15세기 중엽까지 몽골이 러시아를 점령했던 사실에 기인한다. 타타르인들은 바야르의 풍습과 습관에 깊은 흔적을 남겼다. 서구에서 르네상스 운동이 일어났던 3백 년이 넘는 기간 동안 러시아는 유럽 문명에서 단절되어 있었

2. 17세기 모스크바인의 의상. 아담 오레아리우스의 판화, 구 모스크바와 페르시아 여행(함부르크 : 슐레스비히, 1669)

다. 몽고의 러시아 지배 기간에 출현한 국가는 13세기 초보다 훨씬 더 정신적인 것을 추구했다. 당시 최초의 러시아 국가를 건설한 공국들의 느슨한 연합이었던 키예프 루시는 비잔틴과 긴밀한 관계를 갖고 있었다. 오래된 공후 가문들은 힘이 약화되면서, 몽골 칸으로부터 러시아를 독립시켰던 경제적 · 군사적 힘을 제공했던 구 모스크바에 더욱 의존하게 되었다. 구 모스크바 시대(1550~1700)의 러시아 귀족들은 유럽적 의미에서의 지주들은 아니었다. 러시아 귀족은 왕실의 종복이었다. 문화의 물질적인 측면에서 러시아 귀족은 평민과 다를 바 없었다. 러시아 귀족들은 동양적인 카프탄kaftan과 모피 코트를 입은 상인들처럼 옷을 입었다. 귀족은 가부장적인 관습인 『도모스트로이*Domostroi*』——러시아인들에게 성경과 자작나무 몽둥이로 가정을 통제하는 법을 교육했던 16세기 지침서──를 따라 상인과 농민들처럼 가족들을 지배했다. 러시아 귀족의 예절은 일반적으로 알려져 있는 것처럼 촌스러웠다. 보리스 쉐레메테프 같은 명망 있는 인물도 때로 집에서 술 취한 촌놈처럼 행동할 정도였다. 차르가 영국을 여행하는 동안 그의 수행원들은 켄트의 세이예스 코트에 있는 일기작가(日記作家) 존 에블린의 별장에서 체류했다. 그들이 석 달 동안 체류하면서 가한 피해──잔디는 파헤쳐졌고 커튼은 찢어졌으며, 가구는 파괴되고 가족 초상화들은 방문객들의 사격 표적으로 사용되었다──는 에블린이 러시아 궁정에 막대한 금액의 청구서를 보내야 할 정도였다.[31] 귀족 대부분은 문맹이었고 그들 중 상당수는 간단한 덧셈조차 하지 못했다.[32] 그들은 모스크바의 특별구역에 거주해야 했다. 유럽 여행을 해본 적이 없거나 유럽을 접해보지도 못한 귀족들은 새로운 방식이나 이국적인 방식을 불신했다. 귀족들의 삶은 교회의 고색창연한 의식들──교회력은 세상이 창조된(아담이 태어난) 공상적인 해인 기원전 5509년부터 햇수를 계산한다──에 의해 규제되었다.* 피터의 사회개혁과 함께 귀족들은 매개자가 되었고 피터의 궁정은 러시아에 유럽적 방식을 도입하는 장이 되어 단순한 귀족들의 거주지 이상의 의미를 갖고 있었다. 피터의 영지는 단순한 귀족들의 공원이나 경제적 통일체 이상의 의미가 있었다. 말하자면 피터의 궁정과 영지는 문명의 지역적 중심지가 되었던 것이다.

피터는 모든 귀족들을 왕실의 종복으로 전환시키면서 근대 절대

* 피터 대제는 1700년에 서구의 역법체계를 도입한다. 하지만 러시아는 1918년까지 계속해서 율리우스력 — 다른 유럽 국가들에서 사용하는 그레고리우스력보다 13일 늦은 — 을 고수한다. 시간의 관점에서 러시아 제국은 늘 서구에 뒤처져 있었다.

주의 국가(유럽적인)의 기초를 닦았다. 구 바야르 계급은 토지와 농노에 대한 보호에 따른 권리와 특권을 향유했다——1711년에 평위원회로 대체될 때까지 차르의 법령을 승인하는 바야르 평의회 또는 두마가 있었다. 하지만 피터의 신 귀족은 전적으로 공직과 군에서의 지위에 의해 규정되었으며 따라서 그 권리와 특권도 결정되어 있었다. 피터는 직위(혈통보다는)에 따라 귀족의 서열을 구분하고, 일반인들에게 국가에 대한 봉사의 대가로 귀족의 지위를 부여하는 서열표를 제정했다. 귀족들의 군사적 위계질서는 그들의 삶의 방식에 깊고 지속적인 영향을 미쳤다. 고골리의 작품에서 볼 수 있듯이 러시아 귀족들은 서열에 대한 강박관념을 갖고 있었다. 서열마다(피터의 서열표는 14등급으로 구분된다) 고유의 제복이 있었다. 흰 바지에서 검은 바지로, 붉은 리본에서 푸른 리본으로, 은실에서 금실로, 혹은 단순히 줄무늬를 추가하는 것 같은 승격은 위계질서가 잘 확립되어 있는 귀족들의 삶에서 엄청난 중요성을 갖는 관습적인 대사건이었다. 서열마다 고유한 칭호와 호칭 방식을 갖고 있었다. 즉 정점에 있는 두 개의 서열엔 'Your High Excellency', 3,4위의 서열엔 'Your Excellency' 이런 식으로 서열을 따라 내려간다. 각 서열의 귀족들이 다른 서열이나 자신보다 늙거나 젊은 사람들을 어떻게 호칭해야 하는지를 구분해 놓은 엄격하고 정교한 예법 규약이 있었다. 나이 든 귀족은 젊은 귀족에게 편지를 쓸 때 단순히 성(姓)으로 서명할 수 있었지만 답장을 쓰는 젊은 귀족은 성에 직함과 서열을 부기해야 했다. 그렇게 하지 않았을 경우 스캔들이나 모욕으로 생각해 결투로 이어졌다.[33] 심화된 예법은 공직에 있는 귀족이 종교 축일은 물론 이름 기념일과 가족 생일에도 자신보다 높은 공직자의 가정에 존경을 표시할 것을 요구하고 있다. 성 페테르부르크의 무도회와 공식 행사에서 연장자가 서 있는데 젊은 사람이 앉아 있는 것은 큰 잘못으로 받아들여졌다. 따라서 극장에서 하급 공직자들은 공연중에 상급자가 들어올 경우에 좁은 좌석에서 기립하곤 했기 때문에 모든 공직자는 늘 근무중이라는 말들이 전해졌다. 림스키-코르사코프(작곡가의 먼 조상)는 무도회에 이은 저녁만찬에서 제복 윗단추를 풀렀다는 이유로 1810년 근위대에서 쫓겨났다.[34] 서열은 상당한 물질적 특권을 수반했다. 역참에서 말은 여행자의 신분에 따라 엄격히 배정되었다. 연회에서 음식은 우선 러시아 알파벳 P(П) 모양의 테이블의 위쪽 끝에 주인과 함께 앉아 있는 높은 서열의 손님들에게 접대되고 나서 아래쪽 끝에 있는 더 낮은 서열에 제공된다. 따라서 위쪽 끝에서 한 그릇 더 먹기를 원하면 아래쪽 끝에는 음식이 전혀 제공되지 않게 된다. 한 번은 포템킨 공작이 자신의 궁정 연회에 소귀족을 초대했다. 그 손님은 아래쪽 끝에 앉아 있었다. 연회가 끝나고 나서 포템킨 공작이 식사를 잘 했는지 묻자, 그 손님은 "각하, 훌륭했습니다, 전부 볼 수 있었습니다"라고 대답했다.[35]

쉐레메테프 가는 새로운 사회적 위계계층의 정상으로 매우 빠르게 상승했다. 1719년 보리스 쉐레메테프가 사망했을 때 차르는 그의 미망인에게 쉐레메테프의 '아버지 역할'을 해 주겠다고 말했다. 그의 장남 표트르 쉐레메테프는 궁정에서 성장했으며 제위 계승자(피터 2세)의 몇몇 친구들 중 한 명으로 선발되었다.[36] 10대를 근위대에서 보낸 후 쉐레메테프는 안나 여제의 시종이 되었고 그 후 엘리자베타 여제의 시종이 되었다. 예카테리나 여제 치하에선 원로원 의원이 되어 최초로 귀족 계급의 의전관으로 선출되었다. 군주가 바뀔 때마다 부침을 거듭한 다른 총신들과 달리 쉐레메테프는 6명의 군주가 재위하는 동안 공직을 유지했다. 가문의 연줄, 영향력 있는 조신(朝臣) 트루베츠코이 공작의 보호 그리고 예카테리나의 외교 고문 니키타 파닌과의 긴밀한 관계 덕분에 쉐레메테프는 어떤 군주의 변덕에 의해서도 희생되지 않을 수 있었다. 그는 유럽적 의미에서 자립적인 첫 번째 러시아 귀족들 중 하나였다.

쉐레메테프 가의 엄청난 부는 이러한 새로운 자신감과 많은 관련이 있다. 80만 헥타르가 넘는 토지와 '조사에 따르면' 20만 명이 넘는 농노(실제 농노는 100만 명에 이르렀을 것이라는 사실을 의미한다)를 가진 쉐레메테프 가는 표트르가 죽은 1788년까지 다른 지주들과는 상당한 격차가 있는 세계에서 가장 큰 지주 가문이었다. 금전적인 면에서 1790년대엔 매년 약 63만 루블(6만 3천 파운드)의 수입을 올린 쉐레메테프 가는 연 수입이 약 5만 파운드인 영국의 가장 큰 영주 벨포드와 데번셔 공작들, 쉘버른 경과 로킹엄 후작 못지않은 영향력을 갖고 있었으며 그들보다 더 부유했다.[37] 대부분의 귀족 재산처럼 쉐레메테프가의 재산은 주로 공무에 대한 보상으로 황제가 토지와 농노를 하사한 것이었다. 가장 부유한 명문가들은 모두 16세기와 18세기 사이의 대 영토 팽창기에 차르 국가의 고위층에 있었다. 결과적으로 그들은 러시아와 우크라이나 남부의 비옥한 땅의 아낌없는 하사로 보상받았다. 이들 명문가는 쉐레메테프 가와 스트로가노프 가, 데미도프 가와 다비도프 가, 볼론초프 가와 유수포프 가였다. 18세기에 실력자들의 수가 늘어났지만 쉐레메테프가 또한 무역에서 막대한 이익을 얻었다. 러시아 경제는 18세기에 경이적인 속도로 성장했다. 거대한 삼림지역, 종이 공장과 제조업체들, 상점 및 여타 도회지 자산을 소유한 쉐레메테프 가는 경제 성장으로 막대한 수익을 챙겼다. 18세기까지 쉐레메테프 가는 로마노프 왕실을 제외한 다른 어떤 러시아 귀족 가문보다도 거의 두 배나 많은 재산을 소유하고 있었다. 쉐레메테프 가의 엄청난 부는 부분적으로 대다수 다른 명문가들이 유산을 모든 아들과 때로는 딸에게까지 분할했던 것과는 달리 재산의 대부분을 장자에게 상속했기 때문이었다. 쉐레메테프 가가 러시아 제일의 부자가 된 것은 결혼도 중요한 요소였다——특히 1743년 표트르 쉐레메테프와 또 다른 엄청나게 부유한 가문의 상속녀인 바바라 체르카스카야 간의 화려한 결혼식을 통해 쉐레메테프 가는 모스크바 교외의 아름다운 사유지인 오스탄키노를 획득했다. 18세기 후반기에 최초의 위대한 러시아 극장 감독인 그들의 아들 니콜라이 페트로비치가 오스탄키노에 엄청난 재산을 쏟아부으면서 오스탄키노는 쉐레메테프 가가 최고로 번창하던 시기의 보석이 되었다.

쉐레메테프 가는 상당한 비용을 저택에 지출했다——종종 수입보다 훨씬 더 많이 지출했기 때문에 19세기 중반까지 그들의 부채는 수백만 루블에 이르렀다.[38] 엄청난 지출은 러시아 귀족의 특이한 약점이었는데, 이는 부분적으로는 어리석기 때문이었고 부분적으로는 거의 노력하지 않는데도 엄청난 속도로 부가 유입되는 계급의 습관 때문이었다. 귀족 재산의 대부분은 베르사이유나 포츠담과 비교해 더 훌륭한 궁정을 만들고자 했던 황제가 하사하는 형태로 이루어졌다. 귀족들은 궁정 위주의 문화에서 출세하기 위해 터무니없는 생활방식으로 살 필요가 있었다. 수입한 미술 작품과 가구가 구비된 화려한 저택을 소유하고 유럽 스타일의 사치스러운 무도회와 연회를 여는 것은 궁정에서 호감을 사 승진할 수 있는 서열과 지위의 중요한 속성이 되었다.

쉐레메테프 가 예산의 상당 부분은 가사를 돌보는 많은 하인들에게 지출되었다. 쉐레메테프 가는 제복을 입힌, 가사를 담당하는 일단의 하인들을 유지하고 있었다. 파운틴 하우스에만 340명의 종복이 있어 문마다 시종을 배치할 정도였으며 저택 전체적으로 쉐레메테프 가가 고용한 종복의 수는 천 명이 훨씬 넘었다.[39] 농노가 많은 국가의 사치는 많은 시종을 거느리는 것으로 표출되기도 했다. 아무리 큰 영국의 저택도 상대적으로 적은 수의 시종을 부리고 있었으며 1840년대 채트워스의 데번셔 가는 시종이 18명에 불과했다.[40] 외국인들은 늘 러시아 저택에 있는 많은 수의 시종에 놀랐다. 프랑스 대사 세귀르 백작도 개인 저택에 500명의 시종들이 있다는 사실에 놀라움을 표시했다.[41] 많은 종복을 소유하고 있는 것은 러시아 귀족의 특이한 취약점이었다——그리고 러시아 귀족이 결국 몰락한 이유일 것이다. 지방의 중간 귀족 가문들도 수입을 초과하는 많은 수의 종복들을 거느리고 있었다. 모스크바 지역 출신의 하급 관리인 드미트리 스베르베이예프는 1800년대에 자신의 아버지가 모스크바로의 짧은 연례 여행만을 목적으로 6마리의 덴마크산 말이 끄는 영국 마차, 4명의 마부, 2명의 기수장, 제복을 입힌 2명의 마부를 가지고 있었다고 회상했다. 가족 사유지엔 주방장 2명, 시종 1명과 보조원, 집사 1명과 4명의 문지기, 개인 이발사 1명과 2명의 재단사, 12명의 하녀, 5명의 세탁담당 여자들, 8명의 정원사, 16명의 주방과 다양한 다른 시종들이 있었다.[42] 랴잔 지방의 중간 귀족 가문인 셀리바노프 저택에선 1810년대에도 선조들이 1740년대에 복무했던 궁정 문화에 따라 가사 체제가 규정되었으며, 엄청난 시종들을 보유하고 있었다——짙은 녹색 유니폼을 입고 가발을 쓴 채 말총을 꼬아 만든 특수한 신발을 신은 80명의 마부가 있었으며 그들은 방에서 뒷걸음질로 물러나야 했다.[43]

쉐레메테프 집안에선 의복이 또 다른 엄청난 사치의 원천이었다.

니콜라이 페트로비치는 아버지처럼 대륙의 유행을 충실히 따랐으며 옷을 만들 원단을 수입하는 데 매년 수천 파운드를 지출했다. 1806년 그의 의류 물품 명세표를 보면 그는 적어도 37벌의 서로 다른 형태의 궁정 제복을 갖고 있었다. 그것들은 모두 금실로 바느질되었고 당시 유행하던 짙은 녹색이나 짙은 갈색 캐시미어 혹은 손으로 짠 편물 색상이었다. 또한 10벌의 싱글 상의 연미복과 18벌의 더블 상의, 54벌의 예복, 한 벌은 북극 곰 가죽으로 만들어졌고 다른 한 벌은 흰 늑대 가죽으로 만들어진 2벌의 흰색 모피 코트가 있었다. 6벌의 갈색 모피 코트, 17벌의 면 자켓, 119벌의 바지(53벌은 흰색, 48벌은 검은 색), 14벌의 비단 잠옷, 가장 무도회를 위해 분홍색 호박단으로 만든 2개의 후드가 붙은 겉옷, 푸른색과 검은색 공단으로 줄을 댄 검은색 호박단으로 만들어진 두 벌의 베네치아산 외출복, 금실과 은실로 수 놓은 39벌의 프랑스제 비단 카프탄, 8벌의 우단 카프탄(노란 점이 있는 연보라색 한 벌), 63벌의 조끼, 42장의 스카프, 82짝의 장갑, 23개의 삼각 모자, 9켤레의 부츠와 60켤레가 넘는 신발 등이 있었다.[44)]

오락 또한 비용이 많이 들었다. 쉐레메테프 저택은 그 자체가 하나의 작은 궁정이었다. 두 개의 주요 모스크바 저택――오스탄키노와 쿠스코보 사유지――이 음악회, 오페라, 불꽃놀이와 수천 명의 손님이 초대되는 무도회 같은 사치스러운 오락으로 유명했다. 쉐레메테프 가의 환대는 제한이 없었다. 식사 시간에 문 하나를 개방하는 러시아 귀족의 관습이 무조건적으로 준수된 파운틴 하우스에서는 종종 50번의 점심과 저녁만찬 손님이 있었다. 그곳에서 자주 저녁을 먹었던 작가 이반 크릴로프는 누군지 아는 사람이 아무도 없는 손님이 수년 동안 그곳에서 식사를 했다고 회상하고 있다. '쉐레

메테프 가 계산으로' 라는 말은 '무료' 를 의미하는 말이 되었다.[45]

쉐레메테프 집안의 거의 모든 것은 유럽에서 수입되었다. 러시아에도 얼마든지 있는 기본적 물품(참나무, 종이, 곡물, 버섯, 치즈와 버터)도 더 비쌈에도 불구하고 해외에서 수입된 것이 선호되었다. 1770년에서 1788년까지 피터 쉐레메테프가 해외에서 구입한 물품 목록은 문서로 보관되어 있다. 그는 성 페테르부르크에 있는 외국 상인이나 특별히 물품을 수입하도록 위탁한 중개인을 통해 구입했다. 의복, 보석류와 직물들은 파리에서 직접 수입되었고 대개 재단사는 베르사이유에서, 포도주는 보르도에서 수입되었다. 쵸콜릿, 담배, 야채, 커피, 설탕과 다른 낙농제품은 암스테르담에서, 맥주와 개 그리고 마차는 영국에서 수입되었다. 여기에 쉐레메테프의 구매 목록들 중 하나가 있다.

솜털로 만든 카프탄
금과 진주가 박힌 여성용 속옷
암갈색 비단으로 만든 카프탄과 바지 외에 노란색 여성용 속옷
양 옆에 푸른색 면을 댄 붉은 면으로 만들어진 카프탄
금실로 바느질한 여성용 푸른 비단 속옷
직물로 만든 카프탄과 바지 이외에 금실과 은실로 바느질된 빨간색 여성용 비단 속옷
초콜릿 색 카프탄과 바지 외에 녹색 플러시 천으로 된 여성용 속옷
검은 우단으로 만든 남성용 예복
반점이 있는 검은 우단으로 만든 연미복
24개의 은단추가 달린 연미복
금실과 은실로 바느질된 골 무늬 여성용 무명 속옷

여성용 속옷을 위한 프랑스제 비단 7아르쉰*
긴 잠옷용 레이스 소매 24쌍
바지용 검은 천 12아르쉰과 검은 우단 3아르쉰
다양한 리본
150파운드의 최상급 담배
60파운드의 일반 담배
머리 기름 30통
가는 당밀 72병
황금으로 만든 코담배갑
두 통의 편두
2파운드의 바닐라
기름에 담근 60파운드의 송로
200파운드의 이탈리아산 국수
240파운드의 이탈리아산 치즈
안초비 50병
마티니크산 커피 12파운드
검은 후추 24파운드
흰색 후추 20파운드
카다몬 6파운드
건포도 80파운드
씨 없는 건포도 160파운드
영국산 건조 겨자 12병
여러 가지 종류의 햄과 베이컨, 소시지

* 1 아르쉰arshin은 71센티미터

블라망주(우유를 갈분 · 우무로 만든 과자)를 만들기 위한 주형
부르고뉴산 적포도주 600병
거품이 이는 샴페인 200병
거품 없는 샴페인 100병
분홍빛 샴페인 100병[46]

보리스 쉐레메테프가 마지막 구 바야르였다면 그의 아들 표트르는 러시아 최초의 가장 위대한, 유럽적 의미의 신사였을 것이다. 유럽풍 저택 건축물은 구 모스크바의 바야르가 러시아 귀족으로 전환됐다는 사실을 가장 분명하게 보여주고 있다. 거대한 저택 안에는 온갖 유럽 예술품들이 구비되어 있었다. 살롱과 무도실을 갖추고 있는 저택은 짐짓 점잔을 빼며 유럽풍을 과시하기 위한 귀족들의 극장 같았다. 하지만 저택은 건축물이나 사회적 공간 이상의 의미를 지니고 있었으며, 문명을 전파하는 근거지로 인식되었다. 저택은 러시아적 농민의 대지라는 사막에 있는 유럽 문화의 오아시스였다. 저택의 건축 양식, 그림, 책, 농노로 구성된 오케스트라와 오페라, 조경된 공원과 모범적인 농장은 대중적 계몽의 수단으로 작용했다. 이 같은 의미에서 저택은 페테르부르크 자체를 반영하고 있었다.

원래 파운틴 하우스는 보리스 쉐레메테프의 말년에 러시아 전통에 따라, 서둘러 건축된 일 층짜리 목조 다차였다. 표트르는 1740년대——엘리자베타 여제가 그곳에 자신의 멋진 황실 주거지들인 오늘날의 폰탄카 강변의 여름궁전(1741~4), 차르스코예 셀로(1749~52)와 겨울궁전(1754~62)을 건설하도록 지시한 이후로 페테르부르크에선 광적인 저택 건축 붐이 불기 시작했다——에 이 집을

석조 건물로 재건축하고 증축했다. 이 모든 바로크풍의 걸작 건축물들을 건축한 사람은 16살에 러시아에 온 이탈리아 건축가 바르톨로메오 라스트렐리였다. 라스트렐리는 성 페테르부르크의 특색인 이탈리아와 러시아 바로크 양식이 통합된 양식을 완성했다. 그 완성된 양식——규모의 크기, 풍부한 형태, 과감한 색상에서 유럽의 그것과 구별되는——은 라스트렐리가 직접 설계한 파운틴 하우스에 구현되어 있다. 차르스코예 셀로에서 라스트렐리의 수석 조수로 일한, 해군 학교를 졸업하고 러시아 최초의 주목받는 건축가가 된 트베리 출신의 소귀족 사바 체바킨스키가 파운틴 하우스 건축현장을 감독했다. 고전적인 건물 정면은 쉐레메테프 가의 영광을 알리는 사자 머리와 군 휘장으로 화려하게 장식됐고 철제 난간과 문들에도 이 모티브들이 적용되었다. 저택 뒤로는 이탈리아에서 수입된 대리석 조각, 영국식으로 동굴 모양으로 꾸민 피서용 방, 중국식 누각과 저택명을 나타내는 다소 장난기 어린 분수들이 나열된 길이 나있는 넓은 정원이 있어 차르스코예 셀로를 연상시킨다.[47]

저택 내부엔 사치스러운 취향을 반영하고 있는 유럽의 조각품, 부조, 가구와 장식이 비치되어 있었다. 프랑스에서 수입된 벽지가 막 유행하기 시작했고 러시아에선 처음으로 파운틴 하우스에서 사용된 것처럼 보인다.[48] 표트르 쉐레메테프는 유행에 민감한 사람이었고 거의 매년 저택의 장식을 바꾸었다. 위층에는 바닥은 나무로 모자이크되어 있고 높은 천장엔 그림이 그려져 무도회와 음악회에 사용된 대형 응접실이 있었다. 응접실의 한 쪽 면으로 물을 바라볼 수 있는 큰 유리창들이 나 있었고, 그 반대편에는 금박 촛대가 달린 큰 유리들이 부착되어 있어 응접실로 휘황찬란한 빛이 비추는 놀라운 효과를 내었다. 한 쪽 끝에는 귀한 성상화가 있는 예배당이 있었

3. 오스탄키노에 있는 쉐레메테프 극장. 무대에서 본 모습. 바닥에는 마루가 깔려 있으며, 무도실로 사용되었다.

다. 위층 복도엔 진열된 화랑, 골동품 박물관, 거의 불어로 된 약 2만 권의 장서가 있는 서재, 농노 미술가들이 그린 가족과 왕실 초상화 화랑, 쉐레메테프가 수십 폭씩 구입한 유럽 그림 소장품들이 있었다. 화랑들엔 라파엘, 반 다이크, 콜레지오, 베로네스, 베르네와 렘브란트의 작품들도 있었다. 현재 이것들은 겨울 궁전의 에르미타쥐에 소장되어 있다.[49)]

하나의 저택에 만족하지 못한 쉐레메테프 가는 모스크바의 북쪽 교외의 쿠스코보와 오스탄키노에 훨씬 더 호화로운 저택 두 채를 더 지었다. 모스크바 남동부에 있는 쿠스코보의 저택은 상대적으로 소박한 농촌 같은 느낌을 주는 목조 가옥이긴 했지만 특별히 야심적인 구상으로 건축된 것이었다. 저택 앞에는 5만 명 가까운 손님들이 관람하는 가상 해전을 벌일 정도로 큰 인공 호수가 있었다. 또한 저택엔 수백 점의 그림을 소장한 별채, 누각과 동굴 모양의 피서용

방, 여름에 이용할 수 있는 노천 계단 극장과 150명을 수용할 수 있는 좌석과 대형 프랑스 오페라의 장면 전환을 가능하게 할 만큼 깊은 무대가 있는 대형 실내 극장(1780년대 건축되었을 당시 러시아에서 가장 최신인) 등이 있었다.[50] 쉐레메테프 오페라를 가장 높은 경지로 끌어 올린 니콜라이 페트로비치는 1789년 쿠스코보에 있는 관객석이 전소된 후 오스탄키노에 극장을 재건축했다. 260명을 수용할 수 있는 좌석을 구비한 오스탄키노 극장은 쿠스코보 것보다 훨씬 컸다. 오스탄키노 극장의 기술 시설들은 쿠스코보보다 훨씬 더 정교했고, 특히 화단을 바닥재로 덮어 극장을 무도장으로 변환시킬 수 있는 특별히 설계된 장치가 설치되어 있었다.

3

귀족 문명은 수백만 농노의 솜씨에 기반한 것이었다. 러시아의 부족한 기술은 무제한의 값싼 노동력 공급으로도 채워질 수 없었다. 관람객들이 겨울 궁정의 화려함과 아름다움에 숨이 멎을 만큼 놀라게 만드는 것——나무쪽으로 모자이크한 끊임없이 뻗어 있는 마루와 어디서나 볼 수 있는 금박, 화려한 목공예품과 부조, 머리카락보다 가는 실로 만든 자수, 동화 장면이 보석에 새겨져 있는 모형 상자들이나 공작석의 정교한 모자이크들——들 중 대다수는 알려지지 않은 농노 예술가들의 수 년에 걸친 남모르는 노동의 산물들이었다.

쉐레메테프 저택과 그들의 예술에 농노는 필수적이었다. 조사 자료에 나와 있는 쉐레메테프 가가 소유한 20만 농노들 중에서 매년 수백 명이 선발되어 미술가, 건축가와 조각가, 가구 제작자, 장식화가, 도금장이, 조판공, 원예가, 극장 기술자, 배우, 가수와 음악가로 훈련받았다. 이 농노들 중 상당수는 해외에 보내거나 기술을 배울 수 있도록 궁정에 위탁되었다. 하지만 아직 기술이 부족한 곳에선 많은 것이 순전히 머릿수로 채워졌다. 쿠스코보엔 연주자를 교육하는 시간을 절약하기 위해 연주자마다 하나의 음만 연주하도록 교육받은 트럼펫 악단이 있었다. 연주자의 수는 곡에서 나오는 서로 다른 음의 수에 따라 달랐으며, 그들의 유일한 기술은 제때 자신의 음을 연주하는 것이었다.[51)]

아르구노프 가는 러시아 예술의 발전에 결정적인 역할을 했다. 아르구노프 가 사람들은 모두 쉐레메테프 가의 농노들이었다. 건축가이자 조각가인 페도르 아르구노프는 파운틴 하우스의 주요 응접실들을 설계하고 건축했다. 그와 형제였던 이반 아르구노프는 황실 궁정에서 게오르그 그로트와 함께 미술을 공부했고 곧 러시아의 주요한 초상화가들 중 한 명으로 명성을 얻었다. 그는 1759년 장차 여제가 될 예카테리나의 초상화를 그렸다——궁정이 유럽에서 전속 초상화가를 찾고 있던 당시 러시아 미술가에게는 전례 없는 명예였다. 이반의 장자 파벨 아르구노프는 오스탄키노와 파운틴에서 크발렌기와 함께 일했던 건축가였다. 이반의 막내아들 야코프 아르구노프는 1812년 알렉산드르 황제의 초상화로 잘 알려져 있다. 하지만 아르구노프가 삼형제 중에서 가장 중요한 인물은 단연 19세기 러시아 최고의 화가들 중 한 명인 둘째 니콜라이였다.[52)]

창조적 농노의 지위는 복잡하고 애매했다. 주인들에게 상당히 존중되고 보상받는 예술가들이 있었다. 높은 평가를 받는 주방장과 가수들은 쉐레메테프 집안 내에서 높은 임금을 받았다. 1790년대에 니콜라이 페트로비치는 주방장에게 연봉 850루블(영국 가문의 최고 주방장에게 지급된 액수의 4배)을 지급했으며 최고의 오페라 가수에겐 1500루블을 지급했다. 하지만 다른 농노 예술가들은 형편없는 대우를 받았다. 이반 아르구노프는 파운틴 하우스에서 모든 예술적 문제를 책임지고 있었지만 일 년에 겨우 40루블을 받았다.[53] 농노 예술가들은 다른 가내 농노들보다는 더 높은 지위에 있었다. 그들은 더 좋은 집에서 살면서 더 좋은 음식을 받았고 때로 궁정, 교회나 다른 귀족 가문의 의뢰가 있을 경우엔 프리랜서 예술가로 작업하는 것이 허락되었다. 하지만 다른 농노들처럼 그들은 자기 주인의 재산이었으며 다른 농노들처럼 벌을 받기도 했다. 이 같은 노예 상태는 독립적으로 살아가고자 하는 예술가들에겐 엄청난 장애물이었다. 파운틴 하우스의 예술 관리자로서 이반 아르구노프는 수없이 많은 육체적 가사 노동은 물론 빈번한 저택 내부 장식 교체를 감독하고, 가장 무도회를 준비하고, 극장 공연 작품을 위한 무대 장치 그리고 불꽃놀이 등을 떠맡고 있었다. 이반 아르구노프는 주인의 요구에 따른 사소한 일들 때문에 자신의 그림 구상 계획들을 포기해야 했으며, 주인의 요청에 부응하지 못할 경우엔 벌금을 내거나 매질을 당하기까지 했다. 이반은 농노로 죽었지만 그의 아이들은 해방되었다. 니콜라이 페트로비치의 유언에 따라 1809년 니콜라이 아르구노프와 야코프 아르구노프를 포함한 22명의 농노들이 자유를 얻었다. 9년 후 니콜라이 아르구노프는 황실 미술 아카데미에 선출되었다. 그는 국가가 명예를 부여한 최초의 농노 출신 예술가였다.[54]

아르구노프의 가장 유명한 초상화들 중 하나는 또 한 명의 이전 쉐레메테프의 농노를 묘사하고 있다. 바로 여백작 프라스코비아 쉐레메테바다. 아르구노프는 목걸이에 그녀의 남편 니콜라이 페트로비치를 그린 재기 넘치는 세밀화와 함께 붉은 숄을 걸친 프라스코비아를 그렸다(도판 1). 초상화가 그려진 당시(1812년) 백작과 오페라 여주인공인 그의 전 농노의 결혼은 일반인들과 궁정에는 알려지지 않았고, 결혼은 그녀가 죽을 때까지 비밀에 부쳐졌다. 이 선견지명이 있는 감동적인 초상화에서 아르구노프는 그들의 비극을 전달하고 있다. 그들의 비극은 창조적 농노가 겪게 되는 어려움과 사회의 관행에 대해 우리에게 많은 것을 말해주는 특별한 이야기다.

프라스코비아는 야로슬라블 지방의 유호츠크에 있는 쉐레메테프 사유지의 농노 가족에게서 태어났다. 그녀의 아버지와 할아버지는 모두 대장장이였기 때문에 아버지 이반은 모든 농노들에게 '곱사등이'로 알려지기는 했지만 쿠즈네초프(대장장이)라는 이름이 주어졌다. 1770년대 중반 이반은 쿠스코보에서 제1의 대장장이가 되었고, 그곳에서 배후에 큰 분할 대여 농지가 있는 목조 가옥을 하사받았다. 그는 위로 두 명의 아들을 재단사로 훈련받게 했고 세 번째 아들은 쉐레메테프가 오케스트라의 음악가가 되었다. 프라스코비아의 미모와 목소리는 이미 주목받고 있었다. 표트르 쉐레메테프는 그녀에게 오페라 교육을 받게 했다. 프라스코비아는 이탈리아어와 프랑스어를 배웠고 두 나라 말을 유창하게 구사했다. 그녀는 지역에서 가장 좋은 선생들에게 노래하는 법과 연기하는 법 그리고 춤추는 법을 배웠다. 프라스코비아는 11살이 되던 1779년 러시아에서 초연된 앙드레 그레트리의 희극 오페라 《시련에 빠진 우정 *L'Amitié à l'épreuve*》에서 하녀로 최초로 무대에 섰으며 일 년도 안 돼 안토니오 자치니의 《라 콜로니 *La Colonie*》에서 벨린다로 첫 번째 주역을 맡았다.[55] 그때부터 그녀는 거의 줄곧 여자 주인공의 역할을 노래했다.

프라스코비아는 넓은 음역과 맑고 깨끗한 음색으로 차별화되는 훌륭한 소프라노 목소리를 갖고 있었다. 1780년대와 1790년대에 쉐레메테프 오페라가 명성을 얻었던 것은 그녀의 인기와 긴밀한 관계가 있었다. 프라스코비아는 러시아 최초의 진정한 슈퍼스타였다.

백작과 프라스코비아의 로맨스 같은 이야기는 희극 오페라에서는 노골적으로 표현될 수 있었다. 18세기의 무대는 젊고 저돌적인 귀족과 사랑에 빠진 하녀들이 비일비재하게 등장했다. 프라스코비아도 매력적인 여주인공이 비천한 사회적 신분 때문에 공작과 결혼할 수 없는 이야기로 큰 인기를 얻었던 오페라 《아뉴타*Anyuta*》에서 젊은 하녀 역할을 노래했다. 니콜라이 페트로비치는 젊지도 저돌적이지도 않았지만 그것은 사실이었다. 프라스코비아보다 거의 20년 연상인 그는 다소 작은 키에 뚱뚱했으며 우울증이 있는 좋지 않은 건강으로 고통받고 있었다.[56] 하지만 그는 훌륭한 예술적 감각을 갖고 있는 낭만적인 사람이었고 프라스코비아와 음악에 대한 사랑을 공유하고 있었다. 사유지에서 소녀로서 성장해 자신의 오페라 가수로 꽃을 피우는 프라스코비아를 지켜보면서 그는 그녀의 육체적 아름다움 못지않은 정신적 아름다움을 알아보았다. 결국 그는 사랑에 빠졌다. 1809년에 니콜라이 페트로비치는 "나는 그녀에 대해 가장 애정 어린 열정을 느낀다"라고 기록하고 있다.

> 하지만 나는 이런 느낌이 육체적 쾌락을 좇는 것인지 아니면 아름다움과는 별개로 마음과 정신을 유쾌하게 하는 다른 즐거움을 찾고 있는 것인지를 알기 위해 진심으로 곰곰이 생각해 보았다. 그것은 우정보다는 육체적 · 정신적 즐거움을 추구하는 것이라는 사실을 알고 있기 때문에 나는 오랫동안 내 사랑의 실체들을 관찰했다. 나는 최고의 정신, 순수

함, 인류에 대한 사랑, 지속성과 성실성 그리고 신성한 믿음에 대한 애착과 신에 대한 진실한 존경을 발견했다. 이러한 성질들은 모든 외적인 즐거움보다 더 강하며 매우 희귀하기 때문에 그녀의 아름다움보다도 더 매력적이다.[57]

시작이 고상했던 것은 아니었다. 젊은 시절의 백작은 사냥과 여자를 쫓아다니는 것을 좋아했다. 1788년 아버지가 사망하면서 그가 가족의 재산을 관리하게 될 때까지 니콜라이 페트로비치는 대부분의 시간을 관능적 쾌락을 좇으며 보냈다. 이 젊은 대지주는 종종 농노 소녀들에 대한 자신의 '권리들'을 주장했다. 백작은 낮에 그들이 일하는 동안 사유지 소녀들의 방을 배회하다 자신이 고른 소녀가 사는 집 창문으로 손수건을 떨어뜨렸다. 백작은 그날 밤 그녀를 찾아갔고 떠나기 전에 손수건을 돌려받곤 했다. 1784년 어느 여름날 저녁 프라스코비아가 아버지의 두 마리 소를 몰아 개울로 내려가고 있을 때 개 몇 마리가 그녀를 좇으며 짖어댔다. 하루의 사냥을 마치고 말을 타고 집으로 돌아가던 백작은 개를 불러들이고 프라스코비아에게 다가갔다. 그는 프라스코비아의 아버지가 지역의 사냥터지기에게 그녀를 시집보내려한다는 이야기를 들었다. 그녀는 16살이었다──농노 소녀의 결혼나이로는 상대적으로 늦은 것이다. 백작은 그것이 사실인지 물었고 그녀가 그렇다고 대답하자 결혼을 하지 못하게 할 것이라고 말했다. "너는 이런 식으로 결혼해 버려서는 안 돼! 네가 지금은 농부지만 앞으로 언젠가 존경받는 여인이 될 것이다!" 그리고 나서 백작은 돌아서서 말을 타고 가버렸다.[58]

백작과 프라스코비아가 언제 사실상의 '부부'가 되었는지는 분명하지 않다. 우선 그녀는 주인에게 특별대우를 받았던 탁월한 여

가수들 중 한 명에 지나지 않았다. 백작은 자신이 좋아하는 가수와 무용가들을 보석의 이름을 따 불렀고——'에메럴드'(코발레바), '가닛'(쉴리코바)과 '펄'(프라스코비아)——그들에게 값비싼 선물과 보너스를 퍼부었다. 쉐레메테프가 자신의 회계사에게 보낸 편지에서 불렀던 것처럼 '우리 집 소녀들'은 항상 백작의 시중을 들었다. 그들은 성 페테르부르크로의 겨울 여행에 그와 동반했으며 여름에 쿠스코보로 그와 함께 돌아왔다.[59] 여러 가지 정황으로 보아 그들은 백작의 후궁들이었다——특히 프라스코비아와 결혼 직전에 백작은 그들 모두에게 지참금을 주어 결혼시켰다는 사실에 비추어.[60]

농노 후궁은 18세기와 19세기 초 대단히 유행했다. 아이러니하게도 러시아 귀족들 사이에선 후궁의 수가 많을수록 유럽식 관습에 따라 문명화된 것으로 받아들여졌다. 쉐레메테프 가처럼 일부 후궁들은 선물과 후원으로 유지됐지만 다른 처첩들은 대지주의 농노들에 대한 전적인 지배력으로 유지되었다. 『가족 연대기』(1856)에서 세르게이 악사코프는 여자 농노들로 후궁을 만든 먼 친척에 관해 이야기하고 있다. 그 친척은 자신의 아내를 포함해 후궁의 설치에 반대하는 사람들은 누구든지 매질을 하거나 감금했다.[61] 19세기 회고록 문학에서 이처럼 행동한 사례는 얼마든지 발견할 수 있다.[62] 회상 중에서 가장 상세하고 흥미로운 것은 80대의 표트르 코쉬카로프라는 귀족의 후궁 출신 전 농노 마리아 네베로바의 회고록이다. 12살에서 15살까지의 가장 예쁜 어린 농노 소녀들은 지독하게 헌신적인 나탈리아 이바노브나라는 새디스트적인 하녀 우두머리의 감독하에 코쉬카로프 집의 특수한 여성 구역에 엄격히 격리된다. 후궁 내에는 주인의 방이 있다. 그가 잠자리에 들 때 모든 소녀가 함께 그를 맞아 그와 함께 기도하며 침대 주위에 자신들의 매트리스를 놓는다. 나탈리아 이바노브나가 주인의 옷을 벗기고 침대에 눕도록 도와주고 그들 모두에게 동화를 들려준다. 그리고 나서 그녀는 밤에 그들 모두를 남겨 두고 가 버린다. 아침에 코쉬카로프는 옷을 입고 기도하고 차를 마시고 담배를 피고 나서 '학대'를 하기 시작한다. 불복종적인 소녀들이나 단순히 학대하는 것이 즐거운 소녀들을 회초리로 때리거나 빰을 때렸고 다른 소녀들은 마루를 개처럼 기어야 했다. 이런 새디스트적인 폭력은 코쉬카로프에게 부분적으로는 성적인 '유희'였지만 통제를 하고 위협하는 것으로 작용하기도 했다. 남자 종복과의 은밀한 관계로 고발된 한 소녀는 창고에 한 달 동안 감금되었다. 그리고 나서 농노들이 모두 보는 앞에서 소녀와 그녀의 애인은 기진해 쓰러질 때까지 몇몇 남자들에게 매질을 당했고 불쌍한 그 두 사람은 마루 위에 핏덩어리로 남겨졌다. 코쉬카로프는 난폭하긴 했지만 소녀들을 교육시키고 향상시키는 데도 큰 관심을 기울였다. 그들은 모두 읽고 쓸 줄 알았으며 일부는 불어도 구사할 수 있었다. 네베로바도 푸쉬킨의 「바흐치사라이의 분수」를 암송할 수 있었다. 그들은 유럽식 의상을 입었고 교회에서는 특별석에 앉았다. 더 어린 소녀들로 후궁에서 대체될 땐 남자 종복들 중 엘리트인 주인의 사냥 농노들에게 지참금을 주어 결혼시켰다.[63]

프라스코비아는 1790년대 초까지 쉐레메테프의 정부가 되었다. 백작이 프라스코비아에게 애착을 갖게 된 것은 더 이상 육체적 쾌락만이 아니라 그의 말처럼 그녀의 마음과 영혼의 아름다움 때문이었다. 그 후 10년간 백작은 그녀에 대한 사랑과 자신의 높은 사회적 지위 사이에서 괴로워했다. 그는 프라스코비아와 결혼하지 않는 것은 도덕적으로 잘못된 것이라고 느꼈지만 귀족적 자존심은 그녀와 결혼하는 것을 용납할 수 없었다. 지위에 대한 강박관념을 가지고 있던 18세기 러시아의 귀족 문화——19세기에는 상대적으로 일반적인 일이 되긴 했지만——에서 농노와의 결혼은 드문 일이었다. 쉐레메테프처럼 부유하고 저명한 귀족에게 농노와의 결혼은 상상도 할 수 없는 일이었다. 그가 프라스코비아와 결혼한다면 합법적인 상속자를 가질 수 있을지조차 확실하지 않았다.

백작의 딜레마는 수많은 희극 오페라에서 귀족들이 직면한 문제였다. 니콜라이 페트로비치는 1780, 90년대 러시아 전역에 만연했던 감상주의에 쉽게 영향을 받았다. 그가 제작한 많은 작품들은 사회적 관습과 자연적 감정 사이의 갈등에 대한 변주들이었다. 볼테르의 『나닌*Nanine*』(1749)을 제작한 작품에서 후원하는 가난한 처녀와 사랑에 빠진 올번 백작은 낭만적인 감정과 비천한 소녀와의 결혼을 금하는 자기가 속한 계급의 관습 사이에서 선택을 강요받는다. 결국 그는 사랑을 선택한다. 자기 삶과의 대비가 너무 명백해 니콜라이 페트로비치는 당시 프라스코비아가 주연 여배우였지만 나닌의 역할을 안나 이주무드로바에게 맡겼다.[64] 극장에서 관객들은 신분의 차이가 있는 연인들을 동정하고 기본적으로 이런 작품들이 전달하고 있는 모든 인간은 평등하다는 계몽주의적인 이상에 환호를 보냈지만 현실의 삶에서도 같은 견해를 보이지는 않았다.

백작과의 은밀한 관계 때문에 프라스코비아는 거의 참을 수 없는 입장에 처하게 되었다. 그들이 관계를 맺은 초기 몇 년 간 그녀는 여전히 그의 농노로 쿠스코보에서 다른 농노들과 함께 생활했다. 하지만 동료 농노들에게까지 진실을 감출 수는 없었다. 동료 농노들은 그녀의 특권적 지위에 적대적이었고 그녀를 창녀라고 불렀다. 프라스코비아의 가족은 이런 상황을 이용하려 했으며 그녀가 백작에게 자신들의 사소한 부탁도 하지 못하자 프라스코비아에게 욕을 퍼부었다. 그런 와중에도 백작은 프라스코비아를 떠날 생각을 하고 있었다. 그가 가족에 대한 자신의 의무와 자신이 지위가 같은 누군가와 결혼하는 것이 얼마나 필수적인지에 대해 얘기하는 동안 그녀는 고통을 감추기 위해 조용히 듣고 있다가 그가 가고 난 후에야 겨우 울음을 터뜨리곤 했다. 백작은 악의적인 소문으로부터 프라스코비아와 자신을 보호하기 위해 은밀히 방문할 수 있도록 주요 대저택 인근에 소박한 목조 다차인 특수한 집을 지었다. 그는 그녀가 다른 사람을 만나거나 극장이나 교회 이외의 다른 곳에 가지 못하게 했다. 떨어져 있는 동안 그녀가 할 수 있는 일은 하프시코드를 연주하거나 자수를 놓는 것뿐이었다. 그렇다고 해서 농노들의 뒷공론이 모스크바의 대중들에게 퍼지는 것을 막을 수는 없었다. 방문객들이 그녀의 집 주변을 살피러 오거나 때로 '농민 신부' 를 조롱하기까지 했다.[65] 이러한 일들은 백작이 쿠스코보를 버릴 충분한 이유가 되었다. 그는 1794~5년 사이에 프라스코비아에게 더 화려하고 외진 거주지를 제공할 수 있는 오스탄키노의 새로운 저택으로 이사했다.

하지만 프라스코비아의 상황은 오스탄키노에서도 아주 어려웠다. 프라스코비아는 농노들의 반감을 받았고 사회적으로도 기피되었다. 그나마 기품을 유지할 수 있었던 것은 그녀의 성격적 강인함 때문이었다. 프라스코비아의 가장 큰 역할들이 늘 비극적 여주인공 역할이었다는 사실은 상징적이다. 그녀의 가장 유명한 연기는 1797년 새로 즉위한 황제 파벨이 오스탄키노를 방문한 것을 축하하기 위해 공연된 《삼늄의 결혼식*Les Mariages Samnites*》의 엘리안느 역할이었다.[66] 글레트리 오페라의 줄거리는 프라스코비아의 삶에 대한 이야기일 수 있었다. 삼늄족에겐 소녀가 남자에 대한 자신의 감정을 드러내는 것을 금하는 법률이 있었다. 엘리안느는 법을 위반하고 자신과 결혼하려고도 하지 않고 결혼할 수도 없는 전사 파르메논을 사랑한다고 선언한다. 삼늄족 추장은 그녀에게 유죄판결을 내리고 부족에서 추방한다. 엘리안느는 군인으로 변장하고 로마인들과의 전투에서 그의 군대에 합류한다. 전투중 누군지 알 수 없는 병사가 삼늄족 추장의 생명을 구한다. 승리를 거둔 삼늄 군대는 고향으로 돌아가고 추장은 이 알 수 없는 남자를 찾으라고 명령한다. 그 병사는 엘리안느로 밝혀진다. 그녀의 영웅적 미덕은 마침내 파르메논이 부족의 관습에 반발하며 엘리안느를 사랑한다고 선언하게 만든다. 엘리안느는 프라스코비아의 마지막 역할이 되었다.

《삼늄의 결혼식》이 공연되기 직전 파벨 황제는 니콜라이 페트로비치를 궁정으로 소환한다. 백작은 황제의 오랜 친구였다. 그가 자란 밀리오나야 거리에 있는 쉐레메테프가의 저택은 겨울 궁전에서 엎어지면 코 닿을 거리에 있었다. 어린 시절 백작은 자신을 아주 좋아하는 자신보다 3살 어린 파벨을 찾아가곤 했으며, 1782년엔 미래의 황제 그리고 그의 아내와 함께 아무도 모르게 해외여행을 하기도 했었다. 파벨 황제는 갑작스럽게 화를 내고 규율적인 태도를 갖고 있어 대부분의 귀족들이 꺼려했기 때문에 쉐레메테프는 파벨과 사이가 좋은 소수의 귀족들 중 한 명이었다. 1796년 제위에 오른 파벨은 쉐레메테프를 궁정 총책임자인 최고 시종으로 임명했다. 백작은 공직에 나아갈 생각이 거의 없었지만――그는 모스크바와 예술에 끌렸다――선택의 여지가 없었다. 그는 페테르부르크와 파운틴 하우스로 되돌아갔다. 프라스코비아에게 병의 첫 번째 증세가 분명해진 것은 이 시기였다. 명백한 폐결핵 증상이었으며, 그녀의 가수 경력은 끝을 맺었다. 프라스코비아는 응접실과 공개적인 장소에서 완전히 격리되어 그녀가 사용할 수 있게 특별히 건축된 파운틴 하우스의 몇 개의 방들로 활동이 제한되었다.

프라스코비아가 파운틴 하우스에 감금된 것은 병 때문만은 아니었다. 저택에 살고 있는 농노 소녀에 대한 소문은 사회적으로 스캔들을 불러일으켰다. 건전한 취향을 가진 사람들의 입에 오르내리는 것은 아니었지만 누구나 알고 있는 사실이었다. 쉐레메테프가 처음에 페테르부르크에 도착했을 때 누구나 당연히 그가 부인이 있을 것이라고 생각했다. 쉐레메테프의 친구인 쉐르마토프 공작은 그에게 "소문대로라면 이 도시는 자네를 12번은 결혼시킨 셈이고, 따라서 나는 우리가 여백작과 함께 있는 자네를 보게 될 것으로 생각하고 있네. 그 점에 대해 나는 아주 기쁘게 생각하네"라고 편지를 썼다.[67] 따라서 최고의 신랑감이 농민 소녀에게 빠져 시간을 낭비하고 있다는 사실이 밝혀지자 쉐르마토프의 실망은 분노와 배신감으로 배가되었다. 백작이 농노와 부부처럼 살고 있다는 사실은 거의 반역적인 것처럼 보였다——특히 쉐레메테프가 예전에 그와 자신의 손녀딸 알렉산드라 파블로브나 공작녀의 결혼을 중매하려 했던 예카테리나 여제의 제안을 거부했던 사실(이 일은 그 이후로 하나의 전설처럼 전해졌다)을 고려하면. 백작은 사회에서 고립되었다. 쉐레메테프 가는 그와 의절하고 유산을 어떻게 할지에 대한 분쟁에 빠져들었다. 파운틴 하우스의 큰 응접실을 찾는 사람은 없었다. 친구로 남아 있는 사람들은 쉐르마토프 공작 같은 충실한 어릴 적 친구들과 사회의 속물적인 편견에서 벗어난 시인 데르자빈과 건축가 크바렌기 같은 예술가들뿐이었다. 파벨 황제도 이 범주에 속했다. 그는 아무도 모르게 서너 번 파운틴 하우스의 뒷문 출입구를 이용해 병든 백작을 방문하거나 프라스코비아의 노래를 들었다. 1797년 2월 파운틴 하우스의 콘서트홀에서 황제와 몇몇 친한 친구들이 참석한 독창회가 열렸다. 파벨은 프라스코비아에게 매혹되어 그녀에게 자신의 다이아몬드 반지를 선물했고, 아르구노프가 그린 초상화에서 그녀는 이 반지를 끼고 있다.[68)]

황제의 도덕적 지지가 백작이 사회적 관습을 무시하고 프라스코비아를 합법적 아내로 맞기로 한 결정에 한 가지 요소로 작용한 것은 분명하다. 니콜라이 페트로비치는 언제나 쉐레메테프 가가 다른 귀족 가문과는 다르며 사회적 규범보다 약간 우위에 있다고 믿어왔다. 분명 이런 오만이 사회에서 그에 대한 어떤 적대감을 불러일으켰을 것이다.[69)] 1801년 백작은 프라스코비아에게 자유를 주고 11월 6일 마침내 모스크바 교외의 포바르스카야 거리에 있는 시몬 스톨프니크Simeon Stolpnik라는 작고 하얀 교회에서 그녀와 비밀리에 결혼한다. 쉐르마토프 공작과 몇몇 친한 친구 그리고 종복들만이 하객으로 참석했다. 결혼은 매우 신중을 기했기 때문에 결혼 증명서는 지역 교구 문서들 속에 파묻혀 있다 1905년에서야 공개되었다.[70)]

일 년 후 프라스코비아는 아들 드미트리를 낳았으며 아이는 그의 아버지처럼 파운틴 하우스의 개인 예배당에서 세례를 받았다. 하지만 이미 폐결핵이 악화돼 고통받던 그녀는 출산으로 허약해졌으며 3주간 괴로운 고통을 받다 숨졌다. 6년 후 여전히 슬픔에 잠긴 백작은 아들에게 그녀의 죽음을 회상하며 다음과 같이 고백하고 있다.

> 네 어머니의 순조로운 임신은 고통에서 벗어날 수 있는 계기처럼 보였다. 네 어머니는 고통 없이 너를 세상에 내보냈고 너를 낳은 후에도 네 어머니는 건강해 보였기 때문에 나는 무척 기뻤단다. 하지만 사랑하는 아들아, 네 어머니가 중병에 걸리자 기쁨을 느끼거나 네 부드러운 얼굴에 아버지로서 첫 번째 키스를 할 수 없었다. 네 어머니의 죽음으로 내

가슴에 충만했던 행복은 격렬한 슬픔으로 변해 버렸단다. 나는 네 어머니를 살려달라고 신께 절박한 기도를 드리고 네 어머니의 건강을 되찾게 하기 위해 전문의들을 불렀지만 거듭된 간청에도 첫 번째 의사는 비정하게 돕기를 거절했지. 이어 병은 악화되었단다. 다른 사람들이 최선을 다해 온갖 의학적 지식을 총동원했지만 네 어머니를 살릴 수는 없었다. 죽어서도 아비의 회한과 슬픔은 사라지지 않을 것이다.[71]

백작은 삶의 가장 절망적인 시간이었던 이 시기에 페테르부르크 사회 전체에 의해 버림받았다. 장례식을 준비하면서 그는 프라스코비아가 사망했다는 소식을 알리고 정교 의식에 따라 조문객들이 파운틴 하우스에서 관 속에 누워 있는 그녀를 마지막으로 접견할 수 있도록 했다.[72] 조문객은 거의 없었다. 사실 조문객의 수가 너무 적어서 관례적인 3일간의 빈소 방문 기간을 5시간으로 줄였다. 이름을 일일이 거명할 수 있을 정도로 아주 소수의 조문객이 장례식에 참석해 관이 파운틴 하우스에서 알렉산드르 네프스키 수도원까지 이동하는 동안 동행했다. 관은 네프스키 수도원에 있는 백작의 아버지 무덤 옆에 매장되었다. 참석한 사람들은 주로 오페라에서 공연하는 농노들로 프라스코비아의 절친한 친구들, 그녀가 말년에 유일하게 사회적으로 접촉했던 파운틴 하우스의 몇몇 가사 농노들, 이전 농노 애인들에게서 낳은 백작의 서자들, 한두 명의 교회 성직자, 프라스코비아의 고해신부, 건축가인 지아코모 크바렌기 그리고 백작의 귀족 친구 두 명 등이었다. 궁정에선 아무도 참석하지 않았고 (파벨은 1801년 살해되었다) 구 귀족 가문들 중에서 참석한 사람은 없었다. 무엇보다 가장 놀라운 것은 쉐레메테프 가문 사람들 중 참석한 사람이 없다는 사실이었다.[73] 6년 후까지도 백작에게 이 일은 고통과 슬픔의 원천이었다.

나는 나를 사랑하고 존경하며 기쁨을 함께할 친구가 있다고 생각했다. 하지만 아내의 죽음으로 거의 절망적인 상태에 있을 때 나를 위로해주고 슬픔을 함께한 사람은 거의 없었다. 비정함을 체험한 것이다. 아내의 시신이 매장될 때 내 친구라고 자칭하는 사람들 중 그 슬픈 일에 동정을 표하거나 아내의 관을 수행하는 기독교적 의무를 다한 사람은 거의 없었다.[74]

슬픔에 잠긴 백작은 공직을 사임하고 사회에 등을 돌려 지방으로 은퇴해 생애의 마지막 시기를 종교 연구와 아내를 추모하는 자선 사업에 헌신했다. 이런 자선 행위——아마도 프라스코비아가 속한 농노 계급에 대한 보상의 시도——에는 어떤 회한과 죄책감도 있었을 것이다. 그는 자신이 좋아하는 수십 명의 가내 농노들에게 자유를 주었다. 백작은 마을 학교와 병원을 짓는 데도 많은 돈을 지출했으며 고아들을 돌보기 위한 수탁자 단체들을 설립했다. 또한 흉년일 때 농민들에게 음식을 나누어 줄 수도원 기금을 기증했으며 자신의 사유지에서 농노들에 대한 징세를 경감했다.[75] 하지만 단연 가장 야심적인 계획은 모스크바 교외에 프라스코비아를 추모하며 설립한 자선 회관——16개의 남자 병동과 16개의 여자 병동이 있는, 1803년 당시 여러 가지 측면에서 제국에서 가장 큰 공공 병원인 스트라노프림느이 돔——이었다. 그는 "고통받는 나의 영혼을 위로할 유일한 방법은 가난한 사람들과 병든 사람들을 돌보아 달라는 아내의 간절한 부탁을 헌신적으로 이행하는 것이라 생각할 정도로 아내의 죽음에 충격을 받았다"고 기록하고 있다.[76] 수년 간 슬픔에 잠긴 백작은 파운틴 하우스를 떠나 아무도 모르게 가난한 사람들에게 돈을 나누어주며 페테르부르크 거리를 배회했다.[77] 그는 1809년 러시아에서 가장 부유한 귀족이자 분명 가장 외로운 사람으로 사망했다. 아들에게 한 고백에서 백작은 자신이 살면서 이루어 놓은 작품들에 구현된 문명화를 철저히 거부하는 것으로 끝을 맺는다. 그는 "진귀한 것에 대한 나의 취향과 열정"에 대해 다음과 같이 기록하고 있다.

> 사람들이 듣도 보도 못 한 것들로 사람들을 매혹시키거나 놀라게 하려는 나의 욕망처럼 일종의 허영이었다……. 그런 작품의 광휘는 잠깐 동안만 만족을 주었다가는 이 시대 사람들의 시야에서 곧 사라져 버린다는 사실을 알게 되었다. 그것은 영혼에 사소한 영향조차 미치지 못한다. 이 모든 화려함이 무슨 의미가 있는가?[78]

프라스코비아가 죽자 백작은 신임 황제인 알렉산드르 1세에게 자신의 결혼을 알리고 드미트리를 자신의 유일한 합법적 상속자로 인정해줄 것을 호소(성공적으로)하는 편지를 보냈다.[79] 그는 아내가 대장장이인 쿠즈네초프의 피후견인이었을 뿐이며 사실은 서부 지방 출신의 코발렙스키 가문으로 불리는 고대 폴란드 귀족 가문의 딸이라고 주장했다.[80] 이 같은 사실을 꾸며낸 것은 부분적으로 드미트리의 상속권을 자신이 여러 농노 여성들과의 관계에서 낳은 더 나이 많은 아들들(많은 상속권자로부터 일반적으로 차별화할 수 있는 총 6명의 상속권자가 있었다)의 상속권과 차별화하기 위한 것이었다.[81] 하지만 그것은 귀족과 사랑에 빠진 하녀가 마침내 그와 결혼하고 결국 그녀가 고귀한 출신의 고아가 된 어린 소녀로 비천한 부모에게 입양됐을 뿐이라는 사실이 밝혀지는 희극 오페라의 결말——이 것은 사실상 《아뉴타》의 결말이기도 했다——과 매우 흡사했다. 백작은 자신의 삶의 대단원을 마치 예술 작품처럼 마무리지으려 한 것처럼 보인다.

프라스코비아는 찾아보기 힘든 지성과 강한 개성을 갖고 있었다. 그녀는 당시 러시아 최고의 가수였다. 프라스코비아는 몇 개 국어로 읽고 쓸 수 있었으며 수 개 국어에 정통했지만 죽기 일 년 전까지 농노로 남아 있었다. 프라스코비아는 어떤 느낌을 갖고 있었을까? 그녀는 자신이 겪은 편견에 대해 어떻게 반응했을까? 그녀는 자신의 깊은 종교적 신앙, 혼외 성관계를 죄악시 하는 견해를 백작에 대한 자신의 감정과 어떻게 조화시켰을까? 일반적으로 농노의 신앙 고백을 들을 수 있는 기회는 거의 없다. 하지만 1863년 당시 사망한 발레리나(쉐레메테프의 '가닛'(1월의 탄생석))이자 프라스코비아의 평생지기로 1803년 이후로 파운틴 하우스에서 드미트리를 자신의 아들처럼 키웠던 타치아나 쉬리코바의 서류들 속에서 문서가 하나 발견되었다. 프라스코비아의 깔끔한 친필로 작성된 문서는 분명 자신이 죽게 되리라는 사실을 알고 '기도문'의 형태로 쓰여진 것이었다. 프라스코비아가 죽기 전에 백작이 보지 못하게 하라는 부탁과 함께 친구에게 건넨 것이었다. 기도문은 죄책감과 회한으로 광적인 기분에서 체계도 없고 모호하긴 하지만 구원에 대한 간절한 호소가 분명하게 드러나 있다.

……오 선함과 인자하심의 근원이신 자비로운 주여, 당신께 저의 죄를 인정하고 당신 앞에 저의 죄 많고 방탕한 행위들을 고백합니다. 주여, 저는 죄인입니다. 제 몸을 해치고 있는 이 모든 병은 중한 죄의 대가입

니다. 힘든 일을 견디며 저의 벌거벗은 몸은 더럽혀졌습니다. 저의 육체는 죄 많은 인연과 생각으로 더럽혀져 있습니다. 저는 사악합니다. 저는 오만합니다. 저는 추하고 음탕합니다. 제 몸 속에 악마가 있습니다. 제 영혼이 죽어가는 것을 긍휼히 여기소서. 주여, 천하고 방탕한 생활로 저의 영혼이 죽어가고 있기 때문에 의식을 잃고 고통에 짓눌려 관 속에 누워 있습니다. 하지만 저의 죄에 비해 주의 힘은 강고 하시고 바다의 모래 보다 더 크십니다. 간절히 간구하나니 권능의 주님, 저를 버리지 마옵소서. 당신의 은혜가 저와 함께 하기를. 당신의 자비를 간구하나이다. 주여, 저를 벌하소서. 하지만 죽게 하지 마옵소서.[82)]

4

18세기 러시아의 음악 생활은 궁정과 쉐레메테프의 극장 같은 소규모 사설 극장들이 지배하고 있었다. 서유럽의 도시에 오래 전에 건설되었던 공공 극장은 러시아 문화생활의 특징은 아니었으며 1780년대에 들어서야 나타나기 시작한다. 귀족들은 자신들의 상류사회문화를 더 좋아했고, 주로 도시 점원들이나 거리 상인들에 영합해 노래와 춤을 섞은 경희가극이나 희극 오페라가 공연되는 공공극장을 찾는 일은 거의 없었다. 얀코바 공작녀는 “우리 때에는 주인의 개인적 초대로 〔극장에〕 가는 것을 더 세련된 것으로 생각했고 돈을 내면 누구나 갈 수 있는 극장은 가지 않았다. 그리고 사실 우리의 절친한 친구들은 누구나 사설 극장을 갖고 있었다”라고 회상하고 있다.[83)]

18세기 말과 19세기 초 사이에 173개 사유지에 농노 극장이 있었으며 300개 사유지에 농노 오케스트라가 있었다.[84] 쉐레메테프 가 이외에도 곤차로프 가, 살티코프 가, 오를로프 가와 사펠레프 가, 톨스토이 가와 나쉬초킨 가가 모두 대규모 농노 공연단과 그들이 본보기로 삼은 예카테리나 여제의 궁정 극장(겨울 궁정에 있는 에르미타쥐 극장과 차르스코예 셀로에 있는 차이나 극장)과 비유될 수 있는 독립된 극장 건물을 갖고 있었다. 예카테리나는 러시아 극장 양식을 결정했다. 그녀는 직접 각본과 희극 오페라를 썼고 러시아 극장에 고급스러운 프랑스 양식을 유행시키기 시작했다. 공공 예절과 감수성을 가르치는 학교라는 극장의 계몽적 이상을 처음으로 제시한 사람도 예카테리나 여제였다. 예카테리나 치세에 농노 극장은 귀족들의 영지에서 중심적인 역할을 했다.

1762년 피터 3세는 귀족의 강제적 공무를 면제했다. 피터의 아내인 예카테리나 여제는 러시아 귀족들이 유럽식 귀족이 되기를 원했다. 이것이 귀족 문화사의 전환점이었다. 공무에서 벗어난 많은 귀족들이 은퇴해 지방으로 내려가 자신들의 사유지를 개발했다. 귀족들이 강제적 공무를 면제받은 후 수십 년 간은 화랑, 훌륭한 공원과 정원, 러시아에서 지방 최초로 나타난 오케스트라와 극장이 구비된 저택 오락의 황금시대였다. 사유지는 단순한 경제적 단위나 삶의 공간 이상의 의미를 가지고 있었다. 사유지들은 러시아 농민 대지에 있는 유럽 문화의 섬이 되었던 것이다.

쉐레메테프 가의 농노 공연단은 유사 공연단들 중에서 가장 중요한 극장으로 러시아 오페라 발전에 중요한 역할을 담당했다. 쉐레메테프의 농노 공연단은 페테르부르크에 있는 궁정 극장에 버금가는 것으로 오늘날 볼쇼이 극장 자리에 있던 모스크바의 주요 단체보다 훨씬 뛰어난 것으로 여겨졌다. 모스크바 극장의 영국인 감독

미첼 머독스는 입장료가 없는 쿠스코보가 관객들을 빼앗아가고 있다고 불평했다.[85] 표트르 쉐레메테프는 1760년대에 쿠스코보에 농노 공연단을 설립했다. 그는 예술적인 사람은 아니었지만 극장은 유행을 따른 그의 장대한 사유지의 부속물이었다. 그는 그것으로 궁정을 기쁘게 할 수 있었다. 1775년 예카테리나 여제는 쿠스코보의 노천극장에서 상연된 프랑스 오페라 공연에 참석했다. 이에 고무된 쉐레메테프는 1777년과 1787년 사이에 예카테리나 여제가 아주 좋아했던 외국 오페라를 공연할 수 있을 정도로 큰 훌륭한 극장을 건축했다. 그는 1770년대 초 유럽 여행을 통해 프랑스와 이탈리아 오페라에 아주 정통해 있던 아들 니콜라이 페트로비치 백작에게 극장 감독을 맡겼다. 니콜라이는 파리 오페라의 엄격한 기법으로 농노 배우들을 훈련시켰다. 여러 사유지에서 어린 나이에 농민들을 선발해 극장 오케스트라의 음악가나 공연단의 가수로 훈련시켰다. 그곳에는 바이올린을 가르치던 독일인, 프랑스인 노래 교사, 이탈리아어와 불어 선생, 러시아인 합창단 지휘자와 몇 명의 발레 선생이 있었다. 그들 대부분은 궁정 출신이었다. 18세기에 보편화된 것처럼 오페라의 일부가 아닌 발레 자체를 러시아 최초로 무대에 올린 것은 쉐레메테프 극장이었다. 니콜라이 페트로비치의 감독하에서 쉐레메테프 극장은 스무 편 이상의 프랑스와 러시아 발레를 공연했으며, 그 대부분은 궁정에서 공연되기 오래 전에 러시아 최초로 공연된 것이었다.[86] 러시아 발레는 쿠스코보에서 탄생했다.

러시아 오페라도 마찬가지였다. 쉐레메테프 극장이 러시아에서 오페라를 공연하기 시작했고 이것은 토착적 작품의 작곡을 자극했다. 최초의 작품 《아뉴타》(1772년 차르스코예 셀로에서 초연)가 1781년 쿠스코보에서 공연되었고 크냐쥐닌의 가사로 바실리 파쉬케비치의

《마차로부터의 불행》(1779년 에르미타쥐에서 초연)이 일 년도 안 돼 쿠스코보에서 올려졌다.* 1770년대 이전에 해외에서 오페라가 수입되었고 초기에는 이탈리아인들이 앞장을 섰다. 1731년 드레스덴 궁정 출신의 이탈리아 가수 공연단이 지오반니 리스토리의 《칼란드로*Calandro*》를 공연했다. '이국적이고 비합리적인 오락' 에 매혹된 안나 여제는 페테르부르크에 있는 자신의 궁정에서 공연하도록 프란체스코 아라이아의 베네치아 극단을 고용해 1736년 자신의 생일날 겨울 궁정에서 《라 포르자 델 아모르*La Forza dell amore*》를 무대에 올렸다. 19세기 말까지 왕궁 악대 지휘자maestro di capella는 단 두 명을 제외하고는 아라이아를 필두로 한 이탈리아인이 장악했다. 결과적으로 최초의 러시아 작곡가들은 이탈리아 양식에 강한 영향을 받았다. 막심 베레조프스키, 드미트리 보르트냔스키와 예브스티그네이 포민은 모두 페테르부르크의 이탈리아인들에게 교육을 받은 후 이탈리아 유학길에 올랐다. 베레조프스키는 모차르트의 파드르 마르티니 작곡 학교 동기였다.**

페테르부르크와 베니스 간의 열광은 글린카와 차이코프스키 그리고 스트라빈스키에 의해 이어진다. 러시아 국민 오페라를 개척한 사람은 아이러니하게도 베네치아인 카테리노 카보스였다. 카보스는 1798년 페테르부르크에 왔다. 그는 곧 자신의 고향도시를 연상시키는 러시아의 수도를 사랑하게 된다. 1803년 알렉산드르 황제는 공

* 《미닌과 포자르스키*Minin and Pozharsky*》(1811)의 작곡자 스테판 데그테로프 는 전에 쉐레메테프의 농노였다.

** 베레조프스키는 볼로냐의 아카데미아 필하모니카에 선출되었다. 그는 1775년 러시아로 돌아와 2년 후 자살한다. 타르코프스키의 영화 〈향수〉(1983)는 베레조프스키의 삶을 이야기한 것으로 국외 생활에 대한 회고록이다. 이 영화는 자신의 도플갱어 수색에 참여한 이탈리아에 사는 러시아 이주민과 동료 러시아인들, 불운한 18세기 러시아 작곡가에 대해 이야기하고 있다.

공 극장에 대한 지배권을 장악하고 카보스를 당시까지 유일한 공공 오페라 하우스로 이탈리아 오페라만을 공연하던 볼쇼이 카메니의 책임자로 앉혔다. 카보스는 볼쇼이 카메니를 러시아 오페라의 중심지로 만들었다. 그는 러시아인들에게 가사가 있는 영웅적인 민족적 주제들에 기초한《일리아 보가티르》(1807) 같은 작품들을 작곡했고 그의 음악은 러시아와 우크라이나 민속음악에서 강한 영향을 받았다. 민족주의자들이 민족적 전통을 세운 것으로 떠받드는 글린카의 오페라 음악 대부분은 사실상 카보스에 의해 먼저 쓰여졌다. 따라서 러시아 음악의 '민족적 성격'은 애초에 외국인에 의해 발전되었다.*

프랑스인들도 특징적인 러시아 음악 양식의 발전에 도움을 주었다. 예카테리나 여제가 1762년 제위에 오르고 나서 처음으로 한 일들 중 하나는 프랑스 오페라단을 궁전으로 초청한 것이었다. 그녀의 치세중에 궁정 오페라는 유럽에서 최고 수준이었으며, 지오반니 패시엘로의《세르비아의 이발사》(1782)를 포함해 몇 편의 주요 작품들을 처음으로 무대에 올렸다. 시골풍의 마을 무대 장치와 민중적 방언 및 음악에 의존하고 있는 프랑스 희극 오페라는 초기 러시아 오페라와《아뉴타》(파바르트의《아네트와 루뱅*Annette et Lubin*》과 유사한),《성 페테르부르크 시장》과《더 밀러 매지션*The Miller Magician*》(루소의《마을의 점쟁이*Le devin du village*》에 기초한) 같은 오페레타에 큰 영향을 미쳤다. 이 오페라들은 쉐레메테프 상연 목록의 주요 작품들이

* 이것으로 러시아 오페라와 카보스의 관계가 종식된 것은 아니었다. 카테리노의 아들인 건축가 알베르토 카보스는 1853년 전소된 이후에 모스크바의 볼쇼이 극장을 재설계했다. 그는 성 페테르부르크의 마린스키 극장도 건축했다. 그의 딸인 카뮈 카보스는 궁정 건축가이자 초상화가인 니콜라이 베누아와 결혼했다. 베누아의 가족은 1790년대 프랑스 대혁명을 피해 성 페테르부르크로 이주했고 그들의 아들 알렉산드르 베누아는 세르게이 쟈길레프와 함께 발레 루시를 설립했다.

었다. 이 작품들 중 상당수는 쿠스코보와 오스탄키노에서 공연되었다. 이 작품들에서 희극적인 농민 배역들과 민속음악으로부터 정형화된 주제들과 함께 부상하고 있던 러시아 민족의식이 표출되었다.

최초의 러시아 오페라들 중 하나는 특히 1781년 쿠스코보의 노천극장에서 공연할 수 있도록 쉐레메테프가가 의뢰한 것이었다. 《열정의 정원》이나 《쿠스코보에서 온 선원》은 오페라 무대의 배경이 되었던 쉐레메테프 저택과 그 개인 정원에 대한 예찬이었다.[87] 이 작품은 저택 자체가 부와 유럽적 양식을 전시하기 위한 거대한 무대 장치로서 러시아 귀족의 삶을 실연하기 위한 일종의 극장이 될 수 있다는 것을 보여준 완벽한 실례였다.

저택의 디자인과 장식 그리고 개인 정원은 상당히 연극적인 요소를 내포하고 있었다. 사유지로 들어가는 높은 석조 아치길은 또 다른 세계로 들어가는 것을 나타내고 있었다. 조경된 정원과 장원 저택이 무대 소품처럼 어떤 감정이나 연극적 효과를 불러일으키며 펼쳐져 있다. 조각된 '농민들'이나 숲 속의 '소떼들'과 같은 특징이나 영국 개인 정원에 있는 사원, 호수, 피서용 동굴 방 등은 가공의 장소에 있는 느낌을 더해 준다.[88] 쿠스코보는 극적인 고안물들로 가득 차 있다. 주요 저택은 석재처럼 보이도록 새겨진 목재로 만들어져 있었고, 정원에 있는 표도르 아르구노프의 특이한 피서용 누각은 장난기로 충만하다. 그 내부는 인위적인 조가비와 바다 생물들이 정렬되어 있고 (페테르부르크에 있는 저택을 참조한) 바로크식 둥근 천장은 분수 형태로 건축되어 있다.

저택은 일상적이고 공식적인 오락들이 공연되는 일종의 극장이기도 했다. 귀족들의 매일 매일의 의식들——아침기도, 아침식사, 점심과 저녁, 옷을 입고 벗는 것, 공식적 업무와 사냥, 세면과 잠자리 등과 관련된 의식들——은 주인과 많은 가사 농노라는 조역이 숙지할 필요가 있는 상세한 각본에 따라 수행되었다. 또한 저택엔 귀족들이 자신들의 유럽식 예절과 훌륭한 취향을 드러낼 수 있는 살롱이나 무도회 같은, 교양 있게 의식화된 공연을 할 수 있는 장소의 역할을 하는 어떤 사회적 기능들이 있었다. 여자들은 가발을 쓰고 애교점을 그렸다. 그들은 주역——춤을 추고 피아노에 맞추어 노래를 하며 바람둥이 여자와 연애를 하는——을 맡아야 할 필요성을 의식하고 있었다. 멋쟁이들은 자신들의 사회적인 삶을 공연 예술로 전환시켰고, 조심스럽게 예절바른 몸짓들을 연습했다. 그들은 예브게니 오네긴처럼 관객 앞에 나서는 배우들처럼 준비했다.

그는 적어도 세 시간은 세심하게 살펴보았다
거울 속에 있는 자신의 얼굴을[89]

예법에 따르면 그들은 스스로를 절제하고 지시된 형태로 행동해야 했다. 그들이 앉고 악수하고 미소를 짓거나 고개를 끄덕이는 방식 등 모든 자세와 몸짓은 조심스럽게 대본으로 쓰여졌다. 따라서 무도실과 응접실 벽들엔 사람들이 자신의 연기를 관찰할 수 있도록 거울들이 늘어서 있었다.

18세기 러시아 귀족들은 무대에서처럼 자신들의 삶을 실제로 연기하고 있다는 사실을 의식하고 있었다. 러시아 귀족은 '유럽인'으로 태어나지 않았으며 유럽식 예절은 러시아 귀족에게 자연스럽지 않았다. 그들은 외국어를 배우듯 서구인들을 의식적으로 모방함으로써 의례적인 형태로 유럽식 예절을 학습했다. 피터 대제가 자신과 귀족들을 유럽식으로 개혁하면서 이 모든 것을 시작했다. 그는

1698년 유럽에서 돌아와 우선 모든 바야르에게 카프탄 대신 서구식 복장을 하라고 지시했다. 과거와의 단절을 상징적으로 보여주기 위해 바야르에게 전통적으로 신성함의 흔적으로 받아들여진 수염을 기르지 못하게 하고, 직접 가위를 가지고 다니며 반항하는 조신들의 수염을 잘랐다.* 피터는 귀족들에게 유럽식으로 대접하라고 명령했다. 피터는 경찰 총수와 함께 개인적으로 자신이 선택한 주인들이 개최한 무도회에서 손님 목록을 감시했다. 귀족들은 프랑스어와 예의바르게 대화하는 법 그리고 미뉴엣에 맞추어 춤을 추는 법을 배워야 했다. 구 모스크바의 준 아시아적 세계에서 사생활 영역의 활동 범위가 제한되어 있던 여자들은 코르셋으로 몸을 조이고 상류 사회로 나아가야 했다.

이 새로운 사회 예법은 피터가 독일어 원서를 개작하고 윤색한 예절 소책자 『젊은이를 위한 예법』에 설명되어 있다. 이 책자는 독자들에게 '음식을 뱉거나', '나이프로 이를 쑤시거나', '큰소리로 코를 풀지 말 것' 등을 권하고 있다.[90] 이러한 예절을 따르기 위해선 러시아인들의 무의식적이거나 '자연스러운' 행동과는 아주 상이한 의식적 행동 방식이 요구된다. 예법에 따라 행동할 때 러시아인들은 자신이 러시아인으로서의 행동 방식과는 다르게 행동하고 있다는 사실을 의식하고 있는 것으로 가정되고 있다. 『젊은이를 위한 예법』과 같은 예절 책자들은 러시아 귀족에게 외국인들과 함께 있는 자신을 상상하고, 동시에 러시아인으로서의 자신을 의식하라고 충고하고 있다. 요컨대 중요한 것은 유럽인이 되는 것이 아니라 유럽

* 정교 신앙에서 수염은 하느님과 그리스도(둘 다 수염을 기르고 있는 것으로 묘사되고 있다)의 특징이자 인간의 특징이다. 피터가 금지했기 때문에 수염을 기르는 것은 그의 개혁과 '러시아적인 것'에 대한 저항의 상징이 되었다.

인처럼 행동하라는 것이었다. 무대에서의 자신의 이미지를 염두에 두는 배우처럼 귀족들은 러시아인의 관점에서 자신의 행동을 관찰하라고 권유받았다. 그것이 행동의 외래성을 판단하는 유일한 방법이었다.[91)]

귀족들의 일기와 회고록은 젊은 귀족들이 사회에서 활동하기 위해 교육받는 방법에 대해 풍부하게 기록하고 있다. 어떤 회고록 저자는 "중요한 것은 신사 숙녀가 되는 것이 아니라 신사 숙녀처럼 보이는 것이었다"고 회상하고 있다.[92)] 이 사회에선 외적인 모습이 전부였다. 성공은 예의범절을 통해 드러나는 미묘한 예절 규범에 따라 좌우되었다. 유행하는 의상, 예절바른 행동, 절제와 온화함, 세련된 대화와 우아하게 춤을 출 수 있는 능력 등이 '의무적comme il faut' 존재의 속성이었다. 톨스토이는 그들을 길게 다듬어져 잘 관리된 손톱과 "끊임없이 우아하고 경멸적인 권태의 표정"을 짓는 프랑스의 상류계급으로 요약했다.[93)] 푸쉬킨에 따르면 다듬어진 손톱과 교양 있는 권태로운 표정은 또한 멋쟁이들의 분명한 특징이기도 했다(이것이 또한 파운틴 하우스에 걸려 있는 오레스트 키프렌스키의 유명한 초상화에서 푸쉬킨을 묘사한 방식이다).

유럽화된 러시아인들은 이중적 정체성을 갖고 있었다. 그들의 정신 상태는 둘로 분리되어 있었다. 한 편에서 유럽화된 러시아인은 미리 기술된 유럽식 관습에 따라 자신의 삶을 실연하는 것을 의식하고 있었다. 하지만 다른 한 편으로 그의 내적인 삶은 러시아적인 관습과 감수성에 지배되고 있었다. 물론 절대적인 구분이 있는 것은 아니었다. 슬라브주의자들이 입증하곤 했듯이, 유럽식 습관에 너무 물들어 그것들이 '자연스럽게' 나타나고 느껴질 수 있는 것처럼 '러시아적인 것'의 의식적 형태가 있을 수 있었다. 하지만 일반적으로 말해서 유럽화된 러시아인들은 공식적인 무대에서는 '유럽인' 이었고 러시아인들만이 하는 방식으로 자연스럽게 일을 처리하는 사적인 생활에서는 '러시아인' 이었다. 이것은 유럽의 영향을 완전히 지울 수 없었던 선조들의 유산이었다. 자연스럽게 몸에 밴 선조들의 유산 때문에 나타샤 같은 공작녀가 러시아 춤을 출 수 있었다. 아무리 유럽화되었다 해도 모든 러시아 귀족들 내에는 러시아 농민들의 삶의 습관과 리듬, 관습과 믿음에 대한 은밀하고 본능적인 감정이입이 있었다. 사실 귀족들이 농촌에서 태어나고 주로 사유지——거대한 러시아 농민의 바다에 있는 작은 유럽 문화의 섬——에서 어린 시절을 농노들과 함께 살았기 때문에 당연한 결과이기도 했다.

저택 설계는 귀족의 감정적 영역이 분할되어 있음을 보여준다. 늘 춥고 찬 바람이 스며드는 큰 응접실은 형식적인 유럽식 예절이 지배했다. 하지만 침실과 내실, 서재와 거실, 예배실과 성상화실 그리고 종복의 구역으로 통하는 복도 같은 사적인 방들에선 더 비공식적인 '러시아식' 생활 방식이 발견된다. 때로는 의식적으로 공식 생활 영역과 사생활 영역을 분리했다. 쉐레메테프 백작은 파운틴 하우스에서 방들을 재배열해 왼쪽이나 측면의 제방 쪽에서 공식적인 생활을 하고 오른쪽과 뒤편의 정원으로 향하는 방들은 사생활을 위해 봉쇄했다. 공적인 방들은 나무 조각으로 마루를 깔고 벽에는 반사되는 대리석을 붙였지만 춥고 스토브도 없었다. 반면 사적인 방들은 따뜻한 색 직물과 벽지, 카펫과 러시아식 스토브를 설치해 느낌과 양식이 전혀 달랐다.[94] 백작은 프라스코비아와 함께 편안하게 쉴 수 있는 친밀하고 가정적이며 좀더 '러시아적' 인 공간을 만들려 했던 것처럼 보인다.

4. 모스크바의 치료 목욕, 1790.

1837년 성 페테르부르크의 겨울 궁전은 80킬로미터 정도 떨어진 마을들에서도 보일 만큼 큰 화재로 소실되었다. 화재는 목재로 지어진 지하실에서 시작되어 곧 위층으로 번졌다. 석재로 지어진 건물 정면 뒤로 위층은 모두 목재 벽과 빈 공간들로 지어져 있었다. 묵시록적 신화에 근거해 건설된 도시에서 이 화재는 상징적 의미가 있었다. 즉 구 러시아가 복수를 한 것이었다. 저택마다 큰 응접실 밑엔 '목재로 된 러시아'가 있었다. 파운틴 하우스의 화려한 흰색 무도실에서 비밀 유리문을 통해 빠져나가 계단을 통해 종복들이 있는 지역과 또 다른 세계로 내려갈 수 있었다. 그곳엔 무방비 상태의 불길이 하루 종일 일렁이고 농민들의 수레가 농작물을 배달하는 안뜰의 창고, 마차 보관소, 대장장이의 일터, 작업실, 마굿간, 외양간, 조류 사육장, 대형 온실, 세탁실과 사우나인 목재 바냐banya나 목욕실 등이 있었다.[95]

바냐에 가는 것은 러시아인의 오랜 관습이었다. 중세 시대부터 일반적으로 바냐는 민족적 시설로 받아들여졌다. 사실상 외국의 풍습에 물들지 않았다면 적어도 일주일에 세 번 바냐에서 목욕하는 것을 당연하게 생각했다. 어떤 귀족 가정이나 증기실을 구비하고 있었으며, 도시와 마을에는 반드시 공동 목욕탕이 있었다. 사람들은 공동 목욕탕에 앉아 증기를 쐬거나 관습에 따라 어린 자작나무 잎 회초리로 서로 때리고 함께 눈에 굴러 몸을 식혔다. 성과 폭력의 장소로 유명했기 때문에 피터 대제는 바냐를 중세 루시의 잔재로 억제하고 성 페테르부르크의 궁정과 저택에 서구식 욕실을 짓도록 권장했다. 하지만 높은 세금을 부과해도 귀족들은 여전히 러시아식 욕실을 더 좋아했다. 18세기 말까지 성 페테르부르크의 거의 모든 저택에는 러시아식 욕실이 하나씩 설치되어 있었다.[96]

바냐는 특별한 치료 능력을 갖고 있는 것으로 믿어졌으며 '민중의 첫 번째 의사' (두 번째는 보드카, 세 번째는 생마늘)로 불렸다. 민속에선 바냐와 관련된 온갖 유형의 마법적 믿음이 있었다.[97] 바냐에 가는 것은 육체와 영혼을 정화하는 것이었으며 중요한 의식의 일부로 이러한 정화를 수행하는 관습이 있었다. 바냐는 출산의 장소였다. 바냐는 따뜻하고 깨끗하며 사적이었다. 그리스도는 피를 흘리지 않고 출산되었다는 생각을 갖고 있던 대중적 믿음과 교회에 따라 바냐는 40일간 지속되는 일련의 목욕의식으로 타락한 모성의 상태를 상징하고 있는 출산시의 출혈에서 어머니를 정화했다.[98] 결혼전 의식에서 바냐의 역할은 여성의 순결을 보장하는 것이기도 했다. 신부는 결혼식 전날 밤 하녀들에 의해 바냐에서 몸을 씻기운다. 일부 지역에선 결혼식 날 밤 이전에 신랑 신부가 목욕탕에 가는 것이 관습이었다. 이는 비단 농민들의 의식만은 아니었다. 지방 귀족들과 1690년대에는 궁정에서도 이 의식을 치루었다. 1670년대의 관습에 따라 차르 알렉세이의 신부는 결혼식 전날 성직자의 축복을 받은 후 밖에서 합창단이 성가를 부르는 가운데 바냐에서 목욕을 했다.[99] 이교도적 목욕의식과 기독교적 의식이 혼재된 상태는 세정식과 예배가 거행되는 에피파니와 마슬레니차('깨끗한 월요일')에도 뚜렷했다. 이 성스러운 날들엔 어떤 사회 계급의 러시아 가족도 마루를 닦고 찬장을 청소하며 어떤 부패하거나 성스럽지 못한 음식이 있는 시설물을 정화했다. 또한 집을 청소하고 청소가 끝난 후에는 목욕탕에 가 몸도 씻었다.

저택에서 살롱 위층은 전혀 다른 유럽 세계에 속했다. 대저택마다 음악회, 가장 무도회, 연회, 야연 그리고 때로 당시 가장 위대한 러시아 시들이 낭송되는 장소로서 살롱이 설치되어 있었다. 다른 저택들처럼 파운틴 하우스는 살롱의 의식들을 위한 장소로 설계되었다. 파운틴 하우스에는 4마리 말이 끄는 마차가 도착할 수 있도록 큰 원을 그리는 넓은 차도, 외투와 모피코트를 벗을 수 있는 공공 탈의실, 손님들이 자신들의 우아한 의상과 예절을 드러낼 수 있는 '행렬용' 계단과 대형 응접실 등이 있었다. 상류 사회의 주인공은 여성들이었다. 모든 살롱은 톨스토이의 『전쟁과 평화』에서 나오는 안나 쉐레나, 푸쉬킨의 『예브게니 오네긴』에서의 타치아나 같은 특정 여주인의 아름다움과 매력 그리고 위트를 중심으로 전개되었다. 구 모스크바 시대에 공적인 영역에서 배제되었던 여성들은 18세기 유럽 문화에서는 주도적인 역할을 담당했다. 러시아사에서 처음으로 여성이 제위를 계승하기도 했다. 여성은 교육받게 되었으며 유럽 예술에 대한 교양도 갖게 되었다. 18세기 말까지 귀족 여성이 교육받는 것은 상류 사회에서 일반적인 현상이 되었으며, 교육받지 못한 귀족 여성이 일반적인 풍자의 대상이 될 정도였다. 세귀르 백작은 1780년대 페테르부르크의 프랑스 대사로 경험했던 일을 회상하며 러시아 귀족 여성들이 "개선되는 발전적 행보에서 남자를 앞서고 있다. 매력 있는 우아한 많은 여성과 소녀들이 7, 8개 국어를 유창하게 구사하고 몇 가지 악기를 다루며, 유명한 프랑스, 이탈리아 그리고 영국의 낭만적 작가들에 친숙하다"고 회상하고 있다. 상대적으로 남성들에 대해선 할 말이 거의 없었다.[100]

여성들이 살롱의 예절을 결정했다. 손에 키스하고 춤추듯 한쪽 무릎을 꿇는 맵시 있는 사람들의 여성화된 의상은 모두 여성들의 영향력을 반영하고 있다. 살롱 대화의 기술은 분명 여성적이었다. 이것은 아무리 사소한 소재도 매혹적인 것으로 만들면서 다양한 주제들을 자연스럽게 넘나드는 편안하고 재치 있는 대화를 의미했다. 그것은 또한 푸쉬킨이 『예브게니 오네긴』에서 강조했듯이 엄격히 정치나 철학 같은 심각한 '남성적' 주제에 대해 오랫동안 이야기 하지 않는 것이었다. 즉

대화는 밝게 빛났다.
여주인은 가벼운 농담을 하고 있었고
전혀 꾸미는 듯한 모습은 없었다
또한 상당히 합리적인 대화가 들렸다.
하지만 진부하거나 저속한 말은 없었고
불변의 진리나 논설도 없었고
조금이라도 놀라는 사람은 전혀 없었으며
내내 생기 넘치는 재치가 이어졌다.[101]

푸쉬킨은 살롱 대화에서 중요한 점은 여자들과 가벼운 농담을 주고받는 것(그는 언젠가 삶에서 중요한 것은 "자신을 여성에게 매력적으로 보이게 하는 것"이라고 주장했다)이라고 주장했다. 푸쉬킨의 친구는 그의 대화가 그의 시만큼이나 기억할 만하다고 증언하고 있다. 또한 그의 형인 레프는 푸쉬킨의 진정한 천재성은 여성들과 가벼운 농담을 주고받는 것이었다고 주장했다.[102)]

푸쉬킨 시대에 문학 독자는 대개 여성들이었다. 『예브게니 오네긴』에서 우리는 손에 불어 책을 들고 있는 여주인공 타치아나를 볼 수 있다. 당시에 발전한 러시아 문학 언어는 여성 취향과 살롱 양식을 반영하기 위해 푸쉬킨 같은 시인들이 의식적으로 고안한 것이었다. 푸쉬킨이 문학계에 나타날 때까지 러시아는 민족 문학이 거의 없었다(따라서 러시아 사회에서 푸쉬킨은 거의 신과 같은 존재였다). 1800년대 초 스타엘 부인은 "러시아에서 문학은 소수의 신사들로 구성되어 있다"고 기록하고 있다.[103)] 푸쉬킨과 같은 애국적 작가들은 러시아가 성장하는 감동적인 문학을 갖게 되는 1830년대까지 러시아 문학을 인정하지 않는 견해를 문학적 풍자의 대상으로 삼았다. 그의 작품 『스페이드 퀸』(1834)에서 예카테리나 여제 치세의 숙녀인 늙은 백작부인은 새로운 소설을 가져다 달라고 부탁했던 손자가 러시아 문학을 좋아하는지 여부를 묻자 놀란다. "러시아 소설도 있니?"라고 늙은 백작부인은 묻는다.[104)] 하지만 스타엘 부인이 러시아에서 문학은 소수의 신사들로 구성되어 있다고 기록할 당시에 교양 있는 러시아인들에겐 진정으로 중요한 러시아 문학 작품 목록이 없다는 사실이 매우 당혹스러운 일이었다. 1802년 시인이자 역사가인 니콜라이 카람진은 고대의 서정시인 보잔에서 시작해 당대에 끝나는 『러시아 작가 만신전』을 편찬했다. 그것엔 겨우 20명만이 수록되어 있었다. 18세기 문학이 최고조——안티오크 칸테미르 공작의 풍자문학, 바실리 트레디아코프스키와 알렉산드르 수마로코프의 송시, 로모노소프와 데르자빈의 시, 야코프 크냐쥐닌의 비극과 데니스 폰비진의 코메디——에 이르기는 했지만 감동적인 민족 문학이라 할 수는 없었으며, 그들 모두의 작품은 신고전주의 전통의 장르에서 파생되었다. 일부 작품은 인물과 행동을 러시아로 옮겨 이용할 수 있도록 유럽 작품을 번역해 러시아어 제목을 붙인 데 불과했다. 예카테리나 궁정 희곡작가인 블라디미르 루킨은 많은 프랑스 희곡들을 러시아화했다. 1760년대엔 폰비진도 마찬가지였다. 18세기 삼사분기엔 약 400여 편의 문학 작품이 러시아에서 출판되었다. 하지만 그 중 7편만이 러시아어 원작이었다.[105]

민족 문학의 부재는 19세기 초 젊은 러시아 인텔리겐차들을 괴롭혔던 문제였다. 카람진은 민족 문학이 없는 것은 유럽 사회의 성립을 도와준 기관(문학 단체, 잡지, 신문)들이 없기 때문이라고 설명했다.[106] 러시아의 독자층은 극히 엷었고——18세기 인구 전체에서 아주 낮은 비율——출판은 궁정과 교회가 지배하고 있었다. 불가능하지는 않았지만 작가가 글을 쓰는 것만으로 생계를 유지하기는 매우 어려웠다. 18세기 대부분의 러시아 작가들은 귀족으로서 공직에 종사해야 했다. 공무를 외면하고 작품을 통해 생활하려 했던 우화작가 이반 크릴로프 같은 사람들은 거의 언제나 평생 가난 속에 허덕여야 했다. 크릴로프는 부자집 어린아이의 가정교사가 되어야 했고, 한동안 파운틴 하우스에서 일했다.[107]

하지만 민족 문학의 발전에 가장 큰 장애는 문학 언어가 발전되지 못했다는 사실이었다. 프랑스나 영국에서 작가들은 대체로 구어체로 글을 쓰지만 러시아에선 문어체와 구어체가 상당히 구분되어 있었다. 18세기의 문어체는 고대 슬라브 교회, 챈서리Chancery로 알려진 관료적 전문용어와 폴란드인들이 도입한 라틴어주의Latinisms가 세련되지 못하게 결합되어 있었다. 문법이나 철자법 그리고 많은 추상적 단어가 명확히 정의되지 않은 상태였다. 문어체는 상류사회와 구어체 관용어(기본적으로는 불어) 그리고 러시아 농민들의 쉬운 언어와는 크게 괴리되어 있는 학술적이고 모호한 언어였다.

이 같은 것이 19세기 초 러시아 시인들이 직면한 문제들이었다. 다시 말해서 사회의 구어체에 기반한 문학 언어를 창조해야 했던 것이다. 본질적인 문제는 작가의 어휘를 구성하는 사고와 감정을 나타낼 수 있는 러시아어가 없었다는 사실이었다. 대부분 개인의 사생활 세계와 관련이 있는 '몸짓', '동정', '사생활', '충동'과 '상상력'처럼 불어를 사용하지 않으면 표현될 수 없는 기본적인 문학적 개념은 러시아어에선 개발되지 않았다.[108] 게다가 현실적으로 사회의 모든 물질 문화가 서구에서 수입되었기 때문에 푸쉬킨이 지적한 것처럼 기본적인 것들을 지칭하는 러시아 단어들도 없었다.

하지만 pantaloons, gilet 그리고 frock-
이 단어들은 거의 러시아어군이 아니다.[109]

따라서 러시아 작가들은 감정을 표현하고 상류 사회 독자들을 나타내기 위해 불어 단어로 새로운 단어를 만들거나 불어 단어을 그대로 사용해야 했다. 카람진과 그의 문학적 제자들(젊은 시절의 푸쉬킨을 포함해)은 '구어체로 쓰는 것'——취미나 문화가 있는 사람들이 말하는 법, 특히 자신들의 '주된 독자'라고 인식하고 있는 상류사회의 '교양있는 여성'들이 말하는 법을 의미한다——을 목표로 했다.[110] '살롱 문체'는 불어화한 구문과 표현에서 어떤 경쾌함과 세련미를 끌어냈다. 하지만 불어와 신조어들을 지나치게 사용하면서 문체를 서투르고 장황하게 만들기도 했다. 그리고 살롱 문체는 그 방식에서 18세기 교회 슬라브어처럼 민중의 쉬운 말과는 분명한 차이를 보이고 있었다. 톨스토이가 『전쟁과 평화』의 서장에서 풍자했던 것은 사회의 허식적 언어다.

> 안나 파블로브나는 며칠 동안 감기에 걸렸었다. 안나 파블로브나의 말처럼 그녀는 la grippe(감기)로 고통을 받고 있었다. grippe는 당시 엘리트만이 사용하는 성 페테르부르크의 새로운 단어였다.[111]

하지만 살롱 문체는 문학 언어의 발전에 필수적인 단계였다. 러시아에서 더 넓은 독자층이 생겨나고 더 많은 작가들이 자신들의 문학적인 관용 표현처럼 쉬운 언어를 사용할 때까지는 대안이 없었다. 푸쉬킨 같은 시인들이 러시아어를 새롭게 만들어 냄으로써 언어에 대한 외국의 지배력에서 벗어나기 위해 노력하던 19세기 초에도 그들은 이 단어들을 살롱 독자들에게 설명할 필요가 있었다. 따라서 「농민 소녀」라는 작품에서 푸쉬킨은 러시아어 'samobytnost'의 의미를 명확하게 하기 위해 괄호로 'induvidualité'(독창성)라는 불어 동의어를 삽입할 필요가 있었다.[112]

5

1799년 11월 성 페테르부르크의 에르미타쥐 궁정 극장은 크냐쥐닌의 희극 오페라 《마차로부터의 불행》를 처음으로 무대에 올린다. 에르미타쥐 궁정 극장에서 노예 근성으로 외국의 것을 흉내내는 것에 대한 웃음을 자아내는 풍자를 공연한 것은 아이러니한 일이다. 이탈리아인 크바렌기가 겨울 궁정에 최근에 건축한 호화로운 극장은 프랑스 오페라의 중심지이자 외국 극단들 중 가장 권위 있는 극단이었다. 그곳의 엘리트 관객들은 예외없이 최신 프랑스 의상과 헤어스타일을 하고 나타났다. 이것이 바로 크냐쥐닌의 오페라가 상류 사회의 도덕적 부패에 대해 비난한 프랑스 애호주의였다. 오페라는 시기심 많은 토지 관리인 클리멘티가 아뉴타에게 흑심을 품고 있어 결혼하지 못하고 있는 연인 사이인 농민 루키안과 아뉴타에 대한 이야기였다. 농노인 이 한 쌍의 남녀는 피률린('Ninines')이라는 어리석은 귀족 부부의 소유다. 귀족 부부는 파리의 최신 유행을 흉내내는 것이 삶의 유일한 목적이었다. 피률린 부부는 크게 유행하고 있는 새로운 마차를 구입하고 싶어했고, 자금을 구하기 위해 클리멘티에게 농노 일부를 군대에 팔라고 지시한다. 클리멘티는 루키안을 선택한다. 연인들이 감상적인 프랑스풍 살롱 언어로 주인들에게 호소하고 나서야 루키안은 풀려나게 된다. 그때까지 피률린 부부는 그들을 단순한 러시아의 농노로 여겼으며 따라서 사랑 같은 감정에 전혀 영향을 받지 않는 것으로 생각하고 있었다. 하지만 루키안과 아뉴타가 상투적인 불어식 표현으로 말하자 모든 것을 다른 관점에서 보게 되는 것이다.[113)]

크냐쥐닌의 풍자는 페테르부르크의 외래적 허식과 상류 사회의 도덕적 타락을 동일시하는 몇 편의 작품들 중 하나였다. 유행하는 옷을 입은 페테르부르크 멋쟁이, 그의 과시적인 예법과 여성적인 불어 구사는 '러시아적인 남자'의 모델과 상반되었다. 그 같은 사람은 칸테미르의 풍자극 『가난의 교훈』(1729)의 메도르라는 인물에서 부터 폰비진의 『여단장』에 나오는 이반에 이르기까지 희극의 대상이었다. 이 희극들은 이국적인 것과 고유한 것의 대비에 근거한 민족 의식적 요소를 포함하고 있다. 맵시 있는 사람들의 타락한 인위적인 예법과 농민들의 소박하고 자연스러운 미덕, 유럽 도시의 물질적 매력과 러시아 시골의 정신적 가치를 대비하고 있다. 멋쟁이 젊은이들은 러시아의 나이 먹은 사람들에게 외국어로 말할 뿐만 아니라 러시아의 가부장적 전통을 위협하는 외국의 도덕 규범에 따라 살아간다. 《마차로부터의 불행》과 같은 해에 페테르부르크에서 공연된 케라시코프의 희극 『혐오자』에서 멋쟁이 스토비드는 애인이 부모의 뜻을 거역하고 자신과 함께 외출하도록 설득하지 못하고 있는 친구에게 "파리에선 부모에 대한 자식의 사랑이 속물로 여겨진다는 사실을 그녀에게 납득시키게"라고 충고한다. 감수성이 예민한 처녀는 이 주장에 설득당한다. 스토비드는 그녀가 아버지에게 하는 말을 들었던 것을 얘기한다. 그의 얘기는 다음과 같았다. "'저리 가세요! 프랑스에선 아버지가 자식들과 함께 있지 않아요. 상인의 딸들이나 자기 아버지의 손에 키스를 한다구요.' 그리고 나서 그녀는 아버지에게 침을 뱉었다."[114]

서구적인 개념을 러시아적 행동원리의 부정으로 보는 관점이 이 모든 풍자의 중심에 자리잡고 있다. 도덕적 교훈은 단순했다. 즉 귀족들은 서구적 행동원리를 맹목적으로 흉내내면서 그들 자신의 민족성에 대한 모든 감각을 상실했다는 것이었다. 귀족들은 외국인들에게 편한 사람이 되려고 애쓰면서 고국에서 외국인이 되어 가고 있었다.

프랑스를 경배하는——따라서 러시아를 경멸하는——귀족들은 이 모든 희극들 속에서 바보 같은 인물들이었다. 수마로코프의 『괴물들』(1750)의 디울레즈는 "왜 러시아인으로 태어났던가?"라고 한탄한다. "아 자연이여! 나에게 러시아인 아버지를 준 것이 부끄럽지 않느냐?" 모국인에 대한 경멸이 이 정도였기 때문에 연극의 결말에서 디울레즈는 자신을 감히 '동포 러시아인이자 형제'라고 불렀다는 이유로 친분이 있는 사람에게 결투를 신청하기까지 한다.[115] 폰비진의 『여단장』에서 이반은 한때 프랑스인 마부에게 배웠다는 단순한 이유로 프랑스를 '정신적 조국'으로 생각했다. 프랑스 여행에서 돌아온 이반은 "파리에 가 본 적이 있는 사람은 누구나 더 이상 자신을 러시아인으로 생각하지 않을 권리가 있다"고 주장했다.[116]

이러한 문학적 형태가 19세기 무대의 주축으로 지속되었다. 알렉산드르 그리보예도프의 『지혜의 슬픔』(1822~4)에서 차트스키는 여행 중에 유럽 문화에 너무 몰입해 모스크바에 돌아와서 살 수 없었다. 그는 러시아적 삶에는 더 이상 자신을 위한 어떤 여지도 없다고 선언하고 다시 파리로 떠난다. 차트스키는 19세기 러시아 문학에서 흔히 볼 수 있는 '잉여 인간'의 원형이었다. 푸쉬킨의 『예브게니 오네긴』, 레르몬토프의 페초린(『우리 시대의 영웅』(1840)), 투르게네프의 『루딘』 등 그들의 모든 문제의 근원은 고향에서의 소외감이었다.

현실에서도 차트스키 같은 사람들이 많이 있었다. 도스토예프스키는 1870년대 독일과 프랑스의 러시아인 이민 공동체에서 일부 그 같은 사람을 만났다.

> 이곳에는 온갖 유형의 사람들[이민 온]이 있다. 그런데 그들 모두 그런 것은 아니지만 상당수는 정도의 차이는 있지만 러시아를 싫어한다. 일부는 "러시아엔 자신들 같은 훌륭한 인격을 갖춘 지적인 사람이 할 수

있는 것이 아무것도 없다고 확신하며 도덕적 이유로 러시아를 몹시 싫어한다. 또 다른 사람들은 단순히 어떤 확신도 없이 천성적으로 혹은 물질적으로 러시아를 싫어한다. 러시아의 기후, 러시아의 들, 러시아의 숲, 러시아의 길, 러시아의 해방된 농민들, 러시아의 역사 요컨대 절대적으로 러시아의 모든 것을 몹시 싫어하는 것이다.[117]

하지만 고향과 이별하게 되는 사람은 이민자들——혹은 독일과 프랑스의 온천과 해안가 휴양지에 있는 거의 영원한 야영자인 부유한 러시아인들——만이 아니다. 유럽식 교육의 궁극적 목표는 러시아인들이 페테르부르크에서처럼 파리에서 편안하게 느끼게 하는 것이었다. 유럽식 교육은 러시아의 가장 지속적인 문화적인 힘들 중 하나인 어떤 코스모폴리탄니즘으로 나아간다. 유럽식 교육은 교육받은 계급들에게 자신들이 더 넓은 유럽 문명에 속해 있다는 느낌을 주었고 이 점이 19세기 민족 문화 최고의 성취를 이룬 열쇠였다. 푸쉬킨, 톨스토이, 투르게네프, 차이코프스키, 쟈길레프와 스트라빈스키, 이들은 모두 자신들의 러시아적인 것을 유럽의 문화적 정체성과 결합시켰다. 톨스토이는 1870년대 절정기의 작품인 『안나 카레니나』(1873~6)에서 쉐르바츠키 저택과 사랑에 빠진 레빈의 시선을 통해 이러한 유럽적 세계의 거의 마법 같은 매력을 환기하고 있다.

이상하게 보일 수도 있지만 레빈은 가족 전체——특히 여성들이 절반이다——와 사랑에 빠졌다. 그는 어머니를 기억할 수 없었다. 레빈의 하나밖에 없는 누이는 그보다 나이가 많았기 때문에 그는 쉐르바츠키의 집에서 처음으로 부모의 죽음으로 경험하지 못한 교양 있고 존경할 만한 구 귀족 가족의 가정 생활을 접했다. 가족의 모든 구성원, 특히 그 절반인 여성들은 마치 어떤 신비롭고 시적인 베일에 싸인 것처럼 보였다. 레빈은 그들에게서 어떤 결점도 찾을 수 없을 뿐 아니라 그 시적인 베일에 가려져 있는 고매한 감정과 가능한 모든 완벽성을 상상했다. 왜 세 명의 숙녀들은 하루는 불어로 그 다음 날은 영어로 말해야 하는 것일까, 그들은 왜 정해진 시간에 차례로 돌아가며 피아노를 연주하는 것일까(피아노 소리는 위층의 오빠들 방에까지 들린다), 프랑스 문학, 음악, 그림 그리고 무용 선생들은 왜 그 집에 온 것일까, 세 명의 숙녀들은 왜 정해진 시간에 마드모아젤 리옹과 함께 비단 외투——돌리에겐 길고 나탈리에겐 약간 짧으며, 키티에겐 너무 짧아 꼭 달라붙어 치켜 올려진 붉은 스타킹을 신은 날씬한 그녀의 작은 다리는 완전히 드러난다——를 입고 트베리스코이 대로로 4인승 마차를 타고 달리는 것일까, 그들은 왜 금빛 기장이 있는 모자를 쓴 마부와 함께 트베리스코이 대로를 오르내리는 것일까——이 모든 일들과 그보다 훨씬 더 많은 일들이 그가 이해할 수 없는 그들의 신비한 세계에서 일어났다. 하지만 레빈은 모든 것이 완벽하다는 사실을 알고 있었고 그 모든 신비와 사랑에 빠졌다.[118]

하지만 이처럼 유럽의 일부라는 감각은 영혼을 분열시키기도 했다. 도스토예프스키는 "우리 러시아인들은 두 개의 조국을 갖고 있다. 러시아와 유럽이다"라고 쓰고 있다. 알렉산드르 게르첸은 서구화된 엘리트의 전형적인 예다. 파리에서 그를 만난 후 도스토예프스키는 게르첸이 이주할 수 없다——그는 이주민으로 태어났기 때문에——고 말하고 있다. 19세기 작가인 미하일 살티코프-쉬쉐드린은 이 같은 내적 망명 조건을 잘 설명하고 있다. 그는 "러시아에서 우리는 사실적 의미에서만 존재하며 혹은 당시 얘기되었던 것처럼

'삶의 방식' 을 갖고 있었다. 우리는 사무실에 가고 친척들에게 편지를 쓰고 레스토랑에서 식사를 하고 서로 대화를 했다. 하지만 정신적으로 우리는 모두 프랑스 거주자들이었다"고 1840년대를 회상하고 있다.[119] 당시 이들 유럽화된 러시아인들에게 '유럽' 은 지리적 위치에 불과한 것은 아니었다. 유럽은 그들의 교육, 그들의 언어, 그들의 종교와 그들의 일반적 태도를 통해 그들이 거주하고 있는 마음의 고향이었다.

그들은 외국어에 너무 심취해 있었기 때문에 많은 사람이 모국어를 말하고 쓰는 것이 매력적이라는 사실을 알게 되었다. 강력한 러시아 문화의 옹호자이자 일찍이 러시아 과학 아카데미의 유일한 여성 회장인 다쉬코바 공작녀는 가장 훌륭한 유럽 교육을 받았다. 그녀는 회고록에서 "우리는 4개 국어로 교육을 받았다. 불어를 유창하게 구사했지만 나의 러시아어 실력은 형편없었다"라고 기록하고 있다.[120] 발트해 연안 제국의 독일인이자 1815년에서 1856년까지 러시아 외무 장관을 역임했던 칼 네셀로드 백작은 자기가 대표했던 국가의 언어를 쓸 수도 말할 수도 없었다. 불어는 상류 사회의 언어이자 명문가에서 모든 개인들 사이에 통용되는 언어이기도 했다. 예를 들어 다음 장에서 그 운명을 추적해 보게 될 볼콘스키 가문 사람들은 자신들끼리 주로 불어를 사용했다. 볼콘스키 집안의 가사일을 총괄하고 있던 프랑스인 마드모아젤 칼람므는 거의 50년간 일하면서 가사를 담당하는 농노들에게 지시할 때를 제외하곤 볼콘스키 가 사람들이 러시아어로 말하는 것을 들어 본 적이 없다고 회상했다. 이 점은 1812년 차르 알렉산드르가 총애하던 측근이었던 세르게이 볼콘스키 공작의 아내 마리아(라예프스카야에서 출생)도 마찬가지였다. 귀족 가문들이 모국어인 러시아어로 말하는 경향이 더 많았던 우크라이나 지방에서 성장했지만 마리아는 러시아어를 제대로 쓸 수 없었다. 그녀는 남편에게 불어로 편지를 썼다. 마리아가 종복들에게서 습득한 구어체 러시아어는 매우 유치하고 농민들의 속어가 많이 섞인 것이었다. 가장 세련되고 교양 있는 러시아인들이 어린 시절 종복들에게서 배운 농민들이 쓰는 러시아어로만 말할 수 있었다는 사실은 흔한 역설이었다.[121] 여기에 톨스토이의 『전쟁과 평화』의 유럽적 문화——러시아인들이 "우리의 할아버지들이 말했을 뿐 아니라 생각했던 세련된 불어로 말하는" 문화——가 있다.[122] 그들은 자신들이 러시아에 기껏해야 일 년 정도 체류한 프랑스인인 것처럼 모국어인 러시아어로 대화했다.

러시아어에 대한 경시는 최고위층 귀족들에서 가장 분명하고 지속적이었다. 최고위층 귀족들은 가장(그리고 몇몇 외국 가문 이상으로) 유럽화되어 있었다. 일부 집안에선 일요일과 종교 축일을 제외하고는 아이들이 러시아어로 말하는 것을 금지했다. 교육 기간 전체를 통해 에카테리나 골리친 공작녀는 일곱 번의 모국어 수업만을 받았을 뿐이었다. 그녀의 어머니는 러시아 문학을 경멸했고 고골리를 '마부'로 생각했다. 골리친의 아이들은 프랑스인 여자 가정교사에게 배웠다. 그녀는 아이들이 러시아어를 하는 것을 발견하면 아이들의 목에 악마의 혀처럼 생긴 붉은 천을 묶어 벌을 주곤 했다.[123] 안나 르롱은 모스크바에서 귀족의 딸들에게 제일 좋은 여자 고등학교에서 비슷한 경험을 했다. 러시아어를 하다 발각된 소녀들은 하루 종일 교실 구석에서 주석으로 만든 붉은 종을 단 채 흰 앞치마를 벗고 바보처럼 서있어야 했다. 그들은 식사 중에도 서있어야 했으며 제일 마지막에 음식을 받았다.[124] 러시아어로 말하다 더 심한 벌——때로 방에 감금되기도 했다——을 받는 아이들도 있었다.[125]

러시아어에 대한 금기적 태도는 어린 시절부터 귀족 아이들에게 악마 같은 러시아어를 단념시키고 어린아이의 감정도 외국어로 표현하게 하고자 했던 것처럼 보인다. 『안나 카레니나』의 오블론스키 거실에서 돌리가 레빈과 대화하던 중 그녀의 작은 딸이 들어 왔을 때 일어난 사소하지만 예시적인 에피소드는 이 같은 사실에서 유래한다.

'너는 정말 엉터리구나!' 돌리가 그의 얼굴을 상냥하게 바라보며 반복해 말했다.

'알았다, 그런데 우리는 그것에 대해선 한 마디도 하지 않은 것처럼 되어 버렸어. 그것이 뭐지 타냐?' 그녀는 들어 온 작은 소녀에게 불어로 말했다.

'제 삽이 어디 있죠, 엄마?'

'엄마가 지금 불어로 말하고 있으니까 너도 불어로 대답해야지.'

작은 소녀는 애를 썼지만 불어로 삽을 기억해낼 수가 없었다. 어머니는 아이를 재촉했고 이윽고 어디를 찾을지 불어로 말해주었다. 이 모든 일들이 레빈에게 불쾌한 인상을 주었다.

돌리 집의 모든 것과 아이가 이제 결코 이전처럼 그렇게 매력적이지 않다는 점이 그에게 충격을 주었다.

'그녀는 왜 어린아이에게 불어로 말하는 것일까?' 하고 그는 생각했다. '그것은 너무 가식적이고 부자연스럽다. 그리고 이 아이는 그것을 느끼고 있다. 불어를 배우면서 진실을 버리고 있다' 고 그는 혼자 생각했다. 레빈은 돌리도 같은 식으로 여러 번 다시 생각해보았지만 진실을 어느 정도 잃더라도 아이에게 그런 식으로 불어를 가르쳐야 한다고 결심했다는 사실을 알지 못했다.[126]

19세기 전체를 통해 명문가에서 이 같은 태도는 지속적으로 이어지면서 러시아에서 가장 창조적인 사람들 중 일부에 대한 교육을 담당하고 있었다. 1820년대에 소년이었던 톨스토이는 『유년기』(1852)에서 아주 기억할 만하게 묘사한 그 같은 유형의 독일인 교사의 교육을 받았다. 그의 아주머니는 그에게 불어를 가르쳤다. 하지만 톨스토이는 9살에 학교에 가기 전까지는 푸쉬킨의 시 몇 편을 제외하곤 러시아 문학을 접하지 못했다. 투르게네프는 프랑스와 독일인 가정교사에게 교육을 받았지만 러시아어는 아버지의 농노 시종이 노력한 덕분에 겨우 읽고 쓰는 법을 배웠다. 그는 8살 때 아버지의 러시아어 장서가 있는 잠겨진 방에 숨어들어 가고 난 후에야 처음으로 러시아 책을 보았다. 20세기의 전환기에도 모국어를 거의 하지 못하는 러시아 귀족들이 있었다. 블라디미르 나보코프는 괴짜 외교관인 자신의 '루카 삼촌'이 다음과 같이 얘기하고 있는 것으로서 묘사하고 있다.

> 불어, 영어 그리고 이탈리어의 까다로운 조합으로 그 모든 것을 모국어보다 훨씬 더 쉽게 말한다. 러시아어를 사용해야 할 때는 식탁에서 갑작스레 한숨을 쉬며 'Je suis triste et seul comme une bylink v pole(들판의 풀잎처럼 슬프고 외롭다)' 라고 말하곤 했을 때처럼 예외없이 극히 관용적이거나 평범한 표현조차 잘못 사용하거나 혼동했다.[127]

루카 삼촌은 구세계 러시아 귀족이 몰락하기 직전인 1916년 말 파리에서 사망한다.

러시아정교 역시 서구화된 엘리트 의식과는 거리가 멀었다. 종교는 귀족의 가정 교육에서 부수적인 역할에 머물러 있었기 때문이었다. 세속적인 프랑스 계몽주의 문화에 심취한 귀족 가문들은 버릇처럼 순종적으로 계속해서 국교에서 세례를 받고 의식을 준수하긴 했지만 러시아식 신앙으로 아이들을 교육할 필요는 거의 없다고 생각했다. 많은 귀족 가정에서 지배적인 볼테르주의적 마음가짐은 종교에 대한 더 큰 관용 의식——그들의 모든 외국인 가정교사와 농민 농노들에게 궁정이 몇몇 상이한 신앙의 본거지였던 것과 마찬가지로——을 갖게 했다. 주로 종복들의 지역에서 신봉되는 정교는 사회적 하층——독일 가정교사들의 신교와 프랑스의 구교 아래——에서 나타났다. 이 같은 사회적 서열은 1870년대까지 러시아어 성경이 없었기——성시집과 성무 일과표만 있었다——때문에 강화되었다. 게르첸은 독일어 신약성경을 읽었으며 루터파 어머니와 함께 모스크바에 있는 교회에 다녔다. 그의 아버지는 게르첸이 15살이 되서야(단지 모스크바 대학 입학 조건이었기 때문에) 그를 정교 신앙으로 교육하기 위해 러시아인 성직자를 고용했다. 톨스토이는 어린 시절 정식 종교 교육을 받지 않은 반면 투르게네프의 어머니는 정교를 노골적으로 경멸했다. 그녀는 정교를 평민들의 종교로 보았으며 식사 시간에 통상의 기도 대신 토머스 아 켐피의 불어 번역을 매일 읽는 것으로 대신했다. 귀족들은 일반적으로 정교를 '농민의 신앙'으로 보호하려는 경향이 있었다. 게르첸은 개인적 확신에 따라 사순절 음식을 제공하고 있느냐는 질문을 받자 "단지 종복들을 위해서"라고 대답한 저녁 만찬 파티 주인에 대해 언급하고 있다.[128)]

유럽식이 지배하는 것에 대해 이의를 제기하는 크냐쥐닌과 케라스코프의 작품 같은 풍자극들은 서구적 가치와 구별되는 관점에서 러시아적 인물을 분명히 하기 시작했다. 이 작가들은 외국의 책략과 고유한 진실, 유럽적 이성과 19세기 민족적 설화의 기초를 형성하게 되는 러시아인의 마음 혹은 '영혼'을 대비한다. 이 같은 담론의 중심엔 조국——문명에 의해 부패하지 않은 순수한 '고유한' 러시아——이라는 오래된 낭만적 이상이 자리하고 있다. 성 페테르부르크는 아주 교활하고 허영에 가득 차 있으며 네바 강에 비춘 자신의 모습을 끊임없이 바라보는 나르시스적인 멋쟁이다. 진정한 러시아는 '러시아적' 미덕이 간직되어 있으며 허식이나 외래적 관습이 없는 시골에 존재한다.

일부 사람들에게 이것은 모스크바와 성 페테르부르크를 대비하는 문제였다. 슬라브주의 운동의 뿌리는 18세기 말로 거슬러 올라가며 모스크바의 구 귀족 문화에 대한 옹호 그리고 유럽화된 피터의 국가와 대조되는 시골이었다. 지주인 귀족들이 피터의 조신(朝臣)과 직업 관료들 보다 민중의 관습과 종교에 더 가깝다고 전해졌다. 작가 미하일 쉬체르바토프는 구 귀족의 가장 강력한 대변자였다. 그는 자신의 『오피르 땅으로의 여행』(1784)에서 새로 건설된 도시인 페레그라브 출신의 페레가 왕이 통치하는 북부 지방을 묘사하고 있다. 성 페테르부르크처럼 쉬체르바토프의 의도적 풍자 대상인 페레그라브는 교양 있는 코스모폴리탄이지만 오피르의 민족적 전통엔 이질적이며 오피르의 민중들은 자신들의 이전 수도인 크바모(모스크바로 읽어라)의 도덕적 미덕을 여전히 고수한다. 마침내 페레가브의 민중들이 봉기해 도시는 몰락하고 오피르는 크바모의 소박한 생활방식으로 되돌아간다. 루소 시대엔 아름다움이 손상되지 않은 과거에 대한 목가적 관점이 유행이었다. 분명 구 귀족에 대한 향수를 갖지 않았던 서구주의자인 카람진마저 『나탈리아』(1792)에서 "러시아인들이 진정한 러시아인이었던 선조들의 고결하고 소박한 삶"을 이상화했다.

다른 사람들에게 러시아의 미덕은 시골의 전통 속에 보존되어 있었다. 폰비진은 풍자극 『미성년』(1782)에서 순박한 신비로운 마을의 '구 사상가' 인 스타르둠의 기독교적 행동 원칙에서 러시아의 미덕을 찾았다. 스타르둠은 "마음을 가져라, 영혼을 가져라 그러면 언제나 인간일 수 있을 것이다. 다른 모든 것은 유행이다"라고 충고한다.[129] 페테르부르크 사회의 이국적인 관습에 의해 감춰지고 억압된 진정한 러시아적 자아에 대한 생각이 유행하게 되었다. 그것은 시골의 순수함에 대한 감상적 예찬——카람진의 슬픈 『가련한 리자』(1792) 이야기에서 요약된 예찬——에 기인한다. 카람진은 성 페테르부르크 출신 멋쟁이의 유혹에 빠져 사랑하다 호수에 몸을 던져 자살한 순박한 꽃 파는 소녀의 이야기를 하고 있다. 이 이야기는 리자가 가난 때문에 쫓겨난 건전한 러시아 마을의 신화, 외래풍에 물든 도시의 부패, 비극적이고 진실한 마음을 가진 러시아인 여주인공과 사랑에 기초한 결혼에 대한 보편적 이상 등 새로운 공동체의 환영에 대한 모든 요소를 포함하고 있다.

표트르 뱌젬스키 같은 시인들은 마을을 자연적 단순성의 안식처로 이상화하고 있다.

> 여기엔 구속이 없네,
> 여기에선 허영이 지배하지 않네.[130]

니콜라이 노비코프 같은 작가들은 마을을 고유한 풍습이 남아 있는 곳으로 지적하고 있다. 러시아인들은 토지와 밀착해 살아 갈 때 편안해 하고 더욱 진실하게 행동한다.[131] 시인이자 엔지니어, 건축가이자 민속학자인 니콜라이 르보프에게 러시아인의 중요한 특성은 자연스러움이었다.

> 외국 땅에서 모든 것은 계획되어 있다,
> 말은 숙고되고 걸음걸이는 평가된다.
> 하지만 우리 러시아인들 사이에는 격렬한 삶이 있다,
> 우리가 하는 말은 크게 울리고 불꽃이 튄다.[132)]

르보프는 유럽화된 러시아인들의 인습에 물든 삶과 러시아 농민들의 자연스러운 행동과 창의성을 대비한다. 그는 러시아 시인들에게 고전적 규범의 속박에서 벗어나 민속음악과 운문의 자유로운 리듬에서 영감을 찾으라고 요구한다.

단순한 농민적 삶에 대한 예찬의 중심엔 그 도덕적 순수성의 개념이 자리하고 있다. 급진적인 풍자시 작가인 알렉산드르 라지쉐프는 처음으로 민족의 가장 고귀한 미덕은 가장 비천한 민중 문화에 내포되어 있다고 주장했다. 이 같은 주장의 증거는 이였다. 자신의 『성 페테르부르크에서 모스크바로의 여행』(1790)에서 라지쉐프는 축제날 전통적 의상을 입고 있는 일단의 마을 여자들과의 만남——"가장 깨끗한 상아보다 더 흰 치열을 드러내고 있는" 그들의 함박웃음——을 회상하고 있다. 이가 모두 썩은 귀족 숙녀들은 "이런 치아에 대한 질투로 미쳐버릴 것이다"

> 친애하는 모스크바와 페테르부르크의 숙녀님들이여, 이곳으로 와 그들의 치아를 살펴보고 그들에게서 치아를 희게 유지하는 법을 배우시라. 그들에겐 썩은 이가 없다. 그들은 칫솔과 가루치약으로 매일 양치질하

지 못한다. 그들 중 한 명을 골라 입을 맞추어 보라. 그들 중 어느 누구도 호흡으로 당신의 폐에 병균을 옮기지는 않을 것이다. 반면 당신들의 것, 그렇다, 당신들의 호흡은 그들의 폐를 세균——병균으로…… 내가 말하기도 두려운 어떤 병균——으로 감염시킬 것이다.[133]

6

18세기 성 페테르부르크 전경의 광활한 하늘과 공간은 이 도시를 더 넓은 세계와 연결시키고 있다. 곧은 선들이 멀리 수평선으로 뻗어 있어 그 너머로 유럽의 나머지 지역이 쉽게 닿을 수 있는 곳에 있다는 생각을 하지 않을 수 없다. 러시아의 유럽으로의 투영은 늘 성 페테르부르크의 존재 이유였다. 그것은 단순히 피터의 '유럽으로의 창'——언젠가 푸쉬킨이 성 페테르부르크를 묘사한 것처럼——에 불과한 것이 아니라 페테르부르크를 통해 유럽이 러시아로 들어오고 러시아인들이 세계로 진출할 수 있는 열려진 출구였다.

러시아의 교육받은 엘리트들에게 유럽은 단순한 여행지 이상의 의미를 지니고 있었다. 유럽은 문명의 정신적 원천인 문화적 이상이었고 유럽을 여행하는 것은 순례 여행을 하는 것이었다. 피터 대제는 자기 개선과 문명을 찾아 서구로 간 러시아 여행자들의 모델이었다. 그 후 2백년간 러시아인들은 피터의 서구 여행을 뒤따랐다. 페테르부르크 귀족의 아들들은 파리, 괴팅겐과 라이프치히의 대학으로 갔다. 푸쉬킨은『예브게니 오네긴』에 나오는 상류 사회의 학생 렌스키로 상징되는 '괴팅겐의 영혼'은 러시아 귀족 세대들이 공감한 일종의 유럽적 모습의 전형이 되었다.

블라디미르 렌스키, 방금 돌아왔네
고상한 열망을 안고 괴팅겐에서,
자신의 프리즘 안에 잘생긴 젊은이이자
칸트적 진실로 가득 찬 시인이 있다.
안개 낀 독일에서 우리의 대지주는
예술의 결실을 가지고 돌아왔네
자유를 사랑하는 고매한 가슴,
이국적이지만 열정에 충만한 정신,
늘 대담하고 감동적인 연설
그리고 어깨까지 드리워진 새까만 머리칼.[134)]

모든 러시아 예술의 선구자들은 자신들의 솜씨를 해외에서 배웠다. 러시아 최초의 실질적 시인인 트레디아코프스키는 피터가 보내 파리 대학에서 공부했다. 러시아 최초의 비종교적 화가 안드레이 마트비프와 미하일 아브라모프는 프랑스와 네덜란드로 보내졌다. 우리가 보았던 것처럼 베레조프스키, 포민과 보르트냔스키는 이탈리아에서 음악을 배웠다. 러시아 최초의 뛰어난 학자이자 과학자인 미하일 로모노소프는 마르부르크에서 화학을 전공하고 돌아와 모스크바 대학 설립을 도왔다. 모스크바 대학은 지금 그의 이름을 지니고 있다. 푸쉬킨은 어디에선가 그 박식가가 "우리의 첫 번째 대학이었다"고 비꼬았다.[135)]

문화적 목적으로 유럽 전역을 주유하는 그랜드 투어Grand Tour는 귀족들에게는 필수적인 통과 의례였다. 1762년 귀족에 대한 의무적 공무가 면제되자 러시아의 더 야심적이고 호기심 많은 귀족들은 자유롭게 세계로 나아갈 수 있었다. 그들은 파리, 암스테르담과 비엔나에 무리를 지어 몰려들었다. 하지만 그들이 가장 선호한 곳은 영국이었다. 영국은 러시아 귀족들이 되기를 열망하는 번영하고 독립적인 지주 젠틀리들의 본고장이었다. 그들의 영국 애호 열기는 때로 너무 극단적이어서 자신들의 정체성을 부인하기까지 할 정도였다. 영국을 자주 방문했고 영국 예찬론자로 『어떤 러시아 귀족 여자의 여행』(1775)에서 영국을 예찬한 공작녀 다쉬코바는 "나는 왜 영국 여성으로 태어나지 못했던가?"라고 탄식하고 있다.[136] 러시아인들은 최신 유행과 훌륭한 저택 장식을 배우고 새로운 사유지 관리와 조경 기법을 습득하며 예술품, 마차, 가발 그리고 문명화된 생활양식에 필요한 모든 다른 장신구들을 구입하기 위해 영국으로 몰려들었다.

러시아인들의 왕래가 늘어남에 따라 여행 문학은 서구에 대한 러시아의 자아 인식 형성에 중요한 역할을 했다. 여행 문학에서 가장 영향력 있는 카람진의 『러시아 여행자의 편지』(1791~1801)는 유럽적 삶의 가치와 관념들을 한 세대 전체에 가르쳤다. 카람진은 1789년 5월 성 페테르부르크를 떠났다. 그는 우선 폴란드, 독일 그리고 스위스 전역을 여행하고 런던을 경유해 러시아 수도로 되돌아가기 전인 1790년 봄 혁명중인 프랑스로 들어갔다. 카람진은 독자들에게 이상적인 유럽 세계의 모습을 전했다. 그는 유럽의 기념비, 극장과 박물관, 유명한 작가와 철학자들에 대해 기술했다. 카람진의 '유럽'은 그의 작품을 통해 처음으로 유럽을 접한 여행자들이 찾으려 했지만 현실적으로 찾을 수 없었던 신비한 영역이었다. 미하일 포고딘은 1839년 파리로 갈 때 『러시아 여행자의 편지』를 가지고 갔다. 시인 마야코프스키조차 1925년 카람진의 감상적 프리즘을 통해 파리에 대해 응답했다.[137] 『러시아 여행자의 편지』는 러시아인들에게 교양 있는 유럽인들처럼 행동하고 느끼는 법을 가르쳤다. 『러시아 여행자의 편지』에서 카람진은 완벽할 정도로 자신을 쉽게 묘사하고 있다. 카람진은 유럽의 지식인 범주에서 자신을 동등한 지식인으로 받아들이게 했다. 그는 칸트, 헤르더와의 편안한 대화를 기술했으며, 어떤 야만적인 스키타이인이 아니라 책과 그림을 통해 이미 그들과 친숙한 도시의 문명화된 사람으로서 유럽의 문화적 기념비들에 다가가고 있는 자신을 보여주었다. 결과적으로 카람진은 유럽을 유럽 문명의 일부인 러시아에 가까운 어떤 것으로 보여주었다.

하지만 카람진도 모든 러시아인들이 유럽적 자아 정체성에서 느끼고 있는 불안감을 어떤 식으로든 표현하고 있다. 그는 대부분의 유럽인들의 마음 속에 러시아의 후진적 이미지가 자리잡고 있다는 것을 알게 되었다. 쾨니히베르크로 가는 길에서 두 명의 독일인은 "러시아인이 외국어를 할 수 있다는 사실을 알고 놀랐다." 라이프치히에서 교수들은 러시아인들을 '야만인들' 이라고 말하며 러시아 작가가 있다는 사실을 믿지 못했다. 프랑스인들은 정도가 더 심해 자신들의 문화를 배우는 학생으로서의 러시아인들에 대해 생색을 내는 듯한 태도와 "모방하는 법만을 알고 있는 원숭이들"인 러시아인들에 대한 경멸감이 혼합되어 있었다.[138] 당시 유럽인들에게 러시아의 후진적 이미지가 각인되어 있는 것을 알게 된 카람진은 러시아의 업적에 대해 과장되게 주장하게 된다. 하지만 그는 전 유럽을 여행하면서 유럽 사람들이 자신들과는 다른 사고방식을 갖고 있다는 결론을 내렸다. 백 년에 걸쳐 개혁이 진행되었지만 카람진에게 러시아인들은 피상적인 방식으로만 유럽화된 것처럼 보였다. 러시아인들은 서구적 예절과 관습을 받아들였지만 유럽적 가치와 감수

성은 아직 그들의 정신세계에 스며들 필요가 있었다.[139]

교육받은 많은 러시아인들은 카람진의 의문에 공감하며 자신들의 '유럽적인 것'을 정의하기 위해 노력했다. 1836년 철학자 차다예프는 러시아인들이 서구를 흉내낼 수 있을지 모르지만 서구의 본질적인 도덕적 가치와 관념들을 내면화할 수는 없다는 절망적인 글을 썼다는 이유로 미치광이 취급을 받았다. 하지만 게르첸이 지적한 것처럼 차다예프는 생각 있는 러시아인이라면 누구나 오랜 세월 동안 느껴온 것을 말했을 뿐이었다. 불안과 질투, 적대감 같은 유럽에 대한 열등감은 아직도 러시아의 민족 의식을 규정하고 있다.

카람진이 여행을 시작하기 5년 전 작가이자 공직자였던 데니스 폰비진은 아내와 함께 독일과 이탈리아 전역을 여행했다. 그것이 그들의 첫 번째 유럽 여행은 아니었다. 1777~8년에 그들은 폰비진의 편두통 치료차 독일과 프랑스의 온천지들을 여행했다. 당시 폰비진은 발작으로 팔이 마비되고 말을 더듬게 되었기 때문에 치료차 해외로 가지 않을 수 없었다. 폰비진은 외국 생활과 다양한 나라 사람들에 대해 기록하고 관찰한 것을 편지로 써 집으로 보냈다. 이 『여행 서한』은 러시아 작가가 러시아의 정신적 전통을 서구의 정신적 전통과 다른 형태로 그리고 사실상 더 나은 것으로 규정한 최초의 시도였다.

폰비진은 처음부터 민족주의자는 아니었다. 수 개 국어에 능통한 그는 유행 의상을 입고 머릿가루가 뿌려진 가발을 쓴 성 페테르부르크의 코스모폴리탄적 인물이었다. 그는 열광적인 프랑스 애호자들에 대한 많은 풍자문학에서 아주 효과적으로 사용했던 신랄한 말투와 총명한 재치로 유명했다. 하지만 그가 상류 사회의 사소한 일들과 잘못된 관습에 혐오감을 느끼게 된 것은 외국인 혐오보다는 그 자신의 사회적 소외감 및 우월감과 관련된 것이었다. 진실은 폰비진이 다소 염세적이었다는 사실이다. 파리든 성 페테르부르크든 그는 있는 그대로의 아름다운 세상——외교부에서 고위 관료로 활동했던 세계——에 대한 혐오감을 갖고 있었다. 해외에서 보낸 초기 편지에서 폰비진은 모든 국가를 똑같은 것으로 묘사했다. 그는 1778년 프랑스로부터 "나는 어느 나라에서나 선보다는 훨씬 많은 악을 본다. 사람들은 어디나 마찬가지다. 어느 나라에서나 지성인은 드물고 바보들은 많다. 한마디로 다른 나라라고 우리 나라보다 나을 게 없다는 것을 알았다"고 쓰고 있다. 폰비진의 문화적 상대주의는 국제 공동체의 토대로서의 계몽주의 사상에 기초하고 있다. 폰비진은 "훌륭한 사람들은 국적에 관계없이 자신들 가운데 하나의 국가를 형성하고 있다"고 결론지었다.[140] 하지만 두 번째 여행을 하면서 폰비진은 유럽에 대해 좀더 편견에 치우친 견해를 전개하고 있다. 그는 분명한 어조로 그 업적을 공공연히 비난한다. 서구의 상징인 프랑스는 폰비진의 주된 비난 대상이었는데 부분적으론 그가 파리의 살롱에서 받아들여지지 않았기 때문일 것이다.[141] 파리는 "도덕적으로 부패하고 거짓과 위선에 찬 도시"이며 그것은 자신들의 중요한 '의무comme il faut'를 찾아 그곳에 온 러시아 젊은이들을 타락시킬 뿐이었다. 파리는 '황금만능'의 물질적 탐욕의 도시다. 파리는 허영과 겉치레의 도시로 "피상적인 예절과 관습만이 지배"하고 있으며 "우정, 정직 그리고 정신적 가치는 중요하게 여기지 않는다." 프랑스인들은 '자유'로 많은 것을 이루었지만 일반적인 프랑스인들의 현실적 조건은 노예 상태와 같다. "가난한 사람들은 노예 노동을 하지 않고는 먹고 살 수 없으며 따라서 '자유'는 공허한 명칭에 불과하기 때문이다." 프랑스 철학자들은 사기꾼들이다. 그들은 자신들이 주장하는 것을 실천하지 않기 때문이다. 요컨대 유럽은 러시아인들이 그려려니 생각하는 이상과는 거리가 멀며 "우리의 삶이 더 낫다"는 사실을 인정해야 할 때라고 결론지었다.

> 양식 있는 고국의 어떤 젊은이들이 러시아에 만연해 있는 악습과 혼란에 대해 분노하고 진심으로 러시아에서 멀어지고 있다고 느끼기 시작한다면 조국을 사랑하게 할 수 있는 가장 좋은 방법은 그를 가급적 빨리 프랑스로 보내는 것이다.[142]

폰비진이 유럽을 특징짓기 위해 사용하는 용어들은 이어지는 러시아 여행기에서 특히 정규적으로 나타난다. '부패'와 '타락', '거짓'과 '피상적', '물질주의'과 '이기주의' 따위의 단어들은 폰비진의 여행기에 호응하는 여행 스케치인 게르첸의 『프랑스와 이탈리아로부터의 편지』(1847~52)와 도스토예프스키의 『여름의 인상에 대한 겨울의 수필』(1862) 시대에 이르기까지 유럽에 대한 러시아어 어휘 목록이었다. 유럽에 대한 비판적 전통 속에서 여행은 유럽과 러시아 간의 문화 관계에 대한 철학적 담론을 위한 구실에 불과했다. 계속해서 되풀이되는 이 같은 용어들은 어떤 이데올로기 출현——서구를 반영하고 있는 러시아에 대한 명확한 관점——의 전조였다. 현실적으로 푸쉬킨에서 슬라브주의자에 이르는 모든 러시아 작가들은 서구가 도덕적으로 부패했다고 생각했다. 게르첸과 도스토예프스키는 타락한 서구를 구원하는 것을 러시아의 메시아적 운명으로 보았다. 프랑스가 거짓되고 경박하다는 생각이 유행하게 되었다. 카람진에게 파리는 "피상적인 호화로움과 매력"의 도시였다. 고골리에게 파리는 "사기와 탐욕의 심연을 감추고 있는 피상적 화려함"만을 갖고 있었다.[143] 뱌젬스키는 프랑스를 "거짓과 기만"의 땅으로 묘사했다. 비평가이자 문학가인 알렉산드르 니키텐코는 프랑스에 대해 "그들은 천성적으로 극장에 대한 사랑과 극장을 짓고 싶어하는 성향을 갖고 있는 것처럼 보인다. 그들은 흥행적 재능을 타고났다. 감정, 행동 원리, 존경, 혁명이 모두 게임처럼 연극으로 다루어지고 있다"라고 쓰고 있다.[144] 도스토예프스키는 프랑스인들이 "천성적으로 감정과 느낌을 모방하는" 특이한 재능이 있다는 사실에 동의했다.[145] 열렬한 서구주의자인 투르게네프조차 『귀족의 둥지』(1859)에서 프랑스인들을 문명화되고 매력적이지만 정신적 깊이나 지적인 진지함이 없는 사람들로 기술하고 있다. 이렇듯 계속된 문화적 편견은 러시아인들의 의식 속에 있는 '유럽'에 대한 신화의 정도를 보여주고 있다. 상상 속의 '유럽'은 서구 그 자체보다는 '러시아'를 규정할 필요에 따른 것이었다. '러시아'에 대한 관념은 '서구' 없이는 존재할 수 없다('서양'이 '동양' 없이 존재할 수 없는 것처럼). 게르첸은 "우리는 이상, 비난의 대상, 본보기로서 유럽을 필요로 한다"고 쓰고 있다. "유럽이 그렇지 않다면 우리는 그런 유럽을 창조할 필요가 있을 것이다."[146]

러시아인들은 자신들이 유럽에 속한다고 확신하지 못하고 있으며(러시아인들은 아직까지도 확신하지 못하고 있다) 그 같은 모호함이 러시아의 문화사와 정체성의 중요한 요소다. 대륙의 변경에 살고 있는 러시아인들은 자신들의 운명이 대륙에 있는지 확신하지 못하고 있다. 러시아인들은 서양적인가 동양적인가? 피터는 국민들에게 서구와 대면하고 서구의 방식을 모방하게 했다. 그때부터 국가의 발전은 외국의 기준으로 측정된다는 것을 의미하며 모든 도덕적 미학적 규범, 취향과 사회적 예절은 외국의 기준에 따라 규정되었다. 교육받은 계급들은 유럽적 시각으로 러시아를 보았고 자신들의 역사를 '야만적'이고 '미개한 것'으로 비난했다. 그들은 유럽의 승인을 받고자 했으며 유럽이 대등한 국가로 인정해주기를 원했다. 이러한 이유로 그들은 피터의 위업에 어떤 자부심을 갖고 있었다. 유럽의 다른 어느 제국보다 더 크고 강력한 그의 제국은 러시아를 근대화시킬 것을 약속했다. 하지만 동시에 그들은 러시아가 '유럽'—러시아는 늘 유럽의 신화적 이상에 미치지 못한다—이 아니며 결코 유럽의 일부가 될 수 없을 것이라는 사실을 고통스럽게 깨닫게 되었다. 유럽에서 러시아인들은 열등감을 갖고 살았다. 게르첸은 1850년대에 "유럽과 유럽인들에 대한 우리의 태도는 아직도 수도 거주자들에 대한 시골 사람들의 태도다. 다시 말해서 우리는 굴욕적이고 변명하는 듯하며, 모든 차이를 단점으로 받아들이고 우리의 특수성을 부끄러워하며 그것들을 숨기려고 한다"고 쓰고 있다.[147] 하지만 서구의 거부는 마찬가지로 서구에 대한 반감과 우수함을 야기할 수 있다. 러시아가 '유럽'의 일부가 될 수 없다면 '다르다'는 점에 더 자부심을 가져야 한다. 민족주의 신화에서 '러시아의 영혼'은 서구의 물질적 업적보다 더 높은 도덕적 가치를 부여받는다. 그것은 세계를 구원하는 기독교적 사명이다.

7

유럽에 대한 러시아의 이상화는 1789년 프랑스 혁명으로 크게 흔들린다. 자코뱅의 공포 정치는 진보와 계몽 세력으로서의 유럽에 대한 러시아의 믿음을 손상시킨다. 카람진은 1795년 "'계몽의 시대여!' 나는 피와 화염으로 얼룩진 너를 인정하지 않는다"라고 고통스럽게 기록하고 있다.[148] 그의 많은 전망처럼 살인과 파괴의 물결은 그에게 "모든 예술과 과학 그리고 인간의 귀중한 자산들의 중심지"를 파괴하면서 "유럽을 황폐하게 만들고" 있는 것처럼 보였다.[149] 역사란 결국 진보가 아니라 무의미하게 반복되며 그 속에서 "진실과 오류, 미덕과 악덕이 끊임없이 되풀이 되는 것일까?" "인류는 지금까지 단지 시지프스의 바위처럼 다시 야만주의로 되돌아가기 위해 발전해 왔다"는 것이 가능할까?[150]

카람진 시대의 유럽화된 러시아인들은 그의 고뇌에 대개 공감하고 있었다. 프랑스에선 좋은 것들만 유래한다고 믿도록 교육받은 그의 동포들은 이제 프랑스의 나쁜 것만을 볼 수 있었다. 그들의 최악의 공포는 파리에서 성 페테르부르크로 망명한 이주자들에게서 들은 끔찍한 이야기들로 확인되는 것처럼 보였다. 러시아 정부는 혁명적인 프랑스와의 관계를 단절했다. '프랑스'가 변덕과 불경을 지칭하는 말이 되자 특히 러시아의 정치적 관습과 태도가 늘 외국의 풍습과 혼재되어 있던 모스크바와 지방에서 정치적으로 한때 프랑스에 우호적이던 귀족들은 프랑스 혐오주의자가 되었다. 귀족들이 전적으로 프랑스 문화에 빠져 있던 페테르부르크에서 프랑스에 대한 반발은 더욱 점진적이고 복잡했다——1805년 러시아가 프랑스와 전쟁을 시작한 후에도 프랑스와 나폴레옹에 우호적인 자유주의적인 귀족과 애국자들(『전쟁과 평화』의 피에르 베주코프 같은)이 많았다. 하지만 수도에서도 귀족들은 프랑스의 지적인 지배에서 벗어나기 위해 의식적으로 노력하고 있었다. 성 페테르부르크의 살롱에서 관용 불어의 사용은 불쾌감을 주었다. 러시아 귀족들은 프랑스의 샴페인과 와인 대신에 크바스와 보드카, 프랑스의 고급요리 대신 야채수프를 먹었다.

'러시아적 원리'에 근거해 새로운 삶을 추구하면서 보편적 문화라는 계몽주의 이상은 결국 민족적인 방식으로 대체되었다. 다쉬코바 공작녀는 "우리 러시아인들을 프랑스의 복제품이 아닌 러시아인이 되게 하자. 애국자로 남아 우리 선조의 특성을 존속시키자"라고 쓰고 있다.[151] 카람진도 '민족성'을 위해 '인간애'를 포기했다. 프랑스 대혁명이 일어나기 전 그는 "중요한 것은 슬라브인이 아니라 인간이 되는 것이다. 인간에게 좋은 것이 러시아인들에게 나쁠 리 없다. 영국인이나 독일인이 인류를 위해 발명한 것들은 모두 나의 것이기도 하다. 나는 하나의 인간이기 때문이다"라는 견해를 갖고 있었다.[152] 하지만 1802년 카람진은 동료 작가들에게 러시아어를 채택하고 '자신이 되라'고 요구하고 있다.

> 우리의 언어는 고결한 수사와 낭랑한 묘사적 시어는 물론 미묘한 순박함과 감정 그리고 감각의 소리도 가질 수 있다. 러시아어는 불어보다 더 풍부하게 조화되며 감정의 표출에 더 유용하다……. 인간과 민족은 모방으로 시작하지만 조만간 인간과 민족은 '나는 도덕적으로 존재한다!'고 말할 수 있는 권리를 갖는 자기 자신이 되어야 한다.[153]

여기에 1812년에 꽃피었던 새로운 민족주의의 슬로건이 있다.

제2장

"내가 선택한 길은 30년간 고향에서 추방되어 시베리아로 가게 했다. 하지만 나의 신념은 변하지 않았다. 나는 다시 한다 해도 똑같은 선택을 했을 것이다."-볼콘스키

1812년의 아이들

1838년 성 페테르부르크 겨울 궁정에 있는 화이트 홀의 전경(아돌프 라두르니에)

1

나폴레옹의 러시아 침략이 최고조에 달했던 1812년 8월 세르게이 볼콘스키 공작은 성 페테르부르크의 알렉산드르 황제에게 보고서를 제출했다. 황제는 젊은 전속부관에게 군의 도덕성에 대해 물었다. 공작은 "폐하! 최고 사령관에서 일반 병사에 이르기까지 모두가 애국적인 대의명분에 목숨을 바칠 각오가 되어 있습니다"라고 답변했다. 황제는 평민들의 분위기에 대해서 같은 질문을 했다. 볼콘스키는 다시 자신 있게 대답했다. "그들을 자랑스럽게 여기셔도 됩니다. 농민 한 사람 한 사람이 모두 애국자이기 때문입니다." 하지만 귀족에 대한 질문에 공작은 침묵했다. 황제의 재촉에 결국 볼콘스키는 "폐하! 제가 귀족이라는 사실이 부끄럽습니다. 귀족들은 말뿐입니다"라고 대답했다.[1] 그것은 볼콘스키 인생──민족적 자기 발견의 시대에 그의 조국과 계급의 이야기를 들려주는 인생──의 전환점이었다.

많은 장교들이 자신들이 속한 계급에 대한 자부심을 잃기는 했지만 1812년의 병사들 속에서 동포를 발견했다. 볼콘스키 공작 같은 사람들은 농부들이 애국자라는 사실에 충격을 받았다. 귀족으로서 그들은 귀족 계급 전체를 '조국의 진정한 아들'로 존경하도록 교육받았기 때문이었다. 하지만 볼콘스키 같은 일부 사람들에게 의외의 새로운 사실은 또한 희망──농노들 속에서 미래 국가 시민의 자질을 찾았다는 희망──의 징표였다. 자유주의적 귀족들은 1825년 12월 14일 데카브리스트 봉기*에서 '민족'과 '민중의 대의'를 주장하

* 그들은 1825년 이후부터 데카브리스트라고 불리지만 여기선 데카브리스트라고 지칭한다.

게 된다. 후에 어떤 데카브리스트가 "우리는 1812년의 아이들이다"라고 기록하고 있는 것처럼 1812년 전투에서 농민 병사들과의 친화 관계로 그들은 민주적인 태도를 갖게 된다.[2]

세르게이 볼콘스키는 1788년 러시아에서 가장 오래된 귀족 가문들 중 하나에서 태어났다. 볼콘스키 가문은 14세기 몽골인에 대한 모스크바 해방전쟁에 참여해 명예(그리고 후에 성인(聖人)이 되었다)를 얻고 가문 명칭의 기원이 된 모스크바 남부의 볼코나 강 인근의 대토지를 하사받은 미하일 체르니고프스키 공후의 후예다.[3] 모스크바 제국이 성장하면서 볼콘스키 가문 사람들은 대공과 차르를 위해 군 지휘관과 사령관으로 복무하면서 지위가 상승한다. 1800년대에 볼콘스키 가문 사람들은 구 귀족 가문들 중에서 가장 부유하지는 않았지만 알렉산드르 황제와 그의 가족에 가장 가까운 사람들이었다. 세르게이의 어머니 알렉산드라 공작녀는 살해당한 파벨 황제의 미망인 다우어거 황후의 의상 관리자였으며 왕실 출신이 아닌 제국 최초의 귀부인이었다. 그녀는 대개 겨울 궁정과 여름에는 차르스코예 셀로(이곳에서 학생이었던 푸쉬킨이 자신의 예쁜 프랑스인 친구 조세핀으로 오인해 이 쌀쌀맞고 가까이하기 어려운 여성에게 달려들어 스캔들을 일으켰었다)의 황실 가문 사저에서 살았다. 세르게이의 삼촌 파벨 볼콘스키는 알렉산드르 황제의 친구로 그의 후계자인 니콜라이 1세 하에서 사실상 황실의 우두머리였던 궁정 장관에 임명되어 20년 이상 재직했다. 세르게이의 형제인 니키타는 알렉산드르 궁정의 시녀이자 그다지 명예롭다 할 수 없는 황제의 정부가 된 지나이다 볼콘스키와 결혼한다. 세르게이의 누이 소피아는 유럽의 모든 주요 군주들과 친한 사이였다. 페테르부르크에 있는 볼콘스키 가문의 저택에는 영국왕 조지 4세가 그녀에게 하사한 도자기 세트가 있었다. 소피아는 "그것은 왕의 하사품이 아니라 여자에게 주는 남자의 선물이다"라고 말하곤 했다.[4] 그녀는 황제의 가장 친한 친구로 총 참모장으로 승진하게 되는 표트르 미하일로비치 볼콘스키 공작과 결혼한다.

세르게이 자신은 사실상 황실 방계 가문의 일원으로 성장했다. 그는 프랑스 출신의 이민자들이 설립해 페테르부르크의 상류 사회 최고 가문들의 후원을 받은 폰탄카에 있는 니콜라이 수도원에서 교육을 받았다. 그곳에서 최고 엘리트 군사 학교인 콜프스 데 파주Corps des Pages로 진학해 당연히 근위대에 들어간다. 1807년 아일라우 전투†에서 이 젊은 기병대 기수는 옆구리에 총상을 입고, 어머니의 로비 덕분에 성 페테르부르크의 황실 참모로 전속돼 황제의 시종으로 선발된 매력적인 젊은이 집단에 합류한다. 궁정에선 그의 나폴레옹 숭배——당시 많은 귀족들이 공감하는 예찬(『전쟁과 평화』의 도입부에 나오는 피에르 베주코프처럼)——를 불쾌하게 받아들였지만 차르는 매력적인 태도와 솔직한 견해를 가진 이 진지한 젊은이를 좋아했다. 그는 젊은 볼콘스키를 그의 다른 삼형제(그들도 시종이었다) 그리고 측근인 다른 볼콘스키가 사람들과 구별하기 위해 '세르주 군(君)'이라고 불렀다.[5] 세르게이 공작은 매일 황제와 저녁식사를 함께 했다. 그는 황제의 사저를 예고 없이 방문할 수 있는 몇몇 사람들 중 한 명이었다. 세르게이보다 9살 어린 니콜라이 대공——후에 차르 니콜라이 1세가 된다——은 세르게이에게 아우스테를리츠의 나폴레옹 군대 대형에 자신의 장난감 병정을 어떻게 배치할지 묻곤 했다.[6] 20년 후 니콜라이는 자신의 놀이 친구를 시베리아로 보

† Battle of Eylau 나폴레옹 전쟁중 러시아의 제3차 대(對) 프랑스 동맹 때 벌어진 전투(1807. 2. 7~8), 나폴레옹이 처음으로 고전한 전투이다.

낸다.

1808년 볼콘스키는 야전으로 되돌아가 이후 4년간 50차례 이상 전투에 참여하면서 24살의 나이에 소장으로 승진한다. 공작은 나폴레옹의 침략으로 페테르부르크의 많은 엘리트들과 공유하고 있던 프랑스 우호적인 견해를 버리고 민중의 미덕에 기반한 새로운 '민족적' 감정을 느끼게 된다. 1812년 일반인들의 애국심, 병사들의 영웅주의, 프랑스로부터 러시아를 구하기 위한 모스크바 방화 그리고 눈 속에서 프랑스군을 유럽으로 서둘러 퇴각하게 한 농민 유격대, 이 모든 것이 그에겐 민족적 재각성의 징후들로 보였다. 그는 1812년 8월 26일 시신이 뒹구는 보로디노의 전쟁터에서 형제에게 보낸 편지에 "러시아는 농민 병사들이 지켰다. 그들은 농노에 불과할지 모르지만 조국을 위해 시민들처럼 싸웠다"고 기록하고 있다.[7)]

볼콘스키 공작만이 민주적인 사상을 받아들인 것은 아니었다. 볼콘스키의 친구(그리고 동료 데카브리스트)인 시인 표도르 글린카도 평민들의 애국심에 강한 인상을 받았다. 『어떤 러시아 장교의 서한』(1815)에서 그는 농노("스키타이인들과 함께 자신들의 모국을 지킬 준비가 되어 있는")와 귀족(프랑스인들이 모스크바에 다가오자 "자신들의 영지로 달아난")을 대비하고 있다.[8)] 많은 장교들이 농민들의 도덕적 가치를 인정하게 되었다. 어떤 장교는 "매일 나는 어떤 귀족에게도 뒤지지 않은, 훌륭하고 합리적인 농민 병사들을 만나곤 한다. 이 소박한 사람들은 우리 사회의 불합리한 관습으로 부패되지 않았다. 그들은 훌륭한 고유의 도덕적 사상을 갖고 있다"고 기록하고 있다.[9)] 여기에 민족 해방과 정신적으로 다시 태어날 수 있는 정신적 잠재력이 있는 것처럼 보였다. 미래의 데카브리스트들 중 한 명은 "우리가 이 사람들과 의사소통을 할 수만 있다면 그들은 시민의 권리와

의무를 곧 이해하게 될 것이다"라고 기록하고 있다.[10)]

장교들의 성장 배경엔 이러한 발견의 충격을 완충해 줄 수 있는 요소가 전혀 없었다. 장교들은 귀족으로서 자기 아버지들의 농노를 고매한 미덕과 감수성을 결여한 짐승 같은 인간에 불과한 것으로 여기도록 교육받았다. 하지만 전쟁 동안 그들은 갑자기 농민들의 세계로 던져져 마을에서 거주하게 되었다. 귀족 장교들은 일반 병사와 음식과 공포를 함께하면서 때로 부상을 당하거나 공급이 끊겨 당혹스러워할 때 병사들의 살아남는 방법에서 도움을 받았다. 평민들을 점점 더 존중하게 되면서 그들은 부하 장병들을 더욱 더 인도주의적 방식으로 대우했다. 볼콘스키는 "구 체제의 가혹한 규율을 거부하고 우리 병사들과의 우정을 통해 그들의 사랑과 신뢰를 얻기 위해 노력했다"고 회상했다.[11)] 일부 장교들은 병사들에게 읽는 법을 가르칠 야전 학교를 설립하기도 했다. 또 다른 장교들은 그들을 토론 모임에 데리고 가 농노제 철폐와 농민을 위한 사회정의에 대해 토론하게 했다. 수많은 미래의 데카브리스트들은 병사들이 처한 신분상의 조건들을 개선하기 위해 '군법'과 다른 제안들을 입안했다. 병사들의 생활방식에 대한 면밀한 연구에 기초한 문서들은 1830년대와 1840년대 슬라브주의자와 민주적 인텔리겐차들이 그토록 열중했던 민속학상의 초보적 작업들로 볼 수 있을 것이다. 예를 들어 볼콘스키는 「우리 대대 코사크인들의 생활에 대한 기록」이라는 세부적인 경향을 기록하고 있다. 여기서 그는 가난한 코사크인들의 운명을 개선하고 부자들에 대한 의존을 줄일 수 있는 진보적인 조치들(국립 은행의 대부, 곡물의 공동 비축과 공립학교의 설립 등)을 제안하고 있다.[12)]

전쟁이 끝나고 민주적인 장교들은 농노에 대한 새로운 의무감을 안고 자신들의 영지로 돌아온다. 볼콘스키 같은 많은 사람들이 자신들의 영지에 있는 고아가 된 병사 자녀들의 부양비를 지불하거나 1812년의 병사들 속에서 잠재력을 보여준 농노들의 교육을 위해 기부금을 냈다.[13] 1818년과 1821년 사이에 데카브리스트 모의의 근거지였던 복지동맹의 회원이었던 미하일 오를로프와 블라디미르 라예프스키 백작은 병사들을 위한 학교를 설립해 자신들의 급진적인 정치 개혁 사상을 전파했다. 이들 일부 전직 장교들의 자선은 대단한 것이었다. 파벨 세메노프는 생명의 은인에 대한 보답으로 농노들의 복지에 헌신했다. 그는 보로디노 전투에서 병사에게서 받아 목에 걸고 있던 성상화에 총알이 박혔었다. 세메노프는 농노들을 위한 진료소를 설치하고 자기 집을 전쟁미망인과 그 가족들을 위한 안식처로 바꾸었다. 그는 1830년 콜레라——자신의 집에 있던 농민들에게서 감염된 질병——로 사망한다.[14]

일부 장교들은 자신들을 민중의 대의명분과 동일시하는 것으로 그치지 않았다. 즉 그들은 민중적 정체성을 갖기를 원했다. 장교들은 병사들과 더 가까워지려는 노력으로 의복과 행동을 러시아화했다. 그들은 군사적 연설에 러시아어를 사용했다. 장교들은 병사들과 같은 담배를 피웠으며 피터의 금기를 위반하고 수염을 길렀다. 어느 정도의 민주화는 필수적이었다. 유명한 코사크 유격대 지휘관이었던 데니스 다비도프는 마을에서 신병을 모집하기가 어렵다는 것을 알게 되었다. 농민들이 그의 번쩍이는 경기병 제복을 이국적이고 '프랑스적'인 것으로 보았기 때문이었다. 다비도프가 일기에 기록하고 있듯이 마을 사람들과 말이라도 하려면 먼저 "마을 사람들과 강화조약을 체결"해야 했다. "나는 민중의 전쟁에서 민중의 언어로 말하는 것으론 충분하지 않으며 행동 방식과 의복도 민중의 수준으로 내려가야 한다는 것을 알았다. 나는 농민들의 카프탄kaftan을 입기 시작했고 수염을 길렀으며 성 안나 훈장 대신 성 니콜라이 그림을 달았다."[15] 하지만 농민들의 방식을 수용한 것은 명민한 장교들이 채택한 전략 이상의 의미가 있었다. 그것은 그들의 민족성에 대한 선언이었다.

볼콘스키는 1813~14년 유격대를 지휘해 파리까지 나폴레옹 군대를 추적했다. 그는 다음 해 2만 루블을 갖고 어머니가 제공한 마차와 세 명의 시종을 데리고 평화 회담 참석차 비엔나로 여행했다. 그리고 나서 그는 샤토브리앙과 벤자맹 콩스탕 같은 정치 개혁자들 모임에서 활동한 파리로 돌아왔다. 이어 그는 런던으로 가 그곳에서 조지 3세의 광기를 토론하는 하원을 참관하며 입헌군주제가 작동하는 원리를 보았다. 볼콘스키는 미국—'모든 러시아 젊은이들의 마음에 독립과 민주주의 국가로 새겨져 있는'—으로 갈 계획이었지만 엘바에서 나폴레옹이 탈출하면서 전쟁이 다시 일어나 페테르부르크로 돌아가야 했다.[16] 그렇지만 대다수 데카브리스트들처럼 볼콘스키의 견해는 서구를 잠시 둘러본 것만으로도 큰 영향을 받았다. 그는 모든 인간의 인격적 존엄성—전제 체제와 농노제에 반대하는 기본적 입장에 깔려 있는 데카브리스트들의 본질적 신조—에 대한 확신을 확고히 했다. 그는 능력주의 사회—자유로운 사고와 자신감으로 그에게 강한 인상을 준 나폴레옹의 장교들과의 대화로 강화된 견해—에 대한 믿음을 갖게 되었다. 러시아 군대의 엄격한 카스트 제도로 얼마나 많은 자유주의적 장교들이 질식당했던가? 그는 유럽을 통해 기본권이나 공적 생활이 결핍된 러시아의 후진성에 대해 생각하게 됐으며 유럽의 자유주의적 원칙에 관심을 갖게 되었다.

유럽에서 돌아온 젊은 장교들은 사실상 자신들의 부모를 인정할 수 없었다. 1815년 그들이 되돌아온 러시아는 자신들이 떠났을 때의 러시아와 조금도 변한 것이 없었다. 하지만 그들은 엄청나게 변해 있었다. 사회는 그들의 "무례한 농민적 행동 방식"에 충격을 받았다.[17] 그리고 이런 군인의 방식에는 꾸민 듯한 어떤 것――퇴역군인의 거드름――이 있었다. 어쨌든 행동 방식이나 복장 이외의 많은 것에서도 그들은 나이 든 사람들과는 차이가 있었다. 그들은 예술적 취향과 관심, 정치와 일반적 태도에서도 나이 든 사람들과는 달랐다. 다시 말해서 그들은 무도실의 사소한 오락거리(자신들의 주연은 예외였지만)를 등한시하고 진지한 것을 추구하는 데 몰입했다. "우리는 가장 큰 역사적 사건들에 참여했으며 소위 과거의 미덕에 대한 나이 먹은 사람들의 따분한 잡담이나 들으며 성 페테르부르크의 공허한 일상으로 되돌아가는 것을 참을 수 없었다. 우리는 백 년은 앞서 있었다"라는 누군가의 설명처럼.[18] 푸쉬킨이 1821년 「차다예프에게」라는 그의 시에 썼던 것처럼.

> 상류 사회의 모임은 더 이상 유행하지 않는다.
> 소중한 사람이여, 이제 우리 모두는 자유인이라는 사실을 당신은 알고 있겠지.
> 우리는 상류 사회에서 멀어져 숙녀들과 어울리지 않는다.
> 우리는 그들을 나이 먹은 사람들의 뜻에 맡기네,
> 18세기의 친애하는 늙은 소년들에게.[19]

특히 춤추는 것은 시간 낭비로 여겨졌다. 1812년의 사람들은 공식 무도회에 참여하는 것을 거부하는 의사를 나타내기 위해 칼을 찼다. 살롱은 일종의 책략으로 거부되었다. 젊은 사람들은 틀어박혀 연구에 몰두했고 『전쟁과 평화』에서 나오는 피에르처럼 더 단순하고 진실한 존재에 대한 지적인 해답을 찾고자 했다. 동시에 데카브리스트들은 진정한 '대학'을 만들어 갔다. 그들은 민속, 역사와 고고학에서 수학과 자연과학에 이르는 광범위한 전문 지식들을 갖고 있었으며 당시의 앞서 나가는 정기간행물들에 시와 문학은 물론 많은 학술 작품들을 발표했다.

장교일 뿐 아니라 시인과 철학자인 '1812년의 아이들' 모두는 일반적으로 부모 세대와 사회로부터의 소외감을 느꼈다. 그것은 19세기 러시아의 문화생활에 깊은 인상을 남겼다. '지난 세기의 사람들'은 피터 국가의 공무 윤리로 정의된다. 그들은 서열과 위계, 질서와 합리적 지배에 대한 순응을 대단히 중시했다. 게르첸──그는 실제로 1812년에 태어났다──은 아버지가 감정적 표출을 얼마나 절제했는지를 회상하고 있다. "아버지는 모든 감정을 감상벽이라 지칭하고 모든 유형의 방종과 솔직함을 싫어했으며 이 모든 것을 친밀함이라고 불렀다."[20] 하지만 게르첸 시대에 성장한 아이들은 아주 충동적이고 친밀했다. 그들은 예전의 규율주의를 '러시아의 노예근성'이라고 비난하며 이의를 제기했다. 그들은 대신에 문학과 예술을 통해 자신들의 규율을 제시하고자 했다.[21] 더 정직한 삶을 살기 위해 많은 사람들이 군무와 공무에서 물러났다. 그리보예도프의 희곡 『지혜의 슬픔』에서 차트스키가 말한 것처럼 "나는 봉사하고 싶지만 노예근성에는 구역질이 난다."

러시아가 문화적으로 꽃을 피우게 되는 19세기는 18세기 공무 윤리에 대한 반항이 함께하고 있었다. 기존의 관점에서 서열은 문자 그대로 귀족을 규정하고 있었다. 다른 모든 언어와 달리 러시아어에서 관료(chinovnik)라는 단어는 서열(chin)에서 파생되었다. 귀족이란 공무원이나 장교로 공무에 종사하는 것이었다. 그리고 시인이나 예술가가 되기 위해 공직을 그만두는 것은 명예를 잃는 것으로 받아들여졌다. 1810년의 어떤 공직자는 "현재 러시아에서 공무는 삶과 같은 것이다. 우리는 무덤에 들어가듯이 공직을 떠났다"라고 기록하고 있다.[22] 귀족이 공직 이후에 여가 시간을 보내기 위해서나 자신의 영지에 대해 열광적인 귀족이 아니라면 예술가나 시인이 되는 것은 상상할 수도 없는 일이었다. 18세기의 위대한 시인이었던 가브릴 데르자빈도 군 복무와 저술을 병행했으며, 이어 상원의원과 지방 장관으로 임명되어 1802~3년에 법무 장관으로 공무를 마쳤다.

19세기 초 서적 시장과 인쇄가 늘어나면서 쉽지는 않지만 독립적 작가들과 예술가들이 생활할 수 있게 되었다. 푸쉬킨은 공무를 피하고 전업 작가가 된 최초의 귀족들 중 한 명이었다. 전업 작가가 되기로 한 그의 결정은 서열에 대한 경멸 혹은 파괴처럼 보였다. 작가 N. I. 그레치는 1810년 문학 비평가가 되기 위해 공직을 떠나자 귀족 가문의 명예를 더럽혔다고 비난받았다.[23] 음악도 귀족의 직업으로는 적합하지 않은 것으로 생각되었다. 림스키-코르사코프는 음악을 '잡기'로 여긴 부모들의 강권으로 해군에서 복무했다.[24] 무소르그스키는 페테르부르크의 사관학교로 보내진 후 프레오브라젠스키 근위대에 입대했다. 가족의 열망에 따라 졸업 후 공직에 나갈 생각으로 법률학교에 입학한 차이코프스키는 어린 시절의 음악에 대한 열정을 잊지는 않았지만 접어야 했다. 당시 귀족이 예술가가 되는 것은 귀족 계급의 전통을 거부하는 것이었다. 결국 그는 국가보다는 '민족'에 대해 봉사하는 것으로 자신의 의무가 정의되는 '인텔리전트intelligent'——인텔리겐차의 일원——로 자신을 개혁할 필요가 있었다.

그들 거의 대부분이 귀족이기는 했지만 19세기의 위대한 러시아 작가들 중 2명(곤차로프와 살티코프 쉬쉐드린)만이 정부에서 고위직에 올랐다. 하지만 살티코프 쉬쉐드린은 끊임없이 정부를 비판하며 부지사이자 작가로서 늘 '보잘 것 없는 사람들'의 편을 들었다. 작가는 서열에 기초한 공무 윤리에 반해 인간적 가치를 대변해야 한다는 것은 문학 전통의 공리였다. 따라서 고골리의 『광인 일기』(1835)에서 비천한 평의원인 문학적 괴짜는 고위 공직자에게 "그런데 그가 궁정의 신사라면 어쩌지요? 그것은 당신이 보거나 손으로 만질 수 없는 어떤 것이 아니라 당신에게 부여된 일종의 특징입니다. 궁정 시종이 이마 한가운데 3번째 눈을 갖고 있는 것은 아닙니다"라고 조롱한다. 마찬가지로 체홉의 『폐지되었다!*Abolished!*』(1891)에서 우리는 자기의 이전 서열이 폐지되자 혼란에 빠져 "하느님은 내가 누구인지 아신다. 그들은 일 년 전 모든 시장직을 폐지했다!"고 말하는 은퇴한 늙은 시장(Izhits)을 보며 웃음을 터뜨리게 된다.[25]

아버지들의 규칙에 순응하기를 거부하고 따분한 공무에 권태를 느끼는 푸쉬킨 세대의 젊은이들은 시, 철학 그리고 주연에서 해방감을 추구한다. 푸쉬킨의 『벨킨 이야기』(1831)에서 실비오의 말처럼 난폭한 행동이 "우리 시대의 유행이었다."[26] 주연이 자유의 상징이자 군과 관료적 규율에 대항하는 개인 정신의 주장으로 인식되었다. 볼콘스키와 그의 동료 장교들은 일요일에 황제와 황제 가족의 페테르부르크 주변 산책을 따르는 사람들을 조롱함으로써 상류 사회의 공경을 표하는 관습에서 자신들이 벗어나 있음을 증명했다.[27] 또 다른 장교인 데카브리스트 미하일 루닌은 자유 의지의 과시로 유명했다. 그는 한 번은 주둔지가 있는 성 페테르부르크 인근 핀란드 만에 있는 상류 사회 인사들이 선호하는 휴양지인 페테르고프 바다에서 수영하는 것을 '예의범절에 어긋나는 짓'이라며 장교들에게 수영을 금지한 어떤 장군에 대해 재기 넘치는 재치로 반항했다. 어느 무더운 날 오후 루닌은 장군이 다가오기를 기다리고 있었다. 그는 정장을 하고 물에 뛰어들었고 기립해 경례를 했다. 당황한 장군은 무슨 짓이냐고 물었다. 루닌은 "수영을 하고 있습니다. 다만 각하의 명령을 거역하지 않기 위해 예의범절에 어긋나지 않는 방식으로 수영하고 있습니다"라고 말했다.[28)]

데카브리스트 서클의 젊은이들은 주연에 많은 시간을 보냈다. 진지한 볼콘스키 같은 일부 사람들은 동조하지 않았지만 푸쉬킨과 자유사상가들, 그리고 시인들의 자유로운 토론회인 녹색 등Green Lamp의 그의 친구들은 자유를 위한 투쟁을 광란으로 보았다. 그들은 질식할 듯한 사회 관습이 적용되지 않는 삶의 방식과 예술에서 자유를 발견했다.[29)] 그들은 카드를 하거나 술을 마시고 친구들과 논쟁할 때 긴장을 풀고 저잣거리의 쉬운 언어로 '러시아인들로서'의 자신을 표현할 수 있었다. 이것은 많은 푸쉬킨 시의 특질——정치 · 철학 사상의 언어와 매음굴과 선술집의 조야한 구어체 및 친밀한 감정적 어휘를 혼합한 문체——이었다.

푸쉬킨에 따르면 우정은 이런 거친 주신제의 예외적 우아함이다.

어떤 이는 우정 속에서 살 수 있기 때문에
시와 카드, 플라톤과 포도주와 함께,
그리고 우리의 장난기 어린 잡기들의 부드러운 덮개 밑에 감추어진
고귀한 마음과 정신.[30)]

볼콘스키는 동료 장교들과 같은 말을 했다. 그들은 즐겁게 사회적 예절 규칙을 위반했지만 서로를 대할 때면 '동지적 유대'를 통해 도덕적으로 스스로 절제했다.[31] 데카브리스트 진영 내에선 형제애를 예찬했다. 그것은 러시아 인텔리겐차의 정치 생활에 아주 중요해지는 집단성에 대한 예찬으로 발전한다. 이 정신은 우선 연대——자연적인 애국자들의 '가족'——에서 서서히 진행된다. 『전쟁과 평화』에서 니콜라이 로스토프는 휴가에서 되돌아왔을 때 그 같은 공동체를 발견한다. 그는 갑자기

> 처음으로 자신을 데니소프와 전 연대에 결합시키고 있는 유대가 얼마나 긴밀한지 느꼈다. 〔진영〕에 가까워질수록 로스토프는 모스크바의 자기 집에 가까워지고 있을 때와 같은 느낌이 들었다. 제복의 단추를 풀어 놓은 연대 연기병을 처음으로 보았을 때, 그가 붉은 머리칼의 데멘티예프를 알아보고 흰색 또는 회색 얼룩이 섞인 말들을 묶은 로프를 보았을 때, 라브루쉬카가 즐겁게 주인에게 '백작님께서 오십니다!' 라고 외치자 침대에서 잠을 자던 데니소프가 진흙 오두막에서 부스스한 모습으로 달려 나와 그를 포옹하고 장교들이 막 도착한 사람을 맞이하기 위해 주위에 몰려들 때, 로스토프는 어머니, 아버지 그리고 누이가 자신을 포옹하고 말할 수 없을 정도로 기쁨의 눈물로 그를 적실 때와 같은 감정을 경험했다. 연대도 하나의 가정으로 부모님의 집 못지않게 불변의 소중하고 귀한 것이었다.[32]

젊은 장교들은 동지적 유대를 통해 공무라는 엄격한 계급 제도에서 벗어나기 시작했다. 그들은 자신들이 귀족과 농민들이 조화롭게 살

아가는 애국적 미덕과 박애의 새로운 공동체──굳이 말하자면 '민족'──에 속한다고 느꼈다. 19세기 러시아 민족성의 추구는 1812년 병사들 속에서 시작되었다.

이러한 전망은 데카브리스트의 범주에 드는 모든 문화적 인물들이 공유하고 있었다. 다시 말해서 주도적 서열에 있는 사람들만이 아니라 반란 계획에 능동적으로 참여하지는 않지만 데카브리스트에 공감하는 더 많은 수의 사람들('데카브리스트의 반란에 참여하지 않은 데카브리스트들')도 그들의 전망을 공유하고 있었다는 것이다. 그들 가운데 대부분의 시인들(푸쉬킨보다는 덜하지만 그네디치, 보스토코프, 메르즐리야코프, 오도예프스키와 르일레프)은 시민적 주제에 몰두해 있었다. 그들은 카람진 투의 살롱 문체의 미학적이고 사소한 관심사에서 벗어나 적절하게 검소하고 엄격한 문체로 서사시를 썼다. 그들 중 많은 사람들이 최근 전쟁에서 보여준 병사들의 용감성을 고대 그리스와 로마의 영웅적 행위에 비유했다. 일부 시인들은 농민들의 매일 반복되는 노고를 영원히 전하면서 농민들의 노고를 애국적 희생의 지위로 격상시켰다. 그들이 생각했던 것처럼 시인의 의무는 시민이 되는 것이며 민족적 대의에 헌신하는 것이었다. 1812년의 사람들처럼 시인들은 자신들의 모든 작품을 러시아적 원리에 따라 사회를 통합할 수 있도록 민중들에 대해 배우고 그들을 교육하는 민주적인 사명의 일부로 받아들였다. 그들은 '모든 민족이 같아져야 한다'는 계몽주의 사상을 거부하고 어떤 비평가의 말처럼 "우리 모든 작가들은 러시아 민중의 특성을 반영해야 한다"고 요구했다.[33]

푸쉬킨은 이러한 시도에서 특별한 위치를 차지하고 있다. 그는 너무 젊어서 프랑스인들과 싸울 수는 없었지만 리세lycée 학생──

1812년 겨우 13살이었다──으로서 차르스코예 셀로에 있는 요새의 근위대가 전장으로 진군하는 것을 지켜보았다. 이 기억은 그의 전 생애를 통해 그에게 남아 있다.

> 당신은 회상하게 되겠지, 전쟁이 우리를 휩쓸고 지나갔던 일을
> 우리는 우리보다 나이 먹은 형제들에게 작별 인사를 했고,
> 다른 이들과 함께 우리의 책상으로 돌아왔네,
> 죽으러 간 그들 모두를 부러워하면서
> 우리들을 남겨둔 채…….[34)]

그들과 달리 푸쉬킨은 유럽에 가 본 적은 없었지만 유럽의 분위기를 어렴풋이나마 느끼고 있었다. 그는 소년 시절 아버지의 서재에 있는 프랑스 책들을 탐독했으며, 8살 때 처음으로 쓴 시는 불어로 쓴 것이었다. 후에 푸쉬킨는 바이런의 시세계을 알게 된다. 유럽적 유산은 1812년에서 1817년 사이에 차르스코예 셀로의 리세──고전과 현대 언어, 문학, 철학과 역사 등 인문학을 강조한 영국 공립학교 교과과정을 따른 나폴레옹의 리세를 모델로 한 학교──에 있으면서 강화되었다. 리세에서는 우정에 대한 예찬이 강조되었다. 푸쉬킨이 그곳에서 쌓은 우정은 정신적 영역으로서 그의 유럽화된 러시아의 감각을 강화시켰다.

> 친구들이여, 우리들의 화합은 얼마나 놀라운가!
> 영혼처럼 우리들의 화합은 영원히 지속되리—
> 나뉘어지지 않고, 자연스럽고 즐겁게,
> 형제애의 뮤즈에게서 축복을 받으며.

숙명적으로 이별을 하게 된다 해도,
운이 좋아 엄청난 부자가 된다 해도,
우리는 변치 않으리, 세계는 우리에게 낯선 곳이고,
차르스코예 셀로는 우리 마음의 고향일세.[35)]

서구적인 성향이 있기는 했지만 푸쉬킨은 러시아의 영혼을 지닌 시인이었다. 부모의 무관심 속에 실제로 농민 유모가 그를 양육했고 그녀의 이야기와 노래는 전 생애를 통해 푸쉬킨이 시를 쓸 때 영감의 원천이 되었다. 푸쉬킨은 설화를 좋아했고 종종 지방 장에 가 농민의 이야기들과 당시 자신의 시에 구체화한 관용구의 변화를 수집했다. 그는 1812년 장교들처럼 농노에 대한 보호자로서 지주의 의무가 국가에 대한 자신의 의무보다 더 중요하다고 느꼈다.[36)]

푸쉬킨은 작가로서도 이러한 의무를 느꼈으며 모든 사람에게 이야기할 수 있는 문어체를 형성하고자 했다. 데카브리스트들은 이것을 자기들 철학의 중심적인 부분으로 만들었다. 그들은 "누구나 쉽게 이해할 수 있는" 글로 기록된 법률을 요구했다.[37)] 데카브리스트들은 외래어를 대체할 수 있는 러시아어 정치 사전을 만들려 했다. 글린카는 "모든 계급의 사람들이 조국의 해방에 참여했기 때문에 모든 계급의 사람들이 쉽고 명확하게 이해할 수 있는" 글로 기록된 1812년 전쟁사를 요구했다.[38)] 민족 언어 창조는 1812년의 퇴역 군인들에게 투쟁 정신을 고취하고 민중과 함께 새로운 국가를 세우는 수단처럼 보였다. "민중을 알기 위해선 그들과 함께 살 필요가 있었다. 그들의 말로 대화하고 그들과 함께 식사하며 그들의 축제날 함께 축하하며, 그들과 함께 숲으로 곰 사냥을 가거나 농민들의 수레를 타고 시장을 둘러볼 필요가 있다"라고 데카브리스트 시인 알렉산드르 베스투제프는 쓰고 있다.[39] 푸쉬킨의 시는 이 같은 견해를 최초로 구체화한 것이었다. 그것은 더 넓은 독자에게, 민중의 러시아어로 문맹에서 벗어난 농민과 공작들에게 말하고 있다. 시를 통해 민족 언어의 창조를 완성하여 아주 우아하게 사용한 것은 푸쉬킨의 업적이었다.

2

볼콘스키는 1815년 러시아로 돌아와 우크라이나의 아조프 연대 지휘를 맡았다. 모든 데카브리스트들처럼 볼콘스키는 자신이 자유주의에 대한 희망을 걸고 있었던 알렉산드르 황제의 반동적 추세에 깊은 환멸을 느꼈다. 알렉산드르는 치세 초기(1801~12)에 일련의 정치적 개혁을 추진했다. 검열은 즉시 완화되었고 상원은 제국의 최고 사법적 · 행정적 기구로 승격——군주의 개인적 권력에 대한 중요한 균형추——되었다. 나폴레옹의 국가 위원회Napoleon's Conseil d'Etat를 모델로 한 8개의 새로운 부서와 상위 입법 위원회(국가 위원회the State Council)로 더 근대적인 정부 체제가 형성되기 시작했다. 귀족들에게 그들의 농노를 해방시키도록 권고하는 다소 초보적인 조처들도 있었다. 알렉산드르는 자유주의적 장교들에게 진보적이고 계몽적인 시각을 가지고 있는 사람으로 보였다.

황제는 고문이었던 미하일 스페란스키를 임명해 대체로 나폴레옹 법전에 기초한 헌법 초안을 만들게 했다. 스페란스키가 제대로 해냈다면 러시아는 법에 기초한 관료 국가에 의해 통치되는 입헌군주제로 나아갔을 것이다. 하지만 알렉산드르는 스페란스키의 제안들을 시행하기를 주저했다. 러시아가 프랑스와 전쟁에 들어가자 보수적인 귀족들은 스페란스키의 제안들이 '프랑스적' 이었기 때문에 불신하고 비난했다. 스페란스키는 실각하고 1812년에서 1825년에 이르는 알렉산드르 치세 후반기에 상당한 영향력을 행사했던 국방장관 아락체프 장군으로 교체되었다. 아락체프는 군사적 해결 방식으로 국가를 위해 농노 병사들을 농장과 다른 노역에 강압적으로 동원했다. 자유주의적 입장에서 군 내의 병사들을 존중하던 1812년의 사람들은 아락체프의 가혹한 체제에 분노했다. 데카브리스트들은 황제가 자신들의 반대에도 불구하고 군을 주둔시키고 농민들의 저항을 무자비한 대량학살로 진압하자 분노했다. "소위 군 거주지들에 대한 강제적 과세는 당혹과 적대감으로 받아들여졌다"고 블라디미르 스타이겔 남작은 회상하고 있다. "마을 전체를 갑작스럽게 점령하여 평화로운 경작자들의 집을 장악하고 그들과 그들의 조상들이 획득한 모든 것을 몰수하여 의사와 상관없이 병사로 징집하는 이 같은 사례가 역사상에 있었던가?"[40] 장교들은 러시아가 근대적 유럽 국가가 될 것이라는 희망을 품고 파리로 행진했다. 그들은 러시아 농민들 모두가 시민권을 누릴 수 있는 헌법을 꿈꾸었다. 하지만 러시아로 돌아와 농민들이 여전히 노예로 취급되는 현실에 실망하지 않을 수 없었다. 볼콘스키가 파리와 런던을 여행하고 돌아와 기록하고 있는 것처럼 "아주 옛날의 과거로 되돌아온 것 같은 느낌이었다."[41]

볼콘스키 공작은 오랜 학창시절의 친구이자 1812년 이후에는 동료 장교였던 미하일 오를로프의 서클에 합류했다. 미하일 오를로프는 남부의 유력한 데카브리스트 지도자들과 긴밀한 관계를 맺고 있었다. 이 단계에서 데카브리스트 운동은 공모자들의 소규모 지하

서클에서 전개되는 수준이었다. 이 운동은 6명의 근위대 장교가 주도해 입헌군주제와 국회 설립을 목표로 한 구원동맹the Union of Salvation이라는 비밀 조직을 만든 1816년 시작되었다. 처음부터 목표를 달성하는 방법상의 문제로 장교들은 두 파로 갈려 있었다. 일부는 차르가 죽기를 기다려 다음 차르가 개혁에 동의하지 않을 경우 충성 서약을 거부하기를 원했다(그들은 자신들이 이미 현 차르에 맹세한 서약을 깨고 싶어하지 않았다). 하지만 알렉산드르는 마흔도 되지 않았기 때문에 미하일 루닌 같은 일부 급진주의자들은 황제 시해에 대한 생각을 지지했다. 1818년 이 집단은 분열되었다. 상대적으로 온건한 회원들은 분명한 혁명적 활동 계획 없이 교육적이고 박애적인 다소 모호한 활동 계획으로 복지동맹the Union of Welfare을 재결성한 반면 구원동맹의 지도자인 오를로프 백작은 차르에게 농노제 철폐를 요구하는 과감한 청원서를 준비했다. 데카브리스트 진영에 친구들이 있었던 푸쉬킨은 그들의 공모를 『예브게니 오네긴』의 불멸의 구절에서 하나의 게임에 불과한 것으로 특징짓고 있다. 그들의 행동은 1819년 결정되었다.

그것은 아주 하찮은 잡담에 불과했네
프랑스 와인과 샴페인을 마시며.
쓸모 있는 논쟁, 경구는
전혀 심도 있게 전개되지 못하고
이 폭동의 과학은
겨우 권태와 나태,
다 큰 장난꾸러기 소년들의 짓궂은 장난의 산물에 불과하지.[42]

봉기 계획 없이 구원동맹은 페테르부르크와 모스크바, 키예프, 키쉬네프와 볼콘스키가 적극적으로 활동했던 제2군 본부 툴친 같은 다른 지방 요새들에 느슨한 세포 망을 조직하는 데 주력했다. 볼콘스키는 젊은 데카브리스트 지도자인 파벨 이바노비치 페스텔 대령을 만난 키예프의 프리메이슨 지부——데카브리스트 운동에 가담하는 일반적인 방법——를 통해 오를로프의 공모에 참여했다.

볼콘스키처럼 페스텔은 서부 시베리아 지역 지방 장관의 아들이었다(그들의 아버지는 친한 친구 사이였다).[43] 그는 보로디노 전투에 참여해 공을 세웠으며 파리로 진군해 유럽의 지식과 이상을 가슴에 품고 러시아로 돌아왔다. 1821년 페스텔을 만난 푸쉬킨은 그가 "내가 만난 사람들 중 가장 독창적인 사람들 중 한 명이었다"고 말하고 있다.[44] 페스텔은 데카브리스트 지도자들 중 가장 급진적이었다. 카리스마적이고 오만한 그는 분명 자코뱅의 영향을 받았다. 선언서 「러시아의 진실」에서 그는 차르의 폐위, 혁명 공화국의 확립(필요하다면 일시적 독재 수단으로), 농노제 폐지 등을 요구했다. 그는 대러시아의 이익을 위해 통치하는 민족국가를 구상했다. 타 민족들——핀란드인, 그루지야인, 우크라이나인 등——은 차이점을 해소하고 '러시아인이 되도록' 강요해야 했다. 페스텔은 유대인들은 동화될 수 없기 때문에 러시아에서 추방해야 한다고 생각했다. 페스텔의 태도는 러시아 제국을 유럽식 민족 국가를 모델로 개혁하려 나름대로 분투하던 데카브리스크들에겐 일반적인 것이었다. 상대적으로 계몽주의적 시각을 갖고 있던 볼콘스키조차 유대인들을 '유대놈들'이라 불렀었다.[45]

1825년까지 페스텔은 차르에 대한 봉기를 조직하는 우두머리로 부상했다. 그는 남부에서 구원동맹을 대체한 남부협회에 소수이긴 하지만 헌신적인 추종자들을 확보하고 있었고 1826년 키예프 인근 부대 시찰중에 차르를 체포한 후 모스크바로 진격해 성 페테르부르크의 북부 협회 동맹자들의 도움으로 권력을 장악한다는 좋지 못한 구상을 갖고 있었다. 페스텔은 볼콘스키를 모의에 끌어들여 북부협회와 성공할 경우 독립을 조건으로 운동에 동참하기로 한 폴란드 민족주의자들을 통합하는 임무를 맡겼다. 북부협회는 두 사람이 지도하고 있었다. 한 사람은 1812년 젊은 근위대 장교인 니키타 무라비예프로 궁정에 상당한 인맥을 구축하고 있었다. 또 다른 한 사람은 리례예프로 그는 장교들과 자유주의적 관료들을 자신의 '러시아식 점심 식사'에 끌어들여 유럽식 요리 대신에 야채수프와 호밀 빵으로 접대하고 외래 문화가 지배하고 있는 궁정에서 러시아를 해방시키자며 보드카로 건배하고 혁명가를 불렀다. 북부협회의 요구는 국회와 시민적 자유를 보장하는 입헌군주제를 주장하는 페스텔 그룹의 요구들보다는 온건했다. 볼콘스키는 페테르부르크와 키예프를 오가며 페스텔이 계획한 반란에 대한 지지를 촉구했다. 그는 후에 "당시만큼 행복한 적이 없었다"고 회상하고 있다. "내가 민중을 위해 무엇인가 하고 있다는 사실——나는 그들을 독재에서 해방시키고 있었다——에 자부심을 느꼈다."[46] 그는 마리아 라예프스키와 사랑에 빠져 결혼하게 되지만 아름다운 젊은 신부를 거의 보지 못했다.

마리아는 나폴레옹이 찬사를 보냈던 1812년의 영웅 라예프스키 장군의 딸이었다. 1805년 태어난 마리아는 17살 때 볼콘스키를 만났다. 당시 그녀는 상당히 아름답고 우아한 여인이었다. 푸쉬킨은 검은 머리칼 때문에 그녀를 '갠지즈 강의 딸'이라고 불렀다. 푸쉬킨은 라예프스키 집안의 친구로 장군과 그의 가족과 함께 크리미아와 카프카스를 여행했었다. 어떤 자료에 따르면 푸쉬킨은 마리아와 사랑에 빠졌다. 그는 가끔 젊은 여자들과 사랑에 빠지곤 했지만 그의 시에 마리아가 등장한 것으로 비추어 볼 때 이 경우는 심각했을 것이다. 적어도 푸쉬킨의 여주인공들 중 2명――『바흐치라사이의 분수』(1822)의 마리아 공작부인과 『카프카스의 죄수』(1820~21)의 카프카스의 소녀――은 마리아에게서 영감을 받고 있다. 둘 모두 짝사랑 이야기라는 점이 중요할 것이다. 크리미아의 파도 속에서 뛰노는 마리아에 대한 기억에서 영감을 얻은 그가 『예브게니 오네긴』에서 다음과 같이 쓰고 있다.

저 파도들이 얼마나 부러운지―
거품을 일며 몰려드는 조수들
그녀의 발 주위에 노예들처럼 엎드리는구나!
저 파도와 함께하기를 간절히 바라며
그녀의 발에…… 감미로운 입맞춤을.[47)]

볼콘스키는 푸쉬킨을 공모에 가담하게 하는 임무를 맡았다. 푸쉬킨은 데카브리스트들의 확대된 문화 서클에 가입해 있었고 공모자들 중에 친구가 많았다(그는 나중에 토끼가 가던 길을 지나쳐 가지 않았다면 당연히 상원 광장의 친구들과 합류하기 위해 페테르부르크로 갔을 것이라고 주장했다). 사실 푸쉬킨이 프스코프 인근의 미하일로프스코에에 있는 영지로 추방당한 것은 그의 시가 음모자들을 고무했기 때문일 것이다.

동지들이여, 봉기가 일어나게 될 것이라는 사실을 믿으라

매혹적인 희열의 훈장
러시아가 잠에서 깨어날 때
그리고 우리의 이름이 기록될 때
전제주의의 폐허 위에.[48)]

하지만 볼콘스키는 위대한 시인을 위험이 따르는 공모에 연루시키려 하지 않았던 것처럼 보인다——그래서 그는 페스텔에 대한 약속을 지키지 않았다. 어쨌든 분명 볼콘스키가 알고 있었던 것처럼 푸쉬킨은 아주 경솔했고 궁정과 긴밀한 관계를 맺고 있었기 때문에 부담스러운 사람이기도 했을 것이다.[49)] 이미 성 페테르부르크에선 봉기에 대한 소문이 돌고 있었다. 따라서 십중팔구 알렉산드르 황제는 데카브리스트의 계획에 대해 알고 있었을 것이다. 볼콘스키는 분명 그렇게 생각했다. 볼콘스키의 연대를 검열하던 중 황제는 그에게 정중하게 권고했다. "유감스럽지만 자네 소관이 아닌 짐의 정부에 대한 지나친 관심은 삼가하고 자네의 군대에나 좀더 신경써주게, 공작."[50)]

반란은 1826년 늦은 여름으로 계획되어 있었다. 하지만 황제의 갑작스러운 죽음과 1825년 12월 콘스탄틴 대공이 제위 승계를 거부하면서 혼란이 일어나자 계획은 앞당겨졌다. 페스텔은 이 기회를 반란의 계기로 삼아 봉기의 수단과 시기에 대해 북부협회와 상의하기 위해 볼콘스키와 함께 키예프에서 성 페테르부르크까지 여행길에 올랐다. 문제는 황제 시해나 무장 반란이 일반 군대의 지지를 어떻게 얻느냐 하는 것이었다. 공모자들은 일반 군대의 지지를 얻을 수 있는 구체적 계획을 갖고 있지 않았다. 그들은 봉기를 위로부터의 지시에 따라 수행되는 군사 쿠데타로 생각했고, 부대 지휘관으로서 어쨌든 병사들과의 오랜 유대감에 호소할 수 있다는 생각에 근거해 전략을 짰다. 가난한 성직자와 소지주의 자식들로 구성된 50여 명의 하급 장교 조직인 슬라브인 연합은 병사와 농민들이 봉기에 나설 수 있도록 고위 지도자들이 행동에 나서 줄 것을 요구했지만 공모자들은 그들의 제안을 거부했다. 데카브리스트들 중 한 명은 "우리의 병사들은 선하고 소박하다. 그들은 단순하며 단지 우리의 목표를 달성하기 위한 도구로 유용할 뿐이다"라고 설명하고 있다.[51] 볼콘스키도 이 같은 견해에 공감하고 있다. 그는 반란 전날 밤 친구에게 "병사들의 신뢰와 사랑을 얻고 있다는 이유만으로도 나는 나의 여단을 동원할 수 있을 것으로 확신하고 있네. 일단 봉기가 시작되면 병사들은 나의 명령을 따를 걸세"라고 편지에 쓰고 있다.[52]

결국 데카브리스트 지도자들은 페테르부르크에서 약 3천 명의 군대만 동원했지만——기대했던 2만 명보다 훨씬 적은——잘 조직되고 단호한 의지만 있었다면 정부를 충분히 전복할 수 있었을 것이다. 하지만 그들은 실패했다. 12월 14일 모든 수도 요새들의 병사들은 신임 황제 니콜라이 1세에 대한 충성 서약식을 하기 위해 집결해 있었다. 3명의 반란자들은 서약하기를 거부하고 펄럭이는 깃발을 들고 북을 치며 상원 광장으로 행진해 〈청동의 기사〉 앞에서 집결해 '콘스탄틴과 헌법'을 요구했다. 이틀 전 니콜라이는 콘스탄틴이 승계하지 않겠다는 의사를 분명히 한 제위에 오르기로 결심했다. 병사들 중에는 콘스탄틴을 추종하는 자들이 많았기 때문에 데카브리스트 지도자들은 병사들에게 니콜라이가 제위를 찬탈했다는 잘못된 정보를 담은 전단물을 뿌리며 병사들에게 "자유와 인간의 존엄성을 위해 싸울 것"을 요구했다. 상원 광장에 집결한 병사들 대부분은 '헌법'이 무엇인지 모르고 있었다(일부 병사들은 헌법constitution이

콘스탄틴constantine의 아내라고 생각했다). 병사들은 공모자들이 구상했던 성급한 계획처럼 상원이나 겨울 궁정을 점령할 생각은 전혀 없었다. 니콜라이가 황군의 지휘권을 장악하고 그들에게 반란군에 대해 발포하라고 명령할 때까지 병사들은 추운 날씨에 5시간 동안 서 있었다. 60명의 병사들이 사살되고 나머지 병사들은 도주했다.

수 시간 만에 반란의 주모자들은 모두 체포되어 피터 앤 폴 요새에 수감되었다(경찰은 주모자들이 누군지 처음부터 알고 있었다). 공모자들은 여전히 남부에서 성공할 수 있는 어느 정도의 기회를 갖고 있었다. 남부에서 키예프로 행군하는 폴란드인들과 합류할 수 있었고 혁명 주력 세력(약 6만 명의 정도)이 남부의 주둔지들에 집결해 있었기 때문이었다. 하지만 봉기에 대한 지지를 선언했던 장교들은 페테르부르크의 사건으로 충격을 받아 감히 행동에 옮기지 못했다. 볼콘스키의 반란 요구에 동참할 준비가 되어 있던 장교는 한 명뿐이었다. 결국 정부의 포병은 1월 3일 키예프로 행진하던 수백 명의 군대를 쉽사리 해산할 수 있었다.[53] 볼콘스키는 이틀 후 마지막으로 마리아를 한 번 보기 위해 페테르부르크로 가던 도중에 체포되었다. 경찰은 차르가 직접 서명한 체포 영장을 갖고 있었다.

5백 명의 데카브리스트가 체포되어 심문을 받았지만 그들 대부분은 일단 주요 지도자들을 기소할 수 있는 증거를 제공하기만 하면 몇 주 만에 석방되었다. 그들에 대한 러시아 역사상 최초의 공개재판에서 121명이 반란죄로 유죄판결을 받아 귀족 직함을 박탈당하고 시베리아로 강제 노역에 보내졌다. 러시아에서 사형이 공식적으로는 폐지되었지만 페스텔과 리레예프는 피터 앤 폴 요새 교외의 기괴한 상황 속에서 다른 세 명과 함께 교수형당했다. 다섯 명의 목에 밧줄이 걸리고 교수대 마루 바닥이 떨어졌다. 하지만 죄수들 중 세

명의 목에 걸린 밧줄이 그들의 체중을 견디지 못하고 끊어지자 그들은 죽지 않고 도랑으로 떨어졌다. 그들 중 하나가 외쳤다, "빌어먹을 나라! 교수형 시키는 법도 제대로 모르다니."[54]

데카브리스트들 중 볼콘스키보다 궁정에 가까운 사람은 없었다. 볼콘스키가 바로 네바 강 건너 피터 앤 폴 요새에서 황제의 의사에 따라 죄수로 구금되어 있던 시간에 그의 어머니 알렉산드라 공작부인은 겨울 궁정에서 미소를 지으며 황태후의 시중을 들고 있었다. 니콜라이는 볼콘스키에게 가혹했다. 그는 과거 어린시절 함께 놀았던 사람에게 배신당했다고 느꼈을 것이다. 볼콘스키는 어머니의 중재로 다른 지도자들에게 내려진 사형선고는 면했다. 하지만 시베리아 강제 유형지에서 평생 살아야 하고 게다가 20년간의 강제 노동은 아주 가혹은 형벌이었다. 볼콘스키는 귀족 직함과 대 프랑스전쟁에서 하사받은 모든 훈장을 박탈당했다. 그는 모든 토지와 농노에 대한 지배권을 상실했다. 이후로 그의 자녀들은 공식적으로는 '국가 농민'이 되었다.[55]

그를 유배 보낸 경찰 총장 알렉산드르 벤켄도르프 백작은 학창시절부터 볼콘스키의 오랜 친구였다. 두 사람은 1812년엔 동료 장교로 있었다. 모두 서로를 알고 있고 어떤 식으로든 대부분의 가문이 관계를 맺고 있는 페테르부르크 귀족의 본질을 잘 보여주고 있다.* 볼콘스키 가문이 세르게이의 불명예에 대해 느끼는 부끄러움은 여기서 비롯된다. 그렇지만 세르게이에 대한 기억을 지우기 위한 그들의 시도를 이해하기는 어렵다. 세르게이의 형 니콜라이 레프닌은

* 1859년 볼콘스키의 아들 미샤는 벤켄도르프 백작의 손녀와 결혼하게 된다. 그의 사촌들 중 한 명은 벤켄도르프의 딸(S. M. 볼콘스키, O deskabristakh : po semeinum vospominaniiam, 114쪽) 과 결혼하게 된다.

그와 의절하고 볼콘스키가 시베리아에서 지낼 때 그에게 한 통의 편지도 보내지 않았다. 전형적인 조신이었던 니콜라이는 유배지로 편지를 쓰면 차르가 그를 용서하지 않을지도 모른다고 걱정했다(차르는 형제의 감정을 이해할 수 없다는 듯이). 이런 소심한 태도는 모든 가치를 궁정에 따르도록 교육받은 귀족을 나타내고 있다. 세르게이의 어머니도 아들에 대한 감정에 앞서 차르에 충실했다. 세르게이가 발목에 쇠사슬을 차고 시베리아로 떠나던 날 그의 어머니는 니콜라이 1세의 대관식에 참석해 성 예카테리나 훈장인 다이아몬드 브러치를 하사받았다. 궁정의 구식 귀부인이었던 알렉산드라 공작부인은 늘 '올바른 행동'에 꽤 까다로운 사람이었다. 다음 날 그녀는 침대에서 슬픔에 잠겨 눈물을 흘리며 자리보전을 했다. 알렉산드라 공작부인은 방문객들에게 "집안에 또 다시 괴물이 없기만 바란다"고 말하곤 했다.[56] 그녀는 수년 간 아들에게 편지를 쓰지 않았다. 세르게이는 어머니의 거부 반응에 깊은 상처를 입었다. 이 점은 그가 귀족들의 관습과 가치를 거부하는 한 가지 원인이 되었다. 어머니의 관점에서 당연히 세르게이가 시민권을 박탈당한 것은 문자 그대로 죽음이었다. 늙은 공작부인은 궁정의 친구들에게 "세르게이는 더 이상 존재하지 않는답니다Il n'y a plus de Serge"라고 말하곤 했다. 세르게이는 1865년 그의 마지막 편지들 중 하나에서 "이 말은 유배지에서 사는 동안 끊임없이 나를 괴롭혔다. 이 말은 단지 어머니의 도의심을 만족시키기 위해서가 아니라 나에 대한 어머니 자신의 배반을 만족시키기 위한 것이었다"라고 기록하고 있다.[57]

마리아의 가족도 마찬가지로 용서하지 않았다. 그들은 볼콘스키와의 결혼에 대해 마리아를 비난하고 결혼 무효 선언 청원권을 사용하라고 그녀를 설득하려 했다. 그들이 마리아가 청원권을 행사하리라 생각할 만한 이유가 있었다. 마리아는 새로 태어난 아들을 고려해야 했고 시베리아로 세르게이를 따라갈 경우 아이를 데리고 가도록 허용될지 여부도 확실하지 않았다. 게다가 그녀는 결혼 생활이 그다지 행복해 보이지도 않았다. 전 해—겨우 결혼 첫해—에 마리아는 남부에서 공모에 전념하던 남편을 거의 보지 못했으며 가족에게 그 상황을 "정말 참을 수 없다"고 불평했었다.[58] 하지만 마리아는 남편과 운명을 함께하기로 결심했다. 그녀는 모든 것을 포기하고 세르게이를 따라 시베리아로 갔다. 차르는 아들을 남겨두어야 할 것이라고 경고했지만 마리아는 "아들은 행복하지만 남편은 불행합니다. 그리고 남편이 저를 더욱 필요로 합니다"라고 편지를 썼다.[59]

마리아가 정확히 어떤 마음이었는지는 분명하지 않다. 그녀가 남편과 운명을 함께하기로 선택했을 때 세르게이를 따라간다면 고향으로 되돌아올 수 있는 권리를 박탈당할 것이라는 사실을 알지 못하고 있었다—그녀는 러시아와 시베리아의 유형지 사이의 이르쿠츠크에 도착해서야 소식을 들었다. 따라서 그녀가 페테르부르크로 돌아올 수 있다고 생각했을 수도 있다. 사실상 마리아의 아버지는 그렇게 생각하고 있었다. 하지만 그녀가 고향으로 돌아갈 수 없다는 사실을 알았다 하더라도 되돌아가려 했을까?

마리아는 아내로서의 의무감에 따라 행동했다. 세르게이는 피터 앤 폴 요새에서 시베리아로 떠나기 전날 밤 편지를 쓸 때 마리아에게 아내로서의 의무감에 호소했다. "당신 자신이 어떻게 할지를 결정해야 하오. 당신을 어려운 상황에 빠지게 했지만 여보, 나는 나의 합법적 아내와 영원히 이별해야 한다는 판결을 받아들일 수 없구려."[60] 마리아는 귀족적 가정 교육을 받아 아내로서의 의무감을 강하게 갖고 있었다. 낭만적 사랑이 보기 드문 일이라고까지는 할 수 없지만 19세기 초 러시아 귀족의 결혼 관계에서 가장 우선시된 것은 아니었다. 그리고 낭만적 사랑이 마리아의 결정에 중요한 역할을 한 것처럼 보이지도 않는다. 이런 의미에서 마리아는 그녀보다 다소 귀족적인 배경이 약한 데카브리스트 니키타 무라비예프의 아내 알렉산드라 무라비예프와는 아주 달랐다. 알렉산드라가 모든 것을 포기하고 시베리아 유형지로 간 것은 낭만적 사랑 때문이었다. 그녀는 "신보다 나의 니키타의 낭만을 더 사랑한 것이 나의 죄다"라고 주장하기까지 했다.[61] 대조적으로 마리아의 행동은 귀족 여성이 남편을 따라 시베리아로 가는, 사회의 일반적인 문화적 기준에 따른 것이었다. 죄수 호송엔 흔히 자발적으로 유배지로 가는 아내와 자식들이 탄 짐마차가 동행했다.[62] 더욱이 장교들의 가족은 군 출정시에 군과 함께 가는 관습이 있었다. 부인들은 "우리의 연대" 혹은 "우리의 여단"에 대해 말하곤 했다. 당대인의 말에 따르면 "그들은 늘 남편들이 겪는 모든 위험을 함께하며 목숨을 잃을 각오를 하고 있었다."[63] 마리아의 아버지 라예프스키 장군은 어린 아들이 전쟁터 인근에서 딸기를 따다가 엉덩이에 총탄을 맞아 부상할 때까지 주요 종군지에 아내와 아이들을 데리고 다녔다.[64]

그것은 또한 마리아가 문학에서 등장하곤 하는 영웅적 희생에 대한 예찬에 부응하고 있다는 사실을 의미하고 있다.[65] 그녀는 사실상 리레예프의 시 『나탈리아 돌고루카야』(1812~1813)를 읽고 자신의 행동에 대한 도덕적 영감을 얻었을 것이다. 이 시는 1730년 안나 여제가 이반 돌고루키 공작을 시베리아 유형에 처했을 때 남편을 따라 그곳으로 간 육군 원수 보리스 쉐레메테프의 총애하는 딸인 젊은 공작부인의 실제 이야기를 근거로 한 것이었다.*

나는 잊고 있었네, 나의 고향 도시,
재산, 명예 그리고 가족의 이름을
시베리아의 추위를 그와 함께하기 위해
그리고 변덕스러운 운명을 견디기 위해[66]

마리아를 무척 사랑하던 그녀의 아버지는 마리아가 세르게이를 따라 시베리아로 간 것은 "사랑에 빠진 아내"이어서가 아니라 딸이 "여주인공으로서의 자신에 대한 생각을 사랑했기 때문"이라고 확신했다.[67] 늙은 장군은 사랑하는 딸이 자발적으로 유배지로 떠나 부녀 관계가 비극적으로 단절──이 점에 대해 그는 세르게이를 비난했다──된 데 대해 끊임없이 고통스러워했다. 마리아는 시베리아로 이따금 도착한 아버지의 편지에서 그의 불만을 감지했다. 더 이상 고통을 참을 수 없던 그녀는 1829년 아버지에게 편지(죽기 전 그가 마지막으로 받은 편지)를 썼다. 즉

무엇이 아버지의 노여움을 샀는지 알 수 없지만 왜 아버지께서 더 이상 저를 사랑하지 않으시는지는 알고 있습니다. 고통받는 것은 이 세상에서 저의 운명이지만 다른 사람들을 고통스럽게 하는 것은 참을 수가 없군요……. 편지에서 아버지께서 저에게 주시는 축복을 세르게이에게도 주시지 않는다면 제가 어떻게 잠시라도 행복할 수 있겠습니까?[68]

크리스마스 이브에 마리아는 아들과 가족에게 작별인사를 하고

* 1730년대 성 페테르부르크로 돌아온 나탈리아 돌고루카야는 러시아 역사에서 회고록을 쓴 최초의 여성이 되었다.

모스크바를 떠나 시베리아로 그녀의 첫 번째 도보여행길에 올랐다. 구 수도에서 그녀는 고(故) 알렉산드르 황제의 절친한 친구로 푸쉬킨이 '예술의 여제'라 불렀던 미모의 시누이 지나이다 볼콘스키의 집에서 머물렀다. 지나이다는 당시로선 이상하게도 프랑스 시가 낭송되지 않았던 눈부신 문학 살롱의 여주인이었다. 푸쉬킨과 주코프스키, 뱌젬스키와 델비크, 바라틴스키, 츄쵸프, 키리예프스키 형제와 폴란드인 시인 미키에위츠가 모두 상주하고 있었다. 마리아가 떠나기 전날 저녁 푸쉬킨의 특별 낭송이 있었다. 그는 후에 『시베리아에 보내는 메시지』(1827)라는 시를 지었다.

깊은 시베리아의 광산에 간직되어 있네
자랑스럽고 인내심 많은 체념이
당신의 슬픈 노고는 헛되지 않으리
당신의 고귀한 열망 역시.
변치 않는 슬픔의 자매인 희망은 가까이 있고,
어둡고 음산한 지하 감옥에서 발하는 빛은
약자를 격려하고 지친 자에게 생기를 불어넣네
당신이 내쉰 한숨 보상받는 때가 오리니,

끝내 이룬 사랑과 우정이
고뇌의 장벽,
당신이 고통 속에 살던 죄수들의 지역을 뚫고 지날 때,
나의 자유로운 음성이 지금 당신에게 도달하듯.

지겨운 수갑과 쇠사슬에서 벗어나게 되고,

당신의 지하 감옥은 둘로 쪼개지게 되고
밖에선 자유의 즐거운 경이가 기다리고 있네
동지들이 당신에게 다시 칼을 주듯이.[69]

마리아가 시베리아에 도착한지 1년 후 어린 아들 니콜렌카가 죽었다. 아들을 위한 마리아의 눈물은 죽는 날까지 끊이지 않았다. 유배지에서 30년을 살고 난 후 오랜 삶을 마칠 때 누군가 러시아에 대해 어떻게 느끼냐고 묻자 그녀는 이렇게 대답했다. "내가 알고 있는 유일한 조국은 내 아들이 누워 있는 대지 위의 한 조각 풀밭뿐입니다."[70]

3

마리아가 유배된 남편 세르게이 볼콘스키가 은광의 강제 노역자로 있던 러시아와 중국 국경에 있는 유배지 네르친스크까지 가는데 8주가 걸렸다. 그것은 모스크바에서 당시 아시아에 있는 러시아 문명의 마지막 전초기지인 이르쿠츠크까지 눈 덮인 초원을 천개 마차로 횡단하는 약 6천 킬로미터의 거리와 이르쿠츠크에서부터는 마차와 썰매로 바이칼 호의 얼어붙은 산길을 돌아가는 위험한 모험이었다. 이르쿠츠크 지방관은 데카브리스트들의 아내들에 대한 차르의 특별지시로 그녀가 여행을 계속한다면 모든 권리가 박탈되게 될 것이라고 경고하며 여행을 중단할 것을 권유했다. 이르쿠츠크를 넘어 유배지로 들어섬으로써 공작부인은 죄수가 되었다. 그녀는 재산에 대한 직접적인 통제력, 하녀나 다른 농노를 둘 수 있는 권리를 상실했다. 남편이 죽는다 해도 고향으로 돌아갈 수 없었다. 이것이 네르친스크에 있는 남편에게 가기 위해 그녀가 서명한 문서의 의미였다. 하지만 마리아가 남편의 감방을 처음으로 방문했을 때 자신의 희생에 대해 가졌을 수도 있는 어떤 의혹도 사라졌다.

> 너무 어두워서 처음에는 어떤 것도 식별할 수 없었다. 그들은 왼쪽의 작은 문을 열었고 나는 남편의 작은 방으로 들어갔다. 세르게이가 달려들었다. 남편의 쇠사슬이 철컹거리는 소리에 놀랐다. 남편이 수갑을 차고 있는지는 모르고 있었다. 남편의 엄청난 고통을 보았을 때의 느낌은 말로 형언할 수 없는 것이었다. 쇠고랑을 차고 있는 남편의 모습에 너무 화가 나고 당황스러워 나는 곧 바닥에 엎드려 그의 쇠사슬과 발에 입을 맞췄다.[71]

네르친스크는 죄수 수용소를 둘러 친 말뚝 주위에 건설된 황량하고 쓰러질 듯한 목조 오두막 주거지였다. 마리아는 지역 몽골인 거주자들 중 한 명에게서 작은 오두막을 빌렸다. 그녀는 "그것은 너무 좁아서 마루바닥의 매트리스 위에 누울 때면 머리는 벽에 닿았고 발은 문밖으로 삐어져 나올 정도였다"라고 회상하고 있다.[72] 마리아는 이 집에서 데카브리스트 남편을 따라 시베리아로 온 또 다른 젊은 공작부인 카티아 트루베츠코이와 함께 생활했다. 그들은 당국이 소유권이 박탈된 그들의 영지로부터 허용한 작은 수입으로 생활했다. 데카브리스트의 아내들은 난생 처음으로 늘 저택의 많은 가내 농노들이 해 주었던 허드렛일을 해야 했다. 그들은 세탁하는 법, 빵 굽는 법, 야채를 기르는 법과 목재 스토브에서 음식을 조리하는 법을 배웠다. 마리아와 카티아는 곧 프랑스 요리에 대한 미각을 잊고 "절인 양배추와 검은 빵을 먹으며 러시아인들처럼" 살아가기 시작했다.[73] 마리아는 강인한 성격——그녀가 떠나온 일상적 문화로 보강된——덕분에 시베리아의 생활을 견딜 수 있었다. 마리아는 성인의 날과 오랫동안 자신의 생일을 잊은 러시아에 있는 친척들의 생일을 모두 꼼꼼히 챙겼다. 그녀는 반드시 정장을 하고 다녔으며 네르친스크의 농민 시장에 갈 때도 모피 모자와 면사포를 썼다. 마리아는 얼어붙은 아시아 초원 횡단 여행 내내 말할 것도 없이 상당한 불편을 감수하며 조심스럽게 챙겨 수레에 싣고 왔던 프랑스제 클라비코드를 연주했다. 우체국에서 주문한 책과 신문을 번역하면서 영어 구사력을 유지했다. 수용소에서 편지를 쓰는 것은 '정치적인 것'으로 엄격히 금지되어 있었기 때문에 매일 죄수들이 불러주는 것을 받아 적었다. 그들은 마리아를 '세계에 대한 자신들의 창'이라고 불렀다.[74]

시베리아는 유배자들을 결합시켰다. 시베리아는 유배자들에게 그들이 농민들에 대해 그토록 찬탄했던 공동체의 원리와 자급자족하며 진실하게 살아가는 법을 보여주었다. 수십 명의 죄수와 그들의 가족들은 1828년 옮겨간 치타에서 공동 노동 단위인 아르텔artel을 형성해 자신들끼리 작업을 나누었다. 일부 사람들은 아내와 아이들이 살아갈 수 있는 통나무 오두막을 지었고 후에 죄수들도 함께 살았다. 다른 사람들은 목수 일을 하거나 신이나 옷을 만들었다. 볼콘스키는 최고의 원예사였다. 그들은 이 공동체를 '죄수 가족'이라 불렀다. 그들의 마음 속에서 이것은 농민 공동 생활체의 평등주의적 소박함의 재창조에 가까웠다.[75] 여기에는 1812년 사람들이 군대에서 처음으로 접했던 것과 같은 공동체 정신이 있었다.

가족 관계도 더 가까워졌다. 18세기 귀족 집안의 아이들을 돌보는 하인들이 사라졌다. 시베리아의 망명자들은 아이들을 기르며 자신들이 알고 있는 모든 것을 아이들에게 가르쳤다. 마리아는 자식들에게 "나는 너희들의 유모이자 과외 선생이기도 하다"라고 말했다.[76] 1832년 아들 미샤가 태어났고 1834년 딸인 엘레나('넬린카')가 태어났다. 다음 해 볼콘스키 부부는 이르쿠츠크에서 30킬로미터 교외에 있는 울리크 마을에 다시 정착해 마을의 다른 사람들처럼 목재 가옥과 토지를 소유했다. 미샤와 엘레나는 지방 농민 자녀들과 함께 성장했다. 그들은 농민 자녀들이 노는 법—새 둥지를 찾아 헤매고, 갈색 송어를 낚시하고, 토끼 덫을 놓고 나비를 잡는 것—을 배웠다. 마리아는 친구인 카티아 트루베츠코이에게 보낸 편지에 "넬린카는 진짜 러시아인으로 성장하고 있다"고 쓰고 있다.

> 넬린카는 사투리로만 이야기한답니다. 그 아이가 사투리를 쓰는 것을 막을 방법이 없어요. 미샤가 마을의 개구쟁이 아이들과 숲으로 야영하러 가는 것을 허락하지 않을 수 없답니다. 미샤는 모험을 좋아하죠. 하루는 이 아이가 달랠 수 없이 울어댔죠. 현관 계단에 늑대가 나타난 것을 보고 놀라서 멍해 있었기 때문이랍니다. 아이들은 루소식으로 말해서 두 명의 어린 야만인으로 성장하고 있죠. 집에 있을 때 아이들과 불어로 이야기하는 것을 제외하고는 아이들에게 해 줄 수 있는 것이 거의 없는 셈이죠……. 하지만 이런 환경이 아이들 건강에는 분명 좋다고 말할 수 있습니다.[77]

세르게이 볼콘스키는 다른 견해를 갖고 있었다. 그는 친구에게 미샤가 '감정적으로 진정한 러시아인'으로 성장했다고 자랑스럽게 말했다.[78]

어른들에게도 유배는 더 소박하고 더 '러시아적' 인 생활방식을 의미했다. 데카브리스트 유배자들 중 일부는 지방에 정착해 지역 소녀들과 결혼했다. 다른 사람들은 러시아적 관습과 오락, 특히 사냥감이 풍부한 시베리아 숲에서의 사냥을 즐겼다.[79] 그리고 그들 모두는 살면서 처음으로 유창한 모국어를 구사해야 했다. 프랑스어로 말하고 생각하는 데 익숙해 있던 마리아와 세르게이에게 러시아어를 사용하는 것은 새로운 생활환경에서 가장 어려운 측면들 중 하나였다. 그들이 네르친스크의 감방에서 처음 만났을 때 러시아어로 이야기해야 했지만(경비원들이 이해할 수 있도록) 당시 자신들이 느끼는 복잡한 감정을 표현할 수 있는 단어들을 알지 못하고 있었다. 따라서 대화는 다소 피상적이고 극히 제한되었다. 마리아는 수용소에 있는 성경 복사본으로 모국어를 배우기 시작했다. 장교 시절에 썼던 세르게이의 러시아어는 사투리가 심화되었다. 울릭에서 보냈던 그의 편지들은 시베리아의 구어체와 철자가 틀린 기본적 단어들이 뒤섞여 있었다.[80]

그의 아들처럼 세르게이는 '토박이가 되어 가고' 있었다. 세월이 흐르면서 그는 더욱 농민처럼 되었다. 그는 농민처럼 옷을 입고 수염을 기르고 씻는 횟수도 줄었으며 대부분의 시간을 들에서 일하거나 지방 시장에서 농민들과 담소하며 보내기 시작했다. 1844년 볼콘스키 부부는 이르쿠츠크에 정착하는 것이 허용되었다. 데카브리스트 유배자들에 대해 공개적으로 호의를 표명하며 시베리아 발전을 위한 지식 세력으로 그들을 존경하던 신임 지방관 무라비예프-아무르스키의 공식모임은 곧 마리아를 받아들였다. 마리아는 다시 상류사회에 통합될 수 있는 기회를 기꺼이 받아들였다. 그녀는 몇 개의 학교, 고아원과 극장을 설립했다. 마리아는 시내의 주요한 살롱의

5. '농민 공작' : 이르쿠츠크의 세르게이 볼콘스키. 은판사진, 1845.

주인으로 집에서 손님을 맞았으며 지방관 자신이 살롱의 단골손님이었다. 세르게이는 그곳을 거의 찾지 않았다. 그는 마리아 저택의 '귀족적 분위기'를 불쾌하게 여겼다. 세르게이는 장날에만 이르쿠츠크에 오면서 울리크에 있는 자신의 농장에 머무는 것을 더 좋아했다. 하지만 아내가 시베리아에서 20년간 고생하는 것을 보았기 때문에 마리아가 하는 일을 방해하려 하지는 않았다.

사람들은 대체로 '농민 공작'인 그를 괴짜로 생각했다. 1840년대에 이르쿠츠크에서 성장한 N. A. 벨로골로보이는 "장날 밀가루 부대가 높이 쌓여 있는 농민들의 수레에 앉아 함께 말린 회색 빵을 먹으며 농민들과 활기차게 대화하는 공작을 보고" 사람들이 얼마나 충격을 받았었는지 회상하고 있다.[81] 볼콘스키 부부는 사소한 일로 끊임없이 다투었다. 마리아의 영지 관리를 맡은 그녀의 오빠 A. N. 라예프스키는 노름빚을 갚기 위해 지대를 사용했다. 세르게이는 라예프스키 가의 지원을 받고 있는 오빠의 편을 든다며 마리아를 비난했다. 결국 그는 아이들의 유산을 지키기 위해 아내의 영지에서 자신의 영지를 분리하는 법률적인 준비를 했다.[82] 세르게이는 러시아에 있는 영지에서 받는 연 수입(대략 4300루블)에서 마리아에게 3300루블(이르쿠츠크에서 그녀가 편안하게 살기에 충분한 금액)을 주고 작은 농장을 운영하기 위해 1000루블을 자신이 사용했다.[83] 점차 사이가 벌어진 세르게이와 마리아는 별거에 들어갔다(후에 아들에게 보낸 편지에서 세르게이는 그것을 '이혼'이라고 불렀다)[84]—당시엔 '죄수 가족'들만이 그들의 합의를 알고 있었다.* 마리아는 1770년대 러시아에 온 이탈리아 귀족의 아들로 잘생기고 카리스마적인 데카브리스트 유형자 알레산드로 포지오와 애정관계를 갖고 있었다. 이르쿠츠크에서 포지오는 매일 마리아의 집을 방문했다. 그가 세르게이의

* 그들의 결혼 문제는 라예프스키가와 볼콘스키가가 가족 문서에서 그들의 모든 서신 뭉치를 배제함으로써 감추어졌다. 이 같은 사실 은폐는 데카브리스트들이 영웅시되었던 소비에트 시대의 출판물들에서도 이어졌다. 그렇지만 그들이 결별했다는 흔적은 아직도 문서들에서 발견되고 있다.

친구이긴 했지만 남편이 없을 때 훨씬 더 자주 방문하는 것이 목격되었기 때문에 소문이 퍼지지 않을 수 없었다. 미샤와 엘레나의 아버지가 포지오라는 소문이 돌았다——세르게이가 '친애하는 친구' 포지오에게 마지막 편지를 쓴 죽기 전해인 1864년에도 그를 괴롭히고 있었던 암시.[85] 결국 결혼 생활 모습을 유지하기 위해 세르게이는 마리아의 저택 안마당에 목조 가옥을 짓고 그곳에서 잠을 자고 음식을 조리하고 농민 친구들을 맞았다. 벨로골로보이는 세르게이가 마리아의 거실에 거의 모습을 비추지 않았다고 회상하고 있다. "그의 얼굴은 댓진으로 더러웠고 헝클어진 긴 수염은 지푸라기 같았으며 그에게선 외양간 냄새가 났다……. 하지만 그래도 그는 모든 'r'을 진짜 프랑스인처럼 발음하며 완벽한 불어를 구사했다."[86]

많은 귀족들이 소박한 농민들의 생활을 하고자 하는 충동을 갖고 있었다(볼콘스키의 먼 인척인 레오 톨스토이를 연상할 수 있다). 바로 '진실한 삶'에 대한 '러시아적' 의문은 유럽 전역에서 문화 운동을 유발시켰던 '자연스러운' 혹은 '유기적인' 삶에 대한 낭만적 추구보다 훨씬 심오했다. 그 중심엔 민족의 선각자들——1830년대 슬라브주의자들에서 1870년대 인민주의자들에 이르는——이 농민들의 제단에 경배하게 하는 '러시아적 영혼'에 대한 종교적 전망이 있었다. 슬라브주의자들은 근대 서구 방식보다 러시아 농민 공동체의 도덕적 우월성을 믿고 있었으며 러시아적 원칙으로의 회귀를 주장했다. 인민주의자들은 공동체의 평등적 관습을 사회주의적이면서 민주적인 사회를 재조직하기 위한 모델로 이용할 수 있다는 확신을 갖고 있었다. 그들은 혁명적 대의명분에 대한 동조자를 농민에게서 찾고자 했다. 지식인들에게 러시아는 농민의 관습과 믿음 속에서 메시아적 진실로 나타났다. 귀족의 자식들은 러시아의 일부가 되어 러시아의 구원을 받기 위해 타고난 죄 많은 세계를 포기할 필요가 있었다. 이런 의미에서 볼콘스키는 농민들 속에서 민족과 구원을 찾은 러시아 귀족의 오랜 경향 속에서 최초의 사람이었다. 그의 도덕적 의문은 그가 1812년부터 이끌어낸 교훈에 근거하고 있다. 볼콘스키는 구 계급 사회의 잘못된 귀족과 농노 관계에서 벗어나 이상주의적 기대감으로 평등한 새로운 사회를 지향했다. 그는 1841년 오랜 데카브리스트 친구인 이반 푸쉬친에게 쓴 편지에서 "나는 사회적 연줄을 가진 사람을 믿지 않는다. 시베리아의 농민들이 더 정직하고 감정적으로 성실하다"고 쓰고 있다.[87]

볼콘스키는 모든 데카브리스트 유배자들처럼 시베리아를 민주적 희망의 땅으로 보았다. 그들에겐 시베리아가 원시적이고 개발되지 않았으며 자연 자원이 풍부한 젊고 어린아이 같은 러시아로 비춰졌다. 시베리아는 선구적인 농민들이 농노제나 국가에 의해 억눌리지 않은(시베리아에는 농노를 소유한 사람들이 거의 없었기 때문에) 변경의 땅(일종의 '아메리카')이었다. 따라서 선구적 농민들은 구 러시아가 재생할 수 있는 독립 정신과 풍부한 자원, 정의와 평등에 대한 본능적 감각을 보유하고 있었다. 억압되지 않은 농민들의 젊은 에너지는 러시아의 민주적 잠재력을 내포하고 있었다. 따라서 데카브리스트들은 시베리아의 설화와 역사 연구에 몰두했다. 그들은 마을 학교를 설립하거나 마리아처럼 집에서 농민들을 가르쳤다. 그리고 세르게이처럼 농민들의 직업을 갖거나 직접 토지를 경작했다. 세르게이는 자신이 경작을 하며 흘리는 땀에서 편안함과 목적의식을 발견했다. 그것은 끊임없이 시간에 얽매는 것으로부터 벗어날 수 있게 해주었다. 볼콘스키는 푸쉬친에게 보낸 편지에서 "육체노동은 건강한 일이다. 그리고 육체노동으로 가족을 부양하는 것은 즐거운 일

이며 다른 사람들에게도 유익하다"고 쓰고 있다.[88]

하지만 볼콘스키는 평범한 농부 이상이었다. 그는 농업연구소나 마찬가지였다. 볼콘스키는 유럽화된 러시아에서 서적과 새로운 종자들을 수입했다(집으로 보낸 마리아의 편지에는 원예 물품 목록이 빽빽이 적혀 있었다). 또한 그는 인근 수 마일 떨어진 곳에서 조언을 듣기 위해 찾아 온 농민들에게 자신이 얻는 과학적 지식의 결실을 전파했다.[89] 농민들은 볼콘스키를 '우리의 공작'이라 부른 것처럼 진정으로 그를 존경하게 된 것처럼 보인다. 농민들은 자신들에게 솔직하고 개방적이며 사투리로 쉽게 말했기 때문에 그를 좋아했다. 이러한 그의 태도 때문에 농민들은 일반적으로 귀족을 대할 때보다 편하게 그를 대할 수 있었다.[90]

민중 세계에 적응하는 비상한 능력에 대해 설명할 필요가 있다. 결국 톨스토이는 거의 50년간 노력하기는 했지만 현실적으로 민중 세계에 적응하지 못했다. 볼콘스키가 민중 세계에 적응할 수 있었던 것은 연대에서 농민 병사들과 대화를 했던 오랜 경험 덕분이었을 것이다. 혹은 일단 유럽 문화적 풍습이 박탈되자 자신이 성장해 온 러시아적 관습에 가까워졌을 것이다. 그의 변화는 『전쟁과 평화』에서 나타샤가 '삼촌'의 숲 속 오두막에서 농민 춤의 정신이 자신의 피에 흐르고 있다는 사실을 깨닫는 장면에서 일어난 것과 같은 것이었다.

4

『전쟁과 평화』을 읽은 독자는 알 수 있는 것처럼 1812년 전쟁은 러시아 귀족 문화의 중요한 분수령이었다. 그것은 프랑스라는 지적 제국으로부터의 민족 해방 전쟁——로스토프 가와 볼콘스키 가 같은 귀족들이 외래 풍습에서 벗어나 러시아적 원리에 근거한 새로운 삶을 시작하는 계기——이었다. 변신이 쉬운 것은 아니었다(그리고 톨스토이 소설에서 귀족들이 거의 하룻밤 사이에 잊고 있던 민족적 방식들을 재발견하는 것보다는 훨씬 더 서서히 일어났다). 1810년대에 프랑스 문화에 반발하는 의견이 고조되긴 했지만 귀족들은 여전히 자신들이 전쟁을 치루었던 국가의 문화에 도취되어 있었다. 성 페테르부르크의 살롱은 『전쟁과 평화』에서 나오는 피에르 베주코프 같은 보나파르트를 찬미하는 젊은이로 가득 차 있었다. 최고의 상류 사회는 『전쟁과 평화』의 헬렌느가 활동하던 범주인 루미안쵸프와 페테르부르크 프랑스 대사 콜랭쿠르 같은 부류였다. 『전쟁과 평화』에서 모스크바 지방 장관 로스토프친 백작은 "우리가 어떻게 프랑스와 싸울 수 있지? 우리가 우리의 스승이자 신에게 무기를 겨눌 수 있을까? 우리 젊은이들을 봐! 우리 숙녀들을 보라구! 프랑스는 우리의 신이야. 파리는 우리의 하늘 왕국이고"라고 말하고 있다.[91] 하지만 이들 사회에서도 나폴레옹 침략에 대한 공포와 러시아적 부흥의 토대가 되는 삶과 예술에서의 모든 프랑스적인 것에 대한 반발이 있었다.

1812년의 애국적 분위기 속에서 불어 사용은 성 페테르부르크 살롱에서 불쾌감을 불러일으켰으며 거리에서는 위험하기까지 했다. 톨스토이의 소설은 성장하면서 불어로 말하고 생각해야 했던 귀족들이 모국어를 쓰기 위해 노력하는 당시의 시대정신을 완벽하게 포착하고 있다. 어떤 집단에선 불어 사용을 금하고 실수로 불어를 사용한 사람에게 벌금을 부과하기까지 했다. 단지 문제는 아무도 러시아어로 '벌금' 이라는 단어를 몰랐기 때문——한 명도 없었다——에 사람들이 그것을 'forfaiture' 로 불러야 했다는 것이다. 언어적 민족주의가 새로운 현상은 아니었다. 한때 공공 교육 장관을 지냈던 쉬쉬코프 장군은 1803년 러시아어 보호를 내세우며 프랑스어 반대 운동을 하기도 했었다. 그는 카람진 추종자들과 오랜 논쟁을 벌여 불어식 표현인 살롱 문체를 공격했다. 쉬쉬코프는 문학적 러시아어가 고대 교회 슬라브어 어원으로 되돌아가기를 원했다.* 쉬쉬코프는 프랑스의 영향으로 정교신앙과 구 총대주교의 도덕규범이 쇠퇴했다고 생각했다. 서구의 문화적 침략으로 러시아의 생활방식이 손상되었다는 것이다.

쉬쉬코프의 주가는 1812년 이후 폭등하기 시작했다. 노름꾼으로 유명한 그는 성 페테르부르크 상류 사회 저택들의 단골손님이었고 vinge-et-un(블랙잭)판이 재개되는 막간을 이용해 러시아어의 장점을 설파하곤 했다. 주인들은 그를 '민족적 현자' 로 보았다(부분적으로는 아마도 그들이 그에게 노름빚을 지고 있었기 때문에). 그들은 그에게 보수를 지급하고 자기 아이들을 가르치게 했다.[92] 귀족의 아들들이 모국어를 읽고 쓰는 법을 배우는 것이 유행하게 되었다. 니콜라

* 이 같은 언어에 대한 논쟁은 '러시아어' 와 러시아어가 어떠해야 하는지에 대한 더 광범위한 대립 ——유럽 추종자 혹은 고유한 독자적 문화——을 포함하고 있다. 그들의 논쟁은 슬라브주의자와 서구주의자들 간의 논쟁을 예고하고 있다. 슬라브주의자들은 이후 30년간 분명한 집단으로 등장하지는 않지만 '슬라브주의' 라는 용어는 쉬쉬코프처럼 1800년대에 '민족적' 관용 어휘로 교회 슬라브어를 선호하는 사람들을 지칭하기 위해 처음으로 사용되었다. '(Iu. 로트만과 B. 우스팬스키의 spory o iazyke v nachale ⅩⅨ v. kak fakt russkoi kul'tury', in Trudy po russkoi I salvianskoi filologii, 24, *Uchenye zapiski tartuskogo gosudarstvennogo universiteta*, vyp. 39(tartu, 1975), pp. 210~11을 보라).

이 쉐레메테프와 그의 농노 출신 아내 프라스코비아의 아들이자 고아가 된 드미트리 쉐레메테프는 1810년대 십대 시절 3년간 러시아어 문법과 수사학까지 배웠다――그가 불어를 배우는 데 소비한 시간만큼.[93] 러시아어 교재가 부족해 아이들은 성서로 읽기를 배웠다――사실 푸쉬킨처럼 그들은 교회 성직자나 지역 사제에게서 읽기를 배웠다.[94] 소년에 비해 소녀들은 러시아어를 많이 배우지 않았던 것처럼 보인다. 군 장교나 지주가 되는 남자 형제들과 달리 소녀들은 상인이나 농노와 접하는 일이 많지 않았고 따라서 모국어를 읽거나 쓸 일이 거의 없었다. 하지만 지방에선 남자들은 물론 점점 더 많은 여자들이 러시아어를 배우기 시작했다. 톨스토이의 어머니 마리아 볼콘스키는 문학적 러시아어에 조예가 깊었고 모국어로 시를 쓰기까지 했다.[95] 이처럼 러시아어 독자층이 증가하지 않았다면 19세기 문예 부흥은 생각지도 못했을 것이다. 이전에 러시아의 교양 계급은 주로 외국 문학을 읽었다.

18세기에 불어와 러시아어 사용은 완전히 분리된 두 개의 영역으로 구분되어 있었다. 즉 불어는 사고와 감정의 영역에서, 러시아어는 일상생활의 영역에서 사용되었다. 문학을 위한 언어(불어나 불어화한 '살롱' 러시아어)와 일상생활을 위한(일반적인 농민의 말은 상인과 성직자들의 구어체 관용어와 크게 다르지 않았다) 또 다른 형태의 언어가 있었다. 예를 들어 귀족은 차르에게 러시아어로 편지를 썼으며 불어로 쓸 경우에 무례한 것으로 여겨졌다. 하지만 말을 할 땐 다른 귀족들에게 말하듯이 늘 불어로 이야기했다. 또 다른 한편으로 여성들은 불어가 상류 사회의 언어였기 때문에 군주와의 서신뿐 아니라 모든 공직자들과의 서신에서도 불어를 썼다. 여성이 러시아어 표현을 사용하면 아주 무례한 것으로 생각되었다.[96] 하지만 개인 서신에서 정해진 규칙은 거의 없었다. 19세기 말까지 귀족들은 두 가지 언어를 모두 유창하게 구사했기 때문에 아무도 눈치채지 못할 정도로 아주 쉽게 러시아어에서 불어로, 불어에서 러시아어로 바꾸어가며 구사했다. 한 쪽 정도의 편지에서 10번 정도 언어를 바꿀 수 있었으며, 때로 주제에 영향을 미치지 않으면서 문장 중간에서도 언어를 바꾸어 기술할 수 있었다.

톨스토이는 러시아적 불어와 관련된 사회 · 문화적인 미묘한 차이들을 강조하기 위해 『전쟁과 평화』에서 이러한 차이들을 이용하고 있다. 예를 들어 안드레이 볼콘스키가 불어 악센트가 있는 러시아어를 한다는 사실은 그가 페테르부르크 귀족의 프랑스 우호적인 엘리트에 속한다는 것을 보여준다. 또한 안드레이의 친구인 외교관 빌리빈이 불어를 즐겨 사용하고 '모욕적으로 강조하고자 하는 곳에선 러시아어로 말을 한다' 는 사실은 빌리빈이 독자들이 쉽게 알 수 있는 잘 알려진 문화적 고정관념을 가지고 있는 사람이라는 사실을 보여준다. 즉 과거에 다소 프랑스적이었던 러시아인이었다는 것이다. 하지만 가장 좋은 예는 헬렌느——자신의 혼외연애에 대해 "늘 자신이 겪은 일이 러시아어로는 분명하게 생각나지 않으며 불어가 더 적합하다고 느꼈기" 때문에 불어로 이야기하는 것을 더 좋아하는 공작부인——다.[97] 톨스토이는 의도적으로 허위적 언어로서의 불어와 성실한 언어로서의 러시아어 사이의 오랜 구분을 반영하고 있다. 톨스토이가 대화를 사용하는 것은 마찬가지로 민족주의적 차원으로 볼 수 있다. 소설의 가장 이상적인 인물들이 러시아어로만 말하거나(마리아 공작부인과 농민 카라타예프) 실수로만 불어를 하는 것(나타샤처럼)은 우연이 아니다.

물론 소설이 인생을 직접적으로 반영하지는 않는다. 『전쟁과 평화』가 아무리 사실주의적 이상에 근접하고 있다 해도 소설 속의 묘사가 현실을 정확하게 반영하고 있다고 할 수는 없다. 볼콘스키가——물론 『전쟁과 평화』의 볼콘스키 가문이 이들을 모델로 하고 있다는 사실을 잊지 않는다면——의 서신을 읽으면 톨스토이가 표현하고 있는 것보다 상황이 훨씬 더 복잡하다는 사실을 알 수 있다. 세르게이 볼콘스키는 불어로 썼으나 영지에서의 일상적인 생활을 언급할 때는 러시아어 문장을 삽입했다. 또한 중요한 점이나 진실성을 강조하고자 할 때는 러시아어로 썼다. 특히 그는 1812년 이후 대개 의도적으로 러시아어로 썼으며 1825년 이후 시베리아에서 부치는 편지는 러시아어로 써야 했다(검열관이 러시아어만 읽을 수 있기 때문에). 하지만 불어로 써야 하는 경우들이 있었다(1825년 이후에도). 예를 들어 가정법을 쓰거나 공식적 구문과 격식을 갖추어 정중하게 사용할 때, 혹은 규칙을 위반하고 검열관이 이해하지 못할 언어로 정치에 대한 견해를 피력하고 싶을 때 불어를 사용했다. 때로 러시아어 단어가 없는 개념——'청원diligence', '이중성duplicité'와 '재량권discrétion'——을 설명할 때도 불어를 사용했다.[98]

귀족들은 또한 관습과 일반적인 습관에서 더 '러시아적'이 되려고 노력하고 있었다. 1812년 사람들은 사치스러운 생활양식을 소박하게 러시아화하기 위해 노력하면서 프랑스식 고급요리를 포기하고 검소하고 엄격한 러시아식 점심 식사를 했다. 귀족들은 점점 빈번하고 공개적으로 농민 '아내들'을 맞았다(쉐레메테프 사람에게 좋은 것은 그들에게도 좋은 것이었다). 또한 귀족 여자가 농노와 살거나 결혼하는 경우들도 있었다.[99] 가혹한 군대 체제로 혐오의 대상이 되었던 전쟁 장관 아락체프까지도 비공식적으로 농민 아내를 두어 두 명의 아들을 낳았으며 그 아이들은 콜프스 데 파주에서 교육을 받았다.[100] 토속적 수공업이 갑자기 유행했다. 수입된 18세기 도자기들의 고전주의 디자인보다 시골 생활 풍경을 담은 러시아 도자기가 점차 선호되었다. 특히 농노 장인들이 제작한 보다 시골풍 양식의 카렐리야 자작나무와 다른 러시아 가구들이 고전주의 궁정의 훌륭한 수입 가구들과 경쟁하기 시작했다. 귀족들이 휴식을 취하는 사생활 공간에서는 농노 장인들이 만든 가구가 수입 가구들을 대체하기까지 했다. 1812년의 군대 영웅 알렉산드르 오스터만-톨스토이 백작은 성 페테르부르크에 있는 영국식 제방에 훌륭한 저택을 갖고 있었다. 응접실은 대리석벽과 프랑스 제국양식으로 사치스럽게 장식된 거울들이 갖추어져 있었지만 1812년 이후 그는 자신의 침실 내부에 통나무를 대어 농민의 오두막처럼 보이게 했다.[101]

오락도 러시아적이 되어가고 있었다. 유럽 춤이 주를 이루었던 페테르부르크의 무도회에서 1812년 이후에는 플랴스카와 다른 러시아 춤을 추는 것이 유행하게 되었다. 오를로프 백작부인은 모스크바 무도회에서 배워 추었던 농민 춤으로 유명했다.[102] 하지만 나타샤 로스토프처럼 어쨌든 '러시아 대기로부터' 호흡하듯이 일부 귀족 여성들은 러시아 춤의 정신을 받아들였다. 엘리나 골리친 공작녀는 1817년 페테르부르크의 신년 무도회에서 자신의 첫 번째 플랴스카를 추었다. "플랴스카를 배운 적은 없다. 단지 나는 '러시아 소녀'다. 나는 지방에서 자랐으며 '하녀가 물을 가지러 가네'라는 우리 마을 노래의 후렴구가 들리자 저절로 춤을 추게 되었다."[103]

지방의 오락은 새로이 발견된 러시아적인 것을 또 다르게 나타내고 있다. 이 시기에 다차가 처음으로 민족적 관습으로 나타나기 시작해 19세기 말에는 별장이나 전원주택이 대중적 현상이 된다(체홉의 『벚꽃 동산』은 다차를 짓기 위해 벌목되었다). 페테르부르크의 상류 귀족은 18세기에 다차를 임차하고 있었다. 파블로브스크와 페테르호프는 선호하는 휴양지로 상류 귀족들은 그곳에서 도시의 무더위를 피해 솔숲이나 바다의 시원한 공기를 들이마셨다. 차르는 이 두 곳의 휴양지에 거대한 공원이 있는 여름 궁정을 정성들여 건축했다. 19세기 초 다차 유행은 소귀족들에게로 퍼져 그들은 교외에 더 검소한 가옥을 지었다.

도시 저택의 형식적 고전주의와 대조적으로 다차는 소박한 러시아 양식으로 건축되었다. 대개 2층의 목조 건물로 집 사방에 중이층 베란다가 있었고 장식된 창문과 농민들의 오두막에서 흔히 볼 수 있는 조각된 문틀이 설치되었다. 일부 더 큰 다차들은 어울리지 않게 정면에 로마식 아치와 원기둥이 설치되기도 했다. 다차는 러시아인의 휴식처이자 탐구 장소였다. 러시아인들은 숲에서 버섯을 채취하고, 잼을 만들고, 사모바르samovar로 차를 마시고, 낚시를 하고, 사냥을 하고 목욕탕에 가거나 곤차로프 오블로모프처럼 동양식 할라트khalat을 입고 하루 종일 빈둥거렸다. 귀족은 지방에서 한 달을 보내며 궁정과 공식적인 생활의 압박감을 떨쳐버리고 러시아적인 분위기에서 좀더 자기 자신이 되었다. 공식적인 제복을 입지 않고 캐주얼한 러시아 의상을 입는 것이 일반적이었다. 프랑스식 고급요리 대신 소박한 러시아 음식을 먹었으며 크바스(okroshka)를 곁들인 여름 수프 같은 몇 가지 음식, 생선묵과 절인 버섯, 잼을 첨가한 차나 버찌 브랜디 등은 실제로 다차 생활방식과 동의어가 되었다.[104)]

지방 탐색들 중 사냥은 귀족과 농노를 동료 스포츠맨이자 동향인으로 결합시킨다는 의미에서 민족적 관습에 가장 가까운 것이 되었다. 19세기 초는 사냥의 전성기였다――1812년 이후 귀족이 '영지에서의 매력적인 삶' 을 재발견했다는 것과 결부된 사실. 공직 생활을 접고 지방으로 은퇴해 스포츠 생활을 즐기는 귀족들도 있었다. 『전쟁과 평화』에서 로스토프가 '삼촌'은 전형적인 예다.

"삼촌, 왜 공직에 들어가지 않으셨죠?"

"한때 공직에 있었지, 하지만 그만두었단다. 나는 공직에는 맞지 않아……. 공직이 무슨 의미가 있는지 모르겠구나. 너에게는 어울릴 거야. 나는 머리가 좋지 않아서. 사냥이라면 몰라도……."[105]

러시아엔 두 가지 종류의 사냥——사냥개를 대규모로 동반한 공식적인 사냥과 투르게네프의 『사냥꾼의 일기』(1852)에서처럼 사냥개 한 마리와 농노 한 명을 동반하고 도보로 하는 소박한 형태의 사냥——이 있다. 공식적인 사냥은 말을 탄 수백 명의 사람, 대규모 사냥개 무리와 사냥 농노 시종들이 귀족의 영지에서 야영하며 때로 몇 주씩 계속해서 군사작전을 펼치듯 전개된다. 랴잔 귀족 의전관인 레프 이즈마일로프는 '사냥'에 3천 명의 사냥꾼과 2천 마리의 사냥개를 동원했다.[106] 멘그덴 남작은 진홍빛 제복을 입은 사냥 농노들과 사냥용으로 훈련된 아랍 말들로 구성된 엘리트 집단을 보유하고 있었다. 그들이 떠날 때는 남작이 선두에 서서 건초와 귀리를 실은 수백 대의 마차, 부상당한 사냥개를 위한 이동식 병원, 이동식 주방을 동반했다. 너무 많은 시종들을 데리고 갔기 때문에 남작의 집은 텅 비어 그의 아내와 딸들은 바텐더와 소년 한 명과 함께 남겨졌다.[107] 이런 식의 사냥은 귀족이 대규모 농노와 실질적으로 광대한 토지를 소유하고 있느냐 여부——1861년 농노가 해방되기까지 지속되었던 조건들——에 좌우되었다. 영국식 사냥처럼 공식적 사냥은 사냥개와 함께 달리지는 않지만 분명 비굴한 역할을 담당한 사냥 농노들에 대해 진지하고 질식할 듯이 엄격하게 사회적 위계질서를 준수하고 있었다.

대조적으로 투르게네프 식의 사냥은 상대적으로 평등했으며 분명 러시아적 방식에서 평등했다. 귀족이 농노를 동반하고 사냥을 갈 때 그는 궁정 문명을 뒤로 한 채 농민의 세계로 들어갔다. 지주와 농노는 이런 유형의 스포츠로 유대감을 가졌다. 그들은 같은 옷을 입고 길을 따라 멈춰 설 때는 같은 음식을 먹고 같은 음료수를 마신다. 그들은 농민들의 오두막과 헛간에서 나란히 누워 잠을 자며 투르게네프의『사냥꾼의 일기』에서 묘사된 것처럼 때로 계속해서 친밀한 친구가 되게 하는 교제정신으로 자신들의 삶에 대해 이야기한다.[108] 도보사냥엔 스포츠에서 흔히 볼 수 있는 일반적인 '남성적 유대감' 보다 훨씬 강한 것이 있었다. 대지주에게 도보 사냥은 전원 오디세이로 미지의 농민 대지와 만나는 것이었다. 얼마나 많은 새나 짐승을 잡느냐 하는 것은 거의 개의치 않았다. 화자가 사냥의 즐거움을 요약하고 있는『사냥꾼의 일기』의 서정적인 마지막 일화에서 사냥이라는 스포츠 그 자체에 대해선 거의 언급되지 않는다. 다음의 서술에서 볼 수 있는 것은 러시아의 시골에 대한 사냥꾼의 강한 애정과 계절에 따라 변화하는 시골의 아름다움이다.

> 이윽고 6월의 어느 여름날 아침! 사냥꾼이 아니라면 새벽에 숲 속을 방랑하는 즐거움을 어찌 알겠는가? 발은 이슬에 젖어 하얗게 반짝이고 있는 풀밭에 녹색의 발자국을 남긴다. 젖은 관목을 헤치고 나아간다. 밤에는 거의 질식할 정도로 따뜻한 향기가 가득 차 있다. 대기엔 상쾌한 쓴 쑥의 달콤 씁쓸한 향기, 메밀과 클로버의 달콤한 냄새가 배어 있다. 멀리 떡갈나무 숲이 햇빛에 진홍빛을 발하며 벽처럼 솟아 올라 있다. 공기

는 아직 신선하지만 벌써 뜨거워지고 있다는 것을 느낄 수 있다. 아주 강한 달콤한 냄새로 가벼운 현기증을 느끼게 된다. 그리고 끝없는 관목 숲이 펼쳐져 있다. 멀리서 익어가는 호밀은 황금빛으로 변해가고 녹빛처럼 붉은 메밀의 좁은 줄무늬가 나 있다. 이윽고 달구지 소리가 들려온다. 농부 한 명이 건듯이 느리게 몰아 태양이 뜨거워지기 전에 그늘에 말을 맨다. 그에게 인사를 하고 지나친 얼마 후 스키타이인의 메마른 금속성 말소리가 뒤에서 들려온다. 태양은 점점 더 높이 떠오르고 이내 풀밭은 습기를 걷어낸다. 어느새 날씨는 무덥다. 시간이 무심히 흐른다. 하늘의 외곽이 침침해지며 적막한 대기는 지끈지끈한 열기로 타오른다.[109)]

러시아 의복의 형태는 1812년 이후에 절정에 달하게 된다. 성 페테르부르크의 무도회와 응접실에서 그리고 1830년대부터는 궁정에서도 상류 사회의 귀부인들은 사라판sarafan 상의와 구 모스크바의 코코쉬닉kokoshnik 머리 장식으로 마무리한 민족의상을 입기 시작했다. 러시아의 농민 숄은 1810년대에 귀족 여성들에게 대단히 유행했다. 유럽에서 동양적인 숄들이 유행한 18세기 말 러시아인들은 인도에서 숄을 수입해 유행을 따랐다. 하지만 러시아 농민의 숄들이 유행하게 된 1812년 이후엔 농노 작업실이 패션 산업의 중심지로 부상했다.[110)] 전통적으로 농민과 지방 상인의 아내들이 입던 러시아식 가운(kapot)은 예카테리나 여제가 입기 시작했던 1780년대엔 첨단 유행이었지만 1812년엔 보편화되었다. 카프탄과 할라트(집 안에서 입고 다니며 손님을 맞을 수 있는 화려한 집안 외투 혹은 실내복)가 귀족들 사이에서 다시 유행하게 되었다. 전통적으로 농민들이 입던 일종의 짧은 카프탄인 표도브스카podyovska도 귀족들이 즐겨 입게 되었다. 단지 긴장을 풀고 편안하게 생활하기 위해서만 전통 의상을 입는 것은 아니었다. 어떤 회고록 저자의 말처럼 전통 의상을 입는 것은 '자신의 러시아적인 것'을 표명하기 위한 것이었다.[111] 1827년 트로피닌은 할라트(도판 22)를 입은 푸쉬킨을 러시아 관습에 아주 잘 어울리는 귀족으로 묘사하고 있다.

1820년대에 귀족 여성들 사이에서 '자연적인' 모습이 유행하게 되었다. 새로운 이상적인 아름다움은 고대와 러시아 농민 여성의 순수한 모습에 초점이 맞추어졌다. 피델 부루니가 그린 지나이다 볼콘스키(1810)의 초상은 이러한 양식을 나타내고 있다. 사실상 소문에 따르면 자연적 매력에 민감했던 황제의 애정 어린 관심을 끈 것은 바로 그녀의 소박한 옷차림이었다.[112]* 여성들은 면직물 의상을 즐겨 입었다. 그들은 단순한 모양으로 머리를 하고 짙은 화장 대신 꾸밈없이 자연스러운 창백한 안색을 선호했다.[113] 유럽 전역에선 1790년대부터 자연스러움과 소박한 것이 유행하고 있었다. 여자들은 가발을 벗어 버리고 사향 같은 짙은 향기 대신 깨끗한 육체에 자연향이 스며들 수 있는 가벼운 장미향수를 사용했다. 이러한 추세는 자연의 미덕에 대한 루소와 낭만주의적 사고의 영향으로 발전되었다. 하지만 러시아에서 자연에 대한 유행은 민족적 차원의 특별한 것이었다. 그것은 러시아적인 개성을 드러내기 위해선 문화적

* 알렉산드르 황제는 궁정 제방과 네브스키 대로를 따라 아니쉬코프 다리까지 매일 산책을 하기 시작했다. 회고록 저자인 비겔의 말처럼 그것은 "일상적 생활에서의 단순함에 대한 차르의 의식적 노력"이었다.(F. F. Vigel', *Zapiski*, chast' 2(모스크바, 1892), 32쪽), 1800년 이전에 자존심 있는 귀족은 페테르부르크에서 마차를 타지 않고는 어디도 가지 않았다(크냐쥐닌의 희극 오페라가 증언하고 있듯이). 귀족들은 막대한 재산을 유럽에서 가장 큰 마차를 수입하는 데 지출했다. 하지만 알렉산드르의 영향으로 성 페테르부르크에선 '황제식 유람을 하는 것 faire le tour impérial'이 유행하게 되었다.

관습의 외피를 벗어 버려야 한다는 생각과 결부된 것이었다. 푸쉬킨의 『예브게니 오네긴』에서 타치아나는 자연스러운 러시아적인 것의 문학적 구현이었다. 귀족 여성들이 입는 소박한 양식의 의상이 '오네긴' 으로 알려지게 될 정도였다.[114)]

독자들은 타치아나를 시골에서의 소박한 어린시절의 기억에서 진정한 자아가 드러나는 '러시아적 여주인공' 으로 보았다.

"오네긴, 나에게 이 모든 화려함,
겉만 번지르르한 이 따분한 나의 삶,
고귀한 세계에서 받는 존경,
공작들이 식사를 하는 현대적인 저택,
이 모든 것이 헛되며……, 나는 기꺼이 바꾸리
이 가면무도회 같은 너덜거리는 삶,
이 화려하고, 흥분되며 소란스러운 세계를,
우리의 옛 집, 그 산책과 꽃들의
단순한 즐거움, 나의 책들을 위해,
내가 한때 알고 있었던 그 모든 장소들을 위해…….
오네긴, 당신을 처음 보았던 곳
그 작은 교회의 그늘진 정자를 위해,
지금은 나의 불쌍한 유모가 있는 곳
큰 가지 아래 십자가가 서 있는 곳을 위해."[115)]

푸쉬킨의 걸작은 다른 많은 작품들 중에서 1812년대의 귀족들을 상징하는 복잡한 러시아-유럽적 의식의 미묘한 탐구이다. 문학 비평가인 비사리온 벨린스키는 『예브게니 오네긴』이 러시아적 생활의 백과사전이라고 말했다. 푸쉬킨은 직접 『예브게니 오네긴』의 마지막 시구에서 소설에 대한 관념을 삶의 책으로 발전시킨다. 러시아인의 자아의식에 대한 문화 풍습의 본능적 영향을 그렇게 분명하게 볼 수 있는 작품은 없다. 사실 많은 방식에서 소설의 중심적 주제는 삶과 예술 사이의 복잡한 상호작용이다. 타치아나란 인물의 혼합적 성질은 그녀가 살고 있는 문화 세계의 상징이다. 어떤 때 그녀는 낭만적 소설을 읽고 있고 또 다른 때는 유모의 미신과 설화들을 듣고 있다. 그녀는 유럽과 러시아의 중력장 사이에서 나뉘어져 있다. 푸쉬킨이 주석에서 강조하고 있듯이 바로 타치아나라는 이름은 고대 그리스어에서 유래한 것이지만 러시아에서 그것은 "평민들 사이에서만 사용된다."[116] 타치아나는 연애에서도 유럽적 러시아와 농촌의 상이한 문화적 규범에 따르고 있다. 지방 출신으로 다소 젊고 감수성이 예민한 그녀는 상상적인 낭만적 소설의 세계에서 살면서 이러한 관점에서 자신의 감정을 이해하고 있다. 타치아나는 당연히 바이런적 인물인 예브게니와 사랑에 빠지며 그녀의 허구적 여주인공들 중 하나처럼 그에게 사랑을 고백하는 편지를 쓴다. 하지만 상사병에 걸린 타치아나가 유모에게 사랑에 빠져 본 적이 있느냐고 물었을 때 그녀는 낭만적 사랑이 외래적인 사치에 불과하고 복종이 여성의 주된 미덕이라는 아주 상이한 문화적 영향에 노출된다. 농민 출신의 유모는 자신이 13살 때 한 번도 본 적이 없는 훨씬 어린 소년에게 어떻게 시집을 가게 되었는지 타치아나에게 말한다.

너무 두려웠답니다…… 끊임없이 눈물이 흘렀었죠 ;
그리고 울면서 그들은 저의 따은 머리를 풀렀죠,
그리고 교회마당 문에서 노래를 하며 저를 축하했답니다.[117]

두 가지 문화 사이의 충돌은 낭만적 꿈을 추구하느냐 아니면 전통적인 '러시아' 방식(데카브리스트 남편을 따라 시베리아로 가기 위해 모든 것을 포기했을 때 마리아 볼콘스키가 선택한 길)으로 자신을 희생하느냐 하는 타치아나 자신의 곤경을 나타내고 있다. 오네긴은 타치아나를 천성적인 시골 소녀로 보고 그녀를 거부했고 이어 결투에서 친구 렌스키를 죽인 후 몇 년 간 사라진다. 어쨌든 타치아나는 실제로 사랑하지 않는 남자와 결혼한다. 그는 궁정에서 '상당한 대접을 받는' 1812년의 전쟁 영웅이었다. 타치아나는 지위가 상승해 성 페테르부르크에서 유명한 여주인이 된다. 오네긴이 돌아와 그녀와 사랑에 빠진다. 이전의 성 페테르부르크의 멋쟁이는 수년 간 고국 땅을 방랑한 후 어쨌든 변화한다. 결국 그는 '매너리즘이나 어떤 모방된 버릇이 없는' 타치아나의 자연적 아름다움을 발견하지만 타치아나는 결혼서약을 성실히 지킨다. 그녀는 낭만적 사랑이 환상이라는 사실을 깨닫고 '러시아적 원리'를 신봉하게 된 것처럼 보인다. 오네긴 서재의 책들을 통해 마침내 그의 인격의 허구적 일면을 이해한다.

해럴드 외투를 입은 모스크바인,
허식으로 똘똘 뭉친 인간,
유행하는 단어의 어휘사전……
단지 모방 시문과 부랑아일 뿐인가?[118)]

하지만 여기에서도, 타치아나가 오네긴에게 말할 때,

당신을 사랑합니다(숨길 이유가 어디 있겠습니까?);
하지만 지금 저는 다른 사람의 아내입니다,
그리고 평생 정절을 지킬 것입니다[119]

우리는 타치아나에게서 문화적 영향들이 강하게 뒤섞여 있음을 알 수 있다. 이 글들은 러시아 민요에서 잘 알려진 노래를 각색한 것이다. 푸쉬킨 시대에 피터 대제가 쓴 것으로 알려진 이 문장은 푸쉬킨의 삼촌이 불어로 번역했다. 타치아나는 이 문장을 오래된 '메리퀴르 드 프랑스Mercure de France' 판에서 읽을 수 있었다. 하지만 그녀는 농민 출신의 유모에게서 이 이야기를 들었을 수도 있다.[120] 그것은 유럽 문화와 고유한 러시아 문화 간의 복잡한 상호작용에 대한 완벽한 실례다.

푸쉬킨 자신이 러시아 노래와 이야기의 전문가였다. 출코프의 『러시아 미신의 ABC』(1780~83)와 레프쉰의 『러시아 이야기』(1788)는 푸쉬킨의 선반에서 손때가 묻은 텍스트들이었다. 푸쉬킨은 타치아나 유모의 모델이 된 사랑하는 유모 아리나 로디오노브나가 이야기해 준 농민 이야기와 미신들을 들으며 성장했다. 푸쉬킨이 후에 쓴 그녀의 이야기 사본으로 보건데 '마마' 로디오노브나는 재능 있는 이야기꾼으로 많은 설화들을 잘 다듬어 풍요롭게 만들었다.[121] 1820~24년 남부에 유배되어 있을 때 그는 민속 전통, 특히 코사크의 민속 전통을 진지하게 탐구하게 되었다. 이어 1824~6년 미하일로프스코에의 가족 영지로 유배되었을 때 노래와 설화들을 계속해서 수입했다. 푸쉬킨은 이 노래와 설화들을 일부 비평가들이 '농민의 시'에 불과하다고 혹평한 첫 번째 중요한 시 『루슬란과 류드밀라』(1820)의 자료로, 그리고 말년에 지은 『술탄 황제』 같은 정형화된

'동화'에 이용했다. 하지만 푸쉬킨은 러시아 이야기를 라 퐁텐느의 우화나 그림 형제의 동화 같은 유럽적 자료와 혼합하는 것을 주저하지 않았다. 그는 『황금 수평아리』(1834)에 워싱턴 어빙의 『알함브라의 전설』의 1832년 불어 번역에서 발견한 『아라비아 연금술사의 전설』을 차용하기까지 했다. 푸쉬킨에게 러시아는 서구와 세계문화의 일부였다. 그가 서구의 자료들을 러시아 스타일로 문학적으로 재창조했지만 그의 '동화들'이 근거가 부족한 것으로 받아들여지진 않았다. 소비에트 민족주의자들이 푸쉬킨의 이야기들을 러시아 민속의 직접적 표현으로 보았다는 사실은 아이러니하다.*

1837년 푸쉬킨의 죽음으로 민속 설화를 문학에 사용하는 것은 보편화되어 거의 문학적 성공의 조건이었다. 어떤 다른 서구의 고전보다 많은 러시아 문학이 구전 이야기 전통에 뿌리를 두고 있다. 러시아 문학의 특별한 힘과 독창성의 상당 부분이 구전 이야기 전통에서 차용한 것이었다. 푸쉬킨, 레르몬토프, 오스트로프스키, 네크라소프, 톨스토이, 레스코프와 살티코프-쉬쉐드린, 이 모두가 어느 정도 민속학자였다. 그들의 많은 작품들은 아주 분명하게 민속학을 이용하고 있다. 하지만 니콜라이 고골리보다 민속 설화의 본질적 정신을 더 잘 포착한 사람은 없었다.

고골리는 사실상 우크라이나인이었다. 조언자이자 『검찰관』(1836)과 『죽은 영혼들』(1835~52) 같은 중요한 작품들의 진정한 구상을 제공한 푸쉬킨의 성공이 아니었다면, 그는 우크라이나에서 아버지가 작가로 유명했던(차르주의 법률 하에서 출판될 수는 없었지만)

* 소비에트 당국은 푸쉬킨의 '러시아 설화들'에 대한 자료들 중 일부가 『천일야화』에서 가져왔다는 사실을 아주 정확하게 제시했다는 이유로 아흐마토바를 비난했다.

고향 미르고로드의 농민 방언으로 작품을 썼을 것이다. 어린 시절 고골리는 지방 농민의 세속적 어휘에 애정을 느꼈다. 그는 농민들의 노래와 춤, 그들의 무시무시한 설화와 희극적 이야기들을 사랑했다. 페테르부르크에 대한 그의 환상적 설화는 후에 그것들에서 단서를 얻었다. 고골리는 처음에 우크라이나 민속 설화에 대한 점증하는 열기를 고조시킨 베스트셀러 이야기집『디칸카 근교 야화』(1831~2)의 익명의 작가 '루디〔즉 붉은머리〕 팬코, 비키퍼' 로 명성을 얻었다. 알라딘의『호슈베이*Kochubei*』, 소모프의『하이다마키 *Haidamaki*』그리고 쿨진스키의『코사크 모자』는 모두 러시아 수도에서 대단한 성공을 거두었다. 하지만 그 중에서도 고골리는 가장 야심적이었고 1828년 가까스로 학교를 졸업한 후 문학적 명성을 얻기 위해 페테르부르크로 왔다. 그는 낮에는 점원(그의 이야기를 채워주는 유형의)으로 일하고 밤에는 외로운 다락방에서 글을 썼다. 그는 어머니와 누이에게 우크라이나 노래와 속담의 세부적인 내용 그리고 지방 농민들에게서 구입하고 싶어했던 하찮은 의복도 보내달라고 졸랐다. 어머니와 누이는 그것들을 여행용 가방에 넣어 그에게 보내주었다. 독자들은『디칸카 근교 야화』의 '신빙성' 을 즐겼다. 일부 비평가들은 그 이야기들이 '상스럽고' '부적절한' 민속언어로 망쳐졌다고 생각했다. 하지만 언어는 이 이야기들의 성공적인 요소였다. 그것은 농민 언어의 음악적 울림을 완벽하게 반영하고 있었으며——그 이야기들을 각색해 무소르그스키가 미완의《소로친치 시장》(1874~)과《민둥산의 하룻밤》(1867), 림스키-코르사코프가《5월 밤*May Night*》(1879)을 작곡한 이유들 중 하나——누구나 이해할 수 있었다.『디칸카 근교 야화』의 교정쇄 단계에서 고골리는 식자공들을 방문했다. 그는 "아주 이상한 일이 일어났습니다. 제가 문을 열고 식자공들이 저를 보자마자 웃으며 저를 외면하기 시작했습니다. 저는 조금 당황스러워 왜 그러느냐고 물었습니다. 그 식자공은 '선생님께서 보내신 이야기들이 아주 재미있어서 식자공들이 아주 즐거워 했답니다' 라고 대답했습니다" 라고 푸쉬킨에게 설명했다.[122)]

고골리 같은 작가들이 자신들의 문어체 형식에 구어체 어휘들을 흡수하면서 점점 더 많은 일반적 구어가 문학에 도입되었다. 따라서 문학 언어는 살롱에서 벗어나 말하자면 구어체 러시아어 소리를 취하고 일상적인 사물들에 대해 외래어인 불어에 의존하지 않게 되면서 일반에 확산되었다. 레르몬토프의 도시적 시는 농민 구어에서 자신이 기록한 것과 같은 민속의 리듬과 표현으로 채워졌다. 그의 서사시 『상인 카라쉬니코프의 노래』(1837)(나폴레옹 군 패배 25주년 기념으로 헌정된)는 빌리나bylina의 문체를 모방했다. 반면 그의 재기 넘치는 애국적인 「보로디노」는 농민 병사의 관점에서 기술함으로써 전쟁터의 정신을 재창조하고 있다.

긴긴 삼 일 간 우리는 닥치는 대로 총을 쏘아댔지,
우리는 그들의 기를 꺾을 수도,
굴복시킬 수도 없다는 사실을 알고 있다.
병사들마다 그것이 끝이 나야 한다고 생각하지
우리는 무엇을 위해 싸우는가 아니면 단지 싸우는 척하는 건가?
이윽고 어둠이 깔리네
그 치명적인 전쟁터에.[123)]

러시아 음악은 민요를 흡수함으로써 민족적 목소리를 발견하기도 했다. 1790년 니콜라이 르보프가 모아 정리하고 이반 프라츠가 주석을 단 최초의 『러시아 민요집』이 출판되었다. 농민가의 분명한 특징——무소르그스키에서 스트라빈스키에 이르는 러시아 음악 양식의 특징이 된 변화하는 음조와 균일하지 않은 리듬——은 전통적인 건반 반주에 맞추어 노래를 부를 수 있는 서구적 음악 방식에 적응하도록 바뀌었다(피아노를 소유한 러시아 계급은 '귀를 즐겁게 하기 위한' 자신들의 민속음악을 필요로 했다).[124] 르보프-프라치의 『러시아 민요집』은 즉각적인 반응을 얻어 곧 수차례 재쇄를 찍었다. 이 책은 19세기 전체에 걸쳐 '진정한' 민속 자료를 찾던 작곡가들에 의해 이용되어 글린카에서 림스키-코르사코프에 이르는 거의 모든 러시아 레퍼토리의 민속곡이 르보프-프라치에서 파생되었다. 서구 작곡가들은 이국적인 러시아적 색채와 러시아적 주제를 이 책에 의존했다. 베토벤은 나폴레옹에 대항한 러시아-오스트리아 동맹이 최고조에 이르던 1805년 비엔나에 파견된 러시아 외교관 라주모프스키 백작이 위탁한 '라주모프스키' 현악 4중주(작품 59)에서 르보프 민요집으로부터 2개의 노래를 사용하고 있다. 그 노래들 중 하나가 유명한 《슬라바*Slava*》(《영광》) 합창——후에 《보리스 고두노프》의 대관식 장면에서 무소르그스키가 사용했다——이며 베토벤은 이것을 러시아적 테마의 주제, 즉 작품 59. 1번 사중주에서 알레그로로 사용했다. 그것은 원래 새해에 러시아 소녀들이 모여 예측 게임을 하며 부르던 민요 스뱌토츠나야였다. 물 접시에 빠져 있는 자질구레한 장신구들을 소녀들이 노래를 부르면서 하나씩 꺼낸다. 이 단순한 곡은 1812년 전쟁에서 대 민족 합창이 된다——《영광》 합창에서 차르의 이름은 신성한 권력으로 바뀌고 후기 편곡들에서는 장교들의 이름이 추가되기도 한다.[125]

이 농민 주제를 장엄하게 보완한 것은 글린카의 오페라 《황제에게 바친 목숨》(1836)에서 마찬가지로 뚜렷하다. 같은 《영광》 합창 편곡 중 절정판은 실제로 19세기에 제2의 국가가 되었다.* 미하일 글린카는 어린 시절부터 러시아 음악을 접했다. 그의 할아버지는 노보스파스코에의 지역 교회에서 음악을 담당하고 있었고 그의 삼촌은 러시아 노래 공연으로 유명한 농노 오케스트라를 갖고 있었다. 1812년 글린카의 집은 프랑스군이 모스크바로 진격하면서 약탈당했다. 글린카는 당시 겨우 8살이었지만 후에 이 사건은 농민 유격대를 줄거리로 한 오페라 《황제에게 바친 목숨》을 작곡하게 되는 그의 애국심을 자극했음이 분명하다. 이 오페라는 코스트로마에 있는 로마노프 왕조의 설립자인 미하일 로마노프 영지 출신의 농민 이반 수사닌의 이야기를 하고 있다. 전설에 따르면 수사닌은 1612년 겨울 '혼란의 시대' (1605~13)에 러시아를 침략해 제위식 전날 밤 미하일을 살해하기 위해 코스트로마로 온 폴란드 군대를 현혹시켜 미하일의 생명을 구한다. 수사닌은 목숨을 잃지만 왕조는 구원된다. 수사닌의 희생과 1812년 농민 병사들 간의 명백한 유비는 수사닌 신화에 대한 낭만적 관심을 자극한다. 리레예프는 그에 대한 유명한 이야기를 썼으며 마하일 자고스킨은 각각 1612년과 1812년을 배경으로 한두 가지 베스트셀러 소설을 썼다.

글린카는 자신의 오페라를 폴란드와 러시아 음악 사이의 전투라고 말했다. 폴란드인들은 폴로네즈와 마주르카에서 들리며 러시아인들은 자신이 편곡한 민요와 도시 음악에서 들을 수 있다. 민속 자료를 많이 이용했던 글린카는 러시아 최초의 표준적인 '민족 작곡가' 로 불렸다. 《황제에게 바친 목숨》이 전형적인 '러시아 오페라' 로

* 1917년 이후 《영광》 합창이 국가가 되어야 한다는 제안들이 있었다.

받아들여지지만 모든 국민적 행사에서 이 오페라의 의식적 공연은 실제로 황제의 법령에 따라 시행되었다. 하지만 사실상 상대적으로 오페라에는 민속 멜로디(눈에 띄는 형태로)가 거의 없었다. 글린카는 민속풍을 받아들여 그 기본적 정신을 표현했다. 하지만 그가 작곡한 음악은 전적으로 그 자신의 것이었다. 글린카는 러시아 농민 음악의 특질을 유럽적 형태와 융합시켰다. 시인 오도예프스키는 그가 "러시아적 멜로디가 비극적인 양식으로 승격될 수 있다"는 사실을 보여주었다고 말하고 있다.[126]

그림에서도 러시아 농민에 대한 새로운 접근이 나타났다. 18세기 고상한 취향의 규범은 농민을 진지한 모든 예술적 형태의 주제에서 배제하고 있다. 고전주의 규범은 예술가들이 고대나 성경의 장면들, 초시간적인 그리스나 이탈리아 풍경 같은 보편적 배경 주제를 표현해야 한다고 규정하고 있다. 러시아 장르화는 아주 늦은 18세기 말에 발전해 보통사람의 이미지를 감상적으로 다루었다. 다시 말해서 그들도 인간적 감정을 갖고 있다는 사실을 보여주기 위해 바보스러운 표정의 인정 있는 '시골풍'이나 목가적 장면을 배경으로 한 통통하게 살찐 농민의 아기 같은 얼굴을 표현했다. 러시아의 장르화는 애정 어린 삶과 낭만적인 고통을 묘사함으로써 농노의 인간성을 강조하는 감상적 소설이나 희극 오페라의 시각적 변형이었다. 하지만 1812년의 여파로 농민에 대한 다른 그림——그들의 영웅적인 힘과 인간적 존엄성을 강조한 것——이 출현했다.

이것은 전형적인 1812년의 아이인 알렉세이 베네치아노프의 작품에서 나타난다. 모스코바 상인의 아들(원래 그리스에서 온 가족 출신) 베네치아노프는 정부에서 제도사이자 측량사로 일하다 1800년대 화가이자 판화가로 자리를 잡았다. 그는 많은 러시아 문화 개척자들(무소르그스키가 떠오른다)처럼 정식 교육을 받지 못하고 평생 아카데미 외곽에 머물렀다. 1812년 그는 일련의 농민 유격대에 대한 판화로 대중의 관심을 받았다. 엄청나게 팔린 이 판화들은 농민 유격대를 고대 그리스와 로마 전사들의 형태로 그려 유격대의 이미지를 찬미했다. 이 같은 관점에서 유격대를 공공연하게 '러시아적 헤라큘레스들' 이라고 불렀다.[127] 베네치아노프의 관점은 1812년 전쟁을 통해 형성되었다. 그는 정치적인 사람은 아니었지만 데카브리스트들과 같은 서클에서 활동하며 그들의 이상을 공유하고 있었다. 1815년 베네치아노프는 아내를 통해 트베리에 작은 영지를 얻었다. 그는 4년 후 은퇴해 마을의 어린아이들을 위해 학교를 설립하고 토지에서 나는 빈약한 수입으로 몇몇 농민 예술가들을 지원했다. 그리고리 소로카도 베네치아노프의 지원을 받은 미술가들 중 한 명이었다. 그는 1840년대에 자신의 스승을 부드러운 색채로 그린 초상화에서 베네치아노프의 성격을 감동적으로 보여주고 있다.

베네치아노프는 마을의 농민들을 개인적으로 알고 있었다. 그는 자신이 그린 최고의 초상화들에서 자신이 알고 있는 농민의 모습을 보여주고 있다. 베네치아노프는 다른 초상화가들이 귀족들의 개성을 전달하기 시작한 것처럼 농민들의 개성을 전달하고 있다. 초상화가들이 거의 예외 없이 총체적인 '농민의 전형' 을 만들어내던 당시엔 심리적 측면을 부각시키며 농민의 개성을 표현하는 화법은 혁명적이었다. 베네치아노프는 관람자들이 농민을 직시하게 하여 농민의 내부 세계에 공감할 수 있게 했다. 베네치아노프는 러시아에서 풍경화를 그리는 자연주의 학파의 개척자이기도 했다. 그의 작품 전체에서 트베리 지방의 특징——차분한 녹색과 흙빛——을 볼 수 있다. 그는 평평한 열린 공간 위에 광대한 하늘을 늘리기 위해 지

6. 알렉세이 베네치아노프 : 비트 뿌리 닦기, 1820.

평선을 낮춤으로써 광활한 러시아 대륙을 전달하고 있다——성상화에서 파생된 기법이며 후에 브루벨과 바스네쵸프 같은 서사시적 풍경 화가들이 모방했다. 유럽 작품들을 모방하며 풍경화를 단지 배경으로 다루는 아카데미 미술가들과는 달리 베네치아노프는 직접적으로 자연을 그렸다. 그는 〈탈곡장〉(1820)의 헛간에서 일하고 있는 모습을 그릴 수 있도록 그림을 다 그릴 때까지 농노들에게 헛간의 벽 끝을 지켜보게 했다. 농촌의 삶을 묘사하기 위해 그 같은 사실주의를 도입한 화가는 없었다. 베네치아노프는 〈비트 뿌리 닦기 *Cleaning Beetroot*〉(1820)에서 관람자가 화면을 지배하고 있는 세 명의 젊은 여자 노동자들의 굳은살이 박인 더러운 손과 지친 표정을 볼 수 있게 했다. 러시아 그림에서 여자의 모습이 추하게 묘사된 것――고전주의적 전통에 아주 낯선――은 처음이었다. 하지만 우리는 여인의 고통받고 있는 얼굴의 슬픈 모습에서 그들의 인간적 존엄성을 느낄 수 있다. 인간의 노고에 대한 베네치아노프의 숭고한 통찰력은 농민 여성들의 많은 이미지들에서 가장 분명하게 드러나고 있다. 아이와 함께 있는 농민에 대한 상징적 연구로 그의 최고 작품인 〈쟁기질 하는 들에서 : 봄〉(1824)(도판 4)에서 그는 여성 노동자의 명백한 러시아적 특징과 고대 여자 영웅을 조각적인 균형으로 결합시키고 있다. 들에 있는 여인은 농민 여신이다. 그녀는 러시아 대지의 어머니다.

5

1812년 이후에 성장한 러시아 귀족들은 그들의 부모 세대에 비해 어린 시절에 더 많은 애착을 갖고 있었다. 태도가 변화하는 데 오랜 시간이 걸리기는 했지만 이미 19세기 중반기까지는 1812년 이후 자신들의 가정 교육을 회상하는 회고록 저자와 작가들이 어린 시절을 새롭게 높이 평가하는 사례를 쉽게 찾아 볼 수 있게 되었다. 어린 시절에 대한 향수는 점차 그들이 어린아이 때 아버지의 가내 농노를 통해 알게 된 러시아 관습에 대한 또 다른 숭배로 바뀌었다.

18세기에 귀족들은 어린 시절을 어른 세계의 준비 단계로 보았다. 어린 시절은 가급적 빨리 극복해야 할 단계였으며 폰비진의 『미성년』에서 나오는 미트로판처럼 이런 추이를 지연하는 아이들은 바보로 여겨졌다. 상류 사회의 아이들은 '작은 어른들' 처럼 행동하도록 기대되었으며 어린 나이부터 사회의 성원이 될 준비를 했다. 소녀들은 8살부터 춤을 배웠고, 10살이나 12살에는 벌써 사교계 저택들에서 춤 선생들이 운영하는 '어린이 무도회'에 갔으며 13살이나 14살이 되면 자신들의 첫 번째 성인 무도회로 나아갔다. 『전쟁과 평화』에서 나타샤 로스토프는 상대적으로 늦은 18살 때 자신의 첫 번째 무도회에 참석해 안드레이 공작과 춤을 춘다. 소년들은 근위대에 등록하고 칼을 찰 나이가 되기 한참 이전에 연대 제복을 입었다. 볼콘스키는 6살이라는 어린 나이에 아버지의 연대에 입대했다(부재 중인 하사관). 그는 8살에 케르손 근위대의 하사관이었고 9살에 수보로프 장군의 부관이었다. 당연히 이후의 일이기는 했지만 16살 때 전쟁터에서 적극적인 역할을 하기 시작했다. 공직이 예정된 소년들은 8살이나 9살 때 기숙학교에 보내졌다. 기숙학교에선 복무 윤리를 배우고 성인 공직자들처럼 (교복보다는) 문관 제복을 입었다. 학교는 공무를 위한 도제 기간으로 받아들여졌다. 귀족 가문들 중 공직에 들어갈 수 있는 15번째 생일 이후로 더 이상 아들을 교육시키고자 하는 귀족 가문은 거의 없었다. 사실상 연공서열에 따른 승진 원칙이 강화된 서열표가 있는 한 더 이상의 어떤 교육도 손해라고 생각했으며 빨리 승진하는 것이 더 좋은 일로 받아들여졌다.

회고록 집필자인 바실리 셀리바노프는 7명의 아들들이 모두 어린 나이부터 군복무 준비를 하는 가정에서 성장했다. 그의 아버지는 가족을 군대처럼 통솔했다. 아들들에게 나이에 따라 서열이 매겼으며 그의 면전에선 기립해 자신을 'sir'로 부르도록 엄격히 명령했다. 셀리바노프가 17살이 되던 1830년 용기병에 입대했을 때 저택에서 병영으로 옮겨가는 것은 하나의 가정에서 또 다른 가정으로 옮겨가는 것과 같은 느낌이었을 것이다.[128] 물론 모든 귀족 가문이 셀리바노프 집안처럼 완전하게 통제되는 것은 아니었다. 하지만 많은 귀족 집안에서 부모와 자식들의 관계는 군대와 국가의 훈령이 지배하는 똑같은 기본적 규율 원칙에 따라 관리되었다. 가족 관계가 늘 그렇게 엄격한 것은 아니었다. 17세기 귀족 가문의 가정생활은 매우 가부장적이었지만 친밀하기도 했다. 오히려 엄격한 가족관계는 러시아인들이 서구, 특히 영국으로부터 모방한 것이었다. 18세기에 러시아에 유입된 많은 것들처럼 이 같은 가족관계는 귀족들에게 너무 깊이 배어들게 되어 19세기 귀족 계급을 실제적으로 규정하게 된다. 귀족 부모들의 자식들과의 거리는 종종 가장 긴 복도의 길이나 집안의 시종 구역에 있는 분리된 지하층으로 내려가는 가장 긴 계단에 비례했다. V. A. 솔로구프는 성 페테르부르크의 궁정 제방에 있는 대저택에서 성장했다. 성인들은 본채에 거주한 반면 아이들은 유모와 아이 보는 하녀들과 함께 별관에서 살면서 하루에 한두 번 잠깐 부모를 볼 뿐이었다──예를 들어 저녁식사(하지만 부모와 함께 식사하지는 못한다)에 대해 감사하기 위해 혹은 떠날 때 작별 인사 키스를 하기 위해. 솔로구프는 "우리의 생활은 완전히 분리되어 있었으며 어떤 감정적 표시도 없었다. 우리 아이들은 부모의 손에 입을 맞출 수는 있었지만 쓰다듬어 주는 경우는 없었으며 부모를 불어로 격식적인 '당신vous' 으로 말을 걸어야 했다. 아이들은 농노에 적용되는 법과 거의 유사한 예속적인 엄격한 가정 규율에 복종해야 했다"고 회상하고 있다.[129] 1860년대 툴라 지방의 부유한 지주 가문에서 성장한 니콜라이 샤틸로프는 소년 시절 가정교사와 함께 분리된 구획에 제한되어 생활하면서 모든 식사를 했다. 다시 말해서 그는 "계속해서 몇 달 동안" 부모를 보지 못했다.[130]

물론 19세기 유럽에선 아버지를 멀리하는 것이 일반적이기는 했지만 러시아 귀족 가문의 어머니들처럼 어머니가 격리된 문화는 거의 없었다. 귀족 아이들은 거의 태어난 날부터 젖먹이 유모에게 맡겨지는 것이 관행이었다. 아이가 성장해도 사회생활로 너무 바쁘거나 다른 아기들 때문에 반드시 필요로 하는 관심을 쏟지 못하는 귀족 어머니들이 많았다. "어머니께선 아주 친절하셨지만 거의 뵐 수가 없었다"라는 문장은 19세기 귀족의 생활에 대한 회고록에서 종종 나타난다.[131] 안나 카레니나가 모범적인 부모는 아니었지만 자기 아이들을 키우는 일상적인 과정을 몰랐다는 점에서 예외는 아니었다("나는 이 점에서 너무 쓸모가 없다").[132]

귀족 아이들은 일반적으로 부모가 직접적으로 규제하지 않는 가운데 성장했다. 부모들은 종종 아이들을 친척(전형적으로 노처녀 아주머니나 할머니)이나 아이 보는 사람과 하녀들 그리고 그 밖의 가내 농노들에게 맡겼다. 하지만 당연히 하인들은 주인의 아이들('어린 주인'과 '어린 여주인')을 벌하는 것을 두려워했다. 따라서 그들은 아이들의 버릇을 잘못 들이거나 제멋대로 하게 내버려두었다. 특히 소년들은 농노에 불과한 아이 보는 하녀가 불평을 하면 부모가 자신들을 변호해 줄 것이라는 사실을 잘 알고 있었기 때문에 나쁜 짓을 하는 경향이 있었다. 작가인 살티코프-쉬쉐드린 같은 사회 비평가들은 이러한 자유가 귀족 아이들이 농노들을 잔혹하게 대하도록 부추긴다고 주장했다. 귀족 아이들도 성인이 되어서 자신들이 모든 농노들에 대해 군림할 수 있다고 믿고 분별없는 짓을 하며 그들을 멋대로 다루었다. 차르의 러시아를 지배하는 엘리트 전체에 흐르고 있는 농노에 대한 이기심과 잔혹성은 어떤 경우에는 분명 어린 시절의 성장 경험에서 기인한다고 볼 수 있다. 예를 들어 귀족 아이가 지방 교구 학교에 가게 되면(지방에서의 일반적인 관행) 농노 소년을 동반했다. 농노 소년을 동반하는 단 하나의 이유는 학급에서 주인의 잘못을 대신해 채찍을 맞게 하기 위해서였다. 이런 분위기에서 귀족 아이들이 어떤 정의감을 개발하기는 힘들었을 것이다.

하지만 많은 귀족 아이들과 그들의 농노 사이엔 애정과 존경이 배인 유대감이 있었다. 게르첸은 "거실에선 지루했으며 식료품 저장실에선 행복했기 때문에" 그리고 그들이 공통적인 기질을 공유하고 있었기 때문에 아이들이 하인들과 함께 있는 것을 좋아했다고 주장했다.

> 하인들과 아이들 사이의 유사점은 그들이 서로 끌리는 이유를 말해주고 있다. 아이들은 어른들의 귀족적인 사고와 친절한 척 겸손하게 구는 그들의 예절을 몹시 싫어했다. 아이들은 똑똑했다. 어른들의 눈에는 자신들이 어린아이였지만 하인들의 눈에는 자신들이 인간이라는 사실을 이해하고 있었기 때문이었다. 결과적으로 아이들은 손님들보다는 하녀들과 함께 카드나 로또 하는 것을 훨씬 더 좋아했다. 방문객들은 예의상 아이들에게 유리하도록 놀이를 했다. 그들은 아이들에게 양보하고 그들을 속였으며 마음대로 놀이를 그만두었다. 하녀들은 관례적으로 아이들을 위해서 못지않게 자신들을 위해 놀이를 했다. 이 점이 게임을 더 재미있게 만들었다. 하인들은 아이들에게 매우 헌신적이었다. 그것은 노예로서의 헌신이 아니라 '약자'와 '단순한 자'가 공유하고 있는 애정이었다.[133]

사회주의자로서 저작 활동을 했던 게르첸은 '억압에 대한 증오'를 집의 나이 많은 사람들에 대항해 아이로서 하인들과 형성한 '상호 동맹'으로 돌렸다. 그는 "내가 어렸을 때 때로 베라 알타모노브나

〔그의 유모〕는 어떤 장난에 대해 가장 심하게 꾸짖을 때 '조금만 있으며 도련님이 성장해 다른 주인들과 똑같이 변하겠지요' 라고 말하곤 했다. 나는 이 말이 끔찍한 모욕으로 느껴졌다. 유모는 걱정할 필요가 없었다――어쨌든 나는 다른 어른들처럼 되지는 않았다"라고 회상하고 있다.[134] 물론 이 중 상당 부분은 어떤 효과를 노리고 기록된 것이며 좋은 일화로 꼭 알맞다. 하지만 다른 작가들도 비슷하게 민중주의적 확신이 어린 시절에 그들의 농노와 접촉함으로써 형성되었다고 주장했다.[135]

귀족 가문의 러시아 소년은 아래층 하인 세계에서 어린 시절을 보냈다. 귀족 가문의 소년은 아이 방에서 농노 유모가 옆에서 자면서 돌보았다. 유모는 아이가 울 때는 울음을 멈추게 했으며 많은 경우에 어머니와 같은 존재가 되었다. 가는 곳마다 농노 '삼촌' 이 동행했다. 학교에 가거나 군에 입대할 때에도 이 신뢰받는 하인은 보호자로 행동하곤 했다. 젊은 소녀들도 『예브게니 오네긴』에서 타치아나의 꿈에 나오는 '크고 엉킨 수염' 으로 상상되는 것과 같은 '털이 덥수룩한 하인' ――소위 제복 위에 입은 모피 코트 때문에――이 동반했다.

> 그녀는 감히 뒤를 돌아다보지 못했다,
> 그리고 훨씬 더 빨리 휘청이며 걸었다.
> 모퉁이마다 그녀를 찾고 있는 것처럼 보였다,
> 그녀의 바로 뒤를 따르는 털이 덥수룩한 하인이!……[136]

필연적으로 하인의 아이들은 귀족 아이들의 놀이 친구였다. 지방에선 주변 수 마일 내에 비슷한 사회 계급의 다른 아이들이 없었기 때문이었다. 19세기의 많은 회고록 저자들처럼 안나 르롱은 마을의 소년 소녀들과 함께 했던 게임의 추억들을 좋아했다. 나무토막을 던지는 게임(gorodki), 뼈와 파쇠조각으로 노는 방망이와 볼게임(babki와 많은 변종들), 손뼉치고 노래하고 춤을 추는 게임과 예측 게임. 여름에 안나 르롱은 마을 아이들과 강으로 수영을 가거나, 마을 여자들이 호밀을 탈곡할 때 더 어린 그들의 아이들과 놀 수 있도록 유모와 함께 마을로 가곤 했다. 가을엔 마을 소녀들과 함께 월귤 나무 열매를 따 잼을 만들곤 했다. 그녀는 농민 세계에 들어갈 수 있는 이 순간들을 사랑했다. 부모들이 금지했지만 말하지 않겠다는 유모의 약속 때문에 소녀는 이 순간들이 훨씬 더 흥미진진했다. 식료품 저장실에는 부모의 거실에는 없는 따뜻하고 친밀한 환경이 있었다. "나는 아주 일찍 일어나 이미 물레를 돌리고 있던 하녀들의 방으로 가곤했다. 유모는 양말을 짜고 있었다. 팔린 농민들의 이야기, 모스크바로 보내진 어린 소년들이나 시집보내진 소녀들에 대한 이야기를 듣곤 했다. 부모님의 집에는 이런 것이 없었다." 그런 이야기를 들으면서 그녀는 "농노제를 이해하기 시작했으며 개혁을 바라게 되었다."[137]

게르첸은 귀족 가문과 그 가정 농노들 사이에 "온정적인 봉건적 유대"가 존재한다고 기록하고 있다.[138] 우리는 1917년 이후 농노제에 대한 우리의 견해를 형성해 온 억압의 역사에서 이러한 유대를 잊고 있다. 하지만 그것은 귀족의 어린 시절 회고록에서 발견된다. 온정적 유대관계는 19세기 문학의 곳곳에 남아 있으며 그 정신은 러시아 그림에서 느낄 수 있다——베네치아노프의 〈장원 여인의 아침〉(1823)(도판 3)보다 더 서정적인 것은 없다.

모든 가내 하인들 중 육아와 관련된 사람들(하녀, 젖먹이 유모와 유

7. 전통 러시아 의상을 입고 있는 젖먹이 유모, 20세기 초의 사진.

모)은 귀족의 가족과 가장 친밀한 사람들이었다. 그들은 1861년 농노해방 이후 갑자기 사라진 특별 카스트를 형성하고 있었다. 육아와 관련된 농노들은 다른 농노들과는 달리 지독히 헌신적이었다. 지금은 이해하기 힘들지만 그들 중 많은 사람들은 귀족의 가족에 봉사하는 데 즐거움을 느꼈다. 육아와 관련된 사람들은 본채에서 특별한 방들을 배정받고 대체적으로 친절과 존경으로 대우받으며 귀족 가족의 일부가 되었다. 그들 중 많은 사람들이 일을 그만둔 후에도 오랫동안 머물며 부양받았다. 어린 시절에 대한 귀족의 향수는 이 사람들과의 온정적 관계 그리고 그들의 상냥함과 관련되어 있다.

젖먹이 유모는 러시아 귀족 가문에서 특히 중요한 인물이었다. 러시아인들은 유럽의 다른 지역에서 어머니가 아이들에게 모유를 먹이는 것이 전통적인 지혜가 된 지 오랜 후에도 계속해서 농민 유모를 고용했다. 19세기 초 아이 양육 지침서엔 "농민 소녀의 젖은 귀족 아이에게 평생의 건강과 도덕적 순수를 부여할 수 있다"고 기록되어 있으며 결국 농민 유모를 고용하는 풍습을 공개적으로 옹호하는 민족주의적 내용을 담고 있었다.[139] 젖먹이 유모는 전통적인 러시아 의상을 입었으며 때로는 러시아 의상을 입은 채 그려지는 것——1917년 혁명까지 많은 가족에서 계속되던 풍습——이 일반적이었다.* 쉐레메테프의 미술가인 이반 아르구노프는 대개 젖먹이 유모로 추정되는 몇몇 '알려지지 않은 농민 소녀들'을 묘사했다. 이런 소녀가 주인의 집에 진열될 초상화의 소재가 되었다는 사실은 그 자체로 러시아 귀족 문화에서 젖먹이 유모의 위치에 대해 많은

* 미술가인 도부진스키는 1917년 이전 페테르부르크가의 전통적인 젖먹이 유모의 화려한 모습을 묘사했다. 다시 말해서 "그녀는 1914년에 전쟁이 발발될 때까지 입었던 과장되게 디자인된 거짓 농민 의상인 일종의 '행렬 제복'을 갖고 있었다. 사람들은 종종 유행을 따라 옷을 입은 여주인 옆에서 걷고 있는 뚱뚱한 붉은 뺨의 젖먹이 유모를 보았다. 그녀는 부직포로 만든 블라우스와 어깨 없는 망토를 입고 아기가 여자아이면 분홍 머리 장식을, 아기가 남자아이면 푸른 머리 장식을 했다. 여름에 젖먹이 유모는 작은 금빛 혹은 유리 단추가 많이 달리고 부푼 소매가 있는 채색된 모슬린 사라판을 입곤 했다."(M. V. 도브진스키 *vospominaniia*(뉴욕, 1976), 34쪽.)

것을 말해주고 있다. 파벨 수마로코프는 18세기 귀족의 일상 생활을 회상하면서 젖먹이 유모가 모든 가내 농노들 내에서의 위치에 자부심을 갖고 있었다고 말했다. 가족은 유모를 대개의 농노들에게 부여된 별명보다는 이름이나 성으로 부르곤 했다. 유모는 또한 집주인이나 여주인 앞에서 앉아 있을 수 있는 유일한 하인이기도 했다.[140] 19세기부터 귀족의 회고록엔 많은 사랑을 받는 가족의 구성원으로 대접받으며 죽을 때까지 거주지와 함께 부양을 받은 듯이 보이는 자신들의 늙은 젖먹이 유모에 대한 가족의 애정을 묘사한 내용으로 가득 차 있다. 안나 르롱은 '어느 누구보다도 더' 유모 바실리시아를 사랑했다. 결혼해 집을 떠날 때 유모와 헤어지는 것은 '아주 지독한 슬픔' 을 불러일으켰다. '어머니와 딸의 관계' 와 같은 그들 관계의 친밀성은 유모의 어린 아들의 죽음으로부터 생겨났다. 그녀는 안나를 양육해야 하는 의무 때문에 자기의 아들을 버려야 했다. 안나와 그녀의 유모 모두 죄책감과 부모를 대신하는 대리자 의식이 뒤얽히게 되었다. 후에 안나는 남편이 죽자 늙은 유모를 돌볼 책임을 떠맡아 가족 영지에서 그녀와 함께 살게 된다.[141]

하지만 귀족 아이의 마음에서 가장 가까운 사람은 아이를 돌보는 사람이었다. 옛날 방식으로 아이를 돌보는 사람에 대한 고정관념——『예브게니 오네긴』에서 『보리스 고두노프』에 이르는 무수한 예술 작품들에서 나타나는 유형——은 단순하고 친절한 마음을 가진 러시아 농민 여성이었다. 그들은 아이들을 키우고, 노는 것을 지켜보고, 산책에 데리고 가며, 그들을 먹이고, 씻기고, 동화를 말해주고, 노래를 불러주고, 밤에 악몽으로 깨었을 때 달래주었다. 유모는 대리모 이상으로 아이의 사랑과 감정적 안정의 주된 원천이었다. 어떤 여자는 자신의 어린 시절에 대해 "나는 단순하고 생각 없이 생명을 주는 사랑의 액체를 유모에게서 받아 마셨다. 그것들은 지금 나를 지탱하게 하고 있다. 무수히 많은 성실하고 애정어린 러시아 유모들이 아이들의 삶을 지켜주고 그들의 삶에 지워지지 않는 인상을 남기며 영감을 불어넣었다"고 회상하고 있다.[142]

사실상 19세기 많은 회고록 저자들은 유모의 애정어린 보호의 지속적인 영향으로 성장기의 향수어린 주제에 사로잡히게 되었다. 성장이 중단된 것은 아니었다. 오히려 성장기에 대한 애착은 그들의 주된 감정이 먼 과거의 방에 깊이 간직되어 있다는 사실을 반영하고 있다. 회고록 저자들은 사랑하는 법과 살아가는 법을 가르쳐준 사람은 유모였다고 거듭해서 강조하고 있다. 어떤 사람들에게 그 해답은 도덕적 감수성을 일깨워준 유모의 천성적인 친절이었다. 또 다른 사람에게 그것은 자신들을 정신적 세계와 접하게 한 유모의 종교적 신앙이었다. 르롱은 "우리 유모는 얼마나 대단한 사람들인가!"라고 회상하고 있다. "유모는 지적이고 늘 진지했으며 아주 헌신적이었다. 나는 밤에 종종 잠에서 깨어 서원 등을 볼 수 있는 우리 방문 옆에서 유모가 기도하고 있는 모습을 보곤 했다. 숲에 산책을 갔을 때 유모가 우리에게 이야기해준 동화들은 얼마나 환상적이었던가. 그 동화들은 시적인 관점에서 자연을 사랑하도록 숲의 세계를 다시 볼 수 있게 해주었다."[143] '러시아인의 어린 시절'에 잃어버린 목가가 있다면 그것은 성인의 기억 속에서 유모의 이미지와 관련되어 남아 있었다. A. K. 체르트코바(톨스토이 비서의 아내)는 "이상하게 보일 수도 있지만 우리의 어린 시절 이후 40년이 흘렀어도 유모는 아직도 나의 기억 속에 살아 있다. 나이를 먹을수록 마음 속에 어린 시절의 기억은 더 분명해졌다. 어린 시절의 추억은 너무 생생해 과거는 현재가 되고 마음속에서 나의 소중한 선량한 작은 유모의 기억과 관련된 모든 것은 더욱더 귀중해졌다."[144]

6살이나 7살 때 귀족 아이는 유모의 보호에서 프랑스인이나 독일인 과외교사의 관리에 맡겨졌고 이어 학교로 보내졌다. 유모와 헤어지는 것은 근위대 장교 아나톨리 베레쉬샤긴의 회상처럼 어린 시절의 세계에서 젊은이와 성인의 세계로 옮겨가는 고통스런 통과 의례였다. 그는 6살 때 학교에 가야할 것이라는 이야기를 들었을 때 "무엇보다 유모와 떨어져야 한다는 것이 끔찍했다. 나는 너무 놀라 밤에 깨어 울었다. 나는 유모를 불러 나를 떠나지 말아달라고 간청하곤 했다."[145] 마음의 상처는 여자들이 규제하는 어린 시절 놀이의 영역에서 과외교사와 기숙사 학교라는 엄격한 남성 지배로 그리고 러시아어를 하는 아이들 방에서 불어를 하도록 강요받는 저택으로 옮겨가야 한다는 사실로 배가되었다. 어리고 순진한 사람들은 더 이상 어른들 세계의 거친 규율에서 보호되지 못했으며 어린 시절의 감정을 표현하던 언어를 버려두고 갑자기 낯선 외국어를 채택하도록 강요받았다. 요컨대 유모를 잃는 것은 어린아이로서의 감정을 빼앗기는 것이었다. 하지만 유모도 역시 이별의 아픔을 느꼈다.

페브로냐 스테파노브나는 늘 나의 응석을 받아 주었기 때문에 나는 후에 군에 입대했을 때 유감으로 생각한 울보가 되었으며 당연히 겁쟁이였다. 유모의 영향은 나를 강하게 만들고자 한 선생님들의 모든 시도를 무용지물로 만들었다. 결국 나는 기술학교에 보내졌다. 유모는 내가 성장하기 시작해 남자 어른들의 세계에 동화되었을 때 힘들어했다. 어린 시절 나를 사랑으로 기른 후 내가 형들과 함께 강에 수영하러 갔을 때, 혹은 말을 타러 가거나 아버지의 총을 처음으로 쏘았을 때 유모는 눈물을 흘렸다. 몇 년 후 청년장교가 되어 집으로 돌아갔을 때 유모가 나의 귀향을 위해 준비한 두 개의 방은 아이들 방처럼 보였다. 유모는 매일 내 침대 옆에 사과 두 개를 놓아두곤 했다. 내가 당번병을 집에 데리고 갔다는 사실이 유모의 마음을 상하게 했다. 유모는 나를 챙기는 일은 자신의 몫이라고 생각하고 있었기 때문이었다. 유모는 내가 담배를 피운다는 사실에 충격을 받았다. 나는 술도 마신다는 사실을 말해줄 수는 없었다. 하지만 가장 큰 충격은 내가 세르비아인들과 싸우기 위해 전쟁터로 갈 때였다. 그녀는 나를 말리려고 애썼다. 그러던 어느 날 저녁 자신도 나와 함께 가겠다고 말했다. 우리는 작은 오두막에서 함께 생활했다. 내가 전쟁터에 나가 있는 동안 유모는 집을 청소하고 저녁식사 준비를 했다. 그리고 우리는 늘 했던 것처럼 휴일에 빵을 구우며 함께 지냈다. 전쟁이 끝나자 나는 가슴에 훈장을 달고 집으로 돌아갔다. 나는 유모가 생각하는 것처럼 전쟁이 목가적이라고 상상하면서 그 날 밤 평화롭게 잠자리에 들었다……. 하지만 나는 생각했던 것 이상으로 유모를 필요로 하고 있었다. 우리의 스위스인 교사가 처음 도착했던 9살 때 아버지는 유모와 함께 쓰던 방을 옮겨 형과 카델리 선생과 함께 방을 써야 한다고 말했다. 나는 유모의 도움 없이는 옷을 벗고 세수를 하거나 잠자리에 들 수조차 없다는 사실을 알게 되었다. 유모가 있다는 사실을 적어도 6번은 확인하고 나서야 잠자리에 들 수 있었다. 옷을 입는 것도 마찬가지로 어려웠다. 나는 내 손으로 직접 양말을 신어 본 일이 없었다.[146)]

성인이 된 후에도 어린 시절의 유모들과 계속해서 자주 접촉하는 것은 흔히 있는 일이었다. 사실상 그들이 늙은 유모를 부양했다. 푸쉬킨은 늙은 유모와 친밀한 관계를 유지하며 많은 작품에서 유모의 이미지를 표현하고 있다. 어떤 면에서 유모는 그의 뮤즈였다——그의 많은 친구들은 이 같은 사실을 인정했기 때문에 예를 들어 바젬스키 공작은 푸쉬킨에게 보내는 편지에 "로디오노브나에게 깊은 존경과 감사의 인사를!"이라고 서명했다.[147] 푸쉬킨은 어느 누구보다도 유모를 사랑했다. 부모와 사이가 나빴던 그는 늘 유모를 '마마'라고 불렀으며 유모가 죽었을 때 그는 어머니가 돌아가신 듯이 슬퍼했다.

당시 나의 친구는 행복하지 않았습니다,
나의 나이 먹어 늙어 버린 비둘기!
먼 숲에 버려져,
당신은 아직도 사랑으로 나를 기다리고 있습니다.
현관의 창 옆에서
불침번을 서듯 당신은 앉아 흐느끼고 있죠,
이제 주름지고 쓸쓸해 보이는 당신의 손에서
당신의 뜨개질바늘은 때때로 멈춰 섭니다.
오랫동안 버려진 문들을 통해
당신은 어둠과 아득한 길을 응시하죠.
불길함, 번민, 걱정과 두려움이
이제 쭈그러든 당신의 가슴을 짓누릅니다.[148]

쟈길레프도 유모에 애착을 갖고 있었다는 사실은 잘 알려져 있다. 그는 태어날 때 돌아가신 어머니를 본 적이 없었다. 유모 두냐는 외가의 예브레이노프 영지의 농노로 태어났다. 그녀는 혼인 지참금의 일부로 친가인 페름에 오기 전에 쟈길레프의 어머니를 양육했었다. 쟈길레프가 성 페테르부르크에서 공부할 때 유모가 그의 아파트에서 가사를 돌보았다. 유명한 월요일 모임 '예술 세계World of

Art' 는 언제나 유모 두냐가 사모바르 옆에서 여주인처럼 지켜보고 있는 쟈길레프의 아파트에서 열렸다.[149] 모임에 정기적으로 참석했던 화가 레온 박스트는 1906년 유명한 쟈길레프의 초상화에서 그녀의 모습을 영원히 남기고 있다(도판 13).

러시아 귀족들이 자신의 어린 시절을 예찬할 때 유모는 거의 신성시되는 인물이었다. 다른 문화에서 어린 시절에 대해 러시아만큼 감상적이거나 그토록 집착하는 경우는 찾아보기 어렵다. 회고록에서 러시아만큼 작가의 유년기에 그렇게 많은 지면을 할애하는 문화가 어디 있겠는가? 게르첸과 나보코프 그리고 프로코피예프, 이들 모두는 어린 시절의 자기 방에 대한 추억에 훨씬 더 집착하는 경향이 있다. 어린 시절의 예찬에 대한 본질은 비정상적으로 비대해진 상실감——조상 전래의 집을 잃는 것, 어머니나 유모의 애정 어린 보살핌을 잃는 것, 동화 속에 나오는 어린아이 같은 러시아인 농민을 잃는 것——이었다. 따라서 문화적 엘리트들이 민속학에 병적으로 애착을 갖는 것은 당연한 일이었다——민속학은 낮에는 숲을 산책하면서 유모의 이야기를 듣고 밤엔 자장가를 들으며 잠들던 그들의 행복했던 어린 시절로 되돌아가게 해주기 때문에. 톨스토이의 『유년기』, 『소년 시절』, 『청년기』(1852~7), 악사코프의 『어린 시절』(1856), 게르첸의 『과거와 사색』(1852~68), 나보코프의 『말, 기억』(1947) 등이 어린 시절을 행복하고 매혹적인 영역으로 재창조한 전형적인 문학적 예찬이다.

아름답고 행복했던 돌아갈 수 없는 어린 시절이여! 어찌 어린 시절의 추억을 사랑하고 소중히 간직하지 않을 수 있겠는가? 어린 시절의 추억들은 나의 영혼을 정화하고 고양시키는 가장 큰 기쁨의 원천인 것을.[150]

러시아 작가들은 또한 특별한 방식으로 어린 시절을 묘사하고 있다. 그들은 모두 어린 시절에 대한 회상만으로는 만족할 수 없다는 듯 신화와 기억을 뒤섞으며 전설적인 세계를 만들어냈다(악사코프는 의도적으로 회고록을 동화로 구성했다). 그들은 어린 시절을 되찾고자하는 강한 욕구를 느꼈으며 결국 어린 시절을 재창조하게 되었던 것이다. 나보코프가 '나의 소년 시절의 전설적 러시아' 라고 부른 것을 되찾기 위한 열망은 베누아와 스트라빈스키의 《페트루쉬카》(1911)에서도 느낄 수 있다. 이 발레곡은 베누아와 스타라빈스키가 어린 시절의 페테르부르크 박람회로부터 회상하는 소리와 색상에 대해 자신들이 공유하고 있는 향수를 표현하고 있다. 어린 시절에 대한 회상은 어린아이 때 잠자리에서 들었던 이야기를 통해 영감을 받았던 목소리와 피아노를 위한 《미운 오리새끼》에서 '교향악의 동화' 《피터와 늑대》(1936)까지 프로코피예프의 어린 시절에 대한 음악적 환타지들에서도 느낄 수 있다.

6

"아, 유모, 제발 프랑스인들이 어떻게 모스크바에 오게 됐는지 다시 얘기해 주세요." 게르첸은 러시아의 가장 위대한 문학 작품 중 하나인 장대한 회고록 『과거와 사색』을 이렇게 시작하고 있다. 1812년에 태어난 게르첸은 당시에 대한 유모의 이야기를 특히 좋아했다. 그의 가족은 화염에 휩싸인 모스크바에서 빠져나가야 했다. 어린 게르첸은 어머니의 품에 안겨 옮겨졌다. 그들은 나폴레옹의 안전 조치 덕분에 가까스로 영지로 탈출할 수 있었다. 게르첸은 '대전에 참여한 데 대해 상당한 자부심과 기쁨'을 느꼈다. 그의 어린 시절에 대한 이야기는 그가 그토록 듣고 싶어했던 민족적 드라마와 융합되어 있다. 다시 말해서 "모스크바 화재, 보로디노 전투, 베레지나, 파리 장악에 대한 이야기는 나의 자장가, 나의 아이 방 이야기, 나의 일리아드와 오디세이였다."[151] 게르첸 세대에게 1812년의 신화는 어린 시절의 회고록과 긴밀히 결부되어 있다. 1850년대에도 아이들은 당시의 전설을 들으며 성장했다.[152] 역사와 신화 그리고 기억이 뒤섞여 있었다.

역사가 니콜라이 카람진에게 1812년은 비극적인 해였다. 모스크바의 이웃들은 자신들의 영지로 옮겨갔다. 하지만 그는 "이 오래된 신성한 도시를 빼앗길 수도 있다는 사실을 믿으려"하지 않았다. 그가 8월 20일 썼듯이 대신 그는 "모스크바 성벽에서 죽기로" 결심했다.[153] 카람진은 장서를 대피시킬 생각을 하지 못했기 때문에 집이 화재로 소실되면서 귀한 책들을 잃기도 했다. 하지만 카람진은 한 권의 책――그의 유명한 『러시아 국가의 역사』(1818~26)의 원고를 담고 있는 불룩한 공책――은 구해냈다. 카람진의 걸작은 최초의 진정한 민족사――러시아인이 처음으로 러시아사를 썼다는 의미에서뿐만 아니라 러시아의 과거를 민족의 이야기로 만들었다는 의미에서――였다. 이전의 러시아사는 수도원과 성인, 애국적 선전이나 읽을 수도 없고 읽혀지지도 않는 독일 학자들이 편찬한 문서들의 두꺼운 학술서 같은 불가해한 연대기들이었다. 하지만 카람진의 『러시아 국가의 역사』는 두꺼운 12권의 책이 전국적으로 성공하게 한 문학적 특성을 갖고 있었다. 그것은 꼼꼼한 학식과 소설가의 이야기 기법을 결합하고 있다. 카람진은 역사적 주인공들의 심리적 동기를 강조——그들을 재창조할 정도로——했기 때문에 그의 설명은 낭만주의 문학 전통에서 성장한 독자층에 더 강한 흥미를 불러일으켰다. 뇌제 이반이나 보리스 고두노프 같은 중세의 차르들은 카람진의 『러시아 국가의 역사』에서 비극적인 인물들——현대 심리 드라마의 주제들이며 무소르그스키와 림스키-코르사코는 그들을 이 책으로부터 오페라 무대로 걸어 나오게 했다——이 되었다.

카람진의 『러시아 국가의 역사』 중 첫 8권은 1818년 출판되었다. 푸쉬킨은 "한 달 사이에 3천 권이 팔렸다. 우리 나라에서는 전례가 없던 일이었다. 모든 사람들, 심지어 귀족 부인들까지 자기 나라의 역사를 읽기 시작했다. 그것은 계시였다. 카람진은 콜럼버스가 아메리카를 발견한 것처럼 옛 러시아를 발견했다고 말할 수 있다"라고 쓰고 있다.[154] 1812년의 승리는 러시아의 과거에 대한 새로운 관심과 자부심을 불러일으켰다. 피터 대제 통치 이전의 역사는 없다는 오랜 확신에 근거해 성장했던 사람들은 자기 나라의 예기치 않았던 힘의 원천에 대해 먼 과거를 되돌아보기 시작했다. 1812년 이후 역사책은 맹렬한 속도로 출판되었다. 대학에서 강좌들이 개설되었다(고골리는 성 페테르부르크에서 한 학기 동안 강의를 맡았다). 역사 협회가 설립되었고 지방에서도 많은 협회가 설립되었다. 갑자기 러시아의 과거를 되찾기 위한 많은 노력이 경주되었다. 역사는 러시아의 본질과 그 운명에 대한 모든 혼란스러운 문제들이 논의되는 장이 되었다. 1846년 벨린스키는 "우리는 현재를 설명하고 미래를 전망해보기 위해 과거를 연구했다"라고 쓰고 있다.[155] 역사에 대한 강박 관념은 데카브리스트의 실패로 강화되었다. 만약 러시아가 데카브리스트와 그들의 지지자들이 희망했던 것처럼 더 이상 근대적인 입헌 국가로 가는 서구의 역사 경로를 따르지 않는다면 러시아의 고유한 운명은 무엇일까?

이것은 근위대 장교이자 푸쉬킨의 멋쟁이 친구인 표트르 차다예프가 세상을 놀라게 한 『첫 번째 철학 서한』(1836)에서 제시한 의문이다. 차다예프는 또 다른 의미에서 '1812년의 아이'였다. 그는 1821년 보로디노 전투에 참여한 후 군 경력의 절정기에 군을 제대하고 나서 유럽에서 5년간 지낸다. 극단적인 서구주의자——로마교회로 개종할 정도로——인 그는 1825년 러시아가 서구적인 경로를 따르지 못하는 데 대해 절망하게 된다. 이것이 그가 『첫 번째 철학 서한』을 쓰게 된 배경——그가 죽음을 각오했던 '광기의 시기'(그 자신이 인정한)——이다. 1826년 차다예프는 "우리 러시아인들이 발명하거나 창조한 것이 무엇이 있는가?"라고 썼다. "다른 사람들의 뒷꽁무니나 쫓아다니는 짓은 그만두어야 할 때가 왔다. 우리는 새롭고 솔직하게 우리 자신을 성찰해야 한다. 우리는 있는 그대로의 우리의 모습을 이해해야 한다. 우리는 거짓말하는 짓을 그만두고 진실을 찾아야 한다."[156) 『첫 번째 철학 서한』은 냉혹하고 불쾌한 진실을 드러내려는 시도이며 철학서라기보다는 역사서이다. 『첫 번째 철학 서한』은 러시아가 세계사에서 아무런 역할도 하지 못하고 '과거도 미래도 없이 시간에서 벗어나' 있다고 결론짓고 있다. 로마의 유산, 서구 교회의 문명과 르네상스, 이 모든 것이 러시아를 지나쳤으며 1825년 이후 현재 러시아는 서구 국가들을 흉내낼 수는 있지만 결코 서구 국가들 중 하나는 될 수 없는 '문화적 진공 상태', '인간 가족에서 떨어져 나온 고아'로 전락했다. 러시아인들은 민족적 유산이나 정체성에 대한 의식을 갖지 못하고 자기들 땅에서 그들 스스로에게 낯선 유목민들과 같았다.[157)]

현대 세계——미디어에서 자학적 민족 선언이 거의 매달 발표되고 있는——의 독자들은 『첫 번째 철학 서한』의 엄청난 충격을 이해하기 어려울 것이다. 차다예프의 주장은 '유럽적 러시아'를 조국으로 믿으며 성장한 모든 사람이 딛고 서 있는 근거를 박탈한 것이었다. 강렬한 항의가 빗발쳤다. 애국자들은 '우리의 민족적 명예에 대한 가장 잔혹한 모욕'에 대해 이 '미치광이'를 공개적으로 소추할 것을 요구했다. 차르의 명령으로 차다예프는 정신이상으로 선언되고 자택에 감금되어 매일 의사의 방문을 받게 되었다.[158] 하지만 생각 있는 러시아인들은 오랫동안 차다예프의 주장에서 자신들이 황무지 혹은 벨린스키가 쓴 것처럼 현실적으로 알 수 없을지도 모르는 나라인 '환영의 나라'에서 살고 있다는 절망적인 의식과 자신들의 문명의 존재 이유와는 대조적으로 사실상 결코 서구를 따라잡을 수 없을지도 모른다는 심각한 두려움을 느꼈다. 1825년 이후에는 이러한 문화적 비관주의와 유사한 표현들이 많았다. 반동적 추세가 득세하면서 '러시아적 길'에 대한 깊은 혐오감을 낳았다. 1828년 뱌젬스키 공작은 "진정한 애국주의는 러시아가 현재 스스로를 분명하게 하고 있는 것처럼 러시아에 대한 증오로 이루어져야 한다"라고 기록하고 있다.[159] 문학 비평가인 나데즈딘(자신의 잡지 「망원경」에 『첫 번째 철학 서한』을 발표한 사람)은 1834년 "우리〔러시아인들〕는 창조한 게 아무 것도 없다. 우리 것이라고 보여줄 수 있는 학문 영역도 존재하지 않는다. 세계 문명에서 러시아를 대표할 수 있는 사람은 한 사람도 없다"라고 쓰고 있다.[160]

슬라브주의자들은 차다예프가 제시한 위기에 대해 상반된 답을 하고 있다. 슬라브주의자들은 우선 서구주의자들과 공개적인 논쟁에 들어간 1830년대에 분명한 집단으로 부상하고 있지만 그들 역시 1812년에 뿌리를 두고 있었다. 슬라브주의자들은 프랑스 대혁명에 대한·공포로 계몽주의의 보편적인 문화를 거부하고 대신 러시아를 서구로부터 구분하게 하는 고유한 전통들을 강조한다. 더 '러시아적' 인 삶의 방식에 대한 모색은 1825년의 참담한 실패에 대한 일반적인 반응이었다. 일단 러시아가 서구적인 경로에서 벗어나게 되는 것이 분명해지자 투르게네프의 『귀족의 둥지』(1859)의 라브레츠키처럼 유럽적 러시아인들은 러시아의 서구와 다른 문화적 측면들을 탐구하기(장점들을 찾기) 시작한다.

> 자유사상가들은 교회로 가 자신들을 위한 기도를 요구하기 시작한다. 유럽인들은 러시아식 목욕탕에서 땀을 내고 2시에 식사를 하고 9시에 잠자리에 들며 늙은 집사의 잡담을 들으며 잠들기 시작한다…….[161]

슬라브주의자들은 먼저 지방의 관습에서 발견한 미덕에 특히 주목했다——그들 대부분이 수백 년 간 같은 지역에서 살았던 지주 가문에서 태어났다는 사실을 고려한다면 놀랄 일은 아니다. 가장 유명하고 가장 극단적인 슬라브주의자인 콘스탄틴 악사코프는 실제로 평생 한 집에서만 살았으며 '굴이 조가비에 매달리듯' 자신의 집에 집착했다.[162] 그들은 민중(narod)이 진정한 민족적 특성(narodnost')을 갖고 있는 것으로 이상화했다. 표트르 키레예프스키와 같은 슬라브주의적 민속학자들은 '러시아 영혼' 의 역사적 표현으로 해석될 수 있다고 생각한 농민가를 수록하기 위해 마을들을 찾았다. 슬라브주의적 민속학자들은 정교 이상의 열렬한 지지자로 러시아가 그리스도적 희생과 겸손에 의해 정의된다고 주장했다. 이것이 슬라브주의자들이 지주와 농노들이 가부장적 관습과 정교 믿음으로 결속될 수 있다고 상상한 정신 공동체(sobornost')의 토대였다. 악사코프는 '전형적인 러시아인' 은 침략자와 이교도, 산적들과 괴물들에 맞서 "부드러운 힘과 침략적이지는 않지만 민중의 대의명분을 위한 정당한 방위전에서 기꺼이 싸우고자 하는 의지"로 서사적 이야기에서 러시아의 수호자로 등장하는 전설적 설화의 영웅 일리아 무로메트에게 구현되어 있다고 주장했다.* 1812년의 농민 병사들은 바로 전형적인 러시아적 기질을 보여주고 있다. 신화는 역사가 되었다. 카람진의 『러시아 국가의 역사』는 19세기의 러시아 문화에 점철된 러시아의 과거와 미래에 대한 오랜 논쟁의 서막이었다. 카람진의 작품은 분명 군주제 지지자의 전통을 계승하며 차르의 국가와 차르의 귀족 종복들을 진보와 계몽을 위한 힘으로 묘사하고 있다. 『러시아 국가의 역사』의 가장 중요한 주제는 차르가 물려받은 지혜와 제국 시민들의 타고난 순종으로, 위대하고 통합된 황제 국가의 이상으로 러시아가 부단히 나아가고 있다는 것이었다. 푸쉬킨이 『보리스 고두노프』의 마지막 무대 지시서에 기록하고 있는 것처럼 차르와 그의 귀족들이 변화를 주도하는 반면 '민중은 여전히 침묵하고 있다' ('narod bezmolvstvuet'). 푸쉬킨은 카람진의 풍자적인 러시아 역사관에 공감하고 있다——적어도 1825년 공화주의적 확신(그것은 어쨌든 극히 의심스러웠다)이 붕괴된 후인 그의 말년에. 『푸가초프 이야기』(1833)에서 푸쉬킨은 코사크 반란 지도자 푸가초프와 그의 농민 추종자들의 원색적 폭력('잔혹하고 무자비한')으로부터 국가를 보호하기 위해 계몽군주의 필요성을 강조했다. 푸가초프를 진

* 도스토예프스키도 이러한 견해에 공감하고 있었다. 1876년 그는 러시아인들은 "진실을 추구하고, 진실이 어디 있는지 알고 있는 희생적인 사람들이다. 실제로 고귀한 이상적 인물들 중 하나로 러시아인들이 성인으로 흠모하고 있는 서사시적인 영웅 일리아 무로메트처럼 러시아인들은 정직하고 순수하다"고 쓰고 있다.(F. 도스토예프스키, 『작가 일기』, K. 란츠 역, 2권. (런던, 1993), 1권, 660쪽).

압하고 여제에게 체제를 완화시켜줄 것을 탄원한 비비코프 장군과 파닌 백작 같은 가부장적 귀족들의 역할을 강조함으로써 푸쉬킨은 자신이 그 후손임을 자랑스러워했던 오랜 지주 귀족들의 민족적 지도력을 강조했다.

전통적인 러시아를 강조하는 견해들과 대조적으로 데카브리스트들과 그들의 추종자들이 진전시킨 러시아 역사의 민주적 추세들이 있었다. 그들은 러시아 민중의 반항적이고 자유를 사랑하는 정신을 강조하며 중세 노브고로드와 프스코프 그리고 푸가초프의 반란을 포함해 17세기와 18세기의 코사크 반란을 이상화했다. 그들은 민중이 늘 역사의 (숨겨진) 원동력이라고 믿었다——대체로 1812년 전쟁에서 농민 병사들을 지켜보면서 형성된 이론. 카람진의 "민족사는 차르의 역사이다"라는 유명한 구호에 대응해 데카브리스트 역사가인 니키타 무라비예프는 "역사는 민중의 것이다"라는 호전적인 말로 연구를 시작했다.[163)]

역사가들 사이의 주된 논쟁 대상은 러시아의 기원에 대한 것이었다. 군주제 지지자들은 원래 18세기 독일 역사가들이 고안해 최초의 지배적 공후들이 전쟁중인 슬라브 부족의 초대로 스칸디나비아(9세기)에서 러시아에 도착했다고 주장하는 소위 노르만 이론에 동의했다. 이러한 주장의 유일한 현실적 증거는 아마도 실제로 스칸디나비아인들의 러시아 정복을 정당화하기 위해 기술되었을 『초기 연대기』——862년 키예프 건설에 대한 11세기의 설명——다. 러시아의 노르만 기원 이론은 19세기 고고학자들이 남부 러시아에서 슬라브족의 발전된 문화에 대해 관심을 가지면서 타당성을 잃게 된다. 고대 스키타이인들, 고트인들, 로마인들과 그리스인들로 거슬러 올라가면서 어떤 그림이 드러났다. 하지만 노르만 이론은 전제 정치 지지자들――군주제 없이 러시아인들은 통치할 수 없다고 가정하는――에겐 훌륭한 토대가 되는 신화였다. 카람진은 군주제적 통치가 확립되기 전에 러시아는 "금수 같은 생활을 하는 난폭하고 호전적인 부족들이 거주하는 '비어 있는 공간'"에 불과했다고 말하고 있다.[164] 러시아 국가는 슬라브족의 고유한 풍습으로부터 자연스럽게 발전했다고 주장하는 민주주의자들의 입장과는 상반된 것이었다. 민주주의자들의 견해에 따르면 바랑고이족Varangians이 도래하기 오랜 전에 슬라브인들은 자신들의 정부를 세웠으며 공화주의적 자유는 군주제의 지배가 강화되면서 점차 파괴되었다. 슬라브인들이 천성적으로 민주주의적이라고 믿는 모든 집단들――데카브리스트들뿐만 아니라 좌파 슬라브주의자들, 폴란드 역사가들(폴란드에서의 차르 체제를 비난하기 위해 이 주장을 이용했다)과 우크라이나와 후에 러시아의 인민주의적 역사가들도――이 그 같은 주장을 했다.

또 다른 주된 논쟁 대상은 중세의 노브고로드――러시아의 자유에 대한 가장 위대한 기념비이자 데카브리스트의 관점에선 민중의 자치권에 대한 역사적 증거――였다. 노브고로드는 차르 이반 3세가 인접해 있는 프스코프와 함께 정복해 15세기 말 구 모스크바에 종속시키기 전 독일 무역도시들의 한자동맹†과 연결된 번영하던 문명이었다. 데카브리스트는 공화주의적인 이 도시를 예찬했다. 그들은 노브고로드의 베치 혹은 의회를 민중이 오래 전에 잃어버린 자유의 상징으로, 러시아를 고대 그리스와 로마의 민주적 전통에 연결시키는 성스러운 유산으로 보았다. '신성한 아르텔artel'

† 중세 북유럽 상업권의 패권을 잡았던 북독일 중심의 도시동맹. 한자라는 말은 원래 〈집단〉을 뜻하며, 외지에서의 상업권익을 지키기 위해 단결한 무역상인의 조합을 가리키는 말로 사용되었다.

(1814~17)의 10대 회원들——그들 중 몇몇은 이후에 데카브리스트가 된다——은 베치의 의식적인 벨 소리와 함께 모임을 시작했다. 선언서에서 데카브리스트들은 미래의 의회를 "민족적 베치"라고 부르며 중세 노브고로드의 용어를 사용한다.[165] 노브고로드의 신화는 데카브리스트의 봉기가 진압된 후 새로운 의미와 파괴적인 힘을 갖게 된다. 레르몬토프는 그것이 중세 노브고로드의 파멸한 영웅들인지 아니면 그 실패를 슬퍼한 1825년 자유 전사들인지를 의도적으로 분명하게 밝히지 않고 있는 「노브고로드」("용감한 슬라브인들의 아들이여, 너희들은 무엇을 위해 죽었는가?")라는 시를 쓴다. 똑같은 향수적인 기록이 드미트리 베네비타노프의 데카브리스트를 옹호하는 시 「노브고로드」(1826)에서 발견된다.

답하라 위대한 도시여
너의 영광된 자유로운 시절은 어디 있는가,
왕들의 채찍 같은 너의 목소리는
언제 너의 시끄러운 의회에서 종처럼 진정으로 울리는가?
말하라, 그 시절은 어디 있는가?
그 시절은 너무 아득하구나, 오, 너무 아득하구나![166]

중세 노브고로드에 대한 군주제 지지자의 인식은 명확한 대조를 이루고 있다. 카람진에 따르면 모스크바의 노브고로드 점령은 통합된 국가 형성의 필연적 단계로 노브고로드의 시민들은 그렇게 인식하고 있었다. 카람진이 보기에 노브고로드인들의 순종은 러시아 민중의 지혜를 나타내는 것이었다. 다시 말해서 러시아 민중은 질서와 안전이 없다면 자유는 가치가 없다는 사실을 인정했다. 따라서 노브고로드인들은 원래 전제 정치 국가에 동의한 구성원들이다. 그들은 독재적이고 부패하게 되어, 인접 국가인 리투아니아에게 노브고로드를 팔아넘기겠다고 위협하는 바야르에게 유리한 내부 분쟁에서 벗어나기 위해 차르의 보호를 선택했다. 카람진의 해석은 평등주의적이고 조화로운 공화주의적 민주주의로 해석하는 데카브리스트들보다 역사적 진실에 분명 더 근접하고 있다. 하지만 카람진의 해석 역시 신화를 정당화하는 것이었다. 카람진에게 『러시아 국가의 역사』에서 배울 수 있는 교훈은 분명했다. 즉 그것은 프랑스 공화정이 붕괴되고 나폴레옹 독재가 성립된 후 아주 강조될 만한 가치가 있는 교훈으로 공화정은 전제 정치보다 더 독재적으로 될 가능성이 있다는 것이었다.

1812년 전쟁 자체가 논란이 되고 있는 러시아사의 신화들에 대한 주된 논쟁 대상이었다. 이것은 19세기 1812년 전쟁 기념식으로 입증되고 있다. 데카브리스트들에게 1812년은 민중의 전쟁이었다. 그것은 러시아인들이 성숙해지는 순간이었다. 1812년 전쟁은 러시아인들이 유아기에서 성숙한 시민으로 옮겨가는 순간이었고 성공적으로 유럽에 동화되면서 유럽 국가의 가족 구성원이 된 계기였다. 하지만 현상 유지론자들에게 1812년 전쟁은 나폴레옹으로부터 홀로 유럽을 구한 러시아의 전제주의 원리의 성스러운 승리를 상징하고 있었다. 그것은 차르의 국가가 새로운 역사적 섭리에서 신이 선택한 대리자로 등장한 순간이었다.

아이러니하게도 체제 자체의 이미지는 프랑스인 건축가 어거스트 드 몽페랑이 페테르부르크의 팔래스 광장Palace Square에 건축한 알렉산드리아 원기둥에 새겨져 보로디노 전투 20주년 기념으로 공개되었다. 원기둥 꼭대기에 있는 천사의 얼굴은 차르 알렉산드르의 얼굴이 새겨졌다.[167] 5년 후 러시아 군주의 성스러운 임무에 대한 더 큰 기념물에 대한 작업—크레믈린 벽을 굽어보고 있는 곳에 위치한 웅장한 그리스도 구원 성당Cathedral of Christ the Saviour(흐람 흐리스타 스파시랴)—이 모스크바에서 시작되었다. 반은 박물관이고 반은 교회인 이 성당은 1812년 모스크바가 기적적으로 구원된 것을 기념하기 위해 건설되었다. 콘스탄틴 톤Constantin Ton의 디자인은 고대 러시아 교회의 건축 양식을 반영하고 있지만 그 건축 비율을 제국적 규모로 확대하고 있다. 이 거대한 성당이 오십 년 후인 1883년 완성되었을 때 모스크바에서 가장 높은 건물이었다. 1931년 스탈린이 이 성당을 파괴(예술적 관점에서 정당화될 수도 있는 사형선고)한 후 재건축한 오늘날에도 여전히 도시 경관을 지배하고 있다.

19세기 전체에 걸쳐 1812년의 이 두 가지 이미지—일종의 민족해방 혹은 제국의 구원으로서—가 계속해서 전쟁의 공식적 의미로써 경합하고 있다. 한편으로 귀족과 농노의 관점에서 그 역사를 이야기하고 있는 진정한 민족적 드라마인 톨스토이의 『전쟁과 평화』가 있다. 다른 한편으로 러시아 제국의 힘을 과시하는 호화로운 '제국 양식'으로 개선문과 승리의 석조 기념물들 혹은 차이코프스키의 《1812년 서곡》에서의 그 모든 대포의 소리가 있다. 농노해방의 여파로 민족 통합에 대한 희망이 고조되던 1860년대 초에도 이 두 가지 견해가 경합하고 있었다. 1812년 50주년 기념은 1862년의 러시아 국가 탄생 천년제와 일치했다. 천년제는 (모든 상징적 장소들 중) 노브고로드에서 봄에 경축될 예정이었다. 하지만 황제 알렉산드르 2세는 천년제 경축일을 8월 26일—보로디노 전투 기념일이자 1856년 자신의 성스러운 대관식 날—로 연기하라고 명령했다. 이 세 가지 기념일을 결합함으로써 로마노프 왕조는 스스로를 1812년

8. 성 소피아 성당 앞 광장에 있는 러시아 천년왕국에 대한 기념비

성스러운 승리와 러시아 국가 그 자체만큼 유서가 깊은 것으로 신성시되는 국가적 기구로 재창조하려 했다. 노브고로드에서 공개된 화강암 기념비는 로마노프의 정통성을 주장하는 상징물이었다. 노브고로드의 의회 종처럼 만들어진 이 기념비는 러시아의 천년 역사

를 만든 인물들——성인들과 공후들, 장군들과 전사들, 과학자들과 예술가들——을 조각한 얕은 부조의 띠가 둘려져 있었다. 큰 종은 한 손에는 정교 십자가를 들고 다른 손에는 로마노프 기장으로 장식된 방패를 들고 있는 어머니 러시아로 마무리되었다. 데카브리스트들은 분노했다. 당시 30년간의 유배에서 돌아온 볼콘스키는 톨스토이에게 이 기념비는 "1812년 우리의 자유를 위해 싸웠던 그 모든 영웅들의 무덤들뿐만 아니라 노브고로드의 성스러운 기념물들을 유린하고 있다"고 말했다.[168]

7

톨스토이는 1859년 볼콘스키를 만난 후 게르첸에게 보낸 편지에 "그는 새로운 러시아에 대한 숭고한 이상을 가진 광신자이고 신비주의자이자 기독교인이다"라고 쓰고 있다.[169] 볼콘스키의 먼 사촌이었던 톨스토이는 자신이 볼콘스키의 인척이라는 사실을 매우 자랑스러워했다. 3살 때 어머니를 잃은 그는 자기 가족의 배경을 연구하는 데 단순한 학문적 관심 이상을 갖고 있었다. 그에게 가계에 대한 관심은 감정상의 숙명이었다. 세르게이 볼콘스키는 톨스토이의 어린 시절 영웅이었다(톨스토이 시대의 젊은이들은 데카브리스트들 모두를 우상시하고 있었다). 후에 세르게이 볼콘스키는 『전쟁과 평화』에 나오는 안드레이 볼콘스키의 모델이 된다.[170] 직접 농부가 되고자 하는 톨스토이의 욕망은 말할 것도 없고 농민에 대한 헌신의 상당 부분은 유배된 그의 친척의 사례에서 영감을 받은 것이었다.

1859년 톨스토이는 외가 쪽으로부터 상속받은 오랜 볼콘스키 영지인 야스나야 폴랴나에서 농민의 아이들을 위한 학교를 설립했다. 이 영지는 톨스토이에게 특별한 의미가 있었다. 그는 이 장원 영지에서――그가 위대한 소설을 쓰고 평생 연구했던 짙은 녹색 가죽 소파에서――태어났다. 그는 아버지와 함께 모스크바로 옮겨간 9살 때까지 이 영지에서 어린 시절을 보냈다. 야스나야 폴랴나는 단순한 영지 이상으로 그의 오랜 보금자리이자 어린 시절의 추억들이 간직된 장소였으며 그가 러시아에서 가장 소속감을 느끼는 작은 땅덩어리였다. 톨스토이는 1852년 자신의 형제에게 "어떤 일이 있어도 그 집을 팔지 않을 것이다. 그것은 내가 마지막까지 잃고 싶지 않은 것이다"라고 말했다.[171] 야스나야 폴랴나는 1763년 톨스토이의 증조할머니 마리아 볼콘스키가 구입했다. 그의 할아버지 니콜라이 볼콘스키는 이곳을 문화 공간으로 개발했다. 그는 유럽의 장서들을 구비한 화려한 장원 저택과 조경된 공원과 호수, 방적 공장과 툴라에서 모스크바로 가는 길에 있는 우체국으로 이용되는 유명한 흰색 석조 출입구를 건설했다. 소년 시절 톨스토이는 그의 할아버지를 우상화했다. 그는 할아버지를 닮고 싶어 했다.[172] 톨스토이의 보수주의적 감정의 중심에 있는 이 조상에 대한 숭배는 『악령 *The Devil*』(1889)의 영웅 예브게니에게서 표현되고 있다.

> 일반적으로 나이 든 사람들이 보수적이고 젊은 사람들은 개혁적이라고 생각한다. 이는 아주 틀린 생각이다. 일반적으로 보수적인 사람들은 젊은이들이다. 젊은이들은 살고 싶어하지만 사는 법에 대해 생각하지 않고 생각할 시간도 없기 때문에 자신들이 본 사람의 방식을 자기 삶의 모델로 삼는다. 따라서 그것은 예브게니에게도 마찬가지다. 마을에 정착한 그의 목적과 이상은 아버지 시대가 아니라…… 할아버지 시대에 존

재했던 삶의 형태를 복원하는 것이다.[173]

니콜라이 볼콘스키는 『전쟁과 평화』에 나오는 안드레이의 아버지 니콜라이 볼콘스키 같은 삶——노년을 딸인 마리아(톨스토이 어머니 같은)를 교육하는 데 전념하며 발트 힐Bald Hill의 영지에서 보내는 자존심이 강하고 독립적인 퇴역장군——으로 되돌아간다.

대체로 『전쟁과 평화』는 원래 세르게이 볼콘스키의 인생에 기초한 '데카브리스트 소설'로 인식되었다. 하지만 톨스토이가 데카브리스트들에 대해 연구하면 연구할수록 그는 그들의 지적인 뿌리가 1812년 전쟁에 있다는 것을 알게 된다. 소설의 첫 부분(The Decabrist)에서 데카브리스트 영웅은 30년간의 시베리아 유배생활을 마치고 1850년대 후반의 지적인 소용돌이 속으로 되돌아온다. 1855년 알렉산드르 2세가 제위를 상속받아 알렉산드르의 2번째 치세가 막 시작되고 1825년처럼 다시 한 번 정치적 개혁에 대한 희망이 고조되는 분위기였다. 1856년 러시아로 되돌아온 볼콘스키가 진실에 기초한 새로운 삶에 대해 기록할 정도의 희망적인 분위기였다.

거짓. 이것은 러시아의 병이다. 거짓과 그 자매인 위선과 냉소주의. 러시아는 그것들 없이 존재할 수 없다. 하지만 분명 중요한 것은 단지 존재하는 것이 아니라 품위 있게 존재하는 것이다. 그리고 우리가 우리 자신에게 솔직하고 싶다면 러시아가 과거에 존재했던 이외의 방식으로 존재할 수 없다면 러시아는 존재할 가치가 없다는 사실을 인정해야 할 것이다.[174]

진실하게 사는 것 혹은 더욱 중요한 것은 러시아에서 진실하게 사

9. 마리아 볼콘스키와 아들 미샤. 은판사진, 1862. 당시 마리아는 신장병을 앓고 있었고, 1년 후 사망한다.

는 것, 이것이 바로 톨스토이의 삶과 작품의 의문이었으며 『전쟁과 평화』의 주된 관심사였다. 이러한 문제들은 1812년의 사람들에 의해 처음으로 분명하게 표현되었다.

볼콘스키를 유배생활에서 풀어준 것은 신임 차르의 최초의 조치들 중 하나였다. 1826년 유배된 121명의 데카브리스트들 중에서 19

명만이 1856년 러시아로 살아서 돌아왔다. 세르게이는 허약해졌다. 그의 건강은 실제로 시베리아에서 겪은 고초에서 결코 회복되지 못했다. 그가 두 개의 대 도시에서 거주하는 것은 금지되었다. 하지만 그는 점잖은 기질, 고통을 견디는 인내심, 소박한 '농민적' 생활방식과 전형적인 '러시아적' 기질로 대지에 대한 친밀성을 알고 있는 슬라브주의자들의 모스크바 저택 단골손님이었다.[175] 모스크바의 학생들은 볼콘스키를 우상화했다. 긴 흰 수염과 머리칼, "달처럼 창백하고 부드러운" 슬프고 표정이 풍부한 얼굴을 가진 그는 "러시아의 황야에 나타난 일종의 그리스도"로 받아들여졌다.[176] 니콜라이 1세의 억압적 체제로 단절되었던 민주적 대의명분의 상징인 볼콘스키는 데카브리스트와 1860년대와 1870년대에 민중의 투사로 등장한 인민주의자들 간의 살아있는 연결고리였다. 볼콘스키 자신은 1812년 이상을 충실히 지키고 있었다. 그는 계속해서 관료제 국가와 귀족 정치의 가치를 거부하고 데카브리스트의 정신 속에서 국가를 구체화하고 있는 민중에 봉사하면서 정직한 삶을 사는 시민적 의무를 계속 유지하고 있었다. 볼콘스키는 1857년 아들 미샤(당시 아무르 지역에서 군복무를 하고 있었다)에게 보낸 편지에 이렇게 쓰고 있다. "너도 알고 있겠지,

> 나는 나의 정치적 신념——그것은 나의 신념이다——을 너에게 설득하려하지 않았다. 네 어머니의 계획에 따라 너는 공직에 입문해 조국과 차르를 위해 일하게 되었을 때 나는 축복을 해주었다. 하지만 나는 늘 네가 다른 계급 출신의 동료들을 대할 때 오만한 태도를 취하지 말도록 가르쳤다. 너는 너의 길을 개척했으며——네 할머니의 후원 없이, 자신의 길을 개척하는 법을 알고 있다면 아들아, 나는 죽는 날까지 너 때문에

걱정하게 되지는 않을 것이다.[177]

볼콘스키의 조국에 대한 견해는 차르에 대한 생각과 긴밀하게 결부되어 있었다. 즉 그는 군주를 러시아의 상징으로 보았던 것이다. 그는 평생 군주제 지지자로 살았으며 사실상 30년 전 자신을 유배보낸 차르 니콜라이가 죽었다는 소식을 들었을 때 주저앉아 어린아이처럼 울어댔다. 마리아는 미샤에게 보낸 편지에서 "네 아버지는 온 종일 울고 있단다. 벌써 3일째인데 어찌해야 좋을지 모르겠구나"라고 쓰고 있다.[178] 볼콘스키는 어린 시절에 알았던 사람을 위해 슬퍼했을 것이다. 혹은 차르의 죽음이 그가 시베리아에서 견뎌야 했던 고통을 정화했을 수도 있다. 하지만 볼콘스키의 눈물은 러시아를 위한 눈물이기도 했다. 그는 차르를 제국의 유일한 통합적인 힘으로 보았고 이제 차르가 죽은 조국을 걱정하고 있었다.

러시아의 군주제에 대한 볼콘스키의 믿음은 변치 않았다. 볼콘스키는 시베리아 유배에서 돌아온 후에도 차르의 지시로 거의 계속해서 경찰의 감시를 받고 있었다. 공작 직함과 재산의 복원은 거부되었다. 하지만 그에게 가장 상처를 준 것은 정부가 1812년 전쟁 훈장을 돌려주지 않은 것이었다.* 러시아에 대한 그의 사랑은 삼십 년간 유배생활을 한 이후에도 변함이 없었다. 그는 1853년과 1856년

* 사실상 수년 간의 청원을 한 후 차르는 1864년 훈장들을 되돌려주었다. 하지만 다른 형태의 인정은 더 오래 걸렸다. 1822년 영국인 미술가 조지 데위는 성 페테르부르크에 있는 겨울 궁전에 '영웅들의 회랑' ——1812년 군 지도자 332명의 초상화 ——을 위해 볼콘스키의 초상화를 그리도록 위임받았다. 데카브리스트 봉기 이후 볼콘스키의 초상화는 초상화들의 열에서 검은 사각형으로 남겨진 채 제거되었다. 1903년 볼콘스키의 조카인 에르미타쥐 관장 이반 프세볼로즈스키가 그림을 제자리에 복원할 수 있도록 차르 니콜라이 2세에게 청원했다. 차르는 "그렇게 하라, 당연히 오래 전에 그렇게 했어야 했다"라고 대답했다.(S. M. 볼콘스키, *O dekabristakh : po semeinum vospominaiiam*(모스크바, 1994), 87쪽)

사이에 크리미아 전쟁에 참여했고 세바스토폴에서 방어군(그들 중에는 젊은 톨스토이도 끼어 있었다)의 영웅주의에 깊은 감동을 받았다. 이 노병(64세의)은 보병의 일개 사병으로라도 그들과 함께할 수 있게 해달라고 청원했다. 결국 그를 포기하게 한 것은 아내의 호소였다. 그는 이 전쟁을 1812년 정신의 회귀로 보았으며 러시아가 다시 프랑스에 승리할 것이라고 확신했다.[179)]

러시아는 승리하지 못했다. 하지만 러시아의 패배는 볼콘스키의 두 번째 희망인 농노해방을 더욱 가능하게 해주었다. 신임 황제 알렉산드르 2세는 또 한 명의 1812년의 아이였다. 그는 1817년 궁정 과외 교사로 임명된 자유주의적인 시인 바실리 주코프스키의 교육을 받았다. 주코프스키는 자신의 영지에서 농노를 해방시켰었다. 그의 인도주의는 미래의 차르에게 큰 영향을 주었다. 알렉산드르는 크리미아의 패배로 러시아가 구 농노 경제를 일소하고 그 자체를 근대화하지 않으면 서구 열강과 경쟁할 수 없다는 사실을 인정하게 되었다. 귀족들은 자신들의 영지에서 수익을 내는 방법을 거의 몰랐다. 또한 대부분의 귀족들은 농업이나 회계에 대해 전혀 모르고 있었다. 하지만 그들은 늘 해왔던 사치스러운 오랜 방식으로 소비를 지속하면서 빚을 늘려갔다. 1859년까지 지주 귀족들이 소유한 영지의 삼분의 일과 농노의 삼분의 이가 국가와 귀족 은행에 저당잡혀 있었다. 더 작은 많은 소지주들은 가까스로 자신들의 농노들을 부양하고 있었다. 경제적으로 농노해방을 거부할 수 없게 되어가고 있었다. 많은 지주들은 싫든 좋든 다른 사람들의 농노와 계약함으로써 자유 노동 체계로 옮겨갔다. 농민의 배상금이 귀족의 빚을 상쇄하게 되었기 때문에 경제적인 이론적 근거 역시 거부할 수 없게 되어 가고 있었다.*

하지만 농노해방에 대한 경제적 주장엔 금전적 문제 이상의 의미가 담겨 있다. 차르는 농노해방이 밑으로부터의 혁명을 막기 위한 필수적인 조치라고 믿었다. 크리미아 전쟁에 참전했던 병사들은 자유를 기대하게 되었다. 농노해방령이 선포되기 전인 알렉산드르 치세의 초기 6년간 토지 귀족들에 대항하는 농민 봉기가 500건이나 일어났다.[180] 알렉산드르는 농노해방을 볼콘스키가 언급한 것처럼 "조국을 사랑하는 모든 시민을 위한 정의의 문제…… 하나의 도덕이자 기독교인의 의무"라고 확신했다.[181] 볼콘스키가 푸쉬친에게 보낸 편지에서 설명하고 있는 것처럼 농노제 폐지는 "국가가 지난 두 번의 전쟁에서 농민들이 치른 희생을 인정할 수 있는 최소한의 것이다. 즉 러시아 농민도 시민이라는 사실을 인정할 때인 것이다."[182]

1858년 차르는 지방 귀족 위원회와 협의하여 농노해방을 위한 제안을 공식화할 수 있도록 특별 위원회를 임명했다. 개혁을 제한하거나 토지 이전을 자신들에게 유리하도록 규칙을 정하려는 완강한 보수적 지주의 압력으로 위원회는 2년 대부분의 기간 동안 정쟁의 수렁에 빠져들게 되었다. 이 순간을 위해 평생을 기다렸던 볼콘스키는 자신이 "농노해방령이 시행되기 전에 죽을지도 모른다"는 점을 두려워했다.[183] 노 공작은 지주 귀족들이 개혁 정신에 저항한다는 사실을 알고 있었다. 그는 농노해방을 방해하거나 농노해방을

* 농노해방의 조건 하에서 농민들은 자신들에게 이전된 공동 토지에 부과된 배상금을 지급해야 했다. 귀족 자신의 토지 위원회에 의해 산정된 이 배상금은 1861년 국가가 귀족에 보상한 것을 49년에 걸쳐 국가에 갚아야 했다. 따라서 사실상 농노들은 주인의 빚을 갚음으로써 자유를 샀다. 배상금은 특히 농민들이 처음부터 불공평하다고 여겼기 때문에 수금하기가 점점 더 어려워지게 되었다. 결국 배상금은 1905년 무효화되었다.

농민들에 대한 착취를 강화하는 데 이용하는 지주 귀족들의 능력을 두려워했기 때문에 그들에 대해 비관적이었다. 어떤 위원회에도 초대받지는 못했지만 볼콘스키는 농노해방을 위한 자신의 진보적인 계획의 윤곽을 그렸다. 볼콘스키는 사유재산으로 귀족의 토지들 중 작은 조각을 구입할 수 있도록 개별적인 농민들에게 대부를 해주는 국영 은행을 구상했다. 농민들은 공동토지에서 자신의 몫을 일함으로써 대부금을 갚게 된다.[184] 볼콘스키의 계획은 1906년에서 1911년 사이에 차르 러시아의 수상이자 마지막 개혁의 희망이었던 표트르 스톨리핀의 토지 개혁과 유사했다. 볼콘스키의 계획이 1861년 시행되었더라면 러시아는 더욱 번영하는 국가가 되었을지도 모른다.

결국 완강한 보수적 귀족은 패배했고 차르의 상당한 개입 덕분에 온건한 개혁이 추진되게 되었다. 알렉산드르는 1861년 2월 19일 농노해방 법안에 서명한다. 그것은 농민들의 기대에 훨씬 미치지 못한 것으로 많은 지역에서 반란이 일어났다. 농노해방 법안은 지주들에게 농민에게 이전하기 위한 토지를 선택하는 데——그리고 이전 토지의 가격을 결정하는 데——상당한 재량권을 허용하고 있었다. 정확한 비율은 대체로 지주의 의지에 좌우되긴 했지만 전체적으로 유럽화된 러시아의 개간된 토지의 절반 가량이 귀족 소유에서 농민의 공동체적 보유 형태로 이전되었다. 인구 증가 때문에 그것은 농민들이 빈곤에서 벗어나기에 충분한 규모엔 훨씬 미치지 못했다. 공작의 영향 때문에 거의 모든 토지가 농민들에게 이전되도록 보장하고 있는 세르게이 볼콘스키의 구 영지에서도 경작지의 부족은 여전했고 1870년대 중반까지 분노한 농민들의 시위가 있었다.[185] 농민들에겐 실망스러웠지만 그래도 농노해방은 획기적인 분수령이었다. 실제적으로 아주 제한적이기는 했으나 마침내 인민 대중에게 일종의 자유가 허용되었다. 농노해방은 민족적 재탄생과 지주와 농민 사이의 화해를 기대할 수 있는 근거였다. 1812년의 자유주의적 정신이 마침내 승리한 것이다. 혹은 적어도 승리한 것처럼 보였다.

농노해방령에 대한 소식을 들었을 때 볼콘스키 공작은 니스에 있었다. 그날 저녁 그는 러시아 교회에서 추수감사절 예배를 기다리고 있었다. 합창소리에 그는 울음을 터뜨렸다. 후에 그는 그것이 "나의 생애에서 가장 행복한 순간"이었다고 말하고 있다.[186]

볼콘스키는 마리아가 죽은 지 2년 후인 1865년 사망한다. 유배 생활로 약해진 그의 건강은 마리아의 죽음으로 무너졌지만 최후까지 그의 정신을 침해하지는 못했다. 마지막 몇 달 간 그는 회고록을 썼다. 그는 체포된 후 차르에게 심문을 받던 중요한 순간을 자세히 이야기하는 문장을 채 맺지 못하고 손에 펜을 쥔 채 사망했다. "황제는 나에게 말했다. '내가……'."

볼콘스키는 회고록 끝부분에서 검열관이 초판에서 삭제했던 문장을 쓰고 있다(1903년에야 출판되었다). 그것은 그의 묘비명으로 기록될 수 있을 것이다. "내가 선택한 길은 30년간 고향에서 추방되어 시베리아로 가게 했다. 하지만 나의 신념은 변하지 않았다. 나는 다시 한다 해도 똑같은 선택을 했을 것이다."[187]

제3장

페테르부르크는 모스크바가 촌스럽고 심미안이 없다고 놀리기를 좋아 한다. 모스크바는 페테르부르크가 러시아어를 할 줄도 모른다고 비난 하며…… 러시아는 모스크바를 필요로 하고 페테르부르크는 러시아를 필요로 한다.-고골리

모스크바! 모스크바!

19세기 후반 모스크바 붉은 광장에 있는 성 바실리 성당

1

"마침내 그 유명한 도시에 도착했군", 나폴레옹은 참새 언덕에서 모스크바를 내려다보며 말했다. 도시의 궁정과 햇빛에 번쩍이는 황금색 둥근 돔들은 평원을 가로질러 넓게 펼쳐져 있었고 멀리 반대편 문에서 나오는 인파의 구불구불한 긴 행렬이 검게 보였다. "저들이 이 모든 것을 저버린다고?" 황제는 외쳤다. "그럴 리가!"[1)]

프랑스인들은 "여왕벌 없는 빈 벌통"처럼 모스크바가 비어 있다는 것을 알았다.[2)] 집단적 대이주는 스몰렌스크에서 패배했다는 소식이 모스크바에 도착한 8월에 시작되었으며 쿠투조프가 시 외곽으로 후퇴해 결국 시를 포기하기로 결정한 보로디노 전투 후에 절정에 달했다. 부자들(『전쟁과 평화』에서의 로스토프 가처럼)은 살림을 꾸려 말과 마차로 자신들의 지방 저택을 향해 떠났다. 가난한 사람들은 닭을 수레에 싣고 아이들을 데리고 걸었으며 뒤로는 소들이 따랐다. 어떤 목격자는 랴잔까지의 길들이 피난민으로 북적였다고 회상하고 있다.[3)]

나폴레옹이 크레믈린 궁에 자리를 잡자 방화범들이 크레믈린 동쪽 벽 옆에 있는 무역 사무실에 불을 붙였다. 모스크바 시장 로스푸친 백작이 프랑스인들에게 물자 공급을 차단해 그들을 퇴각시키기 위해 방화를 지시한 것이었다. 곧 모스크바 전체가 화염에 휩싸였다. 소설가 스탕달(나폴레옹의 참모들 중 병참장교로 복무하고 있었다)은 그 광경을 "땅에 바닥이 접해 있고 모든 꼭지점이 하늘로 치솟아 있는 피라미드"로 묘사하고 있다. 3일째에 크레믈린은 화염에 휩싸였고 나폴레옹은 피신해야 했다. 세귀르에 따르면 나폴레옹은 "화염을 가로질러 바닥과 천장이 무너지고 서까래가 주저앉으며 강철 지붕이 녹는 위급 상황을 뚫고" 나아가야 했다. 그 와중에 나폴레옹은 분노하면서도 러시아인들의 희생에 감탄을 금치 못했다. "대단한 민족이야! 스키타이인들이지! 정말 결연한 의지야! 야만인들!"[4] 1812년 9월 20일 불길이 멈췄을 때 모스크바의 5분의 4가 파괴되어 있었다. 다시 모스크바에 들어간 세귀르는 "폐허 속에 서있는 몇 채의 집들만이 남아 있었다."

> 불에 그을려 검게 변한 큰 저택들은 끔찍한 악취를 토해내고 있었다. 먼지더미와 우연히 남아 있는 벽의 일부나 부서진 기둥들을 통해서만 거리의 존재를 확인할 수 있었다. 빈민가 구역에는 옷이 거의 타버린 남자와 여자의 무리들이 유령처럼 주위를 배회하고 있었다.[5]

타지 않고 남아 있는 시의 교회와 궁정들은 이미 모두 약탈되었다. 장서와 다른 국보들이 화재로 소실되었다. 나폴레옹은 홧김에 자신의 승리를 빼앗아간 방화에 대한 보복으로 크레믈린을 파괴하라고 지시했다. 무기고는 폭파되었고 중세 성벽의 일부가 파괴되었다. 하지만 크레믈린의 교회들은 모두 살아남았다. 3주 후 첫 눈이 내렸다. 겨울이 예상 밖으로 일찍 찾아온 것이었다. 폐허가 된 도시에서 물자 없이 살 수 없었던 프랑스군은 퇴각하지 않을 수 없었다.

톨스토이는 『전쟁과 평화』에서 러시아인들은 누구나 모스크바를 어머니로 느낀다고 쓰고 있다. 러시아에선 페테르부르크의 가장 유럽화한 엘리트들조차 모스크바를 민족의 '고향'으로 생각하고 있었다. 모스크바는 고대 러시아의 풍습이 보존된 구 러시아의 상징이었다. 모스크바의 역사는 수즈달의 돌고루키공이 크레믈린 자리에 통나무 요새를 건설한 12세기로 거슬러 올라간다. 당시 키예프는 기독교적 루시의 수도였다. 하지만 이후 2세기에 걸친 몽골 지배는 모스크바 공후들이 칸들과 협력함으로 자신들의 재산과 권력을 공고히 할 수 있는 기회가 되었고 동시에 키예프의 위엄을 손상시켰다. 모스크바의 소생은 14세기에 형태를 갖춘 크레믈린의 건설로 상징화되었다. 인상적인 궁정들과 황금빛 양파 모양의 둥근 지붕이 있는 흰색의 석조 성당들이 요새의 성벽 안에 건설되기 시작했다. 결국 칸의 권위가 약화되자 모스크바는 1380년 킵차크에 맞선 쿨리코보 들판 전투를 시작으로 1550년대 카잔한국과 아스트라한국의 패배로 끝을 맺는 민족 해방을 이끌어 결국 러시아 문화 생활의 수도로 부상한다.

뇌제 이반 4세는 최후의 승리를 기념하기 위해 붉은 광장에 새로운 성당 건축을 지시한다. 성 바실리 성당은 비잔티움 정교 전통의 성공적 복원을 상징하고 있다. 원래 성모의 기도the Intercession of the Virgin(카잔의 수도 타타르가 1552년 그 성스러운 축제일에 공략되었다는 사실을 기념하기 위해)라 이름 붙여진 이 성당은 모스크바를 초원의 타타르 유목민들에 대한 종교적 성전의 수도로 자리매김하게 했다. 제국의 사명은 성 바실리의 돌에 새겨진 제3의 로마로서 모스크바의 공식 정책으로 시작되었다. 1453년 콘스탄티노플이 함락된 이후 모스크바는 자신을 마지막으로 살아남은 정교의 중심지로, 로마와 비잔티움의 계승자로 그리고 인류의 구세주로 보았다. 모스크바 공후들은 제국의 명칭 '차르'('카이사르'의 러시아어 파생어)로 자칭했다. 그들은 성 게오르기의 모습이 있는 자신들의 갑옷에 비잔틴 황제의 쌍두 독수리 문양을 덧 붙였다. 모스크바가 성스러운 루시의 도시로 부상한 것은 기본적으로 교회의 후원 덕분이었다. 1326년 대주교는 러시아 교회의 중심지를 블라디미르에서 모스크바로 옮겼으며 그때부터 모스크바의 적은 그리스도의 적으로 치부되었다. 모스크바와 정교의 통합은 중세 러시아예술의 정수로 남아 있는 성상화와 프레스코화를 간직하고 있던 교회와 수도원들에서 이루어졌다. 민간전승에 따르면 모스크바는 '1600' 개의 교회를 자랑하고 있었다. 실제적으로는 200개 남짓했지만(1812년 화재까지) 나폴레옹은 조세핀에게 보낸 편지에서 신비한 모습을 되풀이 기술하고 있을 정도로 언덕 꼭대기에서 본 모스크바의 황금빛 돔들에 강한 인상을 받은 것처럼 보인다.

화재는 중세 도시를 초토화시킴으로써 18세기 러시아의 통치자들이 늘 희망했던 일을 해낸 셈이었다. 피터 대제는 모스크바를 싫어했다. 모스크바는 그의 왕국에서 낡은 것들을 구체화하고 있었다. 모스크바는 구교도들——1650년대 니콘의 교회 개혁(가장 논쟁이 격렬했던 것은 성호를 긋기 위해 사용되는 손가락 숫자의 교체였다)으로 그리스 정교 전례와 일치하기 전 준수했던 러시아정교의식의 열렬한 지지자들——의 중심지였다. 구교도들은 종교적 믿음의 구체적 표현으로 자신들의 오랜 의식을 고수했다. 그들은 교회 개혁을 이단, 악마가 러시아 교회와 국가를 지배하는 신호로 보았으며, 그들 중 상당수가 먼 북부 지역으로 달아나거나 세계가 끝날 것이라고 믿고 집단적으로 자살하기까지 했다. 구교도들은 콘스탄티노플이 함락된 후 정교 최후의 진정한 중심지인 제3의 로마로서 모스크바의 메시아적 운명을 굳게 믿고 있었다. 그들은 투르크인이 콘스탄티노플을 함락한 것을 그리스 정교 교회가 1439년 피렌체 공의회에서 로마와 재통합한 것에 대한 신의 징벌이라고 생각했다. 서구나 외부세계로부터의 어떤 침입도 두려워하고 불신한 구교도들은 중세 모스크바처럼 내부 지향적이며 폐쇄적으로 견고하게 결합된 가부장적 공동체에서 살았다. 그들은 피터 대제를 적그리스도로 보았으며 페테르부르크를 악마의 왕국이자 계시로 보았다. 페테르부르크에 대한 더 음울한 전설들의 상당수는 구교에서 기원했다.

성 페테르부르크 건설과 함께 모스크바의 부는 급격히 감소했다. 모스크바 장인, 무역업자와 귀족들이 페테르부르크에 강제로 이주되면서 모스크바의 인구는 절반으로 감소했다. 모스크바는 지방 도시로 전락했고(푸쉬킨은 모스크바를 신임 황녀 앞에서 인사를 해야 하는 자줏빛 상복을 입은, 아름다움을 잃은 쇠퇴한 여왕에 비유했다) 19세기 중엽까지 침체된 공허지로 남게 되었다. 모스크바는 작은 목조 가옥이 늘어서 있고 좁은 길들이 구불구불하게 이어져 있으며 저택 안뜰엔 가축우리가 있어 소와 양들이 배회했기 때문에 분명 시골 느낌을 주었다. 모스크바는 '큰 마을' ── 오늘날까지 불리고 있는 애칭 ── 이라고 불렸다. 모스크바는 예카테리나 여제가 인식하고 있던 것처럼 그 광대한 규모로 귀족들이 '게으름과 사치' 속에서 살도록 부추기는 '나태의 땅' 이었다. 그것은 바로 여제가 일소하고 싶었던 중세 구 러시아를 구현하고 있는 "교회, 불가사의한 성상화, 성직자와 수도원이 도둑, 강도들과 공존하는 광신적인 상징들로 충만해 있었다."[6] 1770년대 초 흑사병이 모스크바 전역에 만연해 수천 가구를 전소시킬 필요가 있자 예카테리나 여제는 그 지역을 일신하려고 했다. 성 페테르부르크의 유럽적 이미지 ── 가로수들이 늘어선 넓은 가로수길로 이어진 광장과 네거리, 부두와 놀이공원 ── 로 모스크바를 재건하려는 계획이 세워졌다. 건축가 바실리 바제노프와 마트베이 카자코프는 예카테리나에게 중세적인 크레믈린의 상당 부분을 새로운 고전적 구조물로 대체하자고 설득했다. 일부가 철거되기는 했지만 이 계획은 자금 부족으로 연기되었다.

1812년 이후 모스크바의 중심지는 결국 유럽 스타일로 재건되었다. 화재로 고전주의적 확장 원칙을 적용할 수 있는 공간이 마련되었다. 그리보예도프의 극 『지혜의 슬픔』의 스카로주프 대령에게서 확신할 수 있는 것처럼 그것은 "모스크바의 전경을 상당히 개선했다."[7] 붉은 광장은 열린 공간이라기보다는 폐쇄적인 시장이라는 느낌이 들게 하는 오래된 무역 사무실을 제거함으로써 개발되었다. 세 개의 새로운 거리가 광장에서 펼쳐진 모양으로 설계되었다. 굽은 작은 거리는 넓고 곧은 대로를 위한 공간을 만들기 위해 평평하게 다져졌다. 전체적으로 계획된 몇 가지 중 첫 번째 것으로 볼쇼이 극장을 중심으로 한 극장 광장이 1824년 완공되었다. 이어 곧 대로와 가든 링Garden Rings(오늘날까지 모스크바의 주 순환도로다) 그리고 크레믈린 서쪽 벽 옆에는 알렉산드르 정원이 놓여졌다.[8] 1812년 민족 부흥의 준거가 된 모스크바 건설에 사적 자금이 투입되었다. 오래지 않아 모스크바의 중심가는 우아한 저택과 17~18세기 고전주의 건축 양식인 팔라디오 양식의 궁정들이 늘어서게 되었다. 귀족 가문은 누구나 본능적으로 자신들의 오래된 조상 전래의 집을 재건축할 필요를 느꼈고 따라서 모스크바는 엄청난 속도로 재건되었다. 톨스토이는 당시의 재건을 개미들이 쓰레기 조각, 알과 죽은 개미들을 끌고 자신들의 무너진 더미로 되돌아가 재생된 에너지로 예전 생활을 재건하는 방식에 비유했다. 그것은 무형의 것을 통해 "거류민의 현실적인 힘인 파괴할 수 없는 어떤 것"이 존재한다는 사실을 입증했다.[9]

하지만 이 모든 건설 열기 속에서도 서구에 대한 무조건적인 모방은 결코 없었다. 모스크바는 늘 유럽적인 것을 분명한 자기 스타일과 혼합했다. 고전적인 건물의 정면은 따뜻한 파스텔 색조, 큰 규모의 원형과 러시아적 장식의 이용으로 완화되었다. 그것은 전체적으로 성 페테르부르크의 차가운 느낌을 주는 엄격함과 제국적 장대함이 완전히 배제된 편안한 매력을 발산하는 효과를 주었다. 페테르부르크 양식은 궁정과 유럽풍을 따르고 있었던 반면 모스크바는 러시아의 지방적인 것에 의해 더 많은 것이 결정되었다. 모스크바 귀족들은 사실상 지방 귀족들의 연장선상에 있었다. 모스크바 귀족들은 지방에서 여름을 보내고 무도회와 연회가 있는 겨울 시즌을 보내기 위해 10월에 모스크바로 왔으며 길이 녹아 다닐 수 있게 되면 곧 지방에 있는 자신들의 영지로 되돌아갔다. 모스크바는 러시아의 중심지로 북부와 남부, 유럽과 아시아 초원 사이의 경제적 교차로에 위치해 있었다. 러시아 제국이 확대되면서 모스크바는 다양한 영향을 받아들여 지방에 모스크바의 고유한 스타일을 강요했다. 카잔이 대표적이었다. 오랜 한국의 수도인 카잔은 러시아인 정복자들의 이미지를 모방하고 있었다. 카잔의 성곽, 수도원, 주택과 교회들은 모두 모스크바 스타일로 건축되었다. 이 같은 의미에서 모스크바는 러시아 지방들의 문화적 수도였다.

하지만 동양적 풍습과 색채 그리고 소재들 또한 모스크바의 거리에서 볼 수 있었다. 시인 콘스탄틴 바추쉬코프는 모스크바를 동양과 서양이 "기묘하게 뒤섞여 있는 것"으로 보았다. 그에게 모스크바는 피터 대제가 "엄청난 것을 성취하긴 했지만 어떤 것도 마무리짓지는 못했다"는 혼란스러운 결론을 내리게 하는 미신과 장엄한 아름다움, 무지와 계몽의 경이적이고 불가해한 합류점이었다.[10] 일반적으로 모스크바의 이미지에서 여전히 칭기즈칸의 영향을 찾아 볼 수 있다. 모스크바의 아시아적 요소는 매력과 야만성의 원천이다. 비평가 벨린스키는 "교회 대신 이슬람 성전의 첨탑들이 있다면 하나는 셰헤라자드가 말하곤 했던 그 야만의 동양적 도시들 중 하나에 있었을 것이다"라고 쓰고 있다.[11] 마키 드 퀴스틴느는 모스크바의 둥근 천장은 "인도를 연상시키는 동양적 돔" 같은 반면 "성채와 포탑은 십자군 전쟁시의 유럽을 연상시킨다"고 생각했다.[12] 나폴레옹은 모스크바의 교회들이 회교사원 같다고 생각했다.[13]

모스크바의 유사 동양적 본질은 1830년대와 1840년대에 모스크바 재건에 지배적인 영향을 미쳤던 소위 신 비잔틴 양식에서 풍부하게 나타나고 있다. 신 비잔틴 양식이란 용어는 오해하기 쉽다. 신 비잔틴 건축 양식은 사실상 아주 절충적이어서 신 고딕 양식과 중세 러시아의 양식적 요소들이 비잔틴과 고전주의적 소재와 뒤섞여 있기 때문이다. 신 비잔틴 양식이란 용어는 데카브리스트에 대한 진압의 여파로 러시아 문화가 서구에서 벗어나고 있다는 사실을 알리기 위해 니콜라이 1세와 그의 이론가들이 조장한 것이었다. 차르 니콜라이 1세는 러시아를 비잔티움의 동양적 전통과 연결시키는 슬라브주의적 세계관에 공감하고 있었다. 양파 모양의 돔과 종탑, 천막 모양의 지붕과 코코쉬닉 박공벽이 있는 그리스도 구원 성당 같은 교회들은 그리스-비잔틴적 요소와 중세적인 러시아 양식을 결합하고 있다. 이 같은 건축물들과 함께한 러시아의 재탄생은 곧 고대의 고유한 구 모스크바 전통으로의 회귀를 위해 성 페테르부르크의 유럽식 문화에 대한 의식적 거부라는 민족적 르네상스로 신화화되었다.

모스크바와 성 페테르부르크의 대립은 러시아의 문화적 운명에 대한 서구주의자들과 슬라브주의자들 사이의 이데올로기 논쟁의 근거였다. 서구주의자들은 페테르부르크를 자신들의 유럽 주도적인 러시아의 이상적 모델로 주장한 반면 슬라브주의자들은 고대 러시아 생활 방식의 중심지로서 모스크바를 이상화했다. 토착적인 러시아 관습으로 통합된 정신 공동체의 슬라브주의적 이상은 도시의 중세적 윤곽에서 구체화된 것처럼 보였다. 크레믈린 성벽은 대지에 너무 굳건히 뿌리를 내리고 있었기 때문에 성벽이 대지에서 성장한 것처럼 보였다. 긴밀하게 결합된 모스크바 공동체, 모스크바의 꾸밈없는 성격은 고대 루시의 가족주의적 정신을 상징하고 있었다.

모스크바의 신화적 자기 이미지는 모두 모스크바의 '러시아적 특성'에 대한 것이었다. 모스크바의 생활 방식은 페테르부르크 귀족의 생활 방식보다 더 지방적이었고 러시아 민중의 습관에 더 가까웠다. 모스크바의 궁정들은 작은 영지들과 유사했다. 그것들은 넓고 개방적이었으며 대규모 오락을 위해 건축되었다. 궁정엔 농장으로 기능하는 대규모 중앙 안마당, 소와 가금류용 축사, 야채밭, 겨울용으로 지방에서 들여온 비축 물품을 위한 창고, 트베리스카야 거리에 있는 지나이다 볼콘스키의 저택 같은 더 큰 몇몇 저택엔 이국적인 겨울 과일을 키우기 위한 넓은 온실 등이 구비되어 있었다.* 시인 바추쉬코프는 모스크바 귀족 저택의 구세계 전원 분위기를 잘 묘사해주고 있는 글을 남기고 있다.

> 저택은 마구간 두엄과 장작이 가득 찬 큰 안뜰 주위를 둘러싸 건축되었다. 그 뒤로는 야채가 있는 채원이 있고 앞에는 우리 할아버지들의 전원주택에 비치되곤 했던 레일이 있는 커다란 현관이 있었다. 저택에 들어서면 카드를 하는 문지기를 만날 수 있을 것이다——그는 아침부터 밤까지 카드를 한다. 방엔 벽지가 없으며 벽은 가내 시종이 직접 그린 경이적인 큰 초상화들이 걸려 있었다. 한 쪽에는 러시아 차르의 초상화들

* 볼콘스키 가(벨로셀스키) 저택 1층은 후에 오늘날 그곳에 남아 있는 엘리세예프 상점 'Russian Fortnum and Mason'에 의해 인수되었다.

이 다른 쪽에는 큰 은쟁반에 홀로페른의 잘린 머리를 받쳐 들고 있는 유디트의 초상화와 뱀과 함께 있는 나체의 클레오파트라 초상화가 있다. 테이블엔 야채수프 접시들, 달콤한 완두콩 죽, 구운 버섯과 크바스 병들이 보인다. 주인은 양가죽 외투를 입고 있고 여주인은 코트를 걸치고 있다. 테이블 오른쪽에는 교구 사제, 교구 교사와 성스러운 바보Holy Fool가 있다. 왼쪽에는 어린 아이 무리와 늙은 주술사, 프랑스인 아주머니와 독일인 가정교사가 있다.[14)]

모스크바 궁정의 내부 장식은 공개보다는 개인적 안락을 목적으로 배치된다. "방마다 값비싼 카페트, 거울, 샹들리에, 안락의자와 긴 의자가 구비되어 있다——모든 것은 편안히 느낄 수 있도록 디자인되어 있다"고 바추쉬코프는 말하고 있다.[15)] 모스크바의 저택은 더 형식적인 페테르부르크의 궁정들에 비해 아늑하고 가정적이며 거의 부르주아적이다. 페테르부르크에선 주로 장엄한 공공 건축물에서 나타나고 있는 제국 양식이 모스크바에선 귀족의 사적 공간의 장식과 가구들의 풍부함에서 분명하게 드러난다.[16)] 쉐레메테프 가의 모스크바 저택인 스타라야 보즈디젠카에는 공식적인 응접실이 없다. 거실은 가구, 초목과 장식으로 혼잡스럽고 벽마다 가족 초상화와 봉헌 등이 있는 성상화로 뒤덮혀 있다.[17)] 거실은 모스크바 사람들의 안락함에 대한 애정이 유럽 중산 계급의 빅토리아풍 미학과 만나고 있는 장소다. 쉐레메테프 가 사람들은 자신들의 모스크바 저택을 '가족 피난소'라고 부른다. 그들은 모스크바 지역에 자신들의 가장 오래된 토지들(현재 쉐레메테보에 있는 모스크바 주 공항이 점유하고 있는 영지를 포함해)을 소유하고 있었기 때문에 모스크바를 자신들의 고향으로 생각했다. 니콜라이 페트로비치의 손자 세르게이 쉐레메테프는 "우리 가족 모두의 전통, 러시아에 대한 우리의 역사적 관계 모두가 모스크바를 되찾게 한다. 모스크바로 되돌아올 때마다 정신적으로 새로워지는 기분이다."[18]

세르게이의 느낌은 일반적인 것이었다. 많은 러시아인들은 모스크바를 자신들이 더 '러시아적' 일 수 있으며 스스로에게 더 관대해질 수 있는 장소라고 느낀다. 모스크바는 러시아인들이 자연스럽고 긴장을 풀 수 있는 특성을 반영한 도시다. 모스크바는 선한 삶에 대한 러시아인들의 사랑을 공유하고 있는 장소다. 러시아 속담은 "페테르부르크는 우리의 머리고, 모스크바는 우리의 가슴이다"라고 말하고 있다. 고골리는 또 다른 방법으로 모스크바와 페테르부르크를 대조하고 있다.

> 페테르부르크는 빈틈없고 정확한 유형의 사람인 완벽한 독일인이며 모든 것을 계산적인 방식으로 바라본다. 페테르부르크는 파티를 개최하기 전에 계산서를 검토한다. 모스크바는 일종의 러시아 귀족이며 모스크바가 유흥을 베풀려고 작정하면 마지막 한 푼까지 아낌없이 지원하며 주머니에 얼마나 있는지에 대해선 개의치 않는다. 모스크바는 어중간하게 하는 것을 좋아하지 않으며……. 페테르부르크는 모스크바가 촌스럽고 심미안이 없다고 놀리기를 좋아한다. 모스크바는 페테르부르크가 러시아어를 할 줄도 모른다고 비난하며…… 러시아는 모스크바를 필요로 하고 페테르부르크는 러시아를 필요로 한다.[19]

2

'러시아적' 도시로서의 모스크바에 대한 관념은 해외 문명으로서의 성 페테르부르크에 대한 개념에서 발전했다. 성 페테르부르크가 이국적이며 인위적인 장소라는 문학적 인식은 1812년 이후 일반적인 것이 되었다. 당시는 더 진정한 민족적 생활 방식에 대한 낭만적 열망이 문학적 상상력을 지배하고 있었다. 하지만 페테르부르크의 이국적 특성은 늘 페테르부르크의 통속적인 신화의 일부였다. 건설된 순간부터 전통주의자들은 페테르부르크의 유럽적 방식을 공격했다. 구교도와 코사크인들 그리고 농민들 사이에서 피터는 독일인이며, 대체로 그가 페테르부르크로 데리고 온 외국인들과 유럽식 의복, 담배와 면도 같은 부수적인 악들 때문에 피터는 진정한 차르가 아니라는 소문이 돌았다. 18세기 중엽까지 페테르부르크에 대한 은밀한 신화적 이야기와 소문이 무수히 떠돌고 있었다. 거리를 걸어다니는 피터의 유령, 교회 위를 뛰어다니는 기이한 신화적 동물들이나 도시 건설중에 횡사한 사람들의 유골을 씻어서 정돈하는 아주 파괴적인 홍수에 대한 이야기 등 다채로운 이야기가 있었다.[20] 이 같은 구전 장르는 후에 성 페테르부르크와 모스크바의 문학 살롱에서 꽃을 피웠다. 문학 살롱에서 푸쉬킨과 오도예프스키와 같은 작가들이 이 이야기들을 자신들의 페테르부르크 유령 이야기의 자료로 이용했다. 따라서 성 페테르부르크의 신화들은 구체화——러시아에 이국적인 비현실적 도시, 판타지와 유령의 초자연적 영역, 억압과 묵시의 왕국——되었다.

'페테르부르크 이야기'라는 부제가 붙은 푸쉬킨의 『청동의 기사』는 이러한 문학적 신화의 선구적 텍스트였다. 이 시는 시의 유개념

장소genus loci로서 상원 광장에 세워져 있는 팔코네의 피터 대제의 기마상에 영감을 받았다. 기마상을 아주 유명하게 만드는 시처럼 기마상은 수도의 제국적 장엄함의 위험한 토대를 상징하고 있다——한편으로 자연을 극복한 피터의 눈부신 위업을 과시하고 있으며 다른 한편으로 그가 실제로 말을 어느 정도나 제어하고 있는지 불확실하게 남겨두고 있다. 그는 떨어지려 하고 있는 것인가 아니면 공간으로 치솟으려 하고 있는 것인가? 말을 몰아 대고 있는 것인가 아니면 어떤 재난에 직면해 말을 제어하려 하고 있는 것인가? 기사는 말의 팽팽한 고삐로 겨우 물러나 심연 끝에서 주춤해 있는 것처럼 보인다.[21] 동상이 서있는 거대한 화강암——그 모습이 너무 거친——은 그 자체가 인간과 자연 간의 비극적 투쟁의 상징이다. 돌에 새겨진 도시는 그것을 요구하는 수해에서 전적으로 안전하지 못하며 벼랑 끝에 살고 있다는 의식이 팔코네에 의해 훌륭하게 전달되고 있다.

1909년 기술 위원회가 기마상을 검사했다. 엔지니어들은 청동상에 구멍을 뚫었다. 그들은 청동상 안에서 1500리터의 물을 뽑아냈다.[22] 보호 제방이 없다면 홍수는 페테르부르크의 끊임없는 위협이다. 푸쉬킨이 홍수가 있던 해인 1824년에 쓴 시인 「청동의 기사」는 홍수와 연인 파라샤의 집이 쓸려 내려가 버린 사실을 알게 된 예브게니라는 슬픈 점원의 이야기를 하고 있다. 미칠 지경이 된 예브게니는 도시를 배회하다 팔코네의 기마상을 마주치자 홍수에 잠기는 시를 건설한 데 대해 차르를 혹평한다. 기마상은 분기해 불쌍한 점원을 좇았고 예브게니는 말발굽 소리의 공포 속에서 밤새 달린다. 예브게니의 몸은 마침내 홍수가 파라샤의 집을 옮겨 놓은 작은 섬에 밀어 올려진다. 시는 여러 가지 상이한 방식으로 해석——국가

10. 에티엔느-모리스 팔코네 : 청동의 기사 피터 대제 기념비, 1782.

와 개인, 진보와 전통, 도시와 자연, 전제 정치와 민중 간의 충돌로——될 수 있으며 이 시는 고골리에서 안드레이 벨르이에 이르기까지 이후의 모든 작가들이 러시아 운명의 중요성을 토론하는 기준이 되었다.

> 당당한 군마여, 너 예술은 어디로 나아가는가?
> 너는 어디에서 도약하는가? 그리고 어느 곳에서, 누구에게서
> 너의 발굽은 초목을 시들게 하는가?[23]

슬라브주의자들에게 피터의 도시는 성스러운 루시와의 재난적 결별의 상징이었으며, 서구주의자들에겐 러시아의 유럽화가 진보하고 있다는 신호였다. 어떤 사람들에게 페테르부르크는 질서와 이성으로 자연을 정복한 문명의 승리였다. 또 다른 사람들에게 그것은 괴물 같은 인공물이며 비극적 운명이 예고된 인간의 고통 위에 세워진 제국이었다.

페테르부르크의 이미지를 소외시키는 장소로 고착시킨 사람은 단연 고골리였다. 수도에서 살아남기 위해 투쟁했던 젊은 '우크라이나 작가'로서 고골리는 문학적 분신 제2의 나alter egos가 그의 『페테르부르크 이야기』(1842)를 채우고 있는 소 점원들 속에서 살았다. 이들은 슬픔에 잠긴 고독한 사람들이었고 페테르부르크의 답답한 분위기에 짓눌리고 대부분 푸쉬킨의 『청동의 기사』에 나오는 예브게니처럼 결국 죽게 될 운명이다. 고골리의 페테르부르크는 환상과 기만의 도시다. 그는 『페테르부르크 이야기』의 초반부인 『네프스키 대로』에서 "아, 이 네프스키 대로에선 믿음을 갖지 못하지…… 그것은 모두 기만이고 꿈이며 실재하는 것은 아무것도 없어!"라고 경고하고 있다. "네프스키 대로는 온종일 기만하고 있지만 최악의 시간은 밤이다. 밤에는 도시 전체가 소음과 발광 신호등이 뒤섞여 혼란스럽고……. 악마가 직접 나와 거짓된 빛 속에서 모든 것을 드러내기 위한 단 한 가지 목적으로 가로등을 켠다."[24] 이 번쩍이는 행렬의 그림자 속에 숨겨져 있는 고골리의 '가련한 사람들'은 거대한 행정 건물에 있는 사무실과 자신들이 살고 있는——물론 홀로——역시 영혼이 없는 임대 아파트들 사이를 황급히 오간다. 고골리의 페테르부르크는 실재 도시의 그림자 같은 이미지이며 우아함이 결여된 세계의 악몽 같은 환영이다. 그곳엔 인간의 탐욕과 허영만이 번

창할 수 있다. 『페테르부르크 이야기』의 마지막인 「외투」에서 하급 공무원인 아카키 아카키예비치는 오랫동안, 부서에서 유행을 따르는 상사들의 놀림거리가 되었던 자신의 낡은 외투를 새로 장만하기 위해 절약해 저축해야 했다. 그는 새 외투로 자부심과 개인적 가치를 회복한다. 그것은 축하 샴페인 파티를 여는 동료들이 그를 받아들였다는 사실을 상징하고 있다. 하지만 그는 어둠과 '끝없는 광장'을 가로질러 집으로 걸어가던 중 소중히 여기던 모피를 강탈당한다. '중요한 인물'에게 호소해 그것을 되찾으려는 그의 노력은 무위로 끝난다. 그는 감기와 무관심한 사회에 의해 짓밟히고 병들어 죽게 되는 비극적 인물이다. 하지만 아카키의 유령은 페테르부르크의 거리를 배회한다. 어느 날 밤 아카키의 유령은 중요한 인물을 따라다니며 괴롭히다 그의 외투를 강탈한다.

도스토예프스키는 모든 러시아 문학은 "고골리의 '외투'에서 영향을 받았다"고 말했다.[25] 『죄와 벌』 같은 후기 작품들에선 페테르부르크의 지형학에 중요한 심리적 차원을 추가하긴 하지만 초기 이야기, 특히 『분신』(1846)은 매우 고골리적이다. 도스토예프스키는 주인공들의 병적인 정신세계를 통해 비실재적인 도시를 창조하고 있으며 결국 그것은 "환상적인 현실"이 되고 있다.[26] 라스콜리니코프 같은 꿈꾸는 사람들의 마음 속에서 환상은 현실이 되고 인생은 살인을 포함한 어떤 행동도 정당화될 수 있는 게임이 된다. 이곳은 인간의 감정이 고독과 이성에 의해 왜곡되고 파괴되는 장소다. 도스토예프스키의 페테르부르크는 꿈꾸는 사람들로 가득 차 있다. 그는 그 사실을 페테르부르크의 제한된 조건들, 바다에서 불어오는 빈번한 연무와 안개, 사람들을 병들게 하는 차가운 비와 이슬비로 설명했다. 페테르부르크는 열에 들뜬 꿈과 기이한 환각의 장소이며 이상향과 현실 세계가 흐려지게 된 북부 여름의 잠 못 드는 백야 때문에 쇠약해진 신경과민의 장소이다. 도스토예프스키 자신도 그 같은 환상적 탈출에 면역이 되어 있지는 않았다. 1861년에 그는 1840년대 초에 자신이 직접 보았던 '네바 강의 광경'을 회상하며 단편소설 『나약한 마음』(1841)에 포함시키고 있다. 도스토예프스키는 그것이 바로 자신의 예술적 자아 발견의 순간이라고 주장하고 있다.

> 브이보르크 쪽에서 집으로 서둘러 오고 있던 1월의 어느 추운 밤을 기억하고 있고……. 네바에 도착했을 때 잠시 멈춰 서 강을 따라 연기가 자욱하고 서리가 내린 듯이 희미한 먼 곳을 뚫어지게 바라보았다. 그곳은 지는 석양의 진홍빛으로 갑자기 붉게 물들었다……. 지친 말들과 달리는 사람들은 얼어붙은 김을 토해냈다. 팽팽한 대기는 아주 작은 소리에도 떨렸고 거인 같은 연기 기둥들이 제방 양쪽에 있는 지붕들에서 피어올라 똬리를 틀었다 풀며 차가운 하늘을 가로질러 솟아올랐다. 새로운 건물들이 옛 건물 위로 솟아오르고 새로운 도시가 공중에서 만들어지고 있는 것처럼 보였다……. 그것은 마치 강하면서 약한 그 거주자들, 가난한 사람들의 피신처이거나 이 세계의 권력자들이 안락하게 지낼 수 있는 귀족들의 저택이 있는 이 모든 세계가 황혼녘의 시간에는 요정나라의 환상적 광경, 짙푸른 하늘에서 수증기처럼 희미하게 사라져버리는 꿈같이 보인다.[27)]

3

상대적으로 모스크바는 현실을 추구하는 장소다. 18세기 페테르부르크의 부상과 함께 모스크바는 귀족들을 위한 '풍족한 생활'의 중심지가 되었다. 푸쉬킨은 모스크바가 "악당들과 괴짜들"——"자신들의 모든 정열을 무해한 스캔들을 퍼트리고 환대하는 데 쏟아부으며 궁정을 피해 근심 없이 살아가는" 독립 귀족들——을 끌어들였다고 말했다.[28] 모스크바엔 궁정이 없었다——그리고 그들 자신을 사로잡는 궁정이 없어 모스크바의 대공들은 감각적 오락에 몰두했다. 모스크바는 레스토랑과 클럽, 화려한 무도회와 유흥으로 유명했다——요컨대 페테르부르크와 전혀 달랐다. 페테르부르크는 모스크바의 죄스러운 나태를 경멸했다. 데카브리스트 써클의 시인이었던 니콜라이 투르게네프†는 "모스크바는 쾌락주의적 즐거움의 심연이다"라고 쓰고 있다. "모스크바 사람들이 하는 일이라곤 먹고, 마시고, 자고, 파티에 가고 카드를 하는 것뿐이다——그리고 그 모든 것은 그들 농노의 고통을 대가로 한 것이었다."[29] 하지만 누구도 모스크바의 러시아적 특성을 부정할 수는 없다. F. F. 피겔은 "모스크바는 거칠고 방탕할지는 모르지만 그것을 변화시키려 해도 별 의의가 없다. 우리 모두에겐 모스크바적인 부분이 있고 모스크바를 지울 수 있는 러시아인은 없기 때문이다."[30]

모스크바는 러시아 음식의 중심지다. 모스크바만큼 다채로운 레스토랑을 자랑하는 도시는 없다. 『안나 카레니나』의 서장에서 레빈과 오블론스키가 그 유명한 점심식사를 하는 영국식 상류 계급 만찬 클럽, 상인들이 큰 거래를 하는 슬라빅 바자르Slavic Bazaar 같은 비즈니스 레스토랑, 스트렐나와 야르(푸쉬킨이 종종 그의 시에서 언급하는) 같은 사교계의 심야 영업장소들, 여자들을 동반하지 않아도

† 유명한 작가, 투르게네프의 친척.

되는 커피 하우스, 보통 사람을 위한 음식점(kharchevnye), 어떤 취향도 만족시킬 수 있는 아주 다양한 선술집 등이 있다. 또한 부모들이 자식들을 특별히 데리고 가는 테스토브 같은 구식 선술집, 에고로프 팬케이크나 로파쉐프 파이 같은 특별 요리로 유명한 선술집, 사냥꾼들이 즐겨 찾는 곳에 노래하는 새를 비치한 선술집, 주연 장소로 아주 유명한 선술집 등이 있다.[31] 모스크바엔 프랑스인들에게 한두 가지를 전수해 줄 정도로 아주 다양한 레스토랑이 있었다. 나폴레옹 군대가 모스크바에 진주했을 때 그들은 빨리 먹을 필요가 있었다. 그들이 말하곤 했던 '비스트로Bistro!'는 러시아어로 '빨리 빨리'라는 의미다.

모스크바는 식도락가의 도시다. 모스크바는 풍요의 중심지로서 그 자신의 자기 이미지를 재생산하는 아주 다채로운 풍부한 민속전승을 가지고 있다. 예를 들어 19세기 초 라흐마노프 백작은 상속 재산 모두——2백만 루블(20만 파운드)이 넘는 것으로 추산된다——를 겨우 8년간의 미식에 낭비하고 있다. 그는 버섯의 일종인 트러플을 가금류에게 먹이로 주었고, 왕새우를 물 대신 크림과 파르마 치즈 속에 저장했다. 그리고 300킬로미터 떨어진 소스나 강Sosna River에서만 잡히는 아주 희귀종으로 매일 모스크바로 산 채로 배달되는 생선을 즐겨 먹었다. 무신-푸쉬킨 백작도 마찬가지로 낭비가 심했다. 그는 송아지들을 크림으로 사육하며 신생아처럼 요람에서 길렀다. 가금류엔 호두를 먹이로 주고 육질을 좋게 하기 위해 와인을 마시게 했다. 모스크바의 역사 기록에선 호화로운 연회들이 전설적으로 묘사되고 있다. 스트로가노프 백작(쇠고기 요리에 이름이 붙은 사람의 19세기 초 선조)은 유명한 '로마식 만찬'을 주최했다. 만찬에서 그의 손님들은 소파에 누워 벌거벗은 소년들의 시중을 받았다. 캐

비어와 과일 그리고 청어 요리는 대표적인 전채 요리였다. 다음으로 연어 아가리, 곰 발바닥과 구운 스라소니가 나왔다. 다음으로는 꿀에 절여 구은 뻐꾸기, 핼리벗 간, 모캐 어란, 굴, 닭과 새끼 돼지, 절인 복숭아와 파인애플이 이어졌다. 손님들은 식사를 마친 후 바냐로 가 실질적인 갈증을 돋게 하기 위해 캐비어를 먹으며 마시기 시작했다.[32)]

모스크바 연회는 세련된 음식보다는 엄청난 규모로 더 유명하다. 식사 때 200가지의 서로 다른 음식들이 제공되는 것이 일반적이었다. 어떤 연회의 메뉴를 보면 손님들에게 10종류의 수프, 24가지 파이와 고기 요리, 64종의 사소한 요리들(뇌조와 상오리 같은), 몇 가지 종류의 로스트 고기(양고기, 쇠고기, 염소고기, 토기고기와 새끼 돼지), 12가지 샐러드, 28가지 다채로운 타트, 치즈와 신선한 과일을 제공했다. 포식한 손님들은 거실로 가 달게 설탕을 친 과일을 먹는다.[33)] 위신이 궁정에서의 승격을 의미하는 사회에서 공후들은 경쟁적으로 환대를 하게 된다. 최고의 농노 요리사에겐 엄청난 금액이 지불되었다. 쉐레메테프 백작(니콜라이 페트로비치)은 자신의 최고 주방장에게 850루블의 연봉——농노에게는 엄청난 금액——을 지불했다.[34)] 주인들은 요리사들을 예술가와 동급으로 대우했으며 그들을 해외에서 교육시키는 데 비용을 아끼지 않았다. 공후들은 자신들의 요리사가 처음으로 만든 음식으로 명성을 얻었다. 그들 중에서 가장 유명한 포템긴 공작은 자신의 화려한 잔치에서 통돼지를 제공하는 것으로 잘 알려져 있었다. 내장은 모두 입을 통해 제거되고 소시지로 몸통이 채워진 통돼지는 와인으로 빚은 밀가루 반죽 속에서 조리된다.[35)]

조신들만 사치스러운 요리를 먹는 것은 아니었다. 지방 가문들도 소비적 정열에 사로잡히기 쉬웠다. 영지에서 하는 다른 사소한 일들과 함께 식사는 예외 없이 시간을 보내는 방법이었다. 점심은 몇 시간이나 계속되곤 했다. 먼저 찬 것과 뜨거운 것 순으로 자쿠스키 zakuski(전채)가 나오고 이어 수프, 파이, 가금류 요리, 로스트 요리가 이어지며 마지막으로 과일과 사탕이 제공되었다. 그리고 나서야 차 시간이었다. 온종일 '식사가 계속되는' 귀족 가정들이 있었다. 우크라이나에 있는 중간 귀족 가문인 브로드니트스키 가가 대표적이었다. 잠자리에서 일어나면 커피와 롤빵을 먹고 아침참인 자쿠스키가 이어지고 점심엔 차와 함께 6가지 풀코스 점심, 설탕을 친 빵과 잼 이어 초저녁 간식으로 양귀비 씨앗과 견두, 커피, 롤과 비스킷을 먹는다. 그 다음에 저녁식사——주로 가벼운 식사로 얇게 저민 냉육과 치즈로 만든 요리——를 하고는 잠자리에 들기 전에 차를 마신다.[36]

이런 유형의 사치스러운 식사는 상대적으로 새로운 현상이었다. 17세기 구 모스크바의 음식은 단순하고 소박했다——메뉴는 생선, 삶은 고기와 가정용 가금류, 팬케이크, 빵과 파이, 마늘, 양파, 오이와 무, 야채와 비트의 뿌리로 구성되어 있었다. 모든 것은 요리의 맛을 같게 만드는 삼씨기름으로 조리되었다. 차르의 식탁조차 상대적으로 초라했다. 1670년 차르 알렉세이의 결혼 축연 메뉴는 사프란을 곁들인 구운 백조, 레몬을 곁들인 뇌조, 거위 내장, 신 야채를 곁들인 닭과 크바스로 구성되었다.[37] 해외에서 더 흥미로운 음식과 요리법이 수입된 것은 18세기에 들어서였다. 즉 버터, 치즈와 신 크림, 그을은 고기와 생선, 가루 반죽 요리, 샐러드와 녹색 야채, 차와 커피, 초콜릿, 아이스크림, 와인과 음료들이 수입되었다. 자쿠스키조차 유럽식 전채 관습의 모방이었다. 어떤 음식보다 가장 '러시아적'

으로 보이기는 했지만 생선 묵 같은 '전통적인 자쿠스키'는 19세기 초에야 겨우 개발되었다. 러시아 요리가 전체적으로 마찬가지였다. 19세기 모스크바 레스토랑에서 제공되던 '전통적인 특별 요리들'은 사실상 아주 최근에 개발된 것이었다. 그 대부분은 1812년 이후 구 러시아 양식에 대한 새로운 미각에 호소하기 위해 만들어졌다. 최초의 러시아 요리책은 1816년에야 발행되었다. 이 책에선 더 이상 러시아 요리를 완벽하게 묘사하는 것은 불가능하다고 말하고 있다. 즉 사람들이 할 수 있는 일이라곤 민중의 기억으로부터 과거의 요리법을 재창조하는 데 불과하다는 것이었다.[38] 사순절 요리가 아직 18세기 유럽식 요리법으로 대체되지 않은 유일한 전통 음식이었다. 구 모스크바는 생선과 버섯 요리, 브로쉬(비트 뿌리)와 쉬(야채) 같은 야채수프, 부활절 빵과 파이 같은 조리법, 사순절에 먹는 수십 종의 다채로운 죽과 부침개의 풍부한 전통이 있었다.

식료품들은 단순한 음식물이 아니라 러시아 대중 문화에서 전통 역할을 수행하고 있었다. 예를 들어 빵은 일상 생활에서의 역할을 훨씬 넘어서는 종교적이고 상징적인 중요성을 갖고 있었다. 러시아 문화에서 빵은 서구의 다른 기독교 문화에서보다 훨씬 중요했다. 빵(khleb)이란 단어는 러시아어에서 '부', '건강' 그리고 '환대'라는 의미로 사용되었다. 빵은 농민 의식들에서 중심적 역할을 했다. 봄에는 철새의 회귀를 상징하기 위해 새 모양의 빵을 구었다. 농민들의 결혼식에선 신혼부부의 다산을 상징하기 위해 특별한 빵 한 덩어리를 구었다. 농민 장례식에선 가루 반죽으로 사다리를 만들어 영혼의 승천을 돕도록 시체 옆 무덤 속에 넣는 것이 관습이었다. 빵은 이승과 저승 간의 성스러운 연결 고리이기 때문이었다. 그것은 죽은 사람의 영혼들이 살고 있다고 전해지는 페치카의 민간 전승과 결부되어 있다.[39] 빵은 소금과 함께 종종 방문객에 대한 전통 공물에서 가장 중요한 선물로 건네진다. 사실 모든 식료품이 선물로 이용된다. 이것은 모든 계급이 공유하고 있는 관습이었다. 모스크바의 괴짜 귀족인 알렉산드르 포리우스-비자풀스키(이름까지 기이하다)는 진짜 귀한 사람들에게——그리고 때로는 알지도 못하는 사람들에게(돌고루코프 공작은 한 번은 방문해 안면을 트고 싶다는 포리우스-비자풀스키의 편지가 첨부된 12개의 굴이 든 소포를 받았지만 그의 방문을 받지는 못했다)——굴을 보내곤 했다. 야생 가금류도 일반적인 선물이었다. 시인 데르자빈은 도요새를 보내는 것으로 유명했다. 언젠가 그는 베볼시나 공작녀에게 큰 파이를 보냈다. 그것을 개봉하자 그녀에게 트러플 파이와 한 묶음의 물망초를 선사하는 난쟁이가 나타났다.[40] 차르도 축제 선물로 민중에게 음식을 베풀었다. 1791년 터키에 대한 승리를 기념하기 위해 예카테리나 여제는 궁정 광장에 음식 두 무더기를 산더미처럼 쌓아 놓으라고 지시했다. 각각의 무더기 꼭대기는 와인을 뿜어내는 분수로 마무리지었다. 여제가 겨울 궁정에서 신호하면 민중들은 뿔 모양의 장식품에 담긴 음식을 마음껏 즐길 수 있었다.[41]

음식은 또한 19세기 문학에서 중요한 상징적 역할을 했다. 음식에 대한 기억은 종종 어린 시절의 향수를 자극하는 장면에서 차용되었다. 톨스토이의 이반 일리치는 임종시에 자신의 삶에서 유일하게 행복한 순간들은 어린 시절이었다고 결론짓고 있다. 다시 말해서 어린 시절의 기억들은 음식, 특히 어떤 이유로 자두와 관련된 기억들이었다. 식도락 이미지는 흔히 풍족했던 과거의 생활을 묘사하는 데 이용되었다. 고골리의 『디칸카 근교 야화』는 우크라이나인의 풍족한 식사 문화에 대한 서정적 묘사로 가득 차 있다. 곤차로프의 오블로모프는 나태의 상징인 옛날 방식의 러시아 음식을 폭식하고 있다. 그리고 체홉의 『벚꽃 동산』(1904)에 나오는 옛 집사인 피어는 (분명 이러한 문학적 전통의 냉소로) 50년도 더 된 오래 전 영지에서 모스크바로 보냈던 버찌를 여전히 회상하고 있다(그리고 당시 말린 버찌는 부드럽고 즙이 많아 달콤하고 맛있었죠…… 그들은 당시 그것을 만드는 법을 알고 있었습니다…… 그들에겐 조리법이 있었습니다……).[42] 모스크바 자체가 음식에 대한 민간 전승에서 신화적 위치를 차지하고 있었다. 체홉의 『세 자매』(1901)에 나오는 집사 페라폰트는 모스크바에 가서 테스토브나 어떤 다른 번화한 레스토랑에서 식사를 하고 싶어하는 안드레이에게 말한다.

> "언젠가 사무실에서 어떤 계약자가 모스크바에서 부침개를 먹고 있는 사업가 몇 명에 대해 나에게 말했었지. 그들 중 한 명은 40개의 부침개를 먹고 죽었다고 말이야. 40개인지 50개인지는 정확하게 기억나지 않는군."[43]

대식은 종종 러시아적 특성의 상징으로 제시되고 있다. 특히 고골리는 음식의 은유를 강박적으로 사용했다. 그는 흔히 확장적인 자연을 늘어나는 허리와 결부시켰다. 그의 단편 소설 중 하나에 나오는 코사크 영웅 타라스 불바Taras Bulba(이 이름은 우크라이나어로 '감자'를 의미한다)는 이러한 삶에 대한 욕망의 화신이다. 그는 키예프 학교에서 집으로 돌아온 아들들을 맞아 아내에게 '제대로 된 식사'를 준비하라고 이른다.

> 도너츠, 벌꿀 빵, 양귀비 케이크나 다른 진미들은 필요 없어. 양고기를

통으로 가져오라고, 염소고기와 40년 된 꿀술이면 돼! 그리고 보드카를 있는 대로 가져오라고, 건포도나 향료 같은 기호품을 곁들인 보드카가 아니라 미친 듯이 쉬이 소리를 내며 끓어올라 거품이 이는 순수한 보드카를 말이야![44]

양동이 가득히 보드카를 마실 수 있는지가 '진정한 러시아인'에 대한 시험이었다. 서구에서 러시아로 증류 기술이 퍼진 16세기 이후로 축제나 휴일에는 엄청나게 마셔대는 것이 관습이 되었다. 음주는 사회적인 것——홀로 술을 마시는 경우는 없었다——이었으며 공동체의 축제와 결부되어 있었다. 이는 신화적인 이미지와는 달리 전체적으로 보드카 소비는 그다지 많지 않았다는 사실을 의미한다(음주가 금지되는 연 200일의 금식일이 있었다). 하지만 러시아인들이 술을 마실 때는 엄청난 양을 마셨다. (그것은 음식과 마찬가지였다——금식에 이은 축제——아마도 민족적 성격과 역사에 어떤 관련이 있는 빈번한 교체. 다시 말해서 오랜 기간의 겸양과 인내가 즐거운 자유와 극단적 해방감으로 대체되는 것이다.) 러시아에서 전해오는 음주 행태는 경외감을 느끼게 할 정도다. 결혼식과 연회에선 때로 마지막까지 서 있는 사람이 '보드카 차르'가 될 때까지 50차례나 건배——손님들은 술잔을 단숨에 들이킨다——가 계속됐다.

러시아에선 1841년에서 1859년까지 매년 1000명이 음주로 사망한 것으로 전해진다.[45] 하지만 그렇다고 러시아인의 음주 문제가 고질적이거나 오래된 악습이라 치부될 수는 없다. 사실 러시아인들의 알코올 소비 수준이 민족 생활에 위협이 된 것은 근대(18세기 말에 시작하는)에 들어서이다. 그리고 그 당시에도 문제는 본질적으로 귀족과 국가에 의해 날조되었다.* 전통적인 음주 형태는 알코올이 성스럽다——휴일에나 제공되는 귀한 물품——는 맥락에서 결정되었다. 하지만 18세기 후반에 국가로부터 보드카 제조에 대한 면허를 받은 귀족 증류주 제조업자들이 생산을 수십 배로 늘렸다. 경찰 통제를 귀족 지방 장관으로 이전한 1775년 지방 정부 개혁으로 합법적으로 혹은 비합법적으로 호황을 누리던 소매 사업에 대해 국가가 거의 통제하지 않으면서 보드카 거래업자들은 큰 부자가 되었다. 갑자기 거리마다 보드카 상점들이 들어섰고 도처에 선술집이 생겼다. 종교적 금지 이외에 더 이상 음주에 대한 제한은 없었다. 정부는 늘어나는 음주의 사회적 비용을 의식하고 있었다. 또한 교회는 끊임없이 문제를 제기하며 주류 상점에 대한 반대운동을 대대적으로 전개했다. 이 문제는 수 세기에 걸쳐 형성되어 온 음주 행태——러시아인들이 술을 마실 때마다 과음하는 버릇——를 수정하거나 적어도 주류 공급을 감소시켰다. 하지만 국가 총수입의 4분의 1을 보드카 판매에서 얻고 있었고 귀족들이 주류 매매에 관심을 쏟고 있었기 때문에 개혁에 대한 압력은 거의 없었다. 당국이 알코올 소비를 줄이는 쪽으로 기운 것은 제1차 세계대전이 일어나고 나서였다. 하지만 정부가 도입한 보드카에 대한 금지는 음주 문제를 더 악화시킨(러시아인들이 훨씬 더 위험한 파라핀과 불법 밀조주에 의존했기 때문에) 반면 보드카 판매에서 오는 세수입 손실은 1917년 체제가 붕괴하게 되는 데 크게 기여하게 된다.

"모스크바와 성 페테르부르크는 다음과 같은 차이가 있다. 모스크바에선 며칠 동안 친구가 보이지 않으면 안 좋은 일이 있다고 생

* 18세기 후반기까지 성인 남자 한 명당 연 알코올 소비는 2리터 정도였지만 1790년대 예카테리나의 치세 말기에 들어서서는 5리터까지 증가했다(R. E. F. 스미스와 D. 크리스찬, 『빵과 소금 : 러시아 음식과 술의 사회 경제사』(캠브리지, 1984, 218쪽).

각하고 친구가 죽었는지 확인하기 위해 사람을 보낸다. 하지만 페테르부르크에선 당신이 일이 년 동안 보이지 않아도 당신을 그리워하는 사람은 없을 것이다."[46] 모스크바인들은 늘 따뜻하고 우호적인 '가정' 으로서의 모스크바의 이미지에서 편안함을 느낀다. 냉정하고 형식적인 페테르부르크와 대비되는 모스크바는 자신의 아늑한 '러시아적' 관습과 환대에 자부심을 느낀다. 궁정이 없고 종사할 공직이 많지 않은 모스크바인들은 친구들을 방문하고 파티, 축제 그리고 무도회를 순회하는 것 이외에는 할 일이 거의 없다. 모스크바 저택의 현관들은 늘 열려 있으며 방문 시간을 정하는 페테르부르크의 관습은 비합리적인 것으로 여겨진다. 손님들은 언제나 방문할 수 있으며 명명일, 생일이나 종교 축일 혹은 누군가 지방이나 해외에서 왔을 때와 같은 특정한 날엔 들고 나는 사람들로 집이 분주하다.

모스크바는 사치스러운 유흥으로 유명하다. 귀족들의 재산 전부가 일반적으로 유흥에 소비되었다. 가장 화려한 연회에서 모스크바의 미식가들은 전례 없는 환락에 대한 취향을 드러내고 있다. 야쉬코프 백작은 1801년 자신의 모스크바 저택에서 20일 동안 18번의 무도회를 개최했다. 인근의 공장들은 불꽃놀이의 위험 때문에 조업을 중단해야 했으며 음악 소리가 너무 커서 인근에 있는 노보데비치 수녀원의 수녀들은 잠을 잘 수가 없을 정도였다——수녀는 잠을 자려하기보다는 유흥에 이끌려 무도회를 지켜보기 위해 담 위로 올라갔다.[47] 쉐레메테프 가는 화려한 파티로 훨씬 더 유명했다. 5만 명이 넘는 손님들이 대정원에서 열리는 대규모 오락을 즐기기 위해 매년 수차례나 모스크바를 벗어나 쿠스코보를 찾곤 했다. 모스크바에서 쿠스코보로 가는 길은 마차들도 붐볐고 모스크바 중심가에 이르는 24킬로미터에 걸쳐 마차행렬이 이어지곤 했다. 정원에 들어선 손님들은 집처럼 편안하게 지낼 것을 권고하는 공고를 볼 수 있었으며 마음대로 즐길 수 있었다. 숲 속에선 합창단이 노래를 불렀고 호른 악단이 연주했으며 이국적 동물, 정원에서의 오페라, 실내극장, 불꽃놀이 및 소리와 빛의 쇼가 손님들을 맞았다. 집 앞에 있는 호수에선 함선끼리 모의 전투까지 했다.[48]

상대적으로 지명도가 떨어지는 가문들도 성대한 연회를 개최했으며 때로는 전 재산을 사교 모임에 지출했다. 히트로보 가문은 부유하지도 비중 있는 가문도 아니었지만 19세기 모스크바에서 사치스럽지는 않지만 언제나 매우 활기차고 즐거운 무도회와 야회——'모스크바의 전형적인 것' 이었다——를 개최하는 것으로 유명했다.[49] 모스크바 스타일로 유명한 또 다른 여주인은 상원의원 알카디 바쉴로프가 앞치마와 모자를 쓰고 자신이 직접 요리한 음식을 접대하곤 했던 아침 파티로 유명해진 마리아 림스키-코르사코프였다.[50] 모스크바엔 괴짜 주인들이 많았다——그 중 가장 괴팍한 사람은 오락을 좋아하는 것으로 악명이 높았던 엄청난 부자 플레이보이 프로코피 데미도프 백작이었다. 그는 농민 출신임을 강조하기 위해 시종들에게 한 쪽 발에는 양말을 다른 쪽 발에는 인피 신발을 신게 하고, 반은 비단으로 반은 대마로 만든 특수한 제복을 입히곤 했다. 또한 연회를 개최할 땐 정원과 저택 동상이 있던 자리에 벌거벗은 시종을 배치했다.[51]

상류 사회 사람들을 위한 점심과 저녁 시간에 한 쪽 문을 열어 놓는 러시아적 관습은 이러한 환대 전통의 중요한 부분이었다. 페테르부르크에서 최고의 귀족이었던 쉐레메테프 가의 파운틴 하우스에선 식사 때마다 50명의 손님이 참석하곤 했다. 하지만 모스크바에서 이 정도의 손님 수는 상대적으로 작은 귀족 가정이 접대했던 경우였다. 반면 가장 큰 스트로가노프나 라주모프스키 저택의 손님 수는 훨씬 더 많았다. 라주모프스키 백작은 식탁을 개방하는 것으로 유명했다. 그는 손님들 중 상당수의 이름은 몰랐지만 체스에는 극히 민감해서 늘 새로운 상대와 체스 두는 것을 즐겼다. 체스를 너무 잘 둬서 6주 동안 백작의 저택에 머물렀던 군 장교가 있었다—그의 이름을 아는 사람이 없긴 했지만.[52] 일반적으로 어떤 집에서 일단 만찬을 한 후에는 정기적으로 찾는 것이 관습이었으며 다시 찾지 않는 것은 모욕이었다. 이 같은 관습은 너무 넓게 퍼져 있었기 때문에 어떤 귀족은 매일 밖에 나가서 식사할 수 있기는 했지만 미움을 받을 정도로 너무 자주 방문하지는 않았다. 쉐레메테프가, 오스터만-톨스토이 가와 스트로가노프 가 같은 대귀족들은 늘 식객이 있었다. 코스테네츠키 장군은 20년간 오스터만-톨스토이 가에서 저녁을 먹었다— 백작이 식사 한 시간 반 전에 장군에게 자신의 마차를 보내곤 하는 것이 습관이 되었을 정도였다. 스트로가노프 백작은 거의 30년간 이름을 알지 못했던 손님이 있었다. 어느 날 그 손님이 보이지 않자 백작은 그가 죽었을 것이라고 생각했다. 그 사람은 실제로 사망했던 것으로 판명되었다. 점심을 먹으러 오던 중 마차에 치었던 것이다.[53]

러시아인들은 음식과 술에 관한 한 파티가 진행되는 동안에는 절제할 줄을 몰랐다. 데카브리스트의 손자인 세르게이 볼콘스키는 새벽까지 계속된 명명일 파티를 회상하고 있다.

> 우선 차를 마시고 나서 저녁식사를 했다. 해가 지고 달이 뜨자 게임이 벌어지고 잡담이 이어졌으며 카드놀이를 했다. 3시경에 첫 번째 손님들

> 이 떠나기 시작했지만 마차를 모는 사람들도 어느 정도 취기가 올라 있기 때문에 그렇게 일찍 집으로 돌아가는 것은 위험할 수도 있었다. 언젠가 그런 명명일 파티에서 집으로 돌아가다 나의 마차가 전복되었다.[54]

아침의 차가운 빛은 모스크바 저택의 연회 주인들에겐 적이었다. 일부 사람들은 손님들이 가버리지 않도록 창문을 덮고 모든 시계를 멈추었다.[55] 시집보낼 딸이 있는 지역 가문들이 사교철을 위해 모스크바에 저택을 장만하는 10월부터 봄까지는 거의 매일 무도회와 연회가 개최되었다. 모스크바의 무도회는 페테르부르크의 무도회에 비해 규모가 더 컸다. 모스크바의 무도회는 사교적 이벤트라기보다는 민족적이었다. 무도회 분위기는 분명 저돌적인 젊은 경기병 못지않게 번쩍이는 의상을 입은 늙은 지방 숙녀들이 많이 참석해 다소 현실적이었다. 하지만 샴페인은 밤새 넘쳐흘렀으며 첫 번째 손님들은 새벽이 될 때가지 떠나지 않았다. 모스크바인들은 야행성 생활을 했으며 그들의 생체 시계는 떠들썩한 사교 모임들에 맞추어져 있었다. 이른 아침 잠자리에 드는 주연 참석자들은 한낮에 아침식사를 했고 3시나 그보다 늦은 시간에 점심을 먹고는 밤 10시에 외출했다. 모스크바 사람들은 야행성 생활을 찬미했다. 야행성 생활은 자유로운 삶에 대한 모스크바인들의 애정을 완벽하게 표현하고 있었다. 1850년 페테르부르크 정부는 새벽 4시 이후에 생음악 연주를 금지했다. 모스크바에서의 반응은 실질적으로 루이 14세의 전제정치에 저항했던 반왕당파인 프롱드당의 반란을 연상시킬 정도였다——페테르부르크에 대한 모스크바의 저항. 모스크바의 귀족들은 밤새 가장무도회를 개최하는 것으로 유명했던 골리친공의 주도로 페테르부르크에 연회 금지 규정의 철폐를 청원했다. 서신왕래와 신문에의 투고가 장기간 이어졌다. 마침내 청원이 거부당하자 모스크바인들은 규칙들을 무시하고 파티를 계속하기로 결정했다.[56]

4

1874년 예술 아카데미는 그 전 해에 39살의 나이로 사망한 미술가 빅토르 가트만 추모 전시회를 준비했다. 오늘날 가트만은 무소르그스키의 친구로 그의 유명한 피아노 조곡《전람회의 그림》(1874)의 중심적 화가로 잘 알려져 있다. 무소르그스키는 가트만의 죽음에 대한 슬픔으로 병이 들었으며 그를 죽게 한 주연은 이 시기부터 시작되었다. 무소르그스키는 전람회를 둘러본 후《전람회의 그림》을 작곡함으로써 자신의 미술가 친구에게 경의를 표했다.[57] 가트만의 '신 러시아' 스타일은 무소르그스키의 음악에 큰 영향을 미쳤으며 사실상 모스크바 문화 세계에서 영감을 얻은 19세기 예술 동향 전반에 영향을 주었다. 그의 건축물 그림들은 중세 장식에 대한 다년간의 연구에 근거한 것이었다. 가장 유명한 것은 무소르그스키가 피아노 조곡의 마지막 묘사에서 찬양한 전사의 헬멧 모양으로 된 키예프시 문의 환상적인 코코쉬닉 아치 디자인이다. 어떤 비평가는 가트만 디자인을 '대리석 타월과 벽돌 자수' 라고 불렀다.[58]

모스크바는 고대 러시아 예술에 대한 새로운 관심의 중심지(그리고 중심적 주제)였다. 미술가인 페도르 솔른체프는 크레믈린 무기고에 있는 무기, 마구, 교회 헌금 접시와 벽지를 꼼꼼하게 그리고 지방에서 다른 많은 보물들을 발굴하면서 중요한 역할을 해냈다. 1846년과 1853년 사이에 솔른체프는『러시아 국가의 고대 유물』이라는 6권

11. 빅토르 가트만 : 키예프시 입구 디자인

의 두꺼운 삽화집을 출판했다. 미술가와 디자이너들은 이 책에서 자신들의 작품에 채용할 수 있는 역사적 장식 원리를 받아들였다.

솔른체프 자신은 크레믈린의 테렘궁——원형 천장을 코코쉬닉 아치와 붉은 가죽 내벽과 의자로 장식하고 도기 타일을 붙인 난로로 마무리한 17세기 모스크바 양식의 진정한 재현——복구에 이 옛 주제들을 이용했다(도판 6). 솔른체프의 작업은 1860년에 모스크바에 설립되어 미술가들에게 고대 러시아 교회와 민속 디자인을 이용해 작업하도록 촉구한 스트로가노프 미술학교가 계속했다. 1900년대 세계를 강타한 주도적인 '러시아 스타일' 디자이너들——바쉬코프, 오브쉬니코프와 파베르제 작업실의 모스크바 장인들——중 상당수는 스트로가노프 학교 출신이었다.[59] 성 페테르부르크의 엄격한 유럽 고전주의와 대조적으로 모스크바의 분위기는 러시아적 주제와 스타일의 탐구에 더 관대하고 개방적이었다. 예술가들은 성상화, 루복lubok화와 팔렉 칠 작품을 연구하기 위해 모스크바로 모여들었다. 세 명의 러시아화 거장인 레핀, 폴레노프와 바스네초프는 성 페테르부르크에서 모스크바의 학생으로 옮겨갔다. 모스크바와 그 주변엔 전통적 기법들이 보존되어 있었던 반면 성 페테르부르크에선 사라진 상태였다. 예를 들어 모스크바엔 몇몇 루복 출판업자들이 남아 있었지만 페테르부르크에는 한 명도 없었다. 모스크바의 주변 도시들엔 성상화가들이 번성하고 있었지만 페테르부르크에는 아무도 없었다. 이 같은 사실들 중 상당 부분은 모스크바의 미술 시장을 장악하고 있었던 전통 방식의 상인 취향으로 설명된다. 모스크바 미술학교는 또한 고유한 전통에 대해 더 수용적이었으며 성 페테르부르크의 귀족적 예술 아카데미와는 달리 일반적인 민속적 시각을 가지고 있는 폭넓은 사회 계층의 학생들에게 문호를 개방하고 있었다. 모스크바 학교 교장은 예술가들에게 민속적 주제들을 사용할 것을 요구했다. 그는 1867년 민속학 전시회 개막식에서 서구적 취향에 묻혀 있는 고대 러시아 예술 양식을 되찾기 위해선 전통 민속 의상과 장식을 연구할 필요성에 대해 강연했다.[60)]

가트만의 건축 디자인 세계에서 세기 중반의 신 러시아 스타일 붐이 가능했던 것은 모스크바 중앙의 건물들이 유럽식 스타일의 건물 전면을 석조로 건축해야 한다고 규정하고 있는 18세기 법안이 철폐된 덕분이었다. 1858년 이 법의 폐지는 러시아 농민 스타일의 목조 건축 붐이 형성될 수 있는 분위기를 조성했다. 그 어느 때보다도 모스크바는 '큰 마을'의 모습을 띠었다. 농민의 아들이자 유명한 고대 유물 수집가로 역사가이자 슬라브주의자인 포고딘은 농민 스타일의 목조 주택 몇 채를 의뢰했다. 민족주의자들은 목재가 '기본적 민속 재료'라고 주장했다. 따라서 '민족적'이고자 열망하는 건축가들은 누구나 목재를 이용해 건물을 지었다.[61)] 가트만은 피대 대제 탄생 2백주년을 기념하기 위해 1872년 개최된 모스크바 공예품 전시장을 목재로 된 민속풍 장식으로 디자인했다. 전시회는 구 모스크바의 예술적 원리로의 복귀를 예고했다. 전시는 붉은 광장에 있는 성 바실리 성당 반대편에 블라디미르 쉐르뷔드(영국 태생의 건축가)가 모스크바의 구 교회 스타일로 디자인한 새로 개장한 러시아 박물관에서 개최되었다. 박물관의 교회 같은 높은 탑은 인접해 있는 크레믈린──쉐르뷔드의 표현처럼 정교는 "〔러시아〕 민족성의 1차적인 문화 요소"였다는 사실의 상징──의 윤곽을 반영하고 있다.[62)] 신 러시아 스타일은 대체로 예술 후원자인 모스크바 상인들의 부가 점차 늘어나고 지위가 향상되면서 1870년대에 전성기에 들어가게 된다. 파벨 트레티아코프는 자기 저택의 부속 건물로 유명한 러시아 미술 화랑을 구 모스크바 양식으로 건축한다. 세르게이 쉬추킨의 모스크바 별장은 17세기 목조 건축물인 야로슬라블과 콜로멘스코에를 모델로 한 신 러시아적 판타지였다. 크레믈린과 루뱐카 광장 사이에 있는 시의 중심지는 전체적으로 모스크바 시청에 있는 부유한 상인 의원들이 선호하는 신 러시아 스타일로 재건축되었다. 1880년대에 붉은 광장에 새로운 상가(후에 국영 백화점 GUM이 된다)가 건축되었고 이어 1892년 시의 두마 건물(레닌 박물관이 되는)이 건축되었다. 시의 상업 지역은 갑자기 옛 천막 모양의 지붕과 코코쉬닉 박공벽, 장식적인 노란색 벽돌 건물과 화려한 민속 디자인으로 뒤덮였다. 모스크바는 17세기의 스카이라인을 유지한 채 20세기에 들어선다.

무소르그스키는 모스크바의 '러시아적인 것'을 사랑하게 된다. 그는 거의 평생을 페테르부르크에서 지냈지만 예술가로서 자신이 고대 도시에서 발견한 '동화적 영역'에 끌렸다. 무소르그스키는 1859년 모스크바로의 첫 번째 여행에서 발라키레프에게 "당신도 알다시피 저는 코스모폴리탄이기는 하지만 지금 일종의 새로운 삶을 경험하게 되었습니다. 모든 러시아적인 것에 더 친밀감을 느끼게 되었습니다. 러시아가 격식 없이 되는 대로 다루어진다면 모욕감을 느끼게 될 겁니다. 마치 이제서야 진정으로 러시아를 사랑하기 시작한 것 같습니다"라고 쓰고 있다.[63] 발라키레프는 젊은 작곡가의 스승으로서 기뻐하지 않았다. 모든 면에서 민족주의 학파의 선구자인 발라키레프는 서구주의자로서 모스크바를 지방적이고 낡은 것으로 경멸하는 페테르부르크의 대표적 애국자였다. 그는 모스크바를 옛날 팔레스타인의 지방 도시였던 '예리코'라고 불렀다.[64] 따라서 무소르그스키가 모스크바를 사랑하게 되었다는 사실은 거의 발라키레프 학파에서 이탈하는 것으로 보였다. 이것은 분명 젊은 예술가가 자신의 스타일과 주제를 발견했다는 신호였다. 그는 모스크

12. 블라디미르 쉐르뷔드 : 러시아 박물관, 붉은 광장, 모스크바(왼쪽에 크레믈린), 1900년대 초

바 인근의 글레보보에 있는 쉬로프스키 가의 대영지에서 여름을 보내기 시작했다. 무소르그스키는 이 지역에서 자신의 귀족적 배경과

의 접촉을 재개했다.* 그는 음악 이외의 집단에서 새로운 친구들을 사귀며 예술적 자극을 받았다. 시인 쿠투조프(유명한 장군의 후손), 조각가 안토콜스키, 화가 레핀과 가트만은 모두 그의 자연스러운 음악 스타일을 잘 받아 들였고 성 페테르부르크의 다소 근엄한 작곡가들보다는 그의 음주 방식에 대해 더 관대했다. 발라키레프 학파(리스트와 슈만을 러시아적 스타일의 발전을 위한 출발점으로 보았다)의 지배에서 벗어난 무소르그스키는 성악과 피아노를 위한 '마을 전경' 《사비쉬나》(1867), 《보리스 고두노프》(1868~74)와 이어 가트만의 그림처럼 상상적인 방식으로 러시아 민간 전승을 개작한 《전람회의 그림》에서 더 고유한 음악의 개성적 표현 방식을 개발하기 시작했다. 그는 모스크바 덕분에 발라키레프 학파의 '독일식' 정통파적 관행에서 벗어난 셈이었다. 성 페테르부르크에서 늘 버림받은 것으로 인식되던 무소르그스키는 모스크바를 통해 러시아적 토양에서부터 음악을 실험할 수 있게 되었다. 가트만의 환상적인 민속적 형태들은 음악에서 무소르그스키의 탐구에 비견되는 것이었다. 둘 모두 유럽 예술의 형식적 전통에서 벗어나려는 시도였다. 전시회 그림들 중엔 바바 야가Baba Yaga 오두막 형태로 닭다리를 한 시계용 디자인이 있었다.** 이 같은 이미지들이 음악으로 다시 그려지려면 유럽 음악의 소나타 형식에서 완전히 벗어난 새로운 형태의 음악 표현이 요구되었다. 그리고 이것이 무소르그스키가 《전람회의 그림》에서 했던 일이다. 그들은 음악에서 새로운 러시아적 언어를

* 무소르그스키 가문은 1861년 농노해방 이전에 총 400명의 농노와 함께 11만 헥타르를 소유하고 있었다(C. 에머슨, 『무소르그스키의 생애』(캠브리지, 1999), 37쪽).

** 러시아 동화에서 마녀 바바 야가는 깊은 숲 속에서 각각의 불행한 새로운 방문자를 맞이하기 위해 회전할 수 있는 다리가 달린 오두막에서 살고 있다.

창조했다.

"74년 6월 27일 친애하는 빅토르를 추모하는 가트만 전시회 후원자인 제네라시모에게 바친다." 무소르그스키는 비평가이자 학자이며 러시아 예술 전체에서 자칭 민족학파의 투사인 블라디미르 스타소프에게 《전람회의 그림》을 헌정했다. 스타소프는 19세기 중엽 러시아의 문화적 환경에서 흔히 폭군이라 할 수 있을 정도로 거물이었다. 그는 가장 위대한 재능을 가진 무수한 인재들을 발굴했다(발라키레프, 무소르그스키, 보로딘, 림스키-코르사코프, 글라주노프, 레핀, 크람스코이, 바스네초프와 안토콜스키). 그는 그들의 많은 작품에 영감을 주었으며(보로딘의 《이고리 대공》, 무소르그스키의 《호반쉬나》, 발라키레프의 《리어왕》, 림스키의 《사드코》와 《셰헤라자드》) 무수히 많은 논문들과 신문 투고로 그들의 전투를 대신 치루었다. 스타소프는 재기 넘치는 교조주의자라는 명성을 얻고 있었다. 투르게네프는 평생 동안 '우리의 위대한 러시아 최고 비평가'와 논쟁을 계속했다. 그는 스타소프를 1877년 자신의 소설 『처녀지』에서 스코로피킨이라는 인물 속에 풍자적으로 그리고 있다("그는 늘 신 크바스 병처럼 입에 게거품을 물며 열을 내고 있다"). 투르게네프는 스타소프에 대한 유명한 민요를 쓰기도 했다.

당신보다 더 지적인 사람과 논쟁하라
당신은 논쟁에 패배할 것이다.
하지만 논쟁의 패배로부터 유용한 어떤 것을 배울 수 있을 것이다.

비슷한 지성을 갖춘 사람과 논쟁하라
둘 다 승리할 수 없을 것이다.

그리고 어쨌든 논쟁의 즐거움을 느끼게 될 것이다.

덜 지적인 사람과 논쟁하라
이기고자 하는 것이 아니라
당신이 그에게 유용할지도 모르기 때문이다.

바보와도 논쟁하라
명예를 얻을 수는 없겠지만
때로 이런 논쟁은 재미있다.

다만 블라디미르 스타소프와는 논쟁하지 말라.[65]

스타소프는 러시아 예술을 유럽의 지배에서 벗어나게 하고 싶어 했다. 서구를 모방해서는 러시아인들은 기껏해야 2류다. 하지만 고유한 전통을 차용한다면 러시아인들은 러시아의 고귀한 예술적 표준과 독창성으로 유럽과 경쟁하는 진정한 민족 예술을 창조할 수도 있다. 스타소프는 1861년 아카데미 전시회에 대해 "이 그림들을 보고 있노라면 서명이나 호칭이 없다면 그것이 러시아에서 러시아인들이 그린 그림들이라고 추정하기는 어렵다. 모든 것은 외국 작품들을 완벽히 모방하고 있다"고 쓰고 있다.[66] 그의 관점에서 예술은 민중의 일상적인 삶을 묘사하고 민중들에게 의미가 있으며 민중에게 어떻게 살 것인가를 가르쳐준다는 의미에서 '민족적'이어야 했다.

스타소프는 무소르그스키의 삶에 큰 영향을 준 인물이었다. 그들은 스타소프가 페테르부르크 음악원에 반기를 든 발라키레프 서클의 투사였던 1857년 처음으로 만났다. 1861년 피아니스트 안톤 루빈스타인이 창설한 음악원은 바흐, 하이든, 모차르트와 베토벤의 음악에서 발전한 독일의 작곡 전통이 지배하고 있었다. 그 후원자는 독일 태생으로 자기 나라의 문화 운동을 등진 엘레나 파블로브나 대공녀였다. 그녀는 루빈스타인이 음악원를 위한 공적 자금 유치에 실패한 후 궁정의 지원을 얻어냈다. 루빈스타인은 러시아에서의 음악 생활에 대한 아마추어리즘을 경멸했으며(그는 글린카를 딜레탕트라 불렀다) 독일적 경향으로 음악 교육을 장려하기 시작했다. 루빈스타인은 러시아 민족음악이 단지 기묘한 '민속학적 관심'을 갖고 있기는 하지만 본질적으로 예술적 가치는 없다고 주장했다. 발라키레프와 스타소프는 격앙했다. 그들은 독일적 전통에 따라 기준이 정해졌다는 사실을 인정했다. 하지만 그들은 민족주의자로서 자신들이 글린카의 "순수한 러시아" 음악(사실 글린카의 음악은 이탈리아와 독일의 영향을 많이 받았다)으로 인식했던 것을 경배했으며[67] 자신들이 그의 "유럽 음악원의 위대함"이라 지칭했던 탁월함으로부터 러시아를 모욕한 루빈스타인을 비난함으로써 응수했다.[68] 루빈스타인에 대한 그들의 투쟁엔 외국인 혐오적 요소, 심지어 반유대주의까지 개재되어 있었다. 그들은 그의 이름에 단어를 결합해 '투핀스타인'('우둔한 놈'), '두빈스타인'('얼간이') 그리고 '그루빈스타인'('유치한 놈')이라고 불렀다. 하지만 그들은 독일의 원칙들이 러시아적 형태를 질식시키지나 않을까 두려워했으며 그들의 두려움은 외국인 혐오로 이어졌다. 그들은 1862년 음악원에 대한 정식 경쟁자로 자기 나라의 재능 있는 인재를 육성할 자유 음악 학교를 설립했다. 스타소프는 페테르부르크 엘리트들의 "풍성한 스커트와 연미복"이 지방의 "러시아 롱코트"를 위해 자리를 내줄 때라고 말했다.[69] 자유 음악 학교는 러시아의 음악 스타일을 개척한 소위 '강력한 5인' 쿠치카kuchka의 본거지가 되었다.

쿠치키스트kuchkist 작곡가들은 1862년에 모두 젊은 남자들이었다. 발라키레프는 25살, 퀴이는 27살, 무소르그스키는 23살, 보로딘이 가장 나이가 많은 28살이었고 림스키-코르사코프는 그들 중 가장 어린 겨우 18살이었다. 그들은 모두 독학한 아마추어들이었다. 보로딘은 작곡을 화학자로서의 직업과 결부시켰다. 림스키-코르사코프는 해군 장교였다(그의 첫 번째 교향곡은 선상에서 작곡되었다). 무소르그스키는 근위대를 거쳐 음악을 하기 전에는 공무원이었으며, 음악을 하기 시작한 후 성공의 절정기에 달했던 1870년대에도 음주 비용을 감당하기 위해 국가 산림부의 정 직원으로 일해야 했다. 게다가 차이코프스키와 같은 음악원 작곡가들의 엘리트 지위 및 궁정과의 긴밀한 관계와는 대조적으로 쿠치키스트들은 대체적으로 지방의 소귀족 출신들이었다. 따라서 그들의 집단적 정신은 고전적인 아카데미보다 타고난 대지에 더 밀접하다는 의미에서 어느 정도 자신들이 직접 창조한 더 "진정한 러시아적" 운동이라는 신화에 의존하고 있었다.[70]

하지만 그들이 개발한 음악 언어에 신화적인 요소는 없었다. 때문에 그들은 음악원의 관습과 정반대에 위치하게 되었다. 이 같은 자의식적 러시아 스타일은 두 가지 요소에 근거하고 있었다. 우선 그들은 마을 노래, 코사크와 카프카스 춤, 교회 성가와 교회 종 소리(곧 진부해지기는 했지만)에서 들었던 것을 자신들의 음악에 차용하려고 노력했다.* 언젠가 《보리스 고두노프》 공연 이후 림스키는 '종

* 러시아 교회의 종은 다른 종 소리와는 달리 특별한 음악성을 갖고 있었다. 러시아의 종치는 기술은 종치는 사람이 직접 망치나 종추에 연결된 짧은 끈을 이용해 서

소리 한 번 더!' 라고 외쳤다. 림스키도 《프스코프의 소녀》(1873), 《부활절 서막》(1888), 그리고 그의 보로딘의 《이고리 대공》과 무소르그스키의 《호반쉬나》의 관현악 편곡에서 종 소리를 재현했다.[71] 쿠치키스트 음악은 러시아적 삶의 상상적인 소리들로 가득 차 있었다. 쿠치키스트 음악은 언젠가 글린카가 '러시아 음악의 영혼'——러시아 농민들의 길게 끄는 서정적이면서도 선율적인 노래——이라고 불렀던 것을 재현하려고 노력했다. 발라키레프는 1860년대(예술에서 인민주의의 전성기) 볼가 지역의 민요에 대한 연구로 이것을 가능하게 했다. 그의 필사는 이전의 다른 어떤 선집보다도 러시아 민속음악적 측면들을 더 분명하게 기교적으로 보존하고 있다.

- '음조의 변화' : 곡조가 어떤 중심적 음조에서 또 다른 음조로 아주 자연스럽게 이동해 작품이 시작될 때의 음조와는 다르게(대개 두 번째로 높거나 낮은 음조) 끝나는 것처럼 보인다. 이 효과는 화음에 제한이나 논리적 진행이 결여된 교묘히 빠져나가는 듯한 느낌을 준다. 그것은 정형화된 쿠치키스트 형태에서까지 러시아 음악의 사운드를 서구의 음조 구조와 아주 다르게 만들고 있다.
- 불협화 : 멜로디는 각각 주제에 대한 자신의 변주를 가진 몇 가지 부조화된 목소리들로 나뉜다. 주제는 가수 개인에 의해 끝날 때 노래가 하나의 멜로디로 되돌아갈 때까지 즉흥적으로 연주된다.
- 평행 5도, 평행 4도, 평행 3도의 사용 : 러시아 음악에 세련된 서

로 다른 종을 쳤다. 이는 종이 울려 퍼지는 반향에서 비롯된 불협화음에도 불구하고 음악의 대위법적 형태를 고무했다. 지면에서 긴 밧줄로 종을 흔들어 종을 치는 서구의 기술은 러시아의 종처럼 동시 진행을 거의 불가능하게 했다.

구 음악의 화음에선 전혀 찾아볼 수 없는 원색적인 음으로 들리는 효과를 준다.

두 번째로 쿠치키스트는 서구 음악과 상이한 분명한 '러시아적' 스타일과 색채를 창조하기 위해 일련의 화성적 장치들을 개발한다. 이 같은 러시아의 '이국적' 스타일은 자의식적이 아니라 전적으로 개발된 것이었다——이 장치들 중 어느것도 러시아 민속음악이나 교회 음악에 실제로 채용되지는 않았기 때문에.

- 온음계(C-D-E-F샤프-G샤프-A샤프-C) : 글린카가 개발해 자신의 오페라 《루슬란과 류드밀라》에서 나오는 마법사 체르노모의 행진에 처음으로 사용한 것으로 무시무시하고 불길한 '러시아적' 사운드가 되었다. 이것은 차이코프스키(《스페이드 퀸》)에서 백작부인 유령의 출현에서 림스키-코르사코프(그의 모든 마법 이야기 오페라 《사드코》(1897), 《불멸의 카쉐이*Kashchei the Immortal*》(1902)와 《키테즈》(1907)에서)까지 모든 주요 작곡가들이 이용했다. 이 음계를 무소르그스키에게서 받아들인 드뷔시의 음악에도 들을 수 있다. 후에 온음계는 공포 영화 악보의 대표적인 장치가 된다.
- 반음이 이어지는 온음으로 구성된 8음계(C-D-E플랫-F-G플랫-A플랫-B더블 플랫-C더블 플랫) : 림스키-코르사코프가 1867년 자신의 《사드코》 심포니 조곡에서 처음으로 이용한 8음계는 림스키만이 아니라 그의 모든 추종자들, 특히 스트라빈스키가 자신이 작곡한 세 개의 위대한 러시아 발레 《불새》(1910), 《페트루쉬카》(1911), 《봄의 제전》(1913)에서 사용한 마법과 위협의 주제로 일종의 러시아적인 것을 대표하는 것이 되었다.
- 3도 음의 순차적인 조(調) 순환 : 러시아인들이 소나타 형식에

서 엄격한(독일적) 변조 법칙을 벗어난 이완된 교향시 형태의 기초로서 자신들의 것으로 만든 리스트의 장치. 소나타 형태의 전개 악절에서 관계 마이너로의 일반적 진행(예를 들어 C메이저에서 A마이너로) 대신에 러시아인들은 시작 악절(말하자면 C메이저)에서 중심음을 확립하고 나서 이어지는 악절들에서 3도음의 반복 진행(A플랫, F메이저, D플랫 메이저 등등)을 통해 진행시킨다. 이것은 서구적인 전개 법칙에서 벗어나 작곡 형태가 대칭적인 형식적 법칙보다는 전적으로 음악의 '내용'(이것의 표제 음악적 설명과 시각적 묘사)에 의해 형성될 수 있게 하는 효과가 있다.

이 같은 이완된 구조는 아마도 다른 어떤 작품보다도 러시아 스타일을 잘 정의하고 있는 무소르그스키의 《전람회의 그림》에서 특히 중요하다. 무소르그스키는 쿠치키스트 작곡가들 중 가장 독창적이었다. 그가 독창적일 수 있었던 것은 부분적으로 그가 유럽적 작곡 규칙들을 가장 적게 교육받았기 때문이었다. 하지만 주된 이유는 그가 의식적으로 유럽파를 거부하고 다른 어떤 민족주의자들보다도 러시아 민속적 전통을 유럽파를 전복시키는 수단으로 보았기 때문이었다. 이 같은 매우 러시아적인 인물(나태하고, 꾀죄죄하고 폭음을 하며 맵시 있는 폭발적 에너지로 충만한)이 서구와의 관계에서 성스러운 바보 역할을 했다는 점에 의의가 있다. 그는 바흐, 모차르트와 하이든의 음악으로부터 입안되어 수용되어진 작곡 관습을 즉각적으로 거부한다. 무소르그스키는 1868년 림스키-코르사코프에게 "기술적으로 이해된 심포니의 발전은 철학처럼 독일인에 의해 발전되었다. 독일인들은 생각할 때 먼저 철저히 이론화하고 나서 증명한다. 우리 러시아 형제들은 먼저 증명하고 나서 이론을 즐긴다"고

편지를 쓰고 있다.[72)]

삶에 대한 무소르그스키의 직접적 접근은 그의 《전람회의 그림》에 반영되어 있다. 이 조곡은 어떤 정교하거나 발전된 형식적('독일적') 규칙의 흔적 없이 그리고 서구의 음악 문법적 관습의 흔적이 거의 없이 화랑을 한가하게 배회하는 이완된 구조로 이어지는 음악적 세부 묘사다. 그 중심엔 러시아의 민속적 상상력의 마법적 견해와 힘이 있다. 서막 '산책Promenade(러시아적 형태로)'은 운율적 유연성, 갑작스러운 음조의 이동, 개방음인 5도음과 8도음, 그리고 마을 노래 형태를 반영하고 있는 합창의 불협화 등과 함께 민속에서 영감을 받은 멜로디이다. 기괴하고 소란스러운 '바바 야가'는 조 사이를 격렬하게 이동하며 아직 음악적 혁명이 이루어지지 않은 상태에서 스트라빈스키가 《봄의 제전》에서 그 같은 폭발적 힘을 전개했던 러시아 농민가의 정적인 형태('nepodvizhnost')인 G조로 끊임없이 되돌아온다. 무소르그스키의 마지막 묘사로 종교적으로 고양되고 아름답고 미묘하며 거룩한 '키예프 문'은 비잔티움에서 유래한 악보의 성가로 고대 러시아 찬가에서 단서를 얻어 무거운 종의 땡그렁거리는 소리가 울리는 경외로운 종료 순간에 이곳에서 들린다. 그것은 놀랍도록 표현적인 순간이고, 소리로 그려진 전 러시아의 그림이며 친구에 대한 무소르그스키의 감동적인 찬사다.

5

'러시아적 스타일'에 대한 관심과 함께 작가, 미술가와 작곡가들은 모스크바의 역사에 대한 강박관념을 드러냈다. 19세기 '러시아'

를 위한 문화적 의문에 대해 모스크바 역사의 중요성을 알기 위해선 위대한 역사적 오페라들(글린카의 《황제에게 바친 목숨》에서 림스키-코르사코프의 《프스코프의 소녀》와 무소르그스키의 《보리스 고두노프》, 《호반쉬나》에 이르기까지), 역사 희곡과 소설들(푸쉬킨의 『보리스 고두노프』에서 『뇌제 이반의 죽음』으로 시작하는 알렉세이 톨스토이의 삼부작에 이르기까지), 역사적 주제들에 대한 무수히 많은 시 작품들과 수리코프와 레핀, 혹은 바스네초프와 부루벨의 서사적인 역사화들에 대한 목록을 만들기만 하면 된다. 거의 이 모든 작품들이 보리스 고두노프의 치세와 로마노프 왕조의 창립 사이의 뇌제 이반의 말년이자 소위 '혼란기'와 관련되어 있다는 사실은 우연이 아니다. 역사는 러시아와 그 운명에 대한 논쟁적 견해들의 장으로 여겨졌으며 이 50년은 러시아의 과거에서 중대한 시기로 보였다. 당시는 모든 것을 쉽게 손에 넣을 수 있는 시기였으며 국가는 근본적인 정체성 문제에 직면해 있었다. 선출된 지배자들에 의해 통치될 것인가 아니면 차르에 의해 통치될 것인가? 러시아는 유럽의 일부가 될 것인가 아니면 유럽 밖에 머물 것인가? 19세기 생각 있는 러시아인들은 같은 의문을 제기했다.

보리스 고두노프는 이러한 국가적 논쟁에서 중요한 인물이었다. 그에 대해 쓰여진 역사, 희곡들과 오페라들은 러시아의 운명에 대한 이야기이기도 했다. 우리가 푸쉬킨과 무소르그스키를 통해 알게 된 고두노프는 애초에 카람진의 『러시아 국가의 역사』에 나타난다. 카람진은 고두노프를 비극적 인물, 과거 때문에 고통을 받는 진보적인 통치자, 막강한 권력을 가졌지만 정치적 필요와 양심 사이의 괴리 때문에 파멸하는 인간의 나약함을 가진 인물로 그리고 있다. 하지만 카람진은 중세 차르를 근대 심리 드라마의 주제로 만들기 위해 그의 이야기 중 상당 부분을 창안해 낼 필요가 있었다.

보리스는 실제 삶에서 뇌제 차르 이반의 보호로 모스크바 궁정에서 성장한 구 바야르 귀족의 고아였다. 고두노프 가는 차르가 귀족 가문을 잠재적인 불안 요인으로 보고 있던 시기에 왕실과 친밀한 관계를 맺게 되었다. 귀족 바야르 씨족과 오랜 투쟁 중이었던 뇌제 이반은 고두노프 가처럼 비천한 출신을 왕실 조신으로 승진시키는 데 주안점을 두었다. 보리스의 누이 일리나 고두노바는 차르의 허약하고 마음이 약한 아들 페도르와 결혼했다. 그 직후 이반 뇌제는 장자인 이반 황태자를 때려 죽였고 이 일화는 그 장면을 그린 레핀의 유명한 〈1581년 11월 16일의 뇌제 이반과 그의 아들 이반〉(1885)을 통해 19세기 상상력을 사로잡는다. 이반의 다른 아들인 드미트리는 1584년 황태자 이반이 죽었을 때 겨우 2살이었고 그의 계승권은 기껏해야 미약한 상태였다. 그는 차르의 7번째 결혼에서 낳은 자식이었으며 교회법은 세 번의 결혼만을 인정하고 있었다. 따라서 뇌제 이반이 죽자 페도르가 제위에 올랐다. 국사는 실질적으로 보리스 고두노프——공식 문서에는 '위대한 군주의 매형이자 러시아의 지배자'로 호칭되었다——가 처리하고 있었다. 보리스는 성공적으로 국정을 수행했다. 그는 발트 지역의 러시아 국경을 확고히 했고 남부 초원 지역으로부터 타타르의 공격을 저지했다. 또한 그는 유럽과의 유대를 강화하고 귀족을 위한 안정적 노동력을 확보하기 위해 농노제에 대한 행정상의 뼈대들——농민들에게는 매우 인기가 없었던 조치——을 마련했다. 1598년 페도르가 사망했다. 일리나는 제위를 거절하고 후계자를 낳지 못한 슬픔에 빠져 수녀원으로 들어갔다. 젬스키 소보르zemskii sobor 혹은 '토지 의회'에서 모스크바의 바야르들은 보리스를 차르——러시아사에서 처음으로 선출된 차르——로 선출했다.

고두노프 통치의 초기는 순조롭고 평화로웠다. 여러 가지 측면에서 보리스는 계몽 군주——시대에 앞선 사람——였다. 그는 서구의 의약, 서적 출판과 교육에 관심을 보였고 러시아 대학을 유럽식 모델로 설립하고자 하기까지 했다. 하지만 1601~3년에 상황은 몹시 악화되고 있었다. 계속된 흉년으로 구 모스크바 농민의 4분의 1 가량이 기아에 허덕이게 되었다. 결국 농민 운동권을 박탈하는 새로운 농노 법안으로 위기가 악화되면서 농민 반란은 차르에 대항할 목적으로 전개되었다. 구 공후 씨족들은 그 권력이 자신들의 귀족 특권에 위협이 되는 갑작스럽게 선출된 차르에 대한 공모를 재개하기 위해 기아 위기를 이용했다. 보리스는 귀족 가문들(특히 로마노프 가)에 대한 경찰의 감시를 강화하고 그들 상당수를 반역죄 명목으로 러시아 북부의 시베리아나 수도원으로 추방했다. 정치적 위기가 계속되고 있는 가운데 러시아의 왕위를 주장하는 젊은이가 폴란드——영토 획득을 위해 늘 러시아의 내분을 이용할 준비가 되어 있던 나라——에서 군대를 이끌고 나타났다. 왕위 요구자는 한때 로마노프 가의 시종으로 있다가 도망쳤던 수도승 그리고리 오트레페프로, 그가 왕위를 요구하는 엉뚱한 짓을 하기 전에 로마노프 가가 그와 접촉했었을 것이다. 그는 이반의 막내아들 황태자 드미트리라고 주장했다. 드미트리는 1591년 목이 찔린 채 발견되었다. 그는 간질병을 앓고 있었고 당시 발작 중에 스스로 칼로 찔렀다는 것이 정설이었다. 하지만 고두노프의 반대자들은 계속해서 그가 제위에 오르기 위해 드미트리를 살해했다고 주장하고 있었다. '가짜 드미트리'는 이러한 의혹들을 이용해 자신이 살해 음모에서 탈출했다고 주장했다. 이 같은 주장으로 그가 모스크바로 진군하던 중 불만을 품은 농민들과 코사크인들 중에서 '찬탈자 차르'에 대항하는 지지자들을 규합할 수 있었다. 가짜 드미트리의 군대가 모스크바에 다가가고 있던 1605년 고두노프가 갑자기 사망했다. 카람진에 따르면 그는 "어떤 범죄자도 벗어날 수 없는 영혼의 내적 동요"로 사망한 것이다.[73]

고두노프가 드미트리 살해에 연루되었다는 증거는 로마노프 가에 의해 조작되었다. 로마노프 가의 제위권은 내전 시기인 '혼란기'와 보리스 고두노프의 죽음에 이은 외국의 침략에 이어 러시아의 통일을 회복하기 위해 바야르 의회가 그들을 선출하는 데 달려 있었다. 카람진은 고두노프가 드미트리를 살해한 것이 아니라는 사실을 알고 있었을 수도 있다. 하지만 그가 참조한 거의 모든 문서들은 관직에 있던 성직자와 수도승들이 고쳐 놓은 상태였고 로마노프 가의 신화에 대한 도전은 정부와 껄끄러운 관계를 갖게 했을 것이다. 어쨌든 카람진이 거부하기에 살해 이야기는 너무 매력적인 소재였다. 이 이야기를 통해 그는 증거에 의해 확고하게 지원받을 수 없는 방식으로 고두노프의 내적 갈등을 탐구할 수 있었다. 이것은 보리스 고두노프에 대한 그의 비극적 개념——자신의 범죄로 괴로워했고 결국 차르로서의 자신의 비정통성으로 파멸한 진보적인 통치자——을 보강했다. 카람진의 『러시아 국가의 역사』는 알렉산드르 황제——로마노프 가 출신의 현직 황제——에게 헌정되었고 그 시각은 군주제적인 것이었다. 그가 고두노프 이야기에서 도출한 도덕적 교훈——선출된 지배자는 전혀 바람직하지 않다——은 알렉산드르 통치 정책에 세심하게 조율되었다. 보리스는 러시아의 보나파르트였다.

푸쉬킨의 『보리스 고두노프』는 아주 엄밀하게 카람진의 『러시아 국가의 역사』에 기초하고 있으며 때로 문장 그대로를 따오기까지 했다. 희곡의 개념은 확고하게 왕당파적——민중은 역사에서 능동적인 역할을 하지 못한다——이었다. 그것이 드라마가 끝나는 유명한 무대 연출 '민중은 침묵하고 있었다'(narod bezmolvstvuet)의 의미다. 오페라 초판(1868~9)에서 푸쉬킨의 텍스트를 따랐던 무소르그스키도 러시아 민중을 모스크바에서 구현되고 있는 구 러시아의 관습과 믿음에 빠져 있는 암울하고 수동적인 세력으로 묘사하고 있다. 러시아인들에 대한 이 같은 생각은 붉은 광장에 있는 성 바실리 성당 밖의 장면에 요약되어 있다. 굶주린 민중들은 붉은 광장에 모여 있고 보리스는 암암리에 차르의 범죄를 비난하는 성스러운 바보와 마주하고 있다. 하지만 군중은 차르에게 무릎을 꿇고 탄원하며 움직이지 않고 있고 성스러운 바보가 '차르 헤롯'을 위해 기도하지 않을 것이라고 말하는 데도 민중은 흩어져 버릴 뿐이다. 따라서 반란의 신호일 수도 있는 것을 흘려보내고 성스러운 바보는 민주의 지도자가 아니라 양심의 목소리이자 보리스의 양심의 가책으로 나타난다.[74] 무소르그스키가 민중과 차르 간의 갈등 주제를 도입한 것은 오페라 두 번째 판(1871~2)에서 겨우 '크로미 포레스트 장면'를 추가하면서였다. 사실 민중과 차르의 갈등은 드라마 전체의 동인이 되었고 민중은 오페라의 진정한 비극적 주인공이 되었다. 크로미 장면에서 민중은 폭동을 일으킨 것으로 나타나고 군중은 차르를 조롱하며 민요는 민중의 목소리의 구체적 표현으로 배치된다. 무소르그스키는 림스키-코르사코프의 《프스코프의 소녀》에서 유사한 군중 장면의 합창대 불협화음에 인상을 받은 후 처음으로 음악적 효과를 위해 자신의 오페라 《보리스 고두노프》에 그 장면을 삽입하기 위한 영감을 받는다. 둘은 당시 아파트(그리고 피아노 한 대)에서 함께 생활하고 있었다. 무소르그스키는 바로 림스키가 자신의 오페라를 관현악곡으로 편곡하고 있을 때 크로미 장면에 대한 작업에 착수한다.[75] 하지만 성 바실리 성당 앞에서의 장면을 크로미 장면으로 대체하는 것(그것이 무소르그스키가 분명하게 의도했던 것이다)은 오페라의 지적인 강조점을 완전히 바꾸는 것을 의미했다.*

러시아 음악 전문가 니콜라이 타루쉬킨이 입증하고 있는 것처럼 카람진이나 푸쉬킨의 작품에선 크로미 반란이 언급되지 않고 있다. 오페라의 민중주의적 개작은 어느 정도 역사가 니콜라이 코스토마로프와 무소르그스키의 우정에서 비롯되었으며 니콜라이 코스토마로프는 《호반쉬나》(1874) 프로젝트에서 무소르그스키를 돕기도 한다. 코스토마로프는 민중을 역사의 원동력으로 보았다. 알렉산드르 2세 치세 초기에 통과된 검열에 대한 자유주의적 법률의 첫 번째 성과들 중 하나인 『스텐카라친의 반란』(1859)으로 그는 1860년대와 1870년대에 러시아 예술을 크게 발전시킨 자유주의적 지식인 사회에서 인기를 얻었으며 영향력 있는 인물이 되었다. 『혼란의 시대』(1866)에서 코스토마로프는 기아로 이주 농노 노동자들이 보리스 고두노프에 반대해 가짜 드미트리에 합류하는 과정을 묘사하고 있다.

> 그들은 보리스에 대한 반란을 이끌고 더 나은 삶을 약속하는 사람이라면 누구에게라도 기꺼이 헌신할 준비가 되어 있었다. 어떤 특정 정치적 혹은 사회적 질서를 갈망하고 있는 것은 아니었다. 고통 받고 있는 많은 사람들은 새로운 질서가 과거의 것보다는 더 나으리라는 기대 속에서

* 따라서 이 두 장면을 포함하는 현대적 공연의 경향은 음악적 견지에선 이해할 수 있지만 작품의 수정판에서 실제로 성 바실리 성당 장면을 들어낸 무소르그스키의 의도에 모순되는 것이다.

쉽사리 새로운 인물을 추종했다.[76]

이것은 1917년에도 마찬가지로 적용되는 러시아 민중——고통받고 억압당해 파괴적이고 충동적인 폭력으로 충만한 채 자신의 운명을 통제할 수도 억제할 수도 없었던——의 의식이었다.

무소르그스키는 1873년 스타소프에게 "역사는 밤을 함께 보낼 수 있는 친구 같습니다. 역사는 저를 즐겁게 하고 도취하게 합니다"[77] 그가 역사에 열광하게 된 것은 모스크바 때문이었다. 그는 자신이 "다른 세계를" 느낄 수 있게 한 모스크바의 "고풍스러운 향취"를 사랑했다.[78] 무소르그스키에게 모스크바는 러시아의 상징——모스크바는 구 러시아 관습과 믿음의 큰 관성적 영향력을 나타내고 있다——이었다. 피터가 덧칠한 유럽 문명 아래서 민중은 여전히 '예리코'의 거주민들이었다. 1872년 피터 탄생 2백주년 축제에서 무소르그스키는 스타소프에게 "신문과 서적은 진보했지만 민중은 그대로입니다"라고 쓰고 있다. "공적인 위치에 있는 사람들은 명예에 집착하고 자랑거리를 기록으로 남기려 하지만 민중은 괴로워하고 괴로움을 잊기 위해 술을 마시고는 훨씬 더 큰 소리로 불평을 하죠 '변한 게 뭐야!'"[79] 이것이 무소르그스키가 《보리스 고두노프》에 나오는 성스러운 바보가 마지막으로 한 예언적인 말에서 표현하고 있는 구 러시아에 대한 비관적 전망이다.

끝나지 않을 암흑 같은 어둠,
슬프고, 슬프도다 루시여
비탄에 빠져 울고 있는 러시아 민중들
굶주린 사람들.

《보리스 고두노프》 이후 그는 곧 1682년 피터 즉위 전야에서 최후의 모스크바 바야르와 구교도 옹호자로 1689년과 1698년 사이에 몇 차례 반란을 일으킨 스트렐치streltsy 보병에 대한 피터의 폭력적 진압에 이르는 모스크바의 정치적, 종교적 투쟁을 배경으로 한 오페라 《호반쉬나》에 착수했다. 차르의 명령으로 1000명이 넘는 친위병들이 처형되었으며 피터를 그의 누이 소피아로 교체하려는 실패한 음모에 대한 보복으로 난도질된 그들의 시체는 다른 사람들에 대한 경고의 의미로 공개되었다. 소피아는 피터가 너무 어려 통치할 수 없었던 1680년대에 섭정을 했었다. 피터는 반란에서의 그녀의 역할에 대한 처벌로 소피아를 수녀로 만들었다. 반란자들에 동정적이었던 피터의 아내 유도시아도 같은 운명에 처해졌다. 스트렐치 반란과 반란의 여파는 새로운 활력을 얻은 피터의 국가가 전통의 힘과 충돌하던 러시아사의 전환점이 되었다. 오페라에선 스트렐치 보병의 중요 지도자로 모스크바의 원로인 영웅 호반스키공(호반쉬나는 '호반스키의 통치'를 의미한다)과 구교도 도시페이(예루살렘에 있는 통합된 정교 교회의 마지막 원로의 이름을 따른 허구적인 인물)가 구 러시아의 옹호자로 나타난다. 그들은 호반스키의 약혼녀로 구교에 대한 헌신적 신봉자인 마르파라는 허구적인 인물과 결부되어 있다. 정교 러시아를 위한 마르파의 끊임없는 기도와 탄식은 이 오페라에 깔려 있는 깊은 상실감을 표현하고 있다.

서구주의자들은 《호반쉬나》를 구 모스크바가 유럽 정신의 성 페테르부르크로 이행하는 것을 찬양하는 진보적인 작품으로 보았다. 예를 들어 스타소프는 3막의 더 많은 부분을 구교도들에게 할애하라고 설득했다. 그렇게 되면 구교도들이 "구 러시아적인 편협하고 야비하고 어리석고 미신적이며 사악하고 악의적인 것"과 결부되어 있다는 사실을 강조할 수 있기 때문이었다.[80] 이 같은 해석은 1881년 무소르그스키가 사망한 후 미완의 악보 편집자로서 서주('모스크바 강의 여명')를 끝으로 옮긴 림스키-코르사코프에 의해 고착되었다. 따라서 원본에서는 구 모스크바에 대한 서정적 묘사가 지금은 피터가 부상하는 해의 신호가 되었다. 그 이전의 모든 것은 암흑이었다.

이 같은 단순한 메시지는 림스키측의 작품 파괴적인 행동에 의해 강화되었다. 무소르그스키가 친구의 노래에서 편곡한 선율적인 구교도의 멜로디인 오페라의 마지막 합창의 끝에 림스키는 프레오브라젠스키 연대(그것은 무소르그스키의 연대이기도 했다)——피터가 친위대 보병를 대체하는 개인 경호대로 설립한 연대——의 귀에 거슬리는 행진곡을 추가한다. 림스키의 표제 음악 교체가 없었다면 구교도들은 오페라의 5장이나 마지막 장에 나타났을 것이다. 5장은 1698년 친위대 반란 진압에 대해 구교도들이 집단 자살한 데서 주제를 삼았다. 약 2만 명의 구교도들이 러시아 북부의 먼 여러 지역 교회와 예배당에 모여서 집단적으로 분신한 것으로 전해진다. 무소르그스키의 오페라 원본 마지막에서 구교도들은 기도하고 찬송가를 부르며 나아간다. 따라서 오페라는 구 종교 세계인 구 모스크바가 사라진 데 대한 상실감으로 끝을 맺는다. 일반적으로 알 수 있는 것처럼 무소르그스키의 목적은 이렇게 애상적이고 《보리스 고두노프》에서처럼 매우 약하고 비관적인 무드로 《호반쉬나》를 끝맺는 것이었다. 그는 림스키-코르사코프가 강요한 것처럼 진보적 선동의 줄거리로 오페라를 마무리할 필요를 느끼지 못했다. 무소르그스키가 가장 중시한 주제는 정돈과 변치 않는 것이었다. 그는 구 모스크바 몰락 이후 러시아의 진보에 대해 유보적이었다. 무소르그스키는 구교도의 이상주의에 공감하고 있었다. 그는 기도만이 러시아에서의 삶에 대한 슬픔과 절망을 극복할 수 있다고 생각했다. 그리고 무소르그스키는 구교도들이 러시아인들의 진정한 생활 방식이 유럽적인 것에 의해 아직 침해되지 않은 최후의 '진정한 러시아인들' 이라고 확신하고 있었다. 1860년대에 구교도를 진정한 러시아인으로 보는 것은 구 모스크바의 가부장적 통치를 이상화하는 슬라브주의자들뿐 아니라 종파분리론자의 사회사를 저술한 코스토마로프와 쉬샤포프 그리고 모스크바의 구교도들을 연구했던 민속학자들도 광범위하게 주장하고 있었다. 도스토예프스키——당시 1860년대 초 작가와 비평가들 사이에 큰 호응을 얻고 있었던 서구주의자들과 슬라브주의자들 간의 일종의 종합인 '고향 땅' 운동(pochvenichestro)의 일원——와 같은 작가들도 이러한 견해를 공유하고 있었다. 『죄와 벌』의 주인공 라스콜리니코프는 '종파분리론자' 를 의미하는 이름을 갖고 있다.

화가 바실리 수리코프도 민중의 고유한 관습과 근대화하고 있는 국가 간의 충돌을 탐구하기 위해 구교도의 역사에 초점을 맞추고 있다. 수리코프의 그림 〈스트렐치가 처형되던 날 아침〉(1881)과 〈바야르의 아내 모로조바〉(1884)(도판 7)는 《호반쉬나》에 대한 시각적 대응이다. 수리코프는 무소르그스키보다는 더 슬라브주의적이었다. 수리코프의 은사 스타소프는 민족주의적이긴 했으나 확고한 서구주의자였다. 수리코프는 모스크바를 "진정한 러시아적 생활방식의 전설적 영역"으로 이상화했다.[81] 1848년 시베리아의 도시인 크라스노야르스크의 코사크 집안에서 태어난 수리코프는 성 페테르부르크 예술 아카데미를 졸업하고 '편안함' 을 느낄 수 있고 역사적 주제에 대한 영감을 얻을 수 있는 모스크바에 정착했다. "처음으로 붉은 광장에 놀러갔을 때 집에 대한 추억을 상기시켰으며 완전한 구성과 색채 기획의 스트렐치에 대한 이미지가 떠올랐다."[82] 수리코프는 모스크바의 소규모 거래의 상당 부분과 총 인구의 3분의 1 정도가 좁은 골목으로 이어진 집들에 밀집되어 있는 로고쥐스코예와 프레오브라젠스코예 도시 지역의 구교도들에 대한 민속학적 스케치를 하면서 수년을 보냈다. 그는 이런 유형의 얼굴들에 역사가 나타나 있다고 생각했다. 수리코프는 "내가 코사크의 후손이고 담배를 피지 않았기 때문에" 구교도들은 자신을 좋아했다고 회상하고 있다. 그들은 사람을 그리는 것은 죄악이라는 자신들의 전통적 미신을 외면하면서까지 수리코프가 자신들을 그리도록 허락했다. 〈바야르의 아내 모로조바〉에서 표현된 얼굴들은 모스크바에 살고 있는 사람들을 그린 것이었고 모로조바는 시베리아에서 온 순례자를 모델로 한 것이었다. 따라서 처음으로 그림을 본 사람들 중 한 명인 톨스토이는 "이 예술가는 그들을 놀랍도록 포착해내고 있군! 마치 살아있는 것처럼 보이는데! 속삭이는 소리까지 들리는 것 같은 걸"이라고 말하며 군중의 인물 묘사에 대한 찬사를 아끼지 않았다.[83]

1880년대에 그림이 전시되었을 때 스트렐치 반란과 구교도들의 완강한 자기 방어를 교회와 국가에 대한 일종의 사회적 항의로 보았던 민주주의적 인텔리겐차들은 수리코프의 두 폭의 그림을 환호로 맞이했다. 1880년대는 1881년 3월 혁명적 테러리스트에 의한 신임 황제인 알렉산드르 3세의 암살에 이어 정치적 억압이 재개된 시기였다. 신임 차르인 알렉산드르 2세는 아버지의 자유주의적인 장관들을 해임하고 그들의 개혁을 후퇴시키는 일련의 법령을 승인한 반동적 정치가였다. 지방 정부에 새로운 통제가 가해지고 검열이 강화되었다. 지방에서 차르의 직접적 대리자를 통한 차르의 개인적 지배가 재개되면서 근대적 경찰국가의 면모를 갖추었다. 이러한 상황에서 민주주의자들이 수리코프 그림의 역사적 인물들을 차르 국가에 대한 반대의 표시로 생각한 것은 당연했다. 특히 모로조바를 민중의 순교자로 보았다. 이것이 수리코프가 부유한 모스크바 바야르 가문의 상속인이자 17세기 중엽 니콘의 개혁 때 중요한 구교도 보호자로 유명했던 미망인을 묘사한 방식이었다. 수리코프의 커다란 그림(몇 미터 높이로 그려졌다)에서 모로조바는 죽을 때까지 고문당하게 될 감옥으로 끌려가는 썰매를 타고 국가에 대한 저항의 몸짓으로 구교도를 상징하는 두 개의 손가락을 꼰 손을 하늘을 향해 뻗고 있다. 모로조바는 이상을 위해 목숨을 바칠 각오가 되어 있는 실제적 품성과 위엄을 가진 여성으로 나타나고 있다. 그녀의 얼굴에 나타나 있는 감정은 당시의 삶에서 직접적으로 묘사한 것이었다. 1881년 수리코프는 한 여성 혁명가──자신의 이상을 위해 목숨을 바칠 각오가 되어 있는 또 다른 여성──의 공개 처형에 참석해 교수대로 걸어갈 때의 그녀의 얼굴에 나타난 "열광적인 표정"에 충격을 받았었다.[84] 역사는 모스크바 거리에 살아 있었던 것이다.

6

모스크바는 19세기에 거대한 상업 중심지로 성장했다. 6년 후 나폴레옹이 보았던 평화로운 귀족들의 보금자리는 매년 많은 이주민을 끌어들이며 불규칙하게 퍼져나가는 산업 지역과 함께 상점과 사무실, 극장과 박물관이 들어선 번잡한 대도시로 탈바꿈했다. 1900년

백만 시민의 모스크바는 뉴욕과 함께 세계에서 가장 빠르게 성장하는 도시들 중 하나였다. 모스크바 시민의 4분의 3은 다른 지역 출신이었다.[85)]

철도가 모스크바 성장의 열쇠였다. 모든 간선철도가 동부와 서부, 농촌적인 남부와 새로운 산업 지역인 북부 사이의 지리적 중심지인 모스크바로 모였다. 주로 서구 기업의 자금 지원을 받은 철도들은 모스크바 무역을 위한 새로운 시장을 열었고 모스크바의 산업을 지방의 노동과 원자재 공급처와 연계시켰다. 매일 수천 명이 기차를 이용해 통근했다. 모스크바의 주요 9개 역 인근 지역의 값싼 하숙집들은 늘 지방에서 올라온 임시직 노동자로 북적였다. 당시 모스크바는 러시아 자본주의의 중심지——지금까지 유지하고 있는 위치——로 부상했다. 모스크바의 제조업자들이 기차를 통해 상품을 직접 지역의 농촌 시장으로 보내고 상점 주인들이 3등 열차 요금을 감안해도 지방 도시에서보다 훨씬 저렴하게 구입할 수 있는 모스크바에서 물품을 직접 구입하게 되면서 기차의 개통으로 모스크바의 활동 범위로 편입된 트베리, 칼루가 그리고 랴잔 같은 지방 도시들은 쇠퇴했다. 모스크바의 부흥으로 모스크바의 위성 도시들은 쇠퇴했고 모스크바 위성 도시를 곡물의 수요처로 삼고 있던 체홉의 『벚꽃 동산』에서 나오는 라네프스키 가문 같은 지방 귀족 농장주들은 몰락했다. 그들은 기차의 개통으로 형성된 국제 시장에 대한 준비가 되어 있지 않았다. 체홉의 희곡은 기차여행으로 시작해 기차여행으로 끝난다. 기차는 새로운 생활 방식을 도입시켜 옛날의 생활 방식을 파괴하는 근대성의 상징이었다.*

* 기차에 대한 체홉의 논법을 톨스토이의 그것과 비교하는 것은 흥미로운 일이다. 과학과 기술을 통한 진보를 믿고 있었던 체홉(어쨌든 그는 의사였다)에게 기차는

모스크바가 경제적 중심지로 부상하게 된 것은 귀족이 지배하던 도시에서 상인들이 지배하는 도시로 변화했다는 사실과 관련이 있다. 19세기 모스크바의 문화적 르네상스——모스크바를 세계에서 가장 활기 있는 도시들 중 하나로 만든 르네상스, 다시 말해서 모스크바의 유력한 상인들이 점점 더 부유해지면서 그들은 시 정부를 장악하고 모스크바 예술을 후원했다——역시 모스크바 지배 세력의 변화와 관련이 있었다.

19세기 초 모스크바의 상업은 크레믈린의 맞은편인 모스크바 강 남쪽의 침체된 지역에 있는 자모스크보레치예 지역의 좁은 골목길에 집중되어 있었다. 그것은 모스크바의 여타 지역과 떨어져 근대적 방식이나 유럽적인 방식의 영향을 거의 받지 않은 채 가부장적 관습과 엄격한 종교 생활 그리고 구교 신앙을 유지하고 있었으며 수도원 같은 상인들의 집들이 거리의 배후에 자리를 잡고 있었다. 벨린스키는 상인들의 집을 "창문을 닫고 대문을 굳게 잠근 채 공성전을 준비하고 있는 요새"라고 불렀으며 "문을 두드리면 개가 짖기 시작했다."[86] 긴 카프탄을 입고 수염을 기른 상인들의 모습은 농민을 떠올리게 했으며 사실상 그들 중 상당수는 농촌 출신이었다. 모스크바의 거대한 직물 명가들——랴부쉰스키 가와 트레티아코프 가, 구츠코프 가, 알렉세예프 가와 비쉬냐코프 가——의 선조들은

악의 힘(예를 들어 단편 소설 '빛*Lights*' 에서)이었을 뿐만 아니라 선의 힘(예를 들어 '나의 인생*My Life*' 에서)이기도 했다. 하지만 소박한 농촌 생활에 대한 향수를 갖고 있는 귀족인 톨스토이에게 기차는 파괴적인 힘이었다. 안나 카레니나의 비극에서 가장 중요한 계기들은 모두 이 같은 은유와 결부되어 있다. 안나는 브론스키를 모스크바역에서 처음으로 만난다. 브론스키는 그녀에 대한 사랑을 페테르부르크행 기차에서 고백한다. 안나 카레니나는 기차에 몸을 던져 자살한다. 여기에 어쩔 없이 죽음에 이르게 되는 근대성의 상징, 성해방과 간음의 상징이 있다. 무엇보다 아이러니하고 상징적인 것은 톨스토이 자신이 모스크바 남부의 종착지 아스토포보(현재의 '레프 톨스토이')의 역장 집에서 사망했다는 사실이다.

모두 농노 출신이었다. 때문에 슬라브주의자들은 상인들을 순수하게 러시아적 생활 방식을 보존하고 있는 사람들로서 이상화했다. 슬라브주의자와 상인들은 서구의 상품들이 국내 시장에 범람하게 될지도 모른다는 사실을 두려워하며 자유무역 반대에 공동전선을 펼쳤다. 철도를 외국인들이 지배하고 있다는 사실에 분노한 그들은 1863년 모스크바에서 세르기예프 포사드에 이르는 최초의 '러시아인' 선로에 대한 자금 조달을 위해 결집했다. 그 도착지가 사실상 러시아 교회의 텅빈 성당이자 구 모스크바의 정신적 중심지인 수도원이었다는 사실은 상징적이다.

공식적인 상인 이미지는 그 자신이 자모스크보레치예에서 성장했던 알렉산드르 오스트로프스키――그의 아버지는 지방 법원에서 근무하며 주로 상인들의 일을 처리했다――의 희곡에 의해 고착되었다. 오스트로프스키는 모스크바 대학에서 법학을 공부한 후 민사 법원 서기로 근무했기 때문에 자신의 상인 희곡의 소재가 된 사기와 사소한 분쟁들을 직접 경험할 수 있었다. 그의 첫 번째 연극 『가정사』(1849)는 모스크바 법원에서의 사건에 기초하고 있다. 이 연극은 볼쇼프라는 상인의 우울한 이야기를 하고 있다. 그는 빚을 갚지 않으려고 전 재산을 딸과 사위에게 양도하고 파산을 가장하지만 딸과 사위는 볼쇼프를 감옥에 가게 내버려둔 채 돈을 가지고 도망간다. 이 연극은 상인에 대한 묘사――현실적 삶의 이야기에 기초하고 있기는 하지만――가 상인의 왕실과의 관계를 손상시킬 우려가 있다고 생각한 차르에 의해 금지되었다. 오스트로프스키는 경찰의 감시를 받게 된다. 민사 법원에서 해고된 그는 극작가로 생계를 이어가야 했다. 그는 곧 모스크바 사업계의 이상하고 (당시에는) 이국적인 풍습들을 다루고 있는, 흥행에 성공한 일련의 희곡들을 써낸다. 물질 만능주의, 중매 결혼의 비극, 국내의 폭력과 폭정, 간통의 현실도피 등이 오스트로프스키 연극의 주제들이다. 가장 유명한 것은 체코 작곡가 레오 야나체크가 오페라 《카탸 카바노바*Katya Kavanova*》의 원작으로 이용하게 되는 『폭풍』(1860)일 것이다.

러시아 상인에 대한 고정 관념——탐욕스럽고 사기성이 있으며 편협한 보수주의적 속물로 지방 도시의 서글프고 우울한 모든 것의 체화——은 문학에서 상투적으로 표현되게 된다. 투르게네프와 톨스토이의 소설에서 지주에게서 그들의 땅을 사취한 무역업자들은 귀족적인 구세계적 가치에 대한 새로운 상업 문화의 위협을 상징하고 있다. 예를 들어 『안나 카레니나』에서 어쩔 수 없는 낭비가지만 사랑받는 귀족 스티바 오블론스키는 터무니없이 낮은 가격에 자신의 숲을 파는 데 동의하는 장면이 있다. 레빈이 오블론스키에게 숲의 적정 가격을 이야기하자 귀족으로서의 명예를 고귀하게 여기는 오블론스키는 상인이 자신의 무지를 이용했다는 사실을 알고 있지만 거래를 체결한다. 전 유럽에서 19세기의 문화적 엘리트들은 일반적으로 무역과 상업을 경멸했다. 이 같은 태도는 인텔리겐차도 마찬가지였다. 하지만 상인들이 러시아에서만큼 영향력을 행사한 나라는 없었다. 러시아에서 상인들은 문화적 엘리트들과 중간 계급과의 관계를 악화시키고 결과적으로 러시아가 자본주의적인 부르주아의 경로로 진행할 수 있는 가능성을 봉쇄했다——자본주의로의 이행이 너무 늦어 버리게 될 때까지. 1890년대 말에도 상인들은 모스크바의 귀족 사회에서 배척되었다. 모스크바 시장 세르게이 대공은 상인들이 시 세금의 상당 부분을 감당하고 개인적인 대출도 해주었지만 자신의 무도회에 한 명의 상인도 초대하지 않았다. 결과적으로 많은 상인들은 귀족을 매우 불신하게 되었다. 옛날 모스크바풍 상인이자 구교도로 직물업계의 실력자이자 예술 후원자인 파벨 트레티아코프는 딸의 유산만을 노린다는 이유로 딸이 귀족인 피아니스트 알렉산드르 질로티와 결혼하지 못하게 했다. 그는 귀족일 뿐만 아니라 페테르부르크 출신인 A. I. 차이코프스키(작곡가의 형제)와 조카딸의 결혼에 대해서도 같은 반응을 보였다.

하지만 오스트로프스키의 연극에선 모스크바 상인들에 대한 더 밝은 견해들이 드러나기도 한다. 사실 이런 이유로 그의 작품을 후원하는 모스크바의 차 수입상 보트킨가 같은 상인들도 있었다. 상인들에 대한 긍정적 메시지를 전하는 오스트로프스키의 연극을 좋아하는 또 다른 그룹은 소위 '고향 땅povenniki' 비평가들로 그들의 대변지는 「모스크바시민*Moskvitianin*」이었다. 영향력 있는 비평가인 아폴론 그리고리예프는 페도르 도스토예프스키와 그의 형 미하일과 함께 '고향 땅' 운동을 주도하고 있었다. 그들은 오스트로프스키의 연극이 러시아 민족성에 대해 '새로운 말'을 하고 있다고 주장했다. 그들은 농민과 교양 계급 사이의 어딘가에 위치한 사회 집단으로서 상인들은 모스크바적인 요소와 페테르부르크적 요소들을 조화시킬 수 있는 방식으로 민족을 이끌어 갈 특이한 능력이 있다고 믿었다. 미하일 도스토예프스키는 『폭풍』에 대한 서평에서 오스트로프스키가 그리고 있는 상인들은 슬라브주의자도 서구주의자도 아니라고 주장했다. 도스토예프스키는 그들이 새로운 러시아의 유럽적 문화에서 번창했지만 어쨌든 구 러시아의 문화를 보존하고 있으며 이 같은 의미에서 상인들은 사회적 분열 없이 발전할 수 있는 러시아의 길을 보여주고 있다고 주장했다.[87] 이 같은 해석은 농노 해방의 여파에 따른 민족 통합이라는 '고향 땅' 이상의 반영이었다. 농노 해방령은 귀족과 농민의 러시아 민족이 인텔리겐차의 문화적 이상을 중심으로 조화되고 재통합되어 정신적으로 다시 태어나게 되리라는 고귀한 희망을 불러일으켰다. '고향 땅'의 참여자들처럼 대부분 잡계급raznochintsy 출신인(무역업계과 긴밀한 관계가 있는 소귀족 배경에서 비롯된) 비평가들은 자신들이 다양한 계급 출신이라는 사실 때문에 상인들을 계급 없는 새로운 사회의 선구자로 이상화하게 되었을 것이다. 하지만 상인들은 사실상 흥미로운 방식으로 발전하고 있었고——그들은 자모스크보레치예의 오래된 문화적 빈민가에서 벗어나고 있었다——이 사실은 오스트로프스키의 후기 희곡들에 반영되어 있다. 『마지막 희생』(1878)에서 돈과 국내의 폭정이라는 일반적 주제는 유럽적인 생활 방식을 갖는 새로운 세대 상인들의 아들, 딸이 등장하면서 거의 가려졌다. 『마지막 희생』의 첫 공연에서 여배우가 농민의 숄을 걸치고 싶지 않다고 말하며 상인 아내의 역할을 하지 않으려 하자 오스트로프스키는 현재 상인의 부인들이 귀족 숙녀들보다 더 최신 유행의 의상을 입는다고 안심시켰다.[88]

사실 당시 가족 사업에서 확대되어 거대한 복합기업을 형성해 귀족들보다 훨씬 더 엄청난 부를 가진 상인 재벌 그룹이 있었다. 예를 들어 랴부쉰스키 가는 모스크바의 직물 공장 이외에도 유리와 제지, 출판과 금융 그리고 후에는 자동차에도 손을 댔다. 마몬토프 가는 철도와 철강 주물 공장으로 구성된 거대한 제국이었다. 자신감이 커지면서 상인 재벌 가문들은 자모스크보레치예의 편협한 문화세계에서 벗어났다. 그들의 자식들은 유럽식 방식을 받아들여 직업을 선택하고 모스크바 시의 정치에 뛰어들었으며 예술을 후원하고 일반적으로 귀족과 사회 내에서의 명성을 얻기 위해 경쟁했다. 그들은 화려한 저택을 구입하고 아내에게 파리의 최신 의상을 사주었으며 화려한 파티를 개최하고 엘리트 영국 클럽에서 저녁식사를 했다. 이들 젊은 대자본가들 중 일부는 귀족을 무시할 정도의 부를 축적했다. 모스크바 산업의 거물이자 모스크바 예술 극장의 중요한 후원자였던 사바 모로조프가 한 번은 모스크바 시장으로부터 모로조프 저택 부근을 안내해 달라는 요청을 받았다. 모로조프는 동의하고 그에게 내일 와달라고 초대했다. 하지만 대공이 시종과 함께 나타났을 때 그를 맞은 시종은 모로조프가 외출중이라고 말했다.[89]

계급 간의 오랜 불신에도 불구하고 업계의 거물들은 사회 지도층에 수용되고자 하는 강렬한 욕구를 느끼고 있었다. 그들은 귀족에 편입되고 싶어하지는 않았다. 하지만 그들은 문화적 엘리트에 속하고 싶어했으며 자신들이 받아들여지는 것은 공적인 봉사와 자선 사업 그리고 무엇보다 예술에 대한 지원에 달려있다는 사실을 알고 있었다. 이런 조건은 인텔리겐차의 문화적 영향력이 서구에서보다 훨씬 강력한 러시아에서 특히 중요했다. 미국과 유럽의 다른 지역에서 돈은 사회에서 수용될 수 있는 충분조건이었던 반면 오래된 속물적 태도가 지배적이기는 했지만 러시아는 금전에 대한 부르주아적 숭배를 공유하고 있지는 않았다. 러시아의 문화적 엘리트들은 자신들의 부를 민중을 위해 사용하도록 부자들에게 의무지워진 봉사 윤리에 의해 규정되었다. 쉐레메테프 가와 같은 귀족 가문은 자선에 많은 재산을 지출했다. 드미트리 쉐레메테프의 경우 자선에 지출한 금액은 수입의 4분의 1에 달했으며 19세기 중반 빚이 늘어나는 주된 이유가 되었다. 하지만 모스크바의 유력한 상인들도 사실상 자선 의무를 매우 진지하게 받아들였다. 그들 대부분은 엄격한 도덕규범(퀘이커교도들의 엄격한 도덕규범과 같은)이 근검, 절약과 사적인 기업 경영이 공공선에 대한 헌신과 결합된 구교도들이었다.

최고의 상인 가문들은 모두 개인재산의 상당 부분을 박애 사업과 예술 후원에 할애했다. 모스크바의 철도왕 사바 마몬토프는 오페라 감독 겸 발레 루시의 모체가 된 '예술 세계'의 중요한 후원자가 되었다. 그는 "나태는 죄악"이며 "일이 미덕은 아니지만 자신의 삶에서 빚을 갚아가는 소박하고 변치 않는 책임"이라고 믿은 아버지의 교육을 받았다.[90] 모스크바 예술 극장의 공동 설립자인 콘스탄틴 스타니슬라브스키는 구파의 모스크바 상인인 아버지에 의해 유사한 생활 방식으로 양육되었다. 모스크바 예술 극장에서 연기와 연출을 했던 1898년에서 1917년에 이르기까지 그는 아버지의 극장에서 사업을 병행했다. 엄청난 재산을 가지고 있었지만 그의 아버지가 "제멋대로 하게" 방치하지 않을 정도의 일정 수입만을 허락했기 때문에 극장 기금에 많은 액수를 기부할 수는 없었다.[91]

이 원칙들이 러시아의 가장 위대한 시각 예술의 사적 후원자인 파벨 트레티아코프의 삶과 작품에서 가장 분명하게 나타난다. 자수성가한 섬유업계의 거인은 자코스크보레치에 출신의 구교도 상인 가문 출신이었다. 긴 러시아 코트를 입고 끝이 네모진 부츠를 신은 채 수염을 기르고 있는 그는 구파 원로로 두각을 나타내었다. 트레티아코프는 평생 구교의 도덕규범과 관습을 따르긴 했지만 초기의 편협한 문화 세계에선 벗어났다. 아버지가 교육에 반대했기 때문에 그는 책을 읽고 모스크바의 학생 및 예술 서클과 교류하며 스스로 배워야 했다. 1850년대 중엽 예술품을 수집하기 시작했을 때 트레티아코프는 주로 서구의 그림을 구입했지만 그는 곧 자신이 원본을 판단할 전문성이 부족하다는 사실을 깨달았다. 결국 사기 당할 위험을 피하기 위해 그는 그때부터 러시아 작품만을 구입했다. 이후 30년간 트레티아코프는 1백만 루블 이상을 러시아 예술에 지출했다. 1892년 트레티아코프 박물관으로 시에 수집품을 기부했을 때 그의 수집품은 놀랍게도 화가(畵架)에 얹어 그린 러시아 그림 1276폭──프라도에 있는 스페인 그림들(약 500점)이나 국립 화랑에 있는 영국 그림들(335점)보다 훨씬 많은 수──을 포함하고 있었다. 이 사적 후원의 거대한 새로운 원천은 이동전람회파──1860년대 초 예술 아카데미에서 떨어져 나온 일리아 레핀과 이반 크람스코이 같은 젊은 화가들과 스타소프의 영향 하에 있는 쿠치키스트 같은 젊은 화가들은 '러시아 스타일'로 그림을 그리기 시작했다──에게는 절대적으로 필요한 지원이었다. 트레티아코프의 후원이 없었다면 이동전람회파는 독립한 초기의 어려운 시기를 살아남을 수 없었을 것이다. 당시 궁정과 귀족을 제외한 사적인 미술 시장은 아직 매우 작은 규모였다. 그들의 사실적인 지방 정경과 풍경화들은 상인의 민족 중심주의적 취향에 호소력이 있었다. 트레티아코프는 풍경화가인 아폴리네리 고라프스키에게 "나로서는 풍부한 자연 풍경, 섬세한 구도, 극적인 조명이나 어떤 유형의 경이로움도 원하지 않는다. 단지 진흙 연못을 생명력 있게 사실적으로 그려주기만 하면 된다"라고 전했다.[92] 스타소프는 초봄의 해빙중에 있는 러시아 농촌을 시적으로 연상시키는 자신의 그림 〈까마귀의 회귀〉(1871)에서 트레티아코프의 권고를 완벽하게 실현하고 있다. 이 그림은 트레티아코프가 선호하는 풍경화로 러시아 학파의 어떤 성상화적인 것이 되었다. 이 그림의 소박한 사실주의는 성 페테르부르크 아카데미에 의해 규정된 유럽식 스타일로 조심스럽게 배치된 도시 정경화가의 정경veduta과 대비되며 모스크바 풍경화파의 특징이 된다.

사업적으로 트레티아코프와 예술적으로 이동전람회파는 각각 성 페테르부르크의 관료적 통제에서 벗어나려 했다. 그들은 모스크바와 지방에서 독립된 시장과 정체성을 찾고자 했다. 이동전람회파라는 명칭(러시아어로 Peredvizhniki)은 1870년대 자신들의 집단에 의해 조직된 이동전시회에서 파생된 것이었다.* 1860년대에 시민적이고 민중주의적 이상에 세례 받은 그들은 대개 자신들의 주머니를 털어 자금을 마련해 지방을 순회하면서 전시회를 개최해 예술에 대한 대중적 의식을 향상시킨다. 때로 그들은 지방 학교에서 가르치거나 지방 정부(zemstvos)의 자유주의적 귀족과 인민주의자들의 지원을 받아 자신의 미술학교와 박물관을 설립했다. 그들의 순회 여행은 엄청난 충격을 주었다. 어떤 지방 거주자는 "전시회가 개최되면 침체되었던 지방 도시들은 카드게임과 가십거리 그리고 권태로부터 벗어나 잠시 기분 전환을 했으며 자유로운 예술의 신선한 조류를 흡입했다. 지역 주민들이 이전에는 결코 생각지 못했던 주제에 대한 논쟁과 주장이 일어났다"고 회상하고 있다.[93] 이동 전시회 개최를 통해 이동전람회파는 자신들의 새로운 미술 시장을 개척했다. 지방 상인들은 공공 화랑에 이동전람회파와 지방 도시의 많은 경쟁자들로부터 그림을 구입할 수 있는 자금을 제공했다. 이렇게 해서 모스크바의 '민족적 스타일'은 또한 지방의 작풍이 되었다.

7

19세기 말과 20세기 초에 모스크바 스타일을 규정하는 데 기여한 또 다른 상인 후원자는 철도왕 사바 마몬토프였다. 시베리아에서

* Peredvizhniki라는 단어는 Tovarishchestvo peredvizhnykh khudozhestvennykh vystavok(이동미술 전시회 집단).

태어난 마몬토프는 소년이었을 때 모스크바로 이주했다. 그의 아버지는 세르지예프 포사드 철길 건설의 중요한 투자자로 관여하고 있었다. 그는 모스크바를 사랑하게 되었다. 모스크바의 활력적인 에너지는 그의 창조성과 추진력 있는 당당한 태도를 완벽하게 보완하고 있었다. 베누아(세련된 성 페테르부르크의 대변인)는 마몬토프를 "당당하고 세속적이며 위험하다"고 기술하고 있다.[94] 그는 모스크바도 그렇게 묘사했을 것이다.

마몬토프는 단지 예술 후원자만이 아니라 그 자신이 예술가이기도 했다. 그는 밀라노에서 노래를 배웠으며 오스트로프스키가 연출한 『폭풍』에서 배우로 공연했다. 또한 자신이 직접 희곡을 쓰고 연출했다. 마몬토프는 젊은 시절 모스크바에서 유행했던 인민주의자의 이상에 강한 영향을 받았다. 예술은 대중 교육을 위한 것이어야 했다. 그는 이 같은 이상의 기념비로 미술가 코로빈에게 모스크바 철도역(현재의 야로슬라프)을 자신의 기차가 운행하는 북부 지방의 농촌 풍경을 그린 벽화로 장식하도록 위탁했다. 마몬토프는 "민중의 시각은 거리와 철도역 등 모든 곳의 아름다움을 볼 수 있도록 훈련되어야 한다"고 선언하고 있다.[95] 그의 아내 엘리자베타도 인민주의자의 이상에 영향을 받았다. 1870년에 마몬토프 부부는 모스크바에서 북동부로 60킬로미터 떨어져 있는 세르지예프 포사드 인근 자작나무 숲 속에 자리잡고 있는 아브람체보 영지를 구입해 그곳에 지역 농민 수공예를 부활시키고 모스크바의 전문 상점에서 판매할 수 있는 물품들을 제조하기 위해 작업실을 갖춘 예술가 부락을 설립했다. 기차로 수송되는 공장 제품이 확산되면서 수공예 기술들이 사라지고 있었다는 사실은 아이러니하다. 왜냐하면 그 덕분에 마몬토프 가문이 부자가 되었기 때문이었다.

아브람체보는 역사적인 구 모스크바의 중심 지역에 위치해 있었다. 그것은 이전엔 슬라브주의를 이끌었던 악사코프 가문의 소유였으며 예술가 부락으로서 슬라브주의자들이 높이 평가했던 '진정한' (즉 민속에 기초한) 러시아적 스타일을 복원하려는 시도였다. 오랜 농민의 손재주를 배우고 그들의 스타일을 자신들의 작품에 흡수하기 위해 예술가들이 아브람체보로 몰려들었다. 코로빈과 두 명의 바스네초프가 사람, 폴레노바, 부루벨, 세로프와 레핀이 모두 그곳에서 활동했다. 가트만은 죽기 전 그곳에서 일 년을 지내면서 마을을 위해 신러시아 스타일로 작업실과 상담실을 건축했다. 농민에 대한 사명 이외에도 아브람체보는 상인 설립자가 관계된 모든 것이 그렇듯 영리적 기업이었다. 아브람체보의 작업실들은 모스크바에서 빠르게 늘어나고 있던 중간 계급 속에서 신 러시아 스타일을 위해 요동하는 시장에 부응했다. 솔로멘코 자수 작업실, 탈라쉬키노 부락, 모스크바 젬스트보zemstvo 스튜디오 등도 마찬가지였다. 이 모두가 똑같이 영리와 결부되어 보존되었다. 모스크바 중간 계급들은 자신의 집을 이 같은 작업장에서 대량 생산되는 민속풍의 식기와 가구, 자수와 예술 작품으로 채웠다. 시장에서 가장 활기 넘치는 부문은 화려한 내부 장식이었다. 엘레나 폴레노바는(솔로멘코에 있는) 모스크바 직물업계의 거물 마리아 야쿤치코바의 영지(체홉은 『벚꽃 동산』를 쓰며 그곳에서 1903년 여름을 보냈다)를 위해 정교한 민속 목각으로 식당을 건축했다. 세르게이 말류틴(모스크바 젬스트보 스튜디오에 있는)은 상인 페르초바를 위해 비슷한 식당을 디자인했다. 당시 인민주의적 인텔리겐차가 선호하는 약간 더 단순하긴 하지만 마찬가지로 고풍스러운 민속 스타일이 있었다. 미술가 블라디미르 코나쉐비치는 1870년대 아버지가 디자인한 특별한 입문서로 읽는 법을 배웠다고 회상하고 있다. "그 책은 손수레, 차축, 큰 낫, 써레, 건초가리, 건초 헛간과 탈곡장으로 채워져 있었다."

> 아버지의 서재에 있는 필기용 테이블 앞에는 등받이가 마구자루의 휘어진 부분이고 팔걸이가 두 개의 도끼로 되어 있는 안락의자가 놓여 있었다. 걸상엔 채찍과 한 켤레의 인피 신발이 참나무에 조각되어 있었다. 마무리는 테이블에 서있는 실제적인 작은 농가였다. 그것은 호두나무로 만들어졌으며 담배가 채워져 있었다.[96]

체홉은 '민속품'에 대한 열광을 즐겨 조롱했다. 그의 소설 『메뚜기』(1891)에서 올가는 모스크바 의사의 아내다. 그녀는 "벽 사방에 루복 목판화를 붙이고 인피 신발과 낫을 걸어 놓았으며 방구석에 갈퀴를 놓아 두었다. 그리고 그렇다! 그녀는 러시아풍 식당을 갖고 있었다."[97] 하지만 체홉 자신도 미술 공예품을 구입했다. 얄타에 있는 그의 집(현재는 박물관이다)에는 아브람체보에서 만들어진 두 개의 찬장과 코나쉐비치가 묘사한 것과 같은 안락의자가 있다.*

모스크바 예술가들은 미술 공예품으로부터 그들이 '모던 스타일 style moderne'이라 부르는 것을 발전시켰다. 그들은 러시아의 민속 주제들을 유럽의 아르 누보 스타일과 결합시켰다. 모던 스타일은 20세기 전환기에 모스크바 건축물의 특수한 르네상스에서 찾아볼 수 있으며 특히 페도르 쉐흐텔이 건축한 스테판 랴부쉰스키의 화려한 저택에서 볼 수 있다. 페도르 쉐흐텔이 건축한 저택은 소박하고 금욕적이기까지 한 스타일을 부유한 기업가들이 기대하는 근대적 사

* 모스크바 역사박물관엔 몇 가지 유사한 안락의자 표본들이 있다. 그것들은 모두 바실리 슈코프가 디자인한 것들이다.

치품들과 어느 정도 결합시키고 있다. 구 모스크바 스타일로 디자인된 구교도 예배당이 거실의 사치스러운 모던 스타일로 변주되어 있는 것이다. 건축의 스타일상의 융합은 상인 카스트의 분열된 정체성——한 편으로 17세기를 회고하고 있으며 다른 한 편으로 20세기로 성큼성큼 나아가는——을 완벽하게 표현하고 있었다. 사실 여기에 모스크바의 역설——그 신화적 자기 이미지가 머나먼 과거에 있는 진보적인 도시——이 있었다.

구 모스크바의 양식은 또한 번영하는 도시 상인 계급에 부응하는 은세공사와 보석 상점들에 의해 계발되었다. 이반 흘레브니코프와 파벨 오브치니코프(전 세르게이 볼콘스키 공작의 농노) 같은 장인들은 은제 식기와 사모바르, 고대 바이킹 배 모양의 접시들, 술잔, 고대 러시아 스타일의 장식과 성상화 덮개들을 제작했다. 부상하는 상인 계급을 위한 상품들을 제작하기 위해 모스크바에 독립된 작업실들을 설립한 칼 파베르제는 상점들을 결합했다. 성 페테르부르크에서 파베르제 작업실은 고전주의 양식과 로코코 양식으로 보석들을 만들었다. 하지만 차르와 대공들만이 그런 보석들을 구입할 여유가 있었다. 상대적으로 모스크바의 작업실들은 주로 중산계급의 자금력이 미치는 은제품을 생산했다. 이 같은 모스크바 기업들은 모두 비상한 재능을 가진 일부 예술가들을 보유하고 있었고 그들 대부분은 현재까지도 알려지지 않거나 무시되고 있다. 그들 중 한 명인 세르게이 바쉬코프는 올로바니쉬니코프의 모스크바 작업실에서 종교적 물건들을 제작하는——그리고 후에는 파베르제가 중개하는——은 세공장이었다. 바쉬코프는 중세 러시아의 소박한 종교 예술 양식을 자신이 독특하게 변형시킨 모던 스타일과 결합해 희귀한 아름다움을 가진 성물(聖物)을 제작했으며 (모스크바 부흥에 중요한 방식으로) 교회 미술을 문화적 주류와 결합시켰다.

니콜라이 2세는 바쉬코프와 파베르제의 모스크바 작업실에 대한 중요한 후원자였다.[98] 바쉬코프는 1913년 로마노프 왕가 300주년을 기념하기 위해 건설된 일종의 모스크바 테마 파크인 차르스코에 셀로에 있는 페도로프 마을의 가짜 중세 교회의 은제품들을 디자인했다. 이것은 구 모스크바 숭배의 중대한 시점이었다. 마지막 차르는 통치권이 민주적 제도들에 의해 도전받고 있던 당시에 군주제에 신화화된 역사적 정통성을 부여하려는 절망적 노력으로 구 모스크바에 대한 숭배에 착수했다. 로마노프 왕가는 과거로 물러서고 있었으며 과거에 대한 숭배가 미래로부터 자신들을 구할 수 있기를 희망했다. 니콜라이는 특히 17세기의 알렉세이의 치세를 이상화했다. 그는 알렉세이의 치세에서 가부장적 통치의 황금시대를 보았다. 당시 차르 알렉세이는 근대 국가의 복잡성에 의해 방해받지 않고 정교도인 백성과 신비주의적으로 통합된 가운데 통치하고 있었다. 니콜라이는 '소박한 러시아 민중'과는 너무 이질적인 성 페테르부르크의 세속적인 사고와 관료주의, 서구적 문화와 인텔리겐차를 싫어했다. 그는 고전주의적인 페테르부르크 건물들의 전면에 코코쉬닉 박공과 양파형 돔을 설치해 페테르부르크를 구 모스크바화 하려고 노력했다. 피 흘린 교회Church of the Split Blood가 예카테리나 운하에서 완성된 것은 그의 치세중이었다. 양파형 돔과 화려한 모자이크, 그것이 위치한 지역의 고전주의적 조화와 너무 이상하게도 대조되는 잘 꾸민 장식과 함께 이 교회는 일종의 모스크바 공예품이었다. 하지만 오늘날 여행객들은 자신들이 분명 성 페테르부르크에는 없는 '진정한' (이국적인) 러시아의 어떤 것을 보고 있다고 생각하며 이 교회로 모여들고 있다.

피 흘린 교회처럼 예술에서의 구 모스크바 르네상스는 동화의 나라를 만들어내고 있다. 러시아적인 동화의 나라로의 회귀는 1890년대의 일반적 추세였다. 당시 알렉산드르 3세 통치와 니콜라이 2세 초기에 검열이 점차 강화되면서 사실주의 학파들이 예술로 사회적 혹은 정치적 비평을 하기가 어려웠다. 따라서 바스네초프, 부루벨과 빌리빈 같은 화가들은 민족적 주제에 접근하기 위한 새로운 방법으로 러시아의 전설에 관심을 돌렸다. 빅토르 바스네초프는 사실주의적 장르화에서 환상적인 역사 정경을 그리기 시작한 최초의 비중 있는 미술가였다. 그는 페테르부르크 아카데미를 졸업했지만 그 자신이 인정한 것처럼 화풍의 변화를 가져오게 된 요인은 그가 모스크바로 이주한 것이었다. 그는 스타소프에게 "모스크바에 왔을 때 집에 온 듯한 느낌이었습니다"라고 쓰고 있다. "크레믈린과 성 바실리 성당을 처음으로 보았을 때 그것들이 저의 일부라는 느낌이 너무 강해 눈물이 복받쳐올랐습니다."[99] 바스네초프는 서사시적인 전설적 민담에서 일리아 무로메트 같은 기념비적 인물을 묘사했다. 그는 무로메트 같은 인물들을 민족성에 대한 연구로 제시했다. 페테르부르크에서 그의 예술을 지지하는 사람은 없었다. 스타소프는 그의 예술이 사실주의 원칙에서 벗어났다고 비난했다. 아카데미는 그의 예술이 고전주의적 신화를 거부하고 있다고 공개적으로 공격했다. 모스크바만 바스네초프를 환대했다.

유력한 모스크바 비평가들은 오래 전부터 예술가들에게 전설적 주제에서 영감을 얻을 것을 주문해왔다. 따라서 바스네초프의 서사적 그림은 모스크바 예술 애호가 협회Moscow Society of Lovers of Art를 통해 판매되었다.[100] 미하일 부루벨은 페테르부르크에서 바스네초프를 따라 처음에는 모스크바로, 이어 자신도 러시아 전설에서 차용한 정경을 그릴 수 있는 아브람체보로 이주했다. 바스네초프처럼 부루벨은 모스크바 환경에서 영향을 받았다. 그는 1891년 누이에게 "아브람체보로 돌아와 다시 고향에 안긴 느낌이다. 나의 작품에서 그토록 포착하기를 열망했던 친밀한 민족적 울림을 들을 수 있다"고 쓰고 있다.[101]

바스네초프와 부루벨은 러시아적인 동화의 나라를 아브람체보에서 기원한 마몬토프의 사설 오페라를 위한 화려한 디자인으로 구현하고 있다. 부락과 모스크바의 마몬토프 저택에서 제작된 아마추어 작품으로 스스로를 표현하고 있는 아브람체보 서클 내에는 강한 집단적 정신이 있었다. 엘레자베타 마몬토프의 사촌 스타니슬라브스키는 이 작품들이 제작되는 기간중에 곳곳에서 서둘러 준비하고 있는 배우들, 미술가들, 목수들, 음악가들로 "저택은 거대한 작업실이 되었다"라고 회상하고 있다.[102] 이 같은 협업의 중심엔 예술의 종합적 사고가 자리잡고 있었다. 바스네초프와 부루벨은 민중에게서 영감을 얻은 '러시아적 스타일'을 기초로 예술을 통합하기 위해 의식적으로 노력하면서 림스키-코르사코프 같은 작곡자들과 함께했다. 총체적 예술작품에 대한 바그너의 생각인 종합예술Gesamtkunstwerk은 중요한 영향을 미쳤다. 림스키는 서사적 러시아의 민간 전설에 기초해 니벨룽겐의 반지의 러시아판을 계획하기도 했다——일리아 무로메트를 일종의 슬라브적 지그프리트로.[103] 하지만 마몬토프도 아주 개별적으로 총체적 예술 작품이라는 생각에 이르게 되었다. 그가 알고 있었던 것처럼 오페라는 좋은 노래와 음악적 기능만으로는 성공할 수 없었다. 좋은 노래와 음악적 기능이 유기적으로 통합된 시각적이고 극적인 요소들과 결부되어야 했다. 황실극장Imperial Theatre의 국가 독점(이미 시대착오적인 법률이었으며 당시 사설 극장들은 1803년 법으로 금지되었다)이 마침내 차르에 의해 철폐된 지 3년 후인 1885년 마몬토프는 자신의 사설 오페라Private Opera를 설립한다. 마몬토프의 사설 오페라는 대부분 러시아 오페라의 혁신적인 작품으로 볼쇼이를 능가하는 모스크바 오페라계의 관심의 초점이 되었다. 바스네초프는 초기에 대성공을 기록한 림스키의 《눈 처녀》를 위한 무대에 민간 전통의 힘찬 원색을 적용했다. 화려하게 장식된 민속풍 장식과 러시아 부활절 달걀 같은 형태로 칠해진 환상적인 기둥들이 세워져 있는 차르 베렌데이Tsar Berendei 궁정의 큰 구근 같은 형태는 모스크바 교외의 콜로멘스코에의 목재 궁정에서 영감을 받은 것이었다. 모든 장면은 마법 같은 러시아적 영역을 만들어냈다. 이전의 무대에서 본 적이 없는 민속 예술에 관객들은 깜짝 놀라며 빠져들었다.

1896년 이후 극단은 전성기를 구가했다. 당시 아직 젊은 위대한 베이스 가수 샬리아핀이 마몬토프와 계약을 체결했다. 성 페테르부르크의 마린스키 극장에서는 페도르 스트라빈스키 같은 중견 가수들이 샬리아핀이 주목받는 것을 방해했지만 마몬토프는 그를 믿고 림스키의 《프스코프의 소녀》에서 뇌제 이반의 역할을 그에게 맡겼다. 림스키의 《프스코프의 소녀》는 모스크바의 솔로도브니코프 극장에 새로운 보금자리를 마련한 사설 오페라의 1896~97년 시즌 주요 작품이었다. 그것은 대단한 반응을 불러일으켰다. 《사드코》가 니콜라이 2세(그는 '다소 더 유쾌한' 어떤 것을 원했다[104])의 표현 통제로 마린스키 극장측에서 거절당한 직후였던 림스키는 기뻐했다. 그는 주저하지 않고 마몬토프에게 자신을 맡겼다. 1860년대의 젊은 쿠치키스트인 림스키는 러시아 음악계의 중요 인물로 성장해 1871년 이후 페테르부르크 음악원 교수가 되었다. 당시 림스키 역시 모스크바의 신 민족주의학파로 전향하게 되었다. 말년에 작곡한 6개의 주요 오페라들은 모두 명백히 신 러시아 스타일로 사설 오페라에 의해 공연되었다. 이 오페라들엔 1897년 《사드코》와 《5월 밤》(24세의 라흐마니노프의 지휘로), 1899년 《차르의 신부》 그리고 1902년 《불멸의 카쉐이》가 포함되어 있다. 이 오페라들은 아주 중요한 작품들이었다——이 오페라들의 위대한 힘은 민담에 기초한 오페라 판타지의 음악에 완벽하게 어울리는 코로빈, 말류틴과 부루벨에 의해 화려하게 양식화된 민속적 무대 장치와 의상 같은 시각적 요소들이었다. 이 오페라들은 예술 세계 운동과 발레 루시Ballets Russes의 종합적 사고에 중요한 영향을 주었다. 사실 마몬토프의 성공은 1898년 쟈길레프의 평론지 「예술 세계」의 비용에 대한 공동 부담에 동의할 정도였다. 하지만 그 이후 재난이 들이닥쳤다. 마몬토프는 오페라를 지원하기 위해 자신의 철도 제국으로부터의 자금 횡령으로 기소당했다. 1900년 스캔들과 떠들썩한 재판이 있었다. 일반적으로 예술에 도취되었던 것으로 받아들여진 사람에 대한 동정여론으로 횡령 혐의에 대해선 무죄판결을 받았다. 하지만 재정적으로 그는 파멸했다. 그의 회사는 망했으며 사설 오페라는 폐쇄되었다. 마몬토프 자신은 파산이 선고되었고 그의 모스크바 저택의 재산은 1903년 경매로 매각되었다. 매각 품목들 중 하나는 아브람체보에서 제작된 농민 목재 모형의 철도역이었다.[105]

8

1882년 국가 독점이 철폐되면서 모스크바에선 사설 극장 인수가 유행했다. 예를 들어 여배우 마리아 아브라모바는 상인 후원자들의 도움으로 자신의 극장을 설립했으며 이곳에서 체홉의 《숲의 악마》(1889)가 초연되었다. 1900년대에 또 다른 유명한 여배우 베라 코미사르체프스카야는 성 페테르부르크에 사설 극장을 갖고 있었다. 당시 이러한 개인적인 모험사업에서 가장 중요한 것은 1898년 블라디미르 네미로비치-단첸코와 콘스탄틴 스타니슬라브스키가 설립한 모스크바 예술 극장이었다. 이곳에서 체홉 말년의 위대한 희곡들이 초연되었다.

스타니슬라브스키는 후에 기록하고 있듯이 "이미 문화 생활을 향유하고 있던" 모스크바의 상인 가족에서 태어났다. "그들은 사회의 예술 시설들에 지출하기 위해 돈을 벌었다." 그의 외할머니는 페테르부르크의 스타인 프랑스 여배우 마리 발레이였다. 부모가 화려한 무도회를 개최할 만큼 부자였지만 그들은 기본적으로 구 모스크바 상인 세계에서 살고 있었다. 스타니슬라브스키의 아버지는 (그의 할아버지와 함께) 같은 침대에서 잠을 잤다.[106] 스타니슬라브스키는 학생 때 마몬토프의 아마추어 작품 제작에 참여했다. 이 같은 경험을 통해 그는 음악과 의상 그리고 무대 장치에는 엄청난 노력이 투자되는 반면 오페라에서 뿐만 아니라 극장에서도 매우 아마추어적인 상태에 머물러 있는 연기에는 관심을 기울이지 않는다는 사실을 확인하게 되었다. 스타니슬라브스키는 매일 거울 앞에 몇 시간씩 서서 배우로서 스스로 훈련하며 수년 간에 걸쳐 더 자연스럽게 보일 수 있도록 자신의 몸짓들을 개발했다. 그의 유명한 '연출론method'(여기서 '연출 연기method acting'가 나온다)은 일종의 자연주의로 요약된다. 그것은 '연기' 없이 연기하는 것——이것은 근대적인 대화(호흡이 말하는 것만큼이나 중요한)와 체홉 희곡의 일상적인 현실에 아주 잘 들어맞았다——이다.[107] 후에 그의 연출론은 배우가 어떤 역할의 내적인 생각과 감정을 전달할 수 있게 도와주는 일련의 기법을 통해 더욱 체계화된다. 이 기법들은 요구되는 감정을 불러일으킬 수 있도록 배우 자신의 삶에서 강렬히 경험했던 순간들을 회상하는 것이었다. 자신의 익살극인 미완의 『검은 눈*Black Snow*』(1939~)에서 모스크바 예술을 통렬하게 풍자한 미하일 불가코프는 연출자가 배우에게 정열을 느끼게 하려고 애쓰면서 무대에서 자전거를 타고 돌아다니는 장면으로 이 같은 연출법을 조롱하고 있다.

독립 극장에 대한 스타니슬라브스키의 전망은 극작가 겸 연출자인 블라디미르 네미로비치-단첸코와 결합하게 한다. 이 두 사람은 극장이 동시대적 삶에 대한 연극을 제작함으로써 대중에게 다가가야 한다는 생각에 충실했다. 모스크바 예술은 원래 대중적 예술 극장Accessible Arts Theatre으로 불렸다. 학생과 가난한 사람들을 위한 값싼 좌석들이 앞열의 1등석에 있는 비싼 좌석들과 섞여 있었다. 수레의 거리Karetny Row에 있는 황폐한 외딴 건물까지 민주적인 느낌을 주었다. 이전에는 서커스 공연을 하던 곳으로 배우들이 처음에 그곳으로 옮겨갔을 때는 맥주 냄새가 짙게 배어있었다.[108] 곧 페인트 칠을 한 후 그들은 1898년 개막 공연을 위해 알렉세이 톨스토이의 『차르 표트르』(1868)와 체홉의 『갈매기』(1896)의 리허설을 시작했다.

네미로비치는 대단한 체홉의 희곡 예찬론자였다. 코메디를 기대한 성 페테르부르크의 관객들에게 『갈매기』는 실망스러운 작품이었다. 하지만 모스크바 예술이 제작한 소박하고 생생한 스타일로 이 작품은 대성공을 거두었다. 네미로비치는 "관객은 열광했다. 그들이 지금 공연되고 있는 소박한 인간적 접근에서 보고 있는 삶은 연극적이 아니라 '현실적'이다"라고 쓰고 있다. 사람들은 마치 현실의 가정적 비극을 엿보고 있는 것처럼 "공연되고 있는 것에 대해 거의 당황스러움"을 느꼈다. "산산이 부수어져버린 환상과 잔혹한 현실에 의해 파괴되는 상처받기 쉬운 감정만을 감지할 수 있었다."[109] 이 작품으로 체홉은 극작가로 새출발을 한다——그리고 당시 그는 모스크바의 인기 있는 문학의 아들로서 모스크바로 귀향했다.

러시아 남부 타간로그의 독실한 구식 상인 집안에서 태어난 안톤 체홉은 17살 때 모스크바로 와 2년 후인 1879년 의과대학에 입학한다. 그는 처음부터 모스크바에 대한 사랑에 빠진다. 그는 1881년 어떤 편지에 "나는 영원히 모스크바 사람일 것이다"라고 쓰고 있다.[110] 궁색한 학생으로, 이어 의사로서 체홉은 모스크바 빈민가를 잘 알고 있었고 평생 모스크바 사창가 고객이기도 했다. 그의 첫 번째 문학 작품은 저널리스트('Antosha Chekhonrte')로서 새롭게 문맹에서 벗어난 노동자들과 사무원들을 대상으로 한 유머러스한 타블로이드판 신문과 주간지에 게재된 것이었다. 그는 거리의 생활에 대한 묘사, 사랑과 결혼에 대한 풍자, 의사와 행정관들, 모스크바 빈민 구역의 보잘것없는 사무원들과 배우들에 대한 이야기를 게재했다. 이런 유형의 작가들은 많았다——가장 성공적인 사람은 블라디미르 길리아로브스키로 1920년대의 고전 『모스크바와 모스크바 사람들』(지금까지도 러시아에선 폭넓은 사랑을 받으며 읽히고 있다)의 저자였고 젊은 체홉은 그에게서 영향을 받았다. 하지만 체홉은 싸구려 정기 간행물에 기고하면서 등장한 최초의 중요한 러시아 작가였다(도스토예프스키와 톨스토이 같은 19세기 작가들은 문학을 비평 및 정치적 논평과 결부시킨 진지하거나 '두꺼운' 간행물에 기고했다). 간결한 것으로 유명한 그의 문체는 기차 통근자가 읽을 수 있도록 쓰기 위해 만들어졌다.

체홉은 이러한 기차들을 알고 있었다. 1892년 그는 모스크바 남부에서 멀지 않은 곳에 쾌적한 소영지인 멜리코보를 구입한다. 이 시기에 쓰여진 그의 소설에서 모스크바는 종종 배경으로 그려지고 있다――예를 들어 『3년』(1895)과 『개를 데리고 다니는 여인』(1899)에서. 하지만 모스크바는 당시 모스크바의 결여로 감지되기도 했다. 그의 가장 위대한 희곡들에서 모스크바는 주인공들이 지방의 정체된 생활 방식에 매여 도달할 수 없는 낙원인 머나먼 이상향으로 인식된다. 체홉은 그들의 밀실 공포를 이해하고 있었다――그 역시 도시 생활을 열망했다. 그는 1899년 소보레프스키에게 "모스크바가 그립네. 내가 모스크바 사람들과 모스크바 신문들을 볼 수 없고, 내가 그토록 사랑했던 모스크바 교회의 종 소리를 들을 수 없다는 것은 따분한 일이야"라고 쓰고 있다. 그리고 1903년에는 올가 크니퍼에게 "새로운 소식이 없다오. 전혀 쓰지 못하고 있지. 당신이 짐을 싸들고 모스크바로 오라는 신호를 보내주기만을 기다리고 있소. '모스크바! 모스크바!' 이 말들은 세 자매의 상투어가 아니라 이제 어떤 남편의 말이라오"라고 쓰고 있다.[111] 『세 자매』(1901)에서 모스크바는 자매들의 삶에서 아주 결여된 행복의 상징이 되고 있다. 그들은 아버지가 살아 계셨던 어린 시절의 행복했던 모스크바로 가기를 열망한다. 하지만 그들은 젊은 시절의 희망이 중년의 고통스러운 실망으로 변하면서 벗어날 수 없는 지방 도시에 매여 머물고 있다. 그들의 무력증에 대한 명확한 설명――비평가들이 이 연극에 대한 인내심을 잃게 하는 사실――은 없다. 만델스탐은 한 번은 "이 자매들에게 1막의 끝에서 모스크바행 기차표를 준다면 이 연극은 끝날 것이다"라고 쓰고 있다.[112] 하지만 만델스탐은 연극의 전체적 의미를 놓치고 있다. 세 자매는 지리적으로 잘못된 장소에 있는 것이 아니라 정신병을 앓고 있다. 일상적인 삶의 판에 박힌 듯한 사소한 일들에 짓눌려 있는 그들은 모스크바에 존재한다고 상상하는 더 고차원적인 존재 방식을 얻기 위해 애쓰지만 마음 속으론 그 같은 존재 방식이 존재하지 않는다는 사실을 알고 있다. 따라서 이 자매들에게 '모스크바'는 어떤 장소(그들이 결코 갈 수 없는)라기보다는 전설적인 영역——그들의 삶에 희망과 의미가 있는 환상을 주는 꿈의 도시——이다. 이러한 낙원이 환상이라는 사실을 깨닫게 된 일레나는 세 자매의 진정한 비극을 대변하고 있다.

> 모스크바로 이사가서 그곳에서 예정된 남자를 만나는 상상을 하며 언제나 기다려왔지. 나는 그 사람에 대한 꿈을 꾸며 꿈속의 그 남자를 사랑해왔지…… 하지만 그 모든 것이 터무니없는 생각이라는 것이 밝혀졌어……터무니없는 생각.[113]

따라서 체홉의 모스크바는 행복과 미래의 더 나은 삶의 상징이다. 러시아인으로서 그리고 자유주의자로서 체홉의 관점에서 그 약속은 진보와 근대성——무소르그스키가 불과 30년 전에 보았던 무력한 이미지와는 전혀 다른——에 있었다. 체홉은 과학과 기술에 대한 믿음을 갖고 있었다. 그는 교육받은 의사였고 기질적으로 종교나 이데올로기보다는 실질적인 해결책을 추구하는 사람이었다. 1894년 체홉은 "채식주의자보다는 전기와 증기에 인류에 대한 더 많은 사랑이 존재한다"라고 쓰며 톨스토이를 은근히 공격하고 있다.[114] 진보는 체홉의 희곡에서 일관된 주제다. 『바냐 아저씨』(1896)의 아스트로프 같은 귀족이나 『세 자매』의 베르쉬닌은 러시아의 미래에 대해 끊임없이 생각하고 있다. 그들은 언젠가 삶이 더 나아지기를 희망하며 그런 목적을 향해 일할 필요성에 대해 말하고 있다. 체홉은 일할 필요성에 대해 말뿐인 지식인들의 허위의식에 대해 혹평을 하고는 있지만 이러한 몽상가들의 희망을 공유하고 있다. 『벚꽃 동산』의 영원한 학생인 트로피모프는 늘 '우리는 일해야 한다'고 말한다. 하지만 정작 그 자신은 어떤 일도 하지 않고 있다. 체홉은 선의의 수다야말로 러시아의 가장 큰 저주라고 생각했다. 그는 평생 미친 사람처럼 일했다. 체홉은 존재의 목적으로서 그리고 구속의 형태로 일에 대한 믿음을 갖고 있었다. 즉 그것은 그의 종교적 믿음의 본질이었다. 그는 공책에 "당신이 현재의 순간을 위해 일한다면 당신의 일은 무가치하게 될 것이다. 마음 속에 미래만을 간직하고 일해야 한다"고 기록하고 있다.[115] 그의 신조는 『바냐 아저씨』에서 나오는 마지막의 감동적인 순간에 소냐에 의해 가장 잘 표현되고 있을 것이다. 그녀는 끊임없는 일과 고통만이 있을 뿐이며 이상적인 세계에서만 더 나은 삶이 존재한다고 말하고 있다.

> 그럼 우리가 할 수 있는 건 뭘까요? 우리는 계속 살아가야 할 겁니다. 바냐 아저씨, 우리는 계속 살아가게 되겠죠. 우리는 길고 오래 지속되는 낮과 지루한 밤들을 살아가야 할 겁니다. 운명의 여신이 우리에게 강요한 시련을 참을성 있게 견뎌내야 하겠죠. 우리는 현재와 우리의 지난 시절 속에 있는 다른 사람들을 위해 일하게 되고 휴식은 없겠죠. 때가 오면 기꺼이 죽음을 받아들이고 그곳 저승에서 우리가 고통을 받고 슬피 울며 고통스러운 삶을 살았다고 말하게 되면 하나님께서 우리를 불쌍히 여기시겠죠. 아저씨, 그렇게 되면 밝고 아름답고 사랑스러운 삶을 알기 시작하게 될 겁니다. 우리는 기뻐하며 애정 어린 미소를 지으며 모든 어

려움을 되돌아보게 될 겁니다. 그리고 쉴 수 있겠죠. 아저씨 저는 그렇게 믿고 있어요, 진심으로 간절하게 그렇게 믿고 있습니다……. 쉴 수 있을 것이라고 말입니다![116]

일할 필요성에 대한 체홉의 강조는 삶의 의미에 대한 볼테르의 해법을 넘어서는 것이었다. 그것은 힘든 노동의 의미를 실제로 결코 알지 못하고 있으며 때문에 몰락할 수밖에 없는, 토지를 소유한 귀족들에 대한 비판이었다. 이것이 1904년 모스크바 예술을 위해 쓰여진 체홉의 마지막 희곡 『벚꽃 동산』의 주제다. 이 작품은 종종 낡고 매력적인 귀족 세계에서 맹렬한 근대적 도시 기반 경제로의 이행에 대한 감상적 드라마로 인식되고 있다. 사실 그 줄거리는 바로 투르게네프 시대 이래로 유행한 '귀족의 둥지'라는 멜로드라마를 연상시킨다. 주인공인 라네프스키가는 빚 때문에 로파킨이라는 상인에게 자신들의 소중한 재산과 유산(과수원)을 팔아야 했다. 로파킨은 도시의 새로운 중간계급을 위해 그 땅을 개발해 그곳에 다차를 지으려 한다. 첫 번째 연출에서 스타니슬라브스키는 그것을 감상적인 비극으로 연출했다. 배우들은 처음에 그 대본을 읽었을 때 울음을 터뜨렸다. 영지에서의 '좋았던 옛날'의 신비적 분위기——민족의 신화가 된 신화적 분위기——를 망칠 준비가 되어 있는 사람은 없었다. 「지나간 세월」(*Starye gody*)과 「도시와 시골」(*Stolitsa i usad'ba*) 같은 신문들은 구 귀족의 생활 방식에 대한 환상적 묘사와 향수어린 추억들에 대한 예찬에 부응했다. 이 신문들의 정치적 안건은 단지 경제체제나 조상의 집, 선조들의 집이 아니라 도시들의 사회혁명에 의해 소멸하도록 위협받고 있는 문명의 마지막 남은 전진 기지로서 지주들의 영지를 보존하는 것이었다. 파벨 쉐레메테프 백작은 모스크바 젬스트보에서 "우리의 지방 보금자리는 문화와 계몽의 오랜 진원지 역할을 해왔습니다. 그들이 사회적 정의의 관점에서 그것들을 무분별하게 파괴하는 운동을 삼가기만 한다면 그것들은 하느님의 가호로 성공할 것입니다"라고 말했다.[117] 체홉의 희곡이 러시아 전역에서 첫 번째 농업 혁명이 전개되고 수천 개의 지방 보금자리들이 농민들에 의해 방화되고 약탈되었던 1905년 이후에 쓰여졌다면 이러한 향수어린 방식으로 인식되었을 수도 있다. 하지만 체홉은 이 희곡이 감상적인 비극이 아니라 코메디로 공연되어야 한다고 주장했다. 이 같은 인식에서 이 희곡은 체홉이 20년을 더 살기는 했지만 희곡이 쓰여진 시기보다 더 늦게는 쓰여질 수 없었을 것이다. 1905년 혁명 이후 구세계의 소멸은 더 이상 코메디의 주제가 아니었다.

체홉은 자신의 희곡을 '보드빌† 작품' 이라고 불렀다.[118] 『벚꽃 동산』 전반에 걸쳐서 체홉은 귀족의 '세련된 방식' 을 미묘하게 아이러니하며 인습 타파적으로 다루고 있다. 그는 영지에서의 '좋았던 옛날' 의 신화적 분위기를 조롱하고 있다. 우리는 라네프스카야 부인이 자신이 오래 전 프랑스를 위해 저버렸던 이전 영지의 아름다움이나 그곳에서의 행복했던 어린 시절에 대해 감상적이 될 때의 그녀의 감상적인 진부한 말들에 웃지 않을 수 없다. 지나친 슬픔과 향수의 표현은 그녀가 회복되어 슬픔을 빠르게 잊게 되는 것에서 거짓임이 드러나게 된다. 이것은 비극이 아니라 구세계 귀족과 구세계 귀족을 중심으로 일어난 지방적 러시아 예찬에 대한 풍자다. 예를 들어 '토지 귀족' 을 예찬하기는 하지만 기회가 오기만 하면 영

† vaudeville 노래와 춤을 섞은 경희가극.

국인 사업가들에게 토지의 특수한 점토(분명 영국 스태퍼드셔의 스토크 온 트렌트에서 세면대 제조에 사용되는) 채굴권을 넘기는 지주 피쉬크를 어떻게 생각해야 하는 것일까? 가부장적 방식을 중시하는 라네프스키가를 어떻게 생각해야 하는 것일까? 그들의 늙은 집사 피어스는 향수에 젖어 농노제가 있던 시절('농민은 귀족에 속하고 귀족은 농민들에게 속한 시절')을 회고한다. 하지만 주인들이 모두 짐을 싸 떠나버린 후에 그는 영지에 남겨진다. 체홉은 그 같은 위선을 경멸했다. 그는 모스크바 근처의 마리아 야쿤치코바 영지에 머물면서 『벚꽃 동산』를 썼다. 그는 "더 수치스럽게 나태하고 비합리적이며 비속한 삶은 찾아보기 어렵다. 이 사람들은 즐거움만을 위해 살고 있다"라고 쓰고 있다.[119] 반면 체홉은 상인인 로파킨을 희곡의 영웅으로 그리고 있다. 로파킨은 농민 같은 겉모습 아래 진정으로 고귀한 정신을 가지고 있는 근면하고 겸손하며, 친절하고 너그러운 정직한 사업가로 묘사되고 있다. 로파킨은 영지(그의 아버지가 농노였던)를 구입해 이익을 얻을 수 있지만 그들을 돕기 위해(그리고 분명 그들에게 늘 돈을 주고 있다) 돈을 빌려주겠다고 제안하며 직접 개발해보라고 라네프스키가에게 최선을 다해 설득한다. 러시아 무대에서 최초의 상인 영웅이 등장하는 것이다. 처음부터 체홉은 그 역할을 농민 출신의 상인 가문에서 태어난 스타니슬라브스키를 염두에 두었다. 하지만 이 같은 비교를 마음에 둔 스타니슬라브스키는 레오니도프가 일반적으로 연상되는 상인――뚱뚱하고 촌스러운 옷(체크무늬 바지)을 입은 채 큰 소리로 야비하게 이야기하며 '직접 도리깨질을 하는'――으로 로파킨 역을 하게 하고 자신은 무기력한 귀족 가예프의 역할을 맡았다.[120] 결과적으로 메이어홀드가 결론짓고 있는 것처럼("막이 내리자 사람들은 영웅의 존재는 모른 채 '전형적

농노 예술가들 니콜라이 아르구노프 : 〈프라스코비아 쉐레메테바의 초상〉(1812). 이 초상화가 그려진 시기에 농노 가수 프라스코비아가 쉐레메테프 백작(그의 이미지가 목걸이에 세밀화로 그려져 있다)과 결혼했다는 사실은 일반인과 궁정에는 알려져 있지 않았다. 아르구노프는 황실 미술 아카데미에 선출된 러시아 최초의 농노출신 미술가였다.

가정생활의 이미지

왼쪽 바실리 트로피닌 : 〈푸쉬킨의 초상〉(1827) 할라트를 입고 있는 작가 푸쉬킨은 유럽식의 신사이긴 하지만 자기 조국의 의상과 아주 잘 어울리는 것으로 그려져 있다.

아래 알렉세이 베네치아노프 : 〈장원 여인들의 아침〉(1823). 게르첸이 귀족 가족과 가내 농노 사이의 "온정적인 봉건적 유대"라고 불렀던 그림.

러시아의 목가
위 베네치아노프 : 〈쟁기질하는 들에서 : 봄〉(1827). 전통 러시아 의상을 입은 농부 여성을 이상화한 그림.
아래 바실리 페로프 : 〈휴식하고 있는 사냥꾼들〉(1871). 투르게네프처럼 페로프는 사냥을 사회 계급들을 결합시키는 오락으로 보았다. 여기서 지주(왼쪽)과 농부(오른쪽)는 음식과 마실 것을 함께하고 있다.

모스크바의 회고
위 표도르 솔른초프가 1850년대 타일을 붙인 오븐과 코코쉬니크 형태의 아치로 마무리해 17세기 구 모스크바 양식으로 복구한 클레믈린 테렘 궁.
아래 바실리 수리코프 : 〈바야르의 아내 모로조바〉(1884). 수리코프는 모스크바에 살고 있는 구교도들의 얼굴 모습을 아주 생생하게 묘사하고 있다.

모스크바의 파베르제 작업실은 페테르부르크에서 만들었던 고전주의와 로코코식 보석들과는 아주 다른 러시아 양식으로 작품들을 정교하게 만들고 있다.
위 차르 니콜라이 2세가 1906년 프랑스 대사에게 하사한 선물로 녹색 연옥, 금, 법랑 그리고 다이아몬드로 만들어진 코브쉬(오래된 형태의 국자).
아래 세르게이 바쉬코프의 은제 사이렌 단지(1908). 여성의 형태를 하고 있는 새는 코코쉬니크 머리 장식을 하고 있으며 날개엔 전기석이 박혀있다.

마술가들과 민중의 대의명분

일리아 레핀이 그린 〈블라디미르 스타소프 초상화〉(1873). 블라디미르 스타소프는 예술이 민중과 결합되어야 할 필요성에 대해 교조적인 견해를 갖었던 민족주의적 비평가로 때로 무소르그스키와 레핀에 대해 격렬하고 억압적인 영향력을 행사했다. 무소르그스키는 "당신이 그린 주인님의 그림 정말 대단한데! 마치 그림에서 나와 방에 들어 온 것처럼 보이는 걸"이라고 말했다.

아래 레핀 : 〈볼가강의 배 끄는 사람들〉(1873). 스타소프는 이 그림을 러시아 민중에게 잠재되어 있는 저항적인 힘에 대한 설명으로 보았다.

반대편 이반 크람스코이 : 〈농민 이그나티 피로고프〉(1874). 개별적 인간 존재로서의 농민을 놀랍도록 민족지학적으로 묘사하고 있다.

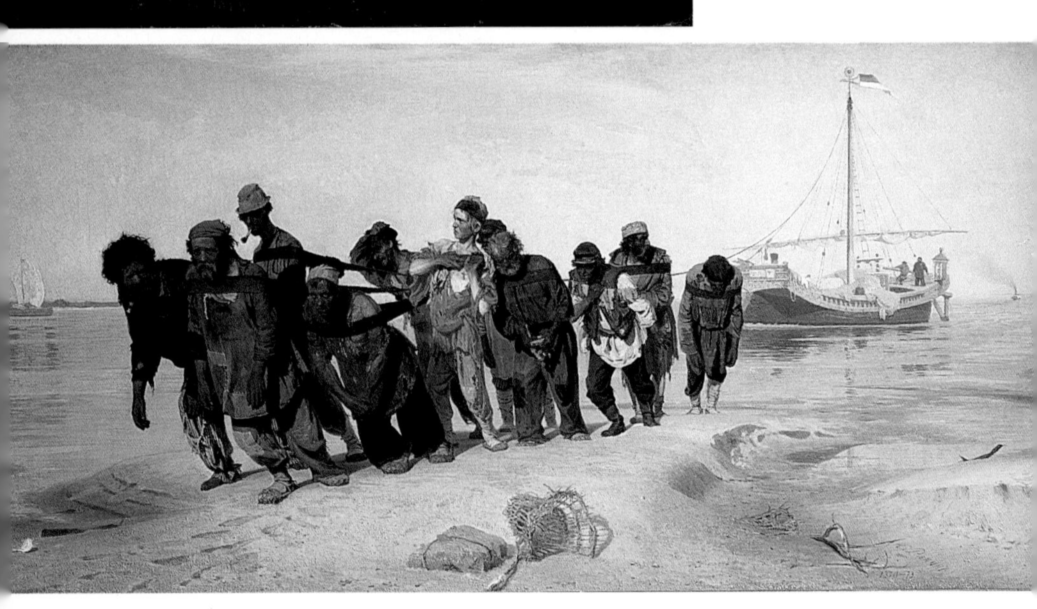

레온 박스트 : 〈유모와 함께 있는 쟈길레프의 초상화〉(1906).
쟈길레프는 자기를 낳을 때 돌아가신 어머니를 보지 못했다.

인 인물'에 대한 인상만 간직하게 되었다") 체홉의 희곡에서 그 영웅을 박탈한 셈이 되었다.[121]

표준적인 견해가 된 모스크바 예술의『벚꽃 동산』공연은 희곡의 진정한 의도——체홉의 본모습 역시——를 인식할 수 없게 만들었다. 왜냐하면 기질적으로나 배경적으로 어느 면에서 보나 체홉은 자신을 사회적 장벽에 부딪혀 싸워나가는 아웃사이더와 동일시하고 있다는 사실을 암시하고 있기 때문이다. 로파킨처럼 체홉의 아버지는 농노가 된 농민 출신의 상인이었다. 그는 독학으로 바이올린 연주를 배웠고 교회 성가대에서 노래했으며 1864년 타간로그 성당의 성가대 지휘자가 되었다. 체홉은 아버지의 근면성을 이어 받았다. 그는 평민들도 예술가가 될 수 있다는 사실을 이해하고 있었다. 구 귀족 세계를 아쉬워하기는커녕 그의 마지막 희곡은 20세기 전야에 모스크바에서 일어났던 문화적인 힘을 포용하고 있다.

9

1900년대 모스크바로 여행하던 쟈길레프는 시각 미술에서 모스크바는 볼 만한 가치가 있는 모든 것을 제작했다고 지적했다. 모스크바는 아방가르드의 중심지였고 페테르부르크는 "예술적 가십, 아카데믹한 교수들과 금요일 수채화 강의의 도시"였다.[122] 이 표현은 페테르부르크 문화의 중요한 지지자인 사람의 지적이기 때문에 주목할 만한 인식이었다. 하지만 모스크바는 1900년 러시아 아방가르드가 처음으로 등장한 곳이었다. 파리, 베를린, 밀라노와 함께 모스크바는 세계 미술의 중요한 중심지가 되었고 모스크바에 놀라울 정도로 많은 아방가르드 예술가들이 모여든 것은 모스크바의 유산 못지않게 유럽의 조류에 많은 영향을 받았다. 모스크바의 진보 정치, 편안한 환경, 화려한 근대적 방식과 새로운 기술 등 모스크바의 문화적 분위기엔 실험적 형태로 예술가들에게 영감을 불어넣는 것들이 아주 풍부했다. 또 다른 페테르부르크 애호자인 시인 미하일 쿠즈민은 당시 모스크바로의 여행에 대해 다음과 같이 기록하고 있다.

……큰 모스크바 억양, 기이한 말들, 그들이 걸어가면서 내는 신발 굽소리의 방식, 타타르 광대뼈와 눈, 위로 꼬아 올려진 수염, 충격적인 넥타이, 밝은 색상의 조끼와 상의, 허풍스럽고 가차 없는 생각과 판단들——이 모든 것이 새로운 사람들이 출현하고 있다고 생각하지 않을 수 없게 한다.[123)]

모스크바의 더 젊은 상인 후원자 세대는 근대 미술을 환영하며 수집했다. 그들은 근대 미술을 근대적 노선에 따라 구 러시아를 변모시키려는 자신들의 사회운동의 동지로 보았다. 젊은 플레이보이로 퇴폐적이었던 이들 부유한 상인들의 자식들은 젊은 모스크바 아방가르드 예술가들과 같은 보헤미안적 서클, 카페, 클럽과 파티로 몰렸다. 시인 안드레이 벨르이는 모스크바 최상류층 예술가 클럽인 자유 미학 협회Society of Free Aesthetics는 '과도한 여성 백만장자들' 때문에 1917년 폐쇄되어야 했다고 냉소적으로 회상하고 있다. 상인 부부들이 눈에 띄지 않는 곳이 없었다고 벨르이는 기록하고 있다.

남편들은 계속되는 희생양들과 함께 우리에게서 어떤 것을 얻어 내려는 협회들에 지원금을 주곤 했다. 아내들은 권태로워하며 여신들Venuses 처럼 아름다운 모슬린 천으로 된 의상과 다이아몬드 장신구를 걸치고 나타나곤 했다.[124)]

신세대 상인 후원자들 중 가장 화려한 사람은 니콜라이 랴부쉰스키로 그는 퇴폐적인 생활 방식—'나는 아름다움을 사랑하고 많은 여인들을 사랑한다'—과 자신의 모스크바 저택, 블랙 스완Black Swan에서의 굉장한 파티들로 유명했다. 랴부쉰스키는 「황금 양털」지에서 아방가르드 예술가들과 1908년과 1910년 사이 그들의 전시회를 후원했다. 그들의 문학적 동지와 알렉산드르 스크랴빈 같은 작곡가들과 함께 시, 음악, 종교와 철학으로 종합적 미술을 추구하는 모스크바 상징주의 화가들인 불루 로즈Blue Rose가 랴부쉰스키의 후원으로 결성되었다. 그는 또한 유명한 '다이아몬드 잭Jack of Diamonds' 전시회(1910~14)에 자금을 지원했다. 이 전시회에서 모스크바에서 가장 젊고 재주 있는 마흔 명이 넘는 예술가들(칸딘스키, 말레비치, 곤차로바, 라리오노프, 렌툴로프, 로드첸코와 타틀린)이 사실주의적 전통에 대한 투쟁을 선언하며 자신들의 예술로 대중들에게 충격을 주었다. 전시회에는 부러진 테이블 다리, 철판과 유리 주전자 조각 등이 전시되었다. 화가들은 자신들의 벗은 몸을 장식하고 예술 작품으로서 모스크바 거리를 활보했다.

비평가들은 화가 나 노발대발했다. 세르게이 야블로노프스키는 그 중에 예술품은 없다고 말했다—이에 대해 렌툴로프는 마분지 조각에 황토색 페인트를 짜놓고 "세르게이 야블로노프스키의 뇌"라는 제목을 붙여, 그가 비판했던 전시회에 그것을 걸어 놓았다.[125)] 다른 예술 양식에서도 러시아는 실험적 방법을 주도했다. 메이어홀드는 모스크바 예술의 자연주의로부터 상징주의 드라마에 대한 실험으로 확대해 1905년 고도로 양식화된 연출로 자신의 극장 스튜디오Theatre Studio를 확립한다. 스크랴빈은 후에 '12음 음악serial music'으로 알려진 것을 실험한 최초의 러시아 작곡가였다(쇤베르크, 베르크, 베베른이 같은 작업을 하고 있었다). 스크랴빈은 아방가르드에 영감을 준 사람이었다. 젊은 스트라빈스키는 스크랴빈에게서 많은 영향을 받았다(그리고 스트라빈스키가 1913년 그를 방문했을 때 스크랴빈이 자신의 음악을 모르고 있다는 사실을 알고 굴욕감을 느꼈다).[126] 스트라빈스키가 1917년 혁명 후 처음으로 러시아를 다시 방문했던 1962년 그는 모스크바에 있는 스크랴빈 박물관을 참례하러 갔다가 그것이 일종의 아방가르드 전자음악 작곡가들의 지하 회합 장소라는 사실을 알았다. 스크랴빈 찬미자인 작가 보리스 파스테르나크는 자신의 절친한 친구이자 (1906년부터) 동료 모스크바인인 블라디미르 마야코프스키와 함께 시에서 미래주의 선구자로 활약한다.*그들은 새로운 시어를 찾고 있었으며 모스크바 거리의 소음에서 그 언어를 찾았다.

……

어떤 요술쟁이가

레일을 미네

* 파스테르나크의 아버지 레오니드 파스테르나크는 모스크바 사교계의 화가였으며 어머니 로잘리아 카우프만은 유명한 피아니스트였다. 스크랴빈은 파스테르나크 가족의 절친한 친구였다. 10대 시절에 스크랴빈의 영향을 받은 보리스는 6년간 작곡을 공부했다. "나는 그 어느 것보다 음악을 사랑하며 음악계에서 그 어느 누구보다 스크랴빈을 사랑한다. 스크랴빈은 나의 신이자 우상이다"(F. Bowers, 『스크랴빈』 2권. (런던, 1969), 1권 321쪽).

시 입구에서,
탑의 시계 문자판에 숨어.
우리는 굴복하네!
사이드카들.
게으른 사람들.
어떤 승강기.

영혼의 코르셋은 벗겨지고.
손길에 몸은 달아오른다.
비명을 지르라 혹은 비명을 지르지 말라
'내가 의도하지 않은 것은……' —
고뇌가
일어나네
격렬하게.
성마른 바람은
찢어내네
몽실거리는 양모 조각을
굴뚝에서.
대머리 가로등은
유혹하듯
벗겨 내리지
검은 스타킹을
거리에서.[127]

말레비치는 마야코프스키의 『거리에서 거리로』(1913)를 "입체파 시

versified Cubism"라 불렀다.[128]

마리나 츠베타예바 역시 모스크바의 시인이었다. 그녀의 아버지는 한때 모스크바 대학 미술사 교수를 지냈으며 푸쉬킨 화랑 설립 감독이었던 이반 츠베타예프다. 따라서 파스테르나크처럼 그녀는 모스크바 인텔리겐차 속에서 성장했다. 모스크바 정신이 그녀의 모든 시어에 살아 있다. 츠베타예바는 언젠가 자신의 초기 시들이 "모스크바의 이름을 아흐마토바의 이름 수준으로 고양시키고…… 내 속에 있는 모스크바를…… 페테르부르크를 굴복시키려는 목적에서가 아니라 페테르부르크에 모스크바를 느끼게 할 목적으로 표현하고 싶었다"고 기록하고 있다.

> 둥근 지붕들이 내가 노래하는 도시에서 번쩍이고 있네,
> 그리고 방랑하는 장님이 성스러운 구세주를 칭송하네,
> 그리고 나는 당신에게 교회 종이 울리는 나의 도시를 선사하네,
> —아흐마토바! —그리고 나의 마음도.[129]

이 시기에 자신들의 우정을 통해 츠베타예바는 친구인 시인 만델스탐에게도 모스크바를 선사했다. 만델스탐의 아내 나데즈다는 "그것은 마법 같은 선물이었다. 모스크바 없이 페테르부르크만으로는 러시아에 대한 진정한 감정을 얻거나 자유롭게 숨쉬는 것이 불가능해지기 때문이다"라고 쓰고 있다.[130]

1917년 이후 모스크바는 페테르부르크를 대체한다. 모스크바는 볼셰비키가 건설하고 싶어했던 새로운 산업 사회의 모델이자 근대적 도시로 국가 문화의 중심지인 소비에트의 수도가 된다. 모스크바는 예술을 통해 새로운 소비에트적 인간과 사회를 건설하고자 했

던 프롤레트쿨트Proletkult(프롤레타리아적 문화)와 같은 좌파 예술가들과 말레비치와 타틀린, 로드첸코와 스테파노바 같은 구성주의자들Constructivists 같은 아방가르드 예술가들의 작업실이었다. 모스크바는 예술처럼 삶에서도 전례 없는 자유와 실험의 도시였다. 아방가르드들은 1920년대 몇 년 간이긴 했지만 모스크바에 자신들의 이상적인 도시가 형성되고 있는 것을 보았다고 믿었다. 타틀린의 '탑'——그는 붉은 광장에 있는 제3 인터내셔날에 대한 기념비를 위한 디자인이라는 사실을 깨닫지 못했다——은 이 같은 혁명적 희망을 표현하고 있다. 강철과 철제 대들보로 만들어져 거대하게 자리잡고 있는 모습은 중세 구 모스크바의 교회들처럼 층층이 겹쳐져 완성되어 있다. 그의 창조물은 "세계를 새롭게 만들기 위해" 인터내셔날이 꺼려하는 언어로 모스크바의 메시아적 역할을 상징하고 있는 것이다. 제3로마로서 모스크바의 오랜 이상에서 제3 인터내셔날의 지도자로서 모스크바의 소비에트적 이상으로 가는 길은 인류를 구원하기 위한 모스크바의 사명에서 보면 한 걸음도 안 되는 거리였다.

소비에트 모스크바는 엄청난 자신감에 차 있었다. 자신감은 자동차 대량 생산 공장, 최초의 지하철과 같은 1930년대의 대형 건설 프로젝트들과 사회주의적 사실주의 '예술'의 미래지향적인 비약적 이미지들에 반영되고 있다. 모스크바의 낡은 목조 주택들은 철거되었으며 교회들은 파괴되었다. 도시 중심을 가로지르는 새로운 넓은 광장로들이 건설되었다. 오래된 트베리 대로는 확장되어 고리키가로 개칭되었다. 혁명 광장이 옛 시장 자리에 들어섰으며 붉은 광장에 있는 시장 사무실들이 철거되었다. 이런 식으로 성스러운 혁명 제단인 레닌 묘Lenin Mausoleum가 노동절과 혁명 기념일 대중 행렬의 종착지가 되었다. 성스러운 러시아의 성채인 크레믈린을 지나는 무장 행진과 함께 이 같은 행렬은 과거의 종교 행렬을 모방해 대체한 것이다. 행진자들이 레닌 묘 지붕에서 열병식을 참관하는 러시아 지도자들을 줄지어 지나 끊어지지 않고 행진할 수 있도록 성 바실리 성당을 폭파할 계획을 세우기까지 했었다.

따라서 스탈린의 모스크바는 제국의 도시——일종의 소비에트적 페테르부르크——로 재건되어 비현실적인 도시처럼 묵시록적 신화의 주체가 되었다. 미하일 불가코프의 소설 『거장과 마르가리타』(1940)에서 악마는 모스크바를 방문해 모스크바의 문화적 사원들을 파괴하고, 사탄이 월랜드라는 마술사로 변해 일단의 마법사와 비히모스라는 초자연적 고양이를 데리고 모스크바로 내려온다. 그들은 모스크바를 도덕적으로 부패하게 해 황폐화시킨 후 나폴레옹(다른 악마)이 처음으로 모스크바를 보았던 참새 언덕에서 날아가 버린다. 폰티우스 필레이트Pontius Pilate와 그리스도의 시련에 대해 발표되지 못한 원고의 저자로 그녀가 사랑한 거장을 구하기 위해 월랜드에게 자신을 바친 마르가리타라는 젊은 모스크바 여성이 그들과 함께 날아가 버린다. 그들의 말이 공중으로 뛰어올라 하늘로 솟구쳐 오르자 마르가리타는 "공중에서 선회하면서 여러 가지 색깔의 탑들뿐 아니라 도시 전체가 오랫동안 시야에서 사라져 도시가 있었던 곳에 안개와 연기만을 남기며 대지에 가려지는 것을 본다."[131]

그렇지만 20세기 내내 모스크바는 여전히 '집'이었다. 모스크바는 늘 그래 왔던 것처럼 여전히 어머니의 도시였으며 1941년 가을 히틀러가 모스크바를 공격했을 때 모스크바 시민들은 모스크바를 지키기 위해 싸웠다. 1812년 쿠투조프가 나폴레옹에게 모스크바를 포기했던 것처럼 모스크바를 포기하는 것은 불가능했다. 백만 모스크바 시민들 중 4분의 1이 최후의 방어선인 참호를 파고 전선의 병사들에게 식량을 날랐으며 자신들의 집에서 부상자를 간호했다. 최후의 절망적 노력으로 독일인들은 모스크바의 문전——현재까지 모스크바에서 쉐레메테보 공항까지의 길에 거대한 철십자가로 기억되고 있는 장소——에서 격퇴되었다. 구원받은 것은 소비에트의 수도가 아니라 어머니인 모스크바였다. 파스테르나크의 표현에선

전설의 안개가 깔리게 되겠지
소용돌이 문양과 나선형으로
장식된 금빛 바야르의 침실과
성 바실리 성당의 그 모든 것 위로.

자정까지 거주자와 몽상가들
그들 모두를 품고 있는 모스크바.
이곳은 모든 이들의 원천인 그들의 집
이 세기가 모스크바와 함께 번영하게 되리라.[132)]

제4장

민중은 우리에게 아직 하나의 이론이며 그들은 아직도 우리에겐 수수께끼로 남아 있다. 민중을 사랑하는 우리는 그들을 어떤 이론의 일부로 보고 있으며 우리들 중 어느 누구도 실재하는 민중을 사랑하는 것이 아니라 단지 우리 각자가 상상하고 있는 민중을 사랑하고 있는 것처럼 보인다. 그리고 우리는 그들을 사랑하긴 하지만 러시아 민중이 우리가 상상하고 있는 것과 같지 않다면 거리낌없이 즉시 민중을 저버리게 될 것이다.-도스토예프스키

민중 속으로

1910년 중앙아시아의 전형적인 외길 마을

1

1874년 여름 수천 명의 학생들이 모스크바와 성 페테르부르크의 강의실을 떠나 러시아 농민과의 새로운 삶을 시작하기 위해 아무도 모르게 지방으로 향했다. 집과 가족을 버린 그들은 인간의 형제애 속에서 새로운 민족을 찾게 되리라는 희망찬 기대를 품고 '민중 속'으로 들어갔다. 이 젊은 선구자들 중 시골 마을을 본 적이 있는 사람은 거의 없었다. 하지만 그들은 모두 시골 마을이 러시아 농민의 자생적 사회주의를 입증하는 조화로운 공동체일 것으로 상상하고 있었다. 따라서 그들은 자신들이 농민에게서 영혼의 동지이자 자신들의 민주주의적 대의의 협력자를 발견하게 될 것으로 확신했다. 학생들은 자신들을 '민중의 하인'인 인민주의자Populist(narodnik)라 불렀고 '민중의 대의'에 헌신했다. 그들 중 일부는 농민처럼 입고 말하려 노력했으며 '소박한 생활 방식'을 따르려 했다. 그들 중 한 명인 어떤 유태인은 "농민의 영혼"에 더 다가설 수 있다고 믿으며 십자가를 차고 다니기까지 했다.[1] 그들은 농민들에게 더 도움이 될 수 있는 직업과 기술을 선택했으며 읽는 법을 가르치기 위해 농민들에게 책과 팸플릿을 가져다주었다. 민중과 함께하며 그들의 삶의 짐을 나누어 짊으로써 젊은 혁명가들은 민중의 신뢰를 얻고 그들에게 그들의 매우 열악한 사회적 조건을 이해시키고 싶어했다.

하지만 이것은 일반적인 정치 운동은 아니었다. '민중 속으로'는 일종의 순례 여행이었다. 이 운동과 관련된 사람들은 진리를 찾아 수도원으로 가는 사람들과 비슷한 유형의 사람들이었다. 이 젊은 선전자들은 특권을 누렸다는 죄책감에 사로잡혀 있었다. 그들 중 상당수는 자기 가족의 귀족적 저택에서 자신들의 양육을 도왔던 농노 계급——유모와 종복들——에 대해 개인적으로 죄책감을 느끼고 있었다. 그들은 그 부가 민중들의 피와 땀으로 형성된, 자기 부모들의 죄로 가득 찬 세계에서 벗어나고자 했으며 귀족과 농민이 민족의 정신적 재탄생 속에서 합일되는 '새로운 러시아'를 건설하려는 회개의 마음으로 지방의 촌락으로 향했다. 학생들은 민중의 대의——가난과 무지로부터 그리고 귀족과 국가의 억압으로부터 농민의 해방에 대한——에 헌신함으로써 특권을 받고 태어난 자신들의 죄에서 구원받기를 희망했다. 저명한 인민주의 이론가 니콜라이 미하일로프스키는 "보편적 진리에 대한 우리의 자각은 오랜 세월에 걸친 민중의 고통을 대가로 이르게 될 수 있었을 뿐이라는 사실을 깨닫게 되었다. 우리는 민중에 대한 채무자이며 이 빚은 우리의 양심을 무겁게 짓누르고 있다"고 쓰고 있다.[2]

이상주의적 희망을 불러일으킨 것은 농노해방이었다. 도스토예프스키 같은 작가들은 1861년 농노해방령을 10세기 러시아의 기독교로의 개종과 비유하고 있다. 그들은 지주와 농민이 오랜 분열을 극복하고 민족성으로 조화되어야 할 필요성을 역설했다. 왜냐하면 도스토예프스키가 1861년 쓰고 있는 것처럼 "모든 러시아인은 무엇보다 우선적으로 러시아인이며 러시아인이 되고 나서야 계급에 속하게 되기" 때문이다.[3] 교육받은 계급들은 자신들의 '러시아적인 것'을 인정하고 문화적 사명——농민들을 시민으로서 교육하고 민족 문학과 예술의 기초 위에 러시아를 재통합하는 것——으로서 농민에게 관심을 가질 것을 요구받았다.

이는 학생들이 민중 속으로 들어가도록 영감을 불어 넣은 전망이었다. 귀족 저택과 대학의 유럽적 세계에서 성장한 그들은 '러시아적 원칙'에 근거한 알려지지 않은 땅과 새롭고 도덕적인 삶으로의 여정을 시작했다. 그들은 농노해방을 러시아의 죄 많은 과거로부터의 액막이——그리고 죄 많은 과거에서 벗어난 새로운 국가의 탄생——로 보았다. '민중 속으로' 운동에 인민주의자들과 동참한 문필가 글렙 우스펜스키는 '1861년' 새로운 삶을 시작하기로 맹세했다. "내 과거 삶의 어느 것을 가지고 앞으로 살아가는 것은 전혀 불가능하다.……살아가기 위해선 과거의 모든 것을 잊고 내 자신의 인격에 스며들어 있는 모든 특성들을 지워야 할 필요가 있다."[4]

일부 인민주의자들은 급진적 비평가 니콜라이 체르니셰프스키가 자신의 독창적인 소설 『무엇을 할 것인가?』(1862)에서 제시한 원칙에 따라 모든 것을 공유하는(때로 연인들을 포함해) '노동 코뮌'에서 살기 위해 부모의 집을 떠났다. 이 소설은 독자들에게 새로운 사회에 대한 청사진을 제시하고 있다. 『무엇을 할 것인가?』는 자신의 인생이 이 책에 의해 변화되었다고 말한 젊은 레닌을 포함한 혁명가들의 성전이 되었다. 코뮌들 대부분은 곧 해체되었다. 학생들은 농민들의 음식은 말할 것도 없고 농업 일에 대한 부담을 견딜 수 없었으며 재산과 연애 문제로 끊임없이 다툼이 있어났기 때문이었다. 하지만 학생들이 체르니셰프스키에게서 주입받은 금욕주의적 생활방식과 유물론적 믿음인 코뮌 정신은 그들이 구 사회를 거부할 수 있는 지속적인 영감을 주었다. 세대 차이는 투르게네프의 소설 『아버지와 아이들』(1862)(종종 『아버지와 아들』로 오역되는)의 주제였다. 이 소설은 민중의 이름으로 직접적인 행동을 요구하는 젊은이들이 대안 없이 현재의 국가 문제들을 비판하는 데 그치고 있는 투르게네프나 게르첸 같은 자유주의적 문필가인 '40년대 사람들'과 갈등이 불거지는 1860년대 초 학생의 저항 문화를 배경으로 하고 있다. 19세기 러시아는 '60년대' 운동도 또한 전개되었다.

투르게네프는 1858년 파벨 아넨코프에게 "농민들은 문학에서 우리를 완전히 압도하고 있다"고 쓰고 있다. "하지만 우리는 아직 농민들이나 그들의 삶에 대해 어느 것도 진정으로 이해하지 못하고 있다는 의심이 들기 시작한다."[5] 투르게네프의 의심은 학생 '허무주의자들' (그들이 불렸던 것처럼)에 대한 그의 비판의 핵심이었다. 하지만 그들 역시 1861년 이후 러시아 문화를 지배하고 있었던 '농민 문제' 에 대해 인텔리겐차적 강박관념을 갖고 있었다. 농노해방과 함께 사회의 다른 영역에서도 농민들을 동료 시민으로 인정하지 않을 수 없었다. 갑자기 러시아의 운명에 대한 지겹도록 오래 된 문제들이 농민의 진정한 정체성과 결부되게 되었다. 농민은 선한가 아니면 악한가? 농민은 문명화될 수 있는가? 농민은 러시아에 어떤 의미가 있는가? 그리고 농민은 어디에서 유래하는가? 그 해답을 아는 사람은 없었다. 왜냐하면 시인 네크라소프의 유명한 구절처럼

> 러시아는 농촌의 수렁에 갇혀 있고
> 그 수렁은 영원한 침묵이 지배하고 있다.[6]

이기 때문이다. 민속학자들이 농촌의 수렁을 탐구하기 시작했다. 1868년 페도르 부스라에프는 "민중에 대한 연구는 우리 시대의 과학이다"라고 선언하고 있다.[7] 민족 박물관이 모스크바와 성 페테르부르크에 설립되었다——박물관의 목적은 박물관 설립자들 중 하나인 이반 벨랴예프의 말처럼 "러시아인들에게 자신들의 민족을 알게 하기 위해서"였다.[8] 대중들은 진열된 농민 의상과 가사 용품, 사진과 지방의 다양한 지역 거주지 모형들에 충격을 받았다. 그것들은 어떤 외국의 거주지들처럼 보였다. 거의 모든 분야의 진지한 조

사—지리학, 철학, 신학, 문헌학, 신화학과 고고학—에서 농민 문제는 당시의 문제였다.

작가들도 농민의 삶에 열중했다. 살티코프-쉬쉐드린의 말처럼 농민은 "우리 시대의 영웅"이 되었다.[9] 19세기 초 러시아 농민에 대한 문학적 이미지는 대체로 감상적인 것이었다. 즉 농민은 사고하는 개인이라기보다는 인간의 감정을 가진 가축적인 인물이었다. 1852년 투르게네프의 걸작 『사냥꾼의 일기』가 출간되면서 모든 것이 변했다. 러시아 문학에서 처음으로, 이 책에서 독자들은 이전의 감상적인 문학에서 지각 있는 희생자로 묘사되었던 것과 상반되게 합리적 인간으로서의 농민의 이미지와 마주하게 된다. 투르게네프는 농민을 실용적으로 관리하며 고결한 꿈을 가질 수 있는 사람으로 묘사하고 있다. 투르게네프는 러시아 농노에 대해 깊은 연민을 느꼈다. 그가 자란 오렐 지방에 대 영지를 갖고 있던 그의 어머니는 농노들을 벌할 때 지독하고 무자비했다. 그녀는 종종 사소한 잘못을 이유로 농노를 매로 때리거나 시베리아의 유형지로 보냈다. 투르게네프는 어머니의 관리 방식을 자신의 끔찍한 소설 『푸닌과 바부린』(1874)에서 묘사하고 있다. 또한 잊을 수 없는 『무무』(1852)에서 공작녀는 짖는다는 이유로 농노의 개를 총으로 쏘아 버린다. 『사냥꾼의 일기』는 농노와 개혁 문제에 대한 일반인의 태도를 변화시키는 데 중요한 역할을 한다. 투르게네프는 나중에 생애에서 가장 자랑스러운 순간은 1861년이 지난 지 얼마 되지 않아 오렐에서 모스크바로 가는 기차에서 두 명의 농부들이 다가와 "전 민중의 이름으로 그에게 감사"하기 위해 러시아 방식으로 땅에 머리가 닿도록 인사했을 때라고 말하고 있다.[10]

농민들에 대해 글을 쓴 문필가들 중에서 니콜라이 네크라소프만큼 인민주의자에게 영향을 준 인물은 없었다. 네크라소프의 시는 농민의 '복수와 슬픔'에 대해 새롭고 진실된 목소리로 토로하고 있다. 네크라소프의 주장은 인민주의자들 사이에선 성가가 된 그의 서사적인 시 「러시아에선 누가 행복한가?」(1863~78)에서 가장 강렬하게 대변되고 있다. 인민주의자들이 네크라소프의 시에서 매력을 느낀 것은 민중의 대의에 대한 시의 현실 참여적인 내용이 아니라 네크라소프 자신의 출신 배경인 귀족 계급에 대한 분노어린 비난이었다. 그의 시는 농민 언어에서 직접 차용한 대화적 표현이 산재해 있다. 「노상에서」(1844)나 「행상인」과 같은 시는 실제로 농민의 대화를 필사한 것이었다. 농민의 언어가 '예술'이 되기엔 너무 상스럽다고 교육받았던 투르게네프와 같은 40년대 사람들은 네크라소프가 '시에 대한 공격'을 시작했다고 비난했다.[11] 하지만 학생들은 네크라소프의 시에서 힘을 얻었다.

농민 문제는 당시의 문제였을 것이다. 하지만 모든 대답은 하나의 신화였다. 도스토예프스키가 쓰고 있듯이

> 민중의 문제와 그들에 대한 우리의 견해는…… 우리의 모든 미래가 걸려 있는 가장 중요한 문제다……. 하지만 민중은 우리에게 아직 하나의 이론이며 그들은 아직도 우리에겐 수수께끼로 남아 있다. 민중을 사랑하는 우리는 그들을 어떤 이론의 일부로 보고 있으며 우리들 중 어느 누구도 실재하는 민중을 사랑하는 것이 아니라 단지 우리 각자가 상상하고 있는 민중을 사랑하고 있는 것처럼 보인다. 그리고 우리는 그들을 사랑하긴 하지만 러시아 민중이 우리가 상상하고 있는 것과 같지 않다면 거리낌없이 즉시 민중을 저버리게 될 것이다.[12]

각각의 이론은 당시 민족성의 정수로 여겨지던 농민의 몇 가지 장점을 거론하고 있다. 인민주의자들에게 농민은 자생적 사회주의자로 부르주아적 서구와 러시아를 구별하는 집단 정신의 구현이었다. 게르첸 같은 민주주의자들은 농민을 자유의 투사——농민의 야만성은 자유로운 러시아 정신을 구현하고 있다——로 보았다. 슬라브주의자들은 농민을 전설적 영웅 일리아 무로메트처럼 겸손하게 진실과 정의를 추구하며 끈기 있고 고통 받는 러시아의 애국자로 보았다. 그들은 농민공동체가 러시아가 추구해야 할 도덕적 원칙을 국외에서 찾을 필요가 없는 살아 있는 증거라고 주장했다. 인민주의 운동의 창설자들 중 한 명인 콘스탄틴 악사코프는 "농민 공동체는 이기주의, 개성을 버리고 공통된 합의를 표현하고 있는 민중의 결합이며 이것은 사랑의 행위, 고귀한 기독교적 행위이다"라고 선언하고 있다.[13] 도스토예프스키도 농민을 '러시아 영혼'의 체화인 도덕적 동물로 보았다. 그는 한 번은 유명한 논쟁에서 소박한 '부엌의 촌부muzhik'가 어떤 부르주아적인 유럽적 신사보다 도덕적으로 우월하다고 주장하기까지 했다. 도스토예프스키는 농민들이 "우리에게 새로운 길을 보여줄 것"이다. 우리가 그들을 가르치기는커녕 "민중의 진실 앞에 고개를 숙여야 하는 것은 '우리'다"라고 주장했다.[14]

농민 문제에 대한 수렴은 당시 러시아에서 출현하고 있던 더 광범위한 민족적 합의나 이데올로기를 나타내고 있다. 서구주의자들과 슬라브주의자들 간의 오랜 논쟁은 양측에서 러시아가 서구의 지식과 고유한 원칙 사이에서 적절한 균형을 찾을 필요가 있다는 점을 인정하면서 잦아들었다. 서구주의자들의 원로인 급진적 비평가 벨린스키가 예술에 관한 한 자신은 코스모폴리탄에 반대해 "슬라브주의자들을 지지한다"고 말한 1847년 초 서구주의자와 슬라브주의자의 견해가 종합되는 분위기가 감지되고 있다.[15] 슬라브주의자들의 입장에선 1850년대에 더 젊은 슬라브주의자들이 '민족'은 더 나이 든 슬라브주의자들의 주장처럼 농민만이 아니라 모든 사회 계급을 포괄하고 있다는 견해로 이동하고 있었다. 일부에선 사실상 서구주의자들과 구분할 수 없는 방식으로 진정한 민족의 범위는 시민적 영역이며 세계 속에서 러시아의 진보는 농민이 시민적 영역으로 부상하느냐 여부에 달려 있다고 주장하기까지 했다.[16] 요컨대 1860년대엔 러시아가 유럽식 자유주의적 개혁의 경로를 따라 발전해야 하지만 러시아의 고유한 역사적 전통과 너무 괴리되어선 안 된다는 것이 일반적 견해였다. 그것은 피터 '와' 농민을 보존하는 경우이기도 했다. 이것이 1860년대 도스토예프스키와 그의 형제인 미하일이 참여했던 '고향 땅native soil' 운동의 입장이었다.

인민주의는 문화적 종합의 산물이었으며 일종의 민족적 강령이 되었다. 19세기 유럽 전역에서 유행했던 민속문화에 대한 낭만적 관심을 러시아 인텔리겐차보다 더 민감하게 느낀 사람들은 없었다. 1908년 시인 알렉산드르 블록은 다음과 같이 기록하고 있다.

> ……인텔리겐차는 자신들의 책장을 민요, 서사시, 전설, 마법, 만가 등의 선집으로 채우고 있다. 그들은 러시아의 신화, 결혼식과 장례식을 조사하고 민중을 위해 슬퍼하며 큰 희망을 품고 민중에게로 가 절망하게 된다. 그들은 민중의 대의에 목숨을 바쳐 처형을 당하거나 굶어 죽기까지 한다.[17]

귀족 계급이 국가에 대한 봉사로 규정되었던 것처럼 인텔리겐차는 민중에 대한 봉사의 사명으로 정의된다. 그리고 인텔리겐차는 '민중의 이익'이 법률이나 기독교의 가르침 같은 모든 원칙들이 종속되는 가장 고귀한 가치라는 견해로 살았다. 하지만 인텔리겐차들 중 상당수가 이 같은 관점을 후회하게 된다. 러시아 민족에게 고유한 민중에 대한 헌신적 태도는 국가 각료와 귀족 같은 궁정 구성원들도 공유하고 있었을 정도였다. 농노해방을 가져온 자유주의적 개혁 정신은 1860년대와 1870년대 농민에 대한 정부의 태도에 끊임없이 영향을 미쳤다. 농민들이 귀족의 사법권에서 벗어나게 되면서 농민이 국가에 책임 있는 시민이 되었다는 인식이 형성되었다.

1861년 이후 정부는 농민 시민의 복지를 개선하고 그들을 민족 생활에 통합시키기 위해 전반적인 제도를 제정한다. 1864년 지구와 지역 단위로 설치된 새로운 지방 정부 의회인 젬스트보가 농민을 대상으로 한 대부분의 제도를 발의했다. 젬스트보는 톨스토이와 체홉이 소설에서 풍부하게 묘사하고 있는 유형의 온정주의적 지주들——후진적인 농촌 지역에 문명을 전파하고자 꿈꾸었던 자유주의적인 선의의 사람들——이 주도하고 있었다. 그들은 제한된 자원으로 학교와 병원을 짓고 농민을 위해 가축 진료와 농업 서비스를 제공했으며 교량과 새로운 도로를 놓았다. 지역 상거래와 산업에 투자하고 보증 기구와 농촌 신용에 자금을 지원하였으며 미래의 더 많은 개혁을 준비하기 위한 야심적 통계조사를 수행했다.* 상류 사

* 젬스트보 자유주의자들의 희망은 성취되지 못했다. 1881년 알렉산드르 2세가 암살된 이후 젬스트보의 권력은 젬스트보를 급진주의자들을 배출하는 위험한 토양으로 보았던 신임 황제 알렉산드르 3세의 정부에 의해 매우 제약되게 되었다. '민중 속으로'에 참여했던 많은 학생들은 결국 젬스트보의 고용원——선생, 의사, 통계가와 농경가 그리고 그들의 민주적 정치 견해는 경찰을 끌어들인다——이 된다. 이 같은 '혁명가'들을 찾아 젬스트보 직원——병원과 정신병자 수용소까지 포함한——에 대한 경찰의 일제 검거가 이루어진다. 그들은 농민의 어린아이들에게 읽

회 계급들도 일반적으로 젬스트보 자유주의자들의 낙관적 기대를 공유하고 있었다. 온정주의적인 관대한 견해——각 계층의 명문 출신들이 급진적 학생들을 지원하게 한 민중과 그들의 대의에 대한 공감——가 존재하고 있었다.

차르에 대한 보고서에서 법무 장관은 1874년의 '미친 여름'에 있었던 어리석은 행동의 목록 전체를 기술하고 있다. 한 헌병 연대장의 아내가 아들에게 비밀 정보를 제공했으며 어떤 부유한 지주로 행정 장관인 사람은 주도적인 혁명가들 중 한 명을 숨겨주었다. 어떤 교수는 자신의 학생에게 선전가를 소개시켜주었고 몇몇 국가 자문의 가문들은 자기 아이들의 혁명 활동을 너그럽게 받아들였다.[18] 자유주의적 개혁을 농민 문제의 해결책으로 보았던 투르게네프도 혁명가들의 이상주의적 열정에 감탄하지 않을 수 없었다(그리고 부러워했을 것이다).[19] 그는 프랑스와 스위스에 있는 그들의 써클에서 어울리며 인민주의 이론가인 표트르 라블로프(그의 저작들은 급진적인 학생들에게 영감을 주었다)에게 그의 신문 「전진!」을 유럽에서 발간할 수 있도록 약간의 돈을 주기까지 했다.[20] 소설 『처녀지』(1877)에서 투르게네프는 라블로프의 요청에 부응하는 유형의 사람들을 묘사하고 있다. 인민주의자들의 환상을 통해 보기는 했지만 그는 자신의 경탄도 무난하게 전달하고 있다. 투르게네프는 1876년 소설을 끝내면서 친구에게 이들 "젊은이들은 매우 착하고 정직하지만 그들은 너무 잘못된 비현실적인 길을 걷고 있기 때문에 결국 실패하지 않을 수 없다"고 쓰고 있다.[21]

이 점은 곧 판명되었다. 학생 대부분은 자신들이 말한 것들 중 어

는 법을 가르친 귀족 여성까지 체포했다.(A. Tyrkogo-William, *To, chego bol' she ne budet*(Paris, n. d.), 253쪽.)

느 것도 실제로 이해하지 못하면서 혁명적 설교를 겸손하게 경청하던 농민들의 조심스러운 의혹이나 적대감에 직면하게 된다. 농민들은 학생들의 지식과 도시적 방식을 경계했으며 많은 곳에서 학생들을 당국에 고발했다. 후에 러시아의 지도적 사회주의자들 중 한 사람이 된 에카테리나 브레쉬코프스카야는 키예프 지역에서 자신과 함께 있던 농민 여성이 "내 책을 보고 놀라 경찰에 고발한 후" 감옥에 가게 되었다.[22] 인민주의자들의 사회주의 사상은 농민들에게 낯설고 이국적이었다. 혹은 적어도 그들의 설명을 자신들의 관점에서 이해할 수 없었다. 어떤 선전가는 농민들에게 모든 토지를 땀 흘리는 자가 소유하며 누구도 다른 사람을 착취하지 못하게 될 미래의 사회주의 사회에 대해 아름답게 설명한다. 갑자기 한 농부가 의기양양하게 다음과 같이 외친다. "우리가 땅을 분할해 가질 수 있다면 당연히 즐겁지 않겠습니까? 두 명의 노동자를 고용하게 되면 얼마나 즐거운 삶이겠습니까!"[23] 차르에 관한 한 차르를 인간신으로 보는 마을 사람들의 완벽한 몰이해와 분노에 찬 항변을 듣게 된다. 그들은 "차르 없이 우리가 어떻게 살 수 있단 말인가?"라고 말했다.[24]

경찰에 체포되어 추방당하거나 지하로 들어갈 수밖에 없었던 인민주의자들은 깊은 절망감을 안고 자신들의 실패에서 새로운 것을 배웠다. 인민주의자들은 자신들의 인격의 너무 많은 부분을 농민의 이상화된 개념에 쏟아부었으며 자신들의 개인적 구원을 '민중의 대의' 에 너무 많이 걸고 있었기 때문에 그 두 가지가 붕괴되는 것을 보는 것은 그들의 정체성에 엄청난 타격이었다. 극단적으로 비극적인 사례를 인용하자면 작가인 글렙 우스펜스키는 농민 생활의 명백한 현실에 적응하려 노력하면서 수년을 보낸 후 결국 미쳐버렸으며 많은 인민주의자들은 냉혹한 현실적 자각으로 궁지에 몰리게 된다.

그들이 품고 있던 농민에 대한 생각——그것은 이론과 신화에 불과했다——은 실제로는 존재하지 않으며 자신들이 교량 역할을 할 수 없는 문화적, 사회적 그리고 지적인 심연에 의해 실재하는 농민들과 분리되어 있다는 사실이 갑자기 분명해졌다. 풀리지 않는 수수께끼처럼 농민은 알 수 없는 존재로 남았으며 알 수도 없을 것이었다.

2

1870년 여름 일리아 레핀은 "알려지지 않은 땅"을 찾아 성 페테르부르크를 떠났다.[25] 그의 형제와 동료 학생화가 페도르 바실레프와 함께 그는 증기선을 타고 볼가 강을 따라 내려가 모스크바 동쪽으로 700킬로미터 떨어져 있는 스타브로폴 시까지 여행했다. 일리아 레핀의 목적은 자신이 계획하고 있는 볼가 강의 거룻배 끄는 사람을 그리기 위해 농민을 연구하는 것이었다. 레핀이 그림에 대한 아이디어를 처음으로 떠올린 것은 성 페테르부르크 인근의 강둑을 따라 피곤한 걸음으로 터벅터벅 걷고 있는 일단의 배 끄는 사람들을 관찰했던 1868년 여름이었다. 원래 레핀은 그들의 슬픈 모습을 잘 차려 입은 즐거운 소풍객 무리와 대비할 생각이었다. 이 같은 구도는 당시 대부분의 러시아 사실주의자들이 선호하는 설명적 장르화의 전형적인 예였을 것이다. 하지만 그는 배 끄는 사람들만을 묘사하라는 이동 전람회파의 재능 있는 풍경화가인 친구 바실레프의 설득으로 선전적 그림 계획을 포기했다.

여행 자금과 허가를 얻어내는 데 2년이 소요됐다——차르 당국은 당연히 이 미술 학도들을 의혹의 시선으로 보며 그들이 혁명적 목적을 갖고 있지나 않을까 두려워하고 있었다. 레핀은 3달 동안 사마라 인근의 볼가 강을 굽어보고 있는 마을 쉬리아이예보의 전 농노들과 함께 지냈다. 그는 그들의 어선과 그물, 그들의 가정용구들과 넝마로 만든 신과 의복들을 민속학적으로 세부적으로 묘사하며 자신의 스케치북을 채웠다. 마을 사람들은 자신들을 그리는 것을 싫어했다. 그들은 자신의 모습이 그려지면 악마가 사람의 영혼을 훔쳐간다고 믿고 있었다. 하루는 마을 사람들이 일단의 마을 소녀들에게 포즈를 취해달라고 설득하는 레핀을 발견했다. 그들은 악마의 작업을 한다며 레핀을 비난하고 경찰에게 넘기겠다고 위협하며 그의 '허가증'을 요구했다. 레핀이 갖고 있던 유일한 문서는 예술 아카데미에서 온 편지였다. 편지 윗부분에 찍혀 있는 인상적인 황제의 기장은 소란을 잠재우기에 충분했다. '허가증'을 면밀하게 살펴본 마을의 서기는 "보라구, 이 분은 차르께서 보낸 분이야"라고 말했다.[26]

결국 레핀은 수고비를 받고 자신들을 그리도록 허락한 한 팀의 배 끄는 사람들을 찾았다. 그는 몇 주 동안 짐 나르는 이들 인간 짐승들과 함께 생활했다. 그들을 알게 되면서 레핀은 그들의 개성을 알게 되었다. 한 사람은 성상화가였고 또 한 사람은 군인이었으며 카닌이라는 세 번째 사람은 전직 성직자였다. 레핀은 짐승 같은 노예 상태 속에서 그들의 재능이 완전히 낭비되고 있다는 사실에 충격을 받았다. 의상에 묻혀버린 그들의 고상한 얼굴은 초췌해 보였고 레핀에게 배 끄는 사람들은 "야만인들에게 노예로 팔린 그리스 철학자들"처럼 보였다.[27] 그들의 노예 신분은 러시아 민중의 억압된 창조력의 상징이었다. 레핀은 카닌이 "얼굴에 러시아적 특성"을 갖고 있다고 생각했다.

> 그것에는 동양적이고 고대적인 어떤 것이 있다……스키타이인의 얼굴……그리고 굉장한 눈! 얼마나 깊이 있는 표정인가!……그리고 아주 넓고 현명한 그의 이마……그는 엄청난 신비로 느껴졌으며 때문에 나는 그를 사랑했다. 머리에 누더기를 두르고 직접 만든 헤어져 기운 옷을 입은 카닌은 그래도 위엄 있는 모습으로 성인처럼 보였다.[28]

〈볼가강의 배 끄는 사람들〉(1873)(도판 11)의 마지막 그림에서 무엇보다 눈에 띄는 것은 인간적 위엄이었다. 당시 이 이미지는 특별하고 혁명적이었다. 당시까지 알렉세이 베네치아노프 같은 민주적인 화가의 그림에서도 농민의 이미지는 이상화되거나 감상적으로 그려지고 있었다. 하지만 레핀의 선원들은 생생하게 그려져 각각의 얼굴은 개인적 고통에 대한 자신들의 이야기를 하고 있었다. 스타소프는 이 그림이 러시아 민중이 갖고 있는 잠재적인 사회적 저항의 힘에 대한 주석이며 이 같은 정신은 그림에서 어깨 끈을 고치는 한 젊은이의 몸짓에서 상징화되고 있다고 보았다. 하지만 도스토예프스키는 오히려 이 그림이 러시아인의 특성을 서사시적으로 묘사하고 있다고 보았으며 노골적인 경향성을 갖고 있지 않다는 점에 찬사를 보냈다. 하지만 레핀이 의도한 것이 무엇이었는지는 판단하기 더 어렵다. 그의 생애는 정치와 예술 사이의 투쟁이었기 때문이었다.

레핀은 '60년대의 사람"——사회에서 뿐만 아니라 예술에서도 반항적인 의문이 제기되었던 시기——이었다. 그가 활동하던 민주주의적 서클에서는 보통 사람들이 실제로 살아가는 방식을 보여줌으

13. 일리아 레핀 : 볼가 강의 배 끄는 사람들에 대한 스케치, 1870.

로써 사회적 관심을 사회 정의에 대한 요구에 초점을 맞추는 것이 예술가의 의무라는 점에 일반적으로 동의하고 있었다. 이것에는 민족적인 목적도 있었다. 예술이 진실하고 의미 있으며 민중에게 느끼고 살아가는 법을 가르치기 위해선, 예술이 민중의 일상적인 삶 속에 그 뿌리를 두고 있다는 의미에서 민족적일 필요가 있기 때문이었다. 이것이 예술 전반에서 민족학파에 절대적인 영향력을 행사하고 있던 스타소프의 주장이었다. 스타소프는 러시아 화가들은 유럽식 미술을 모방하는 짓을 그만두고 예술 양식과 주제를 민중에게서 찾아야 한다고 주장했다. 러시아의 화가들은 고전주의적이거나 성서적 주제 대신에 "마을과 도시의 풍경, 지방의 외지, 고독한 사무원의 비참한 생활, 한적한 묘지의 구석, 번잡한 시장, 농민 오두막과 사치스러운 저택에서 벌어지는 모든 즐거움과 슬픔"을 묘사해야 한다.[29] 블라디미르 스타소프는 자칭 시민적 사실주의 예술의 거장이었다. 그는 미술에서 이동 전람회파, 음악에서 쿠치키스트의 주장을 후원했으며 차례로 아카데미의 유럽 스타일에서 벗어난 점에 대해 찬사를 보내고 그들 자신의 방식으로 더 '러시아적'이 되도록 밀어붙였다. 실제적으로 1860년대와 1870년대의 모든 미술가들과 작곡가들은 어떤 점에서 자신들이 스타소프에게서 강한 영향을 받고 있다는 사실을 알고 있었다. 스타소프는 자신이 곧 러시아 문화를 세계 무대에 진출하게 할 트로이카troika를 이끄는 사람이라고 생각했다. 레핀과 무소르그스키 그리고 조각가 안토콜스키가 그의 세 마리 말이었다.[30]

마크 안토콜스키는 아카데미에 들어간 빌나 출신의 가난한 유대인 소년이었다. 당시 레핀은 1863년 아카데미의 고전주의적인 형식주의 규칙에 이의를 제기한 14명의 학생들 중 한 명으로 아카데미를 떠나 아르텔 혹은 자유로운 미술가들의 연합회를 설립했었다. 안토콜스키는 유대인 빈민가의 일상 생활에 대한 일련의 조각 작품으로 곧 명성을 얻게 되었다. 아카데미를 적대시하는 사람들은 안토콜스키의 조각품들을 최초의 진정한 민주적 예술의 승리로 환영했다. 스타소프는 안토콜스키의 조언자로 자임하며 그의 작품을 발표하고 그만이 할 수 있는 민족적 주제로 더 많은 조각품들을 제작하라고 촉구했다. 스타소프는 특히 안토콜스키가 실제로는 완성하지 못한 작품이지만 자신이 그것에 대해 일련의 연구를 한 〈스페인 종교재판소에서 유대인들에 대한 박해〉(1867년 처음으로 전시되었다)에 대해 열광했다. 스타소프는 이 작품을 정치적 · 민족적 억압——유대인들 못지않게 러시아인들에게 중요한 주제——에 대한 비유로 보았다.[31)]

레핀은 안토콜스키에게 공감한다. 레핀도 지방의 가난한 집안 출신——우크라이나의 추구예프라는 작은 도시 출신의 군 거주지 거주자의 아들(일종의 국가 소유의 농민)——이었다. 아카데미에 들어오기 전에는 성상화가로 그림을 배운 레핀은 안토콜스키처럼 페테르부르크의 엘리트 사회 분위기엔 적응하지 못하고 있었다. 이 두 사람은 1863년의 저항을 주도한 이반 크람스코이라는 더 나이 든 학생에게서 영감을 받았다. 크람스코이는 초상화가로서 중요한 인물이다. 그는 톨스토이와 네크라소프 같은 유력한 인물들을 그렸지만 평범한 농민들도 그렸다. 베네치아노프 같은 더 이전의 화가들은 농민을 농업전문가로 묘사했다. 하지만 크람스코이는 평원을 배경으로 농민을 그리며 얼굴에 초점을 맞추고 관객의 시선을 농민의 눈으로 이끌어 관객들이 어제만해도 노예로 취급했던 사람들의 내부 세계를 볼 수 있게 했다. 농민의 눈에서 관객의 관심을 돌리거나 이러한 만남의 긴장감을 감소시키는 도구나 경치 좋은 풍경, 초가집이나 민속학적 세부 묘사는 없었다. 심리적인 면에 초점을 맞추는 것은 러시아뿐 아니라 쿠르베와 밀레 같은 화가들도, 아직 들에 있는 농민을 묘사하는 유럽의 미술사에서도 전례 없는 일이었다.

레핀이 스타소프 서클에 들어간 것은 그가 〈볼가 강의 배 끄는 사람들〉에서 농민에 대한 초상을 준비하고 있던 때인 1869년이었다. 스타소프는 레핀에게 토속적 주제를 그리라고 권유했다. 토속적 주제는 당시 트레티아코프와 차르의 작은 아들로 모든 사람들에게 〈볼가 강의 배 끄는 사람들〉을 주문해 결국 이 굶주린 농민들을 자신의 호화로운 식당에 걸어 놓은 블라디미르 알렉산드로비치 대공 같은 후원자들이 좋아했다. 레핀은 스타소프의 지배적인 영향 아래 1873년 〈볼가 강의 배 끄는 사람들〉에 이은 일련의 시골 정경들을 그렸다. 이 작품들은 모두 본질적으로 민중적이었다——정치적으로가 아니라 모두가 미래의 러시아의 길은 민중과 그들의 생활에 대해 더 잘 알 수 있게 되는 것이라 생각했던 1870년대의 일반적 의미에서. 1873~6년에 첫 번째 유럽 여행에서 막 돌아온 레핀에게 이 같은 목적은 자신의 러시아 시골——레핀은 1876년 스타소프에게 "아무도 관심을 갖지 않는 버려진 거대한 영토로, 사람들이 그에 대해 경멸하고 조롱하지만 그것은 소박한 사람들이 우리보다 훨씬 더 진실하게 살아가는 곳입니다"라고 쓰고 있다——의 문화적 재발견과 관련되어 있었다.[32)]

무소르그스키는 레핀과 안토콜스키와 거의 같은 나이였지만 겨우 19살이었던 1858년에 10년 먼저 스타소프 사단에 참여했다. 발라키레프의 학생들 중 가장 역사의식이 있고 음악적으로 독창적이었던 무소르그스키는 스타소프의 후원을 받아 민족적 주제를 지향하게 되었다. 스타소프는 자신이 후원하는 무소르그스키의 관심과 음악적 접근을 이끄는 노력을 멈추지 않았다. 그는 어버이 역할을 자임하며 성 페테르부르크에서 림스키-코르사코프(당시 27살)와 함께

방을 쓰고 있던 '젊은' 무소르그스키(당시 32살)를 찾아갔다. 스타소프는 아침 일찍 도착해 그들을 깨우고 세수하게 했다. 그들의 옷을 가져오고 그들을 위해 차와 샌드위치를 준비해 내놓았으며 "'우리'가 '우리'의 사업을 본격적으로 시작〔나의 강조-O.F.〕"할 때 그는 그들이 막 작곡한 음을 듣거나 그들에게 그들의 작업을 위한 새로운 역사 자료나 아이디어를 주었다.[33] 《보리스 고두노프》의 민중적 구상(크로미 장면의 수정판에 있는)은 분명 스타소프의 영향을 보여주고 있다. 일반적인 의미에서 무소르그스키의 모든 오페라곡은 "민중에 관한 것"——그것을 전체적인 것으로서의 민족으로 이해한다면——이었다. 호반쉬나——그 모든 "장엄한 결말"로 스타소프를 열광하게 한[34]——도 '민족적〔민중의〕 음악사'('*narodnaya muzikal'naya drama*')라는 부제가 붙는다. 무소르그스키는 1873년 8월 레핀에게 보낸 편지에서 〈볼가 강의 배 끄는 사람들〉에 대해 그에게 축하를 보내며 자신의 민중적 접근을 설명하고 있다.

> 제가 묘사하고 싶은 것은 '민중'입니다. 잠잘 때 저는 민중을 봅니다, 밥을 먹을 때 저는 민중을 생각합니다, 술을 마실 때 제 앞에 거대하고 소박하며 번쩍이는 의상을 입고 있지 않은 현실 그대로의 민중들이 나타나는 것을 볼 수 있습니다! 그리고 민중의 언어 속에는 작곡가에게 엄청나게(말 그대로) 풍부한 것이 있습니다——기차로 연결되어 있는 우리 대지의 귀퉁이에 있는 한.[35]

그렇지만 무소르그스키와 스타소프가 그를 위해 설계한 민중적 의제 사이에는 긴장——무소르그스키의 이름에 늘 붙어 다니는 문화 정치에서는 상실된 긴장——이 있었다.[36] 스타소프는 무소르그스키의 생애에 매우 중요한 인물이었다. 스타소프는 무소르그스키를 발견했고 무소르그스키의 가장 위대한 많은 작품에 자료를 제공했다. 그리고 그는 살아 있을 때 유럽에서 알려지지 않았던 무소르그스키의 음악을 옹호했다. 스타소프가 아니었다면 무소르그스키가 죽은 후 그의 음악은 분명 잊혀졌을 것이다. 하지만 무소르그스키가 레핀에게 설명했듯이 '민중'에 대한 느낌이 주로 음악적 반응이었던 작곡가는 스타소프의 정치에 전적으로 공감한 것은 아니었다. 무소르그스키의 포퓰리즘은 정치적이거나 철학적인 것이 아니라 예술적인 것이었다. 그는 민요를 사랑했으며 많은 민요를 자신의 작품에 채용했다. 러시아 농민가의 독특한 측면——합창적 불협화음, 음조의 이동, 성가나 탄식 같이 들리게 하는 끌어내는 듯한 운율적 진행——은 그 자신의 음악 언어의 일부가 되었다. 무엇보다 민요는 무소르그스키가 《보리스 고두노프》에서 처음으로 개발한 합창 작품의 새로운 기법을 위한 모델이었다. 즉 크로미 장면에서 아주 성공적으로 완성한 것과 같은 합창적 불협화음을 창조하기 위해 하나씩 혹은 불협화음 집단에서 상이한 목소리들을 강화하는 것이다.

무소르그스키는 사람들이 말하는 소리를 음악 소리로 만드는 기법에 대해 고심했다. 그것이 음악은 '민중과 대화하는' 방식이어야 한다고 말했을 때——정치적 의도를 선언한 것은 아니었다——그가 의도한 것이었다.* 독일 문학 사가인 게오르그 게르비누스의 모

* 이 같은 맥락에서 그가 '민중'으로 사용했던 단어는 일반적으로 집단적 대중(민중에 대한 다른 단어의 의미 - 'narod')을 의미하는 것으로 해석되기는 하지만 '사람들'——개인들의 의미를 가진——이었다고 할 수 있다. J. Leyda와 S. Bertensson(eds.), *The Musorgsky Reader : A Life of Modeste Petrevich Musorgsky in Letter and Documents*(New York, 1947), 84~5쪽).

방 이론에 따라 무소르그스키는 인간의 언어가 음악적 법칙에 지배된다고 믿었다──말하는 사람은 리듬, 박자, 억양, 음색, 음량, 음조 등과 같은 음악적 구성 요소들에 의해 감정과 의미를 전달한다. 그는 1880년 "음악 예술의 목적은 감정적 형태뿐 아니라 인간의 말소리 형태의 사회적 소리들의 재생이다"라고 쓰고 있다.[37] 노래집 『사비쉬나』나 고골리의 『소로친치 시장』에 기초한 미완의 오페라 같은 그의 가장 중요한 많은 작품은 러시아 농민의 말소리의 독특한 성질을 소리로 전환하기 위한 시도를 보여주고 있다. 고골리의 이야기에서 음악에 대해 귀기울여보자

당신이 언젠가 멀리 떨어진 폭포 소리를 듣게 되기를 기대한다. 그때 동요하는 주위는 소음과 기이한 혼란스러운 소용돌이로 가득 차며 불분명한 소리들이 당신 앞에서 소용돌이친다. 시골 장의 혼란에 들어서는 즉시 똑같은 결과가 나타난다고 생각지 않는가? 모여 있는 사람들은 모두 하나의 단조로운 피조물로 결합하고 그 거대한 집단은 시장 주변에서 꿈틀거리며 좁은 골목길을 따라 날카로운 소리를 지르고, 고함을 지르고 외치며 움직인다. 아우성 소리, 악담, 소 울음소리, 염소 우는 소리, 노호하는 소리 이 모든 소리가 귀에 거슬리는 하나의 소음으로 뒤섞인다. 황소, 부대자루, 건초, 집시들, 단지들, 아내들, 생강이 든 빵, 모자 등 모든 것이 서로 다른 색으로 타오르며 당신 눈앞에서 춤을 춘다. 목소리가 서로 뒤섞여 한 가지 말도 구별할 수 없으며 이런 왁자지껄함 속에서 어떤 의미도 추출해 낼 수 없다. 하나의 외침도 분명하게 이해할 수 없다. 시장 도처에 있는 상인들의 큰 손뼉 소리가 들려온다. 손수레가 내려앉아 금속 고리의 쨍그렁 울리는 소리가 들리며 목재판이 땅에 부딪치고 구경꾼들은 현기증이 나 머리를 흔든다.[38]

무소르그스키의 말년에 그의 은사와의 긴장은 더욱 더 첨예해졌다. 그는 스타소프 서클에서 탈퇴해 네크라소프 같은 시민 예술가들에 대해 비난을 퍼부으며 대부분의 시간을 살롱 시인인 골레니쉬체프-쿠투조프와 반동 거두인 T. I. 필리포프 같은 동료 귀족들과 함께 술을 마시며 보낸다. 그가 정치적으로 우익이 된 것은 아니었다——당시 무소르그스키는 이전처럼 정치에 거의 관심을 보이지 않았다. 오히려 그는 그들의 '예술을 위한 예술' 이라는 견해에서 정치적 이상을 추구하는 예술에 대한 스타소프의 완강한 독단으로부터의 창조적 해방을 보았다. 무소르그스키에게는 스타소프 같은 조언자들에게 의존하게 하면서도 벗어나려 노력하게 하는 어떤 것——정식 학교 교육의 결여 혹은 거의 어린아이같은 성격의 고집스러움——이 있었다. 우리는 레핀에게 보낸 편지에서도 이 같은 긴장을 느낄 수 있다.

> 결국, 그렇군요, 명예로운 선두마여! 혼란스럽기는 하지만 트로이카troika는 감당해야 할 것을 감당하고 있습니다. 그것은 끄는 일을 멈추지 못하고 있습니다……. 당신이 묘사한 주인[스타소프]의 모습이라니! 그 양반은 그림에서 기어 나와 방으로 들어갈 것처럼 보입니다. 유약을 바르면 어떻게 될까요? 생명, 권력——끌어라, 선두마여! 지쳐서는 안 된다! 저는 보조마일 뿐이며 때로 불명예를 벗어나기 위해서만 끌지요. 채찍이 두려우니까요![39]

안토콜스키도 스타소프의 지침에서 벗어나고 싶은 예술적 충동을 느꼈다. 그는 시민 예술에 지쳤다고 말하며 〈스페인 종교재판소에서 유대인들에 대한 박해〉에 대한 작업을 포기하고 1870년대 유럽 전역을 여행했다. 당시 그는 점차 〈소크라테스의 죽음〉(1875~7)과 〈예수 그리스도〉(1878) 같은 조각 작품의 순수 예술적 주제에 관심을 돌리고 있었다. 스타소프는 분노했다. 그는 1883년 안토콜스키에게 "자네는 더 이상 군중 속의 이름 없는 인물인 암울한 대중의 예술가가 아니네. 자네의 주제는 '인간 귀족'—모세, 그리스도, 스피노자, 소크라테스—이 되고 있어"라고 편지를 쓰고 있다.[40)]

'선두마' 인 레핀 역시 스타소프의 마구에서 벗어나기 시작했다. 더 이상 볼가 강의 거룻배를 끌지 않게 된 것이다. 그는 서구를 여행하다 인상주의학파를 사랑하게 되었고 실용적이고 생각을 하게 하는 예술인 러시아 민족학파와는 확연하게 구별되는 프랑스 스타일의 초상화와 작은 카페 정경들을 그렸다. 레핀은 파리에서 크람스코이에게 보낸 편지에서 "예술 작품에 판단력을 반영해 전달하는 법을 잊어버렸습니다. 그리고 나를 갉아 먹었던 이 재능을 잃게 된 것을 아쉬워하지 않습니다. 제가 고향에 돌아갔을 때 그 같은 재능이 되살아나게 될 것—그것이 그곳에서의 존재 방식입니다—이라 느끼기는 하지만 차라리 그 같은 재능을 되찾지 않았으면 좋겠습니다"라고 쓰고 있다.[41)] 스타소프는 그가 러시아 민중과 조국에 대한 예술가의 의무를 저버리고 있다고 주장하며 레핀의 변절을 비난했다. 레핀이 아카데미에 다시 합류하여 고전주의 전통에 대한 자신의 견해를 재평가—결과적으로 민족주의학파 전체를 부정한—한 1890년대 초에는 관계가 단절될 정도까지 긴장이 고조되었다. 레핀은 1892년 "스타소프는 그의 야만적 예술, 자신들의 심오한 인간적 진실을 절규하며 알린 그의 작고 뚱뚱하고 못생긴 미숙한 예술가들을 사랑했다"라고 쓰고 있다.[42)] 한동안 레핀은 예술 세계World of Art——베누아와 쟈길레프 혹은 스타소프가 그들을 불렀던 것처럼 '데카당트들decadents'——와 그들의 순수 예술의 이상에 손을 내밀기까지 했다. 하지만 '러시아'의 견인력은 너무 강했다. 결국 그는 스타소프와의 관계를 봉합한다. 레핀은 프랑스의 빛을 아무리 사랑한다 해도 자신이 조국의 지겹도록 오랜 의문들에서 벗어날 수 없다는 사실을 알고 있었다.

3

1855년 톨스토이는 카드 게임에서 자신이 좋아하는 집을 잃었다. 크리미아에서 이틀 밤낮으로 동료 장교들과 카드 게임을 하며 내내 잃기만 하다가 결국 그는 일기에 "모든 것을 잃었다——야스나야 폴랴나 저택. 나는 쓸 수 없다고 생각하고 있다——나 자신에 구역질이 나 나의 존재에 대해 잊어버리고 싶을 정도였다"고 고백하고 있다.[43] 톨스토이 삶의 상당 부분은 이 같은 카드 게임으로 설명될 수 있다. 결국 이 집은 보통 집이 아니라 태어나 9년 동안 살았던 집이었으며 사랑하는 어머니께서 물려준 성스러운 유산이었다. 톨스토이가 막 19살이 되었을 때인 1847년 아버지가 돌아가시면서 200명의 농노와 함께 2천 에이커의 영지를 물려받았을 때 오래 된 볼콘스키 저택이 특별히 인상적이지는 않았다. 집에 칠해진 페인트는 벗겨지기 시작했고 천장은 물이 새고 베란다는 삭아 있었다. 길은 잡초로 덥혀있었고 영국식 정원은 황폐해진 지 오래였다. 하지만 그래도 톨스토이에게는 귀중한 것이었다. 1852년 톨스토이는 동생에게 보낸 편지에 "어떤 일이 있어도 이 집은 팔지 않을 것이다. 이 집은 내가 잃고 싶지 않은 마지막 것이다"라고 쓰고 있다.[44] 하지만 이제 톨스토이는 노름빚을 갚기 위해 자기가 태어났던 집을 팔지 않을 수 없었다. 그는 다른 마을들에 있는 열한 채의 저택을 농노와 부속된 목재 원료 그리고 말들과 함께 판매해 야스나야 폴랴나 저택을 파는 것만은 피하려고 애썼지만 그렇게 해서 마련한 금액도 빚을 갚기에는 모자란 액수였다. 야스나야 폴랴나 저택은 지역 상인이 구입해 부지로 판매하기 위해 철거했다.

톨스토이는 구 볼콘스키 영지의 부속 건물인 더 작은 집으로 이사해 자신의 탐욕스러운 카드 게임을 속죄하려는 듯이 영지를 모범적인 농장으로 복구하는 작업에 착수했다. 이런 유형의 시도는 더 초기에도 있었다. 젊은 지주로서 처음 도착했던 1847년 그는 농민들의 상당한 관심 속에서 모범적인 농부, 화가, 음악가, 학자이자 작가가 되려고 계획했다. 이것은 『지주의 아침』(1852)——시골에서 행복하고 정의로운 삶을 추구하며 이 같은 삶은 이상 속에서가 아니라 자신보다 행복하지 못한 다른 사람들의 행복을 위한 끊임없는 노동에서 찾을 수 있다는 사실을 알게 된 지주(톨스토이로 읽혀진다)에 대한 원대한 소설을 쓰려 했던 미완의 원고——의 주제였다. 이 첫 번째 시기에 톨스토이는 자기 영지의 농노들에게 부담을 경감시켜주겠다고 제안했지만 그의 의도를 믿지 못하는 농노들은 그의 제안을 거절했다. 괴로워하던 톨스토이——그는 귀족과 농노의 차이를 과소평가했었다——는 시골을 떠나 모스크바의 상류 사회에서 생활하다 카프카스에 있는 군대에 입대한다. 하지만 그가 되돌아오는 1856년에는 새로운 개혁적 분위기가 조성되어 있었다. 차르는 귀족들에게 농노해방에 대비하라고 말했다. 톨스토이는 새로운 결심으로 농민들과 함께 하는 '진실한 삶'에 투신했다. 그는 이전의 자

14. 야스나야 폴랴나에 있는 톨스토이의 영지, 19세기 말. 전경의 초가집과 밭은 마을 사람들의 소유다.

신의 삶——도박, 매매춘, 무절제한 축연과 음주, 재산이란 장애물 그리고 인생에서 어떤 현실적인 일이나 목적의 결여——을 혐오했다. '민중 속으로'를 모토로 한 인민주의자들처럼 그는 농민의 노동과 인간의 형제애에 기반한 도덕적 진실을 가진 새로운 삶을 살기로 맹세한다.

1859년 톨스토이는 야스나야 폴랴나에 마을 어린이들을 위한 최초의 학교를 설립한다. 1862년 이 지역에 13개의 학교가 있었으며 주로 혁명적 견해 때문에 대학에서 추방된 학생들이 선생으로 충원되었다.[45] 톨스토이는 농노해방령 선언을 수행하기 위해 차르가 임명한 행정 장관이 되었다. 그는 농민들의 토지 청구권 요구에 농민들의 편을 들면서 툴라 지역의 유력한 지주들인 그의 동료들 모두를 화나게 했다. 톨스토이는 자신의 영지에서 토지의 상당 부분을 농민들에게 주었다——러시아에서 농노해방령 선언이 그렇게 관대하게 시행된 곳은 없었다. 톨스토이는 거의 모든 재산을 나누어 주고 싶어한 것처럼 보인다. 그는 특권을 버리고 땅에서 농민들처럼 살기를 꿈꾸었다. 한동안 그 같은 삶을 시도하기까지 했다. 1862년 그는 집사들을 모두 내보내고 직접 농장 일을 하며 야스나야 폴랴나에서 새로운 아내 소냐와 함께 영원히 정착했다. 실험은 완전한 실패였다. 톨스토이는 돼지를 돌보는 데 주의를 기울이지 않았다——그리고 고의적으로 돼지들을 굶어 죽게 하는 것으로 끝을 맺는다. 그는 햄을 가공하는 법, 버터를 만드는 법, 들을 쟁기로 갈아엎거나 괭이로 파야 할 시기를 몰랐으며 곧 지쳐 모스크바로 도망치거나 고용된 노동자들에게 모든 것을 맡긴 채 공부에 전념했다.[46]

하지만 환상을 버리지는 못했다. 그는 자신의 학교에서 마을 어린이들에게 "자, 내가 결심한 것을 들어 보려무나"라고 말하곤 했다. "나는 내 토지와 귀족적인 생활 방식을 버리고 농민이 될 생각이다. 마을 근교에 오두막을 지어 시골 여자와 결혼하고 풀을 베고 쟁기질과 다른 농사일들을 하며 너희들처럼 땅을 일구며 살 것이다." 아이들이 영지는 어떻게 할 생각이냐고 묻자 톨스토이는 영지는 나누어 줄 것이라고 말했다. "영지는 너희들과 나, 우리 모두가 공동으로 소유하게 될 것이다." 그리고 아이들이 그를 비웃으며 모든 것을 잃어버렸다고 말하면 어쩌겠냐고 묻자 톨스토이 백작은 "부끄럽게 느끼게 될까?" "'부끄럽다'는 것이 무슨 의미지?"라고 진지하게 대답했다. "스스로 일하는 것이 부끄러운 것일까? 너희 부모들은 자신들이 일하는 것이 부끄럽다고 말씀하시던? 그렇게 말씀하시진 않았을 거다. 땀을 흘려 자신과 자신의 가족을 부양하는 사람에게 부끄러울 것이 어디 있겠니? 누군가 나를 비웃는다면 이렇게 얘기해 줄 생각이다. 어떤 사람이 일을 하는 걸 비웃을 수는 없지만 일을 하지도 않으면서 다른 사람들보다 더 잘 산다면 아주 부끄럽고 창피한 일이라고 말이다. 그것이 내가 부끄러워하는 것이지. 먹고 마시고 말을 타고 피아노를 치지만 그래도 지겨움을 느끼지. '나는 하는 일이 없어' 라는 생각을 하게 된단다."[47]

톨스토이가 진정으로 그렇게 생각했던 것일까? 단지 아이들에게 앞으로 하게 될 힘든 농민의 삶에 자부심을 갖도록 하기 위해 그렇게 말한 것일까, 아니면 그는 진정으로 농민들과 함께 할 생각이었을까? 톨스토이의 삶은 모순으로 가득 차 있다. 그는 농민이 될지 아니면 귀족으로 남을지를 결정할 수 없었다. 한 편으로 그는 귀족적인 엘리트 문화를 받아들이고 있었다. 『전쟁과 평화』는 귀족적인 엘리트 문화에서 환영받는 소설이었다. 이 대하소설을 쓴 시기——1863년 마을 학교들 중 하나가 폐교된 날처럼——는 그가 절망적인 이유로 농민에 대해 포기한 때였다. 농민들을 교육할 수도 이해할 수도 없었다. 그는 초기 원고에서 『전쟁과 평화』는 "공작들, 백작들, 장관들, 상원의원들과 그들의 자식들"만을 그리겠다고 약속했다. 그 자신이 귀족으로서 "젖을 짤 때 소가 무슨 생각을 하고 있는지, 짐을 끌 때 말이 무슨 생각을 하고 있는지 이해할 수 없는 것"처럼 농민들이 무슨 생각을 하는지 알 수 없기 때문이었다.[48] 다른 한 편으로 그의 전 생애는 부끄러운 특권을 가진 엘리트 세계를 버리고 "자신의 땀으로" 살기 위한 투쟁이었다. 노고하는 소박한 삶에 대한 질문이 톨스토이 작품들의 일관된 주제였다. 예를 들어 『안나 카레니나』에서 농민을 사랑하는 지주 레빈——톨스토이의 삶과 꿈에 너무 밀접한 관계를 갖고 있었기 때문에 사실상 자전적인 인물——의 경우를 살펴보자. 레빈이 들의 풀 베는 농민들과 함께 노동하며 융화되는 그 행복한 순간을 어찌 잊을 수 있겠는가?

아침식사 후 레빈은 이전처럼 풀 베는 사람들 열에서 먼저 있었던 자리가 아니라 야릇하게 다가와 자기 옆으로 데리고 가는 늙은이와 겨우 가을에 결혼해 이번 여름에 처음으로 풀을 베고 있는 젊은 농민 사이에 자신이 있다는 것을 알았다.

허리를 편 늙은이는 발끝을 펼친 채 넓고 규칙적인 큰 걸음으로 움직이며 걸을 때 팔을 흔들 듯 분명 쉽게 자신의 낫을 정확히 수평으로 휘두르며 앞으로 나아갔다. 그는 아이들 장난처럼 풀을 같은 높이의 이랑으로 높게 쌓아 놓았다. 그것은 마치 날카로운 날들이 나름의 조화를 이루며 즙이 많은 풀들을 베어내는 것처럼 보였다.

레빈의 뒤에서 미샤라는 청년이 다가왔다. 그는 신선한 풀로 만든 띠를 머리에 두르고 소년 같은 유쾌한 얼굴에 내내 힘든 표정을 지으며 일하고 있었지만 누군가 쳐다볼 때마다 미소를 지었다. 그에겐 힘든 일이기 때문에 제 명대로 살지는 못할 것이다.

레빈은 그들 사이에 있었다. 낮의 뜨거운 열기는 풀 베는 일이 그렇게 힘든 일로 보이게 하지 않았다. 흠뻑 젖은 땀은 그를 식혀주었으며 한편으로 등, 머리, 팔꿈치까지 걷어붙인 팔을 태우고 있는 태양은 노동에 힘과 끈질긴 에너지를 주었다. 이윽고 망각의 순간들이 점점 더 자주 찾아왔다. 이때는 무슨 일을 하고 있는지에 대해서 생각할 수가 없다. 낫이 저절로 베어내는 것이다. 행복한 순간들이었다.[49]

톨스토이는 농민들과 함께 있기를 좋아했다. 그는 농민들의 육체적 현존에서 강렬한 기쁨——감정적, 색정적인——을 느꼈다. 그들 수염의 '봄 같은' 냄새는 그를 즐거운 황홀경에 빠지게 했다. 그는 남자 농민들에게 키스하는 것을 좋아했다. 그는 농민 여성——성적인 매력이 있으며 자신이 '지주의 권리'로 손에 넣을 수 있는——을 거부할 수 없다는 사실을 알고 있었다. 톨스토이의 일기는 자기 영지의 여자 농노를 정복한 세부적인 묘사로 채워져 있다——전통에 따라 결혼식 전날 밤 신부인 소냐에게 선물한 일기(레빈이 키티에게 한 것처럼) 즉 "1858년 4월 21일. 굉장한 날. 정원과 우물 옆에 있는 농민 여자들. 나는 홀린 것 같았다".[50]* 톨스토이는 잘생기지는 않았지만 강한 성욕을 갖고 있었다. 그는 소냐가 낳은 13명의 아이 이외에도 자기 영지의 마을들에 적어도 12명의 어머니 다른 자식들이 있었다.

하지만 성적인 정복 이상의 의미를 가진 농민 여성 한 명이 있었다. 톨스토이가 1858년 처음 보았을 때 악시니아 바지키나는 22살이었다——그리고 그의 영지에 있는 어떤 농노의 아내였다. 그는 일기에 "살면서 경험해 본 적이 없던 사랑에 빠졌다"고 고백하고 있다. "숲 속에서 오늘. 나는 바보다. 한 마리 짐승. 그녀의 구리 빛 홍조와 그녀의 눈은…… 다른 생각을 할 수가 없었다."[51] 이 같은 감정은 욕망을 넘어선 것이었다. 그는 1860년 "그것은 더 이상 수컷의 느낌이 아니라 아내에 대한 남편의 감정이었다"라고 쓰고 있다.[52] 톨스토이는 악시니아와 어떤 "마을 근교 오두막"에서 새로운 삶을 살 것을 진지하게 고려했던 것처럼 보인다. 당시 종종 그를 만났던 투르게네프는 톨스토이가 "농민 여자와 사랑에 빠져 문학에 대해 토론하고 싶어하지 않았다"고 쓰고 있다.[53] 투르게네프 자신이 자신의 농노들(그 중 한 명은 그의 아이를 두 명이나 낳기까지 했다)과 몇 차례 연애 사건이 있었기 때문에 톨스토이의 느낌을 이해할 수 있

* 차르 니콜라이 2세, 소설가 블라디미르 나보코프와 시인 블라디미르 호다세비치는 자신들의 미래의 아내들에게 비슷한 일기들을 선물했다.

었을 것이다.[54] 톨스토이는 소냐와 결혼한 1862년 악시니아와의 관계를 끊으려고 했다. 또한 그가 쉬지 않고 『전쟁과 평화』를 집필하고 있던 결혼 초 몇 년 간 악시니아를 찾아 숲에서 방황했다고 상상하기는 어렵다. 하지만 1870년대 그는 악시니아를 다시 보기 시작했다. 그녀는 야스나야 폴랴나에서 마부가 된 티모페이라는 톨스토이의 아들을 낳는다. 톨스토이는 그 이후로 오랫동안 계속해서 악시니아에 대한 꿈을 꾸었다. 톨스토이는 악시니아를 처음 만난 지 반세기가 흐른 긴 생애의 말년까지도 농민 소녀의 "맨 다리"를 볼 때면 "악시니아가 아직 살아 있다고 생각하게 된" 자신의 기쁨을 기록하고 있다.[55] 톨스토이의 악시니아에 대한 감정은 농노에 대한 통상적인 지주의 매혹을 넘어선 것이었다. 악시니아는 톨스토이의 내연의 '처'였으며 톨스토이는 늙어서도 그녀를 사랑했다. 악시니아는 전통적인 의미에서 아름다운 것은 아니었지만 모든 마을 사람이 자신을 사랑하게 하는 어떤 특성, 정신적 힘 그리고 생명력을 갖고 있었다. 톨스토이는 "그녀가 없으면 윤무khorovod는 윤무답지 않았으며 여자들은 노래하지 않고 아이들은 뛰어놀지 않았다"라고 기록하고 있다.[56] 톨스토이는 그녀가 러시아 농민 여자의 선함과 아름다움의 모든 것을 구현하고 있다——그녀는 자부심이 있고 강하며 고통받고 있다——고 보았다. 그것이 톨스토이가 수많은 자신의 작품에 그녀를 끌어들이고 있는 이유다. 예를 들어 악시니아는 결혼 전후에 톨스토이의 그녀와의 연애 사건에 대한 이야기를 하고 있는 『악령』에 등장하고 있다. 톨스토이가 이야기를 어떻게 끝낼지 몰랐다는 사실은 의미심장할 것이다. 그것은 두 가지의 상이한 결말로 출판되었다. 하나는 주인공이 농민 여자를 살해하며 다른 한 가지 결말에선 그가 자살한다.

톨스토이 자신의 삶의 이야기도 결말이 지어지지 않았다. '민중 속으로'가 최고조에 달했던 1870년대 중반에 톨스토이는 학생들처럼 농민에게서 구원을 찾고자 하게 하는 도덕적 위기를 경험한다. 그가 『참회록』(1879~80)에서 자세히 설명하고 있듯이 그는 갑자기 인생에서 의미를 부여하던 모든 것——가족의 행복과 예술적 창조——이 사실상 무의미하다는 사실을 깨닫게 된다. 어떤 위대한 철학자에게서도 위안을 찾을 수 없었다. 억압적인 교회와 함께 정교 신앙을 수용할 수는 없었다. 그는 자살을 생각했다. 하지만 갑자기 믿음을 가질 수 있는 진정한 종교가 있다——러시아 농민들의 고통, 노동, 공동체적인 삶에——는 사실을 깨달았다. 그는 사촌에게 보낸 편지에서 "그것은 바로 나의 삶이다"라고 쓰고 있다. "그것은 나의 온갖 근심, 나의 삶에 대한 의혹과 유혹을 벗어나 쉴 수 있는 교회인 나의 수도원이다."[57]

하지만 톨스토이는 정신적 위기를 겪은 후에도 양면적인 태도를 보였다. 즉 농민을 이상화하고 농민과 함께 있는 것을 좋아했지만 오랜 세월 동안 사회적 관습에서 벗어나 자신으로 남아 있을 수는 없었다. 많은 방식에서 그는 '농민'인 척하는 데 불과했다. 산책을 하거나 말을 타고 외출할 때 농민 복장——톨스토이는 농민 셔츠와 벨트, 바지와 인피 신발로 널리 알려져 있었다——을 했지만 모스크바에 가거나 친구와 함께 저녁식사를 할 땐 맞춘 옷을 입었다. 낮에는 야스나야 폴랴나의 들에서 노동을 하고 저녁식사를 하기 위해 흰 장갑을 낀 웨이터가 시중을 드는 장원 저택으로 되돌아왔다. 1887년 화가 레핀이 일련의 톨스토이 초상화들 중 첫 번째 그림을 그리기 위해 그를 방문했다. 진짜 비천한 출신인 레핀은 백작의 행동에 역겨움을 느꼈다. "어느 날 농민들이 사는 어둠 속으로 내려와

'너희와 함께 있다' 라고 선언하는 것은 위선일 뿐이다."[58] 농민들도 속는 것처럼 보이지 않았다. 몇 년 후 1891년 기아가 최고조에 이르렀을 때 레핀은 백작을 다시 방문했다. 톨스토이는 그에게 들을 쟁기로 가는 '농민의 방식' 을 보여주겠다고 주장했다. 레핀은 "몇몇 야스나야 폴랴나 농민들이 몇 차례 다가와 모자를 벗고 인사를 하고는 백작의 공적을 무시하듯이 계속 걸어갔다. 하지만 그때 옆 마을 출신의 또 다른 농민 무리가 나타났다. 그들은 멈춰 서서 한참을 지켜보았다. 그리고 나서 이상한 일이 벌어졌다. 평생 순박한 농민들의 얼굴에 그토록 빈정대는 빛이 역력한 표정을 본 적이 없었다"고 회상하고 있다.[59]

톨스토이는 자신의 양면성을 알고 있었고 수년 간 괴로워했다. 작가로서 그리고 당시의 러시아인으로서 그는 민중에게 지도력과 계몽을 제공해야 할 예술가의 책임감을 느끼고 있었다. 이것이 그가 농민 학교들을 설립하고 시골 이야기를 쓰며 힘을 쏟고 시골의 늘어나는 독자를 위해 고전(푸쉬킨, 고골리, 레스코프와 체홉)을 출판하는 출판업('중개자')을 시작한 이유였다. 그리고 동시에 그는 농민들이 사회의 교사이며 자신이나 세계의 비도덕적 문명의 후손은 러시아 농민에게 줄 것이 없다는 견해로 옮겨가고 있었다. 톨스토이는 마을 학교에서 가르쳐 본 경험으로 농민이 귀족보다 더 고귀한 도덕적 지혜——그가 농민의 자연적이고 공동체적인 생활 방식으로 설명한 이상——를 가지고 있다는 결론을 내리게 되었다. 이것이 『전쟁과 평화』에서 농민인 카라타예프가 피에르에게 가르치고 있는 것이다.

카라타예프는 피에르가 알고 있는 것과 같은 애착, 우정이나 사랑을 갖고 있지는 않지만 살면서 자신이 접촉하게 된 모든 것 특히 사람——어떤 특정인이 아니라 우연히 함께하게 된 사람들——을 사랑하고 그들에 대한 애정을 갖고 살아간다.……피에르에게 그는 늘 ……불가해하고 완숙된, 단순하고 진실한 정신의 영원한 화신으로 남아 있다.[60]

톨스토이는 세월이 지나면서 더욱 더 농민처럼 살기 위해 노력한다. 그는 신발과 가구 만드는 법을 배웠다. 글쓰기를 그만두고 들에서 일하면서 시간을 보냈다. 이전의 삶을 청산하고 순결을 주장하기까지 했으며 채식주의자가 되었다. 때로 저녁에 모스크바에서 키예프까지 걸어가는, 자신의 영지를 지나는 순례에 동참하기도 했다. 그는 수 킬로미터를 그들과 함께 걷다가 믿음에 대한 새로운 확신을 가지고 맨발로 이른 아침에 집으로 돌아오곤 했다. 그는 "그래, 이 사람들은 하느님을 알고 있어"라고 말하곤 했다. "춘분과 동지의 성 니콜라이 혹은 성모의 성상화에 대한 믿음 같은 모든 미신에도 불구하고 그들은 우리보다 하느님에 더 가까이 있다. 그들은 일하는 도덕적인 삶을 영위하고 있다. 그들의 소박한 지혜는 여러 가지 방식에서 우리의 어떤 문화적 철학적 사고보다 우월하다."[61]

4

1862년 톨스토이는 모스크바 크레믈린 궁의 주치의 안드레이 베르스 박사의 딸인 소피아(소냐) 베르스와 크레믈린 성모 승천 교회에서 결혼식을 올린다. 톨스토이는 『안나 카레니나』에서 키티와 레빈의 화려한 결혼식 장면에 자신의 결혼식 장면을 묘사하고 있다.

당시 많은 귀족의 결혼식처럼 이 결혼식은 정교와 농민 의식이 결합되어 있었다. 그리고 키티의 어머니 쉐르바츠카야 공작부인이 대변하고 있듯이 "모든 관습은 엄격하게 준수되어야 한다"는 주장이 있었다.[62] 사실 이 장면은 일반적으로 러시아적 생활 방식의 특수한 측면에 대한 민속학적 문서로 읽을 수 있다.

러시아인이라면 누구나 상사병에 걸린 타치아나가 유모에게 사랑을 해본 적이 있는 지를 묻는 푸쉬킨의 『예브게니 오네긴』에 나오는 시를 알고 있다. 농민 여자는 13살 때 한 번도 본 적이 없는 자기보다 어린 소년과 어떻게 결혼하게 되었는지에 대한 슬픈 이야기로 대답하고 있다.

'아, 보세요! 저희들의 세계는 전혀 다르답니다!
저희는 사랑에 대해 들어 본 적도 없다는 사실을 아셔야 합니다.
왜 저의 좋은 남편의 성인 같은 어머니는
저에게는 그토록 가혹했을까요!'
'그럼 어떻게 결혼하게 되었지, 유모?'
'하느님의 뜻이겠지요……저의 대니는
저보다 훨씬 어렸답니다, 아가씨,
그리고 제가 그 해에 꼭 13살이었지요.
중매인이 계속 찾아 왔답니다
2주 동안 내내 저의 부모님을 찾아,
아버님이 저를 축복하고 포기하실 때까지.
저는 너무 두려워 계속 눈물만 흘렸답니다.
그리고 울면서 그들은 저의 따은 머리를 풀렀죠,
그리고 나서 교회 마당의 문에서 저에게 노래를 불러 주었죠.'

'결국 그들은 저를 낯선 사람들에게 데리고 가서……

그런데 듣고 있지도 않군요, 아가씨.'[63]

이 장면은 러시아 사회의 두 가지 서로 다른 대조적인 문화——유럽적인 것과 토속적인 것——를 요약하고 있다. 타치아나가 낭만적 문학의 여과기를 통해 결혼을 바라보고 있는 반면 그녀의 유모는 결혼을 사랑에 대한 개인적 감상이나 선택이 이국적인 사치에 불과한 가부장적 문화의 견지에서 보고 있다. 톨스토이는 키티의 결혼 장면에서도 마찬가지로 대조적으로 묘사하고 있다. 결혼식이 진행되는 동안 돌리는 스티바 오블론스키와의 로맨스를 눈물이 괴어 회고하고 있다. "현재(그의 모든 성적인 부정을 의미하는)를 잊은 그녀는 자신의 어리고 순진한 사랑만을 기억했다." 반면 교회 입구에는 결혼 커플이 결혼 선서를 할 때 "흥분해서 숨을 멈추고 지켜보기 위해" 거리에서 들어 온 평범한 여자들의 무리가 서 있다. 우리는 그들끼리 속삭이는 소리를 들을 수 있다.

"왜 신부의 얼굴이 눈물에 젖어 있을까? 강제로 결혼하는 건가?"

"저렇게 멋진 남자와 강제로 결혼한다구? 저 남자 공작이잖아?"

"하얀 새틴 의상을 입고 있는 사람이 신부의 여동생일까? 자, 부제가 무슨 말을 하나 들어보자고. '아내는 남편에게 복종하라!' "

"차이코프스키 합창인가?"

"아니, 성가야"

"마부에게 물어 봤지. 신랑이 신부를 곧장 시골의 자기 집으로 데리고 갈 것 같은데. 사람들이 신랑이 엄청난 부자라는군. 그게 신부가 결혼하는 이유래"

"이런 아니야. 아주 잘 어울리는 한 쌍인 걸"

……

"신부가 정말 이쁘군, 백정을 위해 치장된 양 같은 걸. 네가 무슨 말을 하든 사람들은 신부를 불쌍하게 생각하고 있다고."[64]

키티가 "백정을 위해 치장된 양"으로 느끼지는 않았겠지만——그녀의 레빈과의 연애는 진짜 로맨스였다——소냐 자신의 경험으로 판단하자면 이 거리의 여자들과 어떤 접합점을 찾을 수 있을 것이다.

소냐가 톨스토이와 결혼했을 때 그녀의 나이는 18살이었다——유럽적인 기준으로는 다소 어리지만 러시아적인 기준으로 보았을 땐 어리지 않다. 사실 19세기 러시아에서 18살은 여성의 결혼 적령기——여자들이 상대적으로 일찍 결혼하는 경향(약 25살)이 있었던 산업화 이전의 서유럽 지역에서의 평균보다도 훨씬 더 어린——였다.[65] (지난 300년간 여자의 첫 결혼 평균 나이는 20살로, 그 만큼 어린 다른 유럽 국가들은 없었다. 이 점에서 러시아의 결혼은 아시아적 형태와 훨씬 더 가깝게 일치하고 있다)[66] 따라서 러시아 교회법 하에서 결혼할 수 있는 최저 연령이 13세이긴 했지만 타치아나의 유모가 예외적으로 어린 나이에 결혼한 것은 아니었다. 농노 소유자들은 더 많은 농노를 낳을 수 있기 때문에 자신들이 소유한 농노 소녀들이 어린 나이에 결혼하는 것을 좋아했다. 세금 부담이 유리하게 조정될 수 있었기 때문에 농민 연장자들도 같은 견해를 갖고 있었다. 때로 농노 소유자들은 조기 결혼을 강요했다——그들의 토지 관리인들은 결혼 할 수 있는 소녀와 소년을 두 줄로 세우고 누가 누구와 결혼할지 제비를 뽑아 결정했다.[67] 지방에선 귀족 신부가 아이를 갓 넘긴 나이에 불과한 경우가 일반적이긴 했지만 상류층 소녀들(상인 계층이 아니라도)은 더 늦은 나이에 결혼했다. 소냐 톨스토이는 35살에 과부가 된 라예프스카야 공작부인——그녀는 16살에 처음으로 아이를 낳기 시작해 과부가 될 때까지 17명의 아이를 낳았다——을 동정했을 것이다.[68]

20세기 초까지 러시아 농촌에선 중매결혼이 일반적이었다. 농민의 결혼은 개인간의 사랑에 의한 것이 아니었다(타치아나의 유모는 '사랑에 대해 들어 본 적도 없다' 고 회상하고 있다). 농민의 결혼은 부부와 새로운 가족을 마을과 교회의 가부장적 문화에 속박하려는 집단적 의식이었다. 엄격한 공동체적 규범이 배우자의 선택을 결정했다——절제와 근면, 건강과 아이를 기르는 능력이 잘생긴 외모나 개성보다 중요했다. 관습적으로 러시아 전역에서 신랑의 부모들은 인근 마을들 중 한 곳에서 신부를 찾아 스모트리니smotrinie로 신부 찾기를 예약하는 가을의 구애 시즌에 중매인을 정한다. 그것이 성공적이었을 경우 두 가족은 신부의 값, 혼수품의 비용, 가족 재산의 교환과 결혼식 피로연의 비용에 대한 협상을 시작하게 된다. 이 모든 문제에 대해 합의가 이루어지면 공동체 전체가 참석한 가운데 축배로 공식적인 결혼식이 마무리되고 예식 노래와 함께 코로보드khorovod로 특징지어진다.[69] 애조 띤 노래들로 볼 때 신부는 결혼식 날을 고대하지 않는다. 결혼식 노래 총서가 있는데 19세기 민속학자 블라디미르 달이 묘사하듯이 이 노래의 대부분은 신부가 "처녀성의 상실을 슬퍼하며 비탄에 잠기게 되는" 애가다.[70] 봄에 마을 소녀들이 춤추며 노래하는 결혼식 윤무는 그들 남편의 집에서 맞게 될 삶에 대한 슬프고 괴로운 노래다.

그 사람들은 나를 시골뜨기와 결혼시켰네
대가족을 가진 그와.
어! 어! 어! 어! 이런!
아버지와 어머니
네 명의 형제
그리고 세 명의 누이들
어! 어! 어! 어! 이런!
시아버님이 말씀하시네,
"곰이 들어왔구나!"
시어머니가 말씀하시네,
"암캐가 들어왔구나!"
시누이들이 외치네
"게으름뱅이가 들어왔구나!"
시동생들이 외치네
"이간질하는 사람이 왔구나!"
어! 어! 어! 어! 이런![71)]

매우 공식화된 극적인 행위로 공동체 전체에 의해 수행되는 농민 결혼식에서 신랑과 신부는 대체로 수동적인 역할을 한다. 결혼식 전날 밤 신부는 처녀의 순결을 보호하는 전통적인 허리띠를 풀고 목욕탕에서 마을 소녀들에 의해 씻겨진다. 신부의 샤워(devichnik)는 중요한 상징적 의미가 있다. 신부의 샤워는 신부와 그녀의 아이들을 보호한다고 믿는 목욕탕의 마법의 영을 소환하기 위한 의식적 노래가 곁들여진다. 신부 몸의 물기를 닦은 수건을 짜서 나온 물은 결혼식 피로연에서 하객들에게 제공될 의식용 푸딩을 만들 가루 반

죽을 발효시키는 데 사용된다. 이 목욕탕 의식의 절정은 하나로 땋은 처녀의 머리칼을 풀러 결혼 생활에 들어갔다는 것을 상징하는 두 개의 땋은 머리로 다시 묶는 것이다. 동양 문화에서처럼 여성의 머리칼을 보이는 것은 성적 유혹으로 간주됐다. 결혼한 러시아 농민 여자들은 모두 땋은 머리를 머리띠나 머리수건으로 가렸다. 신부의 처녀성은 공동체적 중요성을 갖는 문제였고 중매인의 손가락이나 핏자국이 있는 이불보의 존재로 확인될 때까지 가족의 명예는 의심을 받게 된다. 결혼식 피로연에선 하객들이 신부의 처녀성을 잃는 것에 대한 참관자로 행동하는 것이 일반적이다――때로는 하객들이 신혼부부의 옷을 벗기고 수가 놓여진 수건으로 그들의 다리를 함께 묶기까지 한다.

19세기에 더 상류 계급에선 가부장적인 관습의 흔적이 있었다. 오스트로프스키의 희곡에 익숙한 사람이면 알 수 있는 것처럼 상인들 가운데 농민 문화는 아주 많이 남아 있었다. 유럽에선 낭만적 결혼으로 대체된 이후에도 러시아 귀족들 사이에선 오랫동안 중매결혼이 일반적이었다. 19세기엔 낭만적 사랑이 더 영향력을 갖게 되었지만 현실적으로 대세를 이루지는 못했다. 가장 교육받은 가문들에서조차 부모들은 거의 언제나 배우자 선택에 대한 최종적인 발언권을 갖고 있었다. 당시 회상 문학은 부모의 반대에 부딪친 연애담으로 가득 차 있다. 19세기 말이 되면 아버지가 자식의 결혼을 반대하는 일은 거의 없었다. 하지만 오랜 관습을 존중해 구혼자가 먼저 부모를 찾아뵙고 청혼 허락을 받는 것이 일반적인 관습으로 남아 있었다.

귀족들이 일반적으로 농민 문화에 더 친밀한 시골에서는 귀족 가문들이 유럽식 낭만적 사랑의 관념을 수용하는 것이 훨씬 더 느렸다. 청혼은 대개 구혼자와 미래 신부의 부모들이 처리했다. 세르게이 악사코프의 아버지는 부모가 신부의 아버지에게 청혼을 하는 방식으로 결혼했다.[72] 중매인을 선정하는 농민적 관습은 신부에 대한 검사처럼 18세기와 19세기에 많은 귀족 가문들에 의해 존속되고 있었다——귀족이 그 집안의 딸을 알게 될 수 있고 그가 찬성한다면 그녀의 부모에게 청혼을 하는 관습적 저녁식사 같은 것이 있기는 하지만.[73] 결혼 전 계약도 보통은 귀족 신부와 신랑의 가족들 사이에서 합의된다. 세르게이 악사코프의 부모가 1780년대에 약혼했을 때 그들은 공동체 전체가 참석한 축제에서 결혼 전 계약을 확인했다——농민들의 관습과 같이.[74] 1790년대에 약혼한 엘리자베타 림스키-코르사코프는 귀족의 결혼 전 계약이 복잡한 것이었다고 회상하고 있다. 수주 간의 세심한 준비를 해야 했고 그 동안 비용을 아는 사람들이 모든 것을 준비했으며 양가 친척이 참석한 성대한 약혼 파티에서 확인되어야 했다. 그곳에선 기도를 올리고 값진 선물이 언약의 표시로 주어지며 신랑과 신부의 사진이 교환된다.[75]

모스크바는 지방 귀족 결혼시장의 중심지였다. 모스크바에서 가을 무도회는 농민들과 그들의 중매인들이 거행하는 가을 구애 의식의 의식적인 변형이었다. 따라서 『예브게니 오네긴』에서 타치아나의 어머니에게 주어지는 충고는

모스크바의 결혼시장으로!
선택의 여지는 많습니다……명심하십시오![76]

푸쉬킨도 아내 나탈리아 곤차로바를 겨우 16살 때 모스크바 가을 무도회에서 만났다. 19세기초 회고록 집필자 F. F. 피겔에 따르면 모스

크바에선

> 귀족 구혼자들에게 장래의 신부의 나이와 다양한 구혼 조건을 맞춰줄 수 있는 온갖 계급의 중매인들이 있었다. 중매인들은 귀족 의회, 특히 귀족들이 신부를 찾기 위해 직접 지방에서 올라오는 가을 시즌에 자신들의 사업을 알렸다.[77]

『안나 카레니나』에서 레빈은 키티에게 구혼하기 위해 모스크바로 온다. 그들의 결혼식은 교회 서약과 농민의 이교적 관습이 같은 비중으로 그려진다. 키티는 레빈(그는 톨스토이가 결혼식에 늦었던 것처럼 남자 시종이 셔츠를 잘못 두었기 때문에 늦는다)을 만나기 위해 부모의 집을 떠나 가족 성상화와 함께 교회로 간다. 신랑 신부의 부모는 관습에 따라 시중을 들지 않는다. 결혼식은 신랑과 신부가 세속적인 집을 떠나 교회의 가족 속에서 하나가 되는 것으로 인식되기 때문이었다. 러시아의 다른 신부들처럼 그들을 성상화로 축복하고 머리에 '결혼식 화환'을 씌워주며 신랑과 신부에게 성스러운 결혼식 빵을 제공하면서 의식의 경과를 주재하는 성직자를 돕는 관습적 역할을 맡고 있는 대부모가 키티를 동반하고 있다.

> 성직자가 화관을 내밀자 사방에서 '어서 씌우라고!' 하며 소리를 질러대고 쉐르바츠키는 단추가 세 개 달린 장갑을 낀 손을 떨며 화관을 키티의 머리 위로 높이 쳐들고 있다.
>
> "씌워주세요." 키티가 미소를 띠며 속삭인다.
>
> 레빈은 그녀를 살펴보고 그녀의 아름다운 표정에 충격을 받는다. 그는 키티의 느낌에 전염되어 그녀처럼 기쁘고 행복해지지 않을 수 없었

다.

그들은 가벼운 마음으로 사도 서간 낭송에 귀를 기울이며 주 사제가 큰 소리로 읽는 마지막 구절을 들었다. 밖에는 하객들이 참을성 있게 기다리고 있었다. 그들은 가벼운 마음으로 납작한 컵에 담겨 있는 적포도주와 물을 마시고 제의를 뒤로 젖힌 성직자가 자신들의 손을 잡고 베이스가 《기뻐하라, 오 이사야여!》를 부르는 악보대 주위로 인도하자 훨씬 더 들뜨게 되었다. 화관을 바쳐들고 신부 행열에 끼어든 쉬췌르바츠키와 치리코프도 미소를 지으며 막연히 행복해하고 있었다. 그들 둘은 성직자가 제지하러 올 때마다 신랑 신부의 뒤에서 천천히 걷거나 신랑 신부에 걸려 비틀거렸다. 키티의 마음에서 빛나고 있는 기쁨의 불꽃이 교회에 있는 모든 사람에게 번지는 것처럼 보였다. 레빈은 성직자와 부제가 최대한 즐거운 미소를 짓기를 바라고 있다고 생각했다.

그들의 머리에서 화관을 벗긴 사제는 마지막 기도를 드리며 젊은 부부에게 축사를 했다. 레빈은 키티를 흘낏 바라보았다. 키티의 얼굴엔 한 번도 본 적이 없었던 행복감으로 빛나는 새로운 빛으로 너무 사랑스러운 모습이라고 생각했다. 레빈은 그녀에게 무슨 얘기라도 해주고 싶었지만 결혼식이 끝났는지 여부를 아직 모르고 있었다. 사제가 그의 옆으로 와 친절한 미소를 띠우며 상냥하게 말했다. "아내에게 키스하게, 그리고 신부는 남편에게 키스하세요" 그리고는 그들이 들고 있던 촛불을 가지고 갔다.[78)]

러시아에서 결혼식을 일컫는 '대관식'(venchane)은 신혼부부가 새로운 가정을 만들거나 가족 교회를 설립할 때 성령으로부터 받은 은총을 상징하고 있다. 화관은 대개 꽃과 나뭇잎으로 만들어진다. 기쁨과 수난의 화관이었다. 모든 기독교인의 결혼은 양측의 희생을 감수하고 있기 때문이다. 하지만 화관은 더 세속적 의미도 가지고 있다. 평범한 사람들에게 신혼부부는 "차르Tsar"와 "차리나Tsarina"로 불리는데 속담에 따르면 결혼 피로연은 "차르들을 위하여po tsarskii", 즉 왕들을 위한 축연을 의미하기 때문이다.[79]

전통적인 러시아 결혼은 가부장적인 것이다. 남편의 권리는 교회의 가르침, 관습, 교회법과 민법에 따라 강화되었다. 1835년 법률 요람Digest of Laws에 따르면 아내의 주된 의무는 "남편의 뜻에 순종하고" 시베리아로 추방되지 않는 한 어떤 상황에서도 남편과 함께하는 것이었다.[80] 국가와 교회는 신과 자연 명령의 일부로서 아내와 가족에 대한 남편의 절대적인 권위로 남편을 독재자로 인정하고 있다. 마지막 두 명의 차르의 개인 교사이자 반동의 거두인 신성종교회의의 총행정관인 콘스탄틴 포베도노스체프는 "부부는 일심동체다"라고 선언했다. "남편은 아내의 하늘이다. 아내는 남편과 구별되지 않는다. 이것들이 우리들의 법률 조항들의 기본적 원칙이다."[81] 사실 러시아 여자들은 재산을 관리할 법적인 권리——18세기에 확립되어 재산에 관련해 부분적으로는 유럽이나 미국의 다른 지역보다 더 나은 권리처럼 보인다——를 갖고 있었다.[82] 하지만 가족 재산을 상속받을 땐 상당히 불리했다. 하지만 이혼을 요구하거나 남편의 권위에 도전할 법적인 권리가 없었으며 중상이 아닌 경우에는 육체적 학대를 막을 방법이 없었다.

"어, 어, 어, 어, 이런!" 신부의 탄식은 당연한 것이었다. 농민의 아내에겐 고통스러운 삶이 예정되어 있었다——사실상 농민 아내의 삶은 19세기의 작가들이 러시아적 삶에서 최악의 측면을 강조하기 위해 사용한 농민 비극의 상징이 될 정도였다. 전통적인 농민 가정은 종종 12명이 넘는, 유럽의 농민 가정보다도 훨씬 큰 대가족으로 부모와 같은 지붕 아래 두세 명의 형제와 그 아내들이 함께 생활했다. 가정에 들어 온 새색시는 물건을 옮기고 요리를 하고 빨래와 아이를 돌보는 것과 같은 가장 비천한 허드렛일을 하며 일반적으로 농노처럼 취급되었던 것처럼 보인다. 농민의 아내는 또한 남편뿐 아니라 시아버지의 성적 구애를 참아내야 했을 것이다. 왜냐하면 오랜 농민적 관습인 스노하체스트보snokhachestvo는 아들이 없을 때 며느리의 몸에 대한 가정 연장자의 접근권을 허용하고 있기 때문이었다. 그리고 아내 구타가 있었다. 수세기 동안 농민들은 아내에 대한 구타권을 요구해 왔다. 이 같은 폭력의 지혜에 대한 충고를 담고 있는 러시아 속담은 많다.

> "도끼자루로 너의 아내를 때리고 나서 아내가 숨을 쉬고 있는지 살펴보라. 그녀가 숨을 쉬고 있으면 모욕적인 일이며 더 맞기를 원하고 있는 것이다."

> "늙은 여자는 때리면 때릴수록 수프 맛이 좋아질 것이다."

> "모피 코트처럼 네 아내를 때리면 잔소리는 적어질 것이다."

> "아내가 좋을 때는 두 번 있다. 그녀가 [신부로] 집에 왔을 때와 집에서 무덤으로 옮겨질 때다."[83]

농민을 천성적인 기독교인으로 보는 사람들(특히, 모든 인텔리겐차)에게 아내 구타와 같은 야만적 관습은 어떤 문제점으로 보인다. 도스토예프스키는 민중은 "그들의 빈번한 짐승 같은 행동"보다는 "그들이 갈망하는 성스러운 것"에 의해 판단되어야 한다고 주장하면서 아내의 구타를 납득시키려고 애썼다. 이 같은 주장은 수세기에 걸친 억압의 진흙탕에 대한 피상적 수식어에 불과하다. 하지만 도스토예프스키도 아내 구태에 관해선 난감해 하고 있다.

> 농민이 자기 아내를 어떻게 구타하는지 본 적이 있는가? 나는 본 적이 있다. 그는 밧줄이나 가죽 띠로 시작한다. 농민의 삶에는 미학적 즐거움──음악, 극장, 잡지──이 결여되어 있다. 본질적으로 이 같은 괴리는 어쨌든 채워져야 한다. 아내를 묶거나 마룻바닥 구멍에 아내의 다리를 밀어넣은 우리의 가련한 농부는 아내의 비명과 애원에 개의치 않고 기계적으로 냉정하고 무감각하게 일정한 충격으로 시작할 것이다. 혹은 오히려 아내의 비명과 애원에 즐거운 마음으로 귀를 기울인다. 그런데 아내를 구타하는 데 어떤 즐거움이 있을까?…… 매질은 점점 더 빨라지고 강도가 세진다──무수한 매질. 그는 흥분하기 시작해 매질에 재미를 느낀다. 고문받는 희생자의 짐승 같은 비명은 보드카와 같은 효과를 준다.……결국 그녀는 조용해진다. 그녀는 비명을 멈추고 신음만 토해내며 거칠게 숨을 내쉰다. 이윽고 매질은 점점 더 빨라지고 더욱 격렬해진다. 갑자기 가죽 띠를 던져 버린다. 그는 미친 사람처럼 몽둥이나 나뭇가지 등 닥치는 대로 움켜쥐고 그녀의 등에 마지막으로 세 번의 끔찍한 매질을 해 몽둥이를 부러뜨린다. 만족스럽게! 그는 멈춰 테이블에 앉아 숨을 내쉬며 다시 술을 마신다.[84]

귀족 계급에서 아내 구타는 드문 현상이지만 16세기 구 모스크바의 가정 지침서인 『도모스트로이*Domostroi*』의 가부장적 관습은 여전히 아주 많은 흔적이 남아 있다. 소귀족 가문의 딸 알렉산드라 라브치나는 1771년 13번째 생일에 결혼식에서 처음 본 남자와 결혼한다. 아버지는 돌아가셨고 어머니는 중병에 든 알렉산드라 라브치나는 '모든 것에 복종하라' 는 어머니의 가르침과 함께 남편에게 주어졌다. 그녀의 남편은 짐승이라는 사실이 밝혀졌다. 그는 그녀를 잔인하게 대했다. 그는 아내를 방에 감금해 두고 조카와 잠자리를 하거나 외출해 친구와 함께 음주와 매매춘의 주연을 며칠동안 계속했다. 그는 아내가 어머니의 장례식에 참석하거나 병들었을 때 그녀의 유모를 보지 못하게 했다. 결국 대개의 그런 유형의 사람들처럼 그녀의 남편은 페트로자보드스크의 광산 감독으로 파견되었다. 그 후 그는 볼콘스키가 유배되었던 시베리아 유형지인 네르친스크의 광산 감독으로 보내졌다. 어떤 사회적 제약에서도 벗어난 그의 아내에 대한 대우는 점점 가학적이 되었다. 몹시 추운 어느 날밤 그는 아내를 헛간에 벌거벗겨 가두어 둔 채 창녀들을 집으로 데리고 왔다. 라브치나는 그 모든 일을 기독교적 순종으로 참아낸다. 결국 남편이 매독으로 사망한 후 그녀는 러시아로 돌아와 예술 아카데미 부학장과 결혼한다.[85]

라브치나의 대우는 예외적으로 잔인하긴 했지만 잔혹함을 가능하게 했던 가부장적 문화는 19세기 후반까지 지방에서는 아주 보편적이었다. 예를 들어 지주인 마리아 아담에게는 1850년대에 이웃 지주와 결혼해 팀보 지방에 사는 아주머니가 있었다. 그녀의 남편은 재산을 노리고 결혼했다는 것이 밝혀졌다. 그들이 결혼한 직후 그는 그녀의 삶을 견딜 수 없게 했다. 아주머니는 달아나 조카의 집에서 피난처를 찾았지만 남편이 찾아와 그녀를 찾아내 '산 채로 껍질을 벗겨버리겠다' 고 위협했다. 아내의 하녀가 끼어들자 그는 채찍으로 그녀를 매질했다. 결국 끔찍한 일이 벌어진 후 마리아는 아주머니와 몹시 매질을 당한 하녀를 데리고 지방 장관에게 도움을 청했다. 하지만 지방 장관은 그녀들의 증거를 받아들이려 하지 않으며 그들을 내쫓았다. 그들은 매일 집으로 찾아와 욕을 해대는 남편으로부터 자신들을 보호하기 위해 집 안에 바리케이트를 쌓은 채 3달 동안 마리아의 집에서 생활했다. 결국 1855년의 자유주의적인 분위기 속에서 새로운 장관이 임명되었고 그는 마리아의 아주머니가 남편과 별거 생활을 해도 좋다는 상원의 허가를 보장했다.[86] 사실 이혼은 매우 드물었으며――1850년대에 러시아 전역에서 연 50건의 이혼이 있었고, 1890년대에는 수백 건으로 증가했다[87]――당시엔 훨씬 적었다. 1917년까지 러시아 교회는 결혼과 이혼에 대한 통제권을 갖고 있었으며 이혼법을 완화하려는 유럽의 추세를 완강히 거부했다.

『안나 카레니나』의 결혼식이 끝나갈 때 사제는 신혼부부에게 서약할 비단 카페트로 올라가라고 지시한다.

> 그들은 카페트에 먼저 올라가는 사람이 가정을 이끌게 되리라는 속담을 알고 있었지만 레빈이나 키티 누구도 카페트를 향해 발걸음을 옮길 때 그 점을 생각할 수 없었다. 이어진 큰 소리의 단평과 논쟁조차 듣지 못했다. 어떤 사람들은 레빈이 먼저라고 주장했고 또 다른 사람들은 동시에 카페트를 밟았다고 주장했다.[88]

톨스토이는 키티와 레빈의 결혼을 이상적인 기독교적 사랑으로 보았다. 각자 서로를 위해 살아가며 사랑을 통해 그들 모두 하느님 안에서 사는 것이다. 톨스토이의 생애는 소속감 같은 함께함에 대한 추구였다. 이 같은 주제는 그의 문학 작품 전반에 흐르고 있다. 군

생활에서 자신이 소속감을 느낄 수 있는 공동체를 찾았다고 믿은 때도 있었다. 하지만 결국 군대의 '형제애'를 풍자하고 군대가 해산되어야 한다는 주장으로 끝을 맺는다. 이어 그는 모스크바와 성 페테르부르크의 문학 세계에서 그 같은 공동체를 찾았지만 그것 역시 비난으로 끝을 맺었다. 그는 오랫동안 자신의 문제에 대한 해답이 결혼의 신성함에 있다고 믿었다. 따라서 많은 작품들이 그 같은 이상을 표현하고 있다. 하지만 결혼에서도 그는 진정한 합일을 찾는 데 실패한다. 이기심이 늘 방해가 되었다. 톨스토이는 소냐에게 자신의 결혼을 레빈과 키티의 목가적 애정으로 묘사하고 싶었겠지만 현실의 삶은 아주 달랐다. 톨스토이의 결혼에서 카페트를 누가 먼저 밟았는지는 자명했다. 백작은 아내와의 관계에 관한 한 여느 다른 농부들과 다름없었다. 결혼 초 8년간 소냐는 8명의 아이를 낳았다(그녀의 일기에 따르면 그는 그녀의 산후 조리가 끝나기도 전에 부부관계를 요구하곤 했었다). 소냐는 그의 개인 비서로 일하며 『전쟁과 평화』의 원고를 베껴 쓰면서 밤을 새우는 장시간 노동을 감수했다. 후에 톨스토이는 자신이 "몹시 잔인하게 행동했다"——모든 남편들이 아내에게 하는 것처럼——고 고백하고 있다. "나는 소위 '여자들 일'이라는 힘든 일은 모두 아내에게 맡겼고 사냥을 다니거나 인생을 즐겼다."[89] 자신의 행동에 모순을 느낀 톨스토이는 낭만적 결혼의 기초에 의문을 갖게 되었다. 『안나 카레니나』에서 『크로이체르 소나타』(1891)와 『부활』(1899)에 이르는 그의 모든 소설의 중심적 주제가 여기에 있다. 안나는 사회의 비극적 희생자로서가 아니라 자신의 열정의 비극적 희생자이기 때문에 자기 파괴적으로 운명지어진다(톨스토이 자신의 운명처럼). 브론스키에 대한 사랑을 위해 아이를 잃는 엄청난 고통과 희생에도 안나는 사랑받는 삶의 죄악을 저지른다. 톨스토이는 『인생론』이라는 에세이에서 행복은 다른 사람들을 위한 삶에서만 찾을 수 있는데도 개인적인 행복을 추구하며 자신만을 위해 살아가는 사람들의 모순에 대해 이야기하며 자신의 판단을 분명하게 설명하고 있다. 이것이 레빈이 아내, 자식과 함께 결혼 생활을 하기 위해 정착하면서 배운 교훈이다. 즉 행복은 주는 사랑에 좌우되며 우리는 우리의 동료 인간들과의 합일을 통해서만 자기 자신을 발견할 수 있을 뿐이다. 하지만 그는 행복을 농민들 속에서 발견했다고 생각했다.

5

1897년 러시아 사회는 한 편의 단편 소설에 대한 논쟁의 소용돌이 속으로 빠져들었다. 체홉의 『농민들』은 아내, 딸과 함께 고향 마을로 돌아와 결국 가난에 찌든 자신의 가족이 또 다른 부양가족을 데리고 온 데 대하여 그를 원망하는 것을 알게 된 병든 모스크바 웨이터에 대한 이야기를 하고 있다. 웨이터는 죽고 미망인은 마을에서 잠시 머물다 절망적인 농민 생활을 슬프게 반영하며 초췌하게 마른 모습으로 모스크바로 되돌아간다.

여름과 겨울의 몇 달 간 사람들이 가축보다 못한 삶을 사는 것처럼 보이는 시기가 있다. 그들과 함께 생활하는 것은 실제로 끔찍한 일이다. 그들은 야비하고, 정직하지 못하고, 더럽고, 술에 쩔어 살며 서로에 대한 존경 없이 자기들끼리 늘 싸우고 언쟁하며 서로를 무서워하고 의심하며 살아간다. 술집을 하며 그들을 취하게 하는 사람은 누구인가? 농민이다. 마을, 학교, 교구 기금을 착복해 그 돈을 술 마시는 데 써버리는 사람은 누구인가? 농민이다. 이웃의 물건을 훔치고 이웃집에 방화하며 보드카 한 병에 법원에서 위증하는 사람은 누구인가? 지역 회의와 유사한 모임에서 농민에게 먼저 욕설을 퍼붓는 사람은 누구인가? 농민이다. 그렇다, 이 사람들과 함께 생활하는 것은 끔찍한 일이다. 그렇지만 농민들은 그래도 다른 사람들처럼 고통받으며 흐느끼는 인간이고 그들의 삶에는 늘 핑계거리가 있다.[90]

이 이야기로 선한 농민에 대한 신화는 깨어진다. 농민들은 이제 사회에 특별한 도덕적 교훈을 주는 존재가 아니라 가난으로 잔인하고 야비해진 인간들에 불과하다. 인민주의자들은 체홉이 농민 생활의 정신적 이상을 반영하고 있지 못하고 있다고 비난했다. 톨스토이는 이 이야기를 "민중에 대한 죄악"이라고 지칭하고 체홉이 농민의 영혼을 연구하지 않았다고 말했다.[91] 슬라브주의자들은 이 이야기가 러시아에 대한 비방이라고 공격했다. 하지만 자신들의 견해가 힘을 얻기 시작하고 있던 마르크스주의자들은 이 이야기가 자본주의적 도시가 마을을 쇠퇴하게 하는 방식을 보여주고 있다고 찬사를 보냈다. 반동가들도 자신들의 말처럼 농민이 스스로의 가장 큰 적이라는 것을 입증하고 있기 때문에 이 이야기를 좋아했다.[92]

하나의 문학 작품이 사회 전체에 그렇게 큰 충격파를 야기했다는 사실이 이상해 보일 수도 있다. 하지만 러시아의 정체성은 체홉이 파괴한 신화 위에 세워져 있었다. 농민들에 대한 인민주의자들의 이상은 자신들의 민족적 개념에 너무 근본적인 것이 되었기 때문에 이러한 이상에 의문을 제기하는 것은 러시아 전체를 고통스러운 의혹에 빠뜨리는 것이었다. 이 이야기의 충격은 이 이야기를 구성하고 있는 단순한 사실적 문체로 더욱더 혼란스러웠다. 그것은 소설이 아니라 연구 기록처럼 보였다. 차르의 검열관은 이것을 "논문"이라고 불렀다.[93]

체홉의 소설은 농민에 대한 저자의 직접적 지식의 결실이었다. 벨리호보에 있는 체홉의 작은 영지 주변 마을들엔 인근의 모스크바에 웨이터나 다른 서비스업 종사자로 일하러 가는 농민들이 많았다. 도시 생활의 영향은 남은 사람들의 행태에서 분명하게 보여지고 있다. 소설을 쓰기 직전 체홉은 주방에 있는 일단의 술 취한 하인들을 관찰했다. 그들 중 하나는 한 양동이의 보드카를 대가로 딸을 강제로 시집보냈다. 그들은 당시 딸을 시집보낸 대가로 얻은 보드카를 마시고 있었다.[94] 하지만 체홉은 그런 장면에 놀라지는 않았다. 그는 수년에 걸쳐 의사로 일하면서 농민들을 알게 되었다. 벨리호보 주변 수 킬로미터 밖에서 병든 농민들이 찾아 왔으며 체홉은 그들을 무료로 치료했다. 1891년 기아 위기에 이어 콜레라가 창궐하는 동안 그는 집필을 포기하고 모스크바의 지역 젬스트보를 위해 의사로 일했다. 격무를 통해 그는 가장 가난한 농민들이 살고 죽어가는 비참한 조건들에 익숙하게 되었다. 체홉은 친구에게 "농민들은 잔인하고 불결하며 믿을 수 없다. 하지만 우리의 노고가 헛되지 않을 것이라는 생각이 그 모든 것을 사소한 것으로 보이게 한다"고 쓰고 있다.[95] 5년 후인 1897년 체홉은 러시아 역사상 최초의 국가 인구 조사에 필요한 통계를 수집하는 일을 돕는다. 그는 자신이 알게 된 사실——모스크바에서 불과 몇 킬로미터 떨어진 마을들에서 10명 당 6명의 신생아들이 첫 해에 사망한다는 것——에 경악했다. 체홉은 자신이 알게 된 사실에 분노했으며 '작은 실천'을 추구하던 자유주의자인 그는 정치적으로 좌파를 지향하게 된다. 예를 들어 병원에서 퇴원한 가난한 사람들이 적절한 몸조리를 하지 못해 죽어가고 있다는 사실을 알게 된 체홉은 우파 일간지 「노보예 브레야」의 유명한 컬럼니스트인 예조프에게 격렬한 논쟁을 제기한다. 이 논쟁에서 그는 부자가 가난한 농민들을 음주와 매매춘으로 관심을 돌리게 함으로써 더 부자가 되고 있기 때문에 부자들이 가난한 농민들의 건강 보호 비용을 감당해야 한다고 주장했다.[96)]

체홉의 소설을 둘러싼 이 모든 논란의 이면엔 농민의 대지로서의 러시아의 미래에 대한 심원한 의문이 있었다. 오랜 농촌적 러시아는 도시의 출현으로 사라지고 있었고 민족은 그 가운데 분열되고 있었다. 오랜 농민적 문화와 공동체에 러시아 고유의 미덕이 있다고 보았던 슬라브주의자와 인민주의자들에게 촌락들이 도시에 점점 더 종속되는 것은 민족적 재난이었다. 하지만 도시를 근대화의 힘으로 인식하고 있는 서구주의자들인 자유주의자와 마르크스주의자들에게 농민은 후진적이고 사라져야 할 존재였다. 도시 시장의 영향이 시골을 변화시키기 시작하자 정부도 농민 정책을 재평가하지 않을 수 없었다. 농민공동체는 국가에 세금을 납부할 수 있는 판매를 위한 잉여생산물은 말할 것도 없고 더 이상 늘어나는 농촌의 인구를 부양하지도 못하고 있었다. 농업 위기가 심화되면서 농민공동체는 농민 혁명의 조직화된 핵이 되었다. 1861년 이후로 정부는 촌락들을 공동체의 통제에 맡겨두고 있었다——농민공동체가 농촌의 가부장적 질서의 보루라고 믿었다. 정부의 고유한 국가 행정은 지역 도시 단계에 머물러 있었다. 하지만 정부는 1905년 혁명 이후 정책을 바꾸었다. 1906년과 1911년 사이에 수상을 역임했던 스톨리핀은 더 강한 농민들이 공동체 통제에서 벗어난 토지에 개인 농장을 설립하도록 권장했다. 동시에 그는 너무 약해 경작을 할 수 없는 사람들이나 새로운 사유재산법에 의해 토지로의 접근이 박탈된 사람들에게는 도시 노동자로 이주할 것을 권장하면서 영지에 대한 농민전쟁을 조직화한 촌락 공동체를 해체하려 했다.

변화의 근본적 원인은 중앙러시아의 인구 과밀 지역에서 농민 경작이 점차 쇠퇴하고 있었기 때문이었다. 농민의 평등주의적 관습은 농민들에게 어린아이 이외의 어떤 다른 것을 산출하고자 하는 유인을 주지 못했다. 농민공동체가 부양가족 수에 따라 토지를 분배했기 때문이었다. 러시아의 출생률(연 1000명당 50명 정도의 출산율)은 19세기 후반기에 유럽 평균의 거의 두 배였다. 그 중에서도 토지 보유가 가족 크기에 따라 결정되는 공동체적 보유 조건을 가진 지역에서 출생률이 가장 높았다. 농민 인구의 천문학적 증가(1861년에서 1897년 사이 5천만 명에서 7천9백만 명으로)는 토지를 점점 더 부족하게 만들었다. 세기 전환기에는 농민 열 가구당 한 가구는 토지를 전혀 보유하지 못했다. 중앙의 농촌 지역에서 이용되는 원시적 경작 방식을 가정하면 다섯 가구 당 한 가구는 가족을 겨우 부양할 수 있는 1헥타르에도 못 미치는 작은 토지를 갖고 있었다. 농민공동체들은 매년 두 개의 경작지에 씨를 뿌리고 한 개의 경작지는 휴경하는 중세 서구 유럽의 개방 삼포제를 유지하고 있었다. 각 가구가 가족의 크기에 따라 일정 수의 경작지를 갖고 가축은 그루터기에서 방목할 수 있었다. 울타리가 없었기 때문에 농부들은 모두 같은 돌려짓기를 따라야 했다. 인구가 늘면서 생산적인 경작지 면적은 점점 더 좁아졌다. 가장 인구가 밀집된 지역에서 경작지들은 그 폭이 2미터도 되지 않았기 때문에 현대적 쟁기의 사용은 불가능했다. 점증하는 인구를 부양하기 위해 농민공동체들은 휴경지와 목초지를 줄이고 더 많은 땅을 경작했다. 하지만 이는 장기적으로 상황을 더 악화시키는 결과를 가져왔다. 지나친 경작으로 토지는 황폐해진 반면 목초지의 부족으로 가축 수(비료의 주요 원천)는 감소되었기 때문이었다. 19세기 말까지 농가 세 가구당 한 가구는 말도 소유하지 못한 상태였다.[97] 수백만 농민들이 재기불능의 가난으로 농업에서 축출되었다. 일부는 베를 짜거나 도공 혹은 목수와 벌목꾼 그리고 짐꾼 같은 지역의 잡일을 통해 살아남았다. 하지만 수공예는 공장의 경쟁력으로 파산하게 되었다. 토지에서 축출된 농민들은 새로운 기계의 유입으로 해가 거듭될수록 수요가 줄어들긴 했지만 귀족 영지의 날품팔이꾼으로 일하면서 살아남았다. 또 다른 사람들은 인구가 밀집된 중심지를 떠나 주인 없는 광대한 시베리아 초원으로 떠났다. 시베리아의 초원 지대는 이주자들이 이용할 수 있었기 때문이었다. 하지만 농촌에서 축출된 대다수의 농민들은 도시로 몰려들어 공장의 비숙련 노동일을 하거나 가사나 서비스업 종사자로 일해야 했다. 체홉의 사환도 그들 중 하나였다.

새로운 도시적 생활 방식이 멀리 떨어진 시골에까지 확산되었다. 전통적인 농민 대가족은 더 젊고, 문맹에서 벗어난 더 많은 농민들이 시골의 가부장적 학대를 떨쳐버리고 자신의 가정을 만들려 노력하면서 해체되기 시작했다. 그들은 도시와 도시 문화를 독립과 자기 존중의 길로 보았다. 결국 도시에서의 직업은 무엇이든 농민 생활의 어려움과 따분한 기계적인 일과 대조되는 바람직한 것으로 보였다. 1900년대 초 시골 학교 학생들에 대한 조사에 따르면 그들 중 절반 정도가 도시의 '숙련된 직업'에 종사하기를 원하고 있다. 반면 농민 부모의 뒤를 잇고자 하는 학생은 2퍼센트도 안 됐다. 어떤 학생은 "상점 보조원이 되고 싶다. 진흙탕 속에서 걸어다니고 싶지는 않기 때문이다. 깨끗하게 차려입고 상점 보조원으로 일하는 사람들처럼 되고 싶다"고 말하고 있다.[98] 교육자들은 일단 읽는 것을 배우고 나면 특히 많은 농민 소년들이 농사를 외면하고 번지르르한 도시 옷을 입고 활보하면서 다른 농민들을 무시한다고 경고하고 있다. 어떤 시골 사람은 그런 소년들이 "모스크바로 달아나 어떤 일이든 하곤 했다"고 기록하고 있다.[99] 그들은 시골을 미신과 가난에서 벗어날 수 없는 어려움이 만연한 '암울'하고 '후진적'인 세계——트로츠키가 '성상화와 바퀴벌레의 러시아로 묘사했던 세계'——로 회고하며 도시를 사회적 진보와 계몽의 힘으로 이상화했다. 이것이 문화혁명의 기초로 그 위에 볼세비즘이 건설되었다. 볼세비키의 평당원은 주로 농민 소년으로 충원되었다. 볼세비키당의 이데올로기는 농민 세계에 대한 경멸의 과학이었다. 혁명은 농민세계를 일소하게 된다.

볼세비즘은 도시의 대중적 상업 문화에 토대를 두고 있다. 도시 노래, 폭스트롯†과 탱고, 축음기, 광장 오락과 영화 등이 1917년 이후 도시문화의 형태였다. 하지만 도시 문화는 그 존재가 먼저 농촌에서 감지되던 1890년대에 이미 농민들을 끌어들이고 있었다. 농민의 노래는 점차 도시의 '비참한 로맨스'나 대개 아코디온(또 다른 새로운 발명)으로 반주되는 선술집이나 거리의 생경한 곡조의 노래인 체스투쉬카chastushka로 대체되었다. 집단적이고 비개인적으로 진행되는 민요와 달리 도시 노래들의 주제는 개인적이었고 개인적 표현이 주를 이루었다. 초등학교 교육의 증가로 형성된 새로운 농촌의 독자들이 탐정 소설과 모험이나 연애 소설 같은 싸구려 도시 문

† 중간 템포의 래그타임곡 또는 재즈 템포의 4/4박자로 추는 사교댄스 스텝이나 그 연주 리듬. 1914~17년 무렵 미국에서 유행되어, 그 이후 댄스뮤직의 가장 일반적인 명칭이 되었다. 원래 동물의 걷는 속도에서 이러한 이름이 붙여졌다.

학에 관심을 돌리면서 민담도 사라져갔다. 톨스토이는 농촌 사람들이 새로운 책이 전파하는 이기적 가치들에 물드는 것을 두려워했다. 그는 오랜 농민 전통이 도덕적 원칙을 주장하는 반면 도시 이야기는 잔꾀와 사기를 전파하는 주인공들을 내세우고 있다는 사실을 걱정했다. 톨스토이는 지방에서 싸구려 소책자 판매로 부자가 된 소상인의 아들인 출판업자 스이턴과 힘을 합쳐 '중개자' 라는 출판사를 설립했다. 그는 이 출판사를 통해 자신이 새로운 농민 대중 독자들을 위해 쓴 『작은 악마가 큰 빵 덩어리를 되찾은 방법』과 『하느님이 있는 곳에 사랑이 있다』 같은 소박한 시골 이야기들과 러시아 고전을 싸게 출판한다. 출판사가 설립된 지 4년째 되던 해인 1884년 판매 부수는 40만 권에서 1천2백만 권――모택동 치하의 중국이 성립될 때까지 다른 어떤 나라에서도 없었던 책 판매 부수――으로 경이적으로 늘어났다[100]. 하지만 1890년대에 더 흥미로운 책들이 도시에서 유입되면서 판매 부수는 줄어들었고 독자들은 톨스토이의 "동화"와 "도덕적인 이야기"들을 외면했다.[101]

대중을 자신의 문명 수준으로 끌어올리는 것을 문화적 사명으로 정의한 인텔리겐차에게 이 같은 변절은 치명적 타격이었다. 도시의 어리석은 상업 문화에 농민들을 '빼앗긴 것' 이었다. 러시아의 영혼을 간직하고 있다고 여겨진 농민들――천성적인 기독교도이자 비이기적인 사회주의자인 동시에 세계의 도덕적 등대――은 진부함의 희생물이 되었다. 갑자기 오랜 이상이 깨어지고 도스토예프스키가 예언한 것처럼 일단 '민중' 의 투사들은 민중이 자신이 상상했던 것과 다르다는 사실을 깨닫자 거리낌없이 그들을 저버렸다. 이전에 빛이었던 농민은 1917년에 이르는 수십 년 간 러시아에 드리워진 암울한 그림자였다. 교양 계급들은 농민들이 야만으로 전락하자 도덕적 공황상태에 빠져들었다.

1905년 혁명은 바로 그들의 두려움을 확인해주고 있다. 수년간 인텔리겐차는 진정한 민주적 혁명을 꿈꾸고 있었다. 자유주의자와 사회주의자들은 1890년대부터 정치 개혁을 위한 사회운동에 협조해왔다. 그들은 1905년 봄 전국이 민주적 권리 요구로 통합된 모습에 기뻐했다. 1905년 10월 병사들의 반란으로 군이 마비되고 총파업으로 제위가 위협받는 등 러시아 제국이 대중적 반란에 휩싸이자 니콜라이 2세는 결국 일련의 정치 개혁에 동의하라는 민주적 장관들의 압력에 굴복한다. 알려진 것처럼 10월 선언은 일종의 헌법이었다——차르가 전제 권력에 대한 어떤 공식적인 제한도 인정하기를 거부했기 때문에 헌법으로 공포되지는 않았지만. 10월 선언은 시민의 자유와 폭 넓은 선거권에 기초해 선출된 의회(혹은 두마)를 허용했다. 러시아는 경축했다. 새로운 정당들이 설립되었다. 민중은 새로운 러시아가 탄생했다고 말했다. 하지만 정치 혁명은 줄곧 사회혁명으로 발전하고 있었다. 노동자들은 파업과 격렬한 항의가 고조되는 가운데 산업의 민주주의를 위한 급진적 요구로 압력을 가했다. 농민들은 귀족의 재산을 몰수하고 영지에서 귀족을 몰아내면서 토지에 대한 오랜 투쟁을 재개했다. 자유주의자들과 사회주의자들이 10월 선언 이후 각자 다른 길을 걷게 되면서 1905년의 국민 통합은 곧 환상이라는 것이 입증되었다. 유산계급 엘리트들에게 10월 선언은 혁명의 최종 목적이었다. 하지만 노동자 농민에게 10월 선언은 재산과 특권 모두에 반하는 사회 혁명의 시작에 불과했다. 놀란 자유주의자들은 혁명 대열에서 물러섰다. 하층 계급의 점증하는 반항, 시가전, 시골의 방화와 영지의 파괴 그리고 유혈 사태를 거치며 질서가 회복된 이후로도 오랫동안 지주 귀족을 귀롭혔던 농민의 얼굴에 나타난 불신과 증오 등은 '민중'과 그들의 대의에 대한 로맨스를 파괴했다.

1909년 급진적 인텔리겐차와 1905년 혁명에서 그들의 역할을 비판하는 일단의 철학자들이 『베히』(방향 표지)라는 에세이집을 출간했고 에세이집에서 이 같은 각성이 강력하게 표현되었다. 이 에세이들은 본질적으로 의혹과 자기 의문이라는 인텔리겐차의 새로운 분위기를 상징하는 엄청난 논란을 불러일으켰다——특히 저자들(표트르 스트루베와 니콜라이 베르쟈예프 같은 이전의 마르크스주의자들) 모두가 완벽한 (즉 정치적으로 급진적인) 신임을 얻고 있었기 때문에. 이 에세이집은 '민중'에 대한 19세기식 예찬과 민중의 대의에 다른 모든 이익을 종속시키는 경향에 대한 맹렬한 공격이었다. 물질적 이해 관계의 추구를 통해 인텔리겐차는 러시아를 첫 번째 혁명보다 더 폭력적이고 파괴적인 2차 혁명으로 몰아붙였다. 문명이 위협받고 있었다. 현실을 직시하는 것이 교양계급의 의무였다.

> '이것이 우리의 존재 방식이다.' 즉 우리는 민중과의 융합을 꿈꿀 수 없을 뿐만 아니라 우리는 정부의 어떤 처벌보다도 민중을 더 두려워해야 한다. 총검과 감옥으로만 대중적 분노로부터 겨우 우리를 보호하고 있는 당국을 위해 신의 은총을 빌어야 한다.[102]

에세이는 대중이 러시아의 미약한 유럽적 문명을 파괴하고 혁명이 일어나면 러시아는 야만과 다름없는 농민 수준으로 전락할 것이라는 일반적인 느낌을 표현하고 있었다. 안드레이 벨르이의 소설 『페테르부르크』(1913~14)는 아시아 유목민들에 의해 침략당하고 있는 도시를 상세히 묘사하고 있다. 보통 사람들의 영웅이자 투사인 고리키도 새로운 묵시적 분위기에 압도당하고 있었다. 1905년 그는 문학 친구에게 "자네가 666배는 더 옳네. 〔혁명〕은 로마를 황폐화시킨 야만인들처럼 실재적인 야만인을 양산하고 있네."[103]

이반 부닌의 중편 소설 『마을』(1910)처럼 시골 생활을 가장 냉혹하게 묘사하고 있는 문학에선 이 같은 암울한 분위기가 포착되고 있다. 부닌은 농민 생활을 한 적이 있었다. 엘리트 귀족의 자손인 투르게네프나 톨스토이와 달리 부닌은 늘 농민들과 밀착된 생활을 했다. 그는 삶이 여러 가지 방식에서 농민의 삶과 유사한 지방의 소귀족 계급이었다. 부닌은 농민을 '민족의 전형'으로 보았다. 부닌의 소설은 농민에 대한 러시아 민중과 그들의 역사에 대한 판단이 되고자 했다. 그는 농민의 정신적 혹은 고상한 특성에 대한 환상을 전혀 갖고 있지 않았다. 그의 일기는 마을에서 자신이 보거나 들었던 끔찍한 사건들로 채워져 있다. 즉 그것은 취한 남편의 매질로 "미라처럼 붕대를 감아야 했던" 여인과 남편에게 너무 자주 강간을 당해 출혈로 사망한 여인에 대한 이야기들이었다.[104] 부닌의 초기 소설들은 기아와 토지로부터의 탈출이라는 1890년대의 가혹한 농촌생활의 현실을 다루고 있다. 이 소설들은 버려진 마을들, 핏빛의 붉은 연기를 토해내는 공장들, 늙거나 병든 농민들과 같은 파괴와 쇠퇴를 상세하게 묘사하고 있다. 여기서 부닌의 마을은 새로운 산업 경제에 의해 침식되어 점차 파괴되어 가는 자연적 아름다움의 영역이다. 하지만 1905년 이후 부닌은 시골에 대한 견해를 바꾼다. 그는 시골을 단지 희생자만이 아닌 자기 소멸의 중요한 요인으로 보게 된다. 『마을』은 1905년 두르노보Durnovo('나쁜' 혹은 '부패한'이라는 의미의 'durnoi'에서 파생된)라는 장소를 배경으로 하고 있다. 그곳의 농민들은 어리석고 무지하며 도벽이 있고 부정직하며 게으르고 부패한 것으로 묘사되고 있다. 두르노보에선 사소한 일들이 벌어진다. 부닌의 작품에 줄거리는 없으며 자신의 삶의 공허함을 깨달을 수 있을 정도의 지성만 가지고 있는 선술집 주인의 황폐한 존재에 대한 묘사로 구성되어 있다. 그는 "맙소사, 지긋지긋한 곳이야! 감옥과 다름없는 걸!" 하고 결론을 짓는다. 하지만 부닌의 이야기가 의미하고 있듯이 농민의 러시아 모두는 일종의 두르노보였다.[105]

『마을』은 사회에 큰 충격을 주었다. 아마도 이 작품은 다른 어떤 작품들보다도 러시아인들이 러시아 농촌의 절망적인 운명에 대해 더 많이 생각하게 했을 것이다. 어떤 평론가는 "이 책에서 독자에게 가장 충격적인 것은 농민의 물질적, 문화적, 법률적 빈곤에 대한 묘사가 아니라……그로부터의 탈출이 불가능하다는 인식이다. 부닌이 묘사한 농민들이 할 수 있는 일이라곤 기껏해야……자신들에게 운명지워진 절망적인 야만 상태에 대한 자각뿐이다" 라고 기록하고 있다.[106] 고리키는 『마을』에 대해 이 작품은 사회가 "농민에 대해서뿐만 아니라 러시아의 존재 여부에 대한 의문" 을 진지하게 고민하게 한다고 쓰고 있다.[107]

부닌처럼 막심 고리키는 촌 생활의 실상을 알고 있었다. 농민에 대한 그의 각성은 경험에 근거한 것이었다. 고리키 자신은 '더 낮은 계층' 출신이었다. 그는 볼가 강의 강둑을 따라 먹을 것을 찾아 헤매고 넝마를 걸친 채 거리의 개구쟁이로 도시 주변을 배회함으로써 살아남은 고아였다. 톨스토이는 언젠가 고리키에 대해 그는 '노인으로 태어난 것' 처럼 보인다고 말했다. 사실 고리키는 백작이 80년이라는 전 생애를 통해 보게 될 것보다 더 많은 인간의 고통을 어린 시절 8년을 통해 알고 있었다. 『나의 어린 시절』(1913)에서 묘사하고 있듯이 아버지가 돌아가신 후 양육된 니즈니 노브고로드에 있는 고리키 할아버지의 집안은 지방 러시아의 축소판——남자들은 술에 절어 살고 여자들은 하느님에게서 위안을 찾는 가난과 잔인함과 비열함이 난무하는 장소——이었다. 그는 평생 이 같은 '후진적' 인 농민 러시아에 깊은 혐오감——그가 볼셰비키들과 제휴하게 하는 일종의 경멸——을 느꼈다.

> 러시아에서의 야만적 삶에 대한 지독한 혐오감을 회상하려 할 때면 때로 그것들에 대해 기록할 가치가 있을까 하는 의문을 갖게 된다. 그리고 훨씬 강한 확신으로 그렇다고 대답한다. 그것은 현실의 혐오스러운 진실이며 오늘날까지 그 진실은 유효하기 때문이다. 그것은 뿌리 채 뽑아버림으로써 기억과 인간의 영혼 그리고 우리의 억압적이고 부끄러운 삶 전체로부터 완전히 지워질 수 있도록 그 근원적인 것까지 밝혀져야 할 진실이다.[108)]

스무 살 되던 1888년 고리키는 카잔 인근 볼가에 있는 마을의 농민들을 협력적으로 조직화하려 시도했던 로마스라는 인민주의자와 함께 '민중 속으로' 운동에 참여했다. 이 시도는 참담한 실패로 끝났다. 로마스는 인근 시의 기존 상인들과 긴밀한 관계를 갖고 그들의 개입에 반감을 갖고 있었던 부유한 농민들의 위협을 무시한 후 마을 사람들에게 쫓겨났다. 3년 후 고리키는 벌거벗겨진 채 노호하는 남편과 군중들에게 말채찍으로 매질을 당하는 간음한 여자를 위해 나섰다가 일단의 남자 농민들에게 의식을 잃을 때까지 몰매를 맞았다. 이 경험으로 고리키는 '고귀한 야만' 을 몹시 불신하게 되었다. 그는 농민들이 그 자체로는 아무리 선하다 해도 그들이 '익명의 군중으로 모여 있을 때' 는 훌륭한 모든 것이 감추어진다고 결론을 내리고 있다.

> 마을의 더 강한 사람들에게 아첨하고 싶어하는 어떤 개 같은 욕망이 그들을 사로잡았다. 이어 그 같은 사실은 그들을 바라보는 나에게 혐오감을 불러일으킨다. 그들은 싸울 태세로 서로에게 욕설을 해대며 어떤 사소한 일로 싸우곤 한다. 이 순간 그들은 끔찍하며 전날 저녁만 해도 양떼처럼 겸손하고 순종적으로 모였던 바로 그 교회를 파괴할 수 있을 듯이 보인다.[109]

1922년 혁명시의 폭력——러시아 농민의 "야만적 본능"으로 기록한 폭력——을 회고하며 다음과 같이 쓰고 있다.

> 당시 19세기 러시아 문학에서 진리와 정의에 대한 불굴의 탐구자로 세계에 그토록 설득력 있고 아름답게 묘사된 친절하고 관조적인 러시아 농민들은 어디 있는가? 젊은 시절, 나는 그 같은 사람을 찾아 러시아 전역을 헤맸지만 결국 그런 사람을 찾지는 못했다.[110]

6

1916년 쟈길레프는 지적으로 발레 루시의 기원이 어디냐는 질문을 받았다. 그는 러시아 농민들이라고 대답했다. 즉 "실용품(시골의 가정 도구들), 썰매에 그려진 그림, 농민 의상의 디자인과 색상 혹은 창틀의 조각에서 우리의 주제를 발견하고 그 바탕 위에서 제작한다."[111] 사실 발레 루시는 1870년대 '민중 속으로' 운동의 직접적 계승자였다. 그 모든 것은 마몬토프 가가 모스크바 근교에 있는 자신들의 영지에 설립한 예술가 부락 아브람체보에서 시작되었다. 아브람체보는 곧 미술 공예의 중심지가 되었다. 철도계 거물의 아내인 엘리자베타는 인민주의 동조자로 잘 알려져 있었다. 1870년 이 영지를 구입한 직후 그녀는 이 땅에 농민들을 위한 학교와 병원을 설립했다. 1876년 학교를 졸업한 학생들이 유용한 손일을 배우는 곳으로 목공예 작업실이 추가되었다. 철도가 도시의 값싼 공장 제품들을 확산시키면서 급속히 사라지고 있던 농민 수공예를 되살리는 것이 목적이었다. 가트만과 엘레나 폴레노바 같은 예술가들은 농민 예술에서 영감을 얻었다. 늘어나고 있던 농민 스타일의 도기와 린네르에 대한 중간 계급 시장에 부응하기 위해 곧 폴레노바의 지도 하에 새로운 작업실들이 설치되었다. 폴레노바와 그녀의 예술가들은 마을을 헤집고 다니며 창문틀과 문, 가정용 도구들과 가구들에 있는 디자인을 베껴 부락 작업실에서 제작되는 수공예품의 양식화된 디자인에 적용하곤 했다. 폴레노바는 아브람체보의 수공예품 박물관에 아직도 진열되어 있는 수천 개의 농민 문화 유물들을 수집했다. 그녀는 이 문화 유물들을 아직도 살아 있는 고대 러시아 양식의 잔존물로 보았다. 폴레노바가 보기에 그것들은 과거 예술가들에게 영감을 불어넣었던 구 모스크바의 디자인보다 더 귀한 가치가 있었다. 구 모스크바 디자인은 당시 러시아인들에게는 "아프리카나 고대 그리스 예술"만큼이나 아득해진 죽은 전통의 일부였기 때문이었다.[112] 폴레노바는 자신이 말한 것처럼 자신의 그림과 가구에 농민의 문화 유물에서 직접 스케치한 동물 주제와 식물 문양을 사용해 "자연에 대한 러시아 민중의 시적인 견해를 살아 있는 정신"으로 표현하기 위해 노력했다.[113]

15. 엘레나 폴레노바 : '고양이와 올빼미'가 조각된 문, 아브람체보 작업실, 1890년대 초.

'신 민족주의적' 양식을 애호하는 도시인들은 그것을 순수하고 진정한 러시아 예술로 여겼다. 예를 들어 스타소프는 폴레노바의 "고양이와 올빼미" 문은 "고대 루시의 익명의 거장을 제외하면 다소 놀라운 재능을 가진 사람"의 작품으로 볼 수 있다고 생각했다.[114] 하지만 사실상 이 같은 견해는 환상이다. 문이 조각된 1890년대 초폴레노바는 민속 디자인을 모방하는 것에서 새로운 예술 양식에 그것들을 결합시키는 쪽으로 나아가고 있었다. 이 같은 움직임은 그녀의 작품을 도시 중산 계급에 훨씬 더 호소력 있게 만들었다.

다른 예술가들도 마찬가지로 민족 예술에서 상업 예술로 이행했다. 예를 들어 탐보프 지방의 솔로멘코 자수 작업실에 있는 예술가들의 디자인은 점차 사치품을 구입할 여유가 있는 도시 부르주아 여성들의 취향에 맞춰지게 되었다. 농민들이 선호하는 화려한 색상(오렌지색, 붉은색과 노란색)의 디자인 대신 그들은 도시적 취향에 어울리는 차분한 색상(진녹색, 크림색과 다갈색)을 사용했다. 1898년 마리아 테니쉐바 공작녀가 스몰렌스크에 있는 자신의 영지에 설립한 탈라쉬키노 직물 작업실에서도 같은 변화가 일어났다. 테니쉐바는 지방의 여성 농민들은 "우리의 색상을 좋아하지 않는다. 그들은 그것들이 너무 '우중충하다' 고 말했다"고 회상했다.[115] 그녀는 직공들에게 작품에 여성 농민이 선호하는 색상을 사용하도록 보너스를 지불해야 했다.

탈라쉬키노의 유력한 예술가인 세르게이 말류틴의 민속 수공예품들은 순수한 창작품이었다. 말류틴은 1891년 최초의 마트료쉬카 matrioshka 혹은 러시아 둥우리 인형의 창조자였다. 당시 그는 러시아 인형 제작을 전문으로 하는 세르지예프 포사드에 있는 모스크바 젬스트보의 공예 작업실에서 작업하고 있었다. 오늘날의 일반적인 믿음과 달리 마트료쉬카는 러시아 민속문화에는 전혀 뿌리를 두지 않고 있다. 그것은 일본 둥우리 인형의 러시아 판을 만들기 위한 마몬토프 가의 의뢰로 창조된 것이었다. 말류틴은 닭을 팔에 끼고 있는 통 모양에 붉은 뺨의 농민 소녀를 만들었다. 더 작은 각각의 인형들은 농민 생활의 상이한 측면을 묘사하고 있으며 한가운데에는 러시아식으로 단단하게 천으로 감싼 아기가 있다. 이 디자인은 엄청난 인기를 얻게 되었으며 1890년대 말까지 매년 수백만 개의 인형이 제작되었다. 그렇게 해서 마트료쉬카는 고대 러시아 인형이라는 신화가 생겨났다.[116] 탈라쉬키노에서 말류틴은 또한 가구, 도기, 책 삽화, 무대 디자인과 건축물에 자신의 분명한 스타일을 적용했다. 쟈길레프와 같은 도시 예찬자들은 그의 작품을 "유기적인 농민의 러시아적인 것"의 정수로 보았다. 쟈길레프는 자신의 가장 민족주의적 주장들 중 하나에서 말류틴의 작품은 "북부 르네상스"를 알리게 될 것이라고 주장했다.[117] 하지만 실제 러시아 농민들은 다른 견해를 갖고 있었다. 1902년 테니쉐바가 스몰렌스크에서 탈라쉬키노 제작품 전시회를 개최했을 때 그것을 관람한 사람은 50명도 되지 않았다. 그녀가 회상하고 있는 것처럼 농민들은 "우리의 작품을 기쁨으로가 아니라 우리가 설명하기 어려운 말할 수 없는 놀라움을 갖고 보았다."[118]

쟈길레프가 아브람체보와 탈라쉬키노의 신민족주의자들에게 끌린 이유——발레 루시의 민속적 판타지를 탄생시킨 결합——는 분명하지 않다. 1898년 그는 "농민의 신발과 누더기를 화폭에 끌어들여 세계를 놀라게 하려" 생각한 예술가들을 공격하는 "농민 예술"에 대해 격렬한 비판을 가했다.[119] 쟈길레프는 지방 도시 페름 출신이었지만 귀족적인 코스모폴리탄이었다. 그가 열 살 때부터 양육된 할아버지의 집에는 정기적인 음악회와 문학의 밤이 개최되는 세련된 딜레탕티즘†적 분위기가 조성되어 있었다. 불어와 독일어를 유창하게 구사하고 피아노 치는 솜씨가 뛰어난 젊은 세르게이는 자신

† 전문가가 아닌 일반인이 취미 또는 도락으로 예술 · 학문 등 정신 활동을 애호하는 경향.

에게 적합한 분위기에서 성장한 셈이었다. 1890년대 초 성 페테르부르크 대학 법학도였던 쟈길레프는 알렉산드르 베누아, 드미트리 필로소포프(쟈길레프의 사촌)과 월터('Valechka') 누벨 같은 젊은 유미주의자들과 가장 마음이 맞았다. 이 서클들 내에선 일반적인 인민주의적 분위기가 조성되어 있었다. 특히 유명한 여성 해방 운동가이자 성 페테르부르크 살롱의 문학 여주인으로 필로소포프의 아주머니인 안나 파블로브나 소유의 프스코프 인근 보그다노프스코에 영지엔 도스토예프스키, 투르게네프와 블록 등이 자주 찾았다. 쟈길레프, 베누아, 필로소포프, 누벨은 여름을 보그다노프스코에에서 보내곤 했으며 그들이 과거의 위대한 예술로 대중을 교육시키는 잡지를 처음으로 생각해 낸 것도 그때였다. 그들은 예술가 레온 박스트(페테르부르크의 5월 아카데미에서 베누아, 필로소포프와 누벨의 오랜 학교 친구)와 함께 음악회, 전시회와 예술적 주제에 대한 강연을 준비하는 예술 세계 운동을 확립하고 1898년에서 1904년까지 계속된 같은 이름의 잡지를 창간했다. 테니쉐바와 마몬토프의 지원을 받은 이 잡지는 현대 서구 미술과 함께 민속에서 영감을 받은 자기들 부락의 예술가들——후에 발레 루시에서 쟈길레프와 베누아에 의해 되풀이 되는 것과 같은 배합——을 크게 다루었다.

예술 세계의 공동 설립자들은 자신들을 페테르부르크의 코스모폴리탄으로 생각했다. 그들은 자신들이 페테르부르크의 코스모폴리탄 문명에 구현되고 있다고 믿은 보편적 문화에 대한 생각을 옹호했다. 그들은 자신들을 귀족과 동일시했으며 귀족 계급을 러시아 문화유산의 위대한 보고로 보았다. 베누아는 예술 세계를 이해하는 데 중요한 자신의 『회상록』에서 러시아 고대 귀족 가문 중 하나인 필로소포프 가문에 대해 회상할 때 이 같은 점을 강조하고 있다.

> 그들의 가문은 18세기와 19세기에 러시아 문화의 중요한 인물들이 모두 속해 있는 계급이며 독특한 러시아적 생활 방식의 즐거움을 창조한 계급이다. 푸쉬킨과 레르몬토프, 투르게네프와 톨스토이의 소설들에 나오는 남녀 주인공들이 이 계급 출신이다. 이것은 평화롭고 가치 있으며 영속성이 있는 모든 것을 성취한 영원히 지속될 계급이다. 그들이 러시아적 삶의 속도를 결정했으며……러시아인의 심리에 대한 미묘한 통찰력, 독특한 러시아인의 도덕적 감각 등이 이 같은 환경에서 나타나 성숙되었다.[120)]

무엇보다 그들은 귀족의 예술적 가치를 받아들였다. 그들은 스타소프 주도 하에서 러시아 예술이 그렇게 되었다고 믿은 것처럼 예술을 사회 프로그램이나 정치 이상의 도구가 아닌 개인의 창조적 천재성을 정신적으로 표현하는 것으로 보았다. 그들이 푸쉬킨과 차이코프스키를 존경하는 것은 이 같은 철학——그들이 흔히 주장하듯이 "예술을 위한 예술"이 아니라 이상이 예술 작품에 통합되어야 한다는 믿음——때문이었다.

19세기 사실주의 전통에 반발하며 예술 세계 그룹은 자신들이 러시아의 문화 르네상스로 구상한 것(그리고 성공적으로 조장한 것)의 예술적 원리로 아름다움에 대한 초기의 이상을 복원하려 했다. 성 페테르부르크의 고전적 전통은 이러한 이상에 대한 한 가지 표현이다. 예술 세계 서클은 18세기 페테르부르크를 찬미했다. 그것은 현실적으로는 막 사라지고 있다고 자각한 문명에 대한 향수로 정의된다. 베누아와 그의 조카 으제니 랑세레이는 피터와 예카테리나 여제 치세의 도시 풍경을 묘사하고 있는 일련의 판화와 석판 인쇄를 제작한다. 베누아는 19세기의 저속한 민족주의자들이 18세기 페테르부르크의 고전주의적 이상을 저버렸다고 탄식했다. 혁명이 발생했던 1905년 쟈길레프는 곧 이어 두마와 페트로그라드 소비에트의 본부가 된 톨리드 궁에서 18세기 러시아 초상화 전시회를 개최한다. 그는 이 초상화들을 "화려했지만 유감스럽게도 우리 역사에서 사라져가고 있는 시기에 대한 숭고한 개괄"로 소개하고 있다.[121]

하지만 농민 예술은 또한 '고전주의'의 형태——최소한 그것이 신민족주의자들에 의해 표현되고 있는 양식화된 형태에서——로 여겨질 수 있다. 그것은 비인격적, 상징적, 금욕적이며 표현의 민속적 전통에 의해 엄격히 규정되고 있다. 다른 한 편으로 정신 세계를 신비롭게 표현한 것은 집단 의식 및 마을 생활의 관행과 긴밀하게 결부되어 있다. 여기에 오래된 상이한 '예술 세계'가 존재한다. 그 아름다움의 원리는 19세기 부르주아와 낭만적 예술의 약화된 영향력을 전복하기 위해 사용될 수 있다.

쟈길레프에게 돈은 중요한 역할을 한다. 새로운 시장 전망을 찾는 데 늘 민감했던 쟈길레프는 신 민족주의자들의 민속 예술의 점증하는 대중성에 강한 인상을 받았다. 세기 말 유럽은 '원시적인 것'과 '이국적인 것'에 무한한 매력을 느꼈다. 동양의 야만은 서구의 지친 부르주아 문화를 정신적으로 재생시켜주는 힘으로 여겨졌다. 쟈길레프는 초기에 이 같은 흐름을 감지했다. 그는 1896년 유럽 여행에서 돌아와 "유럽은 우리의 젊음과 자연스러움을 필요로 하고 있다. 우리는 즉시 나아가야 한다. 우리 민족성의 모든 장단점과 함께 우리의 모든 것을 보여주어야 한다"고 기록하고 있다.[122] 쟈길레프의 직관은 러시아 수공예품이 파리 전시회에서 대단한 호평을 받은 1900년에 확인된다. 그가 멀리 북부 여행을 하면서 배운 목조 건축 양식으로 재건된 코로빈의 '러시아 마을'에 파리 사람들의 관심이 집중되었다. 이 마을은 쟈길레프가 러시아에서 데리고 온 농민 팀이 부지에 건설한 고대의 테레목† 혹은 목조탑과 목조 교회로 완성됐다. 파리 사람들은 "머리와 수염은 뒤엉켜 있고 어린아이 같은 함박웃음과 원시적인 행동 방식을 가진 이 야만적 목수들"에게 매혹되었다. 어떤 프랑스인 비평가가 기록하고 있듯이 "진열품이 판매용이었다면 한 가지 품목도 남지 않았을 것이다."[123] 농민의 수공예품이 끊임없이 러시아에서 서구로 흘러들어 1900년대에 파리, 런던, 라이프치히, 시카고, 보스턴과 뉴욕엔 전문 상점이 개설되었을 정도였다.[124] 파리 사람인 양재사 폴 프와레는 1912년 러시아로 가 러시아의 농민 의상에서 자신의 유행 의상을 위한 영감을 얻었다. '블라우스 루시blouse russe' 란 용어가 사교장들에 퍼졌고 러시아 사라판 상표가 붙은 의상과 소박한 코트들을 입은 모델들을 볼 수 있었다.[125]

하지만 쟈길레프가 사업적인 관점에서만 신 민족주의자들에게 끌린 것은 아니었다. 폴레노바와 말류틴 같은 예술가들이 자신들의 '농민 예술'을 점차 모더니즘의 양식화된 형태로 만들고 있다는 사실이 그들을 예술 세계의 민족풍과 일치하게 했다. 쟈길레프는 특히 일반적 농민 채색법보다 민속적 느낌이 덜한 빅토르 바스네초프의 그림에 매력을 느꼈다. 바스네초프는 러시아 민중이 이해하는 아름다움의 핵심이 색상이라 믿었다. 그는 1870년대에 뱌트카 지방 여행에서 자신이 수집한 민속 예술(루복 목판화와 성상화)과 농민 문화 유물의 연구를 통해 자신의 독특한 색채를 개발했다. 쟈길레프

† teremok 러시아에서 작은 마을을 의미한다.

는 이러한 힘 있는 원시적 색상을 마몬토프의 작품 《눈 처녀》(도판 15)를 위한 자신의 화려한 무대디자인에 옮겨 놓았다. 이 작품은 자길레프와 발레 루시의 시각적 모델이 되었다.

바스네초프의 디자인들은 아브람체보에서 예술 세계로 바스네초프의 궤적을 따르는 신 민족주의자들에게 영감을 불어넣었다. 바스네초프 디자인의 동화 같은 성질은 후에 알렉산드르 골로빈(《보리스 고두노프》(1908)와 《불새》(1910))과 콘스탄틴 코로빈(《루슬란과 류드밀라》(1909))에 의한 발레 루시의 무대 디자인에서 분명하게 보여진다. 더 장기적인 관점에서 훨씬 더 큰 영향을 미친 것은 나탈리아 곤차로바, 카지미르 말레비치 그리고 마크 샤갈 같은 원시파 미술가들에게 영감을 불어넣게 되는 바스네초프가 사용한 색상, 주제, 공간과 민속 예술의 정수를 연상시키는 스타일 등이었다. 곤차로바, 말레비치, 샤갈 같은 화가들도 세계에 대한 새로운 시적 전망에 대한 의문 속에서 성상화, 루복, 농민의 문화 유물 같은 민속적 전통에 끌렸다. 곤차로바는 1913년 모스크바에서 성상화와 목판화 전시회를 소개하면서 서구의 묘사적 전통보다는 동양의 상징 예술 형태에 더 가까운 '농민 미학'에 대해 이야기하고 있다. "러시아의 민속 예술은 현실 세계를 모방하거나 개선하는 것이 아니라 그것을 재구성하고 있다." 여기에 1914년의 《황금 닭》 같은 발레 루시를 위한 곤차로바 디자인의 영감이 있다.

발레 루시는 일종의 종합예술이었다. 그것은 때로 음악, 미술 그리고 드라마가 통합되는 리하르트 바그너의 종합예술 Gesamtkunstwerk의 러시아적 상표로 기술되고 있다. 하지만 사실상 예술의 종합은 바그너보다는 러시아 농민들과 관련이 있었다. 그것은 아브람체보에서 예술적 협력 정신에 기초한 마몬토프의 사설 오

16. 아브람체보에 있는 교회. 빅토르 바스네초프의 디자인, 1881~2.

페라에 그 뿌리를 두고 있다. 부락의 전체적 목적은 선구자들이 자신들의 농민공동체에 대한 이상화된 개념과 동일시하는 집단적 계획을 통해 모든 예술과 수공예를 결합시키는 것——삶과 예술을 결합하는 것——이었다. 아브람체보의 예술가들이 농민 문화에 대해 가장 찬탄한 것은 미술과 수공예의 종합적 성질이었다. 직물이나 도기 같은 소박한 문화 예술은 예술적 아름다움을 민중의 일상적인 삶 속으로 끌어 들였다. 윤무 같은 집단적 의식은 마을 생활의 실재적 사건들에 민요와 의식적인 춤을 결합시킨 총체적 예술 작품——소규모 '봄의 축제들'——이었다. 부락은 '예술 세계'를 재창조하기 위한 시도였다. 공동체 전체——미술가들, 공예가들과 농민 건축가들——가 교회 건축에 참여했다. 미술가들은 오페라의 무대 제작을 위해 가수, 음악가와 협력했고 의상 제작자들은 무대 장치 건축가와 협력했다. 이것이 쟈길레프가 발레 루시는 농민 수공예의 토대 위에서 건설되었다고 말했을 때 그가 의도했던 것이다.

쟈길레프는 1909년에 작곡가인 아나톨리 랴도프에게 다음과 같이 편지를 쓰고 있다. "당신에게 한 가지 제안을 하겠습니다."

> 저는 러시아적인 발레——그런 것은 없었기 때문에 최초의 러시아 발레——를 필요로 하고 있습니다. 러시아 오페라, 러시아 교향곡, 러시아 노래, 러시아 춤, 러시아 선율은 있지만 러시아 발레는 없습니다. 그리고 그것이 바로 제가 필요로 하는 것——파리 그랑 오페라Paris Grand Opera와 런던의 대규모 로얄 드루리 레인 시어터Royal Drury Lane Theatre에서 내년 5월에 공연하기 위해——입니다. 이 발레가 삼 막으로 이루어질 필요는 없습니다. 대본은 준비된 상태입니다. 포킨이 준비했죠. 그것은 우리 모두의 집단적 창작입니다. 그것은《불새》——1막 2장이 될 발레——입니다.[126]

쟈길레프가 시종일관 발레에 대한 열의를 가졌던 것은 아니다. 그는 그림을 통해 예술 세계에 직업적으로 발을 들여놓았다. 극장에서 그의 첫 번째 업무는 무대일과는 거리가 먼 것이었다. 1899년 차르가 성 페테르부르크에 있는 황실 극장 책임자로 막 임명한, 유명한 데카브리스트의 손자 세르게이 볼콘스키 공작이 쟈길레프를 채용했다. 볼콘스키는 쟈길레프에게 극장의 사내 잡지를 운영해달라고 부탁했다. 8년 후 쟈길레프가 자신의 첫 번째 무대 작품을 서구로 가지고 갔을 때 그의 이국적 '루시 시즌saisons russes'을 구성한 것은 발레가 아니라 오페라였다. 그가 발레를 찾게 된 것은 값싼 대체물로 무대 오페라에 비해 상대적으로 저렴한 비용 때문이었다.

20세기 예술 혁신의 원천으로서 발레의 중요성은 쟈길레프가 그것을 재발견하기까지 아무도 예측하지 못한 것이었다. 발레는 경화된 예술 형식이 되어 있었다. 대부분의 유럽에서 발레는 한물 간 궁정의 오락거리로 여겨지고 있었다. 하지만 궁정이 아직 문화를 주도하고 있었던 러시아에선 발레가 성 페테르부르크에서 살아남아 있었다. 스트라빈스키가 어린 시절 대부분을 보냈던 마린스키 극장에선 수요일과 일요일에 정기적인 발레 공연—리벤 공작의 말에 따르면 "절반은 비어 있는 객석엔 어머니와 여자 가정교사가 동반한 어린아이들과 쌍안경을 지참한 노인들이 뒤섞여 있었다"[127]—이 있었다. 진지한 지식인들은 발레를 "속물과 피로한 사업가들을 위한 오락"으로 보았다.[128] 따라서 발레 제작에 참여해 명성이 훼손된 차이코프스키를 제외하면 발레 작곡가들(푸그니, 민쿠스와 드리고 같은)은 대개 외국인 보조자들이었다.* 스트라빈스키가 1900년대 초 그와 함께 공부했을 때 음악적 취향에 절대적인 권위를 갖고 있었던 림스키-코르사코프는 발레는 "진정한 예술 형식이 아니다"라고 말한 것으로 유명하다.[129]

베누아는 예술 세계 그룹에서 진정한 발레 애호가였다. 발레는 18세기 페테르부르크의 고전적 문화에 대한 베누아의 향수와 그의 귀족적 견해에 호소력을 갖고 있었다. 베누아, 도브진스키, 비평가인 필로소포프와 쟈길레프 같은 발레 루시의 설립자들은 모두 회고적 미학관을 공유하고 있었다. 차이코프스키가 러시아 작곡가들 중에서 가장 낮은 평가를 받았던 파리의 루시 시즌에선 발레가 크게 다

* 1851년부터 러시아에 있던 세자르 푸그니(1802~70), 1850년에서 1890년까지 러시아에 머물렀던 루드비히 민쿠스(1826~1907), 1879년에서 1920년까지 러시아에 체류했던 리카르도 드리고(1846~1930).

루어지지 않았다. 하지만 차이코프스키의 발레는 고전적 이상의 구현이었으며 발레 루시의 설립자들에겐 하나의 영감이었다. 차이코프스키는 최후의 위대한 유럽적 궁정 작곡가였다(그는 18세기 위대한 유럽 국가들 중 마지막 국가에서 살고 있었다). 철두철미한 군주제 지지자였던 그는 차르 알렉산드르 3세의 친한 친구들 중 하나였다. 궁정은 "제국 스타일"을 구현하고 있는 그의 음악을 무소르그스키, 보로딘 그리고 림스키-코르사코프의 '러시아적' 화음보다 더 좋아했다.

제국 스타일은 사실상 폴로네즈에 의해 정의되었다. 18세기 말 경에 폴란드 작곡가 요제크 코즈로브스키에 의해 러시아에 수입된 폴로네즈는 최고의 품격있는 형태이자 모든 무도실 장르들 중 가장 화려한 것이 되었다. 폴로네즈는 18세기 페테르부르크 자체의 유럽적 화려함을 상징하게 되었다. 『예브게니 오네긴』에서 푸쉬킨(차이코프스키처럼)은 페테르부르크의 무도회에서 절정에 달하는 타치아나의 입장 시에 폴로네즈를 이용했다. 톨스토이는 『전쟁과 평화』 무도회의 절정에서 폴로네즈를 사용한다. 이 대목에서 황제가 입장하고 나타샤가 안드레이와 함께 춤을 춘다. 차이코프스키는 《잠자는 미녀》(1889)와 그의 오페라 《스페이드 퀸》에서 18세기 세계의 제국적 장대함을 재건한다. 루이 14세 치하가 배경인 《잠자는 미녀》는 18세기 러시아 음악과 문화에 미친 프랑스의 영향에 대한 향수어린 찬사다. 푸쉬킨의 소설에 기초한 《스페이드 퀸》은 유럽에 전적으로 통합되어 유럽 문화에서 중요한 역할을 했던 과거 예카테리나 여제의 페테르부르크를 환기시키고 있다. 차이코프스키는 이 오페라에 로코코적 요소들을 융합시킨다(그 자신이 이 무도실 장면들을 18세기 스타일의 "슬라브적 모방"으로 기술하고 있다).[130] 그는 과거 꿈의 세계를 마법으로 불러내는 유럽 같은 환상적 이야기 구조를 이용하고 있다. 따라서 비실재적 도시로서의 페테르부르크의 신화는 과거로 되돌아가 과거의 잃어버린 아름다움과 고전주의적 이상을 회복하기 위해 이용된다.

《스페이드 퀸》이 초연되는 날 저녁, 차이코프스키는 마린스키 극장을 떠나 자신의 오페라가 비참하게 실패할 것이라고 확신하며 발길가는 대로 페테르부르크의 거리를 배회한다. 갑자기 자신을 향해 걸어오는 사람들의 무리가 오페라 최고의 이중창들 중 한 곡을 부르는 소리가 들렸다. 그들을 멈춰 세우고 그 음악을 어떻게 알게 되었는지 물었다. 세 명의 젊은이는 자신들을 소개했다. 그들은 예술세계의 공동 설립자인 베누아, 필로소포프와 쟈길레프였다. 베누아에 따르면 그때부터 이들은 차이코프스키와 페테르부르크에 대한 그의 고전주의적 이상에 대한 사랑으로 하나가 되었다. 베누아는 말년에 "차이코프스키의 음악은 내가 아주 어린 시절부터 기다리고 있었던 것이다"라고 쓰고 있다.[131]

1907년 베누아는 성 페테르부르크에서 니콜라이 쉐레프닌의 발레 《알미드의 정자*Le Pavillion d' Armide*》(고티에의 옴팔레Omphale에 근거한) 공연을 무대에 올렸다. 《잠자는 미녀》처럼 루이 14세 시대를 배경으로 한 고전주의적 양식이었다. 이 작품은 쟈길레프에게 깊은 인상을 심어주었다. 베누아의 화려한 디자인, 포킨의 현대적 안무법, 니진스키 안무의 눈부신 기교, 이 모든 것은 "유럽에 보여져야 한다"고 쟈길레프는 선언했다.[132] 《알미드의 정자》는 러시아 고전주의와 민족적주의 작품이 혼합된 프로그램에서 보로딘의 《이고리 대공》(이것도 포킨이 안무를 감독했다)의 폴로푸치 무용과 함께 파리의 1909년 시즌 개막작이 되었다. 이러한 연출법의 이국적 '새로움'은 센세이션을 불러일으켰다. 베누아는 후에 프랑스는 "우리의 원시적 야생, 우리의 신선함과 우리의 자연스러움"을 사랑했다고 기록했다.[133] 쟈길레프는 이 같은 분위기에서 더 많은 러시아 발레를 수출해 돈을 벌 수 있다는 사실을 알 수 있었다. 그가 랴도프에게 쓴 것처럼 이런 식으로 그들은《불새》의 대본을 날조했다. 우화작가 레미조프, 화가 골로빈, 시인 포템킨과 작곡가 체레프닌(《알미드의 정자》의 명성으로)과 함께 쟈길레프와 베누아 그리고 포킨은 러시아의 전통적 집단주의 정신으로 식탁에 둘러 앉아 이 모든 것을 창조해 낸다. 하지만 결국 랴도프는 작품을 쓰고 싶어하지 않았다. 글라주노프에게 작품을 제안했고 이어 체레프닌에게 의뢰했으나 거절당했다. 그리고 아주 절망적인 상태에서 쟈길레프는 당시 아직 거의 알려져 있지 않았던 작곡가인 이고르 스트라빈스키라는 젊은이에게 의뢰했다.

베누아는 발레를 '성인들을 위한 동화'라고 불렀다. 여러 가지 민담을 끼워 맞춘 발레의 목적은 베누아가 "서구에 수출하기 위한 러시아의 미스테리움misterium"이라 부른 것을 창조하기 위한 것이었다.[134] 실제로 수출된 것은 농민의 순진함과 젊은 에너지에 대한 신화였다. 발레의 각 요소는 민담에서 추출되어 양식화되었다. 스트라빈스키의 작품은 민속음악에서 차용된 것들이 깔려 있었다. 특히《공작녀들의 원무Ronde des princesses》의 대단원에선 농민의 결혼 노래들(devichniki와 khorovody)을 차용했다. 시나리오는 아타나시예프가 개작한 것과 19세기 다양한 루복 판화, 즉 이반 황태자, 불새 이야기와 불멸의 카쉐이 이야기 같은 두 가지 서로 다른 농민 이야기를 짜집기로 편집한 것이었다. 이 두 가지 이야기는 개작되어 이교도적 마법이야기(농민 이야기의 회색 늑대에 의한)에서 세계에서의 러시아의 기독교적 사명과 일치하는 신성한 구원의 이야기(불새에 의

한)로 강조점이 이동됐다.[135)]

발레에서 황태자는 공주의 아름다움에 이끌려 괴물 카쉐이의 정원으로 유인된다. 황태자 이반은 카쉐이와 그의 시종들이 잠들 때까지 격렬한 춤을 추게 한 불새 덕분에 괴물 카쉐이와 그의 시종들에게서 벗어나게 된다. 이어 이반은 카쉐이의 영혼이 담겨있는 거대한 알을 발견하고, 그 괴물은 파괴되며 이반은 공주와 결혼한다. 무대를 위해 재창조된 불새는 러시아 동화에서 보다 훨씬 더 많은 일을 수행하게 된다. 불새는 발레의 개념을 지배하게 되는 상징주의자들의 유사 슬라브주의 신화에서 본질적인 자유와 아름다움의 구현인 불사조처럼 부활한 농민 러시아의 상징으로 변화된다(레온 박스트의 목판화의 형태로 「예술 세계*Mir iskusstva*」 지의 표지를 장식한 블록의 '신화적 새'에 의해 영원성을 부여받은 것처럼). 파리 시즌을 위한 작품은 이국적인 러시아 소품들의 자의식적 꾸러미였다. 골로빈의 화려한 농민 의상에서 《카쉐이 조곡Suite de Kashchei》을 위해 레미조프가 창작한 '키키모라kikimora', '볼리보쉬키boliboshki'와 '머리 두 개 달린 괴물' 같은 이상한 신화적 동물들에 이르기까지 모든 것은 세기말 '원시적' 러시아에 대한 서구의 매혹에 부응하기 위해 디자인 되었다.

하지만 《불새》의 진정한 혁신은 스트라빈스키가 민속음악을 사용했다는 사실이었다. 이전의 러시아 민족학파의 작곡가들은 민담을 단순히 주제적인 소재로만 생각했었다. 그들은 민요를 빈번하게 언급했지만 늘 민요를 림스키-코르사코프에 의해 규범화된 전통적인(그리고 본질적으로 서구적인) 음악 언어에 종속시켰다. 그들의 훈련된 청각에 러시아 민속음악의 불협화음은 추하고 야만적이었으며 고유한 의미에서 진정한 '음악'이 아니었다. 따라서 러시아 민속

17. 구슬리 연주자. 구슬리는 일반적으로 5현으로 만들어진 러시아 지터의 고대적 형태이며 민속 음악에 폭넓게 사용되었다.

음악을 자신들의 예술 형태의 일부로 채택하는 것은 매우 부적절했을 것이다. 스트라빈스키는 민속음악을 양식적 요소로서 받아들인 최초의 작곡가——멜로디만이 아니라 화음과 리듬을 자신의 분명한 '현대적' 스타일의 기초로 이용했다——였다.*

《불새》는 대단한 성공을 거두었다. 하지만 성공은 그들의 1870년대 '민중 속으로' 운동의 또 다른 산물이었던 민속학자 두 명의 선구적 작업에 의한 음악적 발견 덕분에 가능할 수 있었다. 첫 번째 것은 1870년대에 칼루가 지방으로 일련의 현지 견학 여행을 했던 피아니스트이자 문헌학자인 유리 멜구노프의 작업이었다. 현지 견학 여행에서 그는 러시아 농민가의 대위법적 화음을 발견해 편곡하는 방법을 이해했다. 다른 하나는 지방으로의 현지 견학 여행에서 축음기로 농민가를 녹음해 멜구노프의 발견을 확인한 예브제니아 리니오바의 작업이었다. 이 녹음들은 성 페테르부르크에서 1904~9년에 출판된 그녀의 『민속 화음에서의 대 러시아 농민가』의 자료가 되었다.[136] 이 책은 《불새》, 《페트루쉬카》와 《봄의 제전》에서 스트라빈스키의 음악에 직접적인 영향을 주었다. 리니오바 작업의 가장 중요한 측면은 농민 합창 가수의 목소리가 이전에 쿠치키스트 작곡가들이 믿었던 것처럼 개인적 특성으로 가락을 바꾸는 것이 아니라 오히려 일종의 비인격적인 것을 위해 노력한다는 사실을 발견한 것이었다. 그녀는 『민속 화음에서의 대 러시아 농민가』 서문에서 이 같은 마지막 특성을 기술하고 있다.

* 러시아 농민 음악에서 19세기 독일의 화음주의에 대한 대안을 발견했기 때문에 스트라빈스키는 쇤베르크, 베르크와 베베른 같은 다른 모더니스트의 12음 음악에 대한 관심을 공유하지 않았다. 1945년 이후에서야 스트라빈스키는 12음 음악의 형태를 계발하기 시작한다.

〔미트레브나라는 농민 여자〕가 내가 좋아하는 노래인 《작은 횃불》를 부르기 시작했다. 이 노래를 찾아 방방곡곡을 헤맸지만 아직 녹음하는 데 성공하지 못한 노래였다. 미트레브나는 주 멜로디를 노래했다. 그녀는 나이 먹은 여자가 부른다고 생각할 수 없을 정도의 놀랍도록 생기 있고 깊게 울려 퍼지는 목소리로 노래를 불렀다. 그녀의 노래엔 감상적인 강조나 울부짖음은 전혀 없었다. 놀라운 것은 노래의 단순성이었다. 노래는 고르고 분명하게 이어졌기 때문에 한 마디도 놓칠 수 없었다. 긴 멜로디와 느린 템포에도 가사에 담고 있는 정신은 너무 강력해, 그녀는 노래하면서 이야기하는 것 같았다. 나는 이 같은 순수하고 고전적인 스타일의 엄격성에 놀랐다. 그것은 그녀의 진지한 표정에 아주 잘 나타나 있었다.[137)]

이것은 스트라빈스키의 음악만이 아니라 모든 원시주의 예술 이론에 핵심이 된 바로 그 '고전적' 성질이었다. 박스트가 말하듯이 "야만적 예술의 엄격한 형태는 유럽 예술보다 앞선 새로운 방식이다."[138)]

《페트루쉬카》(1911)에서 스트라빈스키는 아름다움과 기법에서 유럽적 규율을 가진 모든 음악 체제를 전복하기 위해 러시아인의 삶의 소리를 이용했다. 이것은 또 하나의 러시아혁명——성 페테르부르크의 사회 하층민에 의한 음악적 반란——이었다. 발레에 대한 모든 것은 민속학적 관점에서 인식되었다. 베누아의 시나리오는 자신이 사랑했던 어린 시절 성 페테르부르크의 마슬레니차 사육제의 사라진 광장 세계를 세부적으로 창조해내고 있다. 포킨의 기계적 안무법은 스트라빈스키가 상인의 외침과 성가, 거리 풍각쟁이의 음조, 아코디언 멜로디, 공장 노래, 욕하는 듯한 농민들의 말소리와 마을 악대의 축약된 음악에서 들었던 변덕스러운 오스티나토† 리듬을 반영하고 있었다.[139)] 그것은 일종의 음악적 루복화——거리 소음의 교향악적 묘사——였다.

하지만 스트라빈스키의 모든 러시아 발레들 중 단연 가장 파격적인 것은《봄의 제전》(1913)이었다. 발레에 대한 생각은 왜곡으로 악명 높은 스트라빈스키가 후에 그것이 자신의 것이라고 주장하긴 했지만 원래 화가인 니콜라이 로엘리히가 고안한 것이었다. 로엘리히는 선사 시대 슬라브인들을 그린 화가이자 당연히 세련된 고고학자였다. 그는 삶과 예술이 하나고 인간과 자연이 조화롭게 살아가는, 정신적 아름다움이 있는 범신론적 영역으로 이상화한 신석기 러시아의 의식에 빠져들었다. 스트라빈스키는 주제를 찾아 로엘리히에게 접근했다. 그는《봄의 제전》의 원명인 '위대한 희생'의 시나리오를 공동 작업했던 탈라쉬키노의 예술가 부락으로 로엘리히를 방문했다. 발레《봄의 제전》은 인간 제물이라는 고대 이교도 의식을 재창조하기 위한 형식으로 만들어졌다. 이 발레는 의식 '이어야' 했다——의식의 일화를 말하는 것이 아니라 (실제적 살인이 결여된) 의식을 무대에서 재창조하고 따라서 가장 직접적인 방식으로 인간 제물의 희열과 공포를 전달하는 것. 발레의 시나리오에는 19세기 낭만적 일화의 발레와 시나리오 같은 것은 없었다. 그것은 단지 의식적 행위를 연속적으로 조립한 것이었다. 즉 지구와 태양을 찬양하는 부족 춤과 제물이 될 처녀의 선택, 제물을 주된 의식으로 구성하는 부족 연장자들에 의한 조상의 초대 그리고 선택된 처녀의 희생적 안무, 춤의 열광적 에너지의 정점에서 처녀의 죽음으로 정점에 이

† 어떤 일정한 음형을 동일 성부(聲部)로 반복하는 것.

른다.

선사 시대 러시아의 인간 제물에 대한 증거는 분명하지 않다. 《봄의 제전》은 민속학적으로 로엘리히가 스키타이인들에게서 찾아낸 인간 제물에 대한 어떤 결론에 이르지 못한 증거인 하지 무렵의 의식(Kupala)에 발레의 기초를 두는 것이 더 정확할 것이다——그가 1898년에 발표한 사실.[140] 기독교 하에서 쿠팔라 축제는 세례 요한의 축일과 결합되지만 고대 이교도 의식의 흔적들은 농민 노래와 의식들에 유입된다——특히 《봄의 제전》에서 중요한 역할을 하는 의식적 원무와 함께 하는 윤무. 봄(Semik)의 이교도적 의식으로의 전환은 부분적으로 태양신 야릴로에 대한 고대 슬라브적 경배와 결부시키려는 시도였다. 상징주의자들의 신비주의적 세계관에서 보면 태양신 야릴로는 파괴를 통한 대지의 정신적 갱생인 묵시적 불의 개념으로 희생을 상징하고 있다. 하지만 이 같은 변화는 또한 봄의 경배를 처녀와 관련된 희생 의식과 결부한 알렉산드르 아파나시예프 같은 민속학자들의 조사 결과에 기초하고 있다. 일종의 슬라브적 『황금가지』인 아파나시예프의 걸작 『자연에 대한 슬라브인들의 시적 관점』(1866~9)은 고대 루시인들의 판타지에 민속학적 진실성을 부여하고자 했던 스트라빈스키 같은 예술가들에겐 풍부한 보고가 되었다. 예를 들어 무소르그스키는 자신의 《민둥산의 하룻밤》을 위해 악마의 연회에 대한 아파나시예프의 묘사에서 많이 차용하고 있다. 아파나시예프는 고대 슬라브인들의 세계관이 동시대 농민 의식과 민속 신앙의 연구를 통해 재건될 수 있다는 의문스러운 전제에 영향을 미쳤다. 그의 연구에 따르면 봄의 파종이 시작되는 것을 나타내는 의식적 춤에는 다산의 상징으로 인형을 태우는 농민적 관습이 아직도 꽤 널리 퍼져 있었다. 하지만 러시아의 일부에서 이 같은 관습은 아름다운 처녀와 관련된 의식으로 대체되었다. 다시 말해서 농민들은 어린 소녀를 벌거벗겨 화관을 입히고(민속적 상상력에서 그려지는 야릴로처럼) 말에 태워 마을의 연장자들이 보는 가운데 들을 가로질러 그녀를 인도하는 것이다. 때로 소녀 인형이 불태워진다.[141] 여기에 본질적으로 《봄의 제전》의 시나리오가 있다.

예술적으로 발레는 민속학적 진실을 얻으려 노력했다. 로엘리히의 의상은 탈라쉬키노에 있는 테니쉐바의 소장품들 중에 있는 농민복을 모방한 것이었다. 그의 원시적 무대 장치는 고고학에 기초한 것이었다. 그리고 니진스키의 충격적인 안무법——1913년 5월 29일 파리에서 발레가 첫 번째 공연을 샹젤리제 극장에서 했을 때의 불명예스러운 실제 스캔들——이 있었다. 막이 먼저 올라갔을 때 객석에서 일어나 고함을 지르고 싸움을 하는 소동 속에서 음악이 거의 전혀 들리지 않았기 때문이다. 니진스키는 추하고 딱딱하게 안무를 연출했다. 댄서의 움직임에 대한 모든 것은 고전적 발레의 원리가 요구하는 것과 같은 경쾌함 대신 무거움을 강조했다. 댄서들은 모든 기본적 자세를 의식적으로 무시하며 스키타이 러시아에 대한 로엘리히의 신화적 그림에서 아주 분명한 목각 인형처럼 발끝을 안쪽으로 모으고 옆구리에 팔꿈치를 붙인 채 손바닥을 펼치고 있었다. 그들은 전통적인 발레에서처럼 스텝과 선율로 조직되는 것이 아니라 오히려 오케스트라의 강렬한 오프비트† 리듬에 따라 하나의 집단적 덩어리로 움직였다. 댄서들은 결국 희생적인 춤에서 충전한 힘으로 폭발시키는 정적인 에너지를 강화하며 무대에서 발을 구른다. 율동적인 격렬함은 스트라빈스키 음악의 중요한 혁신이다. 대

† 재즈의 4박자 곡으로 강세를 붙이지 않는 박자

18. 니콜라이 로엘리히 : 《봄의 제전》 파리 초연에서 처녀들의 의상, 1913.

부분의 발레 주제처럼 그것은 농민 음악에서 차용된 것이었다.[142] 서구의 예술 음악에 이 같은 리듬은 없었다(스트라빈스키는 자신은 악보에 적는 법이나 마디를 짓는 법을 실제로 모른다고 말했다)——불규칙적인 강박이 급격하게 쾅쾅 울리는 소리는 거의 모든 마디에서 운율적 신호가 끊임없이 변화하기를 요구하고 있기 때문에 오케스트라 지휘자는 마치 무속 춤을 추듯이 경련적인 움직임으로 몸과 팔을 흔들어야 했다. 이 같은 폭발적인 리듬 속에서 제1차 세계대전과 1917년 혁명의 무시무시한 소리를 들을 수 있다.

7

스트라빈스키는 1914년 전쟁이 발발한 이후 독일 전선 뒤에서 꼼짝 못하게 된 스위스의 클라렌스에서 혁명을 맞았다. 그는 1917년 왕정이 무너졌다는 소식을 듣고 페트로그라드에 있는 어머니에게 "이 잊을 수 없는 행복한 나날들 속에서 줄곧 어머니를 생각하며 지내고 있습니다"라고 편지를 썼다.[143] 스트라빈스키는 혁명에 큰 기대를 걸고 있었다. 1914년 그는 프랑스 작가 로맹 롤랑에게 자신이 "전쟁이 발발한 후 왕정을 무너뜨리고 슬라브 합중국을 건설하게 될 혁명을 기대하고 있습니다"라고 말했다. 스트라빈스키는 롤랑이 기록하고 있듯이 "러시아가 서구적 사고를 변화시킬 새로운 사상의 씨앗을 품고 있는 화려하고 건강한 야만적 역할을 해 줄 것을 요구했다."[144] 하지만 스트라빈스키의 환멸은 신속하고 단호했다. 1917년 가을 그가 사랑했던 우스틸루크에 있는 영지는 농민들에게 약탈당하고 파괴되었다. 수년 간 그는 영지가 어떻게 되었는지 알지 못했다——그것이 파괴되었다는 징후가 있기는 했지만. 지휘자인 제나디 로즈데츠벤스키는 1950년대 모스크바의 헌책방을 뒤져 드뷔시가 '나의 친구 이고르 스트라빈스키에게 바친다'라고 서명한 드뷔시의 《서주》(2권)의 표지를 발견한다. 즉 그것은 우스틸루크에서 나온 것이었다.[145] 그동안 그곳에서 무슨 일이 일어나고 있는지 몰랐기 때문에 스트라빈스키의 상실감은 커졌을 것이다. 우스틸루크는 스트라빈스키가 어린 시절 행복한 여름을 보냈던 곳——그것은 스트라빈스키가 자신의 것이라고 느낀 러시아의 작은 땅이었다——이었다. 소비에트 체제에 대한 뿌리 깊은 혐오감은 그가 자신의 과거를 도둑맞았다는 사실에서 느낀 분노와 밀접한 관련이 있었다.(나보코프에게 정치는 마찬가지로 그가 『말, 기억』를 통해 회상한 사라진 세계인 가족 영지 브이라에 대한 자신의 '잃어버린 어린 시절'로 규정되고 있다.)

19. 스트라빈스키가 1909년 우스틸루크의 자기 집 현관에서 농민의 구슬리로 민속 음악을 편곡하고 있다. 스트라빈스키의 어머니 안나가 스트라빈스키의 아들 테오도르를 안고 있다.

스트라빈스키는 자신의 음악을 통해서도 같은 일을 했다. 러시아에서 떨어져 나온 그는 자신의 고향 땅에 대한 강렬한 동경을 느꼈다. 전쟁기의 공책은 《네 곡의 러시아 노래》(1918~19)에서 다시 나타나는 러시아 농민 노래의 기보법으로 채워져 있다. 네 곡 중 마지막 노래는 하느님에게 되돌아갈 길을 찾을 수 없는 죄 많은 사람에 대한 구교도 이야기에서 차용한 것이었다. 그 가사들은 망명으로 고통받고 있는 영혼의 탄식처럼 읽혀진다. 즉 "눈보라와 폭풍이 주의 나라로 가는 모든 길을 막고 있다." 스트라빈스키는 머리를 떠나지 않는 이 짧은 노래에 대해 거의 이야기하지 않았다. 하지만 그의 공책은 그것에 대해 고민하며 악보를 수시로 수정했다는 사실을 보여주고 있다. 5쪽짜리 노래는 32쪽이 넘는 음악적 초고의 산물이었다. 이것은 가사에 대한 올바른 음악적 표현을 찾기 위해 그가 얼마

나 고투했는지를 보여주고 있다.[146)]

스트라빈스키는 제1차 세계대전이 발발하기 전에 시작해 9년 후인 1923년 파리에서 초연된 작품(《결혼*Les Noces*》으로)인 《농민의 결혼식》(Svadebka)에 대해 훨씬 오랫동안 고심했다. 그는 다른 어떤 것보다도 이 작품에 대해 더 오랫동안 작업했다. 발레 《농민의 결혼식》은 그의 우스틸루크로의 마지막 여행에 기원한다. 스트라빈스키는 농민의 결혼 의식을 재창조하는 발레에 대한 생각으로 작업을 하고 있었다. 그는 서재에 농민 노래들에 대한 유용한 사본이 있다는 것을 알고 있었기 때문에, 전쟁이 일어나기 직전 농민 노래의 사본들을 가져오기 위해 서둘러 우스틸루크로 여행했다. 스트라빈스키에게 그 자료들은 자신이 잃어버린 러시아 부적의 일종이었다. 수년간 그는 민중의 음악적 언어의 정수를 불어넣고 그것을 자신이 《봄의 제전》에서 처음으로 개발한 엄격한 양식과 결합시키려 노력하면서 이 민요들에 대해 작업했다. 스트라빈스키는 더 단순하고 더 기계적인 소리를 내기 위해 대규모 오케스트라 대신 피아노, 침발롬과 타악기를 사용하는 소규모 앙상블을 위한 자신의 기악적 방식을 고안해냈다. 하지만 그의 진정한 획기적인 발견은 서구 언어 및 서구 음악과는 대조적으로 시가 노래될 때 구어적 러시아어 시의 악센트가 무시된다는 사실이었다. 우스틸루크에서 가져온 노래책을 면밀히 검토하던 스트라빈스키는 갑자기 민요의 강세가 종종 '잘못된' 음절에 떨어진다는 사실을 알게 되었다. 스트라빈스키는 자신의 음악 조수인 로버트 크래프트에게 "이 같은 사실의 고유한 음악적 가능성에 대한 인식은 내 생애에서 가장 행복한 발견들 중 하나였다"고 설명했다. "나는 갑자기 자기 손가락이 첫 번째 마디뿐 아니라 두 번째 마디에서도 구부러질 수 있다는 사실을 알게 된 사람

같았다."[147] 농민가에서의 자유로운 강세는《봄의 제전》에서의 계속 이동하는 그의 음악 리듬과 명백한 유사성이 있었다. 둘 다 생기 있는 유희와 춤의 효과가 있었다. 이제 스트라빈스키는 개인적 말소리의 즐거움과 1918년 그가 음악에 본격적으로 시작한 러시아 오행 속요†처럼 동음이의의 익살과 각운 게임의 즐거움을 위해 음악을 작곡하기 시작했다. 하지만 그의 발견은 오락 이상으로 망명한 작곡가에겐 구원으로 다가왔다. 그것은 마치 스트라빈스키가 러시아 농민과 함께하는 이 같은 공통적 언어 속에서 새로운 고향을 발견한 것과 같았다. 음악을 통해 그는 자신이 잃어버린 러시아를 되찾을 수 있었다.

이것이《농민의 결혼식》—그의 말에 따르면 예술에서 18세기 이래 유럽 문명의 얇은 겉치장에 가려져있던 고대 러시아 농민의 본질적인 원형인 초기의 러시아ur-Russia를 재창조하려는 시도—배후에 깔린 생각이었다. 그것은

> 정교의 성스러운 러시아로 독일에서 유입된 관료제, 귀족들에게 대단히 유행한 영국식 자유주의의 어떤 중압감과 그 과학주의(alas!), 영국의 '지식인들'과 그들의 공허하고 학구적인 진보에 대한 믿음과 기생적인 무위도식에서 탈피된 러시아다. 그것은 피터 대제와 유럽주의 이전의……농민의 러시아이지만 무엇보다 기독교적인 러시아이다.《농민의 결혼식》에서 울고 웃는(언제나 뭐가 뭔지 진정으로 알지 못하고 동시에 울고 웃는),《봄의 제전》에서 우리가 혼란 속에서 놀랍도록 부정한 것들로 가득차 있는 러시아를 자각하게 되는 유럽에서 진정으로 유일한 기독교

† Pribautki 약약강격의 5행 희시.

국가이다.[148]

스트라빈스키는 생기 넘치는 에너지와 민중의 정신을 표현하는 음악 형식——스타소프적 의미에서 진정한 민족 음악——을 우연히 발견했다. 스트라빈스키는 1914년 말까지 《농민의 결혼식》 첫 부분 초안을 잡는다. 스트라빈스키가 《농민의 결혼식》의 초안을 쟈길레프 앞에서 연주했을 때 그는 울음을 터뜨리며 그것은 "우리 발레의 가장 아름답고 가장 순수한 러시아적 창작품이다"라고 말했다.[149]

《농민의 결혼식》은 민속학적 음악 작품이다. 후에 스트라빈스키는 《농민의 결혼식》이 러시아의 민속학적 음악이라는 사실을 부정하려 했다. 양 대전 사이의 파리의 코스모폴리탄적 문화에 젖어들고 소비에트 체제에 대한 증오로 그는 자신이 러시아적 유산과 멀리하고 있다는 사실을 공개적으로 입증했다. 하지만 그는 확신하지 못하고 있었다. 발레는 바로 스트라빈스키가 러시아적 유산에서 벗어나지 못하고 있다는 사실을 보여주고 있었다. 즉 발레는 농민 음악과 농민 문화의 직접적 표현이었던 것이다. 민속 자료에 대한 면밀한 독서에 기초해 그 모든 음악을 농민들의 결혼식 노래에서 차용한 발레의 전체적 착상은 농민 결혼 의식에 대한 무대예술 작품으로서의 재창조다.

삶과 예술은 긴밀하게 결부되어 있다. 러시아 농민 결혼식은 각각 예식 노래가 수반되고 어떤 지점에서 코로보드 같은 예식 춤이 존재하는 일련의 공동체 의식으로 행해진다. 스트라빈스키의 민속 자료가 유래하는 러시아 남부에서 결혼식엔 네 가지 주요 부분이 있다. 첫 번째 부분은 결혼 중매로 남녀 두 명의 지명된 연장자들이 신부의 집을 처음으로 방문하고 이어 신부를 검사하며 이때 관습적으로 신부는 가족과 집에 대한 탄식을 노래한다. 다음 단계는 약혼으로 지참금과 재산 교환에 대한 복잡한 협상 그리고 보드카 건배와 함께 계약이 체결된다. 공동체 전체가 이 일을 참관하며 대장장이의 수호성인들인 '코스마스와 데미안'의 노래를 불러 상징적으로 특징짓는다(농민들이 말하듯이 모든 결혼은 '단조(鍛造)' 되기 때문에). 그리고 더 많은 탄식이 수반되는 신부의 씻김과 제비치니크 devichnik(처녀의 땋은 머리를 푸는 것)와 같은 혼전 의식이 있다. 이어 결혼식 날 아침에 가족 성상화로 신부를 축복하고 나서 마을 소녀들의 탄식 속에 교회로 떠난다. 마지막으로 결혼식이 있으며 이어 결혼 피로연이 벌어진다. 스트라빈스키는 신랑과 신부의 결합을 '두 개의 강이 하나로 합류하는 것'으로 강조하는 식으로 이 의식들을 1) '신부측에서', 2) '신랑측에서', 3) '신부를 떠나 보내며', 그리고 4) '결혼식 피로연' 등 네 가지 그림으로 재배열한다. 농민 결혼식은 고대의 의식적 마을 문화에서 가족 친교의 상징으로 받아들여진다. 농민 결혼식은 두 명의 개인 간의 낭만적 결합이라기보다는 집단적 의식――신혼부부의 농민공동체의 가부장적 문화에 대한 결합――으로 묘사된다.

파리에서 스트라빈스키가 활동하던 유라시안 서클에서 러시아 민중의 가장 위대한 힘과 러시아 민중을 서구인들과 구분하게 하는 것은 집단적 의식과 집단적 생활 방식에 대한 개인 의지의 자발적 복종이라는 사실은 일반적으로 공감을 얻고 있었다. 개인의 승화가 바로 스트라빈스키가 무엇보다 발레라는 주제에 끌리게 한 것이었다――그것은 《봄의 제전》이래로 그가 작곡해왔던 유형의 농민 음악을 위한 완벽한 전달 수단이었다. 《농민의 결혼식》의 노래하는 부분에서 감정이 끼어들 여지는 없다. 목소리들은 스트라빈스키가 언젠가 '완벽하게 동질적이고, 완벽하게 비개인적이며, 완벽하게 기계적인 것'으로서 기술했던 소리를 창조하기 위해 그것들은 교회 성가와 농민가에서 하듯이 하나로 융합될 것으로 기대된다. 악기의 선택에 의해서 같은 결과가 일어난다(본질적인 '러시아적' 소리에 대한 10년간의 조사 결과). 즉 피아노(무대에서), 침발롬과 종 그리고 타악기, 이 모든 것은 '기계적으로' 연주되기 위해 작곡된다. 축소된 규모와 오케스트라의 색채(농민 결혼식 악단처럼 소리나는 것을 의미한다)는 곤차로바 무대 장치의 무언의 색채들에 반영되어 있다. 위대한 채색 전문가는 선명한 붉은 색과 원본 디자인의 과감한 농민 양식을 버리고 작품에 사용되는 미니멀아트†의 옅은 하늘빛과 짙은 갈색을 사용한다. 안무 연출(브로니슬라바 니진스카에 의한)도 마찬가지로 비개인적이다――발레단은 인간으로 이루어진 어떤 거대한 기계처럼 하나로 움직이며 줄거리 전체를 이끈다. 니진스카는 "주도하는 부분은 없다. 각각의 구성원은 움직임을 통해 전체로 융합되며 〔그리고〕 개별적인 인물들의 행동은 각각 개인적인 한 사람으로서가 아니라 오히려 조화된 전체의 행동으로 표현 된다"고 설명했다.[150] 그것은 완벽하게 이상적인 러시아 농민이다.

† 최저한의 조형 수단으로 제작한 회화 · 조각. '최저한의 예술'이라는 뜻으로 단색, 홑칠, 단순한 기하학적 형체 등으로 구성된다.

제5장

러시아는 당신이 제시한 것처럼 신비주의, 금욕주의나 신앙심이 아니라 교육, 문명과 문화에서 구원을 봅니다. 러시아는 설교(러시아는 너무 많은 설교들을 들어왔습니다)나 기도(러시아는 너무 자주 기도를 중얼거려왔습니다)가 필요한 것이 아니라 민중에게 진흙탕과 오물 속에서 수세기 동안 잃어 왔던 인간적 존엄성을 일깨울 필요가 있습니다.-벨린스키

러시아적 영혼을 찾아서

불새의 배경 디자인(나탈리아 곤차로바)

1

옵티나 푸스틴 수도원은 모스크바에서 200킬로미터쯤 떨어진 남부 칼루가 지방의 코젤스키 시 인근 지즈드라 강변에 있는 목초지와 소나무 숲 사이에 평화롭게 자리잡고 있다. 수도원의 회벽과 햇빛에 비추어 번쩍이는 황금빛 십자가가 세워진 짙은 푸른 색 돔은 짙은 녹음이 우거진 숲을 배경으로 수 마일 밖에서도 보였다. 수도원은 현대 세계와 동떨어져 19세기의 철도나 도로로는 접근할 수 없었다. 배나 도보 혹은 무릎을 꿇고 기어서 성묘에 도착하는 순례자들은 때로 과거로의 시간여행을 하는 듯한 기분으로 압도되었다. 옵티나 푸스틴은 러시아를 비잔티움과 결부시키는 은둔적 전통의 마지막 위대한 도피처였다. 옵티나 푸스틴은 민족의식의 정신적 중심지로 받아들여지게 되었다. 19세기의 모든 위대한 작가들——그들 중에는 고골리, 도스토예프스키와 톨스토이 등이 있었다——은 '러시아인의 영혼'을 찾아 이곳을 방문했다.

옵티나 푸스틴 수도원은 14세기에 건설되었다. 하지만 이 수도원은 19세기 들어와서야 널리 알려지게 되었다. 당시 옵티나 푸스틴 수도원은 중세 은둔적 전통을 부활한 중심지였으며 은자의 집 혹은 스케테†가 수도원 내에 건축되었다. 스케테 건설은 1721년부터 은자의 집을 금지했던 신성 종교회의Holy Synod의 정신 규범으로부터의 근본적인 결별이었다. 정신 규범은 일종의 교회 규약으로 결코 정신적인 것은 아니었다. 황제의 나라에 대한 교회의 복종을 확립한

† skete 동방정교 수도원. 원래는 한때 수많은 수도승들의 암자가 밀집해 있었던 북이집트 사막을 가리킨다. 교회를 중심으로 작은 암자들이 모여 있었으나 각기 독립된 생활을 하였으며, 모(母) 수도원으로부터도 독립해 있었다.

것이 이 규약이었다. 차르가 임명한 평신도와 성직자 단체인 신성 종교회의가 1721년 철폐된 총대주교관을 대체해 교회를 지배했다. 정신 규범이 분명히 하고 있는 것처럼, 성직자의 의무는 차르의 권위를 떠받치고 강요하는 것이었다. 성직자는 설교단에서 국가 법령을 소리내어 읽고 국가를 위한 행정적 의무를 수행하며 고해성사를 통해 알게 된 내용이라도 범죄 행위와 불평불만을 경찰에 전달해야 했다. 대부분의 지역에서 교회는 차르가 장악하고 있던 충성스러운 도구였다. 문제를 일으키는 것은 교회의 이익에 부합되지 않는 일이었다. 18세기에 국가는 교회 토지의 상당 부분을 몰수했으며 교회는 국가의 지원을 받아 교구 성직자와 그 가족들을 부양하게 되었다.* 가난하고 부패했으며 교육을 거의 받지 못한 채 말 그대로 살찐 교구 성직자들은 기존 교회를 옹호하지 않았다. 성직자들의 정신 생활이 쇠락하면서 민중들은 공식적 교회에서 떨어져 나와 구교도나 더욱 분명한 종교적 삶을 제시하면서 18세기부터 전성기를 누리던 다양한 종파에 합류했다.

그 사이에 교회 내에서도 정신적 재생을 위해 옵티나 같은 고대 수도원들의 전통을 추구하는 신앙부흥 운동자들의 운동이 점증하고 있었다. 교회와 당국은 모두 수도원 신앙부흥 운동자들의 움직임을 경계했다. 수도원 성직자들에게 순례 신봉자들 및 수입원과 함께 기독교적 형제애로 결성된 공동체 수립을 허락하게 되면 수도원이 교회와 국가의 기존 정책에 대한 정신적 반대자의 본거지가 될 수 있기 때문이었다. 수도원의 사회적 영향이나 도덕적 가르침에 대해 통제가 가해지지는 않았다. 예를 들어 옵티나는 가난한 사

* 가톨릭 교회 성직자들과 달리 러시아 정교 성직자들은 결혼할 것을 요구받았다. 수도원 성직자들만이 결혼하지 않았다.

람들에 대한 정신적 위안과 자선을 베푸는 강한 현실 참여로 다수의 추종자들을 끌어들였다. 다른 한 편으로 고위성직자 분파들은 러시아 고대의 은둔에 대한 신비주의적 사상에 점차 관심을 보이고 있었다. 18세기 후반 교회를 부흥하게 한 신부 페이시Paissy의 금욕주의 원칙은 본질적으로 러시아에서 가장 존경받은 중세 수사들의 수도원 정적주의로의 복귀였다.

헤시카슴[†]은 신의 은총에 대한 정교의 개념에 뿌리를 두고 있다. 은총은 덕행을 행한 사람이나 예정된 사람에게 베풀어진다는 서구인의 견해와는 대조적으로 정교는 은총을 창조 행위 그 자체에 수반된 자연적인 상태로 보았다. 따라서 잠재적으로는 단지 하느님에 의해 창조되었다는 사실만으로도 누구나 은총을 받을 수 있었다. 이 같은 관점에서 신자들은 자신의 영적 인격을 의식하고 그리스도의 실례를 공부함으로써 인생의 여정에서 맞게 되는 위험들에 더 효과적으로 맞서 싸우며 하느님께 다가갈 수 있다. 정적주의 수사들은 자신들의 마음 속에서 하느님에게로 가는 길을 발견할 수 있다고 믿었다——청빈한 삶을 실천하고 하느님의 '에너지'를 접한 '성인'이나 '원로'의 정신적 원리가 담긴 기도를 함으로써. 이 같은 교의는 수사, 닐 소르스키가 교회의 토지와 농노 소유를 비난했던 15세기 말 크게 유행했다. 그는 수도원을 떠나 볼가 숲의 황야에서 은자가 되었다. 그의 실례는 수많은 은자와 종파분리주의자들에게 영감을 주었다. 소르스키의 청빈에 대한 교의가 사회 혁명의 기초가 될 수도 있다는 점을 두려워한 교회는 정적주의 운동을 억압했다. 하지만 소르스키의 사상은 페이시 같은 성직자들이 더 정신적

† Hesychasm '신성한 침묵'이라는 뜻의 그리스어로 정적주의.

인 교회를 추구하던 18세기에 다시 각광을 받게 되었다.

19세기 초 '고대 러시아 원리' 로 복귀하고자 했던 성직자들은 점차 페이시의 사상을 받아들였다. 스케테가 금지된 지 꼭 100년이 지난 1822년에 금지가 철폐되고 페이시 신부의 사상에 가장 큰 영향을 받았던 옵티나 푸스틴에 은자의 집이 건축되었다. 스케테는 19세기 수도원 부흥의 핵심이었다. 이곳엔 침묵 속에서 명상하고 수도원의 원로 혹은 정신적 조언자에게 엄격하게 복종하며 개별적인 방에서 살아가는 은자가 30명에 이르는 지성소가 있었다.[1] 페이시 신부의 제자로서 헌신적인 수행으로 차례로 유명해진 세 명의 위대한 원로들이 옵티나의 황금기를 구가하게 했다. 레오니드 신부는 1829년부터 수도원의 원로였다. 마카리 신부는 1841년부터 그리고 암브로시 신부는 1860년에서 1891년까지 수도원의 원로로 있었다. 매년 러시아 전역에서 수많은 수사와 순례자들이 방문할 정도로 수도원을 특별하게 만든 것──일종의 '영혼 교정소' ──은 이들 원로들의 카리스마였다. 어떤 사람들은 자신들의 의혹을 고백하고 자문을 구하고 정신적 지침을 얻기 위해 원로들을 찾았다. 또 다른 사람들은 원로의 축복과 치료를 받기 위해 그들을 찾았다. 수도원 담 밖에는 인근에 살면서 매일 원로들을 보려는 사람들이 형성한 독립된 거주지까지 있었다.[2] 교회는 원로들의 인기를 경계했다. 교회는 추종자들 사이에서 누리는 원로들의 성인 같은 지위를 두려워했다. 교회는 원로들의 정신적 가르침, 특히 기성 교회에 도전하지 않으리라는 점을 분명하게 보여주는 청빈에 대한 숭배와 그들의 기독교적 형제애에 대한 명백한 사회적 전망에 대해 충분히 알지 못하고 있었다. 레오니드는 초기에 박해와 다름없는 상황과 마주쳤다. 교구 주교 당국은 수도원 원로를 방문하는 순례 행렬을 막으려 했으며, 옵티

20. 러시아 북부에 있는 수도원의 은자들. 서 있는 사람들은 정교 교회 내에서 가장 엄격한 수도원 규칙인 스키마(skhima) 서약을 했다. 그들의 복장에선 그리스도 수난의 도구와 누가복음 9장 24절에 있는 교리의 슬라브어 귀절을 보여주고 있다.

나의 전수사(그리고 『카라마조프가의 형제들』에서 나오는 신부 페라폰트의 모델)인 신부 바시안을 부추겨 발표한 몇 편의 논문에서 레오니드를 비난하게 했다.[3] 하지만 원로들은 제도로서 살아남았다. 평민들은 원로들을 대단히 존경했다. 원로들은 공식적인 교회 밖으로 넘쳐나는 정신적 힘으로써이긴 했지만 러시아의 수도원들에 점차 뿌리를 내리게 되었다.

진정한 러시아적 믿음에 대한 19세기의 모색은 당연히 중세 수사들의 신비주의를 되돌아보게 했다. 중세 수사들의 신비주의엔 러시아 민중의 심금을 울리는 일종의 종교적 자각, 어쨌든 공식 교회의 형식 종교보다 더 본질적이고 감정적으로 충전된 일종의 자각이 있었다. 게다가 그들의 신비주의엔 낭만적 감수성에 일치하는 신앙이 있었다. 지식인들이 옵티마로 순례 여행을 시작하게 한 키레예프스키 같은 슬라브주의자들은 자신들이 러시아 교회의 중요한 특징이라고 믿었던 종교적 신비에 대한 반이성적 접근은 관념적 추론에 대한 낭만적 혐오감이 반영되어 있으며 수도원에 가장 순수하게 보존되어 있다는 사실을 알았다. 그들은 수도원을 공동체에 대한 자신들의 노력의 종교적 변형으로 보았다. 이 같은 토대 위에서 그들은 교회를 정교의 정신적 합일, 러시아 교회에서만 발견할 수 있는 진정한 기독교적 사랑의 공동체로 정의했다. 이는 물론 슬라브적 신화이기는 하지만 러시아 교회 신비주의의 핵심이다. 서구 교회들은 신성을 이성적으로 이해하려는 노력에서 신학을 발전시킨다. 반면 러시아 교회는 하느님이 인간의 정신으로는 이해할 수 없으며 (우리가 알 수 있는 것은 모두 하느님에 비해 열등하기 때문에) 인간적 범주에서 하느님을 논의하는 것조차 하느님의 계시의 신성한 신비를 감소시키는 것이라고 믿고 있다. 러시아적 하느님에게 다가갈 수

있는 유일한 길은 세속적 세계에 대한 정신적 초월을 통해서이다.[4)]

신성의 신비주의적 '경험'에 대한 강조는 러시아 교회의 두 가지 중요한 특징과 관련되어 있다. 하나는 체념과 삶으로부터 물러남이라는 교의다. 러시아 수도원들은 전적으로 명상적 삶에 충실했다. 또한 러시아의 수도원들은 서구 유럽의 수도원들과 달리 공적인 삶이나 학술에서 능동적인 역할을 하지 않았다. 정교는 겸손을 설파했으며 다른 어떤 교회보다도 인고를 숭배했다(러시아 교회의 첫 번째 성인인 중세 공후 보리스와 글레브는 저항하지 않고 피살당했다는 이유로 성인으로 추앙되었다). 신비주의적 접근의 두 번째 결과는 정신적으로 신성한 영역에 들어가기 위한 의식과 예술, 기도문의 감정적 경험에 대한 강조다. 교회의 아름다움——정교 신앙의 가장 두드러진 외적 특징——은 그것의 토대적 논거이기도 하다. 11세기 수사들이 편찬한 키예프 루시 최초의 역사서인 『초기 연대기』에 따르면 러시아인들은 콘스탄티노플에 교회들이 생겨나면서 비잔틴적 기독교로 개종했다. 10세기 키예프 루시의 이교도적인 블라디미르 공은 진정한 신앙을 찾아 여러 나라에 밀사를 파견했다. 그들은 먼저 볼가의 무슬림 불가르에 파견되었지만 그들의 신앙에서 기쁨이나 장점을 발견하지 못했다. 밀사들은 로마와 독일도 방문했지만 그들의 교회가 소박하다고 생각했다. 하지만 콘스탄티노플에서 밀사들은 "꿈인지 생신지 알 수 없었습니다. 분명 지상에 그렇게 화려하거나 아름다운 곳은 없기 때문입니다"라고 보고했다.[5)]

러시아 교회는 전적으로 그 전례에 내포되어 있으며 러시아 교회를 이해하기 위해 책을 읽을 필요는 없다. 즉 러시아 교회를 이해하기 위해선 기도중인 교회를 가보아야 한다. 러시아 정교 예배는 감정적 경험이다. 전 러시아 민중의 정신과 최고의 미술과 음악의 상당부분이 교회에 투여되었다. 몽골인이나 공산주의 치하의 민족적 위기시에 그들은 늘 교회에서 힘과 희망을 찾았다. 전례는 중세 서구에서처럼 학자나 성직자의 영역이 아니었다. 이것은 민중의 전례였다. 러시아 교회엔 신도석이나 사회적 성직자 계급이 없었다. 예배자들은 사방으로 마음대로 움직였고——그들은 다양한 성상화 앞에 엎드리고 성호를 그었다——이는 번잡한 시장 같은 분위기를 조성했다. 체홉은 단편 소설 『부활절 밤』(1886)에서 그 같은 상황을 묘사하고 있다.

교회만큼 흥분과 동요를 예민하게 느낄 수 있는 곳은 없다. 문에는 들고 나는 사람들로 끊임없이 들끓고 있다. 어떤 사람들은 들어오고 또 어떤 사람들은 나가지만 곧 다시 되돌아와 떠나기 전에 잠시 서 있는다. 이곳저곳을 오가며 마치 무엇을 찾고 있는 듯이 서성이고 있는 사람들이 있다. 문에서 파도가 시작되어 교회를 지나 파문이 일어 엄숙하게 서 있을 만한 사람들이 있는 앞 열까지도 혼란스럽게 한다. 기도를 집중할 수 있는 분위기는 아니다. 사실 전혀 기도를 할 수 없다. 거리낌없이 돌아다니며 분위기가 산만하기는 하지만 그래도 갑자기 튀어나가 어떤 유형의 움직임으로 표현되고자 하는 핑계를 찾는 순전히 억누를 수 없는 어린아이 같은 기쁨이 존재한다.

부활절 예배에서도 움직임에 대한 아주 똑같은 유형의 감각으로 충격을 받는다. 천국의 문들이 사방의 제단에 넓게 열려 있고 촛대 주위의 대기에는 짙은 연기향이 자욱하게 깔려 있다. 보이는 곳마다 도처에 불빛, 밝음, 불꽃을 뿜어내는 초들이 있다. 준비된 낭독은 없다. 장엄하고 즐거운 노래들이 끝날 때까지 멈추지 않으며 교회법에 따라 노래가 끝날 때마다 성직자는 복장을 바꿔 입고 감찰관과 함께 주위를 걸어다닌

다. 이런 일은 거의 10분마다 되풀이된다.[6)]

러시아 교회 예배에 간 사람들은 누구나 성가와 합창의 아름다움에 강한 인상을 받게 된다. 전례문 전체가 노래로 불려진다——성가합창이 깔리는 가운데 부제(副祭)는 낭랑한 낮은 목소리로 기도를 올린다. 악기를 사용한 음악을 금지한 정교는 교회를 위한 성악 작곡에서 음색과 다양성에서 주목할 만한 발전을 촉진시켰다. 민요의 대위법적 화음은 그것에 명확한 러시아적 사운드와 느낌을 부여한 즈나메니(악보)의 단선율 성가——서구의 음표 대신 특별한 표기법(즈나메니)으로 쓰여지기 때문에 그렇게 불려진다——에 동화되었다. 또한 러시아 민요에서처럼 끊임없이 멜로디가 반복된다. 그것은 수 시간에 걸쳐 종교적 희열의 황홀경 같은 효과를 유발할 수 있었다. 부제와 합창으로 유명한 교회들은 엄청난 신도들을 끌어들였다——러시아인들은 무엇보다 전례음악의 정신적 충격에 이끌린다. 하지만 많은 사람들이 교회로 몰려든 것은 부분적으로 교회가 종교음악을 독점——차이코프스키는 1878년 《성 요한 크리소스톰의 기도서》를 작곡해 교회의 종교음악 독점에 도전한 최초의 음악가다——하고 있었기 때문이었다. 이는 청중들이 19세기 말에야 콘서트홀에서 종교음악을 들을 수 있었다는 사실로 설명될 수 있을 것이다. 라흐마니노프의 《저녁기도》 혹은 《철야기도》(1915)는 전례문의 일부로 사용되도록 의도된 것이었다. 라흐마니노프의 종교적 신앙을 요약하고 있는 이 작품은 고대 성가에 대한 상세한 연구에 기초하고 있다. 이 같은 의미에서 《철야기도》는 단순히 종교예술작품만이 아닌 종교 생활 문화 전반에 대한 종합적 작품이라고 할 수 있다.

러시아인들은 눈을 뜨고 성상화를 응시하며 기도를 한다. 성상화를 응시하는 것 자체가 일종의 기도로 인식되었기 때문이었다. 성상화는 중세 서유럽에서의 종교 이미지들처럼 가난한 사람들을 위한 장식이나 가르침이 아니라 성스러운 영역에 이르는 문이었다. 가톨릭과 대조적으로 정교는 성직자가 아니라 정신적 길잡이로서 참석하는 성직자와 함께 그리스도의 성상화에 고해한다. 성상화는 신도의 종교적 감정의 초점——성상화는 신자를 성인과 성삼위일체와 결부시키고 있다——이기 때문에 러시아인들은 대체적으로 성상화 그 자체를 종교적 대상으로 본다. 로마 교회로 개종한 키레예프스키 같은 '국외자' 까지도 성상화의 '불가사의한 힘' 에 끌리는 것을 느꼈다. 그가 게르첸에게 다음과 같이 말한 것처럼

> 언젠가 성당에 서서 성모의 성상화 앞에서 기도하고 있는 민중의 어린아이 같은 신앙을 생각하며 그 경이적인 작품을 응시하고 있었습니다. 여자와 허약한 노인 몇 명이 무릎을 꿇은 채 성호를 긋고 절을 하고 있었습니다. 저는 열렬한 희망을 품고 성스러운 모습들을 응시했고 조금씩 그 불가사의한 힘의 비밀이 점차 분명해지기 시작했습니다. 그렇습니다. 그것은 단순한 그림——수 세기 동안 이 그림은 고통받는 불행한 기도자들의 열정과 희망을 흡수했습니다——에 불과한 것이 아니었으며 모든 기도자들의 에너지로 충만해 있었습니다. 그것은 살아 있는 유기체, 하느님과 인간의 만남의 장소가 되었습니다. 저는 이런 생각을 하며 먼지 속에 엎드려 있는 노인들과 여자들, 아이들 그리고 성상화를 다시 한번 바라보았다——그리고 그때 나도 성모의 살아 있는 듯한 모습을 보았습니다. 나는 성모께서 이 순박한 민중들에게 얼마나 자애로워 보일지를 깨달았으며 무릎을 꿇고 온순하게 성모께 기도를 드렸습니

다.[7)]

성상화는 10세기에 비잔틴에서 러시아에 전해졌다. 성상화가 전해진 초기 200년간은 그리스 양식이 지배했다. 하지만 13세기 몽골의 침입으로 러시아는 비잔틴에서 멀어졌고 당시 대체적으로 고립되어 번성하기까지 했던 수도원들은 고유한 양식을 개발하기 시작했다. 러시아의 성상화는 예배자들을 기도로 인도하는 특징으로 구별되었다. 즉 성상화는 선과 색채를 단순하게 조화시켜 보는 사람을 그림 공간으로 끌어들였다. 러시아의 가장 위대한 성상화 학자인 레오니드 우스펜스키의 말처럼 성상화는 "우리 눈앞에서 일어나는 행동이 현세적인 존재 법칙 밖에 존재한다"는 사실을 상징화하기 위해 "도치된 원근법"을 매혹적으로 사용(선들이 그림의 앞에 있는 한 점에 집중되는 것처럼 보인다)했다.[8)] 그 같은 양식은 15세기 초——타타르 지배에 대한 러시아의 승리와 일치하는 시기로 이러한 종교 예술의 개화는 민족 정체성의 소중한 부분이 되었다——안드레이 루블레프의 성상화에서 절정에 이른다. 루블레프의 성상화는 민족의 정신적 통합을 나타내게 되었다. 러시아인을 정의하는 것——하나의 국가로 통합되지 못했던 이 중요한 순간에——은 그들의 기독교 정신이었다. 독자들은 이 성상화가에 대한 안드레이 타르코프스키 영화 〈안드레이 루블레프〉(1966)의 상징적인 마지막 장면을 회상할 것이다. 이 장면에서 일단의 장인들이 블라디미르의 약탈당한 교회를 위해 거대한 종을 주조한다. 그것은 잊혀지지 않는 이미지——러시아인들이 자신의 정신력과 창조성으로 견디어내는 방식에 대한 상징——이다. 따라서 이 영화가 브레즈네프 시대에 탄압받았다는 사실이 놀랄 일은 아니다.

러시아가 서구가 아닌 비잔틴에서 기독교 정신을 받아들였다는 것은 아무리 강조해도 지나치지 않을 정도로 중요한 사실이다. 러시아 제국이 자신을 신권정치, 교회와 국가가 통합된 진정한 기독교 영역으로 보게 된 것은 비잔틴 전통의 정신 속에서이다. 신과 같은 차르의 지위는 비잔틴적 전통의 유산이었다.[9] 투르크인들이 콘스탄티노플을 함락한 이후 러시아 교회는 모스크바를 제3의 로마――비잔틴의 적통 계승자이자 기독교 세계를 구원하는 메시아적 역할을 가진 마지막 남은 정교 신앙의 중심지――라고 선언했다. 비잔틴의 유산은 이반 3세가 1472년 비잔틴의 마지막 황제 콘스탄틴의 조카 소피아 팔레올로그와 결혼함으로써 강화되었다. 구 모스크바를 지배하고 있던 공후들은 '차르'라는 명칭을 채택했고 스스로 비잔틴과 로마 황제들의 전설적 유산을 조작했다. 이어 '성스러운 러시아'가 신의 뜻에 의한 구원의 땅으로 출현했다――서구로부터의 고립으로 강화된 메시아적 의식.

비잔틴의 쇠퇴와 함께 러시아는 기독교 문명의 주류로부터 멀어졌다. 15세기 말 러시아는 동방 기독교를 신봉하는 유일한 주요 왕국이었다. 결과적으로 러시아 교회는 점점 더 회고적이고 수세적이었으며 다른 신앙에 더 관대하고 자국의 민족 의식(儀式)에 대해 더 보호적이었다. 러시아 교회는 국가적이고 민족적인 교회가 되었다. 문화적으로 러시아 교회의 뿌리는 비잔틴 역사 그 자체에 깊이 뿌리를 내리고 있었다. 서구 교회와는 달리 비잔틴은 교회에 초민족적 응집력을 부여하는 교황 제도가 없었다. 러시아 교회는 라틴어와 같은 공통어도 없었으며――예를 들어 러시아 성직자들은 대개 그리스어를 몰랐다――공통적인 전례문이나 교회법을 강제할 수 없었다. 따라서 처음부터 정교 공동체는 민족 경계선(그리스인, 러시아인, 세르비아인 등)을 따라 독립된 교회로 분열되는 경향이 있었다. 결과적으로 종교가 강화되고 종종 민족 정체성과 동일시되었다. '러시아적' 이라고 말하는 것은 '그리스 정교적' 이라는 의미였다.

교회 의식은 이러한 민족적 차이의 기초였다. 하나의 본질적 교리——오래 전 교회 교부들이 정한——가 있긴 했지만 각각의 민족 교회는 예배자 공동체로서 고유한 의식(儀式) 전통을 갖고 있었다. 교리와 도덕적 태도의 관점에서 종교적 차이를 인식하는 데 익숙한 독자들에게 의식이 어떻게 민족을 정의할 수 있는지를 이해하기는 어려울 것이다. 하지만 의식은 정교 신앙에 본질적이었다——사실상 바로 '정교' 라는 개념의 의미가 '정확한 의식' 이라는 생각에 근거하고 있다. 이는 정교가 아주 근본적으로 보수적인 이유——의식의 순수함은 교회에 극히 중요한 문제이기 때문에——와 사실상 정교에 대한 반대 운동이 일반적으로 전례문의 어떠한 혁신도 반대하는 이유를 설명하고 있다. 구교도가 가장 적절하고 분명한 예다.

종교 의식은 18세기와 19세기의 러시아인의 삶 전체에 스며들어 있었다. 러시아 아이들은 태어날 때 세례와 함께 성인의 이름을 받는다. 매년 돌아오는 자신의 성인의 날은 생일보다 훨씬 더 중요하다. 러시아인의 삶에서 중요한 사건——학교와 대학 입학, 군입대나 공직에 들어 갈 때, 영지나 주택을 구입할 때, 결혼과 장례——마다 성직자로부터 어떤 형태의 축복을 받는다. 러시아엔 다른 어떤 기독교 국가보다 많은 종교 축일이 있다. 하지만 그토록 가혹하게 육식을 금하는 교회는 없다. 5월과 6월에 5주간 육식을 금하며 8월의 2주, 크리스마스이브까지 이어지는 6주간과 사순절 중의 7주간 육식을 금한다. 사회 모든 계층이 준수하는 사순절의 육식 금식은 모두가 팬케이크를 배불리 먹고 썰매나 미끄럼을 타러 가는 러시아의 가장 화려한 축일인 마슬레니차 이후에 시작한다. 1840년대 랴잔 지방에 있는 중간 규모의 영지에서 성장한 안나 르롱은 마슬레니차 축일을 영주와 농노의 친교 시기로 회상하고 있다.

마슬레니차 주일 오후 2시경에 말들은 두세 대의 썰매에 마구가 채워지고 썰매들 중 하나의 마부석에 통 하나가 놓인다. 늙은 비사리온이 멍석으로 만든 어깨 망토를 걸치고 인피 잎으로 장식된 모자를 쓴 채 그 위에 서 있는다. 그는 첫 번째 썰매를 몰고 그의 뒤로 우리 하인들이 빽빽하게 들어 차 노래를 부르고 있는 다른 썰매들이 따른다. 그들은 썰매를 타고 마을 주위를 돌며 다른 마을 출신의 광대들이 그들의 썰매에 올라탄다. 거대한 호위대가 형성되고 행렬 전체가 새벽까지 계속된다. 7시경 우리의 메인 룸에는 사람들이 들어찬다. 농민들은 사순절 여정 이전에 '작별을 고하게' 된다. 사람들마다 롤빵이나 긴 흰 빵 같은 다양한 선물 꾸러미를 손에 들고 있다. 때로 우리 아이들은 양념된 케이크나 검은 꿀빵을 받는다. 우리는 부모와 키스를 하고 사순절 기간 동안 서로의 건강을 기원한다. 선물들은 큰 통에 담기고 농민들에겐 보드카와 절인 생선을 나누어 준다. 일요일에는 우리 카르체보 농민들이 작별 인사를 하러 오며 인근 마을의 농민들은 토요일에 온다. 농민들이 떠나면 방은 양가죽 코트와 진흙 냄새가 풍기기 때문에 완전히 밀폐될 필요가 있었다. 사순절 이전에 우리의 마지막 식사는 '투지키tuzhiki' 라는 특별한 부침개로 시작된다. 우리는 생선 수프와 하인들에게도 제공되는 요리된 생선을 먹는다.[10]

모스크바에선 모스크바 강 얼음에서 스케이트를 타곤 했으며 써커스와 인형극, 곡예사와 요술쟁이가 있는 장터에는 많은 술꾼들이 모여들어 운집했다. 하지만 도시의 모습은 사순절 첫날 극적으로 변하게 된다. 미하일 제르노프는 "끊임없는 종 소리는 모든 사람이 기도할 것을 요구했다"고 회상하고 있다. "집집마다 금지된 음식들이 사라지고 모스크바 강 둑에는 버섯 시장이 열렸다. 시장에선 육식 금식을 견뎌내기 위해 필요한 모든 것——버섯, 절인 양배추, 작은 오이, 얼린 사과와 마가목 열매, 사순절 버터로 만든 온갖 종류의 빵과 교회의 축복을 받은 특별한 종류의 설탕——을 살 수 있었다."[11] 사순절 기간 동안에는 매일 예배가 있었다. 제르노프는 하루하루 지날 때마다 종교적 긴장이 고조되다 부활절 주간에 해소된다고 회상하고 있다.

부활절 전날 밤 모스크바는 질서정연한 예배에서 벗어나며 붉은 광장에선 야단스럽고 광란적인 시장이 열린다. 고대 이교도적 루시는 따뜻한 날이 찾아온 것을 축하하며 질서정연한 정교 신앙심에 도전장을 던진다. 우리는 매년 아버지와 함께 이 전통적인 모스크바의 축전에 참가했다. 붉은 광장에 다가가면 멀리서이긴 하지만 휘파람, 피리 그리고 집에서 만든 다른 종류의 악기들 소리를 들을 수 있다. 광장 전체는 사람들로 꽉 들어 차 있다. 우리는 밤새 만들어진 인형극 부스, 텐트와 노점들 사이를 지난다. 우리는 예수의 예루살렘 입성을 특징짓는 철야기도를 위해 버드나무 가지를 구입하면서 종교적으로 합리화한다. 하지만 우리는 유색 액체가 채워진 유리관에서 살고 있는 '바다 거주자들'과 양털로 만든 원숭이 같은 온갖 기이한 것들과 불필요한 것들을 판매하는 다른 노점들을 좋아한다. 그것들이 어떻게 종려주일과 관련되는지는 모르겠다. 놀라운 디자인의 화려한 풍선들과 우리에게 허락되지 않는 러시아 사탕과 케이크들이 있다. 우리는 수염이 있는 여자나 진짜 인어 혹은

머리가 두 개 달린 송아지를 보러갈 수도 없다.[12)]

부활절 예배는 러시아 교회에서 가장 중요하고 아름다운 예배다. 언젠가 고골리가 지적했듯이 러시아인들은 부활절을 경축하는 데 특별한 관심을 갖고 있다——그들의 신앙은 희망에 기초하고 있기 때문에. 자정 직전에 운집한 사람들은 각자 촛불을 켜고, 잦아드는 합창 소리에 따라 교회는 성상화와 깃발을 든 행렬들 속에 남게 된다. 기대감이 점차 고조되던 분위기는 자정을 알리는 소리와 함께 이완되며 그때 교회 문이 열리고 성직자가 나타나 깊은 저음의 목소리로 '그리스도가 부활하셨다!' 고 선포한다——모여 있는 예배자들은 그의 선언에 '실로 그분께서 부활하셨다!' 라는 외침으로 화답한다. 이어 합창대가 부활성가를 부르면 운집한 군중들은 서로 세 번의 키스와 '그리스도께서 부활하셨습니다!' 라는 말로 서로 인사를 나눈다. 부활절은 계급 간 친교의 기회로 진정한 민족 화합의 순간이었다. 지주인 마리아 니콜레바는 농노와 함께한 부활절을 다음과 같이 회상하고 있다.

농부들은 부활절 인사를 하기 위해 교회에서 바로 왔다. 적어도 500명은 족히 되는 사람들이었다. 우리는 그들의 볼에 키스하고 쿨리치[부활절 케이크] 조각과 달걀을 주었다. 그날은 누구나 우리 집을 마음대로 돌아다닐 수 있었다. 하지만 분실된 물건이나 손에 닿은 흔적이 있는 물건조차 있었는지 기억나지 않는다. 아버지께서는 거실에 계시면서 가장 중요하고 존경받는 농부들, 노인들과 원로들을 맞곤 하셨다. 아버지께서는 그들에게 와인, 파이, 요리된 고기를 내놓으셨고 하녀들의 방에선 유모가 음료나 집에서 제조한 맥주를 내놓으시곤 했다. 늘 그다지 깨끗하지 못한 수염으로 얼굴에 많은 키스를 받았기 때문에 우리는 얼굴에 뾰루지가 나지 않도록 곧 세수를 해야 했다.[13)]

축복을 받기 위해 성상화를 집집마다 가지고 다니는 부활절 월요일의 성상화 행렬은 또 다른 친교 의식이었다. 러시아에서 최초의 여성 민속학 교수가 된 베라 하루지나는 1870년대 모스크바의 부유한 상인 저택에서 수용된 성상화에 대해 훌륭하게 묘사하고 있다.

천상의 성모와 순교자의 성상화를 수용하고 싶어하는 사람들이 너무 많기 때문에 늘 목록이 작성되고 도시를 도는 행렬 노선이 정해지도록 순서가 발표된다. 아버지께서는 늘 일찍 일하러 가셨기 때문에 성상화와 성물을 아침 일찍 혹은 늦은 밤에 청하는 것을 좋아하셨다. 성상화와 성물은 개별적으로 왔으며 함께 오는 경우는 거의 없었다. 하지만 그들의 방문은 깊은 인상을 남겼다. 집에 있는 어른들은 밤새 잠자리에 들지 않으셨다. 어머니만 잠시 소파에 누워 계시곤 했다. 아버지와 아주머니는 빈속에 성수를 마실 수 있도록 전날 저녁부터 아무것도 먹지 않으셨다. 우리 아이들은 일찍 잠자리에 들었다가 성상화와 성물이 도착하기 오래 전에 일어났다. 성상화가 놓일 수 있도록 화초들은 거실 구석에서 옮겨지고 목재로 만든 긴 의자가 그 자리를 차지했다. 탁자가 긴 의자 앞에 놓이고 테이블 위에 흰 테이블보를 덮었다. 축복을 위한 물그릇이 그 위에 놓였고 성직자가 성수를 부을 수 있도록 빈 컵과 함께 접시, 초 그리고 향이 테이블 위에 놓였다. 집 전체가 기대감에 부풀어 있었다. 아버지와 아주머니는 마차가 도착하는 것을 보기 위해 기다리며 창가를 서성이곤 하셨다. 성상화와 성물은 매우 견고하고 부담이 되는 특별한 마차로 도시 곳곳으로 옮겨졌다. 가정부는 지시를 받을 준비를 하고 있는 하인들에게 둘러싸여 현관에 서 있곤 했다. 문지기는 손님을 기다리고 있었다. 우리는 그가 골목에서 마차를 보자마자 현관문으로 달려와 우리에게 큰 소리로 문을 두드려 마차의 도착을 알릴 것이라는 사실을 알고 있었다. 이윽고 우리는 문으로 다가오는 6마리의 건장한 말울음 소리를 들었다. 기수인 소년이 앞에 앉아 있었고 건장한 남자가 뒤에 자리를 잡고 있었다. 연중 그 시기는 매우 추웠지만 그들은 모자도 쓰지 않고 돌아다니고 있었다. 가정부의 안내를 받은 일단의 사람들이 무거운 성상화를 가지고 어렵게 현관 계단을 올랐다. 우리 가족 모두 출입구에서 한쪽 무릎을 꿇은 채 성상화를 맞았다. 열린 문을 통해 밖의 냉기가 안으로 불어 들어왔고 우리는 상쾌한 느낌을 받았다. 기도자의 예배가 시작되고 때로 하인들이 자기 친척들과 함께 문에 모여 있곤 했다. 아주머니가 성직자에게서 접시에 놓인 성수 컵을 받아든다. 아주머니는 모두가 성수를 한 모금씩 마실 수 있도록 컵을 건네주고 그들은 손가락에 접시 물을 묻혀 얼굴에 찍는다. 가정부는 성수기와 성수 그릇을 가지고 방을 돌아다니는 성직자의 뒤를 따른다. 그 사이에 모두 성상화를 만지기 위해 일어난다. 우선 부모님, 이어 아주머니와 아이들 순으로 일어선다. 우리에 이어 하인들과 그들과 함께 온 사람들이 온다. 우리는 성상화에 부착된 자루에서 성스러운 솜을 꺼내 그것으로 눈을 씻는다. 기도를 한 후 성상화는 다른 방들을 지나 다시 밖의 안마당으로 옮겨진다. 어떤 사람들은 성상화 앞에서 엎드린다. 성상화를 옮기는 사람들은 그들을 밟고 지나간다. 성상화가 곧바로 거리로 옮겨지면 행인들이 그것을 만지기 위해 기다리고 있다. 평범한 짧은 기도의 순간이 우리를 사람들——우리가 알지도 못하고 다시는 보지도 못할 사람들——과 함께하게 한다. 성상화가 마차에 다시 실릴 때 모두가 서서 성호를 긋고 인사를 한다. 우리는 모피 코트를 걸치고 현관에 서 있다가 감기에 걸리지 않도록 집안으로 서둘러 들어간다. 집안에는 여전히 축제 분위기가 남아 있다. 주방에선 차가 준비되고 아주머니는 즐거운 표정으로 사모바르 옆에 앉아 계시곤 했다.[14)]

종교 의식은 러시아 신앙과 민족의식의 핵심이었다. 종교 의식은 또한 러시아 민족을 둘로 나눈 정교 공동체내 분열의 원인이기도 했다. 러시아 교회는 1660년대에 교회 의식을 그리스 의식에 더 가깝게 하기 위한 일련의 개혁을 채택한다. 시간이 지나면서 되돌려 일치시킬 필요가 있는 러시아 전례문의 일탈이 있다고 생각되었기 때문이었다. 하지만 구교도들은 러시아 의식들이 사실상 1439년 피렌체 공의회에서 로마와의 합병으로 명예가 실추된 그리스 교회의 의식들보다 더 성스럽다고 주장했다. 구교도의 관점에서 그리스인들은 정교의 중심지가 모스크바로 이동한 1453년 콘스탄티노플 함락으로 변절에 대한 벌을 받은 것이다. 서구의 독자들에게 의식의 어떤 모호한 점들에 대한 것(가장 논란이 되었던 개혁은 성호를 긋는 손가락의 수를 두 개에서 세 개로 바꾼 것이었다)은 16세기와 17세기에 서구 기독교 국가의 대 교리 논쟁과 비교했을 때 사소한 일에 불과한 것으로 보일 수도 있다. 하지만 신앙과 의식 그리고 민족의식이 아주 긴밀하게 결부되었던 러시아에서 종파 분리는 종말론적 부분을 나타냈다. 구교도의 견해처럼 1660년대 러시아 교회의 개혁은 적그리스도의 작품이며 세계의 종말이 임박했다는 증거였다. 17세기 말 수십 개의 구교도 공동체들이 반란을 일으켰다. 정부군이 다가오자 그들은 심판의 날 이전에 적그리스도와 접촉함으로써 스스로를 더럽히기 보다는 자신들의 목조 교회에 틀어박힌 채 스스로 불에 타 죽음을 맞이했다. 다른 많은 사람들이 은자의 예를 따라 볼가 국경

지역, 남부 돈 코사크 지역, 시베리아 숲 등 멀리 떨어진 호수와 북부의 숲으로 도피했다. 구교도들은 백해 연안 같은 곳에 자신들의 유토피아적 공동체를 건설했다. 그들은 러시아 교회와 국가의 악으로부터 간섭을 받지 않고 신앙심과 덕행으로 충만한 진정한 기독교 왕국에서 살고 싶어했다. 18세기와 19세기 모스크바에서처럼 다른 곳에서도 구교도들은 특히 자모스크보레치예처럼 일반적으로 친밀한 이웃이었다. 구교도들의 증가는 종교적 · 정치적으로 이의를 제기하는 광범위한 사회 운동이었다. 그들의 수는 기성 교회의 정신생활이 쇠퇴하면서 늘어났으며 18세기에 국가에 종속되게 된다. 교회와 국가의 계속된 박해로 중앙에서 떨어져 있었기 때문에 훨씬 더 많을 것으로 추정되지만 20세기 초까지 구교도의 수는 대략 2천만 명으로 최고조에 달했다.[15]

구교도들은 많은 방식에서 자신들의 민주적인 힘을 끌어낸 평민들의 정신적인 면에 대해 기성 교회보다 더 충실했다. 19세기 역사가인 포고딘은 국가가 구교에 대한 금지를 철폐한다면 러시아 농민들의 절반은 구교로 개종하게 될 것이라고 말하고 있다.[16] 차르적 교의에 따른 전제적 기독교 국가에 반대한 구교도들은 세속적이고 서구화한 국가들에 이질감을 느끼는 사람들에게 부합하는 것처럼 보이는 기독교 국가의 이상을 지지했다. 구교도 공동체들은 신앙 의식과 중세 구 모스크바의 존경할 만한 관습에 따라 엄격히 규제되었다. 농업 공동체인 구교도 공동체들 안에서는 강도 높은 노동, 검약과 절제 같은 정직한 미덕들이 젊은이들에게 엄격히 강요되고 가르쳐졌다. 러시아에서 가장 성공한 농장주, 상인들과 기업가들 중 많은 사람이 구교 교육을 받으며 성장했다.

역사의 상당 기간 동안 박해를 받았던 구교도들은 불만에 찬 사람들과 소외된 사람들, 억압받는 자들과 주변화된 집단들 그리고 무엇보다 국가가 자신들의 관습과 자유를 침해하는 데 반감을 가진 코사크인들과 농민들의 구심점으로 활동하는 강한 자유주의적인 전통을 갖고 있었다. 구교도들은 1700년대에 피터 대제가 요구했던 면도와 서구 복장을 거부했다. 그들은 1670년대(스텐카 라친이 지휘한)와 1770년대(에멀리안 푸가초프가 지휘한) 코사크 반란에서 중요한 역할을 했다. 구교도 공동체 내――특히 모든 성직자 계급은 교회를 부패하게 한다는 이유로 성직자 없이 예배를 드리는 사람들(bezpoptsy) 내에서――에는 강한 무정부주의적이고 평등주의적인 요소가 있었다. 또한 공동체는 고대 러시아인들처럼 진정한 지상의 정신적 왕국을 추구했다. 민족의식의 초기 형태로 성스러운 왕국이 '성스러운 루시'에서 발견될 것이라는 점은 대중의 믿음에 뿌리를 두고 있었다.

다양한 농민 분파와 종교적 방랑자들이 유토피아를 추구했다. 그들은 또한 기성 교회와 국가를 거부했다. 그리스도가 살아 있는 개인들에게 들어온다고 믿은 '고행자들' 혹은 홀리스트이Khlysty('그리스도'를 의미하는 Khristy가 잘못 전해진 것이다); 일반적으로 어떤 신비주의 정신에 사로잡혀 추종자들을 끌어들이며 마을 주위를 배회하던 농민들; 기독교적 원리에 기초한 모호한 무정부주의를 채택하고 모든 세금과 군사 의무를 회피한 '성령을 위한 투사들'(Dukhovortsy); 현존하는 사회 및 국가와의 모든 유대를 단절해야 하고 그것들을 적그리스도의 영역으로 보아야 한다고 믿으며 러시아 전역을 자유정신으로 방랑한 '방랑자들'(Stranniki); 그리스도가 소박한 농민의 모습으로 다시 나타날 것이라고 확신한 '우유 마시는 사람들'(Molokane); 거세를 통해서만 구원받을 것이라 믿은 '자기 거세자들'(Skoptsy) 따위의 다양한 분파가 있었다.

러시아는 기독교적 무정부주의자와 유토피아주의자들의 온상이었다. 러시아 신앙의 신비주의적 토대와 러시아 민족의식의 메시아적 기초는 평민들 사이에 "신성한 러시아 땅"에 완벽한 하느님의 왕국을 실현하기 위한 정신적 노력을 자아내기 위해 결합했다.[17] 그리고 이 같은 정신적 탐색이 진리와 정의(pravda)가 지배하는 이상적인 러시아 국가에 대한 대중적 인식의 중심에 자리하고 있다는 견해가 있었다. 예를 들어 구교도와 분리파 교회 신도들이 공통적으로 사회적 반란──라친과 푸가초프의 반란 혹은 농노해방의 제한규정에 실망한 많은 전(前) 농노들이 농노해방령이 '진정으로 성스러운 차르'에 의해 승인되었다는 사실을 믿으려하지 않았던 때인 1861년의 농민 데모──에 연루되었다는 사실은 우연이 아니었다. 종교적 반대와 사회적 반항은 차르의 신과 같은 지위에 대한 대중의 믿음이 강력해 억압적인 역할을 한 러시아 같은 나라에서 결부되지 않을 수 없었다. 농민들은 지상에서의 하느님 나라를 믿었다. 그들 중 상당수가 세계의 어느 먼 구석에 강에 우유가 흐르고 푸른 풀밭이 있는 천국이 실제로 있다고 믿고 있었다.[18] 이 같은 확신은 러시아 땅 어딘가에 숨겨져 있는 하느님의 왕국에 대한 수많은 대중적 전설에 영감을 불어넣었다. 머나먼 나라, 황금의 섬, 오포나 Opona의 왕국, 추드Chud의 왕국, 농민들의 '오래되고 진실로 정당한 이상'에 따라 '백색 차르'가 지배하고 있는 땅 밑의 성스러운 왕국에 대한 전설들이 있었다.[19]

민속 신화들 중에 가장 오래된 것은 키테즈──스베틀로야르 호수(니제고로드 지방에 있는) 밑에 숨겨진 진정한 러시아적 신앙의 신자들에게만 보이는 성스러운 도시──에 대한 전설이었다. 성스러운 수사와 은자들은 그곳의 오래된 교회들의 아득한 종 소리를 들을 수 있다고 전해진다. 전설의 초기 구전판은 몽골 지배 시대로 거슬러 올라간다. 키테즈는 이교도의 공격을 받아 포위 공격의 중요한 순간에 마법처럼 호수 속으로 사라져 타타르인들을 익사시킨다.

수세기에 걸쳐 전설은 지하에 숨겨진 도시와 수도원들, 바다 밑 마법의 영역과 묻혀 있는 보물 그리고 민속 영웅 일리아 무로메트의 전설에 대한 다른 이야기들과 혼합되었다. 하지만 18세기 초 구교도들은 전설을 기록했고 19세기에 확산된다. 예를 들어 구교도 판본에서 키테즈 이야기는 적그리스도의 러시아로부터 숨겨진 진정한 기독교적 러시아의 우화가 되었다. 하지만 농민들은 키테즈를 기성 교회를 반대하며 기성 교회의 한계를 뛰어넘는 정신적 공동체를 고대하는 믿음의 도구로 받아들였다. 19세기 전체를 통해 순례자들은 사당을 세우고 호수로부터 키테즈가 떠오르기를 기대하며 수천 명씩 스베틀로야르로 기도하기 위해 몰려들었다. 순례 시즌의 절정은 쿠팔라의 오랜 이교도 축제인 하지였다. 이때는 수천 명의 순례자들이 호수 주변의 숲에 거주했다. 1903년 그 장면을 목격한 작가 지나이다 기피우스는 당시의 모습을 성상화를 나무에 걸어 놓고 촛불 옆에서 고대 성가를 부르는 소그룹의 예배자들이 함께하는 일종의 '자연 종교'로 기술하고 있다.[20]

대중의 종교 의식에 집요하게 자리하고 있는 또 다른 유토피아적 믿음은 러시아와 일본 사이의 군도에 위치해 있다고 전해지는 기독교적 형제애, 평등과 자유의 공동체인 벨로보드 전설이다. 이 이야기는 18세기 시베리아의 산악 지역인 알타이로 도피했던 일단의 농노들이 건설한 현실적 공동체에 뿌리를 두고 있다. 그들이 돌아오지 않자 그들이 약속의 땅을 발견했다는 소문이 퍼졌다. 특히 지상의 모퉁이 어딘가에 신성한 영역의 존재를 믿은 방랑자들이 이 소문을 받아들여 종파의 일부가 그곳을 찾아 시베리아로 여행하게 되었다.[21] 전설은 그곳을 다녀왔다고 주장하는 수사가 벨로보드에 대한 안내책자를 출판한 1807년 이후 신빙성을 얻게 되었다. 벨로보드에 도착하는 방법에 대한 그의 설명은 극히 모호했지만 수백 명의 농부들이 말과 수레 혹은 배를 타고 매년 전설의 왕국을 찾아 떠났다. 1900년대 마지막으로 기록된 여행은 톨스토이가 벨로보드를 간 적이 있었다는 소문(일단의 코사크인들이 이 소문이 진실인지 여부를 확인하기 위해 톨스토이를 방문했다)에 의해 유발된 것처럼 보인다.[22] 하지만 그 이후로도 오랫동안 벨로보드는 민중의 소망으로 남게 되었다. 화가 로엘리히는 전설에 흥미를 갖고 1920년대 알타이를 방문해 그곳에서 여전히 마법의 땅을 믿고 있는 농민들을 만났다고 주장했다.

2

고골리는 A. P. 톨스토이에게 "저는 옵티나에 있는 에르미타쥐에서 결코 잊혀지지 않을 인상을 받게 되었습니다. 분명 그곳엔 은총이 함께하고 있습니다. 선생님께선 예배의 외적 징후에서도 그 사실을 느낄 수 있습니다. 어디에서도 그들 같은 수사들은 본 적이 없습니다. 그들 모두를 통해 저는 천국과 정신적으로 교류한 것 같습니다"라고 쓰고 있다. 말년에 고골리는 옵티나를 몇 차례 방문했다. 그는 평온한 수도원에서 혼란스러운 영혼의 위안과 정신적 지침을 발견했다. 고골리는 자신이 평생 찾아 헤맸던 신성한 러시아적 영역을 옵티나에서 발견했다고 생각했다. 그는 수도원에서 수 킬로미터 떨어진 곳에서 "대기에서 그 덕행의 향기를 맡을 수 있습니다. 모든 것이 호의적이고 사람들은 더 깊이 인사하며 형제애적인 사랑은 더욱 커집니다"라고 톨스토이에게 쓰고 있다.[23]

니콜라이 고골리는 우크라이나의 독실한 가정 출신이었다. 그의 부모는 모두 교회에서 적극적이었으며 가정에선 모든 금식과 종교의식을 준수했다. 고골리의 가족엔 신비주의적 색채가 있었으며 이 같은 사실은 고골리의 생애와 예술을 이해하는 데 도움을 준다. 고골리의 부모는 그의 아버지가 그 지역 교회에서 환영을 보았을 때 만났다. 즉 성모가 고골리의 아버지 앞에 나타나 뒤에 서 있는 소녀를 가리키며 그녀가 아내가 될 것이라고 말했다. 실제로 그 소녀는 그의 아내가 되었다.[24] 부모들처럼 고골리는 교회 의식을 준수하는 데 만족하지 않았다. 어린 시절부터 그는 자기 영혼 속에서 드라마 같은 신적 존재를 체험할 필요를 느꼈다. 1833년 그는 어머니에게 다음과 같이 편지를 쓰고 있다.

> 〔어린시절〕 저는 편견 없는 시선으로 모든 것을 고찰했습니다. 지시받거나 데리고 가서 교회에 가기는 했지만 일단 교회에 가면 제의, 성직자와 부제의 끔찍한 호통소리만 들었습니다. 모두가 성호를 그었기 때문에 저도 성호를 그었습니다. 하지만 언젠가——나는 지금도 그때를 생생하게 기억할 수 있다——어머니께 심판의 날에 대해 이야기해달라고 말씀드렸습니다. 어머니께서는 가치 있는 삶을 사는 사람들에게 예정되어 있는 좋은 것들에 대해 아주 상세하고 감동적으로 잘 설명해 주셨고 죄인들에게 예정되어 있는 영원한 고통들에 대해 제가 놀라 저의 모든 감각을 일깨울 정도로 아주 풍부하고 끔찍하게 묘사하셨습니다. 후에 저

는 그것에 대해 아주 고결한 생각들을 하게 되었습니다.[25]

고골리는 톨스토이와 도스토예프스키처럼 종교에 대해 의혹을 갖지는 않았다. 말년의 고통은 하느님 앞에서 자신의 선행에 대한 의혹이 불거진 데 불과했다. 하지만 고골리 신앙의 강렬한 본질은 어떤 교회 내에 한정되지는 않았다. 그가 인정하고 있는 것처럼 몇 가지 방식에서 그의 신앙은 예수 그리스도와의 인격적 관계를 믿는다는 의미에서 프로테스탄트 종교와 많은 공통점을 갖고 있었다.[26] 하지만 1836년에서 1842년까지 로마에서 6년을 보낸 후 고골리는 가톨릭 전통에 가까워지게 되었다. 그는 로마 교회로 개종하지는 않았지만, 그의 말에 따르면 개종하지 않은 것은 단지 두 교회 간에 차이가 없다고 생각했기 때문이었다. "우리의 종교는 가톨릭과 똑같은 것이다. 개종할 필요는 없다."[27] 출판하지 않았던 『죽은 영혼들』의 마지막 원고에서 고골리는 정교와 가톨릭의 미덕을 구현할 성직자 같은 인물을 소개하려 했다. 그는 정신적인 교회 속에서 모든 사람들을 통합할 기독교적 형제애를 추구하고 있었던 것처럼 보인다. 기독교적 형제애는 고골리가 옵티나에서 그리고 '러시아인의 영혼'이라는 이상 속에서 자신이 발견했다고 생각한 것이었다.

고골리의 소설은 정신적 탐구의 활동 무대였다. 고골리는 많은 학자들의 견해와 달리 말년에 종교적 문제에 더 분명한 관심을 드러내기는 했지만 고골리 초기의 '문학 작품들'과 말년의 '종교적 작품들'은 실제적으로 구분되지 않는다. 고골리의 모든 저술은 신학적 중요성을 갖고 있다——그의 작품들은 민족 전통 속에서 처음으로 소설에 종교적 예언의 지위를 허용했다. 그의 많은 단편 소설들은 종교적 비유로 가장 잘 읽히고 있으며 소설의 기괴하고 환상적인 인물들에 현실성——성상화가 자연적 세계를 보여주려 하는 것 이상의 어떤——을 부여하려는 의도는 없었다. 그의 소설들은 인간의 영혼을 위해 선악이 싸우고 있는 또 다른 세계를 관찰하게 하기 위해 고안되었다. 고골리의 초기 소설에서 종교적 상징주의는 성경의 주제와 때로 아주 모호한 종교적 은유 속에 깊이 새겨져 있다. 예를 들어 『외투』는 성인 아카키우스——원로 때문에 고통 속에서 수년을 보낸 후 죽은 은자(그리고 재단사), 그 원로는 후에 그를 괴롭힌 것에 대해 후회한다——의 삶을 반향하고 있다. 이것은 주인공의 이름 아카키 아카키예비치——비싼 외투를 도둑맞고 사랑받지 못한 채 죽지만 유령이 되어 성 페테르부르크를 배회하는 성 페테르부르크의 하위직 공무원——를 설명하고 있다.[28] 『검찰관』(1836)——도덕적 우화로 의도된 희곡이지만 관객은 재미있는 풍자로 받아들였다——의 실패 이후 고골리는 자신의 종교적 메시지를 납득시키고자 했다. 당시 그가 자신의 모든 에너지를 쏟아부은 작품은 마침내 러시아를 위한 신의 계획이 드러나는 『죽은 영혼들』—단테의 『성스러운 코메디』 스타일의 서사적인 '시'——이라는 3권짜리 소설로 구성되었다. 지방적인 러시아의 기괴한 불완전성은 1권에서 드러나며 소설의 마지막 권(1842)——모험가인 치치코프는 그들의 사망한 농노들(혹은 '영혼들')에 대한 법적 권리로 사라져가는 지주들을 사취하며 지방 전역을 여행한다——에 가서야 그가 2권과 3권에서 의도하고 있던 '살아 있는 러시아적 영혼'에 대한 고골리의 고결한 묘사로 부정된다. 고골리가 기독교적 사랑과 형제애의 슬라브적 목가로 나아가면서, 깡패 같은 치치코프조차 결국 구원받아 온정적 지주로 끝을 맺는다. '시'의 전체적 개념은 러시아의 부활과 '인간의 완벽성이라는 무한한 계단'——창세기에 나오는 야

곱의 사다리라는 우화에서 차용한 은유——에서의 정신적 상승이다.[29)]

고골리의 신성한 전망은 그의 옹호자들인 슬라브주의자들에게 영감을 받은 것이었다. 러시아에 대한 기독교적 영혼의 성스러운 합일이라는 슬라브주의자들의 환상은 현대 사회의 영혼 없는 개인주의로 매우 혼란스러워했던 작가에게는 당연히 매력적이었다. 슬라브주의적 이상은 1830년대와 1840년대에 신학자인 알렉세이 호먀코프가 밑그림을 그린 것처럼, 기독교적 형제애를 가진 자유 공동체——sobornost'(러시아어 'sobor' 에서 파생되어 '성당' 과 '집회' 두 가지 의미로 사용된다)——로서의 러시아 교회에 대한 개념에 뿌리를 두고 있다. 호먀코프는 신비주의 신학에서 그 같은 개념을 생각해내게 된다. 그는 믿음은 추론에 의해 증명될 수 없다고 말했다. 믿음은 율법과 교조가 아니라 경험과 그리스도의 진리 내에서 기원하는 감정에 의해 도달되어야 한다. 진정한 교회는 사람들에게 믿도록 설득하거나 강제할 수 없다. 진정한 교회는 그리스도의 사랑 이외에는 권위가 없기 때문이다. 자유롭게 선택된 공동체로서 진정한 교회는 독실한 신자들을 교회에 결부시키는 기독교적 사랑의 정신 속에 존재한다. 기독교적 사랑의 정신만이 진정한 교회를 보장할 수 있었다.

슬라브주의자들은 진정한 교회는 러시아적 교회라고 믿었다. 율법과 교황 같은 국가주권주의적 성직 계급을 통해 권위를 강요하는 서구 교회들과 달리 슬라브주의자들의 생각처럼 러시아 정교는 유일한 수장이 그리스도인 진정한 정신적 공동체다. 물론 슬라브주의자들은 자신들이 보기에 차르 국가와의 긴밀한 동맹에 의해 정신적으로 약화된 기성 교회에 대해 비판적이었다. 그들은 일부 사람들이 사회주의적인 것이라고 말하게 되는 사회적 교회를 주장했다. 결과적으로 종교에 대한 그들 저작 중 상당수가 금지되었다(호먀코프의 신학 저작들은 1879년까지 출판되지 않았다).[30] 슬라브주의자들은 농노해방에 대한 확고한 신봉자들이었다. 완전히 자유롭고 의식적인 개인들의 친교만이 진정한 교회의 공동체 의식sobornost'을 창조할 수 있기 때문이었다. 슬라브주의자들은 러시아 민중의 기독교적 정신을 믿었으며 이는 그들의 교회를 정의하는 정신이었다. 슬라브주의자들은 러시아 민중들이 세계에서 유일하게 진정한 기독교적 국민들이라고 믿었다. 그들은 농민의 공동체적 생활 방식, 그들의 평화롭고 신사적인 기질과 겸손, 엄청난 인내와 고통, 더 높은 도덕적 선——농민공동체, 민족이나 차르를 위한 도덕적 선——을 위해 자신들의 개인적 자아를 희생하고자 하는 의지 등을 강조했다. 이 모든 기독교적 특성과 함께 러시아인들은 하나의 민족이란 정의를 넘어서고 있다——러시아인들은 세계에서 신성한 임무를 지니고 있다. 악사코프의 말에 따르면 "러시아 민중은 하나의 국민이 아니라 인류이다."[31]

여기에 고골리가 『죽은 영혼들』의 2, 3권에서 묘사하려 했던 '러시아의 영혼'——기독교적 세계를 구원하게 될 보편적 정신을 가진——에 대한 전망이 있다. 고골리가 '러시아의 영혼'에 메시아적 특성을 최초로 부여하긴 했지만 낭만주의 시대에 민족 영혼이나 민족 본질의 개념은 진부한 것이었다. 선도자는 독일이었다. 독일의 프리드리히 쉘링 같은 낭만주의자들은 서구로부터 자신들의 민족 문화를 구별하기 위한 수단으로서 민족정신이라는 관념을 개발했다. 1820년대에 러시아에서 쉘링은 신적인 지위를 차지하고 있었으며, 유럽과 러시아를 대비하고자 하는 지식인들은 쉘링의 영혼이라는 개념에 매료되었다. 러시아에서 쉘링 숭배의 수석 사제인 오도예프스키 공작은 서구가 물질적 진보를 추구하다 악마에게 러시아의 영혼을 팔았다고 주장했다. 그는 자신의 소설『러시아의 밤』(1844)에서 "당신의 영혼은 증기 엔진으로 변화되었다. 당신 속에서 스크류와 바퀴는 보았지만 생명은 보지 못했다"고 쓰고 있다. 이제 젊은이의 정신을 가진 러시아만이 유럽을 구할 수 있다.[32] 독일과 러시아 같은 젊은 나라들이 민족의 영혼 같은 관념에 호소하게 되는 것은 당연한 일이다. 후발 국가들은 손상되지 않은 시골의 정신적 장점으로부터 경제적 진보에서 결여되어 있는 것 이상을 보충할 수 있다. 민족주의자들은 서구의 부르주아 문화에서 오랫동안 잃어왔던 순박한 농민에게서 창조적 자발성과 동포애를 발견한다. 이는 모호한 낭만적 의식이었다. 순박한 농민들을 이상화하는 의식 속에서 러시아의 영혼에 대한 관념이 18세기 말부터 발전하기 시작했다. 예를 들어 표트르 플라빌쉬코프는 자신의 에세이「러시아인 영혼의 내적 성질에 대하여」(1792)에서 러시아는 농민 속에 서구 과학보다 더 큰 잠재력이 있는 자연적 창조성을 갖고 있다고 주장했다. 민족적 자부심에 도취된 이 극작가는 어떤 있음직하지 않은 첫 번째 것들을 주장하기까지 한다.

> 우리 농민들 중 한 명은 히포크라테스와 갈렌의 학문도 발견하지 못한 팅크제를 만들었다. 알렉세예보 마을의 접골의는 외과 의술의 선구자들 중에서 유명하다. 쿨리빈과 트베리 출신의 기계공 소바킨은 기계공들 중 비범한 사람이며…… 러시아인들이 이해할 수 없는 것은 사람들에게 영원히 알려지지 않을 것이다.[33]*

1812년 승리 이후 농민의 영혼, 농민의 비이기적인 장점과 자기희생의 관념은 러시아를 서구의 구원자로 보는 견해와 결부되기 시작한다. 이것은 고골리가 『죽은 영혼들』에서 처음으로 발전시켰던 임무였다. 초기 단편 소설 『타라스 불바』(1835)에서 고골리는 러시아인들만이 느끼는 특별한 유형의 사랑을 러시아 영혼의 것으로 돌렸다. 타라스 불바는 동료 코사크인들에게 "동지적 유대보다 더 성스러운 유대는 존재하지 않습니다!"라고 말했다.

> 아버지는 자식을 사랑하고 어머니는 자식을 사랑하며 아이는 어머니와 아버지를 사랑합니다. 하지만 형제들이여, 이것은 같은 것이 아닙니다. 짐승도 자기 새끼를 사랑합니다. 하지만 핏줄보다는 정신적 유사성이 인간에게만 알려져 있는 어떤 것입니다. 다른 나라들에서도 사람들은 동무를 갖지만 러시아 땅에서의 동무들과 같은 사람들은 없습니다……. 형제들이여, 그렇습니다, 러시아의 영혼이 사랑하듯이 사랑합시다——그것은 머리나 당신의 어떤 다른 부분으로 사랑하라는 것이 아니라 하느님이 당신에게 준 모든 것으로 사랑하라는 의미입니다.[34]

고골리가 슬라브주의자들에 가까워지면 가까워질수록 그는 기독교적 형제애가 세계에 대한 러시아의 독특한 메시지라고 더욱 더 확신하게 되었다. 여기에 고골리가 『죽은 영혼들』의 1권 마지막에서 잊을 수 없는 트로이카 문장으로 암시하고 있는 신의 뜻에 의한

* 러시아 민족주의자들은 종종 이 같은 주장을 했다. 1900년대에 농담을 좋아하는 사람이 어떤 늙은 러시아 농부가 집에서 만든 비행기를 타고 수 킬로미터를 비행했다는 소문을 흘리자 러시아의 존경할 만한 제도가 서구의 그것보다 더 나을 뿐 아니라 더 독창적이라는 증거로 받아들여졌다.(B. Pares. *Russia*(Harmindsworth, 1942), 75쪽).

'러시아의 영혼' 에 대한 계획이 있다.

> 당신도 러시아가 어느 것도 따라 잡을 수 없는 기운찬 트로이카처럼 날듯이 달리고 있는 것 같지 않은가? 길은 당신 아래에서 연기구름 같고 다리들은 덜컹거리며 모든 것은 뒤로 물러나 아득히 멀어져 간다. 목격자는 신성한 기적에 말문을 잃고 죽은 듯이 멈춰 있다. 그것은 하늘에서 떨어진 번개 빛이 아니다. 이 무시무시한 움직임의 의미는 무엇일까? 그리고 세계가 그처럼 결코 보지 못했던 것 같은 이 말들에 숨겨진 신비한 힘은 무엇일까? 아 말들, 말들——놀라운 말들이다! 회오리바람이 너희들의 갈기 속에 숨겨져 있는 것일까? 어떤 소리도 놓치지 않는 다소 민감한 귀가 너의 기질에 숨겨져 있는 것일까? 그들은 천상의 익숙한 노래 소리를 듣고 곧 담황색 가슴을 펴고 거의 직선으로 변화되는 말발굽을 거의 땅에 닿지도 않고 대기를 가로질러 날아간다. 트로이카는 성스러운 영감으로 충만해져 돌진한다. 러시아여, 너는 어디로 날아가고 있는가? 대답하라! 러시아는 대답이 없다. 종들의 땡그렁 거리는 소리는 아름답게 울려 퍼지며 대기를 가르고 그것은 큰 소리를 내며 바람으로 변한다. 지상의 모든 것이 빠르게 지나가고 옆으로 물러나 길을 비켜주는 다른 민족들과 국가들을 흘겨보며 지난다.[35]

2권과 3권에서 고골리가 계시한 기독교적 사랑의 '러시아적 원리' 는 서구의 이기적인 개인주의에서 인류를 구원하는 것이다. 고골리의 소설을 읽은 후 게르첸이 썼듯이 "잠재적으로 러시아인의 영혼엔 엄청나게 많은 것이 존재한다."[36]

고골리가 소설 작업을 오래 하면 오래 할수록 '러시아인의 영혼' 의 성스러운 진실을 계시하는 성스러운 사명감은 더욱 더 커졌다.

그는 1846년 시인 니콜라이 야지코프에게 "하느님만이 내가 2권을 끝내고 출간할 수 있는 힘을 허락하셨다"고 쓰고 있다. "이윽고 그들은 우리 러시아인들이 그들이 결코 생각할 수 없으며 우리 자신이 인정하길 원하지도 않는 많은 것을 가지고 있다는 사실을 알게 될 것이다."[37] 고골리는 수도원들——숨겨진 러시아의 정신이 계시될 것이라고 믿었던 장소——에 대한 영감을 찾고자 했다. 그가 옵티나의 은자들에게서 가장 경탄한 것은 자신의 정열을 통제하고 자기들의 영혼에서 죄악을 정화할 수 있는 그들의 능력이었다. 그는 고행 속에서 러시아의 막연한 정신적 불안감에 대한 해결책을 발견했다. 고골리에게 다시 한 번 옵티나로 주의를 환기시킨 사람은 슬라브주의자들이었다. 고골리와 키레예프스키가 신부 페이시의 평전을 출판하고 그리스 교부들의 작품을 번역한 1840년대에 키레예프스키는 신부 마카리를 보기 위해 그곳을 여러 차례 방문했었다.[38] 키레예프스키는 마카리 신부를 추종하는 슬라브주의자들처럼 옵티나의 은자들이 정교의 오랜 정신적 전통을 진정으로 구현하고 있고 '러시아의 영혼'이 가장 살아 있는 장소라고 믿었다. 고골리는 당시 해외에서 모스크바로 되돌아왔고 살롱들은 옵티나 열성가들로 붐비고 있었다.

『죽은 영혼들』은 종교적 교훈을 담고 있는 작품으로 인식되었다. 『죽은 영혼들』의 문체는 바빌론(고골리가 『죽은 영혼들』 2권을 작업하는 동안 그의 편지에서 러시아로 종종 사용한 이미지)의 멸망을 예언한 이사야의 정신으로 고취되었다.[39] 고골리는 이 소설과 씨름하면서 자신의 예언에 대한 종교적 열정에 사로잡혔다. 그는 인간의 영혼을 정화하고 정신적 완성의 사다리(고골리가 친구들에게 보낸 편지에서 자신은 그 바닥에 매달려 있을 뿐이라고 말하며 사용했던 이미지)[40]를 오를 필요성에 대해 말하고 있는 18세기 은자 시나이의 요한에 대한 저작들에 빠져들었다. 고골리의 유일한 위안은 끊임없는 기도였다. 그가 믿었듯이 기도는 『죽은 영혼들』에서 자신의 신성한 사명을 완수하기 위해 힘을 얻을 수 있는 정신적 원천이었다. 그는 1850년 옵티나 푸스틴에 있는 신부 필라렛에게 "저를 위해 기도해주십시오, 그리스도 그분을 위해"라고 편지에 쓰고 있다.

> 당신의 초월적인 힘에게 간구해주십시오, 형제애를 가진 모든 이에게 부탁해주십시오, 가장 열정적으로 기도하고 기도를 사랑하는 그 모든 사람들에게 요청해주십시오, 그들 모두에게 저를 위해 기도해 달라고 해주십시오. 저는 어려운 길을 걷고 있습니다. 제 임무는 하루의 매분 매시간이 하느님의 도움이 없이는 펜이 움직이지 않는 그런 일입니다……. 자비의 그분께서는 어떤 일도 하실 수 있는 권능을 갖고 계시며 심지어 석탄처럼 어두운 작가인 저를 성스러운 것과 아름다운 것에 대해 말할 수 있을 정도로 밝고 순수한 어떤 것으로 변화시키기까지 하십니다.[41)]

문제는 계시하는 것이 자신의 신성한 임무라고 믿은 기독교적 형제애의 국가인 성스러운 러시아를 고골리가 묘사할 수 없었다는 사실이었다. 러시아 작가들 중 회화적 묘사에 가장 탁월한 고골리는 성스러운 러시아의 이미지를 생각해 낼 수 없었다——또는 적어도 작가로서의 자신의 비판적 판단을 만족시키는 이미지는 아니었다. 러시아적 특징들에 대한 이상적인 모습들——상관없다면 러시아적 영혼의 성상화——을 묘사하려고 아무리 애써도 현실을 관찰한 고골리는 자연스러운 환경에서 도출한 기괴한 모습으로 그들을 그리지 않을 수 없었다. 그 자신이 자신의 종교적 환영 때문에 절망한 것처럼 "이것은 모두가 하나의 꿈이며 러시아의 현실로 옮겨가자마자 그것은 사라진다."[42]

소설을 통해 러시아를 이상적으로 묘사하고자 한 노력이 실패한 것을 감지한 고골리는 대신 자신의 메시지를 러시아에 내포되어 있는 성스러운 원리에 대한 현학적인 도덕적 설교인 『친구들과의 서신에서 정선된 문장』(1846)에서 납득시키려 하였다. 『친구들과의 서신에서 정선된 문장』에서 고골리는 아직 완성되지 않은 『죽은 영혼들』의 이데올로기적 서문으로 이용할 목적으로 러시아의 구원이 모든 개별적 시민의 정신 개혁에 달려있다고 설파했다. 그는 사회 제도들에 대해선 언급하지 않았다. 고골리는 농노제와 전제 국가의 문제들을 외면하고 우습게도 이 두 제도는 기독교적 원리와 결합되는 한 완벽히 수용될 수 있다고 주장했다. 진보적 여론은 격분했다——그것은 진보와 민중적 대의에 대한 정치적 헌신이라는 자신들의 이상에 대한 변절처럼 보였다. 벨린스키는 1847년 공개서한에서 자신이 사회주의적 사실주의자이자 정치 개혁의 지지자로 옹호했던(아마도 실수로) 고골리에 대해 통렬하게 공격하기 시작했다.

그렇습니다, 나는 당신을 사랑했습니다. 자신의 나라에 피의 유대로 결합된 사람이 조국의 희망, 조국의 명예와 조국의 자부심, 자각, 진보 그리고 발전의 길에 선 조국의 위대한 지도자들 중 한 명에 대해 느낄 수 있는 바로 그 같은 열정으로 말입니다……. 러시아는 당신이 제시한 것처럼 신비주의, 금욕주의나 신앙심이 아니라 교육, 문명과 문화에서 구원을 봅니다. 러시아는 설교(러시아는 너무 많은 설교들을 들어왔습니다)나 기도(러시아는 너무 자주 기도를 중얼거려왔습니다)가 필요한 것이 아니라

민중에게 진흙탕과 오물 속에서 수세기 동안 잃어 왔던 인간적 존엄성을 일깨울 필요가 있습니다.[43]

그래도 개혁적 입장을 취했던 슬라브주의자들은 절망 속에서 포기했다. 세르게이 악사코프는 고골리에게 "친구여, 자네의 목적이 스캔들을 일으켜 친구와 적들이 자네에게 반기를 들고 일어나 결합하게 하기 위한 것이었다면 자네는 분명 목적을 달성한 셈이네. 이 출판물이 자네의 농담들 중 하나에 불과하다면 감히 누구도 상상할 수 없었던 정도의 성공을 거두었네. 사실 모두가 얼떨떨해하고 있으니까 말일세"라고 쓰고 있다.[44] 옵티나에서 고골리의 조언자였던 신부 마카리까지도 『친구들과의 서신에서 정선된 문장』을 인정할 수 없었다. 신부 마카리는 고골리가 겸손의 필요성을 이해하지 못했다고 생각했다. 고골리는 스스로를 예언자로 주장하며 광신적인 열정으로 기도했지만 진실이나 성령의 영감이 없다면 그것은 '종교에 충분하지 않다.' 그는 1851년 9월 고골리에게 "램프가 빛을 내려면 램프 유리를 깨끗이 닦는 것으로는 충분치 않으며 램프의 초에 불을 붙여야 한다"고 편지에 쓰고 있다.[45] 마카리는 고골리의 사회적 정적주의에도 동의하지 않았다. 수도원의 소명은 가난한 사람들의 고통을 줄이는 것이었기 때문이었다. 마카리의 비판은 고골리에게는 엄청난 충격이었다. 그의 비판이 정당하다는 사실을 깨달았기 때문에 더욱 더 큰 충격이었다. 즉 고골리는 자신의 영혼에 신성한 영감을 느끼지 못한 것이었다. 편지를 받자마자 고골리는 옵티나와의 모든 관계를 끊었다. 그는 자신이 작가 예언자로서의 신성한 사명에 실패했다는 사실을 알았다. 고골리는 하느님 앞에서 자신이 무가치하다고 느꼈으며 죽음을 갈구하기 시작했다. 하인에게 완성되지 못한 소설 원고를 태워버리라고 지시한 그는 임종의 자리에 들었다. 1852년 2월 24일 43세의 나이로 죽을 때 그가 마지막으로 한 말은 "나에게 사다리를 가져다 달라. 빨리, 사다리를!"이라는 말이었다.[46]

3

고골리에게 보낸 편지에서 벨린스키는 러시아 농민들이 하느님에 대한 외경으로 충만해 있다는 사실을 인정했다. "하지만 러시아 농민은 등을 긁으면서 하느님의 이름을 말합니다. 그리고 성상화에 대해 '기도하는 데 유용하죠. 그리고 성상화로 항아리도 덮을 수 있는 걸요' 라고 말하죠. 세심하게 살펴본다면 러시아인들이 천성적으로 많은 미신을 갖고 있기는 하지만 광신의 사소한 흔적도 찾아볼 수 없는 무신론적 국민이라는 사실을 알게 될 것입니다."[47]

결국 농민 영혼의 기독교적 본질에 대한 의심이 벨린스키가 대변하고 있는 사회주의적 인텔리겐차에 국한된 것은 아니었다. 교회 그 자체가 이교도적 농민의 이미지와 관련이 있었다. 교구 성직자들은 시골에서의 종교적 무지를 우울하게 묘사하고 있다. 1850년대에 I. S. 벨류친은 다음과 같이 기술하고 있다. "백 명의 남자 농민들 중"

> 기껏해야 10명 정도가 사도신경과 두세 편의 짧은 기도문을 읽을 수 있다(당연히 자신들이 읽은 것에 대한 최소한의 생각이나 이해도 없다). 천 명 중에서 2, 3명 정도만이 십계명을 알고 있으며 여자 농부에 대해선 여기

서 언급할 필요조차 없다. 그리고 이것이 정교 루시이다. 얼마나 부끄럽고 창피한 일인가! 그런데도 우리의 위선자들은 러시아에서만 신앙이 순수하게 보전되어 있다고 외친다. 러시아 민중의 3분의 2는 신앙에 대한 최소한의 개념조차 모르고 있다![48]

농민 신도들이 신앙에 대해 의식적으로 알 수 있도록 인도하는 것은 교구 성직자에게 어려운 임무였다——도시에서 온 세속적 생각으로부터 신앙을 지키는 것이 훨씬 힘든 일이기는 했지만. 그것은 부분적으로 성직자 자신이 겨우 문맹을 깨우친 정도이기 때문이기도 했다. 대부분의 성직자들은 다른 교구 성직자들의 아들이었다. 그들은 시골에서 성장했고, 지방 신학교에서 약간의 교육 이외에 다른 교육을 받은 사람이 거의 없었다. 농민들은 성직자에 대해 그다지 높게 평가하지 않았다. 농민들은 성직자들을 귀족과 국가의 종복으로 보았다. 성직자들의 초라하고 비참하기까지 한 생활 방식은 농민의 존경을 받을 수 없었다. 성직자들은 국가나 작은 예배당소 지구 경작에서 얻는 빈약한 봉급으로 생활을 유지할 수 없었다. 그들은 봉사에 대한 사례비 수입——결혼식 한 건당 일 루블 정도, 장례식 한 건당 보드카 한 병——에 크게 의존하고 있었다. 결과적으로 농민들은 그들을 정신적 지도자라기보다는 성사에 종사하는 상인 계급으로 보게 되었다. 농민의 가난과 성직자의 소문난 탐욕은 때로 협상이 마무리될 때까지 농민 신부(新婦)들을 몇 시간 동안 교회에 서 있게 하거나 시체를 며칠 간 매장하지 않고 방치한 채 사례비에 대한 긴 입씨름으로 이어졌다.

생활이 불안정한 상황에서 성직자는 신앙에 대한 교회의 이상과 농민의 준이교도적인 변형 간의 경계선에서 끊임없이 동요하며 살아가야 했다. 농민들이 가축이나 곡식에 마법을 걸 수 있고, 여자들이 아이를 낳지 못하게 하고, 불행이나 질병을 가져오거나 자신들의 집을 괴롭히는 죽은 자들의 영혼을 불러올 수 있다고 확신하고 있는 악마와 사악한 영혼들을 쫓아내기 위해 성직자는 성상화, 촛불 그리고 십자가를 사용하곤 했다. 슬라브주의자의 주장과 구교도의 열정적인 헌신에도 불구하고 러시아 농민들은 정교 신앙에 일정 정도 이상의 애착을 보이지는 않았다. 농민의 오랜 이교도적 민속문화 위에 기독교가 엷게 덧칠되어 있었을 뿐이었다. 러시아 농민들은 분명 엄청난 외적인 신앙심을 보여주었다. 러시아 농민들은 끊임없이 성호를 긋고, 말끝마다 하느님을 들먹이고, 늘 사순절 금식을 준수하고, 종교 축일에는 교회에 갔으며 수시로 성지 순례를 떠나는 것으로 알려지기까지 했다. 러시아 농민은 무엇보다 자신들을 우선적으로 '정교 신자'로 생각했고 그러고 나서야 '러시아인'으로 생각했다. 사실 만일 과거로 시간여행을 가 19세기 러시아 마을의 거주자들에게 자신들이 누구라고 생각하는지 물을 수 있다면 대개의 경우 '우리는 정교 신도이고 이 마을 출신이다'라는 답변을 듣게 될 것이다. 농민의 종교는 성직자의 책에 기록된 기독교와는 거리가 멀었다. 문맹인 19세기의 평균적인 러시아 농민들은 복음서를 거의 알지 못하고 있었다. 시골에서는 현실적으로 설교의 전통이 없었기 때문이었다. 읽을 줄 아는 농민들도 러시아어 성경에 접할 길이 거의 없었다(1870년대까지 러시아어 성경 완역 출판본이 없었다). 대개의 농민들은 주기도문과 십계명을 모르고 있었다. 천국과 지옥에 대한 개념은 모호하게 이해되고 있었으며 분명 교의 의식을 평생 준수하면 영혼을 구제받을 것으로 기대하고 있었다. 하지만 다른 추상적인 개념은 러시아 농민에겐 전혀 다른 나라의 이야기였다. 러시아 농민은 하느님을 인간으로 생각했다. 그들은 하느님을 볼 수 없는 추상적인 정신으로 이해할 수 없었다. 『나의 대학 시절』(1922)에서 고리키는 카잔 인근의 마을에서 우연히 만난 어떤 농민에 대해 기술하고 있다.

> 그는 하느님을 크고 잘생긴 노인이자 악을 정복할 수 없는 친절하고 현명한 세계의 스승으로 묘사했다. 그가 악을 정복할 수 없는 이유는 부분적으로 "너무 많은 사람들이 태어나기 때문에 그분이 동시에 모든 곳에 존재할 수 없기 때문입니다. 하지만 선생께서도 아시다시피 그분은 악을 정복하게 될 것입니다. 그런데 그리스도에 대해선 도무지 이해할 수가 없군요! 저에게 그리스도는 아무 소용이 없답니다. 하느님만 계시면 족하지요. 그런데 이제 또 다른 분이 계신다니! 그분의 아드님이라죠. 그래 그리스도가 하느님의 아들이니까 어쩌란 말입니까. 제가 아는 것은 아니지만 하느님은 돌아가시지 않았습니다."[49]

이것이 농민이 성인들과 자연의 신들을 생각하는 방식이다. 사실 성인들과 자연의 신들은 농민의 기독교적 이교도 신앙에서 흔히 결합되거나 호환될 수 있었다. 농민의 집에는 성상화 뒤에 호밀 다발을 놓음으로써 경배되는 추수의 여신 폴루드니차Poludnitsa가 있으며 기독교 시대에 성 블라시우스가 된 양치기들의 수호신 블라스, 농민 결혼식 노래에서 성 게오르기와 성 니콜라이를 나타내는 행운(러시아적인 삶에 대단히 필요로 하는 속성)의 신 라다가 있다. 이교도 신들의 기독교화는 러시아 교회 자체 내에서도 실천되었다. 러시아 신앙의 중심에 있는 모성에 대한 명백한 강조는 현실적으로 서구에서는 전혀 찾아볼 수 없는 것이다. 가톨릭 전통이 마리아의 순결성을 강조하는 곳에서 러시아 교회는 마리아의 성스러운 모성——보고로디차bogoroditsa——을 강조하고 있다. 모성은 실제적으로 러시아인의 종교 의식 속에서 삼위일체의 지위를 점유하고 있다. 모성숭배는 러시아 성상화들이 성모 마리아가 어머니답게 뺨을 어린아이의 머리에 붙이고 있는 모습을 보여주는 경향에서 쉽게 찾아 볼 수 있다. 이것은 풍요의 여신 로자니차Rozhanitsa의 이교도적 숭배와 축축한 어머니 대지에 대한 오랜 슬라브적 숭배나 모코쉬Mokosh로 알려진 여신을 이용하기 위한 교회측의 의도적 계획처럼 보인다. 그로부터 "어머니 러시아"에 대한 신화가 이해되는 것이다.[50] 가장 오래된 농민 방식의 러시아적 신앙은 대지에 대한 신앙이다.

러시아의 기독교적 의식과 장식들은 마찬가지로 이교도 관습에서 영향을 받았다. 예를 들어 16세기부터 러시아 교회의 십자가 행렬은 태양과 함께 시계방향으로 이동했다(서구 교회에서 그랬던 것처럼). 러시아의 경우에 이것은 마법적 영향을 불러들이기 위해 태양의 방향으로 움직이는 이교도적 윤무를 모방했다는 것을 보여주고 있다(19세기 말 태양이 움직이는 쪽으로 쟁기질을 하라는 지혜를 권하는 속담이 있었다).[51] 러시아 교회의 양파 모양의 돔도 태양을 모델로 한 것이었다. 돔 내부의 '하늘' 혹은 천장은 대개 12사도의 빛을 발하는 태양의 중심에 있는 성삼위일체를 묘사하고 있다.[52] 중세 러시아 교회와 종교 필사본들은 종종 이교도적 정령 숭배에서 파생된 장미꽃 장식, 장사방형, 만자와 꽃잎, 초생달과 나무들 같은 식물 소재와 다른 장식들로 장식되었다. 분명 이 상징들 중 대부분은 오래 전 도상이 갖고 있던 원래의 주제적 의미를 잃어버리고 있다. 하지만 이 상징들이 19세기 민속 디자인인 목재 조각과 자수에 빈번하게 다시 나타나고 있다는 사실은 그것들이 여전히 농민들의 의식 속에서 초자연적 영역으로의 출입구로 작용하고 있다는 것을 보여주고 있다.

자수가 놓여진 수건과 허리띠는 농민 문화에서 성스러운 역할을 했으며——그것들은 종종 농민 오두막의 '성스러운 구석'에 있는 성상화를 꾸미고 있었다——개별적 문양, 색상, 주제들은 다양한 의식들에서 상징적 의미를 갖고 있었다. 예를 들어 꽈배기 문양은 세계의 창조(농민들은 "지구는 꼬이기 시작해 나타났다"고 말했다)를 상징하고 있었다.[53] 붉은색은 특별한 마법적 힘을 갖고 있었다. 성스러운 의식에서 사용되는 허리띠와 수건은 통상 붉은 색이었다. 러시아에서 '붉은색'(krasnyi)이라는 단어는 '아름답다'(krasivyi)라는 단어와 결부된다——다른 많은 것들 중에서 붉은 광장이라고 이름 붙인 이유를 설명해 주고 있다. 붉은 색은 또한 다산——이것은 신성한 선물로 여겨졌다——의 색깔이다. 삶의 매 단계마다 서로 다른 허리띠들이 존재한다. 신생아는 허리띠로 동여매어진다. 소년들에겐 붉은색의 '순결한 허리띠'가 주어진다. 신혼부부는 자수가 놓인 린넨 타월을 허리에 맨다. 그리고 임신한 여자는 관습적으로 출산을 하기 전 붉은 허리띠를 밟는다.[54] 윤회를 끝내고 그의 영혼이 영혼의 세계로 되돌아가는 것을 상징하기 위해 죽은 자가 관념적으로 출생 때 주어졌던 허리띠와 함께 묻히는 것은 중요했다.[55] 민담에 따르면 악마는 허리띠를 맨 사람을 두려워한다. 허리띠를 매지 않는 것은 지하세계에 속했다는 표시로 받아들여졌다. 따라서 러시아의 악마와 인어들은 늘 허리띠를 매지 않은 것으로 묘사되고 있다. 마법사는 영혼의 세계와 대화에 들어 갈 때 허리띠를 풀게 된다.

오랜 이교도 의식들이 농민들에게만 국한된 것은 아니었다. 오랜 이교도 의식들 중 상당 부분은 민족적 관습의 일부가 되었고 현대적임을 자부하던 상류 계급에서도 찾아 볼 수 있다. 푸쉬킨의 『예브게니 오네긴』에서 라린 가족은 이 점을 전형적으로 보여주고 있다.

이 평화로운 삶 속에서 그들은 소중히 여기죠,
그들은 고대의 모든 관습을 소중히 간직하고 있습니다.
마슬레니차의 육식을 금할 때 그들의 식탁은 풍성하게 차려지죠
러시아식 부침개, 러시아식 음식으로
또한 매년 두 차례 그들은 금식을 합니다
행운을 부르는 노래를 좋아하죠,
합창에 맞춘 춤, 정원의 음률을 좋아하죠.
성삼위일체 축일 예배는
하품을 하는 사람들을 기도하기 위해 불러들이고,
그들은 애정이 깃든 한두 방울의 눈물을 떨구죠
회한에 젖어 자신들의 미나리아재비 위로.[56]

일반적으로 귀족 가족도 교회의 가장 엄격한 모든 의식을 준수하고 동시에 어떤 유럽인도 농노들의 어리석은 짓으로 치부해 버리는 이교도적 미신과 믿음을 고수하곤 했다. 귀족들 사이에서 점을 보는 게임이나 의식은 거의 보편적이었다. 일부 가정에서는 꿈을 해석해 미래를 점치기 위해 마법사를 고용하곤 했으며, 또 다른 일부 가정에서는 하녀들에게 차 잎의 징후를 읽게 했다.[57] 크리스마스 계절에 점치는 일은 중요한 일이었다. 안나 르롱이 기억하듯이 그 의식은 새해 전날 밤 철야 기도의 일부였다.

새해 전날 밤에는 늘 철야 기도를 했다. 9시에 저녁식사를 하고 난 후에는 식당에서 점을 치곤 했다. 양파의 속을 파내 12개의 컵——한 달에 하나——을 만들어 그 속에 소금을 뿌린다. 이어 그것들에 서로 다른 달을 표시해 테이블에 원형으로 늘어놓는다. 우리 아이들에게는 두 개의 유리잔이 주어진다. 우리는 유리잔에 물을 붓고 달걀 흰자위를 떨어뜨린다. 그리고 나서 새해 아침 아주 일찍 일어나 양파 냄새가 자욱한 식당으로 들어간다. 유리잔 속에 달걀 흰자위에 의해 만들어진 환상적인 모양——교회, 탑이나 성들——을 살펴본다. 이어 그것들을 통해 어떤 유형의 농민적 의미를 만들어내려 애쓴다. 어른들은 양파 컵을 살펴보고 양파 속의 소금이 말라 있느냐 아니냐에 따라 특히 비가 많거나 눈이 많이 내리는 것이 어떤 달인지 알아낸다. 사람들은 이 모든 것을 아주 심각하게 받아들였고 우리는 그 결과를 기록했다. 또한 우리는 풍년이 들지 흉년이 들지를 예언하기도 했다. 그리고 순서대로 모든 것을 치웠다. 난로에 불을 피고 창문을 모두 열며 향기가 나는 어떤 가루를 태웠다. 새해 아침에 우리는 교회에 가지 않았다. 새해 첫날에는 주방 시종들이 자신들의 연회를 위해 준비한 음식 중 우리에게 준 것을 먹으며 온종일 인형을 가지고 놀곤 했다.[58]

농민의 미신은 귀족들, 심지어 농민들과 어떤 다른 관습들을 공유한다는 생각만으로도 몸서리를 치는 사람들 중에서도 일반적으로 찾아 볼 수 있다. 예를 들어 완벽한 유럽식 신사인 스트라빈스키는 태어날 때 받았던 부적을 늘 간직하고 있었다. 쟈길레프는 농민 유모에게서 물려받은 온갖 미신들을 간직하고 있었다. 그는 사진 찍히는 것을 좋아하지 않았다. 또한 그는 누군가 자신의 모자를 테이블(돈을 잃게 된다는 것을 의미했다)이나 침대(병이 들게 된다는 것을 의미했다)에 놓지 않도록 각별히 주의했다. 또한 쟈길레프는 파리의 샹젤리제에서도 검은 고양이를 보기만 하면 공포에 질렸다.[59]

분명 미신의 주범은 농민 유모였으며 쟈길레프의 가정 교육에서 유모의 중요성은 미신들이 종종 그의 의식 속에서 교회의 모든 가르침보다 더 크게 느껴질 정도였다. 예를 들어 푸쉬킨의 가정 교육은 정교적이었지만 피상적인 것에 불과했다. 기도를 배우고 교회에 갔지만 다른 한 편으로 그는 평생 계몽주의에 대한 세속적 믿음을 굳게 유지했던 볼테르주의자였다.[60] 하지만 그는 유모에게서 중세 시대에서 유래한 미신들을 물려받았다. 그는 큰 키에 금발의 남자에게 살해될 것이라는 점쟁이의 예언(사실로 판명되었다) 때문에 병이 들었으며 산토끼에 대한 미신(프스코프 인근에 있는 그의 영지에서 자신이 지나는 길 앞으로 산토끼가 지나가자 상원 광장에서 데카브리스트와 합류하기 위해 페테부르크로 가는 것을 불길하게 생각했다. 결국 그는 데카브리스트의 반란에 참여하지 않았고 덕분에 1825년 그는 생명을 구했을지도 모른다)으로 유명했다.[61]

귀족들 가운데 죽음에 대한 미신이 특히 일반적이었다. 고골리는 그 때문에 죽게 될지도 모른다는 두려움으로 편지에 '죽음'이라는 단어를 결코 사용하지 않았다. 사실 이것은 폭넓게 신봉되던 믿음이었다. 톨스토이는 『이반 일리치의 죽음』과 『전쟁과 평화』의 안드레이가 죽는 장면을 묘사한다. 죽음의 경험을 탐구하는 이 유명한 문장에서 죽음을 익명의 대명사인 '그것'으로 사용한 이유는 죽음에 대해 일반적으로 받아들여졌던 미신으로 설명될 수 있을 것이다.[62] 죽음을 두려워한 차이코프스키(동성애를 숨기기 위해 자살했다고 주장하는 사람들이 종종 간과하고 있는 사실)도 공통된 공포증을 갖고 있었다. 차이코프스키의 친구들은 그를 돌연한 공포에 빠뜨릴 수 있다는 사실을 알고 있었기 때문에 그의 앞에서 '묘지'나 '장례식' 같은 단어를 입에 올리지 않도록 조심했다.[63]

교육받은 러시아인은 정교도적인 동시에 이교도적이지만 또한 합리주의자일 수도 있었다. 그것은 하나의 자아 속에 갈등적인 요소들이 지배하고 있으면서 서로에게 완벽하게 자유스러운 하나의 감수성, 생활 방식, 세계관을 만들어내는 러시아적 조건의 일부였다. 예를 들어 스트라빈스키는 대부분의 사람들보다 더 카멜레온 같기는 했지만 1920년대에 프랑스의 가톨릭에서 지적인 고향을 찾았다. 하지만 동시에 그는 러시아 교회 의식에 그 어느 때보다도 더 감정적인 애착을 갖게 되었다. 그는 1926년부터 파리에서 정기적으로 정교 교회의 예배에 참석했다. 스트라빈스키는 파리에 있는 자기 집에 러시아 성상화들을 수집했고 집에서의 사적인 예배에선 러시아적 의식을 충실하게 지켰다. 심지어 자신의 저택에 러시아식 예배당을 건축할 계획까지 세웠다. 이 같은 조합에 모순은 없었다. 적어도 스트라빈스키는 그렇게 느꼈다. 사실상 몇 가지 상이한 신앙들 속에서 살아야 했던 스트라빈스키가 속한 코스모폴리탄적 엘리트들에게 그것은 아주 일반적인 일이었다. 일부 사람들, 특히 민족 중심적인 러시아 교회보다 그 국제주의가 자신들의 세계관을 유지하는 데 더 낫다고 생각한 사람들(1830년대에 이탈리아로 간 지나이다 볼콘스키처럼)은 로마 교회에 끌렸다. 또 다른 사람들은 많은 귀족들처럼 특히 러시아-독일 혈통을 갖고 있는 사람이라면 루터주의에 더 많은 매력을 느꼈다. 다른 믿음에 대한 여지를 허용한 귀족에게 상대적으로 피상적인 종교적 가정 교육의 본질과 귀족 계급에서의 다민족적 영향력 중 어느 것이 복잡한 종교적 감수성의 발전에 더 중요한 것인지 판단하기는 어렵지만 이 두 가지는 우리가 '러시아적 영혼'의 신화적 이미지에서 상상할지도 모를 유형보다 훨씬 더 복잡한 어떤 문화에 기여했다.

4

옵티나 푸스틴을 몇 차례 방문한 도스토예프스키는 1878년에 처음 그곳을 찾았었다. 당시는 작가의 삶에서 깊은 슬픔의 시기였다. 사랑하는 아들 알렉세이(알료샤)가 아버지에게서 유전된 간질로 사망하자 아내의 권유로 도스토예프스키는 정신적 위안과 지침을 찾아 이 수도원을 방문했다. 작가는 자신의 위대한 소설 『카라마조프가의 형제들』(1880)의 마무리 작업을 하던 중이었고 당시 그는 이 소설을 아이들과 어린 시절에 대한 소설로 계획하고 있었다.[64] 그가 옵티나에서 목격한 많은 장면들이 소설에서 재현되고 있다. 사실상 도스토예프스키 자신의 '신앙 고백'으로 읽혀져야 할 교회의 사회적 이상에 대한 원로 조시마의 긴 설교는 수도원 저작들 중에서 신부 제더골름의 『원로 레오니드의 생애』(1876)에서 거의 손대지 않고 긴 부분을 그대로 인용한 것이었다.[65] 조시마란 인물은 주로 원로 암브로시를 모델로 하고 있다. 도스토예프스키는 암브로시를 세 번 보았으며 가장 잊을 수 없었던 만남은 그를 보기 위해 수도원에 온 순례자 군중들과 함께 있을 때였다.[66] 도스토예프스키는 암브로시의 카리스마에 깊은 인상을 받았고 소설의 첫 부분들 중 하나인 '독실한 농민 여성'에서 러시아인의 신앙의 핵심으로 우리를 인도하는 장면을 재창조하고 있다. 조시마는 어린 아들로 인해 역시 슬픔에 잠겨 있는 절망적인 농민 여성를 위로하고 있다.

'그리고 이곳에 멀리서 오신 분이 있습니다' 그는 아직 아주 젊지만 마르고 지쳐 있었으며 햇빛에 검어질 정도로 그렇게 많이 그을리지 않은 얼굴을 한 여성을 가리키며 말했다. 그녀는 무릎을 꿇고 미동도 없이 원로를 응시하고 있었다. 그녀의 눈에는 광기가 서려 있었다.

'먼 곳에서, 신부님, 아주 먼 길을 왔습니다' 그 여인은 낭랑한 목소리로 말했다……. '여기서 300킬로미터나 떨어진 곳이죠, 아주 먼 곳이죠, 신부님, 아주 먼 길이었습니다.'

그녀는 울부짖듯이 말했다. 농민들 사이엔 오래 지속되는 무언의 슬픔이 있었다. 슬픔은 슬픔 속에서 위안을 받는다. 하지만 인내의 한계에 이르는 슬픔도 있다. 그렇게 되면 슬픔은 눈물로 터져 나오고 그때부터 갑자기 울부짖기 시작한다. 여자들이 특히 그렇다. 그렇지만 무언의 슬픔보다 참는 것이 더 쉬운 것은 아니다. 울부짖음은 가슴을 훨씬 더 쓰리게 찢어내고야 슬픔을 가라앉게 한다. 그 같은 슬픔은 위로를 바라지 않으며 절망감으로 살아가게 된다. 울부짖음은 단지 상처를 다시 열기 위한 지속적인 필요에 불과하다…….

'무엇 때문에 우는가?'

'저의 어린 아들 때문에 슬퍼하고 있습니다. 신부님, 그 아이는 세 살이었죠. 3달만 더 살았다면 세 살이 되었을 겁니다. 저는 제 어린 아들 때문에 슬퍼하고 있습니다, 신부님, 저의 마지막 남았던 제 어린 아들을 위해서요. 니키타와 저, 우리에겐 네 명의 아이가 있었습니다. 네 명의 아이요. 하지만 살아남은 아이는 한 명도 없습니다, 신부님. 그 아이들 중 한 명도, 단 한 명도 말입니다. 위의 세 아이를 묻었을 때는 이처럼 슬프지는 않았습니다. 이렇게까지. 하지만 마지막 아이를 묻고는 그 아이를 잊을 수가 없습니다. 지금도 그 아이가 제 앞에 서 있는 것 같습니다.

제 곁을 떠나지 않고 말입니다. 그 아이로 인해 제 영혼은 말라붙고 있습니다. 아이의 작은 물건들, 아이의 셔츠나 아이의 작은 장화를 물끄러미 바라보고 있다가는 통곡합니다. 그 아이가 남기고 간 작은 모든 물건들을 늘어놓습니다. 그것들을 바라보다 울부짖죠. 남편 니키타에게 말하죠. 여보, 가게 해 주세요. 순례 여행을 가고 싶어요. 남편은 마부입니다, 신부님. 우리는 가난하지는 않답니다, 신부님. 우리는 우리 마음대로 할 수 있죠. 그 모두를 갖고 있죠, 말들, 마차. 하지만 이제 그 모든 것이 무슨 소용입니까? 사랑하는 니키타는 제가 없으면 술을 마시죠. 분명합니다, 전에도 그랬으니까요. 남편을 외면할 수밖에 없었고 그는 약해졌습니다. 하지만 이제 더 이상 남편을 생각하지 않습니다. 제가 집을 떠난 지가 두 달이 넘었습니다. 제가 가지고 있는 모든 것을 잊어 버렸습니다. 그리고 기억하고 싶지 않습니다. 이제 남편과의 생활은 어떻게 될까요? 남편과 함께 살아 왔고 그 모든 것과 함께 살아 왔습니다. 집과 저의 물건들을 다시 보고 싶지 않습니다. 다시는 그것들을 보게 되지 않았으면 좋겠습니다!'

'어머니여, 이제 나의 말을 들으라' 원로가 말했다. '언젠가 아주 오래 전에 어떤 위대한 성인이 교회에서 당신과 같은 여인을 보았다. 여인은 하느님이 역시 데리고 가신 그녀의 외아들인 어린아이 때문에 울고 있었다. 성인은 여인에게 말했다. "어린아이들이 우리 주의 권좌 앞에 얼마나 대담하고 두려움이 없는지 모르느냐? 하느님의 나라에서 그들보다 더 대담하고 두려움이 없는 사람들은 없다. 그들은 하느님께 오 주여 당신은 우리에게 생명을 주시고 우리가 대면하기가 무섭게 생명을 빼앗아 가셨습니다라고 말한다. 그리고 아주 대담하고 두려움 없이 묻고 설명을 요구하기 때문에 하느님께선 그들에게 즉시 천사의 서열을 내리신다. 따라서 어머니 너 역시 기뻐하고 울지 말라. 너의 어린아이는 이제 천사들 속에서 주와 함께 있기 때문이다." 그것이 그 옛날 울고 있는 어머니에게 성인이 말씀하셨던 것이다. 게다가 그분은 위대한 성인이고 그분께서 여인에게 거짓을 말씀하시지는 않았을 것이다……. 너의 어린아이를 위해 기도하겠다. 아이의 이름이 무엇인가?'

'알렉세이입니다, 신부님.'

'좋은 이름이구나. 하느님의 사람인 알렉세이의 이름을 따랐는가?'

'하느님의, 신부님, 하느님의. 하느님의 사람인 알렉세이.'

'그는 위대한 성인이었다! 어머니여, 앞으로 그를 위해 기도할 것이다. 반드시. 그리고 너의 슬픔과 잘 살아갈 수 있도록 너의 남편을 위해서도 기도하겠다. 다만 너는 남편을 떠나서는 안 된다. 남편에게 돌아가 그를 돌보아야 한다. 너의 어린아이가 너를 내려다보고 있을 것이다. 네가 아이의 아버지를 버렸다는 사실을 알게 되면 아이는 너희 둘을 위해 울게 될 것이다. 왜 아이의 행복을 깨려 하느냐? 잊지 말라, 아이는 살아 있으며 영원히 영혼의 삶을 살 것이다. 아이가 더 이상 집에 있지 않는다 하더라도 너의 옆에 늘 보이지 않는 그곳에 있을 것이다. 집이 싫다고 말하면서 어떻게 아이가 집으로 돌아오기를 기대하는가? 아이가 너를 볼 수 없다면 부모가 함께 있는 것을 볼 수 없게 된다면 아이가 누구에게로 가겠는가? 너는 지금 꿈에서 아이를 보고 슬퍼하지만 네가 돌아간다면 아이는 네가 달콤한 꿈을 꿀 수 있게 해 줄 것이다. 돌아가라, 어머니여, 오늘 그에게 돌아가라.'[67]

도스토예프스키는 신앙을 갈망했다. 하지만 어린아이의 죽음은 그가 신의 섭리의 일부로 받아들일 수 없는 사실이었다. 『카라마조프 가의 형제들』에 대해 작업할 때부터 그의 공책은 당시 신문에서 읽은 어린아이들을 대상으로 한 끔찍하게 잔인한 사건들에 대한 고뇌에 찬 논평으로 가득 찼다. 이 실제 이야기들 중 하나는 『카라마조프 가의 형제들』의 논쟁적 장면과 신에 대한 이야기들에서 나타나고 있다. 그것엔 자기 영지의 농노 소년이 던진 돌에 부상당한 사냥개의 주인인 어떤 장군이 포함되어 있다. 장군은 농노 소년을 붙잡아 아이 어머니의 절망적인 탄원에도 마을 사람들이 보고 있는 가운데 벌거벗겨 사냥개 떼에게 갈가리 찢기게 한다. 카라마조프가 형제들 중 합리주의적 철학자인 이반은 수도원에서 수련 수사로 있는 동생 알료사에게 하느님의 진실이 죄 없는 어린아이의 고통을 필요로 한다면 왜 자신이 신의 존재를 믿을 수 없는지 설명하기 위해 이 사건을 언급하고 있다.

> 전에 모든 진실은 그 정도의 값어치가 없다고 말했다. 어머니는 자기 아이를 그의 개로 갈가리 찢게 한 고문자를 받아들이기를 원치 않는다……. 세상에 용서할 권리를 가질 수 있거나 갖게 될 존재가 있을까? 나는 화합을 원치 않는다. 나는 조화를 원치 않는다. 인류에 대한 사랑의 이름으로 나는 그것을 원치 않는다.[68]

친구에게 보낸 편지에서 도스토예프스키는 이반의 주장을 '반박할 수 없다' 고 말하고 있다.[69] 도덕적 감정이라는 관점에서 고문자에게 복수하지 않고 내버려두는 것은 받아들일 수 없으며, 용서라는 그리스도의 예를 따르려 했던 알료샤조차 장군이 총살되어야 한다는 데 동의하고 있다. 여기에 소설에서만이 아니라 전 생애와 예술에서 도스토예프스키가 제시했던 근본적인 의문이 있다. 즉 그에 의해 창조된 세계가 그토록 고통으로 가득 차 있을 때 어떻게 하느님을 믿을 수 있는가 하는 문제였다. 이것은 그가 자신이 살고 있는 사회를 보았을 때 던지지 않을 수 없는 의문이었다. 어떻게 하느님은 러시아를 만들 수 있었을까?

도스토예프스키는 그 자신의 말에 따르면 "우리는 거의 어릴 때부터 복음서들을 알고 있는 독실한 러시아 가정"에서 태어났다.[70] 도스토예프스키는 늘 복음서의 가르침을 잊지 않고 있었고 1840년대에 사회주의자가 되었을 때도 그가 동의한 사회주의의 형태는 그리스도의 사상과 긴밀한 유사점이 있었다. 그는 그리스도가 러시아에 나타난다면 그는 "사회주의자들과 함께하게 될 것이다"라는 벨린스키의 말에 동의했다.[71] 1849년 도스토예프스키는 성 페테르부르크에서 젊은 사회주의자 미하일 페트라쉐프스키의 집에 모였던 급진적 지하 운동 단체의 일원으로 체포된다. 그의 죄는 당시에는 금지되었던, 벨린스키가 1847년 고골리에게 보낸 유명한 편지를 읽은 것이었다. 이 편지에서 문학 평론가인 벨린스키는 종교를 공격하고 러시아의 사회 개혁을 요구했다. 도스토예프스키가 체포되었던 죄목처럼 벨린스키가 고골리에게 보낸 편지의 필사본을 배포하거나 읽는 것은 금지되어 있었다. 도스토예프스키와 그의 동지들은 사형선고를 받았지만 그들이 연병장에서 총살을 기다리고 있던 마지막 순간에 차르로부터 집행 연기 명령을 받았다. 도스토예프스키의 판결은 시베리아에서의 4년 노역형에 이은 전선 시베리아 연대에서 사병으로 복무하는 것으로 감형되었다.

옴스크 죄수 수용소에서 도스토예프스키가 보낸 세월은 삶의 전환점이 되었다. 그는 평민들 중 가장 거칠고 난폭한 자들과 대면하게 되었으며 특별한 통찰력으로 숨겨져 있는 러시아인의 영혼의 깊이에 대해 생각해 볼 수 있었다. 1854년 그는 형에게 "대체로 시간 낭비는 아니었다. 러시아는 아니더라도 적어도 러시아 민중을 알게 되었으며 아마도 거의 아는 사람이 없는 그들에 대해 알게 되었다"라고 쓰고 있다.[72] 도스토예프스키가 동료 기결수들 사이에서 발견한 것은 민중의 타고난 선량함과 완벽성에 대한 그의 오랜 인텔리겐차적 믿음을 뒤흔든 지독한 악행이었다. 살인자와 도둑들의 지하세계에서 그는 한 조각의 인간적 고상함도 발견하지 못했으며 탐욕과 기만, 폭력적 잔인성과 술주정, 그리고 신사인 그 자신에 대한 적대감만을 보았을 뿐이었다. 하지만 그가 『죽은 자의 집』(1862)에서 기술하고 있는 것처럼 그 모든 것들 중에서 가장 우울한 측면은 양심의 가책을 전혀 느끼지 않는다는 사실이었다.

> 수년 간 이들 중에서 최소한의 회한의 흔적이나 자신들의 범죄가 그들의 양심을 무겁게 짓누르고 있다는 어떤 징후를 보지 못했다. 그들 대다수가 자신들이 아주 옳다고 생각하고 있다는 사실은 이미 말했었다. 이것은 사실이다. 물론 대개는 허영심, 나쁜 예들, 무모함과 거짓된 수치심 때문이다. 이 낙담한 사람들의 깊은 곳을 통찰하고 그들에게서 세상에서 숨겨진 것을 읽어냈다고 누가 말할 수 있겠느냐? 분명 수년에 걸쳐 어떤 것을 알아내고 적어도 이 사람들의 어떤 특징을 파악해내어 내적 고뇌와 고통을 입증할 수는 있을 것이다. 하지만 그러지는 못했다. 여전히 범죄는 기존의 관점에서는 이해될 수 없는 것처럼 보이며 그 철학은 일반적으로 생각하는 것보다 다소 어려운 것처럼 보인다.[73]

인간 심리에 대한 이 같은 암울한 시각은 『죄와 벌』(1866)로 시작하는 도스토예프스키의 시베리아 유형 이후의 소설들에서 많이 나오는 살인자와 도둑들에 대한 영감이었다.

그리고 여전히 절망의 심연엔 자신의 신앙을 되찾기 위한 구속

(救贖)의 시각이 있었다. 『작가의 일기』에서 나오는 도스토예프스키의 후기 회상을 믿는다면 기적처럼 부활절에 계시가 나타났다.[74] 죄수들은 술을 마시고 싸우고 통음했으며 도스토예프스키는 판자 침대에 누워 도피해 있었다. 갑자기 오랫동안 잊고 있었던 어린 시절의 일에 대한 기억이 떠올랐다. 9살 때 가족의 시골집에 머물던 8월의 어느 날 그는 숲에서 길을 잃었다. 어떤 소리가 들렸다. 그는 누군가 '늑대다!' 라고 소리쳤다고 생각했으며 겁에 질려 인근의 들로 뛰어 갔다. 그곳에서 마레이라는 아버지의 농노들 중 한 명이 소년을 불쌍하게 여기고 위로해 주려고 애썼다.

'이런 정말 놀란 모양이군!' 그가 고개를 저으며 말했다. '이제 안심해라, 아가야. 정말 착한 아이구나!'

그는 손을 뻗어 갑자기 나의 뺨을 두드렸다.

'이제 안심하렴, 무서워할 것 없단다. 그리스도께서 너와 함께하신단다. 성호를 그어보려무나 애야.' 하지만 나는 성호를 그을 수 없었다. 입끝이 떨리고 있었다. 그 점이 특히 그를 놀라게 한 것처럼 보였다. 그는 조용히 손톱에 검은 흙이 낀 두터운 손가락을 뻗어 떨리는 입술에 가볍게 갖다 대었다.

'자, 자' 그는 어머니처럼 크게 미소를 지어 보였다. '맙소사 정말 지독히 괜한 법석이로군. 아가야, 착하지, 자자!'[75]

이 '어머니 같은' 친절한 행동에 대한 기억은 마법처럼 동료 죄수들에 대한 도스토예프스키의 태도를 변화시켰다.

이윽고 침상에서 내려와 주위를 보았을 때 갑자기 이 불행한 사람들을 전혀 다른 방식으로 볼 수 있었다. 어떤 기적이 일어난 것처럼 이전에 마음에 품었었던 증오와 분노가 사라지는 것을 느꼈던 일을 기억하고 있다. 마주한 그들의 얼굴을 꼼꼼히 지켜보면서 마음이 가라앉았다. 머리를 깍고 뺨에 표시가 있는 이 치욕적인 농민은 술을 마시고 쉰 목소리로 고함을 치듯 축배의 노래를 부른다. 그는 바로 마레이와 똑같은 사람이다. 결국 그들의 마음을 볼 수는 없다.[76]

갑자기 도스토예프스키에게 모든 러시아인 기결수들이 마음에 어떤 선한 작은 빛을 갖고 있는 것처럼 보였다(언제나 민족주의자였던 그는 폴란드인 기결수들에게서는 그 같은 빛의 존재를 부정했다). 크리스마스에 그들 중 일부가 보드빌을 공연했고 마침내 존경의 몸짓으로 그들은 교양 있는 사람인 도스토예프스키의 도움을 청했다. 기결수들은 도둑이었지만 죄수 수용소에서 자신들이 신뢰하고 그의 성스러움을 인정한 어떤 구교도에게 돈을 주기도 했다. 이제 도스토예프스키에게 수용소의 끔찍한 조건들 속에서도 어떤 품위를 유지하는 기결수들의 능력은 전혀 기적처럼 보이지 않았으며 그리스도가 러시아 땅에 살아 계시다는 사실일 수 있는 가장 훌륭한 증거처럼 보였다. 도스토예프스키는 이런 시각에 근거해 신앙을 찾았다. 그것은 충분한 근거는 되지 못했다. 어떤 농부 한 사람의 친절에 대한 아득한 기억으로부터 러시아 농부들 모두는 그들의 영혼 속 어딘가에 그리스도의 예를 숨기고 있다는 믿음으로 신앙적 도약을 이루어낸 것이었다. 그가 농민들이 실제로 살아가는 방식에 대해 어떤 환상을 갖고 있어서가 아니었다('어떤 농부가 아내를 구타하는 방법'에 대한 그의 끔찍한 묘사는 도스토예프스키가 민중에 대해 환상을 가지고 있지 않았다는 명백한 증거다). 하지만 그는 농민들의 야만성을 농민의 '다이아몬드' 같은 기독교적 영혼을 감추고 있는 수세기에 걸친 억압의 '부도덕성' 으로 보았다. 그는 다음과 같이 쓰고 있다.

> 우리는 러시아 농민의 아름다움을 그 위로 겹겹이 쌓여 있는 야만성에서 분리하는 법을 알아야 한다.…… 러시아 민중들이 아주 빈번하게 행하는 증오가 아니라 증오 속에서도 끊임없이 열망하는 위대하고 성스러운 것들로 그들을 판단하라. 모두가 악인은 아니다. 민중들 속에는 진정한 성인들이 있으며 그들은 진짜 성인들이다. 즉 그들은 빛을 발하며 모두를 위한 길을 밝힌다!…… 민중을 현재의 모습이 아니라 그들이 되고 싶어하는 것으로 판단하라.[77]

도스토예프스키는 1859년 석방되어 성 페테르부르크로의 귀환을 허락받았고 3년 후 볼콘스키는 '해방자 차르' 인 알렉산드르 2세에 의해 자유의 몸이 되었다. 도스토예프스키가 시베리아에서 도착했을 때 페테르부르크의 교육받은 집단은 흥분이 고조된 상태였다. 마지막 준비 단계에 있던 농노해방은 민족의 정신적 재생에 대한 희망을 부풀어 오르게 했다. 지주와 농민들은 러시아-기독교적 원리에 근거해 화해했다. 도스토예프스키는 농노해방령을 988년에 있었던 러시아 최초의 기독교로의 개종에 비교했다. 그는 당시 '고향 땅' 운동(pochvennichestvo)으로 알려진 작가 그룹에 속해 있었다. 그들은 단지 그들 자신의 민족성을 발견해 자신들의 예술 작품 속에 표현했을 뿐 아니라 더욱 중요한 것은 인텔리겐차에게(특히 러시아 작가에게) 농민에게 관심을 가질 것을 요구하며 진정한 기독교적 형제애라는 '러시아적' 정신으로 서구의 지식을 후진적인 마을들에 전달할 수 있게 했다.

특히 도스토예프스키에게 농민적 '러시아'에 대한 관심은 그의 분명한 신조가 되었다. 그는 스스로의 표현처럼 러시아의 신앙을 찾기를 갈망하는 불행한 무신론자이자 회개한 허무주의자였다. 1860년대 초 그는 '위대한 죄인의 삶'이라는 연작 소설을 계획했다. 그것은 믿음을 잃고 죄 많은 삶을 산 서구적 러시아 교양인의 정신적 여정을 그리려던 것이었다. 그는 진리를 찾아 수도원으로 가 슬라브주의자가 되고 홀리이스티파에 가입하고 결국 '그리스도와 러시아 땅, 러시아적 그리스도와 러시아적 하느님'을 발견하게 된다. 그것은 '대하소설'이 되었을 것이다. 도스토예프스키는 1868년 12월 시인 아폴론 마이코프에게 "누구에게도 말하지 말아주게, 하지만 이 소설이 나에게 어떤 의미인가 하면 그 때문에 죽게 된다 해도 이 마지막 소설을 써서 발행할 것이라네"라고 쓰고 있다.[78] 도스토예프스키는 '위대한 죄인의 삶'를 쓰지는 못했다. 하지만 그의 4편의 위대한 소설들—『죄와 벌』, 『백치』, 『악령』, 『카라마조프 가의 형제들』—은 모두 그 주제에 대한 변주였다.

도스토예프스키는 소설 속의 죄인들처럼 신앙에 대해 갈등했다. 1854년 그는 "나는 나이 든 어린아이다, 불신과 회의론에 물든 어린아이."[79] 그의 소설들에는 자신처럼 의혹을 갖고 추론을 하면서도 종교를 갈망하는 많은 인물들이 등장하고 있다. 『악령』(1872)의 샤토프 같은 신자들도 하느님에 대한 분명한 믿음에 완전히 몸을 맡길 수 없다. 샤토프는 스타브로긴에게 '나는 러시아를 믿는다'라고 말한다.

'나는 그리스 정교 교회를 믿는다. 나는, 나는 그리스도의 육신을 믿는다. 그리스도가 두 번째 강생하시는 곳은 러시아일 것이라고 나는 믿는다. 나는 믿는다' 그는 열에 들떠 중얼거렸다.

'하지만 하느님은? 하느님은?'

'나는, 나는 하느님을 믿게 되겠지.'[80)]

도스토예프스키의 소설들은 긴장이 결코 완전히 해소될 수 없는 이성과 믿음 간의 공개적 담론으로 읽힐 수 있다.[81)] 도스토예프스키에 따르면 진리는 이성 '과' 믿음――어느 것도 다른 하나에 의해 결정될 수 없다――속에 포함되어 있다. 진정한 믿음은 이성과 관계없이 유지되어야 한다. 어린아이가 고통 받도록 방치하는 하느님에 대한 이반의 반박에 합리적인 답변은 존재하지 않는다. 그리스도가 반개혁적 스페인에 다시 나타났을 때 그리스도를 체포한, 『카라마조프 가의 형제들』에서 이반의 시적 환상의 주체인 종교재판관의 주장에 대한 합리적 반응은 존재하지 않는다. 죄인을 심문하는 종교재판관은 인간의 고통을 방지하는 유일한 길은 일반인들이 너무 나약해 따를 수 없는 그리스도의 모범을 통해서가 아니라 필요하다면 힘으로라도 민중이 진실로 원하는 평화와 행복을 지킬 수 있는 합리적 질서를 구축하는 것이라고 주장한다. 하지만 도스토예프스키의 신앙은 '어떤' 추론을 통해 도달할 수 있는 유형은 아니었다. 그는 신에 대한 합리적인 이해를 추구하거나 교황 법과 성직자 계급이 강요하는 모든 신앙을 '서구적인 것' 으로서 비난한다(그리고 이 같은 의미에서 종교 심판관의 전설 그 자체는 도스토예프스키가 로마 교회를 반대하는 주장으로 의도된 것이었다). 도스토예프스키가 믿는 '러시아적 하느님' 은 신앙적 도약에 의해서만 도달할 수 있을 뿐이다. 즉 그것은 모든 추론에서 벗어난 신비주의적 믿음이다. 1854년 자신의 종교적 신조에 대한 보기 드문 진술서들 중 하나에서 그는

"누군가 나에게 그리스도는 진리 밖에 존재한다고 증명하고 진리가 그리스도 밖에 놓여 있다는 것이 '실제로' 존재하는 사물의 이치라고 할지라도, 나는 진리와 함께하기보다는 그리스도와 함께할 것이다"라고 기록하고 있다.[82)]

도스토예프스키가 보기에 명백한 과학적 증거와 무관하게 계속해서 믿는 능력은 러시아인의 특이한 재능이었다. 『카라마조프가의 형제』엔 카라마조프의 하인 스메르쟈코프가 가족의 저녁식사에서 하느님에 대한 의문을 공표하는 장면이 있다. 복음서를 거부하기 위해 혼란스러운 노력을 하며 스메르쟈코프는 산을 바다로 옮길 수 있는 사람은 없다고 말한다── '아마도 사막에 있는 두 명의 은자'를 제외하면.

> '잠깐만!' 기쁨에 도취된 카라마조프가 외쳤다. '그렇다면 산을 옮길 수 있는 사람이 두 명은 있다고 생각하고 있는 건가? 이반, 이 특별한 사실을 기록해, 받아쓰라고. 그게 바로 전형적인 러시아인의 생각이지!'[83)]

도스토예프스키는 카라마조프처럼 기적을 믿는 이상한 능력인 '러시아적 신앙'에서 기쁨을 느낀다. 이것이 그의 민족주의의 뿌리이자 합리주의적 서구의 정신적 구원자로서의 '러시아적 영혼'에 대한 그의 메시아적 시각이다. 그것은 결국 그가 1870년대에 민족주의 언론에, 기독교 제국을 대륙에 건설하기 위한 '우리 위대한 러시아'의 '성스러운 사명'에 대한 글을 쓰게 한다. 도스토예프스키는 순박한 러시아 민중이 지식인들의 신앙적 고뇌에 대한 해답을 찾았다고 주장했다. 러시아 민중은 믿음을 필요로 했다. 믿음은 그들 삶의 중심이자 그들에게 계속 살아가며 고통을 견뎌낼 힘을 주었다. 이것은 바로 도스토예프스키의 신앙의 원천――신앙이 살아가는 데 필요하기 때문에 의혹이 있어도 계속 믿고자 하는 충동――이었다. 합리주의는 절망, 살인이나 자살――그의 소설에 나오는 모든 합리주의자들의 운명――로 인도할 뿐이다. 의혹과 이성의 목소리에 대한 도스토예프스키의 답변은 신앙이 추론을 넘어서는 상상적인 그리고 현실적인 그런 '러시아적 유형들'――은자들, 신비주의자들, 성스러운 바보들과 순박한 러시아 농민들――로부터 영감을 얻은 일종의 실존주의적인 '믿는다 고로 나는 존재한다credo ergo sum' 이었다.

도스토예프스키의 정교는 러시아 농민 영혼의 속죄적 특성에 대한 그의 믿음으로부터 분리될 수 없다. 그의 모든 소설들 속에서 '러시아적 신앙' 에 대한 '위대한 범죄자' 의 의문은 고향 땅과의 화해를 통한 구원의 관념과 긴밀하게 연결되어 있다. 도스토예프스키는 처음으로 평범한 러시아 민중들과 가깝게 접하게 되는 시베리아 죄수 수용소에서 구원을 찾게 되며 참회와 구속의 주제는 후기 작품들 모두의 주제였다. 참회와 구속은 정치적으로 부차적 줄거리를 숨기고 있는 추리 소설 『죄와 벌』의 중심적 주제다. 소설의 주인공 라스콜리니코프는 허무주의자들과 혁명가들이 사용하는 것과 똑같은 실용주의적 추론을 사용하며 전당포 주인 노파 알료나 이바노브나에 대한 자신의 무감각한 살인을 정당화시키려 한다. 즉 노파는 사회에 '무익' 하며 동시에 자신은 가난하다는 것이다. 따라서 그는 혁명가들이 자신들의 범죄를 정당화하는 것처럼 자신은 이타적 이유로 전당포 주인을 살해했다고 스스로 정당화한다. 연인이자 정신적 안내자인 창녀 소냐의 도움으로 깨닫게 되는 것처럼 사실상 그는 자신이 더 낫다는 것을 증명하기 위해 노파를 살해한 것이었다.

그는 카이사르와 나폴레옹처럼 자신은 일반적 도덕률에서 예외적인 존재라고 믿고 있었다. 라스콜리니코프는 자신의 범죄를 고백한다. 그는 시베리아 죄수 수용소에서 7년간의 중노동을 선고받는다. 어느 따뜻한 부활절 날 소냐가 그에게 찾아온다. '마치 갑자기 무엇엔가 사로잡힌 듯' 어떤 이상한 힘에 이끌려 라스콜리니코프는 그녀의 발에 몸을 던진다. 라스콜리니코프의 참회의 행동으로 소냐는 그가 사랑을 배웠다는 사실을 알게 된다. 그것은 종교적 계시의 순간이다.

> 소냐의 눈은 끝없는 행복감으로 빛나기 시작했다. 그녀는 이해하고 있었다. 이제 그가 자신을 사랑하고 있으며 무한히 자신을 사랑한다는 사실과 마침내 그 순간에 이르렀다는 사실을 의심하지 않았다…….
>
> 그들은 말을 하려 했지만 할 수가 없었다. 그들의 눈에서 눈물이 흘렀다. 그들 둘 다 창백하고 야위어 보였지만 이제 병든 창백한 얼굴에는 완전히 새로운 삶으로 다시 태어난 미래의 여명이 빛나고 있었다.[84)]

소냐의 사랑에 힘을 얻은 그는 소냐가 자신에게 준 복음서 사본에서 도덕적인 길을 찾으며 감옥에서 생활하는 동안 새로운 삶을 시작하기로 결심한다.

러시아 작가들은 오래 전부터 기결수들의 고통을 정신적 구속으로 보았다. 시베리아로 가는 길은 하느님에게로 가는 여정이 되었다. 예를 들어 고골리는 『죽은 영혼들』의 1권에서 깡패 같은 늙은 치치코프가 시베리아의 유배자 거주지에서 빛을 찾게 되는 장면을 구상했다.[85)] 슬라브주의자들은 데카브리스트 유배자들을 순교자로 받아들이고 있었다. 이반 악사코프의 말에 따르면 슬라브주의자들은 세르게이 볼콘스키를 '이상적인 러시아인의 형태'로 존경했다. 볼콘스키가 "가장 순수한 기독교적 정신으로 자신의 모든 고통을 받아들였기" 때문이었다.[86] 마리아 볼콘스키는 19세기 중엽 민주주의적 서클 내에서 실제로 경배되었다. 민주주의 서클 내에선 마리아를 성인에 비유하는 네크라소프('러시아 여자들')의 시를 누구나 암기하고 있었다. 1850년 도스토예프스키가 시베리아로 호송되던 중 그의 일행은 토볼스크 이동 수용소에서 데카브리스트 아내들을 만나게 되었다. 25년이 지난 후에도 『작가의 일기』의 이 우연한 만남에 대한 회상에서 그들에 대한 그의 태도는 깊은 존경심을 보이고 있다.

우리는 남편을 따라 기꺼이 시베리아로 간 위대한 순교자들을 보았다. 그들은 사회적 지위, 부, 관계, 인척, 이 모든 것을 버렸다. 그들은 존재할 수 있는 '가장 자유로운' 의무인 최상의 도덕적 의무를 위해 그 모든 것을 희생한다. 어떤 죄도 없는 그들은 25년이란 오랜 세월 동안 기결수 남편들이 견뎌야 하는 모든 것을 함께 견뎌냈다. 우리의 만남은 1시간 동안 계속됐다. 그들은 우리의 새로운 여행을 축복해주었으며 우리에게 성호를 그어주고 우리 각자에게 감옥에서 허용된 유일한 책인 복음서 사본을 주었다. 유배지에서의 노예 상태와 같은 4년간 나는 이 책을 내 베개 밑에 놓아 두었다.[87]

1854년 도스토예프스키는 데카브리스트 아내들 중 한 명인 나탈리아 폰비지나에게 옴스크에 있는 죄수 수용소에서 자신의 계시로부터 발견한 새로운 신앙에 대해 최초로 분명한 진술을 담은 편지를 보냈다.

도스토예프스키가 이 여인들에게 가장 감명을 받은 것은 고통을 자발적으로 받아들였다는 사실이었다. 도스토예프스키의 신앙의 중심엔 그가 러시아 농민의 진정한 기독교적 본질——그들의 "고통에 대한 정신적 능력"[88]——이라고 주장한 겸양의 개념이 있었다. 겸양은 러시아 농민들이 약자와 가난한 사람 그리고 범죄자에게까지 천성적으로 동정심을 느끼는 이유였다. 마을 사람들은 죄수들이 시베리아로 호송되고 있을 때 음식과 의복 같은 선물로 범죄자들을 도와주곤 했다. 도스토예프스키는 마을 사람들의 연민을 "동포에 대해 기독교인의 일반적인 죄의식과 책임감"을 느낀다는 견해로 설명하고 있다.[89] 이 같은 기독교적 의식은 『카라마조프 가의 형제들』의 중심적 주제로 나타난다. 소설의 중심엔 원로 조시마의 가르침——"우리 모두는 서로에 대해 책임이 있고" 심지어 "세상의 살인자들과 도둑들"에 대해서도 책임이 있다, 우리 모두는 우리의 고통을 함께 나누어야 한다——이 자리하고 있다. 조시마는 하늘나라는 모두가 "마음의 변화"를 체험하고 "인류의 형제애가 일어나게 될 때"만 실현되게 될 것이라고 결론짓고 있다.[90]

도스토예프스키는 가난한 사람들에 대한 자신의 죄와 책임감을 깨닫는 순간에 정확히 조시마의 기독교적 귀의를 배치하고 있다. 수사가 되기 전 조시마는 군 장교였다. 그는 상류 사회의 아름다운 여자와 사랑에 빠지지만 그 여자는 또 다른 남자를 위해 그를 거부한다. 조시마는 연적에게 결투를 신청한다. 하지만 결투 전날 밤 그에게 계시가 찾아온다. 그 날 저녁 조시마는 기분이 몹시 좋지 않았다. 그는 피가 날 정도로 온 힘을 다해 당번병의 얼굴을 가격했다. 하지만 그 농노는 "맞을 때마다 몸서리를 치면서도 감히 손을 올려 방어하지도 못하고 마치 열병식에서처럼 공허한 시선으로 나를 바라보며 답답하게 머리를 꼿꼿이 세운 채 기립자세로" 그곳에 서있을 뿐이었다. 그날 밤 조시마는 잠을 이루지 못했다. 다음 날 아침 그는 그 날의 결투에서 피를 흘리는 장면이 아니라 전날 저녁 불쌍한 당번병에 대한 자신의 악의적인 잔인성에 대한 생각으로 "창피하고 부끄러운 이상한 느낌으로" 잠에서 깨었다. 갑자기 그는 "나처럼 신의 모습으로 창조된 사람"의 시중을 받을 권리가 없다는 사실을 깨닫게 된다. 양심의 가책을 견딜 수 없었던 그는 당번병의 작은 방으로 달려가 무릎을 꿇고 용서를 빌었다. 그는 결투에서 연적에게 총을 쏘도록 하고 그가 실수하자 조시마는 허공에 대고 총을 쏘고는 그에게 사과한다. 그 날 그는 군 장교직을 사임하고 수도원으로 간다.[91]

또 다른 방탕한 군 장교인 드미트리 카라마조프는 비슷한 계시를 체험하고 결국 사회적 특권을 누리는 죄에 대해 회개하게 된다. 드미트리는 아버지 살해에 대한 잘못된 판결을 받았지만 자신을 정화하고 다른 사람들의 죄를 속죄하기 위해 시베리아에서 고통을 받기를 원한다. 그렇게 해서 고통은 의식을 일깨운다. 드미트리는 꿈속에서 계시를 보게 된다. 재판에 앞선 심리중에 그는 잠이 들어 농민의 오두막에 있는 자신을 발견한다. 그는 농민들이 왜 그렇게 가난한지, 어머니가 계속해서 울어대는 아이에게 왜 젖을 물릴 수 없는지 이해할 수 없었다. 마침내 그는 "마음의 변화"를 느끼고 동포에 대한 연민을 나타내며 "기쁨으로 빛을 발하는 얼굴"을 한 변화된 모습으로 깨어난다.[92] 그는 아버지를 살해하지는 않았지만 자신의 농노들인 농민들의 고통에 책임을 느꼈다. 아무도 드미트리가 왜 "가엾은 어린아이"에 대해 계속 중얼거리는지 그것이 왜 그가 "시베리아로 가야 한다!"는 이유인지 이해할 수 없었다.[93] 하지만 재판에서 모든 것이 밝혀진다.

> 광산에서 광석을 채굴하면서 20년을 보낸들 어떻겠는가? 나는 그것이 전혀 두렵지 않다. 그것은 지금은 전혀 두렵지 않은 일이다. 내 안에 나타난 새로운 인간이 떠나게 될 것이다. 당신의 옆에 있는 광산 지하의 또 다른 기결수와 살인자에게서도 똑같은 인간의 마음을 발견할 수 있으며 그와 친구가 될 수 있다. 그곳에서도 사람이 살고 사랑하며 고통받을 수 있기 때문이다! 기결수의 얼어붙은 마음에 새로운 빛을 불어넣을 수 있다. 수년 간 그를 기다려 마침내 도둑의 비천함에서 시대의 빛으로, 고통받고 스스로의 인간성을 의식하게 되는 고귀한 영혼으로 나아가게 하고 천사의 삶을 회복해 영웅으로 되돌아가게 할 수도 있다! 그런 사람은 무수히 많다. 우리 모두는 그들에 대해 책임이 있다! 나는 바로 그때 왜 '어린아이'의 꿈을 꾸었을까? "이 불쌍한 어린아이에 대한 꿈을 왜 꾸었을까?" 그때 어떤 징후가 나에게 일어났다! 그것은 내가 그 '어린아이'에게 도움이 되는 것이다. 왜냐하면 우리는 모두에 대해 전적으로 책임이 있기 때문이다. 모든 '어린아이들'에 대해, 왜냐하면 작은 어린아이와 큰 어린아이가 있기 때문이다. 우리 모두는 '어린아이들'이다. 그리고 나는 모두를 위해 그곳에 갈 것이다. 누군가 모두를 위해 가야 할 필요가 있기 때문이다.[94]

도스토예프스키는 교회가 사회적 행동을 하고 책임을 져야 한다고 믿었다. 그는 18세기 이후 피터의 국가에 스스로 얽매여 결과적으로 정신적 권위를 잃어버린 공적인 교회에 대해 비판적이었다. 그는 교회가 사회에서 더 능동적일 것을 요구했다. 그는 교회가 목자의 역할을 잃고 러시아의 중요한 문제인 가난한 자들의 고통에 무관심하다고 말했다. 슬라브주의자인 호먀코프와 같은 평신도 신학자와 심지어 교회 성직자 계급 내의 일부 성직자들도 그 같은 견해를 갖고 있었다. 도스토예프스키는 그들의 저작에서 영향을 받았다.[95] 일반적으로 교회는 사회주의적 인텔리겐차와 사회적 책임을 가진 더 의미 있는 정신적 공동체를 찾고 있는 다양한 분리파 교회 신도들과 신비주의자들에게 영향력을 잃고 있었다.

도스토예프스키의 저작은 이런 맥락에서 읽혀져야 한다. 도스토예프스키 역시 수도원 담을 넘어 모든 러시아인들을 신도들의 거주 공동체로 통합하는 슬라브주의자들의 '소보르노스트sobornost' 와 같은 기독교적 박애를 실천하는 교회를 추구하고 있었다. 사회적-신비주의적 이상인 그의 유토피아는 바로 신정정치였다. 도스토예프스키는 이 같은 이상을 『카라마조프 가의 형제들』에서 전개——이반이 종교재판소의 관할권을 급진적으로 확대할 것을 제안하는 자신의 논문에 대해 원로 조시마의 동의를 얻는 장면에서——하고 있다. 이것은 소설이 출간되었을 당시 엄청난 논란을 불러일으켰던 주제였다. 이반은 국가가 교회를 흡수한 서구 역사와 달리 성스러운 러시아의 이상은 국가를 교회의 수준으로 향상시키는 것이라고 주장했다. 이반의 종교재판소에 대한 개혁은 국가의 강제력을 교회의 도덕적 제재로 대체하려는 것이었다. 다시 말해서 사회는 범법자들을 처벌하기보다는 그들의 영혼을 교화하고자 해야 한다는 것이다. 조시마는 이 같은 주장에 기뻐하고 있다. 그는 "모든 시베리아 감옥에서의 중노동 판결"로는 어떤 범죄자도 억제하거나 교화할 수 없다고 주장했다. 하지만 조시마는 외국인 범죄자들과 달리 아무리 냉혹한 러시아 살인자도 자신의 범죄를 인정하고 회개할 만큼의 신앙을 갖고 있다고 주장한다. 그는 정신적 교화를 통해 살아 있는 교회의 구성원이 구원받게 될 뿐 아니라 "아마도 많은 범죄들이 전혀 믿을 수 없을 정도로 줄어들게 될 것"이라고 예언한다.[96] 도스토예프스키의 『비망록』을 보면 그는 분명 러시아 땅에 나타나게 될 "하나의 보편적 주권자인 교회"에 대한 조시마의 신정적 견해(이것은 옵티나의 신부 제더골름의 저술들에 분명하게 근거하고 있는 견해다)를 갖고 있었다. "별은 동방에서 빛나게 될 것이다!"[97]

도스토예프스키의 친구이자 동료 작가인 블라디미르 솔로비예프에 따르면 도스토예프스키는 기독교적 사랑에 의해 사회를 통합하는 교회에 대한 자신의 이상을 설명하게 될 연작 소설 중 첫 번째 작품으로 『카라마조프 가의 형제들』을 계획했다.[98] 『카라마조프 가의 형제들』의 마지막 장면에서 이 같은 견해가 전개되고 있는 것을 볼 수 있다. 『카라마조프 가의 형제들』의 마지막 장면에서 알료샤(그는 수도원을 떠나 세상으로 나아간다)는 결핵으로 사망한 불쌍한 아이 일류샤의 장례식에 참석하고 있다. 장례식이 끝난 후 그는 죽어가는 소년들을 돌보는 일에 자신을 따르는 일단의 소년들을 모은다. 12명의 사도들이 있다. 그들은 일류샤의 아버지가 아들을 묻고 싶어하는 묘비에 모인다. 추도사에서 알료샤는 죽은 소년의 영혼은 자신들의 마음 속에 영원히 살아 있게 될 것이라고 아이들에게 말한다. 죽은 소년의 영혼은 그들의 삶에서 친절의 원천이 될 것이며 알료샤가 그들에게 말한 것처럼 그것은 그들에게 "너희들이 선하고 정의로운 어떤 일을 행할 때 삶은 얼마나 아름다운 것인가!"를 상기시키게 될 것이다.[99] 여기에 어떤 수도원의 벽 밖에 살아 있는 교회, 모든 아이들의 마음에까지 이르는 교회에 대한 전망이 있었다. 알료샤가 언젠가 꿈꾸었던 것처럼 이 같은 교회에선 "더 이상 부자도 가난한 사람도, 고귀한 자나 비천한 자도 없으며 모든 사람이 하느님의 자식으로 존재하게 될 것이며 진정한 그리스도의 왕국이 도래하게 될 것이다."[100)]

검열관들은 이 같은 문장이 그리스도보다는 사회주의와 더 관계가 있다고 주장하며 도스토예프스키 소설의 많은 부분을 금지했다.[101)] 사회주의자에 반대한 것으로 잘 알려져 있는 작가에게는 아이러니한 일일 수도 있지만 도스토예프스키의 민주주의적 교회에 대한 전망은 젊은 시절 그가 신봉했던 사회주의 이상과 여전히 긴밀한 관계를 갖고 있었다. 강조점은 변했지만――사회주의자로서 그는 사회를 변화시키기 위해서 도덕의 필요성을 믿고 있었지만 기독교인으로서 그는 정신을 교화하는 것이 사회적 변화를 가져올 수 있는 유일한 방법이라는 사실을 알게 되었다――본질적으로 진리에 대한 의문은 늘 똑같은 것이었다. 도스토예프스키의 생애는 복음서의 가르침과 이 땅에서의 사회 정의를 위한 필요성을 결합시키기 위한 투쟁으로 볼 수 있다. 그는 자신이 '러시아인의 영혼'에서 그 해답을 발견했다고 생각했다. 마지막 저작들 중 하나에서 도스토예프스키는 러시아 교회에 대한 자신의 견해를 다음과 같이 요약하고 있다.

> 나는 지금 교회 건물이나 설교들에 대해서가 아니라 우리의 러시아적 '사회주의'(그리고 아무리 이상하게 보인다 해도 나는 교회가 대표하고 있는 모든 것과 정반대되는 이 단어를 나의 이상을 설명하기 위해 사용하고 있다)에 대해 말하고 있다. 러시아적 사회주의의 목적과 그 궁극적 산물은 세상이 수용할 수 있는 한 이 땅에 보편적 교회를 확립하는 것이다. 나는 그리스도의 이름으로 늘 러시아 민중에게 고유한 크고 일반적이며 보편적인 형제애의 통합에 대한 끊임없는 갈구에 대해 말하고 있다. 그리고 만

일 이 통합이 아직 존재하지 않는다면, 교회가 아직 완전히 확립——기도에서만이 아니라 사실상——되어 있지 않다면 이러한 교회를 찾는 천성과 그것에 대한 끊임없는 갈망은……여전히 우리 수백만 민중의 가슴 속에서 찾을 수 있다. 우리가 러시아인의 사회주의를 발견하는 것은 공산주의나 기계론적 형태에서가 아니다. 즉 그들은 궁극적으로 그리스도의 이름 하에 전세계가 통합될 때 구원을 얻게 될 것이라는 사실을 믿고 있다. 그것이 우리의 러시아적 사회주의다![102]

5

1910년 10월 28일 새벽 4시 톨스토이는 야스나야 폴랴나에 있는 자신의 집에서 몰래 나와 마차를 타고 인근 기차역으로 가 옵티나 푸스틴에 있는 수도원으로 가는 역이 있는 코젤스크행 삼등 기차표를 산다. 죽기 겨우 열흘 전 여든 둘의 나이에 톨스토이는 수도원에서의 위안을 찾아 모든 것——아내와 아이들, 거의 50년을 살아 온 가족의 집, 그의 농민과 문학적 이력——을 버리고 있다. 그는 이전에도 여러 차례 달아나고 싶은 충동을 느끼고 있었다. 1880년대부터 그는 자신의 영지를 지나는 키예프 길에서 밤에 순례자들과 함께 걷는 버릇이 있었다——종종 아침식사 때까지 돌아오지 않았다. 하지만 이제 그의 충동은 영원히 떠나는 것이었다. 대체로 그의 종교적 견해에 대한 아내 소냐와의 끊임없는 논쟁은 집에서의 삶을 견딜 수 없게 했다. 그는 마지막 날들을 평화롭고 조용하게 보내고 싶었다.

톨스토이는 자신이 어디로 가고 있는지 모르고 있었다. 그는 무작정 서둘러 집을 떠났다. 하지만 무엇인가가 그를 옵티나로 이끌었다. 그것은 톨스토이가 막 처음으로 읽었던 『카라마조프 가의 형제들』이었을 수도 있으며 혹은 옵티나 수사들이 관리하는 인근 사모르디노 수녀원에서 말년을 보냈던, 행복했던 어린 시절의 마지막 생존자인 누이 마리아의 존재였을 수도 있다. 옵티나 수도원은 그의 야스나야 폴랴나 영지에서 멀지 않았다. 그는 이전 30년간 몇 차례 농민처럼 그곳까지 걸어가 원로 암브로시와 하느님에 대해 대화함으로써 혼란스러운 마음의 평정을 찾은 적이 있었다. 톨스토이는 옵티나 은자들의 금욕적인 삶에서 영감을 얻었다. 그것은 『세르기우스 신부』(1890~98)——기도와 명상을 통해 하느님을 찾으려고 노력하다 결국 노상의 비천한 순례자로서 평화를 찾은 옵티나 출신 전직 장관의 전속부관인 은자에 대한 이야기——가 세상을 버리고자하는 톨스토이 자신의 종교적 갈구에 대한 독백으로 읽혀질 수 있을 정도였다. 어떤 사람들은 톨스토이가 옵티나에서 교회와 마지막으로 화해하려고 했다고 말한다——그는 죽기 전에 자신에 대한 파문(1901년 교회가 부과한)이 철회되기를 원했다. 분명 화해가 가능한 곳이 있다면 그것은 옵티나였다. 교회의 의식과 제도로 정돈되어 있기는 했지만 기독교에 대한 옵티나의 신비주의적 접근은 톨스토이 자신의 종교적 신앙에 아주 근접한 것이었다. 하지만 톨스토이는 무엇보다 '떠나고자 하는' 욕구에 사로잡혔던 것처럼 보인다. 그는 자신의 영혼이 내세로의 여행을 준비할 수 있도록 이 세상의 일들에서 벗어나고 싶어했다.

『참회록』으로 판단하건데 하느님에 대한 톨스토이의 관심은 갑작스러운 것——1870년대 후반의 도덕적 위기의 결과——이었다. 이것 역시 위기 이전의 문학가로서의 톨스토이와 위기 이후의 종교

사상가로서의 톨스토이를 명확히 구분하는 대다수 학자들의 견해다. 하지만 사실상 톨스토이는 자신의 삶과 예술에서 끊임없이 신앙에 대한 탐구를 지속했다.[103] 그의 일관된 정체성은 정신적 의미와 완벽성에 대한 의문과 결부되어 있었으며 그리스도의 생애에서 영감을 얻었다. 톨스토이는 하느님을 사랑과의 종합적 관점에서 생각했다. 그는 소속되기를 원했으며 어떤 공동체의 일원으로 느끼고 싶었다. 이것은 결혼 및 농민과의 친교에서 그가 추구한 이상이었다. 톨스토이에게 하느님은 사랑이다. 즉 사랑이 있는 곳에 하느님이 계셨다. 모든 인간의 신성한 핵심은 연민과 사랑할 수 있는 능력에 있었다. 죄는 사랑을 잃은 것――벌 그 자체――이며 죄에서 벗어나 구원을 찾는 유일한 길은 사랑 그 자체를 통해서다. 초기의 단편 소설 『가족의 행복』(1859)에서 그의 마지막 소설 『부활』(1899)에 이르기까지 톨스토이의 모든 소설 속에 이 같은 주제가 흐르고 있다. 어쨌든 문학 작품들을 그의 종교적 견해와 분리해서 보는 것은 잘못이다. 오히려 톨스토이의 소설들은 고골리처럼 그의 종교적 견해에 대한 우화들――성상화들――이다. 톨스토이 작품의 주인공들은 모두 다른 사람들과 관계를 맺고 있다는 의식으로 그들의 삶에 유일하게 의미와 목적을 부여할 수 있는 일종의 기독교적 사랑을 추구하고 있다. 그것이 안나 카레니나가 톨스토이의 세계에서 사라지는 운명――고립되어 완전히 스스로에게만 의지하게 되는――이 될 수밖에 없는 이유다. 또한 『전쟁과 평화』에서 공작녀 마리아나 농부인 카라타예프가 다른 사람들을 위해 고통받음으로써 자신들의 사랑을 보여주는 이유이다.

톨스토이는 하느님에 대해 신비주의적으로 접근한다. 그에게 하느님은 인간의 정신으로는 이해될 수 없으며 오로지 사랑과 기도를 통해서만 느껴질 뿐이다. 톨스토이에게 기도는 신에 대한 자각의 순간, 법열과 자유의 순간이다. 그때 정신은 개인에게서 벗어나 우주와 융합한다.[104] 적지 않은 정교 신학자들이 톨스토이의 종교를 불교와 다른 동양적 신앙에 비교하고 있다.[105] 하지만 사실상 그의 신비주의적 접근은 옵티나 은자의 기도 방식과 더 많은 공통점을 갖고 있다. 하지만 톨스토이의 러시아 교회와의 불일치는 근본적인 것이었다. 그는 옵티나에서도 자신의 정신적 갈증을 만족시킬 수는 없었다. 톨스토이는 교회의 교의들──삼위일체, 부활, 신성한 그리스도의 모든 개념──을 거부하고 대신에 살아 있는 인간으로서의 그리스도의 예에 기초한 실제적인 종교를 설명하고 권하기 시작한다. 그의 기독교는 어떤 교회도 수용할 수 없는 유형의 기독교였다. 그것은 수도원 담을 넘어 러시아 같은 국가에서 어떤 기독교인도 모른 척할 수 없는 중요한 사회 문제──가난과 불평등, 잔인성과 억압──에 직접적으로 개입하려는 것이었다. 여기에 1870년대 말부터 톨스토이의 도덕적 위기와 사회에 대한 부정의 종교적 기초가 있다. 톨스토이는 점차 진정한 기독교인은 예수가 산상 설교에서 가르친 대로 살아야 한다고 생각하게 되었다. 그는 재산을 팔아 가난한 사람에게 나누어주고 기독교적 형제애로 그들과 함께 살겠다고 맹세한다. 본질적으로 그의 믿음은 일종의 기독교 사회주의──혹은 그가 모든 형태의 교회와 국가의 권위를 거부하는 한에 있어서 다소 무정부주의──에 이르게 된다. 하지만 톨스토이는 혁명가는 아니었다. 그는 사회주의자들의 폭력을 거부한 평화주의자였다. 그의 관점에서 부정의(不正義), 억압과 싸우는 유일한 방법은 그리스도의 가르침에 복종하는 것이었다.

우리가 볼 때 1917년 혁명은 복음서에 대한 톨스토이의 단순한 해석이 교회와 국가에 대해 제기한 위협을 모호하게 하고 있다. 톨스토이는 1900년대에 파문당할 때까지 진실로 민족주의 신봉자였다. 그의 기독교적 무정부주의는 농민들에게 엄청난 호소력이 있었기 때문에 기성 교회 그리고 차르에게조차 중대한 위협으로 인식될 정도였다. 러시아에서 어떤 사회 혁명도 정신적 기반을 가지고 있어야 했다. 가장 무신론적인 사회주의자들조차 자신들이 언급한 목적에 종교적 함의를 부여할 필요성을 의식하고 있었다.* 1901년 보수적 신문인 「노보에 브레미야」의 편집장 A. S. 수보린은 "러시아에는 두 명의 차르가 있다. 즉 니콜라이 2세와 레오 톨스토이가 그들이다. 누가 더 강력한가? 니콜라이 2세는 톨스토이에 대해 할 수 있는 것이 아무것도 없다. 그는 톨스토이의 왕좌를 뒤흔들 수 없다. 하지만 톨스토이는 분명 니콜라이 2세의 왕위를 뒤흔들 수 있다"고 쓰고 있다.[106] 차르 당국이 톨스토이를 내버려 두었다면 이런 일은 일어나지 않았을 것이다. 1880년대에 그의 종교적 저작을 읽은 사람은 거의 없었다. 교회가 정부를 전복하려 한다고 그에 대해 비난하기 시작하던 1890년대에 들어서서야 톨스토이의 작품들이 대규모 불법 인쇄물로 지방에 유통되기 시작했다.[107] 『부활』을 출간한 1899년

* 볼셰비키는 사회주의의 종교적 공명을 정치적으로 가장 잘 이용했다. S. G. 스트루밀린은 1917년 시골의 가난한 자들을 위한 팸플릿에서 사회주의를 그리스도의 과업에 비유하여 사회주의가 '자유, 평등, 박애의 지상 왕국'을 건설할 것이라고 주장했다(S. 페트라쉬케비치[스트루밀린], Pro zemliu I sotsializm: slovo sotsialdemokrata k derevenskoi bednote(페트로그라드, 1917), 1~2쪽). 1918년 8월 레닌이 암살 기도로 부상당한 이후 시작된 레닌 숭배는 명백한 종교적 함의를 수반했다. 레닌은 민중의 대의를 위해 죽을 준비가 되어 있으며 총탄으로도 죽일 수 없었기 때문에 기적의 힘으로 축복받은 그리스도 같은 인물로 묘사되었다. 당 기관지인 「프라우다」(진리와 정의를 의미)는 농민의 의식에서 명백한 종교적 의미를 갖고 있었다——붉은 별이 의미하는 것처럼, 왜냐하면 민담에 따르면 처녀 프라우다 Pravda는 이마에 온 세상을 밝히고 세상에 진리와 행복을 가져다주는 불타는 별을 갖고 있기 때문이다.

톨스토이는 소설가로서보다는 사회 비평가이자 종교적 반대자로 더 잘 알려져 있었다. 『부활』을 그의 생애에서 현격한 베스트셀러 소설로 만든 것은 차르적 국가 제도——교회, 정부, 사법상의 유형 제도, 사유 재산권과 귀족의 사회적 관습——에 대한 소설의 종교적 공격이었다.[108] 열광한 스타소프는 톨스토이에게 "러시아의 모든 사람들이 이 책으로 살아가고 있습니다. 선생님께선 이 책이 불러일으킨 대화와 논쟁을 상상하실 수 없을 겁니다.…… 이 사건은 19세기 문학사에 전례 없었던 일입니다"라고 축하편지를 쓰고 있다.[109] 마침내 1901년 파문당할 때까지 교회와 국가가 톨스토이를 공격하면 공격할수록 톨스토이의 추종자는 점점 늘어갔다. 톨스토이에 대한 파문은 그에 대한 대중의 분노를 촉발시키기 위한 것이었다. 반동주의자들과 정교 광신도들이 그 같은 요청에 부응했다. 톨스토이는 살해 위협과 욕설이 담긴 편지를 받았다. 극단적 민족주의자들에 대한 지원으로 악명이 높았던 크론스타트의 주교는 우파 언론에 광범위하게 유포되었던 톨스토이의 죽음을 위한 기도문을 쓰기까지 했다.[110] 하지만 톨스토이는 전국으로부터 모든 협박 메시지에 상응하는 백여 통의 지지 편지를 받았다. 민중들은 편지에서 그에게 자기 지방 정부의 악습에 대해 이야기하거나 1905년 이후 혁명가들의 처형에 답해 쓴 「나는 침묵할 수 없다」라는 유명한 논문에서 차르를 비난한 데 대해 그에게 감사를 보냈다. 어떤 소설도 읽어 본 적이 없었던 수백만 민중들이 갑자기 톨스토이의 작품을 읽기 시작했다. 그리고 톨스토이가 가는 곳마다 엄청난 지지 군중들——경찰이 1908년 톨스토이의 80회 생일 축하연에서 추산한 것에 따르면 차르에게 인사하기 위해 모인 것보다 더 많은——이 나타나게 되었다.

톨스토이는 『부활』로 벌어들인 돈 모두를 두호보르Dukhobors에 기부한다. 두호보르는 톨스토이에 앞선 톨스토이주의자들이다. 이 종파는 늦게 잡아도 18세기부터 기원하며 당시 기독교적 형제애에 기반한 최초의 공동체가 확립되었다. 그들은 교회와 국가의 권위를 거부한 평화주의자들로서 러시아에서 그들이 존재하기 시작한 때부터 박해를 받았으며 1840년대에 강제로 카프카스에 거주하게 된다. 톨스토이는 1880년대 초 처음으로 두호보르에 관심을 갖게 된다. 톨스토이의 저술에 그들 사상의 영향은 명백하다. 톨스토이주의의 모든 핵심적인 요소들──하느님의 나라가 자기 안에 있다는 관념, 기성 교회의 교의와 의식들에 대한 거부, (상상 속의) 농민의 생활 방식과 공동체의 기독교적 원리──은 또한 두호보르 믿음의 일부이기도 했다. 이 종파는 1895년 징병에 반대해 일련의 데모를 주도한다. 수천 명의 톨스토이주의자들이 카프카스에서의 항의에 참여하기 위해 모여들었고 그들 중 상당수는 두호보르와 합류했다. 톨스토이는 언론에 수백 통의 편지를 보내 그들의 대의를 공표했다. 그는 결국 그들이 캐나다(그들의 반대가 정부의 골칫거리에 불과하다는 사실을 입증한 곳)에서 재정착할 수 있도록 보장하고 비용의 상당 부분을 지원했다.[111)]

톨스토이는 다른 많은 종파들과도 긴밀하게 접촉했다. 그의 살아 있는 기독교 정신과 이 종파들이 러시아 땅에서 진정한 교회를 추구하는 것은 본질적으로 유사했다. 둘 모두 사회에 대한 유토피아적인 전망에서 파생된 것이었다. '톨스토이주의' 그 자체가 일종의 종파였다. 혹은 적어도 그 적들은 그렇게 생각했다. 톨스토이의 추

† 일정한 자기 훈련에 의하여 정신 세계를 직관적으로 관조할 수 있다고 주장함.

종자들과 주요 종교 종파들 간에 톨스토이의 지도 아래 통합된 운동을 조직하는 데 대한 지루한 논쟁이 계속됐다.[112] 이것은 교회에 대한 중대한 도전이었다. 일부 학자들은 러시아 인구 전체(약 1억 2천만 명)의 3분의 1 정도가 분리파 교회 신도라고 생각하지만 분리파 교회 신도의 수는 18세기 3백만에서 1910년대에는 3천만 명 정도로 급격히 증가했다.[113] 인민주의적 인텔리겐차가 19세기 초 연구를 시작했을 때 매년 새로운 종파들이 만들어지거나 발견되었다. 이어 1900년대엔 견신론자, 인지학주의자†, 상징주의자들, 라스푸틴주의자들과 온갖 유형의 신비주의자들이 새롭고 더 '본질적'인 유형의 러시아 신앙을 위한 자신들의 갈망에 대해 답변을 찾기 시작했다. 기존 교회는 내부에서 파열될 위험 속에 있었다. 기성 교회는 정치적으로 국가에 얽매여 정신적으로 사망한 것은 아닐지라도 활기 없는 교구 생활로 농민 신도들이 교회를 떠나 신생 종파에 합류하거나 이 땅에서의 진리와 정의를 찾아 도시나 사회주의자들에게로 달아나는 것을 막을 수 없었다.

톨스토이의 기독교적 무정부주의가 기독교적 사랑과 형제애의 자유 공동체에 속하고자 하는 열망에서 비롯되었다면, 그의 개인적인 종교적 뿌리는 세월이 가면서 더욱 더 강렬해지는 죽음에 대한 두려움이었다. 죽음은 그의 전 생애와 예술을 통해 하나의 강박관념이었다. 톨스토이는 어릴 때 부모를 여위었고 젊었을 때 형인 드미트리도 잃었다──『안나 카레니나』에서 콘스탄틴의 형제 니콜라이 레빈이 죽는 장면에서 그가 묘사하고 있는 괴로운 일화. 톨스토이는 죽음을 삶의 일부로 합리화하기 위해 절망적으로 노력했다. 그는 『인생론』(1887)에서 "죽음을 두려워하는 사람은 죽음이 공허와 어둠으로 보이기 때문에 죽음을 두려워하지만, 그 사람들은 삶을 보지 못하기 때문에 공허와 어둠을 본다"라고 쓰고 있다.[114] 쇼펜하우어의 영향을 받은 것처럼 보이는 그는 죽음을 우주의 어떤 추상적 실체 속에서 개인이 소멸되는 것으로 보았다.[115] 하지만 그 어떤 것도 그를 잘 아는 사람들을 납득시키지는 못했다. 체홉이 고리키에게 보낸 편지에서 쓰고 있는 것처럼, 톨스토이는 자신의 죽음에 겁을 내고 있지만 그것을 인정하고 싶어하지 않았고 그래서 성경을 읽으며 평온을 찾았다.[116]

1897년 톨스토이는 체홉을 방문했다. 체홉은 중병에 들어 있었고, 오랜 폐결핵은 각혈과 함께 갑작스럽고 극적으로 악화되었다. 그때까지 자신의 건강 상태를 무시했던 체홉은 결국 의사를 찾지 않을 수 없었다. 각혈을 한 지 엿새 후 톨스토이가 병원을 방문했을 때, 그는 체홉이 즐거운 모습으로 침대에 앉아 웃고 농담을 하며 큰 맥주 컵에 피를 토해내고 있는 것을 보았다. 체홉은 자신이 처한 위험을 알고 있었지만——어쨌든 그는 의사였다——활기를 잃지 않았으며 앞으로의 계획에 대해 말하기까지 했다. 체홉은 평소의 예리한 재치로 톨스토이가 임종의 순간에 있는 친구를 보지 못해 '거의 실망한 모습'이었다고 기록하고 있다. 톨스토이가 죽음에 대해 이야기하고 싶어 온 것은 분명했다. 그는 체홉이 죽음을 받아들이고 계속 살아 갈 것처럼 보이는 방식에 매혹되었고 체홉의 평온한 태도를 부러워했다. 그는 더 많은 것을 알고 싶었다. 곧 톨스토이는 중병에 걸린 사람의 면전에선 일반적으로 금기로 여겨지는 주제를 꺼냈다. 톨스토이는 체홉이 각혈을 하면서 누워있는데도 그에게 죽음과 사후에 대해 장광설을 늘어놓았다. 체홉은 주의 깊게 경청했지만 결국 인내력을 잃고 논쟁을 시작했다. 체홉은 톨스토이가 그 속에서 죽은 자가 소멸된다고 생각하는 신비주의적인 힘을 '무형의 동결된 덩어리'로 보았고 톨스토이에게 자신은 실제로 영원한 삶을 원하지 않는다고 말했다. 체홉은 사실상 자신은 사후의 삶을 이해하지 못한다고 말했다. 체홉은 스스로 쓰고 있는 것처럼 "불멸에 대한 망상"에 대해 생각하거나 그것으로 위안을 얻는 것은 무의미하다고 생각했다.[117] 여기에 두 사람 사이의 중요한 차이가 있었다. 톨스토이가 죽음을 생각할 때 그는 또 다른 세계에 관심을 가졌지만 체홉은 늘 이 세계에 대한 것으로 되돌아왔다. 그는 톨스토이가 떠난 후 병원에서 친구이자 출판업자인 A. S. 수보린에게 "소멸된다는 것은 끔찍한 일이다"라고 말했다. "그들은 당신을 묘지에 안장하고 집으로 돌아가 술을 마시며 당신에 대해 위선적인 말을 한다. 그것은 생각만 해도 소름끼치는 일이다!"[118]

체홉이 무신론자는 아니었다──말년에 신앙을 갖고 있지 않다고 주장하기는 했지만.[119] 그는 사실 종교적으로는 매우 복잡하고 상반된 태도를 보였다. 체홉은 종교적 가정에서 성장했으며 평생 교회 의식에 강하게 집착했다. 그는 성상화를 수집했고, 알타에 있는 그의 집 침실 벽엔 십자가가 걸려 있었다.[120] 그는 러시아 수도원과 성인들의 삶에 대한 글을 즐겨 읽었다.[121] 그의 서신을 놓고 볼 때 체홉이 교회 종 소리를 좋아했으며 종종 교회에 가 예배를 드리고, 수도원에 머물거나 여러 차례 수사가 될 생각까지 했던 사실을 알 수 있다.[122] 체홉은 교회를 예술가와 동류로 보았으며 예술가의 사명을 정신적인 것으로 보았다. 언젠가 그가 친구인 그루진스키에게 말한 것처럼 "마을 교회는 농민들이 아름다운 어떤 것을 경험할 수 있는 유일한 장소였다."[123]

체홉의 문학 작품들은 종교적 인물과 주제로 채워져 있다. 레스코프를 제외하면 러시아 작가들 중 민중의 예배나 교회 의식에 대해 체홉만큼 많은 애정을 갖거나 자주 쓴 작가는 없었다. 체홉의 많은 단편 소설들(『주교』, 『학생들』, 『노상에서』와 『6번 병동』과 같은)은 신앙에 대한 탐구와 깊이 관련되어 있었다. 체홉 자신은 종교에 대한 의혹을 갖고 있었다——한 번은 수도원들이 종교적이지 않은 사람들을 받아들이고 기도를 하지 않아도 된다면 수사가 되고 싶다고 쓰고 있다.[124] 하지만 그는 분명 신앙이나 정신적인 사상을 가지고 있는 사람들에게 공감하고 있었다. 체홉의 견해는 『세 자매』에 나오는 마샤의 말로 가장 잘 표현되고 있을 것이다. "사람은 신앙을 갖거나 신앙을 추구해야 하는 것처럼 보입니다. 그렇지 않으면 삶이 공허하고, 너무 무의미하니까요."[125] 체홉이 신의 존재에 대한 추상적 문제에 지나친 관심을 보였던 것은 아니었다. 그가 수보린에게 말했듯이 작가는 그 같은 질문을 할 정도로 어리석지는 않아야 한다.[126] 하지만 체홉은 종교의 개념을 자신과 순박한 러시아인을 위한 것이라고 생각한 삶의 방식——기본적 도덕 규범——으로 받아들였다.[127]

그의 초기 단편 소설 『노상에서』(1886)에서 체홉은 신앙에 대한 러시아인의 필요에 대해 논의하고 있다. 무대는 몇몇 여행객이 궂은 날씨를 피하고 있는 대로(大路)의 한 여관이다. 젊은 귀족 여성이 리하레프라는 한 신사와 대화를 시작한다. 그녀는 유명한 러시아 작가들이 죽기 전에 모두 신앙을 찾는 이유를 알고 싶어한다. 리하레프는 다음과 같이 대답한다. "제가 생각하기에 신앙은 성령의 선물입니다. 재능이죠. 다시 말해서 타고 나야 한다는 것입니다."

"저로서는, 저의 판단과 제가 보아왔던 바에 따르면, 신을 믿는 기질은 러시아인들에게 가장 분명하게 나타납니다. 러시아인의 생활은 끊임없

> 는 믿음과 광신으로 이어지지만, 아직은, 제가 보기에, 아직은 믿음을 전적으로 받아들이거나 전적으로 거부하지 못하고 있습니다. 러시아인이 하느님을 믿지 않는다면 그것은 그 사람이 다른 어떤 것을 믿고 있다는 의미입니다.[128]

이것은 체홉의 견해에 가깝다——그리고 이런 의미에서 바로 체홉 자신이 러시아인이었다. 체홉은 신의 존재에 대해 의문을 가졌을 것이다. 하지만 한 번도 러시아인들이 믿어야 할 필요성에 대해 부정한 적은 없었다. 미래의 더 낳은 세상에 대해 믿을 수 없다면 체홉은 러시아에서의 삶을 견딜 수 없었기 때문이었다.

러시아인의 생활 방식의 중심에 믿음의 필요성이 자리하고 있었던 것처럼 체홉의 예술에서도 믿음의 필요성은 중요한 주제였다. 체홉의 연극엔 체홉 자신처럼 인간의 삶을 개선하기 위한 노동과 과학의 능력을 믿은 인물들(『바냐 아저씨』의 의사 아스트로프, 『세 자매』의 베르쉬닌, 『벚꽃 동산』의 트로피모프)이 자주 등장한다. 미래에 대한 기독교적 소망으로 고통을 감수하고 인내하는 인물들도 많다. 소냐가 『바냐 아저씨』의 유명한 마지막 대사에서 말하고 있듯이 "때가 오면 기꺼이 죽음을 받아들이고 그곳 저승에서 우리가 고통을 받고 슬피 울며 고통스러운 삶을 살았다고 말하게 되면 하느님께서 우리를 불쌍히 여기시겠지."[129] 체홉은 예술가를 고통받는 동료——정신적 목적을 위해 일하는 사람으로——로 보았다. 1902년 그는 쟈길레프에게 다음과 같이 쓰고 있다.

> 현대 문화는 어떤 위대한 미래를 위한 작품의 시초에 불과합니다. 이 작품은 먼 미래에도 인류가 진정한 하느님의 진리를 알 수 있도록——추

측이나 도스토예프스키에게서 찾는 것이 아니라 누구나 둘 더하기 둘은 넷이라고 알고 있는 것처럼 분명한 인식으로——만 년 간 계속될 것입니다.[130)]

죽음은 체홉의 모든 작품에서 감지되고 있으며 후기의 많은 단편소설들의 중요한 주제다. 체홉은 평생 죽음과 맞서 싸운다——처음엔 의사로서, 이어 죽어가는 사람으로서. 아마도 자신이 죽음에 너무 가까이 있었기 때문에 죽음이라는 주제에 대해 두려움 없이 정직하게 썼을 것이다. 체홉은 사람들이 매우 평범하게 죽는다는 사실을 알고 있었다——대개 그들은 삶에 대해 생각하며 죽는다. 그는 죽음이 단지 자연 과정의 일부라고 보았다. 그리고 죽음이 자신을 찾아 왔을 때 그는 평소와 다름없는 용기와 품위, 그리고 삶에 대한 변함없는 사랑으로 죽음을 맞이했다. 1904년 6월 체홉은 아내 올가와 함께 독일의 바덴바일러에 있는 한 호텔에 투숙했다. 떠나기 전날 밤 체홉은 친구에게 "나는 죽게 될 것이다. 모든 것이 끝났다"라고 말했다.[131)] 7월 2일 열로 잠에서 깬 그는 의사를 불러 그에게 큰 소리로 "Ich sterbe"(나는 죽어가고 있다)라고 말했다. 의사는 그를 진정시키려 애쓰다가 가 버렸다. 체홉은 샴페인 한 병을 주문해 한 잔을 마시고 침대에 누워 영면한다.[132)]

톨스토이에게 죽음은 체홉처럼 쉬운 것이 아니었다. 죽음을 두려워한 그는 자신의 종교를 '보편적 영혼'으로의 개인이 소멸하는 신비주의에서 정신적 해방으로서의 죽음에 대한 개념에 결부시켰지만 두려움을 완전히 없앨 수는 없었다. 실제적인 죽음의 순간——이반 일리치의 죽음과 『전쟁과 평화』에서 안드레이 공의 죽음에 대한 묘사는 문학사에서 가장 탁월한 것들에 속한다——을 그렇게 자주, 그렇게 풍부한 상상력으로 기술한 작가는 없었다. 이것들은 단순한 죽음들이 아니라 마지막 청산——죽어가는 것이 삶의 의미를 재평가하고 정신적 진리 속에서 구원 혹은 어떤 해답을 발견하는 순간——인 셈이다.[133] 『이반 일리치의 죽음』(1886)에서 톨스토이는 임종시에 삶을 되돌아보면서 자신에 대한 진실을 깨닫게 되는 어떤 상급 판사를 보여주고 있다. 이반 일리치는 자신이 자신만을 위해 살았으며 따라서 자신의 삶이 낭비였다는 사실을 알게 된다. 판사로 살기는 했지만 의사가 지금 자신을 치료하는 데 무관심한 것처럼 자기의 판결을 기다리는 사람들에 대해 무관심했다. 가족 위주로 살기는 했지만 가족을 사랑하지는 않았으며 가족이 자신을 사랑하는 것처럼 보이지도 않았다. 그들 중 자신이 죽어가고 있다는 사실을 알아보고 위로하려 하는 사람은 없었기 때문이었다. 이반 일리치가 관계를 맺고 있는 유일한 사람은 옆에서 밤을 새고 다리를 주물러 편안하게 해주며 자신을 돌보는 '생기 있는 농민 청년' 하인 게라심 뿐이었다. 게라심은 소박한 마음에서 죽어가는 사람을 친절하게 대했다. 그가 죽어가고 있다는 사실을 알고 있다는 것 자체가 죽어가는 사람에게는 큰 위안이 되었다. 이반 일리치는 알고 있다. "주위사람들이 자신이 죽어가고 있다는 끔찍하고 무시무시한 사실은"

> 뜻밖의 불쾌하고 다소 꼴사나운 사건으로 치부하고 있다는 것을(사람들이 불쾌한 냄새가 나는 거실로 들어가 정중하게 행동하는 식으로). 그리고 이것은 그가 평생 해온 바로 그 예절이라는 이름으로 행해지고 있었다. 그에게 연민을 느끼는 사람은 없다는 사실을 알고 있었다. 왜냐하면 그의 상황을 감지하려고도 하지 않았기 때문이었다. 게라심만이 그의 처지를

알아보고 그를 가엾게 여겼다. 그리고 그것이 이반 일리치가 게라심이 함께 있을 때만 편안한 이유였다…… 게라심만 거짓말을 하지 않았다. 모든 정황이 게라심만 그가 죽어가고 있는 상황을 이해하고 있고 감출 필요가 없다고 생각하며 단순하게 병들어 죽어가는 주인에 대해 연민을 느끼고 있었다. 한 번은 이반 일리치가 게라심에게 자러 가라고 했을 때 그는 다음과 같이 솔직하게 말하기까지 했다.

'우리 모두 죽게 될 텐데 사소한 번거로움이 대수이겠습니까?' 이 말은 자신이 죽어가는 사람을 위해 그렇게 하고 있으며 누군가 자기가 죽을 때 자신을 위해 같은 일을 해주기를 바란다는 것을 의미하고 있었다.[134]

순박한 농민은 판사에게 진리와 연민에 대한 도덕적 교훈을 주고 있다. 그는 이반 일리치에게 살아가는 법과 죽는 법을 보여주고 있는 것이다. 왜냐하면 이 농민이 죽음이라는 사실을 받아들이는 것은 이반 일리치가 삶의 마지막 순간에 두려움을 극복할 수 있게 해주기 때문이다.

『이반 일리치의 죽음』은 그의 형제가 톨스토이에게 그의 마지막 날들에 대해 상세하게 설명했던 사법부 공직자로 있던 톨스토이의 친구 이반 일리치 메치니코프의 죽음에 기초한 것이었다.[135] 일반적으로 러시아 상류 계급에선 임종시에 하인의 보살핌에서 위안을 얻곤 했다. 일기와 회고록들을 보면 고해를 듣고 마지막 의식을 주재하는 성직자들 이상으로 하인들은 소박한 농민의 신앙으로 "죽어가는 사람들이 죽음에 대면할 수 있도록 해" 두려움을 이겨내게 도와주었던 것처럼 보인다.[136] 19세기 문학에서 죽음에 대한 농민의 두려움 없는 태도는 진부하기까지 하다. 투르게네프는 『사냥꾼의 일기』에서 "러시아 농민의 죽음은 얼마나 놀라운 것인가!"라고 쓰고 있다. "죽음 앞에서 농민의 마음 상태는 무관심한 것도 어리석은 것도 아니다. 농민은 마치 의식적 행위를 냉정하고 단순하게 수행하고 있는 것처럼 죽는다."137) 투르게네프의 사냥꾼은 임종 직전의 몇몇 농민들을 우연히 마주하게 된다. 쓰러지는 나무에 깔린 막심이라는 벌목꾼은 팀 동료들에게 자신을 용서해 달라고 부탁하고 숨을 거두기 전 그들에게 아내가 자신이 값을 깎아 놓은 말을 확실히 전달받을 수 있게 해달라고 부탁한다. 또 한 사람은 시골 병원에서 알게 되었으며 그는 살 날이 며칠 남지 않은 상태였다. 그 농부는 죽음을 대수롭지 않게 생각하고 떠나려는 듯이 목덜미를 긁고 모자를 썼다. 의사는 그에게 어디 가느냐고 물었다.

'어디 가느냐고요? 뻔하지 않습니까. 집이죠. 상태가 그렇게 좋지 않다니. 상황이 그렇다면 정리해야 할 것이 많습니다.'

'하지만 정말 위독한 상태입니다, 바실리 드미트리 씨. 이곳에 오신 것조차 놀라울 정돕니다. 여기 계세요, 부탁드립니다.'

'아닙니다, 카피톤 티모페이치 형제여, 죽게 된다면 집에서 죽겠습니다. 여기서 죽는다면 하느님께서 당황하실 겁니다. 집에 있어야지요.' 138)

톨스토이의 『세 죽음』(1856), 레스코프의 『매혹된 나그네』(1873), 살티코프 쉬쉐드린의 『포쉐호니에서의 지난 날들』(1887)에서도 농민의 죽음을 맞는 태도가 기록되어 있으며, 그 이후 실제적으로 비중 있는 모든 러시아 작가들은 농민의 죽음에 대한 태도에 주목하고 있다. 결국 농민들의 스토이시즘stoicism은 문화적 신화로 받아들여지게 된다. 이것은 알렉산드르 솔제니친이 『암병동』(1968)에서 어떻게 "노인들이 카마에서 집으로 돌아가 죽는지"를 기억하는 장면에서 반복되고 있다.

> 그들은 자신들이 죽어가고 있다는 사실 때문에 기대에 부풀거나 죽음과 싸우거나 자랑하지 않는다. 그들은 주변 정리를 회피하지 않고 죽음을 평온하게 받아들인다. 적절한 때에 암말, 망아지, 외투, 부츠를 가질 사람을 결정하고 마치 새집에 이사 가듯이 쉽게 떠난다. 암에 겁을 먹는 사람은 없다. 어쨌든 그들 중 암에 걸린 사람은 없었다.[139]

하지만 농민이 죽음을 대하는 태도가 문학적 창작만은 아니다. 19세기와 20세기의 회상 자료, 의학 보고서와 민속학적인 연구에 문서로 기록되어 있는 것이다.[140] 일부 사람들은 농민들의 체념을 농노가 죽음을 고통에서 벗어나는 것으로 보는 것과 같은 운명론으로 평가절하한다. 농민들은 자신의 운명에 대해 이야기할 때 종종 내세를 조상들이 '하느님의 자유' 속에서 살았던 '자유의 왕국'으로 언급한다.[141] 이것은 투르게네프의 『사냥꾼의 일기』의 배후에 깔려 있는 생각이다. 단편 소설 『살아 있는 유골』에서 병든 농부 여인은 고통이 끝날 수 있도록 죽음을 열망한다. 자기 계급의 많은 사람들처럼 그녀는 하늘에서 고통에 대한 보상을 받게 될 것으로 믿고 있다. 이 점이 죽음을 두려워하지 않게 만든다. 또 다른 사람들은 농민의 운명론을 일종의 자기 방어로 설명했다. 마을 생활에서 죽음은 일상적이어서 농민들은 어느 정도 죽음에 둔감해져야 했다. 5살도 되기 전에 거의 절반이 사망하는 사회에선 슬픔을 이겨내는 방법이 있어야 한다. 의사들은 종종 마을 아이의 부모들은 아이의 죽음에 감정적으로 반응하지 않으며 부양가족이 너무 많은 극빈층 지역에서 여자들은 아이를 데리고 간 하느님께 감사하기까지 했다고 기록하고 있다.[142] "아이가 죽는 날은 좋은 날이다"라는 견해를 개진하는 농민 속담이 있다.[143] 유아 살해가 드문 일은 아니었다. 특히 경제적 어려움이 가중되는 시기에 유아 살해가 빈번했고 사생아에 대한 유아 살해는 실제로 공공연히 자행되었다.[144]

『카라마조프 가의 형제들』에서 조시마는 아이를 잃고 절망하는 농민 여자에게 하느님이 아이를 데리고 가셔서 천사의 지위를 부여했다고 말하고 있다. 랴잔 지방의 어떤 마을 사람의 말처럼, 러시아 농민들은 "어린아이의 영혼은 곧바로 천국으로 간다"고 일반적으로 믿고 있다.[145] 그 같은 생각은 현실적인 위안이 되었을 것이다. 농민들은 지상과 영혼의 세계가 연속적으로 긴밀하게 연결되어 있는 우주를 믿고 있었기 때문이었다. 영혼의 세계는 악마와 천사가 번갈아 가며 그들의 일상적인 생활 속에 끊임없이 존재하고 있다. 친족 영혼들의 행복은 가장 중요한 문제였다. 러시아인의 농민 세계엔 선과 악의 영혼들이 존재한다. 어떻게 죽느냐에 따라 그의 영혼이 선하게 될지 악하게 될지 결정된다. 농민들은 죽음을 준비하고, 죽어 가는 사람을 위로하고, 그들을 위해 기도하고, 죽어 가는 사람들과의 모든 논쟁을 끝내고, 그들의 재산을 적절하게 처분하고, 영혼이 평화롭게 영혼의 세계로 올라갈 수 있도록 기독교적 장례식을 치러주는 것(때로 그들이 가는 길을 도와주기 위해 촛불과 빵 사다리와 함께)이 본질적인 것이라고 생각했다.[146] 불만스럽게 죽은 사람들은 악마나 질병으로 되돌아와 산 자들을 괴롭히게 된다. 따라서 살해된 희생자, 자살이나 독살당한 사람들, 장애인과 마법사, 마녀는 많은 지역에서 공동묘지 밖에 묻는 것이 관습이 되었다.

흉년에는 농민들이 비난받을 악한 영혼을 가졌다고 생각되는 사람들의 시신을 파내기까지 한 것으로 알려져 있다.147) 농민의 믿음 체계에서 죽은 자의 영혼은 현실적인 삶을 산다. 그들의 영혼은 먹고 자고, 추위와 배고픔을 느끼며 종종 집으로 되돌아가 통상 난로 뒤에 보금자리를 만든다. 죽은 자에게 음식을 주는 것은 중요한 일이었다. 죽은 자의 영혼이 40일 동안 머문다고 믿는 집 주위엔 온갖 음식을 놓아두었다. 영혼이 내세로의 긴 여행을 준비할 수 있도록 물과 꿀은 물론 종종 보드카도 놓았다. 어떤 곳에서는 죽은 자의 영혼이 내세에서 먹고 살 수 있는 땅을 살 수 있도록 돈을 놓거나 무덤 속에 넣었다.148)

연중 정해진 시기 특히 부활절과 성령 강림절에 가족이 묘지를 방문해 의식용 빵과 파이 그리고 장식된 달걀로 제사 지내는 것을 중시했다. 새——땅에서 날아올라 부활절 동안에 마을 주위를 날아다니는 영혼의 상징——가 먹을 수 있도록 빵 부스러기를 무덤에 뿌렸으며 새들이 찾아오면 죽은 자의 영혼이 잘 살아가고 있는 징후로 받아들여졌다.149) 도스토예프스키가 『카라마조프 가의 형제들』에서 죽은 어린 소년인 일류샤가 아버지에게 "참새가 날아와 지저귀는 소리를 들으며 외롭게 누워 있지 않게 기운을 북돋우어 주도록" 자신의 무덤 주위에 빵을 뿌려달라고 부탁할 때 도스토예프스키는 이 오랜 관습을 차용하고 있다.150) 러시아의 무덤은 매장 장소 이상의 의미를 가지고 있다. 그것은 산 자와 죽은 자가 교류하는 성스러운 장소였다.

아스타포보에 있는 역장의 작은 집에 누워 죽어 가면서 톨스토이가 마지막으로 한 말들 중에는 "농민들은 어떻지? 농민들은 어떤 식으로 죽는 거야?"라는 질문이 있었다. 그는 죽음의 문제에 대해 많은 생각을 했다. 톨스토이는 오랫동안 농민들은 교양 계급과는 달리 자신들이 삶의 의미를 알고 있다는 것을 보여주는 방식으로 죽는다고 믿었다. 농민들은 죽음을 수용하면서 죽었으며 이는 그들의 종교적 신앙의 증거였다. 톨스토이도 농민들처럼 죽고자 했다.[151] 수년 전 그는 일기에 다음과 같이 쓰고 있다. "내가 죽어 갈 때 나는 삶에 대해 이전과 다름없이 하느님에게 나아가는 사랑이 증가하는 것으로 보고 있느냐는 질문을 받고 싶다. 내가 말할 힘이 없다면 그 대답이 긍정일 때는 눈을 감을 것이고 대답이 부정이라면 눈을 뜰 것이다."[152] 톨스토이가 죽을 때 그 질문을 한 사람이 아무도 없었기 때문에 우리는 그가 그렇게 많은 고뇌와 의심을 품게 했던 죽음의 경계를 어떻게 건넜는지 결코 알 수 없게 되었다. 톨스토이가 옵티나로 도피하긴 했지만 교회와의 화해는 없었다. 신성종교회의는 톨스토이와의 화해를 위해 수도원을 떠난 후 계속해서 앓았었던 아스타포보로 옵티나 수사들 중 한 명을 보내기까지 했다. 하지만 그 임무는 실패로 끝났고──톨스토이의 가족들 중 누구도 이 수사가 죽어가는 그를 보게 하려 하지 않았다──결국 톨스토이는 기독교적 장례가 거부되었다.[153]

교회는 톨스토이를 위한 미사를 거부했지만 민중들은 또 다른 방식으로 그를 위한 미사를 거행했다. 경찰들이 저지하려 했지만 수천 명의 조문객들이 야스나야 폴랴나를 찾았다. 톨스토이는 차르가 죽었을 때도 볼 수 없었던 민족적 슬픔 속에서 자신이 어린 시절 좋아 했던 장소에 묻혔다. 그곳은 숲 속에 있었으며 수년 전 그의 형제 니콜라이가 묻힌 삼림 지역이었다. 톨스토이는 어떻게 영원한 평화가 찾아오고 악이 그 세계에서 쫓겨나게 되는지에 대한 그 지역의 비밀을 기록했었다. 톨스토이의 관이 하관될 때 조문객들은 오래된 러시아 성가를 부르기 시작했다. 어떤 사람은 끝까지 톨스토이에 대한 교회의 파문을 강요하도록 지시한 경찰에 항의하며 "무릎을 꿇어라! 모자를 벗으라고!"라고 소리쳤다.[154] 모두가 기독교적 의식에 따랐으며 잠시 주저하던 경찰도 무릎을 꿇고 모자를 벗었다.

제6장

이제 절제는 적절하지 않다
나는 야만적인 스키타이인처럼 마시고 싶다.-푸쉬킨

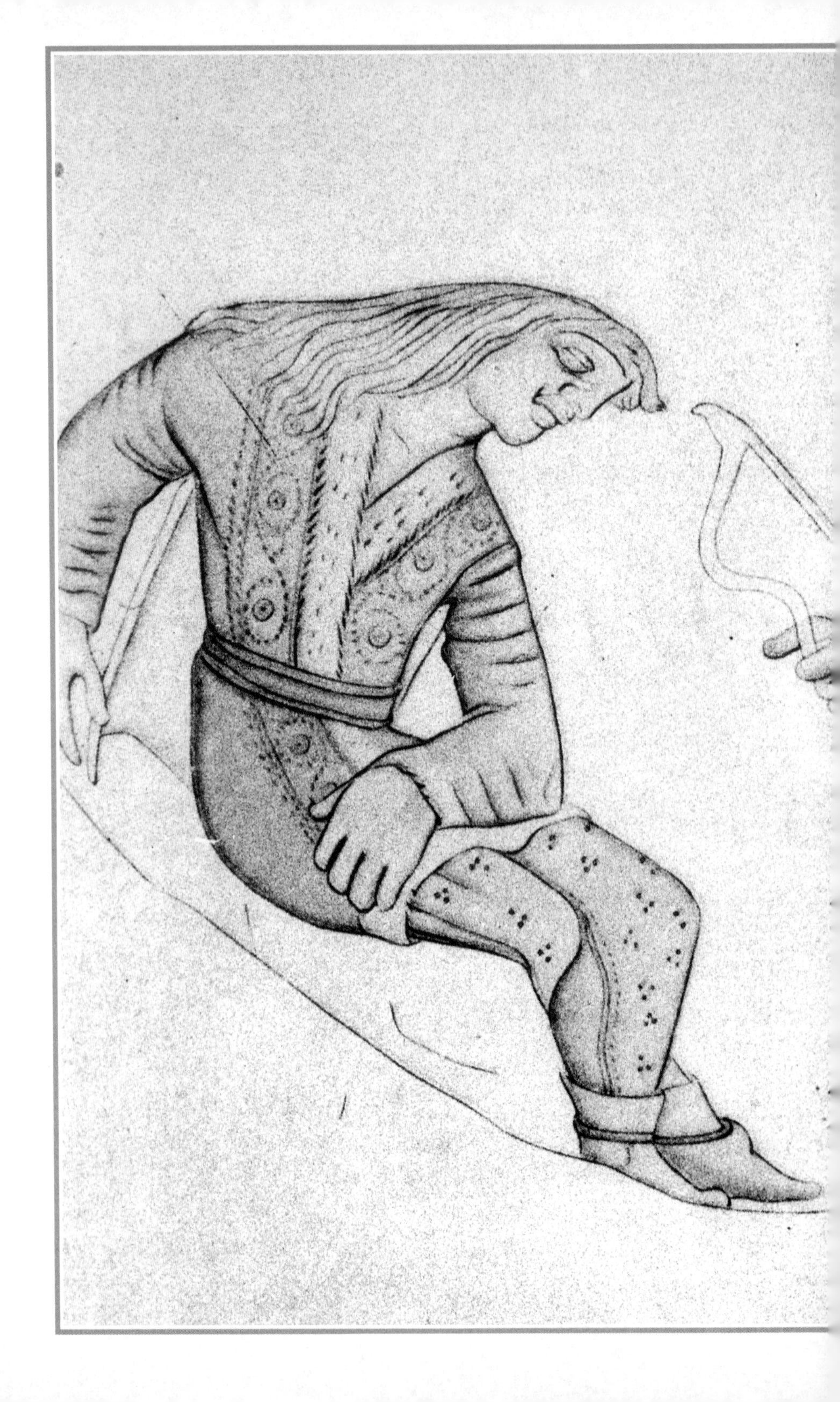

칭기즈칸의 후예들

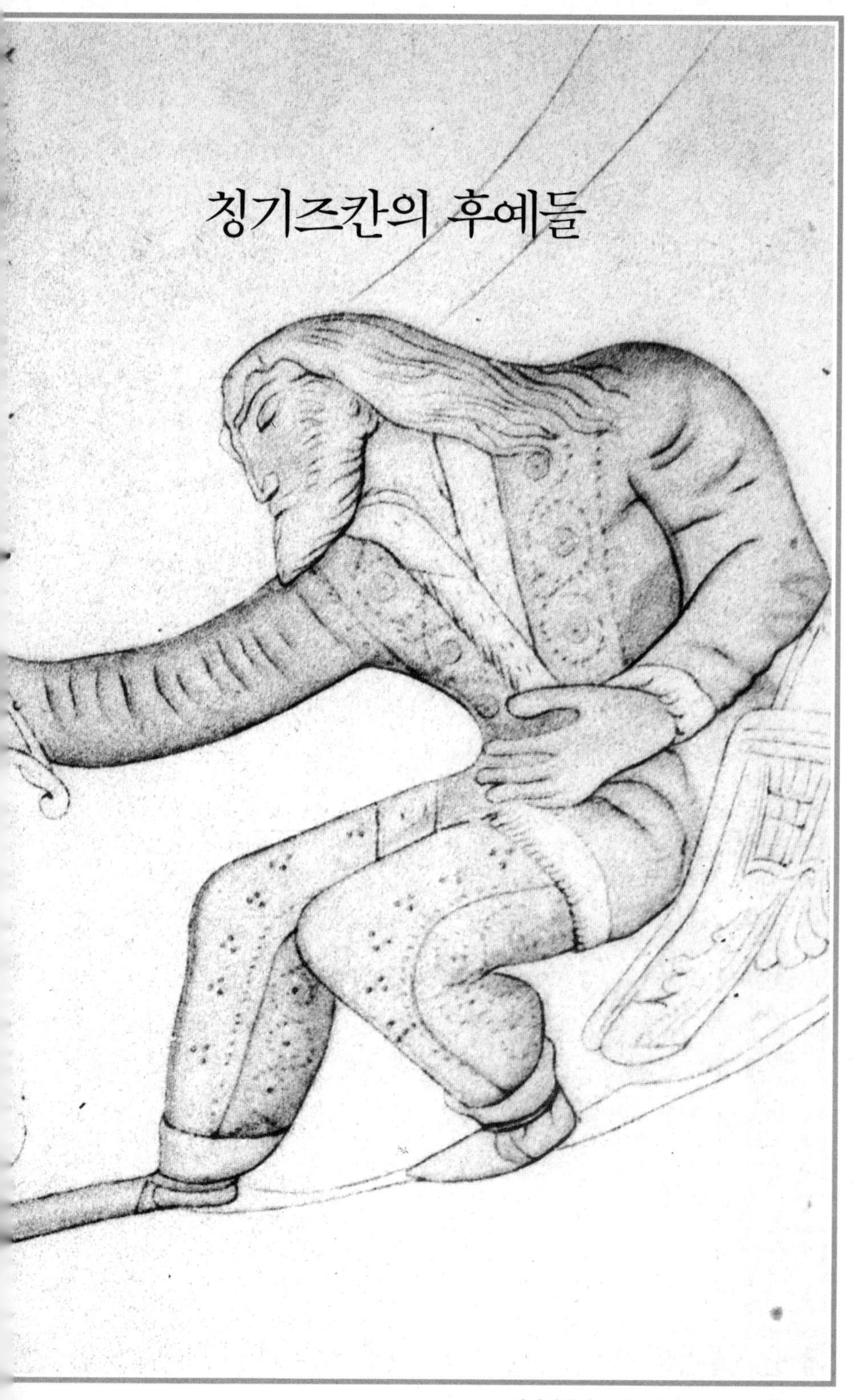

스키타이인의 모습 : 19세기 말 고고학적 조각

1

칸딘스키는 미술로 관심을 돌리기 전 인류학자가 될 생각이었다. 모스크바대학 법과 대학생으로 있다가 병이 들어 요양차 피노 우그리아Fino-Ugric 부족 신앙을 연구하기 위해 모스크바 북동쪽으로 800킬로미터 떨어진 먼 코미Komi 지역으로 여행을 떠났다. 철도가 끊기는 볼로그다까지 기차로 여행한 후 그는 수코나 강을 따라 동쪽으로 항해해 '또 다른 세계'인 숲으로 들어갔다. 그의 회상처럼 그곳 사람들은 여전히 악마와 정령을 믿고 있었다. 인류학자들은 오랫동안 코미 지역을 기독교와 아시아 부족의 오랜 무속적 이교주의가 만나는 곳으로 지목해 왔었다. 코미 지역은 "사람들의 모든 행동에 은밀한 마법 의식이 수반되는 동화의 나라"였다.[1] 칸딘스키는 이 여행에서 지울 수 없는 인상을 받았다. 칸딘스키가 코미지역에서 발견한 샤마니즘은 그의 추상미술의 중요한 영감들 중 하나가 되었다.[2] 그는 후에 "나는 이곳에서 미술을 보는 법을 배웠다"라고 쓰고 있다——"그림 속에서 스스로를 변화시키는 법과 그 속에서 살아가는 법."[3]

칸딘스키의 동쪽으로의 여행은 시간을 거꾸로 거슬러 올라가는 여행이었다. 그는 중세 때부터 그 지역 러시아 선교사들이 기술했던 이교 유물을 찾고 있었다. 코미 사람들은 태양, 강 그리고 나무를 숭배하고, 정령들을 부르기 위해 열광적인 원무를 추었다는 오래된 기록과 북을 치고 말지팡이를 타며 정령들의 세계로 날아가는 코미 무당들에 대한 전설이 있었다. 6백 년 동안의 교회 건설은 유라시아 문화를 기독교로 덧칠한 데 불과했다. 14세기에 성 스테판은 코미 사람들을 기독교 신앙으로 강제로 개종시켰다. 러시아 거주자들은

21. 전형적인 의상을 입고 있는 코미 사람들의 모습, 1912.

수백 년 간 코미 지역을 식민화했으며 코미 문화는 언어에서 의복에 이르기까지 러시아인의 생활방식과 밀접한 유사성을 갖게 되었다.

칸딘스키가 1889년 여름 세 달을 지낸 이 지역의 수도 우스트 시솔스크는 여느 러시아 도시처럼 보였다. 소규모로 조화된 행정 건축물을 중심으로 통나무로 지어진 농민 오두막들이 산재해 있었다. 칸딘스키가 옛 사람들의 신앙을 기록하고 그들의 민속 예술에서 무속적 경배의 주제를 찾으며 들일을 하고 있을 때 그는 곧 러시아적인 것 아래 숨겨져 있는 오래된 이교 문화의 흔적을 발견했다. 코미 사람들은 누구나 자신들을 정교도라고 말하며(적어도 모스크바에서 온 사람에겐) 공적인 의식은 기독교 성직자가 주재한다. 하지만 칸딘스키의 주장처럼 그들은 사생활에선 여전히 오랜 늙은 무당들을 찾고 있었다. 코미 사람들은 '볼사Vorsa'라는 숲의 괴물을 믿고 있었다. 숲의 괴물은 '오르트ort'라는 '살아 있는 영혼'을 갖고 있으며 평생 사람들을 쫓아다니다 죽을 때 사람들 앞에 나타난다. 코미사람들은 물과 바람의 정령에게 기도하고 살아 있는 것에 말하듯이 불에게 말하며 민속 예술은 여전히 태양 숭배의 징후를 보이고 있다. 일부 코미 사람들은 칸딘스키에게 별들은 하늘에 고정되어 있다고 말했다.[4)]

칸딘스키는 코미인들의 삶의 표피를 벗겨내 아시아적 기원을 드러냈다. 수 세기 동안 피노-우그리아족은 북아시아와 중앙아시아 초원의 튀르크어군 사람들과 섞여 살았다. 19세기 코미 지역의 고고학자들은 몽골 장식을 한 많은 양의 도자기들을 발굴했다. 칸딘스키는 몽골식 지붕을 한 예배당을 발견했으며 그것을 여행일지에 스케치했다.[5)] 19세기 문헌학자들은 핀란드에서 만주에 이르는 단일 문화 속에서 핀란드인과 오스티아크인, 보굴인, 사모예드인과 몽골인들을 통합하고 있는 우랄-알타이어족 이론에 동의하고 있다. 이 같은 생각은 핀란드인 탐험가인 M. A. 카스트렌이 1850년대에 개진했으며 우랄 동부로의 여행은 그가 고국에 있을 때부터 알아낸 많

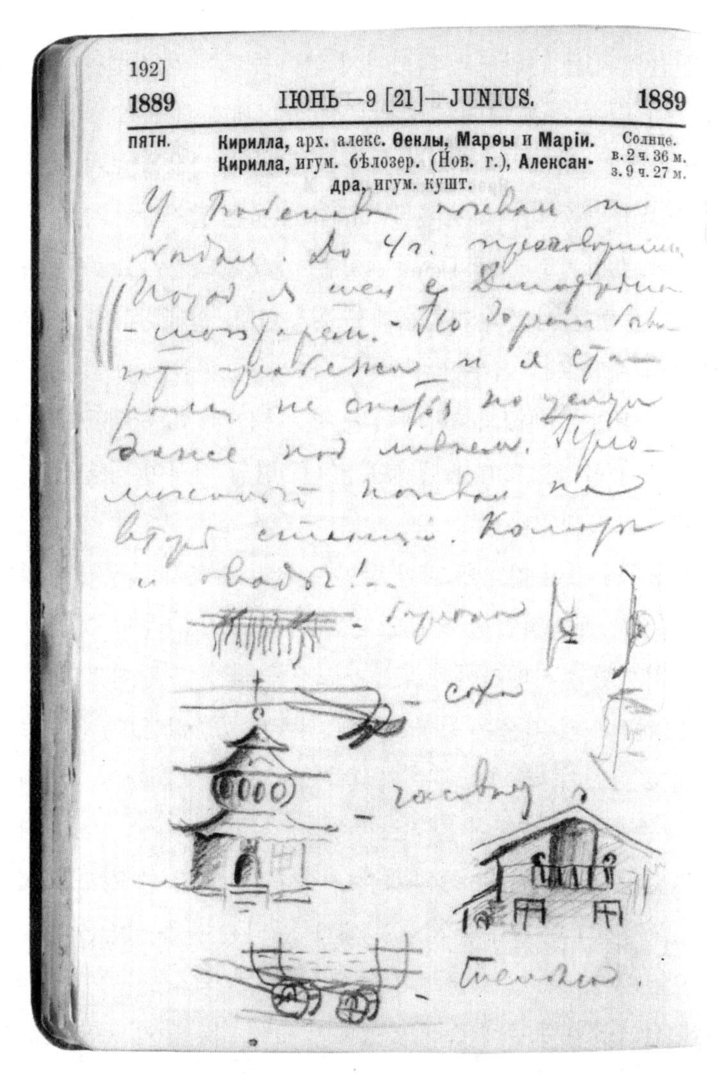

22. 바실리 칸딘스키 : 몽골식 지붕을 한 교회를 포함한 코미 지역의 건물들에 대한 스케치들. 1889년 볼로그다 일지로부터.

은 것들을 밝혀냈다.[6] 카스트렌의 견해는 후에 학문적으로 입증되었다. 예를 들어 핀란드인들의 민족 서사시 『칼레발라*Kalevala*』 혹은 '영웅들의 땅' 에는 무속적 주제들이 존재하고 있다. 핀란드 사람들은 자신들의 시를 핀란드와 러시아가 만나는 지역인 카렐리야의 가장 순수한 민속 전통 속에서의 발트적 오디세이로 보고 있지만 칼레발라는 동양인들과 역사적으로 관련이 있다는 것을 보여주고 있다.[7] 이 시의 영웅 바이나모이넨Vaiinamoinen은 말지팡이와 북을 가지고 있는 무당처럼 칸텔레kantele(일종의 지터)를 가지고 죽은 자의 영혼이 거주하는 마법의 지하세계를 여행한다. 칼레발라의 5분의 1은 마법의 주문으로 이루어져 있다. 1822년에 처음으로 기록된 이 서사시는 대개 칸텔레의 5현에 상응하는 5음계('Indo-Chinese') 곡조에 맞추어 불려졌으며 칸텔레에 앞선 5현의 러시아 구슬리와 같은 음계로 조율되었다.[8]

칸딘스키의 코미 지역에 대한 탐험은 단지 과학적 탐구만은 아니었다. 그것은 개인적인 것이기도 했다. 칸딘스키 가문의 이름은 18세기에 거주했던 시베리아의 토볼스크 인근의 콘다 강에서 따온 것이었다. 칸딘스키 가문은 퉁구스족의 후예로 몽골에 있는 아무르강변에 살고 있었다. 칸딘스키는 자신의 몽골적인 모습을 자랑스러워했다. 그는 자신이 17세기 퉁구스 추장 간티무르의 후예임을 자랑하곤 했다. 18세기에 퉁구스족은 북서쪽에서 오브와 콘다 강으로 이동했다. 그들은 코미 및 우랄 서 사면에 있는 다른 핀족 사람들과 교역하던 오스티아크족 및 보굴족과 섞여 살았다. 칸딘스키의 조상들은 이러한 무역업자들 중에 속해 있었으며 코미 사람들과 통혼해 칸딘스키에게 코미의 피가 흐르고 있을 수도 있다.[9]

많은 러시아 가문들이 몽골 기원을 갖고 있었다. 언젠가 나폴레옹은 "러시아인들을 벗겨내면 타타르인을 발견할 수 있을 것이다"라고 말하기도 했다. 러시아 가문의 문장――기병, 화살, 초생달과 팔각별이 분명 많이 있다――들은 이러한 몽골 유산을 입증하고 있다. 네 가지 부류의 중요한 몽골 후예들이 있다. 첫 번째는 13세기에 칭기즈칸 군대와 함께 들어와 15세기의 볼가 강에 빛나는 천막 야영지와 함께 몽골 주인의 러시아 이름인 '킵차크'가 붕괴된 후 러시아에 정착한 튀르크어를 구사하는 유목민들의 후예들이다. 이들 중엔 러시아 역사에서 가장 유명한 인물들이 있다. 즉 카람진, 투르게네프, 불가코프와 아흐마토바 같은 작가와 차다예프 키레예프스키, 베르쟈예프 같은 철학자들, 고두노프, 부하린, 투하체프스키 같은 정치인과 림스키-코르사코프 같은 작곡가들이 그들이다.* 다음으로 서쪽으로부터 러시아에 온 튀르크어 기원을 가진 가문들이다. 츄쵸프와 치체린가문은 이탈리아 출신이며 라흐마니노프 가는 18세기에 폴란드에서 도래했다. 쿠투조프 가조차 타타르 기원을 갖고 있다(qutuz는 '격렬한' 혹은 '미친'의 튀르크어이다)——순수한 러시아적 요소로 이루어진 영웅으로서의 위대한 장군 미하일 쿠투조프의 지위를 생각할 때 하나의 아이러니다. 슬라브와 타타르 조상이 뒤섞인 가문이 세 번째 그룹을 형성한다. 이들 중에는 더 낮은 계층에도 많은 가문이 있기는 하지만 러시아의 가장 위대한 명문가의 일부——쉐레메테프 가, 스트로가노프 가와 로스토프친 가——가 있다. 예를 들어 고골리 가문은 폴란드와 우크라이나 후예가 뒤섞여

* 투르게네프는 '빠르다'(türgen)의 몽골어에서 파생되었고, 불가코프는 '물결치다'(bulgaq)라는 튀르크어에서 파생되었고, 고두노프는 gödön('어리석은 사람')이란 몽골어에서 파생되었고 코르사코프는 일종의 초원 여우인 퀴르사크qursaq라는 튀르크어에서 파생했다. 아흐마토바의 본명은 안나 골렌코였다. 그녀는 아버지가 자신의 가문에서 시인을 원하지 않는다고 말하자 아흐마토바(그녀의 타타르인 증조할머니의 이름으로 전해진다)로 개명했다. 아흐마토바는 칭기즈칸의 직계 후손이자 러시아 공후들로부터 공물을 받은 마지막 타타르 칸인 칸 아카마트(그는 1481년 암살당했다)의 후예라고 주장했다. 나데즈다 만델스탐은 아흐마토바가 자기 증조할머니의 타타르 기원을 꾸며냈다고 믿었다(N. Mandelstam, Hope Abandoned(London, 1989), 449쪽).

있지만 터키계 불가리아어로 gögül——초원에 사는 새의 일종(고골리는 새 같은 용모 특히 매부리코로 유명하다)——에서 성이 파생된 퀴르크 고겔과 공통된 조상을 갖고 있다. 마지막 그룹은 타타르 가문과 결혼하거나 동부 지역에 토지를 구입해 원주민들과의 원만한 관계를 원했기 때문에 이름을 더 튀르크어처럼 소리나게 하기 위해 이름을 바꾼 러시아 가문이다. 예를 들어 러시아어의 벨랴미노프가는 오렌부르그 인근의 바쉬키르 부족으로부터 거대한 초원지역 구입을 촉진하기 위해 자신들의 이름을 튀르크어 악사크('절름발이'를 의미하는 aqsaq에서 파생된)로 바꾸었으며 그런 식으로 가장 위대한 슬라브주의자 가문인 악사코프가가 형성되었다.[10)]

튀르크어 이름을 채택하는 것은 킵차크로부터 타타르의 영향력이 아주 강하게 남아 있고 많은 귀족 명문가들이 확립된 15세기와 17세기 사이에 모스크바 궁정에서 대단히 유행했다. 피터의 귀족들이 의무적으로 서구를 지향하게 되는 18세기에 튀르크어 이름을 채택하는 유행은 쇠퇴했다. 하지만 19세기에 튀르크어를 채택하는 것이 다시 유행하게 된다——많은 순수 혈통의 러시아 가문들이 자신들을 더욱 이국적으로 보이게 하기 위해 전설적인 타타르 조상들을 꾸며낼 정도로. 예를 들어 나보코프는 자신의 가문이 칭기즈칸에 못지않은 인물의 후예라고 주장했다(아마도 느믈거리는 투로). "그는 강렬한 예술적 러시아 문화의 시대에 러시아인 처녀와 결혼한 12세기 타타르 공후 나보크의 아버지라고 전해진다."[11)]

칸딘스키는 코미 지역에서 돌아온 후 성 페테르부르크에 있는 황실 민속학 협회에서 여행중 발견한 것들에 대해 강의를 한다. 객석은 만원이었다. 일반적으로 서구 문화가 정신적으로 사망했다고 여겨졌고 지식인들이 정신적 재생을 동양에서 찾고 있던 당시에 유라

23. 북, 북채 그리고 말지팡이와 함께 가면을 쓰고 있는 부랴트 무당. 그의 의상에 달려 있는 철을 주목하라. 1900년대 초.

시아 종족의 무속 신앙은 러시아 공중에게 이국적 매력을 갖고 있었다. 하지만 유라시아에 대한 갑작스러운 관심은 또한 러시아 민속문화의 뿌리에 대한 절박한 새로운 논쟁을 불러일으키기도 했다.

명백한 신화 속에서 러시아는 기독교 문명으로 발전했다. 러시아 문화는 스칸디나비아와 비잔티움 문화 양자의 영향을 받아 형성되었다. 러시아인들이 자신들에 대해 즐겨 이야기하는 민족적 서사시는 북부 숲 지역 농업 종사자들의 아시아 초원의 유목민들——아바르인들과 하자르인들, 폴로베츠인들과 몽골인들, 카자흐인들, 칼미크인들과 초기부터 러시아를 공격한 모든 다른 수렵 민족들——에 대한 투쟁 이야기였다. 러시아인들의 유럽적 자기 정체성에 아시아 유목민에 대한 러시아 농민의 투쟁이라는 민속 신화가 바탕에 깔려 있었기 때문에 러시아문화에 대한 아시아적 영향력을 거론하는 것조차 반역시되었다.

그러나 19세기 말 문화적 태도가 변화한다. 아시아 초원 전체를 포괄하는 제국으로서 그 문화를 러시아 문화의 일부로 받아들이려는 운동이 거세졌다. 스타소프가 러시아 민속문화, 그 장식과 민속서사시(byliny)의 상당 부분이 동양에 원형을 갖고 있다는 사실을 보여주기 위해 노력하던 1860년대에 문화적 태도 변화의 첫 번째 징후가 나타났다. 슬라브주의자들과 다른 애국자들은 스타소프를 비난했다. 하지만 칸딘스키가 여행을 했던 1880년대 말 러시아 민속문화의 아시아적 기원에 대한 폭발적인 연구가 이루어졌다. D. N. 아누친과 N. I. 베셀로프스키 같은 고고학자들은 러시아 석기시대 문화에 대한 타타르의 근원적 영향을 밝혔다. 그들은 마찬가지로 초원의 러시아 농민들 가운데서 많은 민속 신앙의 아시아적 기원을 폭로하거나 적어도 제시했다.[12] 인류학자들은 러시아 농민의 성스러운 의식에서 무속적 관습을 찾아냈다.[13] 또 다른 사람들은 시베리아의 러시아 농민들이 의식에 토템을 사용한다는 점을 지적했다.[14] 인류학자인 드미트리 젤레닌은 농민의 정령 숭배와 같은 신앙이 몽골 부족에게서 전해진 것이라고 주장했다. 바쉬키르와 추바쉬(강한 타타르 혈통을 가진 핀란드 부족)처럼 러시아 농민들은 열기를 고조시키기 위해 뱀처럼 생긴 가죽 부적을 사용했다. 극동의 코미인이나 오스티아크인 그리고 부랴트인들처럼 그들은 '악마의 눈'을 피하기 위해 자기 집 현관에 산족제비나 여우의 시체를 걸어 놓는 것으로 알려졌다. 아이가 태어나면 아이처럼 생긴 목각인형을 조각해 태반과 함께 관에 넣어 집 아래 묻었다. 그렇게 하면 아이가 장수할 수 있다고 믿었다.[15] 이 모든 발견들은 러시아인의 정체성에 대해 혼란스러운 문제를 제기했다. 러시아인들은 유럽인인가 아시아인인가? 러시아인들은 타타르인들의 신민인가, 칭기즈칸의 후예인가?

2

1237년 대규모 몽고 기병이 킵차크 초원에 있는 목초지를 떠나 흑해 북쪽을 향해 키예프 루시의 공국들을 공격했다. 러시아인들은 너무 약했고 내부적으로 분열되어 있었기 때문에 저항할 수 없었다. 이후 3년간 노브고로드를 제외한 러시아의 모든 주요 도시들이 몽골 유목민들에게 함락되었다. 이후 250년간 러시아는 간접적이긴 하지만 몽골 칸들의 지배를 받는다. 몽골인들은 러시아 중앙 지역을 점령하지는 않았다. 그들은 남부의 비옥한 초지에서 말들과 함께 거주하며 정기적으로 잔인한 폭력적 공격을 통해 자신들의 지배력을 행사한 러시아의 도시들로부터 세금을 징수했다.

'몽골의 멍에'는 러시아인들에게 지울 수 없는 민족적 수치심을 안겨주었다. 헝가리를 제외하면 키예프 루시는 아시아 유목민들이 장악한 유일한 유럽의 주요 강국이었다. 군사 기술적 관점에서 몽골 기병들은 러시아 공국의 군대보다 훨씬 더 우수했다. 하지만 몽골 기병들이 자신들의 우수성을 입증할 필요는 거의 없었다. 그들에게 도전할 생각을 하는 러시아 공후들은 거의 없었기 때문이다. 러시아인들은 몽골인들이 이미 약해지고 있는 1380년이 되서야 몽골 유목민들에 대항한 최초의 실질적인 전투를 전개한다. 그리고 그 이후로도 러시아 공후들이 차례로 각 한Khan국과 전쟁을 벌이는 것은 몽골 칸들 사이에 내분——킵차크로부터 세 개의 한국이 분리되면서 절정에 달한(크리미아 한국은 1430년, 카잔 한국은 1436년, 그리고 아스트라 한국은 1466년)——이 벌어질 때까지 또 한 세기가 걸렸다. 대체로 당시 몽골 지배는 러시아 공후들과 자신들의 아시아 대군주와의 협력의 역사였다. 민족적 신화와는 달리 이것이 왜 상대적으로 도시가 몽골인에 의해 거의 파괴되지 않았는지, 왜 러시아 수공예와 심지어 교회 건축과 같은 중요한 프로젝트들이 늦춰지는 징후를 보이지 않았는지, 어떻게 농업과 무역이 평상시와 다름없이 지속될 수 있었는지, 그리고 몽고 지배 시기에 몽골 전사들에 가장 근접한 남부 지역들로부터 러시아 인구의 대규모 이주가 없었는지를 설명하고 있다.[16)]

민족 신화에 따르면 몽골인들이 위협하고 약탈하긴 했지만 이후 그들은 흔적도 없이 떠나갔다. 러시아는 몽골의 무력에 굴복했을지는 모르지만 러시아의 수도원 및 교회들과 함께 러시아의 기독교 문명은 아시아 유목민들에게 영향을 받지 않은 채 유지되었다. 이 같은 가정은 기독교인으로서의 러시아인들의 정체성에 늘 중요하게 남아 있다. 그들은 아시아 초원에서 살고 있지만 서구를 바라보고 있다. 유력한 20세기 러시아 문화사가인 드미트리 리하초프는 "우리는 특히 아시아로부터 받은 것이 거의 없다"라고 쓰고 있다——그리고 그의 책 『러시아 문화』는 몽골 유산에 대해 더 이상 말하지 않고 있다.[17] 이 같은 민족 신화는 몽골의 문화적 후진성에 대한 생각에 기초하고 있다. 몽골인들은 공포로 지배했다. 스페인을 정복했을 때의 무어인들과 달리 그들은 러시아에 왔을 때 (푸쉬킨의 유명한 문장에서) '대수나 아리스토텔레스'를 가져오지 않았다. 그들은 러시아를 '암흑시대'에 들게 했다. 카람진은 자신의 『러시아 국가의 역사』에서 몽골 지배의 문화적 유산에 대해 하나도 기록하지 않고 있다. 그는 "어떻게 문명인이 그런 유목민들에게 배울 수 있겠는가?"라고 묻고 있다.[18] 위대한 역사가인 세르게이 솔로비예프는 자신의 28권짜리 『러시아사』에서 몽골의 문화적 영향에 대해 3쪽만을 할애하고 있다. 저명한 19세기 역사학자 세르게이 플라토노프도 몽골인들은 러시아 문화 생활에 영향을 주지 못했다고 주장했다.

사실상 몽골 부족들이 후진적인 것은 아니었다. 어느 정도 특히 군사 기술과 조직의 관점에서 그들이 그렇게 오래 지배했던 러시아인들보다 훨씬 앞서 있었다. 몽골인들은 복잡한 행정과 과세 체계를 갖고 있었다. 러시아는 몽골의 행정과 과세 체계로부터 국가 구조를 발전시켰고 이는 dengi(돈), tamozhna(관세)과 kazna(국고) 같은 타타르어와 관련된 많은 러시아어에 반영되어 있다. 몽골 수도 사라이 인근(볼가 강변에 있는 현재의 볼고그라드인 차리친 인근)에서의 고고학적 발굴은 몽골인들이 궁정과 학교, 잘 정비된 도로와 수도 시설, 수공예 작업실과 농장을 갖춘 대규모 도시 거주지를 개발할 능력이 있었음을 보여주고 있다. 몽골인들이 러시아 중심부를 장악하지 않았다면 그것은 솔로비예프의 주장처럼 그들이 너무 원시적이어서 러시아 중심부를 정복하거나 통제하지 못했기 때문이 아니라, 풍부한 목초지나 무역로가 없는 북부의 삼림 지역은 유목 생활에 별 도움이 되지 않았기 때문이었다. 그들이 러시아인들에게 부과한 세금은 농민들에겐 부담이 되었지만 그들이 카프카스, 페르시아, 중앙아시아와 인도 북부에 있는 실크로드 식민지들에서 얻는 부에 비하면 대수롭지 않은 액수였다.

몽골 지배는 러시아인들의 생활 방식에 깊은 흔적을 남겼다. 1836년 푸쉬킨이 차다예프에게 쓰고 있듯이 러시아가 서구에서 분리된 것은 그때였다. 몽골 지배의 역사는 러시아인들의 유럽적 자기 정체성에 대한 근본적 이의를 제기했다.

> 물론 몽골 지배로 우리는 유럽의 여타 지역으로부터 분리되어 유럽을 뒤흔들었던 큰 사건들에 동참하지 못했다. 하지만 우리는 고유한 사명을 갖고 있다. 몽골 정복을 그 광대한 영역 속에 가두어 둔 것은 러시아였다. 타타르인들은 감히 우리의 서쪽 국경선을 넘지 못했으며 결과적으로 우리는 뒤처지게 되었다. 타타르인들은 자신들의 사막으로 퇴각했으며 기독교 문명은 구원되었다. 우리는 기독교 문명을 구하기 위해 완전히 분리된 채로 살아야 했다. 우리가 기독교인으로 남긴 했지만 기독교 세계에서 거의 완전한 이방인이 되었다.……타타르의 침략은 슬프고 인상적인 역사다.……그대들은 러시아가 감수해야 했던 어떤 것, 미래의 역사가들을 놀라게 할 어떤 것을 깨닫지 못하고 있는가? 그대들은 미래의 역사가가 우리를 유럽사에서 제외시킬 것이라고 생각하고 있는가?……나는 결단코 나의 주변에서 본 것 모두에 대해 경탄하는 것은 아니다.……하지만 맹세하건데 무슨 일이 있어도 나의 조국을 바꾸거나 하느님께서 주신 우리 조상의 역사 이외의 어떤 역사도 받아들이지 않을 것이다.[19)]

당시 러시아 교양 계급이 아시아적인 것으로 연상하는 금기를 고려하면 아시아적 유산을 받아들이고자 하는 푸쉬킨의 의지는 예외적인 것이었다. 그것은 푸쉬킨의 태생으로 설명할 수 있을 것이다——푸쉬킨은 어머니 쪽으로 아프리카 혈통을 이어받고 있었기 때문이었다. 푸쉬킨은 러시아 대사가 피터 대제에게 선물로 주기 위해 이스탄불에 있는 오토만 술탄의 궁정에서 구입한 아비시니아인 아브람 가니발의 증손자였다. 피터의 궁정에서 총애를 받은 가니발은 파리로 유학 보내졌다. 그는 엘리자베타 여제 하에서 소장으로 승진했고 여제는 그에게 프스코프 인근 미하일로브스코에 1400명의 농노와 함께 영지를 하사했다. 푸쉬킨은 증조할아버지에 대해 대단한 자부심을 갖고 있었다——그는 아프리카인 입술과 짙은 검은색 고수머리를 물려받았다. 그는 미완의 소설인 『피터 대제의 흑인』(1827)을 썼으며 『예브게니 오네긴』의 서장에서 "나의 아프리카 하늘 아래"라는 줄(분명 주목하지 않을 수 없게 구성된)에 자신의 선조에 대한 긴 주석을 달고 있다.[20] 하지만 차다예프 같은 러시아적 유럽애호주의자들은 몽골 유산에서 인상에 남는 어떤 것도 발견할 수 없었다. 러시아가 서유럽과 다른 길을 걸은 이유를 설명하고자 하는 많은 러시아인들은 몽골 한국의 전제주의를 비난한다. 카람진은 러시아 정치가 도덕으로 타락한 원인을 몽골인들의 탓으로 돌린다. 역사가 V. O. 클류체프스키는 러시아를 "유럽식 정문으로 치장된 아시아적 건축물"로 기술하고 있다.[21]

러시아 전제 정치의 아시아적 특성은 19세기 민주주의적 인텔리겐차들에게 진부한 견해가 되었으며 또한 후에 소비에트 체제에 대한 설명으로 사용되었다. 게르첸은 니콜라이 1세가 '정보를 가진 칭기즈칸' 이라고 말했다. 이 같은 전통의 연장선상에서 스탈린은 전화를 가진 칭기즈칸으로 비유되었다. 러시아 독재 정치의 전통은 많은 뿌리를 갖고 있었지만 몽골의 유산은 거의 러시아 정치의 근본적 성격을 고착시키는 것 이상의 역할을 했다. 칸들은 농민과 귀족들, 자신의 신민들 모두가 자신들의 의지에 완전히 복종할 것을 가혹할 정도로 강요했다. 모스크바의 공후들은 16세기 러시아 땅에서 그들을 몰아내고 차르로 그들을 계승하자 칸의 행동들을 흉내냈다. 사실상 그들은 자신들이 비잔틴의 정신적 계승자라는 근거뿐 아니라 칭기즈칸의 영토적 상속자라는 근거로 새로운 황제의 지위를 정당화했다. '차르' 란 호칭은 킵차크의 마지막 칸이 사용한 것이었다. 오랫동안 차르와 칸에 대한 러시아 말은 구별되지 않고 사용될 수 있었다. 칭기즈칸도 칭기즈 차르로 표현되었다.[22)]

킵차크가 해체되고 차르의 국가가 동진하자 칸을 받들던 많은 몽골인들은 러시아에 남아 구 모스크바 궁정에 봉직하게 된다. 칭기즈칸의 후예들은 모스크바 궁정에서 두드러진 지위를 차지했으며, 어떤 평가에 따르면 상당 비율의 러시아 귀족에게 위대한 칭기즈칸의 피가 흐르고 있는 것으로 전해지고 있다. 적어도 킵차크를 계승한 두 명의 차르가 있었다. 한 명은 1575년 거의 일 년 간 러시아 지역의 차르였던 시몬 베크불라토비치(생 바투로도 알려져 있다)다. 킵차크 칸의 손자인 베크불라토비치는 모스크바 궁정에 들어가 서열이 상승해 이반 4세('뇌제')의 가신이 되었다. 이반은 베크불라토비치에게 자신이 '모스크바의 공후' 라는 직함으로 지방에 은둔하는 동안 바야르의 지역을 지배하도록 했다. 베크블라토비치의 임명은 이반 측에서 보면 자신의 반란적 근위대인 오프리츠니나oprichnina에 대한 지배를 강화하기 위한 일시적이고 전략적인 책략이었다.

베크불라토비치는 명목상의 지배자에 불과했다. 하지만 이반의 선택은 분명 킵차크의 높은 사회적 위신에 따른 것이었다. 베크불라토비치의 단기간의 '치세'가 끝날 때 이반은 그에게 트베리의 대공이라는 직함과 함께 14만 헥타르의 풍부한 영지로 보상했다. 하지만 보리스 고두노프 하에서 베크불라토비치는 반역죄로 기소되어 영지를 몰수당하고 하얀 호수 인근의 성 세실 수도원에 감금되었다. 보리스 고두노프는 킵차크의 또 다른 차르의 후예――14세기 중엽 모스크바 공후들의 가신이 된 체트라는 타타르 칸의 4대손――였다.[23]

몽골 귀족들만이 모스크바에 정착한 것은 아니었다. 몽골 침입과 함께 몽골의 인구 과잉으로 초원에서 새로운 목초지를 찾아야 하는 유목인들의 대규모 이주가 진행되었다. 우크라이나에서 중앙아시아에 이르는 전 유라시아 초원은 유입된 부족들로 만원이었다. 많은 이주자들이 거주 인구로 흡수되고 킵차크가 몽골로 쫓겨난 이후에도 러시아에 남았다. 그들의 타타르 이름은 아직도 러시아 남부와 볼가 지역의 지도에 남아 있다. 펜자, 쳄바르, 아르딤, 아니베이, 케브다, 아르다토프와 알라티르가 그것이다. 거주자들의 일부는 볼가와 부크 강 사이의 남부 국경지에 관리자로 배치된 보병대였다. 또 다른 사람들은 러시아 도시에 일하러 간 무역업자들과 숙련공들 혹은 소 떼를 잃자 농민이 될 수밖에 없었던 가난한 유목민들이었다. 타타르 이민자들이 많이 유입되어 수 세기에 걸쳐 원주민들과 뒤섞였기 때문에 농민이 순수한 러시아 인종이라는 생각은 신화에 불과하다.

몽골은 러시아 민속문화의 근저에까지 영향을 미치고 있다. 가장 기본적인 러시아어의 상당수가 타타르 기원을 갖고 있다――

loshad(말), bazar(시장), ambar(헛간), sunduk(큰 상자)와 수백 개의 단어들.[24] 이미 보았듯이 수입된 타타르어는 킵차크가의 후예들이 장악하고 있었던 상업과 행정 언어에서 특히 일반적이다. 15세기에 구 모스크바 궁정에서 타타르 용어 사용이 너무 유행하게 되자 바실리 대공은 "타타르인들과 그들의 말에 대해 지나친 애정"을 갖고 있다고 조신들을 비난했다.[25] 하지만 튀르크 문장도 일상적인 언어에 흔적을 남겼다——아주 많은 일상적 행동의 의도를 나타내는 'davai' 같은 구어적 반복문에서 가장 두드러진다. 즉 'davai poidem'('자, 가시죠'), 'davai posidim'('자, 앉으세요'), 'davai popiem'('자, 마십시다')가 그것들이다.

분명 칸 문화의 영향을 받은 러시아의 환대 풍습은 일반적인 러시아 민중 계층에서보다는 궁정과 상류 사회계층에서 더 쉽게 확립되기는 했지만 타타르의 이주로 러시아 풍습도 마찬가지로 영향을 받았다. 고고학자인 베셀로프스키는 킵차크의 관습과 믿음에 대한 문지방(문지방을 밟지 않거나 문지방 너머의 사람과 인사하지 않는 것과 같은)과 결부된 러시아의 민속 금기들을 추적한다. 그는 또한 헹가레——나보코프의 아버지가 영지에 대한 분쟁을 해결한 후에 그에게 감사하는 농민 무리가 행한 의식——를 하면서 경의를 표하는 러시아 농민 관습에 대한 몽골 기원을 발견하기도 했다.[26]

테이블의 내 자리에 앉아 있던 나는 갑자기 서쪽 창문을 통해 공중부양이라는 놀라운 사건을 보게 된다. 바람에 구겨진 흰 여름옷을 입은 아버지의 모습은 잠시 공중에서 멋지게 대자로 누운 채 나타났고 이상하게 가벼워 보이는 아버지의 팔다리, 아버지의 잘생기고 침착한 얼굴은 하늘을 향하고 있었다. 아버지를 던져올리는 보이지 않는 사람들의 구령에 맞추어 아버지는 이런 식으로 세 차례 공중을 날았으며 두 번째는 첫 번째보다 더 높이 날았다. 이어 마지막으로 가장 높게 날았을 때, 아래에는 사람마다 손에 든 밀랍 초로 향내 자욱한 가운데 작은 불꽃 무리를 지으며 촛불을 켜들고, 성직자는 영원한 안식을 노래하고, 장례식의 백합이 일렁이는 촛불로 열려진 관에 누워 있는 사람의 얼굴 위로 드리워져 교회의 둥근 천장에 그려진 행복한 모습으로 쉽게 날아오르는 천국의 사람들처럼 아버지께서는 여름 오후의 질푸른 하늘을 배경으로 누워 있었다.[27]

19세기 말 칸딘스키와 그의 동료 인류학자들이 주장하듯이 몽골족의 무속 숭배가 러시아 농민 신앙에 통합되었다는 사실을 추정할 만한 이유도 있었다(그들은 킵차크가 14세기에 채택한 이슬람 신앙의 흔적을 발견하지 못했다고 말하기도 하지만).* 예를 들어 '통곡자들'과 '도약자들' 같은 많은 농민 종파들은 종교적 법열의 몽환 상태에 이르기 위해 아시아 무속인들의 기술을 고도로 연상시키는 기법들을 사용했다.[28]

성스러운 바보(yurodivyi)는 많은 예술 작품에서 전형적인 '러시아적 유형'으로서의 이미지를 갖고 있지만 아시아적 무당으로부터 전해졌을 것이다. 성스러운 바보들이 어디에서 왔는지 말하기는 어렵다. 분명 성스러운 바보들을 위한 학교는 없으며 라스푸틴(고유한 방식에서 일종의 성스러운 바보였다)처럼 그들은 종교적 방랑의 삶을 시작하게 할 수 있는 예언과 치유의 기술을 가진 순박한 사람들로

* 샤마니즘이 유행하게 된 이후로 오랫동안 러시아 문화에 대한 이슬람의 영향은 금기로 남아 있었다. 종교적 관용의 원칙에 근거해 건설된 도시인 성 페테르부르크에도 1909년까지 이슬람 사원은 없었다.

나타난 것으로 보인다. 러시아 민담에서 '그리스도를 위한 바보' 혹은 요컨대 성스러운 바보는 성인의 지위를 차지하고 있다——사도 바울이 요구하는 자기희생적 순교자라기보다는 백치 혹은 미친 사람으로 행동하지만, 일반적으로 통찰력이 있는 마법사로 받아들여지는 성스러운 바보는 철모를 쓰거나 마구를 쓰고 셔츠 밑에 쇠사슬을 동여맨 이상한 옷을 입고 있다. 그는 가난한 사람으로 지방을 방랑하며 일반적으로 그의 예언과 치료의 초자연적인 힘을 믿는 마을 사람들의 보시로 살아간다. 그는 흔히 지방 귀족의 저택에서 음식과 잠자리를 제공받는다.

톨스토이는 야스나야 폴랴나에서 성스러운 바보 한 명을 계속 돌보았다. 반쯤 허구적이고 반쯤은 자전적인 『유년기』에서 톨스토이는 자라갈 때 그의 쇠사슬을 보기 위해 바보 그리샤 방의 어두운 찬장에 숨은 저택 어린아이들의 기억할 만한 장면을 상세히 묘사하고 있다.

> 그리샤가 막 가벼운 걸음으로 도착했다. 한 손에 지팡이를, 다른 한 손엔 쇠기름 초가 있는 청동 촛대를 들고 있었다. 우리는 숨을 죽였다.
>
> '주 예수그리스도여! 성모여! 성부와 성자와 성령에게…….' 그는 숨을 깊이 들이쉬고 종종 이 말을 하는 사람들에게 특이한 다른 음조로 건너뛰며 계속해서 말했다.
>
> 기도를 마치고 그는 방구석에 지팡이를 놓고 잠자리를 보았다. 그런 다음 옷을 벗기 시작했다. 낡은 검은 허리띠를 풀고 천천히 누더기 같은 목면 코트를 벗어 조심스럽게 접어 의자 뒤에 걸었다.……그의 움직임은 신중하고 사려 깊어 보였다.
>
> 셔츠와 속옷만 입은 그는 침대에 몸을 굽히고 사방으로 성호를 긋고

는 애써(그가 찡그리고 있었기 때문에) 셔츠 아래의 쇠사슬을 바로잡았다. 잠시 앉아 내의에 떨어진 촛농 몇 방울을 걱정스럽게 살펴보다가 일어나선 기도를 하며 촛불을 성상화가 있는 유리 액자의 높이로 올리고 그 앞에서 성호를 긋고는 초를 위아래로 흔들었다. 촛불은 톡톡 소리를 내며 꺼졌다.

거의 만월의 달빛이 숲으로 난 창문을 통해 빛을 비추고 있었다. 바보의 하얀 긴 모습이 한 쪽에서 파리한 은빛을 받아 빛나고 있었다. 반대쪽에선 창문틀과 함께 검은 그림자가 바닥과 벽 그리고 천장까지 길게 늘어져 있었다. 마당 밖에선 야경이 철판을 두드리고 있었다.

큰 손을 가슴에 모은 채 그리샤는 내내 숨을 깊게 내쉬며 성상화 앞에서 머리를 숙인 채 말 없이 서 있었다. 이윽고 괴롭게 무릎을 꿇고 기도하기 시작했다.

처음엔 어떤 말들에 힘을 주며 익숙한 기도문들을 낮은 소리로 암송하고 이어 기도문들을 더 크고 훨씬 활기차게 되풀이했다. 그리고 나서 그는 분명 교회 슬라브어로 표현하기 위해 애쓰면서 기도를 하기 시작했다. 뒤죽박죽이긴 했지만 그의 말들은 감동적이었다. 그는 자신에게 은혜를 베푼 모든 사람들을 위해 기도했다. 그 중엔 어머니와 우리도 있었다. 하느님에게 자신의 고통스러운 죄를 용서해 달라고 기원하고 '아 하느님, 우리의 적들을 용서하소서!' 라는 기도를 되풀이했다. 그는 신음소리를 내며 일어나 같은 말을 되풀이하고 바닥에 누웠다가 쇠사슬의 무게에도 불구하고 다시 일어났다. 쇠사슬은 매번 메마른 거친 소리를 내며 바닥에 부딪쳤다.……

그리샤는 오랫동안 즉흥적인 기도를 하며 종교적 법열 상태에 빠져 있었다. 이제 그는 '주여, 자비를 베푸소서' 라는 말을 몇 차례 되풀이했지만 매번 새로운 힘과 표현을 담고 있었다. 이어 그는 '용서하소서, 오주여 저에게 사는 법을 가르쳐 주소서……사는 법을 가르쳐 주소서, 오 주여' 라고 기도했다. 기도는 너무 간절해 그는 자신의 간원에 대한 즉각적인 답변을 기대하는 것 같았다. 우리는 비참한 흐느낌을 줄곧 들을 수 있었다.……그는 무릎을 꿇고 일어나 가슴에 손을 모으고 침묵했다.[29]

작가와 미술가들은 성스러운 바보를 순박한 러시아 신자의 원형으로 묘사했다. 푸쉬킨과 무소르그스키의 『보리스 고두노프』에서 성스러운 바보는 차르의 양심이자 고통받는 민중의 대변자로 나타나고 있다. 『백치』에 나오는 그리스도 같은 영웅으로 간질병 환자인 미쉬킨 공은 부유한 상인 로고진에 의해 성스러운 바보로 불렸다. 도스토예프스키는 분명 미쉬킨 공을 통해 성스러운 바보처럼 사회의 소외받은 자들에게로 향하는 진정한 기독교적 개인을 창조하기를 원했다. 화가 미하일 네스테로프는 〈러시아에서〉(1916)에서 성스러운 바보를 러시아 민중의 비공식적인 정신적 지도자로 묘사했다. 하지만 대체로 정식 교육을 받지 않은 성스러운 바보의 즉흥적인 성사(聖事)는 러시아 교회보다는 아시아 무당에게서 더 많은 영향을 받았을 것이다. 성스러운 바보는 무당처럼 이상한 소리를 부르짖고 일종의 원무를 추며 종교적 법열의 상태로 들어간다. 그는 자신의 마법 의식에 북과 종을 이용하며, 아시아 무당들이 철은 초자연적 성질을 갖고 있다고 일반적으로 믿고 있듯이 쇠사슬을 감고 있다. 또한 성스러운 바보는 무당처럼 흔히 의식에서 갈가마귀—러시아 민속에서 마법적이고 파괴적인 지위를 갖는 새—의 이미지를 사용한다. 19세기 전체에 걸쳐 볼가 지역의 농민들은 코사크 반란 지도자인 푸가초프와 라친을 하늘에 있는 일종의 거대한 갈가마귀로 보았다.[30]

러시아 의상의 공통적인 많은 요소들이 또한 아시아적 기원을 가지고 있다——카프탄kaftan, 지푼zipun(경외투), 아르먀크armiak(중외투), 사라판sarafan과 할라트khalat 같은 의복에 대한 러시아 말의 튀르크어 파생어에서 반영되고 있는 사실.[31] 차르의 왕관이나 모노마흐의 모자——전설에 따르면 비잔틴에서 전해진——까지도 타타르에서 유래했을 것이다.[32] 러시아 음식도 기본적인 러시아 음식과 함께 카프카스와 중앙아시아에서 수입된 플로프(육반)†, 랍샤(국수)와 트보록(응고된 치즈)처럼 동양 문화에 깊은 영향을 받았으며 말고기와 쿠므이스koumis(발효된 말젖)에 대한 러시아인의 취향과 같이 다른 식습관도 분명 몽골 부족으로부터 전해졌다. 기독교적 서구와 동양의 대부분의 불교 문화들과는 대조적으로 러시아에서는 말고기를 먹는 데 대한 종교적 제재가 없었다. 몽골족들처럼 러시아인들은 특별히 식용이나 (볼가지역에서) 쿠므이스를 얻기 위해 말을 양육하기까지 했다. 이 같은 관습은 실제적으로 서유럽에서는 알려지지 않았다——적어도 프랑스 사회 개혁가들이 가난과 영양 부족 문제에 대한 해결책으로 말고기를 먹는 것을 옹호하기 시작하는 19세기까지. 고기를 얻기 위해 말을 양육하는 관행은 서구에선 야만적인 것으로 받아들여졌다.[33]

중앙아시아의 모든 대부족들——카자흐족, 우즈베크족, 칼미크족과 키르기즈족——은 킵차크에서 파생되었다. 15세기에 킵차크가 붕괴되면서 그들은 러시아 초원에 남아 차르의 동맹자나 신민이 되었다. 카자흐의 선조들——이슬람-투르크족 몽골인들——은 15세기 킵차크를 떠났다. 그들은 둥가르와 우즈베크족 같은 경쟁 부

† 쌀에 고기, 야채를 섞어 기름에 볶은 다음 수프로 쪄서 향료를 가미한 요리

족들에 의해 가장 비옥한 초원 목초지에서 쫓겨나면서 러시아인들과 점차 더 가까워지게 되었다. 우즈베크족도 15세기 킵차크에서 유래하고 있다. 옥서스와 자카르테스 강 사이에 있는 오래된 이란의 오아시스 도시들(타메를란의 유산)의 부를 물려받은 페르가나의 비옥한 평원에서 농경 생활로 정착했다. 그들은 그곳을 근거지로 하여 계속해서 우즈벡의 영토인 부하라, 히바 그리고 코칸드를 발견하고 차르와 무역관계를 확립했다. 칼미크 부족은 몽골 군대를 떠난 서몽골인들(Oirats)로 킵차크가 해체되자 초원에 정착했다(튀르크어 동사인 칼마크kalmak——칼미크족의 이름이 파생된——는 '머물다'를 의미한다). 다른 부족들에 의해 서쪽으로 밀려난 그들은 북부 카스피해 연안에 있는 아스트라한 인근에 자신들의 가축들과 함께 정착했으며 18세기 무역이 쇠퇴할 때까지 모스크바에 매년 5만 마리의 말을 이끌고 가 러시아 기병대의 주공급자가 되었다.[34] 러시아 거주자들은 19세기 초 칼미크족들을 볼가 초원에서 몰아냈다. 부족 대부분이 동쪽으로 물러났지만 일부는 러시아에 정착해 무역이나 농업에 종사하며 정교로 개종했다. 레닌은 칼미크족의 후예다. 그의 친할아버지인 니콜라이 울리야노프는 아스트라한 출신 칼미크인의 아들이었다. 레닌의 모습에선 몽골 혈통을 분명하게 찾아볼 수 있다.

3

뇌제 이반은 카잔과 아스트라한의 몽골 한국들에 대한 승리를 기념하기 위해 모스크바의 붉은 광장에 새로운 성당의 건축을 지시했다. 일반적으로 모스크바가 좋아하는 성스러운 바보에 경의를 표하는 것으로 알려지게 된 것처럼 성 바실리 성당은 건설이 시작된 지 5년만인 1560년에 완공되었다. 성 바실리 성당은 몽골 한국들에 대한 러시아의 승리를 상징하는 것 이상의 의미를 지니고 있다. 그것은 러시아가 13세기 이래의 타타르 문화의 지배에서 해방되었다는 승리의 선언이었다. 화려한 색상, 쾌활한 장식 그리고 굉장한 양파 모양의 돔이 구비된 성 바실리는 이제 러시아가 되돌아가게 된 비잔틴 전통을 경축하기 위한 것이었다(실제로 정교 전통에서 그 같은 장식은 없었으며 회교 사원 같은 성당의 모습은 아마도 동양적 양식에서 비롯된 것이겠지만).

성당의 원래 이름은 성모의 기도였다——카잔이 1552년의 성스러운 축일(Pokrova)에 함락되었다는 사실을 나타내기 위해. 타타르에 대한 모스크바의 승리는 종교적 승리로 받아들여졌고 타타르에 대한 승리를 개시한 제국은 많은 방식에서 정교 십자군으로 받아들여졌다. 아시아 초원의 정복은 타타르 이교도에 대항해 교회를 지킨 성스러운 사명으로 묘사되었다. 그것은 모스크바의 제3 로마로서의 공식 선언——성 바실리 성당의 돌에 새겨진 선언——에서 시작되었다. 이로써 러시아는 비잔틴 전통에 기초해 진정으로 보편적인 기독교 제국의 지도자로 자임하게 된다. 이교도적 초원에 거주하는 기독교인들을 보호할 필요에 따라 강력한 러시아 국가가 건설된 만큼 러시아의 민족의식은 동양에 대한 종교 전쟁으로 강고해졌다. 러시아인들의 마음 속에서 종교 믿음은 늘 어떤 윤리 의식보다 더 중요했다. 외국인에 대한 가장 오래된 용어(예를 들어, inoverets)는 다른 신앙적 함의를 갖고 있었다. 다른 모든 유럽 언어에서 전원이나 토지에 대한 생각에서 유래한 농민(krestianin)의 러시아어는 기독교인(khristianin)에 대한 단어와 관계가 있다.

러시아 제국은 1552년 카잔 점령에서 1917년 혁명에 이르기까지 매년 10만 평방킬로미터 이상의 엄청난 비율로 확장되었다. 모피 무역이 절정에 달했던 17세기에 제국 금고의 3분의 1을 떠맡은 '부드러운 황금' 모피에 끌린 러시아인들은 동쪽으로 몰려들었다.[35] 러시아의 식민지 확장은 대규모의 곰, 밍크, 검은 족제비, 담비, 여우와 수달 사냥이었다. 모피 사냥꾼의 뒤를 이어 후원자인 스트로가노프를 위해 광석이 풍부한 우랄의 광산들을 장악하고 결국 1582년 시베리아의 한국들을 격퇴시킨 러시아의 영웅 예르마크가 지휘하는 코사크 상인들 같은 사람들이 몰려들었다. 이어 요새를 건설하고 원주민 부족들에게서 공물을 거두어들인 차르의 군대가 왔으며 곧 이어 원주민 부족들에게 무속 숭배를 금지하기 시작한 교회 선교사들이 뒤따랐다. 수리코프의 거대한 그림 〈예르마크의 시베리아 정복〉(1895)——구식 소총을 발사하는 성상화를 든 코사크인들과 북을 치는 무당들과 함께하는 이교도적 수렵 부족이 밀집해 있는 전투 장면——은 민족의식 속에 러시아 제국의 신화적 이미지를 심기 위한 다른 어떤 작품보다 큰 의미를 갖고 있다. 수리코프의 묘사처럼 정복의 실제적 요체는 아시아 부족들 사이에서 신성한 지위를 향유하던 무당들의 지위를 훼손하는 것이었다.

아시아 초원을 종교적으로 정복하는 것은 유럽 국가들의 선교사들이 해외 제국에서 했던 역할 이상으로 러시아 제국에 훨씬 더 근본적인 것이었다. 이는 지리적으로 설명될 수 있다. 러시아에는 러시아를 아시아 식민지와 구분할 수 있는 대양이 없었다. 즉 두 지역이 같은 대륙의 일부였던 것이다. 공식적으로 유럽의 초원을 아시아와 분할하고 있는 우랄 산맥은 물리적으로 그 사이에 큰 초지가 있는 언덕들이 연결되어 있는 데 불과했다. 우랄 산맥을 가로지른 여행객들은 마부에게 그 유명한 산맥이 어디에 있느냐고 묻곤 했을 정도였다. 따라서 아시아 식민지에서 자신들을 지리적으로 명확하게 구분할 수 없었던 러시아인들은 대신 문화적으로 구별하고자 했다. 이것은 특히 러시아가 자국을 서구 유럽 제국으로 재정의(再定意)하려 했던 18세기에 중요한 문제가 되었다. 러시아가 서구 국가와 같은 모습을 취하려면 동양의 이 '아시아적인 다른 곳'과 러시아를 분리할 수 있는 더 명확한 문화적 경계를 설정할 필요가 있었다. 차르의 비기독교적인 모든 부족들을 출신이나 신앙, 이슬람교, 무속적이냐 불교적이냐에 관계없이 '타타르' 한 묶음으로 취급했다. 이 같은 '선과 악'의 분리를 강화하기 위해 'Tatar'라는 단어는 '지옥'(tartarus)이라는 그리스어에 부합하도록 의도적으로 철자를 잘못 쓰고 있다('r'을 추가해). 보다 일반적으로 러시아가 새로 정복한 영토 모두(시베리아, 카프카스와 중앙아시아)를 구별 없이 '동양적 침체'와 '후진성'을 지칭하게 되는 하나의 '동부'로 생각하는 경향이 있었다. 카프카스의 이미지는 난폭하고 야만적인 부족이라는 여행자들의 이야기와 함께 동양화되었다. 18세기의 지도들은 지리상으로 남부에 있으며 역사적으로 오랜 서구 기독교 지역이었음에도 카프카스를 이슬람주의적 동부에 할당하고 있다. 그루지야와 아르메니아에서 카프카스는 러시아인들이 기독교로 개종하기 500년 전 4세기로 거슬러 올라가는 기독교 문명을 포함하고 있다. 그들은 기독교 신앙을 받아들인 최초의 유럽 국가였다——심지어 콘스탄틴 대제의 개종과 비잔틴 제국의 건설 이전.

러시아인들이 문화적 경계를 정립하기 위해 시베리아에서보다 더 고심한 곳은 없다. 18세기의 상상력 속에서 우랄은 마치 문명화된 세계의 동쪽 한계를 표시하기 위해 하느님이 초원 중간에 만들어 놓은 것처럼 거대한 산맥으로 쌓아 올려졌다.* 산맥의 서사면에 있는 러시아인들은 기독교적인데 반해 러시아 여행자들은 동사면의 아시아인들을 길들일 필요가 있는 '야만인' 으로 기술하고 있다.[36] 18세기 러시아의 지도책들은 시베리아의 이미지를 아시아화하기 위해 시베리아를 러시아적 이름(Sibir') 대신 서양 지리학 사전에서 차용한 명칭인 '대 타타리Great Tatary' 로 인용하고 있다. 여행 작가들은 이미 상당한 규모의 러시아인들이 시베리아에 거주하고 있었는데도 그들에 대한 언급 없이 퉁구스와 야쿠츠 그리고 부랴트 같은 아시아적 부족들에 대해 기록하고 있다. 시베리아의 이미지를 아시아화하면서 동부에서의 모든 식민지적 프로젝트가 정당화되었다. 러시아인들에게 시베리아의 초원은 그 풍부함이 아직 개발되지 않은 야만적이고 이국적인 황야로 다시 각인되었다. 시베리아는 '우리의 페루' 이자 '우리의 인도' 였다.[37]

이러한 식민주의적 태도는 18세기와 19세기 초 시베리아의 경제적 쇠퇴로 더욱 강화되었다. 유럽의 유행이 변하면서 모피 무역의 중요성이 감소하고 광산 개발 노력이 기대에 미치지 못하자 러시아의 처녀지에 대한 희망은 갑자기 거대한 황무지의 황량한 이미지로 대체되었다. 어떤 관료는 "네프스키 대로만으로도 적어도 시베리아 전체에 비해 5배의 가치가 있다"라고 기록하고 있다.[38] 1841년 또 다른 저자는 만약 시베리아의 '눈으로 덮인 대양' 이 적어도 극동과 더 편리한 해양 무역을 할 수 있도록 진짜 바다로 대체되었더라면

* 러시아의 유럽적 자기 정체성을 위한 우랄 산맥의 문화적 중요성은 오늘날까지 지속되고 있다——고르바쵸프가 제시한 '대서양에서 우랄에 이르는' 하나의 유럽 개념으로 입증하고 있듯이.

러시아는 더 부유해졌을 것이라고 생각하고 있다.[39] 시베리아에 대한 비관적 견해는 시베리아가 하나의 거대한 죄수 수용소로 변화하면서 강화되었다. '시베리아' 라는 구어적 표현은 야만적 잔인성(sivirnyi) 및 가혹한 생활(sibirshchina)과 함께 유형의 노예 상태를 연상시키는 말이 되었다.[40] 시적 상상력 속에서 시베리아의 용서 없는 자연은 그 자체가 일종의 폭군이었다.

이 땅의 음울한 자연은
늘 가혹하고 거칠지,
성난 강이 노호하고
종종 폭풍이 사납게 날뛰고,
이어 먹구름이 낀다.

광막하고 얼음으로 뒤덮인
겨울을 두려워하는 사람들은
아무도 방문하지 않겠지
이 지독한 땅,
이 거대한 유배자의 감옥을.[41]

시베리아는 유럽적 러시아를 반대하는 모든 사람들에게 할당된 상상 속의 대지인 마음의 고향이다. 그 경계선은 끊임없이 유동적이다. 19세기 초 도시 엘리트들에게 '시베리아' 는 그들 자신들의 작은 '러시아' ──성 페테르부르크 혹은 모스크바 그리고 그들의 영지로 가는 길──가 자신들이 모르는 세계로 향하는 곳에서 시작하고 있다. 카테닌은 모스크바 북동쪽으로 300킬로미터 정도 떨어져 있는 코스트로마가 '시베리아에서 멀지 않다' 고 말했다. 게르첸은 우랄 서쪽에서 수백 킬로미터 떨어진 뱌트카가 시베리아에 있다고 생각했다(그리고 어떤 의미에선 그랬다, 그는 1835년 그곳으로 추방되었기 때문에). 비겔은 페름——약간 더 동쪽이긴 하지만 그래도 우랄 산맥에서는 보이지 않는——이 '시베리아의 오지' 에 있다고 생각했다. 또 다른 사람들은 모스크바에서 마차로 하루 거리 정도인 블라디미르 볼로네츠 혹은 랴잔이 '아시아 초원' 의 시작이라고 생각했다.[42]

하지만 동양에 대한 러시아의 태도는 식민주의적인 것과는 거리가 멀었다. 정치적으로 러시아는 어떤 서구 국가에 못지않게 제국주의적이었다. 하지만 문화적으로는 매우 양면적이었다. 따라서 '동양' 에 대한 일반적인 서구의 오만한 태도 외에도 동양에 대한 특별한 매력 심지어 몇 가지 방식에서 동양과의 유사성까지 있었다.* 이것의 상당 부분은 동양과 서양의 상반된 견인력 사이에서 찢겨진 아시아 초원의 변경에 살고 있는 데서 비롯된 자연스러운 결과였다. 애매한 지리는 깊은 불안의 원천이었다——불안의 감정이 늘 동양에 대한 러시아의 혼란스러운 태도의 주요 원인이기도 했지만 주로 서구에 대한 관계에서. 러시아인들은 아시아와의 관계에서 자신들을 유럽인으로 정의할 수 있었지만 서구에서는 '아시아적인 사람들' 이었다. 서구의 작가들은 누구나 이 같은 점을 강조했다. 마르퀴 드 퀴스틴느에 따르면 성 페테르부르크의 중심가는 차르의 거대한 제국 중 유일하게 유럽적인 부분이며 네프스키 대로를 넘어서면 "변함없이 페테르부르크를 포위하고 있는 아시아적 야만주의" 의

* 이것은 러시아를 에드워드 사이드의 『오리엔탈리즘』에서의 도발적 주장에 대한 극단적인 예외로 만들었다. 즉 오만한 유럽인의 문화적 우월감이 '동양' 에 서구의 동양 정복에 이어 '반대의 형' 혹은 '다른 것' 을 강요했다(E. Said, *Orientalism*(New York, 1979)). 사이드는 러시아의 경우는 전혀 언급하지 않았다.

영역으로 들어설 각오를 해야 했다.[43] 교육받은 러시아인들은 자기 나라의 '아시아적 후진성'을 저주했다. 그들은 서구에게 대등한 국가로 받아들여지고 유럽적 삶의 주류에 속해 그 일부가 되기를 갈망했다. 하지만 서구에 의해 거부되거나 러시아의 가치가 과소평가되고 있다고 느꼈을 때, 가장 서구화된 러시아 지식인들조차 분개하며 러시아의 위협적인 아시아적 규모에 대한 국수주의적 자부심으로 기울어지는 경향이 있었다. 예를 들어 푸쉬킨은 완벽한 유럽인으로 가정 교육을 받았다. 그는 계몽주의 시대의 모든 사람들과 마찬가지로 서구를 러시아의 운명으로 보았다. 하지만 유럽이 1831년 폴란드의 반란을 억압한 데 대해 러시아를 비난하자 그는 「러시아를 비방하는 자들에게」라는 민족주의적인 시를 썼다. 이 시에서 그는 '핀란드의 차가운 절벽에서 콜치스(카프카스의 그리스 이름)의 불같은 절벽에 이르는' 자기 조국의 아시아적 본질을 강조했다.

하지만 러시아의 아시아적 지향 속에는 서구에 대한 단순한 반감 이상의 의미가 있었다. 러시아 제국은 정착을 통해 성장했다. 무역이나 농사에 종사하고 혹은 차르의 지배에서 벗어나기 위해 변경 지역으로 이주한 러시아인들은 지역 부족들에게 러시아적 생활 방식을 강요한 것처럼 토착 문화를 받아들였다. 예를 들어 18세기 오렌부르그 인근 초원에 정착한 악사코프 가는 병이 들었을 때면 타타르식으로 치료했다. 말가죽 주머니로 쿠므이스를 마시고 특별한 식용식물을 이용하며 양고기 식이요법을 계속하곤 했다.[44] 무역과 통혼이 시베리아 초원에서의 보편적인 문화 교류의 방법이었다. 하지만 동쪽으로 갈수록 러시아인들은 자신들의 방식을 더 많이 바꾸게 되었다. 예를 들어 1820년대 어떤 저자에 따르면 시베리아 북동부의 야쿠츠크에선 "모든 러시아인들이 야쿠트어로 말했다."[45]

1850년대에 러시아인의 아무르 유역 정복과 정착에 주도적인 역할을 한 데카브리스트의 아들 미하일 볼콘스키는 부랴트인들에게 러시아어를 가르치기 위해 지역 마을에 코사크인 분견대를 배치했던 일을 회상하고 있다. 일 년 후 볼콘스키는 코사크인들이 어떻게 지내는지 보기 위해 되돌아갔을 때 부랴트인들 중 러시아어로 대화할 수 있는 사람은 한 명도 없었지만 200명의 코사크인들은 모두 부랴트어를 유창하게 구사했다.[46)]

유럽 국가들의 해외 제국에서 이 같은 전례는 없었다. 적어도 유럽 국가들의 운영 형태가 무역에서 식민지에 대한 숙달로 전환된 적은 한 번도 없었다. 몇몇 예외가 있긴 했지만 유럽인들이 식민지의 부를 짜내기 위해 식민지에 정착할 필요는 없었기 때문이었다(그리고 식민지 문화에 그다지 관심을 보이지도 않았다). 하지만 차르의 국가처럼 영토적으로 거대한 제국으로 수도에서 6개월 걸리는 먼 지역에 거주하는 러시아인들은 종종 지역 문화를 받아들이지 않을 수 없었다. 러시아 제국은 아시아 초원에 러시아 문화를 강요함으로써 발전했지만 바로 그 같은 과정에서 많은 식민지 개척자들은 아시아인이 되기도 했다. 이 같은 문화 교류의 결과들 중 하나는 유럽 국가의 식민지 개척자들에게서는 거의 발견되지 않는 식민지에 대한 문화적 동정이다. 가장 열광적인 차르의 제국주의자들조차 동양 문명에 대한 열광자이자 전문가인 경우가 다반사였다. 예를 들어 톨리드 공 포템킨은 1783년 몽골 한국이 멸망하면서 손에 넣은 크리미아의 민족 혼합에 빠져 있었다. 승리를 경축하기 위해 그는 이슬람 사원처럼 돔과 네 개의 첨탑을 갖춘 몰다비아 투르크 스타일로 궁전을 건축했다.[47)] 사실상 그것은 러시아만이 아니라 18세기 유럽 전체에서 일반적이었다. 정확히 러시아 군대가 동쪽으로 진격해 이교도들을 진압했던 순간에 차르스코예 셀로에 있는 예카테리나의 건축가들은 중국식 마을들과 탑, 동양적 석굴 그리고 투르크 스타일로 누각을 짓고 있었다.[48]

유명한 데카브리스트의 아버지인 그리고리 볼콘스키는 이 같은 이중성을 체화하고 있다. 그는 수보로프 기병대의 영웅으로 은퇴해 1803년과 1816년 사이에 오렌부르그 총독이 된다. 오렌부르그는 당시 러시아 제국의 중요 거점이었다. 우랄산맥의 남부 산기슭의 작은 언덕에 위치한 오렌부르그는 중앙아시아와 시베리아 사이의 모든 주요 무역로로 향하는 러시아로 들어가는 입구였다. 매일 아시아에서 난 카페트, 면화, 비단과 보석류 같은 값비싼 물품을 실은 천여 개의 낙타 대상들이 오렌부르그를 경유해 유럽 시장으로 갔다.[49] 무역에 세금을 부과하고 보호하며 조장하는 것이 총독의 임무였다. 이곳에서 볼콘스키는 매우 성공적이었다. 그는 페르시아와 인도로 가는 길목으로 중요한 면화 왕국인 히바와 부하라에 가는 새로운 무역로를 개발했다.[50] 하지만 오렌부르그는 제국의 마지막 전진기지——동쪽의 메마른 초원을 방랑하는 노가이와 바쉬키르, 칼미크와 키르기즈 같은 유목 부족으로부터 볼가 초지의 러시아 농민들을 방어하기 위한 요새——이기도 했다.

18세기에 바쉬키르 목축업자들은 차르적 국가에 연이어 반란을 일으켰다. 러시아 거주자들은 그들의 오랜 방목지로 옮겨가기 시작했다. 많은 바쉬키르인들이 1773~4년에 예카테리나 여제의 가혹한 통치에 반기를 든 코사크 지도자 푸가초프의 반란에 합류했다. 그들은 오렌부르그를 포위하고(『대위의 딸』에서 푸쉬킨이 한 이야기) 볼가와 우랄 사이에 있는 다른 모든 도시를 점령해 재산을 약탈하며 주민들을 위협했다. 반란을 진압한 후 차르 당국은 오렌부르그 시를 강화했다. 이 요새로부터 그들은 초원의 부족들을 평정하기 위해 가혹한 군사 작전을 감행했다. 우랄 코사크인들의 대대적 봉기에 맞서기도 했던 볼콘스키는 초원 부족들에 대한 군사 작전을 지속했다. 그는 그들을 매우 가혹하게 다루었다. 볼콘스키의 명령으로 수백 명의 바쉬키르와 코사크 반란 지도자들은 공개적으로 매질을 당하고 이마에 낙인이 찍힌 채 극동의 죄수 수용소로 보내졌다. 바쉬키르인들에게 볼콘스키 총독은 '가혹한 볼콘스키'로 알려지게 되었다. 1910년대 그에 대해 노래하는 코사크인들의 민담에서 볼콘스키는 악마 같은 인물이었다.[51] 하지만 볼콘스키가 잔인한 사람은 아니었다. 그의 가족들의 말에 따르면 그는 사생활에선 천성적으로 독실한 기독교인으로 시적인 영혼과 음악에 대한 정열을 가진 온화하고 친절한 사람이었다. 오렌부르그 시민들 사이에서 볼콘스키는 괴짜로 알려져 있었다. 터키인들과의 전쟁에서 입었던 파편으로 인한 부상 때문에 머리에 이상한 소리가 들리게 되었기 때문이었을 것이다. 오렌부르그의 기온이 섭씨 영하 30도 아래로 떨어진 한겨울에 그는 실내복을 입고 거리를 돌아다니거나 때로 속바지만 입고 수보로프(10년 전에 죽은)가 자기 안에 '아직도 살아 있다'고 주장했다. 이런 상태로 시장에 가 가난한 사람들에게 음식과 돈을 나누어 주거나 완전히 벌거벗은 채 기도하러 교회에 가곤했다.[52]

바쉬키르 주민들을 잔인하게 처리하긴 했지만 볼콘스키는 터키 문화 전문가였다. 그는 터키어를 배우고 지방 부족민들과 그들의 토속어로 이야기했다.[53] 볼콘스키는 중앙아시아 전역을 여행하며 중앙아시아의 동식물, 풍습과 역사 그리고 옛 문화에 대해 일기와 집으로 보낸 편지에 광범위하게 기록하고 있다. 그는 우랄 산맥의 동사면에 있는 토볼 강이 "러시아 전체에서 가장 좋은 곳"이라고 생각했다.[54] 볼콘스키는 페테르부르크의 친구들이 사달라고 부탁하곤 했던 동양적 숄, 카페트, 도자기와 보석류 전문가였다.[55] 그는 말년에 오렌부르그에서 거의 동양적인 생활을 하기까지 했다. 볼콘스키는 알렉산드르 황제의 참모장인 조카 파벨 볼콘스키에게 "나는 이곳을 사랑한다. 이곳 유목민의 생활 방식을 좋아한다"고 쓰고 있다.[56] 볼콘스키는 자신의 '두 번째 가족'으로 생각한 키르기즈인 시종과 칼미크인 가사 농노들에 둘러싸여 이국적인 장소에서 페르시아 술탄처럼 살았다.[57] 그는 바쉬키르인 '아내들'의 비밀스러운 후궁을 두기도 했다.[58] 볼콘스키는 "나의 고향 사람들"이라고 즐겨 언급했던 타타르 부족의 거대 사회에 융화했다.[59] 제국의 제복을 버리고 몽골 의식용 제복 혹은 심지어 할라트를 입고 키르기즈 칸들을 영접했다.[60] 오렌부르그에 사는 동안 볼콘스키는 성 페테르부르크가 그립다는 말을 한 번도 하지 않았다. 그는 페테르부르크에 단 한 번 다녀왔을 뿐이었다. 볼콘스키는 딸 소피아에게 보낸 편지에서 "아시아의 조용한 생활이 나의 기질에 맞는다. 너는 나를 아시아적인 사람이라고 생각할지 모른다. 나 자신까지도 나를 아시아적인 사람으로 생각하고 있을 정도다"라고 쓰고 있다.[61]

4

1783년 새로 병합한 크리미아의 타타르 땅을 처음으로 여행하면서 예카테리나 여제는 "『천일야화』에서 나오는 동화의 땅"이라고 외쳤다.[62] 러시아의 동양정복에서 문학과 제국은 밀접한 관계를 갖고 있다. 많은 정치가들에게 낯선 풍경에서 느끼는 경이로움은 문화와 예술에서의 이미지를 통해 보게 되는 것과 같은 풍요로운 상상력의 원천이었다. 『천일야화』(1763~71)의 러시아어 번역을 시작으로 18세기 이야기들은 동양을 감각적인 사치와 나태, 후궁들과 술탄의 이교도적 왕국, 사실상 금욕적 북부에 없는 모든 것으로서 묘사하고 있다. 이 주제들은 19세기 동양적 꿈의 세계에서 다시 나타난다.

이 같은 '동양'은 지도의 어디에서도 찾아볼 수 없는 장소였다. 그것은 동쪽은 물론 카프카스와 크리미아 같은 남쪽에도 있었다. 동쪽과 남쪽 두 개의 나침반 방위는 상상적인 '동양'——러시아적 상상 속에서 이국적인 반문화——에서 결합하게 되며 그것은 일종의 상이한 많은 문화적 요소들을 그러모은 것으로 구성되어 있다. 예를 들어 보로딘의 《이고리 대공》에서 동양의 전형적인 소리를 나타내게 되는 남부 러시아에 살던 고대 유목 민족인 폴로베츠족 무곡은 실제로 추바쉬, 바쉬키르, 헝가리, 알제리, 튀니지아와 아라비아 멜로디에서 차용한 것이다. 그것은 미국의 노예음악까지 포함하고 있다.[63]

러시아인들은 민속학상의 사실들로 자신들의 식민지들을 알기 오래 전 문학과 예술을 통해 식민지들에 대해 창작했다. 카프카스는 러시아인들에게 특별한 상상력을 불러일으키는 지역이었다. 차르의 군대가 카프카스인의 산악 지대를 지배하기 위해 이슬람 부족들과 피의 전쟁을 수행하던 19세기에 러시아 작가들, 예술가들과 작곡가들은 낭만적인 방식으로 카프카스에 일체감을 가졌다. 그들의 작품 속에서 카프카스는 이국적인 매력과 아름다움을 가진 거칠고 위험한 장소로, 북부에서 온 러시아인들은 남부 이슬람 부족 문화와 접하며 충격을 받았다. 푸쉬킨은 그 누구보다도 카프카스에 대한 러시아인의 이미지를 고착시킨 사람이었다. 그는 자신의 시 『카프카스의 죄수』—일종의 동양의 『어린 헤롤드』—에서 카프카스를 명상과 도시 생활의 질병을 회복할 수 있는 '러시아적 알프스'로 재창조했다. 이 시는 온천 치료를 위해 카프카스로 여행한 수 세대의 러시아 귀족 가문들을 위한 안내서 역할을 했다. 레르몬토프가 피아티고르스크의 온천 휴양지에서 소설 『우리 시대의 영웅』을 완성한 1830년대엔 상류 계급에서 '카프카스 치료'가 너무 유행하게 되어 매년 남부로의 여행은 이슬람교도들의 메카 순례 여행에 비유되기까지 했다.[64] 일부 여행자들은 안전을 위해 머물러야 했던 러시아의 회색빛 요새 도시의 단조로운 현실 속에서 푸쉬킨 시의 거칠고 이국적인 정신을 발견할 수 없어 실망했다. 모험과 낭만에 대한 열망 덕분에 알렉산드르 베스투제프-말린스키 같은 명백한 2류 문학가(그리고 오늘날 거의 완전히 잊혀진)까지 단순히 카프카스 이야기와 여행기를 썼다는 이유로 대단한 문학적 천재로 환영받을 정도였다.[65]

적어도 러시아 작가들은 카프카스에서 이국적 매력 이상의 것을 찾고자 했다. 푸쉬킨 세대는 고대 아랍인들을 원형적 낭만주의자로 묘사한 시스몽디가 『중앙 유럽의 문학에 대하여』(1813)에서 설명한 낭만주의에 대한 '남부 이론'에 깊은 영향을 받았다. 러시아 문화를 서구와 구별할 수 있는 근거를 찾고 있던 러시아의 젊은 낭만주의자들에게 시스몽디의 이론은 하나의 계시였다. 갑자기 러시아인들에게 식민지 카프카스를 갖고 있는 것이 서구의 다른 어떤 민족보다도 새로운 낭만적 정신에 그들을 더 가깝게 하는 독특한 이슬람-기독교적 문화를 '남부'에 갖고 있는 것처럼 보였다. 작가 오레스트 소모프는 에세이 『낭만주의 시에 대하여』에서 카프카스 전역에서 아라비아 정신을 받아들였기 때문에 러시아는 새로운 낭만주의 문화의 발생지라고 주장했다. 데카브리스트 시인 빌겜 큐헬베케르는 "유럽과 아라비아 양쪽의 정신적 보물 모두"를 결합한 시를 요구했다.[66] 언젠가 레르몬토프는 러시아 시가 "유럽과 프랑스 대신 동양을 따름"으로써 그 운명을 발견하게 될 것이라고 말했다.[67]

코사크인들은 16세기 이후로 오렌부르그 초원, 카프카스에 있는 테렉 강을 따라 돈과 쿠반 지역 그리고 전략적으로 중요한 거주지인 시베리아의 옴스크 바이칼 호수와 아무르 강 주변에서 살고 있는 제국의 남부와 동부 국경 자치 공동체들 내의 맹렬한 러시아 병사들 중에서 특별한 배타적 계급이었다. 초기 러시아 전사들은 동부 초원의 타타르족과 사실상 그들의 후예일 카프카스인들('코사크' 혹은 'quzzaq'는 기병의 튀르크어다)과 거의 구별할 수 없는 거의 아시아적인 생활방식을 갖고 있었다. 코사크족과 타타르족 모두 자유를 지키는 데 맹렬한 용기를 보여주었다. 그들은 천성적 온정과 자발성을 갖고 있었고 모두 선한 삶을 사랑했다. 고골리는 자신의 단편 소설『타라스 불바』에서 우크라이나 코사크인들의 '아시아적'이고 '남부적'인 특성을 강조했다. 사실상 그는 이 두 가지 용어를 구분 없이 사용하고 있다. 관련 논문(「소 러시아의 형성에 대한 고찰」 즉 우크라이나)에서 그는 자기가 의미하는 것을 밝히고 있다.

> 코사크인들은 신앙이나 지리적 위치의 관점에서 보면 유럽에 속한 사람들이지만 동시에 생활 방식, 그들의 관습과 의상에서는 완전히 아시아적이다. 그들은 세례의 두 가지 대립된 부분, 두 가지 대립된 정신이 이상하게 결합되어 있는 사람들이다. 유럽적 사려와 아시아적 방종, 순박함과 교활함, 강한 능동적 의식과 나태에 대한 사랑, 발전과 완벽성에

대한 충동과 동시에 어떤 완벽성에 대해서도 경멸하는 모습을 보이고자 하는 욕망이 그것이다.[68]

역사가로서 고골리는 코사크인들의 본질을 '고대 훈족' 이래로 초원 전역을 뒤덮어 온 정기적인 유목민 이주 물결에 결부시키려 하였다. 그는 코사크인들처럼 호전적이고 정력적인 사람들만이 광활한 평원에서 살아남을 수 있다고 주장했다. 코사크인들은 "초원을 가로질러 아시아적인 방식"으로 말을 탄다. 그들은 "공격을 시작할 때 말을 타고 호랑이처럼 날쌔게" 돌진한다.[69] 코사크군 장교들을 알게 된 톨스토이도 그들이 거의 러시아적인 기질을 갖고 있다고 생각했다. 『코사크인들』(1863)에서 톨스토이는 테렉 강 북부의 러시아 코사크인들이 실제로 테렉 남부의 체첸 언덕 부족들의 그것과 구분되지 않는 생활 방식으로 살아가고 있다는 사실을 민속학상으로 세부적으로 보여주고 있다.

1820년대 초 푸쉬킨은 카프카스로 여행할 때 자신이 낯선 땅으로 가고 있다고 생각했다. 그는 『아르츠룸으로의 여행』(1836)에서 "무한한 러시아 땅을 벗어나 본 적이 없다"라고 기록하고 있다.[70] 하지만 10년 후 그곳에 간 레르몬토프는 카프카스를 자신의 '정신적 조국' 으로 받아들였고 그곳의 산악에 자신을 '아들로' 축복해줄 것을 기원했다.

진심으로 나는 당신들의 것이다
영원히 그리고 어디서나 당신들의 것이다![71]

카프카스의 산악들은 최초의 현실적인 세계적 러시아 산문 소설로 그의 가장 위대한 걸작 『우리시대의 영웅』을 포함해 그의 많은 작품의 영감과 사실상의 배경이었다. 1814년 모스크바에서 태어난 레르몬토프는 소년 시절 관절염으로 고생했고, 따라서 피아티고르스크의 온천 휴양지를 수도 없이 방문했다. 그곳 산지 풍경의 거친 낭만적 정신은 젊은 시인에게 각인되었다. 1830년대 초 그는 모스크바대학에서 동양 문학과 철학을 공부하고 있었다. 그때부터 그는 자신이 이슬람 세계의 러시아적 유산(그가 『우리 시대의 영웅』 마지막 장에서 탐구했던 생각)으로 보았던 숙명적 전망에 강하게 끌렸다. 레르몬토프는 카프카스의 민담, 특히 피아티고르스크 출신으로 근위대 장교로 변신한 이슬람 신학자 쇼라 노그모프가 말한 산악 전사들의 위업에 대한 전설에 강한 관심을 가졌다. 그는 이 이야기들 중 하나에서 1832년 첫 번째 중요한 시인 『이즈마일 베이』(몇 년이 지난 후에야 출판하기 위해 양도되었다)를 쓰기 위한 영감을 얻었다. 이 시는 카프카스가 정복되면서 항복해 러시아 군대에 잡혀간 이슬람 왕자에 대해 이야기하고 있다. 러시아 귀족으로 성장한 이즈마일 베이는 러시아 군 내에서의 임무를 저버리고 차르 군대가 마을들을 파괴한 체첸 동포의 방어에 나선다. 레르몬토프는 산악 부족들과 싸우기 위해 근위대에 입대해 어느 정도 적대 진영 양측에 대한 충성심으로 갈등하는 이즈마일 베이와 동일시한다. 레르몬토프는 그로즈니 요새에서 비범한 용기로 체첸에 맞서 싸우지만, 자신이 목격한 산악 마을에 있는 체첸인들의 본거지에 대한 무시무시한 야만적 전쟁에 혐오감을 느낀다. 레르몬토프는 『이즈마일 베이』에서 차르 검열관의 펜이 숨길 수 없었던 러시아 제국에 대한 가혹한 비난으로 결론짓고 있다.

슬라브인이 아직 전쟁으로 정복해야 할
산들, 초원들 그리고 대양은 어디 있는가?
그리고 러시아의 강력한 차르에게 굴복하지 않은
적들과 모반은 어디에 있는가?
카프카스인들은 더 이상 싸우지 않는구나! 아마도
동양과 서양이 너의 운명을 분할하겠지.
때가 오리니, 너는 아주 용감하게 말하리라,
'나는 노예지만 나의 차르는 세계를 지배하고 있다'
때가 오리니, 북부는 영광되리
경외로운 새로운 로마, 제2의 아우구스투스에 의해.

마을은 불타고 있고, 그들의 방어자들은 정복당했으며,
조국의 아들은 전투에 패배했다.
경외로워 보이는 끊임없는 혜성들처럼,
하나의 불빛이 하늘을 가로질러 날아가고 있고,
정복자인 총검을 가진 맹수가
평화로운 집으로 돌진해,
아이들과 늙은이들을 죽이고,
이어 피 묻은 손으로 때리네
처녀들과 젊은 어머니들을.
하지만 여인의 마음은 그녀 오빠의 마음에 못지않구나!
그들의 키스 후에, 검이 뽑히고
러시아인은 움츠리고 숨이 막힌다—그는 죽었다!
'전우여, 나의 복수를' 이윽고 다음 순간
(살인자의 죽음을 위한 훌륭한 복수)

이제 작은 집은 불타고, 그들의 눈엔 기쁨이,

카프카스인의 자유가 활활 타오르는구나![72]

레르몬토프는 능숙한 수채화가였다. 그는 한 초상화에서 카프카스 외투를 두르고 카프카스의 칼을 움켜쥐고는 산악 부족들에게 사용한 빈 탄피들을 근위대 제복 앞에 달고 있는 자신을 그리고 있다. 레르몬토프는 『우리 시대의 영웅』의 주인공 페초린에게 반은 러시아적이고 반은 아시아적인 혼합된 정체성을 부여하고 있다. 성 페테르부르크 상류 사회에 대해 끊임없이 냉소적이고 환멸을 느끼는 페초린은 근위대 장교로 카프카스에 전속되었을 때 변화를 경험한다. 그는 카프카스 추장의 딸 벨라와 사랑에 빠져 그녀에게 사랑을 고백하기 위해 튀르크어를 배우고 카프카스 의상을 입는다. 어느 순간 화자는 그를 체첸 산적에 비유한다. 이것은 본질적인 것처럼 보인다. 즉 '문명화된' 러시아 식민주의자들의 행동과 아시아 부족의 '야만적' 행동 사이에는 명확한 경계가 존재하지 않는 것이다.

레르몬토프만이 카프카스를 '정신적 조국'으로 받아들인 것은 아니었다. 작곡가 발라키레프는 또 한 명의 '산악의 아들'이었다. '러시아 음악 학교'의 설립자는 고대 타타르족 출신이었고, 카프카스 의상을 입고 초상화를 그린 빈도로 볼 때 그는 자신의 혈통을 자랑스러워하고 있었다.[73] 발라키레프는 1862년 스타소프에게 보낸 편지에서 "그들의 의상(카프카스인들의 의상보다 더 좋은 의상은 없어 보인다)으로부터 시작해 카프카스의 것들은 레르몬토프의 취향만큼이나 나의 취향에 맞는다"라고 쓰고 있다.[74] 림스키-코르사코프는 발라키레프가 "반은 러시아적이고 반은 타타르적인 기질"을 가졌다고 기술하고 있다. 스트라빈스키는 그를 "레닌처럼 칼미크 머리

24. 미하일 레르몬토프가 그린 카프카스의 검을 차고 카프카스 외투를 입은 잃어버린 자화상의 수채화 사본, 1837.

와 명민하고 날카로운 눈을 가진 크고 머리가 벗어진 사람"이었다고 회상하고 있다.[75] 1862년 발라키레프는 카프카스를 여행했다. 그는 카프카스 지역의 거친 풍경을 사랑하게 되었다. 그것은 자신이 좋아하는 시인 레르몬토프의 정신을 연상시켰다. 그는 피아티고르스크에서 스타소프에게 보낸 편지에서 "러시아적인 모든 것들 중에서 레르몬토프에게 가장 큰 영향을 받았다"고 쓰고 있다.[76]

발라키레프는 레르몬토프의 같은 이름의 시에 기초해 교향시《타마라》(1866~81)에서 작가에 대한 애정을 환기시키려 했다. 레르몬토프의 『타마라』(1841)는 자신의 매력적인 목소리로 연인들을 테렉강이 내려다보이는 산지에 있는 자신의 성으로 끌어들인 그루지야 여왕의 민담을 각색해 이야기하고 있다. 주신제의 춤판이 벌어진 다음 날 그녀는 살해한 연인들의 시체를 성탑에서 아득한 아래쪽 강 속으로 던져 버리곤 했다. 그것은 스타소프의 말처럼 발라키레프가 광적인 자신의 피아노 모음곡에서 재창조하고자 했던 타마라 '원무'의 정신이었다.

그리고 이상하게 거친 소리들
밤새 그곳에서 들리지
마치 이 비어 있는 탑에
백 명의 사랑스러운 젊은 남녀가 있는 것처럼
결혼식 날 밤에
혹은 멋진 장례식 축제날에 함께 온 듯이.[77)]

발라키레프가 사용한 음악적 레퍼토리는 대개 '동양적 소리'——서구인들이 오랫동안 동양과 관련지어 생각했던 것으로 이국적인 쾌락의 세계를 마법으로 불러낼 수 있도록 고안된 감각적인 반음계의 음계, 당김음으로 된 춤곡 같은 리듬과 나른한 화음——를 가진 일반적 레퍼토리에서 유래한 것이었다. 하지만 발라키레프는 또한 자신이 카프카스 민요에서 발췌한 놀랍도록 새로운 장치들을 도입했다. 발라키레프는 카프카스 민요에선 화음들이 아시아 음악에 공통적인 5음계에 기초해 있다는 사실에 주목했기 때문이었다. 오음계

혹은 'Indo-Chinese' 음계의 분명한 특징은 중간음, 따라서 어떤 특정 음에 대해 멜로디 상으로 분명하게 끌리는 것을 피하는 것이었다. 그것은 특히 동남아시아 음악의 특징인 '유동적인 음'의 감각을 만들어 냈다. 《타마라》는 5음계를 확장적으로 이용한 최초의 중요한 러시아 음악 작품이었다. 발라키레프의 혁신은 러시아 음악에 '동양적 느낌'을 부여하여 서구 음악과 분명하게 구분되도록 한 새로운 음악 언어의 발견과 유사했다. 5음계는 림스키-코르사코프에서 스트라빈스키에 이르기까지 발라키레프의 '민족 음악'을 추종하는 모든 러시아 작곡가들에 의해 두드러진 방식으로 사용되게 된다.

이 같은 동양적 요소는 쿠치키스트――발라키레프, 무소르그스키, 보로딘과 림스키-코르사코프를 포함한 민족주의 작곡가들의 '강력한 소수'(kuchka)――가 개발한 러시아 음악 학파의 특징들 중 하나가 되었다. 쿠치키스트의 전형적인 '러시아적' 작품들의 상당수――발라키레프의 피아노를 위한 환상곡《이슬라메이》(러시아 피아노 학교의 기본 곡으로 차이코프스키 피아노 콩쿨의 '의무 연주곡')에서 보로딘의《이고리 대공》과 림스키-코르사코프의《셰헤라자드》에 이르는――는 동양적 스타일로 작곡되었다. 러시아 민족주의학파의 아버지 발라키레프는 자의식적 '러시아' 음악을 안톤 루빈스타인과 음악원의 독일 심포지움과 구분할 수 있도록 동양적 테마와 화음을 사용하도록 촉구했다. 림스키-코르사코프의《첫 번째 러시아 교향곡》――그것은 사실상 루빈스타인의《대양 교향곡》이 작곡된 지 12년도 더 지난 후에 작곡된 것이었다――은 림스키의 스승 발라키레프가 카프카스에서 필사한 러시아 민속과 동양적 멜로디의 사용으로 이 같은 별칭을 얻었다. 1863년 작곡가 세자르 퀴이는 림스키에게 보낸 편지에서 "이 교향곡은 훌륭하다. 우리는 며칠 전 이 곡을 '발라키레프의 집'에서 연주했었으며 스타소프는 대단히 기뻐했다. 이 곡은 정말로 러시아적이다. 러시아인만이 이 같은 곡을 작곡할 수 있다. 이 곡은 그 어떤 정체적(停滯的)이며 독일적인 사소한 흔적〔nemetschina〕도 발견할 수 없기 때문이다"라고 쓰고 있다.[78]

발라키레프와 함께 스타소프는 러시아의 동양적 음악 양식의 발전에 큰 영향을 미쳤다. 《이고리 대공》과 《셰헤라자드》를 포함해 동양적 음악 양식을 실현하고 있는 선구적인 쿠치키스트 작품들 중 상당수는 민족주의적 비평가에게 바쳐졌다. 1882년 스타소프는 '러시아 예술 25년'에 대한 논문에서 러시아 작곡가들에 대한 동양의 심오한 영향에 대해 설명하려 했다.

> 그들 중 일부는 개인적으로 동양을 알고 있다. 또 다른 일부는 동양을 가본 적은 없지만 바로 자신들의 삶이 동양적 느낌으로 둘러싸여 있다. 따라서 그들은 생생하고 충격적으로 자신들을 표현하고 있다. 이 같은 점에서 그들은 동양적인 모든 것에 대한 일반적인 러시아적 공감을 함께하고 있다. 동양적 영향력은 러시아인의 삶에 널리 퍼져 있으며 그 예술에 분명한 색깔을 입히고 있다.……이 점을 러시아 작곡가들의 이상한 변덕과 즉흥성으로 보는 것은 불합리할 것이다.[79]

스타소프에게 러시아 예술에서 동양적 흔적의 중요성은 이국적 장식의 의미를 훨씬 넘어서고 있다. 그것은 러시아가 고대 동양 문화를 계승했다는 역사적 사실에 대한 증언이었다. 스타소프는 아시아의 영향이 "러시아 문화의 모든 분야 언어, 의상, 관습, 건축, 가구

와 일상적인 생활 용품의 장식, 멜로디와 화음 그리고 우리의 모든 동화에서 명백하다"고 믿었다.[80)]

스타소프는 1860년대 러시아 장식의 기원에 대해 자기 논문에서 이 같은 주장에 대한 윤곽을 그리고 있다.[81)] 그는 중세 러시아 교회의 필사본들을 분석해 글자 장식을 페르시아와 몽골의 유사한 주제(장사방형, 장미꽃 장식, 만자와 체크 문양, 그리고 어떤 식물과 동물 디자인의 형태)에 결부시키고 있다. 비슷한 디자인이 페르시아의 영향이 두드러진 비잔틴의 다른 문화들에서도 발견되고 있지만 비잔틴이 페르시아 장식에서 일부만을 빌어온 반면 러시아인들은 거의 그 모든 것을 받아들였다. 이 같은 사실은 스타소프에게 러시아인들이 그것들을 페르시아에서 직접 수입했다고 주장하게 했다. 스타소프의 주장을 입증하기는 어렵다. 페르시아풍의 단순한 주제들은 세계 전역에서 발견되고 있기 때문이다. 하지만 스타소프는 어떤 두드러진 유사성에 초점을 맞추고 있다. 예를 들어 스타소프가 페르시아인들과 이교도적 러시아인들 모두가 "나무를 성스러운 숭배의 대상으로 이상화하고 있다"고 생각한 나무의 장식적 이미지엔 놀라운 유사성이 있었다.[82)] 페르시아인들과 이교적 러시아인들, 이 양자의 전통 속에서 나무는 원통형 밑둥, 소용돌이 모양의 줄기, 목련 같은 꽃들이 달려 있는 드러난 가지를 갖고 있다. 이 같은 이미지는 이교도의 나무 숭배 의식에서 흔히 나타나고 있으며 칸딘스키가 발견한 것처럼 19세기 말 코미 사람들에게 여전히 분명하게 찾아볼 수 있다. 스타소프는 14세기 노브고로드의 복음서에서 'B'라는 글자를 문자 그림으로 찾아내기까지 했으며 문자 그림에선 한 남자가 나무 밑둥에서 무릎을 꿇고 기도하고 있다. 이것은 러시아 민속문화의 주된 요소들을 구성하고 있는 아시아, 이교 그리고 기독교적 요소

25. 블라디미르 스타소프 : 14세기 노브고도르의 필사본에서 발견된 러시아어 문자 'B'(Б)에 대한 연구

들의 복잡한 혼합을 완벽하게 보여주고 있다.

스타소프는 다음으로 서사시도 아시아에서 유래하고 있다고 주장하며 러시아의 가장 오래된 민속 신화와 전설을 포함하고 있는 서사시 『브일리니*byliny*』에 대한 연구로 관심을 돌린다. 자신의 『러시아 브일리니의 기원』(1868)에서 그는 『브일리니』가 군인, 상인 그리고 페르시아, 인도 그리고 몽골 출신의 유목민 이주민들에 의해 러시아에 전해진 것으로 러시아화된 힌두, 불교 혹은 산스크리트 신화와 이야기의 파생물이라고 주장했다. 스타소프의 주장은 문화적 차용이론——당시 막 독일 문헌학자 테오도로 벤페이가 개진한——

에 근거하고 있다. 19세기 말 벤페이의 이론은 유럽 민담이 동양적 기원의 이차적 각색이라고 주장한 서구 민속학자들(쾨데케와 쾰러, 클루스톤과 리브레히트)에 의해 점차 수용되었다. 스타소프는 처음으로 벤페이의 사례에 대해 세부적인 주장을 했다. 그의 주장은 다양한 아시아적 이야기 텍스트——특히 1859년 벤페이가 독일어로 번역한 마하바라타Mahabharata, 라마야나Ramayana, 판찬트라Panchantra의 고대 인도 이야기들——를 담고 있는 『브일리니』에 대한 비교 분석에 근거하고 있다.

스타소프는 설화적 세부 사항, 이 오랜 이야기들의 상징과 주제들(줄거리와 주인공의 기본적 유사성은 전세계의 민담에서 쉽게 발견되기 때문에 문화적 영향을 보여주는 가장 강력한 근거는 아니었지만)에 특별한 관심을 보였다.* 예를 들어 스타소프는 러시아의 전설 '사드코'(여기선 한 상인이 부를 찾아 물 속 왕국으로 간다)가 하리반사Harivansa의 브라만 이야기(여기서 물 속으로의 비약은 진리를 찾는 정신적 여행이다)에서 파생되었다고 결론지었다. 스타소프에 따르면 종교적 요소가 상업적 부의 주제로 대체되는 것은 이후의 각색된 러시아 이야기에서일 뿐이다(15세기 이후에서 비롯된 것들). 전설이 사드코——12세기 성 보리스와 성 글렙에 기금을 기부하는 노브고로드에서 항해를 직업으로 하는 동업조합의 부유한 회원——란 역사적 인물로 바뀌는 것은 이 시기다.[83)]

마찬가지로 스타소프는 『브일리니』의 민속 영웅들(bogatyrs)이 실제로 동양 신들의 후예들이라고 주장했다. 민속 영웅들중 가장 유

* 하지만 스타소프의 논제를 뒷받침하는 몇 가지 역사적 증거가 있었다. 인도 이야기는 오늘날 분명 이주자들에 의해 널리 알려진 동남아시아에 전해졌다. 라마야나 이야기는 적어도 13세기부터 티베트에서 번역으로 알려져 있었다(J. W. de Jong, *The Story of Rama in Tibet : Text and Translation of Tun-huang Manuscripts*(Stuttgart, 1989)).

명한 사람은 일리아 무로메트——러시아 이야기의 후기 판본에서는 타타르 인물로 개작된 '의적'인 솔로베이로 적들에 대해 민중의 대의를 옹호한 용감하고 정직한 전사——이다. 스타소프는 일리아 무로메트의 초자연적 나이——이야기의 세부 사항에서 논리적으로 연역하면 수백 살——에 관심을 보였다. 이것은 무로메트가 수세기 동안 인도를 통치한 신화적 왕들 혹은 인간의 시간을 초월한 동양적 신들의 후예라는 것을 보여주고 있다.[84] 스타소프에 따르면 '보가티르bogatyr'라는 단어는 '전사'(bagadur)라는 몽골어에서 파생되었다. 그는 몽골 유목민이 한때 점령했던 모든 나라에 대한 단어의 어원적 관계를 추적한 유럽 문헌학자들로부터 증거를 끌어냈다. 즉 bahadir(페르시아어에서), behader(튀르크어에서), bohater(폴란드어에서), bator(마자르어에서) 등.[85]

결국 스타소프는 텍스트들의 민속학적 세부 사항들을 분석——그들의 장소 이름, 숫자 체계, 풍경과 건축물들, 가사 도구와 가구, 의상, 게임과 관습들——했다. 그가 분석한 그 모든 것은 『브일리니』가 러시아 북부 삼림이 아니라 오히려 초원에서 유래한다는 사실을 보여주었다.

> 『브일리니』가 실제로 고대에 우리 고향에서 생겨나 후에 공후들과 차르로 바뀌었다 해도, 그것들은 여전히 러시아의 흔적이 남아 있어야 한다. 따라서 우리는 그것들 속에서 우리 러시아 작가들, 우리의 눈과 얼어붙은 호수들을 읽어내야 한다. 우리는 러시아의 들과 풀밭, 우리 나라 사람들의 농경적 본질, 우리 농민들의 오두막과 일반적으로 토착적인 것인 목조 건물과 가정 용품, 그것들 속에 있는 우리 러시아인의 마음과 정신적 믿음, 마을 합창과 의식들, 우리가 우리 조상에게 제사를 올리는

방식, 인어, 도깨비 집의 정령과 다양한 다른 이교 루시의 미신들을 읽어내야 한다. 요컨대 모든 것은 우리의 시골 생활의 정신을 나타내야 한다. 하지만 그 어느 것도 『브일리니』에는 존재하지 않는다. 이 이야기들이 러시아가 아니라 어떤 아시아나 동양의 더운 기후를 배경으로 하고 있는 것처럼 겨울, 눈 혹은 얼음이 존재하지 않는다. 『브일리니』에 호수나 이끼 낀 강둑들은 존재하지 않는다. 그것들 속에서 농경 생활은 전혀 보이지 않는다. 목조 건물들도 없다. 우리 농민의 관습들 중 어느 것도 기술되어 있지 않다. 러시아인의 생활 방식을 나타내는 것은 아무것도 없다. 그리고 대신 우리가 보는 것은 건조한 아시아의 초원이다.[86]

스타소프는 『브일리니』에 대한 아시아적 이론으로 슬라브주의자와 다른 민족주의자들 사이에 엄청난 충격을 불러일으켰다. 그는 '러시아를 비방하고 있는 것'과 다름없다는 비난을 받았다. 그의 책은 '민족적 수치의 원천'으로 그것의 일반적 결론은 '무가치한 러시아인의 애국심'으로 공공연히 비난받았다.[87] 스타소프를 비난한 사람들이 단지 "우리의 문화가 아시아 초원의 야만적 유목민에게서 계승된 것"이라는 그의 "동양적 환상"을 공격한 것은 아니었다.[88] 그들이 인식하고 있던 것처럼 스타소프의 이론은 민족 정체성에 대한 근본적 이의를 제기하고 있었다. 슬라브주의자들의 모든 철학은 민족 문화가 타고난 땅에서 성장했다는 가정에 근거하고 있었다. 그들은 30년 이상 러시아 민속에 대한 진정한 표현이라는 굳은 믿음으로 마을들을 돌아다니며 이러한 이야기들을 기록하면서 브일리니에 대해 아낌없는 관심을 기울였다. '사드코'와 '일리아 무로메트' 같은 이야기들은 민중사의 성스러운 보물들이었다. 슬라브주의자들은 바로 브일리나bylina라는 단어가 제시하고 있는 사실은 자신

들이 말한 그것이 "존재한다"(byl)의 과거시제에서 파생한 것이라고 주장했다.[89)]

슬라브주의자들의 근거지들 중 하나는 19세기 초 유럽 낭만주의 운동에 기원을 갖고 있는 민속학자와 문학자들의 '신화학 학파'였다. 스타소프에 대해 가장 격렬하게 비판한 사람들은 부슬라예프와 아파나시예프 같은 가장 존경할 만한 민속학자들이 구성원으로 있는 학파에 속한 사람들이었다. 신화학 이론의 대표적 인물들은 러시아 민중의 오랜 믿음이 그들의 동시대적 삶과 예술을 통해 재구성될 수 있다는 다소 의심스러운 가정에 근거해 연구했다. 부슬라예프에게 사드코에 대한 노래는 "외부 영향의 가장 사소한 흔적도 없이 바로 그들의 순수성 속에 보존되어 있는 우리 민중들의 시에 대한 가장 훌륭한 삶의 유물들"이었다. 일리아 무로메트는 "가장 순수한 형태로 민중의 정신적 이상들을 구체화하고 있는" 오랜 과거의 진정한 민속 영웅이었다.[90)] 1860년대 초 『브일리니』는 민속학 학파에게 갑자기 명백히 새롭고 중요한 작품이 되었다. 왜냐하면 파벨 리브니코프가 브일리니가 여전히 살아 발전하고 있는 형태라는 사실을 보여주었기 때문이었다. 리브니코프는 혁명 그룹에 가담한 죄목으로 페테르부르크 북동쪽으로 200킬로미터 떨어진 올로네츠 지방으로 유배된 전직 공무원이었다. 차르의 국내 추방자들의 상당수가 그랬던 것처럼 리브니코프는 민속학자가 되었다. 올로네츠 마을들을 여행한 그는 서로 다른 30명 이상의 『브일리니』 가수들에 대해 기록했다. 그들 각각은 '일리아 무로메트' 같은 중요한 이야기에 대해 자신의 판본을 갖고 있었다. 이 노래들이 1861년과 1867년 사이에 4권으로 출판되자 러시아 민속문화의 성격과 기원에 대한 대논쟁이 촉발되었다. 민속문화의 성격과 기원에 대한 논쟁은 투르게네프의 소설 『연기』(1867)로 보건데 독일 내의 이민 사회까지 논쟁에 빠져들게 하고 있다. 갑자기 『브일리니』의 기원은 러시아와 러시아의 문화적 운명에 대한 상반된 견해가 충돌하는 장이 되었다. 한 쪽엔 스타소프가 고대 아시아의 맥박이 아직도 러시아의 마을들에서 뛰고 있다고 주장하고 있었고 다른 한 쪽에선 슬라브주의자가 『브일리니』를 러시아의 기독교 문화가 여러 세기에 걸쳐 방해 받지 않고 남아 있다는 살아 있는 증거라고 주장했다.

이것이 림스키-코르사코프의 오페라 《사드코》(1897)를 이해하고자 할 때 제기되는 지적인 갈등의 배경이었다. 오페라가 발전되어 간 과정은 전형적인 쿠치키스트 학파의 집단적 전통에 의해서였다. 창조적 아이디어는 1867년 스타소프가 발라키레프에게 주었으며 발라키레프는 그것을 무소르그스키에게 넘겨주었고 무소르그스키는 그것을 림스키-코르사코프에게 전달했다. 림스키가 오페라의 이야기에 끌린 이유는 쉽게 알 수 있다. 사드코처럼 림스키는 노브고로드 출신의 선원(정확히 말해서 전직 해군 장교)이자 음악가였다. 게다가 스타소프가 1894년 자신의 초고 시나리오와 함께 그에게 써 보냈던 것처럼 림스키-코르사코프는 그 주제를 통해 "당신의 예술적 기질이 아주 강하게 느껴지는 러시아 이교도 문화의 마법적 요소들"을 탐구할 수 있었다.[91] 『브일리니』의 표준 판본에서 사드코는 구슬리gusli를 연주하고 시의 새로운 시장을 찾아 먼 땅으로 향한 항해를 노래하는 비천한 유랑악사(skomorokh)였다. 그를 지원하고자 하는 상인 엘리트들이 없었기 때문에 사드코는 일멘 호수에서 노래를 하고 그곳에서 바다 공주가 나타나 그에 대한 사랑을 고백한다. 사드코는 물 밑 세계로 여행을 하고 그곳에서 유랑악사의 노래에 심취한 바다 왕은 그에게 자기 딸과의 결혼으로 보상한다. 그들의 결혼식에서는 노브고로드에서 오는 모든 배를 침몰시키는 허리케인과 격렬한 바다 폭풍을 일으키는 사드코의 연주에 맞추어 열광적인 춤을 춘다. 폭풍이 잦아들자 사드코는 황금 어망과 함께 일멘 호수가로 밀어올려진다. 그는 노브고로드로 돌아와 폭풍으로 파산한 상인들에게 돈을 나누어주고 성 보리스 교회와 성 글렙 교회에 기금을 기부한다.

스타소프에게 『브일리니』는 자신의 문화 정치를 위한 완벽한 전달 방법이었다. 사드코가 노브고로드 엘리트들에게 보여준 반항의 정신은 기성 음악계에 대한 러시아학파의 투쟁을 상징화하고 있다. 하지만 더욱 중요한 것은 스타소프가 기대했던 것처럼 이 오페라는 사드코 이야기의 동양적 요소들에 관심을 끌게 할 수 있는 기회였다. 스타소프가 림스키-코르사코프를 위한 자신의 시나리오 초고에서 설명하고 있는 것처럼 《사드코》는 무속적인 마법으로 가득 차 있었다. 이는 아시아적 기원, 특히 브라만의 하리반사Harivansa 이야기를 가리키고 있다. 스타소프의 관점에서 유랑악사인 스코모로크는 아시아 무당들의 러시아 후예였다(말하자면 많은 현대 학자들이 공유하고 있는 관점).[92] 무당처럼 스코모로크는 곰 가죽과 가면을 쓰고 구슬리를 북처럼 울리며 마법 세계의 정령들을 부르기 위해 마법의 주문을 반복하며 노래를 부르고 춤을 추며 몽환적 경지의 광기에 빠져든다.[93] 스타소프는 시나리오 초고에서 사드코의 음악을 물 밑 세계로의 초월적 도약과 다시 되돌아오는 중요한 매개적 수단으로 이용함으로써 무속적 힘을 강조한다. 그리고 그가 림스키-코르사코프에게 강조한 것처럼 그것은 "모든 배들을 침몰시키는 바다 폭풍을 불러일으키는 것으로 보여질 수 있는 그의 음악의 마법적 효과"다.* 사드코의 오디세이는 스타소프가 림스키-코르사코프를 위해 상세히 나타내고 있듯이 "자기 자신의 존재로의 정신적 여행"인 꿈의 세계로의 무속적 도약으로 묘사되고 있다. 오페라의 영웅은 "마치 꿈에서 깬 것처럼" 노브고로드로 되돌아가야 한다.[94)]

스타소프가 림스키를 이 오페라에 이상적인 작곡가로 볼 만한 상당한 이유가 있었다. 림스키는 과거에 사드코에 대한 스타소프의 동양적 판본에 관심을 갖고 있었다. 1867년 그는 교향악 모음곡《사드코》를 작곡했었다. 이 작품은 발라키레프의 《타마라》("당시에 완벽하지는 않았지만 그 작곡가가 연주한 부분들을 통해 이미 내가 잘 알고 있었던")에 빚을 지고 있었다. 림스키는 자신의 『회고록』에서 그 점을 솔직하게 인정하고 있다.[95)] 사드코의 원무는 실제로 타마라 주제와 동일했고 발라키레프처럼 림스키는 진정한 동양적 느낌을 창조하기 위해 5음계를 이용했다.** 하지만 그의 오페라 《사드코》를 작곡하던 시기에 림스키는 음악원에서 교수가 되었고 많은 교수들처럼 5음계나 줄거리에 대한 동양적 연주곡목을 다시 실험하기에는 너무 체제 순응적이었다. 게다가 이 단계에서 림스키는 《브일리나 *bylina*》의 기독교적 주제에 훨씬 더 관심이 있었다. 그것은 그가 러시아의 기독교적 이상──그가 자신의 마지막 위대한 오페라 《보이지 않는 도시 키테즈와 소녀 페브로냐의 전설》(1907)에서 표현하고 있는 이상──에 점차 빠져들고 있다는 사실을 반영하는 관심이었다. 림스키는 스타소프가 흔히 부추기는 방식으로 채택하기를 주장했던 시나리오 초고를 거부했다(림스키가 스타소프에게 양보한 유일한

* 19세기 위대한 신화학자인 A. N. 아파나시예프에 따르면 사드코는 고대 슬라브인들에겐 바람과 폭풍의 이교도적 신이었다(그의 『Poeticheskie vozzreniia slavian na prirodu』, 3권. (모스크바, 1865~9), 2권, 214쪽).

** 사드코의 춤은 심지어 발라키레프가 좋아하는 D 플랫 메이저에서도 기록되어 있다.

부분은 서막의 도시적 장면에서다. 즉 그것은 러시아 민족주의 오페라에 거의 의무적인 특징이 된 오케스트라와 합창을 위한 대규모 독립된 무대 장치로 《사드코》를 시작할 수 있게 해주었다). 음악에서 교향악 모음곡의 동양적 느낌을 재창조하기 위한 것——과거에 작곡가들이 '이국적 동양'(림스키는 여기에서 공상적인 바다 왕국을 연상시키기 위해 그것을 사용했다)을 상기시키기 위해 사용했던 장식적 특징을 가진 일반적 레퍼토리 이외의 다른 것——은 아무것도 없었다. 스타소프를 비판했던 슬라브주의적 민속학자들의 도움으로 림스키는 《사드코》를 결국 공중에게 시민적 기독교 메시지를 가진 '러시아적 오페라'로 만들었다. 결혼식 장면이 절정에 이르렀을 때 바다 왕은 바다에게 범람하여 '정교도인들을 파괴하라!' 고 요구한다. 하지만 바로 그때 러시아 순례자(《브일리나》에서 모자이스크 사람 성 니콜라이)가 나타나 바다왕의 주문을 깨고 사드코를 노브고로드로 돌려보낸다. 기적에 의해 바다 공주는 볼코바 강으로 변해 노브고로드에 바다로 향하는 출구를 제공한다. 그녀가 사라지는 것은 러시아에서 이교의 몰락과 기독교 정신의 승리——성 보리스 교회와 성 글렙 교회의 건설로 상징되고 있는 정신——를 의미한다.

결국 러시아를 아시아의 초원에 결부시키고 있는 이야기로서의 《사드코》에 대한 인식은 너무 논란이 되어 무대에 올릴 수 없었던 것처럼 보인다. 결국 《사드코》는 하나의 민족 신화——『베어울프』가 영국인들에게 혹은 『칼레발라』가 핀란드인들에게 중요한 것처럼 러시아인에게 중요한——였다. 이 오페라의 유일하게 남아 있는 아시아적 흔적은 악보 표지에 있는 스타소프의 디자인에서였다. 스타소프는 자신이 그 기원을 분명 동양적인 것으로 확인한 중세 필사본의 주제들을 사용했다. 중간의 문자 'D' 는 구슬리를 들고 있는

26. 블라디미르 스타소프 : 림스키-코르사코프의 오페라《사드코》(1897)의 표지. 제목은 스코모로크 혹은 구슬리를 연주하고 있는 음유시인 주위로 확실한 14세기 노브고로드의 대문자 'D'(Д)를 특징짓고 있다.

스코모로크의 형태로 형성되어 있다. 그는 인형이나 동양의 부처처럼 그곳에 앉아 있다. 'S' 자 밑에 있는 장미 모양은 이스파한 궁정 현관에서 가져온 것이었다.[96] 이 오페라의 기독교적 메시지는 바로 그 악보의 표지에서부터 미묘하게 훼손되어 있는 것이다.

5

1890년 4월 체홉은 모스크바를 떠나 일본에서 북쪽으로 800킬로미터 떨어져 있는 오오츠크해에 있는 악마의 섬인 불모의 사할린으로 3달간의 여행길에 올랐다. 그곳은 차르 정부가 가장 위험한 범죄자들 중 일부에게 형법상의 노예형을 선고하는 곳이었다. 체홉의 친구들은 특히 그의 나쁜 건강을 고려했을 때 최근 유명세를 얻고 있는 작가가 모든 것을 버리고 그렇게 멀고 괴로운 여행길에 오른 이유를 알 수 없었다. 체홉은 수보린에게 "나의 여행이 문학이나 과학에 가치 있는 기여를 할 수 없을 것이라고 전적으로 확신하고 떠난다"라고 말하고 있다.[97] 하지만 자기 비하는 그의 천성이었다. 애정행각*의 종식이나 자기 작품에 새로운 영감을 찾을 필요 혹은 최근 결핵으로 인한 형 니콜라이의 죽음 때문이든 단순히 자기 병의 숨막힐 듯한 분위기에서 벗어나고 싶은 욕망 때문이든 체홉은 죽기 전에 달아나 무언가 '진지한' 것을 성취하고 싶은 절망적인 욕구를 느꼈던 것처럼 보인다.

체홉이 소년이었을 때 중앙아시아와 티베트의 세계를 러시아 독자들에게 알린 여행가 겸 작가인 니콜라이 프르제발스키는 체홉의 영웅들 중 한 명이었다. 프르제발스키가 죽자 체홉은 자신의 정신상태에 대해 많은 이야기를 하고 있는 송덕문을 쓰고 있다. 그는 다음과 같이 쓰고 있다. "프르제발스키 한 명은"

수십 개의 학술 기관과 수백 권의 좋은 책에 못지않은 가치가 있으

* 기혼 여성인 리디아 아빌로바와의.

며……. 유럽의 나태에 사로잡혀 있는 우리의 병든 시대에 영웅들은 태양만큼이나 절실히 필요하다. 그들의 인격은 권태로 사소한 이야기 거리, 불필요한 계획과 논설을 쓰고 있는 사람들 이외에 위업을 수행하는 명확한 믿음과 목적을 가지고 있는 사람들이 존재한다는 살아 있는 증거들이다.[98]

체홉은 프르제발스키——인류를 위한 어떤 분명한 성취를 이루고 자신이 지금까지 써왔던 '사소한 이야기들' 보다 훨씬 더 중요한 어떤 것을 쓰는——처럼 되고 싶었다. 그는 스스로 미쳐가고 있다고 불평할 정도로 지리학에서 먼 섬의 죄수 거주지에 이르기까지 모든 것을 찾아 여행을 준비하며 엄청난 양을 읽었다. 즉 사할린 섬에 대한 마니아Mania Sachalinosa였다.[99]

그의 서신으로 판단하건데 체홉의 원래 목적은 사할린에 있는 죄수들의 대우에 대해 관심을 집중함으로써 "의학에 대한 나의 빚을 조금이나마 갚으려는 것"이었다. 그는 수보린에게 다음과 같이 쓰고 있다. "제가 감상주의자가 아닌 것이 유감스럽습니다."

그렇지 않았다면 저는 투르크인들이 메카로 가듯이 사할린 같은 곳으로 계속 순례 여행을 해야 한다고 말하게 됐을 겁니다. 제가 읽은 책에서 우리가 수백만의 사람이 어떤 목적도 없이, 아무런 보살핌도 받지 못한 채 야만적인 방식으로 감옥에서 썩게 하고 있다는 것은 분명합니다.……우리 모두가 죄인이지만 이 중 어느 것도 우리와 관련이 없으며 그것은 단지 관련이 없을 뿐입니다.[100]

사할린에서 보낸 3개월 동안 체홉은 하루 18시간씩, 땀 흘리는 수천 명의 죄수들을 면접하고 자신의 연구를 위해 인쇄한 자료 카드에 모든 것을 상세히 기록하고 있다. 관리들은 아마도 의사로 일하면서 개발한 능력으로 그가 쉽게 죄수들의 신뢰를 얻는 것에 놀랐을 것이다. 그것은 그가 『사할린 섬』(1893~4)에서 간결한 사실적 문체로 기록한 그의 발견들에 대해 진실성 있는 명백한 권위를 부여하였다. 작품의 마지막 장들 중 하나에서 체홉은 거의 변덕스러운 근거에서 남녀 죄수들에게 구분 없이 가해진 잔인한 매질에 대해 잊혀지지 않는 묘사를 하고 있다.

집행인은 한 쪽 편에 서서 채찍이 몸을 가로질러 닿을 수 있도록 매를 가했다. 죄수에겐 집행인이 5번 채찍질을 가한 후 반대편으로 가는 30초 정도의 휴식이 허용되었다. [죄수] 프로코로프의 머리카락은 이마에 엉켜있었고 목은 부어올랐다. 다섯 대 혹은 열 대를 맞은 후 이전 채찍질의 상처로 뒤덮인 그의 몸은 멍이 들었고 채찍질을 할 때마다 살갗이 터졌다.

비명과 울부짖음 사이로 '각하! 각하! 자비를, 각하!' 라는 소리가 들렸다.

이어 스무 대 혹은 서른 대의 채찍을 맞은 그는 술 취한 사람처럼 혹은 정신 착란에 빠진 사람처럼 호소했다.

'제발, 제발, 죽을 것 같습니다.…… 제가 왜 맞아야 합니까?'

이어 목을 기묘하게 길게 뻗었고 토하는 소리가 들렸다. 체벌이 시작된 후 끝날 것 같지 않은 시간이 지나고 있는 것처럼 보였다. 경비원은 '마흔 둘! 마흔 셋!' 하고 외쳤다. 아흔 대까지는 아직도 아득하게 남아 있었다.[101]

이 문장은 체벌을 실제적으로 폐지하는 것——우선 여성에 대한 체벌을 폐지했고(1897년) 이어 남성에 대한 체벌도 금지되었다(1904년)——을 도왔을 정도로 러시아 사회에 강한 인상을 주었다. 이 같은 사회 운동은 체홉이 대변자 역할을 했던 의학계 종사자들이 주도했다.[102)]

차르 형법 체제를 감동적으로 고발한 『사할린』은 또한 시베리아 초원의 풍경과 야생생물에 대한 비범한 느낌이 담겨 있는 전례 없는 여행기의 걸작이었다.

> 질투심 많은 볼가 찬미자들의 기분을 상하게 하고 싶진 않지만 일찍이 예니세이보다 더 장엄한 강을 본 적이 없다. 볼가 강 주위가 아름답고 단아하며 애상적 아름다움을 갖고 있기는 하지만 예니세이는 정반대로 자신의 힘과 젊음을 주체하지 못하는, 노호하는 헤라클레스처럼 강력하다. 볼가에서 사람들은 정신으로 시작해 신음 같은 노래로 끝을 맺으며 황금빛 희망은 '러시아인의 비관주의'라는 쇠약함으로 대체된다. 반면 예니세이에서 삶은 신음으로 시작해 우리가 꿈꿀 수조차 없는 고귀한 정신으로 끝을 맺는다. 예니세이의 바로 뒤로 유명한 타이가가 펼쳐지고 있다. 처음 보면 사실 약간 실망하게 된다. 길 양 옆으로 흔히 볼 수 있는 소나무 낙엽송 잣나무 자작나무 숲이 펼쳐져 있다. 주위를 돌아보아도 다섯 아름드리 나무나 높이 솟은 산봉우리도 없다. 나무들은 모스크바의 소콜리니키에서 자라는 것들보다 그다지 크지 않다. 나는 타이가엔 정적이 흐르고 타이가의 식물은 향기가 없다고 들었다. 이것이 내가 기대했던 것이었지만 타이가 전역을 여행하던 내내 새들은 끊임없이 지저귀고 곤충들은 윙윙거렸으며, 태양빛의 열을 받은 솔잎은 짙은 송진내를 내뿜고 있었고 숲의 오솔길과 가장 자리는 고운 연푸른색, 분홍

색과 노란색의 꽃들로 뒤덮여 시각만 즐겁게 하는 것이 아니었다. 타이가의 힘과 매력은 거대한 나무나 묘지의 정적이 아니라 철새들만이 그 끝을 알고 있다는 사실이다.[103)]

사람들이 거주하기 시작한 지 40년밖에 되지 않은 러시아 마을들을 지나는 아무르 강을 따라 내려가면서 그는 자신이 "러시아가 아니라 파타고니아나 텍사스의 어딘가에 있는 듯한" 인상을 받았다. "분명하게 비러시아적 풍경은 말할 것도 없고, 여행하던 내내 우리 러시아적 삶의 경향이 아무르 원주민에겐 전혀 낯선 것처럼 보였다. 푸쉬킨과 고골리는 이곳을 이해하지 못하고 있고 따라서 이곳을 필요로 하지 않는다. 우리의 역사는 따분하고, 유럽화된 러시아에서 온 우리는 외국인들처럼 보이는 것 같았다."[104)] 러시아인 죄수들도 똑같은 이질감에 압도되었다. 체홉에 따르면 이 섬을 탈출하려 시도한 죄수들의 주된 동기가 대개 고향 땅을 보고자 하는 실제적 열망 때문이었을 정도였다.

무엇보다 유형자는 고향에 대한 열정적인 사랑으로 사할린을 떠나고자 하는 자극을 받는다. 죄수들의 이야기를 듣노라면 고향 집에서 살 수 있다는 것은 얼마나 행복하고 즐거운 일인가! 그들은 경멸적인 웃음과 분노, 혐오감으로 사할린과 사할린의 사람들 그리고 사할린의 나무와 기후에 대해 이야기한다. 반면 유럽화된 러시아에서 모든 것은 놀랍고 매력적이다. 즉 아무리 대담한 생각을 하는 사람도 유럽화된 러시아에서 불행한 사람이 있으리라는 사실을 인정할 수 없다. 툴라나 쿠르스크 지역 어딘가에 사는 것, 매일 통나무 오두막을 보는 것과 러시아의 대기를 호흡하는 것, 그 자체만으로도 이미 최고의 행복을 구가하는 것이다. 분명 어떤 사람은 가난, 질병, 맹목, 주위 사람들의 어리석음과 불명예로 고통받게 될 것이다. 바로 하느님께서 그가 집에서 죽는 걸 허용하는 동안.[105)]

사할린의 풍경에 대한 시각적 묘사가 너무 강렬해 때로 체홉의 말은 그림을 대신하고 있는 듯하다.

어떤 풍경화가가 우연히 사할린을 방문하게 된다면 그에게 아르코보 계곡을 주목하라고 권한다. 위치상의 아름다움 이외에도 이곳은 색조와 색채의 배합이 아주 풍부해 상투적으로 다색 카페트와 만화경에 직접 비유하지 않고는 지나치기 어렵다. 여기에 방금 쏟아진 비로 반짝이는 수액이 많은 밀집된 우엉의 녹음이 있다. 그 옆 1평방미터 되는 지역에 호밀의 푸른 잎, 그리고 보리가 있는 작은 땅이 있으며 이어 그 뒤에 귀리로 덮인 공간과 함께 다시 우엉이 있다. 그 뒤로 감자 모판, 머리를 숙인 두 개의 성숙하지 않은 해바라기 그리고 쐐기 모양의 짙푸른 삼밭 그리고 도처에 자랑스럽게 머리를 들고 있는 가지 촛대와 유사한 미나리과 식물들이 있다. 이 모든 다양한 색상엔 양귀비의 분홍, 밝은 붉은색, 진홍빛 점들이 흩뿌려져 있다. 길에선 머리 스카프처럼 큰 우엉 잎으로 비를 피하고 있기 때문에 녹색 투구벌레처럼 보이는 농민 여성을 만날 수 있다. 그리고 산지의 측면은 물론 카프카스 산지 같지 않을지는 몰라도 그래도 산지이다.[106)]

사실 풍경화가가 체홉과 함께 사할린으로 여행하기로 했었다. 이삭 레비탄은 체홉의 친한 친구였다. 동년배인 그들은 레비탄이 미술 학교에서 체홉의 형을 만난 십대 때부터 알고 지냈다. 리투아니아의 가난한 유대인 가정에서 태어난 레비탄은 고아일 때 자신을 형제이자 친구로 받아들인 체홉 가 사람들을 만났다. 레비탄과 체홉은 같은 열정——사냥, 낚시, 바람피우기, 사창가——을 갖고 있었다. 레비탄이 체홉의 여동생과 사랑에 빠졌을 때 체홉이 마리아에게 그와 결혼하지 말라고 말한 것은 그가 친구에 대해 너무 잘 알고 있었기 때문이었을 것이다.[107] 두 사람은 아주 친한 친구였다. 예술적 기질에서 너무 많은 공통점을 갖고 있었기 때문에 그들의 삶과 예술은 상이한 많은 방식으로 뒤얽혀 있었다. 레비탄은 체홉의 작품들에서 다양한 형태로 나타나고 있다——『메뚜기』에서 미술을 가르치고 있는 기혼녀와 관계를 갖는 호색적 미술가 랴보프스키로 가장 유명할 것이다(거의 우정을 잃으면서까지). 『갈매기』에서의 많은 장면——희곡작가 트레플리오프의 자살 시도, 새를 죽이는 것——은 레비탄의 삶에서 직접 가져온 것이었다.[108]

풍경화에 대한 레비탄의 접근은 자연에 대한 체홉 자신의 묘사와 매우 유사하다. 두 사람 모두 모스크바 지방의 비천하고 진흙투성이의 시골에 대한 정열을 공유하고 있었으며, 시골의 우울한 시정은 그들 둘의 작품에 완벽하게 포착되고 있다. 서로가 상대의 작품에 대해 깊이 경탄했다. 레비탄의 그림들 중 상당수는 체홉이 썼던 최상의 시골 묘사에 대한 원형들이었다. 다른 한편으로 레비탄은 단편소설 『행운*Fortune*』(1887)의 다음과 같은 문장을 풍경 예술에서 '절정의 완벽성' 으로 생각했다.[109]

큰 양떼가 간선 도로로 불리는 넓은 초원 도로 옆에서 밤을 보내고 있다. 두 명의 목동이 그들을 지키고 있다. 얼굴을 떨고 있는, 이가 없는 팔순의 노인은 도로가에 먼지 앉은 풀 위에 팔베개를 하고 누워 있다.

수염은 없지만 짙은 검은 눈썹을 가진 젊은이는 싸구려 부대자루로 만든 옷을 입고 하늘을 보고 손을 벤 채 누워 있다. 하늘에서 별들이 반짝이고 은하수가 바로 그의 얼굴 위로 뻗어 있다.……양들은 잠들어 있다. 깨어난 양들의 그림자가 곳곳에서 회색빛 박명을 등진 채 보인다. 박명은 이미 동쪽 하늘을 밝히기 시작하고 있다. 그들은 일어나 고개를 숙이고 무언가를 생각한다.……나른하고 적막한 대기 속에서 초원의 여름밤에 의례 있기 마련인 윙윙거리는 단조로운 소리가 들려온다. 귀뚜라미는 끊임없이 찌르르 찌르르 울고 메추라기는 노래하고 양 떼에서 1500미터 정도 떨어진 시내가 흐르고 버드나무가 자라고 있는 골짜기에서 어린 나이팅게일이 한가로이 지저귄다.……벌써 날은 밝아 온다. 은하수는 빛을 잃고 흐릿해지며 조금씩 눈처럼 녹아 버린다. 하늘은 구름이 끼어 흐려져 밝은 건지 완전히 구름에 덮이어 있는 건지 분간할 수 없고, 동쪽으로 향하는 맑고 반짝이는 띠들과 도처에 드문드문 보이는 별을 보고서야 무슨 일이 일어나고 있는지 알 수 있다. 이어 태양은 피할 수 없는 긴 더위를 기약하며 작열하고 밤에 소리를 내며 움직이던 모든 것이 이제 잠에 빠져든다.[110)]

체홉이 레비탄의 미술(그리고 레비탄이 체홉의 글에서)에서 가장 감탄한 것은 자연계에 대한 레비탄의 정신적 감응이었다. 레비탄의 풍경화는 주제들이 아무리 세속적이라 해도 사색적 분위기와 감정을 불러일으켰다. 이 같은 관점에서 그는 스승 사브라소프의 아주 충실한 학생이었다. 사브라소프의 유명한 그림 〈띠까마귀의 회귀〉(1871)는 가장 일반적인 시골 풍경에 담겨 있는 시정을 완벽하게 보여주고 있다. 체홉은 레비탄에게서 독자에게 연상시키고 싶은 이미지들을 찾아냈다. 체홉은 『3년』(1895)에서 자신이 의도했던 효과를 완벽하게 포착하고 있는 레비탄의 그림 〈조용한 집〉(1891)을 묘사하고 있다.

> 부활절 주간에 레프테프 가 사람들은 그림 전시회를 보러 미술 학교에 간다.……줄리아는 풍경화 소품 옆에 멈춰 한가롭게 그림을 바라본다. 전경엔 멀리 짙은 풀숲으로 사라져가는 길과 함께 목조 다리가 놓인 시내가 있다. 오른쪽엔 숲의 일부가 보이고 그 옆에 모닥불이 있다. 근처에 풀을 뜯는 말들과 경비원이 있을 것이다. 멀리서 마지막 석양 빛이 이글거리고 있다. 줄리아는 다리를 건너 길 먼 곳까지 가는 상상을 한다. 적막한 그곳에선 처량한 흰눈썹 뜸부기가 울고 있다. 멀리서 불빛이 반짝인다. 그녀는 갑자기 막연히 자신이 붉은 하늘에 퍼져 있는 구름, 숲, 들 그 모든 것이 오래 전에 종종 보았던 것들이라고 느낀다. 그녀는 외로움을 느끼며 그 길을 끝없이 걷고 싶어진다. 석양이 끝나는 곳엔 영원한 것을 반영하는 초자연적인 어떤 것이 존재한다.[111]

체홉은 모네와 세잔느의 작품들을 알고 있었다. 그렇지만 그는 레비탄을 자기 시대의 가장 위대한 풍경화가라고 생각했다.[112] 그는 자신이 좋아하는 레비탄의 그림 〈마을〉(1888)을 사지 않았던 것을 평생 몹시 후회했다. 1904년 그가 기자에게 말한 것처럼 "그것은 따분하고 비참하며 신이 버린 생명이 없는 마을에 불과하지만 그림은 눈을 뗄 수 없는 형언할 수 없을 정도의 매력을 전달하고 있다. 당신은 그림에서 눈을 뗄 수 없을 것이다. 레비탄이 말년에 성취한 개념적 단순성과 순수성을 표현해낸 사람은 없었으며, 누군가 그 같은 어떤 것을 표현해 낼 수 있을 것 같지도 않다."[113]

1886년 레비탄은 볼가 초원으로의 몇 차례 여행 중 첫 번째 여행을 한다. 이 여행들은 그의 풍경화에서 초기 모스크바 지방의 자연에 대한 친밀하고 서정적인 접근과 전혀 판이한 새로운 서사적 양식의 시작을 특징짓고 있다. 이 같은 서사적 화풍을 처음으로 선 보인 것은 〈볼가의 저녁〉(1888)으로 여기서 광대한 초원은 압도적인 하늘의 모습으로 간접적으로 표현되고 있다. 체홉도 이 시기에 볼가 초원으로의 여행에서 영감을 얻는다. 그에게 처음으로 문학적 명성을 안겨준 단편 소설 『스텝』(1887)에서 풍경에 대한 그의 접근은 레비탄의 접근과 매우 유사하다.

> 낮은 언덕들로 둘러싸인 끝없이 광활한 평원이 여행자들의 눈앞에 펼쳐져 있다. 옹기종기 몰려 서로 앞서거니 뒤서거니 하며 보이는 언덕들은 솟아오른 대지로 합쳐져 지평선으로 뻗어나가 보랏빛 원경 속으로 사라진다. 아무리 달려도 시작과 끝을 분간할 수가 없다…….[114]

초원에 열광한 두 사람은 시베리아로 함께 여행할 생각이었으며 체홉은 사할린 여행 계획에 친구를 포함시켰다. 레비탄은 여행 초기에 체홉을 동반한 친구 및 가족과 함께했다. 하지만 결국 자신의 연인과 그녀의 남편을 그렇게 오랫동안 내버려 둘 수 없다고 판단한 그는 시베리아까지 체홉과 함께 가지는 않았다. 체홉은 레비탄에게 화를 냈다(그것이 3년간 그들의 관계를 깨어 버린 『메뚜기』에서 그가 잔인하게 풍자했던 이유였다). 시베리아에서의 몇 통의 편지에서 체홉은 누이에게 레비탄이 어리석게도 예니세이의 풍경, 미지의 숲과 바이칼 산지를 볼 기회를 잃어버렸다고 말하고 있다. "정말 아름다운 계곡이다! 정말 굉장한 절벽이다!"[115]

레비탄 역시 체홉처럼 시베리아의 유형지 역사에 매력을 느꼈다.

〈블라디미르카〉(1892)(도판 23)에서 그는 풍경화를 초원의 사회사와 결합시키고 있다. 그것은 레비탄이 『사할린』에서 체홉이 성취했던 것을 그림으로 이루어 보려는 시도였다. 그림에 대한 아이디어는 자신의 연인인 젊은 미술가 소피아 쿠브쉬니코바(체홉이 『메뚜기』에서 묘사했던)와 함께한 사냥 여행 중에 떠올랐다. 레비탄은 우연히 블라디미르 지방에 있는 볼디노 인근의 유명한 대로를 발견하게 된다. 레비탄은 막 체홉과 함께 체류하던 중이었다. 체홉이 자신의 사할린 여행을 이야기한 것이 레비탄이 이 길을 보는 방식에 영향을 미쳤을 것이다.[116] 쿠브쉬니코바는 "이 풍경은 놀라운 침묵을 함축하고 있었다"고 회상하고 있다.

> 길의 희고 긴 선은 푸른 지평선의 숲 속으로 열어지며 사라졌다. 멀리서 두 명의 순례자 모습이 보였다.……모든 것은 고요하고 아름다웠다. 갑자기 레비탄은 이것이 어떤 길인지를 떠올렸다. 그는 '그만. 이 길은 그렇게 많은 사람들이 시베리아로 가던 도중 죽었던 블라디미르카야' 라고 말했다. 이 아름다운 풍경의 정적 속에서 우리는 갑자기 강렬한 슬픔이 밀려드는 것을 느꼈다.[117]

레비탄의 묘사처럼 이 그림을 보면서 황량함을 느끼지 않을 수 없다. 그것은 아득한 과거에 뜨거운 여름의 석 달 간 무거운 쇠사슬을 끌며 블라디미르카를 따라 시베리아로 갔던 볼콘스키 같은 죄수들의 고통이 묻어 있는 곳이었다.

체홉의 『스텝』 또한 고통의 분위기가 지배하고 있다. 무한한 공간은 그 자체가 벗어날 수 없는 하나의 감옥처럼 보인다. 단편 소설 속에서의 풍경은 지루함을 벗어날 수 있게 해주는 소리나 움직임 없이 숨막히도록 답답한 것이었다. 시간은 정지된 것처럼 보였고 변함없는 풍경 속에서 네 남자가 '초라한 4륜 포장마차'를 타고 초원을 가로지르고 있다. 모든 것은 정체되고 쓸쓸한 느낌으로 가라앉아 있다. 멀리서 들리는 어떤 여자의 노래소리조차 너무 슬프게 들려서 "대기를 더 답답하고 정체되게 만들었다."[118]

초원에 대한 체홉의 애매한 태도——그 광활함에서 아름다움과 동시에 황량한 단조로움을 보는 것——는 많은 미술가와 작가들이 공유하고 있다. 한편으로 많은 사람들이 초원의 장대함에 자부심을 느끼고 영감을 얻었다. 예를 들어 바스네초프와 브루벨의 서사적 역사화에서 과거 러시아의 전설적 인물들의 영웅적 고매함은 초원의 대단한 장엄함 속에서 분명하게 부각되고 있다. 바스네초프의 그림 〈이고리의 폴로베츠족들과의 전투 이후〉(1880)에서 서사적 관점은 전적으로 광활한 초원에 의지하고 있다. 왜냐하면 시선이 낮아진 지평선에 집중되기 때문이다. 마찬가지로 그의 〈보가티르〉(1898)에서 그림의 실질적 주제는 그림 제목에서 나타나는 전설적인 전사들이라기보다는 풍경이다. 이것은 눈썹에 손을 대고 먼 곳을 응시하고 있는 중앙의 보가티르에 의해 강조되고 있다. 부루벨의 그림인 전설적 농부 〈미쿨라 셀리아노비치〉(1896)도 실질적 주제는 풍경이다——이상하게 생기가 없는 농민의 모습은 풍경과 관련되어 서사적 지위로 격상된다. 미술가들에게 민족적 기질은 광활한 평원에 의해 형성된다. 러시아인들은 광활한 초원처럼 기질적으로 '대범하고 거리낌이 없다'는 것이다. 이것은 고골리가 1835년 자신의 전집 『아라베스크』의 「지리에 대한 생각」에서 취하고 있는 견해다. 그는 또한 이 같은 견해를 자신의 단편 소설 『타라스 불바』에서 설명하고 있다. 이 소설에서 광활한 초원은 코사크인들의 개방적 기질과 대범함의 객관화로 사용되고 있다. 많은 미술가들은 광활한 평원이 명상과 종교적 희망을 자극한다고 생각했다. 평원의 무한한 지평선은 사람들이 하늘을 올려다보게 한다.[119] 체홉도 "일리아 무로메트 같은 보폭이 큰 거인들이 아직 살고 있다면 초원과 얼마나 잘 어울리겠는가!"라는 공상에 빠지곤 했다.[120]

다른 한 편으로 끝없는 초원의 단조로움은 러시아 시인을 절망하게 했다. 만델스탐은 초원을 "러시아의 수박 같은 공허"라고 불렀으며 무소르그스키는 "전형적인 러시아적 수렁"이라 불렀다.[121] 그 같은 절망의 순간에 미술가들은 초원을 상상력과 창조성의 한계로 보는 경향이 있었다. 고리키는 광활한 평원을 다음과 같이 생각했다.

> 사람을 공허하게 하고 욕망을 빨아들여 고갈시키는 파괴적인 성질. 농민들은 마을 경계를 지나서 자기 주위에 공허만을 보게 될 뿐이며 이내 이 공허가 그의 영혼 속으로 기어드는 것을 느낀다. 주위의 어느 곳에서도 창조적 노동의 결과물들을 볼 수 없다. 지주의 영지들? 하지만 영지들은 거의 없으며 적들이 거주하고 있다. 도시들? 하지만 도시들은 멀리 떨어져 있고 훨씬 더 세련된 것도 아니다. 주위에는 끝없는 평원이 있다. 그 가운데 의미 없는 작은 사람이 지루한 땅에 버려져 강제 노역을 하고 있다. 이어 사람은 생각하고, 과거를 기억하고, 경험했던 생각들에 대한 이해 능력을 잃게 하는 무미건조한 느낌에 빠져들게 된다.[122]

하지만 초원에서의 생활로 더 둔감해지는 것은 농민들만이 아니었다. 귀족도 마찬가지였다. 같은 사회 계급의 이웃에게서 수 킬로미터 떨어진 시골집 생활의 외로움, 자극의 결여, 창 밖으로 광활한 평원을 바라보는 것 이외엔 할 것이 아무것도 없는 지루한 시간들,

귀족이 초원에서 뚱뚱하고 게을러지는 것이 당연하지 않겠는가? 살티코프 쉬쉐드린은 『골로비요프가』(1880)에서 이 같은 정신적 무기력 상태를 놀랍도록 묘사해내고 있다.

〔아리나〕는 하루 대부분을 졸면서 보낸다. 그녀는 자신의 지저분한 패가 펼쳐져 있는 테이블 옆의 안락의자에 앉아 졸곤 했다. 이윽고 깜짝 놀라 깨어나 창 밖으로 아득히 먼 곳으로 뻗어 사라져가는 끝이 없어 보이는 들을 공허한 시선으로 바라본다.……주위엔 온통 지평선에 나무 하나 없는 끝없는 벌판, 벌판뿐이다. 하지만 아리나는 어린 시절부터 시골에서 거의 혼자 살았기 때문에 조금도 우울하게 느껴지지 않는다. 오히려 그것은 그녀의 마음에 어떤 반응을 불러일으키기까지 하며 아직도 마음 속에서 끓어오르는 번뜩이는 느낌을 자극한다. 삶의 대부분을 살풍경한 끝없는 들판에서 살았으며 그녀의 눈은 본능적으로 기회 있을 때 마다 들판으로 향한다. 그녀는 먼 곳으로 사라져가는 들판, 지평선에서 검은 점처럼 비에 젖은 마을들, 마을 공동묘지에 있는 하얀색 교회들, 햇빛 속에서 떠다니는 구름을 지나 평원에 뿌려지는 다채로운 빛의 색상들, 실제로는 밭고랑 사이를 걷고 있지만 그녀에게는 멈춰 서있는 것처럼 보이는 처음 보는 농민을 바라보곤 했다. 지켜보고 있을 때 그녀는 아무런 생각도 하지 않았다. 아니 차라리 그녀의 생각들은 너무 혼란스러워 아주 오랫동안 어떤 것에 집중할 수 없었다. 노인의 나른함이 다시 귀에 윙윙거리기 시작하고 들판, 교회, 마을들이 베일에 가리고, 저 멀리 터벅거리며 걷고 있는 농민이 흐릿해질 때까지 끊임없이 바라볼 뿐이다.[123]

이 같은 무력증에 대해 온 종일 쇼파에 누워 꿈을 꾸며 보내는 곤차로프의 『오블로모프』의 주인공인 게으른 귀족에서 파생된 단어가 있다── 오블로모프쉬나Oblomovshchina.* 1859년 책이 출판되자마자 처음으로 이 용어를 신조어로 만든 문학 비평가 니콜라이 도블로리우보프 덕분에 오블로모프쉬나는 민족적 질병으로 받아들여지게 되었다. 그것의 상징은 오블로모프의 실내복(khalat)이다. 도블로리우보프는 "우리의 모든 오블로모프들의 가장 진지한 노력은 실내복을 입고 휴식을 하기 위한 노력이다"라고 주장하기까지 했다.[124] 곤차로프는 자기 주인공 실내복의 아시아적 기원을 조심스럽게 강조하고 있다. 그것은 "술이나 우단 장식, 유럽을 연상시키는 아무리 사소한 것도 없는 진정한 동양적 실내복"이며 진정한 "아시아적 방식"으로 그 소매는 "어깨에서 손까지 점점 더 넓어지고 있다."[125] 농노에 둘러싸여, 그들에게 명령할 수 있는 어떤 일도 하지 않으면서 '술탄처럼' 사는 오블로모프는 러시아의 '아시아적 정체성'에 대한 문화적 기념비가 되었다. 레닌은 러시아적 사회생활의 개혁이 불가능하다는 사실에 점차 좌절하게 되자 이 용어를 사용했다. 그는 1920년 "오랜 오블로모프가 오랫동안 우리와 함께 있다. 그에게서 무슨 일인가 일어나려면 씻겨지고 청소되고 깨어지고 상당한 매질이 가해질 필요가 있을 것이다"라고 쓰고 있다.[126]

6

1874년 성 페테르부르크에 있는 내무부는 미술가 바실리 베레쉬

* 고골리도 『죽은 영혼들』의 2권에서 그 같은 러시아적 '침상에 눕기'에 대해 언급하고 있지만(N. Gogol, 『죽은 영혼들』, D. Magarshack역(Harmodsworth, 1961), 265쪽).

샤긴의 특별 전시회를 개최했다. 베레쉬샤긴의 거대한 투르키스탄 출정의 전투 그림은 유럽 전시 여행에서 큰 호평을 받고 최근 되돌아온 것이었다. 전시회를 관람하기 위해(첫 주에 3만 권의 카탈로그가 팔렸다) 많은 군중들이 몰려들었고 내무부 청사 건물은 너무 붐벼 더 잘 보기 위해 사람들이 밀치면서 몇 차례 싸움이 벌어지기까지 했다. 러시아 대중은 베레쉬샤긴의 그림을 통해 차르의 군대가 투르키스탄을 점령하면서 러시아인들이 이슬람 부족과 지난 10년간 싸웠던 제국주의 전쟁을 처음으로 실제로 보게 되었다. 러시아 대중은 군대가 코칸드, 부하라 그리고 히바 한국을 정복하고 이어 타쉬켄트 그리고 아프칸 및 영국령 인도와 바로 국경을 접하고 있는 중앙아시아의 불모의 초원을 정복한 것에 대해 큰 자부심을 느끼고 있었다. 크리미아 전쟁에서의 패배 후 러시아의 군사 행동은 세계에게 러시아가 고려해야 할 강대국이라는 사실을 보여주었다. 하지만 베레쉬샤긴의 거의 사진 같은 전투 장면은 시민들이 전에 본 적이 없는 야만성을 폭로하고 있었다. 그의 전쟁 그림에선 러시아 군대와 그들의 아시아 적들 중 누가 더 '야만적' 인지 명확하지가 않았다. 언론의 어떤 관람평에선 "이 그림들의 거친 에너지엔 매력적인 어떤 것, 혐오감을 느끼게 하는 어떤 것이 있다. 우리는 프랑스적일 수도 그렇다고 발칸에서 비롯되었다고 할 수도 없는 어떤 폭력을 보고 있다. 그것은 절반은 야만적이고 절반은 아시아적인 러시아적 폭력이다" 라고 결론짓고 있다.[127]

화가가 애초에 폭력성을 대비적으로 그리려 했던 것은 아니었다. 베레쉬샤긴은 공식적인 전쟁화가로 시작했고 러시아군의 행위를 비판하라고 그를 파견한 것은 아니었다. 투르키스탄 군사 작전의 고위 지휘관인 카우프만 장군은 그에게 측량사로 군에 합류할 것을 권유했고 블라디미르 대공(레핀의 〈볼가 강의 배 끄는 사람들〉을 구입한 사람)에게 아시아의 전투 장면에 대한 임무를 받기 전에는 전투에 참여해 공훈을 세웠었다(성 게오르기 훈장을 받은 유일한 러시아 화가).[128] 하지만 투르키스탄에서의 전쟁 경험을 통해 그는 동양에서의 러시아 제국의 '문명화 사명'에 대해 의심을 갖게 된다. 한 번은 러시아 군대가 투르크 마을 사람들을 학살한 후 베레쉬샤긴은 직접 그들의 무덤을 팠다. 그의 동료들은 시체들에 손을 대려 하지 않았다.[129] 베레쉬샤긴은 그 전쟁을 무분별한 학살로 보게 되었다. 그는 전시회를 준비하고 있는 작품에 대해 친구인 스타소프에게 "양측이 같은 하느님에게 기도를 하고 있다는 것을 이해하는 것이 본질적이다. 이것이 나의 예술의 비극적 의미이기 때문이다"라고 조언하고 있다.[130] 베레쉬샤긴의 서사적 그림들의 메시지는 분명하게 이해되었다. 그는 아시아 부족들을 야만인이 아니라 고향을 지키려는 순박한 인간으로 묘사했다. 스타소프는 후에 "대중이 보았던 것은 군사적 정복과 인간의 고통이라는 전쟁의 양면성이었다. 그의 그림은 제국주의 전쟁의 야만주의에 대해 최초로 단호하게 이의를 제기한 것이었다"라고 쓰고 있다.[131]

엄청난 논란이 제기되었다. 자유주의자들은 모든 전쟁에 반대하는 그의 입장에 대해 베레쉬샤긴을 찬미했다.* 보수주의자들은 그를 '러시아의 반역자'라고 비난하며 그에게서 성 게오르기 훈장을 박탈하자는 운동을 전개했다.[132] 카우프만 장군은 베레쉬샤긴의 그림을 보고 너무 분노해 그에게 고함을 지르고 욕설을 퍼부었으며

* 독일 황제들 중 가장 군사 우선주의자였던 카이저 빌헬름 2세까지도 1897년 그의 베를린 전시회에서 베레쉬샤긴에게 '*Vos tableaux sont la meilleure assurance contre la guerre* 당신의 그림은 가장 분명하게 전쟁에 반대하고 있다'라고 말했다.(F. I. Bulgakov, V. V. *Vereshchchagin, i ego proizvedenica,* 성 페테르부르크, 1905), 11쪽).

동료 장교들 앞에서 그에게 물리적 공격을 가했다. 장군의 참모들은 그의 그림을 '제국 군대에 대한 중상'이라 비난하며 그림들을 파괴할 것을 요구했지만 아이러니하게도 차르는 자유주의자의 편이었다. 그 사이에 우파 신문들은 제국 예술 아카데미가 베레쉬샤긴에게 교수직을 제안했다는 사실에 분노했다(베레쉬샤긴이 교수직 제안을 거부하자 훨씬 더 분노했다). 비평가들은 이름에 걸맞는 진정한 러시아인은 그런 부족을 동등한 인간으로 그릴 수 없다는 인종주의적 근거에서 그의 '야만주의적인 그림'을 공격했다. 어떤 교수는 「러시아 세계」지에서 "유럽인이라 자처하는 사람이 이 그림들을 그렸다고 생각하는 것은 모욕이다! 그가 이 그림들을 그릴 때 그는 러시아인이기를 포기했다고 생각할 수밖에 없다. 그는 분명 아시아적 야만인들 중 하나의 정신을 갖고 있을 것이다"라고 주장했다.[133)]

베레쉬샤긴의 반대자들이 알고 있듯이 그는 타타르 혈통을 갖고 있었다. 그의 할머니는 투르크멘 부족 출신이었다.[134)] 때문에 그는 중앙아시아 초원의 풍경과 그곳 사람들에게 친밀성을 느끼고 있었다. 그는 한 번은 스타소프에게 "나는 투르키스탄에 가서야 그리는 법을 배웠다라고 주장했네. 나는 그곳에서 서구에서 배웠더라도 누리지 못했을 큰 자유를 느꼈지. 파리의 골방 대신에 키르기즈 텐트에서 살았으며 모델료를 지불하지 않고 현실의 사람들을 그렸네"라고 쓰고 있다.[135)] 스타소프는 중앙아시아의 초원에 대한 베레쉬샤긴의 느낌은 "동양 사람들 속에서 생활한 러시아 출신(유럽인이 아닌)의 미술가들만이 느낄 수 있는 것"이라고 주장했다.[136)]

민족주의적인 언론의 공격으로 고통스럽고 우울했던 베레쉬샤긴은 성 페테르부르크로 피했다. 페테르부르크의 경찰은 생명의 위협으로부터 그를 보호하기를 거부했다. 그는 전시회가 끝나기 전에 러시아를 떠났다. 베레쉬샤긴은 우선 자신이 스타소프에게 "어떤 것이 나를 훨씬 더 먼 아시아로 이끈다"라고 말한 것처럼 자신이 느끼고 있던 인도를 여행했다. 이어 그는 친구에게 보낸 스케치에서 "티베트와 고대 루시 사이의 구조적 유사성"이라고 지적한 히말라야 전역을 여행했다.[137] 스타소프는 이 스케치들을 성 페테르부르크의 공공 도서관에 전시하는 것을 금지당했다(그가 도서관장이었는데도).[138] 우익 언론의 압력으로 추방된 화가의 체포 영장이 몽골 국경에 급히 전달되었다.[139] 영장은 트레티아코프가 구입할 때까지 베레쉬샤긴의 그림들이 진열되어 있던 바로 그 건물에서 발부되었다(학술원은 그것들을 받아들이려 하지 않았다). 20년간 귀국할 수 없었던 베레쉬샤긴은 여생을 서유럽에서 보냈으며 그의 그림은 서유럽에서 인정받았다. 하지만 그는 늘 동양으로 되돌아가고 싶어했으며 결국 1904년 그렇게 했다. 당시 마카로프 제독은 일본과의 전쟁 중에 그가 화가로서 함선에 승선할 것을 권했다. 그는 석 달 후 기뢰 폭발로 배가 침몰해 승무원들이 모두 익사한 페트로파블로프스크호에서 사망했다.

러시아의 교육받은 계층에서 중앙아시아 초원에 대한 군사적 정복은 두 가지 상반된 반응을 낳았다. 첫 번째는 베레쉬샤긴의 그림이 아주 많이 공격했던 것과 같은 유형의 제국주의적 태도였다. 그것은 아시아 부족에 대한 인종적 우월감과 동시에 아시아 부족들에 대한 두려움과 일본과의 전쟁으로 최고조에 달했던 '황화(黃禍)'의 공포감에 기초하고 있었다. 두 번째 반응은 마찬가지로 제국주의적이었지만 러시아의 문화적 모국이 유라시아의 초원이라는 의심스러운 근거에 기반한 러시아 제국의 동양에 대한 사명을 정당화하고 있었다. 아시아로 나아감으로써 러시아인들은 자신들의 오랜 고향으로 되돌아가고 있었다. 이 같은 합리화는 1840년 동양학자인 그리고리예프에 의해 전개되었다. 그리고리예프는 "우리보다 아시아에 더 가까운 사람이 어디 있는가?"라고 묻는다. "유럽인종 중에 마지막으로 아시아에 있는 자신들의 오랜 모국을 떠난 슬라브족보다 아시아적 요소들을 더 많은 간직하고 있는 유럽인종이 어디 있는가? 러시아인들이 아시아의 초원을 되찾도록 요구하고 있는 것은 신의 섭리"이며 "아시아 세계와 우리의 밀접한 관계" 때문에 이것은 외국 인종의 정복이라기보다는 "우리 태고의 형제들과 재결합"하는 평화로운 과정이다.[140] 중앙아시아에서의 군사 행동 시에도 똑같은 논의가 전개되었다. 카우프만 군대의 지리학자인 베뉴코프 대령은 슬라브인들은 "우리의 선조들이 몽골 유목민들에 의해 쫓겨나기 전 인더스와 옥서스 옆에서 살던 선사 시대의 고향"으로 되돌아가고 있다고 주장했다. 베뉴코프는 러시아인들이 중앙아시아에 정착해야 한다고 주장했다. 옛날에 유라시아 초원에서 살았던 "우랄알타이어" 족을 재생시키기 위해선 러시아 정착민들에게 이슬람 부족과의 통혼을 장려해야 한다. 이런 식으로 제국은 유럽 국가들의 제국에서처럼 정복과 인종 분리보다는 "평화로운 발전과 동화의 러시아적 원리"에 근거해 확장될 것이다.[141]

러시아가 아시아에 문화 · 역사적 권리를 갖고 있다는 생각은 제국 건설의 신화가 되었다. 1890년대 시베리아 횡단 철도 건설 시기에 신문왕이자 젊은 차르 니콜라이 2세의 고문이었던 우흐톰스키 공은 러시아가 중국과 인도인들의 일종의 '형'이라고 합리화하며 제국의 전 아시아 대륙으로의 확장을 주장했다. 우흐톰스키는 차르에게 "우리는 늘 아시아에 속해 왔습니다. 우리는 아시아적 삶을 살아왔으며 아시아적 이해 관계를 느껴왔습니다. 우리는 정복할 것이 아무것도 없습니다"라고 말했다.[142] 중앙아시아 정복에서 영감을 받은 도스토예프스키 역시 오랫동안 생각했던 것처럼 러시아의 운명이 유럽이 아니라 동양에 있다는 관점을 전개했다. 1881년 그는 자신의 『작가의 일기』의 독자들에게 다음과 같이 말하고 있다.

> 러시아는 유럽에서만이 아니라 아시아에서도 존재한다.……우리는 유럽이 우리를 아시아의 야만인들이라고 부르지 않을까 하는 비굴한 두려움을 던져 버리고, 우리는 유럽인이 아니라 아시아인이라고 말해야 한다.…… 우리는 우리 자신을 오로지 유럽인으로만 보고 아시아인으로 보지 않는 우리들의 잘못된 견해가 지난 두 세기에 걸쳐 아주 비싼 대가를 치르게 하고 있으며 우리는 우리의 정신적 독립의 상실로 그 비용을 치르고 있다.……유럽으로 향한 우리의 창을 외면하긴 어렵지만 그것은 우리 운명이 걸린 문제다.……우리가 새로운 관점에서 아시아로 관심을 돌리면 아메리카가 발견되었을 때 유럽에서 일어난 것과 같은 어떤 일이 일어날 것이다. 사실상 우리에게 아시아는 우리가 아직 발견하지 못하고 있는 아메리카이기 때문이다. 아시아를 향한 우리들의 진취적 기상과 함께 우리는 정신과 힘이 새롭게 솟구쳐 오르는 것을 느낄 수 있게 될 것이다.……유럽에서 우리는 늘 추종자이자 노예였지만 아시아에선 주인이 될 것이다. 유럽에서 우리는 타타르인이었지만 아시아에선 유럽인이 될 수 있다. 우리의 사명, 아시아에서의 우리의 문명화의 사명은 우리의 정신을 고무하고 우리를 격려할 것이다. 단지 그 같은 움직임을 시작하기만 하면 된다.[143]

이 같은 인용문은 러시아인들이 서구에서의 자기 평가와 지위에 대한 반응으로 동양과의 관계를 정의하는 경향을 완벽하게 보여주고 있다. 도스토예프스키는 실질적으로 러시아가 아시아 문화라고 주장하고 있는 것은 아니다. 단지 유럽인들이 그렇게 생각하고 있다는 것이다. 그리고 마찬가지로 러시아가 아시아를 받아들여야 한다는 그의 주장은 아시아적 강대국이 되고자 해야 한다는 것이 아니라 오히려 아시아에서만 러시아의 유럽적인 것을 거듭 주장할 수 있는 새로운 에너지를 발견할 수 있다는 것이다. 도스토예프스키가 동양으로 선회한 근본적인 이유는 많은 러시아인들처럼 프랑스와 영국이 제국주의적 이익을 지키기 위해 러시아에 대항해 오토만 진영에 합류한 크리미아 전쟁에서 러시아의 기독교적 대의에 대한 서구의 배신에서 느꼈던 격렬한 반감이었다. 도스토예프키가 쓴 것 중에서 유일하게 출판된 시(그리고 「1854년 유럽의 사건들에 대하여」의 시적인 성질은 누구나 그럴 수 밖에 없는 이유를 알 수 있을 정도였다)에서 그는 크리미아 전쟁을 '러시아의 그리스도가 십자가에 못 박힌 것' 으로 묘사하고 있다. 하지만 그가 서구의 자기 시 독자들에게 경고한 것처럼 러시아는 일어날 것이며 러시아가 일어나면 러시아는 세계를 기독교화하기 위한 러시아 신의 뜻에 따른 사명에서 동양으로 관심을 돌리게 될 것이다.

> 너에게 분명치 않은 것은 그녀〔러시아〕의 운명이리!
> 동양이 그녀의 운명이다! 러시아에 백만 세대들이
> 꾸준히 자신들의 손을 내밀고……
> 이어 고대 동양의 부활이
> 러시아에 의해(따라서 하느님이 명령한) 가까워지고 있다.[144]

서구적 가치에 대한 적개심 어린 경멸은 서구의 거부감에 대한 일반적인 러시아인의 반응이었다. 19세기에 '스키타이적 기질'—— 세련된 유럽 시민의 제한과 절제를 결여한 야만적이고 무례하며, 우상 파괴적이고 극단적인——은 '문명화되지 않기' 위한 권리를 주장하는 전형적인 '아시아적'인 러시아적인 것으로서 문화 사전에 들어온다. 이것이 푸쉬킨 글의 의미다.

> 이제 절제는 적절하지 않다
> 나는 야만적인 스키타이인처럼 마시고 싶다.[145]

그리고 그것이 1849년 게르첸이 푸르동에게 보낸 글의 의미다.

> 그런데 선생께서는 알고 계십니까? 선생께서 천성적으로뿐만 아니라 신념상으로도 야만인이기 때문에 더욱 더 교정할 수 없는 야만인과 계약을 하셨다는 사실을…… 진정한 스키타이인인 저는 이 구세계가 스스로 파멸하는 것을 즐겁게 지켜보고 있으며 그 점에 대해 추호의 동정심도 느끼고 있지 않습니다.[146]

'스키타이 시인들'——블록과 벨르이 그리고 비평가 이바노프 라주므닉이 망라된 자유로운 작가 그룹이 자신들을 지칭한 것처럼——은 서구에 대한 항의의 표시로 야만적 정신을 받아들였다. 하지만 동시에 그들의 시는 유럽 아방가르드에 빠져들었다. 그들은 기원전 8세기에 중앙아시아를 떠나 이후 500년간 흑해와 카스피해 주변의 초원을 지배했던 이란말을 하는 유목 부족인 고대 스키타이족에게서 자신들의 이름을 취했다. 19세기 러시아 지식인들은 스키타이족을 일종의 동양적 슬라브족의 신화적 선조 민족으로 보게 되었다. 세기 말에 자벨린과 베셀로프스키 같은 고고학자들은 스키타이인들과 고대 슬라브인들 간의 문화적 연계를 확립하기 위한 노력으로 중앙아시아와 시베리아 남동부 초원, 러시아 남부 전역에 흩어져 있는 무덤인 스키타이인의 쿠르간kurgans에 대한 대규모 발굴을 주도했다. 1897년 《봄의 제전》의 스키타이 디자인으로 유명해지기 전에 정규 교육을 받은 고고학자인 화가 로엘리히는 크리미아에 있는 마이코프 쿠르간의 발굴에 베셀로프스키와 함께 일했다. 그들이 그곳에서 발굴한 금은 보물들은 오늘날까지 성 페테르부르크의 에르미타쥐 박물관에 소장되어 있다.[147]

고고학을 공부하는 학생으로서 로엘리히는 러시아 문화의 동양적 기원에 대한 스타소프의 생각에 깊은 영향을 받았다. 1897년 그는 9세기 러시아의 발견에 대한 12장의 연작 그림을 계획했다. 이 그림들 중 한 장—〈사자(使者) : 부족은 부족 간의 투쟁을 통해 성장한다〉(1897), 이것은 로엘리히가 아카데미에 자신의 졸업 프로젝트로 제출한 것이었다—만 완성되었지만 그것은 그가 수행하려 계획했던 민속학적 프로그램의 좋은 예다. 로엘리히는 스타소프에게 써보낸 초기 슬라브인들의 생활 방식에 대한 모든 세부 사항을 점검했다. 초기 슬라브인들에 대해서 그렇게 많은 것이 알려져 있지는 않았다. 따라서 스타소프가 로엘리히에게 쓴 것처럼 "고대 동양은 고대 러시아를 의미하며 그 두 가지는 나누어질 수 없다"는 가정 하에 고대 스키타이인들과 다른 동양 부족들에 대한 고고학에서 세부 사항들을 추정하는 예술적 파격이 존재했다.[148] 예를 들어 창틀 디자인에 대해 질문을 받은 스타소프는 11세기 이전의 러시아 장식에 대한 기록은 없다고 답했다. 그는 로엘리히에게 고대 아시아와 근동에서 발견된 주제들로부터 조각을 맞추어 보라고 충고했

다.[149)]

상상적 특성은 러시아 구석기에 대한 로엘리히의 그림에서도 발견된다. 로엘리히는 인간과 자연이 조화를 이루고 살며 삶과 예술이 하나인 정신적 아름다움의 완벽한 영역으로서 스키타이적 루시의 선사 시대 세계를 이상화했다. 《봄의 제전》이 기초하고 있는 고대 슬라브적 봄 의식의 인간 제물을 묘사한 자신의 에세이 「예술의 즐거움」(1909)에서 선사 시대의 러시아가 민속학적 사실을 통해 알려질 수 없다고 주장했다. 즉 선사 시대의 러시아는 예술적 직관이나 종교적 믿음을 통해서만 접근할 수 있다는 것이다. 이것이 〈우상들〉(1901)(도판 17)과 같은 그의 석기 시대 그림의 정신이었다. 이 그림들은 표면적으로는 고고학적 진실을 보여주고 있지만 실제적으로는 로엘리히의 신비주의적 사고의 추상적이거나 성상화적 도해에 불과했다. 쟈길레프와 발레 루시를 위한 그의 디자인도 마찬가지였다. 로엘리히는 《봄의 제전》과 림스키의 오페라 《눈 처녀》(도판 18)를 위한 무대 디자인과 의상에서 고대 스키타이 루시의 아시아적 이미지를 만들어냈다. 러시아의 스키타이적 과거의 신화적 세계를 배경으로 하고 있는 이 두 작품의 디자인은 초기 슬라브인들의 준아시아적 성질을 제시하기 위해 민속학적 세부 묘사(무거운 귀금속이나 마을 소녀들의 타타르 같은 머리 장식)와 함께 중세 러시아 장식에 기원한 주제들을 결합했다. 《봄의 제전》 첫 공연을 둘러싼 논란 속에서 많은 비평가들이 발레의 가장 충격적인 요소로 보았던 로엘리히 의상의 아시아적인 모습은 쉽게 잊혀졌다.[150)]

스키타이 시인들은 선사 시대의 영역에 매혹되었다. 그들의 상상력 속에서 스키타이인들은 원시적인 러시아 남자의 거친 반항적 기질의 상징이었다. 그들은 야만적인 농민 러시아의 자연적 기질

('stikhiia')을 좋아했고 1905년 혁명의 여파로 모두가 감지하고 있던 임박한 혁명이 유럽 문명의 무거운 짐을 쓸어버리고 인간과 자연, 예술과 삶이 하나가 되는 새로운 문화를 확립할 것이라고 확신했다. 블록의 유명한 시 『스키타이인들』(1918)은 서구에 대한 아시아적 태도의 표제적 진술이었다.

당신들은 수백만이고 우리들은 군중이다
그리고 군중들 그리고 또 군중들.
싸워보자! 그렇다, 우리는 스키타이인이다,
그렇다 아시아인, 눈꼬리가 올라간 탐욕스러운 부족이다.

이것은 서구에 대한 이데올로기적 거부라기보다는 '야만적인 유목민들'의 혁명에 동참해 동양과 서양의 문화적 종합을 통해 일신하라는 유럽에 대한 일종의 호소이자 위협이다. 그렇게 하지 않으면 유럽은 '군중들'에 의해 압도당할 위험을 감수해야 한다는 것이다. 블록은 러시아는 수 세기 동안 아시아 부족들로부터 감사할 줄 모르는 유럽을 지켜왔다고 주장한다.

노예처럼 복종하고 멸시당하면서,
우리는 방패였지
유럽과 노호하는 몽골 유목민들 사이에서.

하지만 이제 유럽의 '구세계'가 스핑크스 앞에서 '멈춰 서야' 할 때가 도래했다.

그렇다, 러시아는 스핑크스다. 기뻐하고 슬퍼하며
피에 젖은 그녀는 만족할 수 없다
굳게 입을 다물고 당신을 뚫어지게 응시하는
그녀의 눈은 사랑하고 미워한다.

러시아는 아직도 유럽이 오래 전에 잃어버린 불처럼 타오르는 사랑, 파괴함으로써 재생하게 하는 폭력을 갖고 있다. 러시아 혁명에 동참함으로써 서구는 동양과의 평화로운 조화를 통해 정신적 부흥을 경험하게 될 것이다.

전쟁의 공포로부터 우리에게로 오라,
우리의 평화로운 품에 안겨 쉬라.
동지여 너무 늦기 전에
오래된 칼을 거두라, 형제애가 축복 하리니.

하지만 서구가 '러시아적 정신'을 받아들이고자 하지 않는다면 러시아는 서구에 대해 아시아 유목민들을 풀어 놓을 것이다.

우리는 더 이상 그대들의 방패가 아니라는 사실을 알라
하지만 전쟁의 비명에 개의치 않는
우리는 전쟁이 휘몰아치는 것을 지켜볼 것이다
멀리서 냉정하고 인색한 시선으로

우리는 움직이지 않을 것이다
야만의 훈족이 시체를 약탈해 살풍경하게 그것을 내버려둔다 해도,

도시를 불태우고, 소 떼를 교회 안으로 몰고,
백인의 살이 타는 냄새가 진동한다 해도.[151]

블록의 묵시록적 전망에 영감을 준 것(그 이외에 러시아 아방가르드의 많은 사람들에게)은 철학자 블라디미르 솔로비예프였다. 그의 유명한 시 『범 몽골주의』(1894)의 첫 구절은 블록이 『스키타이인들』의 표제어로 사용했다. 이 구절은 블록 세대가 동양에 대해 느끼고 있는 양가적 불안, 공포와 매력을 완벽하게 표현하고 있다.

범 몽골주의! 얼마나 야만적인 명칭인가!
하지만 나의 귀엔 음악처럼 들린다.[152]

그의 마지막 중요한 논문 「전쟁, 진보 그리고 역사의 종말에 대한 세 가지 대화」(1900)에서 솔로비예프는 적그리스도의 기치 아래 유럽에 대한 대대적인 아시아의 침입을 기술하고 있다. 솔로비예프에게 이 같은 '황화'는 무시무시한 위협이었다. 하지만 스키타이인들에게 그것은 재생을 나타내고 있었다. 러시아의 유럽 문화와 혼합된 아시아 초원의 자연적 정신이 세계를 재통합하게 될 것이다.

안드레이 벨르이는 솔로비예프의 또 다른 신봉자였다. 벨르이는 『페테르부르크』에서 엄청난 재난에 직면한 한 도시를 그리고 있다. 러시아가 일본과 전쟁중인 1905년 혁명을 배경으로 페테르부르크는 거의 도시를 바다로 처넣을 듯 휘몰아치는 아시아 초원으로부터 불어오는 엄청난 바람에 휩쓸린다. 소설은 러시아 수도의 문학적 신화 속에서 끊임없는 주제가 되었던 모든 것을 파괴하는 홍수의 19세기 상상력에 근거하고 있다. 자연 질서를 무시하고 바다로부터 훔쳐온 땅에 건설된 피터의 석조 창조물은 자연의 복수를 불러들인 것처럼 보인다. 푸쉬킨은 『청동의 기사』에서 대홍수의 주제를 전개한 최초의 러시아 작가였다. 오도예프스키도 『러시아의 밤』에서 대홍수를 자신의 단편 소설 『죽은 자의 사기』의 주 요소로 이용했다.*

19세기 중엽까지 홍수 개념은 페테르부르크 자체의 이미지화된 운명에 너무 필수적인 것이어서 칼 부루일로프의 유명한 그림 〈폼페이 최후의 날〉(1833)조차 성 페테르부르크에 대한 경고로 보였다.** 부루일로프의 가까운 친구인 고골리 같은 슬라브주의자들은 이 그림을 서구의 부패에 대한 신의 징벌을 예시한 것으로 보았다. 고골리는 네바강의 도시가 끊임없이 유사한 재난의 위험 속에 살고 있다는 사실을 강조하려는 듯 "번개가 쏟아져 내리고 모든 것이 물에 잠긴다"고 논평하고 있다.[153] 하지만 게르첸 같은 서구주의자 역시 "폼페이는 페테르부르크의 뮤즈다!"라고 비교하고 있다.[154] 1917년이 다가오면서 홍수는 혁명적 폭풍이 되었다. 누구나 임박한 파괴를 알고 있었다. 이것은 소용돌이치는 바다와 하늘에서 임박한 혁명을 예견하는 것처럼 보이는 『청동의 기사』(1915~18)를 위한 베누아의 삽화에서 《봄의 제전》의 폭력적(스키타이적)인 리듬과 블록의 시에 이르기까지 모든 예술에 표현되고 있다.

* 중년의 공직자와 결혼하기 위해 젊은 연인을 저버린 아름다운 공주에 대한 이야기. 어떤 폭풍이 부는 가을날 밤 그들은 성 페테르부르크에서 무도회에 참석한다. 그곳에서 그녀는 기절한다. 그녀의 꿈속에서 네바 강은 강둑을 무너뜨린다. 그 물이 무도실에 범람하고 뚜껑이 열린 관이 밀려와 그녀의 죽은 연인을 보여준다. 궁정의 벽은 무너지고 페테르부르크는 바다에 휩쓸려 들어간다.

** 자연에 의해 파괴된 현대 기술 도시들의 묵시록적 환상들은 19세기 유럽에서의 문학적 상상력을 괴롭혔다(G. 스타이너의 *In Bluebeard's Castle: Some Notes Towards the Redefinition of Culture*(New Haven. 1971), 20~24쪽).

그리고 나는 러시아 전역에서 분명하게 보고 있다
멀리 퍼져가고 있는 불길이 모든 것을 삼켜버리는 것을.[155)]

벨르이는 페테르부르크를 야만적인 '동양의' 농민문화 위에 조심스럽게 균형을 잡고 있는 부서지기 쉬운 서양문명으로 묘사하고 있다. 피터 대제——청동의 기사의 형태로——는 종말을 향해 달려가며 러시아를 자신의 소용돌이 속으로 끌고 들어가는 묵시록적 기사(騎士)인 적그리스도로 다시 그려지고 있다. 빈약한 줄거리를 구축하고 있는 돌발적인 사건(혁명가가 한 학생에게 그의 아버지인 고위관료를 암살하라고 설득한다)은 이 임박한 재난의 상징이다.

소설은 분열을 중심적 주제로 삼는다. 시는 적대적인 계급에 기초한 지역들로 분할되고 두 명의 중요 인물인 상원 의원 아폴론 아폴로노비치 아블레우코프와 그의 아들인 학생 혁명가 니콜라이 아폴로노비치는 바리케이드의 양쪽 편에서 대치하고 있다. 러시아처럼 아블레우코프 가는 유럽과 아시아의 불화적 요소로 구성되어 있다. 그들은 칭기즈칸과 함께 말을 타고 러시아로 들어온 몽골 기마병의 후예들이다. 그들이 아무리 유럽화된 것처럼 보인다 해도 아시아적 요소는 여전히 그들 속에 남아 있다. 니콜라이는 칸트 추종자지만 생활 방식에선 '전적으로 몽골 사람'이기 때문에 '그의 영혼은 둘로 나눠어져 있다.' 아폴론은 합리적 노선에서 생각하고 잘 정리된 도시의 도로망을 좋아하는 전형적인 유럽적 관료다. 하지만 그는 소년이었을 때 거의 동사할 뻔 했던 아시아의 초원을 병적으로 두려워하며 몽골 기병이 초원에서 달려오는 것처럼 말발굽의 천둥치는 듯한 소리를 듣고 있다고 생각한다.

그는 공간을 두려워한다. 시골 풍경은 실제로 그를 두렵게 한다. 눈의 저 너머, 얼음의 저 너머, 고르지 못한 숲의 윤곽 저 너머에서 눈보라가 다가온다. 어리석은 사고로 그곳에 나갔다가 그는 거의 동사할 뻔 했었다. 50년 전 일어난 일이었다. 그가 얼어 죽어가고 있을 때 그의 가슴을 풀어헤친 누군가의 차가운 손가락이 가슴을 거칠게 두드리고 얼음 같은 손이 그를 끌고 간다. 그는 늘 눈앞에 있는 믿을 수 없을 정도로 광활한 공간과 함께 승진했다. 그곳, 거기서 얼음 같은 손이 손짓으로 부르고 있었다. 측량할 수 없는 거대함, 즉 러시아 제국이 쇄도하고 있었다.

아폴론 아폴로노비치 아블레우코프는 시골의 황량한 거리감, 작은 마을들에서 피어오르는 연기와 갈가마귀를 싫어하며 수년 간 도시의 담벽 뒤에서 숨어 있었다. 단 한 번 페테르부르크에서 도쿄로 가는 공무 때문에 급행열차로 이 간격을 횡단하는 위험을 감수했다. 아폴론 아폴로노비치는 일본에서의 체류에 대해 어느 누구와도 이야기 하지 않았다. 그는 장관에게 '러시아는 동토의 평원입니다. 늑대들이 울부짖는 곳이죠!' 라고 말하곤 했다. 그러면 장관은 하얀 손으로 잘 손질된 회색빛 수염을 쓰다듬으며 그를 바라보곤 했다. 이윽고 그는 말없이 한숨을 내쉬었다. 공무를 마치고 그가 하려 했던 것은…….

하지만 그는 죽었다.

그리고 아폴론 아폴로노비치는 매우 외로웠다. 그의 뒤로 세월이 측량될 수 없는 광대한 공간으로 뻗어 있었다. 그의 앞엔 얼음 같은 손이 측량할 수 없는 광대한 공간을 드러내고 있었다. 측량될 수 없는 광대한 공간이 그를 맞이하기 위해 밀려오고 있었다.

오, 루시, 루시!

초원을 가로질러 바람, 폭풍, 눈보라가 울부짖게 하는 것은 그대인가? 상원 의원에겐 작은 언덕에서 어떤 목소리가 자신을 부르는 것처럼

보였다. 그곳엔 굶주린 늑대들만이 가득히 모여 있었다.[156)]

아시아에 대한 광장 공포증은 그의 혁명적인 아들의 악몽 같은 전망에서 절정에 달한다.

니콜라이 아폴로노비치는 타락한 괴물이다.……그는 중국에 있고 그곳에서 중국의 황제 아폴론 아폴로노비치는 그에게 무수한 사람을 학살하라고 명령한다(이 명령은 수행되었다). 최근 수천 명의 타메를란(Tamerlane '절름발이 티무르'의 뜻으로 Timour의 별칭) 기병들이 루시로 밀어닥쳤다. 초원의 습격자 니콜라이 아폴로노비치는 루시로 질주한다. 그 때 그는 러시아 귀족의 피로 구속에서 구체화되었다. 이어 그는 오래된 방식으로 되돌아갔다. 즉 그곳에서 수천 명을 학살한 것이다. 이제 그는 아버지에게 폭탄을 던지고 싶었다. 하지만 아버지는 새턴Saturn† 이다. 시간의 주기는 완전히 뒤집어지게 된다. 새턴의 왕국이 되돌아온 것이다.[157)]

초원으로부터 들려오는 습격자들의 천둥 소리는 1917년이 다가오는 소리였다. 러시아의 유럽인들에게 혁명의 파괴적인 폭력은 아시아적인 힘이었기 때문이었다.

소비에트 러시아에서 탈주한 흩어진 이주자들 중에 유라시아주

† 그리스의 농업의 신인 크로누스Cronus에 비유되는 로마의 농업의 신, 로마인의 동상을 보면, 새턴은 늙은이로 조각되어 있고 때때로 수확을 상징하는 낫을 들고 있다. 이런 면에서 본다면 '시간의 신'에 대한 현대인의 묘사와 많이 닮아 있다. '크로누스'나 '크로노스Cronos' 라는 이름은 그리스 어 'Chronos(시간)' 와 매우 유사하다. 만일 크로누스가 본래 시간이 의인화된 것이 아니라면 나중에 그런 의미를 취하게 되었을 것이다.

의자로 알려진 지식인 그룹이 있었다. 1920년대 스트라빈스키는 자신이 파리에 있는 그들 모임의 한가운데 있다는 것을 알게 되었다. 그의 친구인 철학자 레프 카르사빈과 재기 있는 음악 비평가 피에르 수브친스키(카르사빈의 사위)가 이 그룹을 이끌고 있었다. 하지만 유라시아주의는 모든 이주 공동체의 지배적인 지적 경향이었다. 문헌학자인 N. S. 트루베츠코이, 종교 사상가 신부 조르지 플로로프스키, 역사가 게오르기 베르나드스키와 언어학 이론가인 로만 야콥슨을 포함한 유명한 러시아 망명객들의 상당수가 이 그룹의 일원이었다. 유라시아주의는 1917~21년에 서구에 대한 러시아의 배신감에 뿌리를 두고 있는 만큼 이민자들의 본질적 현상이었다. 유라시아주의를 신봉하는 대개의 귀족들은 유럽의 강국인 러시아의 몰락과 자신들이 고향에서 추방되는 것으로 끝을 맺은 러시아혁명과 내전에서 볼셰비키를 패배시키지 못한 데 대해 서구 열강들을 비난했다. 서구에 환멸을 느꼈지만 러시아에서 자신들의 가능한 미래에 대한 희망을 잃지 않았던 그들은 조국을 아시아 초원에서의 독특한 문화로 탈바꿈시켰다.

이 같은 운동의 발기 선언이 1921년 소피아에서 출판된 10개의 논문집인 『동양으로의 대탈주』로 이 논문집에서 유라시아주의자들은 서구의 몰락과 러시아나 유라시아가 주도하는 새로운 문명의 부흥을 예기했다. 논문집에서 가장 중요한 논문의 저자 트루베츠코이는 근본적으로 러시아는 아시아의 초원 문화라고 주장했다. 러시아와 러시아의 고급 문화를 형성했던 비잔틴과 유럽의 영향은 하층의 러시아 민속문화에 거의 스며들지 못했으며 러시아의 하층 민속문화는 동양과의 접촉을 통해 더욱 발전했다. 러시아인들은 수세기 동안 피노-우그리아족, 초원의 몽골인들 그리고 다른 유목민들과 자유롭게 교류했다. 러시아인들은 그들의 언어, 음악, 관습과 종교적 요소들을 받아들였기 때문에 아시아 문화는 러시아의 역사 발전 속에 흡수되었다.

트루베츠코이는 러시아의 지리를 그렸고 이곳에서 유라시아주의자의 생각은 오랜 유래를 갖고 있었다. 19세기말 지리학자 블라디미르 라만스키는 땅의 구조가 우랄 산맥 양쪽에서 똑같다는 사실을 입증했다. 즉 러시아 제국의 서부 국경에서 태평양까지 뻗어 있는 거대한 하나의 초원이 있었던 것이다. 유라시아주의자인 지리학자 사비츠키는 라만스키의 연구에 근거해 유라시아 땅 덩어리 전체가 생물 지리학적 관점에서 하나의 연속체라는 사실을 입증했다. 그것은 위도 상으로 헝가리 평원에서 몽골에 이르는 대륙을 가로질러 리본처럼 펼쳐진 연속된 유사한 지역들로 구성되어 있었다——우랄 산맥에서 전혀 영향을 받고 있지 않은. 사비츠키는 이 지역들을 네 개의 범주로 묶었다——북쪽의 툰드라에서 시작해 이어 숲, 초원 그리고 최남단의 사막. 그것은 지리상으로 특별한 것은 없었지만 동양이 러시아 민속문화에 끼친 영향에 대한 더 과감한 논쟁의 '과학적' 기초로 이용되었다.

트루베츠코이는 자신의 논문 「러시아의 고급 문화와 저급 문화에 관하여」에서 러시아 음악, 춤 그리고 심리에 대한 아시아의 영향을 증명하기 시작했다. 그는 러시아 민속음악이 본질적으로 5음계에서 유래했다고 주장했다——가장 단순한 농민가에 대한 관찰을 근거로 한 주장. 트루베츠코이에 따르면 민속춤도 동양 춤, 특히 카프카스의 춤과 상당한 공통점을 갖고 있었다. 러시아 춤은 서구적 전통에서처럼 짝을 짓기보다는 열과 원을 짓는다. 러시아 춤의 율동적 움직임은 발은 물론 손과 어깨로 표현된다. 남성의 춤은 손으로 뒤꿈치를 치며 높이 뛰어오르는 것에서 볼 수 있듯이 기교적이다. 서구 전통에서 이런 춤은 존재하지 않는다——유일하게 스페인 춤을 제외하면(트루베츠코이는 스페인 춤이 무어인들의 영향을 받았다고 쓰고 있다). 여성들의 춤도 머리를 고정시키고 다른 신체 부위를 인형처럼 미묘하게 움직이는 것을 대단히 중시하는 동양적 특성을 보여주고 있다. 트루베츠코이는 이 같은 모든 문화 형태들을 명백히 도식화된 방식에 대한 동양적 성향의 러시아적 표현으로 보았다. '동양적 정신'은 러시아인들의 관조적 성향, 러시아인들의 운명론적 태도, 추상적 균형미와 보편적 법칙에 대한 사랑, 종교적 의식에 대한 강조와 '우달udal' 혹은 맹렬한 용기 속에서 명백하게 나타나고 있다. 트루베츠코이에 따르면 동유럽 슬라브인들은 이 같은 정신적 속성들을 공유하고 있지 않으며, 그의 관점에서 이러한 속성들은 비잔틴이 아니라 아시아에서 러시아로 유래했다는 사실을 보여주고 있다. '우랄 알타이어족의 심리'는 러시아인들의 무의식에 스며들어 있으며 민족성에 깊은 흔적을 남겼다. 러시아 정교조차 피상적으로는 비잔틴에서 유래한 것이지만 그것이 '의식, 삶과 예술 사이의 완전한 합일'에 좌우되는 한 '본질적으로 그 심리적 구조에서 아시아적'이다. 트루베츠코이에게 이 같은 합일은 러시아에서 국가 권위의 준 종교적 본질과 국가의 권위에 기꺼이 순응하는 러시아인들의 심리를 설명하고 있다. 교회, 국가와 민족은 불가분의 관계인 것이다.[158)]

트루베츠코이의 생각을 뒷받침하는 민속학적 증거는 거의 없다. 트루베츠코이와 같은 생각들은 서구에 대한 아주 논쟁적이고 분개한 몸짓이었다. 이 같은 관점에서 그들은 도스토예프스키가 제국의 운명은 유럽(이곳에서 러시아인들은 언제나 추종자다)이 아니라 아시아(이곳에서 러시아인들은 '유럽인'일 수 있다)에 있다고 처음으로 개진했던 견해와 같은 영속성에서 유래한 것이었다. 하지만 유라시아주의자들의 생각은 그 감동적인 힘 덕분에 1920년대 러시아 이주자들에게 강한 문화적 충격을 주었다. 유럽 지도에서 러시아가 사라지는 것을 슬퍼한 사람들은 유라시아적 생각에서 새로운 희망을 발견할 수 있었다. 일례로 스트라빈스키는 유라시아주의자들의 신비주의적 견해, 특히 천성적인 러시아인('우랄 알타이어인')들의 집단주의 성향의 관점에 깊은 영향을 받았다. 노래하는 부분에서 개인적인 표현이 존재하지 않으며 간헐적이고 비개인적인 소리를 사용하려 노력한 《농민의 결혼식》과 같은 작품의 음악은 유라시아적 생각을 반영하려한 작품이었다.[159] 수브친스키에 따르면 《농민의 결혼식》과 《봄의 제전》에서 스트라빈스키의 가장 중요한 특징인 운율적 정지 상태(nepodvizhnost')는 특성상 '우랄 알타이적'이다. 스트라빈스키의 음악은 서구 음악의 전통처럼 음악적 사고의 대비보다는 동양음악의 전통에서처럼 멜로디를 변주하는 운율적 형태가 계속해 반복되며 전개되고 있다. 스트라빈스키의 '우랄 알타이적' 음악의 폭발적 에너지를 만들어 내는 것은 이 같은 운율적 정지 상태다. 칸딘스키는 선과 형태를 기하학적으로 모방하면서 에너지를 강화하는 유사한 효과를 내기 위해 노력했으며 이는 그의 추상미술의 특징이 되었다.

7

"그들의 거주지에서 생애 처음으로 진정으로 놀라운 어떤 것을 발견했으며 이 같은 경이로움은 이후 나의 모든 작품의 기본적인 요소가 되었다."[160] 칸딘스키는 코미 사람과의 만남이 자신이 추상미술을 발전시키는 데 미친 영향을 이렇게 회상하고 있다.

'원시적인 것' 과 현대 추상미술 사이의 연계가 러시아 아방가르드에만 고유한 것은 아니었다. 서구 전역이 선사 시대 문화, 농민과 아이들의 먼 식민지 부족들의 삶과 예술에 매력을 느끼고 있었으며 그 초보적인 표현 형태는 고갱과 피카소, 키르히너와 클레, 놀데와 프란츠 마르크 같은 다양한 미술가들에게 영감을 주었다. 하지만 서구의 미술가들이 야만적 영감을 찾아 마르티니크 섬이나 다른 먼 지역으로 여행해야 했던 반면 러시아인들의 '원시적인 것들' 은 자신들의 뒷마당에 있었다. 이 같은 사실은 러시아 미술에 특별한 신선함과 의미를 부여했다.

러시아의 원시주의 미술가들(말레비치와 칸딘스키, 샤갈, 곤차로바, 라리오노프와 부를류크)은 러시아 농민과 아시아적 초원의 부족 문화에서 영감을 얻었다. 그들은 '야만주의' 를 유럽의 억압과 유럽의 오랜 예술적 규범으로부터 러시아를 해방시킬 원천으로 보았다. 라리오노프는 "우리는 서구에 반대한다. 우리를 정체시키는 예술 협회들에 반대한다"고 선언했다.[161] 아방가르드 예술가들은 라리오노프를 중심으로 결집했고 그의 아내인 곤차로바는 러시아 민속 예술 및 동양 미술을 세계에 대한 새로운 전망으로 바라보았다. 곤차로바는 '농민 미학' 이 서구의 대표적 전통보다는 동양적인 상징 미술 형태에 더 가깝다고 말했다. 그녀는 자신이 아시아적인 모습을 부여하기까지 한 〈건초 베기〉(1910) 같은 작품의 기념비적인 농민들에게서 농민미학의 상징적 속성(성상화의 속성)을 반영하고 있다. 이들 미술가들은 모두 아시아를 러시아의 문화적 정체성의 일부로 받아들였다. 화가인 쉐브첸코는 "신 원시주의는 근본적으로 민족적 현상이다. 러시아와 동양은 일찍이 타타르 침입 이래로 분리될 수 없도록 연결되어 있으며 동양적 정신인 타타르의 정신은 우리의 삶에 너무 뿌리를 내리고 있기 때문에 때로 민족적 특성이 어디서 끝나고 동양적 영향이 어디서 시작되는지 구분하기 어렵다.……그렇다, 우리는 아시아며 그것을 자랑스럽게 여긴다"라고 쓰고 있다. 쉐브첸코는 러시아 미술이 동양에서 유래했다는 사실을 세부적으로 증명하고 있다. 그는 러시아 민중예술을 인도 페르시아 미술에 비교하면서 "그것들의 공통된 기원을 알 수 있다"고 주장했다.[162]

칸딘스키는 페르시아 미술의 열렬한 찬미자이며 페르시아 미술의 단순성과 진리에 대한 사고 방식을 "우리 러시아의 가장 오래된 성상화"와 동일시했다.[163] 제1차 세계대전이 일어나기 전 칸딘스키는 뮌헨에 살면서 마르크와 함께 『청기사』 연감을 공동 편집했다. 『청기사』는 유럽의 유명한 미술가의 작품과 함께 농민 미술, 아이들의 그림, 민속적 인쇄물과 성상화, 부족의 가면과 토템 등——사실상 칸딘스키가 자신의 미술 철학에서 가장 중요시했던 자연스러운 표현과 생명력에 대한 이상을 반영하고 있는 어떤 것——을 크게 다루었다. 이 시기의 칸딘스키는 스키타이인들처럼 서구 문화와 원시적이면서 동양적인 문화 사이의 종합적 사고로 이동하고 있었다. 그는 러시아를 약속의 땅(그리고 1917년 이후 러시아로 되돌아간다)으로 보았다. 서구와 동양 문화의 종합적 사고의 추구는 칸딘스키 초기(소위 '러시아적인') 작품들(추상적이라기보다는 아직 그림 같은)의 중요한 주제였다. 사실 이 그림들 속에는 기독교와 코미인들의 이교도적이면서 무속적인 이미지들이 복잡하게 혼합되어 있었다. 예를 들어 〈다채로운 삶〉(1907)(도판 19)에서 풍경은 분명 시솔라와 부체그다 강의 합류점에 있는 코미의 수도 우스트-시솔크를 배경으로 하고 있다(그림의 오른쪽 위의 구석에 있는 작은 통나무 구조물은 아래쪽 언덕 위의 수도원처럼 그 지역임을 확인해주고 있다. 즉 코미인들은 침적토에 있는 이 오두막들을 창고로 사용했다). 표면적으로 그림은 러시아의 기독교적인 풍경으로 보인다. 하지만 칸딘스키가 제명인 〈다채로운 삶〉에서 암시하고 있듯이 러시아의 기독교적 풍경이라는 표면적인 모습 아래엔 다양한 신앙의 충돌이 존재하고 있다. 바로 그림의 시각적 중심에 위치해 오른쪽 예배당의 황금빛 돔과 대칭되어 있는 나무 속의 붉은 다람쥐는 코미인들이 다람쥐 가죽을 바치는 숲의 정령들의 상징이다. 전경에 있는 노인은 기독교인 순례자처럼 보이지만 그의 초자연적인 색상의 수염(연녹색)은 그를 또한 마법사로 설정하고 있는 것인지도 모른다. 한편 그의 지팡이와 그의 오른쪽에 있는 피리를 부는 듯한 모습의 음악적 동반자는 무속적 민간전승을 나타내고 있다.[164)]

칸딘스키의 초기 몇 작품은 비체그다 강 제방에서 코미 무당 팜과 대결하는 성 스테판의 이야기를 하고 있다. 전설에 따르면 팜은 코미인들을 이끌고 14세기 러시아 선교사들에 저항한다. 강변의 공개논쟁에서 팜은 무당들이 곰이나 다른 숲 속의 동물들을 사냥할 때 기독교인들보다 더 낫다는 관점에서 이교도 신앙을 옹호하고 있다. 하지만 스테판이 '불과 물에 의한 신의 심판'으로 그에게 도전해 팜이 불타는 오두막을 지나 얼어붙은 강에 빠질 것을 요구한다. 무당은 패배를 인정한다. 〈모든 성인들 II〉(1911)(도판 20)에서 묘사된 것처럼 팜은 배를 타고 박해에서 탈출한다. 그는 끝이 뾰죽한 '마법사의 모자'를 쓰고 있다. 인어가 배와 함께 헤엄치고 있으며 그 오른쪽 바위 위에 또 다른 인어가 앉아 있다. 바위 위에 두 명의 성인이 서있다. 그들도 마법사의 모자를 쓰고 있지만 또한 기독교 전통과 이교도 전통의 융합을 상징화하는 후광을 갖고 있다. 왼쪽의 엘리야 성인은 폭풍——하늘에서 피리 소리를 따라——속에서 자신의 삼두마를 타고 달리고 있다——엘리야가 대중적인 종교적 상상력 속에서 차지하고 있는 피노-우그리아 신인 '뇌신'과 관련된 것. 시몬 성인은 그림의 오른쪽 아래 귀퉁이에서 원기둥 위에 서있다. 그는 러시아 농민의 '7명의 시몬' 이야기에서 세계를 내려다보기 위해 강철 기둥을 세운 대장장이 시몬의 요소들과 명상을 하며 기둥 꼭대기에서 평생을 보내고 대장장이의 수호성인이 된 중세 원기둥 위에서 고행하던 시몬 성인적 요소들을 결합시킨 또 다른 합성 인물이다. 마지막으로 팔을 펼친 채 말을 타고 있는 전경의 인물은 세계의 감시자다. 그는 여기서 말을 타고 정신 세계로 달려가는 무당이자 게오르기 성인의 이중적 형태로 보여진다.[165] 이 인물은 그의 초기 추상화인 1910년의 〈콤포지션 II〉에서 1944년 그의 마지막 작품 〈완화된 열정〉에 이르기까지 칸딘스키 작품 전체에서 재등장하고 있다. 그것은 더 높은 정신 세계를 환기시키기 위해 미술을 자신의 마법적 도구로 사용하는 일종의 그의 무속적 분신의 상징적 특징이다.

무당의 둥근 북은 칸딘스키 미술의 또 다른 소재다. 칸딘스키가 추상화에서 주로 사용하는 원과 선은 무당의 북과 지팡이의 상징이다. 〈타원 No. 2〉(도판 21) 같은 그의 많은 그림은 그 자체가 북 같은 형태다. 그것들은 칸딘스키가 시베리아 무당들의 북에서 보았던 상징들을 모방하기 위해 고안한 상형문자로 그려져 있다. 즉 말을 상징하고 있는 갈고리 모양의 곡선과 선, 태양과 달을 나타내는 원들 혹은 많은 무당들이 춤의 머리 장식(도판 22)으로 사용하는 새를 나타내기 위한 부리와 눈들이 그것이다.[166] 갈고리 모양의 곡선과 선은 이중적 부호이다. 그것은 무당이 강령회에서 정신적 세계로 타고 올라 갈 말지팡이를 나타내고 있다. 부랴트 무당들은 춤을 출 때 자신들의 지팡이('말들' 이라고 불리는)들을 부딪쳤다. 지팡이 위쪽은 말머리처럼 생겼으며 아래쪽은 말발굽처럼 마무리되었다. 피노우그리아 부족들에게 무당의 북은 그 자체가 '말' 로 불렸으며 고삐가 갖추어져 있었다. 한편 북채는 '채찍' 으로 불렸다.[167]

동유럽에선 목마가 서구 육아실에서의 친숙한 놀이 기구의 이미지가 잘못 전달되어 초자연적인 유래를 갖고 있다. 헝가리의 탈토스 혹은 마법사는 갈대로 만든 말——갈대를 가랑이에 끼고——을 타고 놀라운 속도로 달렸으며 다음으로 그것은 농민 인형의 모델이 되었다. 칼레발라에서 영웅 바이나모이넨은 밀짚으로 만든 말——핀란드의 소년과 소녀들이 흉내내는 것처럼——을 타고 북쪽으로 여행한다. 러시아에서 말은 러시아의 아시아적 유산의 상징——러시아 역사를 형성하고 있는 하자르에서 몽골에 이르는 초원 유목기마 민족의 계속된 침략의 물결——으로서 특별한 문화적 반향이다. 말은 러시아의 운명에 대한 거대한 시적 은유가 되었다. 푸쉬킨은 『청동의 기사』를 말로 시작하고 있다.

> 자랑스러운 군마여, 너는 어디로 질주할 것인가,
> 너의 돌진하는 말발굽은 다음으로 어디에서 멈출 것인가?[168]

칸딘스키가 활동했던 상징주의자 집단에게 말은 러시아의 유럽 문명이 건설되는 아시아 초원의 상징이었다. 말은 상징주의자의 그림(아마도 가장 유명한 것은 페트로프 보드킨의 〈미역 감는 붉은 말〉(1912)일 것이다)(도판 25)에서 끊임없이 나타나고 있으며 블록의 「초원의 암말」에서 블루이소프의 「창백한 기사」에 이르기까지 스키타이 시의 중심적 사상이었다. 그리고 초원에서 다가오는 몽골 말의 말발굽 소리는 벨르이의 『페테르부르크』 전체에 울려 퍼지고 있다. 분명 아무것도 모르고 어린아이들이 타고 노는 러시아의 목마에 그것의 '어두운 측면' 을 부여하는 것은 불합리할 것이다. 하지만 어린 시절부터 러시아인들은 '초원의 군마로 질주하는 것' 이 무엇을 의미하는지 알고 있다. 그들은 아시아 초원에서 말발굽이 무겁게 딸가닥거리는 것을 자신들의 발밑에 느끼고 있다.

제7장

아니, 외국의 푸른 하늘 아래에서가 아닌,

그리고 외국의 품에서가 아닌—

나는 당시 민중과 함께 있었다,

그곳, 불행하게도 나의 민중이 있는 곳에.-아흐마토바

소비에트의 렌즈를 통해 본 러시아

파운틴 하우스에서의 안나 아흐마토바

1

아흐마토바는 전 쉐레메테프 가의 대저택인 파운틴 하우스에 도착했다. 그녀는 1918년 당시 파운틴 하우스에서 두 번째 남편 블라디미르 쉴레이코와 함께 살게 되었다. 이 집은 늘 그랬던 것처럼 페트로그라드로 개명한 이후로 4년간 페테르부르크를 변화시켰던 전쟁과 혁명의 파괴로부터의 피난처로 남아 있었다.* 하지만 페테르부르크처럼 저택의 아름다움은 회고적인 것이었다. 저택의 마지막 주인이었던 프라스코비아와 니콜라이 페트로비치의 손자 세르게이 백작은 파운틴 하우스를 가족 박물관으로 보존했다. 그는 직접 쉐레메테프 가문의 역사에 대해 몇 권의 책을 저술하기도 했다. 1917년 2월 혁명이 진행되는 동안 군중들이 파운틴 하우스로 몰려들어 차르에게 충성하는 마지막 군대와 싸우기 위해 무기를 요구하자 백작은 저택을 지은 야전 사령관 보리스 페트로비치의 수집품 캐비넷을 열어 그들에게 16세기의 곡괭이와 도끼들을 나누어주었다.[1] 그는 폭도로부터 집을 보호하기 위해 자신의 가족이 해외로 도피하기 전 새로 들어선 소비에트 정부와 저택을 박물관으로 보존하는 합의서에 서명하고 저택을 국가에 넘겼다. 그곳에는 쉐레메테프 가의 오랜 종복들이 계속 살았다. 또한 마지막 백작 손자들의 가정교사이자 가족의 절친한 친구로 총명한 중세 동양 고고학자인 젊은 쉴레이코는 북쪽 별채에 자신의 아파트를 유지할 수 있었다. 아흐마토바는 전쟁 전 쉴레이코가 만델스탐과 전 남편이자 시인인 니콜라

* 제1차 세계대전이 발발한 후 성 페테르부르크의 독일식 발음이 나는 이름은 애국심을 달래기 위한 더 슬라브적인 페트로그라드로 바뀌었다. 1924년 레닌이 사망한 후 레닌그라드로 개명될 때까지 이 도시는 페트로그라드로 불리게 된다.

이 구밀레프와 함께 '길 잃은 개' 클럽에 있는 보헤미안 서클의 애송이 시인이었던 전쟁 때부터 그를 알고 있었다. 파운틴 하우스는 쉴레이코와 아흐마토바의 로맨스 장소 이상의 의미를 갖고 있었다——아흐마토바는 저택 때문에 정신적으로 쉴레이코에게 끌렸다. 아흐마토바가 30년 이상 살게 되는 파운틴 하우스의 문장에 쓰여진 쉐레메테프 가의 제명 'Deus conservat omnia'('하느님께서 모두를 지키시리라')는 아흐마토바의 삶과 예술의 지침이 되는 구원의 원리가 되었다.

아흐마토바가 쉐레메테프 저택으로 옮겨갔을 때 겨우 29살이었다. 하지만 그녀는 자신의 새 집처럼 사라진 세계에 속한 사람이었다. 1889년생인 그녀는 차르스코예 셀로에서 학교를 다니며 푸쉬킨처럼 프랑스 시 정신을 받아들였다. 1911년 아흐마토바는 파리로 갔다. 그녀는 파리에서 화가 아메디오 모딜리아니와 친구가 되었고 그녀를 그린 모딜리아니의 많은 그림들 중 하나는 1952년까지 파운틴 하우스에 있는 그녀의 아파트에 걸려 있었다. 아흐마토바의 초기 시들은 상징주의자들의 영향을 받고 있다. 하지만 그녀는 1913년 구밀레프와 만델스탐과 함께 상징주의자들의 신비주의를 거부하는 새로운 문학 단체인 에크메이스트Acmeists에 참여해 명료성과 정확성, 감정적 경험을 정확히 표현하고자 하는 고전적 시 원칙으로 되돌아갔다. 아흐마토바는 『저녁』(1912)에 이어 『묵주의 기도』(1914)에서 사랑의 시로 대단한 호응을 얻었다. 그녀의 운문 스타일은 단순하고 평이했기 때문에 암송하기 쉬웠으며 당시 러시아에서 참신했던 시의 여성적 목소리와 감수성은 특히 여자들에게 대단한 인기를 얻게 만들었다. 많은 여성들이 아흐마토바의 초기 문체를 모방했다——그녀가 후에 유감으로 여겼던 사실. 그녀가 『경구』에서 다음과 같이 쓰고 있듯이.

> 나는 여자들에게 말하도록 가르쳤다.……
> 하지만 맙소사, 그들을 어떻게 침묵시킨담![2]

아흐마토바는 제1차 세계대전 직전 최고의 성공을 구가하고 있었다. 그녀는 키가 크고 놀랍도록 아름다웠으며 친구, 연인 그리고 찬미자들에게 둘러싸여 있었다. 당시는 자유, 즐거움과 보헤미안적 정신이 충만해 있었다. 그녀와 만델스탐은 서로를 너무 웃겨서 "우리는 소파에 쓰러질 정도였고 소파의 모든 용수철과 함께 노래했다."[3] 이윽고 곧 전쟁이 발발하자 그녀가 자신의 시 「1914년 7월 19일의 기억 속에서」(1916)에 기록하고 있듯이 "우리는 100살은 먹어 버린 것 같았다."

> 우리는 100살은 먹어 버린 것 같았고, 이것은
> 단 한 시간 만에 일어났다.
> 짧은 여름은 이미 지나가 버렸고,
> 쟁기로 갈아엎은 평야의 대부분에선 연기가 피어올랐다.
>
> 갑자기 조용하던 도로는 울긋불긋해지고,
> 비가(悲歌)가 울려 퍼지고, 백발이 된다.……
> 얼굴을 감싸 쥐고 하느님께 애원하네
> 첫 번째 전투로 죽기 전에.
>
> 이후로 불필요한 짐처럼

정열과 노래의 모습은 사라지지
내 기억으로부터.
가장 고귀한 자가 명령하네—헛되이—
무자비한 불운의 책이 되라고.[4]

아흐마토바의 친밀하고 서정적인 시 스타일은 제1차 세계대전과 러시아혁명의 그 모든 참사 이후에 다른 세계에서 온 것 같았다. 그것은 또 다른 세기의 낡은 유행처럼 보였다.

2월 혁명은 군주제뿐만 아니라 문명 전체를 일소했다. 임시정부를 구성해 제1차 세계대전의 종결과 입헌의회 선거까지 러시아를 이끈 알렉산드르 케렌스키 같은 자유주의자들과 온건한 사회주의자들은 혁명이 정치 분야에 한정될 수 있다고 주장했다. 하지만 거의 하룻밤 사이에 모든 권위 기구들——교회, 법률 체제, 토지에 대한 귀족의 권력, 육군과 해군 장교의 권위, 고위직 인물들에 대한 존경——이 붕괴됐다. 따라서 러시아의 유일한 실질적인 권력은 노동자, 농민과 병사의 지방 혁명위원회(즉 소비에트)의 손으로 넘어갔다. 소비에트의 이름으로 레닌의 볼셰비키는 1917년 10월, 권력을 장악하고 프롤레타리아트 독재 정부를 수립했다. 그들은 전쟁을 중단하고 독일과의 평화를 획득함으로써 자신들의 독재 정부를 강화했다. 1918년 3월 서명된 브레스트-리토프스크 조약의 대가로 폴란드, 발트 지역과 우크라이나 대부분이 독일 보호 아래 명목적 독립을 부여받음으로써 러시아 제국의 농업 지역 3분의 1과 산업 기지의 절반 이상을 잃었다. 유럽 강국으로서의 소비에트 러시아의 지위는 17세기 러시아에 비유될 정도로 격하되었다. 볼셰비키는 남은 제국 군대로 1918~21년의 내란기에 백군(군주제 옹호자, 소비에트 체제에 반대하는 민주주의자와 사회주의자들의 혼성군)과 그들을 지원하는 영국, 프랑스, 일본, 미국 및 다른 서구 열강들의 무력 개입에 투쟁하기 위해 적군을 만들었다.

일반적으로 모든 특권에 대한 전쟁으로 알려진 러시아혁명의 실제적 이데올로기는 마르크스──마르크스의 작품들은 거의 문맹이었던 대중에게는 거의 알려져 있지 않았다──보다는 농민들의 평등주의적 관습과 유토피아적 열망에서 비롯된 것이었다. 마르크스가 쓰기 오래 전에 러시아 민중들은 잉여적인 부가 비도덕적이며 모든 재산은 도둑질한 것이고 육체노동만이 진정한 가치의 원천이라는 생각을 가지고 살고 있었다. 러시아 농민들의 정신 속에서 가난은 기독교적 덕목이었다──볼세비키가 자신들의 신문을 「가난한 농민들」(*Krestianskaia bednota*)이라고 불렀을 때 훌륭하게 이용했던 사실. 혁명을 대중적 의식 속에 준(準) 종교적 지위를 부여한 것은 프라우다pravda, 즉 진리와 사회적 정의를 위한 노력이었다. 사유재산에 대한 전쟁은 지상 낙원으로 가는 길에서의 피비린내 나는 영혼의 정화였다.

볼세비키는 성전에 제도적 형태를 부여함으로써 가난한 사람들에게서 혁명적인 에너지를 이끌어낼 수 있었다. 가난한 사람들은 부자와 권력자들이 파괴되는 것을 보면서 파괴가 자신들의 삶을 얼마나 개선시킬 것인지에 대해선 개의치 않은 채 만족감을 느끼고 있었다. 볼세비키는 적군과 다른 무장한 자칭 노동자 단체들이 '부자들'의 저택을 습격하고 그들의 재산을 몰수하는 것을 인가하고 있었다. 그들은 유한계급을 체포해 거리의 눈이나 쓰레기 치우는 일을 시켰다. 아흐마토바는 파운틴 하우스 주변 도로를 청소하라는 명령을 받았다.[5] 주택 위원회(일반적으로 전직 잡역꾼들과 가내 시종들로 구성된)는 도시빈민들을 오랜 특권 엘리트들의 공동주택 구역으로 이주시키라는 지시를 받았다. 파운틴 하우스 같은 대저택들은 공동주택 구역으로 만들어졌다. 볼세비키는 권력을 장악한 즉시 노동자 농민이 혁명 재판소와 지역 체카Cheka 혹은 정치 경찰에 이웃을 고발하도록 권장하는 대중 테러의 정치선전을 전개했다. 거의 모든 것이 '반혁명'으로 해석될 수 있었고——재산을 숨기는 것, 업무에 지각하는 것, 음주나 폭력적 행위——감옥은 곧 만원이 되었다. 볼세비키 체제 초기에 체카가 체포한 사람들의 대부분은 이웃이 고발한 사람들이었다——종종 어떤 복수의 결과로서. 대중 테러의 분위기 속에서 침해받지 않는 사적 공간은 남아 있지 않았다. 사람들은 주택 위원회의 지속적인 감시를 받으며 늘 체포의 불안 속에 살았다. 서정시에 어울리는 시기는 아니었다.

아흐마토바는 과거의 인물로 잊혀졌다. 좌파 비평가들은 그녀의 개인적 시는 새로운 집단주의적 질서와 양립되지 않는다고 말했다. 파스테르나크 같은 아흐마토바 세대의 다른 시인들은 혁명의 새로운 상황에 적응할 수 있었다. 혹은 마야코프스키처럼 그들은 새로운 혁명적 상황을 향해 나아갔다. 하지만 아흐마토바는 1917년 폐기된 고전주의 전통에 뿌리를 두고 있었다. 그녀는 새로운 소비에트 환경과 타협——만델스탐처럼——하기 어렵다는 사실을 알았다. 아흐마토바는 소비에트 초기에는 시를 거의 쓰지 않았다. 그녀의 에너지는 내전중에 페트로그라드의 열악한 상황에서 살아남기 위한 투쟁에 소비되었다. 페트로그라드에선 고질적인 식량과 연료 부족으로 사람들이 죽거나 굶주린 도시를 떠나 시골로 갔기 때문에 인구의 절반 이상이 감소했다. 나무와 목조 가옥은 땔감용으로 베어지거나 뜯겨져 나갔다. 말들은 죽은 채 거리 한가운데 내버려져 있었고 모이카와 폰탄카의 물은 쓰레기로 채워져 있었다. 해충과 질병이 퍼졌고 절망한 사람들은 먹을 것과 땔감을 찾아 헤매면서 페테르부르크의 일상 생활은 선사 시대로 되돌아간 것처럼 보였다.[6]

그리고 이 야만적 도시에 갇혀
우리는 아득히 잊고 있지
호수들, 초원들, 지방의 도시들,
그리고 우리 위대한 고향의 새벽을.
피비린내 나는 일상
잔인한 권태에 휩싸이고……
우리를 돕고 싶어하는 사람은 없네
우리가 고향에 머물고 있기 때문에,
우리의 도시를 사랑하고
숭고한 자유를 사랑하지 않기 때문에,
우리는 우리의 힘으로 지켰지
도시의 궁정을 도시의 화염과 홍수로부터
다른 시대가 오고 있네,
가슴은 이미 죽음의 바람에 싸늘히 식었지,
하지만 피터의 성스러운 도시는
의도하지 않은 기념비가 되리.[7]

이전의 인텔리겐차에게 상황은 특히 가혹했다. 프롤레타리아트 독재 하에서 그들은 사회 최하층에 속하게 되었다. 대다수 사람들이 국가에 의해 노동 팀으로 징용되었지만 직업을 가진 사람은 거의 없었다. 국가에서 음식을 받기는 했지만 페트로그라드 당 의장 지노비예프의 말처럼 "냄새를 잊지 않을 정도의 빵에 불과한" 빈약한 3등급 배급이었다.[8] 고리키는 굶주리고 있는 페트로그라드 인텔리겐차의 보호자 역할을 하며 1917년 이전 자신의 좌파 현실참여에 대해 높은 평가를 하는 사람들이 있는 볼세비키에게 특별 배급과 더 나은 공동주택을 탄원했다. 그는 작가들의 피난처를 설치하고 이어 예술가의 집, 그리고 대중을 위해 값싼 고전들을 출판하기 위한 '세계 문학' 이라는 출판사를 설립했다. '세계 문학' 은 많은 수의 작가, 미술가, 음악가에게 번역자와 편집자로 일자리를 제공했다. 사실상 20세기 문학의 가장 위대한 많은 사람들(자먀틴, 바벨, 추코프스키, 호다세비치, 만델스탐, 피아스트, 조쉔코와 블록 그리고 구밀레프)이 고리키의 후원 덕분에 굶주린 시절에 살아남을 수 있었다.

아흐마토바도 고리키에게 일거리와 배급을 얻어달라고 부탁하며 도움을 청했다. 그녀는 쉴레이코가 에르미타쥐 고대 유물부서 보조원으로 일하며 받는 적은 음식 수당을 나누고 있었다. 그들은 땔감이 없었고 파운틴 하우스의 거주자들 사이에선 설사병이 유행했다. 그들은 사치스럽게 보이기는 했지만 쉐레메테프 가 제명의 정신으로 쉴레이코가 발견한 버려진 개, 성 베르나르를 기르고 있었다. 고리키는 아흐마토바에게 어떤 사무직 일을 하는 대가로 아주 빈약한 배급만을 받게 될 것이라고 말하고 그녀를 데리고 가 자신의 값비싼 동양식 융단 수집품들을 보여주었다. 나데즈다 만델스탐에 따르면 "고리키의 카페트를 본 아흐마토바는 정말 좋은 카페트들이라고 말하고 빈손으로 떠났다. 나는 그 결과로 그녀가 카페트를 평생 싫어하게 되었다고 믿는다. 그 카페트들은 먼지 냄새가 너무 많이 났으며 참혹하게 죽어가고 있는 도시에서는 낯선 일종의 사치였다."[9]

아마도 고리키는 아흐마토바를 돕는 것을 두려워하거나 그녀와 그녀의 시를 싫어했을 것이다. 하지만 1920년 그녀는 마침내 페트로그라드 농업경영 연구소의 사서로 일하게 되었고 아마도 고리키가 도왔을 것이다.

1921년 8월 아흐마토바의 전 남편 니콜라이 구밀레프는 페트로그라드 체카에 의해 체포되었다. 그는 며칠 동안 수감되었다가 재판도 받지 않고 군주제 옹호자들의 음모에 가담했다는 거의 분명하게 잘못된 죄목으로 총살당했다. 더 많은 사람들이 곧 뒤를 잇기는 했지만 구밀레프는 볼셰비키에 의해 처형된 최초의 위대한 시인이었다. 그의 죽음과 함께 교육받은 계급 내에서 한계를 넘어섰다는 느낌이 팽배해졌다. 즉 문명이 사라진 것이었다. 아흐마토바의 시모음집인 『*Anno Domini MCMXXI*(우리 주의 해에)』의 감동적인 시들은 전 남편과 그의 시대의 가치를 위한 기도이자 애가처럼 들렸다.

검은 상복을 입은 미망인처럼
눈물에 젖은 가을, 가슴마다에는 먹구름이 끼고……
남편의 말들을 회상하며,
그녀는 끊임없이 흐느끼네.
그리고 계속되겠지, 아주 아늑한 눈(雪)이
슬프고 지친 사람을 가엾이 여길 때까지……
고통의 망각과 행복의 망각—
이를 위해 삶을 포기하는 것이 쉬운 일은 아니리.[10)]

아흐마토바는 혁명에 대한 희망을 갖고 있지 않았다——그녀는 두려워했을 뿐이다. 하지만 아흐마토바는 시인이 1917년 이후 러시아를 떠나는 것은 죄라고 생각한다는 사실을 분명히 했다.

갈가리 찢는 적에게
조국을 버린 자와 함께하지 않으리
그들의 야비한 아첨에 귀 막고,
나의 노래를 그들에게 주지 않으리.

하지만 나에게 망명자는 영원히 연민의 대상,
죄수처럼, 병든 어떤 사람처럼.
방랑자여, 그대의 길은 암울하네,
외국인들의 빵에선 쓴 쑥 냄새가 나지.

하지만 이곳, 큰 불길의 자욱한 연기 속에서
젊은 시절의 남은 것들을 파괴하고 있는 우리는
우리에게서 빗나가게 하지 않지
단 한 순간도.

그리고 우리는 알고 있지
마지막 셈에서 모든 시간이 정당화되리라는 것을……
하지만 세상에 그런 사람들은 없네,
그보다 더 눈물 없고, 더 소박하며 더 자부심에 가득 찬 사람은.[11]

가장 위대한 러시아의 모든 시인들처럼 아흐마토바는 자기 나라의 "증인"이 되어야 한다는 도덕적 의무를 느꼈다.[12] 하지만 그녀의 의무감은 민족을 초월한 것이었다. 러시아에 남아 민중의 운명 속에서 그들과 함께 고통받아야 할 기독교적 의무를 느꼈다. 아흐마토바 세대의 많은 시인들처럼 그녀는 혁명을 죄과로 생각했다. 아흐마토바는 시의 기도를 통해 러시아의 파계에 대해 속죄하는 것이 자신의 소명이라고 믿었다. 추코프스키에 따르면 아흐마토바는 "정교 최후의 위대한 시인"인 구속의 시인이었다. 러시아를 위한 희생과 고통의 주제가 그녀의 작품 전체에 나타나고 있다.[13)]

고통스러운 병고의 세월을 겪게 하소서,
질식, 불면, 발열,
나의 자식과 나의 연인,
그리고 나의 노래하는 신비한 재능을 가져가소서—
이것이 당신의 성찬식에서 드리는 나의 기도입니다
그렇게 많은 고통의 날들이 지나면
어두워진 러시아 위의 먹구름은 영광된 빛의 구름이 되리.[14)]

아흐마토바의 세계에서 파운틴 하우스는 특별한 위치를 차지하고 있었다. 그녀는 파운틴 하우스를 자기 시의 이상적 도시가 된 성 페테르부르크의 정신적 중심에 자리한 축복받은 장소로 보았다. 그녀는 몇 편의 시에서 성 페테르부르크("피터의 성스러운 도시")를 스베틀로야르 호수 밑 정신적 왕국으로 사라지게 함으로써 몽골 이교도로부터 성스러운 가치를 보존한 전설의 도시 키테즈에 비교했다.[15)] 파운틴 하우스는 물에 둘러싸인 또 다른 세계였다. 그 내부의 성소는 아흐마토바가 향수에 젖어 열망했던 사라진 보편적 문화인 유럽 문명을 나타내고 있었다.* 아흐마토마는 저택의 역사에 관심을 가졌다. 그녀는 자신을 저택의 안내인이라고 생각했다. 그곳에서의 첫 번째 가을에 오크 나무들이 성 페테르부르크보다 더 오래 되었다는 사실을 겨우 입증했다. 이 나무들은 어떤 정부보다도 더 오래 지속되고 있었다.[16] 아흐마토바는 쉐레메테프가의 역사를 연구하며 특히 자신의 '노래하는 재능'을 공유하고 자신처럼 파운틴 하우스에서 기피인물로 살았던 프라스코비아에게 친밀한 애착을 느꼈다.

깜깜한 어둠이여, 그대는 무엇을 불평하고 있는가?
어쨌든 프라샤는 죽었다,
궁정의 젊은 여주인은.[17]

아흐마토바에게 저택의 문화사는 진정한 영감이었다. 그녀는 저택에 연결되어 있는 위대한 러시아 시인들의 존재를 감지했다. 즉 츄초프(세르게이 백작의 친구), 이 저택을 방문한 뱌젬스키(아흐마토바는 그가 자신이 살고 있는 방에서 죽었다고 잘못 알고 있기는 했지만)** 그리고 무엇보다 그녀가 숭배했던 저택의 마지막 소유자의 아버지로 프라스코비아의 아들 드미트리 쉐레메테프의 친구인 시인 푸쉬

* 철학자 이사야 벌린은 1945년 파운틴 하우스에서 있었던 유명한 모임에서 아흐마토바와 만났을 때 불완전한 인간과 함께 살고 있는 그녀에게 르네상스가 실제적인 역사적 과거인지 아니면 상상의 세계의 이상화된 이미지인지 여부를 물었다. "그녀는 물론 후자라고 대답했으며 그녀에게 모든 시와 예술──여기서 그녀는 한때 만델스탐이 사용했던 표현을 사용했다──은 괴테와 슐레겔이 인식했듯이 예술과 사상으로 전환될 수 있는 일종의 향수이며 보편적 문화에 대한 갈망이었다.……"(I. Berlin, 「1945년과 1956년 러시아 작가들과의 모임」『*Personal Impressions*』(옥스포드, 1982), 198쪽.)

** 그 방엔 뱌젬스키 공작의 이름이 쓰여진 책상이 있었지만 그것은 1888년 그 방에서 죽은 시인의 아들 것이었다. 시인 뱌젬스키는 10년 먼저 바덴바덴에서 사망했다(N. I. Popova와 O. E. Rubinchuk, 『*Anna Akhmatova i fontanny dom*』(성 페테르부르크, 2000), 36~8쪽).

킨 등이 그들이었다. 시가 너무 신비주의적 종교의 색채를 띠고 있다고 생각한 출판업자들에게 거부당한 아흐마토바는 1920년대 중반부터 훨씬 더 푸쉬킨에게 끌렸다. 푸쉬킨도 차르에 의해서이긴 했지만 100년 전에 검열되어 삭제당했었다. 아흐마토바는 푸쉬킨과 자신을 동일시하면서 자신의 가장 좋은 저작의 주제인 그에 대한 학구열을 돋우었다. 그녀는 동료 시인으로서 푸쉬킨이 문학적 형태——푸쉬킨에 대한 그녀의 글에서 많이 하고 있었던 것처럼——를 빌어 정치와 다른 도덕적 문제들에 대해 저술함으로써 정부에 저항했던 방식에 관심을 가졌다.

아흐마토바와 쉴레이코는 1926년 이혼했다. 쉴레이코는 아흐마토바의 연인뿐 아니라 그녀의 재능에 대해서도 시기한 질투심 많은 남편이었다(한 번은 쉴레이코가 화가 나 아흐마토바의 시를 불태우기까지 했다). 아흐마토바는 파운틴 하우스에서 나왔지만 곧 되돌아와 새로운 연인 니콜라이 푸닌 그리고 그의 아내(그가 이별한)와 함께 남쪽 별채에 있는 그들의 공동주택에 살았다. 푸닌은 미술 비평가로 미래파 운동의 주도적 인물이었지만 많은 미래파주의자들과는 달리 과거 시의 문화적 가치를 알고 있었다. 1922년 어떤 용감한 논문에서 푸닌은 「프라우다」에서 아흐마토바와 츠베타예바(내적 정치적 망명자와 외적 정치적 망명자)의 시를 "10월 혁명과 무관한 문학"으로 공격한 트로츠키에게 거리낌없이 이의를 제기하기도 했다.[18] 그것은 닥쳐올 테러의 예고였다.* 푸닌은 "뭐라고, 아흐마토바가 가죽 자켓을 입고 적군의 별을 달면 그녀가 10월 혁명과 관련이 있게 된다는 건가?" 아흐마토바가 거부당한다면 "바흐의 작품들은 왜 허용

* 트로츠키의 두 개의 논설은 1922년 9월 수백 명의 유력한 지식인들('반혁명'으로 고발되어)이 러시아에서 추방된 지 2주 만에 발표되었다.

27. 파운틴 하우스 안마당에 있는 아흐마토바와 푸닌, 1927.

되는가?"라고 이의를 제기하고 있다.[19)]

푸닌은 좌파 예술가들의 미래주의 단체에 참여하긴 했지만 파운틴 하우스에 있는 푸닌의 공동주택은 혁명 전 페테르부르크의 분위기를 간직하고 있었다. 늘 손님이 있었고 늦은 밤 식탁에 둘러앉아 토론을 벌이다 바닥에서 잠을 잤다. 푸닌의 전 아내, 그녀의 어머니와 딸 그리고 아누쉬카라는 가정부 이외에도 방 4개짜리 공동주택에는 늘 사람들이 머물고 있었다. 이것은 소비에트의 기준으로 보았을 때 푸닌의 권리보다 훨씬 큰 공간이었다. 1931년 아누쉬카의 아들과 공장 노동자로 페트로그라드에 온 문맹의 농민 소녀인 그의 새 아내가 이주해 들어오면서 거주 위원회는 이 공동주택을 공동적인 것으로 재분할한다.[20] 제약적인 환경과 푸닌의 빈약한 임금으로 살아야 하는 무능을 강요하는 가난(아흐마토바가 1930년대에 벌이가 없었기 때문에)으로 그들의 관계에 긴장이 고조되었다. 종종 복도를 넘어 이웃에게 들릴 정도로 음식과 돈에 대한 언쟁이 빈번했다.[21] 리디아 추코프스카야는 아흐마토바가 푸닌과 헤어지기 직전인 1938년 파운틴 하우스로 그녀를 방문했던 일을 다음과 같이 기록하고 있다.

> 계단마다 세 개 정도의 높이인 또 다른 세기에 속한 교묘한 뒷계단으로 올라갔다. 하지만 당시 계단과 그녀 사이에는 아직 어떤 관계가 있었다! 내가 벨을 누르자 어떤 여자가 손의 비누 거품을 닦으며 문을 열었다. 그 비누 거품과 벗겨진 벽지 조각과 함께 초라한 현관은 어쨌든 전혀 예상 밖이었다. 그 여자가 내게로 걸어왔다. 주방엔 세탁물이 널려 있어 축축한 세탁물이 얼굴을 스쳤다. 젖은 세탁물은 바로 도스토예프스키의 작품처럼 아마도 불쾌한 이야기의 종결이었을 것이다. 부엌 저편에 작은 복도와 그 왼쪽으로 그녀의 방으로 향하는 문이 있었다.[22]

2

파운틴 하우스는 1917년 이후 공동주택으로 전환된 이전의 많은 대저택들 중 하나에 불과했다. 1820년대 지나이다 볼콘스키 공작녀가 자신의 유명한 살롱을 개최했던 모스크바에 있는 볼콘스키 가의 대저택도 마찬가지로 노동자들의 공동주택으로 전환되었다. 소비에트 작가 니콜라이 오스트로프스키는 초기 3년간 2백만부 이상 팔리고 1935년 소비에트 작가 최고의 명예인 레닌 훈장을 받은 사회주의적 사실주의 소설인 『강철은 어떻게 단련 되었는가』(1932)의 성공 이후 1935년에서 1936년까지 말년을 그 같은 공동주택들 중 하나에서 살았다.[23] 그 와중에 지나이다의 장조카로 데카브리스트의 손자 S. M. 볼콘스키 공은 1918년과 1921년 사이에 모스크바 교회의 노동자 공동주택에서 살았다.[24]

가정 공간의 변화보다 혁명의 일상적 현실을 더 잘 보여주는 것은 없다. 지방 귀족들은 영지를 빼앗기고 장원 저택은 농민공동체나 지역 소비에트에 의해 방화당하거나 몰수당했다. 부자들은 자신들의 큰 거주지를 도시 빈민과 공유하거나 오랜 가내 시종 및 그들의 가족에게 방을 나누어주어야 했다. 소비에트의 '대저택에 대한 전쟁'은 과거 차르 시대의 특권과 문화적 상징에 대한 전쟁이었다. 하지만 그것은 소련 문화 혁명의 목표인 보다 집단적인 생활방식을 설계하기 위한 성전의 일부이기도 했다. 볼세비키는 사람들이 공동주택을 공유하게 함으로써 그들의 기본적 사고와 행동을 공산주의적으로 만들 수 있다고 믿었다. 사적인 공간과 사유재산은 사라지고 가부장적('부르주아적') 가족은 공산주의적 박애와 공산주의 조직으로 대체되었으며 개인의 삶은 공동체에 통합되었다.

혁명 초기에 이 같은 계획은 기존 거주지의 사회화를 수반했다. 가족들에게 오랜 거주지역에서 하나의 방과 때로 그보다 더 작은 공간이 배정되어 다른 가족들과 주방과 욕실을 공유했다. 하지만 1920년대부터는 정신적으로 변화를 가져오기 위해 새로운 주거 형태가 고안되었다. 현대 건축동맹의 구성주의자들Constructivists 같은 가장 급진적인 소비에트 건축가들은 거주자들이 의복과 속옷까지 포함해 모든 재산을 공유할 수 있는 공동주택(dom kommuny)를 건설함으로써 사적 영역의 완전한 폐기를 제안했다. 공동주택에서 요리와 육아 같은 집안일은 순번제로 팀 단위로 할당되게 되며 모든 사람이 하나의 큰 기숙사에서 성별로 나뉘어 함께 잠을 자고 사적인 방들은 성관계를 위해 남겨 두었다.[25]

이런 유형의 집들은 자먀틴의 『우리』 같은 유토피아적 상상과 미래주의적 소설에서 어렴풋이 보이기는 하지만 건설된 적은 없었다. 구성주의자 모이세이 긴즈버그가 디자인해 1928년과 1930년 사이에 모스크바에 건설한 재무부 건물처럼 구체화된 대부분의 사업계획은 사적 생활 공간 그리고 세탁소과 목욕탕, 식당과 주방, 육아실과 학교 등을 위한 코뮌화된 블럭을 가진 완전한 공동체적 형태에 미치지 못하고 중단되는 경향이 있었다.[26] 하지만 그 목적은 개인이 사적('부르주아적')인 가정 생활의 형태에서 더 집단적인 생활방식으로 옮겨갈 수 있도록 유도하는 방식으로 구조를 배열하기 위해 유지되었다. 건축가들은 큰 녹음으로 둘러싸여(르 코르뷔지에 혹은 당시 유럽 내의 전원도시 운동에 의해 고안되었던 것들처럼) 오락에서 전기까지 사회적으로 모든 것이 공급되는 하늘 높이 뻗어오른 거대한 공동주택에서 모두가 함께 사는 유토피아를 구상했다. 그들은 도시를 대중의 행위와 심리를 조직하기 위한 거대한 실험실로서,

!민속적 환상들
위《봄의 제전》(1913) : 이고르 스트라빈스키의 원래 악보.
아래 빅토르 바스네초프 : 림스키-코르사코프의 오페라《눈 처녀》(아브람체보, 1881)의 마몬토프 공연을 위한 배경 디자인. 민속적인 색채를 사용한 바스네초프의 디자인은 발레 루시와 곤차로바, 말레비치 그리고 샤갈과 같은 원시파 화가들을 위한 시각적 모델이 되었다.

스키타이적 러시아
로엘리히는《봄의 제전》을 인간 제물에 대한 고대적("스키타이적") 의식의 재현으로 인식했다. 훈련받은 고고학자인 로엘리히는《봄의 제전》의 무대 배경과 의상을 디자인했다. 이것들은 1987(위) 원래 발레의 재공연을 위해 조프레이 발레에 의해 재연된 것이다. 음악 리듬과 안무법은 로엘리히가 스키타이 러시아에 대한 자신의 많은 그림들에서 전달하고 있는 감각인 무용가의 절제된 움직임을 강조하고 있다.
아래 로엘리히 : 우상들(1901)

로엘리히 :《눈 처녀》를 위한 의상 디자인들(시카고, 1921).
스타소프의 제자들 중 한 명인 로엘리히는 여기서 투박한 장신구와
타타르식 머리 장식에서 나타나고 있듯이
러시아 민속 문화가 아시아에서 기원하고 있다고 믿었다.

이교도적 러시아

바실리 칸딘스키 : 〈다채로운 삶〉(1907). 얼핏 보기에 러시아의 기독교적 장면을 연상하게 하는 이 그림은 칸딘스키가 인류학자로 탐구했었던 코미 지역의 이교도적 상징들로 채워져 있다.

아래 칸딘스키 : 〈모든 성인들 II〉(1911)은 성 스테판과 코미 무당 팜 간의 대결에 대한 이야기를 하고 있다. 팜처럼(배에서 박해를 피해 달아나고 있는 것이 보인다) 두 명의 성인들(바위에 서있는)은 마법사의 모자를 쓰고 있지만 그들은 또한 기독교 전통과 이교도적 전통의 융합을 상징하고 있는 후광이 빛나고 있다.

무당으로서의 미술가

왼쪽 칸딘스키 : 〈타원 No. 2〉 (1925). 칸딘스키 추상 미술의 타원들과 그림문자는 대체로 그가 시베리아 무당들의 북에서 보았던 상징들을 모방한 것이었다. 선과 갈고리 모양의 곡선은 말을 상징하고 있으며 원들은 태양과 달을 상징하고 있다. 또한 부리와 눈들은 무당들이 춤 의식을 거행할 때 썼던 새머리 장식을 나타내고 있다(아래).

러시아와 그림에서 표현되고 있는 스텝.
이삭 레비탄 : 〈블라디미르카〉(1892). 이 길은 러시아 기결수들이 시베리아의 유형지로 가던 길이다.
아래 바실리 베레쉬샤긴 : 〈기습〉(1872). 투르키스탄 전쟁 당시 러시아 군에서 공식적인 전쟁 화가였던 베
쉬샤긴의 그림들은 아시아 부족들에 대한 러시아의 야만적 폭력을 폭로하고 있는 것으로 인식되고 있다.

말과 묵시
푸쉬킨의 「청동의 기사」에서부터 말은 러시아의 운명의 위대한 시적 은유이자 묵시의 상징이 되었다.
위 쿠즈마 페트로프-보드킨 : 〈미역 감고 있는 붉은 말〉(1921)은 러시아 성상화의 전통에서 아주 강한 영향을 받은 작품이다.
아래 카지미르 말레비치 : 〈붉은 기병대〉(1930).

나단 알트만 : 〈안나 아흐마토바의 초상화〉(1914).

개인의 이기적 충동이 하나의 집합체나 기계처럼 합리적으로 작동할 수 있도록 개조될 수 있는 전적으로 통제할 수 있는 환경으로 생각했다.[27)]

새로운 유형의 인간을 창조하는 것은 볼셰비키의 일관된 목적이었다. 그들은 마르크스주의자로서 인간의 본성이 역사 발전의 산물이며 따라서 혁명에 의해 삶의 방식을 변화시킬 수 있다고 믿었다. 레닌은 두뇌는 외부 자극에 반응하는 전기적 기계 장치라고 주장한 심리학자 이반 세체노프의 생각에 깊은 영향을 받았다. 세체노프의 유물론은 반 소비에트적 시각을 갖고 있었지만 소비에트 정부의 전폭적인 지원을 받은 두뇌의 조건반사(특히 개의 두뇌)에 대한 I. P. 파블로프 연구의 출발점이었다. 이것은 과학과 사회주의가 만나는 지점이었다. 레닌은 파블로프의 연구가 "우리의 혁명에 중요한 의미가 있다"고 말했다.[28)] 트로츠키는 인간을 개조할 수 있는 "현실적인 과학적 가능성"에 고무되었다.

> 인간이란 무엇인가? 인간은 결코 완벽하거나 균형잡힌 존재가 아니다. 아니다, 인간은 여전히 매우 불완전한 피조물이다. 동물로서의 인간은 계획에 의해서가 아니라 무의식적으로 발전하며 많은 모순들을 축적해 왔다. 어떻게 교육시키고 통제할 것인가, 인간의 물질적, 정신적 구조를 어떻게 개선하고 완성시킬 것인가의 문제는 사회주의적 기초에서만 이해할 수 있는 거대한 문제다. 우리는 사하라를 횡단하는 철도를 건설할 수 있고 에펠탑을 건설할 수 있으며 뉴욕에 있는 사람과 직접 대화할 수 있지만 인간을 개량할 순 없다. 아니, 우리는 할 수 있다! 인간에 대한 새롭게 '개선된 버전'을 생산하는 것, 그것이 앞으로의 공산주의의 임무다. 이를 위해 우리는 우선 해부학과 생리학 그리고 심리학이라 불리

는 인간 생리학의 일부 등 인간에 대한 모든 것을 알아내야 한다. 인간은 스스로를 관찰하고 스스로를 소재 혹은 기껏해야 제조된 생산물과 다름없는 것으로 보고 다음과 같이 말해야 한다. '친애하는 호모 사피엔스, 마침내 내가 그대에 대해 연구할 것이다' [29]

예술가도 소비에트적 인간을 건설하는 데 중심적인 역할을 수행했다. 1932년 처음으로 예술가를 '인간 영혼의 공학자'로 지칭한 사람은 스탈린이었다. 하지만 공학자로서의 예술가는 모든 소비에트 아방가르드(당 노선을 따르는 예술가들뿐 아니라)에게는 중심적인 개념이었다. 공학자로서의 예술가의 개념은 1917년 이후 새로운 세계의 건설에 자신들의 예술을 바친 많은 좌파와 실험적 집단에 적용되었다. 즉 구성주의자, 미래주의자, 프롤레트쿨트Proletkult와 좌익예술전선Left Front(LEF), 연극에서 프세볼로드 메이어홀드, 혹은 영화에서의 키노크Kinok 그룹과 에이젠쉬테인——모두가 공산주의적 이상을 공유하고 있었다——등이 그들이다. 이들 예술가들은 모두 '부르주아' 예술에 대한 나름의 혁명에 참여하고 있었다. 그들은 자신들이 새로운 예술 형태를 통해 더 사회주의적인 방식으로 세계를 볼 수 있도록 인간의 정신을 훈련시킬 수 있다고 확신했다. 그들은 두뇌를 기계학적인 예술(영화 몽타주, 연극에서의 생체역학, 산업 예술 등)로 불러일으킨 사고 방식을 통해 고칠 수 있는 복잡한 기제로 보았다. 그들은 의식이 환경의 영향을 받는다고 믿었기 때문에 사람들의 일상 생활에 직접적인 영향을 줄 수 있는 건축과 다큐멘터리 영화, 포토몽타주와 포스터 미술, 의상과 직물 디자인, 가사용 도구와 가구 같은 예술 형태에 집중했다.

구성주의자들은 예술을 삶과 통합하기 위한 운동의 전위에 있었다. 그들은 1921년 발기 선언서에서 화가(畵架) 그림과 다른 예술을 개인주의적이고 새로운 사회와 무관한 예술 형태로서 거부하고 예술사에서 이탈했으며 대조적으로 '건설자'와 '기술자'로서 사회적 삶을 변화시킬 수 있다고 믿은 실용적 목적의 디자인과 창작에 헌신하겠다고 선언했다.[30] 그 연장선상에서 바바라 스테파노바와 블라디미르 타틀린은 노동자의 의상과 유니폼을 디자인했다. 매우 기하학적이고 비개인적인 스테파노바의 디자인들은 남녀의 의상 구분을 파괴했다. 타틀린의 디자인은 기능성을 위해 예술적 요소들을 희생시켰다. 예를 들어 코트는 가볍고 열을 보존할 수 있도록 디자인되었지만 장식적 디자인이 없는 염색되지 않은 물질로 만들었다.[31] 알렉산드르 로드첸코와 구스타프 클루트시스는 상업 광고와 포장지에도 선동적인 요소를 끼어넣기 위해 포토몽타주를 이용했다. 엘 리시츠키(후에 구성주의적 생산 미술로 전향한)는 표준적인 사용으로 대량 생산될 수 있는 단순하고 가벼운 가구를 디자인했다. 그것은 지속적으로 변화하는 공동주택 환경에 유용한 것으로 이동이 용이한 다용도 가구들이었다. 그의 접이형 침대는 구성주의 철학의 좋은 예였다. 그것은 붐비는 소비에트 공동주택 내에서 실질적인 공간 활용이 가능했기 때문에 매우 실용적이었다. 또한 독신자가 잠자리와 잠자리 파트너를 바꿀 수 있게 해준다는 점에서 부르주아 가족의 결혼 관계를 파괴하기 위한 공산주의 운동에 유용하도록 디자인 되었다.[32]

프롤레트쿨트(프롤레타리아트 문화) 운동은 마찬가지로 새로운 사회 생활 형태를 조장하는 예술가의 이상에 충실했다. 그 발기자들 중 한 명인 파벨 레베데프 폴랸스키는 1918년 "새로운 과학, 예술, 문학과 도덕성은 새로운 감정과 믿음의 체계로 새로운 인간을 준비하고 있다"고 기록하고 있다.[33] 프롤레트쿨트 운동의 뿌리는 사회민주주의자 전진 그룹(고리키, 보그다노프와 아나톨리 루나차르스키)이 러시아에서 이탈리아로 밀입국한 노동자들을 위해 학교를 설립한 1900년대로 거슬러 올라간다. 그 목적은 일종의 노동계급 인텔리겐차인 '의식적 프롤레타리아트 사회주의자' 계급을 교육시켜 그들이 지식을 다른 노동자 계급에 확산시키고 결과적으로 혁명 운동이 고유한 문화 혁명을 창조할 수 있도록 하는 것이었다. 전진주의자들의 견해는 노동계급 문화의 유기적 발전은 사회주의적 민주주의 혁명의 성공을 위한 필수적 전제조건이었다. 왜냐하면 지식은 권력의 열쇠이며 대중이 권력을 지배할 때까지 그들은 부르주아지에 의존하게 되기 때문이었다. 전진주의자들은 독립된 문화 세력으로서의 노동자의 잠재력에 회의적이었던 레닌과 격렬하게 충돌했다. 하지만 지도적 볼세비키들이 더 시급한 내전 문제로 여념이 없는 1917년 이후 문화 정책은 대체로 전진주의자들의 영향력 하에 있었다. 루나차르스키는 계몽 위원이라는 도발적인 직함을 갖게 되었고 한편 보그다노프가 프롤레트쿨트 운동을 지도하게 되었다. 1920년 최고조에 이른 프롤레트쿨트는 공장 클럽과 극장, 예술가 작업장과 창조적 작가단체, 취주악단과 합창단에서 4십만이 넘는 회원을 확보했다고 호언했으며 소비에트 전역에 약 300개 지부로 조직되었다. 모스크바의 프롤레타리아 대학과 사회주의 백과전서파까지 있었다. 보그다노프는 디드로의 백과전서파를 18세기 프랑스에서 세력을 얻기 시작하던 부르주아가 고유한 문화혁명을 준비하려는 시도라고 본 것처럼 사회주의 백과전서파의 출판물을 미래 프롤레타리아 문명을 위한 준비로 보았다.[34]

광범위한 운동이 전개되면서 당연히 혁명문화의 고유한 내용에 대한 매우 다양한 관점들이 존재했다. 중요한 이데올로기적 분할은 프롤레타리아 문명에서 새로운 것과 오래된 것, 소비에트적인 것과 러시아적인 것 간의 관계와 관련이 있었다. 프롤레트쿨트의 극좌파는 구세계의 파괴에 도취된 강한 우상 파괴적인 경향이 있었다. 아방가르드를 프롤레트쿨트와 소비에트에 연결시키고자 했던 미래주의자와 구성주의자들의 느슨한 연합체인 LEF의 발기인인 마야코프스키는 "박물관에 퍼부을 총탄이 필요한 때"라고 선언했다. 그는 고전주의적 작품들을 '낡은 미학적 쓰레기'로 치부하고 성 페테르부르크의 위대한 궁정 건축가인 라스트렐리를 벽에 대고 총살시켜 버려야 한다고 익살을 떨었다(러시아어로 '라스트렐리아트rasstreliat'는 사형을 집행하다를 의미한다). 프롤레트쿨트 시인 블라디미르 키릴로프의 시 「우리」의 다음과 같은 구절처럼 그 대부분은 지적인 허장성세였다.

> 미래의 이름으로 우리는 라파엘의 작품을 불태울 것이다,
> 박물관을 파괴하고 예술을 짓밟을 것이다.[35]

하지만 새로운 문화가 낡은 문화의 잔재 위에 건설될 것이라는 유토피아적 믿음도 존재했다. 프롤레트쿨트의 가장 헌신적인 구성원들은 역사적, 민족적 요소들을 완전히 일소한 순수한 소비에트 문명의 이상을 진정으로 신봉하고 있었다. '소비에트 문화'는 국제주의적이고 집단적이며 프롤레타리아적이 될 것이었다. 프롤레타리아 철학, 프롤레타리아 과학과 프롤레타리아 예술이 존재하게 될 것이다. 이 같은 믿음 속에서 예술의 실험적 형태들이 나타났다. 직업배우 없는 영화, 지휘자 없는 오케스트라와 악기 없이 사이렌, 호

각, 경적, 스푼과 빨래판으로 이루어진 '공장 음악회'가 등장했다. 쇼스타코비치는 1927년 자신의 제2 교향곡(《10월 혁명에 바쳐》)의 클라이맥스에 공장의 호각 소리를 도입했다(아마도 비꼴 의도로).

하지만 과거에서 배우지 않고 새로운 문화를 건설할 수 있을까? 프롤레타리아트가 우선 과거 문명의 과학과 예술에서 배우지 않는다면 '프롤레타리아 문화' 혹은 '프롤레타리아 인텔리겐차'를 어떻게 가질 수 있을까? 그리고 그들이 과거의 문명에서 배우게 된다면 그들 혹은 그들의 문화는 그래도 프롤레타리아트적일까? 프롤레트쿨트의 더 온건한 구성원들은 자신들이 전적으로 영점에서 새로운 문화 건설을 기대할 수 없으며 계획이 아무리 유토피아적이라 해도 그들 작업의 상당수는 노동자를 과거 문화로 교육하는 것으로 이뤄지게 되리라는 사실을 인정하지 않을 수 없었다. 1921년 이후 일단 내전에서 볼셰비키의 승리가 확실해지자 공식적인 정책은 신경제정책(NEP)을 통해 '프티 부르주아'(즉 농민과 소상인) 부문과 인텔리겐차의 잔재와의 화해를 권장했다.

예술 문제에선 보수주의적이었던 레닌은 늘 아방가르드의 문화적 허무주의를 경계했다. 레닌은 독일 공산주의자인 클라라 제트킨에게 자신은 현대의 예술 작품들을 이해하거나 이 작품들에서 어떤 즐거움을 느낄 수 없다고 고백했다. 레닌의 문화 정책은 확고하게 19세기 인텔리겐차의 계몽주의적 이상에 기반하고 있었다. 그는 혁명의 임무는 노동자 계급을 구 엘리트 문화 수준으로 끌어올리는 것이라는 견해를 갖고 있었다. 그가 제트킨에게 말한 것처럼 "그것이 '오래된 것'이라 해도 우리는 아름다운 것을 보존하고 모델로 삼아 그것을 출발점으로 이용해야 한다. 우리는 왜 단지 '오래'되었다는 이유만으로 진정한 아름다움을 거부해야 하는가? 우리는 왜 새로운 것에 대해 단지 '새롭다' 는 이유로 신이나 되는 듯이 경배해야 하는가?"[36]

하지만 프롤레트쿨트에 대한 압력은 위에서 뿐만 아니라 아래로부터도 왔다. 클럽을 방문한 대다수의 노동자들은 불어나 짝을 지어 춤을 추는 법을 배우고 싶어했다. 그들은 자신들의 말처럼 더 '세련된' 것으로 이해하는 'kul'turny' ('교양있는') 되기를 원했다. 러시아인들은 습관과 예술적 취향에서 아방가르드의 실험에 거부감을 갖고 있는 것처럼 보였다. 현실적으로 공동주택이 절실히 필요하기는 했지만 실제적으로 공동주거에 대한 호응이 열렬했던 적은 거의 없었다. 심지어 공동주택의 거주자들도 자신들의 사회적 공간을 거의 이용하지 않았다. 공동식당에서 식사하기보다는 반합에 음식을 가져와 자신들의 침대에서 식사를 하곤 했다.[37] 1930년에 건설된 모스크바 소비에트 모델 공동주택에서 거주자들은 공동침실의 벽에 성상화와 성인들의 달력을 걸어 놓았다.[38] 아방가르드의 비생명적 이미지들은 성상화에 한정된 시각적 예술에 익숙해 있던 사람들에겐 낯설 뿐이었다. 10월 혁명 1주년 기념으로 비테브스크 거리를 장식했던 샤갈은 다음과 같은 지역 공직자들의 질문을 받았다. "황소가 왜 초록색이고 집이 왜 하늘을 날라다니죠? 왜입니까? 그것이 마르크스, 엥겔스와 무슨 관련이 있습니까?"[39] 1920년대의 대중의 독서습관에 대한 조사에 따르면 노동자들은 여전히 1917년 이전에 자신들이 읽었던 모험 소설들을 선호하고 있으며 심지어 아방가르드의 '프롤레타리아 시' 보다 19세기 고전주의적 작품들을 선호하는 것으로 나타나고 있다.[40] 새로운 음악도 역시 성공적이지 못했다. 어떤 "공장 음악회"에선 귀에 거슬리는 온갖 사이렌과 경적의 소음만이 존재해 노동자들조차 자신들의 프롤레타리아 문명의 축

가를 의도한 멜로디를 알아들을 수 없었다.[41)]

3

레닌은 "우리에게 가장 중요한 예술은 영화다"라고 말한 것으로 전해진다.[42)] 레닌은 영화의 홍보적 역할을 무엇보다 높이 평가했다. 1920년 성인 5명 중 2명 정도만이 읽을 수 있는 러시아에서 활동사진은 먼 시골까지 당의 범위를 넓힐 수 있는 중요한 투쟁 무기였다.[43)] 시골엔 징발된 교회와 마을회관에 임시 영화관이 설치되었다. 트로츠키는 영화관이 선술집과 교회와 경쟁하게 될 것이라고 말했다. 영화는 아이처럼 놀이를 통해 성격이 형성된 젊은 사회에 호소력을 갖게 되었다.[44)] 1920년대 초 소련 영화 관객의 거의 절반이 10살에서 15살 사이였다는 사실은 크레믈린의 후원자에겐 영화란 매체의 가장 중요한 장점들 중 하나였다.[45)] 여기에 새로운 사회주의 사회의 예술 형태가 있었다——그것은 구세계의 어떤 예술보다 기술적으로 더 진보되고 더 민주적이었으며 '삶에 더 진실'했다.

1927년 어떤 소비에트 비평가는 "연극은 게임이고 영화는 인생이다"라고 쓰고 있다.[46)] 영화를 소비에트 연방의 "미래의 예술"로 만든 것은 사진 이미지의 사실성이었다.[47)] 다른 예술 방식은 인생을 나타내고 있지만 영화만이 인생을 포착할 수 있으며 새로운 현실로 재편성할 수 있다. 이것이 탁월한 감독 드지가 베르토프, 뉴스 영화 편집자인 그의 아내 엘리자베타 스빌로바 그리고 내전중 적군과 함께 한 용감한 카메라맨인 그의 동생 미하일 카우프만이 1922년 결성한 키노크Kinok 그룹의 전제였다. 그들 셋은 소비에트 선전 · 선동을 위한 선전영화 제작에 참여하고 있었다. 내전 중 전선지역을 특별 '선동열차'로 여행하면서 그들은 자신들의 영화를 보여줄 마을 사람들이 서술적 전개방식에 거의 구애받지 않고 있다는 사실에 주목했다. 그들 대부분은 이전에 연극이나 영화를 본 적이 없었다. 베르토프는 후에 "나는 선동 열차들 중 하나의 영화 객차 관리자였다. 관객은 대개 문맹이나 거의 글을 읽지 못하는 농민들이었다. 그들은 자막조차 읽을 수 없었다. 순진한 관객들은 연극적 전통을 이해할 수 없었다"라고 기록하고 있다.[48] 따라서 키노크 그룹은 소비에트 러시아에서 영화의 미래는 논픽션 영화에서 찾아야 한다고 확신하게 되었다. 키노크 그룹의 기본적인 생각은 그 이름에서 나타나고 있다. Kinok라는 단어는 kino(영화)와 oko(눈)의 합성어이며 키노키kinoki 또는 '카메라의 눈'은 시각적 투쟁과 관련이 있다. 키노크 그룹은 대중을 부르주아의 노예로 만드는 "꿈의 공장"인 스튜디오의 허구적 영화에 대한 전쟁을 선포하고 "있는 그대로의 삶을 담기"——혹은 차라리 그들의 목적이 "프롤레타리아 혁명의 이름으로 세계를 보고 보여주기 위한" 것인 만큼 당위적인 삶을 포착하기 위해——위한 영화를 만들기 위해 카메라를 들고 거리로 나갔다.[49]

이 같은 조작적 요소가 키노키와 서구 영화적 전통에서의 시네마 베리테로 알려지게 되는 것과의 근본적 차이점이었다. 즉 시네마 베리테는 상대적으로 객관적 자연주의를 열망한 반면 (상반된 주장을 하기는 했지만) 키노키는 상징적인 방식으로 현실적인 삶의 이미지를 배열했다. 이는 그들의 시각적 접근이 러시아의 성상화적 전통에 뿌리를 내리고 있었기 때문이었을 것이다. 키노크 그룹의 가장 유명한 영화인 〈영화 카메라를 든 남자〉(1929)는 이른 아침 서로 다른 작업을 하는 것으로 시작해 저녁 스포츠와 오락으로 옮겨가는 이상적인 소비에트 수도에서의 하루에 대한 일종의 이미지적 교향악이다. 그것은 〈영화 카메라를 든 남자〉가 상영되고 있는 영화관을 방문하는 것으로 끝을 맺는다. 영화는 허구적인 영화의 환상들을 폭로하기 위해 고안된 시각적 익살과 기교로 가득 차 있다. 몇몇 관점은 해석되어야 할 필요가 있었지만 이 같은 장난스러운 아이러니로부터 나타나는 것은 관람과 현실에 대한 재기 넘치는 지적 담론이다. 우리가 영화를 관람할 때 우리는 무엇을 보는 것일까? '현실의' 삶 아니면 카메라를 위해 연기되는 삶? 카메라는 삶에 대한 창인가 아니면 카메라는 그 자체의 현실을 만드는 것일까?

모든 소비에트 아방가르드 감독들처럼 베르토프는 영화로 관객들의 세계관을 변화시키고 싶어했다. 소비에트적 의식을 조장하기 위해 그들은 몽타주라는 새로운 기법을 찾아냈다. 충격적인 대비와 결합을 창조해내기 위한 장면 전환을 사용함으로써 몽타주는 관객을 감독이 의도했던 생각으로 유도하면서 관객의 반응을 조작하는 것을 목적으로 했다. 레프 쿨레쇼프는 서구에서 채택되기 오래 전에 영화에서 몽타주를 이용한 첫 번째 감독이었다. 내전 중 고질적인 필름 부족으로 오래된 필름을 잘라내고 재배열하여 새 영화를 만드는 실험을 하지 않을 수 없게 되면서 몽타주 기법을 우연하게 발견하게 되었다. 필름 부족으로 초기의 모든 소비에트 감독들은 먼저 종이에 장면 설계(스토리보딩)를 하지 않을 수 없었다. 이는 일련의 상징적 움직임과 몸짓으로 필름의 지적인 합성을 강화하는 효과가 있었다. 쿨레쇼프는 필름의 시각적 의미가 무성영화나 미국의 D. W. 그리피스가 초기 몽타주 실험에서 했던 것처럼 개별적 장면의 내용이 아니라 프레임의 배열(몽타주)에 의해 가장 잘 전달된다고 믿었다. 쿨레쇼프에 따르면 영화가 관객에게 의미와 감정을 불러일으킬 수 있는 것은 대조적 이미지의 몽타주를 통해서였다. 그는 자신의 이론을 증명하기 위해 배우 이반 모주킨의 하나의 중립적 클로즈업 사이사이에 세 가지의 상이한 시각적 장면들, 즉 김이 피어오르는 수프 그릇, 관에 누워 있는 여인의 몸과 놀고 있는 아이 등을 삽입했다. 모주킨의 세 가지 장면은 동일한 것이었지만 관객들은 첫 번째 장면에서 모주킨의 얼굴에서 배고픔을, 두 번째 장면에서 슬픔을, 세 번째 장면에서 기쁨을 보면서 각각의 맥락에 따라 클로즈업의 의미를 해석한다는 사실이 밝혀졌다.[50] 드지가 베르토프, 프세볼로드 푸도프킨, 보리스 바네 그리고 가장 지적인 형태로 세르게이 에이젠쉬테인 등 1920년대의 다른 모든 위대한 소비에트 영화감독들이 몽타주를 사용하였다. 몽타주는 그 옹호자들이 영화 사운드의 도래로 자신들의 매체가 파괴되지나 않을까 두려워할 정도로 소비에트 실험영화의 시각적 효과에 핵심적인 부분을 차지하고 있었다. 이 감독들이 알고 있는 것처럼 영화 예술의 본질은 시각적 이미지의 조직화, 움직임, 감정 그리고 사상을 암시하기 위한 모방이었다. 구어적 요소의 도입은 영화를 연극의 값싼 대용물로 환원시켰다. 사운드의 출현과 함께 에이젠쉬테인과 푸도프킨은 사운드를 몽타주의 부가적 요소로서 이미지와 대조하면서 그것을 "대위법적으로" 사용할 것을 제안했다.[51]

몽타주는 영화의 의미를 신속하고 효과적으로 전달할 수 있는 상이한 유형의 연출을 필요로 했다. 새로운 연출의 근거가 되는 많은 이론들은 무언극, 춤과 율동적 체조(조화와 균형이 잡힌) 체계를 발전시킨 프랑수아 델사르트와 에밀 자크 달크로즈의 작품에서 파생되었다. 무언극, 춤과 율동적 체조 체계는 움직임과 몸짓의 결합이 관객에게 사상과 감정을 전달하는데 이용될 수 있다는 생각에 기초하고 있다. 쿨레쇼프는 이 같은 아이디어를 영화를 위한 배우들의 훈련과 몽타주 편집에 적용했다.

델사르트-달크로즈 체계는 1910년대 초 세르게이 볼콘스키 공작에 의해 러시아에 전해진다. 데카브리스트의 손자인 그는 1899년과 1901년 사이에 임페리얼 극장의 감독이었지만 프리마 발레리나 마틸드 크쉐신스카야(차르의 연인)와 다툰 후 해임된다. 그가 해임된 이유는 속버팀으로 부풀린 스커트 때문이었다. 크쉐신스카야는 발레 《카마르고》에서 속버팀 스커트를 입기를 거부했고 볼콘스키가 벌금을 물리자 그녀는 차르를 설득해 그를 해임하게 했다. 볼콘스키는 벌금을 취소하고 자리를 지킬 수도 있었지만 할아버지처럼 궁정의 명령으로 자신이 직업적 의무로 생각한 것을 외면할 타입이 아니었다.[52] 짧은 볼콘스키의 재임 기간 중에 유일한 현실적 유산은 쟈길레프를 발굴한 것이었다. 볼콘스키는 쟈길레프를 극장계에서 그의 첫 번째 자리인 임페리얼 극장의 연간 리뷰의 편집자겸 발행인으로 승진시켰다.* 1901년 이후 볼콘스키는 러시아의 가장 중요한 미술과 연극 비평가들 중 한 사람이 되었다. 따라서 그가 페테르부르크에 율동적 체조 학교를 설립하면서까지 델사트르-달크로즈 체계를 선전하기 시작했을 때 그는 쟈길레프와 그의 발레 루시를 포함해 러시아 극장으로부터 많은 전향자들을 끌어들였다. 볼콘스키 가르침의 본질은 몸을 예술 작품에 요구되는 감정을 무의식적으로 표현할 수 있도록 율동적 움직임으로 훈련시킬 수 있는 발전기로 본 것이었다.** 볼콘스키는 인간의 몸을 "역학의 일반 법칙"에

* 쟈길레프는 볼콘스키가 임페리얼 극장을 떠나자 해임되었다. 쟈길레프의 해임은 임페리얼 극장에서 앞으로 어떤 일도 할 수 없다는 것을 의미했고 따라서 어떤 의미에서 그것은 볼콘스키가 발레 루시의 창설에 일조했다고 말할 수도 있을 것이다.

따르는 하나의 기계지만 "감정에 의해 기름칠되고 움직인다"고 인식했다.[53] 이러한 생각은 1917년 이후 소비에트 영화와 연극 분야에서 자리를 잡았고 '생체역학'이라는 유사한 이론들이 위대한 아방가르드 감독인 메이어홀드의 지지를 받았다. 볼콘스키는 1919년 모스크바에 율동 연구소를 설립했다. 1921년 소비에트 러시아에서 망명해야 할 때까지 제1 국립 영화학교에서 자신의 이론을 가르치기도 했으며 쿨레쇼프는 그 이론의 영향을 받은 감독들 중 한 명이었다. 1920년 모스크바에 설립된 쿨레쇼프 자신의 작업실에서 배우들은 볼콘스키의 율동적 원칙에 기초한 움직임과 몸짓 사전으로 훈련받았다.[54]

아방가르드의 가장 중요한 많은 소비에트 감독들이 쿨레쇼프의 작업실을 졸업했으며 그들 중에는 푸도프킨, 바네와 에이젠쉬테인이 포함되어 있었다. 1898년 리가에서 태어난 세르게이 에이젠쉬테인은 러시아-독일-유태계 선조를 둔 유명한 모던 스타일 건축가의 아들이었다. 1915년 그는 토목기사 공부를 하기 위해 페트로그라드로 갔다. 에이젠쉬테인은 1917년 19살의 학생으로 자신의 역사 영화의 주제가 된 혁명적 군중에 휘말리게 된다. 7월 첫째 주에 에이젠쉬테인은 임시정부에 반대하는 볼세비키 데모에 참여했다. 네프스키 대로 위의 지붕에 숨어 있는 경찰 저격수들이 데모대에 발포하기 시작했을 때 그는 군중의 한가운데 있었다. 사람들은 사방으로

** 이 이론은 그레이그의 배우가 감독의 지시에 따라 안무하는 반면 볼콘스키의 배우는 이러한 율동적 충동을 그들이 완전히 의식할 수 없게 될 때까지 내부화한다는 중요한 차이를 제외하면 고르동 그레이그의 '양질의 꼭두각시 supermarionette' 로서의 배우의 개념과 유사하다. R. 테일러와 I. Christie의 『*Inside the Film Factory: New Approaches to Russian and Soviet Cinema*』(런던, 1991) 32~33쪽. M. Yampolsky의 '쿨레쇼프의 실험과 새로운 인류의 배우'를 더 보라.

흩어졌다. 그는 "허둥지둥 달아날 때 사람들이 달리는 일에 부적절하고 심지어 졸렬하게 만들어졌다는 사실을 알았다"고 회상하고 있다.

> 체인이 달린 회중시계가 조끼 주머니에서 철렁이고 있었다. 담뱃갑은 옆 주머니에서 빠져나갔다. 이어 몽둥이질이 이어졌다. 파나마 모자는…… 나는 내달려 기관총 사거리에서 벗어났다. 하지만 그것은 전혀 놀랄 일이 아니었으며…… 이 날들은 역사에 기록되었다. 내가 그렇게 목말라하던 역사, 내가 그토록 참여하고자 했던 역사였다![55]

에이젠쉬테인은 때로 '세계를 뒤흔든 열흘'로 알려진 〈10월〉(1928)에서 장면의 영화적 재창조에 이 같은 이미지들을 이용하게 된다.

볼셰비키의 권력 장악에 열광한 에이젠쉬테인은 페트로그라드 인근의 북부 전선의 기사로 적군에 합류한다. 그는 1919년 가을에 시의 정문에 도착한 백군 장군 유데니치에 저항한 내전에 참여한다. 에이젠쉬테인의 아버지는 기사로 백군에 복무했었다. 자신의 영화들을 통해 이 사건을 회상하는 에이젠쉬테인은 혁명을 늙은이에 대한 젊은이의 투쟁으로 보았다. 그의 영화는 자본주의적 질서의 가부장적인 규율에 반기를 든 젊은 프롤레타리아트의 정신에 고취되었다. 그의 첫 영화인 〈파업〉(1924)의 공장 감독자들에서 〈10월〉의 깔끔한 인물인 케렌스키 수상에 이르기까지 그의 모든 영화의 부르주아적 인물들은 자신의 아버지와 아주 닮아 있었다. 에이젠쉬테인은 "아버지는 40켤레의 에나멜가죽 구두를 갖고 있었다. 아버지는 다른 종류의 구두는 인정하지 않았다. 그리고 그는 '상황에 따라 어울리는' 많은 구두를 수집하고 있었다. 아버지는 심지어

'새 것', '헌 것', '긁힌 자국' 등을 지칭하는 어떤 눈에 띄는 특징들로 그것들을 목록으로 기록해 놓기까지 했다. 때때로 검사해 일일이 챙기곤 했다"라고 회상하고 있다.[56] 에이젠쉬테인은 한 번은 자신이 혁명을 지지하게 된 이유가 "사회적 부정의의 현실적 비참함이 아니라…… 분명 모든 사회적 독재자의 원형인 가족 내에서 아버지의 전제주의와 전적으로 관련이 있다"고 기록했다.[57] 하지만 혁명에 대한 그의 헌신은 또한 새로운 사회에 대한 그 자신의 예술적 전망과도 관련이 있었다. 그의 회고록의 "나는 왜 영화감독이 되었나"에서 그는 자신의 예술적 영감의 원천을 페트로그라드 인근에 다리를 건설하는 적군 기사들의 집단적 움직임에 두고 있다.

갓 들어온 신참자들의 무리가 정확하고 절도 있게 잘 정비된 도로를 따라 움직이며 점차 강을 가로질러 뻗어가는 다리를 건설하기 위해 조화롭게 작업하고 있었다. 나도 이 무리들 중 어딘가에서 움직이고 있었다. 어깨의 가죽 받침에 판자를 대고 길가에서 쉬었다. 시계 부품처럼 사람들은 신속하게 움직이며 부교로 달려가 대들보와 강선 꽃 줄로 연결된 난간을 서로에게 던져 날랐다——그것은 훨씬 길어진 길의 제방에서 끊임없이 멀어지는 다리 끝에 이르는 지속적 움직임의 손쉽고 조화로운 모델이었다.…… 이 모든 것은 어떤 일이 이루어지고 있다는 경이적이며 총체적 조화의 느낌과 대위법적 경험으로 융합되었다.…… 지독하게 멋졌다!……아니 그것은 고전주의적 작품의 양식들도, 뛰어난 공연의 녹화도, 복잡한 오케스트라의 악보도, 제약을 뛰어넘어 열린 공간으로 다른 속도와 상이한 방향들로 전 속력으로 달리는 몸의 움직임의 매력과 기쁨을 처음으로 느꼈던 발레단의 섬세한 전개 동작도 아니었다. 즉 교차하는 활동 범위 내에서의 활동의 자유에는 서로 다시는 마주치지 않게 되기 전에 이같은 움직임이 결합되고 뒤섞인 순간적 형태 속에서의 충돌이 취하는 지속적으로 변화하는 역동적 형태가 존재한다. 나는 다리를 놓는 것을 통해 처음으로 결코 잊혀지지 않는 이 같은 매력의 즐거움에 눈을 뜨게 되었다.[58)]

에이젠쉬테인은 〈파업〉에서 〈10월〉에 이르는 자신의 영화를 지배하고 있는 군중 장면에서 이 같은 시적인 감각을 재창조하기 위해 노력하게 된다.

1920년 모스크바로 돌아오던 길에 에이젠쉬테인은 극장 감독으로 프롤레트쿨트에 가입하고 쿨레쇼프 작업실과 관계를 맺게 된다. 이 두 가지 사건을 통해 그는 전형화——훈련받지 않은 배우나 거리에서 취해진(때로 말 그대로) '현실적인 유형들'——라는 생각을 갖게 된다. 이 기법은 쿨레쇼프가 〈웨스트씨의 볼세비키 땅에서의 이상한 모험〉(1923)에서 사용했고, 가장 유명한 것은 에이젠쉬테인 자신이 〈전함 포템킨〉(1925)과 〈10월〉에서 적용했던 것이었다. 프롤레트쿨트는 에이젠쉬테인에게 지속적인 영향을 미치게 되며 특히 그의 역사영화에서 대중을 다루는 방식에 영향을 준다. 하지만 에이젠쉬테인에게 가장 큰 영향을 준 사람은 그가 1921년 참여했던 연극학교의 감독 메이어홀드였다.

프세볼로드 메이어홀드는 러시아 아방가르드에서 중심 인물이었다. 1874년 지방도시 펜자의 연극을 사랑하는 가정에서 태어난 메이어홀드는 모스크바 예술 극장에서 배우로 시작했다. 1900년대 그는 상징주의 사상의 영향을 받아 실험적 작품들을 연출하기 시작했다. 그는 연극을 현실의 모방이 아닌 추상적이긴 하지만 고도로 양식화된 예술 형태로 보았으며 관객에게 사상을 전달하기 위해 무언극과 몸짓 이용을 강조했다. 그는 이탈리아의 희극과 일본의 카부키 연극의 전통으로부터 자신의 생각을 발전시켰다. 그것은 델사르트와 달크로즈의 관례와 다르지 않았다. 메이어홀드는 1915년과 1917년 사이에 페트로그라드에서 수많은 뛰어난 작품들을 무대에 올렸으며 1917년 11월 볼세비키의 극장 국립화를 지지한 소수의 예술가들 중 한 명이었다. 그는 이듬해 입당하기까지 했다. 1920년 메이어홀드는 소비에트의 중요한 교육과 예술 기관인 계몽 인민위원회 연극부서 책임자가 되었다. 그는 '연극에서의 10월'이라는 슬로건으로 극예술 단체의 오랜 자연주의적 관습에 대한 혁명을 시작했다. 메이어홀드는 1921년 국립 무대감독 학교를 설립했다. 이곳에서 교육받은 새로운 연출가들은 메이어홀드의 혁명적 연극을 거리로 가지고 나가게 된다. 에이젠쉬테인은 메이어홀드의 첫 번째 학생들 중 한 사람이었다. 그는 메이어홀드의 연극이 자신에게 "공학을 버리고 예술에 '전념'"하도록 영감을 불어넣어 주었다고 생각했다.[59] 에이젠쉬테인은 메이어홀드를 통해 대중적 스펙터클 영화에 대한――관습과 연극적 환상들을 깨게 되는 현실적 삶의 연극에 대한――생각을 갖게 되었다. 그는 배우들이 움직임과 몸짓을 통해 감정과 사고를 표현할 수 있는 강건한 사람으로 훈련시키는 법을 배웠다. 그리고 에이젠쉬테인은 메이어홀드처럼 자기 예술에 익살극, 판토마임, 곡예와 서커스 묘기, 강한 시각적 상징들과 몽타주를 도입했다.

에이젠쉬테인 스타일의 영화 몽타주는 또한 메이어홀드의 양식화된 접근을 보여주고 있다. 그것은 감정에 잠재의식적으로 영향을 주는 것을 의미했다. 에이젠쉬테인의 역작들은 설교적이고 설명적이다. 그는 의식적 방식으로 관객을 끌어들이기 위해――그리고 그들을 정확한 이데올로기적 결론으로 이끌기 위해――이미지를 병렬시켰다. 예를 들어 〈10월〉에서 에이젠쉬테인은 다리에서 네바 강으로 떨어지는 백마 이미지를 1917년 7월 임시정부에 항의하는 노동자들의 데모를 진압하는 코사크 군대를 보여주는 장면에 삽입하고 있다. 이 같은 비유적 표현은 매우 복합적이다. 러시아의 지적 전통에서 말(馬)은 오랫동안 묵시의 상징이었다. 1917년 이전에 상징주의자들은 자신들이 임박했다고 감지한 혁명을 표현하기 위해 말을 사용했다. (벨르이의 『페테르부르크』는 초원으로부터 다가오는 몽골의 말발굽 소리가 뇌리에서 떠나지 않는다.) 특히 백마는 역설적으로 보나파르트주의적 전통의 상징이기도 했다. 백마를 탄 장군은 볼세비키의 선전에서 통상적으로 반혁명의 상징이었다. 7월 데모를 진압한 후 임시정부의 신임 수상 알렉산드르 케렌스키는 쿠데타를 일으킬 목적으로 데모를 이용하려 했던 볼세비키 지도자들을 체포하라고 지시했다. 은신하지 않을 수 없었던 레닌은 케렌스키를 보나파르트주의적인 반혁명분자로 비난했다. 케렌스키의 반혁명분자 이미지는 케렌스키가 〈10월〉의 겨울 궁전에서 황제처럼 사는 장면들에 나폴레옹의 이미지들을 삽입함으로써 강화되었다. 레닌에 따르면 7월의 사건들은 혁명을 적군과 백군 사이의 군사적 투쟁인 내전으로 전환시켰다. 그는 소비에트가 지배하지 않는다면 케렌스키가 보나파르트주의적인 독제 체제를 확립하게 될 것이라고 주장하면서 권력을 장악할 것을 주장했다. 이 모든 생각들은 에이젠쉬테인의 떨어지는 말 이미지와 관련이 있었다. 그것은 레닌이 기술한 것처럼 관객이 7월 데모에 대한 진압을 1917년의 중대한 전환점으로 인식시키려 한 것이었다.

아이러니하게도 1917년 8월 코르닐로프 장군이 지휘하는 반혁명 코사크 군대가 페트로그라드로 진군하는 것을 드라마화한 '하느님과 조국을 위해' 라는 제목의 장면들에서도 몽타주 개념과 유사하게 사용한 것을 찾아볼 수 있다. 에이젠쉬테인은 관객에게 하느님이라는 생각에 점차 이의를 제기하는 일련의 이미지들(성상화-도끼-성상화-기병대-신의 은총-피)을 쏟아부음으로써 '하느님' 이라는 개념을 시각적으로 파괴한다.[60] 그는 또한 시간을 늘리고 긴장을 고조시키기 위해 몽타주를 사용하기도 했다——〈전함 포템킨〉(1925)의 오데사 계단에서의 유명한 대학살 장면에서 계단을 내려오는 병사들의 반복된 이미지들에 군중의 클로즈업된 얼굴을 삽입함으로써 그 행동들이 느려지는 것처럼.* 어쨌든 이 장면은 전적으로 허구다. 역사책에서 종종 기술되고 있지만 1905년 오데사 계단에서 대학살은 일어나지 않았었다.

역사적으로 에이젠쉬테인 영화의 신화적 이미지를 경계해야 하는 것은 이것뿐이 아니었다. 그가 〈10월〉의 돌격 장면을 찍기 위해 겨울 궁전을 방문했을 때 그는 볼셰비키가 올라갔던 왼쪽('10월') 계단을 안내받았다. 하지만 그것은 그가 염두에 두고 있었던 대중적 행동에는 턱없이 작았기 때문에 대신 차르 시대에 국가 행렬을 위해 사용된 거대한 요르단 계단에서 그 장면을 촬영했다. 에이젠쉬테인의 〈10월〉은 역사적 현실보다 훨씬 더 큰 연출 작품이었지만 요르단 계단은 10월 혁명의 개선로로 대중의 마음에 각인되었다. 그는 내전 퇴역 군인 5천 명——1917년 궁정 공격에 참여했던 수백 명의 선원들과 적군 근위대보다 훨씬 더 많은——을 소집한다. 그들 중 상당수는 실탄이 장전된 자기들의 총을 가지고 왔으며 계단을 오르면서 세브르산 꽃병에 실탄을 발사해 몇 명이 부상했고 1917년

* 일반적으로 '교차 편집을 통한 시간 확대' 로 설명된다. D. 보드웰과 K. 톰프슨의 『영화예술 입문서』3판, (뉴욕 1990), 217쪽.

보다 훨씬 더 많은 사상자를 낸 것으로 전해진다. 촬영을 마친 에이젠쉬테인은 깨어진 도자기를 치우던 늙은 짐꾼이 "당신네들은 먼저 번 궁정을 습격했던 사람들보다 훨씬 조심스럽군요"라고 말하는 소리를 들었다.[61)]

어쨌든 메이어홀드는 연극계에서 나름의 혁명으로 바리케이드를 돌파하고 있었다. 그것은 그의 스펙터클한 작품인 블라디미르 마야코프스키의 『미스터리 부페』(1918년 이어 1921년에 재공연)——'깨끗지 못한 자'(프롤레타리아트)에 의한 '깨끗한 자'(부르주아)에 대한 정복을 극화한 추리극과 거리 코메디 연극의 절충——로 시작되었다. 메이어홀드는 무대 아치를 철거하고 무대 대신 객석 깊이 돌출되어 있는 기념비적인 연단을 설치했다. 스펙터클이 최고조에 이르렀을 때 그는 관객을 연단으로 옮겨 마치 도시 광장에서처럼 의상을 입은 배우들과 광대들 그리고 곡예사들과 뒤섞여 낡은 연극의 상징——가면과 가발들——이 그려진 커튼을 찢는 데 동참하게 했다.[62)] 연극적 환상에 대한 전쟁은 다음과 같은 연극의 개막사에 요약되어 있다. 즉 "우리는 여러분에게 현실적인 삶을 보여줄 것입니다. 하지만 이 스펙터클에서 현실의 삶은 아주 특별한 어떤 것으로 전환되게 될 것입니다."[63)] 이 같은 생각은 메이어홀드의 정치적 후원자들에겐 너무 급진적이었기 때문에 1921년 그는 인민위원회의 직책에서 해임된다. 하지만 그는 계속해서 진정으로 혁명적인 몇 편의 작품들을 무대에 올린다. 벨기에 희곡작가 페르난트 크롬멜린크의 작품 『간통한 아내의 관대한 남편』(1920)에서 무대(구성주의 미술가 류보프 포포바에 의한)는 일종의 '다목적 조립 무대'가 된다. 그리고 등장인물들이 모두 작업복을 입고 서로 다른 서커스 묘기를 공연함으로써 자신들을 구별하게 한다. 제1차 세계대전 중 프랑스

28. 류보프 포포바 : 메이어홀드의 1922년 『간통한 아내의 관대한 남편』 공연을 위한 무대 디자인

군대의 반란에 대한 드라마인 마르셀 마르티네의 『밤』를 각색한 세르게이 트레티아코프의 1923년 연극 『광포한 땅』엔 무대만이 아니라 통로에도 차와 기관총이 있었다. 조명은 무대 앞에 있는 거대한 탐조등이 담당했으며 실제 군복을 입은 배우들은 적군 비행기를 위

한 기금을 모금하기 위해 객석을 돌아다녔다.[64]

메이어홀드의 가장 흥미로운 몇 가지 기법들은 그가 가장 큰 영향을 주었던 것으로 전해지는(에이젠쉬테인과 그리고리 코진쵸프 같은 감독들에 대한 그의 영향 덕분에) 영화감독으로서 작업(1917년 이전에 두 편의 영화를 만들었다)했던 기법들과 관계가 있다.[65] 예를 들어 그의 1924년 작품인 오도예프스키의 『숲』에서 메이어홀드는 속도와 분위기를 대조시키기 위해 막간의 무언극을 집어넣어 5막을 33개의 작은 에피소드들로 나눔으로써 몽타주를 사용했다. 다른 작품들 특히 1926년 고골리의 『검찰관』에서 그는 영화적 클로즈업을 흉내내기 위해 배우들 일부를 작은 손수레에 태우고 주무대 앞으로 끌었다. 그는 버스터 키턴 같은 영화배우와 특히 소련 전역의 극장들에서 상영된 찰리 채플린의 영화에서 깊은 영향을 받았다. 채플린의 무언극과 몸짓에 대한 강조는 그를 메이어홀드의 연극적 이상에 더 가깝게 만들었다.[66]

메이어홀드의 연극적 이상은 '생체역학'으로 알려진 시스템에 의해 표현되고 있다. 이 시스템은 그것이 배우의 몸을 감정과 사고의 육체적 표현을 위한 생체역학적 장치로 접근하는 만큼 델사르트-달크로즈 학파의 반사학과 율동적 체조와 같았다. 메이어홀드는 배우들이 온몸의 부수적 움직임이나 심지어 얼굴만으로 이야기할 수 있도록 곡예적인 서커스, 펜싱, 복싱, 발레와 유리드믹스†, 체조와 현대 무용의 기법으로 배우들을 훈련시켰다.[67] 이 시스템은 배우가 경험했던 강렬한 삶의 순간을 회상함으로써 인물의 내적 사고와 감정에 자신을 일치시키라고 권유하고 있는 스타니슬라브스키의

† 음악 리듬을 몸놀림으로 표현하는 리듬 교육법.

연출법(메이어홀드는 1898년과 1902년 모스크바 예술 극장에서 이런 방식으로 교육받았다)과 의식적으로 배치되었다. 자유로운 표현 대신에 메이어홀드는 배우들의 율동적인 통제를 주장했다. 그는 적군의 체육 프로그램에 매우 관심을 갖고 있었으며(체조와 그 모든 것을 동시에 반복하는) 1921년 그는 계몽 인민위원회에서 체육을 위해 전문화된 연극 부문을 총괄하기까지 했다. 그것은 실험적인 군 거주지에서 군의 체육 체계를 '노동을 과학적으로 조직화' 하기 위해 사용하는 것을 목적으로 했다.[68] 이 같은 노동 관리적 측면은 생체역학과 델사르트-달크로즈 학파 간의 중요한 차이였다. 메이어홀드는 배우를 시간과 동작의 과학적 원칙으로 자신의 몸을 '원료' 로 조직화한 예술가적 공학기사로 생각했다. 그는 자신의 체계를 산업에서 '과학적 관리' 의 연극적 등가물로 보았다. 모든 볼세비키처럼 그는 특히 산업에서 '시간과 동작' 을 사용해 노동 작업을 분할하고 자동화하는 미국인 엔지니어인 F. W. 테일러의 이론에 영향을 받았다.

레닌은 테일러주의의 열렬한 옹호자였다. 노동자가 제조 공정 전체에서 가장 효율적이지 못한 부분이라는 가정은 러시아 노동계급에 대한 레닌의 견해와 일치했다. 그는 테일러주의의 '과학적' 방법을 더 통제할 수 있고 규제될 수 있는 공정선을 따라 노동자와 사회를 개조할 수 있는 훈련 수단으로 보았다. 이 모든 것은 인간과 우주를 변화시킬 수 있는 기계의 힘에 대한 현대적 믿음과 일치하고 있다. 아방가르드는 역학에 대한 메이어홀드의 열광에 폭넓게 공감하고 있었다. 에이젠쉬테인과 베르토프의 영화에 충만한 기계의 매력, 좌파 예술에서의 공장 생산에 대한 찬양, 구성주의자들의 산업주의 등 미래주의자들의 기술에 대한 이상화 등은 이 점을 잘 보여준다. 레닌은 테일러와 또 다른 미국의 위대한 산업주의자로 당시 러시아 전역에서 번성한 평등주의적 모델 'T'의 발명자 헨리 포드에 대한 숭배를 고무했다. 외진 마을의 사람들도 헨리 포드의 이름을 알 정도였다(그들 중 일부는 헨리 포드가 레닌과 트로츠키의 작업을 체계화한 일종의 신이라고 믿었다).

테일러주의적 이상의 가장 급진적인 대표자는 실제로 소비에트 러시아에서 생산 방법에서부터 일반인의 사고 형태에 이르는 삶의 모든 측면의 기계화를 구상한 볼셰비키 엔지니어이자 시인인 알렉세이 가스테프였다. 메이어홀드의 친구인 가스테프는 1922년 경 '생체역학'이라는 용어를 최초로 사용한 사람이었을 것이다.[69] 가스테프는 "프롤레타리아 시인"(동료 시인인 니콜라이 아세예프가 묘사했듯이 "엔지니어, 광부들과 금속 노동자들의 오비디우스")[70]으로서 인간과 기계가 융합하는 미래의 공산주의 사회에 대한 전망을 생각해 냈다. 그의 시는 불타는 용광로와 공장 사이렌의 우레와 같은 소리를 반향하고 있다. 그것은 완전히 자동화된 인간의 화려한 신세계를 드러내게 될 '강철 메시아'에 대한 기도문을 노래하고 있다.

가스테프는 1920년에 설립된 노동 중앙연구소 소장으로서 노동자들이 결국 기계처럼 행동하도록 훈련시키는 실험을 수행했다. 똑같은 옷을 입은 수백 명의 훈련생들이 열을 지어 자신들의 자리로 이동했으며 기계의 버저 신호로 지시가 전달되었다. 예를 들어 노동자들은 특수한 기계에 부착되어 작동되는 망치를 쥠으로써 정확하게 망치를 내리칠 수 있도록 훈련받았으며 그 기계적 율동을 내면화했다. 같은 과정이 깎고 가는 것과 다른 기본적 기술들을 위해 되풀이되었다. 가스테프 자신이 인정한 것처럼 그의 목적은 노동자들을 일종의 '인간 로봇'—'일하다', 즉 라보타트rabotat라는 러시아어(그리고 체코어) 동사에서 파생된 단어—으로 바꾸는 것이었다. 가스테프는 기계가 인간보다 우수하다고 보았기 때문에 생체역학화로 인류가 진보할 것이라고 생각했다. 사실상 그는 생체역학화를 인간 진화의 논리적인 다음 단계로 보았다. 가스테프는 '인간' 이 A, B, C나 325, 075, 0등의 부호에 의해 확인되는 '프롤레타리아 개체' 로 대체되는 유토피아를 구상했다. 기계적으로 행동하는 사람들은 '개인적 생각을 할 수 없는' 기계처럼 될 것이며 단지 자신들의 지배자에게 복종할 뿐이다. '기계화된 집단주의는 프롤레타리아트 심리학에서 개성을 대체' 하게 될 것이다. 더 이상 감정이 개입할 여지가 없어지게 되어 인간의 영혼은 더 이상 "고함이나 미소가 아니라 압력계나 속도계에 의해" 측정되게 된다.[71] 이것이 자먀틴이 소설 『우리』에서 풍자한 소비에트 파라다이스다. 이 소설은 이름 대신 숫자로 불려지며 하나의 국가와 빅 브라더 같은 지배자 베네팩터 Benefactor가 모든 삶의 방식을 통제하는 로봇과 같은 인간이 사는 미래의 합리성과 고도의 기계적 세계를 묘사하고 있다. 자먀틴의 소설은 조지 오웰의 『1984』에 영감을 주었다.[72]

메이어홀드의 영향 덕분에 두 명의 위대한 예술가가 영화계에 발을 들여놓았다. 한 명은 1928년에서 1929년까지 메이어홀드의 연극에서 작업한 드미트리 쇼스타코비치였다. 이 기간 동안 분명 『검찰관』에 영향을 받은 그는 고골리의 오페라 《코》(1930)를 작곡했다. 학생이었던 1924년과 1926년 사이에 쇼스타코비치는 네프스키 대로에 있는 브라이트 릴 극장에서 무성 영화를 위한 피아노 반주자로 일했었다.[73] 그것은 그의 삶의 방식──비판받을 수 있는 일에 개입되지 않으면서도 부수입을 얻을 수 있는 영화음악을 작곡하는 것(총 30편 이상의 영화에서 음악 작업을 했다)──을 결정했다.[74]

영화 음악 작업은 소비에트 음악학파 전체에 영향을 주었던 것처럼 쇼스타코비치의 작곡 스타일에도 중요한 영향을 미쳤다.[75] 소비에트 오케스트라의 큰 영화 사운드와 대중에게 호소력 있는 선율인 아름다운 멜로디의 필요성은 아주 절실했다. 먀스코프스키를 제외하면 20세기에 쇼스타코비치보다 더 많은 교향곡을 작곡한 작곡가나 프로코피예프보다 더 아름다운 곡을 작곡한 사람은 없었다——이 두 가지 경우에 분명 영화음악 작곡의 결과. 특히 몽타주를 사용하는 영화들은 대위법적 연출법을 반영하기 위해 새로운 음악 작곡 기법이 필요했다. 이 영화들은 장면들 사이의 분명한 접합인 프레임 사이의 지속적인 교차 편집*을 처리하고 주제와 시각적 이미지들 사이의 결합을 강조하기 위해 새로운 운율적 처리와 보다 신속한 조화로운 이동을 필요로 했다. 쇼스타코비치의 많은 작품들——특히 빠른 속도의 음악적인 극적 장면을 가지고 있는 《코》를 위한 음악과 그의 세 번째(《메이 데이》) 교향곡(1930)——속에서 이 같은 영화적 특징을 판별할 수 있다. 쇼스타코비치는 한번은 그의 영화음악 작업 도중에 표준적인 서구적 묘사나 반주의 원칙을 따르지 않고 오히려 연속된 장면들을 하나의 음악적 아이디어에 결부시키려 했다고 설명하고 있다——따라서 이 같은 의미에서 "영화의 본질과 생각"을 드러내는 것은 음악이었다.[76] 음악은 몽타주의 부가적 요소였다. 이 같은 이상은 1871년 파리 코뮌의 혁명적 사건들을 영화적으로 재구성한 〈새로운 바빌론〉(1929)을 위한 쇼스타코비치의 첫 번째 영화음악에 가장 잘 표현되어 있다. 영화를 감독한 코진쵸프의 설명처럼 음악의 목적은 단지 행동을 반영하거나 묘사하는

* 몽타주를 사용한 소비에트 영화들은 1920년대의 전통적인 할리우드 영화의 평균(600컷 정도)과 비교해 훨씬 더 많은 상이한 화면(예를 들어 〈10월〉에서 3200컷)으로 구성되었다.

것이 아니라 관객들에게 영화가 강조하고 있는 감정을 전달함으로써 영화 속에서 능동적인 역할을 하고 있다.[77)]

새롭게 영화에 발을 들여 놓은 메이어홀드의 사람은 시인 마야코프스키로 그는 13편 정도의 영화 시나리오를 썼으며 몇 편의 영화에서는 연기(특이한 표정을 가진 남자)도 했다. 메이어홀드와 마야코프스키는 전쟁 전부터 친한 친구 사이였다. 그들은 정치와 『미스터리 부페』에서 협력해 자신들의 견해를 표현할 수 있는 연극에서 똑같은 극좌파적 전망을 공유하고 있었다. 마야코프스키는 자신의 첫 번째 연극 작품에서 '미래의 사람' ——천장에 매달려 무대에 등장하는 프롤레타리아적 기계 장치의 신——의 역할을 연기했다. 그는 자신과 메이어홀드와 관련해 그것은 "우리의 시와 연극에서의 혁명"이라고 말했다. "미스터리는 행동의 위대함이다——그 안에 웃음이 있는 희가극."[78)] 마야코프스키는 자신의 재능을 널리 펼쳤다. 그는 시와 연극 그리고 영화 작업 이외에도 저널리즘, 라디오 노래와 풍자를 썼고 러시아 텔레그라프 에이전시Russian Telegraph Agency(ROSTA)의 루복 같은 선전 포스터를 위한 간단한 표제의 카툰을 그렸으며 국영 상점을 위한 광고 노래와 거리마다 나붙은 슬로건을 제작했다. 그의 시에는 연인 릴리 브릭에 대한 자신의 사사로운 연시조차 정치성이 담겨 있었다. 1억 5천만 러시아 노동자들의 지도자인 이반과 서구 자본주의자의 원흉인 우드로 윌슨 간의 투쟁 이야기인 『브일리나』의 소비에트 풍자적 모방시 우화 『150,000,000』(1921)처럼 그의 가장 잘 알려진 많은 작품들은 선동적이었다. 마야코프스키의 간결하고 우상 파괴적인 문체는 루복과 차추쉬카chastushka가 대중의식 속에 현실적으로 뿌리를 내리고 있는 러시아 같은 나라에서 정치적 효과를 내기 위해 맞추어진 것이다. 그는 루복과 차추쉬카의 문학적 형태를 모방했다.

전진하라, 나의 조국이여,

계속해서 더 신속하게!

계속 전진하여

낡아빠진 쓰레기를 청소하라!

더 강하라, 나의 코뮌이여,

적을 공격하라,

무찔러라,

낡은 삶의 방식인 그 괴물을.[79)]

마야코프스키는 혁명이 시간을 앞당기는 것으로 받아들였다. 그는 "낡은 생활 방식"(byt)으로서의 "프티 부르주아"의 가정 생활인 과거의 혼란을 일소하고 더 고차원적이고 더 정신적인 생활(bytie)로 대체하고 싶어했다.* 낡은 생활 방식에 대한 투쟁은 더 공산주의적 생활 방식을 확립하고자 하는 러시아의 혁명적 열기의 중심에 자리잡고 있었다.[80)] 마야코프스키는 낡은 생활 방식을 싫어했다. 그는 모든 일상적인 것들을 증오했다. 그는 사모바르, 고무나무, 작은 액자에 담긴 마르크스의 초상화, 날짜 지난 「이즈베스티아」지 위에 누워있는 고양이, 벽난로 선반에 있는 장식용 도자기, 노래하는 카나리아 같은 "아늑한 가정"의 모든 진부한 대상들을 혐오했다.

* byt("삶의 방식")라는 단어는 일어나다 혹은 발생하다를 의미하는 동사인 byvat에서 파생했다. 하지만 byt가 점차 "낡은" 생활 방식이라는 부정적 측면과 결합된 반면 bytie는 러시아 지적 전통에서 중심적이 된 "의미 있는 생활"이라는 긍정적 관념을 갖게 되었다.

벽에서 마르크스가 지켜보고 또 지켜보고 있지

이윽고 갑자기

그가 요구하리,

호통을 치기 시작하며

혁명은 속물적인 것들로 뒤엉켜있어

브랑겔*보다 더 끔찍한 것은 속물적인 과거의 생활방식

더 낳겠네

카나리아의 목을 떼어버리는 것이

그러면 공산주의가

카나리아 때문에 무너지지는 않겠지.[81)]

마야코프스키는 많은 저작들 속에서 이 같은 평범한 물질적인 세계("그것은 우리 모두를 속물로 변하게 할 것이다")를 벗어나 샤갈의 인물들처럼 더 높은 정신적 영역으로 날아가고 싶은 욕망에 대해 이야기하고 있다. 이것은 릴리 브릭에 대한 연시의 형태로 쓴 장시 『프로 에토*Pro eto*』(이것에 대하여)(1923)의 주제다. 마야코프스키는 종종 페테르부르크와 모스크바에서 릴리 브릭의 남편인 좌파 시인이자 비평가인 오시프 브릭 그리고 릴리 브릭과 함께 3인 가족으로 생활하곤 했었다. 마야코프스키는 자서전에서 "개인적 물질에 기초한 것을 제외한 일반적인 우리의 생활 방식에 대한" 시를 썼다고 기록하고 있다. 그는 그것이 "과거의 생활 방식에 대한" 시였으며 "이것으로 전혀 변화하지 않는 우리의 가장 큰 적인 낡은 생활방식을 의미하려 했다"라고 말했다.[82)] 『프로 에토』는 릴리 브릭이 1922년 12

* 내전 중 러시아 남부의 백군 지도자.

29. 알렉산드르 로드첸코 : 마야코프스키의 『프로 에토』의 삽화(1923).

월에 강요한 두 달 간의 별거에 대한 마야코프스키의 반응을 순차적으로 기록하고 있다. 이 시의 주인공은 연인인 릴리가 사회 생활과 가정 생활로 바쁘게 지내는 동안 작은 방에 완전히 홀로 살아가는 시인이 미래의 자기 자아의 더 순수한 변형인 그리스도 같은 인물이 도래하는 혁명을 준비하는 1917년 이전에 썼던 시에 대해 꿈꾸고 있다. 절망한 주인공은 다리에서 네바 강으로 몸을 던져 자살할 것이라고 위협하고 있다. 릴리에 대한 그의 사랑은 그 자신의 정체성 위기를 악화시켰다. 왜냐하면 그의 상상 속에서 릴리는 신경제 정책을 추진하고 있는 러시아의 "프티 부르주아"적 과거의 생활 방식에 매여 자신을 진정한 혁명의 금욕주의적 경로에서 벗어나게 하고 있었기 때문이었다. 이 같은 배신은 화자(話者)의 십자가형이라는 극적인 장면으로 인도하고 이어 사랑이 더 이상 개인적이거나 육체적인 것이 아니라 더 고차원적인 형제애의 형태인 미래 공산주의 유토피아의 구속적 전망으로 나아간다. 시의 절정에서 화자는 천 년 후의 미래인 공동체적 사랑의 세계로 가 약제사에게 자신을 소생시켜달라고 간청한다.

저를 소생시켜주십시오—

제 몫의 삶을 살고 싶습니다!

사랑이—

결혼,

욕망,

금전의—노예가 되지 않는 곳에,

침실을 저주하며,

침상에서 나타난,

사랑은 온 우주에 충만해지게 되리.[83)]

4

1930년 37살의 마야코프스키는 모스크바 루뱐카 건물 주변의 자기가 살던 공동주택에서 자살했다. 당시 브릭 부부는 그와 함께 살지 않았을 것이다. 자살은 마야코프스키 시의 끊임없는 주제였다. 자신의 자살에 대해 쓴 시는 아마도 1929년 여름에 쓰여진 제목이 없는 미완의 인용문(사소한 개작)을 기록하고 있다.

그들이 말하듯이,
　　　　서툰 이야기.
사랑의 배는
　　　　충돌하네
　　　　존재에 대해.
그리고 우리는 떠나네
　　　　삶에서.
　　　　그런데도 왜 우리는
헛되이 서로를 비난하며
　　　　고통과 모욕을 가하는 것일까?
남은 자들에게—행복을 기원한다.[84]

브릭 부부는 그의 자살을 "마야코프스키의 삶에 대한 과장된 태도의 필연적 결과"라고 설명했다.[85] 그의 초월적 희망과 기대는 삶의 현실과 충돌했다. 최근의 증거 자료에 따르면 마야코프스키는 자살하지 않은 것으로 보인다. 릴리 브릭은 스탈린의 정치 경찰NKVD의 요원이었으며 마야코프스키의 사적인 견해를 NKVD에 보고했던 것으로 밝혀졌다. 그의 공동주택엔 누군가 마야코프스키의 방으로 들어가 시인을 총으로 쏘고 이웃의 눈에 띄지 않고 벗어날 수 있는 비밀 출입구가 있었다. 그의 절친한 친구인 에이젠쉬테인의 문서에서 발견된 기록은 마야코프스키가 체포의 공포에 시달리고 있었다는 사실을 밝히고 있다. 에이젠쉬테인은 "그는 제거되어야 했고 그래서 그들이 그를 살해했다"라고 결론짓고 있다.[86)]

자살이든 타살이든 시인의 죽음의 의미는 명백했다. 더 이상 소비에트 문학에서 개인주의자들이 설 땅은 없었던 것이다. 마야코프스키는 혁명 전 세대에 뿌리를 너무 깊이 내리고 있었기 때문에 그의 비극은 마야코프스키처럼 새로운 사회에 자신의 운명을 걸었던 모든 아방가르드가 공유하고 있었다. 마야코프스키의 마지막 작품들은 소비에트 당국의 악의어린 공격을 받았다. 언론은 무대에서 몇 개의 악단이 간헐적으로 상이한 곡들(고전 음악에서 폭스트롯까지)을 연주하게 함으로써 몽타주에 부가된 쇼스타코비치의 뛰어난 작품과 함께 소비에트 방식과 새로운 관료주의에 대한 감탄할 만한 풍자극 『빈대』(1929)를 비난했다.[87)] 그들은 이 연극이 소비에트의 미래를 영웅적 관점에서 묘사하지 못하고 있다고 말했다. 어떤 평론가는 "우리는 사회주의적 삶이 1979년엔 매우 따분해질 것이라는 결론에 이르게 된다"(그것은 브레즈네프 시대에 대한 정확한 묘사로 판명되었다)고 불평했다.[88)] 시인이 죽기 한 달 전 모스크바에 있는 메이어홀드 극장에서 공연된 그의 다음 연극 『목욕탕』은 참담하게 실패했다. 연극의 실패에 고무된 소비에트의 관료적 비평가들은 언론에서 다시 노골적으로 그를 비난했다. 하지만 마지막 불행은 1930년 3월 모스크바에서 개최된 마야코프스키 미술 작품 회고전이었다. 예술계 인텔리겐차들은 의식적으로 이 전시회를 피했다. 전시회에 찾아가 마야코프스키를 만난 시인 올가 베르골트는 "뒷짐을 진 채 빈 전시실들을 걷고 있는 씁쓸한 표정의 키 큰 남자"의 모습을 회상하고 있다.[89] 어느 날 저녁 전시회에 전념했던 마야코프스키는 "내가 잘못되었다고 생각한 것들을 비웃고……노동자들에게 진부하게 쓰거나 의도적으로 수준을 낮추지 않고 위대한 시를 전하기 위해" 자신이 하기 시작했던 것을 더 이상 마무리할 수 없다고 말했다.[90]

LEF, 즉 좌익예술전선을 해체하고 최후의 삶의 몇 주 간 자신을 구원하기 위한 절망적인 노력에서 러시아 프롤레타리아 작가 협회 RAPP에 가입한 마야코프스키 같은 비 프롤레타리아 작가들과 '동조자들' 에게 RAPP의 활동은 삶을 불가능하게 했다. 스탈린의 경제 개발 5개년 계획의 문학 진영으로 1928년 결성된 RAPP는 구 인텔리겐차에 반대하는 문화 혁명의 전투적 전위를 자임했다. RAPP의 신문은 1930년 "소비에트 문학의 단 하나의 임무는 5개년 계획과 계급 투쟁의 묘사다"라고 선언했다.[91] 5개년 계획은 러시아를 발전된 산업 국가로 변모시킬 새로운 혁명의 출발로 노동계급에게 권력을 인도하려는 것이었다. 산업계에서 소위 "부르주아" 관리자들에 대한 새로운 테러가 가해졌고(즉 1917년 이후 직업을 가진 사람들) 전문직과 예술에서의 "부르주아 전문가들"에 대한 유사한 공격이 이어졌다. 국가의 지원을 받은 RAPP는 좌익 아방가르드에 은신해 있다고 주장한 소비에트 문학의 "부르주아 적들"을 공격했다. 죽기 5일 전 마야코프스키는 RAPP 회의에서 비난받았다. 이 회의에서 마야코프스키의 비평가들은 그가 20년 후에도 여전히 읽히게 될 것이라는 증거를 요구했다.[92]

1930년대 초까지 개인주의를 대변하는 어떤 작가도 정치적으로 의심스러운 것으로 생각되었다. 1920년대의 상대적으로 자유로운 분위기에서 꽃을 피웠던 풍자시 작가들이 1차적으로 공격을 받았다. 소비에트 관료주의의 공허한 용어와 공동주택의 답답한 환경에 대한 미하일 조셴코의 도덕적 풍자들은 5개년 계획이라는 새로운 정치적 환경에서 반 소비에트적인 것으로 여겨졌다. 당시 작가들은 낙관적일 것으로 기대되었으며 유일한 풍자의 대상은 소련 국외의 적들이었다. 당시 검열(『진홍빛 섬』), NEP하 모스크바의 일상생활(『치치코프의 모험』), 소비에트의 외국인 혐오(『운명의 알들』)에 대한 미하일 불가코프의 고골리적 풍자와 그의 탁월한 코믹 소설 『개의 심장』(이 소설에선 파블로프 같은 실험적 과학자가 개의 두뇌와 성기를 인간에게 이식시킨다)은 출판뿐 아니라 원고를 돌려보는 것도 금지되었다. 마지막으로 엔지니어이자 유토피아적 공산주의자인 안드레이 플라토노프는 소비에트의 실험에 대해 커가는 자신의 의문을 일련의 디스토피아적 풍자 연작에 반영하고 있다. 즉 피터 대제의 장엄하지만 결국 재난적인 운하 건설 프로젝트에 대한 시의 적절한 우화인 『에피파니의 수문』(1927), 진정한 공산주의 사회를 탐색하는 운명적 오디세이인 『체벤구르』(1927) 그리고 지방 프롤레타리아트용 대규모 공동주택을 건설하기 위한 구덩이가 인류의 기념비적 무덤으로 밝혀지는 집단화의 악몽 같은 전망을 다루고 있는 『건설의 구덩이』(1930)가 그것이다. 이 세 작품은 모두 "반혁명적인 것"으로 비난받았으며 60년 이상 출판이 금지되었다.

하지만 RAPP의 "계급전쟁"은 자먀틴과 필냐크에 대한 중상모략의 조직화된 선전과 함께 절정에 달했다. 자먀틴과 필냐크는 소련에서 검열되어 삭제된 작품들을 해외에서 출판했다. 자먀틴의 『우리』는 1927년 프라하에서 출판되었고 소비에트 국가의 혁명적 이상의 쇠퇴에 대해 신랄하게 논평한 필냐크의 『붉은 마호가니』는 1929

년 베를린에서 출판되었다. 하지만 그들에 대한 공격은 특정 작품들에 대한 비난 이상의 의미를 갖고 있었다. 전 러시아 작가 동맹 위원회 의장이자 결과적으로 최고의 소련 작가인 보리스 필냐크는 아마도 러시아에서 가장 널리 읽히고 가장 폭넓게 모방되는 진지한 산문 작가일 것이다.* 그에 대한 박해는 소비에트 국가가 1차 5개년 계획의 시작에서부터 모든 작가들에게 요구하는 엄격한 복종과 순응에 대한 사전 경고였다.

5개년 계획이 산업화 계획에 그친 것은 아니었기 때문이었다. 그것은 새로운 사회의 건설을 위한 사회운동에 국가가 모든 예술을 소집한 문화혁명이었다. 계획에 따르면 소비에트 작가의 1차 목적은 노동자들이 긍정적 사고로 이해하고 관련될 수 있는 사회적 내용을 담은 책을 저작함으로써 노동자들의 의식을 향상시켜 "사회주의 건설"을 위한 "투쟁"에 참여할 수 있도록 하는 것이었다. RAPP의 활동가들에게 이것은 "동조자들"에 지나지 않는 것으로 받아들여지는 좌익 "부르주아" 작가들에 의해서가 아니라 고리키처럼 완벽하게 프롤레타리아적인 배경을 갖는 작가들에 의해서만 성취될 수 있었다. RAPP는 1928년과 1931년 사이에 5개년 계획에 부응하는 임무를 이끌게 될 "돌격대 노동자들"의 문학적 동지인 약 1만 명의 "돌격대 작가들"을 작업 현장에서 차출해 소비에트 언론에 노동자들의 이야기를 쓰도록 훈련시켰다.[93]

고리키는 소비에트 문학의 모범으로 환영받았다. 1921년 혁명이 폭력과 독재로 전환되는 것에 경악한 고리키는 유럽으로 피신했다. 하지만 그는 망명 생활을 견딜 수 없었다. 고리키는 자신이 선택한

* 필냐크의 가장 유명한 소설은 『벌거벗은 한 해』(1921), 『검은 빵』(1923), 『기계와 늑대들』(1924) 등이다.

조국인 이탈리아에서 파시즘이 부상하는 것에 환멸을 느꼈다. 그는 일단 5개년 계획이 자신이 보기에 혁명의 실패 원인인 농민의 후진성을 일소하고 나면 스탈린의 러시아에서의 생활을 더 참을 수 있게 될 것으로 확신했다. 고리키는 1928년부터 소련에서 여름을 보내기 시작했으며 1931년 영구 귀국했다. 돌아온 탕자에겐 각종 명예가 부여되었다. 거리, 건물, 농장과 학교 등이 그의 이름을 따라 붙여지고 그의 삶에 대한 영화 3부작이 제작되었다. 모스크바 예술 극장은 고리키 극장으로 개칭했으며 그의 고향시(Nizhnyi Novgorod)도 그의 이름으로 개칭되었다. 그는 또한 전에 필냐크가 맡았던 작가동맹위원회 의장으로 임명되었다.

고리키는 처음에 일시적 실험으로 노동자 작가를 후원하는 RAPP의 사회운동을 지지했지만 곧 저술의 질이 좋지 않다는 사실을 알게 되었다. 1932년 4월 중앙위원회는 다른 모든 독립적 문학단체들과 함께 RAPP를 폐지하기 위한 결의를 통과시켰고 이 단체들을 작가 동맹의 중앙집권화된 통제 아래 두었다. 고리키의 영향력이 갑작스러운 방향 전환에 도움이 되긴 했지만 상황이 그의 계획대로 된 것은 아니었다. 고리키의 의도는 두 가지로 전개되었다. RAPP가 주도하는 파괴적인 "계급전쟁"을 중단하고 소비에트 미학에 톨스토이가 확립한 미학적 원칙들을 복구하는 것이었다. 1932년 10월 50명의 작가들과 다른 관리들뿐만 아니라 스탈린과 다른 크레믈린 지도자들이 참석한 유명한 회의가 고리키의 모스크바 저택에서 개최되었다. 당시 고리키는 소련의 모든 예술가들을 규제하는 정통파적 관행이 되리라는 사실을 분명하게 알지 못하긴 했지만 이 모임에서 사회주의적 사실주의 신조가 공식화되었다. 고리키는 사회주의적 사실주의가 19세기 문학의 중요한 사실주의적 전통을 볼세비키 전통의 혁명적 낭만주의와 통합시키게 될 것으로 이해하고 있었다. 그것은 소련에서의 비참한 일상적 삶의 현실에 대한 묘사를 혁명의 영웅적 약속에 대한 전망과 결합시키는 것이었다. 하지만 1934년 작가 동맹 제1차 회의에서 정의된 것처럼 사회주의적 사실주의 신조에 대한 스탈린적 변형에선 예술가는 소비에트의 삶을 현실 그대로가 아니라 이루어져야 할 삶을 묘사하는 것을 의미했다.

> 사회주의적 사실주의는 현실을 단지 있는 그대로 아는 것을 의미하는 것이 아니라 현실이 나아가고 있는 곳을 아는 것을 의미한다. 그것은 사회주의로 나아가는 것이며 국제 프롤레타리아트의 승리로 나아가는 것이다. 그리고 사회주의적 사실주의에 의해 창조된 예술 작품은 모순적 갈등이 예술가가 삶에서 보고 자신의 작품 속에 반영하고 있는 것을 어디로 이끄는지 보여주는 것이다.[94]

예술가는 이 같은 공식에 따라 사회주의 발전에 대한 당의 이야기에 엄격히 순응하는 찬사나 인습적 형태의 예술을 창조해야 한다.[95] 키노키와 1920년대의 다른 아방가르드 예술가들이 자유와 가능성에 대한 관람하는 사람들의 시야를 넓히려 한 반면 이제 예술가들은 사람들의 자유와 가능성에 대한 시야를 국가에 의해 엄격히 규제되는 방식으로 제한해야 했다. 새로운 소비에트 작가들은 더 이상 창조적 예술 작품의 창조자가 아니라 이미 당에서 회자되는 이야기의 기록자였다.[96] 소비에트 작가들이 자신의 소설과 주인공을 구성하는 데 사용하는 일종의 "기본 줄거리"가 있었다. 고리키의 초기 소설 『어머니』(1906)에서 시작된 것처럼 고전적 형태의 줄거리는 교양소설의 볼세비키 판이었다. 즉 젊은 노동자 영웅은 계급투쟁에 참여해 당 고위 동지들의 지도로 혁명을 위한 선행 임무를 더 잘 이해하는 더 고차원적인 의식에 도달한 후 자신을 둘러싼 세계와 대의를 위해 순교자로 죽는다. 이후의 소설들은 이 같은 기본 줄거리에 기본적 요소들을 추가한다. 즉 드미트리 푸르마노프의 『차파예프』(1923)는 내전 영웅의 모델을 전형화시키고 있다. 반면 페도르 글라드코프의 『시멘트』(1925)와 오스트로프스키의 『강철은 어떻게 단련되는가』는 공산주의적 생산 노동자들은 자기 앞에 있는 모든 것을 정복하고 심지어 당의 지도를 받는 한 자신의 에너지로 자연계의 가장 제어되지 않는 힘조차 정복할 수 있는 프로메테우스적 지위로 승격된다. 하지만 기본적으로 소설가들이 말할 수 있는 이야기는 당 혁명사의 신화적 판본에 의해 엄격히 제한되었다. 중견 작가들까지도 이 같은 영광의 찬가를 고수하지 않으면 작품을 개작해야 했다.*

세련된 서구 독자들은 이 같은 문학의 역할에 대한 명백한 왜곡에 경악했다. 하지만 스탈린의 러시아에선 달랐다. 러시아에선 엄청난 독서 대중이 문화적 허구의 관례에 익숙치 않았고 현실 세계와 책 세계 사이의 차이를 서구의 독자들보다는 덜 의식하고 있었다. 민중은 자신들이 언젠가 성상화나 성인들의 이야기에 접근했었던 것처럼, 그것이 자신들의 삶에 지침이 될 도덕적 진실을 갖고 있다고 확신하며 문학에 가까워졌다. 독일 작가 리온 포이히트반저는 1937년 모스크바를 방문했을 때 소비에트 독서 대중의 특성에 대해

* 알렉산드르 파데예프가 가장 유명한 사례였다. 그는 1946년 제2차 세계대전중 우크라이나 점령기에 젊은이들의 지하 조직에 대한 거의 사실적인 소설 『젊은 근위병』으로 스탈린상을 수상했다. 과소평가된 당 지도력의 역할로 언론에서 공격받은 파데예프는 소설에 새로운 자료를 추가해야 했다. 1951년에 출판된 확장판은 고전주의적인 사회주의적 사실주의 텍스트로 환영받았다.

다음과 같이 논평하고 있다.

> 소비에트 민중들 사이에서 독서에 대한 갈증은 도저히 상상할 수 없을 정도다. 신문, 잡지, 책, 이 모든 것이 읽히고 있지만 갈증은 전혀 줄어들지 않고 있다. 독서는 일상 생활의 중요한 활동 중 하나다. 하지만 소련의 독자들에게는 과거처럼 자신들이 살고 있는 현실과 책에서 읽은 세계 사이에 명확한 구분이 존재하지 않는다. 독자들은 책 속에서 나오는 영웅들을 마치 실제 인물인 것처럼 대하고 있다. 독자들은 책 속의 영웅들과 토론하고 그들을 비난하고 심지어 현실을 소설 속의 사건들과 그 인물들로 읽기까지 한다.[97]

이사야 벌린은 1945년 소련을 방문해 문학에 대한 똑같은 태도에 주목하고 있다.

> 예외가 많긴 하지만 서양에서 기차역 가판대를 채우고 있는 포르노 사진과 쓰레기 같은 저질 스릴러들을 억제하는 엄격한 검열은 소비에트 독자들과 연극 관객의 반응을 우리보다 더 순진하고 더 직접적이며 고지식하게 만드는 데 이용되고 있다. 나는 셰익스피어나 쉐리단 혹은 그리보에도프의 공연에서 일부는 분명 시골 사람인 많은 관객이 무대 위에서의 연기나 대사에 분명한 찬성 혹은 반대의 표정으로 쉽게 반응하며, 야기된 흥분은 때로 매우 강렬해 서구에서 온 방문객에게는 색다르고 감동적이라는 사실을 지적했다.[98]

영화에서 도덕적으로 교훈적인 역할을 하는 예술에 대한 국가의 관심은 사회주의적 사실주의 영화의 부상에 중요했다. 5개년 계획의 시작과 함께 당은 아방가르드 감독들의 지적인 영화들이 현실적으로 대중 관객의 관심을 끌지 못하는 데 대해 조급함을 드러내고 있었다. 조사에 따르면 소비에트 대중은 베르토프나 에이젠쉬테인의 선전영화보다 액션 어드벤처나 낭만적 코메디 영화 같은 외국영화를 더 좋아했다.[99] 5개년 계획과 계급전쟁을 위해 대중의 열정을 동원하는 데 영화가 더 효과적인 역할을 해야 한다는 목소리가 높아지자 1928년 영화에 대한 당 회의가 열렸다. 1920년대의 아방가르드 감독들——베르토프, 푸도프킨, 쿨레쇼프——은 모두 "수백만이 이해할 수 있는" 영화를 만드는 것보다는 예술로서의 영화에 더 관심을 보이는 지식인들인 "형식주의자들"로 비난받았다.[100] 회의 전날 밤 상영된 에이젠쉬테인의 〈10월〉은 영화의 몽타주에 대한 "형식주의자적" 편견, 대중 관객이 동일시하기 어렵게 만드는 영화에서의 어떤 개인적 영웅들의 결여, 당의 감수성을 상하게 할 정도——특히 스탈린의 감정을 상하게 해 그는 스튜디오에서 영화 시사회를 마친 후 레닌의 이미지를 잘라내라고 지시했다——로 지나치게 무뚝뚝한 레닌 배역의 전형화 캐스팅, 회의가 시작되기 3달 전에 당에서 축출된 10월 반란의 군사 지도자 트로츠키를 묘사하고 있다는 사실 등에 대해 신랄한 공격을 받는다.[101]

하지만 루나차르스키 인민위원회의 감독 아래 있는 소비에트 영화 트러스트인 소프키노Sovkino 역시 해외에서 수입된 싸구려 오락영화를 대신할 수 있는 매력적이고 더 건전한 소비에트 영화를 공급하지 못한 데 대해 마찬가지로 비판을 받았다. 국가의 선전 무기로서 소비에트 영화는 대중적일 필요가 있었다. 어떤 당직자는 "우리 영화는 100퍼센트 이데올로기적으로 정확하고 100퍼센트 상업적 경쟁력을 가져야 한다"고 선언했다.[102]

결국 1930년 소프키노는 1920년대에 번성했던 독립 스튜디오들과 함께 해체되고 소비에트 영화는 소유즈키노Soiuzkino(All-Union Soviet Film Trust)의 중앙집권화된 지휘 아래 하나의 거대 국영 기업으로 국유화된다. 영화를 사랑하고 자신의 크레믈린 영화관에서 영화를 자주 보았던 스탈린이 작고 동그란 눈으로 최근 영화를 지켜보며 종종 제작에 개입하긴 했지만 소유즈키노 최고 기관원 보리스 슈먀츠키는 소비에트 영화계에서 최고의 권위자(1938년 "트로츠키주의자"로 체포되어 처형될 때까지)가 된다.* 슈먀츠키는 대성공을 거둔 일련의 소비에트 뮤지컬, 로맨틱 코메디, 전쟁 어드벤처와 스탈린이 좋아했던 영화인 〈차파예프〉(1934) 같은 서구적인 것을 모델로 한 변경 영화(〈동부〉)를 쏟아내며 모스크바, 키예프, 레닌그라드와 민스크의 대규모 제작 스튜디오와 함께 일종의 "소비에트적 할리우드"를 운영했다.** 슈먀츠키는 1932년에만 적어도 500편이 제작될 것을 요구하는 영화산업을 위해 5개년 계획을 입안했다. 그것들은 모두 소비에트 생활을 프롤레타리아트 계급 출신의 긍정적인 개별적 영웅들로 낙관적으로 그릴 것을 요구하는 새로운 이데올로기적 지시에 부응하기 위한 것이었다. 당이 지배하는 제작자들과 대본 부서들이 이 모든 오락물이 정치적으로 적당할 수 있도록 제작 책임을 맡고 있었다. 스탈린은 "동무, 인생이 점점 더 즐거워지고 있

* 1938년 에이젠쉬테인의 〈알렉산드르 네프스키〉의 마지막 편집 단계에서 스탈린은 아직 편집되지 않은 필름을 보고 싶다고 요구했다. 영화 제작자는 서둘러 크레믈린으로 들어갔고 서두르느라 필름 한 권을 놓고 왔다. 스탈린은 영화를 좋아했지만 감히 그에게 그것이 완전한 필름이 아니라는 사실을 보고하는 사람이 없었기 때문에 그것은 빠뜨린 필름을 제외하고 상영되었다.(J. 굳윈, 『에이젠쉬테인, 영화와 역사』(Urbana, 1993), 162쪽).

** 스탈린은 분명 긴 대사를 암기할 수 있었다. R. 테일러와 I. 크리스티(eds.), 『영화 공장: 러시아와 소비에트의 영화 기록들, 1896~1939』(런던, 1994), 384쪽.

소"라는 유명한 말을 했다. 하지만 일정한 형태의 웃음만이 허용되었다.

이것이 1932년 에이젠쉬테인이 되돌아왔을 때의 분위기였다. 이전 3년간 그는 해외에 있었다——거의 소비에트 영화에 대해 비판적인 시각을 피력하며. 그는 새로운 사운드 기법에 대해 공부하기 위해 유럽과 할리우드를 여행했으며 결국 만들지 못한 몇 편의 영화 계약을 체결했다. 그는 서구의 자유를 즐겼으며 분명 러시아로 되돌아가는 것을 두려워했다. "형식주의자들"에 대한 슈먀츠키의 공격은 에이젠쉬테인을 대상으로 했을 때 가장 극단적이었다. 스탈린은 서구로 망명한 데 대해 에이젠쉬테인을 비난했다. NKVD는 에이젠쉬테인이 귀국하지 않는다면 어떤 징벌을 가하겠다고 협박하며 그의 불쌍한 어머니를 위협해 그가 귀국하도록 종용했다. 귀국한 직후 2년간 에이젠쉬테인은 소유즈키노의 몇 편의 영화 제작 제안을 거절했다. 그는 국립 영화학교 교수직으로 물러나 당시 많이 쏟아져나온 별 볼일 없는 영화들에 대해 아낌없는 찬사를 보내긴 했지만(공식적인 언급에서) 1935년 영화에 대한 당 2차 회의에서 자아비판을 요구받자 용감하게 거부하고 자신이 만든 영화들에 대해 확고한 태도를 보이며 양보하지 않았다.[103]

사회주의적 사실주의의 틀에 맞추어 영화를 제작하라는 압력을 받은 에이젠쉬테인은 1935년 콤소몰(공산주의자 청년 동맹)로부터 작품 한 편을 위탁받았다. 그는 대개 그렇기는 했지만 영화 시나리오가 『사냥꾼의 일기』 중 하나로 죽음의 초자연적 징후를 토론하는 농민 소년들에 대한 이야기인 투르게네프의 「베진 초원」에서 제목을 딴 영화 시나리오라는 것을 알게 되었다. 이 영화는 실제로 파블리크 모로조프라는 소년 영웅의 이야기에서 영감을 받은 것이었다.

스탈린주의 체제가 홍보한 판본에 따르면 파블리크 모로조프는 마을 소비에트 의장인 아버지를 소비에트의 집단화 운동의 반대자인 쿨락kulak으로 비난한 후 먼 우랄 마을의 "쿨락들kulaks"에 의해 살해당한다.* 1935년 모로조프 숭배는 최고조에 달했다. 즉 그를 위한 노래와 시, 완벽한 오케스트라와 합창이 구비된 칸타타까지 지어졌다. 때문에 에이젠쉬테인은 영화를 만드는 것이 자신의 안전을 위해 좋을 것이라고 느꼈을 것이다. 하지만 영화에 대한 그의 인식은 수용될 수 없는 것으로 여겨졌다. 에이젠쉬테인은 영화를 개인적인 이야기로부터 당시의 사회상을 보여주는 전형적인 모델로 그리고 옛 것과 새 것 사이의 갈등으로 부각시켰다. 또한 그는 쿨락 출신으로 집단화에 반대하던 활동가들의 저항을 깨뜨리기 위해 교회를 부수는 공산주의자들을 보여주는 장면에서 집단화가 파괴적인 어떤 것이라는 사실을 암시할 정도로 너무 위험하게 접근했다. 이미 영화 대부분을 찍은 1936년 8월 에이젠쉬테인은 대본을 다시 쓰라는 슈먀츠키의 지시를 받았다. 작가 이삭 바벨의 도움으로 가을에 영화를 다시 찍기 시작했다. 교회 장면은 잘려나가고 스탈린에게 헌정하는 연설이 추가되었다. 하지만 이어 1937년 3월 슈먀츠키는 영화 작업 전체를 중단하라고 지시했다. 「프라우다」의 한 논설에서 그는 에이젠쉬테인이 집단화를 선과 악의 본질적 갈등으로 그리고 있다고 고발하고, 이 영화가 "형식주의적"이며 종교적이라고 비난했다.[104] 에이젠쉬테인은 자신과 직접적으로 관련된 사람들이 스탈린주의 지배자들에 대한 풍자적 공격으로 읽을 수 있는 방식으로 쓰

* 사실 모로조프는 당시 선전적 목적을 위해 소년 살해라는 잘못된 죄명으로 37명의 쿨락을 처형한 NKVD에 의해 살해되었다. 전체적인 이야기는 Y. 드루지니코프, 『*Informer 001: The Myth of Pavlik Morozov*』(New Brunswick, 1997)을 보라.

긴 했지만 언론에 자신의 과오에 대한 '참회'를 발표하지 않을 수 없었다. 영화의 원판은 불태워졌다——다시 말해서 1948년 에이젠쉬테인이 사망한 후 그의 개인 수집 자료에서 발견된 특별한 사진의 아름다움을 보여주는 수백 컷의 사진을 제외한 모든 것.[105)]

〈베진 초원〉에 대한 억압은 예술적 아방가르드에 반대하는 계속된 조직적 운동의 일부였다. 1934년 제1차 작가회의에서 당시 자신이 훌륭한 스탈린주의자라는 것을 증명함으로써 과거의 잘못을 보상한 전 트로츠키주의자인 당 지도자 칼 라데크는 제임스 조이스의 저작들——에이젠쉬테인과 모든 소비에트 아방가르드에게 큰 영향을 미친——을 비난했다. 라데크는 『율리시즈』를 "구더기가 들끓는 똥 덩어리이자 현미경을 통해 영화 카메라로 촬영된 것"이라고 기술했다.[106)] 이것은 분명 에이젠쉬테인이 부대 지휘관의 외알 안경을 통해 필름에 담음으로써 불쾌한 유충을 확대한 〈전함 포템킨〉의 유명한 구더기 장면과 관련이 있었다. 이어 1936년 1월 「프라우다」는 1934년 레닌그라드에서 초연한 이래로 러시아와 서구 모두에서 수백 차례 공연되며 대단한 성공을 거두었던 쇼스타코비치의 오페라 《므첸스크의 맥베스 부인》에 대해 통렬한 비난을 가한다. 익명의 논문인 「음악을 대신한 혼란」은 분명 크레믈린의 전폭적인 지원으로 쓰여진 것이었다. 당시의 소문처럼 논문이 발표되기 바로 며칠 전에 오페라를 보고 분명 그것을 싫어 한 스탈린의 개인적 지시로 레닌그라드 당 의장인 안드레이 쥐다노프가 그것을 썼다는 증거가 제시되고 있다.[107)]

> 처음부터 청중은 혼란스러운 사운드의 흐름인 의도적인 불협화음에 충격을 받았다. 일부 멜로디와 소악절들이 연주되지만 다시 소음, 삐걱거

리는 소리, 비명 속으로 사라질 뿐이다.…… 이 음악은……극장으로 옮겨지고…… '메이어홀드주의'의 가장 부정적인 특징들이 끊임없이 증가한다. 여기에서 우리는 자연적, 인간적 음악 대신 '좌파적' 혼란을 느끼게 된다.……소비에트 음악에 이러한 경향의 움직임은 명백하다. 오페라에서 좌파의 왜곡은 그림, 시, 교육과 과학에서의 좌파적 왜곡과 같은 원천에서 비롯된다. 프티 부르주아의 혁신이 사실적 예술, 사실적 과학과 사실적 문학의 괴리로 이어진다.……이 모든 것은 원시적이고 저속하다.[108]

이 같은 비평은 분명 쇼스타코비치가 감히 다시는 오페라를 쓰지 못할 만큼 통렬하긴 했지만 단지 쇼스타코비치에 대한 공격만은 아니었다. 그것은 음악은 물론 회화, 시 그리고 연극에서의 모든 모더니스트에 대한 공격이었다. 특히 예술에 대한 당의 숨막히는 영향력에 대항해 쇼스타코비치를 공개적으로 변호할 정도로 용감했으며 자기 확신을 가졌던 메이어홀드는 고조된 강렬한 비난에 굴복했다. 그는 소비에트 언론에서 "이방인"으로 비난받았다. 그는 1937년 사회주의적 사실주의의 고전인 『강철은 어떻게 단련되는가』를 무대에 올려 자신을 구하고자 했지만 그의 극장은 이듬해 초에 문을 닫게 된다. 예술적으로 두 감독이 극단적으로 대치되기는 하지만 스타니슬라브스키는 옛 제자의 도움을 얻어 1938년 3월 그의 오페라 극장에 합류한다. 그 해 여름 스타니슬라브스키가 죽자 메이어홀드는 극장 미술감독이 되었다. 하지만 그는 1939년 NKVD에 의해 체포되어 '자백'을 강요당하며 잔인한 고문을 받다 1940년 초 쌀쌀한 추운 날씨 속에 총살당한다.[109]

아방가르드에 대해 재개된 공격은 문화 정책에서 반혁명을 필요로 했다. 1930년대가 지나면서 소비에트 체제는 과거 문화로부터 구분될 수 있는 '프롤레타리아적' 혹은 '소비에트적' 문화형태를 확립하려는 혁명 이상에 대한 헌신을 완전히 저버린다. 대신 소비에트체제는 19세기 민족주의 전통으로의 회귀를 후원하여 고유한 왜곡적 형태의 사회주의적 사실주의로서 재창조한다. "러시아 고전들"에 대한 재강조는 스탈린주의적 정치 프로그램의 근본적인 측면이었다. 다시 말해서 "러시아 고전들"에 대한 재강조는 문화를 이용해 스탈린이 지배하고 있는 대중적 대격변의 시대에 안정에 대한 환상을 조장하고 특히 "외국" 아방가르드의 영향을 중화시킬 수 있는 민족주의 학파의 문화적 변형을 옹호하는 것이었다. 이제 소비에트 예술가들은 모든 예술 중에서도 따라야 할 모델로 19세기 고전들을 받아들이게 되었다. 아흐마토바 같은 동시대 작가들은 출판업자를 찾을 수 없었지만 푸쉬킨과 투르게네프, 체홉과 톨스토이(도스토예프스키의 작품은 제외되었지만)*의 모든 작품이 새로운 독자층을 확보하면서 수백만 부씩 출판되었다. 1920년대 고사하고 있던 풍경화는 갑자기 소비에트 산업의 자연계에 대한 영웅적 정복을 묘사하는 장면인 사회주의적 사실주의 미술이 선호하는 매체로 복구되었

* 언젠가 러시아의 혁명 정신에 대한 통렬한 비판을 담고 있는 『악령』을 "쓰레기 같은 반동적 작품"으로 치부한 레닌은 도스토예프스키를 경멸했다. 루나차르스키 이외에 소비에트 지도자들 중 어느 누구도 도스토예프스키의 작품을 고전 문학의 반열에 포함시키려 하지 않았으며 고리키조차 그의 작품을 제외하고 싶어 했다. 따라서 1930년대에 도스토예프스키의 작품들은 상대적으로 적은 부수가 출판되었다――1938년과 1941년 사이에 톨스토이의 작품들이 약 5백만 권 정도 팔린 데 비해 도스토예프스키의 작품은 약 10만 부 정도가 판매되었다. 흐루시초프의 해빙기에 와서야 도스토예프스키 작품들에 대한 출판 수요가 증가한다. 도스토예프스키 서거 75주년 기념으로 출간된 그의 10권짜리 1956년 판은 30만 질 정도가 팔렸다――소비에트의 기준에서 볼 때는 그래도 아주 적지만(V. Seduro, 『러시아 문학비평에서의 도스토예프스키, 1847~1906』(뉴욕, 1957), 197쪽 그리고 같은 저자의 『현대 러시아에서의 도스토예프스키의 이미지』(Belmont, 1975), 379쪽).

다. 이 그림들은 모두 19세기 말의 풍경화가인 레비탄이나 쿠인드지 혹은 이동전람회파에서 양식화되었으며 더 나이든 화가들 중 일부는 젊은 시절 그들에 대해 연구하기까지 했다. 이반 그론스키가 언젠가 지적했듯이 "사회주의적 사실주의는 루벤스, 렘브란트, 노동계급에 공헌한 레핀의 화풍이다."[110]

음악에서도 소비에트 체제는 시계를 19세기로 되돌려 놓았다. 1920년대 아방가르드 작곡가의 입맛에서 제외되었던 글린카, 차이코프스키 그리고 쿠치키스트들은 이제 소련에서 모든 미래음악의 전형으로 받아들여졌다. 19세기 민중적 민족주의 예술의 대의를 신봉했던 스타소프의 작품들은 이제 성전의 지위로 격상되었다. 민주적 내용과 진보적 목적 혹은 이상을 가진 예술에 대한 스타소프의 옹호는 1930년대에 사회주의적 사실주의 예술의 이념을 굳게 뒷받침하는 주장으로 동원되었다. 쟈길레프와 유럽적 아방가르드의 코스모폴리타니즘에 대한 그의 반대는 "이국적" 모더니스트를 반대한 그 자신의 고유한 사회운동으로 스탈린주의 체제에 이용된다.* 그것은 스타소프의 관점에 대한 총체적 왜곡이었다. 스타소프는 서구주의자였다. 그는 러시아 문화를 서구의 수준으로 끌어 올려 서구와 대등하게 접촉할 수 있게 하려 했으며, 그의 민족주의는 서구의 영향에 결코 배타적인 것이 아니었다. 하지만 소비에트 체제의 조작된 이미지에서 그는 서구적 영향력의 경쟁 상대이자 러시아의

* 예를 들어 3권짜리 스타소프 작품의 1952년 판의 서문에서(V. V. 스타소프, 『*Sobranie cochinenii v 3-kh tomakh, 1847-1906*』(모스크바, 1952). 소비에트 편집자는 "자료 선택은 황실 아카데미의 코스모폴리탄니즘에 대해 투쟁하고 있는 스타소프를 보여주려는 의도에서 결정되었다. 이 책 속에선 '예술을 위한 예술'의 예언인 미학, 형식주의 그리고 예술에서의 데카당스가 19세기에 발견되고 있다"라는 특별한 선언을 한다.

문화적 우월성에 대한 스탈린주의적 믿음의 예언자인 러시아의 국수주의자가 되었다.

1937년의 소비에트 러시아는 푸쉬킨 서거 백주년을 기념했다. 전국은 축제 분위기에 빠져들었다. 지방의 소극장들은 연극을 공연했고 학교들은 특별한 축하 의식으로 분주했다. 시인의 생애와 관련된 젊은 공산주의자들의 순례 여행이 끊임없이 이어졌다. 공장에서는 "푸쉬킨주의자들"의 스터디 그룹과 클럽들이 조직되었고 집단농장에서는 푸쉬킨의 동화 속 주인공들처럼 차려입고(그리고 어떤 경우엔 분명한 이유 없이 기관총을 가진 차파예프로 차려입고) 푸쉬킨 카니발을 개최했으며, 그의 생애에 대한 수십 편의 영화가 만들어졌다. 그의 이름을 딴 도서관과 극장들이 설립되었고 거리와 광장, 극장과 박물관은 푸쉬킨의 이름을 따라 개칭되었다.[111] 푸쉬킨 작품의 출판 붐은 경이적이었다. 그의 작품은 축제 기간 중에만 1900만 부가 팔렸으며 1937년으로 계획된 그의 작품전집――비록 숙청과 직원의 잦은 교체로 1949년에야 겨우 마무리되었지만――은 수천만 건의 예약이 접수되었다. 「프라우다」가 푸쉬킨을 "성인과 다름없는 인물"로 선포하고 중앙위원회가 그가 "러시아 문학 언어의 창조자", "러시아 문학의 아버지" 그리고 심지어 "공산주의 건설"의 선구자라는 내용이 담긴 포고문을 발표하면서 푸쉬킨 숭배는 절정에 달한다.[112] 「우리의 동지 푸쉬킨」이라는 논문에서 작가 안드레이 플라토노프는 푸쉬킨이 러시아 민중의 정신이 그의 가슴 속에서 "시뻘겋게 달아오른 석탄"처럼 타오르고 있었기 때문에 10월 혁명을 예견할 수 있었으며 같은 정신이 19세기 전체에 걸쳐 명멸하다가 레닌의 영혼 속에서 다시금 불타올랐다고 주장했다.[113] 「프라우다」는 푸쉬킨이 그의 저술에서 전체 민중에게 이야기하고 있는 진정한 민

족의 시인이기 때문에 그의 조국은 구 러시아가 아니라 소련과 전 인류라고 주장했다.[114)]

만델스탐은 1930년대에 친구들에게 "시는 이 나라에서만 존경받는다. 시를 위해 러시아보다 더 많은 사람들이 희생된 곳은 없다"고 말하곤 했다.[115)] 푸쉬킨 기념비를 건립하면서도 소비에트 체제는 그의 문학적 후예들을 살해하고 있었다. 1934년 1차 작가회의에 참석한 700명의 작가들 중 살아남아 1954년 2차 회의에 참석한 사람은 겨우 50명에 불과했다.[116)] 스탈린은 문학적 동업자들에 대한 박해에 변덕스러웠다. 그는 불가코프를 구하고 파스테르나크를 소중히 생각했지만(이들 둘은 반 소비에트로 해석될 수 있다) 조금도 주저하지 않고 RAPP의 고위급의 어용 문사와 좌파 작가들을 비난했다. 스탈린은 문화적인 문제에 문외한은 아니었다. 그는 진지한 문학 작품을 읽었다(시인 데미안 베드니는 스탈린에게 책을 빌려주는 것을 싫어했다. 그가 기름에 절은 손가락자국을 남긴 채 책을 돌려주었기 때문이었다).[117)] 스탈린은 러시아에서 시의 힘을 알고 있었고 그것을 두려워했다. 그는 가장 재능 있는 작가나 위험한 작가들을 질투어린 눈으로 지켜보았다. 고리키까지도 계속 감시를 받았다. 하지만 1934년 전면적인 테러가 가해진 이후에 그는 더욱 철저한 통제 수단을 취하기 시작했다. 전환점은 1934년 레닌그라드 당의장 세르게이 키로프에 대한 살인이었다. 키로프는 스탈린의 지시로 살해되었을 것이다. 키로프는 더 온건한 정책을 선호했기 때문에 당에서 스탈린보다 더 인기가 있었으며 그가 권력을 장악하게 하려는 음모들이 있었다. 하지만 어떤 경우든 스탈린은 소비에트 권력의 모든 '적들'에 대한 대중 폭력 운동을 조직적으로 전개하기 위해 살인을 이용했다. 그것은 1936~8년의 볼세비키 지도자 부하린, 카메네프 그리고 지노비예프에 대한 공개 재판에서 최고조에 달했다. 1941년 러시아가 제2차 세계대전에 참전하면서 대중 폭력 운동은 겨우 진정되었다. 아흐마토바는 1930년대 초를 곧이어 벌어질 피의 광란인 "육식주의자"의 시대에 비교해 상대적으로 해가 없었다는 의미로 "채식주의자들의 시대"라고 불렀다.[118]

첫 번째로 체포된 사람은 만델스탐이었다. 1933년 11월 그는 스탈린에 대한 시를 썼고 그것은 그의 친구들에게 은밀히 읽히고 있었다. 만델스탐의 미망인인 나데즈다가 누구나 이해할 수 있고 접근할 수 있는 시를 쓰는 데 대한 그의 관심을 증명하고 있는 것으로 설명하고 있듯이, 그것은 그가 썼던 시들 중 가장 단순하고 가장 솔직한 시였다. "내가 생각하기에 그것은 그의 전 생애와 작품에서 논리적으로 유추될 수 있는 하나의 몸짓, 하나의 행동이었다.……그는 죽기 전에 우리 주위에서 일어나고 있는 일들에 대한 자신의 생각을 분명한 용어로 말하고 싶어했다."[119]

우리는 살아간다, 우리의 발밑에 무관심하게,
열 걸음만 떨어져도 우리의 이야기를 듣는 사람은 아무도 없지,
우리가 듣는 것이라곤 크레믈린의 산지인,
살인자이자 농민 학살자.
그의 손가락은 글러브처럼 살쪄 있고
마침내 그의 입술에서 납처럼 무거운 말이 떨어지면,
그의 분주한 관리들은 흘끔거리고
그의 부츠는 번쩍이지.
그의 주위에 가는 목의 지도자들 무리—
그에게 협력하고 아첨하는 절반의 사람들.

그들은 말처럼 히힝 하고 울거나 고양이처럼 가르랑거리고, 혹은 개처
럼 낑낑거리지
그가 수다를 떨고 지적해 비난하면
차례로 그의 법을 꾸며내지만.
머리, 눈 혹은 살에 편자처럼 내동댕이쳐진다.
그리고 모든 살인은 큰 기쁨이지
가슴 넓은 오세트인에겐.[120]

아흐마토바는 비밀경찰이 공동주택에 들이닥친 1934년 5월 모스크바에서 만델스탐 부부를 방문하고 있었다. 그녀는 만델스탐에 대한 회고록에서 "수색은 밤새 계속되었다"고 기록하고 있다. "그들은 시를 찾고 있었으며 트렁크에서 내팽겨쳐진 원고들을 밟고 지나갔다. 우리는 모두 한 방에 앉아 있었다. 방안은 매우 조용했다. 키르사노프 공동주택에 있는 벽 저편에서 우쿨렐레†가 연주되고 있었다……그들은 아침 7시에 그를 끌고 가버렸다."[121] 루뱐카에서 심문을 받는 동안 만델스탐은 자신이 스탈린에 대해 쓴 시를 숨기려 하지 않았다(그는 고문자들을 위해 그것을 고스란히 그대로 베끼기도 했다)——그는 당연히 시베리아의 강제 노동수용소 굴락gulag으로 곧바로 송치될 것으로 예상되었다. 하지만 스탈린의 결정은 "격리해 감금시키는 것"이었다. 이 단계에서 만델스탐을 죽이는 것은 살려두는 것보다 더 위험하기 때문이었다.[122] 볼셰비키 지도자 니콜라이 부하린은 만델스탐을 위해 중재에 나서 스탈린에게 "시인들은 늘 옳으며 역사는 늘 시인들의 편이다"라고 경고했다.[123] 그리고 파스

† 하와이의 4현 악기.

테르나크는 스탈린이 전화를 걸어 집으로 불렀을 때 명예를 더럽히지 않도록 분명 조심하긴 했지만 만델스탐을 변호하기 위해 최선을 다했다.[124]

만델스탐 부부는 모스크바에서 400킬로미터 떨어진 남부의 보로네즈로 추방되었다가 1937년 모스크바 지역으로 되돌아온다(하지만 여전히 모스크바로 들어가는 것은 금지되었다). 그 해 늦은 가을 살 집이 없었던 그들은 레닌그라드에 있는 아흐마토바를 방문해 파운틴 하우스 그녀의 방에 있는 소파에서 잠을 잤다. 마지막 방문 중에 아흐마토바는 자신이 거의 자신의 쌍둥이라고 생각했던 사람인 오시프 만델스탐을 위한 시를 쓴다. 그것은 그들 모두가 사랑했던 도시에 대한 것이었다.

첫 번째 아름다움을 가진
유럽의 수도들과 같지는 않지만 —
예니세이로의 숨막히는 유배처럼,
치타로의,
이심으로, 사막의 이르기즈로,
유명한 아트바사르로,
전초기지인 스보보드니로,
침상에서 썩어가는 시체의 악취로의 이송처럼—
그 날 파리한 푸른빛의 자정에
그렇듯 이 도시는 나에게 보였지—
최초의 시인, 우리 죄인들
그리고 당신이 찬양한 이 도시가.[125]

6개월 후 만델스탐은 다시 체포되어 시베리아 동부 콜르이마에서 5년 노역형—그의 허약해진 건강을 고려하면 사실상 사형 선고—을 선고받는다. 그곳으로 가는 길에 그는 예니세이 강, 치타와 스보보드니 등의 도시들을 지나 결국 블라디보스토크 근처의 야영지에서 끝을 맺는다. 그는 그곳에서 1938년 12월 26일 심장 발작으로 사망한다.

아흐마토바는 만델스탐에 대한 회고록에서 그가 체포되기 전날 밤 모든 것을 박탈당한 친구의 마지막 모습을 회상하고 있다. "나에게 그는 위대한 시인이었을 뿐만 아니라 위대한 인간이었다. 그는 폰탄카 저택에 있는 것이 나에게 얼마나 나쁜지 알게 되자(아마도 나디아에게서) 레닌그라드에 있는 모스크바 기차역에서 작별 인사를 하면서 '아누쉬카〔그는 전에 그렇게 불렀던 적이 없었다〕 늘 나의 집이 당신의 것이라는 사실을 기억해요'"라고 말했다.[126]

만델스탐의 선동적인 시는 1935년 아흐마토바의 아들인 레프 구밀레프의 체포에 중요한 역할을 하기도 한다. 1921년 아버지가 죽은 이후로 레프는 모스크바에서 250킬로미터 떨어져 있는 북부의 베제츠크 시에서 친척들과 함께 살고 있었다. 하지만 1929년 그는 파운틴 하우스에 있는 푸닌의 공동주택으로 이주해 몇 차례 지원(모두 그의 "사회적 출신"을 이유로 거부되었다)한 후 1934년 마침내 레닌그라드 대학 역사학과 학생으로 등록했다. 어느 봄날 저녁 파운틴 하우스에서 레프는 만델스탐의 시를 암송했다—당시 그는 많은 사람들처럼 만델스탐의 시를 암기하고 있었다. 하지만 그날 밤 그의 학생 친구들 중엔 NKVD 정보원이 있었고 NKVD는 1935년 10월 그를 푸닌과 함께 체포했다. 아흐마토바는 격분했다. 그녀는 모스크바로 달려가 개인적으로 스탈린에게 편지를 쓴 파스테르나크의 도움으로 레프를 석방시킬 수 있었다. 레프가 체포된 것은 이번이 처음은 아니었으며 마지막도 아니었다. 그는 반 소비에트 운동에 가담한 적은 없었다. 사실상 그의 유일한 죄목은 구밀레프와 아흐마토바의 아들이라는 사실이었다. 그가 체포된다면 그것은 단지 그의 어머니가 소비에트 체제를 인정하도록 강요하기 위한 인질로서였다. 만델스탐과 친밀한 관계라는 단순한 사실만으로도 당국이 아흐마토바를 의심하게 하기엔 충분했다.

아흐마토바는 1935년 NKVD의 면밀한 감시를 받고 있었다. NKVD 요원들은 그녀를 미행했으며, 현재의 고문서에서 드러나고 있는 것처럼 그녀의 체포를 준비하면서 파운틴 하우스에 드나드는 방문객들의 사진을 찍었다.[127] 아흐마토바는 자신이 처한 위험을 알고 있었다. 레프가 체포된 후 그녀는 푸닌의 공동주택에 NKVD가 또 다시 들이닥칠 것을 충분히 예상하고 자신의 많은 원고들을 불태웠다.[128] 모든 공동구역들처럼 파운틴 하우스는 NKVD 정보원들로 가득 차 있었다——보수를 받는 공무원이 아니라 일반적인 거주자들로, 그들은 두려워하며 자신들의 충성을 입증하고 싶어했으며 혹은 이웃들에 대해 원한을 품거나 이웃을 고발함으로써 더 넓은 생활공간을 얻을 수 있을 것으로 생각하고 있었다. 공동주거의 밀집된 환경은 그들을 괴롭히는 사람들에게서 최악의 것을 불러일으켰다. 모두가 사이좋게 지내는 공동주택들도 있었지만 일반적으로 함께 사는 주거 현실은 공산주의적 이상과는 동떨어진 것이었다. 이웃들은 개인 재산, 공동으로 사용하는 부엌에서 없어진 음식, 시끄러운 연인들이나 밤에 연주되는 음악 때문에 다투었으며 모두가 신경질적인 편집증 상태에 있었기 때문에 사소한 이유들로 NKVD에 고발하게 된다.

1938년 3월 레프는 다시 체포되었다. 그는 8달 동안 레닌그라드 크레스티 감옥에 감금당한 채 고문받다가 러시아 북서부 백해 운하에서 10년 중노동을 선고받았다.* 당시는 스탈린 공포정치의 절정기였으며 수백만 명이 행방불명되었다. 8달 동안 아흐마토바는 매일 크레스티 감옥으로의 긴 행열에 참여했고, 이제 작은 창구를 통해 편지나 꾸러미를 전달하기 위해 기다리다 그것이 받아들여지면 사랑하는 사람이 아직 살아 있다는 사실을 알고 기쁨을 안고 돌아가는 많은 러시아 여자들 중 한 명일 뿐이었다. 이것이 그녀의 연작시 「레퀴엠」(1935년과 1940년 사이에 쓰여져 1963년 뮌헨에서 처음으로 출판되었다)의 배경이었다. 아흐마토바가 단편 산문 작품인 「서언을 대신해」(1957)에서 다음과 설명하고 있듯이.

끔찍한 예조프 테러† 기간 중 나는 레닌그라드 감옥의 면회를 기다리는 행렬 속에서 17개월을 보냈다. 한 번은 어떤 사람이 나를 '알아보았다.' 이전에는 당연히 내 이름이 불리는 것을 들어 본 적이 없었던 내 뒤에서 있는 푸른빛을 띤 입술의 여인이 모두가 압도되어 있던 망연자실한 상태에서 깨어나 나에게 속삭였다(그곳에선 모두가 귓속말로 말한다).

"이 일을 묘사할 수 있으세요?"

이윽고 내가 대답했다, "그래요, 할 수 있답니다."

그 때 미소처럼 보이는 어떤 것이 그녀의 얼굴을 스쳐지나갔다.[129)]

* 이 선고는 후에 노릴스크의 강제수용소에서의 5년형으로 바뀌었다.

† Nikolai Ivanovich Yezhov 1895~1940? 소련 정치경찰 지휘자, 대숙청 담당 조직자. 20년대부터 30년대에 걸쳐서 당 중앙위원회, 특히 스탈린 체제하에서 인사와 치안기관에 대한 감독을 담당하였다. 36년 9월에 G.G.야고다의 뒤를 이어 내무인민위원에 임명되자 제2 · 3차 모스크바 재판 등에서 당 · 군부 · 정부 간부들을 비롯한 대숙청을 하여 예조프 체제라 불렸다.

「레퀴엠」에서 아흐마토바는 민중을 대변하고 있다. 이 시는 그녀의 예술적 발전에서 결정적인 순간——사적인 경험에서 비롯된 서정적인 시가 「레퀴엠」의 언어들 속에선 "수백만이 그것을 통해 비명을 지르고 있는 입"이 되는 순간——을 나타내고 있다.[130] 이 시는 매우 개인적이다. 하지만 그것은 누군가를 잃었던 모든 사람이 느끼는 고통을 대변하고 있다.

이곳은 미소짓던 사람들이 죽었을 때
쉬게 될 수 있음을 기뻐하는 곳.
그리고 불필요한 부속물처럼 레닌그라드는
감옥들로부터 몸을 흔들며 힘차게 행진했네.
이어 고통에 무감각해진
기결수 무리가 행진하고,
짧은 작별의 노래가
기차의 호각 소리로 불려지리.
죽음의 별들은 우리의 머리 위에 떠 있고
결백한 러시아는 몸부림치며 괴로워하지
피 묻은 장화발 아래
그리고 죄수 호송차 바퀴 아래서.[131]

이것은 러시아에 남고자 한 아흐마토바의 결정이 이해되기 시작할 때였다. 그녀는 민중의 고통을 함께 했다. 그녀의 시는 민중의 고통에 대한 기념비——친구들 사이에서 속삭이는 기도로 불려진 죽을 자들을 위한 만가——가 되었으며 몇 가지 방식에서 그 같은 고통을 구속(救贖)하고 있다.

아니, 외국의 푸른 하늘 아래에서가 아닌,
그리고 외국의 품에서가 아닌—
나는 당시 민중과 함께 있었다,
그곳, 불행하게도 나의 민중이 있는 곳에.[132)]

5

1940년대 말 아흐마토바는 레닌그라드에서 나데즈다 만델스탐과 함께 산책을 하고 있었다. 그때 갑자기 그녀는 다음과 같이 말했다. "우리 생애에서 가장 좋았던 시절은 그토록 많은 사람들이 죽어가고 우리는 굶주림에 허덕이고 내 아들이 강제 노역을 하고 있었던 전쟁중이었다고 생각한다."[133)] 아흐마토바의 말처럼 공포정치로 고통을 받은 사람들에게 제2차 세계대전은 해방으로 다가왔을 것이다. 『닥터 지바고』의 에필로그에서 고르돈이 두도로프에게 말한 것처럼 "전쟁이 일어났을 때 전쟁의 현실적 위험들과 전쟁으로 인한 죽음에 대한 위협은 전쟁이 사자의 서의 주문을 깨뜨렸기 때문에 거짓이라는 비인간적 힘과 대조되는 하나의 축복이자 구원이었다."[134)] 사람들은 전쟁 전에는 생각할 수 없었을 방식으로 행동할 수 있었고 행동해야 했다. 그들은 시민 방위군을 조직했다. 필연적으로 그들은 결과에 개의치 않고 서로에게 이야기했다. 자발적인 행동으로부터 새로운 국민의식이 나타났다. 후에 파스테르나크가 쓴 것처럼 전쟁은 "활기찬 시기였으며 이 같은 의미에서 모든 사람과 함께하는 공동체의식의 자유롭고 유쾌한 복원"이었다.[135)] 그의 전쟁 시기의 시는 마치 투쟁이 국가를 발가벗겨 러시아 국민의 정수를 드러내었다는 듯이 공동체에 대한 감정으로 충만하다.

과거의 운명의 급변과
전쟁 시기 그리고 가난을 통해
조용히 나는 알게 되었지
흉내낼 수 없는 러시아의 특징을

사랑의 감정을 억누르며
예배에서 주목하네
늙은 여인들, 거주자들
학생들과 자물쇠 제조공들을[136]

1942년 6월 독일군이 소비에트 국경을 넘자 외무 장관 뱌체슬라프 몰로토프는 라디오 연설에서 임박한 "조국과 명예 그리고 자유를 위한 애국적 전쟁"에 대해 말했다.[137] 다음 날 유력한 소비에트군 신문 「붉은 별」은 그것을 "성전"으로 불렀다.[138] 전쟁 중 소비에트의 선전엔 분명 공산주의가 빠져 있었다. 러시아의 이름으로, 소련 내 "민족 집단"의 이름으로, 범슬라브 형제애, 혹은 스탈린의 이름으로 싸웠지만 결코 공산주의 체제의 명목으로 투쟁하지는 않았다. 스탈린주의 체제는 지지를 끌어내기 위해 애국적 메시지가 아직 집단주의의 참혹한 영향에서 회복중이었던 시골 사람들을 설득하기에 더 효과적인 러시아 교회까지도 받아들였다. 1943년에는 1917년 이래 처음으로 총대주교가 선출되었고 신학 아카데미와 몇 개의 신학교가 다시 개교했으며 수년 간 박해를 받았던 교구 교회들이 정신 생활에 도움이 되는 것들을 복원하는 것이 허용되었다.[139] 스탈린 체제는 러시아사의 전쟁 영웅들——알렉산드르 네프스키, 드미트리 돈스코이, 쿠즈마 미닌과 드미트리 포자르스키, 알렉산드르 수보로프와 미하일 쿠투조프——을 찬미했다. 그들은 모두 민족 자위를 고취하기 위해 거명되었다. 그들의 전기영화가 만들어지고 그들의 이름으로 군대 체제가 만들어졌다. 역사는 도식화된 계급투쟁이라기보다는 위대한 지도자들의 이야기가 되었다.

러시아 예술가들은 전쟁 기간 동안 새로운 자유를 향유하며 책임을 떠맡았다. 소비에트 체제가 출판을 금지하거나 비우호적이었던 시인들이 갑자기 전선의 병사들로부터 편지를 받기 시작했다. 공포정치 시기를 지나면서도 그들은 독자들에게 잊혀지지 않고 있었다. 현실적으로 그들이 정신적 권위를 잃었던 적도 없었던 것처럼 보였다. 1945년 러시아를 방문한 이사야 벌린은 다음과 같은 이야기를 들었다.

> 블록, 브류소프, 솔로구프, 에세닌, 츠베타예바, 마야코프스키의 시는 병사와 공직자 그리고 정치 인민위원들까지 폭넓게 읽히고 암기되었으며 인용되었다. 오랫동안 내적 망명 상태에 있던 아흐마토바와 파스테르나크는 전선으로부터 대부분 필사되어 은밀하게 회람되고 있던 기출간 및 미출간 시들을 인용한 엄청난 수의 편지를 받았다. 편지에는 서명, 텍스트의 진위에 대한 확인, 이러저러한 문제들에 대한 저자의 입장 표명에 대한 요청들이 쓰여 있었다.[140]

조쉔코는 1년간 약 6000통의 편지를 받았다. 이 편지들 중 상당수는 종종 자살에 대해 생각하고 있다고 말하며 그에게 정신적 도움을 구하는 독자들에게서 온 것이었다.[141] 결국 작가들의 도덕적 가치를 당 관료들은 외면할 수 없었고 예술가들의 상황은 점차 개선되었다. 아흐마토바는 자신의 초기 서정시집 『6권의 책으로부터』를 출판할 수 있었다. 1940년 여름 이 시집이 만 부에 불과한 적은 부수로 배포된 날, 그것을 사기 위해 엄청난 줄이 이어졌다. 이에 놀란 레닌그라드 당국은 당 비서 안드레이 쥐다노프의 지시로 책의 배포를 철회했다.[142]

아흐마토바는 자신의 애국적 시 「용기」(1942년 2월 소비에트 언론에 발표되었다)에서 이 전쟁을 "러시아어"의 방위로 표현했으며 이 시는 시를 암송하며 전쟁터로 떠나는 수백만 병사들에게 용기를 주었다.

> 우리는 알고 있다, 이 순간 무엇이 우선하는지,
> 그리고 바로 지금 무슨 일이 일어나고 있는지.
> 우리의 시계는 용기의 시간임을 알리고 있다,
> 그리고 용기는 우리를 저버리지 않을 것이다.
> 우리는 총알 세례를 두려워하지 않는다,
> 우리는 거처할 곳이 없어도 상관없다 —
> 그리고 우리는 당신, 러시아 말을 지킬 것이다,
> 강력한 러시아어를!
> 우리는 당신을 우리의 후손들에게 전할 것이다
> 자유롭고 순결하게 속박에서 구원하리
> 영원히![143]

전쟁 초기에 아흐마토바는 레닌그라드의 시민 방위군에 참여했다. 시인 올가 베르골츠는 "나는 폰탄카 저택의 낡은 철길 근처에 있는 그녀를 기억한다"고 기록하고 있다. "그녀의 얼굴은 비장하고 분노해 있었으며 어깨에 가스 마스크를 두르고 정규군처럼 화재 감시 임무를 맡고 있었다."[144] 독일군이 레닌그라드를 포위하자 베르골츠의 남편인 문학 비평가 게오르기 마코고넨코는 아흐마토바에게 라디오 방송에서 시민에게 시(市)의 정신을 고취시킬 수 있는 이야기를 해 줄 것을 요청했다. 소비에트 당국은 수년 간 그녀의 시를 금지하고 있었다. 하지만 마코고넨코가 후에 설명하고 있는 것처럼 아흐마토바의 이름은 레닌그라드시의 정신과 너무 동일시되고 있었기 때문에 쥐다노프도 위기시에 그 같은 사실에 굴복할 준비가 되어 있었다. 아흐마토바는 앓고 있었기 때문에, 파운틴 하우스에서 연설을 녹음하는 데 동의했다. 아흐마토바의 연설은 당당하고 용감했다. 그녀는 시의 모든 유산――레닌뿐만 아니라 피터 대제, 푸쉬킨, 도스토예프스키와 블록에게도――에 호소했다. 아흐마토바는 유서 깊은 도시의 여성들에 대한 감동적인 헌사로 끝을 맺는다.

> 우리 후손들은 전쟁시에 살았던 모든 어머니를 자랑스럽게 생각하겠지만, 그들의 시선은 공습중 갈고리 장대와 부지깽이를 손에 들고 지붕에 서있는 레닌그라드 여자의 모습과 아직 연기가 피어오르는 건물 잔해 속에서 부상자들에게 도움을 주는 소녀 자원봉사자들의 모습에서 시선을 떼지 못하게 될 것입니다…… 아니 이런 여성을 낳은 도시는 정복될 수 없습니다.[145]

쇼스타코비치도 라디오 방송에 참여했다. 쇼스타코비치와 아흐마토바는 만난 적은 없지만 서로의 작품을 사랑했고 정신적 친밀감을 느끼고 있었다.* 둘 모두 자신들의 도시의 고통을 마음 깊이 느끼고 있었고 그 같은 고통을 자신들의 방식으로 표현했다. 아흐마토바처럼 쇼스타코비치는 소방관으로 시민 방위군에 가입했다. 단지 시력이 나빴기 때문에 전쟁 초기 적군에 입대할 수 없었을 뿐이었다. 그는 7월 포위된 도시를 떠날 기회를 거절했다. 당시 음악원 음악가들은 우즈베키스탄의 타쉬켄트로 소개되었다. 화재에 맞서 싸우는 가운데에서도 그는 전방 부대들을 위해 행진곡을 작곡하기 시작했고 레닌그라드에 대한 폭격이 시작되던 9월의 첫 두 주 동안 전기 공급이 끊긴 도시의 촛불 아래서 작업하며 자신의 7번 교향곡을 마무리하고 있었다. 공포정치를 겪으면서 갖게 된 신중함과 페테르부르크의 상황에서 예상할 수 있듯이 쇼스타코비치는 라디오 연설에서 다소 조심스러웠다. 그는 단순히 레닌그라드에 대해 자신은 곧 새로운 교향곡을 완성하게 될 것이라고만 말했다. 일상적인 삶이 지속되고 있었다.[146)]

1941년 9월 16일 독일은 레닌그라드의 방어신을 돌파했다. 독일군은 900일 동안 사실상 레닌그라드에 모든 음식과 연료 공급을 차단했다. 마침내 레닌그라드 포위망이 무너지는 1944년 1월 이전에 백만 명 혹은 전쟁 전 인구의 3분의 1이 질병이나 기아로 사망했다.

* 아흐마토바는 쇼스타코비치의 초연을 거의 놓치지 않았다. 1957년 쇼스타코비치의 교향곡 7번의 초연 이후로 그녀는 비평가들이 흥미를 끌 수 없는 것으로 치부했던(당시는 흐루시초프의 해빙기였다) 교향곡 7번의 희망찬 혁명적 노래들을 "무서운 먹구름이 낀 하늘로 하얀 새가 날아가는 것"에 비유했다. 이듬해 그녀는 자신의 『시들』의 소비에트 판을 헌정했다. 즉 "내가 이 땅에 살았던 시대의 드미트리 드미트리예비치 쇼스타코비티에게." 두 사람은 결국 1961년 만나게 된다. 아흐마토바는 "우리는 20분 동안 말없이 앉아 있었다. 굉장한 경험이었다"고 회상하고 있다.(E. 윌슨, 『쇼스타코비치: 기억된 어떤 삶』(런던, 1994), 319, 321쪽).

아흐마토바는 독일 침공 이후 곧 타쉬켄트로 소개되었으며 쇼스타코비치는 쿠이비쉐프의 볼가 시(현재는 혁명 전의 이름인 사마라로 알려져 있다)로 소개되었다. 쇼스타코비치는 그곳에서 자신의 방 두 개짜리 아파트에서 부서진 업라이트 피아노로 7번 교향곡의 마지막 악장을 완성했다. 첫 쪽 상단에 그는 붉은 잉크로 "레닌그라드 시에게"라고 갈겨 썼다. 교향곡은 1942년 3월 5일 쿠이비쉐프에서 초연되었다. 역시 볼가 시로 소개되었던 볼쇼이 극장 오케스트라에 의해 연주되었고, 라디오 방송을 통해 모스크바에서 청취하고 있던 바이올리니스트 데이비드 오이스타크의 "인류와 빛이 결국 승리하게 될 것이라는 우리들의 믿음에 대한 예언적 확인"이라는 말과 함께 전국에 전달되었다.[147] 그 달 말 모스크바 초연은 전세계에 방송되었으며 공연 중간 공습에 의해 그 극적 효과가 강조되었다. 곧 교향곡은 연합국 전체에서 연주되었고 레닌그라드만이 아니라 파시스트의 위협에 대항해 단결한 모든 국가의 인내와 생존 정신의 상징으로 1942년 미국에서만 62차례 공연되었다.[148]

교향곡에서는 페테르부르크의 주제들, 즉 모데라토 악장(원래 제목은 '회상'이었다)에서 향수를 불러일으키는 서정적 아름다움과 고전주의, 서장 아다지오의 거친 스트라빈스키적 관악합창에 의해 나타나는 그 진보적 정신과 현대성, 그리고 페테르부르크 폭력과 전쟁의 역사(첫 악장의 볼레로 같은 행진곡은 단순히 다가오는 독일군의 소리가 아니다. 그것은 내부로부터 들려오기 때문이다) 등이 복합적으로 반향되고 있다. 1936년 자신의 음악에 대한 스탈린주의의 공격 이후 쇼스타코비치는 한 편으론 크레믈린의 주인들을 즐겁게 하기 위해 다른 한편으론 예술가이자 시민으로서의 자신의 도덕적 양심을 만족시키기 위해 일종의 이중적 음악 언어를 개발해 왔다. 외면적으로 그는 승리의 목소리로 말하고 있다. 하지만 의식적인 소비에트적 환희의 사운드 아래엔 더 부드럽고 더 우울한 목소리——그의 음악이 표현하고 있는 고통을 느낄 수 있는 사람들만 들을 수 있도록 조심스럽게 감추어져 있는 풍자와 항변의 목소리——가 내재되어 있었다. 이 같은 두 가지 목소리는 쇼스타코비치의 교향곡 5번(《므첸스크의 맥베스 부인》을 공격한 사람들에 대한 쇼스타코비치의 "사회주의적 사실주의의" 답변)에서 분명하게 들을 수 있다. 이 곡은 1937년 11월 레닌그라드 필하모니아 그레이트 홀에서 초연되었을 때 충격을 받은 청중들로부터 30분 동안 열렬한 환호와 갈채를 받았다.[149] 결국 소비에트 국가의 승리를 알리는 끊임없는 화려한 취주 속에서 청중들은 말러의 1번 교향곡의 장송 행진곡의 아득한 반향을 들었다. 청중들은 그들이 장송행진곡을 알아듣든 알아듣지 못하든 그 슬픔을 느낄 수 있으며——청중들 거의 대부분이 1937년 공포정치 시기에 누군가를 잃었기 때문에——그 같은 음악에 정신적 해방으로 반응한다.[150] 7번 교향곡 또한 그와 똑같은 압도적인 감정적 효과를 주고 있다.

그 상징적 효과를 달성하기 위해서 7번 교향곡은 레닌그라드——히틀러와 스탈린이 싫어한 도시——에서 연주되는 것이 중요했다. 레닌그라드 필하모닉은 소개되었고 레닌그라드에 유일하게 남아있는 앙상블은 라디오 오케스트라였다. 포위된 첫 겨울 연주단은 겨우 15명의 단원으로 축소되었다. 따라서 임시 연주자들이 은퇴자들 중에서 초빙되거나 레닌그라드를 방위하는 군대에서 차출되어야 했다. 연주의 질은 높지 않았지만 결국 1942년 8월 9일——히틀러가 한 때 아스토리아 호텔에서 화려한 연회로 레닌그라드 함락을 경축하기로 계획했던 바로 그 날——공습으로 타버린 필하모니아 그레이트 홀에서 교향곡이 연주되었을 때 그런 것은 전혀 문제가 되지 않았다. 도시 사람들이 홀에 모이거나 거리에서 연주회를 듣기 위해 확성기 주위로 몰려들 때 전환점에 이르렀다. 일반 시민들은 음악으로 하나가 되었으며 그들은 자기 도시의 정신적인 힘의 의식, 자신들의 도시가 구원받을 것이라는 확신으로 일체가 되었다는 것을 느꼈다. 초연에 참석한 작가 알렉산드르 로젠은 그것을 일종의 국민적 카타르시스로 기술하고 있다.

> 연주회에서 많은 사람들이 울었다. 어떤 사람들은 기쁨을 보일 수 있는 유일한 방법이었기 때문에 울었고, 또 다른 사람들은 음악이 그 같은 힘으로 표현하고 있는 것을 겪으며 살았기 때문에 울었으며 또 다른 사람들은 자신들이 잃어버린 사람들에 대한 슬픔 때문에 울었다. 혹은 단지 자신들이 아직 살아 있다는 감정에 도취되어 눈물을 흘렸다.[151]

러시아 작곡가들에게 전쟁은 생산적이고 상대적으로 창조적 자유가 보장된 시기였다. 히틀러의 군대에 대한 투쟁으로 영감을 얻거나 혹은 스탈린의 공포정치의 일시적인 완화에 안도했을 그들은 새로운 많은 음악으로 위기에 맞섰다. 행진하는 병사들을 위한 경쾌한 군악곡 풍의 교향곡과 노래가 요구되었다. 이런 유형의 음악 생산 라인이 있었다. 작곡가 알람 하차투리안은 독일군이 침공한 지 며칠 후에 모스크바 작곡가 동맹에 일종의 "노래 본부"가 설립되었다고 회상했다.[152] 하지만 진지한 작곡가들도 그 같은 요청에 부응해야 한다고 느끼고 있었다.

프로코피예프는 특히 민족적 대의에 대한 자신의 헌신을 입증할 수 있기를 열망하고 있었다. 그는 18년간 서구에서 생활하다 대공포

정치의 절정기였던 1936년 소련으로 되돌아 왔다. 당시는 어떤 외국과의 관계도 잠재적 반역의 징후로 받아들여지고 있었다. 프로코피예프는 외국인처럼 보였다. 그는 뉴욕, 파리, 할리우드에서 살았으며 발레 루시, 연극과 영화 등을 위해 작곡해 상대적으로 부유해졌다. 프로코피예프는 화려하고 유행하는 의상과 함께 당시 모스크바의 음울한 분위기에서 분명 눈에 띄는 인물이었다. 당시 음악원 학생이었던 피아니스트 스뱌토슬라프 리흐터는 "노란색 구두에 체크무늬 바지를 입고 붉은색 계통의 오렌지색 넥타이"를 하고 있는 그를 떠올리고 있다.[153] 프로코피예프가 모스크바로 데리고 와 문학연구소의 어떤 학생 때문에 버린 스페인인 아내인 리나는 프로코피예프와 그의 새 애인이 모스크바를 떠나 카프카스로 갈 때 그들을 따라가기를 거부한 후인 1941년 외국인으로 체포되었다.* 프로코피예프는 '형식주의자'로 공격받았다. 메이어홀드의 1937년 푸쉬킨의 『보리스 고두노프』 공연을 위한 곡처럼 그의 더 실험적인 많은 음악은 연주되지 않은 채 사장되었다. 하지만 그를 구한 것은 그의 놀라운 작곡 재능이었다. 그의 5번 교향곡(1944)은 소비에트의 전쟁 노력에 대한 정신을 완벽하게 표현하는 대범하고 영웅적인 주제로 채워져 있다. 깊고 낮은 음색 및 보로딘식 화음과 함께 아주 큰 음역의 음계는 러시아 땅의 장대함을 연상시킨다. 이 같은 서사적인 특징은 《전쟁과 평화》——나폴레옹에 대한 러시아의 전쟁과 히틀러에 대한 소련의 전쟁 사이의 놀라운 대비에 의해 그 주제가 분명하게 제시되고 있는 오페라——에서도 찾아 볼 수 있다. 1941년 가을 작

* 시베리아에서 20년의 중노역을 선고받은 리나 프로코피예프는 1957년 석방되었다. 미망인으로서의 권리를 찾기 위해 여러 해 동안 투쟁한 후에 마침내 그녀는 1972년 서구로 되돌아갈 수 있었다. 그녀는 1989년 런던에서 사망한다.

곡된 오페라의 첫 번째 판본은 전쟁 장면 못지않게 사랑 장면에 많은 관심을 쏟았다. 하지만 1942년 소비에트 예술 위원회로부터의 비판에 따라 프로코피예프는 몇 곡의 수정 판본을 작곡해야 했다. 이 곡들에선 톨스토이의 의도에 정면으로 배치되어 쿠투조프(스탈린 같은)의 영웅적 지도력과 군사적 천재성이 러시아 승리의 열쇠로 부각되었으며, 농민 병사들의 영웅적 정신은 러시아의 민속적 주제를 갖는 대규모 합창적 무대 장면 부분에서 강조되었다.[154)]

프로코피예프가 《전쟁과 평화》의 악보 작업을 하고 있을 때 에이젠쉬테인에게서 1944년 개봉된 자신의 영화 〈뇌제 이반〉의 음악을 작곡해 달라는 요청을 받았다. 프로코피예프에게 영화는 완벽한 매개체였다. 주문받은 곡을 작곡해 제때 넘겨주는 그의 능력은 놀라운 것이었다. 영화는 프로코피예프에게 음악원에서 림스키-코르사코프 밑에서 교육받을 때의 오페라적 전통에 대한 일종의 소비에트적 변형이었다. 영화는 그가 구속에서 벗어나 다시 한 번 위대한 장면을 위해 대곡을 쓸 수 있게 하는 그의 고전주의적 교향악주의에 새로운 영감을 주었다. 프로코피예프의 에이젠쉬테인과의 협력은 〈베진 초원〉의 큰 실패 이후 에이젠쉬테인이 13세기 게르만 기사들로부터 러시아를 지킨 노브고로드 공에 대한 서사적 역사영화 〈알렉산드르 네프스키〉(1938)로 스탈린을 기쁘게 할 수 있는 기회를 한 번 더 부여받았던 1938년 시작되었다. 에이젠쉬테인은 프로코피예프에게 자신의 첫 번째 유성영화를 위한 음악을 작곡해 달라고 부탁했다. 메이어홀드의 영향을 받은 이 두 사람은 당시 이미지와 사운드의 종합이라는 이상——그들이 영화는 물론 오페라에도 적용하려했던 본질적으로 바그너적인 개념——을 향해 나아가고 있었다.*

이 같은 연극적 이상은 〈알렉산드르 네프스키〉와 〈뇌제 이반〉에 대한 그들의 인식의 중심에 있었다. 이 두 편의 서사적 영화는 본질적으로 위대한 19세기 역사 오페라의 영화적 변형이었다. 특히 〈뇌제 이반〉에서의 장면들은 오페라처럼 구성되었으며 프로코피예프의 뛰어난 영화음악은 어떤 오페라 하우스에서도 어울리는 것이었다. 영화는 혼란스러운 주악상을 분명 바그너의 《발퀴레》에서 차용한 서곡으로 시작한다. 관현악곡으로 편곡된 선율과 합창 전례적 성가 심지어 전혀 조화되지 않는 폴로네즈와 교향악적 주악상 혹은 종소리 등이 혼합되어 있었다. 그것들은 에이젠쉬테인이 자신의 새로운 바그너주의적 영화의 초안을 잡은 기록에서 묘사하고 있는 것처럼 "음악적 드라마"로 감정을 전달하고 있다. 음악, 춤 그리고 드라마가 결합된 마지막 화려한 장면들에선 심지어 바그너가 한때 꿈꾸었던 것처럼 사운드와 색채의 완벽한 조화에 도달하려고까지 시도했다.[155]

에이젠쉬테인에게 이 영화들은 예술적 원칙에서의 방향 전환을 나타내고 있었다. 1920년대의 아방가르드는 영화에서 연극적인 것을 제거하려고 했지만 이제 여기서 그는 연극적인 것을 다시 영화에 도입하고 있다. 몽타주는 이미지와 사운드가 결합된 효과를 통해 주제의 분명한 연속적 설명을 위해 버려졌다. 예를 들어 〈알렉산드르 네프스키〉에서 영화의 중심적 사상인 평화로운 러시아인들과 게르만 침략자들 간의 감정적 충돌은 시각적 이미지에 못지않게 표제 음악에 의해 전달되고 있다. 에이젠쉬테인은 시각적인 것을 음

* 이 두 사람은 1939년 프로코피예프의 오페라 《세미온 코트코》라는 작품에서 메이어홀드와 함께 작업했다. 이어 나치-소비에트 조약이 체결된 이듬 해 에이젠쉬테인은 모스크바의 볼쇼이에서 《발퀴레》를 제작했다. R. Bartlett, 『바그너와 러시아』(캠브리지, 1995), 271~81쪽.을 더 보라.

색적인 것과 일치시키기 위해 영화를 다시 자른다. 얼음 위에서의 유명한 전투 장면에서 그는 음악에 맞추어 영화를 찍기까지 한다.[156] 스탈린은 〈알렉산드르 네프스키〉를 보고 기뻐했다. 그것의 감정적인 힘은 소비에트 체제가 전쟁이 발발하면서 민족적 도덕성을 격려할 필요가 있었던 영웅적 지도력과 애국적인 단합의 선전 메시지에 완벽하게 이용되었다. 사실상 영화의 주제는 나치의 위협과 분명하게 대비되어 영화의 상영은 1939년 나치-소비에트 조약의 체결에 이어 연기되었다.

스탈린은 뇌제 이반을 자신의 정치적 수완의 중세적 원형으로 보았다. 1941년 소비에트 러시아가 전쟁에 참여하게 된 것은 스탈린이 이반 통치에서 끌어낸 교훈을 국민이 깨닫게 하기에 좋은 기회처럼 보였다. 잔인하기까지 한 무력은 국가를 통합하고 외국인들과 반역자들을 몰아내는 데 필요하다는 것이다. 이반에 대한 공식적 숭배는 1939년 공포정치의 여파(마치 그것을 정당화하기 위한 것처럼)로 시작되었다. 파스테르나크는 1941년 2월 올가 프라이덴베르크에게 "우리에게 은혜를 베푸는 사람은 우리가 너무 감상적이라고 생각하고 있습니다. 피터 대제는 더 이상 적합한 모델이 아닙니다. 공공연히 인정되고 있는 새로운 열정은 뇌제 이반, 오프리츠니나oprichnina 그리고 잔인성에 대한 것입니다. 이것이 새로운 오페라, 연극 그리고 영화의 주제입니다"라고 편지에 쓰고 있다.[157] 그보다 한 달 먼저 쥐다노프는 에이젠쉬테인에게 영화 제작을 맡겼다. 하지만 〈뇌제 이반〉에 대한 에이젠쉬테인의 개념은 공식적인 것과는 거리가 멀었다. 그가 상상한 영화의 1부는 참회 장면(3부로 계획된 영화의 마지막 부분)이었다. 이 장면에서 이반은 프레스코화인 〈성모승천 교회에서의 최후의 심판〉 아래 무릎을 꿇고 어떤 수사가 차르의 명령으로

처형된 무수한 사람들의 명단을 읽는 동안 자신의 통치 기간 중 저지른 악행에 대해 회개하고 있다.[158]

따라서 처음부터 〈뇌제 이반〉은 독재에 따른 인간의 희생에 대한 끔찍한 주석을 포함하게 되는 『보리스 고두노프』의 소비에트판인 하나의 비극으로 인식되었다. 하지만 스탈린이 이 같은 비유를 한 사람들에게 한 짓을 모르는 사람이 없었기 때문에 영화의 비극적 본질과 동시대적 주제는 끝까지 드러날 수 없었다.[159] 영화 1부에서 에이젠쉬테인은 이반의 영웅적 측면, 즉 통합된 국가에 대한 전망, 음모를 꾸미고 있는 바야르에 대한 두려움 없는 투쟁, 카잔의 타타르인들과의 전쟁에서 나타난 그의 강력한 권위와 지도력 등을 묘사하고 있다. 스탈린은 기뻐했고 에이젠쉬테인은 스탈린상을 수상했다. 하지만 그의 승리를 축하하는 연회에서 에이젠쉬테인은 심장발작으로 쓰러진다. 그날 일찍 그는 자신의 서사적인 영화의 2부(1958년까지는 공식적으로 개봉되지 않았다)를 마지막으로 손질했다. 그는 닥칠 일을 알고 있었다. 2부에서 줄거리는 공적 영역에서 이반의 내적 세계로 바뀐다. 이제 차르는 자신의 편집증과 사회로부터의 고립 때문에 밀어붙일 수밖에 없게 된 공포정치로 괴로워하는 고통받는 인물로 나타나고 있다. 이전의 동지들은 모두 그를 버렸고 그가 믿을 수 있는 사람은 아무도 없었으며 아내는 바야르의 음모로 살해된다. 이반과 스탈린의 대비를 집고 넘어가지 않을 수 없다. 스탈린도 아내를 잃었으며(그녀는 1932년 자살했다) 의사들이 이미 편집증과 정신분열증으로 진단한 그의 정신 상태에서 그녀의 죽음은 분명 그가 전개한 공포정치에 영향을 미쳤다.[160]

영화를 본 스탈린은 격렬한 반응을 보였다. "이것은 영화가 아니라 일종의 악몽이군!"[161] 1947년 2월 스탈린은 크레믈린에서 늦은 밤 면담을 위해 러시아의 역사에 대해 폭로적인 훈계를 한 에이젠쉬테인을 소환했다. 그는 에이젠쉬테인의 이반은 사악하고 햄릿처럼 신경증 환자인 반면 실제 차르는 위대하며 현명하게 "외국의 영향으로부터 국가를 보존"했다고 말했다. 스탈린은 다음과 같이 설명하고 있다. 이반은 "매우 잔인"했으며 에이젠쉬테인은 "그를 잔혹한 인물로 묘사할 수 있지만"

> 당신은 그가 왜 잔인할 수밖에 없었는지를 보여주어야 한다. 뇌제 이반의 잘못 중 하나는 5개의 주요 봉건 씨족들을 궤멸시키는 일을 갑자기 중단한 것이다. 이 5개 씨족을 파괴했다면 혼란의 시대는 없었을 것이다. 그리고 뇌제 이반이 어떤 사람을 처형할 때 그는 참회와 기도에 긴 시간을 허비했다. 이런 측면에서 하느님은 그에겐 방해물이었다. 그는 더 단호했어야 한다.[162]

스탈린은 〈뇌제 이반〉 2부를 금지시켰지만 에이젠쉬테인은 이전 영화에서 승인된 자료를 통합한다는 조건으로 3부의 제작을 재개할 수 있었다. 스탈린의 지시로 그는 이반의 수염을 짧게 하겠다는 약속까지 했다. 국가 영화연구소에서의 제2부 시사회에서 영화의 "형식주의적 왜곡"에 대해 자아 비판적인 연설을 했다. 하지만 그는 친구들에게 영화를 다시 찍지는 않을 것이라고 말했다. 그는 어떤 감독에게 "왜 다시 찍겠나? 자네는 내가 첫 번째 촬영에서 죽었다는 것을 모르겠나?"라고 말했다.[163] 용기를 잃은 적이 없었던 에이젠쉬테인은 분명 예술적 반란을 준비하고 있었고 스탈린의 광기와 죄악에 대한 무시무시한 논평인 영화의 3부와 마지막 부분의 참회 장면에서 절정에 달했다.

차르 이반이 무릎을 꿇는 빠른 장면에서 판석에 자신의 이마를 찧는다. 그의 눈은 피로 덮인다. 피로 그의 눈은 보이지 않는다. 피가 귀로 흘러 들어 그의 귀를 멀게 한다. 그는 아무것도 보지 못한다.[164)]

이 장면을 찍을 때 배우 미하일 쿠즈네초프는 에이젠쉬테인에게 어떤 상황인지 물었다. 에이젠쉬테인은 "보라구, 1200명의 바야르가 살해되었어. 차르는 '소름끼치는 사람' 이라구! 그런데 도대체 그가 왜 회개하겠어?"라고 대답했다. 즉 "스탈린은 더 많은 사람을 죽이고도 회개하지 않고 있다. 이 장면을 보여주면 회개하겠지"라는 의미였다.[165)]

에이젠쉬테인은 푸쉬킨에게서 영감을 받았다. 그의 위대한 드라마 『보리스 고두노프』는 차르 니콜라이 1세가 데카브리스트 반란을 진압한 뒤 감행한 독재에 대한 경고로 작용했다. 하지만 예술가로서의 그의 용감한 저항은 19세기 러시아의 총체적인 휴머니스트적인 전통 속에 뿌리를 내리고 있다는 더 깊은 의미가 있었다. 그는 『보리스 고두노프』와의 관련을 지적한 동료 감독에게 다음과 같이 설명하고 있다.

오오, 정말 그렇게 보였단 말이지? 다행이군, 정말 기뻐! 당연히 보리스 고두노플세. '나는 5년간 평화롭게 통치했지만 나의 영혼은 혼란스러웠으며…….' 러시아적 전통이 아니었으면――위대한 양심의 전통이 없었다면――이런 영화는 만들지 못했을 거네. 폭력은 설명될 수 있고 합법화될 수 있지만 정당화될 수는 없어. 만약 자네가 인간이라면 속죄할 필요가 있지. 어떤 사람이 또 다른 사람을 파괴할 수는 있겠지만 인간으로서 나는 이것이 고통스러울 거라고 확신하네. 인간은 가장 고귀한 가치이기 때문이지…… 내가 보기에 이것은 우리의 민중, 우리의 민족 그리고 우리 문학의 고무적인 전통이네.[166]

에이젠쉬테인은 영화를 완성할 만한 충분한 힘을 갖고 있지 못했다. 심장 발작은 그를 무력하게 만들었다. 그는 1948년에 사망했다.

6

1944년 아흐마토바가 되돌아온 레닌그라드에는 이전 모습의 흔적만 남아 있었다. 이사야 벌린은 그녀에게 이 도시는 "친구들의 무덤인 거대한 공동묘지였다"라고 쓰고 있다. "그것은 불이 휩쓸고 지나간 후의 숲처럼 보였다. 숯이 되어버린 몇 그루 나무들이 그 황폐함을 더욱 처연하게 보이게 하는 것처럼."[167] 전쟁 전 아흐마토바는 19세기 유명한 문학가문 출신 의사이자 유부남인 블라디미르 가르쉰과 사랑에 빠졌다. 그는 1940년 아흐마토바의 아들이 체포되었을 때와 그녀의 첫 번째 심장 발작이 일어났을 때 도와주었었다. 레닌그라드로 돌아온 아흐마토바는 다시 그와 함께 있기를 기대하고 있었다. 하지만 역에서 그를 만났을 때 무언가 잘못된 것이 있었다. 레닌그라드가 포위당했을 때 레닌그라드의 검시관이었던 가르쉰은 식인이 유행하게 될 정도로 굶주린 도시에서 경험한 일상적인 공포로 쇠약해져 있었다. 그의 아내는 1942년 10월 굶주림으로 거리에서 쓰러져 죽었다. 가르쉰은 시체 보관소에서 그녀의 시신을 찾았다.[168] 가르쉰이 역에서 아흐마토바를 만났을 때, 그들의 사랑이 끝났다는 것은 분명했다. 아흐마토바는 파운틴 하우스로 돌아왔다. 독일군의 폭격으로 저택은 절반 정도는 파괴되어 있었다. 그녀의 낡은 공동주택 벽에는 커다란 금이 나 있었고 창문은 모두 부수어졌으며 수도나 전기도 없었다. 1945년 11월 노동수용소에서 풀려나 전쟁에 참여했던 아들 레프가 그녀와 함께 살기 위해 찾아와 대학 공부를 다시 시작했다.

같은 달 한 영국인이 아흐마토바를 찾아왔다. 1945년 이사야 벌린이 모스크바 주재 영국대사관의 1등 서기관으로 막 도착한 시기였다. 1909년 리가에서 태어난 러시아계 유대인 목재상의 아들인 벌린은 1916년 가족과 함께 페테르부르크로 이주했으며 그곳에서 2월 혁명을 목격했다. 그의 가족은 1919년 라트비아로 귀향했다 영국으로 이민간다. 모스크바 대사관에 임명될 때까지 벌린은 이미 1939년 마르크스에 대한 책으로 탁월한 학문적 성과를 달성하고 있었다. 레닌그라드를 방문하는 동안 벌린은 네프스키 대로에 있는 작가들의 서점을 뒤지고 있을 때 "시집을 넘기고 있던 사람과 우연히 대화를 하게 되었다."[169] 그 사람은 유명한 문학비평가인 블라디미르 오를로프였고 그는 벌린에게 아흐마토바가 아직 살아 있으며 얼마 떨어지지 않은 파운틴 하우스에 살고 있다고 말해주었다. 오를로프는 전화를 했고 그 날 오후 3시 그와 벌린은 아흐마토바의 공동주택 계단을 오르고 있었다.

> 가구는 거의 없었다. 사실상 레닌그라드가 포위되어 있는 동안 방안에 있는 것들은 모두 약탈당하거나 팔려버린 것 같았다. 작은 테이블과 서너 개의 의자, 나무 상자 하나, 소파 그리고 불이 꺼진 스토브 위에 모딜리아니 그림 한 점이 있었다. 품위 있는 회색 머리칼의 부인이 어깨에

흰 숄을 두르고 우리를 맞기 위해 천천히 일어섰다. 아흐마토바는 아름답고 다소 수수한 모습의 고상한 머리를 하고 매우 슬픈 표정을 한 채 서두르지 않는 몸짓으로 대단한 위엄을 갖추고 있었다.[170]

잠시 대화를 한 후 벌린은 갑자기 밖에서 자기 이름을 부르는 소리를 들었다. 벌린이 옥스포드 재학 시절에 알았던 윈스턴의 아들 랜돌프 처칠이었다. 러시아 주재 기자로 와 있던 처칠은 통역이 필요하자, 벌린이 시에 있다는 소식을 듣고 파운틴 하우스로 그를 쫓아온 것이었다. 하지만 아흐마토바 공동주택의 정확한 위치를 모르고 있었기 때문에 그는 "그리스도 교회에서 한창 때 잘 사용했던 방식을 채택했다." 벌린은 급히 아래로 내려가 그의 존재가 아흐마토바에게 위험할 수도 있는 처칠과 함께 떠났다. 하지만 그는 그 날 저녁 돌아와 밤새 아흐마토바와 대화를 나누었다. 아흐마토바는 아마도 그와 사랑에 빠졌을 것이다. 그들은 러시아 문학, 그녀의 외로움과 고립, 혁명 전 페테르부르크의 사라진 세계의 친구들에 대해 이야기했다. 그는 혁명 후 해외에서 정치망명자들이 된 그들의 일부를 만나게 된다. 벌린은 1917년에 분리된 두 개의 러시아 사이의 소식 전달자였다. 아흐마토바는 그를 통해 페테르부르크──그녀가 레닌그라드에서의 "내적 망명자"로 떨어져 살았다고 느낀 도시──의 유럽적 러시아로 되돌아 갈 수 있었다. 그녀가 썼던 시들 중 가장 아름다운 시들에 속하는 연작 『다섯』에서 아흐마토바는 자신이 자신의 영국인 방문객에게서 느낀 유대감을 특유의 종교적 말투로 상기시키고 있다.

창공에서 소리들은 사라지고

어둠이 갑자기 땅거미를 덮친다.
이 순간 세계엔 정적만이 흐르고,
두 가지 목소리만이 들린다. 너와 나의 목소리가.
이어 볼 수 없는 라도가 호수로부터 불어온 바람의
종 소리 같은 소리에
늦은 밤의 대화는
뒤섞인 무지개의 미묘한 빛이 된다.[171)]

스탈린은 벌린이 파운틴 하우스를 방문했다는 소식을 듣자 "그렇군, 외국 스파이가 우리의 수녀를 방문했군"이라고 말했다. 혹은 그렇게 말한 것으로 전해진다. 벌린을 스파이로 보는 것은 비합리적이지만 당시 냉전이 시작되면서 스탈린의 편집증은 극에 달하고 있었고 서구 대사관을 위해 일하는 사람은 누구나 자동적으로 스파이로 여겨졌다. NKVD는 아흐마토바의 방문객들을 특별히 점검하기 위해 정문에 두 명의 새로운 요원을 배치하고, 벽과 그녀의 공동주택 천장에 서툴게 구멍을 뚫어 도청장치를 설치하면서 파운틴 하우스에 대한 감시를 강화했다. 구멍들은 작은 벽토 더미를 바닥에 남겼으며 아흐마토바는 방문객들에 대한 경고의 표시로 그 중 하나를 그대로 내버려 두었다.[172)] 1946년 8월 아흐마토바는 자신의 작품을 발표한 두 개의 신문을 검열해 삭제한 중앙위원회의 법령으로 공격을 받았다. 일주일 후에 스탈린의 이데올로기 담당자인 안드레이 쥐다노프는 작가동맹에서 그녀를 추방한다고 선언하고 아흐마토바를 "구 귀족 문화의 찌꺼기"이자 (과거 소비에트 비평가들에 의해 사용되었던 문장에서처럼) "그 죄가 기도에 뒤섞여 있는 반은 수녀이고 반은 창녀인 혹은 차라리 매춘부 수녀"로 묘사하는 악의적인 연설

을 했다.[173]

아흐마토바는 배급표를 박탈당하고 친구들이 기부한 음식으로 연명해야 했다. 레프는 대학에서 학위를 받는 것이 금지되었다. 1949년 레프는 다시 체포되어 고문을 받았으며 옴스크 근처의 노동수용소에서 10년형을 언도받았다. 아흐마토바는 위험할 정도로 상황이 좋지 않았다. 그녀 자신이 체포되었다는 소문이 유포되면서 아흐마토바는 파운틴 하우스에서 원고를 모두 불태워버렸다. 이 원고들 중에는 작가 심판위원회에 의해 재판받아 징역형을 선고받는 여성 작가에 대한 희곡의 산문 초고가 있었다. 그것은 자신의 고통스러운 처지에 대한 비유였다. 심판위원회는 동료작가로서 의식적으로 그들이 대변하고 있는 사상의 자유를 배반하고 있었기 때문에, 심판위원회의 문학 관료들은 국가 경찰보다도 훨씬 더 위협적이었다.[174] 아흐마토바가 아들을 석방시키기 위해 스탈린에 대한 헌정시까지 썼다는 것은 극단적인 절망의 표시였다.* 레프는 스탈린이 사망한 후인 1956년에야 겨우 풀려났다. 아흐마토바는 아들의 체포 원인이 자신이 1945년 벌린을 만났기 때문이라고 믿고 있었다. 심문 받을 때 레프는 "영국의 스파이"에 대해 몇 차례 질문을 받았다――한 번은 그의 머리가 감옥 벽에 찧어지는 가운데.[175] 그녀는 심지어 자신들의 만남이 냉전의 원인이라고까지 확신하기도 했다(그녀만이 그렇게 생각했지만). 벌린은 그녀가 "자신과 나를 전세계적 갈등을 시작하게 할 운명으로 선택된 세계사적 인물로 보았다"고 기록하고 있다.[176]

벌린은 자신이 불러일으킨 고통에 대해 늘 자책했다.[177] 하지만

* 후에 그녀는 그것을 자신의 작품집에서 빼줄 것을 요청했다.

그의 파운틴 하우스 방문은 아흐마토바에 대한 공격과 레프의 체포에 대한 구실로 이용되긴 했지만 직접적인 원인은 아니었다. 중앙위원회의 법령은 예술가의 자유——소련에서 자유의 마지막 도피처——에 대한 새로운 공격의 시작이었으며 아흐마토바는 시작하기에 꼭 알맞은 위치에 있었다. 아흐마토바는 인텔리겐차에게 이 체제가 파괴하거나 통제할 수 없는 살아 있는 어떤 정신적 상징이었다. 즉 그녀는 인텔리겐차에게 공포정치와 전쟁을 견디며 살아갈 수 있는 힘을 주는 인내와 인간 존엄의 정신이었던 것이다. 조쉔코는 스탈린이 1944년 모스크바의 종합기술 박물관에서 열린 문학의 밤에서 아흐마토바가 3천 명이나 되는 청중들로부터 갈채를 받았다는 소식을 듣고 난 후에 그 법령이 통과되었다고 믿었다. 스탈린은 "기립 갈채를 조직한 사람이 누군가?"라고 물은 것——그의 성격을 너무 잘 알고 있는 그 누구도 도저히 답할 수 없는 질문——으로 전해진다.[178]

미하일 조쉔코는 아흐마토바와 똑같은 법령에 의해 공격받는다. 그는 아흐마토바처럼 스탈린이 그 정신적 자율성 때문에 의심하게 만드는 도시인 레닌그라드에 거주하고 있었다. 이 두 작가에 대한 억압은 레닌그라드 인텔리겐차들에게 그들의 사회적 위치를 증명하는 방법이었다. 조쉔코는 최후의 풍자작가——마야코프스키, 자먀틴, 불가코프는 모두 사라진 뒤였다——였으며 스탈린의 입장에선 눈엣가시 같은 존재였다. 공격의 직접적 원인은 1946년 「별」(법령으로 검열받는 잡지들 중 하나)에 발표된 『어떤 원숭이의 모험』이라는 어린이용 단편 소설이었다. 소설에선 동물원에서 탈출한 원숭이 한 마리가 인간으로 재교육받는다. 하지만 스탈린은 몇 년 간 조쉔코의 소설들에 화가 나 있었다. 그는 『레닌과 근위대』(1939)에서의 근위대가 자신이라는 사실을 알고 있었다. 이 소설에서 조쉔코는 그를 레닌이 어린 소년처럼 다루는 수염이 난 거칠고 조급한 "남부 유형"(스탈린은 그루지야 출신이다)의 인물로 묘사하고 있다.[179] 스탈린은 모욕을 결코 잊지 않았다. 그는 조쉔코에 대한 박해에서 개인적 희열을 느끼고 있었으며 조쉔코를 긍정적인 정치적 믿음 없이 사회를 부패시키려 위협하는 냉소주의적 작가인 "기생자"로 보았다. 쥐다노프는 법령에 뒤이은 악의적인 연설에서 같은 용어를 사용했다. 출판을 금지당한 조쉔코는 1953년 스탈린이 사망하고 작가동맹에 재가입하게 될 때까지 번역자로 일했으며 그의 애초 직업이었던 제화공 일을 다시 해야 했다. 하지만 당시 조쉔코는 너무 심한 우울증에 빠져 1958년 사망할 때까지 중요한 작품을 쓰지는 못했다.

아흐마토바와 조쉔코에 대한 공격은 곧 쥐다노프가 설정한 엄격한 당 노선에 따라 다른 모든 예술에도 적용되는 일련의 법령들로 이어졌다. 쥐다노프의 영향력은 너무 지배적이어서 전후 시기는 쥐다노프쉬나("쥐다노프의 통치")로 알려지게 되었다. 그는 1948년 사망했지만 그의 문화정책은 흐루시초프의 해빙기까지(어떤 의미에서는 그보다 더 오래) 강력하게 존속되었다. 쥐다노프의 이데올로기는 1945년 히틀러에 대한 승리와 동구의 군사적 점령에 이은 공산주의 엘리트들 사이에서 나타났던 소비에트의 전승 분위기를 반영하고 있다. 냉전으로 문화 부문에서의 강철 같은 규율에 대한 요구가 재개되었다. 국가의 테러는 이제 주로 인텔리겐차에게 직접적으로 가해졌다. 그 목적은 모든 예술과 과학에서 당 이데올로기에 대한 오웰의 『1984년』 같은 순응을 강요하는 것이었다. 쥐다노프는 "퇴폐적인 서구의 영향"에 대한 일련의 폭력적 공격을 전개했다. 그는 "형식주의자들"에 반대하는 새로운 조직적 운동을 시작한 것이었다.

1948년 2월 중앙위원회에 "소비에트 인민과 그 예술적 취향에 이국적인" 음악을 작곡한다고 비난받은 요주의 작곡가들(쇼스타코비치, 하차투리안과 프로코피예프)을 발표했다.[180] 거명된 작곡가들은 갑자기 일자리를 잃었고, 그들의 공연은 취소되어 소비에트의 공연 목록에서 실질적으로 사라지게 되었다. 공개적으로 선포된 새로운 숙청의 목적은 소비에트 문화를 서구로부터 지키기 위한 것이었다. 작곡가 동맹의 수장으로 쥐다노프 노선 강경론자인 티혼 흐레니코프는 소비에트 음악 체제에 대한 외국이나 모더니스트적(특히 스트라빈스키의)인 어떤 징후도 억압했다. 그는 소련 내 모든 작곡가들이 19세기 차이코프스키와 러시아음악학파의 모델을 따르도록 강요했다.

소비에트 러시아의 문화적, 정치적 우월성에 대한 엄청난 민족적 자부심이 냉전 중의 반 서구 감정과 함께 전개되었다. 소비에트 언론에 러시아의 위대성에 대한 불합리한 주장들이 나타나기 시작했다. 「프라우다」는 "역사 전체를 통해 위대한 러시아 민족은 탁월한 발견과 발명으로 세계의 기술을 풍요롭게 해왔다"라고 선언했다.[181] 마르크스-레닌주의 이데올로기의 지도 하에 소비에트 과학의 우수성에 대한 불합리한 주장들이 이어졌다. 추운 북극에서도 성장하는 새로운 품종의 밀을 개발했다고 주장하는 사이비 유전학자 티모페이 리센코 같은 사기꾼들과 괴짜들의 후원으로 터무니 없는 주장들이 이어졌다. 비행기, 증기 엔진, 라디오, 백열 전구 등 러시아인들이 자신들의 것이라고 주장하지 않는 발명과 발견이 거의 없었다.*

* 안드레이 사하로프는 당시 과학계에서 한 가지 농담을 기록하고 있다. 어떤 소비에트 대표가 코끼리에 대한 회의에 참석해 4부분으로 구성된 논문을 제출한다. 즉

러시아의 우수성에 대한 강변은 1945년 이후 소비에트 도시들의 재건 계획의 건축 양식들에도 표현되고 있다. "소비에트 제국"은 1812년의 영향으로 번성하게 된 러시아 제국 양식의 고전주의적이면서 고딕적인 주제를 소비에트 위업의 위대함을 알리는 기념비적 건축물에 결합시키고 있다. 1945년 이후 모스크바 여기저기에 솟아오른 7개의 볼꼴 사나운 웨딩 케이크 같은 건축물인 "스탈린의 성당들"(외무부와 레닌 언덕의 모스크바 대학 앙상블 같은)은 과시적 형태의 전형적인 예들이다. 또한 전철 역사, "문화궁전들", 극장과 서커스 공연장들도 고전주의적 전면과 주랑 현관의 거대한 형태와 신 러시아의 역사적 주제들을 결합한 소비에트 제국 양식으로 건설되었다. 가장 두드러진 예는 1952년 지어진 모스크바 전철역 콤소몰스카야-콜초바야다. 과거 러시아 전쟁영웅들에 대한 기념비로 인식되고 있는 그 거대한 지하의 "승리의 홀"은 러시아 바로크 모델이었다. 그것의 장식 주제는 대부분 지방 도시인 로스토프에 있는 크레믈린 교회에서 모방한 것이었다.[182]

전후 러시아 문화에 대한 소비에트의 자부심은 끝이 없었다. 러시아 발레는 최고라고 선언되었다. 문학과 음악에서의 러시아 고전들도 세계에서 가장 인기가 있는 것으로 선언되었다. 러시아 문화의 우월성은 동유럽 위성국가와 소련의 공화국들에게도 강요되었다. 러시아어는 모든 학교에서 필수 언어가 되었으며 아이들은 러시아 동화와 문학을 읽으며 성장했다. 소비에트 '민속' 합창과 무용단은 자주 동유럽 순회공연을 했으며 동유럽의 국가 지원 '민속' 연

1) 코끼리에 대한 마르크스주의-레닌주의-스탈린주의적 고전작품, 2) 러시아는 코끼리의 고향이다, 3) 소비에트 코끼리는 세계에서 가장 훌륭하다, 그리고 4) 벨로루시의 코끼리는 러시아 코끼리의 동생이다(A. 사하로프, 『회상록』(런던, 1990), 123쪽).

주단(유고슬라비아의 라도와 콜로, 폴란드의 마조프스즈, 체코슬로바키아의 슬럭과 헝가리 국영 앙상블)이 소비에트의 계획에 따라 생겨났다.[183] 이 '민속' 공연단의 공식적인 목적은 소비에트 블록 내 지역 및 민족문화를 촉진하는 것이었다. 1934년 이래 소비에트 정책은 "형태에 있어서는 민족주의적이며 내용에서는 사회주의적인" 문화를 촉진하는 것이었다.[184] 하지만 이 같은 공연단들은 그들이 대표하는 민속문화와는 거의 관련이 없었다. 전문가들로 구성된 그들은 레드 아미 앙상블에 의해 공연되는 대용(代用) 민요의 특징을 갖고 있는 노래와 무용을 공연하였으며, 그들의 민족적 특성은 그 외적인 형태에서만 반영되고 있었다(일반적인 "민속 의상"과 멜로디).

소비에트 정책의 장기 계획은 "민속문화들"을 19세기 러시아 민족주의자들이 시작한(혹은 그렇게 믿어지는) 노선에서 더 고차원적인 예술로 이끄는 것이었다. 모스크바는 "민족 오페라"와 교향악 전통이 없었던 곳에 그것들을 새로이 만들기 위해 중앙아시아에 러시아 작곡가들을 할당했다. 유럽식 오페라 하우스와 콘서트홀이 수입된 소비에트-러시아 문화의 기둥으로서 알마-아타와 타쉬켄트, 부하라와 사마르칸트에 도달했다. 곧 그것들은 당시 19세기 러시아 민족주의 운동의 음악적 틀 속에서 토착적 부족 멜로디에 기초해 유럽적 스타일로 기록된 전적으로 인위적인 "민족음악"의 이상한 사운드로 가득 차게 되었다.

러시아 작곡가 라인홀드 글리에르(젊은 프로코피예프의 작곡 선생)는 오랜 아제리 멜로디를 유럽식 형태와 하모니로 혼합한 최초의 아제르바이잔 "민족오페라"를 작곡했다. 글리에르는 또한 베를리오즈 스타일로 조화음을 가미해 편곡한, 오랜 가부장적 생활 방식으로부터의 여성 해방에 대한 서사시적 소비에트 이야기인 《굴사라》(1937)라는 최초의 우즈베크 오페라를 작곡하기도 했다. 두 명의 모스크바인(블라디미르 블라소프와 블라디미르 페레)이 키르기즈 오페라를 확립했다. 그들은 자신들이 키르기즈 민족 스타일이라고 생각하는 많은 원색적인 벌린 화성으로 키르기즈 멜로디(키르기즈인인 압딜라 말디바예프가 기록한)에 관현악곡을 붙였다. 카자흐 민족 오페라의 러시아인 설립자인 예브게니 브루실로프스키는 새로운 세대의 토착인 작곡가들이 알마-아트의 음악원에 나타난 지 오래된 1950년대까지 계속해서 카자흐 오페라를 작곡했다. "형식주의자들"에 반대하는 많은 작곡가들이 모스크바와 페테르부르크를 떠나 상대적으로 자유로운 분위기와 함께 멀리 떨어져 상대적으로 자유로운 각 민족공화국들로 도피했다. 알렉산드르 모솔로프는 1920년대 실험적 음악 작곡가로 더 잘 알려져 있었다. 그는 굴락을 경유해 투르크메니스탄으로 옮겨가 1973년 보로딘 스타일의 민족적인 투르크메니스탄 음악 작곡가로 죽을 때까지 그곳에 머물렀다. 1900년대 성페테르부르크에서 스트라빈스키의 가장 절친한 경쟁자이자 1920년대 초 주요 아방가르드 작곡가들(쇼스타코비치를 포함한)의 스승이었던 막시밀리안 스타인베르크는 우즈베크 소비에트 사회주의 공화국의 인민 예술가로 생애를 마감했다.[185]

냉전이 격화되고 "내부의 적"과 "스파이들"에 대한 스탈린의 편집증적 공포가 가중되면서 외국의 영향에 대한 스탈린 체제의 모든 의심은 유대인들에 대한 증오로 변화되었다. 반유대주의는 소비에트의(즉 러시아의) 애국적 수사로 엷게 가려져 있었지만 "코스모폴리타니즘"에 대한 사악한 탄압의 희생자들 중에는 유대인들이 압도적으로 많았다. 1948년 1월 유대인 반 파시스트 위원회(JAFC) 의장이자 유명한 유대인 배우 솔로몬 미호엘은 국가 보안부대에 의해 살해당했다. 암살은 스탈린의 엄격한 개인적 지시에 따라 수행되었다. 잔인한 살인이 일어나기 3일 전 스탈린은 발작적인 분노로 미호엘을 비난했다. 스탈린의 분노어린 비난은 상징적인 살인이 되어야 한다는 것을 암시하는 방식으로 "미호엘은 머리에 도끼를 맞고 젖은 누비 커버에 쌓인 채 트럭으로 짓뭉개져야 한다"는 것을 세부적으로 묘사했다.[186]* 미호엘을 살해한 것은 소련에 대항해 JAFC가 조직한 미국인 시온주의자들의 음모에 가담한 것으로 고발된 수십 명의 유력한 유대인들의 체포와 연관된 것이었다.** JAFC는 소비에트의 전쟁 캠페인의 일환으로 해외의 유대인들의 지지를 동원하기 위해 1941년 스탈린의 지시로 결성되었다. 이 캠페인은 팔레스타인의 좌익 유대인 사회단체로부터 너무 열광적인 지지를 받았기 때문에 스탈린은 신생 국가인 이스라엘을 중동에서의 소비에트 영향력의 거점으로 삼으려고까지 생각할 정도였다. 하지만 1948년 이후 이스라엘이 점차 미국과의 관계를 강화하자 스탈린은 평생 유대인들을 증오하게 된다.[187] JAFC는 해체되었고 그 구성원들은 모두 체포되어 소련 공격을 위한 미국의 시온주의자들의 기지로서 크리미아를 이용하려 한 음모를 꾸민 혐의로 고발되었다. 수천 명의 유대인들이 모스크바 주변 지역에서 강제로 쫓겨나 "근본 없는 기생자"로 시베리아의 황무지로 보내졌으며, 그곳에 특별 "유대 자치 구역"

* 스탈린의 아버지는 누비 커버로 싸인 채 도끼로 살해되었다. 그리고 1900년대 티플리스에서 차르주의 비밀경찰을 위해 스탈린을 목표로 했던 아르메니아인 범죄자로 스탈린의 아버지를 살해했던 것으로 추정되는 사람은 스탈린의 지시로 16년 후인 1922년 살해되었다(R. 블랙맨, 『조셉 스탈린의 비밀 파일: 숨겨진 생애』(런던, 2001), 38~43쪽).

** 스탈린의 처가 쪽 친척 두 명인 안나 레덴스와 올가 알릴류예바도 유대인과의 관련 때문에 체포되었다. 자기 딸의 두 명의 아주머니에 대한 체포를 설명하면서 스탈린은 "그들은 너무 많은 것을 알고 있다. 그들은 너무 많이 떠들었다"라고 말했다(S. 알릴류예바, 『*Only One Year*』(뉴욕, 1969), 154쪽).

이 비로비드잔에 건설되었다. 이것은 나치가 한때 유대인들을 송출하려 생각했던 히틀러의 마다가스카르 프로젝트에 대한 일종의 소비에트식 버전이었다. 1948년 11월 중앙위원회는 소련에 있는 모든 유대인들을 시베리아에 재정착시킬 것을 결정했다.[188)]

문화 영역에서의 아방가르드의 "불온한 왜곡"은 에이젠쉬테인, 만델스탐, 샤갈 같은 유대인들의 영향 탓으로 돌려졌다. 이 같은 공격은 스탈린이 개인적으로 일으킨 것이었다. 그는 심지어 원래 1900년대 니코 마르가 개진한 그루지야의 언어가 유대적 기원을 갖고 있다는 "유대" 이론을 비난할 목적으로 언어학까지 공부해 1949년 「프라우다」에 유대 이론에 대한 상세한 글을 게재하고 있다.[189)] 1953년 스탈린은 쥐다노프와 또 다른 정치국원 A. S. 쉐르바코프를 독살했다는 날조된 혐의(소위 "의사들의 음모")로 크레믈린에서 일하던 유대인 의사 몇 명을 체포하라고 지시한다.* "흰색 가운을 입은 살인자들"에 대한 언론의 격론은 반 유대주의적 증오심의 물결을 불러일으켰고 많은 유대인들이 직업과 가정에서 쫓겨났다. 유대 과학자, 학자, 그리고 예술가들은 (흔히 그렇듯) 유대인이라기보다는 러시아인에 가까웠지만 "부르주아 민족주의자"로 공격받았다. 그들의 소비에트 여권에 "유대인"이라고 쓰여져 있다는 사실만으로도 그들이 시온주의자라고 비난받기에 충분했다.**

* 이 저명한 의사들 중 한 명은 이사야 벌린의 삼촌 레오로, 그는 크레믈린의 비밀을 1945년 모스크바를 방문한 조카를 통해 영국으로 전달했다는 혐의로 고발되었다. 심하게 매를 맞은 레오는 자살을 결심했지만 결국 간첩이라고 "자백"했다. 그는 일 년간 투옥되었다가 스탈린이 죽은 직후인 1954년 석방되었다. 옥살이로 아직 쇠약해 있던 어느 날 그는 거리에서 자기를 고문했던 사람들 중 한 명이 자기 앞에 있는 것을 보고는 심장 발작을 일으켜 쓰러져 사망했다(M. 이그나티에프, 『이사야 벌린: 어떤 삶』(런던, 1998), 168~9쪽).

** 모든 소련 시민은 소비에트 여권을 갖고 있었다. 하지만 여권에는 그들의 "민족"(민족성)을 규정하는 항목이 있었다.

유대계 영화감독들(레오니드 트라우베르크, 드지가 베르토프, 미하일 롬)은 "반 러시아적" 영화를 만들었다는 혐의로 고발되어 스튜디오에서 쫓겨났다. 전쟁 특파원으로서의 자신의 업무에 기초한 바실리 그로스만의 소설 『스탈린그라드』는 그 주인공이 유대계 러시아인이었기 때문에 원칙적으로 출판이 금지되었다. JAFC의 문학위원회를 위해 수집되었으며 아직도 필적할 만한 저작을 찾아보기 힘든 독보적인 그로스만의 회상에 기초한 소비에트 대지에서의 대학살 기록인 『흑서』(1980년 예루살렘에서 처음으로 출판되었다)는 소련에서 출판되지 못했다. 그로스만이 1930년대에 글을 쓰기 시작했을 때 그는 자신을 소비에트 시민으로 생각했다. 혁명은 차르의 유대인 박해를 종식시켰다. 하지만 서사적 전쟁 이야기인 그의 마지막 소설 『삶과 운명』(1980년 스위스에서 처음으로 출판되었다)에서 그는 나치와 소비에트 체제를 상반된 것이 아니라 거울에 비친 하나의 이미지로 묘사하고 있다. 그로스만은 1964년에 사망했다. 그가 죽은 지 4반세기가 지나고 나서야 그의 걸작은 고향에서 출판된다. 그는 유대인 공동묘지에 묻어달라고 부탁했다.[190]

일리야 에렌부르그는 『인간, 세월-삶』(1961~6)에서 "소비에트의 승리 이후 30년대의 경험은 다시 일어나지 않을 것이라고 믿었다. 하지만 모든 것은 당시 일이 진행되던 방식을 연상하게 했다"고 기록하고 있다.[191] 전쟁에서 벗어난 후에 일어나긴 했지만 새로운 공포정치의 여파는 과거의 것보다 더 억압적인 방식으로 느껴졌으며 당시 두 번째로 그와 같은 공포정치에서 살아남기 위해 노력하는 것은 제정신을 잃지 않으려 노력하는 것과 같았다. 에렌부르그는 1947년 파운틴 하우스로 아흐마토바를 방문한다.

그녀는 작은 방에 앉아 있었고 벽엔 모딜리아니가 그린 그녀의 초상화가 걸려 있었다. 그녀는 슬프지만 위엄있는 모습으로 호라티우스의 시를 읽고 있었다. 불행이 눈사태처럼 그녀를 덮쳤고, 그 같은 위엄과 평정 그리고 자부심을 지키기 위해선 평범한 용기 이상의 그 무엇을 필요로 했다.[192]

호라티우스의 작품을 읽는 것은 제정신을 유지하는 한 가지 방법이었다. 어떤 작가들은 전문적인 문학 연구로 관심을 돌리거나 코르네이 추코프스키처럼 아이들 책을 썼다. 파스테르나크 같은 사람들은 외국 작품의 번역에 의지했다.

파스테르나크의 셰익스피어 러시아어 번역은 원작에 충실하지는 않았지만 사실적인 예술적 아름다움을 간직하고 있다. 그는 체포하기에는 스탈린이 좋아하는 너무 고귀한 시인이었다. 파스테르나크의 그루지야에 대한 사랑과 그루지야 시 번역은 소비에트 지도자가 그에게 애정을 느끼게 했다. 파스테르나크는 모스크바 신사로서 육체적으로는 안락을 누리고 있었지만 공포정치로부터 다른 방식으로 고통을 받았다. 그는 자신의 영향력을 통해서도 도울 수 없는 다른 작가들의 고통 때문에 죄책감을 느끼고 있었다. 그는 단지 생존 그 자체가 인간으로서의——데카브리스트로부터 도덕적 가치를 계승받은 러시아 전통의 위대한 작가로서는 말할 것도 없고——불명예 그 이상이라는 생각으로 고통받았다. 1945년 몇 차례 파스테르나크를 만난 이사야 벌린은 그가 "이 점에 대해 끊임없이 재론하며 자신을 아는 사람이 자신을 떳떳하지 못하다고 생각할 수 있는 것[당국과의 어떤 비열한 타협]을 자신이 할 수 있다는 사실을 부인하기 위해 불필요할 정도로 장황하게 설명하곤 했다"고 회상하고 있다.[193]

파스테르나크는 아흐마토바와 조셴코가 비난받았던 작가 동맹회의에 참석하기를 거부했다. 이 때문에 그는 작가 동맹 위원회에서 축출되었다. 파스테르나크는 아흐마토바를 보러 갔다. 그는 그녀에게 돈을 주었다. 때문에 파스테르나크는 「프라우다」에서 "이질적"이며 "소비에트의 현실에서 동떨어진 것"으로 공격받게 된다.[194] 전쟁중에 지녔던 파스테르나크의 낙관주의는 잔인하고 거짓된 구체제의 복귀로 산산이 부서졌다. 그는 공식적인 자리에서 물러나 이제 세계에 대한 자신의 마지막 메시지라고 생각한 작품인 그의 위대한 소설 『닥터 지바고』에 대한 저술에 들어간다. 러시아혁명과 내전이라는 끔찍한 혼란기를 배경으로 한 이 소설의 중심적 주제가 지바고로 대표되는 구 인텔리겐차의 보존이라는 사실은 우연이 아니다. 여러 가지 방식으로 이상한 인물인 에브그라프라는 지바고의 동생은 파스테르나크 자신이 되고 싶었던 유형의 구원적 인물이다. 에브그라프는 혁명가들에게 어느 정도의 영향력을 갖고 있으며 때로 적절한 사람에게 부탁해 자신의 형이 극도로 곤란한 상황에서 벗어나도록 돕곤 한다. 파스테르나크는 『닥터 지바고』를 자신의 가장 뛰어난 작품(자신의 시들보다 훨씬 더 중요한)이자 산문 형식의 신조 표명으로 여겼고, 가능한 한 가장 폭 넓은 독자들에게 읽히기로 결심했다. 신문 「신세계」가 원고 게재를 미루다 거절하자 책을 해외에서 출판하기로 한 그의 결정은 소비에트 체제의 위협에 대한 그의 최후의 반항적 행동이었다.*

쇼스타코비치는 제정신을 유지하기 위해 또 다른 방법을 찾았다.

* 러시아에서 밀반출되어 1957년 이탈리아에서 처음으로 출판된 『닥터 지바고』는 국제적인 베스트셀러가 되었다. 파스테르나크는 1958년 노벨상 후보에 오르지만 작가동맹의 압력이 가중되고 소비에트 언론의 민족주의적 비난이 빗발치자 수상을 거부하지 않을 수 없었다. 파스테르나크는 1960년 사망했다.

1948년 그는 모스크바와 레닌그라드의 음악원 교수직에서 해임된다——그의 학생들도 "형식주의자"와 함께 공부한 것에 대해 회개할 것을 강요받았다. 가족의 신변을 걱정한 쇼스타코비치는 4월 작곡가회의에서 자신의 '과오'를 인정하고 "인민"이 이해하고 즐길 수 있는 음악을 작곡할 것을 약속했다. 한동안 쇼스타코비치는 자살에 대해 심사숙고했다. 그의 작품은 음악회 연주 목록에서 금지되었다. 하지만 이전처럼 그는 영화에서 피난처와 출구를 찾았다. 1948년과 1953년 사이에 쇼스타코비치는 7편 정도의 영화음악을 작곡했다.[195] 그는 친구 이삭 그리크만에게 "영화음악 때문에 굶어죽지 않을 수 있었지만 그것은 극도의 피로감을 주었다"라고 쓰고 있다.[196] 그는 동료 작곡가들에게 영화음악이 "극히 궁핍한 상황에서만" 하게 되는 "불쾌한" 작업이라고 말했다.[197] 쇼스타코비치는 고된 일에서라도 벌 수 있는 돈을 필요로 했다. 하지만 그는 또한 자신이 "당의 창조적 생활"에 참여하고 있다는 사실을 증명할 필요가 있었다. 당시 그가 작곡한 5편의 영화음악은 명성있는 스탈린상을 수상했다. 알렉산드로프의 〈엘베에서의 해후〉(1948)에 삽입된 두 곡의 노래는 히트해 엄청난 레코드 판매를 기록해, 쇼스타코비치 자신의 정치적 복권과 가족을 위한 약간의 물질적 안락을 확보하게 된다.

하지만 쇼스타코비치는 늘 "장롱에 모셔둘" 비밀스러운 음악을 작곡하고 있었다. 그 중 일부는 소비에트 지도자들의 과장된 연설

* 쇼스타코비치가 언제 《라요크》를 작곡했는지는 확실하지 않다. 대체적인 윤곽을 잡은 시기는 1948년경으로 보이지만 계속해서 가택 수색의 위협을 받고 있던 그가 감히 스탈린 사후까지 완전한 악보를 작곡했으리라 보이지는 않는다(M. 야쿠보프, 「쇼스타코비치의 반형식주의적 《라요크》: 작품의 작곡과 그것의 음악적 문학적 자료의 역사」, 『전후 관계 속에서의 쇼스타코비치』에서, R. Bartlett(ed.), (옥스퍼드, 2000), 135-58).

에 대한 음악 연주와 함께 쥐다노프 시대에 대한 칸타타 풍자, 《라요크》나 《요지경》 같은 음악적 풍자시였으며 그것은 결국 1989년 워싱턴에서 초연된다.* 다른 어떤 예술가보다도 쇼스타코비치는 제정신을 유지하기 위해 (내적으로) 웃었다. 그것이 그가 고골리와 조쉔코의 저작들을 사랑한 이유였다. 하지만 당시 그가 작곡한 음악 대부분은 매우 개인적이었으며 특히 유대적 주제를 갖고 있었다. 쇼스타코비치는 유대인이 겪고 있는 고통을 동정했다. 그는 어느 정도 유대적 정체성을 자신의 것으로 여기기까지 했다――유대적 작품의 작곡가로 자신을 표현하기로 선택하고 유대적 멜로디를 작곡에 구체화하면서. 쇼스타코비치 자신이 공개 인터뷰에서 설명하고 있듯이 그가 유대인들의 음악에서 좋아하는 것은 "슬픈 음조로 즐거운 멜로디를 만들어내는 능력이다. 사람이 왜 즐거운 노래를 부르겠는가? 그가 진심으로 슬픔을 느끼기 때문이다."[198] 하지만 유대인들의 음악을 사용하는 것은 도덕적 진술이기도 했다. 그것은 늘 모든 형태의 파시즘에 반대했던 한 예술가의 항변이었다.

쇼스타코비치는 1944년 2월 사망한 가장 친한 친구인 음악학자 이반 솔레르틴스키에게 헌정된 《세컨드 피아노 트리오》(1944)의 마지막 악장에서 유대적 주제를 처음으로 사용했다. 이 곡은 마즈다네크, 벨제크 그리고 트레블린카에 있는 나치의 죽음의 수용소를 적군이 점령했다는 소식이 막 전해질 때 작곡되었다. 스탈린이 유대인들을 탄압하는 캠페인을 시작한 것처럼, 쇼스타코비치는 많은 작품 속에서 유대적 주제들을 채택함으로써 항변의 목소리를 냈다. 즉 의사들의 음모가 절정에 이르렀을 때 그의 공동주택에서 개최된 개인 음악회에서 용감하게 연주되었던 노래집 《유대 시(詩)로부터》(1948), 1941년 나치에 의해 살해된 키예프 유대인들을 위해 시인 예브투쉔코에 의해 지어진 진혼가와 함께 한 유태인 학살 계곡 '바비야르' 인 13번 교향곡(1962), 그리고 사실상 No. 3(1946)에서 잊을 수 없는 No. 8(1961)에 이르는 모든 현악 4중주 등이 그것이다. No. 8의 사중주의 공식적인 헌정은 "파시즘의 희생자들에게"였지만 쇼스타코비치가 딸에게 말한 것처럼 실제로는 "나 자신에게 헌정된 것"이었다.[199] No. 8의 사중주는 쇼스타코비치의 음악적 자서전——자신의 전 생애와 스탈린 시대 자기 민족의 삶을 요약한 하나의 비극——이었다. 자기 인용으로 가득 찬 감정적인 개인적 작품을 통해 독일의 음악적 표기법 체계에서 작곡가 이름의 네 개 문자(D-S-C-H)를 구성하는 똑같은 네 개의 음표(D-E플랫-C-B)가 반복된다. 네 개의 음표들은 만가처럼 들린다. 음표들은 눈물처럼 떨어지고 있다. 4번째와 마지막 악장에서 이 네 개의 음표들이 쇼스타코비치가 여기에서 자신을 나타내고 있는 노동자들의 혁명적인 장례식 만가 《잔혹한 속박으로 고통받는》과 상징적으로 결합되면서 슬픔은 걷잡을 수 없이 북받쳐 오른다.

7

1957년 10월 4일 스푸트니크 1호가 선구적 비행을 하면서 우주에서 최초의 발신음이 울리게 된다. 몇 주 후, 10월 혁명 40주년 기념식을 준비하던 시기에 개(犬) 라이카가 스푸트니크 2호를 타고 우주를 여행한다. 이 같은 하나의 작은 단계로 갑자기 소련은 과학과 기술에서 서구 세계를 비약적으로 앞선 것처럼 보였다. 흐루시초프는 그것이 공산주의적 이상의 승리를 선도하고 있다고 주장하면서 최대의 성공을 거두었다. 이듬해 붉은 깃발이 달 표면에 꽂혔다. 이어 1961년 4월 유리 가가린이 지구의 대기를 벗어난 최초의 인간이 되었다.

소비에트 체제는 과학과 기술에 대한 믿음으로 정의되었다. 1945년 이후 소비에트 체제는 군사적으로 유용한 핵물리학과 다른 분과들뿐 아니라 이론과학과 수학도 후원하며 과학 시설에 엄청난 투자를 했다. 국가는 과학을 최우선 과제로 삼아 과학자를 고위 산업경영자 및 당직자와 동등한 지위로 격상시켰다. 체제 이데올로기의 완전한 마르크스주의적 핵심은 인간의 고통을 제거하고 우주를 지배할 수 있는 인간 이성의 힘에 대한 낙관적인 믿음이었다. 소비에트 체제는 줄 베른과 H. G. 웰즈가 상상했던 것과 같은 미래의 전망에 근거하고 있었다. 그들의 저작은 세계의 다른 어느 나라보다 러시아에서 가장 인기가 있었다. 웰즈는 1919년 소비에트 러시아를 방문한 첫 번째 서구 작가들 중 한 명이었다. 그는 내전으로 황폐해진 가운데에서도 크레믈린의 레닌이 우주여행을 꿈꾸고 있다는 사실을 알게 된다.[200)]

러시아는 서구와 달리 처음부터 엄청난 범주의 SF소설이 주류 문학의 일부를 구성하고 있었다. SF소설은 레닌이 자신의 공산주의적 이상을 끌어낸 체르니쉐프스키의 소설 『무엇을 할 것인가?』(1862)에서의 "네 번째 꿈" 같은 미래 사회의 유토피아적 청사진을 위한 분야로 이용되었다. SF소설은 러시아 문학의 커다란 도덕적 이상을 위한 실험 분야였다——체르니세프스키가 전개한 과학과 물질적 발전을 통한 구원의 전망이 지구와 완벽하게 똑같은 행성에 대한 유토피아적 꿈속에서 사라져 버리는 도스토예프스키의 SF소설 이야기 『우스꽝스러운 사람의 꿈』(1877)에서처럼, 즉 우주의 파라다이스는 곧 주인과 노예로 구성된 세계로 무너져 버리고 화자는 꿈에서 깨어 유일하고 진정한 구원은 동료 인간에 대한 그리스도적인 사랑을 통해서만 가능하다는 사실을 알게 된다.

SF소설과 신비주의적 믿음의 혼합은 러시아의 전형적인 문학 전통이다. 러시아의 문학 전통 속에서 이상에 이르는 길은 흔히 이 세계와 이 세계의 세속적 현실에 대한 초월적 관점에서 찾아진다. 러시아혁명이 일어나면서 묵시록적인 SF소설이 엄청나게 늘어나게 된다. 프롤레트쿨트의 볼세비키 공동 창설자인 보그다노프는 제3의 천년왕국의 중반기 언젠가에 화성에 있는 공산주의적 유토피아를 묘사하고 있는 SF소설 『붉은 별』(1908)과 『엔지니어 메니』(1913)로 SF소설 붐을 주도한다. 사회주의적 구속에 대한 우주적 전망은 1920년대 플라토노프의 유토피아적 이야기에서 알렉세이 톨스토이의 베스트셀러 소설 『아엘리타』(1922)와 『가린 살인광선』(1926)에 이르는 SF소설 저술 붐에 소재를 제공하고 있다. 그것들은 프롤레타리아트에게 유용한 화성의 과학적 주제로 되돌아간다. 19세기의 선례처럼 환상문학은 과학과 양심에 대한 위대한 철학적, 도덕적 문제에 대한 전달 수단이었다. 자먀틴의 SF소설은 소비에트의 기술적 유토피아에 대한 인본주의적 비판을 전개하기 위해 러시아적 전통에 의존하고 있다. 그는 디스토피아적 소설 『우리』의 많은 도덕적 주장을 도스토예프스키에서 끌어내고 있다. 합리적인 만능의 첨단 기술 국가와 자유에 대한 비합리적이고 일탈적 요구가 절대주의 국가 권력을 전복시키려 위협하게 되는 아름다운 유혹녀인 I-330 간의 소설의 중심적 갈등은 안전에 대한 인간의 욕망과 자유 사이의 끊임없는 갈등에 대한 『카라마조프가의 형제들』에서 나오는 '종교재판소장' 의 중심에 놓인 담론의 계속이다.*

SF소설은 대체로 1930년대와 1940년대에 사라진다. 사회주의적 사실주의는 유토피아적 꿈이나 어떤 도덕적 모호함의 형태를 위한 여지를 남겨두지 않았다. 억압되지 않은 유일한 SF소설은 소비에트 기술을 격찬하는 것이었다. 하지만 1950년대의 우주 프로그램으로 소련에선 SF소설이 부흥하게 된다. SF소설 장르의 열성가인 흐루시초프는 작가들에게 스탈린 시대 이전의 전통으로 되돌아갈 것을 권유했다.

이반 에프레모프의 『안드로메다』(1957)는 새로운 과학소설 붐 속에서 가장 중요한 작품이자 분명 베스트셀러 중 하나였다(소련에서만 2천만 부 이상이 팔렸다). 이 소설은 지구가 우주 문명 속에서 다른 은하들과 통합되는 먼 미래를 배경으로 과학이 인간의 모든 욕구를 충족시키는 데 중요한 역할을 하는 우주적 파라다이스를 묘사하고 있다. 하지만 이 소설에서 무엇보다 존재의 목적으로 부각되는 것은 인간 존재의 윤리적 관계, 자유, 아름다움과 창조성에 대한 영원한 필요성이다. 에프레모프는 강경노선의 공산주의자들에게 혹독한 공격을 받았다. 즉 그의 정신적 가치에 대한 강조는 소비에트 체제의 완전한 유물론적 철학에 대한 근본적인 이의 제기에 거북스럽게 근접해 있었다. 하지만 그는 혼자가 아니었다. SF소설은 급속하게 소비에트 세계관에 대한 자유주의적이고 종교적이며 의견을 달

* 자먀틴의 소설 『우리』의 제목은 적어도 부분적으로는 도스토예프스키에게서 차용했을 것이다——특히 미래 혁명독재에 대한 그의 전망을 묘사하고 스타브로긴에 대해 베르코벤스키의 말("[우리]는 석조 건물을 세우는 법을 고려해야 할 것이다.……우리는 그것을 세우게 될 것이다, 우리, 우리만으로!")에서(『악령』에서, D. Magarshack(하몬스워스, 1971), 423쪽). 아마도 더 분명한 것은 그 제목이 집단의 혁명적 숭배와 관련이 있을 것이라는 점이다(프롤레트쿨트 시인 키릴로프는 '우리'라는 제목으로 시를 쓰기까지 했다). G. 케른, 『자먀틴의 우리: 비판적 에세이 모음』(안느 알보, 1988) 63쪽을 더 보라.

리하는 비판자들의 주무대가 되었다. 다닐 그레닌의 『폭풍 속으로』(1962)에서 물리학자인 주인공은 표트르 카피차 혹은 안드레이 사하로프인 휴머니스트다. 그는 인간의 정신적인 목적을 위해 과학을 제어할 필요성을 이해하고 있다. 그는 묻는다. "인간이 동물과 다른 것이 뭐지? 핵에너지? 전화? 도덕적 양심, 상상력, 정신적 사고야. 자네와 내가 지구의 자기장을 연구하고 있으니까 인간의 영혼은 좋아지겠지."[201]

스트루가츠키 형제(아르카디와 보리스)의 SF소설들은 도스토예프스키에서 고골리식으로 많은 것을 차용한 당대의 사회적 풍자이자 소비에트 유물론적 유토피아에 대한 이데올로기적 비판으로 체제 비판적으로 인식되고 있다. 물론 그것은 수년 간의 검열로 모든 문학을 비유로 읽는 데 익숙해진 소련의 수백만 독자들이 그 소설들을 받아들인 방식이었다. 『세기의 약탈자들』(1965)에서 스트루가츠키 형제는 핵과학과 기술이 동시에 어디든지 존재하는 관료주의적 국가에서 생각할 수 있는 모든 힘을 부여하는 소비에트 같은 미래 사회를 그리고 있다. 더 이상 노동이나 독립된 사고를 할 필요가 없기 때문에 사람들은 행복한 얼간이로 변화된다. 충분한 소비재를 향유하고 있는 시민들은 정신적으로 사망하게 된다. 의견을 달리하는 작가 안드레이 시냐프스키는 도스토예프스키의 작품에서 바로 예를 들 수 있는 러시아적 믿음과 토착적 민족주의를 위해 과학과 유물론을 포기할 것을 주장하는 경구적인 에세이 모음인 『부주의한 생각들』(1966)에서 같은 견해를 취하고 있다.

SF 영화는 마찬가지로 소비에트 유물론에 이의를 제기하는 전달 수단이었다. 예를 들어 롬의 〈9일〉(1962)에서 과학자 몇 명이 핵에너지가 제기하는 도덕적 문제에 대해 오랜 논쟁에 참여한다. 그들은 전체적으로 과학의 수단과 목적에 대해 철학적으로 사색한다――매우 구술적인 이 영화가 주인공들이 신의 존재에 대해 토론하는 도스토예프스키의 작품에서의 장면과 유사할 정도로. 안드레이 타르코프스키의 걸작 〈솔라리스〉(1972)에서 외계에 대한 탐험은 자기 인식, 사랑과 믿음에 대한 도덕적이고 정신적인 질문이 되고 있다. 크리스라는 과학자인 우주여행가는 과학자들이 거대하게 불타고 있는 별의 신비스럽게 재생하는 물리적 에너지원을 연구하고 있는 먼 은하의 우주정거장으로 여행한다. 크리스가 자신의 감정적 냉정함 때문에 자살로 몰고 간 과거의 연인 해리가 별의 힘에 의해 되살아났을 때 혹은 되살아나는 환영을 보았을 때, 그가 사랑의 능력을 되찾게 되면서 그의 여행은 더욱 개인적인 탐구가 된다. 해리의 희생(그녀는 자신을 다시 파괴한다)은 그녀에 대한 크리스의 감정적 의존에서 벗어나 지구(불타는 별에서 나타나고 있는 오아시스)로 되돌아갈 수 있게 해준다. 속죄하는 정신으로 그는 아버지 앞에서 자신의 죄에 대한 용서를 빌며 무릎을 꿇는다. 따라서 지구는 모든 우주여행의 올바른 목적지가 된다. 인간은 새로운 세계를 발견하기 위해서가 아니라 우주에서 지구의 복제품을 찾아 위험을 무릅쓰고 나아가는 것이다. 인간 정신에 대한 긍정은 해리가 자신의 지구에서의 이전 삶을 회상할 수 있게 도와주는 브뤼겔의 그림 〈눈 속의 사냥꾼〉을 바라보는 우주정거장에서의 장면에 놀랍도록 전달되고 있다. 바흐의 F 마이너 합창 서곡이 로스토프 종 소리 그리고 숲의 소리와 함께 흐를 때 카메라는 브뤼겔의 그림을 자세하게 훑으면서 우리 세계의 아름다움을 기뻐하고 있다. 〈솔라리스〉는 흔히 이 영화가 비유되는 스탠리 큐브릭의 〈2001 오디세이〉처럼 본래 의미의 우주에 대한 이야기는 아니다. 큐브릭의 영화가 지구로부터 우주를 보고 있는 반면 타르코프스키는 우주에서 지구를 바라보고 있다. 그것은 모든 기독교 문화와 소비에트 러시아까지도 그 속에서 구속을 찾는 인간의 가치에 대한 영화다.

그의 영화적 신조인 〈시간의 각인〉(1986)에서 타르코프스키는 예술가를 "진리를 추구하지 않는 사람들의 눈에는 보이지 않는" 아름다움을 드러내는 것을 사명으로 하는 성직자에 비유하고 있다.[202] 이 같은 진술은 도스토예프스키, 톨스토이 그리고 그 이전——타르코프스키가 자신의 걸작 〈안드레이 루블레프〉(1966)에서 그의 생애와 예술을 세상에 알린 사람과 같은 중세 성상화가에 이르기까지——으로 넘어가는 러시아 예술가의 전통 속에 있는 것이다. 타르코프스키의 영화는 사실상 성상화 같다. 느린 연기 때문에 피할 수 없는 영화의 시각적 아름다움과 상징적 이미지들을 성찰하는 것은 정신적 이상에 대한 예술가 자신의 탐구에 참여하는 것이다. 타르코프스키는 "예술은 인간에게 희망과 믿음을 주어야 한다"고 기록하고 있다.[203] 그의 영화는 모두 도덕적 진리를 탐구하는 여행들에 관한 것이다. 안드레이 루블레프는 『카라마조프 가의 형제들』에 나오는 알료샤처럼 수도원을 버리고 몽골 지배 하에 있는 동포 러시아인들 속에서 기독교적 사랑과 박애의 진실로 살기 위해 세상으로 들어간다. "진리는 가르쳐지는 것이 아니라 살아져야 한다. 투쟁을 준비하라!" 타르코프스키는 헤르만 헤세의 『유리알 유희』(1943)의 구절이 "〈안드레이 루블레프〉에 대한 비문으로 잘 어울릴 것이다"라고 말했다.[204]

똑같은 종교적 주제가 〈스토커〉(1979)의 중심에 놓여 있으며, 타르코프스키의 기술처럼 그는 이 영화에서 "인간 속에 있는 신의 존재"에 대해 이야기하고자 했다.[205] 영화의 제목인 스토커는 어떤 산업적 재난 이후에 국가에 의해 버려진 초자연적 황무지인 '그 지역'으로 과학자와 작가를 안내하고 있다. 그는 철저히 러시아 전통의 성스러운 바보다. 그는 모두가 오래 전에 신에 대한 믿음을 잃은 사회의 멸시를 받으며 가난 속에서 홀로 살아간다. 하지만 그는 자신의 종교적 믿음으로부터 정신적인 힘을 끌어낸다. 그는 "그 지역"의 한 가운데는 버려진 집 속에 있는 빈 공간에 불과하다는 사실을 이해하고 있다. 하지만 그가 자신과 함께 여행하는 사람들에게 이야기할 때 진실한 믿음은 약속된 땅에 대한 '믿음'에 기초한다. 즉 그것은 끊임없는 여행의 과정이지 어떤 목적지에 도착하는 것은 아니다. 자신들 이외의 믿을 어떤 것, 신앙에 대한 욕구는 고골리와 '러시아의 영혼' 시대 이후로 자신들을 신화적으로 이해하고 있는 러시아 민중을 규정하고 있다. 타르코프스키는 합리적 유물론이라는 이국적인 사상을 갖고 있는 소비에트 체제의 가치 체계에 반대되는 것으로서 민족의 신화를 소생시킨다. 타르코프스키는 "현대의 대중문화는 인간의 영혼을 무능하게 하고 있으며 인간과 정신적 존재로서의 자아의식인 존재에 대한 중대한 문제들 사이에 장벽을 세우고 있다"[206]고 쓰고 있다. 그는 이 같은 정신 의식이 러시아가 서구에 기여하게 될 것――러시아 농부의 집이 폐허가 된 이탈리아 성당 내에 그려지고 있는 그의 영화 〈향수〉(1983)의 마지막 성상화의 이미지에서 구체화되고 있는 생각――이라고 믿었다.

모든 형태의 조직화된 종교가 제한되고 "발전된 사회주의"의 약화된 정통파적 관행이 국가 정치를 장악하고 있는 브레즈네프 시대에 〈스토커〉와 〈솔라리스〉같은 영화가 제작되었다는 사실이 이상하게 보일 수도 있다. 하지만 소비에트라는 완전한 통일체 내에서 "러시아적 원리"로의 복귀를 요구하는 다양한 많은 목소리가 존재하고

30. 이탈리아의 성당 안에 있는 러시아의 집. 안드레이 타르코프스키의 〈향수〉(1983)의 마지막 장면.

있었다. 하나는 문학 잡지인 「젊은 근위병」으로 그것은 러시아 교회의 옹호자들인 러시아 민족주의자와 보수주의자들, "마을 산문작가" 페도르 아브라모프 그리고 러시아 영혼과 세계에서의 러시아의 사명에 대한 진정한 지지자로서 시골의 향수어린 그림을 그리고 정직하게 노동하는 농민들을 이상화하는 발렌틴 푸틴 같은 신 민중주의자들을 위한 포럼으로 기능했다. 「젊은 근위병」은 1970년대에 당 고위 지도자들의 지지를 받았다.* 하지만 그 문화정책은 거의 공산

* 그것은 브레즈네프의 이데올로기 담당자였던 정치국원 미하일 수슬로프의 정치적 보호였다. 알렉산드르 야코블레프가 민족주의와 종교를 강조한다는 이유로 「젊은 근위병」을 반 레닌주의적인 것으로 공격하자 수슬로프는 브레즈네프에게서 잡지에 대한 지지를 얻어내는 데 성공한다. 야코블레프는 당 선전 부서에서 축출된다. 1973년 그는 중앙위원회에서 해임되어 캐나다 주재 소련 대사로 임명된다

주의적이지 않았다. 때로 교회와 역사적 기념물의 파괴에 대한 반대나 10월 혁명을 민족적 전통의 단절이라고 공개적으로 비난하는 민족주의 화가 일리아 글라주노프의 논란이 많은 논문에서 그것은 반소비에트적이기까지 했다. 잡지는 러시아 교회 내의 반대그룹, 보수주의 운동(1960년대에 수백만 명의 회원을 갖고 있었다) 그리고 의견을 달리하는 인텔리겐차와 관련이 있었다. 「젊은 근위병」이 「신세계」(솔제니친이 1962년 『이반 데니소비치의 생애에 어느 하루』를 출판함으로써 명성을 얻었던 잡지)[207]의 공격을 받자 솔제니친조차 「젊은 근위병」을 옹호하게 된다. 1970년대에 러시아 민족주의는 당원들과 반대자들 모두에게서 지지를 받는 세력이 커가고 있던 운동이었다. 「젊은 근위병」과 같은 몇몇 잡지들――일부는 공직자였으며 또 다른 사람들은 반대자로 비합법적으로 간행된(samizdat)――과 광범위한 공동체에 "러시아적 원리"를 강제하는 문학 협회에서 보수 단체들에 이르는 폭 넓은 국영 혹은 자발적 결사들이 존재했다. 지하 간행물인 「베체」의 편집자가 1971년 첫 번째 사설에서 쓰고 있는 것처럼 "어쨌든 아직 러시아인들이 존재하고 있다. 고향으로 돌아가기에 너무 늦은 것은 아니다."[208]

결국 "소비에트 문화"란 무엇인가? 소비에트 문화가 어떤 것인가? 예술에서 특정한 소비에트 장르가 존재한다고 말할 수 있는가? 서유럽에서 상당 부분을 차용한 1920년대의 아방가르드는 현실적으로 세기 전환기 모더니즘의 연속이었다. 아방가르드는 여러 가지 방식에서 볼셰비키 체제보다 더 혁명적이었지만, 결국 그것은 소비에트 국가와 양립할 수 없었다. 소비에트 국가는 결코 예술가들의

(그는 캐나다에서 돌아와 고르바초프의 이념 담당자가 된다).

꿈에 따라 건설될 수 없었던 것이다. “프롤레타리아트”의 토대 위에 소비에트 문화를 건설한다는 생각은 마찬가지로 유지될 수 없었다——비록 그것은 분명 본질적으로 “소비에트적”인 하나의 문화적 이상이었지만, 호각 소리는 음악이 될 수 없었다(그리고 어쨌든 “프롤레타리아적 예술”이란 무엇인가?). 사회주의적 사실주의는 또한 아마 틀림없이 명백한 소비에트 예술 형태였다. 하지만 그것의 상당 부분은 제3제국이나 파시스트 이탈리아의 예술처럼 19세기 전통에 대한 끔찍한 왜곡이었다. 결국 “소비에트적” 요소(무감각하게 하는 이데올로기적 무게로 요약되는)는 예술에 어떤 것도 추가하지 못했다.

그루지야인 영화감독 오타르 이소슬리아니는 1962년 경험 많은 영화 제작자인 보리스 바네와의 대화를 다음과 같이 회상하고 있다.

> 그가 나에게 물었다. ‘무슨 일을 하십니까?’ 내가 말했다, ‘영화감독입니다’……‘소비에트’ 그가 정정했다. ‘선생께선 언제나 “소비에트 영화감독”이라고 말씀하셔야 합니다. 그것은 매우 특별한 직업이죠.’ ‘어떤 의미에서 그렇죠?’ 내가 물었다. ‘당신이 어떻게든 정직해진다면 놀라운 일이고 선생께선 “소비에트”라는 단어를 떼어버릴 수 있기 때문입니다.’ [209]

8

내가 말한 폐허 아래로부터,
내가 비명을 지른 눈사태 아래로부터,

마치 악취를 풍기는 지하실의 둥근 천장 아래에서처럼
나는 생석회 속에서 불타고 있다.
나는 소리 없는 이 겨울을 더 좋아하게 되리
그리고 영원의 문들을 영원히 닫게 되리,
그리고 그래도 그들은 나의 목소리를 알아듣겠지,
그리고 그래도 그들은 한 번 더 나의 목소리를 믿게 되겠지.[210]

안나 아흐마토바는 위대한 생존자들 중 한 명이었다. 그녀의 시적 목소리는 억누를 수 없었다. 1956년 굴락에서 아들이 풀려나면서 시작된 그녀의 긴 생애 중 마지막 10년간, 아흐마토바는 상대적으로 차분한 생활을 누릴 수 있었다. 그녀는 운이 좋게도 말년까지 시를 쓸 수 있었다.

1963년 아흐마토바는 1940년에 쓰기 시작한 자신의 걸작 『영웅없는 시』에 마지막 부분을 첨부한다. 1945년 파운틴 하우스에서 그녀가 시를 읽어준 이사야 벌린은 그것을 "시인이자 자기 존재의 일부였던 도시——성 페테르부르크——의 과거로서 그녀의 삶에 대한 마지막 기록"이라고 기술하고 있다.[211] 이 시는 파운틴 하우스에 있는 저자 앞에 나타난 가면을 쓴 인물들의 축제 행렬의 형태로 역사가 1913년 뒤에 남긴 페테르부르크 출신의 사라진 모든 세대의 친구들과 인물들을 출현시키고 있다. 이 같은 창조적 기억행위를 통해 시인은 역사를 되찾아 구원하고 있다. 아흐마토바는 서장의 헌정에서

....

……그리고 종이가 충분하지 않기 때문에,

당신의 첫 번째 초고에 쓰고 있다.[212)]*

시는 문학적 인용으로 가득 차 있고 수많은 학자들이 그것 때문에 당혹스러워하지만 헌정의 말에서 암시되고 있는 것처럼 그 본질은 아흐마토바가 시의 3장에 대한 비문으로 인용하고 있는 기도 같은 시로 만델스탐에 의해 예언되어 있다.

우리는 페테르부르크에서 다시 만나게 되리
마치 우리가 그 안에 태양을 묻어 두었기라도 한 듯이
그리고 처음으로 소리 내어 읽게 되리
그 축복받은 의미없는 단어를.
소비에트 밤의 검은 벨벳 속에서,
우주적 공허의 벨벳 속에서
축복 받은 여인의 친숙한 눈은 노래하고
아직 죽지 않은 꽃들은 꽃을 피우리.[213)]

아흐마토바의 『시』는 레닌그라드에서 죽은 사람들을 위한 비가다. 그 같은 회상은 성스러운 행동이며 어떤 의미에서 만델스탐의 기도에 대한 답변이다. 하지만 시는 부활의 노래이기도 하다——페테르부르크의 사람들이 소비에트의 밤을 견디고 다시 그 도시에서 만날 수 있게 하는 정신적 가치의 문학적 구현.

* 아흐마토바는 몇몇 친구에게 첫 번째 헌정의 말은 만델스탐에게 바친 것이라고 전했다. 나데즈다 만델스탐이 처음에 그녀가 그 시를 읽는 소리를 듣고 헌정의 말을 누구에게 할 것이냐고 묻자, 아흐마토바는 "약간 화가 나" 대답했다. "당신은 내가 누구의 첫 번째 초고에 시를 쓸 수 있다고 생각하는가?"(만델스탐, 『버려진 희망』, 435쪽).

아흐마토바는 1966년 3월 5일 모스크바에 있는 환자요양소에서 평화롭게 죽는다. 그녀의 시신은 프라스코비아를 추모하기 위해 건설된 전 쉐레메테프 알름스 하우스의 시체 보관소로 옮겨져 이곳에서 파운틴 하우스의 문들을 굽어보고 있는 똑같은 제명 "하느님께서 모두를 지키시리라"에 의해 보호받는다. 레닌그라드에서의 그녀의 장례식에는 수천 명이 몰려들었다. 바로크 교회인 성 니콜라이는 밀집한 군중들을 거리로 쏟아냈고 거리에선 미사가 시작해서 끝날 때까지 종교적으로 슬픔에 잠긴 침묵이 유지되었다. 페테르부르크의 민중들은 아무도 말할 수 없었던 시기에 자신들을 대변한 시를 써 준 한 시민에 대한 마지막 존경을 표시하기 위해 몰려들었다. 아흐마토바는 그때 민중과 함께 있었다. "불행하게도 나의 민중들이 있는 그곳에." 이제 그들이 그녀와 함께 있다. 장례 행렬이 코마로보 공동묘지로 가는 길에 페테르부르크를 지날 때 장례 행렬은 아흐마토바가 작별 인사를 할 수 있도록 파운틴 하우스 앞에서 잠시 멈춰 섰다.

제8장

저는 나의 러시아적인 많은 것과 일반적인 러시아적인 많은 것을 싫어하지만 제 의지로 러시아를 떠난 것은 아닙니다. 하지만 러시아를 비판할 권리는 나의 것입니다. 왜냐하면 러시아는 나의 것이며 나는 러시아를 사랑하고 나는 어떤 외국인에게도 러시아를 비판할 권리를 주지 않았기 때문입니다.-스트라빈스키

해외의 러시아 망명객

1962년 9월 21일 모스크바의 쉐레메테보 공항에 도착한 이고르 스트라빈스키와 베라 스트라빈스키 부부

1

향수! 그리 오래도
권태에 노출되다니!
이제 아무래도 상관없지
아주 외로이 어디에 있든

혹은 어떤 자갈길 위를 방황하든
쇼핑백을 들고 돌아가는 집은
병원이나 막사와
다름없는 곳.

아무래도 상관없지, 매혹적인
유명인—붐비는 사람들 사이에서
마음이 흔들리는 어떤 얼굴이나 군중이
의무처럼 나에게 드러내는 어떤 사람—도

나 자신 속으로, 나의 분리된 내적 세계로,
캄차트카는 얼음 없이 들어 와 있지.
내가 적응하지 못한 곳(그리고 나는 적응하려고도 하지 않고 있다) 혹은
내가 늘 창피를 당한 곳에.

그리고 속지 않으리
나의 모국어와 그 모유 같은 유혹에.
무슨 상관이 있으리

내가 만난 사람에게 어떤 언어로 오해를 받든.

(혹은 독자들이 신문 기사에 무엇을 그대로 받아들이든
뒷공론을 위해 무엇을 짜내든?)
그들은 모두 20세기 사람들이고
나는 과거에 속한 사람인 것을,

가로수 길 뒤에
남겨진 바보처럼 어리벙벙해져.
누가 됐든 무슨 일이든 나에겐 상관없지
기껏해야 그게 그것인 걸

전혀 무관한 것들은
한때는 고향의 것이었지만
세월이 파괴한 노래와 상징들
정신은 어딘가에 담겨있지,

하지만 나의 조국은 나에 대해 전혀 개의치 않아
아무리 명민한 스파이라도
나의 정신을 모두 조사할 수 있다 해도
어떤 특징도 간파하지 못하리!

집들은 이질적이고, 교회들은 비어 있으며
모든 것은 한결같지
하지만 길옆에서

덤불이 자라고 있다면, 특히

로완베리가……[1]

망명 시인인 마리나 츠베타예바는 로완베리 나무를 보고 고통스러운 기억들을 떠올리게 된다. 로완베리는 오랫동안 잊고 있었던 러시아에서의 어린 시절과 고국에 대한 가장된 무관심을 나타내고 있는 이 구절들 밑에 숨기거나 묻어 둘 수 없는 고유한 "특징"을 상기시키고 있다. 시의 첫 번째 시도에서 츠베타예바는 자신의 고독에 대한 상징으로 로완베리 나무를 선택하고 있다.

로완베리의 붉은 언덕은 불타고 있네,

그 잎들이 떨어지고 나서 나는 태어났지.[2]

이 같은 연상으로부터 향수병에 걸린 망명자는 마음 속에 고국을 그리고 있다. 향수는 추상적인 조국에 대한 어떤 강한 애착이 아니라 어떤 특정한 것에 대한 그리움이다. 나보코프에게 "러시아"는 가족 영지에서 보냈던 어린 시절의 여름에 대한 그의 꿈에 포함되어 있다. 즉 숲 속에서의 버섯 채취, 나비 채집, 뿌드득거리는 눈 소리 같은 것이었다. 스트라빈스키에게 러시아는 역시 소년 시절로부터 회상했던 페테르부르크의 소리들이었다. 조약돌 위를 달리는 말발굽 소리와 마차바퀴 소리, 거리 장사꾼들의 외침소리와 성 니콜라이 교회의 종 소리 그리고 그의 음악적 페르소나가 처음으로 형성된 마린스키 극장의 소란 등이었다. 반면 츠베타예바의 "러시아"는 세 개의 늪 길에 있는 아버지의 모스크바 저택의 정신적 이미지에 의해 형성되고 있다. 이 저택은 1918년 추운 겨울 땔감으로 뜯겨졌다. 하지만 거의 20년간의 망명 생활을 접고 1939년 츠베타예바가 그곳으로 돌아왔을 때 그녀는 이전처럼 자신이 좋아하는 로완베리가 크고 있는 것을 발견했다. 그 나무는 츠베타예바의 "러시아"에서 남은 유일한 것이었다. 츠베타예바는 아흐마토바에게 "그들이 발견해 그것을 베는" 경우 외에는 누구에게도 로완베리의 존재를 말하지 말아달라고 부탁했다.[3]

츠베타예바가 스탈린의 러시아로 되돌아오게 된 많은 요소들 중에서 가장 중요한 것은 러시아 땅을 밟아보고 싶었던 그녀의 욕망이었다. 그녀는 로완베리 나무 근처에 있을 필요가 있었다. 츠베타예바의 귀국은 그녀의 오래되고 고통스러운 내적 투쟁의 결과였다. 대부분의 망명객들처럼 그녀는 조국에 대한 두 가지 상반된 견해를 갖고 있었다. 첫 번째 것은 모든 러시아 시인들이 자신의 일부라고 느끼는 문화적 전통, 문학, 문어적 언어와 같은 "자신 속에 남아 있는" 러시아였다.[4] 내적인 러시아는 어떤 지역에 국한되지 않은 하나의 조국이었다. 츠베타예바는 작가 로만 굴에게 "러시아 밖에서 살면서 마음 속에 러시아를 담아 둘 수 있다"고 설명하고 있다.[5] 호다세비치가 1922년 베를린으로 떠날 때 말한 것처럼 이것은 푸쉬킨의 작품들에서 분리해 "가방에 꾸릴 수 있는 러시아"였다.

> 내가 가진 것이라곤 5권의 얇은 책,
> 그리고 이 책들엔 나의 고향이 담겨 있다.[6]

또 다른 러시아는 대지 그 자체——여전히 고향에 대한 기억을 포함하고 있는 장소——였다. 아무리 관심이 없다고 공언해도 츠베타예바는 그 끌림을 거부할 수 없었다. 곁에 없는 연인처럼 그녀는 그 물리적 존재 때문에 아파했다. 광활한 풍경과 러시아 말소리를 그리워했고 마음 속으로 그리는 연상망은 창조력의 영감이었다.

1917년과 1929년 사이에 3백만 명의 러시아인들이 고향을 버리고 떠났다. 그들은 베를린, 파리와 뉴욕에 있는 러시아 문화생활의 중심지들과 함께 만주에서 캘리포니아에 이르는 가상의 국가를 구성하고 있었다. 여기에 사라진 세계의 잔영이 있었다. 전 차르의 고문과 정부 관리들이 마지막 보석을 팔아 살아가고 있었다. 쫓겨난 지주들은 웨이터로 일하고 파산한 사업가는 공장 노동자로, 패배한 백군 장교들은 밤에는 택시 운전사로, 낮에는 백군 장군 데니킨 장군의 잘못에 대한 회고록을 집필했다. 쉐레메테프 가 같은 대가족은 사방으로 뿔뿔이 흩어졌다. 쉐레메테프 가의 종가는 1918년에 러시아를 떠나 파리로 그리고 이어 뉴욕으로 이주했다. 하지만 방계 가족들은 남아메리카, 벨기에, 그리스와 모로코로 이주했다.

베를린은 이주민들 최초의 중요한 중심지였다. 베를린은 러시아와 유럽의 자연적 갈림길이었다. 제1차 세계대전 이후 경제적 위기와 마르크화의 붕괴로 보석이나 서구 화폐를 가지고 들어온 러시아인들에게 베를린은 상대적으로 물가가 쌌으며 몰락한 중산층이 거주하던 베를린의 교외에선 크고 값싼 아파트를 쉽게 구할 수 있었다. 1921년 소비에트 정부는 신 경제 정책의 일환으로 출국비자에 대한 통제를 철폐했다. 당시 독일은 소비에트 러시아와 외교적 통상 관계를 맺고 있는 유일한 유럽 강대국이었다. 승리한 서구 정부들이 부과한 배상과 무역제재로 아직 전쟁의 대가를 치르고 있던 독일은 소비에트 러시아를 교역국이자 외교적 우방국으로 보았다. 1920년대 초 50만의 러시아인들이 찰로텐부르크와 베를린의 서남부 교외 지역으로 몰려들었다. 베를린 사람들은 시의 중요 쇼핑가인 쿠르퓌르스텐담에 "네프스키 대로"라는 별명을 붙였다. 베를린엔 러시아 카페, 러시아 극장과 책방, 러시아 카바레가 있었다. 교외에선 러시아 야채가게, 러시아 세탁소, 러시아 전당포와 러시아 골동품 가게를 볼 수 있었다. 러시아 오케스트라와 러시아 축구팀(골잡이로 활약하던 젊은 블라디미르 나보코프와 함께)까지 있었다.[7)]

베를린은 자타가 공인하는 러시아 망명자 공동체의 문화적 수도였다. 이 공동체의 음악적 재능은 탁월했다. 즉 스트라빈스키, 라흐마니노프, 하이페츠, 호로비츠와 나단 밀스타인 등이 베를린의 음악회에서 함께 연주했다. 1922년 츠베타예바가 도착했을 때 베를린은 러시아 아방가르드의 가장 뛰어난 문학적 인재들(호다세비치, 나보코프, 베르베로바, 레미조프)이 선택한 고향이 되었다. 베를린엔 놀랍게도 86개의 러시아 출판사들——독일 출판사 수보다 많은——이 있었고 베를린의 러시아어 신문들은 전세계에서 팔리고 있었다.[8)]

베를린은 또한 아직 어디에 정착할지 결정하지 못하고 있는 고리키, 벨르이, 파스테르나크, 알렉세이 톨스토이와 일리야 에렌부르그 같은 작가들의 소비에트 러시아와 서구 사이의 중간 기착지이기도 했다. 베를린은 소련 출신의 작가들, 서구와 이미 확립되어 있던 러시아 망명 공동체의 문학 동료들을 위한 회합 장소가 되고 있었다. 베를린에서의 출판 비용은 매우 낮았다. 너무 낮아서 몇몇 소비에트 출판업자와 정기간행물 출판업자는 독일의 수도에 사무실을 설치하기도 했다. 1920년대 초 러시아적 베를린에서 소비에트 문화와 망명객 문화 사이의 명확한 구분은 아직 없었다. 베를린은 좌익 아방가르드의 중심지였다. 그들 사이에서 소비에트 러시아를 이주민과 결합시키는 공통의 러시아 문화에 대한 이상이 1917년 이후에 매우 강하게 남아 있었다. 다른 중요한 이주민 중심지들에선 일반적으로 공통된 러시아 문화에 대한 생각을 배척하고 있었다. 하지만 베를린은 달랐다. 잠시 동안이긴 했지만 작가들은 모스크바와 베를린을 자유롭게 오갈 수 있었다. '스베나 베히'(획기적 변화)로 알려진 이주민 단체가 소련으로의 영구귀국을 위한 사회운동을 시작하고 소비에트의 후원으로 자신들의 신문인 「나카누네」(전야에)를 설립한 1920년대 중반에 분위기는 바뀌었다. 역사소설가인 알렉세이 톨스토이가 모스크바로 돌아간 1923년 전환점이 찾아왔다. 스캔들이 이어지면서 베를린 이주민 공동체는 좌파와 우파로 극단적으로 양극화——소비에트 고향으로 가는 가교를 건설하고 싶어하는 사람들과 그 같은 다리를 불태워버리고 싶어하는 사람들 사이——되었다.

1920년대 중반 독일 마르크화가 안정되고 경제가 회복되기 시작하면서 갑자기 러시아 망명객들에겐 버거울 정도로 베를린의 물가가 상승했다. 망명객의 절반에 달하는 베를린의 러시아 거주자들은 유럽 대륙 전역으로 흩어졌다. 츠베타예바와 그녀의 남편 세르게이 에프런은 에프런이 칼 대학에서 공부하기 위해 프라하로 향했다. 프라하는 러시아 학문의 중심지였다. 체코슬로바키아 초대 대통령인 토마스 마사리크는 저명한 러시아 학자였다. 체코인들은 자신들의 동포인 슬라브인들과 러시아 내전에서 동맹자였던 "백계 러시아인"들을 환영했다. 1918년 체코 민족주의자들의 군대는 열강들과의 전쟁에 러시아가 참여하기를 희망하며 반 볼셰비키주의자들과 함께 싸웠다.* 그 해 체코슬로바키아가 독립한 후 프라하 정부는 에프

* 오스트로-헝가리 제국으로부터 독립하기 위해 투쟁한 민족주의자들로서 35000명의 체코군 병사들은 오스트리아에 대한 투쟁을 계속하기 위해 프랑스의 전쟁터로 되돌아가고 싶어했다. 그들은 적의 국경을 가로지르는 위험을 감수하기보다는 동

런 같은 러시아 학생들에게 보조금을 지급하였다.

1925년 츠베타예바와 에프런은 파리로 옮겨갔다. 베를린이 해외 러시아의 문화적 중심지라면 파리는 해외 러시아의 정치적 수도였다. 전후 베르사이유 회의는 모든 주요 당파들과 자칭 러시아 망명 정부의 대표들을 끌어들였다. 1920년대 중반까지 파리는 서구 정부의 관심을 끌고 그곳에 살려하던 부유한 러시아 망명객들의 지원을 얻기 위해 경쟁하는 러시아 파벌과 온갖 유형의 운동들이 혼재한 정치적 음모의 온상이었다. 츠베타예바와 에프런은 단기간 유지되다 1918년 1월 볼세비키에 의해 폐쇄된 입헌의회 의장이었던 노련한 사회주의 혁명 지도자 빅토르 체르노프의 전 아내 올가 체르노프의 비좁은 아파트에서 어린 두 아이와 함께 머물고 있었다. 다뤼가 인근에 형성된 "리틀 러시아"에서 에프런 부부는 정기적으로 1차 임시정부 수상 르보프 공, 1차 임시정부 외무 장관 파벨 밀류코프 그리고 츠베타예바가 1917년의 운명적 여름에 자신의 우상 보나파르트에 비유했었던 또 다른 전직 수상인 저돌적 젊은이 알렉산드르 케렌스키 같은 몰락한 혁명 영웅들을 만났다.

그리고 실각한 유명한 어떤 사람은
꿈만 꾸지 않는다.

쪽으로 나아가 오른쪽으로 세계를 돌아 블라디보스토크와 미국을 경유해 유럽에 도착하기로 결심했다. 하지만 그들이 시베리아 횡단 철도를 따라 동쪽으로 이동하면서 곧 자신들의 무기를 탈취하고자 하는 지역 소비에트와의 사소한 전투로 수렁에 빠져들게 되었다. 체코인들은 사회주의적 혁명가들과의 협력을 중단하고 모스크바와 성페테르부르크에서 볼가 지역으로 달아나 볼세비키 체제와 1918년 1월 입헌의회의 폐쇄에 이은 전쟁 종결에 반대하는 농민의 지원을 규합한다. 6월 8일 체코군은 볼가 강의 도시 사마라를 장악하고 전(前) 입헌의회 의원들로 구성된 정부가 겨우 그곳을 지배하다가 10월 적군에게 패배하자 분열되어 투쟁의지를 잃었고, 1918년 10월 28일 체코는 독립을 선언한다.

나의 조국에
일종의 보나파르트가 나타났다.[9)]

1920년대 말까지 파리는 논란의 여지가 없는 유럽의 러시아 이주민 중심지가 되었다. 그 지위는 불황기에 러시아인들이 히틀러의 독일로부터 프랑스의 수도로 이주하면서 확고해졌다. 러시아 문학과 예술적 삶은 16세기 구(區) 카페에서 번성했으며 그곳에서 곤차로바와 그녀의 남편 미하일 라리오노프, 베누아, 박스트 그리고 알렉산드라 엑스터 같은 예술가들이 스트라빈스키와 프로코피에프 그리고 부닌과 메레쥐코프스키, 혹은 1925년 베를린에서 그곳으로 이주한 니나 베르베로바와 그의 남편인 호다세비치 등과 교류했다.

대부분의 망명자들이 알고 있었듯이 러시아는 1917년 10월 사라졌다. 그들이 소비에트 러시아를 경멸적으로 지칭하는 것과 같은 "Sovdepia"(소비에트 국의 두문)은 그들이 보기에 이름값에 미치지 못하는 사기꾼이었다. 스트라빈스키는 그가 망명할 때 언제나 자신은 떠나는 것이 아니라 영원히 러시아를 "잃는 것"이라고 말했다.[10)] 츠베타예바는 1930년대 초에 쓴 '아들에게 보내는 시'에서 자신이 되돌아갈 러시아는 존재하지 않는다고 결론짓고 있다.

렌턴을 갖고 샅샅이 찾아 헤매지
달 아래 있는 온 세계를.
그 나라는 존재하지 않아
지도상에도 우주공간에도.

잔 바닥이 드러나 빛이 나도록

마시라!
되돌아갈 수 있을까
완전히 파괴된 집으로?[11]

어린 시절의 기억처럼, 사라진 어떤 것처럼 시각적 환상으로서의 러시아에 대한 관념은 해외 러시아인의 시의 중심적인 주제였다. 조르주 이바노프가 다음과 같이 쓰고 있듯이

러시아는 행복, 러시아는 모든 빛.
혹은 러시아가 어둠 속으로 사라져 버렸을지도.

그리고 네바 강에서 태양이 지지 않고,
푸쉬킨은 우리의 유럽 도시에서 끊임없이 회자되고,

페테르부르크도 없고 모스크바엔 크레믈린도 없지—
끝없이 펼쳐진 들, 눈 그리고 더 많은 눈들만이 존재한다.[12]

츠베타예바에게 러시아라는 신기루는 세 개의 늪 길에 있는 그녀의 부서진 집에 대한 사라져가는 기억이다. 나보코프는 그의 시 「자전거 타는 사람」(1922)에서 러시아에 대한 환상은 늘 다음 모퉁이에서 나타날 것 같은――하지만 나타나지 않는――가족의 시골집인 브이라로 자전거를 타고 가는 꿈이었다.[13] 나보코프는 돌이킬 수 없는 어린 시절의 조각에 대한 향수어린 동경은 『말, 기억』(1951)에서 아름답게 환기시키고 있다. 어린 시절의 장소에서 분리되는 것은 자신의 과거가 신화로 사라지는 것을 보는 것이다.

31. 세르게이 에프린과 마리나 츠베타예바, 1911.

츠베타예바는 모스크바 대학 미술사 교수이자 모스크바 미술박물관(지금은 푸쉬킨 화랑으로 알려진)의 설립 감독인 이반 츠베타예프의 딸이었다. 푸쉬킨의 『예브게니 오네긴』에서의 타치아나처럼 젊은 시인은 책의 세계에서 살았다. 츠베타예바는 한 번은 "내가 바로 원고죠"라고 말했다.[14] 그녀가 처음으로 낭만적 사랑에 빠진 사람은 푸쉬킨과 나폴레옹이었다. 츠베타예바가 사랑에 빠졌던 많은 현실의 사람들(남자와 여자 모두)은 아마도 그녀의 문학적 이상의 투영에 불과했을 것이다. 츠베타예바는 이 같은 연애를 '문학적 우정'이라고 불렀으며 그녀가 사랑했던 사람들 중엔 시인인 블록과 벨르이, 파스테르나크와 만델스탐도 포함되어 있었다. 그들에 대해 츠베타예바가 어느 정도의 열정을 가졌었는지는 분명하지 않다. 에프런은 예외로 그녀의 비극적 생애에 유일하게 지속적인 인간적 관계를 가졌으며 그가 없으면 그녀가 살아 갈 수 없는 사람이었다. 츠베타예바는 그를 위해 자신의 인생을 파괴할 준비가 되어 있을 정도로 그에게 필요한 사람이 될 수 있기를 간절히 원했다. 그들은 에프런이 아직 학생이고 그녀는 학교를 갓 졸업했던 1911년 어느 여름날 크리미아에서 만났다. 에프런은 커다란 눈과 갸름한 얼굴의 잘 생긴 젊은이였다. 츠베타예바는 그를 자신의 '보나파르트'로 생각했다. 그들은 혁명적 이상에 대한 낭만적 열정을 공유하고 있었다(에프런의 아버지는 혁명적 비밀조직의 테러리스트였다). 하지만 마침내 혁명이 일어나자 그들은 모두 백군에 동조했다. 츠베타예바는 개인적인 것들을 짓밟는 군중의 정신에 거부감을 느꼈다. 에프런은 러시아 남부의 데니킨의 군대에 가담하기 위해 모스크바를 떠났다. 그녀는 『백조들의 야영지』(1917~21)에서 그를 자신의 영웅으로 묘사하고 있다.

백군 근위대
러시아인의 용기의 고르디우스 매듭.†
백군 근위대
러시아 민요의 흰 버섯.
백군 근위대
하늘을 가로지르고 있지 않은 흰 별들,
백군 근위대
적그리스도 갈비뼈 속의 검은 못.[15]

† 프리기아 국왕 고르디우스가 풀도록 제시한 매듭을 알렉산드로스 대왕이 칼로 끊어 버림으로써 어려운 문제를 명쾌하게 해결하는 것을 지칭하게 됨.

이후 1918년부터 1922년까지 5년간 젊은 부부는 떨어져 살았다. 츠베타예바는 그들 둘 다 내전에서 살아남는다면 에프런을 '개처럼' 따라가 어디든 그가 선택한 곳에서 살겠다고 맹세했다. 에프런이 남부에서 데니킨 군대 편에서 싸우는 동안 츠베타예바는 모스크바에 남아 있었다. 그녀는 빵과 연료를 확보하기 위한 매일 매일의 고투 속에서 점차 조숙하게 늙어갔다. 당시 절친한 친구가 된 세르게이 볼콘스키 공은 "난방이 되지 않고 때로 빛조차 없는 초라한 공동주택에서의" 그녀의 삶에 대해 회상하고 있다. "어린 알랴는 그녀가 그린 그림으로 둘러싸인 칸막이 뒤에서 자고 있고 초라한 스토브엔 연료도 없고 전깃불은 희미했으며……어둠과 추위가 그곳을 지배하려는 듯이 거리로부터 들어왔다."[16] 절망적으로 음식을 구하던 츠베타예바는 혁명의 잔혹한 결과를 깨닫게 되었다. 그녀에게 사람들은 인간적 품위와 온정에 대한 모든 감각을 잃어버린 것처럼 보였다. 츠베타예바는 러시아를 사랑하긴 했지만 새로운 현실에 직면해 이민을 고려하지 않을 수 없었다. 1920년 어린 딸 이리나의 죽음은 참혹한 충격이었다. 츠베타예바의 큰 딸인 알랴는 후에 "어머니께선 이곳에선 어린아이가 굶어 죽을 수 있다는 생각에서 벗어날 수 없었다"고 쓰고 있다.[17] 이리나의 죽음으로 츠베타예바는 더욱 에프런과 함께하고 싶었다. 1920년 가을부터 그에게선 소식이 오지 않았다. 당시 패배한 백군은 남쪽으로 후퇴해 크리미아를 지나 볼세비키에게서 벗어나기 위한 선박을 타기 위해 집결하고 있었다. 츠베타예바는 에프런이 죽었다면 자살할 것이라고 말했다. 마침내 에프런이 콘스탄티노플에 있다는 사실이 밝혀졌다. 그녀는 모스크바를 떠나 베를린에서 그를 만났다.

츠베타예바는 러시아를 떠나는 것을 영혼이 육체에서 이탈하는 일종의 죽음으로 기술하고 있다. 그녀는 모국어를 사용하던 조국으로부터 분리된 자신이 시를 쓸 수 없게 되지나 않을까 두려워했다. 츠베타예바는 모스크바를 떠나기 직전 에렌부르그에게 "여기에서 헤진 신발은 불운하거나 영웅적이다. 그곳에서 그것은 하나의 불명예다. 사람들은 나를 거지라고 생각하고 내가 온 곳으로 쫓아 보낼 것이다. 그런 일이 생기면 자살할 것이다"라고 쓰고 있다.[18]

러시아를 떠나면서 츠베타예바는 민족적 주제에 더욱 관심을 갖게 된다. 1920년대에 그녀는 많은 향수어린 시들을 쓴다. 그녀가 살아 있을 때 출판되었던 그녀의 마지막 책 『러시아 이후』(1928)에는 가장 좋은 시들이 들어 있다.

> 러시아 호밀,
> 여자보다 더 큰 옥수수가 자란 들에 대한 나의 인사.[19]

자신이 잃어버린 일련의 아주 감동적인 러시아에 대한 회상에서 그녀는 점차 산문에 관심을 돌린다("이민 이후에 나는 산문작가가 되었다").[20] 그녀는 동료 망명객에게 "나는 그들 모두가 헛되이 살지 않도록, 내가 헛되이 살아서는 안 되기 때문에 그 모든 세계를 소생시키고 싶다"라고 설명했다.[21] 『나의 푸쉬킨』(1937) 같은 에세이에서 그녀가 열망한 것은 자신의 마음 속에 있는 구 러시아의 오랜 전통이었다. 이것이 그녀가 자신이 느낀 것을 「향수」에 썼을 때 의도했던 것이다.

> 가로수 길 뒤에
> 남겨진 바보처럼, 어리벙벙해져.[22]

예술가로서 그녀는 자신이 푸쉬킨이 건설한 문학공동체에서 분리됨으로써 고아가 되었다고 느꼈다.

따라서 츠베타예바는 1921년 소비에트 러시아를 떠나야 했던 조화와 균형이 잡힌 이론가이자 전(前) 황실 극장 감독 세르게이 볼콘스키에게 딸처럼 강하게 끌렸다. 파리에서 볼콘스키는 망명가들의 언론에서 저명한 연극평론가가 되었다. 그는 유럽과 미국 전역의 대학에서 러시아 문화사를 강의했다. 하지만 츠베타예바가 매력을 느낀 것은 그가 19세기의 문화적 전통을 잇고 있다는 사실이었다. 세르게이 볼콘스키 공은 유명한 데카브리스트의 손자였으며 그의 아버지는 푸쉬킨과 절친한 친구였다. 그리고 그는 직접 시인 츄초프를 자기 어머니의 거실에서 본 적이 있었다. 볼콘스키가와 츠베타예바 집안 사이에 연고도 있었다. 이반 츠베타예프가 1912년 미술박물관 개장 연설에서 언급했던 것처럼 모스크바에 박물관을 건설할 아이디어는 원래 공작의 대고모인 지나이다 볼콘스키에게서 얻은 것이었다.[23] 츠베타예바는 볼콘스키와 사랑에 빠졌다——육체적인 방식이 아니라(볼콘스키는 호모가 거의 분명했다) 문학적 우정으로. 작품을 거의 쓰지 못하고 몇 년을 보낸 후 츠베타예바는 다시 서정적인 시를 쏟아내기 시작했다. 연작시 『사도』(1921~2)에서 그녀는 자신을 지혜와 과거의 가치들로 이어주고 있는 예언자(아버지)에게 매혹되어 있다고 생각했다. 「아버지에게」라는 시는 그녀가 에브게니아 치리코바에게 볼콘스키를 묘사했던 것처럼 "생애에 가장 소중한 친구로 가장 지적이고, 눈부시도록 매력적이면서 옛날 방식의 호기심을 불러일으키는 그리고 세계에서 가장 총명한 사람"에게 헌정된 것이다. "그는 63살이다. 하지만 당신이 그를 보면 자기 나이

를 잊게 된다. 자기가 어디에서 어떤 세기에 어떤 날에 살고 있는지도 잊게 된다".[24]

> 노호하는 세계에서
> "오게 될 것들에 영광을!"
> 내 안의 어떤 것이 속삭인다.
> "존재해 왔던 것들에 영광을!"[25]

볼콘스키는 츠베타예바에게 자신의 『회고록』(1923)을 헌정했다. 아마도 출판업자에게 두꺼운 두 권의 회고록을 타자로 쳐준 것에 대한 감사의 표시였을 것이다. 그녀는 그의 회상을 1917년 단절된 19세기 전통에 대한 신성한 증언으로 보았다. 출판을 기념하기 위해 츠베타예바는 「삼나무 : 변명」이라는 논문 한 편을 썼다. 제목은 세르게이 볼콘스키 공의 애칭에서 따온 것이었다. 그가 탐보프 지방의 보리소그레브스크에 있는 가족 영지에 있는 자신이 좋아하는 땅(현재 이 땅은 12000헥타르의 숲이다)에 삼나무를 심었기 때문에 붙여진 애칭이었다.

> 삼나무는 가장 키가 크고 가장 곧게 자라는 나무로 북부(시베리아 삼나무)와 남부(레바논 삼나무)에서 자란다. 이 나무는 볼콘스키 가문의 시베리아와 로마〔지나이다가 망명객으로 정착하고 있는 곳〕라는 이중적 특성을 갖고 있다![26]

회고록 서문에서 볼콘스키는 망명객의 고뇌를 다음과 같이 토로하고 있다.

모국! 얼마나 파악하기 복잡하고 어려운 개념인가. 우리는 우리의 모국을 사랑한다. 모국을 사랑하지 않는 사람이 어디 있겠는가? 하지만 우리가 사랑하고 있는 것은 무엇인가? 존재하는 어떤 것인가? 아니면 존재하게 될 어떤 것인가? 우리는 우리 나라를 사랑한다. 그런데 우리 나라는 어디에 있는가? 그것은 하나의 땅덩어리에 불과한 것일까? 그리고 우리가 그 땅에서 떨어지게 된다면 하지만 우리가 우리의 상상 속에서 그곳을 재창조할 수 있다면, 우리는 진정으로 조국이 있다고 말할 수 있을까? 그리고 실제로 타향살이를 하고 있다고 말할 수 있을까?[27)]

2

러시아 망명공동체는 문화적 유산으로 결합된 꽉 짜인 거주 집단이었다. 1917년 이후 러시아 망명 1 세대는 기본적으로 소련이 지속되지 못할 것이며 자신들은 결국 러시아로 되돌아가게 되리라는 희망과 확신으로 결합되어 있었다. 그들은 유럽이라는 상대적으로 자유로운 환경에서 차르 체제와 투쟁하기 위해 해외로 갔다가 고국으로 되돌아온 19세기 정치 망명자들의 상황에 자신들의 상황을 비유하고 있었다. 늘 돌아갈 준비를 하며 살고 있었기 때문에 실제로 그들은 가방을 풀지 않고 있었다. 그들은 일시적인 망명이 아니라는 사실을 인정하지 않았다. 그들은 자신들이 고국으로 돌아갔을 때 모든 것을 복원할 수 있도록 오랜 러시아 생활 방식의 전통을 간직하는 것——아이들을 러시아어 학교에서 교육시키고, 러시아 교회의 전례를 계속하고 19세기 러시아의 문화적 가치와 위업들을 유지하는 것——을 자신들의 임무로 보았다. 그들은 자신들을 소비에트 체제에 의해 파괴된 진정한 러시아적 생활 방식의 수호자로 생각했다.

망명객들은 베를린, 파리 그리고 뉴욕의 "소 러시아들"에서 1917년 이전의 "훌륭한 러시아적 삶"에 대한 자신들의 고유한 신화적 해석을 만들어냈다. 그들은 존재한 적이 없었던 과거——사실상 당시 망명객들이 회상한 것처럼 훌륭한 혹은 "러시아적인 것"은 존재한 적이 없었던 과거——로 되돌아갔다. 나보코프는 소비에트 러시아 출신의 망명 1세대를 "외국의 도시들에서 아득해 거의 전설적인 수메리아의 신기루처럼 보이는 1900~1916년의 성 페테르부르크와 모스크바라는 문명을 모방하고 있는 거의 현실적이지 않은 사람들"(1920년대와 1930년대 당시에도 기원전 1916~1900년처럼 생각되었다)로 기술하고 있다.[28] 개인들의 방과 임대한 홀에서는 문학의 밤이 개최되었으며, 그곳에선 잊혀진 여배우들이 모스크바 예술극장과 "운율적 산문의 안개 속을 터벅터벅 걷고 있는" 별 볼일 없는 저자의 향수어린 메아리를 제공하고 있었다.[29] 러시아 교회에선 자정의 부활절 미사가 있었으며 뱌리츠로 여름 여행(예전처럼)을 떠났다. 프랑스 남부의 체홉식 저택들에선 러시아 시골에서 오래 전에 사라진 "귀족의 목가" 시대를 연상시키는 주말파티가 열렸다. 혁명 전에는 서구식 생활 방식을 익히고 교회에 가본 적이 없던 러시아인들은 이제 망명객으로서 고향 풍습과 정교 신앙에 집착했다. 망명객들 사이에서 유럽의 세속적 신앙에 의해 혁명이 어떻게 일어나게 되었는가에 대한 많은 논의와 그들이 1917년 이전에는 그렇게 해본 적이 없을 정도로 종교적 관습을 준수하면서 해외에서 러시아적 신앙이 부활되었다. 망명객들은 마치 자신들의 개성에 집착하듯이 모국어에 집착했다. 러시아어를 읽을 수 있기도 전에 영어 읽는 법을 배웠던 나보코프는 1920년대 초 캠브리지 대학에 있을 때 러시아어 구사 능력을 잃게 되는 것이 너무 두려워 매일 블라디미르 달의 『러시아어 사전』을 10쪽씩 읽기로 결심했다.

러시아적인 것에 대한 강조는 망명객들과 그들이 망명한 나라 사람들 간의 상호 적대감으로 강화되었다. 특히 프랑스인들과 독일인들은 러시아인들을 전쟁으로 해체된 경제의 야만적 기생자로 본 반면, 가난하긴 했지만 전체적으로 프랑스인이나 독일인보다 훨씬 지적이었던 러시아인들은 자신들이 프랑스와 독일의 "프티 부르주아"들보다는 뛰어난 유형의 사람들이라고 생각했다(나보코프에 따르면 베를린의 러시아인들은 유대인들과만 교류했다). 여전히 그 같은 태도를 연상하게 하는 『말, 기억』에서 나보코프는 베를린에서 알게 된 독일인은 어떤 대학생 한 명뿐이었다고 주장하고 있다.

> 아주 좋은 가문의 안경을 낀 그의 취미는 사형이었다.……오래 전에 디트리히의 행방을 놓치긴 했지만 그가 최근(아마도 내가 이 글을 쓰고 있는 순간)에 무릎을 치며 크게 웃어대는 고참병들에게 공통적인 전대미문의 사치스러움을 보여주면서 물고기 같은 파란 눈에 만족감을 나타내는 냉정한 표정——그가 히틀러 통치 기간 중 보여주었던 매우 훌륭한 모습——을 충분히 상상할 수 있다.[30]

망명가 공동체 내에서 형성되었던 대단한 규모의 순수한 예술적 재능은 그들을 자신들을 발견한 사회들로부터 분리시켰다. 나보코프는 1966년 한 인터뷰에서 "이주민 거주지는 실제로 우리 주변국에서 보았던 것보다 더 집중된 문화와 더 깊은 사상의 자유를 주입

받은 환경이었다"라고 회상하고 있다. "누가 외부의 익숙하지 않은 세계로 들어가기 위해 이 같은 내적 자유를 버리려 하겠는가?"[31] 게다가 서구의 영향력 있는 좌익 지식인들과 볼셰비키에게서 도망쳐 온 러시아인들은 정치적으로 나뉘어 있었다. 베르베로바는 "저명한 작가들 중 우리〔망명객〕에게 우호적인 사람이 한 명도 없는 곳에서 싸우기는 힘들다"고 주장했다. H. G. 웰즈, 조지 버나드 쇼, 로맹 롤랑, 토머스 만, 앙드레 지드, 스테판 츠바이크는 모두 소비에트 체제를 지지한다고 선언한 반면 헤밍웨이나 블룸스베리 같은 사람들은 소련 내에서 일어나고 있는 일에 대해 기본적으로 관심이 없었다.

고립되어 있던 망명객들은 민족적 정체성을 중심으로 한 러시아 문화 상징들 주변으로 단합했다. 문화는 혼란과 파괴의 세계 속에서 그들이 갖고 있던 하나의 안정된 요소——구 러시아 출신의 사람들에게 남아 있는 유일한 것——이자 자신들의 모든 정치투쟁을 위해 망명객들에게 공통된 목적의식을 부여하는 것은 자신들의 문화 유산에 대한 보호였다. 이주자들의 "소 러시아"는 지적인 조국이었다. 그들은 땅에 대한 애착이나 현실적인 러시아 역사(그들이 통합에 동의할 수 있는 러시아의 역사적 시기는 존재하지 않았다. 망명객 공동체는 군주제 지지자와 군주제에 반대하는 사람들, 사회주의자와 사회주의에 반대하는 사람들이 모두 포함되어 있었기 때문이었다)에 대한 애착으로도 정의되지 않았다.

이 같은 사회에서 문학은 중심기구로 "두꺼운" 문학잡지와 함께 '조국locus patriae'이 되었다. 이 잡지들은 문학을 사회비평 및 정치와 연관시키며 1917년 러시아에서처럼 사회 속에서 독자들을 사상적으로 조직했다. 모든 주요한 이주자 중심 지역은 두꺼운 잡지를 갖고 있었다. 각각의 잡지는 번갈아 가며 상이한 성향의 정치적 견해를 대변하고 있는 문학클럽 및 카페와 연계되어 있었다. 가장 잘 팔리는 잡지는 파리에서 출판되고 있었다—「Sovremenny zapiski」(현대의 연보)란 제명은 19세기에 러시아에서 가장 권위 있는 두 개의 자유주의적 잡지인 「Sovremennik」(현대)와 「Otechestvennye zapiski」(조국의 연보)와 관련이 있다는 것을 의미하고 있다. 이 잡지에서 표명된 임무는 러시아 문화 유산의 보존이었다. 이것은 1917년 이전 기존에 알려졌던 시련을 겪었던 많은 사람들—이반 부닌, 알렉세이 레미조프와 (파리의 문학 여왕) 지나이다 기피우스—을 보존하는 것을 의미했다. 이는 나보코프와 츠베타예바 같은 더 젊거나 실험적인 작가들을 매우 힘들게 했다. 러시아 고전의 재현은 스무 개 출판업자들이 유지될 정도의 충분한 수요가 있었다.[32]

푸쉬킨은 해외 러시아의 일종의 간판 인물이 되었다. 그의 생일은 망명자들이 함께 기념할 만한 어떤 다른 역사적 사건이 없던 가운데 국경일로 경축되었다. 푸쉬킨에게는 망명자들이 동일시할 수 있는 것이 많이 있었다. 즉 러시아사에 대한 그의 자유주의적이며 보수적인(카람진의) 접근, 혁명적 폭도들의 무정부주의적 폭력에 대한 방벽으로서 군주제에 대한 조심스러운 지지, 그의 비타협적인 개인주의와 예술적 자유에 대한 믿음 그리고 그가 러시아에서 "망명했다"는 사실(그의 경우엔 모스크바와 성 페테르부르크로부터)이었다. 이주자들 중에서 20세기의 가장 탁월한 푸쉬킨 연구자들—그들 중에서 나보코프는 4권짜리 주석이 달린 『예브게니 오네긴』 영어 번역서를 출간했다—이 일부 배출되었다는 사실은 우연이 아닐 것이다.[33]

파리의 망명객들 중에서 부닌은 투르게네프와 톨스토이의 사실주의적 전통이 국외 이주자들 속에서 이어지고 있다는 산 증인으로서 문학적 전통의 후예로 존경받았다. 부닌이 1924년 축사에서 말한 것처럼 좌파와 소비에트 예술의 모더니스트적 단절로부터 러시아의 문화 유산을 지킴으로써 "진정한 러시아"를 위해 행동하는 것은 "이주자들의 사명"이었다. 작가로서 부닌에게 민족지도자의 외피가 부여된 것은 1917년 이후였다. 혁명 전에 그는 최상위층 작가로는 받아들여지지 않았다. 그의 산문 문체는 보다 인기 있던 아방가르드 작가들에 비해 무겁고 전통적이었다. 하지만 1917년 이후 망명객들의 예술적 가치엔 혁명이 일어났다. 그들은 혁명주의자들과 연계된 문학적 아방가르드를 거부하게 되었으며, 일단 자신들이 외국에 있게 되자 부닌 산문의 구식 "러시아적 장점"에서 큰 위안을 얻었다. 어떤 비평가가 분명히 하고 있는 것처럼 부닌의 작품은 이주자와 잃어버린 러시아 사이의 "성스러운 고리"로서 "약속의 보고"였다. 베를린에 있던 고리키조차 부닌의 최신작이 파리에서 우편으로 도착하자마자 그 책을 읽기 위해 모든 것을 버리고 은둔할 정도였다. 사실주의적 전통의 계승자로서 고리키는 부닌을 단절된 체홉과 톨스토이 계열의 최후의 위대한 러시아 작가로 생각했다.[34] 1933년 부닌은 노벨상을 수상해 이런 식의 명예를 부여받는 최초의 러시아 작가가 되었다. 스탈린이 러시아 문화를 속박하고 있던 시기에 일어난 부닌의 노벨상 수상으로 망명자들은 진정한 러시아(문화에 의해 정의된 것으로서)가 해외에 있다는 사실을 인정한 것으로 받아들였다. 다소 영웅숭배적인 성향이 있는 기피우스는 부닌을 "망명한 러시아 수상"이라 지칭했다. 다른 사람들은 부닌을 망명자들을 약속의 땅으로 되돌아가도록 이끌 "러시아의 모세"로 불렀다.[35]

부닌이 소설에서 재창조한 러시아는 꿈의 나라였다. 『풀 베는 사람들』과 『서두르지 않는 봄』에서 부닌은 존재한 적이 없던 러시아의 옛날 시골에 대한 광경——농민들이 자연과 동료 농부인 귀족들과 함께 행복하게 열심히 일하는 곳으로 햇살이 비치는 처녀림과 광활한 초원이 펼쳐져 있는 나라——을 생각해 내었다. 1910년 처음으로 부닌이 명성을 얻게 된 소설 『마을』에서 지방의 부패에 대한 그의 음울한 묘사와 더 분명하게 대조를 이루는 것도 더 아이러니한 것도 없다. 부닌은 당시 초기 작품에서 깨기 위해 그렇게 애썼던 바로 그 같은 유형의 지방적 판타지로 도피하고 있었기 때문이다. 망명 중 그의 문학적 사명은 그가 러시아 시골의 목가를, 볼세비키주의가 옛날의 좋았던 러시아적 생활 방식을 부패시킨 도시의 악들과 대비시키는 것이었다. 하지만 부닌이 인정하고 있는 것처럼 그가 그리고 있는 대지는 "과거의 이상향", "일종의 꿈으로"의 전환이었으며 망명자들이 되돌아갈 수 있는 실제적인 장소가 아니었다.[36] 전설 속의 과거로 퇴각하는 것은 고향으로부터 단절된 예술가들의 자연스러운 반응일 것이다. 나보코프는 망명의 경험으로부터 예술적 영감을 얻기까지 했다. 하지만 부닌에게 그가 자기 나라와 차단되어 있을 때 글을 쓴다는 것은 특히 어려웠을 것이다. 사실주의자가 더 이상 존재하지 않는 러시아에 대해 어떻게 쓸 수 있겠는가?

이민은 예술적 보수화를 촉진시키는 경향이 있다. 회고와 향수는 보수주의적 분위기이다. 스트라빈스키조차 "러시아적 시기"의 마지막 주요 작품인 《봄의 제전》의 초(超)-모너니즘으로부터 파리 망명기의 바흐 작품 같은 신고전주의로 옮겨가고 있었다. 다른 사람들은 자신들이 고향에서 발전시켰던 스타일에 얽매여 새로운 세계에선 계속 나아갈 수 없었다. 라흐마니노프가 그랬다. 부닌의 저작처럼 그의 음악은 지나간 19세기의 낭만주의 양식에 얽매어 있었다.

세르게이 라흐마니노프는 차이코프스키가 음악적 영웅이었던 당시의 모스크바 음악원에서 작곡을 배웠다. 라흐마니노프의 삶과 예술에 가장 깊은 영향을 준 사람은 차이코프스키였다. 1917년 뉴욕으로 망명한 라흐마니노프는 아방가르드에 영향을 받지 않은 현대의 마지막 낭만주의자였다. 라흐마니노프가 자기가 살아 있는 동안엔 발표하지 못하게 한 1939년의 폭로적 인터뷰에서 그는 「더 뮤지컬 꾸리에」의 레오나드 리블링에게 모더니즘의 세계에 대해 자신이 느끼고 있는 괴리감을 설명하고 있다. 그의 음악철학은 러시아의 정신적 전통에 뿌리내리고 있었으며 러시아의 정신적 전통 속에서 예술가의 역할은 아름다움을 창조하고 마음 속 깊은 곳으로부터 진실을 말하는 것이었다.

> 점차 낯설어지고 있는 세계에서 떠도는 유령처럼 느껴졌다. 오랜 작곡 방식을 버릴 수 없었고 새로운 작곡 방식에 익숙해질 수도 없었다. 오늘날의 음악양식을 느끼기 위해 많은 노력을 해왔지만 나에게 닿아 오지 않는다.……늘 나의 음악과 모든 음악에 대한 나의 반응은 정신적으로 변함이 없으며 끊임없이 아름다움을 창조하려는 노력에 굴복하고 있음을 느끼고 있다.……새로운 유형의 음악은 가슴이 아니라 머리에서 오는 것처럼 보인다. 새로운 음악의 작곡가들은 느끼기보다 생각한다. 그들은 자기들 작품의 품위를 높이는 능력을 갖고 있지 않다. 그들은 계획하고, 반항하고, 분석하고, 추리하고, 계산하고, 곰곰이 생각하지만 작품의 품위를 높이지는 않는다.[37)]

1941년 그의 중요한 마지막 인터뷰에서 라흐마니노프는 이 같은 감정의 표출과 자신의 러시아적인 것 사이의 정신적 관계를 밝히고 있다.

> 나는 러시아인 작곡가다. 내가 태어난 나라는 나의 기질과 사고 방식에 영향을 미쳤다. 나의 음악은 기질의 산물이다. 따라서 나의 음악은 러시아 음악이다. 의식적으로 러시아 음악이나 어떤 다른 종류의 음악을 작곡하려고 시도해 본 적은 없다. 음악을 작곡할 때 내가 하려는 것은 나의 마음 속에 있는 것을 단순하고 직접적으로 말하는 것이다.[38)]

일종의 서정적 향수인 라흐마니노프 음악의 "러시아적인 것"은 망명 당시 그의 음악적 보수주의의 감정적 원천이 되었다.

시대에 뒤떨어져 존재하는 것은 늘 그의 개인적 기질의 일부였다. 1873년 노브고로드 지방 출신의 구 귀족 가문에서 태어난 라흐마니노프는 불행한 아이였다. 그의 아버지는 그가 겨우 6살 때 어머니에게 한 푼도 남기지 않은 채 갑자기 가족을 떠났다. 2년 후 어린 소년은 음악 공부를 위해 페테르부르크로 보내졌다. 라흐마니노프는 음악에 자신의 감정을 쏟아부었다. 그는 자신을 아웃사이더로 생각하게 되었으며 이국적인 것에 대한 낭만주의적 감각은 예술가로서 그리고 후에는 망명객으로서의 자신의 정체성과 융합되게 되었다. 주제로서 망명과 고립은 초기 단계부터 그의 음악에 나타나고 있다. 이 같은 주제는 그의 음악원 졸업작품으로 푸쉬킨의 「집시들」에 기초한 일 막짜리 오페라 《알레코》(1892)에도 나타나고 있다. 이 작품에서 러시아의 시적 주인공은 집시들에 의해 거부되어 외로운 도망자의 삶으로 내몰린다. 1917년 이전에 라흐마니노프의 가장 잘 알려진 음악은 이미 고향에 대한 조숙한 향수로 특징지어지고 있다. 옛날 교회의 단선율 성가를 의식적으로 모방한 《저녁기도》

(1915), 그가 러시아적 소리를 탐구할 수 있게 한 《종 소리》(1912)와 무엇보다도 피아노 콘체르토들이 그것이다. 《제3번 피아노 콘체르토》의 잊혀지지 않는 도입부 주제는 전례문 방식으로 라흐마니노프 자신은 이 곡이 어떤 종교적 원천을 갖고 있다는 사실을 부인하고 있지만 키예프에 있는 페체르스크 수도원에서 사용되었던 저녁기도의 정교적 성가와 매우 흡사하다. 라흐마니노프는 정기적으로 예배에 참석한 적은 없었지만 러시아 교회가 금지하고 있는 그의 사촌 나탈리아 사티나와 결혼한 후에는 전혀 교회에 가지 않았다. 하지만 그는 의식과 교회음악 특히 모스크바에서의 어린 시절을 떠올리게 하는 러시아의 종 소리에 깊은 애착을 느끼고 있었다. 이것이 1917년 이후 그의 향수의 원천이 되었다.

라흐마니노프의 향수에 대한 또 다른 원천은 러시아 땅에 대한 그리움이었다. 그는 특히 한 조각의 땅을 그리워했다. 그는 8살 때부터 모스크바에서 남동쪽으로 500킬로미터 떨어져 있는 이바노프카에 있는 아내의 영지에서 여름을 보냈다. 당시 라흐마니노프 가(家)는 자신들의 영지를 팔아야 했다. 이바노프카는 그의 어린 시절과 낭만적인 추억을 담고 있었다. 1910년 영지는 결혼으로 그의 것이 되었고 그는 나탈리아와 함께 그곳으로 옮겨갔다. 이바노프카는 1917년 이전에 거의 그의 모든 작품을 작곡했던 곳이었다. 라흐마니노프는 1931년 "산맥, 계곡이나 대양의 경치처럼 특별히 시선을 끄는 것은 없었다"고 회상하고 있다. "그곳은 초원에 있었으며 끝없는 대양 대신 지평선으로 이어지는 끝없는 밀과 호밀 밭이 있었다."[39] 라흐마니노프의 음악에서 표현되고 있는 정신은 바로 이러한 초원 풍경이다. 그는 미국 잡지에 "러시아인들은 다른 어떤 민족보다 대지에 더 강한 유대감을 느낀다. 그 같은 느낌은 정적, 평온, 자연에 대한 경이와 아마도 고독의 추구에서 비롯될 것이다. 러시아인은 누구나 어떤 은자적인 것을 갖고 있는 것처럼 보인다."[40] 1917년 이바노브카 농민들은 라흐마니노프가 고향을 버리도록 한다. 마을 사람들 중 한 명은 "그들은 종종 술을 마시고 횃불을 들고는 영지 부근을 뛰어다녔다"고 회상하고 있다. "그들은 소를 훔치고 창고에 침입했다." 그가 떠난 후——처음에는 스웨덴으로 이어 미국으로——저택은 약탈되고 방화되었다.[41] 라흐마니노프에게 이바노프카의 상실은 조국을 잃는 것과 마찬가지였다. 그가 늘 느꼈던 망명 생활의 강렬한 고통은 그 같은 기억과 뒤섞였다.

라흐마니노프는 경제적 어려움 때문에 45세의 나이에 피아노 거장으로서의 새로운 인생을 시작해 매년 유럽과 미국 연주 여행을 했다. 순회하는 생활 방식 때문에 작곡할 시간은 거의 없었다. 하지만 그는 직접 작곡할 수 없었던 것을 러시아 대지로부터의 고통스러운 이별로 다음과 같이 기록하고 있다. "내가 러시아를 떠날 때 작곡하고 싶은 욕망도 남겨 두고 왔다. 다시 말해서 조국을 잃은 나는 나 자신도 잃어버린 것이다."[42]

1921년 그들이 처음으로 집을 구입한 미국에서 그리고 이어 1930년 프랑스와 스위스에서 라흐마니노프 부부는 러시아 친구들을 위해 집에서 파티를 개최하면서 이바노프카의 특별한 러시아적 분위기를 다시 만들어 내려고 노력했다. 부닌, 글라주노프, 호로비츠, 나보코프, 포킨과 하이페츠 같은 사람들이 자주 찾던 손님들이었다. 그들은 러시아어로 말하고 러시아인 시종, 러시아인 요리사, 러시아인 비서를 고용하고 러시아인 의사에게 상담했으며 사모바르로 차 마시는 것과 자정 미사에 참석하는 것 같은 모든 러시아 관습을 꼼꼼하게 지켰다. 프랑스 파리 인근의 크레르폰테인에 있는 그들의 시골 저택은 라흐마니노프가 이바노프카에서 산책하기를 좋아했던 것과 같은 한적한 소나무 숲에 인접해 있었기 때문에 구입되었다. 1931년 그들을 방문했던 미국인 친구인 스완 부부는 라흐마니노프 부부가 그곳에 다시 만들려고 한 러시아적 분위기에 대해 다음과 같이 기록하고 있다.

> 단단하게 만들어진 울타리에 의해 길가로부터 숨겨져 있는 성 같은 저택인 르 파빌리옹은 이 같은 대규모 러시아적 생활에 아주 적합했다.……탁트인 베란다의 넓은 계단은 공원으로 향하고 있었다. 경치는 사랑스러웠다. 저택의 앞 쪽은 수수한 녹음으로 우거졌고 테니스코트는 덤불 속에 가려져 있었다. 크고 오래된 나무들이 옆으로 줄지어 있는 모래 가로수 길은 공원의 깊숙한 곳으로 이어져 있었으며 그곳에는 커다란 연못이 있었다. 모든 것이 예전 러시아 영지의 그것과 매우 흡사하게 배치되어 있었다.……작은 문이 무수히 많은 토끼들이 사는 소나무 숲의 넓은 사냥지를 향해 열려 있었다. 라흐마니노프는 소나무 아래 앉아 토끼들이 뛰어노는 모습을 보는 것을 좋아했다. 아침에 만찬실의 큰 테이블엔 아침이 준비되어 있었다. 러시아의 시골에서처럼 차가 나오고 차와 함께 크림, 햄, 치즈, 완숙 달걀 등이 제공되었다. 누구나 한가롭게 산책했다. 아침잠을 방해하는 엄격한 규율이나 계획은 없었다.[43]

점차 이바노프카의 오랜 일상적인 과정이 재개되면서 라흐마니노프는 음악 작곡──《교향곡 제3번》(1936) 같은 완전히 성숙한 향수적 작품──을 다시 시작하게 되었다. 서구 비평가들은 지나간 시대의 낭만주의에 비교하며 이 교향곡의 화음언어의 보수성에 놀랐다. 하지만 서구 비평가들은 이 교향곡의 러시아적인 것을 간과

하고 있다. 《교향곡 제3번》은 회고적 작품——러시아적 전통에 대한 작별——이었으며 그 총체적 목적은 과거의 정신에 '머무는 것'이었다. 1930년대 미국에서 《세 곡의 러시아 노래》(1926)의 리허설에서 라흐마니노프는 합창단에게 느리게 하라고 애원했다. 그는 가수들에게 "제발 독실한 정교도 교인들을 위해 곡을 망치지 말아주십시요. 노래를 더 천천히 불러주기를 부탁합니다."[44]

3

1920년대 망명 작가들 중 더 젊은 세대인 니나 베르베로바는 "우리의 비극은 문체를 발전시킬 수 없다는 점이다"라고 말했다.[45] 문체의 갱신은 망명가들에게 근본적인 문제를 수반했다. 러시아 예술가로서 그들의 목적이 민족문화를 보존하는 것이라면 어떻게 자신들의 새로운 환경에 적응하지 않고 따라서 어떤 방식으로든 러시아를 버리지 않고 문체를 발전시킬 수 있겠는가? 더 젊은 세대——"혁명으로부터 무방비 상태로 나타난" 나보코프 같은 작가들[46]——가 이 문제에 대해 심각하게 느꼈다. 부닌 같은 더 나이든 작가들은 자신들이 버릴 수 없는 기존 독자 그리고 문체와 함께 서구로 왔다. 그들에겐 과거의 위안이 되는 전통을 계승하라는 압력——러시아의 신분 높은 사람들에 대한 희곡과 소설을 쏟아내도록 하기 위한——이 너무 심했으며 벗어나려 하는 사람들은 존중받거나 이해받지 못했다. 츠베타예바의 비극——혁명 전 아방가르드의 떠오르는 별로 그녀를 떠받치고 있던 독자의 상실——은 이러한 경험의 또 다른 변주였다.

서점에 흩어져, 시간과 먼지로 빛이 바래,
보는 사람도, 찾는 사람도, 열어보는 사람도 없고 팔리지도 않는다,
나의 시는 희귀한 포도주처럼 맛이 나게 되리—
오랜 시간이 지난 후에.[47]

전 정치가로 역사가이자 파리의 잡지 「마지막 소식」의 편집자인 밀류코프조차 "츠베타예바를 이해하지 못하고 있다"라고 말했다.[48] 하지만 아직 스스로 설 수 없었던 나보코프 같은 작가들에게 과거로 되돌아가는 것은 의미도 전망도 없었다. 나이 먹은 세대는 사라지고 있었고 새로운 세대는 유럽의 주류 문화에 흡수되면서 러시아적인 것을 잃고 있었다. 젊은 작가들이 새로운 독자들을 만들어 내기 위해선 틀에서 벗어나야 했다.

나보코프는 문학적 변신을 최초로 시도해 성공한 비중 있는 작가다. 베르베로바에 따르면 그는 새로운 문체만이 아니라 새로운 독자도 만들어 낼 수 있는 천재성을 가진 그녀 세대의 유일한 러시아어 작가다. "그를 통해 우리는 그의 소설 속 주인공들이 아니라 저자인 나보코프와 동일시하는 법을 배웠으며 그의 실존적 주제는 또한 우리의 주제가 되었다."[49] 나보코프는 늘 자신의 작품들이 러시아나 망명자들에 대한 것이 아니라고 주장했다. 하지만 망명은 그의 작품들의 중심적 주제였다. 그리고 망명을 인간 조건의 은유인 보편적 주제로 보았으며, 1920년대 베를린에서 발표된 나보코프의 작품들은 러시아 망명객들에게 그들 자신의 민족 정체성에 대한 긍정으로 받아들여졌다. 나보코프의 작품은 '러시아'(문화 속에 구현된 것으로서)가 아직도 서구에서 그들과 함께하고 있다는 증거였다.

베르베로바의 말처럼 1930년 그의 첫 번째 위대한 소설 『체스왕 루진』의 발표와 함께 "위대한 러시아 작가가 혁명과 망명의 재로부터 불사조처럼 태어났다. 우리의 존재는 새로운 의미를 얻었다. 우리 세대 모두는 정당화되었다. 우리는 구원받았다."[50]

그는 혁명으로 어린 시절의 풍경을 상실하기 오래 전 "향수의 슬픔과 기쁨"을 발견했지만 망명은 나보코프의 일관된 주제다.[51] 나보코프는 1919년 러시아를 탈출한 페테르부르크의 매우 교양있고 저명한 자유주의적 귀족 가문의 장자로 1899년 태어났다. 할아버지 드미트리 나보코프는 알렉산드르 2세 치하 말기에 법무장관이었으며 당시 황제는 유럽형 자유주의적 헌법의 채택을 고려하고 있었다. 1885년 해임될 때까지 그는 1864년의 자유주의적 사법 개혁을 뒤집으려는 알렉산드르 3세의 시도에 반대했다. 작가의 아버지인 V. D. 나보코프는 유명한 자유주의 법률가이자 1906년 제1차 두마의 카데트(입헌민주당) 정당의 영향력 있는 일원이었다. 그는 군주제가 공식적으로 폐지되게 되는 1917년 2월 혁명에서 일시적으로 왕위에 오르도록 권유받은 미하일 대공의 양위성명서 초안을 맡았었다. 그는 또한 내각에 대한 일종의 행정장관인 임시정부의 대법원 수장이었으며 입헌의회의 선거 체계를 공식화하는 데 주도적인 역할을 했다. 볼셰비키가 권력을 장악하면서 나보코프가는 러시아를 떠나 런던, 곧이어 베를린으로 이주해야 했다. 베를린에서 작가의 아버지는 1922년 러시아 군주제 지지자에게 암살당할 때까지 신문 「룰*Rul'*」의 편집자로 있었다. 유럽에서 러시아 작가로 활동하던 기간중에 나보코프는 망명 공동체 내에서 유명했던 아버지와 자신을 구별할 수 있도록 "시린Sirin"(러시아 신화에서 전설적인 파라다이스의 새 이름)이라는 필명을 사용했다.

나보코프 가는 친 영국 성향이 강했다. 나보코프는 『말, 기억』에서 페테르부르크에 있는 나보코프 가 저택은 "앵글로-색슨 문명의 편리한 제품들"로 채워져 있었다고 기록하고 있다.

> 말랐을 땐 타르처럼 검고, 젖은 손가락 사이에선 빛을 품은 황옥 같은 배 비누가 아침 목욕에 사용됐다. 고무마개가 튀어나와 구정물 통으로 거품이 빠지도록 할 때 영국식 접이욕조의 무게가 줄어드는 것은 유쾌했다. 영국식 크림 치약은 "우리는 크림을 개선할 수 없어 튜브를 개선했다"고 말하고 있었다. 아침식사엔 런던에서 수입된 골든 시럽이 빛이 나는 축전지로 회전하는 숟가락 모양의 노로 혼합되어 그것으로부터 시럽이 러시아 빵과 버터 조각으로 충분히 흘러내리게 한다. 과일케이크, 방향제, 패, 사진 퍼즐, 줄무늬 있는 블레이저 코트, 흰색의 활석 테니스공 등 온갖 종류의 편이용품과 달콤한 음식들이 네프스키 대로의 영국 상점에서 줄지어 들어온다.[52]

나보코프는 러시아어를 읽을 수 있기도 전에 영어 읽는 법을 배웠다. 그와 그의 형제자매는 『소공자』를 읽어주는 "혼란스러울 정도로 이어지는 영국인 유모와 가정교사들"에게서 교육받았고 이어 프랑스인 가정교사가 아이들에게 『소피의 불행』, 『80일간의 세계일주』, 『몽테 크리스토 백작』을 읽어주었다. 어떤 의미에서 나보코프는 망명자로 교육받았다. 학창 시절 그는 스스로를 고립시키며 "멀고 슬픈 그리고 향수어린 러시아를 그리워하는 망명 시인"으로서의 자신을 상상했다.[53] 나보코프는 푸쉬킨에게서 영감을 얻었다. 그의 소설의 주인공들 중 많은 사람이 변장한 시인으로 의도되었다. 나보코프는 자신을 푸쉬킨의 후계자라고 생각했다. 사실상 그 같은 생각이 너무 강해 18살 때 나보코프는 볼세키비를 피해 가족이 이주한 크리미아에서 도피처를 발견했다. 그는 100년 전 유형 보내진 푸쉬킨의 발자취를 따라 방랑하며 낭만적 망명가로서 자신의 이미지에서 영감을 얻었다. 첫 번째로 출판된 그의 시집 『높은 하늘 길』(1923)은 속표지에 있는 푸쉬킨의 시 「아논」에서 제사(題詞)를 담고 있다.

나보코프 가족은 크리미아에서 영국으로 향했다. 나보코프는 1919년과 1922년 사이에 영국의 캠브리지 트리니티 컬리지에서 교육을 마쳤다. 전후 영국의 현실은 성 페테르부르크에서 나보코프 저택의 앵글로-색슨적 꿈의 세계와는 거리가 멀었다. 트리니티에 있는 방은 춥고 습했다. 음식은 말할 필요도 없었고 학생 클럽은 『말, 기억』에서 쓰고 있는 것처럼 러시아의 과거에선 나쁜 것만 보고 볼세비키에게선 좋은 것만 보는 파이프 담배를 피우는 '네스비' 같은 순진한 사회주의자들로 가득 차 있었다.* 나보코프는 점차 향수병에 걸렸다. 그는 "영국에서의 대학 시절 이야기는 실제로 러시아 작가가 되기 위한 노력에 대한 이야기다"라고 회상하고 있다. "캠브리지와 그 유명한 특징 모두――고색창연한 느릅나무들, 문장이 그려진 창문들, 시끄러운 탑시계들――가 그 자체로 중요한 것이 아니라 단지 나에게 지독한 향수를 계속 느끼게 하기 위해 존재한다는 느낌을 받았다."[54)]

나보코프의 러시아에 대한 그리움의 핵심은 성 페테르부르크 인근 브이라에 있는 가족 영지였다. 그곳엔 어린 시절의 추억들이 담

* 나보코프는 후에 『말, 기억』에서 나오는 네스비 베인이라는 가면 뒤의 인물은 미래에 토리당 의원 출신의 수상이자 "끔찍하게 따분한 사람인" R. A.('Rab') 버틀러라고 밝혔다.

겨 있었다. 『말, 기억』에서 그는 철없던 5살 때 향수의 고통을 처음으로 느꼈으며 당시 유럽의 축제일 날 "나는 베개에 손가락으로 우리의 브이라 저택으로 가는 마차 길을 그리곤 했다"고 주장했다.[55) 브이라를 잃은 아픔은 살을 에이는 듯했다——아마도 많은 가족 재산의 상실이나 고향의 상실보다 더 쓰라린 아픔이었을 것이다. 브이라와 성 페테르부르크에서 떨어져 있던 나보코프는 그 사실을 거의 알지 못하고 있었다. 『말, 기억』에서 그는 그 의미를 다음과 같이 강조하고 있다.

> 다음의 글은 일반적 독자가 아니라 파산으로 재산을 잃었기 때문에 나를 이해한다고 생각하는 특정한 바보를 위한 것이다.
>
> 소비에트 독재와 나의 오랜(1917년 이래) 투쟁은 재산 문제와는 전혀 관계가 없다. '적군'이 재산과 토지를 '훔쳐' 갔기 때문에 '적군을 미워하는' 망명자들을 나는 전적으로 경멸한다. 지난 몇 년 간 내가 소중하게 품고 있는 향수는 잃어버린 재산에 대한 슬픔이 아니라 이상하게 발달된 어린 시절에 대한 상실감이다.
>
> 그리고 결국 나는 생태학적 지위를 열망할 수 있는 권리를 위하여 정력을 비축하고 있다.
>
> ……미국의 하늘 아래
> 한숨을 내쉬지
> 러시아에 있는 '어떤' 장소를 위해
>
> 일반적인 독자는 이제 다시 시작해도 될 것이다.[56)

우울한 캠브리지——그곳 트리니티 컬리지에서 아침식사에 나온 귀리죽은 "대법원 위 하늘처럼 회색 빛으로 흐릿했다"——에서 1920년 10월 베를린에 거주하고 있던 어머니에게 보낸 편지에 다음과 같이 쓰고 있다.

> 사랑하는 어머니, 어제 저는 한밤중에 일어나 누군가——밤인지 별인지 하느님인지 알 수 없는——에게 물었습니다. 제가 진정으로 되돌아 갈 수 없게 될까요, 모든 것이 정말 한순간에 사라지고 파괴되어 끝나버린 겁니까? 어머니, 우리는 반드시 돌아가야 합니다. 이 모든 것이 사라져 먼지로 변해버릴 리가 없습니다——그런 생각만으로도 미쳐버릴 것 같습니다. 저는 브이라에 있는 우리 정원의 모든 작은 관목과 꽃자루를 묘사하고 싶습니다. 하지만 이를 이해할 수 있는 사람은 아무도 없습니다. 우리가 우리의 낙원을 얼마나 하찮게 여겼던 걸까요!——우리는 그것을 더 정확하게, 더 의식적으로 사랑해야 합니다.[57]

브이라에 대한 향수는 『말, 기억』에 대한 영감이었다. 그는 이 책에서 어린 시절의 추억과 욕망을 회복하기 위한 노력으로 그곳의 "모든 작은 관목"을 사랑스럽게 묘사하고 있다. 그것은 시간과 의식의 기복에 대한 일종의 프루스트적 담론이었다. 나보코프의 "기억"은 연상을 통해 현재와 뒤섞인 과거를 되살려내 개성과 예술로 변환시키는 창조적 행동이었다. 그는 한 번은 망명객이 시간에 대해 더 예민한 감각을 갖고 있다고 기록했다. 언어를 통해 과거의 감각을 재창조하는 그의 특별한 능력은 분명 망명의 부산물이었다.

망명은 나보코프 전 작품의 중심 사상이다. 1926년 베를린에서 출판된 그의 첫 번째 소설 『마리』는 1970년 영문판에 대한 인사말에서 나보코프가 자서전적 성질을 강조하긴 했지만 망명객의 상황에 대한 초상으로 의도된 것이었다. 마리를 열망하는 주인공 가닌은 망명객의 꿈의 상징이 되었다. 다시 말해서 잃어버린 러시아에서의 젊은 시절의 행복을 되찾을 것이라는 희망인 것이다. 『영광』(1938)에서 캠브리지 대학에서 공부하고 있는 크리미아 출신의 러시아 망명객인 주인공 마르틴 에델바이스는 러시아로 되돌아가는 꿈을 꾸고 있다. 그의 환상은 베를린으로 여행을 떠나 숲을 통해 러시아 국경을 넘는 모험을 감행해 다시는 되돌아오지 않음으로써 실현된다. 『선물』(1938)의 주제는 마찬가지로 "망명의 우울함과 영광"이다.[58] 그것은 나보코프의 모든 러시아어 소설(9권)의 주제다. 소설의 비극적 주인공들은 낯선 세계에서 길을 잃고 고립되어 있거나 환상적인 창조적 기억이나 예술을 통하는 것 이외엔 회복될 수 없는 과거 때문에 고통 받는 망명객들이다. 『선물』에서 주인공인 작가 페도르 고두노프 체르딘초프는 시를 통해 러시아의 문학적 삶을 재창조한다. 『영광』과 『희미한 불꽃』(1962년 영어로 쓰여진)에서 주인공은 망명의 비참함을 잊기 위해 꿈의 세계인 러시아에서 살아간다. 나보코프가 『희미한 불꽃』에서 젬블라라고 부르는 "머나먼 북쪽 땅"에 대한 그의 생각은 망명에 대한 작가의 반응을 나타내고 있다.

1. 젬블라의 이미지는 독자에게 매우 점진적으로 다가가야 한다.……
4. 젬블라가 실제로 존재하는지는 누구도 모르며 누구도 알아서는 안 된다――킨보트조차 거의 모르고 있다.
5. 젬블라와 소설 속의 인물들은 유동적인 모호한 상황 속에 남아 있어야 한다.……
6. 우리는 젬블라가 순전히 꾸며낸 이야기인지 일종의 러시아의 서정적

직유인지조차 알지 못하고 있다(젬블라: 제믈랴Zemlya〔'대지'의 러시아어〕).[59)]

나보코프의 첫 번째 영어 소설 『세바스찬 기사의 실제 삶』(1941)에서 망명의 주제는 분열된 정체성이라는 다른 형태로 나타난다. 주인공 세바스찬은 점차 실제 세바스찬으로 나타나는 그의 형에 의해 가공적으로 쓰여진 자서전의 주인공이다. 많은 망명객들이 이 같은 혼란과 내적 분열을 경험한다. 호다세비치는 「소렌토 사진들」(그의 시집 『유럽의 밤들』에 수록되어 있는)에서 그 점에 대해 매우 감동적으로 기록하고 있다. 그는 이 시에서 자기 마음 속에 있는 고국과 해외에서의 두 가지 삶의 이미지들이 혼란스럽게 뒤섞여 있는 망명자의 분열된 의식을 필름의 이중 노출에 비유하고 있다.

나보코프가 소설을 러시아어에서 영어로 쓰는 것은 새로운(미국의) 정체성을 받아들이는 것과 밀접하게 관련되어 있는 복잡한 문제이다. 그것은 쇼맨십으로 유명했던 나보코프가 늘 강조하기를 좋아했던 것처럼 고통스러운 전환이었다. 그는 그것은 "폭발로 손가락을 거의 다 잃어버린 후에 물건 다루는 법을 배우는 것과 같다"고 말했다.[60)] 나보코프는 평생 영어로 글쓰는 것의 어려움에 대해 불평하고 있다—너무 자주 불평을 늘어놓았기 때문에 전적으로 믿기는 힘들다(그는 언젠가 친구에게 보낸 편지에서 자신의 "가장 좋은 작품은 영어로 쓰여 졌다"고 고백하고 있다).[61)] 그의 문학적 기량이 가장 성숙되었던 시기인 1956년 『롤리타』의 저자 후기에서 그는 자신의 "개인적 비극"에 대해 다음과 같이 주장하고 있다.

풍부한 상상력을 타고난 환상가가 고유한 방식으로 전통을 초월하기 위

> 해 마법적으로 사용할 수 있는 그 어떤 도구——당황스러운 반사경, 복합적 배경, 함축적 연상과 전통——도 박탈된 채 2등급 영어를 위해 자유롭고, 풍부하며 얼마든지 다룰 수 있는 러시아란 타고난 언어를 버리는 것.[62]

과장된 주장이긴 하지만 그의 위업은 부정할 수 없다. 현대 영어의 최고 문장가로 대접받는 작가가 외국인으로서 저작 활동을 해야 했다는 것은 특이한 일이다. 그의 아내 베라의 말처럼 나보코프는 "수년 동안에 걸쳐 그에게 독특하고 특이한 어떤 것으로 완성시켰던 그 자신의 모든 러시아적인 아주 특별하고 복잡한 것으로부터 전환"되었을 뿐 아니라 그는 "영어를 받아들여 영어가 이전에 그 같은 멜로디와 유연성이 결코 없었던 어떤 것이 되기까지 그의 펜으로 자기 의지대로 사용할 수 있도록 했다." 베라는 나보코프가 한 것은 러시아어와의 정열적 사랑을 대신한 정략결혼이며 그것은 "때로 정략결혼이 그렇듯이 변화되어 애정어린 연애가 되었다"고 결론을 내리게 된다.[63]

혁명으로 자신의 계획이 무산될 때까지 나보코프는 제2의 푸쉬킨이 되는 데 착수했다. 사실상 5살 때부터 발전시킨 그의 영어 문체는 언제나 낫다고는 할 수 없어도 러시아어 문체에 못지않았지만 좌절한 천재의 이미지를 이용했다. 하지만 일단 망명을 하게 된 나보코프는 글쓰기가 공허하다는 느낌이 들었다. 소비에트 체제에서 해방된 그는 자신이 향유하고 있는 자유가 현실과 유리——독자도 그것이 쓰여지는 공식적 맥락도 없는——된 자신의 작업 때문이며 따라서 "모든 것은 깨어지기 쉬운 비현실적인 모습을 띠고 있다."[64] (츠베타예바도 역시 절망을 표현하고 있다——돌아갈 또 다른 언어가 없었던 그녀의 경우에 그것은 더욱 깊은 개인적 비극의 전조가 되었지만, 즉 "나의 시가 빵만큼 필요한 세계에서 누구도 나의 시나 어떤 시도 필요로 하지 않는 세계로 오게 되었고 이 세계에서 시는 사막처럼 요구된다. 다시 말해서 어느 누구도 사막을 필요로 하진 않는다……").[65]

독자에 대한 필요가 나보코프가 서술 언어를 바꾼 근본적인 이유였다. 나보코프 자신이 설명하고 있는 것처럼 작가는 "반응까지는 아니라 해도 어떤 반향을 필요로 한다."[66] 러시아어 소설을 읽는 독자들은 해가 갈수록 줄어들고 있었고 망명객의 아이들은 자신들이 살고 있는 문화에 동화되었다. 사실상 나보코프 같은 젊은 작가가 글쓰기만으로 생활을 유지하기는 어려웠고 경쟁은 심했다. 또 다른 작가 게오르기 이바노프는 "문학계에 발을 들여놓는 것은 붐비는 시내 전차를 비집고 들어가는 것과 같다. 그리고 일단 안에 들어서면 기를 쓰고 매달리는 새로운 진입자를 밀어내기 위해 최선을 다한다"라고 불평하고 있다.[67]

베를린은 특히 살기에 어려운 곳이었다. 1933년 히틀러가 권력을 장악한 후 수천 명의 러시아인들이 베를린을 떠났다. 나보코프 부부는 독일의 수도에 머물러 있었다. 그들은 가난하게 살았다. 베라는 비서로 일했고 나보코프는 영어와 불어 과외교습을 했다. 하지만 그들도 떠나야 한다는 사실은 자명했다. 베라는 유대인이었고 1936년 나보코프의 아버지를 암살했던 세르게이 타보리츠키가 히틀러의 망명 담당 부서의 부책임자로 임명되었던 것이다. 나보코프는 히틀러의 독일을 제외한 런던이나 뉴욕 등 어느 곳의 교수직이든 절망적으로 찾았으며 결국 1938년 파리로 이주해 정착했다. 파리에서 나보코프 부부는 독일이 파리에 도착하기 꼭 2주 전인 1940년 봄 뉴욕으로 갈 준비를 했다. 브와 드 불론뉴 인근의 작업실 아파트에서 나보코프는 욕실에 틀어박혀 변기에 가방을 걸쳐 놓고 영어권 문학계에 들어갈 수 있는 입장표를 타자에 옮기고 있었다. 바로 1941년 뉴욕에서 출간된 『기사 세바스찬의 실제 삶』이었다.

나보코프의 뉴욕행은 미국에 있는 러시아 망명객들의 권익을 돌보기 위해 설립된 톨스토이 재단의 책임자이자 톨스토이의 딸인 알렉산드라 톨스토이가 준비했다. 제2차 세계대전의 발발로 히틀러의 유럽으로부터 유명한 피난민의 물결이 이어졌다. 그들 중에는 아인슈타인, 토머스 만, 헉슬리, 오덴, 스트라빈스키, 바르토크와 샤갈이 포함되어 있었다. 그들은 모두 미국에서 자기들의 새 집을 지었다. 뉴욕은 러시아 망명자들로 북새통을 이루었다. 미국 내 러시아의 문학 자본인 러시아어 일간지 「새로운 러시아어」는 50만의 구독자를 갖고 있었다. 나보코프 부부는 센트럴 파크 인근에 있는 웨스트 87번가의 "끔찍하게 작은 공동주택"에 거주했다. 작가로서 나보코프는 미국 망명가들에게 잘 알려져 있지 않았다. 1952년 완성되었지만 1955년에야 출판된 『롤리타』의 스캔들에 이어 성공을 거둘 때까지 그는 글쓰기로 살아남기 위해 고투했다. 그의 소설 『프닌』(1957)의 주인공처럼 그는 스탠포드, 웨슬리 그리고 코넬과 여타 대학에서의 임시 강사직으로 연명해야 했다. 그의 재정적 어려움이 나보코프의 강한 자부심을 꺾지는 못했다. 라흐마니노프가 어려움을 겪고 있는 나보코프에게 자신의 낡은 옷을 보내주자, 페테르부르크 역사상 아마도 가장 옷을 잘 입었던 사람의 아들*이자 멋쟁이

* 나보코프의 아버지는 잘 맞는 영국의상을 입는 것으로 유명했으며 상당수 지방대표들이 농민 의상을 입고 있던 두마에서 별 생각 없이 그 옷들을 입었다(A. 티르코바-윌리암스, 『*Na putiakh k svobode*』(뉴욕, 1952), 270쪽). 그의 의복 사치는 혁명 전 페테르부르크에서 일상적인 이야깃거리가 되곤 했다. 그는 세탁하도록 영국으로 바지를 보내기까지 했던 것으로 전해진다.

였던 나보코프는 그 옷들을 라흐마니노프에게 돌려보내며 그 옷들이 "전주곡 시대"에 재단된 것이라고 불평했다.[68]

나보코프는 1964년 인터뷰에서 "이제 미국이 나의 집이다. 나는 미국인 작가다"라고 말하곤 했다.[69] 때로 그는 미국에 대해 통렬하게 묘사(『롤리타』에서 가장 악명이 높다)하긴 했지만 진정으로 미국인 작가로 살려 했던 것으로 보인다. 나보코프는 진짜 미국인으로 행세하기를 좋아했다. 혁명의 와중에 구세계의 방식으로 나보코프 가의 유산을 상실한 그는 신세계의 방식인 근면과 지능으로 부를 얻었다.[70] 『롤리타』의 보상은 미국인으로서의 그의 성공의 휘장이었으며 그는 대단한 자부심을 갖고 그것을 자랑했다. 러시아 작가이자 망명가인 바딤(나보코프의 작품을 읽고)은 『익살꾼을 보라!』(1974)에서 질투하기는 했지만 감탄 섞인 서평으로 "유럽의 거지가 그 자신의 미국인 아저씨가 된 것은 이것이 역사상 유일하게 알려진 경우다"라고 쓰고 있다.[71] 나보코프는 미국에 대한 어떤 비판도 참으려 하지 않았다. 그는 애국자였다. 그는 평생 1945년 미국 시민이 될 때 했던 맹세를 지켰다. 갈리마르가 『프닌』의 프랑스판 표지 디자인으로 미국 국기를 밟고 서 있는 교수를 제작했을 때, 나보코프는 성조기가 "바닥 덮개나 길을 포장하는 것으로 사용되는 것"을 거절했다.[72]

나보코프의 반 소비에트는 그의 아메리카니즘의 중추였다. 그는 미국 정부에 있는 공산주의자 간첩의 존재에 대한 맥카시의 주장이 옳을 것이라고 생각했다. 나보코프는 소련에 동조적인 자유주의자들을 경멸했다. 그는 소비에트 러시아――서구의 동맹국이었던 제2차 세계대전의 절정기에도――와 어떤 관계도 갖기를 거부했다. 1945년 프랑스에 있는 러시아 망명객들의 공식 대표인 바실리 마크라코프가 파리에 있는 소비에트 대사관의 오찬에 참석해 "조국, 적군, 스탈린을 위해" 건배했다는 사실을 알게 되자 그는 분노해 친구에게 다음과 같은 편지를 썼다.

'한 가지' 예외적인 경우에 자신의 원칙을 부정하는 것은 이해할 수 있네. 다시 말해서 나에게 가장 가까운 사람들이 나의 대답 여부에 따라 고문받거나 혹은 용서받게 된다는 말을 들었다면, 기꺼이 어떤 이데올로기적 배신이나 바보 같은 짓에도 동의하고 심지어 스탈린 배후에서의 파티까지도 응할 것이네. 마크라코프가 그런 상황이었나? 분명 아닐세.

남은 일은 이주민들을 대략적으로 분류하는 일뿐이네. 나는 크게 5가지로 구분하고 있지.

1. 자기들에게서 얼마 안 되는 토지와 재산 혹은 숨겨 놓은 보석들을 강탈했기 때문에 볼셰비키를 싫어하는 속물적인 다수.
2. 학살과 루마니아인 차르를 꿈꾸다가 이제 소련에서 러시아 민족으로 이루어진 소련을 알게 되었기 때문에 소비에트인들과 친하게 지내는 사람들.
3. 바보들.
4. 관성적으로 국경을 넘어 이익을 추구하며 마음 편히 어떤 지도자에게도 충성하는 속물들과 출세주의자로 끝을 맺는 사람들.
5. 언어, 사상, 진실에 대한 폭력을 변함없이 경멸하는 오랜 러시아 인텔리겐차적 근위대인 자유를 사랑하는 품위 있는 사람들.[73]

나보코프는 자신을 마지막 범주에 포함시켰다. 러시아 문학에 대한 강의들에서, 코넬 대학의 수업에선 아흐마토바와 파스테르나크의 시에 대해 양보하긴 했지만 1917년 이후의 어떤 문학에 대해서도 강의하기를 거부했다.* 나보코프는 공산주의 체제가 "진정한 문학"의 발전을 가로막고 있다고 주장했다.[74] 그는 마찬가지로 문학을 사회적 내용과 생각으로 보는 19세기 사실주의적 전통——그가 정당하게 문학에 대한 소비에트적 접근의 전임자로 보았던 전통——에도 적대적이었다. 이러한 기초에서 그는 1958년 베스트셀러 목록 수위자리를 놓고 『롤리타』와 경쟁했던 『닥터 지바고』("따분한 관습적 내용")와 솔제니친의 『수용소 군도』(1973~5)("일종의 흥미로운 신문기사투로, 형식도 없고, 수다스러우며 반복적인")[75]——분명 질투도 작용하기는 했지만(파스테르나크와 솔제니친과 달리 나보코프는 노벨상을 수상하지 못했다)——모두를 비판했다. 하지만 정치적으로 거부하긴 했지만 그는 러시아전통에 깊은 애착을 느끼고 있었다. 그는 모국어로 또 다른 소설을 쓰고 싶어했다. 그는 자신의 비극적 주인

* 나보코프는 보통 아흐마토바와 그녀 초기 문체를 모방하던 여성들을 경멸했다. 『프닌』에서 교수의 헤어진 아내 리자는 "길게 끄는 낮은 음조로 리드미컬하게" 아흐마토바의 시에 대한 잔인한 페러디를 노래한다.

'검은 옷을 입고
수녀보다 정숙하지
상아빛 십자가 하나가
나의 차가운 침대 위에 걸려 있네.

하지만 엄청난 주연제의 빛들이
망각을 지나 불타오르고,
나는 조르지라는 이름을 속삭이네—
당신의 찬란한 이름을!'

(V. 나보코프, 『프닌』(해몬스워스, 2000), 47쪽). 아흐마토바는 1948년 쥐다노프가 사용한 '매춘부이자 수녀' 의 이미지를 이용한 페러디에 깊은 모욕을 느꼈다(L. 추코프스카야, 『*Zapiski ob Anne Akhmatovoi*』 2권, (파리, 1980), 2권, 383쪽).

공 프닌——미국적 환경에 완전히 적응할 수 없는 무능하고 고귀한 마음을 가진 망명교수——의 어떤 것이 자신만이 아니라 최고의 망명객들 모두에게 있다고 느꼈다.

1965년 나보코프는 『롤리타』를 러시아어로 번역했다. 영어판 작가 후기에서 그는 자신이 러시아어에서 영어로 전환한 것을 "개인적 비극"으로 언급했다. 하지만 이제 그는 자신의 산문을 다시 재번역하는 과정에서 미몽을 깨우치게 되었다는 사실을 고백함으로써 러시아어판 작가 후기를 시작하고 있다.

> 유감스럽게도 내가 어디선가 기다리다 그렇게 오랫동안 내가 그 열쇠를 안전하게 보관하고 있는 굳게 닫힌 문 뒤에서 충실한 봄처럼 꽃피우게 되리라 생각했던 "기적적인 러시아어"는 존재하지 않는다는 것이 증명되었다. 문 너머에는 숯이 된 그루터기와 절망적인 가을의 풍경 이외에는 아무것도 없다. 손에 쥐고 있는 열쇠는 오히려 도둑의 짧은 쇠지레에 가까웠다.[76]

러시아어는 나보코프가 고향을 떠난 이래 계속 변화했다. 그가 자신의 초기 러시아어 소설에서 마법사처럼 사용했던 "당황스러운 반사경, 복합적 배경, 함축적 연상과 전통"을 이제 그의 소비에트 독자들이 잃어버리고 있었다.

4

시인 지나이다 기피우스와 그녀의 남편 드미트리 메레쥐코프스키가 1919년 파리에 도착해 열쇠로 공동주택의 문을 열고 들어섰을 때 책, 린넨, 식기 등 모든 것이 제자리에 놓여 있었다.[77] 망명은 제2의 고향으로 되돌아가는 것이었다. 많은 구 페테르부르크의 엘리트들에게 파리로 가는 것은 자신들이 러시아의 수도에서 흉내냈던 오랜 코스코폴리탄적 생활 방식으로 되돌아가는 것과 같았다. 마지막 차르의 처남이었던 알렉산드르 미하일로비치 대공은 메레쥐코프스키 부부와 같은 해에 파리에 도착해 집으로 돌아가는 비둘기처럼 리츠 호텔——계산은 특별대우로 그가 모국을 떠날 때 가지고 온 차르 시대의 희귀한 주화 수집품들로 지불되었다——로 향했다. 파리는 "소 러시아"라기보다는 1900년과 1916년 사이 성 페테르부르크에서의 엄청난 문화적 르네상스의 축소판(그리고 연속)이었다. 쟈길레프, 스트라빈스키, 베누아, 박스트, 샬리아핀, 곤차로바, 쿠세비츠키와 프로코피예프 그들은 모두 파리를 고향으로 삼았다.

망명객들이 몰려들면서 서구에선 러시아의 문화적 이미지와 관련된 두 가지 측면이 부각되었다. 하나는 스트라빈스키, 프로코피예프 그리고 발레 루시의 소위 "신고전주의" 양식에서 드러난 것처럼 러시아 문화의 유럽적 성격에 대한 재평가였다. 스트라빈스키는 신고전주의가 "아무런 의미도 없으며" 신고전주의 음악은 본질적으로 어떤 것도 전혀 표현할 수 없다고 주장하며 신고주전주의란 용어 자체를 싫어했다.[78] 하지만 그의 신고전주의는 그 자체가 예술적 원칙의 표명이었다. 그것은 스트라빈스키의 초기 신민족주의 단계의 농민 음악과 1917년 혁명에서 분출한 《봄의 제전》에서의 격렬한 스키타이적 리듬에 대한 의식적 거부였다. 망명해야 했던 스트라빈스키는 당시 자신의 고향 페테르부르크의 고전주의적 유산에서 구체화된 미의 관념에 회고적으로 집착했다. 그는 바흐와 페르

골레시 그리고 특히 18세기와 19세기 이국적인 러시아 음악 스타일을 형성한 이탈리아적 슬라브인들Italo-Slavs(베레조프스키, 글린카와 차이코프스키)에게서 차용한 것이었다.

제국의 과거와 다시 연결된 관계의 중요한 측면은 쟈길레프가 파리에서 차이코프스키의 발레를 장려했다는 사실이었다. 1917년 이전에 차이코프스키는 서구에서 마지막으로 관심을 끌었던 러시아 작곡가였다. 1903년 프랑스 비평가 알프레드 브루노가 말한 것처럼 그의 음악은 "신슬라브학파 음악의 즐거우면서도 매력적인 러시아적 성격이 결여"되어 있었다.[79] 베토벤과 브라암스를 모방한 것처럼 보이는 차이코프스키의 음악은 서구가 발레 루시에서 기대했던 이국적인 러시아적 성격을 결여하고 있었다. 차이코프스키의 발레는 '루시 시즌'에서 크게 다루어지지 않았다. 하지만 차이코프스키의 음악이 요약하고 있는 1917년 이후 구 제국의 페테르부르크와 그 고전적 전통에 대한 향수는 파리 망명객들이 이 같은 정체성으로 자신들을 재정의하기 위한 의식적 노력으로 이어졌다. 쟈길레프는 1921년 파리 시즌에 《잠자는 미녀》(1890)을 재공연했다. 악보의 일부를 재편곡한 스트라빈스키는 런던 「타임스」에 공개서한을 보내 이 발레를 "우리가 '페테르부르크 시대'라 부르는 당시의 러시아적 삶에 대한 가장 확실한 표현"으로서 경의를 표했다. 스트라빈스키는 당시 이 같은 전통은 바로 1914년 이전 발레 루시가 자신의 《불새》 같은 작품의 형태로 서구에 소개했던 민속에 기초한 문화처럼 러시아적이라고 주장했다.

누가 보기에도 분명 러시아적인 것처럼 보이지 않는 차이코프스키의 음악은 때로 오래 전 구 모스크바의 그림 같은 것을 피상적 브랜드로 받아

> 들였던 것보다 더 심오하게 러시아적이었다. 이 음악은 모든 부분이 푸쉬킨의 시나 글린카의 노래만큼이나 러시아적이다. 특별히 자신의 예술에서 '러시아 농민의 영혼'에 탐닉하지 않으면서 차이코프스키는 무의식적으로 우리 민족의 진정한 민족적 원천을 받아들이고 있다.[80]

파리 망명객들의 두 번째 문화적 특징은 피터 제국 유산의 정수인 귀족적 가치를 부활시켰다는 사실이었다. 슬라브의 이국적인 것에 대한 피상적 해석의 밑바탕엔 이 같은 귀족주의가 예술 세계의 본질적 정신이 되어 있었다. 귀족주의는 1890년대 초 예술 세계의 세 명의 공동 설립자인 베누아 필로소포프와 쟈길레프를 최초로 결합시키고 있는 차이코프스키의 음악에도 뿌리를 내리고 있었다. 베누아가 1939년 자신의 『회고록』에 기록하고 있듯이 그들이 차이코프스키의 발레에서 사랑한 것은 실용주의적 예술 형태에서와 같은 "어떤 민주적인 일탈에 의해 영향을 받지 않고" 남아 있는 "귀족적 정신"이었다.[81] 이것은 바로 파리의 망명객들이 무엇보다 높이 평가하게 되는 "예술을 위한 예술"의 가치였다. 그들은 고상한 프랑스 제국 양식과 푸쉬킨에 의해 예시된 세련된 예술적 귀족성을 갖추고 있던 알렉산드르 시대를 숭배했다. 확실한 과거로 되돌아가는 것은 망명객들의 자연스러운 반응이었다. 망명객들 대부분이 속해 있던 귀족 문명은 혁명으로 파괴되었고 그들은 유럽에서 두 번째 고향을 찾을 수밖에 없었다. 나보코프가 상반된 주장을 펴긴 했지만 망명객들은 어느 정도 자신들이 러시아의 특권 엘리트로서 향유했던 지위를 상실했다는 사실 때문에 동요했다. 난센(국제연맹) 여권과 외국인 등록증을 가진 스트라빈스키와 나보코프 같은 지주의 자식들은 서구 국가들에 의해 "이등 시민"으로 취급당하는 것에 대해 분개

했다.[82)]*

발레 루시는 파리에서 러시아 문화생활의 중심이었다. 그것은 쟈길레프를 대사로 한 일종의 페테르부르크 르네상스의 파리 대사관이었다. 전쟁기 미국 순회 공연 이후 그는 예술가들을 자신의 매력적인 팀으로 재통합했다. 쟈길레프는 전쟁 전 러시아 예술의 큰 시장이었던 프랑스 시장을 개척함으로써 계속되는 재정적 위기가 종식되기를 희망하면서 발레단을 프랑스로 옮겼다. 포킨이 미국에 정착한 후 쟈길레프는 프티파 학파로 거슬러 올라가는 분명한 러시아 발레의 전통을 지속시키기 위해선 새로운 안무가를 필요로 했다. 그는 게오르기 발란친에게서 그것을 찾았다(원래 이름은 조지 발란치바드제). 그루지야 작곡가의 아들로 1904년 성 페테르부르크에서 태어난 발란친은 프티파 황실 발레아카데미에서 교육받았다. 그는 1924년 유럽 순회 공연을 하기 전에는 성 페테르부르크의 마린스키 극장 공연단에서 일했다. 쟈길레프는 발란친을 페테르부르크 전통과의 필연적 고리로 받아들였다. 발란친의 무용가들이 러시아에서 가져온 틀에 박힌 몇 가지 일상적인 연기를 연습한 후 쟈길레프가 발란친에게 처음으로 물은 것은 그가 그것들을 무대에 옮길 수 있는지 여부였다.[83)] 발란친은 스트라빈스키 음악에 익숙해 있었기 때문에 파리 공연에 스트라빈스키 발레 중심의 무대를 계획하던 쟈길레프에겐 그가 이상적인 선택이었다. 스트라빈스키와 발란친이 처음으로 협력해 제작한 《뮤즈를 인도하는 아폴론》(1928)은 작곡가와

* 망명객들의 러시아 여권은 소련이 형성된 이후 더 이상 유효하지 않았다. 국가로서 러시아는 소멸한 것이었다. 구 여권 대신에 망명객과 다른 무국적자들에겐 임시적인 '난센' 여권(국제연맹의 난민 고등 판무관인 극지탐험가 프리초프 난센의 이름을 딴)이 발급되었다. 이런 취약한 여권 소지자들은 여행하거나 직업을 위해 등록할 때마다 서구 전역에서 오래 지체되거나 관리들의 냉담한 질문으로 고통받았다.

안무가의 오랜 협력 관계의 시작이었다. 그것은 현대발레——댜길레프의 창조——가 예술 형태로 살아남을 수 있게 해줄 수 있는 협력 관계였다.

1920년대 발레 루시는 신고전주의 원칙으로 정의되었다. 고전주의적 아카데미가 아폴론과 같은 활력을 다시 내뿜기 위해서는 무용에서 신고전주의 원칙이 필수적으로 요구되었다. 즉 총체적 연습에서의 추상적이고 거의 건축학적 디자인, 남자 무용수의 영웅적 형태로의 복귀와 음악, 색채 그리고 움직임 사이의 감각적 연계를 위한 줄거리의 희생 등이 그것이다. 음악에서의 신고전주의 원칙에 따르면 러시아 민족주의 학파와 페테르부르크의 고전주의(그리고 지배적인 이탈리아적) 전통에 대한 정형화된 모방을 더 이상 지속할 수 없었다——예를 들어 푸쉬킨, 글린카 그리고 차이코프스키 추모를 위해 헌정된 스트라빈스키의 일 막짜리 《마브라》(1922)란 제목의 프랑스 희가극과 《이탈리아 희극 푸치넬라》(1920)에서처럼. 고전주의 전통이 다시 채택된 것은 분명 망명객들의 반작용이었다. 혁명기의 혼란과 파괴 이후 그들은 어떤 질서와 안정을 갈망했다. 그들은 자신들을 유럽인으로 재정의하고 '러시아'를 서구로 이동시키기 위해 페테르부르크의 유럽적 가치와 유산을 되돌아본다. 그들은 성 페테르부르크의 잔해 속에서 과거의 확실한 것을 되찾고 싶어했다.

1929년 댜길레프의 죽음으로 발레 루시는 해체된다. 무대감독 댜길레프는 늘 무용단에 영감을 불어넣는 사람이었다. 그는 방을 나갈 때면 사람들에게 분위기가 가라앉는 느낌을 주는 일종의 존재감을 갖고 있었다. 따라서 댜길레프가 세상을 떠나자 그의 스타들이 뿔뿔이 제갈길을 찾아 떠나는 것은 거의 필연적인 일이었다. 많은 사람이 포킨, 마신느, 베누아, 니진스카, 발란친 같은 원래 쟈길레프 조직의 공연 목록과 매력을 계승한 다양한 '발레 루시' 순회 공연단에서 일했다. 안나 파블로바 같은 또 다른 사람들은 독자적인 활동을 전개하며 쟈길레프의 실험적 전통을 지속하는 작은 무용단을 설립했다. 영국에선 그의 학생들이 영국 발레단을 창설했다. 즉 니네트 드 발루아와 빅 웰즈 발레(후에 로얄 발레가 되었다), 발레 램버트와 마르코바-돌린 발레는 모두 발레 루시를 계승한 것들이었다. 발란친은 쟈길레프의 전통을 미국으로 옮겨가 미국에서 1933년 뉴욕 시티 발레를 설립했다.

파리는 서구로의 출구였다. 그 문을 통해 망명 러시아인들은 새로운 고국을 찾았다. 1920년대 파리에 둥지를 틀었던 사람들의 대부분은 1930년대 전쟁 위기가 다가오면서 결국 미국으로 이주하게 된다. 미국의 주된 매력은 자유와 안전이었다. 스트라빈스키와 샤갈 같은 예술가들은 미국에서 평화롭게 작업하기 위해 히틀러의 유럽을 탈출했다. 스트라빈스키에게 이것은 정치적 문제가 아니었다. 그는 공개적으로 이탈리아 파시스트들을 지지했으며(그는 1930년대 초 이탈리아 신문에서 "나는 기꺼이 당신들의 총통에게 경의를 표하고 싶다. 그는 이탈리아의 구원자이며 유럽에 대한 희망을 갖게 한다"라고 말했다)[84] 나치를 미워하기는 했지만(그들은 그의 음악을 공격했다) 1933년 이후 자신이 알고 있는 독일-유대계 인사들과의 잦은 접촉을 피했다. 그것은 편의에 따른 것이었다. 스트라빈스키는 질서를 사랑했으며 작업을 위해선 질서를 필요로 했다.

작곡가 니콜라이 나보코프(작가의 사촌)는 예시적인 사건을 회상하고 있다. 미국에 도착한 직후 스트라빈스키는 미국에서의 혁명 가능성을 염려하게 되었다. 그는 미국에서의 혁명 가능성에 대해 가까운 사람에게 물었을 때 가능하다는 이야기를 듣고는 "섬뜩할 정도로 분노한 음성으로" "그러면 어디로 가지"라고 물었다.[85] 러시아혁명을 경험한 스트라빈스키의 가장 깊은 정치적 본능은 무질서에 대한 두려움이었다.

하버드 대학에서 1년간 강의한 후, 스트라빈스키는 로스앤젤레스에서 도피처를 찾았고, 로스앤젤레스에서 이후 30년간 그의 집이 된 웨스트 할리우드에 작은 교외별장인 첫 번째 저택을 구입한다. 로스앤젤레스는 주로 영화산업 때문에 유럽의 많은 예술가들이 몰려들었다. 독일 작가 토머스 만은 전쟁기의 할리우드는 "일찍이 파리와 뮌헨이 보여주었던 것보다 더 지적으로 자극을 주는 코스모폴리탄적 도시였다"고 기술하고 있다.[86] 스트라빈스키의 친구들 중에는 베르톨트 브레히트와 찰리 채플린, 르네 클레르와 그레타 가르보, 막스 라인하르트와 알마 말러(프란츠 베르펠과 결혼한), 리온 포이히트반게르와 에리히 마리아 레마르크 등이 있었다. 코스모폴리탄이즘은 미국을 많은 러시아 망명객들의 자연적 고향이 되게 했다. 특히 뉴욕과 로스앤젤레스의 민족적 "용광로"는 그들이 페테르부르크에 살았던 문화적 분위기를 연상시켰다. 미국은 유럽에서처럼 민족 정체성이라는 진절머리나는 문제로 고민하지 않으면서 국제적 예술가로 발전할 수 있게 해주었다.

러시아에서 벗어나고자 하는 바람――새로운 자아의식을 찾아 자유롭게 벗어나고자 하는 바람――은 파리에서 미국으로 떠나기 직전에 쓰여진 나보코프의 「러시아에게」(1939)라는 시에 표현되어 있다.

나를 그냥 내버려둘 수 없겠는가? 그대에게 애원한다!

땅거미는 소름끼쳐. 삶의 소음은 잦아들지.
나는 무력하네. 이윽고 나는 죽어가지
그대의 맹목적인 위압적 기운의 영향으로.

몹시 슬퍼하면서도 자기 나라를 자유롭게 버리는
그는 자유롭다.
하지만 이제 나는 공포에 찬 상황에 빠져
이제 나에게 다가갈 수 없네.

나는 영원히 숨어 있을 곳과
이름 없이 살 곳을 준비하지. 나는 준비하지,
우리가 꿈 속에서만 함께하지 않도록,
맹세코 부인하지, 모든 상상할 수 있는 꿈들을

나의 핏줄에서 벗어나는 것, 쓸모없게 되는 것,
내가 가장 사랑하는 책들과 관계를 끊는 것,
갓 사용하게 된 언어를 위해
내가 가진 모든 것인 모국어를 버리는 것.

하지만 그 때문에 오, 러시아여, 눈물에 젖어,
두 개의 멀리 떨어진 묘지의 풀밭 사이로,
자작나무의 망설이며 동요하는 반점을 통해,
젊은 시절 이래 나를 지탱해 준 모든 것을 통해,

그대의 무감각한 눈으로, 그대의 사랑스런 눈으로

나를 바라보는 일을 그만두라, 아, 나의 영혼을 가련히 여기라,
탄갱에서 주변을 뒤적거려 찾지 말라
이 구멍 속에서 나의 삶을 더듬어 찾지 말라

왜냐하면 세월이 너무 흘러버렸기 때문에,
그리고 고통, 슬픔 그리고 부끄러움을 느끼기엔,
너무 늦었기 때문에—용서할 사람이 아무도 없으며
비난할 사람도 없으니.[87)]

스트라빈스키는 미국으로의 탈출 과정에서 비슷한 감정적 경로를 밟는다. 그는 과거를 잊고 앞으로 나아가고 싶었다. 어린 시절의 기억은 고통스러운 것이었다. 스트라빈스키는 1917년 러시아를 '잃기' 전에 아버지와 두 명의 형제 그리고 딸을 잃었다. 그는 러시아를 뒤로 하고 싶었지만 그럴 수 없었다. 프랑스의 망명객으로서 스트라빈스키는 자신의 러시아적인 것을 부정하려고 애썼다. 그는 때로 예전에 성 페테르부르크에서처럼 귀족적 오만이자 서구에서 '러시아'로 여겨지던 것에 대한 경멸(즉 그가 《불새》와 《봄의 제전》에서 모방했던 농민 문화의 번안)과 동일시되었던 일종의 유럽적 코스모폴리탄이즘을 받아들였다. 그는 1928년 스위스 저널리스트에게 "나는 내가 특별히 러시아적이라고 생각하지는 않는다. 나는 코스모폴리탄이다"라고 말했다.[88)] 파리에서 스트라빈스키는 상류 사회에서 콕토와 프루스트, 풀랑과 라벨, 피카소와 코코 샤넬과 교류했다. 샤넬은 그의 연인되었다. 그는 1920년 당시 파리에 도착한 다소 소극적이며 매력 없는 남자에서 잘 재단된 의상을 우아하게 입고 피카소에 의해 그려진(아시아적 눈을 가지고 있는) 외눈 안경을 쓴 강인한

남자로 변신했다.

스트라빈스키는 초기 작품에 영감을 불어넣은 농민적 러시아와 다르다는 것을 아주 공공연하게 입증했다. 농민적 러시아는 그가 경멸하는 공산주의 러시아——그를 배신한 러시아——로 변화했다. 스트라빈스키는 자기 작품에 대한 민속의 영향을 부인했다. 그는《봄의 제전》의 고대 러시아적 배경은 자신이 민속에 대한 고려 없이 먼저 작곡을 했던 음악에 이어진 우연한 선택이었다고 (거짓으로) 주장했다.[89] 스트라빈스키는 마찬가지로《농민의 결혼식》——전적으로 민속적 음악에 기초한 작품——의 러시아적 뿌리를 부정했다. 그는 1935년『나의 인생 연대기』에서 "어쨌든 내가 한 번도 본 적이 없었던 시골 결혼식의 재창조를 염두에 두고 있었던 것은 아니다. 민속 문제엔 전혀 관심이 없었다"라고 쓰고 있다.[90] 아마도 그는 농민들을 강제로 집단 농장화하는 스탈린 정책의 여파로 현실의 농민들이 굴락에서 고통받거나 굶주리고 있는 동안 일반적인 '민속' 의상을 입고 행복한 농민들의 역할을 하는 사이비 민속춤 무용단과 발랄라이카 오케스트라, 레드 아미 합창단 같은 스탈린주의 체제의 대체 민속(사실 거짓 민속으로 불러야 할 것이다)으로부터 자신의 음악을 구별하고자 했을 것이다. 하지만 그가 자신의 러시아적 뿌리를 부정하기 위한 여정은 더 격렬한 개인적인 반응을 보여주고 있다.

스트라빈스키의 신고전주의 시기의 음악은 그의 '코스모폴리탄적' 정체성의 표현이었다. 재즈에 영감을 받은 작품인《바람을 위한 8중주》(1923)나《피아노 콘체르토》(1924) 같은 고전주의 형태의 작품들에선 분명하게 '러시아적'인 것——그리고 분명 민속음악적인 것——은 거의 아무 것도 없었으며《덤바턴 오크스》(1937)나《교향곡 C장조》(1938) 같은 후기 작품에는 훨씬 더 했다. 자신의 '오페라-오라토리오' 《오이디푸스 왕》(1927)의 언어처럼 그가 라틴어——모국어인 러시아어나 차용된 불어보다——를 선택했다는 사실은 스트라빈스키의 코스모폴리탄적 정체성의 표현에 훨씬 큰 비중을 두게 한다. 1947년 크리스마스를 할리우드에서 스트라빈스키 부부와 함께 보낸 니콜라이 나보코프는 스트라빈스키가 고국과 완전히 결별한 듯한 모습에 충격을 받았다. "스트라빈스키에게 러시아는 그가 식도락가 같은 솜씨로 뛰어나게 구사할 수 있는 언어였으며, 몇 권의 책, 글린카와 차이코프스키였다. 여타 다른 것들은 그의 관심을 끌지 못하거나 경멸, 격렬한 혐오 그리고 분노를 일으키게 했다."[91] 스트라빈스키는 이국적 환경에 편하게 적응할 수 있는 카멜레온 같은 놀라운 능력을 갖고 있었다. 이것 역시 그의 페테르부르크적 배경의 산물이었을 것이다. 스트라빈스키의 아들은 "사실, 우리가 집을 옮길 때마다 아버지는 늘 아주 일시적으로 거주할 곳에 대해서도 영원히 머물 것 같은 태도를 보였다.…… 어디에 머물더라도 아버지는 평생 어떻게든 주위를 자신의 분위기로 조성해 놓았을 것이다"라고 회상하고 있다.[92]

1934년 스트라빈스키는 프랑스 시민이 되었다——그가 파리에서 자신의 "지적 분위기"를 발견했다고 주장하며 "나의 모국에 대한 일종의 불명예"라 부른 것으로 설명했던 결정.[93] 하지만 그의 프랑스 여권과 세계적 예술가로서 조성된 이미지에도 스트라빈스키는 자기가 태어난 나라에 대한 깊은 감정을 숨기고 있었다. 그는 자신이 기꺼이 인정하고 있는 것보다 고국에 훨씬 더 깊이 뿌리를 내리고 있었다. 이러한 감정은 스트라빈스키의 작품들 내에서 숨겨진 방식으로 표현되고 있다. 스트라빈스키는 성 페테르부르크——그가 1959년 "나의 삶의 너무 많은 부분을 차지하고 있어서 나의 얼마나 많은 부분이 아직도 페테르부르크와 관련되어 있는지 알게 되면 안 되기 때문에 나 자신을 더 이상 들여다보기가 두려울 정도다"라고 쓰고 있는 도시──에 대한 깊은 향수를 느끼고 있었다.[94] 그 기억이 너무 고통스러웠기 때문에 1955년 스트라빈스키는 헬싱키가 "내가 다시 보고 싶지 않은 어떤 도시와 너무 가깝다"는 이유로 헬싱키로의 초대를 거절했다.[95] 하지만 그는 로마를 사랑했고 베니스도 사랑했다. 이 도시들이 페테르부르크를 연상시켰기 때문이었다. 자신이 태어난 도시에 대한 스트라빈스키의 승화된 향수는 그의 차이코프스키적 발레 《요정의 키스》(1928)에서 분명하게 들을 수 있다. 스트라빈스키는 마찬가지로 《봄의 제전》을 작곡했던 보리냐에 있는 가족 영지 우스틸루크도 그리워했다. 우스틸루크는 그가 다른 사람과 논의하려 하지 않은 대상이었다.[96] 가장 행복했던 어린 시절을 보냈던 저택에 무슨 일이 일어났는지 알지 못하고 있다는 것은 그에겐 더 할 수 없는 아픔의 원천이었다. 하지만 다른 어떤 곡보다도 《농민의 결혼식》에 대해 더 오래 작업했다는 사실은 그곳에 대한 그의 느낌을 잘 보여주고 있다. 《농민의 결혼식》은 그가 마지막으로 우스틸루크를 찾았을 때 집에서 찾아 가지고 온 자료에 근거한 것이었다.

망명 생활 내내 스트라빈스키는 러시아 교회의 의식과 문화에 감정적으로 애착을 갖고 있었다──프랑스에서 가톨릭 전통에 지적인 매력을 느껴 자신의 《성가 교향곡》(1930)에서 가톨릭 전통을 찬양하기까지 했지만. 1920년대 중반 거의 30년간 정교 의식을 준수하지 않았던 스트라빈스키는 부분적으로 결국 1939년 죽게 되는 오랜 투병 생활 중에 점차 독실해진 아내 카티야의 영향으로 정교 공동체에서 능동적인 활동을 재개했다. 예술가로서 그리고 망명객으로서 스트라빈스키는 러시아 교회의 규율과 질서에서 위안을 찾았다. 그는《성가 교향곡》에 대해 작업하는 동안 어떤 회견자에게 "당신이 그리스도 교회의 교회법에서 멀어지면 멀어질수록 진실에서 점점 더 멀어지게 된다"라고 말하고 있다.

> 교회법은 개인의 삶에서와 마찬가지로 어떤 오케스트라 작곡에도 진실이다. 교회법은 불확실하고 인위적인 질서가 아니라 우리에게 주어진 신성한 질서다. 그것은 그림, 음악 등에서 표출되는 것 못지않게 내적 삶에서 스스로 드러나야 하는 신성한 질서가 완벽하게 실천되고 있는 유일한 영역이다. 그것은 무질서라기보다는 질서의 부재인 무정부 상태에 대한 투쟁이다. 나는 예술에서 건축술을 옹호한다. 건축술은 질서의 구현이기 때문이며 창조적 작품은 무정부 상태와 무(無)에 대한 저항이다.[97]

스트라빈스키는 루다뤼 가에 있는 러시아 교회의 예배에 정기적으로 참석하게 되었다. 그는 주변을 정교 예배의 여러 가지 용구들로 도배하다시피 한다——니스와 파리에 있는 그의 집들은 성상화와 십자가들로 가득 차 있었다. 스트라빈스키는 자신의 음악 초고를 정교 역법에 따라 표기했다. 그는 모든 이주민 중심지의 러시아인 성직자들과 서신 교환을 했으며 니스의 러시아인 성직자는 니스에 있는 그의 가정의 "실질적인 구성원"이 되었다.[98] 스트라빈스키에게 러시아 교회의 가장 큰 매력은 "언어적인 것"이었다. 그는 슬라브어 기도문 소리를 좋아했다.[99] 그것은 러시아 교회를 위한 그의 슬라브어 성가에서 나타나고 있다.*

타고난 종교로 되돌아가고자 하는 그의 욕망은 러시아에 대한 깊은 사랑과도 관계가 있었다. 스트라빈스키는 평생 혁명 전 페테르부르크에서 보낸 어린 시절의 러시아 관습에 집착했다. 로스앤젤레스에서도 그의 집은 구 러시아의 전초기지로 남아 있었다. 거실은 러시아 책과 장식품, 사진과 성상화들로 채워져 있었다. 스트라빈스키 부부는 러시아인 친구들과 교류했다. 그들은 러시아인 시종들을 고용했고, 집에서는 러시아어로 말했다. 스트라빈스키는 필요하다면 영어나 불어로 그리고 강한 악센트로 이야기했다. 그는 러시아식으로 차를 마셨다——잼이 든 컵으로. 그는 어렸을 때 할머니가 먹여주었던 것과 같은 스푼으로 수프를 먹었다.[100)]

샤갈은 러시아에 대한 애정을 숨겼던 또 다른 세계적 예술가였다. 스트라빈스키처럼 그는 코스모폴리탄으로서의 자신의 이미지를 꾸며냈다. 샤갈은 비평가들이 늘 하는 정체성에 대한 질문("유대인 예술가인가? 러시아인 예술가인가? 아니면 프랑스인 예술가인가?")이 실제로 귀찮다고 주장하곤 했다. 그는 "당신들은 떠들어라, 나는 작업할 테니까"라고 말하곤 했다.[101)] 하지만 이 같은 말을 액면 그대로 받아들일 수는 없다. 샤갈은 자서전을 썼으며 수시로 그것을 바꾸었다. 그는 자신의 삶의 중요한 결정들은 실천적 예술가로서 편의에 따라 취해졌다고 주장했다. 샤갈은 1922년 소비에트 러시아의 상황에서 작업하기 어려웠기 때문에 소비에트 러시아를 떠났다. 반면 서유럽에서 그는 이미 유명했으며 자신이 부자가 될 수 있다는 사실을 알고 있었다. 샤갈이 볼셰비키가 비테브스크의 자기 고향 시에서 유대교 회당과 유대인 거주 지역의 상당 부분을 파괴한 것에

* 라틴어로 바꾸기 전에 그는 《성가 교향곡》을 슬라브어로 작곡하려 하기도 했었다.

영향을 받았다는 것을 보여주는 증거는 없다.[102] 1941년 샤갈이 파리를 떠나 미국으로 갈 때 나치로부터의 위험은 아주 현실적이었다——여기서 다시 그는 개인적 편의의 관점에서 미국으로의 이주를 정당화하고 있지만. 평생 샤갈은 방랑자로 살았으며 어떤 곳에 정착하거나 그것을 자기 집으로 부르지 않았다. 그의 그림의 주제들처럼 그는 대지에 발을 붙이지 않고 살았다.

그렇지만 자신의 민족성에 대한 대답 없는 질문은 샤갈의 생애와 예술의 중심에 있었다. 그의 인격에 융합되어 있는 다양한 요소(유대적, 러시아적, 프랑스적, 미국적 그리고 국제적)들 중 그에게 가장 의미 있는 것은 러시아적인 것이었다. 샤갈은 언젠가 "'러시아 화가'라는 명칭은 어떤 국제적 명성보다 나에게 더 의미가 있다. 나의 그림에서 고국에 대한 향수에서 1센티미터라도 벗어나 있는 것은 없다"라고 말했다.[103] 샤갈의 향수병은 1890년대 소상인의 아들로 성장한 러시아와 벨로루시 사이의 국경에 있는 반은 유대적이고 반은 러시아적인 도시인 비테브스크에 집중되어 있다. 1941년 비테브스크는 나치에 의해 점령되어 그곳의 유대인 거주자들은 모두 살해되었다. 3년 후 샤갈은 「더 뉴욕 타임스」에 편지로 발표된 감동적인 애도문인 '나의 고향 시, 비테브스크에게'를 쓰고 있다.

> 그대를 마지막으로 보고 내가 그대의 울타리로 둘러싸인 거리에 있었던 이후로 오랜 세월이 흘렀다. 그대는 고통스러워하며 묻지 않았다. 내가 그대를 사랑하면서도 왜 그렇게 오랫동안 그대를 떠나 있었냐고. 아니 그대는 그 젊은이는 눈이나 별처럼 우리 지붕 위로 쏟아지는 찬란하게 빛나는 특별한 색상을 찾아 어디론가 가버렸다고 생각한다. 하지만 어디서 그런 색상을 얻을 수 있겠는가? 왜 손에 더 가까운 곳에서 그것들

을 찾을 수 없었겠는가? 나는 그대의 대지에 나의 조상의 무덤들을 남겨 놓았으며 여기저기 기념비들을 뿌려 놓았다. 나는 그대와 함께 살았지만 아직 나의 그림 중엔 그대의 기쁨과 슬픔이 반영된 한 장의 그림도 존재하지 않는다. 요즘 들어 나는 끊임없이 나의 고향시가 나를 이해하고 있을까?하는 근심에 사로잡혀 있다.[104)]

비테브스크는 샤갈이 이상화한 세계다. 그것은 하나의 장소가 아니라 그의 어린 시절 추억이 담긴 예술적 장소로 신화적 이상이다. 그는 자신의 환상적 그림으로 비테브스크를 꿈의 세계로 재창조한다. 실제 도시의 진흙탕 거리는 불가사의하게 머더 구스†를 위한 즐거운 무대 장치를 연상시키는 색상으로 변화된다. 이 같은 것이 그의 비테브스크 주제를 위한 요구사항이었으며 비평가들이 예술로서의 자신의 이국적인 것을 상품화하고 있다고 비난할 정도로 샤갈은 그것을 무자비하게 이용했다. 피카소는 그가 사업가라고 말했다. 화가인 보리스 아론손은 샤갈이 "늘 최고의 사기꾼"이었다고 불평했다.[105)] 하지만 샤갈이 비테브스크 주제를 아무리 많이 이용했다 해도 그의 향수병은 진짜였다.

이스라엘의 유대인들은 샤갈이 러시아에서의 삶을 어떻게 그렇게 그리워할 수 있는지 이해할 수 없었다. 러시아는 유대인 대학살의 나라가 아니었던가? 하지만 비테브스크는 유대인들이 단지 러시아인들과 공존하고 있었던 도시는 아니었으며 그들은 러시아 문화의 수혜자들이기도 했다. 폴란드-러시아계 유대인 만델스탐처럼 샤갈은 러시아 전통과 자신을 동일시했다. 러시아의 전통은 유럽의

† Mother Goose 영국 고래의 민간 동요집의 전설적 작가 ; 그 동요집.

문화와 가치를 받아들이는 수단이었다. 1917년 이전 러시아는 거대한 코스모폴리탄적 문명이었다. 그것은 유대인으로서 샤갈이 러시아 문화를 흡수했던 것처럼 서구 문화 전체를 흡수한 것이었다. 러시아는 샤갈 같은 유대인들을 그들 고향 도시의 지역적 관점에서 벗어나 더 넓은 세계와 연결시켰다.[106] 러시아만이 이 같은 감정을 불어넣을 수 있었다. 유대인들에게 문화적 고향을 제공할 만큼 커다란 다른 동유럽 문명은 없었다.

5

츠베타예바는 1925년 파리로 이주하면서 자기 시의 더 넓은 독자층을 발견할 수 있기를 바라고 있었다. 나보코프가 망명 작가들의 어려움을 아주 인상적으로 기술했던 것처럼 프라하에서 츠베타예바는 "몸과 펜의 결합"을 유지하기 위해 고투했다.[107] 그녀는 번역일과 친구들의 기부로 찢겨져 있었다. 하지만 계속된 생활고는 일자리를 찾지 못해 계속 학생으로 남아 있는 남편 에프런과 그의 딸 그리고 새로 태어난 아들과의 관계에 중압을 가했다.

에프런은 그녀에게서 멀어지기 시작했고——분명 그녀의 계속되는 연애 사건에 참을성을 잃고——정치에 빠져들게 되었다. 그는 파리에서 곧 유라시아 운동에 투신했다. 유라시아 운동의 분리된 아시아적 혹은 우랄 알타이어적 대륙으로서의 러시아에 대한 인식은 이미 스트라빈스키를 사로잡고 있는 것이었다. 1920년대 중반 유라시아 운동은 분열되기 시작했다. 이 운동의 우파는 파시스트들과 불장난을 하는 반면, 에프런이 선택한 이 운동의 좌파들은 서구 문명에 적대적이며 분리된 유라시아 문명의 지도자로서의 러시아에 대한 자신들의 제국주의적 이상의 투사인 소비에트 체제와의 협력에 호의적이었다. 유라시아 좌파는 볼셰비키 체제의 인민적 성격과 내전의 정당한 승리자임을 인정하고(아마도 오해하여) 그들에 대한 자신들의 오랜 반대를 접고 위대한 러시아 부활의 유일한 희망으로 그들의 대의를 지지했다. 에프런은 모국으로의 귀환의 대변자였다. 그는 소비에트(러시아로 읽히는) 인민의 대의를 위해 목숨을 버림으로써 내전중 백군에 가담해 싸웠던 자신의 '죄'를 속죄하고 싶었다. 1931년 에프런은 스탈린의 러시아로의 귀환을 신청했다. 에프런이 러시아를 그리워하는 잘 알려진 감정 때문에 그는 망명공동체에 침투하기 위해 약점을 이용하는 정책을 취했던 NKVD의 분명한 목표가 되었다. 에프런은 언젠가 소비에트 러시아로의 귀환이 허용되리라는 약속을 받고 NKVD 요원으로 선발된다. 1930년대 그는 파리 귀국 협회를 주도적으로 조직한다. 그것은 NKVD의 하나의 전선이었다.

에프런의 정치 활동은 츠베타예바와 그의 관계에 엄청난 중압감을 주었다. 츠베타예바는 그가 고국으로 돌아가고자 하는 열망을 이해하고 있었지만 마찬가지로 스탈린의 러시아에서 일어나고 있는 일도 알고 있었다. 그녀는 남편의 순진함을 비난했다. 즉 에프런이 자신이 보고 싶어하지 않는 것에 대해선 눈을 감고 있다는 것이었다. 그들은 끊임없이 다퉜고 츠베타예바는 에프런에게 그가 소련으로 되돌아가면 시베리아나 더 나쁜 곳에서 끝을 맺게 될 것이라고 경고했고, 그는 "그들이 보내는 곳이면 어디든 갈 것"이라고 응수했다.[108] 하지만 츠베타예바는 만약 그가 간다면 자신도 일찍이 맹세했던 것처럼 "개처럼" 남편을 따를 것이라는 사실을 알고 있었다.

에프런의 활동 때문에 츠베타예바의 지위는 망명 사회에서 유지될 수 없었다. 특히 그녀처럼 혁명 전 아방가르드에 뿌리를 두고 있던 파스테르나크와 벨르이 같은 "소비에트 작가들"과의 계속된 관계 때문에 그녀 자신이 볼세비키로 받아들여졌다. 츠베타예바는 점차 소비에트 세계와의 어떤 접촉도 피하던 공동체 내에서 점점 더 고립되고 있다는 것을 느꼈다. 그녀는 체코 작가인 안나 테스코바에게 "여기에서 있을 곳이 없다고 느껴진다"고 쓰고 있다. 프랑스인들은 "사교적이지만 천박하고 자신들밖엔 모른다", 반면 "러시아인들에게선 아무도 이해하지 못하는 시 때문에 분리되고 있다. 어떤 사람들은 나의 관점을 볼세비키주의로 또 다른 사람은 군주제주의나 무정부주의로 받아들이고 있기 때문에 멀어지고 있으며 그리고 또 다시 나의 모든 것을 이유로 또한 사람들과 멀어지고 있다."[109] 베르베로바는 츠베타예바를 파리에서 "추방당한 사람"으로 기술하고 있다. 즉 "츠베타예바의 독자는 없었으며 그녀가 쓴 것에 대한 반응도 없었다"라고 기록하고 있다.[110] 츠베타예바가 살아 있는 동안 출판된 그녀의 마지막 시집 『러시아 이후』가 1928년 파리에서 출간되었다. 백 권 중 25권 만이 예약으로 판매되었다.[111] 해외 생활의 말년에 츠베타예바의 시는 점증하는 소외와 고독의 징후를 보여주고 있다.

> 맞아, 고통이면 충분하지—가지라
> 정원을—나처럼 외로운.
> (하지만 그대여 근처에 서 있지 말라, 홀로는!)
> 정원, 외로운, 나처럼.[112]

츠베타예바는 1931년 안나 테쉬코바에게 "러시아로 가지 않을 수 없다"고 쓰고 있다. "나는 여기서 쓸모가 없다. 나는 그곳에선 견딜 수 없다."[113] 츠베타예바는 점차 망명자 정기 간행물의 편집자들——그녀의 산문을 이해하지 못하고 잡지의 산뜻하고 깔끔한 문체에 맞게 조각조각 난도질하는 밀류코프 같은 교수들과 정치가들——에게 실망하게 된다. 편집자들에게 좌절한 츠베타예바는 소련에서의 문학 생활에 대한 과도한 장미빛 전망을 갖게 된다. 그녀는 자신이 소련에서 '요구되고 있으며' 다시 책을 출판할 수 있고 "나를 자신들 중 하나로 보게 될" 새로운 작가 친구 집단을 찾을 수 있을 것이라고 믿기 위해 스스로에게 되뇌었다.[114] 세월이 흐르면서 츠베타예바는 모국어에 대한 '본능적 욕구'를 느꼈고 그것이 자신의 예술뿐 아니라 자신의 정체성에도 아주 필수적이라는 사실을 알고 있었다. 러시아에 대한 물리적 그리움은 자신이 망명 생활을 계속해야 한다는 어떤 지적인 합리화보다 훨씬 더 강하고 직접적이었다. 즉 러시아는 그녀 자신 속에 포함되어 있으며 푸쉬킨 작품으로 채워진 가방처럼 어떤 곳으로도 옮겨갈 수 없었다. 츠베타예바는 "시인은 매체도 언어도 없어 설 수 있는 근거가 없는 타국으로 이주해 살아갈 수 없다. 그곳엔 뿌리가 없다"라고 결론지었다.[115] 로완베리 나무처럼 그녀의 예술은 대지에 뿌리를 내릴 필요가 있었다.

1937년 에프런은 소비에트 요원으로 밝혀졌다. 그는 소련으로의 귀환을 거부한 소비에트 간첩의 암살에 연루되어 있었다. 프랑스 경찰의 추적을 받던 에프런은 소련으로 도망갔고 알랴는 그 해 초 이미 소련에 정착해 있었다. 이제 츠베타예바는 프랑스에 남아 있을 수 없었다. 모두가 기피하는 프랑스에서의 생활은 불가능했다.

베르베로바는 그녀를 1938년 가을에 마지막으로 보았다. 그것은 세르게이 볼콘스키 공의 장례식——프랑수아 제라르가 있는 교회에서 그의 관이 운구되어 나오는 순간——이었다. "그녀는 눈물에 젖어 거의 백발이 성성할 정도로 늙은 모습으로 손을 가슴에 모은 채 입구에 서 있었다.……그녀는 마치 전염병에 감염된 것처럼 서 있었고 그녀에게 다가가는 사람은 아무도 없었다. 다른 사람들처럼 나는 그녀를 지나쳤다."[116] 1939년 6월 12일 츠베타예바와 그녀의 아들은 배를 타고 르 아브르를 떠나 소련으로 향했다. 떠나기 전 날 밤 그녀는 테쉬코바에게 보낸 편지에서 "안녕! 이제 앞으로의 일은 더 이상 어렵지 않으며 그것은 운명이다"라고 쓰고 있다.[117]

파스테르나크는 츠베타예바에게 "러시아로 돌아오지 말라——러시아는 춥고 외풍이 있다"라고 경고했다. 그것은 그녀 자신의 예언적 두려움을 되풀이 하는 것이었다.

러시아의 외풍은 나의 영혼을 날려 버리게 되리![118]

하지만 그녀는 남편처럼 자신이 듣고 싶지 않은 것엔 귀를 기울이지 않았다.

많은 망명객들은 자신들이 노예 상태의 생활로 되돌아가고 있다는 사실을 알거나 혹은 직관적으로 느끼고 있었지만 스탈린의 러시아로 되돌아왔다. 그것은 그들이 일할 수 있는 사회적 상황에 대한 그리움과 서구에서의 자신들의 절망적인 상황 그리고 그들이 소련에서의 '새로운 삶'이라는 가혹한 현실을 자신들의 눈으로 확인할 준비가 되어 있다는 사실을 나타내고 있었다. 생존에 대한 그들의 기본적 본능으로 향수병을 극복할 수는 없었다.

막심 고리키는 귀국의 위험을 알게 된 최초의 중요한 문화계 인사였다. 초기 소설 『어머니』에서 혁명의 대의를 지지했던 작가는 1917년 혁명의 폭력과 혼란에 환멸을 느꼈다. 그는 사회주의가 러시아를 서구적 이상에 더 근접시킬 수 있는 문화적 진보와 계몽의 힘이라고 보았다. 하지만 레닌을 권좌에 앉힌 시가전은 새로운 문명을 선도하기는커녕 고리키가 경고한 것처럼 "아시아적 야만주의의 암흑 시대" 직전으로 몰아 갔다. 볼셰비키들의 연설에 고무된 민중 계급의 적대감과 복수에 대한 욕망은 좋은 것은 모두 파괴하려 위협하고 있었다. 수백만이 사망한 기아에 이은 내전의 야만적인 공포는 고리키 예언의 섬뜩한 증거처럼 보였다. 당시 자신이 본 모든 것에 의해 심하게 동요하며 1917년과 1921년 사이에 레닌주의 체제에 용감하게도 공개적으로 이의를 제기한 고리키는 러시아를 떠나 베를린으로 향했다. 소비에트 러시아에서 살 수 없었던 고리키는 해외에서의 생활도 견딜 수 없었다. 수년 간 그는 러시아에 대한 그리움으로 정신분열증적 상태에서 망설이고 있었지만 너무 앓고 있었기 때문에 귀국할 수 없었다. 고리키는 이탈리아 휴양지 소렌토에 정착하기 전 베를린에서 독일과 체코슬로바키아의 온천 도시들을 끊임없이 전전하고 있었다. 그는 1924년 로맹 롤랑에게 보낸 편지에서 "아니, 러시아로 갈 수 없다. 러시아에서 나는 모든 것과 모든 사람의 적이 될 것이다. 그것은 벽에 머리를 처박는 것과 같다"고 쓰고 있다.[119]

하지만 1924년 레닌이 죽자 고리키는 태도를 바꾼다. 그는 레닌과 결별한 것에 대한 회한에 빠져 베르베로바의 말처럼 "레닌의 죽음으로 자신이 러시아 전체로부터 버려지게 되었다"고 확신하게 되었다.[120] 고리키의 찬사로 가득 찬 『레닌에 대한 회상』은 크레믈린의 레닌 후계자와 화해하기 위한 첫 걸음이었다. 그는 소련으로 되돌아갈 생각을 하기 시작했지만 그곳에서 보게 될 것에 대한 두려움으로 결정을 미루고 있었다. 어쨌든 고리키의 두 편의 서사시적 소설인 『아르타모노프의 사업』(1925)과 『클림 삼긴의 인생』(1925~36)은 그의 설교적 문체에 더 이상 호의적이지 않았던 서구에서 호응을 얻지 못했다. 자신이 선택한 고국인 이탈리아에서 파시즘이 부상하자 고리키는 도덕적 진보와 문명의 역사적인 힘으로서의 유럽에 대한 자신의 초기 생각——볼셰비키들에 대한 반대의 근거가 되었던 생각——에 의문을 갖게 되었다. 그가 파시스트 유럽에 환멸을 느끼면 느낄수록 소비에트 러시아를 더욱 더 도덕적으로 우월한 체제로 격찬하게 되었다. 1928년 고리키는 소련으로의 일련의 여름 여행들 중 최초로 소련을 찾게 되고 1931년 영원히 소련에 정착한다. 돌아온 탕자에게는 각종 특혜가 부여되었다. 모스크바에 있는 유명한 랴부쉰스키 대저택(쉐크텔이 건축한)이 그의 주거지로 부여되었으며 두 개의 시골 다차, 개인 시종(루뱐카의 첩자로 밝혀진)과 NKVD부서로부터 스탈린에게 제공되는 것과 같은 특별 음식이 제공되었다. 이 모든 것은 고리키의 정치적 지지를 확보하고 그를 서구 세계에 소비에트 작가를 대표하게 할 목적으로 부여되었다.[121] 당시 서구 여론은 고리키나 부닌이 노벨상을 받아야 하는가 여부에 대해 마찬가지로 나뉘어져 있었다. 일단 크레믈린이 고리키의 주장을 받아들이자 두 작가들 간의 경쟁은 누가 푸쉬킨과 톨스톨이로 거슬러 올라가는 문화적 전통의 이름으로 말할 수 있는 권리를 가져야 하는가——모스크바인가 아니면 파리의 망명객들인가——하는 더 광범위한 정치적 투쟁이 되었다.

고리키가 되돌아간 소비에트 체제는 스탈린주의자들과 스탈린의 집단화와 산업화의 살인적 정책을 반대하는 톰스키와 부하린 같은 소위 우파들로 분명하게 나뉘어져 있었다. 처음에 고리키는 둘 사이의 어딘가에 위치했다. 그는 스탈린의 극단적인 정책을 제어하려고 시도하면서도 대체로 그의 목적을 지지했다. 하지만 점차 고리키는 자신이 스탈린 체제와 대립하고 있다는 사실을 알았다. 고리키는 자신이 어떤 것을 좋아하지 않을 때 침묵을 지킬 수 있는 유형의 사람이 아니었다. 그는 레닌과 그의 공포정치적 통치에 반대했으며 이제 그는 스탈린의 입장에서도 눈엣가시 같은 존재였다. 고리키는 자먀틴, 불가코프 그리고 필냐크에 대한 박해에 반대했다——1934년 말델스탐의 체포에 관심을 끌게 하지는 못했지만. 그는 스탈린의 개인 숭배에 대한 반대의 목소리를 높였다. 스탈린을 이상화하기 위한 전기를 써달라는 크레믈린의 위탁도 거부했다. 1930년대의 일기에서 고리키는 스탈린을 선동과 대중 공포를 "믿을 수 없을 정도로 확대한 괴물 같은 놈"에 비유하고 있다.[122)]

NKVD는 고리키를 주도면밀하게 감시했다. 고리키가 부하린과 1934년 아마도 스탈린의 지시로 암살당한 레닌그라드 당 의장 키로프와 함께 스탈린에게 반대하는 음모에 가담했다는 증거가 있다. 1936년 고리키의 죽음 또한 이 음모의 결과였을 것이다. 한동안 그는 폐와 심장병으로 인한 고질적 유행성 독감으로 고통받고 있었다. 1938년 부하린의 공개재판 중에 고리키 의사들이 고리키에 대한 '의학적 살인' 의 죄가 있다는 것이 밝혀졌다. 스탈린이 고리키의 자연사를 정적들을 제거하기 위한 구실로 이용했겠지만 고리키가 반대자들과 연루되었다는 것은 스탈린이 그를 살해하게 했다는 심증을 굳히게 한다. 1934년 NKVD가 고리키의 아들 막심 페쉬코프를 살해한 것은 거의 분명하며 이는 고리키를 약화시키기 위한 계획의 일부였을 것이다.[123] 분명 고리키는 스탈린에게 매우 유리한 시기——고리키가 서구 언론에 협잡으로 폭로하려 했던 지노비예프와 카메네프의 공개재판 직전——에 사망했다. 고리키의 미망인은 1963년 남편의 죽음에 대한 질문을 받았을 때 남편이 스탈린의 요원에 의해 살해되었다는 사실을 굳게 믿고 있었다. 하지만 진실은 아마도 밝혀지지 않을 것이다.[124]

프로코피예프는 스탈린의 러시아로 되돌아간——공포정치가 절정에 달했던 1936년——또 다른 중요 인물이었다. 프로코피예프는 정치적 통찰력은 없었지만 그의 기준에서도 자신의 불행한 귀국 시기는 터무니없는 순진함의 결과였다. 프로코피예프에게 정치는 거의 의미가 없었다. 그는 자신의 음악이 무엇보다 우선한다고 생각했다. 프로코피예프는 소련으로 되돌아가도 스탈린의 정치에 영향을 받지 않을 수 있을 것으로 믿었던 것처럼 보인다.

그것은 성 페테르부르크에서 신동으로 명성을 얻었던 사실과 관련이 있었을 것이다. 부유하고 아이를 과보호하는 부모에게서 자란 프로코피예프는 어린 시절부터 자신의 운명에 대한 분명한 믿음을 갖고 있었다. 성 페테르부르크 음악원에 들어간 13살 때 그는 이미 자신이 작곡한 4곡의 오페라가 있었다. 러시아의 모차르트였던 셈이다. 1917년 프로코피예프는 어머니와 함께 카프카스로 여행해 혁명을 피했다. 이어 그는 블라디보스토크와 일본을 경유해 미국으로 이주했다. 라흐마니노프가 미국에 도착한 지 얼마 되지 않았기 때문에 언론은 필연적으로 그들 둘을 비교했다. 프로코피예프의 보다 실험적 스타일은 일반적으로 보수적이었던 미국 도시들의 관점에선 라흐마니노프에 뒤지는 것이었다. 몇 년 후 프로코피예프는 뉴욕의 센트럴 파크를 배회했던 일을 다음과 같이 회상하고 있다.

> 냉담한 분노로 나의 음악에 전혀 관심을 보이지 않는 훌륭한 미국 오케스트라들에 대해 생각하고 있었다.……이곳에 너무 일찍 온 것이다. 이 어린아이——미국——는 아직 새로운 음악을 이해할 만큼 성숙하지 못했다. 고향으로 되돌아가야 하는 것일까? 하지만 어떻게? 러시아는 백군에 의해 사방으로 포위되어 있고 어쨌든 빈손으로 고향으로 되돌아가고 싶은 사람이 어디 있겠는가?[125]

베르베로바에 따르면 그녀는 프로코피예프가 적어도 한 번 이상 "라흐마니노프가 살아 있는 한 이곳에 내가 설 자리는 없어. 그리고 그는 앞으로도 10년이나 15년은 더 살 거야. 유럽은 나에게 충분하지 않고 미국에서 2인자로 살고 싶지는 않아"라고 말하는 것을 들었다.[126]

1920년 프로코피예프는 뉴욕을 떠나 파리에 정착했다. 하지만 이미 스트라빈스키가 그곳에 자리잡고 있었기 때문에 프로코피예프가 파리를 점령하기는 훨씬 더 어려웠다. 파리에서 쟈길레프의 후원은 절대적이었으며 스트라빈스키는 쟈길레프가 "총애하는 아들"이었다. 프로코피예프는 러시아 소설에 곡을 붙이고자 하는 그의 애정 어린 관심에서 오페라를 작곡하고 싶었다. 『전쟁과 평화』, 도스토예프스키의 『노름꾼』 그리고 브류소프의 『불꽃의 천사』 등이 모두 프로코피예프에 의해 오페라로 작곡되었다. 하지만 쟈길레프는 오페라가 "시대에 뒤진" 예술 형태라고 선언했다.[127] 비언어적 예술의 종합——문학을 제외한 무용, 무언극과 음악 그리고 시각예술——을 추구하며 발레 루시가 창립되었다. 대조적으로 스트라빈스키는 서구에서 전형적인 '러시아적인 것'으로 엄청난 명성을 누리던 예술 형태인 발레를 위임받고 있었다. 쟈길레프의 권유를 받은 프로코피예프는 1920년대에 3편의 발레음악을 작곡했다. 《어릿광대》(1921)는 어느 정도 성공을 거두었다——이것이 스트라빈스키를 자극해 결국 그가 파리의 음악 취향 중재자들(나디아 블랑제, 풀랑과 레 식스)을 프로코피예프에게 불리하게 변화시키도록 계획하게 되지만. 소비에트의 주제들을 다룬 두 번째 작품 《강철 계단》(1927)은 사실상 그 아이디어는 쟈길레프의 것이었지만 파리 망명객들에게 "크레믈린 선전"으로 비난받았다. 프로코피예프의 마지막 발레인 《돌아온 탕자》(1929)만이 절대적인 성공을 거둔다. 이 발레곡의 주제는 프로코피예프의 마음과 근접한 것이었다.

프로코피예프는 파리에서 고립되게 되었다. 그는 작곡가 니콜라이 나보코프, 지휘자인 세르게이 쿠세비츠키와 시인인 콘스탄틴 발몬트를 포함하고 있는 작은 러시아인 친구 모임을 갖고 있었다. 그는 늘 자신의 걸작이라 생각했던 오페라 《불꽃의 천사》에 대한 작업에 7년간 매달렸지만 결국 공연되는 것을 보지는 못했다. 이 오페라의 중심 주제——두 세계 사이의 통제할 수 없는 분할——는 많은 방식으로 러시아로부터의 자신의 분리에 대해 이야기하고 있었다.

파리의 망명 공동체에서 고립된 프로코피예프는 소비에트 음악 기관과의 접촉을 진전시키기 시작했다. 1927년 그는 소련 순회 음악 연주회를 해달라는 크레믈린의 초청을 받아들였다. 페테르부르크에 되돌아온 그는 감정을 억제할 수 없었다. 프로코피예프는 일기에서 이 여행에 대해 "페테르부르크가 실제로 어떠했었는지를 어떤 식으로든 잊고 있었다. 페테르부르크의 유럽적 매력은 서구와 비교하면 희미해질 것이며 반면 모스크바는 특이한 어떤 것이라고 생각하기 시작했다. 하지만 지금 페테르부르크의 장대함은 숨을 쉴 수도 없을 정도다"라고 기록하고 있다.[128] 그는 마린스키 극장에서 자신의 《세 개의 오렌지에 대한 사랑》(1919)의 화려한 공연으로 마침내 자신이 러시아의 살아 있는 가장 위대한 작곡가로 인정받았다고 느끼게 되었다. 소비에트 당국은 그를 영구 귀국시키기 위해 모든 장애물들을 제거했다. 1917년 그가 해외로 가는 것을 허가했던 문화인민위원 루나차르스키("당신은 음악의 혁명가고 우리는 삶에서 혁명적이다…… 당신을 막지는 않겠다")[129]는 이제 러시아에 할 일이 많은데 왜 이탈리아에 머물고 있느냐고 묻고 있는 마야코프스키가 고리키에게 보낸 유명한 공개 「서한-시」(1927)를 인용하면서 프로코피예프가 소비에트 러시아로 돌아오도록 설득했다. 마야코프스키는 프로코피예프의 오랜 지인이었다. 프로코피예프가 미국으로 떠나기 전날 밤 마야코프스키는 자신의 시집 한 권을 헌정했다. "세계의 시의장이 세계의 음악 의장, 프로코피예프에게." 그의 또 다른 오랜 친구인 아방가르드 감독 메이어홀드는 무대에서 러시아적 고전들을 실현하기 위한 새로운 협력에 대해 열정적으로 이야기했다. 이 오랜 동지들에 대한 그리움은 프로코피예프가 귀국하기로 결정한 중대한 요소였다. 그는 1933년 "외국인 동료들은 나에게 영감을 주지 못한다"고 고백하고 있다.

> 내가 러시아인이기 때문에 그리고 그것은 망명자로 나의 민족이 아닌 심리적 분위기에서 나 자신으로 남아 있기에 가장 어울리지 않는 사람이라는 의미다. 나의 동포들과 나는 우리와 함께 우리 나라를 갖고 다닌다. 그 전체가 아니라 처음에는 희미하게 아픔을 느낄 정도만, 이어 점점 더 고통스러워져 마침내 그것은 우리 모두를 압도한다……나는 고국의 환경으로 되돌아가 살아야 한다. 나는 진짜 겨울을, 순식간에 찾아

오는 봄을 다시 보아야 한다. 나의 귀에 울리는 러시아어를 들어야 한다. 나의 피와 살인 사람들에게 그들이 이곳에서 나의 노래가 결여하고 있는 어떤 것——그들의 노래——을 줄 수 있도록 이야기해야 한다.[130]

프로코피에프는 1932년부터 모스크바에서 6개월씩 지내기 시작했으며 4년 후 그는 아내와 두 아들을 영원히 모스크바로 이주시켰다. 그는 파리에서 수입한 가구가 구비된 모스크바의 넓은 아파트와 서구로 여행할 수 있는 자유(소비에트 시민이 외국인에게 말을 했다는 이유로 강제수용소에 보내졌던 시기에) 등 모든 사치를 누렸다. 곡을 쓰는 초인적인 힘을 가진 프로코피에프는 그의 《키제 대위》(1934)와 《로미오와 줄리엣》(1935~6)을 포함해 소비에트 무대와 영화를 위해 수많은 곡을 작곡하도록 위임받았다. 상이 이어졌고——1942년과 1949년 사이에 적어도 다섯 차례는 명예로운 스탈린상을 수상했다——그는 그것들이 겉치레에 불과하다는 사실을 알기는 했지만 고국에서 인정받은 것에 대해 기뻐했다.

하지만 그 모든 영예에도 불구하고 프로코피에프의 고국에서의 작품 활동은 점점 더 어려워지고 있었다. 1936년 쇼스타코비치의 오페라《므첸스크의 맥베스 부인》의 억압과 함께 시작된 조직적 반대운동에서 '형식주의자'로 공격받은 프로코피에프는 젊은이들을 위한 음악으로 관심을 돌림으로써 후퇴했다. 즉《피터와 늑대》(1936)는 공포정치 시기의 작품(그리고 아마도 하나의 비유)이었다(늑대 사냥은 '인간의 적들'에 대한 공격을 함축하고 있었다). 그의 실험적인 많은 작품들은 공연되지 않은 채 남아 있었다. 대규모《10월 혁명 20주년 기념 칸타타》(1937), 메이어홀드의 1937년《보리스 고두노프》의 푸쉬킨 100주년 기념 공연을 위한 음악, 심지어 오페라《전쟁과 평화》조차 1959년까지 러시아 무대(마지막 버전으로)에 올려지지 않았다. 쥐다노프가 '형식주의자'들에 대한 스탈린주의적 공격을 재개한 1948년 이후 프로코피에프가 파리와 뉴욕에서 작곡한 거의 모든 음악이 소비에트 음악회 연주 목록에서 금지되었다.

프로코피에프는 말년을 실질적으로 격리된 상태에서 보냈다. 그는 쇼스타코비치처럼 점차 친밀한 영역인 실내음악으로 관심을 돌렸다. 프로코피에프는 이 분야에서 자신의 개인적인 슬픔에 대한 표현을 발견할 수 있었다. 이 모든 작품 중에서 가장 감동적인 것은 《바이올린 소나타 D장조》다(아이러니하게도 1947년 스탈린상을 수상한). 프로코피에프는 바이올리니스트인 다비드 오이스트라크에게 그것의 잊혀지지 않는 서막의 선율은 "묘지의 바람 같은" 소리가 나도록 의도된 것이라고 말했다.[131] 오이스트라크는 소비에트 대중에게 거의 주목받지 못한 슬픈 사건인 프로코피에프의 장례식에서 이 소나타를 연주했다. 스탈린은 프로코피에프와 같은 날인 1953년 3월 5일 사망했다. 꽃이 남아 있지 않아 소나무 가지 하나만이 프로코피에프의 무덤에 놓였다.

츠베타예바는 귀국해 에프런과 아들 그리고 딸과 함께 1939년 모스크바 인근의 다차에서 살았다. 거의 20년 전 뒤에 두고 떠난 작가 모임을 되찾게 되리라 기대했지만 러시아로 돌아온 그녀는 자신이 거의 완전히 고립되어 있다는 사실을 알고 충격을 받았다. 나데즈다 만델스탐이 회상하고 있듯이 스탈린 하에서 "서구에서 되돌아온 사람을 무시하는 것은 제2의 천성의 문제가 되었다."[132] 츠베타예바에 대한 모든 것이 그녀를 알거나 아는 것처럼 보이는 것을 위험하게 만들었다. 그녀는 또 다른 세계에서 온 과거의 인물로 낯설고 구식으로 보였다. 츠베타예바의 시를 기억하는 사람은 거의 없었다.

그들이 귀국한 지 2달 후 츠베타예바의 딸 알랴는 체포되어 트로츠키주의자들과 결탁해 서구 열강을 위해 간첩으로 활동했다는 혐의로 기소되었다. 곧바로 그들은 에프런도 체포했다. 츠베타예바는 아흐마토바가 그 끔찍한 고통을 기록한 감옥 행렬의 여인들 속에 합류했다. 츠베타예바는 다시는 남편과 딸의 모습을 보지 못했다. 그녀는 그들에게 무슨 일이 일어났는지 알지도 못했다.* 에프런의 누이가 츠베타예바를 그녀의 아들과 함께 모스크바로 데리고 갔다. 핏기없이 마르고, 초췌하며 창백한 얼굴의 그녀는 시 번역으로 겨우 생계를 유지했다. 결국 파스테르나크의 도움으로 츠베타예바는 모스크바와 민스크 사이의 길에 있는 골리치노의 작가들 거주지 인근 마을로 이주해 그곳에서 접시 닦기 일을 얻어 생계를 이어갈 수 있었다. 그곳의 더 나이 든 작가들 중 일부는 아직 그녀의 시를 기억하고 있었고 그녀를 경외에 가까운 존경으로 대했다. 하지만 공식적인 소비에트 문학의 관점에서 츠베타예바는 오래 전에 소멸되고 없었다. 러시아에서 그녀의 마지막 책은 1922년에 출판되었다. 츠베타예바의 시가 1939년의 분위기에서 러시아에서 다시 출판될 수 있는 기회는 거의 없었다. 그녀는 1940년 국영 출판사에 자신의 시 모음을 제출했지만 더 애국적이거나 시민적 시 대신 에프런이 백군을 위해 싸우던 시기의 시들을 많이 포함시키기로 선택했다. 당연히 그녀의 시 모음은 반 소비에트적인 것으로 거부당했다. 그것은 바로 타협에 대한 츠베타예바의 의도적 거부였다. 그녀는 치명적인 위험이 있다 해도 자신을 제어할 수는 없었다. 츠베타예바는 자신이 살도록 강요받는 시대와 타협할 수 없었다.

* 알랴는 노동 수용소에서 8년간 복역했다. 에프런은 1941년 총살당했다.

프랑스를 떠나기 직전 츠베타예바는 친구에게 소련에서 시를 쓸 수 없다면 자살할 것이라고 말했었다. 츠베타예바는 점차 자살이라는 생각에 병적으로 집착한다. 그녀는 종종 그것을 하나의 위협으로 사용했다. 1940년 이후 그녀는 작은 시를 썼다. 츠베타예바가 쓴 몇 줄은 죽음으로 가득 차 있다.

급히 떠나야 할 시간,
언어를 바꾸어야 할 시간,
문 위의
제등을 꺼야할 시간.[133)]

츠베타예바는 1941년 3월에 쓴 마지막 시를 자신이 사랑에 빠졌던 젊고 잘생긴 시인 알세니 타르코프스키(미래 영화감독의 아버지)에게 보냈다. 그것은 타르코프스키에 의해서만이 아니라 여기서 '여섯 사람'으로 언급되고 있는 그들 익명의 사람들 모두에 의해 자신이 버려졌다는 느낌을 말하고 있는 영적인 반복구다.

나는 아무런 관련도 없지, 오빠도, 아들도, 남편도,
친구도 아니지—그래도 나는 너를 비난한다
여섯 명을 위한 테이블을 준비한 너를
하지만 나를 그 테이블의 끝에 앉히지는 않았지.[134)]

츠베타예바의 아들 뮈르는 그녀의 마지막 희망이자 감정적 지지자였다. 하지만 이 10대 소년은 어머니의 숨막히는 지배에서 벗어나려고 투쟁하고 있었다. 독일이 러시아를 침공해 모스크바로 진격하고 있던 1941년 8월 츠베타예바와 그녀의 아들은 카잔 인근 타타르 공화국에 있는 작은 도시 엘라부가로 소개된다. 그들은 작은 목조 가옥의 방 절반을 얻는다. 츠베타예바는 견딜 수 없었다. 8월 30일 일요일 낮에 집주인과 그녀의 아들은 낚시를 하러 간다. 그들이 집을 비운 동안 그녀는 목을 맨다. 츠베타예바는 뮈르에게 다음과 같은 짧은 편지를 남겼다.

> 뮈를리가! 용서해라, 하지만 계속 살아가는 것은 더 나쁜 일이 될 게야. 나는 중병이 들었고 이것은 더 이상 내가 아니구나. 나는 너를 진심으로 사랑한단다. 내가 더 이상 살 수 없다는 사실을 이해하겠지. 아빠와 알랴를 보게 되면 내가 마지막 순간까지 그들을 사랑했다고 말하고 내가 함정에 빠졌다는 것을 알게 되었다고 설명해 주렴.[135)]

츠베타예바는 이름 없는 묘지에 묻혔다. 장례식에는 아무도 참석하지 않았으며 그녀의 아들도 참석하지 않았다.

6

1962년 스트라빈스키는 소비에트의 고국 방문 초청을 받아들였다. 스트라빈스키가 러시아를 떠난 지 꼭 50년 만이었으며 돌아가기로 한 그의 결정 뒤에는 복잡한 감정이 교차하고 있었다. 스트라빈스키는 망명객으로서 자신의 러시아적 과거에 대해 늘 격렬히 거부하는 인상을 주었다. 그는 친한 친구와 음악 조수인 지휘자 로버트 크래프트에게 자신은 성 페테르부르크에서의 어린 시절을 "그것과 관련된 모든 사람과 모든 것을 쓰레기통에 처넣을 수 있는 순간을 기다리고 있는 시기"로 생각한다고 말했다.[136] 이 같은 적대감의 상당 부분은 소비에트 체제에 대한 망명객의 일반적인 반응이었다. 소비에트 체제는 스트라빈스키의 음악을 배척하고 그에게서 고국을 박탈한 셈이었다. 소련이란 소리만 들어도 그는 화를 냈다. 1957년 일진이 좋지 않은 독일인 웨이터가 스트라빈스키의 테이블에 다가와 최근 우주비행을 한 스푸트니크 호의 획기적인 과학적 약진에 대해 러시아인들이 자랑스럽지 않느냐고 물었을 때, 스트라빈스키는 "우주비행을 해낸 러시아인들과 그것을 하지 못한 미국인들에 대해 같은 정도로 격노"하게 된다.[137]

스트라빈스키는 특히 《봄의 제전》에 비난을 퍼부었던 림스키-코르사코프적이자 글라주노프적인 정신이 아직도 살아 남아 모더니스트들의 흠을 잡고 있는 소비에트 음악아카데미에 대해 가혹했다. 스트라빈스키는 1957년 어떤 독일인 회견자에게 "소비에트 예술의 거장은 19세기를 넘어서는 문학을 갖고 있지 않다"고 말했다. 스트라빈스키나 '세 명의 비엔나인들'(쇤베르크, 베르크와 베베른)의 음악을 연주하도록 요청된다면 소비에트 오케스트라들은 "우리가 50년 전 음악에 도입했던 운율적인 연주의 가장 사소한 문제도 처리해 낼 수 없을 것이다."[138] 스트라빈스키의 음악은 소비에트 음악 체제가 스트라빈스키를 "제국주의적 부르주아의 예술적 관념론자"로 비난한 1930년대 초 이래로 소비에트 음악회 연주 목록에서 금지되었다.[139] 이것은 일종의 음악적 냉전이었다.

하지만 스탈린의 사망 이후 분위기는 변화했다. 흐루시초프의 '해빙'은 소위 '형식주의자들'에 대한 쥐다노프식의 반대 운동을 종식시켰고 쇼스타코비치를 소비에트 음악 체제의 첫 머리인 그의 정당한 자리에 복원시켰다. 스트라빈스키의 작품에서 영감을 얻은 젊은 작곡가들이 출현하고 있었다(에디슨 데니소프, 소피아 구바이둘리나와 알프레드 쉬니트케). 화려한 소비에트 음악가 세대(오이스트라크, 리흐터, 로스토로포비치, 베토벤 사중주단)가 서구에서의 녹음과 순회연주로 잘 알려지게 되었다. 요컨대 러시아는 유럽 음악 세계의 중심지——1912년 스트라빈스키가 떠날 때 차지하고 있었던 위치——로 복귀하고 있는 것처럼 보였다.

스트라빈스키는 부정하기는 했지만 늘 자신이 망명할 수밖에 없었던 상황을 유감스러워했다. 그는 과거로부터의 단절을 벌어진 상처처럼 간직하고 있었다. 스트라빈스키가 1962년 여든이 되었다는 사실도 되돌아가기로 한 그의 결정에 일조했을 것이다. 나이가 들어가면서 그는 자신의 어린 시절에 대해 더욱 더 많이 생각하게 되었다. 스트라빈스키는 종종 어린아이 같은 러시아어 문장과 러시아의 사소한 것들에 빠져들었다. 그는 자신이 러시아에서 읽었던 책들——고리키의 『어머니』 같은——을 다시 읽었다. 스트라빈스키는 크래프트에게 "나는 이 책이 처음 출판되었을 때(1906년) 읽었고 이제 다시 읽고 있다. 아마도 나 자신으로 되돌아가고 싶기 때문일 것이다"라고 말했다.[140] 스트라빈스키는 미국 언론에 소련으로 가는 자신의 결정은 "우선 더 젊은 세대의 러시아 음악가들이 진정으로 나를 필요로 하거나 나를 갈망하고 있다는 느낌을 받았기 때문이다"라고 말했다.[141] 스트라빈스키로서는 고국에서 자신의 유산을 확고하게 하고 싶은 욕망이 있었을 것이다. 그는 자신의 예정된 방문에서 향수는 그다지 큰 의미가 없다고 주장하긴 했지만 분명 그 같은 결정에는 고국에 대한 그리움이 크게 작용하고 있었다. 그는 죽기 전에 러시아를 보고 싶었다.

1962년 9월 21일 스트라빈스키는 소비에트 비행기를 타고 쉐레메테보에 착륙했다. 스트라빈스키 부부의 여행 내내 그들과 동반한 크래프트에 따르면 스트라빈스키는 비행기가 착륙하면서 노랗게 변해가는 숲, 풀밭, 들과 호수를 놓치지 않고 보려 애쓰면서 감격으로 목이 메이고 있었다. 비행기가 착륙하고 승강구가 열리자 스트라빈스키가 나타났고 하선 계단의 꼭대기에 서 러시아 전통에 따라 머리를 숙였다. 당시 텔레비전 조명을 막는 스트라빈스키의 선글라스가 할리우드에서의 또 다른 유형의 삶을 상징하고 있는 것처럼 머리를 숙여 인사하는 것은 또 다른 세대에 속한 몸짓이었다. 내려선 스트라빈스키는 대규모 환영위원회에 둘러싸였으며 그들 중 타타르 눈을 가진 뚱뚱한 여인(혹은 크래프트에겐 그렇게 보였다)인 마리아 유디나가 나타나 스트라빈스키에게 자신이 조카라고 소개했다. 그곳엔 스트라빈스키에게 《불새》와 《봄의 제전》의 고대 이교도 세계를 소개했던 시인 콘스탄틴 발몬트의 딸도 있었다. 그녀는 크래프트에게 미국인 젊은이가 "당시에 그다지 필요하지 않았던 잔가지 하나, 나뭇잎, 밀의 잎, 도토리, 약간의 이끼와 러시아 땅의 다른 기념물들을 담은 자작나무 껍질로 만든 바구니"를 선물로 주었다. 이 두 여인에겐 평생의 꿈이 실현되고 있는 것이었다. 크래프트는 그 분위기를 어린아이의 생일 파티에 비유했다. 즉 "모두가, 특히 I. S. 〔스트라빈스키〕 자신은, 깊은 안도감을 느끼고 있었다."[142]

이 여행은 스트라빈스키에게 엄청난 감정을 분출시킬 수 있게 해주었다. 로버트 크래프트가 알아 왔던 지난 15년 동안 그는 스트라빈스키에게 러시아가 얼마나 중요한지 혹은 러시아의 얼마나 많은 것이 아직 그의 마음속에 남아 있는지 알지 못하고 있었다. "파리에 있던 이틀 전만 해도 나는 이고르 스트라빈스키가……다시 고향을 찾게 될 가능성을 부인했을 것이다.……이제 나는 반세기의 국외 이주가 그것이 이주든 추방이든 하룻밤 사이에 잊혀질 수 있다는 것을 알게 되었다."[143] 스트라빈스키가 돌아간 곳은 소련이 아니라 러시아였다. 소비에트 작곡가 동맹 의장인 크레니코프가 공항에서 그를 만났을 때 스트라빈스키는 구 스탈린주의자와 악수하기를 거부하고 그에게 대신 자신의 지팡이를 내밀었다.[144] 다음 날 스트라빈스키 부부는 크래프트와 함께 자동차를 타고 나폴레옹이 처음으로 모스크바를 지켜보고 있었던 참새언덕으로 갔으며, 크래프트는 스트라빈스키 부부가 모스크바를 내려다보고 있을 때 그들은 "말이 없었으며 내가 이전에는 본 적이 없을 정도로 흥분하고 있었다."[145] 스트라빈스키 부부는 노보데비치 수도원에서 "종교적이거나 정치적 이유 때문이 아니라 단지 노보데비치가 그들이 알고 있는 러시아, 아직도 자신들의 일부인 러시아이기 때문에 눈에 뛰게 혼란스러워했다." 수도원의 오랜 담벽 뒤는 일종의 섬 같은 구 러시아였다. 정원에선 검은 머릿 수건을 두르고 낡은 외투와 신발을 신은 여자들이 무덤을 돌보고 있었다. 교회에는 성직자가 크래프트가 보기에 "스트라빈스키가 할리우드의 러시아 교회에서 기도중에 취하곤 했던 완전히 엎드린 자세로 더 열정적인 〔집회의〕 구성원들이 절을 하고 있는 예배를 주도하고 있었다."[146] 소련이 겪었던 모든 혼란에도 그곳엔 여전히 변치 않고 남아 있는 어떤 러시아 관습이 있었다.

로버트 크래프트가 《봄의 제전》 공연을 위해 차이코프스키 음악원 홀에서 모스크바 국립 오케스트라를 연습시킬 때 찾아낸 것과 똑같은 것이 음악적 전통에도 진실이었다.

오케스트라 연주자들은 훌륭했다. 구절법과 명료성에 대한 나의 이질적 요구를 신속하게 받아들였으며 일반적으로 유럽 오케스트라들보다 더 열심히 연습했다. 내가 비프랑스적이며 독일적이 아니라고만 기술할 수 있는 감정으로 연주된 《봄의 제전》은 완전히 다른 작품이다. 그 소리는 미국 오케스트라처럼 화려하지 않았고, 실연실에선 그래도 귀가 먹먹할 정도이긴 하지만 소리는 크지 않았다.……이 같은 절제는 이고르 스트라빈스키의 취향에 잘 어울렸다.……또 다른 만족스러운 기이함은 베이스 드럼으로 그것은 마치 톱으로 켜 두 개로 자른 것처럼 한 쪽 면이 뚫려 있었고 하나의 머리로부터의 분명한 secco(짧게 단음적인) 분절법은 이고르 스트라빈스키가 염두에 두고 있었다고 말한 화려한 모임 같은 대지의 춤 소리로 시작했다.……이고르 스트라빈스키는 바순의 음색이 미국과 다르며 조상을 불러들이는 끝에 있는 다섯 개의 파지오티fagiotti는 내가 상상했던 다섯 명의 노인 같은 소리를 낸다' 고 기록했다.[147]

스트라빈스키는 이 같은 분명한 오케스트라 사운드에 즐거워했다. 그것은 그의 러시아 발레를 소생시켰다.

스트라빈스키는 또한 다시 러시아어로 말하는 것을 즐겼다. 그가 러시아에 도착한 순간부터 그는 오랫동안 잊어왔던 어린 시절의 표현이긴 했지만 50년간 사용하지 않았던 용어와 문장을 이용해 쉽게 연설과 대화 방식에 빠져들었다. 스트라빈스키가 러시아어로 말할 때 그는 늘 크래프트에게 "낯선 사람"처럼 보였으며 당시 "자신을 러시아인들에게 특이한 가족적 느낌을 곧 갖게 되는 '이고르 표도르' 라 부르는 음악가들과 러시아어로 이야기했다——그는 기억할 수 있는 것보다 더 기운찼다."[148] 크래프트는 스트라빈스키의 성격 변화에 충격을 받았다. 당시 "진짜 스트라빈스키"를 보고 있다고 믿느냐는 질문을 받았다면 크래프트는 "물론 이고르 스트라빈스키는 진짜다.……하지만 그에 대한 나의 심상은 결국 피상적인 것이었다. 그것은 내가 '성격적 특징' 혹인 개인적 특이성이라 추정했던 것의 상당 부분을 씻어낸 것이었다."[149] 크래프트는 러시아 방문의 결과로 자신이 귀국한 이후 수년 간 스트라빈스키 음악의 러시아적 요소에 맞춰지게 되었다고 기록하고 있다. 스트라빈스키의 후기 작곡에서 러시아적인 것은 즉각적으로 드러나지는 않는다. 하지만 그의 음악에 러시아적인 것은 운율적 에너지와 성가 같은 멜로디에 있다. 《성가 교향곡》에서 《레퀴엠》(1966)에 이르기까지 그의 음악적 언어는 러시아적 정수를 지니고 있다.[150] 그 자신이 소비에트 언론에 다음과 같이 설명하고 있는 것처럼.

> 나는 평생 러시아어를 해왔고 러시아적으로 생각하며 나 자신을 표현하는 방법은 러시아적이다. 처음 들어서는 나의 음악에서 그것을 눈치 챌 수 없을 것이다. 하지만 러시아적인 것은 나의 음악과 나의 음악의 숨겨진 성질의 일부에 고유한 것이다.[151]

스트라빈스키의 마음 속엔 러시아가 상당 부분 있었다. 그것은 그의 집에 있는 성상화들, 그가 읽는 책들 혹은 그가 음식을 먹을 때 사용하는 어린 시절에 좋아하던 스푼 이상의 것들로 구성되어있다. 스트라빈스키는 러시아 땅에 대한 물리적 감각과 기억, 러시아적 습관과 관습, 러시아적인 연설과 사교적 교류 등을 간직하고 있었다. 이 모든 감정들은 그가 고국에 발을 내딛는 순간부터 그에게 다시 밀려들어왔다. 문화는 전통 이상의 것이다. 그것은 망명객들이 가방에 꾸렸던 '8권의 책' 은 말할 것도 없고 하나의 도서관에도 간직될 수 없다. 그것은 노골적이고 감정적이며 본능적인 어떤 것, 개성을 형성하고 그 사람을 하나의 민족과 어떤 장소에 묶는 하나의 감각이다. 서구의 대중은 스트라빈스키를 고국을 방문하고 있는 망명객으로 보았다. 러시아인들은 그를 고향에 돌아온 러시아인으로 인정했다.

스트라빈스키는 모스크바를 거의 모르고 있었다. 그는 60년 전쯤에 잠깐 모스크바를 방문한 적이 있을 뿐이었다.[152] 그의 고향 시인 페테르부르크로의 귀환은 훨씬 더 감정적이었다. 공항에서 스트라빈스키는 울기 시작하는 초로의 신사의 영접을 받았다. 크래프트는 그 만남을 다음과 같이 회상하고 있다.

> 그는 블라디미르 림스키-코르사코프[작곡가의 아들]였고 이고르 스트라빈스키는 그를 알아보지 못했다. 그가 마지막으로 만났을 때(1910)처럼 턱수염이 아니라 콧수염을 기르고 있었기 때문이 아니라 이고르 스트라빈스키가 후에 나에게 말한 진짜 이유는 '그가 "기마"가 아니라 "이고르 페도르"라고 말했어. 그는 나와 나의 형제를 늘 "구리와 기마"라고 불렀지' 였다.[153]

스트라빈스키는 러시아에 도착한 지 며칠 후 약 50년 전을 회고했다. 그의 얼굴엔 소년이었을 때 아버지의 칸막이 관람석에 앉아 발레를 보던 마린스키 극장(당시 키로프로 개칭된)을 알아보고 기쁨의 파문이 일었다. 스트라빈스키는 칸막이 관람석에 있는 날개 달린 큐피트들, 객석의 화려한 푸른빛과 황금빛의 장식, 빛나는 샹들리에, 강렬한 향기가 나는 관객들, 1892년 글린카의 《루슬란과 류드밀라》의 축하 공연에서 칸막이 관객석에서 나와 로비로 갔을 때 52세의 하얀 백발을 한 차이코프스키를 보았던 일들을 기억했다.[154] 스트라빈스키는 사실상 마린스키 극장에서 성장했다. 그곳은 크리우코프 운하에 있는 그의 가족 아파트에서 불과 몇 미터 떨어지지 않은 곳에 있었다. 그들이 그의 삶의 초기 24년간 살았던 집을 보러 갔을 때 스트라빈스키는 감정을 드러내지 않았다. 하지만 그가 크래프트에게 설명한 것처럼 스트라빈스키가 감정을 드러내지 않은 것은 단지 "자제력을 잃지 않기 위해서였을 뿐이었다."[155] 모든 건물은 'chudno'(기적적)이거나 'krasivo'(아름다운)이었다. 필하모니아 그레이트 홀에서 스트라빈스키에게 바쳐진 음악회에 늘어서 있는 줄은 러시아에서 예술의 역할과 그 같은 성스러운 전통 속에서의 그의 위치에 대한 살아있는 기념비였다. 즉 줄서기는 일 년 전에 시작되었으며 큰 좌석 구역을 확보하기 위해 사람들이 번갈아 가며 줄을 서면서 하나의 복잡한 사회 체계로 발전했다. 여든넷이 된 스트라빈스키의 사촌은 줄의 수자가 5001번이었기 때문에 텔레비전으로 음악회를 지켜보아야 했다.[156]

스트라빈스키는 도착하면서부터 계속해서 "쇼스타코비치는 어디 있지?"라고 물었다. 스트라빈스키가 모스크바에 있는 동안 쇼스타코비치는 레닌그라드에 있었으며 스트라빈스키가 레닌그라드로 갔을 때 쇼스타코비치는 모스크바로 되돌아왔다. 스크라빈스키는 하차투리안에게 "쇼스타코비치에게 무슨 일이 생긴 겁니까?"라고 물었다. "왜 내게서 계속해서 도망치고 있는 거죠?"[157] 예술가로서 쇼스타코비치는 스트라빈스키를 경배했다. 스트라빈스키는 그의 은밀한 영감이었다. 쇼스타코비치는 자신의 책상 유리 밑에 두 장의 사진을 끼워 두고 있었다. 베토벤 4중주단과 함께 있는 자신의 사진과 스트라빈스키의 커다란 초상이 그것이었다.[158] 그는 스트라빈스키의 음악에 대해 공개적으로 호감을 표현한 적은 없지만 스트라빈스키의 영향은 그의 많은 작품들에서 분명하게 찾아 볼 수 있다(《10번 교향곡》에서의 페트루쉬카 주제나 분명 스트라빈스키의 《성가 교향곡》을 연상시키는 《7번 교향곡》의 아다지오 같은). 흐루시초프의 해빙은 쇼스타코비치에게는 크나큰 해방이었다. 흐루시초프의 해빙으로 그는 자신과 스트라빈스키가 태어난 성 페테르부르크의 고전주의적 전통과의 고리를 다시 이을 수 있었다. 그의 삶이 문제에서 완전히 벗어난 것은 아니었다. 예브게니 예브투쉔코의 시 『바비 야르』(1961)에 기초한 《교향곡 제 13 번》(1962)은 키예프에서 유대인들에 대한 나치의 학살에 관심을 집중함으로써 전쟁 중 러시아인들의 고통을 경시했다는 이유로 당(당은 곡의 초연을 막으려고 했다)에 의해 공격을 받았다. 하지만 다른 점에서 쇼스타코비치에게 해빙은 창조적인 봄이었다. 그는 레닌그라드 음악원 교수직으로 되돌아갔다. 쇼스타코비치의 음악은 널리 연주되었다. 그는 공식적인 상들을 수상했으며 광범위한 해외 여행을 허락받았다. 쇼스타코비치의 최고의 음악들 중 일부는 그의 말년에 작곡되었다——세 곡의 마지막 현악 사중주와 비올라 소나타, 1975년 8월 9일 그가 죽기 한 달 전에 완성된 자신의 삶에 대한 예술적 요약과 개인적 레퀴엠. 그는 이럭저럭 두 편의 영화음악——《햄릿》(1964)과 《리어왕》(1971)——을 작곡할 수 있는 시간 여유까지 있었다. 이 영화 음악들은 1929년 쇼스타코비치가 그를 위해 첫 번째 영화음악을 작곡했던 오랜 친구인 영화감독 그리고리 코진초프의 부탁으로 작곡한 것이었다. 이 시기에 그가 작곡한 많은 음악은 1917년 잃어버렸던 페테르부르크의 문화 유산에서 그 영감을 얻었다. 사생활의 세계에서 쇼스타코비치는 문학 속에서 살았다. 그의 대화는 19세기 고전적인 러시아 소설에서 빌려온 문학적 암시와 표현으로 가득 차 있었다. 쇼스타코비치는 고골리의 풍자 문학과 체홉의 소설을 좋아했다. 그는 특히 조심스럽게 감추었던――『악령』의 '레비아드킨 대령의 네 개의 시'에 기초한 연작 노래를 작곡한 말년까지――도스토예프스키에 대해 가까운 친밀감을 느꼈다. 쇼스타코비치는 한 번은 자신은 늘 도스토예프스키의 주제에 대한 작품을 작곡하는 꿈을 꾸었지만 늘 "너무 두려워서" 그렇게 할 수 없었다고 고백했다. "나는 러시아 민중, 굴욕을 당한 사람들과 불쌍한 사람들에 대한 그의 사랑에 감복하고 있다."[159]

쇼스타코비치와 스트라빈스키는 마침내 모스크바의 메트로폴 호텔에서 만난다. 그곳에선 문화장관 에카테리나 푸르초바(쇼스타코비치는 그녀를 '제3의 예카테리나'라고 불렀다)가 스트라빈스키를 위한 연회를 개최하고 있었다. 이 만남은 1917년 이후 다른 길을 걸어온 두 명의 러시아인들의 재결합도 화해도 아니었다. 하지만 그것은 결국 정치에 대해 승리하게 된 문화적 통합의 상징이었다. 두 명의 작곡가들은 다른 세계에서 살고 있었지만 그들의 음악은 단일한 러시아적 박자를 가지고 있었다. 하차투리안은 "그것은 아주 긴장된 만남이었다"고 회상하고 있다.

> 그들은 서로의 옆자리에 앉아 완전히 침묵하고 있었다. 나는 그들의 반대편에 앉아 있었다. 마침내 쇼스타코비치가 용기를 내 대화를 시작했다.
>
> '푸치니에 대해서 어떻게 생각하십니까?'
>
> '그의 음악은 참을 수가 없습니다'라고 스트라빈스키가 대답했다.
>
> '아, 저도요, 저도 그의 음악은 참을 수가 없답니다'라고 쇼스타코비치가 말했다.[160]

결국 이것이 이 두 사람이 한 말 전부였다. 하지만 스트라빈스키가 떠나기 전날 밤 메트로폴에서의 두 번째 연회에서 그들은 대화를 재개했고 일종의 토론이 이루어졌다. 그것은 기억할 만한 사건——규칙적으로 이어지는 점차 사치스러운 보드카 건배에 의해 중단되는 전형적인 '러시아적'인 사건들 중 하나——이었으며 크래프트가 회상하고 있듯이 곧 그 방은 "그 증기 속에서 서로에게 러시아적인 것을 주장하고 서로에게 러시아적인 것을 인정하며 모두가 거의 같은 말을 하는 핀란드 목욕탕으로 변했다.……되풀이해서 각각의 사람들은 자신들의 러시아적인 것의 신비 앞에 스스로를 낮추었다. 내가 충격적으로 깨닫게 된 것처럼 이고르 스트라빈스키도 그렇게 하고 있었고 그의 응답은 곧 건배를 압도하고 있었다." 술 취하지 않은 멀쩡한 정신으로 한 연설——그는 방안에 있던 어떤 사람보다도 술기운이 덜 오른 상태였다——에서 스트라빈스키는 다음과 같이 주장했다.

> 러시아 땅의 냄새는 다릅니다, 그 같은 것을 잊을 수는 없습니다…….
> 사람은 하나의 출생지, 하나의 조국, 하나의 나라——하나의 나라만 가질 수 있다——를 가지며 태어난 곳은 인생에서 가장 중요한 요소입니다. 어쩔 수 없이 조국에서 떨어져 있어야 했다는 사실, 이곳에서 제 작품들을 창조하지 않았다는 사실과 무엇보다 제가 이곳에서 신생 소련이 새로운 음악을 창조하도록 돕지 못했다는 사실에 대해 유감으로 생각합니다. 저는 나의 러시아적인 많은 것과 일반적인 러시아적인 많은 것을 싫어하지만 제 의지로 러시아를 떠난 것은 아닙니다. 하지만 러시아를 비판할 권리는 나의 것입니다. 왜냐하면 러시아는 나의 것이며 나는 러

시아를 사랑하고 나는 어떤 외국인에게도 러시아를 비판할 권리를 주지 않았기 때문입니다.[161)]

그의 이 말 속엔 모든 의미가 함축되어 있다.

용어 해설

artel 집단 노동

balalaika 일종의 러시아 기타. 중앙아시아의 돔브라에서 기원한 듯 하다.

banya 일반적으로 장작불로 가열되는 러시아 증기탕

bogatyr 민족 전승의 기사나 영웅; 브일리니에서 특징적으로 나타난다.

bogoroditsa 신의 어머니

boyar 러시아의 귀족 계급(18세기 초 피터 대제에 의해 점차 폐지되었다)

bylina 신화적 요소가 깃듯 오래된 서사적 민속음악이나 민족의 역사. 대부분의 민속학자들은 브일리니byliny(pl.)가 키예프 루시에서 기원한다고 보고 있다. 애초에는 대공의 종자인 가수들이 불렀으나 이후에 스코모로키skomorokhi나 더 낮은 계층의 방랑 유랑악사들이 이어받았다. 민속학자들은 18세기부터 브일리니를 수집하기 시작했다. 일리아 무로메트Ilia Muromets는 키예프 시대 브일리니의 걸출한 영웅이었다. 사드코Sadko는 정신적으로 중세 유럽의 민요와 밀접한 노브고로드 시대의 원형이다.

byt 삶의 방식(byvat': 일어나다 발생하다라는 동사에서 유래); 19세기부터 이 단어는 점차 byt를 bytie에 대비한 인텔리겐차에 의해 '구' 러시아의 생활방식과 결부된다.

bytie 인텔리겐차가 정의한 의미에서 의미 있는 존재 — byt의 초

월
chastushka 단순하고 종종 음란한 운을 달은 노래
dacha 지방이나 교외의 저택, 흔히 도시인들의 여름 별장
devichnik 노래가 곁들여진 결혼 전의 의식: 신부는 목욕을 하고 처녀 적에 땋은 머리를 풀어 헤쳐 결혼 생활을 시작한다는 것을 상징하기 위해 두 가닥으로 머리를 다시 땋는다.
gusli 스코모로키와 관련된 러시아의 지터나 솔터리의 옛날 형태
Holy Fool(yurodivyi) 예지자 혹은 마법사, '예수를 대변하는 바보' 혹은 성스러운 바보는 은둔자처럼 전국을 방랑한다. 성스러운 바보들은 평민들에게 존경을 받았으며 귀족 가문에서도 흔히 환대를 받았다. 다소 무당과 비슷한 성스러운 바보는 탄식하고 소리를 지르면서 의식적 춤을 추었고 머리에 쇠로 된 모자나 마구를 쓴 기이한 복장을 하고 자신의 마법 의식에 북이나 종을 사용했다.
izba 농부의 집
kaftan 허리띠를 매는 긴 윗옷
khalat 일종의 외투
khan 몽고의 군주
khorovod 의식적인 집단무
kokoshnik 전통적인 여자의 머리 장식 — 그 형태는 신 러시아 건축 양식의 장식에 사용되었다.
koumis 발효된 말의 우유
kuchka 말 그대로 '작은 무리' — 발라키레프Balakirev 주위에 모여든 젊은 러시아 민족 작곡가들(kuchkists)을 지칭하기 위해 블라디미르 스타소프가 1867년 만든 말로 일반적으로 '신러시

아 학파' 로 알려져 있다. 때로는 '강력한 5인' '강력한 소수'
로 불려지기도 한다 : 발라키레프, 림스키-코르사코프, 보로
딘, 퀴이 그리고 무소르그스키

kulak 자본주의적 농민

kvas 주로 발효된 호밀, 물, 설탕으로 제조되는 순한 러시아 맥주

LEF 좌파 예술 전선Left Front of Art(1922–5) ; 1927년 1929년 사이
에 신 LEF로 부활한다.

lubok 민담을 소재로 한 이미지나 글을 새긴 목판화

matrioshka 러시아의 둥우리 인형

muzhik 농민

narod 노동자

NEP 신 경제 정책New Economic Policy(1921–9)

nepodvizhnost' 음악학자들이 러시아 민속음악가의 특성으로 지
칭한 고정되거나 진전되지 않은 정체 상태

NKVD 국내 인민 위원회People's Commissariat of Internal Affairs ;
1930년대에 정치 경찰이 되었다.

Oblomovshchina 같은 이름의 곤차로프Goncharov의 소설에 나오
는 주인공 오블로모프Oblomov에서 유래한 용어로 '러시아인'
의 타성이나 게으름을 지칭하는 용어.

oprichnina 뇌제 이반의 사병

pliaska 러시아 춤

pochvennichestvo, pochvenniki '고향 땅' 운동 : 슬라브주의와
서구적인 원칙의 종합을 신봉한 1860년대 지식인 집단

Proletkult 프롤레타리아 문화 조직Proletarian Culture organization

RAPP 러시아 프롤레타리아 작가 협회Russian Association of

Proletarian Writers(1928-32)

raznochintsy 혼합된 사회적 배경을 가진 사람들(일반적으로 부모 중 한명이 귀족 출신이고 다른 한 명이 성직자나 상인 출신이다); 특히 19세기 급진적 인텔리겐차 가운데서 일반적이었다.

samizdat 비공식적 혹은 지하 출판; 일반적으로 브레즈네프 시대에 저항했던 사람들과 관련된다.

samovar 차를 만들 물을 끓이기 위해 사용되는 꼭지가 달린 큰 금속 단지

sarafan 일종의 속옷

skomorokhi 유랑악사, 구슬리 연주자와 민속설화나 브일리니를 부르는 가수, 그들은 고대 슬라브 무당들의 계승자들일 것이다. 1648년 차르 알렉세이에 의해 금지되었다.

smotrinie 신랑 가족이 결혼에 동의하기 전에 신부를 검사하는 관습

sobornost' 러시아 교회를 그리스도의 사랑과 박애를 구현하는 공동체로 본 슬라브주의자들의 개념

streltsy 17세기 말 피터 대제의 개혁에 대항해 모스크바 귀족과 구교도를 지키기 위한 일련의 반란을 통해 성장한 보병들

troika 세 마리 말이 끄는 마차나 썰매

veche 15세기 말 모스크바에 종속되기 전 노브고로드와 다른 도시 국가의 공화주의적 의회

zakuski 식사 전의 간단한 요리

zemstvo 1864년과 1917년 사이에 귀족이 장악한 지역과 지방 정부의회

Zhdanovshchina 말 그대로 '쥐다노프 지배Zhdanov reign' : 안드

레이 쥐다노프체제, 1945년 스탈린의 이데올로기와 문화 정책을 주관했던 사람

각 장의 주

서장

1. L. Tolstoy, *War and Peace*, trans. L. and A. Maude (Oxford, 1998), p. 546.
2. 예를 들어 E. Khvoshchinskaia, 'Vospominaniia', *Russkaia starina*, vol. 93 (1898), p. 581. This subject is discussed in chapter 2.을 보라.
3. L. Tolstoi, *Polnoe sobranie sochinenii*, 91 vols. (Moscow, 192.9-64), vol. 16, p. 7.
4. See the brilliant essay by Richard Taruskin, 'N. A. Lvov and the Folk', in his *Defining Russia Musically: Historical and Hermeneutical Essays* (Princeton,1997). pp. 3-24.
5. A. S. Famintsin, *Domra i rodnye ei muzykal'nye instrumenty russkogonaroda* (St Petersburg, 1891).
6. V. Nabokov, *Speak, Memory* (Harmondsworth, 1969), p. 35.

제1장 유럽적 러시아

1. S. Soloviev, *Istoriia Rossii ot drevneishikh vremen*, 29 vols. (Moscow,1864-79), vol. 14, p. 1270.
2. 'Peterburg v172.0 g. Zapiski poliaka-ochevidtsa', *Russkaia starina*, 25 (1879), p. 265.
3. *Peterburg petrovskogo vremeni* (Leningrad, 1948), p. 22; 'Opisanie Sanktpeterburga i

Kronshlota v 1710-m i 1711-m gg.', in *Russkaia starina*, 25 (1879), p. 37

4. A. Darinskii, *Istoriia Sankt-Peterburga* (St Petersburg, 1999), p. 26. 이것은 150000명의 노동자들의 모습을 보여주고 있지만 병사들과 스웨덴 전쟁 포로들은 제외되었다.
5. A. S. Pushkin, *Polnoe sobranie sochinenii*, 17 vols. (Moscow, 1937-49), vol. 5, p. 436.
6. A. Bulak and N. Abakumova, *Kamennoe ubranstvo tsentra Leningrada* (Leningrad, 1987), pp. 4-11.
7. Ia. Zembnitskii, *Ob upotreblenii granita v Sankt-Peterbwge* (St Petersburg,1834), p.21.
8. O. Monferran, *Svedeniia o dobyvanii 36-ti granitnykh kolonn, naznachennykh dlia portikov Isaakievskogo sobora* (St Petersburg, 1820), pp. 83.
9. S. Alopeus, *Kratkoe opisanie mramornykh i drugikh kamennykh lomok, gor i kamennykh porod, nakhodiashchikhsia v rossiiskoi Karelit* (St Petersburg, 1787), pp. 35-6; V. P. Sobolevskii, 'Geognosticheskoe obozrenie staroiFinliandii i opisanie ruskol'skikh mramornykh lomok', *Gornyi zhurnal* (1839), kn. 2-6, pp. 72-3.
10. *Journey for Our Time: The Journals of the Marquis de Custine*, trans. P. Penn Kohler (London, 1953),p. 110.
11. G. Kaganov, *Images of Space: St Petersburg in the Visual and Verbal Arts*, trans. S. Monas (Stanford, 1997), p. 15.
12. 'Peterburg v 1720 g. Zapiski poliaka-ochevidtsa', p. 267.
13. S. Luppov, *Istoriia stroitel'stva Peterburga v pervoi chetverti XVIII veka* (Moscow-Leningrad, 1957), p. 48; *Ocherki istorii Leningrada*, vol. I, Period feodalizma (Moscow-Leningrad, 1955), p. 116.
14. *Letters to Lord Harvey and the Marquis Scipio Maffei, containing the state of the trade, marine, revenues, and forces of the Russian empire: with the history of the late war between the Russians and the Turks* (Glasgow,1770), p. 76.
15. A. I. Gertsen, 'Moskva i Peterburg', *Polnoe sobranie sochinenii*, 30 vols.(Moscow, 1954), vol. 2, p. 36.
16. A. Benua/Zhivopisnyi Peterburg', *Mir iskusstva*, vol. 7, no. 2. (1902), p. 1.
17. F. Dostoevsky, *Notes from Underground. The Double*, trans. J. Coulson

(Harmondsworth, 1972.), p. 17.

18. L. E.Barry and R. O. Crumney (eds.), *Rude and Barbarous Kingdom: Russia in the Accounts of Sixteenth-century English Voyagers* (Madison, Wisc., 1968), p. 83.
19. L. Hughes, *Russia in the Age of Peter the Great* (New Haven, 1998), p. 317.
20. Benua, 'Zhivopisnyi Peterburg', p. 1.
21. *Journey for Our Time*, p. 97.
22. Cited in N. P. Antsiferov, *Dusha Peterburga* (Petrograd, 1922), p. 98.
23. Hughes, *Russia in the Age of Peter the Great*, p. 222.
24. *Peterburg i drugye novye rossiiskie goroda XVIII-pervoi poloviny XIX vekov* (Moscow, 1995), p. 168.
25. 'Shards' (1952), in *The Complete Poems of Anna Akhmatova*, trans. J. Hemschemeyer (Edinburgh, 1992), p. 701.
26. B. M. Matveev and A. V. Krasko, *Fontanny dom* (St Petersburg, 1996), p. 16.
27. *The Travels of Olearius in Seventeenth-century Russia*, ed. and trans. S. Brown (Stanford, 1967), p. 155.
28. *Yasnaya Polyana. Putevoditel'* (Moscow-Leningrad, 1928), pp. 10-12.
29. *The Travels of Olearius in Seventeenth-century Russia*, p. 131.
30. S. Collins, *The Present State of Russia: In a Letter to a Friend at London* (London, 1671), p. 68.
31. T. Roosevelt, *Life on the Russian Country Estate: A Social and Cultural History* (New Haven, 1995), p. 12.
32. N. Chechulin, *Russkoe provintsial'noe obshchestvo vo vtoroi polovine XVIII veka* (St Petersburg, 1889), p. 35.
33. Ia. Tolmachev, *Voennoe krasnorechie, osnovannoe na obshchikh nachalakh slovesnosti, chast' 2* (St Petersburg, 1825), p. 120.
34. E. Lavrent'eva, *Svetskii etiket pushkinskoi pory* (Moscow, 1999), pp. 23, 25.
35. Iu. Lotman, *Besedy o russkoi kul'ture: kyt i traditsii russkogo dvorianstva XVIII-nachalo XIX veka* (St Petersburg, 1994), p. 31.
36. *Zhizn', anekdoty, voennye i politicheskie deianiia rossiiskogo general-f el'd-marshala grafa Borisa Petrovicha Sheremeteva* (St Petersburg, 1808), p. 182.
37. V. Staniukevich, *Biudzhet sheremetevykh* (1798-1910)(Moscow, 1927), pp. 19-20; G. Mingay, *English Landed Society in the Eighteenth Century* (London, 1963),

pp. 1off.

38. Staniukevich, *Biudzhet sheremetevykh*, p. 17.

39. V. S. Dediukhina, 'K voprosu o roll krepostnykh masterov v istoriistroitelstva dvorianskoi usad'by XVIIIv. (na primere Kuskovo i Ostankino)', *Vestnik moskovskogo gosudarstvennogo universiteta (Istoriia)*, ser. 8, 4(1981),p.85.

40. Staniukevich, *Biudzhet Sheremetevykh*, p. 10; Matveev and Krasko, Fontanny Dom, p. 55; B. and J. Harley, *A Gardener in Chatsworth: Three "Years in the Life of Robert Aughtie (1848-1850)* (n.p., 1992).

41. *Memoirs of Louis Philippe Comte de Ségur*, ed. E. Cruickshanks (London,1960), p. 238.

42. *Zapiski Dmitriia Nikolaevicha Sverbeeva*, 2 vols. (St Petersburg, 1899),vol. 1, p. 48.

43. V. V. Selivanov, *Sochineniia* (Vladimir, 1901), pp. 25, 35.

44. M. D. Priselkov, 'Garderob vei'mozhi kontsa XVIII-nach. XIX v.v.', in *Zapiski istoriko-bytovogo otdela gosudarstvennogo russkogo muzeia*, 1(Leningrad, 1928), pp. 107-15.

45. N. Sindalovskii, *Peterhurgskiifol'klor* (St Petersburg, 1994), pp. 149, 281.

46. L. D. Beliaev, 'Zagranichnye zakupki grata P. B. Sheremeteva za 1770-1788 gg.', in *Zapiski istoriko-bytovogo otdela gosudarstvennogo russkogomuzeia*, vyp. 1 (Leningrad, 1928), p. 86.

47. Matveev and Krasko, *Fontanny dom*, pp. 27, 29, 35-6.

48. 위와 같음, p. 38.

49. A. Chenevière, *Russian Furniture: The Golden Age, 1780-1840* (New York, 1988), pp. 89-93, 122-3 E. Beskin, *Krepostnoi teatr* (Moscow, 1927),p. i2.

50. L. Lepskaia, *Repertuar krepostnogo teatra Sheremetevykh* (Moscow,1996), pp. 26, 31, 39; N. Elizarova, *Teatry Sheremetevykh* (Moscow, 1944),pp.30-32.

51. E. Beskin, *Krepostnoi teatr* (Moscow, 1927), pp. 13-14.

52. V. K. Staniukevich, 'Krepostnye khudozhniki Sheremetevykh. K dvukh-sotletiiu so dnia rozhdeniia Ivana Argunova', in *Zapiski istoriko-bytovogo otdela*, pp. 133-65.

53. S. D. Sheremetev, *Otgoloski VIII veka*, vyp. 11, *Vremia Imperatora Pavia,1796-1800* (Moscow, 1905), pp. 15, 142, 293.

54. 위와 같음, p. 161.

55. Lepskaia, *Repertuar krepostnogo teatra Sheremetevykh*, p. 24.

56. See the medical reports in Lepskaia, *Repertuar krepostnogo teatra Sheremetevykh*, pp. 21-9.

57. RGIA, f. 1088, op. 1, d. 68, l. 3.

58. P. Bessonov, *Praskovia Ivanovna Sheremeteva, ee narodnaia pesnia irodnoe ee Kuskovo* (Moscow, 1872), pp. 43, 48; K. Bestuzhev, *Krepostnoi teatr* (Moscow, 1913), pp. 62-3.

59. Sheremetev, *Otgoloski VIII veka*, vyp. 11, pp. 102, 116, 2.70. See also Roosevelt, *Life on the Russian Country Estate*, p. 108.

60. 위와 같음, p. 283.

61. S. T. Aksakov, *The Family Chronicle*, trans. M. Beverley (Westport, Conn., 1985), pp. 55-62.

62. 예를 들어 Selivanov, Sochineniia, p. 37; N. D. Bashkirtseva, 'Iz ukrainskoi stariny. Moia rodoslovnaia', *Russkii arkhiv* (1900), vol. 1, no. 3, p. 350.을 보라.

63. 'Zapiski Ia. M. Neverova', *Russkaia starina* (1883), vol. 11, pp. 4-10.

64. Lepskaia, *Repertuar krepostnogo teatra Sheremetevykh*, pp. 37-8.

65. Bestuzhev, *Krepostnoi teatr*, pp. 66-70.

66. Lepskaia, *Repertuar krepostnogo teatra Sheremetevykh*, p. 42; Sheremetev, *Otgoloski VIII veka*, vyp. 4 (Moscow, 1897), p. 12.

67. Sheremetev, *Otgoloski VIII veka*, vyp. 4, p. 14.

68. Sheremetev, *Otgoloski VIII veka*, vyp. 11, *Vremia Imperatora Pavia, 1796-1800*, p. 322; Matveev and Krasko, *Fontanny dom*, p. 45.

69. 'Iz bumag i perepiski grata Nikolaia Petrovicha Sheremeteva', *Russkiiarkhiv* (1896), no. 6, p. 189.

70. 지금은 RGIA, f. 1088, op. 1, d. 65, l. 3.에서 찾을 수 있다.

71. 'Iz bumag i perepiski grafa Nikolaia Petrovicha Sheremeteva', p. 517.

72. RGIA, f. 1088, op. 1, d. 24, l. 4.

73. RGIA, f. 1088, op. 1, d. 2.4, ll. 6-7.

74. 'lz bumag i perepiski grafa Nikolaia Petrovicha Sheremeteva',p. 515.

75. S. D. Sheremetev (ed.), *Otgoloski XVIII veka*, vyp. 2 (Moscow, 1896),pp. 10-11; Sheremetev, *Otgoloski XVIII veka*, vyp. 11, pp. 249, 277; RGIA,f. 1088, op. 1,

d.770, l. 27.

76. S. D. Sheremetev, *Strannoprimny dom sheremetevykh, 1810-1910* (Moscow, 1910), p. 22.

77. Sheremetev, *Otgoloski XV1I1 veka*, vyp. 2, p. 11.

78. 'Iz bumag i perepiski grafa Nikolaia Petrovicha Sheremeteva', p. 511.

79. RGIA, f. 1088, op. 1, d. 76, l. 11.

80. RGIA, f. 1088, op. 1, d. 24, l. 5.

81. RGIA, f.1088,op. 1, dd. 770, 776, 780.

82. RGIA, f. 1088, op. 1, d. 79, ll. 1-8. 러시아어 본문을 편집해 이해할 수 있도록 삭감했다. 여기서 처음으로 발표된 것이다.

83. D. Blagovo, 'Rasskazy babushki. Iz vospominanii piati pokolenii(Elizaveta Petrovna lankova, 1768-1861)', in *Rasskazy babushki, zapisannyei sobrannye eio vnukom* (St Petersburg, 1885), p. 207.

84. Lepskaia, *Repertuar krepostnogo teatra Sheremetevykh*, p. 17; *Glinka vvospominaniiakh sovremennikov* (Moscow, 1955), p. 30.

85. Beskin, *Krepostnoi teatr*, p. 13.

86. Lepskaia, *Repertuar krepostnogo teatra Sheremetevykh*, pp. 19, 28-9.

87. 위와 같음, p. 23.

88. See Roosevelt, *Life on the Russian Country Estate*, pp. 130-32.

89. A. Pushkin, *Eugene Onegin*, trans. J. Falen (Oxford, 1990), p. 15.

90. *Iunosti chestnoe zertsalo* (St Petersburg, 1717), pp. 73-4.

91. Iu. Lotman, L. Ginsburg, B. Uspenskii, *The Semiotics of Russian CulturalHistory* (Ithaca, 1985), pp. 67-70.

92. Cited in Lavrent'eva, *Svetskii etiket pushkinskoi pory*, p. 228.

93. L. Tolstoy, *Childhood, Boyhood and Youth*, trans. L. and A. Maude(Oxford, 1969), p. 339.

94. E. Lansere, 'Fontanny dom (postroika i peredeiki)', in *Zapiski istorikobytovogo otdela gosudarstvennogo russkogo muzeia*, vyp. 1 (Leningrad, 1928), p. 76.

95. Matveev and Krasko, *Fontanny dom*, p. 55.

96. I. A. Bogdanov, *Tri veka peterbwgskoi bani* (St Petersburg, 2000), p. 59.

97. *Zapiski lusta liulia, datskogo poslannika pri Petre Velikom* (Moscow, 1899), p. 85.

98. E. Levin, 'Childbirth in Pre-Petrine Russia: Canon Law and Popular Traditions', in B. Clements *et al.* (eds.), *Russia's Women. Accommodation, Resistance, Transformation* (Berkeley, 1991), 특히 pp. 44-51; and (for evidence of these same customs at a later time) T. Listova, 'Russian Rituals,Customs and Beliefs Associated with the Midwife (1850-1930)', in H. Balzer(ed.), *Russian Traditional Culture* (Armonk, N.Y. 1992), pp. 130-31.을 보라.
99. Bogdanov, *Tri veka peterburgskoi bani*, p. 16.
100. *Memoirs of Louis Philippe Comte de Segur*, pp. 236-7.
101. Pushkin, *Eugene Onegin*, p. 196.
102. *A. S. Pushkin v vospominaniiakh sovremennikov*, 2. vols. (Moscow,1974), vol. 1, p. 63.
103. S. M. Volkonskii, *Moi vospominaniia*, 2 vols. (Moscow, 1992),vol. i, p. 130.에서 인용.
104. A. Pushkin, *The Queen of Spades and Other Stories*, trans. R. Edmonds (Harmondsworth, 1962), p. 158.
105. V. V. Sipovskii, *Ocherki'iz istorii'russkogo romana* (St Petersburg, 1909), kn. 1, vyp. 1, p. 43.
106. Karamzin's article of 1802, 'Otchego v Rossii malo avtorskikhtalantov?', in *Sochineniia*, vol. 3, pp. 526-33.을 보라.
107. *Pomeshchich'ia Rossiia po zapiskam sovremennikov* (Moscow, 1911), p. 134.
108. V. Vinogradov, *Ocherki po istorii russkogo literaturnogo iazyka XVII-XIX vv.* (Leiden, 1949), p. 239.
109. Pushkin, *Eugene Onegin*, p. 16.
110. Iu. Lotman and B. Uspenskii, '"Pis'ma russkogo puteshestvennika" Karamzina i ikh mesto v razvitii russkoi kul'tury', in N. M. Karamzin, *Pis'ma russkogo puteshestvennika* (Leningrad, 1984), p. 598; N. Kheraskov, *Izbrannye proizvedeniia* (Moscow-Leningrad, 1961), p. 83.
111. L. Tolstoy, *War and Peace*, trans. L. and A. Maude (Oxford, 1998), p. 3.
112. Vinogradov, *Ocherki po istorii russkogo literaturnogo iazyka XVII-XIX vv.*, p. 239.
113. S. Karlinsky, *Russian Drama from Its Beginnings to the Age of Pushkin* (Berkeley, 1985), pp. 143-4.

114. *Rossiiskii featr*, 43 vols. (St Petersburg, 1786-94), vol. 10 (1786), p. 66.
115. *Rossiiskii featr*, vol. 16 (1787), p. 17; *Russkaia komediia XVIII veka* (Moscow-Leningrad, 1950), pp. 76-7.
116. D. I. Fonvizin, *Sobranie sochinenii*, 2. vols. (Moscow-Leningrad, 1959),vol. 1, pp. 77-8.
117. F. Dostoevsky, *A Writer's Diary*, trans. K. Lantz, 2. vols. (London, 1993), vol. 2., p. 986.
118. L. Tolstoy, *Anna Karenin*, trans. R. Edmonds (Harmondsworth, 1974), p. 34.
119. M. E.Sahtykov-Shchednn. *Polnoesobranie sochinenii*, 20 vols. (Moscow, 1934-47), vol.14, p. 111.
120. *Vospominaniia kniagini E. R. Dashkovoi* (Leipzig, n.d.), pp. 11, 32.
121. C. Sutherland, *The Princess of Siberia: The Story of Maria Volkonsky and the Decembrist Exiles* (L.ondon, 1984), pp. 172-3. See also Volkonskii, *Moi vospominaniia*, vol. 2, p. 20.
122. Tolstoy, *War and Peace*, p. 3.
123. E. Khvoshchinskaia, 'Vospominaniia', *Russkaia starina*, vol. 89 (1898), p. 518.
124. A. K. Leiong, 'Vospominaniia', *Russkii arkhiv* (1914), kn. 2, nos. 6/7, p. 393.
125. E. I. Raevskaia, 'Vospominaniia', *Russkii arkhiv* (1883), kn. 1, no. 1, p. 201.
126. Tolstoy, *Anna Karenin*, pp. 292-3.
127. V. Nabokov, *Speak, Memory* (Harmondsworth, 1967), p. 57.
128. A. Herzen, *My Past and Thoughts: The Memoirs of Alexander Herzen*, trans. C. Garnett (Berkeley, 1982), p. 242; J. Frank, *Dostoevsky: Seeds of Revolt, 1821-1849* (Princeton, 1977), pp. 42-3.
129. *Four Russian Plays*, trans. J. Cooper (Harmondsworth, 1972), p. 74.
130. 'Derevnia'('The Village') in P. A. Viazemskii, *Izbrannye stikhotvoreniia* (Moscow-Leningrad, 1935), p. 123.
131. *Satiricheskie zhurnaly N. I. Novikova* (Moscow-Leningrad, 1951), pp.65-7.
132. 'Neizdannye stikhi N. A. Lvova', *Literaturnoe nasledstvo*, nos. 9-10(1933), p. 275.
133. A. Radishchev, *A Journey from St Petersburg to Moscow*, trans. L.Wiener (Cambridge, Mass., 1958), p. 131.
134. Pushkin, *Eugene Onegin*, p. 37.

135. Pushkin, *Polnoe sobranie sochinenii*, vol. 11, p. 2.49.

136. H. M. Hyde, *The Empress Catherine and the Princess Dashkov (London,1935)*, p. 107. *Dashkova's Journey* ('Puteshestvie odnoi rossiiskoi znatnoigospozhi po nekotorym angliiskim provintsiiam')는 *Opyt trudovvol'nogo rossiiskogo sobraniia*, vyp. 2, (1775), pp. 105-45.에서 찾아볼 수 있다.

137. Lotman and Uspenskii,' "Pis'ma russkogo puteshestvennika" Karamzinai ikh mesto v razvitii russkoi kul'tury', pp. 531-2.

138. N. M. Karamzin, *Pis'ma russkogo puteshestvennika* (Leningrad, 1984), pp. 12, 66. On French attitudes, see D. von Mohrenschildt, *Russia in the Intellectual Life of Eighteenth-century France* (Columbia, 1936), pp. 56-7.

139. Karamzin, *Pis'ma russkogo puteshestvennika*, p. 338.

140. Fonvizin, *Sobranie sochinenii*, vol. 2, pp. 449, 480.

141. See Mohrenschildt, *Russia in the Intellectual Life of Eighteenth-century France*, pp. 40, 46.

142. Fonvizin, *Sobranie sochinenii*, vol. 2, pp. 420, 439, 460, 476-7, 480-81, 485-6.

143. Karamzin, *Pis'ma russkogo puteshestvennika*, p. 243; A. P. Obolensky, *Food Notes on Gogol* (Machitoba, 1972), p. 109.

144. A. Nikitenko, *The Diary of a Russian Censor*, ed. and trans. H. Jacobson (Amherst, 1975), pp. 213-14.

145. R. Jakobson, 'Der russische Frankreich-Mythus', *Slavische Rundschau*, 3 (1931), pp. 639-40.

146. A. I. Gertsen, 'Dzhon-stiuart Mill'i ego kniga "On Liberty"', in *Sobranies ochinenii*, 30 vols. (Moscow, 1954-65), vol. 11, p. 66.

147. Herzen, *My Past and Thoughts*, p. 97.

148. *Aglaia*, kn. 2 (1795), p. 68.

149. Karamzin, *Sochineniia*, vol. 3, p. 349.

150. 위와 같음, p. 444.

151. V. P. Semennikov (ed.), *Materialy dlia istorii russkoi literatury* (St Petersburg, 1914), p. 34.

152. H. Rogger, *National Consciousness in Eighteenth-century Russia* (Cambridge, Mass., 1960), p. 247.에서 인용.

153. Karamzin, *Sochineniia*, vol. 7, p. 198.

제2장 1812년의 아이들

1. S. M. Volkonskii, *Zapiski* (St Petersburg, 1901), p. 193.
2. M. I. Murav'ev-Apostol, *Vospominaniia i pis'ma* (Petrograd, 192.2), p. 178.
3. A. Kogdanov, *Skazanie o vol konskikh kniaz'iakh* (Moscow, 1989), pp. 4-5.
4. S. M. Volkonskii, *0 dekabristakh: po semeinum vospominaniiam* (Moscow, 1994), p. 77.
5. Volkonskii, *Zapiski*, pp. 136-7. 세 명의 다른 측근은 니키타와 니콜라이 볼론스키(세르게이의 두 형제)와 피터 미하일로비치 볼론스키 공작(그의 매부)이다. 파울 볼론스키 장군은 또한 황제와 친밀한 사회에서도 찾아볼 수 있다.
6. C. Sutherland, *The Princess of Siberia: The Story of Maria Volkonsky and the Decembrist Exiles* (London, 1984), p. 111.
7. RGIA, f. 844, op. 2, d. 42.
8. F. Glinka, *Pis'ma russkogo ofitsera* (Moscow, 1815), part 5, pp. 46-7, 199.
9. TsGADA, f. 1278, op. 1, d. 362, l. 183.
10. Vosstanie dekabristov, 11 vols. (Moscow, 1925-58), vol. 1, p. 267.
11. Volkonskii, *Zapiski*, p. 387.
12. IRL RAN, f. 57, op. 1, n. 9, ll. 1-9.
13. IRL RAN, f. 57, op. 1, n. 21, ll. 9-10.
14. N. P. Grot, *Iz semeinoi khroniki. Vospominaniia dlia detei i vnukov* (St Petersburg, 1900), pp. 1-8.
15. D. Davydov, *Sochineniia* (Moscow, 1962), p. 320.
16. Volkonskii, *Zapiski*, p. 327.
17. E. LavreM'eva, *Svetskii etiket pushkinskoi pory* (Moscow, 1999), pp. 198, 290-91.
18. *Zapiski, stat'i, pis'ma dekabrista I. D. lakushkina* (Moscow, 1951), p. 9.
19. 'To Chaadaev' (1821), in A. S. Pushkin, *Polnoe sobranie sochinenii*, 17 vols. (Moscow, 1937-49), vol. 7, p. 246.
20. A.Herzen, *My Past and Thoughts*, trans. C. Garnett (Berkeley, 1973), p. 68.
21. I. Vinogradov, 'Zapiski P. I. Vinogradova', *Russkaia starina*, vol. 22 (1878), p. 566.
22. F. F. Vigel', *Zapiski*, chast' 1 (Moscow, 1891), p. 159.

23. Lavrent'eva, *Svetskii etiket pushkinskoi pory*, p. 22.
24. N. Rimsky-Korsakov, *My Musical Life* (London, 1989), p. 9.
25. N. Gogol, *Diary of a Madman and Other Stories*, trans. R. Wilks (Harmondsworth, 1972), p. 32; A. Chekhov, 'Uprazdnili!', in *Polnoe sobranie sochinenii*, 30 vols. (Moscow, 1974-83), vol. 3, p. 226.
26. *The Complete Prose Tales of Alexander Sergeyevitch Pushkin*, trans. G. Aitken (London, 1966), p. 7-5.
27. Volkonskii, *Zapiski*, pp. 130-31.
28. N. A. Belogolovoi, *Vospominaniia i drugie stat'i* (Moscow, 1898), p. 70.
29. Iu. Lotman, 'Dekabrist v povsednevnoi zhizni', in *Besedy o russkoikul'ture: byt i traditsii russkogo dvorianstva XVIII-nachalo XIX veka* (St Petersburg, 1994), pp. 360-64.을 보라.
30. 'To Kaverin', in Pushkin, *Polnoe sobranie sochinenii*, vol. 1, p. 238.
31. Volkonskii, *Zapiski*, p. 4.
32. L. Tolstoy, *War and Peace*, trans. L. and A. Maude (Oxford, 1998), pp.417-18.
33. Ia. A. Galinkovskii, *Korifei ili kliuch literatury* (St Petersburg, 1802.), kn. 2, p. 170.
34. 'The Time Has Come' (19 October 1836), in *The Complete Works of Alexander Pushkin*, 15 vols., ed. I. Sproat *et al.*(Norfolk, 1999), vol. 3, pp. 253-4.
35. Pushkin, *Polnoe sobranie sochinenii*, vol. 2, p. 425.
36. See his Letter No. 8 in 'A Novel in Letters' - 1829에 쓰여졌지만 1857년까지 공개되지 않았다 - in Pushkin, *Polnoe sobranie sochinenii*, vol. 8, pp. 52-4.
37. *Vosstanie dekabristov*, vol. 7, p. 222.
38. *Syn otechestva* (1816), chast' 27, p. 161.
39. A. Bestuzhev, 'Pis'mo k N. A. i K. A. Polevym, 1 ianvaria 1832', *Russkii vestnik* (1861), vol. 32, p. 319.
40. A. Ulam, *Russia's Failed Revolutions: From the Decembrists to the Dissidents* (New York, 1981), p. 21.에서 인용.
41. IRL RAN, f. 57, op. 1, n. 63, l. 57.
42. Pushkin, *Polnoe sobranie sochinenii*, vol. 6, p. 525.
43. *Arkhiv dekabrista S. G. Volkonskogo*, t. 1., *Do sibiri* (Petrograd, 1918), p. 149.
44. Pushkin, *Polnoe sobranie sochinenii*, vol. 12, p. 303.

45. Volkonskii, *Zapiski*, p. 2.12.

46. 위와 같음, p. 402.

47. A. Pushkin, *Eugene Onegin*, trans. J. Falen (Oxford, 1990), p. 19.

48. Pushkin, *Polnoe sobranie sochinenii*, vol. 2, p. 72.

49. On Volkonsky's role in recruiting Pushkin, see S. M. Volkonskii, *O dekabristakh: po semeinum vospominaniiam* (Moscow, 1994), pp. 35-6.

50. Volkonskii, *Zapiski*, p. 434.

51. Ulam, *Russia's Failed Revolutions*, p. 44.

52. Volkonskii, *Zapiski*, p. 421.

53. GARF, f. 48, op. 1, d. 412, l. 19.

54. Ulam, *Russia's Failed Revolutions*, p. 5.

55. RGIA, f. 1405, op. 24, d. 1344, l. 12; GARF, f. 1146, op. 1, d. 202.8, l. 6.

56. *Arkhiv dekabrista S. G. Volkonskogo*, pp. xix, xxiii.

57. IRL RAN, f. 57, op. 1, n. 61, l. 65.

58. GARF, f. 1146, op. 1, d. 2028, l. 7.

59. GARF, f. 1146, op. 1, d. 2028, l. 13.

60. 'Neizdannye pis'ma M. N. Volkonskoi', *Trudy gosudarstvennogo istoricheskogo muzeia*, vyp. 2 (Moscow, 1926), p. 16.

61. K. Bestuzhev, *Zheny dekabristov* (Moscow, 1913), p. 47.에서 인용.

62. Lotman, 'Dekabrist v povsednevnoi zhizni', pp. 352-3.

63. F. F. Vigel', *Zapiski*, chast' 1 (Moscow, i 891), p. 12.

64. K. Batiushkov, *Sochineniia* (Moscow-Leningrad, 1934), p. 373.

65. Lotman, 'Dekabrist v povsednevnoi zhizni', pp. 353-4.

66. K. Ryleev, *Polnoe sobranie stikhotvorenii* (Leningrad, 1971), p. 168.

67. GARF, f. 1146, op. 1, d. 2028, l. 12.

68. IRL RAN, f. 57, op. 5, n. 22, l. 88.

69. *The Complete Works of Alexander Pushkin*, vol. 3, p. 42.

70. GARF, f. 1146, op. 1, d. 2028, l. 28.

71. *Zapiski kniagini M. N. Volkonskoi* (Chita, 1960), p. 66.

72. 위와 같음, p. 67.

73. 위와 같음, p. 70.

74. *Arkhiv dekabrista S. G. Volkonskogo*, p. xxxi.

75. *Dekabristy. Letopisi gosudarstvennogo literaturnogo muzeia*, kn. 3 (Moscow, 1938), p. 354.
76. *Zapiski kniagini M. N. Volkonskoi* (Chita, 1960), p. 101.
77. Sutherland, *The Princess of Siberia*, p. 253.에서 인용.
78. M. P. Volkonskii, 'Pis'ma dekabrista S. G. Volkonskogo', *Zapiski otdelarukopisei*, vyp. 24 (Moscow, 1961), p. 399.
79. Volkonskii, *O dekabristakh*, p. 66.
80. *Dekabristy. Letopisi gosudarstvennogo literaturnogo muzeia*, pp. 91, 96, 100; Volkonskii, 'Pis'ma dekabrista S. G. Volkonskogo', pp. 369, 378, 384.
81. N. A. Belogolovoi, *Vospominaniia*, p. 36.
82. IRL RAN, f. 57, op. 1, n. 50, ll. 11-19.
83. IRL RAN, f. 57, op. 1, n. 63, l. 52.
84. IRL RAN, f. 57, op. 1, n. 65, l. 2.
85. IRL RAN, f. 57, op. 1, n. 97, l. 1.
86. Belogolovoi, *Vospominaniia*, p. 37.
87. Volkonskii, 'Pis'ma dekabrista S. G. Volkonskogo', p. 371.
88. 위와 같음, p. 572.
89. Volkonskii, *Zapiski*, p. 478.
90. Belogolovoi, *Vospominaniia*, p. 37.
91. Tolstoy, *War and Peace*, p. 582.
92. F. F. Vigel', *Zapiski*, chast' 2. (Moscow, 1892), p. 56.
93. RGIA, f. To88, op. 1, d. 439.
94. N. S. Ashukin, *Pushkinskaia Moskva* (St Petersburg, 1998), p. 44.
95. S. L. Tolstoi, *Mat' i ded L. N. Tolstogo* (Moscow, 1928), p. 45.
96. Iu. Lotman, 'Zhenskii mir', in *Besedy o russkoi kul'ture*, p. 57.
97. Tolstoy, *War and Peace*, pp. 159, 898.
98. 예를 들어 RGIA, f. 1035, op. 1, d. 87, ll. 1-2, 14; f. 914, op. 1, d. 34, ll. 3-10 (esp. l. 5).을 보라.
99. N. A. Reshetov, 'Delo davno minuvshikh dnei', *Russkii arkhiv* (1885), kn. 3, no. 11, pp. 443-5.
100. I. S. Zhirkevich, 'Zapiski', *Russkaia starina*, vol. 9 (1875), p. 237.
101. D. I. Zavaliashin, 'Vospominaniia o grafe A. I. Osterman-Tolstom(1770-1851)',

Istoricheskii vestnik (1880), vol. 2, no. 5, pp. 94-5.

102. Lavrent'eva, *Svetskii etiket*, p. 321.

103. E. Khvoshchinskaia, 'Vospominaniia', *Russkaia starina* (1898), vol. 93, p. 581.

104. M. N. Khrushchev, 'Petr Stepanovich Kotliarevskii (otryvok iz vospominanii)', *Izvestiiatavricheskoiuchenoiarkhivnoi komissii.* no. 54 (1918), p. 298; K. A. Soloviev, *'V vkuse umnoi stormy'. Usadebnyi hyt rossiiskogo dvorianstva II poloviny VXllI- 1 poloviny XIX vekov* (St Petersburg, 1998), p. 30; V. V. Selivanov, Sochinemia (Vladimir, 1901), p. 151; S. M. Zagoskin, 'Vospominaniia', *Istoricheskii vestnik* (1900), vol. 79, no. 1, p. 611; V. N.Kharuzina, *Proshloe. Vospominaniia detskikh i otrocheskikh let* (Moscow, 1999), p. 312; N. P. Grot, *Iz semeinoi khroniki. Vospominaniya dlia detei i vnukov* (St Petersburg, 1900), pp. 58-9.

105. Tolstoy, *War and Peace*, p. 544.

106. Selivanov, *Sochineniia*, p. 78.

107. E. Mengden,'Izdnevnika vnuchki', Russkaia starina, vol. 153, no. 1, p. 105.

108. 예를 들어 Pomeshchich'ia Rossia. *Po zapiskam sovremennikov* (Moscow, 1911), pp. 61-2를 보라; N. V. Davydov, 'Ocherki byloi pomeshchechei zhizni', *Iz Proshlogo* (Moscow, 1914), p. 425; and the wonderful memoir of S. T. Aksakov, *The Family Chronicle*, trans. M. Beverley (Westport, Conn.,1985), 특히 p. 199.

109. I. Turgenev, *Sketches from a Hunter's Album*, trans. R. Freeborn (Harmondsworth, 1967), p. 247.

110. *Sharfy i shali russkoi raboty pervoi poloviny XIX v.* (Leningrad, 1981).

111. Sverbeev, *Zapiski,1799-1826*, vol. 1, p. 415.

112. M. Fairweather, *The Pilgrim Princess: A Life of Princess Zinaida Volkonsky* (London, 1999), p. 36.

113. Iu. Lotman, 'Zhenskii mir', p. 52.

114. 위와 같음.

115. Pushkin, *Eugene Onegin*, p. 209.

116. 위와 같음, p. 232.

117. 위와 같음, p. 65.

118. 위와 같음, p. 167.

119. 위와 같음, p. 210.

120. W. M. Todd III, '*Eugene Onegin*: "Life's Novel"', in same author(ed.). *Literature and Society in Imperial Russia, 1800-1914* (Stanford, 1978), pp. 228-9.
121. M. Azadovskii, *Literatura i fol'klor* (Leningrad, 1938), pp. 89, 287-9.
122. Letter of 21 August 1831 in *Letters of Nikolai Gogol*, ed. and trans. C. Proffer (Ann Arbor, 1967), p. 38 (내가 번역을 수정했다).
123. *Mikhail Lermontov: Major Poetical Works*, trans. A. Liberman (London,1984), p. 103.
124. R. Taruskin, *Defining Russia Musically* (Princeton, 1997), pp. 41-7.를 보라.
125. R. Taruskin, *Musorgsky: Eight Essays and an Epilogue* (Princeton,1993), pp. 302-8.
126. Taruskin, *Defining Russia Musically*, p. 33.에서 인용.
127. *Aleksei Gavrilovich Venetsianov* (Leningrad, 1980), p. 13.
128. Selivanov, Sochineniia, p. 12. L. I. Stogov (1797-1880)는 'Zapiski E. I. Stogova', *Russkaia starina*, vol.113 (1898), pp. 137-8.에서의 그의 교육과 같은 비슷한 설명을 하고 있다.
129. V. A. Sollogub, *Otryvki iz vospominaniia* (St Petersburg, 1881), p. 7.
130. N. I. Shatilov, 'Iz nedavnego proshlogo', *Golos minuvshego* (1916), no. 4, p. 219.
131. 예를 들어 A. Labzina, *Vospominaniia* (St Petersburg, 1914), p. 9; A. N. Kazina, 'Zhenskaia zhizn', *Otechestvennye zapiski*, 219, no. 3 (1875), p. 211; E. Iunge, *Vospominaniia* (Moscow, 1933), p. 41.을 보라.
132. L. Tolstoy, *Anna Karenin*, trans. R. Edmonds (Harmondsworth, 1974), p. 650.
133. Herzen, *My Past and Thoughts*, p. 26.
134. 위와 같음, pp. 32-3.
135. 예를 들어 A. K. Leiong, 'Vospominaniia', *Russkilarkhiv* (1913), kn. 2, chast' 6, p. 789.을 보라.
136. Pushkin, *Eugene Onegin*, p. 115.
137. Leiong, 'Vospominaniia', pp. 794, 808. 마을 놀이에 대해선 I. I. Shangina, *Russkie deti i ikh igry* (St Petersburg, 2.000).을 보라.
138. Herzen, *My Past and Thoughts*, p. 2.6.
139. K. Grup, *Rukovodstvo k vospitaniiu, obrazovaniiu i sokhraneniiu zdorov'ia detei,*

3 vols. (St Petersburg, 1843), vol. 1, p. 63.

140. P. Sumarokov, *Stary i novy byt. Maiak sovremennogo prosveshcheniia i obrazovannosti* (St Petersburg, 1841), no. 16, p. 20.

141. Leiong, 'Vospominaniia', chast' 6, p. 788 and chast' 7, p. 99.

142. A. Tyrkova-Williams, *To, chego bol'she ne budet* (Paris, 1954), p. 58.

143. Leiong, 'Vospominaniia', chast' 6, p. 785.

144. A. K. Chertkova, *Iz moego detstva* (Moscow, 1911), p. 175.

145. A. V. Vereshchagin, *Doma i na voine* (St Petersburg, 1885), p. 48.

146. V. A. Tikhonov, 'Byloe (iz semeinoi khroniki)', *Istoricheskii vestnik*, vol. 79, no. 2 (1900), pp. 541-2; no. 3 (1990), pp. 948-9.

147. *Druz'ia Pushkina*, 2. vols. (Moscow, 1984), vol. 2, p. 117.

148. 'To My Nanny' (182.6), in *The Complete Poems of Alexander Pushkin* 15 vols. (London, 1999-), vol. 3, p. 34.

149. S. Lifar, *Diagilev i s Diagilevym (*Moscow, 1994), pp. 17-19.

150. L. Tolstoy, *Childhood, Boyhood and Youth*, trans. L. and A. Maude(London, 1969), p. 58. On this canon, see A. Wachtel, *The Battle for Childhood: Creation of a Russian Myth* (Stanford, 1990).

151. Herzen, *My Past and Thoughts*, p. 10.

152. Leiong, 'Vospominaniia', chast' 6, pp. 792, 797.

153. *Pis'ma N. M. Karamz.ina k I. I. Dmitrievu* (St Petersburg, [866), p. 168.

154. Pushkin, *Polnoe sobranie sochinenii*, vol. Ⅱ, p. 57.

155. V. G. Belinskii, *Polnoe sobranie sochinenii*, 13 vols. (Moscow, 1953-9), vol. 10, p. 18.

156. *Sochineniia i pis'ma P. la. Chaadaeva*, 2 vols. (Moscow, 1913-14),vol. 1, p. 188.

157. 위와 같음, pp. 74-92.

158. R. T. McNally, *Chaadayev and His Friends* (Tallahassee, Fla., 1971), p. 32.

159. M. Gershenzon, *Chaadaev* (St Petersburg, 1908), p. 64.에서 인용.

160. A. Koryè, *La Philosophic et le probleme national en Russie au debut du XIX siècle* (Paris, 1929), p. 286.

161. I. Turgenev, *A Nobleman's Nest*, trans. R. Hare (London, 1947), p.43.

162. I.I. Panaev, *Literaturnye Vospominaniia* (Leningrad, 1950), p. 151.

163. *Dekabristy-literatory. Literaturnoe nasledstvo* (Moscow, 1954), vol. 59, p. 582.

164. N. M. Karamzin, *Istoriia gosudarstva rossiiskogo*, 3 vols. (St Petersburg, 1842-3), vol. 1, p. 43.

165. S. S. Volk, *Istoricheskie vzgliady dekabristov* (Moscow-Leningrad, 1958), pp. 331-3, 342.

166. D. V. Venevitanov, *Polnoe sobranie sochinenii* (Leningrad, 1960), p. 86.

167. V. A. Ashik, *Pamiatniki medali v pamiat' boevykh podvigov russkoiarmii v voinakh 1812, 1813, i 1814 godov i v pamiat' Imperatora Aleksandra I* (St Petersburg, 1913), p. 182.

168. IRL RAN, f. 57, op. 1, n. 62, l. 31.

169. L. N. Tolstoi, *Polnoe sobranie sochinenii v 90 tomakh* (Moscow, 1949), vol. 60, p. 374.

170. 톨스토이 전공 학자인 Boris Eikhenbaum는 볼콘스키를 어느 정도 차용한 것을 인정하기는 하지만 볼콘스키는 또한 또 다른 데카브리스트인 D. I. Zavalishin을 모델로 했다고 주장하고 있다 (*Lev Tolstoi: 60e gody* (Leningrad-Moscow, 1931), pp.199-208).

171. V. Shklovsky, *Lev Tolstoy*, trans. O. Shartse (Moscow, 1988), p. 31.에서 인용.

172. S. L. Tol'stoi, *Mat' i ded L. N. Tol'stogo* (Moscow, 1928), p. 9.

173. L. Tolstoy, 'The Devil', trans. A. Maude, in *The Kreutzer Sonata and Other Tales* (Oxford, 1968), p. 236.

174. Volkonskii, *O dekabristakh*, p. 82.

175. IRL RAN, f. 57, op. 3, n. 20, l. 1.

176. Belogolovoi, *Vospominaniia*, p. 37; *Dekabristy. Letopisi gosudarstvennogo literaturnogo muzeia*, p. 119.

177. IRL RAN, f. 57, op. 1, n. 65, l. 79.

178. Volkonskii, *O dekabristakh*, p. 81.

179. 위와 같음, pp. 81-2.

180. RGIA, f. 914, op. 1, d.68, ll. 1-2.

181. IRL RAN, f. 57, op. 1, n. 7, l. 20.

182. IRL RAN, f. 57, op. 1, n. 7, l. 16.

183. *Dekabristy. Letopisi gosudarstvennogo literaturnogo muzeia*, p. 113.

184. IRL RAN, f. 57, op. 1, n. 7, ll. 20-23.

185. RGIA, f. 914, op. 1, d. 68, ll. 1-3.
186. IRL RAN, f. 57, op. 1, n. 80, ll. 58-9.
187. Volkonskii, *O dekabristakh*, p. 3.

제3장 모스크바! 모스크바!

1. D. Olivier, *The Burning of Moscow*, trans. M. Heron (London, 1966), p. 43.
2. L. Tolstoy, *War and Peace*, trans. L. and A. Maude (Oxford, 1998), p. 935.
3. S. N. Glinka, *Zapiski* (St Petersburg, 1895), p. 263.
4. N.Nicolson, *Napoleon: 1812* (London, 1985), pp. 95-7; Count P. de Segur, *Napoleon's Russian Campaign*, trans. J. Townsend (London, 1959), p. 114
5. 위와 같음, p.117.
6. *The Memoirs of Catherine the Great*, ed. D. Maroger, trans. M. Budberg(London, 1955), p. 365.
7. *Four Russian Plays*, trans. J. Cooper (Harmondsworth, 1972), p. 155.
8. A. Schmidt, The Restoration of Moscow after 1812', *Slavic Review*, vol. 40, no. 1 (Spring 1981), pp. 37-48.을 보라.
9. Tolstoy, *War and Peace*, p. 1186.
10. K. N. Batiushkov, *Sochinemia* (Moscow, 1955), pp. 308-9.
11. V. G. Belinskii, *Polnoe sobranie sochinenii*, 13 vols. (Moscow, 1953-9), vol. 8, p. 391.
12. Marquis de Custine, *Empire of the Czar* (New York, 1989), p. 419.
13. A. Brett-James (ed.), *1812; Eyewitness Accounts of Napoleon's Defeat in Russia* (London, 1966), pp. 176-7.
14. K. N. Batiushkov, 'Progulka po Moskve', in *Sochineniia* (Moscow, 1902), p. 208.
15. 위와 같음.
16. A. Gaydamuk, *Russian Empire: Architecture, Decorative and Applied Arts, Interior Decoration 1800-1830* (Moscow, 2000), pp. 26-37.
17. S. D. Sheremetev, *Staraia Vozdvizhenka* (St Petersburg, 1892), pp. 5-7.
18. S. D. Sheremetev, *Moskovskie vospominaniia, 1860 gg.* (Moscow, 1900), p. 8.

19. N. V. Gogol, *Sobranie sochinenii v semi tomakh* (Moscow, 1978), vol. 6, p. 172.
20. M.I.Semevskii, *Slovo i delo! 1700-1725* (St Petersburg, 18 84), pp. 87-90.
21. A. D. P. Briggs, *Alexander Pushkin: A Critical Study* (London, 1983), p. 117; W. Lednicki, *Pushkin's Bronze Horseman* (Berkeley, 1955), p. 80.
22. R. D. Timenchuk, '"Medny Vsadnik" v literaturnom soznanii nachalaXX veka', *Problemy pushkinovedeniia* (Riga, 1938), p. 83.
23. A. S. Pushkin, *Polnoe sobranie sochinenii*, 17 vols. (Moscow, 1937-49), vol.5, p.447.
24. N. Gogol, *Plays and Petersburg Tales*, trans. C. English (Oxford, 1995), pp.35-6.
25. W. Rowe, *Through Gogol's Looking Glass* (New York, 1976), p. 113.에서 인용.
26. D. Fanger, *Dostoevsky and Romantic Realism* (Cambridge, Mass.,1965), p. 132.을 보라.
27. F. M. Dostoevskii, *Polnoe sobranie sochinemi*, 30 vols. (Leningrad, 1972-88), vol. 19, p. 69.
28. Pushkin, *Polnoe sobranie sochinenii*, vol. Ⅱ, p. 246.
29. 'Dnevniki N. Turgeneva', in *Arkhiv brat'ev Turgenevykh*, vol. 3, no. 5 (Petrograd, 1921), p. 259.
30. F. F. Vigel', *Zapiski*, chast' 1 (Moscow, 1891), p. 169.
31. V. Giliarovskii, *Moskva i moskvichi* (Moscow, 1955), pp. 151-2, 304-15.
32. M. I. Pyliaev, *Staroe zhit'e. Ocherki i rasskazy* (St Petersburg, 1892), pp. 5-6, 10.
33. 위와 같음, pp. 15-16.
34. S. D. Sheremetev, *Otgoloski XVlll veka*, vyp. 11, *Vremia Imperatora Paula, 1796-1800* (Moscow, 1905), p. 15. 어떤 농노 요리사는 주인 영지 수입이 늦게 들어오자 그에게 45000루블을 빌려 줄 수 있었다(see E. Lavrent'evsi, *Svetskii etiket pushkinskoi pory* (Moscow, 1999), p. 470).
35. Pyliaev, *Staroe zhit'e*, p. 6.
36. E. Lavrenteva, *Kul'tura zastol'ia XIX veka pushkinskoi pory* (Moscow,1999), p. 51.
37. 위와 같음, p. 2.
38. R. E. F. Smith and D. Christian, *Bread and Salt: A Social and Economic History of Food and Drink in Russia* (Cambridge, 1984), pp. 174-6.

39. S. Tempest, 'Stovelore in Russian Folklife', in M. Giants and J. Toomre(eds.). *Food in Russian History and Culture* (Bloomington, 1997), pp. 1-14.
40. Lavrenteva, *Kul'tura zastol'ia*, pp. 44-5.
41. G. Munro, 'Food in Catherinian St Petersburg', in Giants and Toomre, *Food in Russian History and Culture*, p. 32.
42. A. Chekhov, *Plays*, trans. E. Fen (Harmondsworth, 1972), p. 344.
43. 위와 같음, p. 275.
44. *The Complete Tales of Nikolai Gogol*, ed. and trans. L. Kent, 2 vols.(Chicago, 1985), vol. 2, p. 24.
45. Smith and Christian, *Bread and Salt*, p. 324.
46. E. I. Stogov, 'Zapiski', *Russkaia starina* (April 1903), p. 135.
47. N. Matveev, *Moskva i zhizn' ee nakanune nashestviia 1812. g.* (Moscow, 1912), p. 35.
48. Iu. Shamurin, *Podmoskov'ia, in Kul'turnye sokrovishcha Rossii*, vyp. 3 (Moscow, 1914), pp. 30-31; L. Lepskaia, *Repertuar krepostnogo teatra Sheremetevykh* (Moscow, 1996), p. 39; E. Beskin, *Krepostnoi teatr* (Moscow, 1927), pp. 13-14; K. Kestmhev. Krepostnoiteatr (Moscow, 1913), pp. 58-9.
49. Lavrent'eva, *Svetskii etiket pushkinskoi pory*, pp. 81-2, 84.
50. 'Zametka iz vospominanii kn. P. A. Viazemskogo (o. M. I. Rimskoi Korsakovoi)', *Russkii arkhiv* (1867), no. 7, p. 1069.
51. 'Vospomianiia o Lialichakh', *Istoricheskiivestnik*, vol. 120 (1910), no. 4.
52. *Russkii byt' po vospominaniiam sovremennikov.* XVIII vek, chast' 2, *Ot petra do pavia 1* (Moscow, 1918), p. 66.
53. D. I. Zavalishin, 'Vospominaniya o grafe A. I. Osterman-Tolstom (1770-1851)', *Istoricheskii vestnik*, vol. 2, no. 5 (1880), p. 90; Lavrent'eva, *Svetskii etiket pushkinskoi pory*, p. 376.
54. S. M. Volkonskii, *Moi vospominaniia*, 2 vols. (Moscow, 1992), vol. 2, p. 191.
55. E. V. Dukov, 'Polikhroniia rossiiskikh razvlechenii XIX veka', in *Razvlekatel'naia kul'tura Rossii XV1II-X1X vv.* (Moscow, 2000), p. 507.
56. S. I. Taneev, 'Maskarady v stolitsakh', *Russkii arkhiv* (1885), no. 9, p. 152.
57. C. Emerson, *The Life of Musorgsky* (Cambridge, 1999), pp. 122, 169.
58. N. Sultanov, 'Vozrozhdenie russkogo iskusstva', *Zodchii* (1881), no. 2, p. ii.

59. On Solntsev and the Stroganov School, see E. Kirichenko, *Russian Design and the Fine Arts: 1750-1917* (New York, 1991), pp. 78-86.

60. V. I. Plotnikov, *Fol'klor i russkoe izobratel'noe iskusstvo vtoroi poloviny XIX veka* (Leningrad, 1987), p. 58.

61. V. Stasov, *Izbrannye sochinemia*, 3 vols. (Moscow-Leningrad, 1937), vol. 2, p. 214.

62. Kirichenko, *Russian Design and the Fine Arts*, p. 109.에서 인용.

63. *The Musorgsky Reader: A Life of Modeste Petrovich Musorgsky in Letters and Documents*, ed. and trans. J. Leyda and S. Bertensson (New York, 1947), pp.17-18.

64. *M. A. Balakirev: vospominaniia ipis'ma* (Leningrad, 1962), p. 320.

65. V. Stasov, 'Dvadtsat' pisem Turgeneva i moe znakomstvo s nim', in *Sobranie kriticheskikh materialov dlia izucheniia proizvedenii I. C. Turgeneva*, 2 vols. (Moscow, 1915), vol. 2, vyp. 2, p. 291.

66. *V. V. Stasov i russkoe iskusstvo* (St Petersburg, 1998), p. 23.

67. R. Taruskin's brilliant essay 'How the Acorn Took Root' in his *Defining Russia Musically* (Princeton, 1997), ch. 8.을 보라.

68. V. V. Stasov, *Izbrannye sochineniia*, 2 vols. (Moscow, 1937), vol. 2, p. 536.

69. 위와 같음, p. 557.

70. R. Taruskin, *Defining Russia Musically*, pp. xiii ff.을 보라.

71. N. A. Rimsky-Korsakov, *My Musical Life*, trans. J. Joffe (London, 1924), p. 331; V. V. Yastrebtsev, *Reminiscences of Rimsky-Korsakov*, trans. F. Jonas(New York, 1985), p. 38.

72. *The Musorgsky Reader*, p. 120.

73. N. M. Karamzin, *Istoriia gosudarstva rossiiskogo*, 12 vols. (St Petersburg,1892), vol. 11, p. 57.

74. R. Taruskin, '"The Present in the Past": Russian Opera and Russian Historiography, *c.* 1870', in M. H. Brown (ed.), *Russian and Soviet Music: Essays for Boris Schwarz* (Ann Arbor, 1984), pp. 128-9.

75. 위와 같음, pp. 124-5.

76. N. I. Kostomarov, *Sobranie sochineniia*, 8 vols. (St Petersburg, 1903-6), vol. 2, p. 43.

77. M. P. Musorgskii, *Pis'ma* (Moscow, 1981), p. 138.
78. *The Musorgsky Reader*, pp. 17-18.
79. *Modeste Petrovich Musorgsky. Literaturnoe nasledie*, 2 vols. (Moscow,1971-2), vol. 1, p. 132.
80. *The Musorgsky Reader*, p. 244.
81. M. A. Voloshin, 'Surikov (materialy dlia biografii)', *Apollon* (1916), nos. 6-7, p. 65.
82. S. Glagol', 'V. I. Surikov', *Nasha starina* (1917), no. 2, p. 69; Voloshin, 'Suritov', p. 56.
83. *Vasilii Ivanovich Surikov. Pis'ma, vospominaniia o khudozhnike* (Leningrad, 1977), p. 185; V. S. Kemenov, *V. I. Surikov. Istoricheskaia zhivopis' , 1870-1890* (Moscow, 1987), p. 385.
84. Kemenov, *V. I. Surikov*, p. 402.
85. J. Bradley, 'Moscow: From Big Village to Metropolis', in M. Hamm (ed.), *The City in Late Imperial Russia* (Bloomington, 1986), p. 13.
86. V. G. Belinskii, *Sochineniia*, 4 vols. (St Petersburg, 1900), vol. 4, p. 198.
87. M. M. Dostoevski,' "Groza" A. N. Ostrovskogo', *Svetoch*, vol. 2 (March1860), pp. 7-8.
88. Patouillet, *Ostrovskiet son thèâtre de moeurs russes* (Paris, 1912), p. 334.
89. V. Nemirovitch-Dantchenko, *My Life in the Russian Theatre*, trans. J. Cournos (London, 1968), pp. 131-2.
90. S. Grover, 'Savva Mamontov and the Mamontov Circle, 1870-1905: Artistic Patronage and the Rise of Nationalism in Russian Art', Ph. D. diss. (University of Wisconsin, 1971), p. 18.에서 인용.
91. C. Stanislavski, *My Life in Art* (London, 1948), p. 296; Nemirovitch-Dantchenko, *My Life*, p. 117.
92. *Pis'ma khudozhnikov Pavlu Mikhailovichu Tret'iakovu 1856-1869* (Moscow, 1960), p. 302.
93. Ia. Minchenkov, *Vospominaniia o peredvizhnikakh* (Leningrad, 1963), p. 118.
94. A. Benois, *Vozniknoveniia mira iskusstva* (Leningrad, 192.8), p. 23.
95. J. Ruckman, *The Moscow Business Elite: A Social and Cultural Portrait of Two Generations, 1840-1905* (DeKalb, Ill., T984), p. 98.에서 인용.

96. V. I. Konashevich, 'O sebe i svoem dele', *Novyi mir*, no. 10 (1965), p. 10.

97. A. Chekhov, 'Poprygun'ia', *Polnoe sobranie sochinenii*, 30 vols. (Moscow, 1974-83), vol. 7, p. 9.

98. RGIA, f. 528, op. 1, d. 960, ll. 9-10; f. 1340, op. 1, d. 545, l. 10; f. 472, op. 43, d. 19, 1. 179.

99. *Viktor Mikhailovich Vasnetsov: zhizn'i tvorchestvo* (Moscow, 1960), p. 148.

100. Plotnikov, *Fol'klor i russkoe izobratel'noe iskusstvo vtoroi poloviny XIX veka.* p. 156.

101. *Vrubel: perepiska,vospominaniia o khudozhnike* (Moscow, 1963), p. 79.

102. Stanislavski, *My Life in Art*, pp. 141-2.

103. SP-PLMD, f. 640, op. 1, d. 1003, ll. 25-32.

104. V. V. Iastrebtsev, *Nikolai Andreevich Rimskii-Korsakov: vospominaniia,1886-1908*, 2 vols. (Leningrad, 1959-60), vol. 1, p. 434.에서 인용.

105. RGIA, f. 799, "Cherez 10 let posle protsessa po neizdannym dokumentam' (1910).

106. Stanislavski, *My Life in Art*, pp. 12, 22-3.

107. Nemirovitch-Dantchenko, *My Life in the Russian Theatre*, pp. 80-81, 159-60.

108. 위와 같음, p. 108.

109. 위와 같음, p. r88.

110. A. Chekhov, *Sredi milykh moskvichei* (Moscow, 1988), p. 3.

111. Chekhov, *Polnoe sobranie sochinenii*, vol. Ⅱ, p. 311.

112. O. Mandel'shtam, 'O p'ese A. Chekhova "Diadia Vania"', *Sobranie sochinenii*, 4 vols. (Paris, 1981), vol. 4, p. 107.

113. A. Chekhov, *Plays*, trans. E. Fen (Harmondsworth, 1954), p. 306.

114. D. Rayfield, *Understanding Chekhov* (London, 1999), p. 117.에서 인용.

115. A. P. Chekhov, *Polnoe sobranie sochinenii i pisem*, 18 vols. (Moscow, 1973-83), vol. 17, p. 17.

116. Chekhov, *Plays*, pp. 244-5.

117. P. S. Sheremetev, *O russkikh khudozhestvennykh promyslakh* (Moscow, 1915), p. 469.

118. Nemirovitch-Dantchenko, *My Life in the Russian Theatre*, p. 209.

119. A. P. Chekhov, *Polnoe sobranie sochinenii i pisem*, 20 vols. (Moscow,1944-51),

vol. 20, p. 160.

120. E. Clowes, 'Social Discourse in the Moscow Art Theatre', in E. Clowes, S. Kassow and J. West (eds.), *Between Tsar and People: Educated Society and the Quest for Public Identity in Late Imperial Russia* (Princeton, 1991), p. 279.

121. V. Meyerhold, 'The Naturalistic Theatre and the Theatre of Mood', in *Meyerhold on Theatre*, trans. and ed. Edward Braun (London, 1969), p. 29.

122. S. Grover, 'The World of Art Movement in Russia', *Russian Review*, vol. 32, no. 1 (1973), p. 34.에서 인용.

123. A. Belyi, *Mezhdu dvukh revoliutsii* (Leningrad, 1934), p. 2.44.

124. 위와 같음, pp. 219, 224-5.

125. A. Lentulov, 'Avtobiografiia', in *Sovetskie khudozhniki*, 3 vols.(Moscow, 1937), vol. 1, p. 162.

126. F. Bowers, *Scriabin*, 2 vols. (London, 1969), vol. 2, p. 248.

127. 'From Street into Street' (1913), in V. Maiakovskii, *Polnoe sobranie sochinenii*, 13 vols. (Moscow, 1955-61), vol. 1, pp. 38-9.

128. N. Khardzhiev and V. Trenin, *Poeticheskaia kul'tura Mayakovskogo* (Moscow, 1970), p. 44.에서 인용. 마야코프스키와 말레비치의 친밀한 관계에 대해선 J. Stapanian, *Mayakovsky's Cubo-Futurist Vision* (Houston,Texas. 1986), 특히 ch. 4을 보라.

129. M. Tsvetaeva, *A Captive Spirit: Selected Prose*, trans. and ed. J. King(London, 1983), p. 168. The verse is from the cycle 'Poems to Akhmatova', in *Sochmeniia v dvukh tomakh* (Moscow, 1980), vol. 1, p. 85.

130. N. Mandelstam, *Hope Abandoned*, trans. M. Hayward (London, 1989), p. 467.

131. M. Bulgakov, *The Master and Margarita*, trans. M. Glenny (London,1984), p. 397.

132. 'Spring' (1944), in C. Barnes, *Boris Pasternak: A Literary Biography*, 2 vols. (Cambridge, 1989-98), vol. 2, p. 202.

제4장 민중 속으로

1. O. V. Aptekhman, *Obshchestvo 'Zemlia i Volia' 70-kh godov* (Petrograd,1924), p. 168.
2. T. Szamuely, *The Russian Tradition* (London, 1974), p. 201.에서 인용.
3. F. M. Dostoevskii, *Polnoe sobranie sochinenii*, 30 vols. (Leningrad, 1972-88), vol. 18, p. 57.
4. G. I. Uspenskii, *Polnoe sobranie sochinenii*, 15 vols. (Moscow-Leningrad,1940-54), vol. 14, pp.576-7.
5. I. S. Turgenev, *Polnoe sobranie sochineniia i pisem*, 28 vols. (Moscow-Leningrad, 1960-68), vol. 2, p. 160.
6. 'Silence' (1857), in N. A. Nekrasov, *Sochineniia*, 3 vols. (Moscow, 1959), vol. 1, p. 201.
7. F. Buslaev, 'Etnograficheskie vymysly nashikh predkov', *Sbornik antropologicheskikh i etnograficheskikh statei o Rossii i stranakh ei prilezhashchikh* (Moscow, 1868), p. 95.
8. I. D. Beliaev, 'Po povodu etnograficheskoi vystavki imeiushchei otkryt'sia vesnoi 1867 goda'. *Den'* (1865), no. 41, p. 983.
9. C. Frierson, *Peasant Icons: Representations of Rural People in Late Nineteenth-century Russia* (Oxford, 1993), p. 128.을 보라.
10. B. Sokolov, 'Muzhik v izobrazhenii Turgeneva', in I. N. Rozanov and Iu. M. Sokolov (eds.), *Tvorchestvo Turgeneva: sbornik statei* (Moscow, 1920), p.203.
11. S. Birkenmayer, *Nikolaj Nekrasov: His Life and Poetic Work* (The Hague,1968), p. 76. The charge of an 'assault on poetry' was made by A. Grigor'ev, 'Stikhotvoreniia N. Nekrasova', *Vremia*, vol. 12. (1862.), p. 38.
12. Dostoevskii, *Polnoe sobranie sochinenii*, vol. 22, p. 44.
13. K. S. Aksakov, *Polnoe sobranie sochinenii*, 2 vols. (St Petersburg, 1861), vol. 1, p. 292.
14. F. Dostoevsky, *A Writer's Diary*, trans. K. Lantz (Illinois, 1993), p. 160 and elsewhere.
15. V. G. Belinskii, *Izbrannye filosofskie sochineniia*, 2. vols. (Moscow, 1948), vol. 2, p. 443.

16. 예를 들어 I. S. Aksakov, 'Moskva, 2.4 marta', in *Den'* (24 March1862.), pp. 2-3을 보라.
17. A. Blok, 'The People and the Intelligentsia', in M. Raeff, *Russian Intellectual History: An Anthology* (New Jersey, 1978), p.359.
18. Szamuely, *The Russian Tradition*, p. 383.
19. 이에 대한 투르게네프가 인상적으로 깊은 동요를 보여주는 견해에 대해선 A. Kelly, 'The Nihilism of Ivan Turgenev', in *Toward Another Shore: Russian Thinkers between Necessity and Chance* (New Haven, 1998)을 보라.
20. F. Seeley, *Turgenev: A Reading of His Fiction* (Cambridge, 1991), p. 339.
21. V. S. Pritchett, *The Gentle Barbarian: The Life and Work of Turgenev* (London, 1977), p. 216.
22. GARF, f. 112., op. 1, d. 395, l. 96.
23. Aptekhman, *Obshchestvo 'Zemlia i Volia' 70-kh godov*, p. 145.
24. GARF, f. 112, op. 1, d. 282, l. 151.
25. I. Repin, *Dalekoe i blizkoe*, 5th edn (Moscow, 1960), p. 238.
26. 위와 같음, p. 247.
27. 위와 같음, p. 272.
28. 위와 같음, pp. 251-2, 272-3.
29. V. V. Stasov, *Izbrannye sochineniia*, 2 vols. (Moscow, 1937), vol. 1, p. 94.
30. E. Valkenier, *Ilya Repin and the World of Russian Art* (New York, 1990), p. 32.
31. IRL LAN, f. 294, op. 1, d. 22.에서 안토콜스키에 대한 그의 편지를 보라.
32. *I. Repin. Izbrannye pis'ma v dvukh tomakh* (Moscow, 1969), vol. 1, pp.184-5.
33. R. Taruskin, *Musorgsky: Eight Essays and an Epilogue* (Princeton, 1993), p. 9.
34. *The Musorgsky Reader: A Life of Modeste Petrovich Musorgsky in Letters and Documents*, trans. and ed. J. Leyda and S. Bertensson (New York, 1947), p. 244.
35. *M. P. Musorgskii. Pis'ma i dokumenty* (Moscow-Leningrad, 1932), p. 251.
36. 인민주의적 견해에 대한 선구적 비판에 대해선 R. Taruskin, *Musorgsky*, 특히 'Who Speaks for Musorgsky?', pp. 3-37을 보라.
37. M. P. Musorgskii, *Literaturnoe nasledie*, 2 vols. (Moscow, 1971-2), vol. 1, p. 270.
38. N. Gogol, *Village Evenings near Dikanka and Mirgorod*, trans. C. English(Oxford, 1994), p. 12.

39. *M. P. Musorgskii. Pis'ma i dokumenty*, p. 250.

40. *V. V. Stasov. Pis'ma k deiateliam russkoi kul'tury*, 2. vols. (Moscow,1962), vol. 1, p. 19.

41. *I. Repin. Izbrannye pis'ma*, vol. 1, p. 143.

42. Repin, *Dalekoe i blizkoe*, p. 382.

43. *Tolstoy's Diaries*, ed. and trans. R. F. Christian (London, 1994), p. 100.

44. V. Shklovsky, *Lev Tolstoy*, trans. O. Shartse (Moscow, 1988), p. 33.

45. A. Fodor, *Tolstoy and the Russians: Reflections on a Relationship* (Ann Arbor, 1984), p. 27.

46. A. N. Wilson, *Tolstoy* (London, 1988), pp. 219-20.

47. *Reminiscences of Lev Tolstoi by His Contemporaries* (Moscow, 1965), pp.148-9.

48. K. Feuer, *Tolstoy and the Genesis of War and Peace* (Cornell,1996), p. 29.에서 인용.

49. L. Tolstoy, *Anna Karenin*, trans. R. Edmonds (Harmondsworth, 1974), pp.272-3.

50. *Tolstoy's Diaries*, p. 134.

51. 위와 같음.

52. 위와 같음, p. 140.

53. *Pis'ma k A. B. Druzhininu. Gosudarstrennyi literaturnyi muzei* (Moscow,1948), p. 328.

54. V. S. Pritchett, *The Gentle Barbarian: The Life and Work of Turgenev* (London, 1977), p. 71.을 보라.

55. L. N. Tolstoi, *Polnoe sobranie sochinenii*, 90 vols. (Moscow-Leningrad,1928-58), vol. 57, p.218.

56. Tolstoi, *Polnoe sobranie sochinenii*, vol. 7, p. 58.

57. A. Tolstoi, 'Tolstoy and the Peasants', *Russian Review*, vol. 19, no. 2 (April 1960), p. 151.에서 인용.

58. *I. E. Repin i L. N. Tolstoi*, 2. vols. (Moscow-Leningrad, 1949), vol. 2, p. 36.

59. Repin, *Dalekoe i blizkoe*, p. 370.

60. L. Tolstoy, *War and Peace*, trans. L. and A. Maude (Oxford, 1998), p.1040.

61. I. Tolstoy, *Tolstoy, My Father: Reminiscences*, trans. A. Dunnigan(London, 1972), p. 174.

62. L. Tolstoy, *Anna Karenin*, trans. R. Edmonds (Harmondsworth, 1974), p. 467.

63. A. Pushkin, *Eugene Onegin*, trans. J. Falen (Oxford, 1990), pp. 65-6.

64. Tolstoy, *Anna Karenin*, pp. 481-2.

65. J. Hajnal, 'European Marriage Patterns in Perspective', in D. Glass and D. Eversley (eds.), *Population in History: Essays in Historical Demography* (London,1965), pp. 101-43.을 보라.

66. P. Laslett, 'Characteristics of the Western Family Considered over Time', in *Family Life and Illicit Love in Earlier Generations* (Cambridge, 1977), p. 29.

67. D. A. Sverbeev, *Zapiski, 1799-1826*, 2 vols. (Moscow, 1899), vol. 2, p. 43.

68. E.I.Raevskaya, 'Vospominaniia', *Russkii arkhiv* (1883), kn. 2, ch. 3, p. 72.

69. 농민 관습과 결혼 의식에 대해선 C. Worobec, *Peasant Russia: Family and Community in the Post-emancipation Period* (Princeton, 1991), chs. 4 and 5.을 보라

70. V. Dal', *Tolkovyi slovar' zhivogo velikorusskogo iazyka*, 4 vols.(St Petersburg, 1882), vol. 3, p. 119.

71. W. R. Shedden-Ralston, *The Songs of the Russian People, as Illustrative of Slavonic Mythology and Russian Social Life* (London, 1872), p. 289.

72. S. T. Aksakov, *The Family Chronicle*, trans. M. Beverley (Westport, Conn., 1985), p. 108.

73. N. Chechulin, *Russkoe provintsial'noe ohshchestvo vo vtoroi polovine XVIII veka* (St Petersburg, 1889), pp. 43-4.

74. Aksakov, *The Family Chronicle*, p. 109.

75. *Russkii byt' po vospominaniiam sovremennikov. XVIII vek*, chast' 2, *Ot petra do pavia 1* (Moscow, 1918), p. 275.

76. Pushkin, *Eugene Onegin*, p. 168.

77. F. F. Vigel', *Zapiski*, chast' 1(Moscow 1891), p. 174.

78. Tolstoy, *Anna Karenin*, pp. 483-4.

79. Chechulin, *Russkoe provintsial'noe obshchestvo vo vtoroi polovine XVIII veka*, p. 44.

80. W. Wagner, *Marriage, Property, and Law in Late Imperial Russia* (Oxford, 1994), p. 63.

81. 위와 같음, p. 134.

82. Wagner, Marriage, *Property and Law in Late Imperial Russia*, p. 66.을 더 보라.
83. V. Dal', *Poslovitsy russkogo naroda*, 2 vols. (Moscow, 1984), vol. 1, p. 291.
84. Dostoevskii, *Polnoe sobranie sochinenii*, vol. 21, p. 21.
85. A. Labzina, *Vospominaniia* (St Petersburg, 1914), pp. 16-109.
86. M. Adam, 'Iz semeinoi khroniki', *Istoricheskii vestnik*, vol. 94, no. 12(1903), pp. 816-21.
87. Wagner, *Marriage, Property and Law in Late Imperial Russia*, p. 70.
88. Tolstoy, *Anna Karenin*, p. 483.
89. Tolstoi, *Polnoe sobranie sochinenii*, vol. 52, p. 143.
90. A. Chekhov, 'Peasants', in *The Kiss and Other Stories*, trans. R. Wilks (Harmondsworth, 1982), pp. 79-80.
91. *L. N. Tolstoi i A. P. Chekhov: Rasskazyvaiut sovremenniki, arkhivy, muzei* (Moscow, 1998), p. 233.
92. A. P. Chekhov, *Polnoe sobranie sochinenii*, 30 vols. (Moscow, 1974-83), vol. 9, pp. 519-23; D. Rayfield, *Anton Chekhov: A Life* (London, 1997), p.431.
93. D. Rayfield, *Chekhov: The Evolution of His Art* (London, 1975), p. 177.
94. Chekhov, *Polnoe sobranie sochinenii*, vol. 9, p. 400.
95. A. Chekhov, *Letters of Anton Chekhov*, selected by S. Karlinsky (London,1973), p. 237.
96. Rayfield, *Chekhov: The Evolution of His Art*, p. 171.
97. P. Gatrell, *The Tsarist Economy 1850-1917* (London, 1986), pp. 50-51; G. T. Robinson, *Rural Russia under the Old Regime* (Berkeley, 1932),pp. 94-7; T. Shanin, *The Awkward Class* (Oxford, 1972), p. 48.
98. J. Brooks, *When Russia Learned to Read: Literacy and Popular Literature,1861-1917* (Princeton, 1985), pp. 13, 55-6.
99. S. T. Semenov, *Dvadtsat' piat' let v derevne* (Petrograd, 1915), pp. 5-6.
100. T. Lindstrom, 'From Chapbooks to Classics: The Story of the Intermediary', *The American Slavic and East European Review*, vol. 15 (1957), p. 193.
101. 위와 같음, p. 195.
102. *Landmarks: A Collection of Essays of the Russian Intelligentsia*, trans. M. Schwartz (New York, 1977), pp. 80-81.
103. A. M. *Gor'kiiv epokhu revoliutsii, 1905-1907 gg. Materialy, vospominaniia, issle-*

dovaniia (Moscow, 1957), p. 52.

104. T. Marullo, *Ivan Bunin: Russian Requiem, 1885-1920* (Chicago, 1993), pp. 112-13.

105. 1. Bunin, *Stories and Poems,* trans. O. Shartse (Moscow, 1979), p. 179.

106. R. Pipes, *The Russian Revolution, 1899-1919* (London, 1990), p.113.에서 인용.

107. M. Gorky, *Letters* (Moscow, 1964), p. 54.

108. M. Gorky, *My Childhood* (Harmondsworth, 1966), p. 9.

109. M. Gorky, *My Universities* (Harmondsworth, 1966), pp. 140-50.

110. M. Gorky, 'On the Russian Peasantry', in R. E. F. Smith (ed.). *The Russian Peasant 1920 and 1984* (London, 1977), pp. 18-19.

111. R. Buckle, *Diaghilev* (New York, 1979), p. 300.에서 인용.

112. *V. D. Polenov. E. D. Polenova. Khronikasem'i khudozhnikov* (Moscow, 1964), p. 363.

113. N. V. Polenova, *Ambramtsevo: vospominaniia* (Moscow, 1922.), p. 44.

114. *V. D. Polenov. E. D. Polenova. Khronika sem'i khudozhnikov,* p. 507.

115. M. Tenisheva, *Vpechatleniia moei zhizni* (Paris, 1933), p. 337.

116. W. Salmond, *Arts and Crafts in Late Imperial Russia: Reviving the Kustar Art Industries, 1870-1917* (Cambridge, 1996), p. 86.

117. S. Diaghilev, 'Neskol'ko slov o S. V. Maliutine', *Mir iskusstva,* no. 4 (1903), pp. 159-60.

118. Tenisheva, *Vpechatleniia moei zhizni,* p. 263.

119. S. Diaghilev, 'Slozhnye voprosy. Nash mnimyi upadok', *Mir iskusstva,* no. 1 (1898-9), pp. 10-11.

120. A. Benua, *Moi vospominaniia,* 2. vols. (Moscow, 1980), vol. 1, p. 500.

121. A. Haskell, *Diaghileff. His Artistic and Private Life* (London, 1935), p.160.

122. S. Diaghilev, 'Evropeiskie vystavki i russkie khudozhniki', *Novosti i birzhevaia gazeta* (26 August 1896).

123. M. Normand, 'La Russie à 1'Exposition', *L'Illustration* (5 May 1900), pp. 282, 283.

124. Salmond, *Arts and Crafts in Late Imperial Russia,* pp. 102-3,161-3.을 보라.

125. Tenisheva, *Vpechatleniia moei zhizni,* p. 426.

126. *Sergei Diaghilev i russkoe iskusstvo* (Moscow, 1982), pp. 109-10.에서 인용.
127. Prince P. Lieven, *The Birth of the Ballets-Russes* (London, 1936), p. 56.
128. R. Taruskin, *Stravinsky and the Russian Traditions: A Biography of the Works through Mavra*, 2 vols. (Oxford, 1996), vol. 1, p. 536.
129. N. A. Rimsky-Korsakov, *Polnoe sobranie sochinenii: literaturnye proizvedeniia i perepiska*, 8 vols. (Moscow, 1955-82), vol. 8b, p. 105.
130. P. Chaikovskii, *Polnoe sobranie sochinenii: literaturnye proizvedeniia i perepiska* (Moscow, 1953-81), vol. 15b, p. 293.
131. A. Benois, *Reminiscences of the Russian Ballet* (London, 1941), p. 124.
132. 위와 같음, p. 266.
133. A. Benois, 'Russkie spektakli v Parizhe', *Rech'* (25 July 1909), p. 2.
134. A Benois, 'Khudozhestvennye pis'ma: russkie spektakli v Parizhe: "Zhar ptit-sa"', *Rech'* (18 July 1910).
135. 음악과 시나리오에 대한 탁월한 분석에 대해선 Taruskin, *Stravinsky and the Russian Traditions*, vol. 1, ch. 9.을 보라.
136. E. Lineva, *Velikorusskie pesni v narodnoi garmonizatsii*, 2. vols.(St Petersburg, 1904-9). There is an English version: *The Peasant Songs of Great Russia as They Are in the Folk's Harmonization: Collected and Transcribed from Phonograms by Eugenie Lineff* (St Petersburg, 1905-12).
137. Lineva, *Velikorusskie pesni v narodnoi garmonizatsii*, vol. 2, pp. xxv-xxvi.
138. L. Bakst, 'Puti klassitsizma v iskusstve', *Apollon*, no. 2. (1909), p. 77.
139. 상세한 분석에 대해선 Taruskin, *Stravinsky and the Russian Traditions*, vol.1, pp.695-717을 보라.
140. N. Rerikh, 'Na Kurgane', in *Pervaia kniga* (Moscow, 1914).
141. Taruskin, *Stravinsky and the Russian Traditions*, vol. 1, pp. 881-6.
142. 이 같은 민속 자료들에 대한 뛰어난 분석에 대해선 Taruskin, *Stravinsky and the Russian Traditions*, vol. 1, pp. 891-965을 보라.
143. M. Oliver, *Stravinsky* (London, 1995), p. 88.에서 인용.
144. R.Rolland, *Journal des annèes de guerre, 1914-1919* (Paris, 1952), p. 59.
145. E. White, *Stravinsky: The Composer and His Works* (London, 1979), p. 151.
146. 노래에 대한 기록은 출판되지 않았다. 노래에 대한 기록은 바젤의 the Paul Sacher Archive에서 찾아 볼 수 있다 (Igor Stravinsky Sketchbook A). 노

래들에 투자된 감정적 노력에 대해선 Taruskin, *Stravinsky and the Russian Traditions*, vol. 2, p. 1192.을 보라.

147. I. Stravinsky and R. Craft, *Expositions and Developments* (Berkeley,1980), p. 138. Stravinsky made the observation for the first time in *Chroniquede ma vie*, 2 vols. (Paris, 1935-6).

148. C.-F. Ramuz, *Souvenirs sur Igor Strawinsky, in Oeuvres complètes*, 20 vols. (Lausanne, 1941), vol. 14, p. 68.

149. Stravinsky and Craft, *Expositions and Developments*, p. 118.

150. B. Nijinska, 'Creation of Les Noces', *Dance Magazine* (December 1974), p. 59.

제5장 러시아적 영혼을 찾아서

1. L. Stanton, *The Optina Pustyn Monastery in the Russian Literary Imagination: Iconic Vision in Works by Dostoevsky, Gogol, Tolstoy, and Others* (New York, 1995), pp. 63-4.

2. S. Chetverikov, *Optina Pustyn* (Paris, 1951), p. 26.

3. 위와 같음, p. 40; Stanton, *The Optina Pustyn Monastery in the Russian Literary Imagination*, p. 46.

4. V. Lossky, *The Mystical Theology of the Eastern Church* (London, 1957), 특히 ch. 1.을 더 보라.

5. R. Ware, *The Orthodox Church* (Harmondsworth, 1997), pp. 264-5.

6. A. Chekhov, *Polnoe sobranie sochinenii*, 50 vols. (Moscow, 1974-83), vol. 5, pp. 100-101 (translation by Rosamund Bartlett).

7. A. Gertsen, Byloe i dumy, 2 vols. (Moscow, 1962), vol. 1, p. 467.

8. L. Ouspensky, 'The Meaning and Language or Icons', in *The Meaning of Icons* (New York, 1982), p. 42.

9. M. Cherniavsky, *Tsar and People: Studies in Russian Myths* (New Haven, 1961), pp. 44-71.을 보라.

10. A. K. Leiong, 'Vospominaniia' , *Russkii arkhiv* (1913), kn. 2, no. 7, p. 65.

11. N. M. Zernov (ed.), *Na perelome: tri pokoleniia odnoi moskovskoi sem'i* (Paris, 1970), p. 228.

12. 위와 같음, p. 230.

13. M. Nikoleva, 'Cherty starinnogo dvorianskogo byta', *Russkii arkhiv* (1893), kn. 3, chast' 10, pp. 130-31.

14. V. N. Kharuzina, *Proshloe. Vospominaniia detskikh i otrocheskikh let* (Moscow, 1999), pp. 363-4

15. V. D. Bonch-Bruevich, 'O religii, religioznom sektanstve i tserkvi', *Izbrannye sochineniia*, 3 vols. (Moscow, 1959-63), vol. 1, pp. 174-5.

16. V. S. Solov'ev, *O khristianskom edinstve* (Moscow, 1994), p. 171.

17. F. Dostoevsky, *A Writer's Diary*, trans. K. Lantz, 2 vols. (London, 1994), vol. 2, p. 1351.

18. A. Tereshchenko, *Byt russkogo naroda* (St Petersburg, 1848), chast' 3, p. 254.

19. K. V. Chistov, *Russkie narodnye sotsial'no-utopicheskie legendy XVII-XIX vv.* (Moscow, 1967), pp. 290-91; N. K. Rerikh, 'Serdtse Azii', in *Izbrannoe* (Moscow, 1979), p. 177.

20. Z. Gippius, 'Svetloe ozero. Dnevnik', *Novyi put'* (1904), no. 1, pp. 168-9.

21. Chistov, *Russkie narodnye sotsial'no-utopicheskie legendy XVII-XIX vv*, pp. 239-40, 248-9.

22. 위와 같음, pp. 261-70.

23. Stanton, *The Optina Pustyn Monastery in the Russian Literary Imagination*, p. 51.

24. V. Setchkarev, *Gogol: His Life and Works* (New York, 1965), p. 5.

25. V. Veresaev, *Gogol v zhizni: sistemacheskii svod podlinnikh svidetel'stv sovremennikov* (Moscow, 1990), p. 43.

26. Gogol's letter to S. P. Shevyrev ('I came to Christ by the Protestant path') in *Letters of Nikolai Gogol*, ed. and trans. C. Proffer (Ann Arbor,1967), pp. 171-2.을 보라.

27. G. Florovsky, *Puti russkogo bogosloviya* (Paris, 1937), p. 262.

28. J. Schillinger, 'Gogol's "The Overcoat" as a Travesty of Hagiography', *Slavic and East European Journal*, 16 (1972), pp. 36-41; V. E. Vetlovskaia, 'Zhitiinye istochniki gogolevskoi "Shinel"', *Russkaia literatura*, 1(1999), pp.18-35.을 보라.

29. L. Knapp, 'Gogol and the Ascent of Jacob's Ladder: Realization of Biblical Metaphor', Christianity and the Eastern Slavs, *Californian Slavic Studies* vol. 3, no. 18 (1995), p. 8.

30. Florovsky, *Puti russkogo bogosloviya*, p. 278.

31. K. Aksakov, *Polnoe sobranie sochinenii*, 3 vols. (Moscow, 1861-80), vol. 1, p. 630.

32. F. Odoevsky, *Russian Nights*, trans. O. Koshansky-Olienikov and R. E. Matlaw (New York, 1965), pp. 37-8.

33. 'Nechto o vrozhdennom svoistve dush rossiiskikh', *Zritel'* (1792), no. 3, p. 173.

34. N. Gogol, Taras Bulba', in *Village Evenings near Dikanka and Mirgorod*, trans. C. English (Oxford, 1994), pp. 327-8.

35. N. Gogol, *Dead Souls*, trans. D. Magarshack (Harmondsworth, 1961), p. 258.

36. M. Malia, *Alexander Herzen and the Birth of Russian Socialism* (Cambridge, 1961), p. 223.

37. *Letters of Nikolai Gogol*, p. 162.

38. V. A. Kotel'nikov, 'Optina pustyn' i russkaia literatura', *Russkaia literatura*, no. 1. (1989), p. 69.

39. N. Gogol', *Polnoe sobranie sochinenii*, 14 vols. (Moscow-Leningrad,1937-52), vol. 6, p. 200; vol. 10, p. 181. E. A. Smirnova, *PoemaGogolia 'Mertvye dushi'* (Leningrad, 1987), pp. 70-74.을 더 보라.

40. Smirnova, *Poema Gogolia 'Mertvye dushi'*, p. 143.

41. Gogol', *Polnoe sobranie sochinenii*, vol. 14, p. 191.

42. N. V. Gogol, *Pis'ma*, 4 vols. (St Petersburg, n.d.), vol. 2, p. 508.

43. V. G. Belinskii, *Polnoe sobranie sochinenii*, 13 vols. (Moscow, 1953-9), vol.10, p. 212.

44. S. T. Aksakov, *Istoriia moego zhakomstva s gogolem* (Moscow, 1960), p. 170.

45. D. P. Bogdanov, 'Optina Pustyn' i polomnichestvo v nee russkikhpisatelei', *Istoricheskii vestnik*, 112 (October 1910), pp. 332-4.에서 인용.

46. J. M. Holquist, 'The Burden of Prophecy: Gogol's Conception of Russia', *Review of National Literatures*, vol. 3. no. 1 (1973), p. 39.에서 인용.

47. 'Pis'mo k N. V. Gogoliu',in Belinskii, *Polnoe sobranie sochinenii*, vol. 4, p. 215.

48. I. S. Belliutsin, *Description of the Clergy in Rural Russia*, trans. G. Freeze(Cornell, 1985), p. 35.

49. M. Gorky, *My Universities* (Harmondsworth, 1966), p. 122.

50. G. Fedotov, *The Russian Religious Mind*, 2. vols. (Cambridge Mass.,1966), vol.

1, pp. 12-14, 358-62; Hubbs, *Mother Russia: The Feminine Myth in Russian Culture* (Bloomington, 1988), pp. 19-20.

51. V. G. Vlasov, 'The Christianization of the Russian Peasants', in M. Balzer(ed.), *Russian Traditional Culture: Religion, Gender and Customary Law* (London, 1992.), p. 25.

52. J. Billington, *The Face of Russia* (New York, 1999), p. 52.

53. E. A. Boriak, 'Traditsionnye znaniia, obriady i verovaniia ukraintsev sviazannye s tkachestvom (seredina XIX v - nachalo XX v)', Kand. diss. (Kiev University, 1989), p. 157.

54. P. P. Chubinskii, *Trudy etnograficbesko-statisticheskoi ekspeditsii v zapadno-russkii krai* (St Petersburg, 1877), vol. 4, p. 4.

55. I. V. Kostolovskii, 'K pover'iam o poiase krest'ian' iaroslavskoi gubernii', *Etnograficheskoe obozrenie* (1909), no. 1, pp. 48-9; I. A. Kremleva, 'Obevoliutsii nekotorykh arkhaichnykh obychaev russkikh', in *Russkie: semeiny i obshchestvennyi byt* (Moscow, 1989), p. 252.

56. A. Pushkin, *Eugene Onegin*, trans. J. Falen (Oxford, 1990), p. 52.

57. N. Chechulin, *Russkoe provintsial'noe obshchestvo vo vtoroi polovine XVIII veka* (St Petersburg, 1889), p. 36; Leiong, 'Vospominaniia', *Russkii arkhiv*, kn. 2, no. 6, p. 807.

58. Leiong, 'Vospominaniia', *Russkii arkhiv*, pp. 52-3.

59. C. Beaumont, *Serge Diaghilev* (London, 1933), p. 26.

60. See the comments made on this by P. A. Vyazemskii in *Pushkin v vospominaniiakh sovremennikov* (Moscow, 1985), p. 194.

61. A. P. Mogilianskii, *Lichnost' Pushkina* (St Petersburg, 1995), p. 38; *Druz'ia Pushkina*, 2 vols. (Moscow, 1985), vol. 2, p. 318.

62. V. V. Gippius, *Gogol* (Ann Arbor, 1981), p. 176. On Tolstoy, see K. Parthe, 'Death-masks in Tolstoi', *Slavic Review*, vol. 41, no. 2 (1982), pp. 297-305; and same author, 'The Metamorphosis of Death in L. N. Tolstoi', *Language and Style*, vol. 18, no. 2 (1985), pp. 205-14.

63. *Vospominaniia o Chaikovskom* (Moscow, 1962), p. 29.

64. Dostoievsky's letter to V. V. Mikhailov (16 March 1878) in F. Dostoevsky, *Complete Letters*, ed. and trans. D. Lowe and R. Meyer, 5 vols. (Ann Arbor,

1988-91), vol. 5, p. 18.을 보라.

65. Stanton, *The Optina Pustyn Monastery in the Russian Literary Imagination*, pp. 174-5.

66. V. A. Kotel'nikov, 'Optina Pustyn' i russkaia literatura', *Russkaia literatura*, no. 1 (1989), pp. 20, 22.

67. F. Dostoevsky, *The Brothers Karamazov*, trans. D. Magarshack (Harmondsworth, 1988), pp. 51-3.

68. 위와 같음, p. 287.

69. Dostoevsky, *Complete Letters*, vol. 5, p. 83.

70. J. Frank, *Dostoevsky: The Seeds of Revolt* (Princeton, 1977), pp. 43ff.

71. Dostoevsky, *A Writer's Diary*, vol. 1, p. 12.9.

72. Dostoevsky, *Complete Letters*, vol. 1, p. 190 (1 have modified the translation).

73. F. Dostoevsky, *The House of the Dead*, trans. D. McDuff (London, 1985), pp. 35-6.

74. Dostoevsky, *A Writer's Diary*, vol. 2, pp. 351-5.

75. 위와 같음, vol. 2, p. 354.

76. 위와 같음, vol. 2, p. 355.

77. 위와 같음, vol. 2, pp. 347-8.

78. Dostoevsky, *Complete Letters*, vol. 3, p. 114.

79. F. M. Dostoevskii, *Pis'ma*, 4 vols. (Moscow, 1928-59), vol. 1, p. 141.

80. F. Dostoevsky, *The Devils*, trans. D. Magarshack (Harmondsworth,1971), p. 259 (my italics).

81. 이 글에 대한 도스토예프스키의 뛰어난 논의에 대해선 A. Kelly, 'Dostoevsky and the Divided Conscience,' in *Toward Another Shore: Russian Thinkers between Necessity and Chance* (New Haven, 1998), pp. 55-79. A similar argument is made by T. Masaryk, *The Spirit of Russia*, 3 vols. (London,1967), vol. 3, pp. 54-63.을 보라.

82. Dostoevsky, *Complete Letters*, vol. 1, p. 95.

83. Dostoevsky, *The Brothers Karamazov*, p. 152.

84. F. Dostoevsky, *Crime and Punishment*, trans. D. McDuff (Harmondsworth, 1991), p. 629.

85. Iu. Mann, *V poiskakhzhivoi dushi. 'Mertvye dushi': pisatel' - kritika -chitatel'*

(Moscow, 1984), pp. 321-2; Gogol', *Polnoe sobranie sochinenii*, vol. 14, pp. 264-5.

86. S. G. Volkonskii, *Zapiski* (St Petersburg, 1901), p. 499.

87. Dostoevsky, *A Writer's Diary*, vol. 1, p. 130 (my italics).

88. 위와 같음, vol. 1, p. 135.

89. 위와 같음, vol. 1, p. 162.

90. Dostoevsky, *The Brothers Karamazov*, pp. 190, 339, 356.

91. 위와 같음, p. 350.

92. 위와 같음, pp. 596-7.

93. 위와 같음, p. 667.

94. 위와 같음, p. 694.

95. 도스토예프스키에게 영향을 주었을 Archimandrite Bukharev의 견해에 대해선 G. Freeze, 'Die Laisierung des Archimandriten Feodor (Bucharev) und ihre kirchenpolitische Hintergründe. Theologie und Politik im Russland der Mitte des 19. Jahrhunderts', *Kirche im Osten*, 28(1985), pp. 26-52. Also K. Onasch, 'En quête d'une orthodoxie "alternative". Le Christ et 1'èglise dans 1'oeuvre de F. M. Dostoïevski', *Mille ans de christianisme russe 988-1988. Actes du Colloque International de L'Universitè de Paris X-Nanterre 20-23 Janvier 1988* (Paris, 1989), pp. 247-52.

96. Dostoevsky, *The Brothers Karamazov*, pp. 65-75 (quotation on page 73). 정치적 맥락을 위해선 O. Khakhordin, 'Civil Society and Orthodox Christianity', *Europe-Asia Studies*, vol. 50, no. 6 (1998), pp. 949-68.을 보라.

97. Dostoevsky, *The Brothers Karamazov*, pp. 73-4. 옵티나와 관련해선 Stanton, *The Optina Pustyn Monastery in the Russian Literary Imagination*, pp.174-5.을 보라.

98. V. S. Solov'ev, *Sobranie sochinenii*, 6 vols. (St Petersburg, 1901-7), vol. 3, p. 182.

99. Dostoevsky, *The Brothers Karamazov*, p. 612.

100. 위와 같음, p. 32.

101. V. Lebedev, 'Otryvok iz romana "Brat'ia Karamazovy" pered sudomtsenzury', *Russkaia literatura*, no. 2 (1970), pp. 123-5.

102. Dostoevsky, *A Writer's Diary*, vol. 2, p. 1351.

103. R. Gustafson, Leo Tolstoy, *Resident and Stranger: A Study in Fiction and Theology* (Princeton,1986).을 보라.

104. 위와 같음, pp. 334-5.

105. 예를 들어 N. Berdiaev, 'Vetkhii i novyi zavet v religioznom soznanii L. Tolstogo', in *O religii L'va Tolstogo* (Moscow, 1972)을 보라. For further details of these views, see D. Matual, *Tolstoy's Translation of the Gospels: A Critical Study* (Lewiston, 1992), p. 14.을 보라. 문학자들은 톨스토이의 작품에서 , 특히 전쟁과 평화에서 안드레이 공작의 죽음에서 불교의 흔적을 발견하고 있다. A. N. Strizhev (ed.), *Dukhovnaia tragediia L'va Tolstogo* (Moscow, 1995), pp. 17-18.을 보라.

106. A. S. Suvorin, *Diary* (Moscow-Petrograd, 1923), p. 263.

107. S. Pozoiskii, *K istoni otiuchenii L. Tolstogo ot tserkvi* (Moscow, 1979), pp. 65-71.

108. A. N. Wilson, *Tolstoy* (London, 1988), p. 458.

109. *Lev Tolstoi i V. V. Stasov. Perepiska 1878-1906* (Leningrad, 1929), pp. 227, 235.

110. A. Donskov (ed.), *Sergei Tolstoy and the Doukhobors: A Journey to Canada (Diary and Correspondence)* (Ottawa, 1998), pp. 151-2. Pozoiskii, *K istorii otiuchenii L. Tolstogo ot tserkvi*, pp. 113-17.

111. Donskov, 위를 보라.

112. A. Etkind, *Khiyst: Sekty, literatura i revoliutsiia* (Moscow, 1998), pp. 128-9. 톨스토이의 다른 종파와의 서신에 대해선 A. Donskov(ed.), *L. N. Tolstoi i T. M. Bondarev: perepiska* (Munich, 1996); A. Donskov(ed.), *L. N. Tolstoi i M. P. Novikov: perepiska* (Munich, 1996); V. Bonch-Bruevich, *Materialy k istorii i izucheniu russkgo sektanstva i raskola*, vyp. 1 (St Petersburg, 1908)을 보라. 종파로서의 톨스토이주의에 대한 중요한 찬사에 대해선 T. V. Butkevich and V. M. Skvortsov, Tolstovstvo kak sekta', *Missionerskoe obozrenie* (1897), no. 1, pp. 807-31.을 보라.

113. A. Heard, *The Russian Church and Russian Dissent, Comprising Orthodoxy, Dissent and Errant Sects* (London, 1887), pp. 37-8.

114. L. Tolstoi, *Polnoe sobranie sochinenii*, 91 vols. (Moscow, 1929-64), vol. 26, p. 401.

115. M. Aucouturier and M. Sèmon, *Tolstoï et la mort, Cahiers Lèon Tolstoi*, no. 4 (Paris, 1986).을 보라.
116. A. P. Chekhov, *Polnoe sobranie sochinenii i pisem*, 20 vols. (Moscow,1944-51), vol. 18, p. 386.
117. 위와 같음, vol. 17, p. 64.
118. *Dnevnik A. S. Suvorina* (Moscow-Petrograd, 1923), p. 165.
119. G. McVay, 'Religioznaia tema v pis'makh A. P. Chekhova', in V. Kataevet *et al.* (eds.), *Anton P. Cechov - Philosophische und religiose Dimensionen im Leben und im Werk* (Munich, 1997), pp. 251-64; A. Izmailov, *Chekhov, 1860-1904, biograficheskii ocherk* (Moscow, 1916), p. 536.
120. A. V. Chanilo, 'Ikony i kresty A. P. Chekhova i ego blizkikh v yaltinskom muzee', in Kataev *et al.* (eds.), *Anton P. Cechov*, pp. 385-9.
121. A. P. Kuzicheva, 'Ob istokakh rasskaza "Arkhierei"', in Kataev *et al.*(eds.), *Anton P. Cechov*, pp. 437-9.
122.McVay, 'Religioznaia tema v pis'makh A. P. Chekhova', pp. 253-9, 262.
123. Izmailov, *Chekhov*, p. 552.
124. Letter of December 1895 in McVay, 'Religioznaia tema v pis'makh A. P. Chekhova', p.258.
125. A. Chekhov, *Three Sisters*, trans. M. Frayn (London, 1983), p. 35.
126. A. Chekhov, *Polnoe sobranie sochinenii i pisem*,30 vols. (Moscow,1974-83), vol. 2, pp. 280-81.
127. Izmailov, *Chekhov*, p. 546.
128. Chekhov, *Polnoe sobranie sochinenii*, vol. 5, p. 468.
129. A. Chekhov, *Plays*, trans. E. Fen (Harmondsworth, 1972), pp. 244-5.
130. *Perepiska A. P. Chekhova v trekh tomakh* (Moscow, 1996), vol. 3, p. 536.
131. V. Feider, *A. P. Chekhov. Literaturnyi byt i tvorchestvo po memuarnym materialam* (Leningrad, 1927), p. 453.
132. 위와 같음, p. 456.
133. J. Metzele, *The Presentation of Death in Tolstoy's Prose* (Frankfurt, 1996).을 보라.
134. L. Tolstoy, *The Death of Ivan Ilich and Other Stones*, trans. R. Edmonds (Harmondsworth, 1960), pp. 140, 143.

135. Aucouturier and Semon, *Tolstoï et la mart*, pp. 77-8.

136. D. I. Pisarev, *Sochineniia*, 4 vols. (Moscow 1955), vol. 1, p. 36.

137. I. Turgenev, *Sketches from a Hunter's Album*, trans. R. Freeborn (Harmondsworth, 1990), p. 222.

138. 위와 같음, p. 225.

139. A. Solzhenitsyn, *Cancer Ward*, trans. N. Bethell and D. Burg (London,2000), pp. 110-11.

140. 회상자료들에 대해선 E. Fevralev, *Russkii doreformenny byt i khristianskie idealy* (Kiev, 1907); N. V. Davydov, 'Ocherki byloi pomeshchechei zhizni', *Iz Proshlogo* (Moscow, 1914), pp. 384-5; D. I. Nikiforov, *Vospominaniia iz vremen imp. Nik. I* (Moscow, 1903), pp. 116-25.을 보라. 민속학적 연구에 대해선 V. Nalimov, 'Zagrobnyi mir po verovaniiam zyrian', *Etnograftcheskoe obozrenie* (1907), nos. 1-2, pp. 1-23; and P. V. Ivanov, 'Ocherkvozzrenii krest'ianskogo naseleniia kupianskogo uezda na dushi i na zagrobnuiu zhizni', *Sbornik khar'kovskogo istoriko-ftlologicheskogo obshchestva* (1909), no. 18, pp. 244-55.을 보라. See further C. Worobec, 'Death Ritual among Ukrainian Peasants: Linkages between the Living and the Dead', in S. Frank and M. Steinberg (eds.). *Cultures in Flux: Lower-class Values, Practices and Resistance in Late Imperial Russia* (Princeton, 1994), pp. 11-33.

141. Fevralev, *Russkii do reformenny byt i khristianskie idealy*, p. 161.

142. D. Ransel, 'Infant-care Cultures in the Russian Empire', in *Russia's Women: Accommodation, Resistance, Transformation*, ed. B. Clements, B. Engel, C. Worobec (Berkeley, 1991), p. 120.

143. T. Ivanovskaia, 'Deti v poslovitsakh i pogovorkakh russkogo naroda', *Vestnik vospitanua* (1908), no. 19, p. 124.

144. Ransel, 'Infant-care Cultures in the Russian Empire', p. 121; same author, *Mothers of Misery: Child Abandonment in Russia* (Princeton, 1988).

145. 'Smert' i dusha v pover'iakh i v razskazakh krest'ian' i meshchan'riazanskogo, ranenburgskogo, i dankovskogo uezdov riazanskoi gubernii', *Zhivaia starina* (St Petersburg, 1898), vyp. 1, p. 231.

146. 회고록 문학에서 이 과정에 대한 좋은 설명을 위해선 Nikiforov, *Vospominaniia iz vremen imp. Nik. I*, pp. 120-25.을 보라. 또한 Nalimov,

'Zagrobnyi mir po verovaniiam zyrian', p. 10; Ivanov, 'Ocherk',pp. 248-9; also Worobec, 'Death Ritual among Ukrainian Peasants', pp.16-18.을 보라.
147. Worobec, 'Death Ritual among Ukrainian Peasants', p. 30.
148. Ivanov, 'Ocherk', pp. 250-53; A. Tereshchenko, *Byt russkogo naroda* (St Petersburg, 1848), p. 84; Nalimov, 'Zagrobnyi mir po verovaniiam zyrian', pp. 5-7.
149. Tereshchenko, *Byt russkogo naroda*, pp. 95, 121-4; 'Smert' i dusha', pp.231-2.
150. Dostoevsky, *The Brothers Karamazov*, p. 906.
151. Strizhev, *Dukhovnaia tragediia L'va Tolstogo*, p. 67.
152. L. Tolstoi, *Polnoe sobranie sochinenii*, vol. 54, p. 133.
153. Pozoiskii, *K istorii otiuchenii L. Tolstogo ot tserkvi*, pp. 128-34.
154. Wilson, *Tolstoy*, p 517.

제6장 칭기즈칸의 후예들

1. N. A. Dobrotvorskii, 'Permiaki', *Vestnik evropy*, no. 3 (1833), p. 261.
2. P. Weiss, Kandinsky and Old Russia. *The Artist as Ethnographer and Shaman* (New Haven, 1995).을 보라.
3. V. V. Kandinskii, 'Stupeni', in *Tekst khudozhnika* (Moscow, 1918), p. 27.
4. V. V. Kandinskii, 'Iz materialov po etnografii sysol'skikh i vychegodskikh zyrian', *Etnograficheskoe obozrenie*, no. 3 (1889), pp. 105-8.
5. L. N. Zherebtsov, *Istoriko-kul'turnye vzaimootnosheniia komi s sosednimi narodami* (Moscow, 1982), p. 19; Kandinsky's unpublished diary of the tripis in Fonds Kandinsky, Centre Georges Pompidou, Musée National d'Art Moderne, Paris.
6. M. A. Castren, *Nordische Reisen* (St Petersburg, 1853-6).
7. F. Oinas, 'Shamanic Components in the Kalevala', in J. Fernandez-Vest(ed.), *Kalevale et traditions, orales du monde* (Paris, 1987), pp. 39-52.을 보라.
8. N. Findeizin, *Ocherki po istorii muzyki v Rossii*, 2 vols. (Moscow-Leningrad, 1929), vol.2, pp. 219-21.
9. 칸딘스키의 조상에 대해선 V. V. Baraev, *Drevo dekabristy i semeistvokandinskikh* (Moscow, 1991)을 보라.

10. N. A. Baskakov, *Russkie familii tiurkskogo proiskhozhdeniia* (Moscow 1979), pp. 11, 58, 83, 100, 155-6, 169, 201-3, 223.

11. 위와 같음, p. 142; V. Nabokov, *Strong Opinions* (New York, 1973), p.119.

12. 이 작품에 대한 찬사에 대해선 B. Farmakovskii, *N. L Veselovskii -Arkheolog* (St Petersburg, 1919)을 보라.

13. E. V. Anichkov *et al.*, *Istoriia russkoi literature* (Moscow, 1908), vol. 1, p. 99; p. Bogaevskii, 'Religioznye predstavleniia votiakov', *Etnograficheskoe obozrenie* (1890), no. 2.

14. V. G. Tan-Bogoraz, 'K psikhologii shamanstva narodov severnovostochnoi Azii', *Etnograficheskoe obozrenie*, nos. 1-2 (1910).

15. D. Zeienin, *Le Culte des idoles en Siberie* (Paris, n.d.), pp. 13-59, 118-20, 153.

16. J. Fennell, *The Crisis of Medieval Russia* (London, 1983), pp. 78-9, 87-9.을 보라.

17. D. Likhachev, *Russkaia kul'tma* (Moscow, 2.000), p. 21.

18. N. M. Karamzin, *Istoriia gosudarstva rossiiskogo* (St Petersburg, 1817), vol.5, pp. 358, 359-60, 373-4

19. Letter (in French) to Chaadaev, 19 October 1836, in *Sochineniia Pushkina. Perepiska*, 3 vols. (St Petersburg, 1906-11), vol. 3, p. 388.

20. A. Pushkin, *Eugene Onegin*, trans. J. Falen (Oxford, 1990), p. 26.

21. V. O. Kliuchevskii, *Kurs russkoi istorii*, 5 vols. (Moscow, 1937), vol. 4, p. 352.

22. M. Cherniavsky, 'Khan or Basileus: An Aspect of Russian Medieval Political Theory', *Journal of the History of Ideas*, 20 (1959), pp. 459-76; C. Halperin, *Russia and the Golden Horde: The Mongol Impact on Medieval Russian History* (Bloomington, 1985), p. 98.

23. B. Ischboldin, *Essays on Tartar History* (New Delhi, 1973), pp. 96-109.

24. V. V. Stasov, 'Kritika moikh kritikov', *Sobranie sochinenii V. V. Stasova, 1847-1886*, 3 vols. (St Petersburg, 1894), vol. 3, pp. 1336, 1350.

25. G. Vernadsky, *The Mongols and Russia* (New Haven, 1953), p. 383.에서 인용.

26. N. I. Veselovskii, 'Perezhitki nekotorykh Tatarskikh obychaev u russkikh', *Zhivaia starina*, vol. 21, no. 1 (1912), pp. 27-38.

27. V. Nabokov, Speak, Memory (Harmondsworth, 1969), pp. 26-7.

28. D. Mackenzie Wallace, Russia, 2 vols. (London, 1905), vol. 1, pp. 331-2.

29. L. Tolstoy, Childhood, Boyhood, Youth, trans. R. Edmonds (London,1964), pp. 43-4.

30. P. Longworth, 'The Subversive Legend of Stenka Razin', in V. Strada(ed.), Russia, 2. vols. (Turin, 1975), vol. 2, p. 29.을 보라.

31. Russkii traditsionnyi kostium. Illliustrirovannia entsiklopedia (St Petersburg, 1999), pp. 21-2, 91-2, 107, 282-6, 334-5.

32. R. Wortman, Scenarios of Power: Myth and Ceremony in Russian Monarchy, 2 vols. (Princeton, 1995), vol. 1, p. 26.

33. E. Edwards, *Horses: Their Role in the History of Man* (London, 1987), p. 213; F. Simmons, *Eat Not This Flesh: Food Avoidance from Prehistory to the Present* (London, 1994), p. 183.

34. M. Khodarkovsky, *Where Two Worlds Met: The Russian State and the Kalmyk Nomads 1600-1771* (Ithaca, 1992), pp. 5-28.

35. M. Bassin, 'Inventing Siberia: Visions of the Russian East in the Early Nineteenth Century', *American Historical Review*, vol. 96, no. 3 (1991), p. 767.

36. M. Khodarkovsky, '"Ignoble Savages and Unfaithful Subjects": Constructing Non-Christian Identities in Early Modern Russia', in D. Brower and E. Lazzerini (eds.), *Russia's Orient: Imperial Borderlands and Peoples, 1700-1917* (Bloomington, 1997), p. 10.

37. Bassin, 'Inventing Siberia', pp. 768-70.

38. A. I. Stepanchenko, *Gordost' nasha Sibir': molodym o zavetnom krae* (Irkutsk, 1964), p. 5.에서 인용.

39. Bassin, 'Inventing Siberia', p. 772. 사실상 시베리아 초원이 원래는 바다였다는 민속 전설이 있다. F. F. Vigel', *Zapiski*, chast' 2 (Moscow,1892), p. 154.를 보라.

40. V. Dal', *Tolkovyi slovar' zhivago velikoruskago iazyka*, 4 vols. (St Petersburg, 1882), vol. 4, p. 180.

41. K. Ryleev, 'Voinarovskii' (1825), in *Polnoe sobranie sochinenii* (Leningrad, 1971), p. 192.

42. Iu. Lotman, L. Ginsburg, B. Uspenskii, *The Semiotics of Russian Cultural History* (Ithaca, 1985), p. 111; A. Herzen, *My Past and Thoughts*, trans. C. Garnett (Berkeley, 1999), pp. 170ff.; Vigel', *Zapiski*, p. 144; E. Lavrent'eva,

Svetskii etiket pushkinskoi pory (Moscow, 1999), p. 346.

43. Marquis de Custine, *Empire of the Czar: A Journey through Eternal Russia* (New York, 1989), p. 211.

44. S. T. Aksakov, *The Family Chronicle*, trans. M. Beverley (Westport, Conn., 1985), pp. 208-11.

45. E. I. Stogov, 'Zapiski', *Russkaia starina* (1903), vol. 114, p. 123.

46. S. M. Volkonskii, *O dekabristakh: po semeinum vospominaniiam* (Moscow, 1994), p. 72.

47. S. Sebag Montefiore, *Prince of Princes: The Life of Potemkin* (London, 2000), p. 293.

48. D. Shvidkovsky, *The Empress and the Architect: British Architecture and Gardens at the Court of Catherine the Great* (New Haven, 1996), ch. 4.을 보라.

49. F. I. Lobysevich, *Gorod Orenburg: Istoricheskii-statisticheskii ocherk* (St Petersburg, 1878), p. 7; A. Alektorov, *Istoriia orenburgskoi gubernii* (Orenburg, 1883), p. 4.

50. S. M. Volkonskii, *Arkhiv dekabrista S. G. Volkonskogo*, t. 1, *Do sibiri* (Petrograd, 1918), pp. 79-80, 276.

51. 위와 같음, pp. 45-51.

52. 위와 같음, pp. 116-18.

53. P. I. Rychkov, *Istoriia orenburgskaia* (Orenburg, 1896), p. 13.

54. Volkonskii, *Arkhiv dekabrista S. G. Volkonskogo*, p. 261.

55. IRL RAN, f. 57, op. 2, n. 20, ll. 95, 130, 154; op. 4, n. 96, l. 17.

56. IRL RAN, f. 57, op. 4, n. 144, ll. 17-18.

57. IRL RAN, f. 57, op. 4, n. 95, l. 14.

58. IRL RAN, f. 57, op. 4, n. 95, l. 29.

59. IRL RAN, f. 57, op. 2, n. 20, ll. 7, 9 and elsewhere.

60. IRL RAN, f. 57, op. 4, n. 95, ll. 12, 16.

61. IRL RAN, f. 57, op. 4, n. 96, l. 6.

62. G. Semin, *Sevastopol': istoricheskii o cherk* (Moscow, 1954), p. 24.에서 인용.

63. S. Dianin, *Borodin* (Oxford, 1963), p. 307.

64. S. Layton, *Russian Literature and Empire: The Conquest of the Caucasus from Pushkin to Tolstoy* (Cambridge, 1994), p. 54.

65. 위와 같음, p. 110.
66. V. K. Kiukhel'beker, *Sochineniia* (Leningrad, 1989), p. 442.
67. L. Grossman, 'Lermontov i kul'tura vostoka'. *Literaturnoe nasledstvo*, nos.43-4 (1941), p. 736.
68. N. Gogol', *Polnoe sobranie sochinenii*, 14 vols. (Moscow-Leningrad, 1937-52), vol 8, p. 49.
69. 위와 같음, pp. 56-8.
70. Pushkin, *Polonoe sobranie sochinenii*, vol. 8, p. 463.
71. *Izmail Bey* (1832), in M. Lermontov, *Polnoe sobranie sochinenii*, 10 vols.(Moscow, 1999), vol. 3, p. 189.
72. 위와 같음, pp. 275-6.
73. 예를 들어 *M. A. Balakirev: vospominaniia i pis'ma* (Leningrad, 1962) and *Balakirev: Issledovaniia i stat'i* (Leningrad, 1961).에 있는 사진 삽화를 보라.
74. E. Brown, *Balakirev: A Critical Study of his Life and Music* (London,1967), pp. 48-50.
75. N. Rimsky-Korsakov, *My Musical Life*, trans. J. Joffe (London, 1924), p. 33; I. Stravinsky and R. Craft, Conversations with Igor Stravinsky (London,1959), p. 45.
76. M. *A. Balakirev i V. V. Stasov. Perepiska*, 2 vols. (Moscow, 1970-71), vol.1, p. 788.
77. 'Tamara' (1841), in M. Lermontov, *Polnoe sobranie sochinenii*, 5 vols.(St Petersburg, 1910-13), vol. 2, p. 342.
78. A. N. Rimskii-Korsakov, *N. A. Rimskii-Korsakov: zhizn' i tvorchestvo*, vyp. 2 (Moscow, 1935), p. 31.
79. V. Stasov, *Izbrannye Sochineniia v trekh tomakh* (Moscow, 1952), vol. 2, p. 528.
80. V. Karenin, *Vladimir Stasov. Ocherk ego zhizni i deiatel'nosti*, 2 vols. (Leningrad, 1927), vol. 1, p. 306.에서 인용.
81. V. Stasov, *Russkii narodnyi ornament* (St Petersburg, 1872). 이 책은 출판하는 데 몇 년이 걸렸으며 따라서 스타소프의 브일리니에 대한 작업보다 늦게 나타났다(published in 1868) - see note 83 below.
82. 위와 같음, p. 76.
83. V. Stasov, *Proiskhozhdenie russkikh bylin'*, 3 vols. (St Petersburg, 1868), vol. 1,

pp. 225-62.

84. 위와 같음, vol. 2., pp. 651-75; vol. 3, p. 617.

85. Stasov, 'Kritika moikh kritikov', pp. 1317-18. 관련된 중요한 문헌학자는 Wilhelm Schott, *Uber das Altaische oder finnische-tatarische Sprachgeschlecht* (Berlin, 1849)이다.

86. Stasov, *Proiskhozhdenie russkikh bylin'*, vol. 3, pp. 334-6.

87. G. Gilferding, 'Proiskhozhdenie russkikh bylin V. V. Stasova', *Vestnik evropy* (1868), vols. 1-4, p. 687; Stasov, 'Kritika moikh kritikov', pp. 1324,1350; A. A. Shifner, 'Otzyv o sochinenii V. Stasova: "O proiskhozhdenii russkikh bylin"' (St Petersburg, 1870), p. 2.

88. V. Miller, 'O sravnitel'nom metode avtora "Proiskhozhdeniia russkikh bylin"', n.d., Petersburg Public Library, cat. no. 18.116.2.292.

89. K. Aksakov, 'Bogatyri vremen velikogo kniazia Vladimira', *Sochineniia*, 2 vols. (St Petersburg, 1861), vol. 1, p. 342.

90. F. Buslaev, 'Russkii bogatyrskii epos', *Russkii vestnik* (1862), vol. 5, p. 543.

91. N. Rimskii-Korsakov, *Literaturnye proizvedeniia i perepiska* (Moscow,1963), p. 417.

92. 예를 들어 R. Zguta, *Russian Minstrels: A History of the Skomorokhi* (Pennsylvania, 1978).을 보라.

93. A. S. Famintsyn, *Skomorokhi na Rusi. Izsledovanie* (St Petersburg, 1889), pp.161-7.

94. SP-PLMD, f. 738, op. 1, d. 17; Rimskii-Korsakov, *Literaturnye proizvedeniia*, p. 420.

95. Rimsky-Korsakov, *My Musical Life*, p. 79.

96. Stasov, *Russkii narodnyi ornament*, pp. xiii-xiv, xviii-xix.

97. A. Chekhov, *Polnoe sobranie sochinenii*, 30 vols. (Moscow, 1974-83),vol. 4, p. 31.

98. Chekhov, *Polnoe sobranie sochinenii*, vol. 16, pp. 236-7.

99. 위와 같음, vol. 4, p. 19.

100. 위와 같음, vol. 4, pp. 31-2.

101. A. Chekhov, *The Island of Sakhalin*, trans. L. and M. Terpak (London,1989), p. 208. 이 문장에 대한 B. Reeve의 해석은 pp. 329-30 of A. Chekhov, *A*

Journey to Sakhalin (Cambridge, 1993)에서 볼 수 있다.

102. N. Frieden, *Russian Physicians in the Era of Reform and Revolution, 1856-1905* (Princeton, 1985), pp. 189-90.을 보라.

103. Chekhov, *A journey to Sakhalin*, p. 59.

104. 위와 같음, p. 72.

105. 위와 같음, p. 338.

106. 위와 같음, p. 145.

107. R. Hingley, *A Life of Chekhov* (Oxford, 1976), pp. 63-4.

108. V. S. Pritchett, *Chekhov: A Spirit Set free* (London, 1988), pp. 111, 148, 155-6.

109. A. Fedorov-Davydov, *Isaak Il'ich Levitan: Pis'ma, dokumenty, vospominaniia* (Moscow, 1956), p. 37.

110. Chekhov, *Polnoe sobranie sochinenii*, vol. 6, p. 210.

111. A. Chekhov, 'Three Years', in *The Princess and Other Stories*, trans. R. Hingley (Oxford, 1990), pp. 128-9.

112. S. Lafitte, 'Deux amis: Cechov et Levitan', *Revue des Etudes Slaves*, 41(1962), p. 147.

113. Fedorov-Davydov, *Isaak Il'ich Levitan*, p. 136.

114. A. Chekhov, 'The Steppe', trans. C. Garnett and D. Rayfield, in *The Chekhov Omnibus: Selected Stories* (London, 1994), pp. 5-6.

115. Fedorov-Davydov, *Isaak Il'ich Levitan*, pp. 8, 133.

116. Chekhov, *Polnoe sobranie sochinenii*, vol. 15, p. 368.

117. S. P. Kuvshinnikova, 'Iz vospominanii khudozhnitsy', in A. Fedorov-Davydov, *Isaak Il'ich Levitan*, p. 58.

118. Chekhov, 'The Steppe', pp. 3, 13.

119. 예를 들어 N. Berdyaev, *The Russian Idea* (London, 1947), pp.2-3.을 보라.

120. Chekhov, 'The Steppe', p. 34.

121. O. Mandelstam, *The Collected Critical Prose and Letters*, trans. J. Harris and C. Link (London, 1991), p. 352; M. P. Musorgskii. *Pis'ma i dokumenty* (Moscow, 1932), p. 250 (letter to the painter Repin, 1873).

122. T. Shanin (ed.), *Peasants and Peasant Societies* (Oxford, 1987), pp. 382-3.에서 인용.

123. M. Saltykov-Shchedrin, *The Golovlyov Family*, trans. R. Wilks (Harmondsworth, 1988), p. 113.

124. N. A. Dobroliubov, *Sobranie sochinenii*, 9 vols (Moscow, 1962), vol. 4, p. 336.

125. I. Goncharov, *Oblomov*, trans. D. Magarshack (Harmondsworth, 1954), p. 14.

126. V. I. Lenin, *Polnoe sobranie sochinenii*, 56 vols. (Moscow, 1958-65), vol. 45, p. 13.

127. SP-PLMD, f. 708, op. 1, d. 1315, l. 20.

128. F. I. Bulgakov, *V. V. Vereshchagin i ego proizvedeniia* (St Petersburg, 1905), p. 9.

129. SP-PLMD, f. 708, op. 1, d. 1315, l. 6.

130. *Perepiska V. V. Vereshchagina i V. V. Stasova. I: 18-74-1878* (Moscow,1950), p. 15.

131. SP-PLMD, f. 708, op. 1, d. 1315, l. 22.

132. SP-PLMD, f. 708, op. 1, d. 1315, l. 24.

133. *Russkii mir* (1875), no. 65, p. 27.

134. Bulgakov, *V. V. Vereshchagin i ego proizvedeniia*, p. 17.

135. 위와 같음, p. 44.

136. SP-PLMD, f. 708, op. 1, d. 1315, l. 23.

137. 위와 같음, l. 30.

138. 위와 같음, l. 31.

139. 위와 같음, l. 2.7.

140. V. Grigor'ev, *Ob otnoshenii Rossii k vostoku* (Odessa, 1840), pp. 8-9, 11.

141. M. I. Veniukov, 'Postupatel'noe dvizhenie Rossii v Srednei Azii', *Sbornik gosudarstvennykh znanii* (1877), no. 3, p. 164.

142. A. Malozemorf, *Russian Far Eastern Policy 1881-1904* (Berkeley, 1958), pp. 43-4.

143. F. Dostoevsky, *A Writer's Diary*, trans. K. Lantz, 2. vols. (London, 1994), vol. 2, pp. 1369-74.

144. J. Frank, *Dostoevsky: The Years of Ordeal, 1850-1859* (London,1983), p. 182. 에서 인용.

145. Pushkin, *Polnoe sobranie sochinenii*, vol. 3, p. 390.

146. A. I. Gertsen, *Sobranie sochinenii v tridtsati tomakh* (Moscow, 1954-65), vol.

23, p. 175.

147. G. S. *Lebedev, Istoriia otechestvennoi arkheologii 1700-1917 gg.* (St Petersburg, 1992), p. 238.

148. *N. K. Rerikh. Pism'a k V. V. Stasovu. Pis'ma V. V. Stasova k N. K. Rerikhu* (St Petersburg, 1993), p. 27.

149. 위와 같음, pp. 28-9.

150. E. lakovleva, *Teatral'no-dekoratsionnoe iskusstvo N. K. Rerikha* (n.p., 1996), pp. 56-7, 134-40.

151. A. Blok, *Sobranie sochinenii v vos'mi tomakh* (Moscow-Leningrad, 1961-3), vol. 3, pp. 360-61.

152. A. Blok, *Polnoe sobranie sochinenii i pisem v dvadtsati tomakh* (Moscow, 1997-), vol. 5, pp.77-80.

153. *Istoricheskii vestnik*, no. 1 (1881), p. 137.에서 인용.

154. N. P. Antsiferov, *Dusha Peterburga* (St Petersburg, 1922), p. 100.에서 인용.

155. 'NapoleKulikovom' (1908), in Blok, *Polnoe sobranie sochinenii i pisem*, vol. 3, p. 172.

156. A. Bely, *Petersburg*, trans. R. Maguire and J. Malmstad (Harmondsworth, 1983), pp. 52-3.

157. 위와 같음, p. 167.

158. N. S. Trubetskoi, *K probleme russkogo samopoznaniia* (Paris, 1927), pp. 41-2, 48-51. 비슷한 생각이 철학자 Lev Karsavin in Vostok, *zapad i russkaia ideia* (Petrograd, 1922)에 의해 개진되고 있다.

159. R. Taruskin, *Stravinsky and the Russian Traditions: A Biography of the Works through Mavra*, 2 vols. (Oxford, 1996), vol. 2, pp. 1319-1440을 보라; 그리고 같은 저자, Defining *Russia Musically* (Princeton, 1997), pp. 389-467.

160. Kandinskii, 'Stupeni', p. 27.

161. C. Gray, *The Russian Experiment in Art, 1863-1922* (London,1986), p. 138.에서 인용.

162. A. Shevchenko, 'Neoprimitivism: Its Theory, Its Potentials, Its Achievements', in J. Bowk (ed.), *Russian Art of the Avant-garde: Theory and Criticism, 1902-34* (New York, 1976), p. 49.

163. *Kandinsky: Complete Writings on Art*, ed. K. Lindsay and P Vergo, 2.vols.

(Boston, 1982), vol. 1, p. 74.

164. Weiss, *Kandinsky and Old Russia*, pp. 49-52.

165. 위와 같음, pp. 56-60.

166. 위와 같음, pp. 153-70.

167. Oinas, 'Shamanic Components in the *Kalevala*', pp. 47-8.

168. A. Pushkin, *Collected Narrative and Lyrical Poetry*, trans. W. Arndt(Ann Arbor, 1984), p. 437.

제7장 소비에트의 렌즈를 통해 본 러시아

1. N. Drizen, 'Iz stat'i "Teatr vo vremia revoliutsii"', in R. D. Timenchik and V. Ia. Morderer (eds.), *Poema bezgeroia* (Moscow, 1989), p. 147.

2. *The Complete Poems of Anna Akhmatova*, trans. J. Hemschemeyer, ed. R. Reeder (Edinburgh, 1992), p. 417.

3. A. Naiman, 'Introduction', in *The Complete Poems of Anna Akhmatova*, p. 24.

4. *The Complete Poems of Anna Akhmatova*, pp. 210-11.

5. N. I. Popova and O. E.Rubinchuk, *Anna Akhmatova i fontanny dom* (St Petersburg, 2000), p. 18.

6. O. Figes, *A People's Tragedy: The Russian Revolution, 1891-1924* (London,1996), pp. 603-5.

7. 'Petrograd, 1919', from *Anno Domini MCMXXI in The Complete Poems of Anna Akhmatova*, p. 259.

8. Figes, *A People's Tragedy*, p. 727.

9. N. Mandelstam, *Hope Abandoned*, trans. M. Hayward (London, 1989), p. 64.

10. '15 September, 1921', from *Anno Domini MCMXXI in The Complete Poems of Anna Akhmatova*, p. 297.

11. 'July 1922', from *Anno Domini MCMXXI*, 위와 같음, p. 263.

12. The title of chapter 3 in *Anno Domini MCMXXI*, 위와 같음.

13. K.Chukovskii, 'Akhmatova i Maiakovskii', *Dom iskusstv*, no. 1 (1921), p. 42.

14. 'Prayer, May 1915, Pentecost', from *White Flock in The. Complete Poems of Anna Akhmatova*, p. 203.

15. 예를 들어 그의 시 'The Way of All the Earth'(1940)을 보라, 위와 같음, pp. 530-34.
16. *Zapisnye knizhki Anny Akhmatovy (1958-1966)* (Moscow, 1996), p. 32.
17. *Poem without a Hero* (1940-63), in *The Complete Poems of Anna Akhmatova*, p. 583.
18. The articles ('Vneoktiabr'skaia literatura') were published in Pravda on 17 and 22. October 1922.
19. N. N. Punin, 'Revoliutsia bez literatury', *Minuvshee*, no. 8 (1989), p. 346.
20. Popova and Rubinchuk, *Anna Akhmatova i fontanny dom*, p. 68.
21. 위와 같음, p. 67.
22. L. Chukovskaya, *The Akhmatova Diaries: Volume 1. 1938-41*, trans. M. Michalski and S. Rubashova (New York, 1994), p. 10.
23. L. Anninskii and E. L. Tseitlin, *Vekhi pamiati: o knigakh N. A. Ostrovskogo 'Kak zakalialas stal' I V. S. Ivanovo 'Bronepoezd 14-69'* (Moscow,1987), p. 23. See further, V. S. Panaeva, *Nikolai Ostrovskii* (Moscow, 1987).
24. S. M. Volkonskii, *Moi vospominaniia v dvukh tomakh* (Moscow, 1992.), vol. 2, pp. 326-7.
25. O. Matich, 'Utopia in Daily Life', in J. Bowk and O. Matich (eds.), *Laboratory of Dreams: The Russian Avant-garde and Cultural Experiment* (Stanford, 1996), pp. 65-6; V. Buchli, *An Archaeology of Socialism* (Oxford,1999), p. 29.
26. Buchli, *An Archaeology of Socialism*, pp. 65-8.
27. R. Stites, *Revolutionary Dreams: Utopian Vision and Experimental Life in the Russian Revolution* (Oxford, 1989), pp. 190-99; M. Bliznakov, 'Soviet Housing during the Experimental Years, 1918 to 1933', in W. Brumfield and B. Ruble (eds.), *Russian Housing in the Modern Age: Design and Social History* (Cambridge, 1993), pp. 89-90, 99; F. Starr, 'Visionary Town Planning during the Cultural Revolution', in S. Fitzpatrick (ed.), *Cultural Revolution in Russia, 1928-1931* (Bloomington, 1978), pp. 207-11.
28. V. I. Lenin, *Polnoe sobranie sochinenii*, 56 vols. (Moscow, 1958-65), vol. 42, p. 262.
29. L. Trotskii, *Sochineniia*(Moscow, 1925-7), vol. 21, pp. 110-12.
30. 구성주의자들의 이데올로기에 대해서는 C. Lodder, *Russian Constructivism*

(New Haven, 1983).을 보라.

31. C. Kaier, 'The Russian Constructivist "Object" and the Revolutionizing of Everyday Life, 1921-1929', Ph. D. diss. (Univ. of California, 1995), pp.66-8.을 보라.

32. Lodder, *Russian Constructivism*, p. 159; Matich, 'Utopia in Daily Life', p. 60.

33. Pavel Lebedev-Polianskii cited in L. Mally, *Culture of the Future: The Proletkult Movement in Revolutionary Russia* (Berkeley, 1990), p. 160.

34. Mally, *Culture of the Future*, p. xix; RGASPI, f. 17, op. 60, d. 43, l. 19; C. Read, *Culture and Power in Revolutionary Russia: The Intelligentsia and the Transition from Tsarism to Communism* (London, 1990), pp. 113-14.

35. V. Kirillov, 'My' (1917), in *Stikhotvoreniia i poemy* (Moscow, 1970), p. 35.

36. K. Zetkin, *Reminiscences of Lenin* (London, 1929), p. 14.

37. M. Bliznakov, 'Soviet Housing during the Experimental Years, 1918 to 1933', p. 117.

38. T. Colton, *Moscow: Governing the Socialist Metropolis* (Cambridge, Mass., 1995), p. 223.

39. M. Chagall, *My Life* (London, 1965), p. 137.

40. J. Brooks, 'Studies of the Reader in the 1920s', *Russian History*, vol. 9, nos. 2-3 (1982), pp. 187-202; V. Volkov, 'Limits to Propaganda: Soviet Power and the Peasant Reader in the 1920s', in J. Raven, *Free Print and Non-commercial Publishing since 1700* (Aldershot, 2000), p. 179.

41. R. Fülöp-Miller, *Geist und Gesicht des Bolschewismus* (Zurich, 1926), p. 245.

42. *Samoe vazhnoe iz vsekh iskusstv. Lenin o kino* (Moscow, 1963), p. 124.

43. P. Kenez, *The Birth of the Propaganda State: Soviet Methods of Mass Mobilization* (Cambridge, 1985), p. 73.

44. L. Trotsky, 'Vodka, tservkov i kinematograf', *Pravda* (12 July 1923), cited in translation in L. Trotsky, *Problems of Everyday Life and Other Writings on Culture and Science* (New York, 1973), pp. 31-5.

45. 소비에트의 관객 수에 대해선 D. Youngblood, *Movies for the Masses: Popular Cinema and Soviet Society in the 1920s* (Cambridge, 1992), pp. 25-8을 보라.

46. K. Samarin, 'Kino ne teatr', *Sovetskoe kino*, no. 2 (1927), p. 8.

47. G. M. Boltianskii, 'Iskusstvo budushchego', *Kino*, nos. 1/2 (1922), p. 6.
48. D. Vertov, Stat'i, dnevniki, *zamysli* (Moscow, 1966), p. 90.
49. R. Taylor, *The Politics of the Soviet Cinema, 1917-1929* (Cambridge,1979), p. 129. For Vertov's theoretical writings in translation, see D. Vertov, *Kino-Eye*, ed. A. Michelson, trans. K. O' Brien (Berkeley, 1984).
50. V. Pudovkin, *Film Technique and Film Acting*, trans. I. Montagu (New York,1970), pp. 168-9.
51. 이 주제에 대한 쓸 만한 일반적 조사에 대해선 I. Christie, 'Making Sense of Early Soviet Sound', in R. Taylor and I. Christie (eds.), *Inside the Film Factory: New Approaches to Russian and Soviet Cinema* (London, 1991), pp. 176-92. The statement about the contrapuntal use of sound (made in 1928 by Eisenstein and Pudovkin) is in R. Taylor and I. Christie (eds.), *The Film Factory: Russian and Soviet Cinema Documents, 1896-1939* (London, 1994), pp. 23 4-5을 보라.
52. S. M. Volkonskii, *Moi vospominaniia v dvukh tomakh* (Moscow, 1992),vol. 1, p. 19.
53. S. M. Volkonskii, *Vyrazitel'nyi chelovek: stsenicheskoe vospitanie zhesta(po Del'sartu)* (St Petersburg, 1913), p. 132.
54. M. Yampolsky, 'Kuleshov's Experiments and the New Anthropology of the Actor', in Taylor and Christie, *Inside the Film Factory*, pp. 42-50.
55. S. Eisenstein, *Selected Works*, 4 vols. (London, 1988-95), vol. 4, p. 67.
56. 위와 같음, vol. 4, p. 527.
57. R. Bergan, *Eisenstein: A Life in Conflict* (London, 1997), p. 28.에서 인용.
58. Eisenstein, *Selected Works*, vol. 4, p. 27.
59. Bergan, *Eisenstein*, p. 50.에서 인용.
60. 이 장면 전환에 대한 에이젠쉬테인 자신의 논평에 대해선 그의 에세이 'A Dialectic Approach to Film Form', in *Film Form: Essays in Film Theory*, ed. and trans. J. Leyda (New York, 1949), p. 62을 보라.
61. Eisenstein, *Selected Works*, vol. 1, p. 131.
62. K. Rudnitsky, *Russian and Soviet Theatre: Tradition and Avant-garde, trans. R. Permar* (London, 1988), p. 63.
63. V. Maiakovskii, *Polnoe sobrame sochinenii*, 13 vols. (Moscow, 1955-61), vol. 2,

p. 248.

64. E. Braun, *The Theatre of Meyerhold: Revolution and the Modern Stage* (London,1986), pp.169-73, 180-82.

65. A. Fevralskii, *Puti k sintezu: Meierhold i kino* (Moscow, 1978).을 보라.

66. Braun, *The Theatre of Meyerhold*, pp. 196, 211, 218.

67. 1930년대 초 메이홀드의 생체역학 수업들 중 하나를 목격한 사람의 설명에 대해 A. van Gyseghem. *Theatre in Soviet Russia* (London, 1943), pp.27-9을 보라.

68. A. Law and M. Gordon, *Meyerhold, Eisenstein and Biomechanics: Actor Training in Revolutionary Russia* (Jefferson, N.C., 1996), pp. 30-31.

69. 위와 같음, pp. 40-41.

70. *Deiateli soiuza sovetskikh sotsialisticheskikh respublik i oktiabr'skoi revloiutsii. Entsiklopedicheskii slovar*, 7th edn (Moscow, 1989), vol. 41, pt 2, pp.101-2.

71. Stites, *Revolutionary Dreams*, pp. 146-57; E. Toller, *Which World? Which Way?* (London, 1931), p. 714.

72. 오웰이 쟈먀틴에게서 받은 영향에 대해선 E. Brown, *Brave New World, 1984, and We: An Essay on Anti-Utopia* (Ann Arbor, 1976), 특히 pp. 221-6을 보라. 쟈먀틴에 대한 오웰의 글에 대해선 S. Orwell and I. Angus (eds.), *The Collected Essays, Journalism and Letters of George Orwell*, 4 vols. (London, 1968), vol. 4, pp. 72-5, 485을 보라.

73. E. Wilson, *Shostakovich: A Life Remembered* (London, 1994), p. 61.

74. D. Planning, *Shostakovich Studies* (Cambridge, 1995), p. 426.

75. 이 주제에 대한 유용한 소개서로 T. Egorovna, *Soviet Film Music: An Historical Survey* (Amsterdam, 1997)을 보라.

76. Planning, *Shostakovich Studies*, p. 426.

77. G. Kozintsev, *Sobranie sochinenii v piati tomakh* (Leningrad, 1984), vol. 4, p. 254.

78. V. Maiakovskii, 'Teatr ikino', in *Polnoe sobranie sochinenii*, vol. 1, p. 322.

79. 위와 같음, vol. 11, p. 339.

80. 이 문화사에 대한 매력적인 탐론에 대해선 S. Boym, *Common Places: Mythologies of Everyday Life in Russia* (Cambridge, Mass., 1994)을 보라.

81. Maiakovskii, *Polnoe sobranie sochinenii*, vol. 2, pp. 74-5.

82. 위와 같음, vol. 4, p. 436.

83. 위와 같음, vol. 4, p. 184.

84. 'Presdsmertnoe pis'mo maiakovskogo', in *Literaturnoe nasledstvo*, vol.65 (Moscow, 1958), p. 199.

85. A. Charters and S. Charters, *I Love: The Story of Vladimir Mayakovsky and Lily Brik* (London, 1979), p. 362.

86. V. Skoriatin, 'Taina gibeli Vladimira Maiakovskogo: novaia versiia tragicheskikh sobytii, osnovannaia na poslednikh nakhodkakh v sekretnykharkhivakh', *XX vek: liki, litsa, lichiny* (Moscow, 1998), pp. 112-14, 125, 139, 233 (quote by Eisenstein on p. 112).

87. K. Rudnitsky, *Meyerhold the Director* (Ann Arbor, 1981), p. 445.

88. *Izvestiia* (26 February 1929).

89. O. Berggoltz, 'Prodolzhenie zhizni', in B. Kornilov, *Stikhotvoreniia i poemy* (Leningrad, 1957), p. 10.

90. Maiakovskii, *Polnoe sobranie sochinenii*, vol. 12, p. 423.

91. H. Borland, *Soviet Literary Theory and Practice during the First Five-year Plan, 1928-1932* (New York, 1950), p. 24.에서 인용.

92. W. Woroszylski, *The Life of Mayakovsky, trans. B. Taborski* New York,1970), p. 516.

93. Borland, *Soviet Literary Theory and Practice during the First Five-year Plan*, pp. 57-8.

94. *Soviet Writers' Congress, 1934. The Debate of Socialist Realism and Modernism* (London, 1977), p. 157.

95. 일종의 찬사적 형태의 예술로의 사회주의적 사실주의에 대해선 A. Tertz, *On Socialist Realism* (New York, 1960), p. 24을 보라.

96. 이 문장의 첫 부분이 근거로 삼고 있는 K. Clark, *The Soviet Novel: History as Ritual* (Chicago, 1981)의 뛰어난 주장을 보라.

97. L. Feuchtwanger, *Moskva, 1937* (Tallinn, 1990), p. 33.

98. I. Berlin, 'Meetings with Russian Writers in 1945 and 1956', in *Personal Impressions* (Oxford, 1982), p. 162.

99. P. Kenez, *Cinema and Soviet Society, 1917-1953* (Cambridge, 1992.), pp. 91-2.; Taylor, *The Politics of the Soviet Cinema*, pp. 95-6.

100. *Puti kino: pervoe vsesoiuznoe soveshchanie po kinematografii* (Moscow,1929), p. 37.

101. Youngblood, *Movies for the Masses*, pp. 93-4; Taylor, *The Politics of the Soviet Cinema*, p. 141.

102. M. Turovskaya, 'The 1930s and 1940S: Cinema in Context', in R. Taylor and D. Spring (eds.), *Stalinism and Soviet Cinema* (London, 1993),p. 43.에서 인용.

103. D. Youngblood, *Soviet Cinema in the Silent Era, 1917-1935* (Ann Arbor, 1985), pp. 230-2.을 보라.

104. 'O fil'me "Bezhin lug"', *Pravda*(19 March 1939), p. 3.

105. Bergan, *Eisenstein*, pp. 283-6.

106. *Pervyi vsesoiuznyi s'ezd sovetskikh pisatelei* (Moscow, 1934), p. 316.

107. R. Taruskin, 'Shostakovich and Us', in R. Bartlett (ed.), *Shostakovich in Context* (Oxford, 2000), pp. 16-17.

108. 'Sumbur vmesto muzyki', *Pravda* (28 January 1936).

109. 그에 대한 고문과 자백에 대해선 V. Shentalinsky, *The KGB's Literary Archive: The Discovery and Ultimate Fate of Russia's Suppressed Writers, trans. J. Crowfoot* (London, 1995), pp. 25-6을 보라.

110. M. Brown, *Art under Stalin* (New York, 1991), p. 92.에서 인용.

111. Iu. Molok, *Pushkin v 1937 godu* (Moscow, 2000), p. 31.

112. M. Levitt, *Russian Literary Politics and the Pushkin Celebration of 1880* (Cornell, 1989), p. 164.

113. A. Platonov, *Thoughts of a Reader* (Moscow, 1980), pp. 24, 41.

114. Levitt, *Russian Literary Politics*, p. 165.에서 인용.

115. N. Mandelstam, *Hope Against Hope*, trans. M. Hayward (London, 1989), p. 159.

116. R. Conquest, *Tyrants and Typewriters: Communiques from the Struggle for Truth* (Lexington, 1989), p. 61.

117. Mandelstam, *Hope Against Hope*, p. 26.

118. R. Reeder, *Anna Akhmatova: Poet and Prophet* (London, 1995), p. 197.

119. Mandelstam, *Hope Against Hope*, p. 161.

120. 위와 같음, p. 13. 이것이 NKVD의 손에 들어 온 시의 첫 버전이다.

121. A. Akhmatova, *My Half Century: Selected Prose*, ed. R. Meyer (Ann Arbor,

1992), p. 101.
122. E. Polyanovskii, *Gibel' Osipa Mandelstama* (St Petersburg, 1993), p. 104.
123. Shentalinsky, *The KGB's Literary Archive*, p. 183.
124. 만델스탐을 배반했다고 비난 받았던 이 유명한 사건에서의 파스테르나크의 행동에 대해 남편이 '파스테르나크가 일을 처리하는 방식에 전적으로 만족해했다' 고 주장한 나데즈다 만델스탐의 설명을 참조하는 것이 가장 좋을 것이다. (*Hope Against Hope*, p. 148).
125. 'A Little Geography, O. M.' (1937), in *The Complete Poems of Anna Akhmatova*, p. 664.
126. Akhmatova, *My Half Century*, p. 108.
127. O. Kalugin, 'Delo KGB na Annu Akhmatovu', in *Gosbezopasnost' i literatura na opyte Rossii i Germanii* (Moscow, 1994), p. 32.
128. Popova and Rubinchuk, *Anna Akhmatova i fontanny dom*, p. 70.
129. *The Complete Poems of Anna Akhmatova*, p. 384.
130. 위와 같음, p. 393.
131. 위와 같음, p. 386.
132. *Epigraph to Requiem* (1961), 위와 같음, p. 384.
133. Mandelstam, *Hope Abandoned*, p. 252.
134. B. Pasternak, *Doctor Zhivago*, trans. M. Hayward and M. Hari (London,1988), p. 453.
135. O. Ivinskaia, *V plenu vremeni: gody s B. Pasternakom* (Moscow,1972), p. 96.에서 인용.
136. On Early Trains (1943), in B. Pasternak, *Sohranie sochinenii v piatitomakh* (Moscow, 1989), vol. 2, pp. 35-6.
137. *Pravda* (23 June 1941).
138. *Krasnaia zvezda* (24 June 1941).
139. F. Corley, *Religion in the Soviet Union: An Archival Reader* (Basingstoke,1996), pp. 142-4.을 보라.
140. Berlin, 'Meetings with Russian Writers', pp. 160-61.
141. *Mikhail Zoshchenko: materialy k tvorcheskoi biografii*, ed. N. Groznova(St Petersburg, 1997), pp. 173, 193.
142. Popova and Rubinchuk, *Anna Akhmatova i fontanny dom*, pp. 91-2.

143. 'Courage' (1942), in *The Complete Poems of Anna Akhmatova*, p. 428.

144. A. I. Pavlovskii, *Anna Akhmatova* (Leningrad, 1982), p. 99.에서 인용.

145. A. Haight, *Anna Akhmatova: poeticheskoe stranstvie: dnevniki, vospominaniia, pis'ma* (Moscow, 1991), p. 122.

146. G. P. Makogonenko, 'Iz tret'ei epokhi vospominanii', in *Ob Anne Akhmatovoi* (Leningrad, 1990), pp. 263-4.

147. D. Oistrakh, 'Velikii khudozhnik nashego vremeni', in *Shostakovich: stat'i i materialy* (Moscow, 1976), p. 26.

148. I. MacDonald, *The New Shostakovich* (Oxford, 1991), pp. 153-5.

149. Wilson, *Shostakovich*, p. 134.

150. 교향곡 마지막 부분의 말러적 근거에 대해선 I. Barsova,'Between "Social Demands" and the "Music of Grand Passions": The Years 1934-1937 in the Life of Dmitry Shostakovich', in R. Bartlett (ed.), *Shostakovich in Context* (Oxford, 2000), pp. 85-6.

151. A. Rozen, 'Razgovor s drugom', *Zvezda*, vol. 2, no. 1 (1973), p. 81을 보라.

152. H. Robinson, 'Composing for Victory: Classical Music', in R. Stites (ed.). *Culture and Entertainment in Wartime Russia* (Indiana, 1995),p. 62.에서 인용.

153. *Sergei Prokofiev: materialy, dokumenty, vospominaniia* (Moscow,1960), p. 457.

154. H. Robinson, *Sergei Prokofiev* (London, 1987), ch. 22.에서 인용.

155. S. Eisenstein, 'From Lectures on Music and Colour in *Ivan the Terrible', in Selected Works*, vol. 3, pp. 153, 168-9, 317-19, 326-7.

156. *Sergei Prokofiev: materialy, dokumenty, vospominaniia*, pp. 481-92.을 보라.

157. Ivinskaia, *V plenu vremeni*, p. 96.

158. L. Kozlov, 'The Artist and the Shadow of Ivan', pp. 114-15.

159. A clear statement of Eisenstein's intention can be found in Io. luzovskii, *Eizenshtein v vospominaniiakh sovremennikov* (Moscow, 1974), p. 402. 이때 감독에 대한 푸쉬킨과 그의 드라마의 영향에 대해선 Kozlov,'The Artist and the Shadow of Ivan', pp. 115, 123.을 보라.

160. 스탈린의 정신적 상태에 대한 최근의 증거는 R. Brackman, *The Secret File of Joseph Stalin: A Hidden Life* (London, 2001), pp. 195-7, 219-21, 416-17.을 보라.

161. Kozlov, 'The Artist and the Shadow of Ivan', p. 127.

161. *Moscow News* (1988), no. 32, p. 8.
163. Kozlov, 'The Artist and the Shadow of Ivan', p. 148.
164. J. Goodwin, *Eisenstein, Cinema and History* (Urbana, 1993), p. 191.
165. Kozlov, 'The Artist and the Shadow of Ivan', p. 123.에서 인용.
166. luzovskii, *Eizenshtein v vospominaniiakh sovremennikov,* pp. 412-13.
167. Berlin, 'Meetings with Russian Writers', p. 198.
168. Iu. Budyko, 'Istoriia odnogo posviashcheniia', *Russkaia literatura,* no. 1(1984), p. 236.
169. Berlin, 'Meetings with Russian Writers', p. 189.
170. 위와 같음, p. 190.
171. '20 December 1945', in *The Complete Poems of Anna Akhmatova,* p. 454.
172. Mandelstam, *Hope Abandoned,* pp. 368-72.
173. 'Doklad t. Zhdanova o zhurnalakh Zvezda i Leningrad', *Znamiia,* vol. 10(1946), pp. 7-22.
174. Mandelstam, *Hope Abandoned,* pp. 350-57.
175. E. Gershtein, *Memuary* (St Petersburg, 1998), p. 345.
176. Berlin, 'Meetings with Russian Writers', p. 202.
177. G. Dalos, *The Guest from the Future: Anna Akhmatova and Isaiah Berlin* (London, 1998), p. 85.을 보라.
178. Mandelstam, *Hope Abandoned,* p. 375.
179. G. Carleton, *The Politics of Reception: Critical Constructions of Mikhail Zoshchenko* (Evanston, III., 1998), pp. 231-2.
180. B. Schwarz, *Music and Musical Life in Soviet Russia, 1917-1970* (London,1972), pp. 208, 218.
181. *Pravda* (9 January 1949).
182. A. Tarkhanov and S. Kavtaradze, *Architecture of the Stalin Era* (New York, 1992), p. 144; A. V. Ikonnikov, *Istorizm v arkhitekturu* (Moscow, 1997), pp. 462-84; A. Ryabushin and N. Smolina, *Landmarks of Soviet Architecture, 1917-1991* (New York, 1992), p. 122.
183. M. Slobin (ed.), *Returning Culture: Musical Changes in Central and Eastern Europe* (Durham, N.C., 1996).을 보라.
184. M. Frolova-Walker,' "National in Form, Socialist in Content": Musical

Nation-building in the Soviet Republics', *Journal of the American Musicological Society*, vol. 51, no. 2 (1998), p. 334.

185. Frolova-Walker,' "National in Form, Socialist in Content"', pp. 331-8, 349-50; T. C. Levin, 'Music in Modern Uzbekistan: The Convergence of Marxist Aesthetics and Central Asian Tradition', *Asian Music*, vol. 12 (1979), no. 1, pp. 149-58.

186. Brackman, *The Secret File of Joseph Stalin*, p. 373.

187. 유대인에 대한 조셉 스탈린의 증오에 대해선 그의 딸의 분명한 해설을 보라. Svetlana Allilueva, *Dvadtsat' pisem k drugu* (New York, 1967), p.150.

188. A. Vaisberg, 'Evreiskii antifashistskii komitet u M. A. Suslov', *Zveniiaistoricheskii almanakh* (Moscow, 1991), pp. 535-54.

189. Brackman, *The Secret File of Joseph Stalin*, p. 380.

190. J. Garrard and C. Garrard, *The Bones of Berdichev: The Life and Fate of Vasily Grossman* (London, 1996), p. 298.

191. I. Ehrenburg, *Men, Years- Life*, 6 vols. (London, 1961-6), vol. 6, p. 55.

192. 위와 같음, vol. 6, p. 55.

193. Berlin, 'Meetings with Russian Writers', p. 183.

194. C. Barnes, *Boris Pasternak: A Literary Biography*, 2 vols. (Cambridge,1998), vol. 2, pp. 233-4.

195. Egorovna, *Soviet Film Music*, p. 122.

196. Wilson, *Shostakovich*, p. 242.에서 인용.

197. V. Raznikov, *Kirill Kondrashin rasskazyvaet o muzyke i zhizni* (Moscow,1989), p. 201.

198. Wilson, *Shostakovich*, p. 235.

199. *Shostakovich 1906-75* (London, 1998), p. 62.

200. H. G. Wells, 'The Dreamer in the Kremlin', in *Russia in the Shadows* (London, 1920).

201. R. Marsh, *Soviet Science-fiction since Stalin: Science, Politics and Literature* (London, 1986), p. 216.에서 인용.

202. A. Tarkovsky, *Sculpting in Time: Reflections on the Cinema*, trans. K. Hunter-Blair (Austin, 1986), p. 42.

203. 위와 같음, p. 192.

204. 위와 같음, p. 89.

205. A. Tarkovskii, *Time Within Time: The Diaries, 1970-1986*, trans. K. Hunter-Blair (Calcutta, 1991), p. 159.

206. Tarkovsky, *Sculpting in Time*, p. 42.

207. Y. Brudny, *Reinventing Russia: Russian Nationalism and the Soviet State, 1953-1991* (Cambridge, Mass., 1998), pp. 61-73; John B. Dunlop, *The Faces of Contemporary Russian Nationalism* (Princeton, 1983), pp. 226-7.

208. *Veche*, no.1(January 1971), p. 2.

209. B. Eisenschitz, 'A Fickle Man, or Portrait of Boris Barnet as a Soviet Director', in Taylor and Christie, *Inside the Film Factory*, p. 163.에서 인용.

210. 'Leningrad, 1959', in The Complete Poems of Anna Akhmatova, p. 716.

211. Berlin, 'Meetings with Russian Writers', p. 194.

212. *The Complete Poems of Anna Akhmatova*, p. 545.

213. O. Mandel'shtam, *Selected Poems*, trans. D. McDuff(London, 1983), p. 69.

제8장 해외의 러시아 망명객

1. M. Tsvetaeva, 'Homesickness' (1934), in *Twentieth-century Russian Poetry*, ed. Y. Yevtushenko (London, 199 3), pp. 234-5. Translation by Elaine Feinstein.

2. Inna Broude, *Ot Khodasevicha do Nabokova: nostal'gicheskaia tema v poezii pervoi russkoi emigratsii* (Tenafly, N. J., 1990), p. 49.에서 인용.

3. N. Mandelstam, *Hope Abandoned*, trans. M. Hayward (London, 1989), p. 468.

4. M. Tsvetaeva, *Neizdannye pis'ma*, ed. G. and N. Struve (New York, 1972), p. 415; I. Kudrova, *Posle Rossii. Marina Tsvetaeva: gody chuzhbiny* (Moscow,1997), p. 203.

5. Kudrova, *Posle Rossii*, p. 203.

6. V. Khodasevich, *Stikhotvoreniia* (Leningrad, 1989), p. 295.

7. O. Friedrich, *Before the Deluge* (New York, 1972), p. 86; B. Boyd, *Nabokov. The Russian Years* (London, 1990), p. 376.

8. Boyd, *Nabokov: The Russian Years*, p. 197.

9. 'To the Tsar at Easter, 21 May 1917', in M. Tsvetaeva, *Stikhotvoreniia ipoemy v*

piati tomakh, ed. A. Sumerkin and V. Schweitzer (New York, 1980-90), vol. 2, p. 63.

10. R. Taruskin, *Stravinsky and the Russian Traditions: A Biography of the Works through Mavra*, 2 vols.(Oxford, 1996), vol. 2, p. 965.
11. Tsvetaeva, *Stikhotvoreniia i poemy*, vol. 3, pp. 168-9.
12. From 'Otplytie na ostrov Tsiteru' (1937), in G. Ivanov, *Izbrannye stikhi* (Paris, 1980), p. 35.
13. Broude, *Ot Khodasevicha do Nabokova*, p. 66.을 보라.
14. A. Saakiants, *Marina Tsvetaeva: zhizn' i tvorchestvo* (Moscow, 1997), p. 725.
15. 'White Guards' (27 July 1918), from *The Camp of Swans* (1917-21) in M. Tsvetaeva, *Selected Poems*, trans. D. McDuff (Newcastle, 1987), p. 62.
16. V. Schweitzer, *Tsvetaeva*, trans. H. Willetts (London, 1992), pp.182-3.에서 인용.
17. Schweitzer, *Tsvetaeva*, p. 168.에서 인용된 비공개 편지.
18. L. Feiler, *Marina Tsvetaeva* (London, 1994), p. 203.에서 인용.
19. 'Russkoi rzhi ot menia poklon'(7 May 1925), in Tsvetaeva, *Stikhotvoreniia i poemy*, vol. 3, p. 126.
20. Tsvetaeva, *Stikhotvoreniia i poemy*, vol. 3, p. 164.
21. Tsvetaeva, Neizdannye pis'ma, p. 411. 이 작품들 중 상당수는 영어로 된 것을 볼 수 있다. M. Tsvetaeva, *A Captive Spirit: Selected Prose*, trans. J. King(London,1983).
22. Tsvetaeva, 'Homesickness', in *Twentieth-century Russian Poetry*, p. 234.
23. S. M. Volkonskii, *O dekabristakh: po semeinum vospominaniiam* (Moscow, 1994), p. 214. Zinaida Volkonsky's ideas for a Museum of Fine Arts were published in the journal *Teleskop* in 1831. See further M. Fairweather, *Pilgrim Princess: A Life of Princess Zinaida Volkonsky* (London, 1999),pp.226-7.
24. Saakiants, *Marina Tsvetaeva*, p. 249.
25. Tsvetaeva, *Stikhotvoreniia i poemy*, vol. 3, p. 187.
26. S. M. Volkonskii, *Moi vospominaniia v dvukh tomakh* (Moscow, 1992), p. 32.
27. 위와 같음, pp. 234-5.
28. V. Nabokov, *Speak, Memory: An Autobiography Revisited* (Harmondsworth, 1969), p. 216.

29. 위와 같음, p. 216.
30. 위와 같음, pp. 213-14.
31. B. Boyd, *Nabokov: The Russian Years* (London, 1990), p. 161.
32. M. Raeff, *Russia Abroad: A Cultural History of the Russian Emigration, 1929-1939* (New York, 1990), ch. 4.을 보라.
33. A. Pushkin, *Evgenii Onegin*, trans. V. Nabokov, 4 vols. (London, 1964).
34. F. Stepun, 'Literaturnye zametki', *Sovremennye zapiski*, vol. 27 (Paris,192.6), p. 327; N. Berberova, *The Italics Are Mine*, trans. P. Radley (London,1991), p. 180.
35. *Ivan Bunin: From the Other Shore, 1920-1933: A Portrait from Letters, Diaries and Fiction*, ed. T. Marullo(Chicago, 1995), p. 5.
36. J. Woodward, *Ivan Bunin: A Study of His Fiction* (Chapel Hill, 1980), p. 164.
37. J. Haylock, *Rachmaninov* (London, 1996), p. 82.에서 인용.
38. S. Rakhmaninov, *Literaturnoe nasledie v 3-x tomakh* (Moscow, 1978), vol. 3, pp. 144-8.
39. 위와 같음, p. 52.
40. 위와 같음, p. 53.
41. Haylock, *Rachmaninov*, p. 58.
42. Rakhmaninov, *Literaturnoe nasledie*, pp. 128-31.
43. A. Swan and K. Swan, 'Rachmaninoff: Personal Reminiscences', *The Musical Quarterly*, vol. 30 (1944), p. 4.
44. B. Martin, *Rachmaninov: Composer, Pianist, Conductor* (London, 1990), p. 312.
45. Berberova, *The Italics Are Mine*, p. 347.
46. 위와 같음, p. 268.
47. Tsvetaeva, *Stikhotvoreniia i poemy*, vol. 1, p. 140.
48. Berberova, *The Italics Are Mine*, p. 348.
49. 위와 같음, p. 321.
50. 위와 같음, p. 319.
51. Nabokov, unpublished manuscript cited in Boyd, *Nabokov: The Russian Years*, p. 51.
52. Nabokov, *Speak, Memory*, p. 63.
53. V. Nabokov, *Strong Opinions* (London, 1973), p. 178.

54. Nabokov, *Speak, Memory*, p. 201.
55. 위와 같음, p.61.
56. 위와 같음, p.59.
57. Boyd, *Nabokov: The Russian Years*, p. 177.에서 인용.
58. Nabokov, *Speak, Memory*, p. 214.
59. B. Boyd, *Nabokov: The American Years* (London, 1992), pp.463-4.에서 인용.
60. A. Milbauer, *Transcending Exile: Conrad, Nabokov, 1. B. Singer* (Miami, 1985), p. 41.에서 인용.
61. *The Garland Companion to Vladimir Nabokov* (New York, 1995), p. 64.
62. V. Nabokov, 'On a Book Entitled Lolita' in *Lolita* (Harmondsworth, 1995), pp 316-17
63. S. Schiff, *Vera (Mrs Vladimir Nabokov)* (New York, 1999), pp. 97-8.
64. Nabokov, *Speak, Memory*, p. 215.
65. M. Tsvetaeva, 'An Otherworldly Evening', in *A Captive Spirit*, p. 166.
66. Interview with Alvin Toffler in Nabokov, *Strong Opinions*, p. 37.
67. V. S. Yanovsky, *Elysian Fields* (De Kalb, Ill., 1987), p. 12.에서 인용.
68. Boyd, *Nabokov: The American Years*, p. 13.
69. 위와 같음, p. 22; Nabokov, *Strong Opinions*, p. 26.
70. Schiff, *Vera*, p. 246.
71. V. Nabokov, *Look at the Harlequins!* (Harmondsworth, 1980), p. 105.
72. Schiff, *Vera*, p. 338.에서 인용.
73. Boyd, *Nabokov: The American Years*, pp. 84-5.
74. 예를 들어 V. Nabokov, *Selected Letters* (New York, 1989), pp.47-8.을 보라.
75. Boyd, *Nabokov: The American Years*, pp. 371, 648.
76. 위에서 인용, p. 490.
77. Berberova, *The Italics Are Mine*, pp. 240-41.
78. M. Oliver, *Igor Stravinsky* (London, 1995), p. 96.
79. A. Bruneau, *Musiques de Russie et musiciens de France* (Paris, 1903), p. 28.
80. Tstruskin, *Stravinsky and the Russian Traditions*, vol. 2, pp. 1529, 1532.에서 인용.
81. A. Benois, *Reminiscences of the Russian Ballet* (London, 1941), p. 130.
82. R. Craft, *Stravinsky: Chronicle of a Friendship* (New York, 1994), p. 31; Nabokov,

Speak, Memory, p. 212.

83. S. Volkov, *St Petersburg: A Cultural History* (London, 1996), p. 315.

84. Cited in H. Sachs, *Music in Fascist Italy* (London, 1987), p. 168.

85. Oliver, *Igor Stravinsky*, p. 139.

86. 위에서 인용, p. 143.

87. *Twentieth-century Russian Poetry*, pp. 379-80. Translation by the poet.

88. F. Lesure (ed.), *Stravinsky: Etudes et tèmoignages* (Paris, 1982), p.243.에서 인용.

89. Taruskin, *Stravinsky and the Russian Traditions*, vol. 1, p. 891.

90. I. Stravinsky, *Chronique de ma vie* (1935); quoted from the English translation: *An Autobiography* (New York, 1962), p. 53.

91. N. Nabokov, *Old Friends and New Music* (London, 1951), p. 143.

92. T. Stravinsky, *Catherine and Igor Stravinsky: A Family Album* (London, 1973), p. 4.

93. S. Walsh, *Igor Stravinsky: A Creative Spring. Russia and France 1882-1934* (London, 2000), p. 531.

94. I. Stravinsky and R. Craft, *Expositions and Developments* (London,1962.), p. 33.

95. Craft, *Stravinsky*, p. 120.

96. 위와 같음, p. 320.

97. Walsh, *Igor Stravinsky*, p. 500.에서 인용.

98. Stravinsky and Craft, *Expositions and Developments*, p. 76.

99. V. Stravinsky and R. Craft, *Stravinsky in Pictures and Documents* (New York, 1978), p. 76.

100. Craft, *Stravinsky*, p. 329.

101. S. Alexander, *Marc Chagall: A Biography* (London, 1979), p. 52.

102. O. Figes, *A People's Tragedy: The Russian Revolution, 1891-1924* (London, 1996), pp. 749-50.

103. Alexander, *Marc Chagall*, p. 312.

104. *The New York Times* (15 February 1944).

105. Alexander, *Marc Chagall*, pp. 255, 434.

106. 만델스탐의 페르소나의 이 같은 측면에 대해선 C. Cavanagh, 'Synthetic Nationality: Mandel'shtam and Chaadaev', *Slavic Review*, vol. 49, no. 4(1990),

pp. 597-610을 보라.
107. Nabokov, *Speak, Memory*, p. 217.
108. Kudrova, *Posle Rossii*, p. 201.
109. M. Tsvetaeva, *Pis'ma k A. Teskovoi* (Prague, 1969), pp. 96-7.
100. Berberova, *The Italics Are Mine*, p. 202.
111. Feiler, *Marina Tsvetaeva*, p. 189.
112. Tsvetaeva, *Stikhotvoreniia i poemy*, vol. 3, p. 176.
113. Tsvetaeva, Pis'*ma k A. Teskovoi*, p. 112.
114. Schweitzer, *Tsvetaeva*, p. 345.
115. Broude, *Ot Khodasevicha do Mabokova*, pp. 19-20.에서 인용.
116. Berberova, *The Italics Are Mine*, p. 352.
117. Tsvetaeva, *Pis'ma k A. Teskovoi*, p. 147.
118. Tsvetaeva, *Stikhotvoreniia i poemy*, vol. 2, p. 292.
119. AG, Pg-In.
120. Berberova, *The Italics Are Mine*, p. 189.
121. V. Shentalinsky, *The KGB's Literary Archive: The Discovery and Ultimate Fate of Russia's Suppressed Writers*, trans. J. Crowfoot (London, 1995), pp. 252-4.을 보라.
122. L. Spiridonova, 'Gorky and Stalin (According to New Materials from A. M. Gorky's Archive)', *Russian Review*, vol. 54, no. 3 (1995), pp. 418-23.
123. Shentalinsky, *The KGB's Literary Archive*, p. 262.
124. R. Conquest, *The Great Terror: A Reassessment* (London, 1990), pp. 387-9; V. V. Ivanov, 'Pochemu Stalin ubil Gor'kogo?', *Voprosy literature* (1993), no. 1.을 더 보라.
125. *Sergei Prokofiev: materialy, dokumenty, vospominaniia* (Moscow, 1960), p. 166.
126. Berberova, *The Italics Are Mine*, p. 352.
127. *Sergei Prokofiev*, p. 150.
128. S. S. Prokofiev, *Soviet Diary 1927 and Other Writings* (London, 1991), p. 69.
129. *Sergei Prokofiev*, pp. 161-2.
130. S. Moreux, 'Prokofiev: An Intimate Portrait', *Tempo*, 11 (Spring 1949), p. 9.을 보라.
131. *Sergei Prokofiev*, p. 453.

132. N. Mandelstam, *Hope Abandoned* (London, 1973), p. 464.
133. Tsvetaeva, *Stikhotvoreniia i poemy*, vol. 3, p. 212.
134. 위와 같음, vol. 3, p. 213.
135. Feiler, *Marina Tsvetaeva*, p. 263.에서 인용.
136. I. Stravinsky and R. Craft, *Memories and Commentaries* (London, 1960), p. 26.
137. Craft, *Stravinsky*, p. 171.
138. B. Schwarz, *Music and Musical Life in Soviet Russia* (Bloomington, 1982), p. 355.에서 인용.
139. 위와 같음, p. 354.
140. Craft, *Stravinsky*, p. 461.
141. Schwarz, *Music and Musical Life in Soviet Russia*, p. 355.
142. Craft, *Stravinsky*, p. 313.
143. 위와 같음, p. 317.
144. N. Slominsky, *Music Since 1900* (New York, 1971), p. 1367.
145. Craft, *Stravinsky*, p. 316.
146. 위와 같음, pp. 316-17.
147. 위와 같음, p. 315.
148. 위와 같음, p. 318.
149. 위와 같음, p. 319.
150. Taruskin, *Stravinsky and the Russian Traditions*, vol. 2, pp. 1605-75.을 더 보라.
151. *Komsomol'skaia pravda* (27 September 1962).
152. Stravinsky and Craft, *Stravinsky in Pictures and Documents*, p. 470.
153. Craft, *Stravinsky*, p. 331.
154. Stravinsky and Craft, *Expositions and Developments*, p. 86.
155. 위와 같음, p.335.
156. 위와 같음, p. 332.
157. E. Wilson, *Shostakovich: A Life Remembered* (London, 1994).
158. 위와 같음, p. 466.
159. 위와 같음, pp. 460-61.
160. 위와 같음, p. 375.
161. Craft, *Stravinsky*, p. 328.

러시아 연대기

역사적 사건	문화적 이정표
862– 키예프 대공	
911 슬라브인들의 콘스탄티노플 침공(키예프 러시아의 건국)	
960s 하자르족과 페츠넥족의 침입	
988 블라디미르공 그리스 정교로 개종	
	c. 1017 『초기 연대기』
	c. 1040 키예프 루시의 최초 연대기
	1041 성 소피아, 키예프
	1050 성 소피아, 노브고로드
1054 비잔틴과 로마 교회의 분리	
1094 폴로베츠족의 키예프 점령	
	1103 성 수태고지 교회, 노브고로드
1136 노브고로드 키예프에서 분리	
	1158 우스펜스키 성당, 블라디미르
1185 이고리 대공의 폴로베츠족에 대한 군사 공격	c. 1187 『이고리 전쟁 이야기』
	1216–25 야로슬라프의 성당들, 블라디미르–수즈달리
c. 1230– 몽골의 침입	
1236–63 알렉산드르 네프스키의 노브고로드 지배	
1240–42 네프스키의 스웨덴과 독일 기사단 격퇴	
1270 노브고로드 한자 동맹에 참여	
1326 모스크바로 수도이전	1326 성모 마리아 승천 성당, 모스크바 크레믈린
	1333 아르한겔 성당, 모스크바 크레믈린
1359–89 드미트리 돈스코이의 모스크바 지배	
1380 드미트리 쿨리코보 들판에서 몽골	

격퇴
1389–95 타메테인 킵챠크 공격
c. 1400 우스펜스키 성당, 츠베니고로트
1405 루블레프의 예수 탄생 성상화
1410–22 루블레프의 성 삼위일체 성상화
1433 b. 닐 소르스키
1439 피렌체 공의회
1453 콘스탄티노플 함락
1462–1505 이반 3세의 통치
1471 모스크바 노브고로드 합병
1480s 킵챠크 한국의 붕괴
1485 모스크바의 트베리 합병
1487 크레믈린 무기고
1505–33 바실리 3세의 통치
1510 모스크바 프스코프 합병
1533–84 전제 이반 4세의 통치
1552–6 카잔 한국과 아스트라 한국 정복
1560 성 바실리 성당, 모스크바
1564 러시아 최초의 서적 인쇄
1565 오프리츠니나의 설립
1582 예르마크 시베리아 한국 정복
1584–98 표트르의 통치 ; 보리스 고두노프 섭정
1589 모스크바 대주교구 창설
1598–1605 보리스 고두노프의 통치
1598 삼위일체 교회, 모스크바
1605–13 혼란의 시대
1610 폴란드 군대의 모스크바 점령
1612 미닌과 포자르스키의 의용군 폴란드군 축출
1613–45 미하일 로마노프의 통치
1614 모스크바 인쇄소
1632 키예프 아카데미

1639 코사크 태평양 연안에 도달
1645–76 알렉세이의 통치

1653 총 주교 니콘의 개혁
1654 구교도의 교회분할
1670–71 스텐카 라친 반란
1676–82 피터 알렉세이비치의 통치

1682–1725 피터 대제의 통치

1697–8 피터의 유럽 방문
1698 친위대 반란 진압

1703 성 페테르부르크 건설
1709 폴타바 전투에서 스웨덴 격파

1711 제국 통치원의 설립
1712 성 페테르부르크로 황궁이전

1721 신성 종교 행정 회의 총주교구 대체
1722 서열표
1725–7 예카테리나 1세의 통치
1727–30 표트르 2세의 통치
1730–40 안나 1세의 통치

1636 크레믈린 테렘궁

1648 스코몰로키 금지

1678 우샤코프 : 손으로 만들어지지 않은 구세주*Saviour Not Done by Hands*
1685 슬라브–그리스–라틴 아카데미, 모스크바

1700 율리우스력 채택
1703 최초의 러시아 신문「피터 앤 폴 포트레스」
1710 신상용 알파베트

1714 여름 궁전, 성 페테르부르크Summer Palace, St Petersburg
1717『젊은이를 위한 예법』

1725 과학 아카데미

1731 러시아 최초의 오페라 공연
1733 트레치니 : 피터 앤 폴 성당
1734 여름 궁전 극장
1737 성 페테르부르크의 체계적 발전 위

	원회
	1739 타티쉬체프 : 유럽 경계로서의 우랄
	1740- 파운틴 하우스 재건(쉐레메테프 궁전)
1741-61 엘리자베타의 통치	1741- 라스레일리의 여름 궁전, 성 페테르부르크
	1750 수마로프의 『괴물들』
	1754- 라스레일리의 겨울 궁전
	1755 모스크바 대학 설립
	1757 예술 아카데미, 성 페테르부르크
	1757 로모노소프 『러시아 문법』
1762-96 여제 예카테리나 2세의 통치	
1762 귀족의 의무적 국가 봉사 면제	
1764 여자 귀족을 위해 교회 땅인 스몰리니 수녀원의 국가 몰수	1766 트레디아코프스키 : 틸레마키다 *Tilemakhida*
1768-74 터키와의 전쟁	1768- 팔코네의 〈청동의 기사〉
	1769 폰비진 『여단장』
	1772 포민 『아뉴타』
1773-4 푸카체프의 반란	
1775 지방 행정 개혁	
	1777- 쿠스코보에 쉐레메테프 극장
	1779 쉐레메테프 오페라에 프라스코비아 데뷔
	크냐쥐닌 『마차로부터의 불행』
	1780- 파블로브스크 카메론 앙상블
	1782 폰비진 『미성년』
1783 크리미아 합병	1783 러시아 아카데미 설립
	1784 슈체르바토프 『오피르 땅으로의 여행』
1788-91 터키와의 전쟁	
1789 프랑스 혁명	
	1790- 오스탄키노 건축(쉐레메테프 궁전)

1796–1801 파벨의 통치
1801–25 알렉산드르 1세의 통치
1801– 카프카스로의 팽창
1805–7 프랑스와의 전쟁
1812 나폴레옹의 침략
1814 러시아 군대 파리 진주
1815 빈회의
1825 데카브리스트의 반란
1825–55 니콜라이 1세의 통치
1830–31 폴란드 반란
1837 겨울궁전의 화재

1790 르보프 – 프레치 러시아 민요집
1790 라지쉐프 『성 페테르부르크에서 모스크바로의 여행』
1791–1801 카람진『러시아인 여행자의 편지』
1792 카람진 『가련한 리자』와 『나탈리아』
1802 카람진 『러시아 작가들의 만신전』
1803 대중극장들의 황실 독점
1810 차르스코예 셀로에 고등학교 교육과정lycée
1818– 카람진 『러시아 국가의 역사』
1818– 성 이삭 성당, 성 페테르부르크
1819 성 페테르부르크 대학 설립
1820 베네치아노프 〈탈곡장〉
1825 푸쉬킨 『보리스 고두노프』
1827 키프렌스키 푸쉬킨의 초상
1831 고리키 『농장에서의 저녁』
1833 푸쉬킨 『예브게니 오네긴』; 『청동의 기사』; 『푸가초푸의 이야기』
브륄로프 『폼페이 최후의 날*Last Days of Pompeii*』
1834 푸쉬킨 『스페이드 퀸』
1835 고골리 『타라스 불바』
1836 차다예프 『첫 번째 철학 서한』
글린카 『차르의 생애황제에게 바친

1842– 첫 번째 철도 건설

1849 페트라쉐프스키 서클 체폰(도스토예프스키

1853–6 크리미아 전쟁

1855–81 알렉산드르 2세의 통치

1858 아무르지역 점령

1859 카프카스 점령

1861 농노 해방

1864 젬스트보 설치 사법 개혁
　신초등교육령

1865 검열 완화

1865–76 사마르칸트, 히바, 부하라 점령

목숨』
　고골리 『검찰관』

1840 레몬토프 『우리 시대의 영웅』

1842 고골리 『죽은 영혼들 1부』

1844 오도예프스키 『러시아의 밤』

1846 고골리 『친구와의 서신에서 정선된 문장』

1846– 골론초프 『러시아 국가의 유산』

1847 벨린스키 『고골리에게 보내는 편지』

1852 투르게네프 『사냥꾼의 일기』

1852– 게르첸 『나의 과거와 사상』

1859 곤차로프 『오블로모프』

1860 오스트로프스키 『폭풍』
　스트로가노프 모스크바 예술 학교

1861 아카데미 출신 화가들(이동 전람회파)의 반란
　성 페테르부르크 예술학교 설립

1862 도스토예프스키 『죽은 자의 집』
　투르게네프 『아버지와 아이들』
　체르니셰프스키 『무엇을 할 것인가?』

1863– 네크라소프 『러시아에선 누가 행복한가?』

1865 톨스토이 『전쟁과 평화』

1866– 발라키레프 『타마라』
　도스토예프스키 『죄와 벌』

	아파나시예프 『자연에 대한 슬라브인들의 시적인 견해』
	1868 스타소프 『러시아 브일리니의 기원』
	도스토예프스키 『백치』
1870- 프레제발스키의 중앙아시아 탐험	1868-74 무소르그스키 《보리스 고두노프》
	1871- 아브람체보 예술가 부락
	1872 도스토예프스키 『악령』
	1873 레핀 〈볼가 강의 배 끄는 사람들〉
	림스키-코르사코프 《프스코프의 처녀》
	1873- 톨스토이 『안나 카레니나』
	1874- '민중 속으로' 운동
	1874 무소르그스키 《호반쉬나》, 《전람회의 그림》
	베르쉬샤긴 '성 페테르부르크 전시회'
1877-8 러시아-터키 전쟁	1877 발라키레프의 농민가 필사
	1879- 톨스토이 『참회록』
1881 알렉산드르 2세 암살	1880 도스토예프스키 『카라마조프가의 형제들』
1881-94 알렉산드르 3세의 통치	
1881 정치경찰(*Okhrana*) 설치	
1882 반유대법	
	1883 구세주 그리스도 성당, 모스크바
	1884 수리코프 〈바야르의 아내 모로조바〉
	1885 마몬토프의 사설 오페라
	1886 톨스토이 『이반 일리치의 죽음』
	1887 체홉 『스텝』
	레비탄 〈볼가 강의 저녁〉

1890 젬스트보에 대한 규제

1891-3 기아 위기

1894-1917 니콜라이 2세의 통치

1897 첫 번째 인구조사

1898 사회민주노동당 결성

1900 러시아의 만주 점령

1901 사회혁명당 결성

1903 시베리아 횡단 철도 완공
사회민주주의자들의 분열
볼셰비키결성

1904-5 러-일 전쟁

1905 혁명가 10월 선언에 이의 제기

1906 1차 두마

1906- 스톨리핀 수상

1890 보로딘 《이고리 대공》
차이코프스키 《스페이드 퀸》, 《잠자는 미녀》

1891 라흐마니노프 《피아노 콘체르토 1번》

1892 레핀 〈블라디미르카〉
트레티아코프 박물관 설립

1893-4 체홉 『사할린 섬』

1894- 러시아 상징주의자들

1895 차이코프스키 《백조의 호수》
수리코프 〈예르마크의 시베리아 정복〉
인류학 박물관, 성 페테르부르크

1896 체홉 『갈매기』, 『바냐 아저씨』

1897 림스키-코르사코프 《사드코》
체홉『농민들』

1898 모스크바 예술극장

1898-예술 세계 'World of Art'
탈라쉬키노 예술가 부락

1899 톨스토이 『부활』

1901 로엘리히 〈우상들〉
체홉 『세 자매』

1904 체홉 『벚꽃 동산』
블록 『아름다운 숙녀에 대한 시』

1904- 린요바의 농민가 필사

1905- 스크랴빈 《환희의 시》

1906 고리키『어머니』
피 흘리는 교회Church of the Spilt Blood

1907 2차 두마, 3차 두마

1911 스톨리핀 암살

1912 4차 두마

1913 로마노프 300년제

1914- 1차 세계대전

페테르부르크, 페트로그라드로 개명

1916 라스푸틴 피살

1917 2월 혁명

차르의 폐위

임시정부

볼셰비키의 권력 장악

소비에트 정부의 레닌 의장

1918 입헌 의회 폐쇄

브레스트 리토프스크조약

1918-21 내전

1907 칸딘스키 〈다채로운 생활〉

림스키-코르사코프 《볼 수 없는 도시 키테즈의 전설》

1909 「베히*vekhi*」 출판

라흐마니노프 《피아노 콘체르토 3번》

1910 부닌 『마을』

스크라빈스키/ 발레 루시 《불새》

곤차로바 〈건초베기〉

1910- '다이아몬드 잭' 전시회

1911 스트라빈스키/발레 루시 《페트루시카》

칸딘스키 〈모든 성인들 II〉

1913 스트라빈스키/발레 루시 《봄의 제전》

말레비치 〈검은 사각형〉

만델스탐 『돌』

츠베타예바 『두 권의 책으로부터』

1913-14 벨르이 『페테르부르크』

1914 아흐마토바 『묵주의 기도』

1915 라흐마니노프 《저녁기도》

1917- 프롤레트쿨트Proletkult

츠베타예바 『백조들의 야영지』(소련에서는 1957년 출판)

1918 블록 12 『스키타이인들』

마야코프스키/메이어홀드 『미스터리 부페』

1920 〈제3인터내셔날을 위한 타틀린 타

1921- 신 경제정책New Economic Policy(NEP)
1921-2 기아 위기
1922 스탈린 소련 당총서기로 임명

1924 레닌 사망
페트로그라드 레닌그라드로 개명
1927 트로츠키 당에서 추방

1928- 1차 5개년 계획

1929- 강제 집단농장화

1930 굴락gulag 체제 확립

1932 스탈린 아내 자살
1932-4 기아 위기

워〉
자먀틴 『우리』(소련에서는 1988년 출판)
1921 구밀레프 『처형』
츠베타예바 『이정표』
1922 아흐마토바와 츠베타예바에 대한 트로츠키의 공격
아흐마토바 『*Anno Domini MCMXXI*』
만델스탐 『*Tristia*』
메이어홀드 『간통한 아내의 관대한 남편』
좌익예술전선Left Front(LEF)의 결성
1923 마야코프스키 『프로 에토』
스트라빈스키/발레 루시 《농민의 결혼식》
츠베타예바 『*Craft*』
1924 에이젠쉬테인 〈파업〉
1925 에이젠쉬테인 〈전함포테킨〉
불가코프 『백군 근위대』

1928 에이젠쉬테인 〈10월〉
츠베타예바 『러시아 이후』
러시아 프롤레타리아트 작가 협회Russian Association of Proletarian Writers(RAPP) 설립
1929 베르토프 〈촬영 카메라를 든 남자〉
마야코프스키/메이어홀드 『빈대』
1930 마야코프스키의 자살
스트라빈스키 《성가 교향곡》
쇼스타코비치 《결혼》
1932 소비에트 작가 동맹Union of Soviet Writers 설립

1934 키로프 암살

1935- 당숙청

1936-8 공개재판

1937-8 대중 공포

1939 나치-소비에트 조약

1941 독일의 소련침공

1941-4 레닌그라드 포위

1942 스탈린그라드 전투

1943 스탈린 교회 공의회 허용

1945 소련군의 베를린 진주

1947 냉전의 시작

1948 반 유대인 사회운동 : 미호엘 살해
형식주의자들에 대한 공격

1953 의사들의 음모
스탈린 사망

소비에트 사실주의 교의 공식화
오스트로프스키 『강철은 어떻게 단련되는가』

1933 부닌 노벨상 수상

1934 소비에트 작가 동맹 1차 회의
만델스탐 1차 체포
쇼스타코비치 《므첸스크의 숙녀 멕베드》

1935- 아흐마토바 『레퀴엠』

1937 쇼스타코비치 《5번 교향곡》

1938 만델스탐 2차 체포
나보코프 《선물》
에이젠쉬테인/프로코피예프 〈알렉산드르 네프스키〉

1940 불가코프 『주인과 마르가리타』(소련에서는 1966년 출판)

1940- 아흐마토바 『영웅 없는 시』

1941 나보코프 《세바스챤 기사의 실제 삶》

1941- 프로코피예프 《전쟁과 평화》

1942 쇼스타코비치 《 7번 교향곡》('레닌그라드')

1945 에이젠쉬테인/프로코피예프 〈전제 이반(7장)〉

1946 아흐마토바와 조쉔코에 대한 당의 공격

1951 나보코프 『말, 기억』

1955 나보코프 『롤리타』

호루시초프 총서기로 확정
1956 스탈린 격하 운동 '해빙'
1957 스푸트니크호 발사
1961 가가린 우주 비행
1962 쿠바 미사일 위기
1964 흐루시초프 실각
브레즈네프 서기장으로 취임

1957 파스테르나크 『닥터 지바고』(이탈리아에서 처음으로 출판)
1958 파스테르나크 노벨상 수상
1962 솔제니친 『이반 데니소비치 삶의 하루』
1966 타르코프스키 〈안드레이 루블레프〉
1970 솔제니친 노벨상 수상
1972 타르코프스키 〈솔라리스〉

감사의 말

이 책을 쓰는 데 오랜 시간이 걸렸고 많은 기구와 사람들의 도움이 없었다면 쓸 수 없었을 것이다.

프로젝트의 마지막 해에 선임 연구원 연구비를 지급해준 브리티시 아카데미와 레버헐름에 큰 빚을 지었다. 덕분에 런던 버베크 컬리지에서의 강의 대부분에서 벗어날 수 있었으며 강의를 대신 맡아준 동료 로렌스 콜에게도 감사한다. 또한 아주 운이 좋게도 레버헐름 트러스트로부터 제도적 연구 허가를 받았으며 레버헐름 트러스트는 버베크 컬리지가 프로젝트에 세 명의 임시직 연구원들을 고용할 수 있게 해주었다. 트러스트에 깊은 감사를 드리며 특히 깊은 관심과 격려에 대해 트러스트 소장인 베리 서플에게 감사드린다.

뛰어난 연구팀과 함께 할 수 있었던 것은 축복이었다. 마리아나 헤설딘은 음악 문제와 그 밖의 많은 것에 전문적인 조언을 해 주었다. 특히 그녀가 아이들을 남편인 리처드에게 맡기고 한 달간의 러시아 여행에 함께 해준 데 대해 감사를 드린다. 러시아 여행에서 마리아의 조언 덕분에 여러 분야를 섭렵할 수 있었다. 로사문드 바틀레트는 나의 중요한 문학 고문이자 다른 많은 연구 주제에 대한 귀중한 보조자였다. 그녀는 엄청나게 많은 출처들을 추적 정사해 나의 생각들을 확인할 수 있는 자료를 찾고 원고의 오자를 바로 잡아주었다. 남은 어떤 잘못도 나의 책임이다. 프로젝트가 반쯤 진행되고 있을 때 러시아사 박사학위를 막 끝낸 다니엘 비어가 합류했다. 다니엘의 열성적인 근면성은 중요한 시기에 프로젝트에 큰 힘이 되었다. 한나 휘틀리, 맨디 레토, 티모페이 로그비넨코와 마샤 카피차도 다양한 시기에 연구 보조자로 나를 위해 일해 주었으며 그들 모두에게 깊은 감사를 보낸다.

러시아에서 운이 좋게도 서구 학자들이 일반적으로 접근할 수 있는 것보다 더 광범위한 문서와 박물관들을 접할 수 있었다. 도움을 받은 분들이 너무 많아 여기서 일일이 언급할 수는 없지만 몇몇 분에게는 특별히 감사를 드리지 않을 수 없다. 성 페테르부르크에 있는 러시아 박물관에서 소장 타티아나 빌린바코바는 대출 기록 시스템을 활용할 수 있도록 도와주었고 이리나 라피나는 원고들에 대한 전문적 안내을 해주었으며 레나 바스너는 소장품에 대한 충분한 조언을 해 주었다. 특히 성 페테르부르크 에르미타쥐의 선임 연구원 리우바 파센손에게 감사를 드린다. 그녀는 여가시간을 희생해 가며 박물관을 둘러보게 해주었고 많은 연구 문제들에 도움을 주었다. 성 페테르부르크에 있는 러시아 문학 연구소(푸쉬킨 하우스)에선 특별히 문서를 열람할 수 있도록 허락해 준 원고 부서 담당자인 타티아나 이바노바 그리고 볼콘스키 문서에 대한 전문적인 도움을 준 나탈리아 코클로바, 그리고 톨스토이에 대해 자문해 준 갈리나 가갈란에게도 감사를 보낸다. 또한 쉐레메테프 오페라에 대한 오스탄키노 박물관의 리아 레프스카야, 쉐레메테프 가의 문서 위치와 성 페테르부르크에 있는 러시아 국가 역사 문서에서 그 이외에 많은 문서를 찾는 데 도움을 준 세라피마 이고로브나, 스타소프와 림스키-코르사코프, 성 페테르부르크 공공 도서관 원고 부서 책임자 블라디미르 자이초프, 그리고 마몬토프가 문서 추적에 도움을 준 데 대해 모스크바 러시아 연방 국립 문서 보관소State Archive of the Russian Federation에 있는 갈리아 쿠즈네초바에게 감사를 드리지 않을 수 없다. 나의 연구의 대부분이 이루어진 성 페테르부르크의 공공 도서관과 모스크바의 레닌 도서관 직원들, 그리고 연구를 도와준 성 페테르부르크의 네크라소프 박물관과 푸쉬킨 박물관(모이카에 있는 구 볼콘스키 저택 안에 있는) 쉐레메테프 궁정(파운틴 하우스)과 아흐마토바 박물관 야스나야 폴랴나에 있는 톨스토이 박물관의 직원들에게도 상당한 마음의 빚을 지고 있다.

평소처럼 언제나 엄청난 지원을 해준 나의 에이전시 데보라 로저스에게도 깊은 감사를 드린다.

또한 나의 편집자인 펭귄 사의 시몬 윈더와 메트로폴리탄 사의 사라 베르쉬텔에게도 많은 도움을 받았다. 시몬은 나에게 영감을 주는 열의로 추진할 수 있게 해 주었다——그의 의견은 늘 나의 주제에 대한 어떤 열정에 의해 조율되었다. 사라는 요즘 편집자에게서 보기 드문 섬세함으로 초고를 주의 깊게 읽어주었다. 또한 초고를 읽어준 그랜타 북스의 첫 번째 편집자 네일 벨턴에게도 감사한다.

또 다른 두 분이 초고를 읽어주셨다. 한 분은 어머니 에바 파이지스로 어머니의 문학적 판단은 내가 쓰는 모든 것의 리트머스 테스트였으며 또 한 사람은 리처드 야를로트로 그의 지성은 20년 전 우리의 캠브리지 학창 시절에 기억하고 있는 것처럼 지금도 번득이고 있다.

또한 소비에트 영화와 영화 예술에 대한 깊이 있는 논평——사실상 첼시 축구 클럽에 대해 우리가 컴퓨터상에서 가볍게 놀리는 것과는 전혀 다른——에 대해 조나단 후리건에게도 감사를 드리고 싶다.

마지막으로 이 책에 나오는 그림을 모두 찾아내고 디자인해 준 펭귄 사의 세실리아 멕케이와 앤드류 바커에게 감사를 드리고 싶다.

많은 분들이 세부적인 점들을 도와주고 내가 몰랐던 자료를 소개해 주었다. 특히 정교 기도서 문제에 대해 제대로 이해할 수 있게 해 준 이리나 키릴로바, 스타니슬라브스키의 연기법과 메이어홀드에 대한 아이디어를 준 스테펀 운윈, 몽골 식습관과 음식 의식에 대한 정보를 준 동양과 아프리카 연구 학파의 윌리암 클라렌스-스미스 교수, 그리고 동양에 대한 러시아인의 태도에 대한 주제를 형성할 수 있도록 도와준 데 대해 에드문드 헤르지크와 라즈 찬다바르카씨에게 특히 많은 빚을 지었다. 또한 마크 바신, 제프리 호스킹, 제랄드 맥버니, 미챌 롤퀴스트, 보리스 콜로니츠키, 로라 엔겔스타인, 알렉스 맥케이, 헬렌 라포포트 그리고 시몬 버백 모드피오르와의 대화에서 많은 것을 배웠다.

무엇보다 사랑하는 아내이자 친구인 스테파니 팔머에게 감사하고 싶다. 아내는 처음부터 이 괴물과 함께 살았다. 스테파니는 채 갖추어지지 않는 내 주장에 대한 리허설을 지켜보아 주었다. 아내는 아마도 알고 싶어 했을 수 있는 것보다 훨씬 더 많은 모호한 러시아 연극 공연에 나와 동행해 주었다. 그리고 바쁜 스케줄에도 불구하고 아내는 늘 내 연구 초고를 읽고 논평을 할 시간을 내주었다. 이 책에 적지 않은 영감을 불어넣어 준 사랑스러운 딸들에게 이 책을 바친다. 언젠가 우리의 딸들이 아버지의 또 다른 사랑을 이해하게 될 것으로 희망하면서 이 책을 썼다.

런던
2001년 11월

인가

저작권 원본의 인용을 인가해 준데 대해 감사를 드리고 싶다.

The British Film Institute for Richard Taylor's edition of Eisenstein's *Selected Works.*
Cambridge University Press for quotations in Christopher Barnes' *Boris Pasternak: A Literary Biography.*
Carcanet Press for Elaine Feinstein's translations of Marina Tsvetaeva.
Harvill Press/Random House and Atheneum/Simon & Schuster for Max Hayward's tanslation of *Hope Against Hope.*
Northwestern University Press for Kenneth Lantz's translation of Dostoevsky's *A Writer's Diary.*
Oxford University Press for L. and A. Maude's translation of *War and Peace*; for James E. Falen's translation of *Eugene Onegin*; for C. English's translation of *Village Evenings near Dikanka* and for Robert Hingley's translation of *The Princess and Other Stories.*
Penguin Books for Rosemary Edmonds' translations of *Anna Karenina, The Death of Ivan Ilyich* and *Childhood, Boyhood, Youth*; for David Magarshack's translations of *Dead Souls* and *The Brothers Karamazov*; for Charles Johnston's translation of *Eugene Onegin*; for Ronald Wilk's translations from *The Kiss and Other Stories*, My Childhood and *My Universities*; for David McDuff's translation of *The House of the Dead*; for Elisaveta Fen's translation of Chekhov's *Plays* and for Richard Freeborn's translation of *Sketches from a Hunter's Album.*
Pocket Books/Simon & Schuster for Luba and Michael Terpak's translation of *Sakhalin Island*
Zephyr Press for Judith Henschmeyer's translations of Anna Akhmatova and for the extract from Anatoly Naiman's introduction

to *The Complete Poems of Anna Akhmatova*
Extracts from the works of Vladimir Nabokov are reprinted by arrangement with the Estate of Vladimir Nabokov.

참고 문헌

하나의 서지 목록에 열거하기에는 이 책의 연구를 위해 너무 많은 자료들이 포함되어 있다. 각각의 주제마다 엄청나게 많은 러시아 저술들이 있다. 주석에선 인용하거나 많이 차용한 자료들만을 포함시키고 있다. 이 장은 영어권 독자들에게 주제에 대한 소개서로 도움이 되었다거나 내가 즐겁게 보았던 텍스트들을 소개하는 데 목적이 있다. 한두 가지 예외가 있긴 하지만 불어나 독어 혹은 러시아어 자료들은 열거하지 않았다.

서장

러시아사 개론서로는 Nicholas Riasanovsky's *A History of Russia*, 6th edition (New York, 2000); and Paul Dukes, *A History of Russia: Medieval, Modern, Contemporary, c. 882-1996*, 3rd edition (Basingstoke,1998)도 아주 좋지만 Geoffrey Hosking's *Russia and the Russians: A History from Rus to the Russian federation* (London, 2000)를 추천한다.

중세 시대 이후의 러시아 예술에 대한 1등급 연대기 조사가 있다 : James Billington's *The Icon and the Axe: An Interpretive History of Russian Culture* (New York, 1966); and W. Bruce Lincoln's *Between Heaven and Hell: The Story of a Thousand "Years of Artistic Life in Russia* (New York, 1998). James Billington's *The Face of Russia* (New York,1998)는 TV와 관련된 책의 모든 특징을 갖고 있기는 하지만 이야기하기에 흥미로운 내용들을 일부 담고 있다. 언급할 만한 세

권의 더 오래된 책들이 있다. 즉 Pavel Miliukov, *Outlines of Russian Culture*, 3 vols. (New York, 1972) (originally published 1896-1903); Tomas Masaryk, *The Spirit of Russia* (New York, 1961); 그리고 Nikolai Berdyaev, *The Russian Idea* (London, 1947)이다.

Robin Milner-Gulland's *The Russians* (Oxford, 1997)는 러시아 문화사에서 일부 중요한 주제들을 개념적이고 간결하게 분석하고 있다. 특히 신앙 체계와 예술의 성상화적 형태에 대해 유익하다. Nicholas Rzhevsky (ed.), *The Cambridge Companion to Modern Russian Culture* (Cambridge, 1998), and in Catriona Kelly *et al.*(eds.), *Constructing Russian Culture in the Age of Revolution, 1881-1940* (Oxford, 1998)에는 일부 유용한 에세이들이 있다.

신앙 체계, 신화와 상징들에 대해 또한 Michael Cherniavsky, T*sar and People: Studies in Russian Myths* (New York, 1969); J. Hubbs, *Mother Russia: The Feminine Myth in Russian Culture* (Bloomington,1988); 그리고 Elena Hellberg-Hirn, *Soil and Soul: The Symbolic World of Russianness* (Aldershot, 1997)을 권한다.

The Cambridge Companion to Russian Studies, vol. 3, *An Introduction to Russian Art and Architecture*, by Robin Milner-Gulland and John Bowk(Cambridge, 1980)도 아주 좋긴 하지만 영어로 된 가장 상세한 러시아 예술사는 *The most detailed history of Russian art in English is George Hamilton's Art and Architecture of Russia*, 3rd edition (Harmondsworth, 1983)이다. 건축물에 대한 더 세부적인 연구는 William Brumfield, *A History of Russian Architecture* (Cambridge,1993)로 시작하라.

The Handbook of Russian Literature, edited by Victor Terras (New Haven,1985)는 필수적 자료다. 또한 Charles Moser(ed.). *The Cambridge History of Russian Literature, revised edition* (Cambridge, 1992); Victor Terras, *A History of Russian Literature* (New York,1991); Richard Freeborn, *Russian Literary Attitudes from Pushkin to Solzhenitsyn* (London, 1976); and *The Cambridge Companion to the Classic Russian Novel*, eds. Malcolm Jones and Robin Feuer Miller (Cambridge,1998)를 권할 수 있다. 서구에서 러시아 음악사의 일인자는 Richard Taruskin다. *Defining Russia Musically* (Princeton, 1997)에 있는 그의 에세이들은 시작하기에는 안성맞춤이다. 러시아 여행자들에게는 *Literary Russia: A Guide* (London, 1997) by Anna Benn and Rosamund

Bartlett 를 가지고 갈 것을 강력히 권한다.

제1장 유럽적 러시아

18세기 러시아와 유럽에서의 러시아의 위치에 대해선 Simon Dixon's *The Modernization of Russia, 1676-1825* (Cambridge, 1999)로 시작하라. 이 책은 러시아 문화와 사회에 대한 사려 깊은 통찰력이 돋보인다. 피터 지배사에 대한 훌륭한 개론서는 Lindsey Hughes, *Russia in the Age of Peter the Great* (New Haven, 1998) and of Catherine's reign: Isabel de Madariaga, *Russia in the Age of Catherine the Great* (London, 1991)다. Marc Raeff는 피터 국가의 지성사에 대한 광범위한 분야의 영향력 있는 에세이들을 가지고 있다 : 가장 좋은 것은 *Political Ideas and Institutions in Imperial Russia* (Boulder, 1994)이다. 러시아의 신화적 묘사에 대한 매력적인 연구로는, Richard Wortman's *Scenarios of Power: Myth and Ceremony in the Russian Monarchy,* vol 1: *From Peter the Great to the Death of Nicholas I* (Princeton, 1995). Simon Sebag Montefiore's *Prince of Princes*를 보라: *The Life of Potemkin* (London, 2000)는 18세기 국가에 상당한 장점을 갖고 있으며 대단히 재미있다.

성 페테르부르크의 문화사에 대한 최고의 저작은 러시아어로 되어 있지만 영어 독자들은 다소 산만하고 이색적인 작품인 Solomon Volkov, *St Petersburg: A Cultural History* (London, 1996)로 시작할 수 있을 것이다. 혁명기의 아방가르드 문화를 위해선, Katerina Clark, *Petersburg: Crucible of Cultural Revolution* (Cambridge, Mass., 1995)를 보라. 성 페테르부르크의 건축사는 James Cracraft가 *The Petrine Revolution in Russian Architecture* (London, 1988)에서 탐구했으며, 이 책은 성 페테르부르크 건설에 대해 자세히 설명하고 있다; 그리고 Kathleen Murrell은 *St Petersburg: History, Art and Architecture* (London, 1995)에서 더 일반적으로 설명하고 있다. Iurii Egorov의 *The Architectural Planning of St Petersburg* (Athens, Ohio, 1969)는 러시아어를 영어로 번역한 유용한 연구논문이다.

성 페테르부르크의 궁정 건설은 본질적으로 문화사다. Priscilla Roosevelt, *Life on the Russian Country Estate: A Social and Cultural History* (New Haven, 1995)가 시작하기에는 좋다. 양식적 요소들은 Dimitri Shvidkovsky가 자신의

책 *The Empress and the Architect: British Architecture and Gardens at the Court of Catherine the Great* (New Haven,1996)에서 다루고 있다. 겨울 궁정과 에르미타쥐에 대해선 Geraldine Norman's *The Hermitage: The Biography of a Great Museum* (London, 1997)로 시작하라.

문학적 주제로서의 성 페테르부르크에 대해선 Sidney Monas, 'Unreal City: St Petersburg and Russian Culture', in Kenneth Brostrom (ed.), *Russian Literature and American Critics* (Ann Arbor, 1984), pp. 381-91; 그리고 같은 저자의 'St Petersburg and Moscow as Cultural Symbols', in Theofanis Stavrou (ed.). *Art and Culture in Nineteenth-century Russia* (Bloomington, 1983),pp. 16-39.을 보라. 두 편의 다른 에세이들도 매우 좋다 : Yury Lotman, 'The Symbolism of St Petersburg', in his *Universe of the Mind: A Semiotic Theory of Culture*, trans. Ann Shukman (London, 1990), pp. 191-216; and Aileen Kelly, 'The Chaotic City', in her *Towards Another Shore: Russian Thinkers between Necessity and Chance* (New Haven, 1998), pp. 201-20. 푸쉬킨과 성 페테르부르크에 대해선 Veronica Shapovalov, 'A. S. Pushkin and the St Petersburg Text', in Peter Barta and Ulrich Goebel (eds.), *The Contexts of Aleksandr Sergeevich Pushkin* (Lewiston, N.Y., 1988), pp. 43-54.를 보라. 도스토예프스키와 성 페테르부르크에 대해선 Sidney Monas, 'Across the Threshold: The Idiot as a Petersburg Tale', in Malcolm Jones (ed.), *New Essays on Dostoevsky* (Cambridge, 1983), pp. 67-93.를 보라. 묵시론적 주제는 David Bethea의 사려 깊은 연구논문 *The Shape of Apocalypse in Modern Russian Fiction* (Princeton, 1989)에서 논의되고 있다. 아흐마토바에 대해선 Sharon Leiter, *Akhmatova's Petersburg* (Cambridge, 1983)를 보라. 더 일반적으로 러시인의 상상력 속에 있는 도시의 위치에 대한 번득이는 책 Grigorii Kaganov's *Images of Space: St Petersburg in the Visual and Verbal Arts, trans. Sidney Monas* (Stanford, 1997)을 권할 수 있다. 이 것은 Joseph Brodsky의 서정적 에세이 'A Guide to a Renamed City', in his *Less Than One: Selected Essays* (London, 1986), pp. 69-94의 주제이기도 하다.

18세기 러시아 귀족의 지성사는 거대하고 복잡한 주제다. 독자들은 Marc Raeff의 *Origins of the Russian Intelligentsia* (New York, 1966)와 러시아의 증거에 크게 의존하고 있는 비교 연구로 Dominic Lieven의 *The Aristocracy in Europe, 1815-1914* (London, 1992)으로 시작할 수 있을 것이다. *Politics and Culture in Eighteenth-century Russia* (London, 1998)에는 Isabel De Madariaga의

몇 가지 유용한 에세이들이 있다. 러시아 문학과 문화사에 대한 Iurii Lotman의 기호학적 연구들은 이 주제에 대해 반드시 읽어야 할 부분이다. 중요한 에세이 'The Decembrists in Everyday Life'를 포함해 그의 저작의 샘플을 보기 위해선 Iu. Lotman, L. Ginsburg, B. Uspenskii, *The Semiotics of Russian Cultural History* (Ithaca, 1985)를 보라. John Garrard (ed.), *The Eighteenth Century in Russia* (Oxford, 1973)에는 다양한 측면의 러시아 귀족 문화와 사회에 대한 많은 에세이들이 있다. 살롱과 다른 문학적 기구들의 발전에 대해서는 William Mills Todd, *Fiction and Society in the Age of Pushkin: Ideology, Institutions and Narrative* (Cam-bridge, Mass., 1986)를 보라. 18세기 러시아 음악 생활에 대해 영어로 쓰여져 있는 것은 거의 없지만 극장(코믹 오페라를 포함해)에 대해서 독자들은 Simon Karlinsky, *Russian Drama from Its Beginnings to the Age of Pushkin* (Berkeley, 1985)를 참조해야 한다. 폰비진에 대해 더 많은 것을 알고 싶으면 Charles Moser, *Denis Fonvizin* (Boston, 1979)참조하라, 그리고 카람진에 대해 더 많은 것을 알고 싶으면 Anthony Cross, *N. M. Karamzin: A Study of His Literary Career* (London,1971)와 Joseph Black, *Nicholas Karamzin and Russian Society in the Nineteenth Century: A Study in Russian Political and Historical Thought* (Toronto, 1975)를 보라. 18세기 러시아 민족주의에 대한 최고의 개괄적 연구는 아직도 Hans Rogger의 *National Consciousness in Eighteenth-century Russia* (Cambridge, Mass., 1960)다. 하지만 Liah Greenfeld, *Nationalism: Five Roads to Modernity* (Cambridge, Mass.,1992)에도 몇 가지 흥미로운 아이디어를 찾아볼 수 있다.

제2장 1812년의 아이들

러시아에서의 나폴레옹에 대해선 Nigel Nicolson, *Napoleon: 1812* (London,1985)나 Alan Palmer, Napoleon in Russia (London, 1967)로 시작하라. 모스크바 화재에 대해선 D. Olivier, *The Burning of Moscow* (London, 1966)을 보라. A. Brett-James (ed.), *1812: Eyewitness Accounts of Napoleon's Defeat in Russia* (London, 1966)에서 또한 몇 가지 유용한 인용을 찾아 볼 수 있다. 하지만 가장 좋은 직접적 설명은 the *Memoirs of General de Caulain court Duke of Vicenza*, 2 vols. (London,1935) 그리고 Philippe-Paul de Segur, *Napoleon's*

Russian Campaign (London,1959)이다. 러시아의 지방에 대한 침략의 영향에 대해선 Janet Hartley, 'Russia in 1812.: Part I: The French Presence in the Gubernii of Smolensk and Mogilev', *Jahrbücher für Geschichte Osteuropas*, vol. 38, no.z (1990), pp. 178-98. 그리고 'Part II: The Russian Administration of Kaluga Gubernia', *Jahrbücher für Geschichte Osteuropas*,, vol. 38, no. 3 (1990), pp.399-416를 보라.

톨스토이의 *War and Peace*는 그 자체가 일종의 '1812년 사람들' 에 대한 이야기다. 그것의 전개와 역사적 개념에 대한 뛰어난 논의를 위해선 Kathryn Feuer's *Tolstoy and the Genesis of War and Peace* (Cornell, 1996)를 보라. 또한 R. F. Christian, *Tolstoy's 'War and Peace'* (Oxford, 1962)을 보라.

데카브리스트에 대해선 Marc Raeff (ed.), *The Decembrist Movement* (Englewood Cliffs, N.J., 1966)로 시작하라. 지적인 배경에 대해선 Iurii Lotman's essay 'he Decembrists in Everyday Life', in Iu. Lotman, L. Gins-burg, B. Uspenskii, *The Semiotics of Russian Cultural History* (Ithaca, 1985); Marc Raeff, 'Russian Youth on the Eve of Romanticism: Andrei I. Turgenev and His Circle', in his *Political Ideas and Institutions in Imperial Russia* (Boulder, 1994) 그리고 Franklin Walker, 'Christianity, the Service Ethic and Decembrist Thought', in Geoffrey Hosking (ed.), *Church, Nation and State in Russia and Ukraine* (Basingstoke, 1991), pp. 79-95.을 보라. Patrick O'Meara, *K. F. Ryleev: A Political Biography of the Decembrist Poet* (Princeton, 1984)도 권할 만하다.

볼콘스키 가문에 대해선 영어 책으로는 Christine Sutherland, *The Princess of Siberia: The Story of Maria Volkonsky and the Decembrist Exiles* (London, 1984); and Maria Fairweather, *Pilgrim Princess: A Life of Princess Zinaida Volkonsky* (London, 1999) 두 권 뿐이다.

푸쉬킨에 대한 문헌은 풍부하다. Elaine Feinstein's *Pushkin*(London, 1998)와 Robin Edmond' s *Pushkin: The Man and His Age* (London, 1994)은 푸쉬킨의 삶에 대한 훌륭한 개설서다. 시에 대해선 A. D. P. Briggs, *Pushkin: A Critical Study* (London, 1983)와 John Bayley's *Pushkin: A Comparative Commentary* (Cambridge, 1971)로 시작하라. *Eugene Onegin*에 대해선 Douglas Clayton's *Ice and Flame: Alexander Pushkin's Eugene Onegin* (Toronto, 1985)과 William Mills Todd III, '*Eugene Onegin*: "Life's Novel"', 같은 저자 (ed.). *Literature and Society in Imperial Russia, 1800-1914* (Stanford, 1978), pp. 203-35에서 많은 것을 배웠

다. *Eugene Onegin*의 '사회적 해석'은 1840년대 Vissarion Belinsky의 작품으로 거슬러 올라간다. 벨린스키의 가장 중요한 논문은 'Tatiana: A Russian Heroine', trans. S. Hoisington, *Canadian-American Slavic Studies,* vol. 29, nos. 3-4 (1995), pp. 371-95로 영국에서 출판되었다. 나보코프가 텍스트를 직역했기 때문에 짜증이 날 수도 있겠지만 *Eugene Onegin*의 사회적 배경은 the notes of Vladimir Nabokov's *Eugene Onegin,* 4 vols. (Princeton, 1975)을 읽으라. 대안으로 James Falen (Oxford, 1990)의 생생한 번역을 권한다. 푸쉬킨의 다른 운문에 대해선 D. M. Thomas (Harmondsworth, 1982)의 서문으로 번역된 *The Bronze Horseman and Other Poems*를 보라.

러시아 문학에 대한 민속의 영향에 대한 개별적 연구들은 거의 없다. 이 주제에 대한 몇 가지 아이디어는 Faith Wigzell의 논문 'Folk Stylization in Leskov's Ledi Makbet of Mtsensk', *Slavonic and East European Review,* vol. 67, no. 2 (1986)에서 얻을 수 있다. 고골리에 대해선 Donald Fanger, *The Creation of Nikolai Gogol* (Cambridge, Mass.,1979)로 시작하는 것이 가장 좋다. 그런데 우크라이나의 영향에 대해선 David Saunders의 뛰어난 책 *The Ukrainian Impact on Russian Culture, 1750-1850* (Edmonton,1985)이 있다. 레르몬토프에 대해선 Jessie Davies, *The Fey Hussar: The Life of the Russian Poet Mikhail Yur'evich Lermontov, 1814-41* (Liverpool, 1989)를 보라. 당시의 문학적 미학에 대해선 Victor Terras, *Belinsky and Russian Literary Criticism: The Heritage of Organic Esthetics* (Madison, 1974) 그리고 the extracts from Belinsky's criticism in V. Belinsky, 'Thoughts and Notes on Russian Literature', in Ralph Matlaw(ed.), Belinsky, *Chernyshevsky and Dobrolyubov: Selected Criticism* (Bloomington, 1962), pp. 3-32.를 보라.

민속과 음악에 대해선 Richard Taruskin, *Defining Russia Musically* (Princeton, 1997), 특히 논문 'N. A. Lvov and the Folk' (pp. 3-24), 'M. I. Gliunka and the State' (pp. 25-47) 과 'How the Acorn Took Root' (pp. 113-51)에 많은 도움을 받았다. 또한 Alfred Swan, *Russian Music and Its Sources in Chant and Folk Song* (New York, 1973)을 권한다. 러시아 예술에서의 민속 주제에 대해선 S. Frederick Starr, 'Russian Art and Society, 1800-1850', in Theofanis Stavrou (ed.), *Art and Culture in Nineteenth-century Russia* (Bloomington, 198 3), pp. 87-112.을 보라. 베네치아노프에 대해선 Rosalind Gray의 뛰어난 논문 'The Real and the Ideal in the Work of Aleksei

Venetsianov', *Russian Review*, vol. 4 (1999), pp. 655-75.이 있다. Alison Hilton's *Russian Folk Art* (Bloomington, 1995)은 이 같은 주제의 몇 가지 측면을 다루고 있는 매력적인 연구다.

어린 시절에 대한 러시아인의 문학적 태도는 나에게 상당히 많은 것을 가르쳐 준 책인 Andrew Wachtel, *The Battle for Childhood: Creation of a Russian Myth* (Stanford, 1990)에서 논의되고 있다. Catriona Kelly도 러시아인의 매너에 대한 자신의 매력적인 연구인 *Refining Russia: Advice Literature, Polite Culture, and Gender from Catherine to Yeltsin* (Oxford, 2001)에서 어린시절에 대해 다루고 있다.

알렉산드르 게르첸을 접하는 가장 좋은 방법은 그의 매력적인 회고록 *My Past and Thoughts* (Berkeley, 1999)을 읽는 것이다. 이사야 벌린은 서구에서 게르첸의 가장 설득력 있는 해설자다. 그의 에세이 'Herzen and His Memoirs', in *The Proper Study of Mankind: An Anthology of Essays*, ed. H. Hardy and R.Hausheer (London, 1997) (이 에세이는 위에서 인용된 *My Past and Thoughts* 판에도 있다.) 'Alexander Herzen' and 'Herzen and Bakunin on Individual Liberty' in *Russian Thinkers* (Harmondsworth, 1978)를 보라. Aileen Kelly는 *Toward Another Shore: Russian Thinkers between Necessity and Chance* (New Haven, 1998)(특히 chapters 6, 15 and 16)와 *Views from the Other Shore: Essayson Herzen, Chekhov and Bakhtin* (New Haven, 1999)에서 게르첸의 철학에 대해 말할 수 있는 통찰력을 갖고 있다. 두 편의 탁월한 정치적 일대기가 있다 : Martin Malia, *Alexander Herzen and the Birth of Russian Socialism* (Cambridge, Mass., 1961)와 Edward Acton, *Alexander Herzen and the Role of the Intellectual Revolutionary* (Cambridge, 1979)이다.

차다예프의 철학 서한들은 *Philosophical Works of Peter Chaadaev*, ed. Raymond McNally and Richard Tempest(Boston, 1991)에서 영어로 구할 수 있다. 차다예프에 대한 더 많은 것을 알고 싶으면 Raymond T. McNally, *Chaadayev and His Friends: An Intellectual History of Peter Chaadayev and His Russian Contemporaries* (Tallahassee, 1971)을 보라.

슬라브주의자들에 대해선 Andrzej Walicki의 뛰어난 연구 *The Slavophile Controversy: History of a Conservative Utopia in Nineteenth-century Russian Thought* (Oxford 1975)로 시작해야 한다. Ivan Kireevsky에 대한 Abbott Gleason의 매력적인 연구인 *European and Muscovite: Ivan Kireevsky and the*

Origins of Slavophilism (Cambridge, Mass., 1972.)도 있다. 슬라브주의자들의 저작들 중 일부는 영어로 쓰여져 있는 것을 찾을 수 있다. 즉 Ivan Kireevsky, 'On the Nature of European Culture and Its Relation to the Culture of Russia', in Marc Raeff (ed.), *Russian Intellectual History: An Anthology* (New York,1966), pp. 174-207. 그리고 같은 책에 있는 Konstantin Aksakov, 'On the Internal State of Russia', pp. 230-51.이 그것이다. 더 일반적으로 19세기 초 지성사에 대해선 Nicholas Riasanovsky, *A Parting of the Ways: Government and the Educated Public in Russia 1801-1855* (Oxford, 1976); Peter Christoff, *The Third Heart: Some Intellectual-Ideological Currents and Cross-currents, 1800-1830* (The Hague, 1970) 그리고 19세기 작가 Pavel Annenkov의 생생한 회고록 *The Extraordinary Decade*, trans. I. Titunik (Ann Arbor, 1968)을 권할 수 있다. 이사야 벌린은 반드시 읽어야 한다 - 특히 에세이 'The Birth of the Russian Intelligentsia', 'Vissarion Belinsky' and 'German Romanticism in Petersburg and Moscow', in *Russian Thinkers* (Harmondsworth, 1978), 그리고 벨린스키에 대한 그의 탁월한 에세이 'Artistic Commitment: A Russian Legacy', in *The Sense of Reality: Studies in Ideas and Their History*, ed. Henry Hardy(London, 1996), pp. 194-231.

카람진의 역사적 저작은 S. Mark Lewis, *Modes of Historical Discourse in J. G. Herder and N. M. Karamzin* (New York, 1995)이 조사하고 있다. 또한 the introduction by Richard Pipes in N. M. Karamzin, *A Memoir on Ancient and Modern Russia: The Russian Text*, ed. R. Pipes (Cambridge, Mass.,1959)을 보라. 러시아 기원에 대한 논쟁에 대해선 Nicholas Riasanovsky, 'The Norman Theory of the Origin of the Russian State', *The Russian Review*, vol. 7, no. i (1947), pp. 96-110. 그리고 군주제에 대한 논쟁에 대해선 Frank Mocha, 'The Karamzin Leiewel Controversy', *Slavic Review*, vol. 31,no. 3 (1972), pp. 592-610.을 보라.

'1855년의 정신' — 니콜라이 1세의 죽음에 이은 지적인 해방 — Aileen Kelly의 'Carnival of the Intellectuals', in *Toward Another Shore: Russian Thinkers between Necessity and Chance* (New Haven, 1998), pp. 37-54.에서 잘 포착되고 있다. 알렉산드르 2세에 대해선 W. E. Mosse, *Alexander II and the Modernization of Russia* (London, 1992) (처음에 1958년에 출판된) 혹은 Norman Pereira, *Tsar Liberator: Alexander II of Russia* Newtonville, 1983)을 보

라. 농노 해방에 대한 더 많은 정보는 Terence Emmons, *The Russian Landed Gentry and the Peasant Emancipation of 1861* (Cambridge, 1967)을 보라.

제3장 모스크바! 모스크바!

1812년 이후 모스크바 재건은 A. Schmidt, 'The Restoration of Moscow After 1812', *Slavic Review*, vol. 40, no. i (1981), pp. 37-48. 그리고 Kathleen Berton의 유용한 일반적 연구 *Moscow: An Architectural History* (London, 1990)에서 논의 되고 있다. 제국 스타일에 대해선 A. Gaydamuk, Russian *Empire: Architecture, Decorative and Applied Arts, Interior Decoration 1800-1830* (Moscow, 2000)을 보라. Laurence Kelly (ed.), *Moscow. A Traveller's Companion* (London, 1983)는 19세기 초 모스크바의 분위기를 상기시키는 회상들을 포함하고 있다. *Moscow: Treasures and Traditions* (Washington, 1990)은 다양한 예술에서 모스크바 양식에 대한 유용한 에세이들을 담고 있다. Evgenia Kirichenko의 작품 *Russian Design and the Vine Arts: 1750-1917* (New York, 1991)에서 많은 도움을 받았으며 이 책은 모스크바 양식의 출현을 추적하기도 하고 있다.

음식과 음료에 대해선 R. E. F. Smith and David Christian, *Bread and Salt: A Social and Economic History of Food and Drink in Russia* (Cambridge, 1984)와 M. Giants and J. Toomre (eds.), *Food in Russian History and Culture* (Bloomington, 1997)을 참조하는 것이 좋을 것이다. R. D. Le Blanc, 'Food, Orality, and Nostalgia for Childhood: Gastronomic Slavophilism in Mid Nineteenth-century Russian Fiction', *Russian Review*, vol. 58, no. 2. (1999)는 전문적이지만 매력적인 논문이다. 보드카에 대한 문헌은 당연히 많지만 가장 좋은 소개서는 David Christian, *'Living Water'. Vodka and Russian Society on the Eve of Emancipation* (Oxford, 1990)과 V. V.Pokhlebin, *A History of Vodka* (London, 1992)이다.

무소르그스키에 대한 우리의 이해는 그를 소비에트 음악사의 인민주의적이고 민족주의적인 이데올로기에서 구해내 그의 지적 발전의 복잡성을 강조하고자한 두 명의 탁월한 미국인 학자들의 작품에 의해 극적으로 수정되고 있다. 즉 Richard Taruskin, *Musorgsky: Eight Essays and an Epilogue*, 2nd edition

(Princeton,1997)과 Caryl Emerson, *The Life of Musorgsky* (Cambridge, 1999)가 그것이다. 가트만과 무소르그스키의 우정에 대해선 Michael Russ, *Musorgsky, Pictures at an Exhibition* (Cambridge, 1992.)와 Alfred Frankenstein, 'Victor Hart-mann and Modeste Musorgsky', *Musical Quarterly*, 25 (1939), pp. 268-91(이 책은 가트만의 연구도 포함하고 있다)을 보라. 보리스 고두노프의 지성사에 대해선 Caryl Emerson and Robert Oldani, *Modest Musorgsky and Boris Godunov: Myths, Realities, Reconsiderations* (Cambridge, 1994)를 보라. Richard Taruskin는 무소르그스키의 오페라에 대한 우리의 견해를 수정하기 위해 누구보다 많은 일을 해냈다. 그의 '"The Present in the Past": Russian Opera and Russian Historiography, c. 1870', in Malcolm Brown (ed.), *Russian and Soviet Music: Essays for Boris Schwarz* (Ann Arbor, 1984), pp. 77-146.을 보라. 호반쉬치나에 대해선 Jennifer Batchelor and Nicholas John(eds.)의 유용한 에세이, *Khovanshchina* (London, 1994)를 보라. 무소르그스키의 삶에 대해 더 많은 것을 알고 싶다면 Alexandra Orlova, *Musorgsky Remembered* (Bloomington, 1991); *Musorgsky: In Memoriam 1881-1981*, ed. Malcolm Brown(Ann Arbor, 1982); *The Musorgsky Reader: A Life of Modest Petrovich Musorgsky in Letters and Documents*, ed. and trans. J. Leyda and S. Bertensson (New York, 1947)를 보라.

스타소프에 대한 가장 좋은 소개서는 Yuri Oikhovsky, *Vladimir Stasov and Russian National Culture* (Ann Arbor, 1983)이다. 그의 음악 저작들 중 일부는 영어로 쓰여진 것을 구할 수 있다. 즉 V. V. Stasov, *Selected Essays on Music*, trans. Florence Jonas (New York, 1968)이다. 러시아 음악 학파 설립 이야기는 Robert Ridenour, *Nationalism, Modernism, and Personal Rivalry in Nineteenth-century Russian Music* (Ann Arbor, 1981)에서 볼 수 있다. 발라키레프에 대해서는 Edward Garden, *Balakirev: A Critical Study of His Life and Music* (London, 1967)에 조사되어 있다. 쿠치키스트 음악에 대해서는 David Brown *et al.*. *The New Grove Russian Masters 1: Glinka, Borodin, Balakirev, Musorgsky, Tchaikovsky* (London, 1986)로 시작하라. 림스키 코르사코프에 대한 더 전문적인 내용은 V. V. Yastrebtsev, *Reminiscences of Rimsky-Korsakov*, ed. and trans. Florence Jonas (New York, 1985); Gerald Abraham, *Rimsky Korsakov: A Short Biography* (London, 1945) 그리고 Gerald Seaman, *Nikolai Andreevich Rimsky-Korsakov: A Guide to Research* (New York, 1988)를 보라.

모스크바의 상인들에 대해서는 많은 문헌들이 있다. 그들의 사회적 문화적 삶에 대해서는 Jo Ann Ruckman, *The Moscow Business Elite: A Social and Cultural Portrait of Two Generations, 1840-1905* (DeKalb, Ⅲ., 1984); T. Owen, *Capitalism and Politics in Russia: A Social History of the Moscow Merchants, 1855-1905* (Cambridge, 1981); E.Clowes, S. Kassow, J. West (eds.), *Between Tsar and People: Educated Society and the Quest for Public Identity in Late Imperial Russia* (Princeton, 1991); R. W. Thurston, *Liberal City, Conservative State: Moscow and Russia's Urban Crisis, 1906-1914* (Oxford, 1987); J. L. West, 'The Riabushinkii Circle: Russian Industrialists in Search of a Bourgeoisie 1909-1914', *Jahrbücher für Geschichte Osteuropas,* vol. 32, no. 3 (1984), pp. 358-77; W. Blackwell, 'The Old Believers and the Rise of Private Industrial Enterprise in Early Nineteenth-century Moscow', *Slavic Review,* vol. 24, no. 3 (1965), pp. 407-24. 등이 가장 유용한 것으로 보인다. 자모스크보레치예 구역에 대한 묘사를 위해선 19세기 작가 Apollon Grigor'ev, *My Literaryand Moral Wanderings,* trans. Ralph Matlaw (New York, 1962)보다 더 낳은 자료는 없다. 또한 Robert Whittaker, '"My Literary and Moral Wanderings": Apollon Grigor' ev and the Changing Cultural Topography of Moscow', *Slavic Review,* vol. 42,no. 3 (1983), pp. 390-407.를 보라. 트레티아코프에 대해선 John Norman, 'Pavel Tretiakov and Merchant Art Patronage, 1850-1900', in E. Clowes, S. Kassow, J. West(eds.). *Between Tsar and People: Educated Society and the Quest for Public Identity in Late Imperial Russia* (Princeton, 1991), pp. 93-107.를 보라. 마몬토프에 대해선 일급의 연구인 S. R. Grover, *Savva Mamontov and the Mamontov Circle, 1870-1905: Art Patronage and the Rise of Nationalism in Russian Art* (Ann Arbor, 1971)이 있다. 일반적인 상인의 후원에 대해서는 Beverly Kean, *All the Empty Palaces: The Merchant Patrons of Modern Artin Pre-revolutionary Russia* (London, 1983)을 보라. 오스트로프스키에 대해 더 알고 싶다면 Marjorie Hoover, *Alexander Ostrovsky* (Boston, 1981)와 더 최근의 연구인 Kate Rahman, *Ostrovsky: Reality and Illusion* (Birmingham, 1999)을 보라. pochvenniki에 대한 나의 설명은 Wayne Dowler, *Dostoevsky, Grigor' ev and Native Soil Conservatism* (Toronto, 1982)에서 상당 부분을 인용했다.

아브람체보, 솔로멘코와 탈라쉬키노 부락에 대해선 Wendy Salmond가 *Arts and Crafts in Late Imperial Russia: Reviving the Kustar Art Industries, 1870-1917* (Cambridge, 1996)에서 탐구하고 있다. 나는 Salmond의 선구적인 책에서 많

은 것을 배웠다. John Bowlt의 탁월한 연구 *The Silver Age: Russian Art of the Early Twentieth Century and the 'World of Art' Group* (Newtonville, Mass., 1979) 에서 아브람체보와 탈라쉬키노에 대해 묘사하고 있다.

모스크바의 현대적 스타일에 대해선 William Brumfield, *Origins of Modernism in Russian Architecture* (Berkeley, 1993)을 보라. 특히 Shekhtel과 the Riabushinsky mansion에 대해선 : Catherine Cook, 'Fedor Osipovich Shekhtel: An Architect and His Clients in Turn-of-century Moscow', *Architectural Association Files,* nos. 5-6 (1984), pp. 5-31 William Brumfield, 'The Decorative Arts in Russian Architecture: 1900-1907', *Journal of Decorative and Propaganda Arts,* no. 5 (1987), pp. 23-6 등이 있다. 파베르제에 관한 문헌은 많지만 그 회사의 모스크바 작업실에 대한 것은 상대적으로 거의 없다. Gerard Hill (ed.), *Fabergé and the Russian Master Goldsmiths* (New York, 1989) 와 Kenneth Snowman, *Fabergé* (New York, 1993)로 시작하는 것이 가장 좋다. Evgenia Kirichenko's *Russian Design and the Fine Arts: 1750-1917* (NewYork, 1991)는 Vashkov와 Ovchinnikov를 포함하고 있는 파베르제와 다른 모스크바 은세공장들을 논하고 있다. Victor Vasnetsov의 작품을 연구한 학자는 아직 없지만 Vrubel은 Aline Isdebsky-Prichard, *The Art of Mikhail Vrubel (1856-1910)* (Ann Arbor, 1982)의 좋은 연구 주제다.

스트라빈스키에 대한 분명한 출발점은 David Magarshack, *Stanislavsky: A Life* (London, 1986)이다. 스트라빈스키의 예행 연습 체계에 대해선 무수히 많은 책들이 있지만 내가 스트라빈스키 자신의 설명이 가장 예시적이다. 즉 *Stanislavsky on the Art of the Stage,* trans. David Magarshack (London,1967). 모스크바 예술 극장 건립에 대한 이야기는 설립자 자신들이 가장 잘 설명하고 있는 것 같다. 즉 C. Stanislavski, *My Life in Art* (London,1948); V. Nemirovitch-Dantchenko, *My Life in the Russian Theatre* (London,1968). 나는 설명하면서 E. Clowes, 'Social Discourse in the Moscow Art Theatre', in E. Clowes, S. Kassow, J. West (eds.). *Between Tsar and People: Educated Society and the Quest for Public Identity in Late Imperial Russia* (Princeton,1991), pp. 271-87.에서도 차용하고 있다.

체홉은 광범위하고 복잡한 주제다. 나는 Donald Rayfield, *Understanding Chekhov* (London, 1999)와 같은 저자의 *Anton Chekhov: A Life* (London, 1997) 그리고 *Chekhov: The Evolution of His Art* (New York, 1975)에서 대부분을 배웠

다. V. S. Pritchett, *Chekhov: A Biography* (Harmonds-worth, 1988) 와 Ronald Hingley, *A Life of Anton Chekhov* (Oxford, 1976)은 더 오래되었지만 아직도 읽을 만한 가치가 있다. 나는 Vera Gottlieb's *Chekhov and the Vaudeville: A Study of Chekhov's One-act Plays* (Cambridge, 1982)에서 모스크바 대중 문화에서의 체홉의 뿌리에 대해 많은 것을 배웠다. 체홉의 중요한 희곡에 대해선 Richard Pearce, *Chekhov: A Study of the Four Major Plays* (New Haven, 1983); Gordon McVay, *Chekhov's Three Sisters* (London, 1995); Laurence Senelick, *The Chekhov Theatre: A Century of the Plays in Performance* (Cambridge, 1997)를 권한다. *The Cambridge Companion to Chekhov*, ed. Vera Gottlieb and Paul Allain (Cambridge, 2000)은 유용한 통찰력으로 가득 차 있다. 체홉의 종교라는 복잡한 주제에 대해선(5장에서 논의되고 있는 주제로서) (영어 저작이 없기 때문에)Vladimir Kataev *et al.* (eds.), *Anton P. Cechov- Philosophische und religiose Dimensionen im Leben und im Werk* (Munich, 1997)를 보라. Julie de Sherbinin's *Chekhov and Russian Religious Culture: The Poetics of the Marian Paradigm* (Evanston, 1997)는 매우 전문적이다. 죽음에 대한 체홉의 태도는 Jerome E. Katsell, 'Mortality: Theme and Structure of Chekhov's Later Prose', in Paul Debreczeny and Thomas Eekman (eds.), *Chekhov's Art of Writing: A Collection of Critical Essays* (Columbus, 1977), pp. 54-67.이 탐구하고 있다. 체홉의 수수께끼 같은 개성은 그의 서신이 드러나 있다. 나는 *Letters of Anton Chekhov*, ed. Simon Karlinsky(London, 1973); *Chekhov: A Life in Letters*, ed. Gordon McVay (London, 1994); *Anton Chekhov's Life and Thought: Selected Letters and Commentary*, trans.Michael Heim, commentary by Simon Karlinsky (Evanston, Ⅲ., 1997) 그리고 *Dear Writer - Dear Actress: The Love Letters of Olga Knipper and Anton Chekhov*, trans. and ed. Jean Benedetti (London, 1996)을 권한다.

모스크바 아방가르드에 대해선 (제7장에서 다시 살펴볼 주제) 소개서로 Camilla Gray, *The Russian Experiment in Art, 1863-1922*, revised edition (London, 1986); John Bowk, *The Silver Age: Russian Art of the Early Twentieth Century and the 'World of Art' Group* (Newtonville, Mass., 1979)과 같은 저자의 (ed.), *Russian Art of the Avant Garde: Theory and Criticism, 1902-1934* (New York, 1988)를 권한다. 리아부쉰스키와 Golden Fleece 서클에 대해선 William Richardson, *Zolotoe Runo and Russian Modernism, 1905-1910* (Ann Arbor,

1986)을 보라. 나는 또한 John Bowit, 'The Moscow Art Market', in E. Clowes, S. Kassow,J. West (eds.), *Between Tsar and People: Educated Society and the Quest for Public Identity in Late Imperial Russia* (Princeton, 1991), pp. 108-28.에서 많은 것을 배웠다.

곤차로바에 대해선 Mary Chamot, *Goncharova: Stage Designs and Paintings* (London, 1979)를 참조해 보는 것이 좋을 것이다. 곤차로바의 예술 정신은 Marina Tsvetaeva의 긴 산문 작품 (불어 번역만 있다), *Nathalie Goncharova* (Paris, 1990)에서 아름답게 환기되고 있다. 여성 아방가르드 예술가에 대한 더 총론적인 것에 대해선 Myuda Yablonskaya, *Women Artists of Russia's New Age, 1900-1935* (London, 1990)과 John Bowit and Matthew Drutt (eds.), *Amazons of the Avant-garde, exhibition catalogue, Royal Academy of Arts* (London, 1999)를 보라.

스크랴빈에 대해선 Faubion Bowers, *Scriabin: A Biography*, 2. vols.(London, 1969); James Baker, *The Music of Alexander Scriabin* (New Haven,1986) 그리고 스크랴빈의 신비주의적 사고에 대해선 Boris de Schloezer, *Scriabin: Artist and Mystic, trans. Nicolas Slonimsky* (Oxford, 1987)을 권한다. 파스테르나크 츠베타예바와 불가코프에 대한 연구는 7장과 8장을 보라.

제4장 민중 속으로

인민주의 운동에 대한 고전적 설명은 Franco Venturi, *Roots of Revolution: A History of the Populist and Socialist Movements in Nineteenth-century Russia, trans. Francis Haskell* (New York, 1960)이다. 또한 나는 Tibor Szamuely의 탁월한(그리고 논쟁적인) 에세이 *The Russian Tradition* (London, 1988); 그리고 Richard Wortman의 더 민감한 심리적 연구 *The Crisis of Russian Populism* (Cambridge, 1967)에서 차용하고 있다. 또한 '민중 속으로' 에 대해선 Daniel Field, 'Peasants and Propagandists in the Russian Movement to the People of 1874', *Journal of Modern History*, no. 59 (1987), pp. 415-38. 그리고 인민주의 운동의 지적 배경에 대해선 Abbott Gleason, *Young Russia: The Genesis of Russian Radicalism in the 1860s* (New York, 1980)를 권한다. Cathy Frierson's *Peasant Icons: Representations of Rural People in Late Nineteenth-century Russia* (Oxford, 1993)

는 19세기 말 농민의 변화한 이미지에 대한 탁월한 설명이다.

레핀과 이동 전람회파에 대해 더 보고 싶은 사람은 Elizabeth Valkenier, *Russian Realist Art: The State and Society: The Peredvizhniki and Their Tradition* (Ann Arbor, 1977)과 그에 못지않게 탁월한 *Ilya Repin and the World of Russian Art* (New York,1990)로 시작해야 한다. 나는 이 두 작품에서 많은 것을 배웠다. 다른 한편으로 Fan and Stephen Parker's *Russia on Canvas: Ilya Repin* (London,1980) or *Ilya Repin* by Grigory Sternin and Yelena Kirillina (Bournemouth,1996)을 참조해도 좋을 것이다.

투르게네프와 학생 혁명가들에 대한 그의 복잡한 태도에 대해선 다음과 같은 세 편의 탁월한 에세이들에 빚을 지고 있다. 즉 Isaiah Berlin, 'Fathers and Children: Turgenev and the Liberal Predicament', in *Russian Thinkers* (Harmondsworth, 1978), pp. 261-305; Leonard Schapiro, 'Turgenev and Herzen: Two Modes of Russian Political Thought', in his *Russian Studies* (London, 1986),pp. 321-37; 그리고 Aileen Kelly, 'The Nihilism of Ivan Turgenev', in *Toward Another Shore: Russian Thinkers between Necessity and Chance* (New Haven,1998), pp. 91-118. 등이다. 일반적으로 투르게네프에 대해선 다음과 같은 세 작품을 더 권한다. 즉 Leonard Schapiro, *Turgenev: His Life and Times* (Oxford, 1978); F. Seeley, *Turgenev: A Reading of His Fiction* (Cambridge, 1991); and V. S. Pritchett, *The Gentle Barbarian: The Life and Work of Turgenev* (London, 1977). 네크라소프에 대해 쓰여진 것은 훨씬 적지만 쓸 만한 개설서가 있다. 즉 Sigmund Birkenmayer, *Nikolaj Nekrasov: His Life and Poetic Work* (The Hague, 1968). 나는 1860년대의 문학 미학과 혁명 운동에 대해 두 편의 중요한 작품인 Rufus Matthewson, *The Positive Hero in Russian Literature* (Stanford, 1975); and Irina Paperno, *Chernyshevsky and the Age of Realism* (Stanford, 1988)로부터 상당히 많은 것을 배웠다. Donald Fanger의 훌륭한 에세이 'The Peasant in Literature', in Wayne Vucinich (ed.), *The Peasant in Nineteenth-century Russia* (Stanford, 1968)가 있다. 나는 이 작품에 빚을 지고 있다.

톨스토이에 대한 문헌은 그 자체만으로 도서관 하나를 채울 수 있을 정도로 많다. 개론적 자서전으로는 나는 아직도 학창 시절 나에게 영감을 얻었던 Henri Troyat, *Tolstoy*, trans. Nancy Amphoux (Harmondsworth, 1970)을 좋아하지만 A. N. Wilson, *Tolstoy* (London,1988)을 권한다. 특히 제5장의 많은 부분을 제외한 톨스토이에 대한 나의 주장의 상당 부분은 Richard Gustafson, *Leo Tolstoy, Resident and Stranger: A Study in Fiction and Theology* (Princeton, 1986)에서 영감을 얻었다. 내가 유용하다고 생각하는 톨스토이 종교에 대한 다른 작품들엔 E. B. Greenwood, 'Tolstoy and Religion', in M. Jones (ed.) *New Essays on Tolstoy* (Cambridge, 1978), pp. 149-74; David Matual, *Tolstoy's Translation of the Gospels: A Critical Study* (Lewiston, 1992) 그리고 Josef Metzele, *The Presentation of Death in Tolstoy's Prose* (Frankfurt, 1996)이 포함되어 있다. 톨스토이의 편지와 일기를 그를 이해하기 위해선 필수적으로 읽어야 한다. 즉 *Tolstoy's Letters*, ed. R. F. Christian(London, 1978); *Tolstoy's Diaries*, ed. R. F. Christian (London, 1985). 톨스토이의 생애와 작품에 대해 더 많은 것을 알고 싶은 사람에겐 Viktor Shklovsky, *Lev Tolstoy*, trans. Olga Shartse (Moscow, 1988); Boris Eikhenbaum, *Tolstoy in the Sixties*, trans. D. White (Ann Arbor, 1979)와 *Tolstoy in the Seventies*, trans. Albert Kaspin (Ann Arbor, 1972); Donna Orwin, *Tolstoy's Art and Thought, 1847-1880* (Princeton, 1993); Malcolm Jones (ed.), *New Essays on Tolstoy* (Cam-bridge, 1978); A. Donskov, 'The Peasant in Tolstoy's Thought and Writing', *Canadian Slavonic Papers*, no. 21 (1979), pp. 183-96; Alexander Fodor, *Tolstoy and the Russians: Reflections on a Relationship* (Ann Arbor, 1984); Alexander Fodor, *A Quest for a Non-violent Russia - the Partnership of Leo Tolstoy and Vladimir Chertkov* (London, 1989); Andrew Donskov and John Wordsworth (eds.), *Tolstoy and the Concept of Brotherhood* (New York,1996)를 권한다.

러시아의 결혼 관습에 대해선 특히 Christine Worobec: *Peasant Russia: family and Community in the Post-emancipation Period* (Princeton, 1991)과 *Russia's Women: Accommodation, Resistance, Transformation*, ed. Barbara Clements, Barbara Engel and Christine Worobec (Berkeley, 1991)에 많은 빚을 지고 있다. 또한 William Wagner, *Marriage, Property, and Law in Late Imperial Russia* (Oxford, 1994); David Ransel (ed.), *The Family in Imperial Russia: New Lines of Research* (Urbana,1978); and Laura Engelstein, *The Keys to Happiness: Sex and the Search for Modernity in Fin-de-siècle Russia* (Cornell, 1992)에서도 도움을 받았다.

체홉의 '농민들' 의 영향은 Lee J. Williams, *Chekhov the Iconoclast* (Scranton, 1989)과 더 오래되긴 했지만 매우 유용한 책인 Walter Bruford, *Chekhov and*

His Russia: A Sociological Study, and edition (London, 1948)에 의해 상세하게 논의되고 있다. 부닌에 대해 더 알고 싶은 사람에겐 James Woodward, *Ivan Bunin: A Study of His Fiction* (Chapel Hill, 1980)과 Thomas Gaiton Marullo, *Ivan Bunin: Russian Requiem, 1885-1920* (Chicago, 1993)을 권한다.

세기 전환기의 도시 대중 문화에 대해선 Richard Stites, *Russian Popular Culture: Entertainment and Society since 1900* (Cambridge, 1992.)를 권한다. 시골 인구에 대한 영향을 알려면 Jeffrey Brooks, *When Russia Learned to Read: Literacy and Popular Literature, 1861-1917* (Princeton,1985)을 보라. 또한 Stephen Frank and Mark Steinberg (eds.). *Cultures in Flux: Lower-class Values, Practices and Resistance in Late Imperial Russia* (Princeton,1994)에는 어떤 흥미로운 에세이들이 있다.

Vekhi와 1905년 혁명에 대한 인텔리겐차의 반응에 대해 더 알고 싶은 사람은 Leonard Schapiro, 'The Vekhi Group and the Mystique of Revolution',Slavonic and East *European Review*, no. 44 (1955), pp. 6-76.를 참조하라. 운동의 철학적 측면들에 대해선 Aileen Kelly, 'hich Signposts?' in *Toward Another Shore: Russian Thinkers between Necessity and Chance* (New Haven, 1998), pp. 755-200.의 인식적 에세이들이 있다.

최근에 몇 권의 가치 있는 새로운 러시아 책들이 출판되고는 있지만 영어 책으로도 쟈길레프와 발레 루시에 대한 참고 문헌이 늘고 있다. Lynn Garafola's *Diaghilev's Ballets Russes* (Oxford, 1989)는 발레단에 대한 가장 상세한 연구다. 또한 Lynn Garafola and Nancy Van Norman Baer (eds.), *The Ballet Russes and Its World* (New Haven, 1999)를 보라. 다른 한 편으로 발레 루시에 대한 전반적 조사에 대해선 Ann Kodicek (ed.), *Diaghilev: Creator of the Ballets Russes: Art, Music, Dance, exhibition catalogue, Barbican Art Gallery* (London, 1996)을 권한다. John Drummond의 특이한 책 *Speaking of Diaghilev* (London, 1997)는 발레단 구성원으로부터 발레 루시의 현상에 대한 실제 증언을 제공하고 있다. 또한 고전적 책인 Peter Lieven, *The Birth of the Ballets Russes* (London, 1936)을 권한다. 쟈길레프에 대한 가장 좋은 책은 아직도 Richard Buckle, *Diaghilev* (London, 1979)이다. 하지만 또한 Serge Lifar, *Serge Diaghilev: His Work, His Legend. An Intimate Biography* (New York, 1976) (원래는 1940년에 출판된)에도 흥미로운 것이 많이 있다. 영어 책으로는 미흡하기는 하지만 베누아의 회고록은 읽을 만하다. Alexander Benois, *Memoirs*, 2 vols., trans.Moura

Budberg (London, 1964). 또한 그의 *Reminiscences of the Russian Ballet*, trans. Mary Britnieva(London, 1941)를 보라. 발레 루시에 대한 예술적 측면에 대해선 Alexander Schouvaloff, *The Art of the Ballets Russes: The Serge Lifar Collection of Theater Designs, Costumes and Paintings at the Wadsworth Atheneum, Hartford, Connecticut* (New Haven, 1997)와 John Bowit, *Russian Stage Design: Scenic Innovation, 1900-1930* (Jackson, Miss., 1982)을 권한다. 안무 전통에 대해선 Tim Scholl, *From Petipa to Balanchine: Classical Revival and the Modernization of Ballet* (London, 1993)과 그 자체로 재미있는 독서인 Michel Fokine, *Memoirs of a Russian Ballet Master*, trans. Vitale Fokine (Boston, 1961)이 있다. Richard Buckle's *Nijinsky* (London, 1980)는 무용가의 삶에 대한 가장 훌륭한 소개서로 남아 있다. 로엘리히에 대해선 영어 책으로 Jacqueline Decter, *Nicholas Roerich: The Life and Art of a Russian Master* (Rochester,Vt., 1989)만이 있다.

스트라빈스키와 발레 루시에 대해선 Richard Taruskin's, *Stravinsky and the Russian Traditions: A Biography of the Works through Mavra*, 2. vols. (Berkeley, 1996)와 비교할 만한 것이 없다. 나는 이 대단한 걸작에 상당한 도움을 받았다. 쉬운 책은 아니다(책의 상당 부분을 따라가기 위해 음악학자의 도움을 필요로 했다). 부피(1756쪽)와 빽빽한 음악적 인용에 질린 독자들은 Stephen Walsh, *The Music of Stravinsky* (Cambridge, 1993)나 같은 저자의 자세한 전기인 *Igor Stravinsky: A Creative Spring. Russia and France, 1882-1934* (London, 2000)을 참조하는 것이 더 좋을 것이다. *The Rite of Spring*의 유명한 초연에 대해 더 많이 알고 싶은 독자는 Thomas Kelly, 'The Rite of Spring', in *First Nights: Five Musical Premieres* (New Haven, 2000), pp. 258-99.를 보라. *Igor Stravinsky, The Rite of Spring: Sketches* (London, 1969)는 로엘리히에 대한 스트라빈스키의 편지와 스트라빈스키 자신의 'Stravinsky-Nijinsky Choreography'에 대한 설명이 들어 있다. 봄의 제전에 대한 이야기의 다른 판본에 대해선 Richard Taruskin, 'Stravinsky and the Subhuman: A Myth of the Twentieth Century: *The Rite of Spring*, the Tradition of the New, and "The Music Itself"', in *Defining Russia Musically* (Princeton, I997) pp 368-88.을 보라. *Les Noces*에 대해선 이 발레가 유라시아 작품이라는 주장에 대해선 의심이 들지만 Richard Taruskin, 'Stravinsky and the Subhuman: Notes on Svadebka' (in *Defining Russia Musically*, pp. 389-467)에서 많은 것을 배웠다.

제5장 러시아적 영혼을 찾아서

정교 신앙에 대한 개설서로서는 Timothy Ware, *The Orthodox Church* (Harmondsworth,1997)를 권한다. 러시아 교회에 대한 가장 상세하고 광범위한 연구는 쉬운 책이 아니기는 하지만 Georges Florovsky, *Ways of Russian Theology*, 2 vols. (Belmont, Mass., 1979-87)이다. Jane Ellis, *The Russian Orthodox Church: A Contemporary History* (Bloomington, 1986) 가 이해하기는 더 쉬울 것이다. Georgii Fedotov, *The Russian Religious Mind*, 2 vols. (Cambridge, Mass., 1946)는 문화사라는 광범위한 맥락에서 러시아 종교 의식에 대해 흥미로운 것들을 담고 있다. 간결한 개관이나 러시아 문화에서 종교의 역할을 알고 싶은 사람들에겐 Dmitry Likhachev, 'Religion: Russian Orthodoxy', in Nicholas Rzhevsky (ed.), *The Cambridge Companion to Modern Russian Culture* (Cambridge, 1998)를 권한다. Gregory Freeze는 교회 기구에 대한 중요한 연구를 해왔다. 교회의 황실 국가와의 관계에 대한 논의를 보고자 하는 사람들은 그의 'Handmaiden of the State? The Church in Imperial Russia Reconsidered', *Journal of Ecclesiastical History*, vol. 36 (1985)를 보라. 은둔적 전통에 대해선 V. N. Lossky, *The Mystical Theology of the Eastern Church* (London, 1957)에서 많은 것을 배웠다. 구 모스크바 사회에서 교회의 역할에 대해선 Paul Bushkovitch, *Religion and Society in Russia: The Sixteenth and Seventeenth Centuries* (New York, 1992)가 잘 설명하고 있다. 옵티나와 그 문화적 영향에 대해 더 알고 싶으면 Leonard Stanton, *The Optina Pustyn Monastery in the Russian Literary Imagination: Iconic Vision in Works by Dostoevsky, Gogol, Tolstoy and Others* (New York, 1995)을 보라.

성상화의 문화적 역할에 대해선 독창력이 풍부한 작품인 Leonid Ouspensky: 'The Meaning and Language of Icons', in L. Ouspensky and V. Lossky, *The Meaning of Icons* (New York, 1989), pp. 23-50.으로 시작해야 한다. Boris Uspensky, *The Semiotics of the Russian Icon* (Lisse, 1976)은 중요한 작품이다. 러시아의 예술적 전통에 대한 성상화의 영향에 대한 매력적인 탐구에 대해선 Robin Milner-Gulland, 'Iconic Russia', in *The Russians* (Oxford, 1997), pp. 171-226.를 보라. 일부 같은 주제를 John Bowit가 'Orthodoxy and the Avant-garde: Sacred Images in the Work of Goncharova, Malevich and Their Contemporaries', in William Brumfield and Milos Velimirovic (eds.),

Christianity and the Arts in Russia (Cambridge,1991)에서 다루고 있다.

Robert Crumney는 구교에 대한 영향력 있는 서구 학자다. the Vyg community에 대한 그의 연구, *The Old Believers and the World of the Antichrist: The Vyg Community and the Russian State, 1694-1855* (Madison, 1970)를 읽는 것은 재미있다. 나는 또한 그의 논문 'Old Belief as Popular Religion: New Approaches', *Slavic Review*, vol. 52, no. 4 (1993), pp. 700-7i2; Michael Cherniavsky, 'The Old Believers and the New Religion', *Slavic Review*, vol. 25, no. i (1966), pp. 1-39. 그리고 Roy R. Robson, 'Liturgy and Community among Old Believers, 1905-1917', *Slavic Review*, vol. 52, no. 4(1993), pp. 713-724.에서 많은 도움을 받았다. 종교 분파에 대해 더 많은 것을 알고 싶다면 A. I. Klibanov, *History of Religious Sectarianism in Russia, 1860s-1917*, trans. Ethel Dunn(Oxford, 1982)와 Laura Lngelstein, *Castration and the Heavenly Kingdom* (Ithaca, 1999)을 참조하라.

러시아 농민의 종교적 믿음은 아직 권위 있는 저작을 기다리고 있는 매력적인 주제다. 몇 편의 흥미로운 논문들에서 여러 가지 측면들이 모색되고 있다. 즉 Eve Levin, 'Dvoeverie and Popular Religion', in S. K Batalden (ed.). *Seeking God: The Recovery of Religious Identity in Orthodox Russia, Ukraine, and Georgia* (De Kalb, III., 1993), pp. 31-52; Chris Chulos, 'Myths of the Pious or Pagan Peasant in Post-emancipation Central Russia(Voronezh Province)', *Russian History*, vol. 2.2, no. 2 (1995), pp. 181-216; Simon Dixon, 'How Holy was Holy Russia? Rediscovering Russian Religion', in G. Hosking and R. Service (eds.), *Reinterpreting Russia* (London, 1999),pp. 21-39; V. Shevzov, 'Chapels and the Ecclesial World of Prerevolutionary Russian Peasants', *Slavic Review*, vol. 52, no. 3 (1996), pp. 593-607.이 그것이다. Linda Ivanits, *Russian Folk Belief* (New York, 1989)는 대중적 종교 신앙과 의식을 잘 요약해 놓고 있다. 농민들을 기독교화하기 위한 교회의 노력에 대해선 Gregory Freeze, 'The Rechristianization of Russia: The Church and Popular Religion, 1750-1850', *Studia Slavica Finlandensia*, no. 7 (1990),pp. 101-36. 그리고 V. G. Vlasov, 'The Christianization of the Russian Peasants', in M. Balzer (ed.), *Russian Traditional Culture: Religion, Gender and Customary Law* (London, 1992)를 보라. 농민의 죽음에 대한 태도에 대해선 Christine Worobec, 'Death Ritual among Russian and Ukrainian Peasants: Linkages between the Living and the Dead', in S. Frank and M. Steinberg(eds.). *Cultures in Flux: Lower-class Values, Practices and Resistance in Late Imperial Russia* (Princeton, 1994), pp. 11-33.에서 많은 도움을 받았다.

슬라브주의자들의 신학에 대해선 개설서로 Peter K. Christoff's *An Introduction to Nineteenth-century Russian Slavophilism: A. S. Xomjakov* (The Hague, 1961)과 같은 저자의 *An Introduction to Nineteenth-century Russian Slavophiles: F. Samarin* (Westview, 1991) 그리고 *An Introduction to Nineteenth-century Russian Slavophiles: I. V. Kirevskii* (The Hague, 1972)를 권한다. '러시아의 영혼' 이라는 개념을 지지하는 *sobornost'*라는 관념에 대해선 Georges Florovsky, *Sobornost': The Catholicity of the Church', in E. Mascall (ed.), The Church of God* (London, 1934), pp. 53-74; N. Riasanovsky, 'Khomiakov on sobornost'', in E. J. Simmons (ed.), *Continuity and Change in Russian and Soviet Thought* (Cambridge, Mass.,1955) pp. 183-196; P. Tulaev, 'Sobor and Sobornost': The Russian Orthodox Church and Spiritual Unity of the Russian People', *Russian Studies in Philosophy*, vol. 31, no. 4 (1993), pp. 25-53.가 있다.

종교작가로서의 고골리에 대해선 Vsevolod Setchkarev, *Gogol. His Life and Works* (New York, 1965); and Robert Maguire, *Exploring Gogol* (Stanford, 1994)에 많은 설명이 있다. 고골리 저작의 종교적 측면들은 Dmitry Merezhkovsky, 'Gogol and the Devil', in Robert Maguire (ed.), *Gogol from the Twentieth Century* (Princeton, 1974); A. Ebbinghaus, 'Confusions and Allusions to the Devil in Gogol's Revizor', *Russian Literature*, vol. 34,no. 3 (1993), pp. 291-310; J. Schillinger, 'Gogol's "The Overcoat" as a Travesty of Hagiography', *Slavic and East European Journal*, no. 16 (1972),pp. 36-41. 그리고 L. Knapp, 'Gogol and the Ascent of Jacob's Ladder: Realization of Biblical Metaphor', in *Christianity and the Eastern Slavs*, Californian Slavic Studies vol. 3, no. 18 (1995)에서 탐구되고 있다. *The Letters of Nikolai Gogol* (ed. and trans. C. Proffer (Ann Arbor, 1967))는 *Dead Souls*를 완성하기 위한 작가의 고투를 설명하고 있다. 이 주제에 대해선 또한 James Woodward, *Gogol's 'Dead Souls'* (Princeton, 1978); Susanne Fusso, *Designing Dead Souls: An Anatomy of Disorder in Gogol* (Stanford, 1993); and J. M. Holquist, 'The Burden of Prophecy: Gogol's Conception of Russia', *Review of National Literatures*, vol. 3, no. i (1973), p. 39.에서 많은 것을 배웠다.

도스토예프스키에 대해선 조셉 프랭크의 작품 *Dostoevsky: The Seeds of Revolt, 1821-1849* (Princeton, 1979); *Dostoevsky: The Years of Ordeal, 1850-1859* (Princeton, 1983); *Dostoevsky: The Stir of Liberation,1860-1865* (Princeton, 1988) 그리고 *Dostoevsky: The Miraculous Years, 1865-1871* (Princeton, 1995)이 독창성이 풍부하다. 신앙에 대한 작가의 고투에 대한 나의 생각은 Aileen Kelly, 'Dostoevsky and the Divided Conscience', in *Toward Another Shore: Russian Thinkers between Necessity and Chance* (New Haven, 1998), pp. 55-79.에서 영감을 얻었다. 이 주제에 대해선 V. Zenkovsky, 'Dostoevsky's Religious and Philosophical Views', in Rene Weliek (ed.), *Dostoevsky: A Collection of Critical Essays* (Englewood Cliffs, 1962.); Gein Kjetsaa, *Dostoevsky and His New Testament* (Oslo, 1984); Robert L. Jackson, *The Art of Dostoevsky* (Princeton, 1981); Sergei Hackel, 'The Religious Dimension: Vision or Evasion? Zosima's Discourse in The Brothers Karamazov' in M. V. Jones and G. M.Terry (eds.), *New Essays on Dostoevsky* (Cambridge, 1983), pp. 139-68; Sven Linner, *Starets Zosima in The Brothers Karamazov: A Study in the Mimesis of Virtue* (Stockholm, 1975); Frank Seeley, 'Ivan Karamazov', in *Old and New Essays on Tolstoy and Dostoevsky* (Nottingham, 1999), pp. 12.7-44 그리고 Ellis Sandoz, *Political Apocalypse: A Study of Dostoevsky's Grand Inquisitor* (Baton Rouge, Lou., 1971)에서 많은 것을 배웠다. Crime and Punishment에 대해선 Victor Terras, 'The Art of Crime and Punishment', in *Reading Dostoevsky* (Madison, Wis., 1998), pp. 51-72 Robert L. Jackson (ed.), *Twentieth-century Interpretations of Crime and Punishment* (Englewood Cliffs, 1974); Joseph Brodsky, 'The Power of the Elements', in *Less Than One* (London, 1986), pp. 157-63.을 권한다. The Idiot와 성스러운 바보라는 주제에 대해선 S. Lesser, 'Saint & Sinner: Dostoevsky's Idiot, *Modern Fiction Studies*, vol. 4 (1958); Frank Seeley, 'The Enigma of Prince Myshkin', in *Old and New Essays on Tolstoy & Dostoevsky*, pp. 111-18.를 보라. the *Writer's Diary*와 도스토예프스키의 민족주의적 메시아니즘의 복잡한 문제에 대해선 Gary Morson, *The Boundaries of Genre: Dostoevsky's Diary of a Writer and the Traditions of Literary Utopia* (Austin, 1981) 그리고 Hans Kohn, 'Dostoevsky and Danielevsky: Nationalist Messianism', in E. J. Simmons (ed.), *Continuity and Change in Russian and Soviet Thought* (Cambridge, Mass., 1955), pp. 500-15.을 보라.

체홉과 톨스토이의 종교적 주제에 대해선 각각 3장과 4장에서의 나의 추천을 보라.

제6장 칭기즈칸의 후예들

칸딘스키에 대해 나는 Peg Weiss, *Kandinsky and Old Russia. The Artist as Ethnographer and Shaman* (New Haven, 1995)에 많은 빚을 지고 있다. 나는 또한 Ulrik Becks-Malorney, *Wassily Kandinsky, 1866-1944: The Journey to Abstraction* (London, 1999) 그리고 Rose-Carol Washton Long, *Kandinsky: The Development of an Abstract Style* (Oxford, 1980)에서 많은 것을 배웠다. 칸딘스키의 러시아적 관계에 대해 더 알고 싶은 사람에겐 John Bowit and Rose-Carol Washton Long (eds.). *The Life of Vasilii Kandinsky in Russian Art: A Study of 'On the Spiritual in Art'* (Newtonville, Mass., 1980)을 권한다. 칸딘스키 자신의 저작들 중 일부가 번역되어 있다. 즉 Kenneth Lindsay and Peter Vergo(eds.), *Kandinsky: Complete Writings on Art*, 2. vols. (London, 1982.) (코미 지역 여행에 대한 그의 설명은 vol. 1, pp. 886-98)를 권한다.

유라시아에서의 샤머니즘에 대해선 Ronald Hutton, *Shamans: Siberian Spirituality and the Western Imagination* (London, 2.001)을 권한다. 다른 것들 중에서 Hutton은 18세기와 19세기의 무당들에 대한 연구를 논의하고 있다. 이 문제에 대해 더 알고 싶은 사람은 Gloria Flaherty, *Shamanism and the Eighteenth Century* (Princeton, 1992)를 보라.

더 전체적으로 시베리아 이교도 부족들과 러시아인의 만남에 대해선 Yuri Slezkine, *Arctic Mirrors: Russia and the Small Peoples of the North* (Cornell, 1994)을 보라. 또한 Galya Diment and Yuri Slezkine (eds.). *Between Heaven and Hell: The Myth of Siberia in Russian Culture* (New York, 1993); James Forsyth, *A History of the Peoples of Siberia; Russia's North Asian Colony, 1581-1990* (Cambridge, 1994) 그리고 Michael Khodarkovsky, '"Ignoble Savages and Unfaithful Subjects": Constructing Non-Christian Identities in Early Modern Russia', in D. Brower and E. Lazzerini (eds.), *Russia's Orient: Imperial Borderlands and Peoples, 1700-1917*(Bloomington, 1997)를 보라. 나는 또한 Mark Bassin: 'Expansion and Colonialism on the Eastern Frontier: Views of

Siberia and the Far East in Pre-Petrine Russia', *Journal of Historical Geography*, no. 14 (1988),pp. 3-2.1; 'Inventing Siberia: Visions of the Russian East in the Early Nineteenth Century', *American Historical Review*, vol. 96, no. 3 (1991) 그리고 'Asia'in Nicholas Rzhevsky (ed.). *The Cambridge Companion to Modern Russian Culture* (Cambridge, 1998)에 많은 빚을 지고 있다.

러시아에 대한 몽골의 영향은 유라시안주의 역사가인 George Vernadsky, *The Mongols and Russia* (New Haven, 1953)에 의해 강조되고 있다. 또한 그의 논문 'The Eurasian Nomads and Their Impact on Medieval Europe', *Studii Medievali*, series 3, vol. 4 (1963)을 보라. 더 냉정한 시각으로는 Charles Halperin, *Russiaandthe Golden Horde* (Bloomington, 1985)을 참조하라. 성스러운 바보와 음유시인에 대해서는 Eva Thompson, *Understanding Russia: The Holy Fool in Russian Culture* (Lanham, Mad., 1987) 그리고 Russell Zguta, *Russian Minstrels: A History of the Skomorokhi* (Pennsylvania, 1978)를 보라. Michael Khodarkovsky, *Where Two Worlds Met: The Russian State and the Kalmyk Nomads 1600-1771* (Ithaca, 1992)는 칼미크 부족에 대해 말하고 있다. 중앙아시아와 러시아인의 만남에 대한 다른 측면들은 Emmanuel Sarkisyanz, 'Russian Conquest in Central Asia: Transformation and Acculturation', in Wayne Vucinich (ed.), *Russia and Asia* (Stanford, 1972.); Seymour Becker, The Muslim East in Nineteenth-century Russian Popular Historiography', in *Central Asian Survey*, vol. 5 (1986), pp. 25-47; Peter Weisensel, 'Russian Self-identification and Travelers' Descriptions of the Ottoman Empire in the First Half of the Nineteenth Century', in *Central Asian Survey*, vol. 10 (1991)에서 논의되고 있다.

러시아인의 동양에 대한 인식에 대해선 또한 Daniel Browerand Edward Lazzerini (eds.), *Russia's Orient: Imperial Borderlands and Peoples,1700-1917* (Bloomington, i997); Milan Hauner, *What is Asia to Us?* (London,1990) 그리고 Nicholas Riasanovsky, 'Asia through Russian Eyes', in Wayne Vucinich (ed.), *Russia and Asia* (Stanford, 1972)에 빚을 지고 있다. 러시아의 문학적 상상력에서의 동양에 대해선 Susan Layton, *Russian Literature and Empire: The Conquest of the Caucasus from Pushkin to Tolstoy* (Cambridge,1994)을 추천한다. 또한 Robert Stacy, *India in Russian Literature* (Delhi, 1985)을 보라. 코사크 문제는 Judith Kornblatt, *The Cossack Hero in Russian Literature: A Study in Cultural*

Mythology (Madison, Wise., 1992)이 논의하고 있다.

러시아적 장식에 대한 스타소프의 작품에서 발췌한 것은 번역된 것을 구할 수 있다. 즉 Vladimir Stasov, *Russian Peasant Design Motifs for Needleworkers and Craftsmen* (New York, 1976)이다. The Benfey 이론(민간 설화 운동에 대한)은 William Clouston, *Popular Tales and Fictions: Their Migrations and Transformations*, 2 vols.(London, 1887)에서 논의되고 있다. 민속 서사시에 대해 더 많은 것을 알고 싶은 사람은 Alex Alexander, *Bylina and Fairy Tale: The Origins of Russian Heroic Poetry* (The Hague, 1973); and Felix Oinas and Stephen Soudakoff(eds.), *The Study of Russian Folklore* (The Haguc, 1975)를 보라.

레비탄에 대한 영어 책은 없다. 하지만 베레쉬샤긴에 대해 더 많은 것을 알고 싶은 사람들은 Vahan Barooshian, *V. V. Vereshchagin: Artist at War* (Gainesville, Flo., 1993)를 참조해도 좋을 것이다.

블록과 상징주의자에 대해선 Avril Pyman, *The Life of Aleksandr Blok*, 2 vols. (Oxford, 1979-80)과 같은 저자의 *A History of Russian Symbolism* (Cambridge, 1994)에 도움을 받았다. 또한 Stefani Hoffman, 'Scythianism: A Cultural Vision in RevolutionaryRussia', Ph.D. diss. (Columbia University, N.Y., 1975)에도 빚을 지고 있다. 벨르이에 대해 더 알고 싶은 사람들에겐 Samuel Cioran, *The Apocalyptic Symbolism of Andrej Belyj* (The Hague, 1973); John Elsworth, *Andrey Bely: A Critical Study of His Novels* (Cambridge, 1983); Vladimir Alexandrov, *Andrei Bely: The Major Symbolist Fiction* (Cambridge, Mass., 1985) 그리고 John Malmstad and Gerald Smith (eds.), *Andrey Bely: Spirit of Symbolism* (Cornell, 1987)를 권한다. 페테르부르크에 대해선 Magnus Ljunggren, *The Dream of Rebirth: A Study of Andrej Belyj's Novel Peterburg, Acta Vniversitatis Stockholmiensis, Stockholm Studies in Russian Literature*, no. 15 (Stockholm, 1982) 그리고 Robert Mann, *Andrei Bely's Petersburg and the Cult of Dionysus* (Lawrence, Kan., 1986)를 보라. 또한 Andrei Bely, *Petersburg, trans. Robert A. Maguire and John E. Malmstad* (Harmondsworth, 1983)에서 번역자의 주석을 권한다. 솔로비예프에 대해선 Eugenia Gourvitch, *Soloviev: The Man and the Prophet, trans. J. Deverill* (Sussex, 1992)가 있다.

유라시아 운동은 Nicholas Riasanovsky, 'The Emergence of Eurasianism', *Californian Slavic Studies*, no. 4 (1967), pp. 39-72; Charles Halperin, 'Russia and the Steppe: George Vernadsky and Eurasianism', *Forschungen zur osteuropäischen Geschichte*, no. 36(1985), pp. 55-194.이 논의하고 있다. 니콜라이 트루베츠코이의 저작 발췌물은 번역된 것으로 구할 수 있다. 즉 *The Legacy of Cenghiz Khan and Other Essays on Russia's Identity*, trans. Anatoly Liberman (Ann Arbor, 1991)이다.

제7장 소비에트 렌즈를 통해 본 러시아

아흐마토바는 몇 편의 훌륭한 전기의 주제다. 즉 Roberta Reeder, *Anna Akhmatova: Poet and Prophet* (London, 1995); Amanda Haight, *Anna Akhmatova: A Poetic Pilgrimage* (Oxford, 1979) 그리고 Jessie Davies, *Anna of All the Russias: The Life of Anna Akhmatova (1889-1966)* (Liverpool, 1988)이다. 그녀에 대한 최고의 저작 대부분은 회고록의 형태다. 즉 Lydia Chukovskaya, *The Akhmatova Journals* (New York, 1994); Anatoly Nayrnan, *Remembering Anna Akhmatova, trans. Wendy Rosslyn* (London, 1991). 그녀는 또한 Nadezhda Mandelstam, *Hope Abandoned*, trans. M. Hayward (London, 1989)에서 분명하게 특징지어지고 있다. 이사야 벌린과의 우정은 György Dalos, *The Guest from the Future: Anna Akhmatova and Isaiah Berlin* (London, 1999)에서 논의되고 있다. 아흐마토바 시의 다양한 측면들이 David Wells, *Anna Akhmatova: Her Poetry* (Oxford, 1996); Susan Amert, *In a Shattered Mirror: The Later Poetry of Anna Akhmatova* (Stanford, 1992); Wendy Rosslyn, *The Prince, the Fool and the Nunnery: The Religious Theme in the Early Poetry of Anna Akhmatova* (Amersham, 1984) 그리고 Sharon Leiter, *Akhmatova's Petersburg* (Cambridge, 1983)에서 탐구되고 있다. *The Complete Poems of Anna Akhmatova*, trans. J. Hemschemeyer, ed. R. Reeder (Edinburgh, 1992)에는 가치있는 자료와 기록들이 있다.

소련 아방가르드에 대해서는 많은 문헌이 있다. 개론서로서 활력 있는 책 Richard Stites, *Revolutionary Dreams: Utopian Vision and Experimental Life in the Russian Revolution* (Oxford, 1989)을 적극 추천한다. 또한 Victor Arwas, *The Great Russian Utopia* (London, 1993)을 보라. John Bowltand Olga Matich (eds.), *Laboratory of Dreams: The Russian Avant-garde and Cultural Experiment* (Stanford, 1996) 그리고 Abbott Gleason, Peter Kenez and Richard Stites (eds.),

Bolshevik Culture: experiment and Order in the Russian Revolution (Bloomington, 1985)에는 유용한 에세이들이 있다.

공동주택 계획에 대해서는 Viktor Buchli, *An Archaeology of Socialism* (Oxford, 1999)를 적극 추천한다. 또한 Milka Bliznakov, 'Soviet Housing during the Experimental Years, 1918 to 1933'와 Vladimir Paperny, 'Men, Women, and Living Space', in William Brumfield and Blair A. Ruble (eds.), *Russian Housing in the Modern Age: Design and Social History* (Cambridge, 1993), pp. 85-148 와 149-70를 각각 보라. 초기 소비에트 건축물에 대해서는 더 일반적으로 William Brumfield (ed.), *Reshaping Russian Architecture: Western Technology, Utopian Dreams* (Cambridge, 1990); Catherine Cooke, *Russian Avant-garde: Theories of Art, Architecture and the City* (London, 1995); 같은 저자의 'Beauty as a Route to "the Radiant Future": Responses of Soviet Architecture,' *Journal of Design History*, vol. 10, no. 2 (1997), pp. 137-60; Frederick Starr, 'Visionary Town Planning during the Cultural Revolution', in Sheila Fitzpatrick (ed.). *Cultural Revolution in Russia, 1928-7931* (Bloomington and London, 1978), pp. 207-40; Sima Ingberman, *ABC: International Constructivist Architecture, 1922-1939* (Cambridge, Mass., 1994); and Hugh Hudson, *Blueprints and Blood: The Stalinization of Soviet Architecture,1917-1937* (Princeton, 1994)을 참조하라.

새로운 소비에트적 인간의 전망에 대해선 Lynne Attwood and Catriona Kelly, 'Programmes for Identity: The "New Man" and the "New Woman"', in Catriona Kelly and David Shepherd (eds.). *Constructing Russian Culture in the Age of Revolution* (Oxford, 1998), pp. 256-90.을 보라. 이 주제에 대한 트로츠키의 저작들은 *Problems of Everyday Life and Other Writings on Culture and Science* (New York, 1973)에서 찾아볼 수 있다. 볼세비키들은 심리분석가에게 매혹 당한다. 이 주제에 대해 더 보고 싶은 사람은 Martin Miller, *Freud and the Bolsheviks: Psychoanalysis in Imperial Russia and the Soviet Union* (New Haven, 1998) 그리고 David Joravsky, *Russian Psychology: A Critical History* (Oxford, 1989)을 보라. Svetlana Boym's *Common Places: Mythologies of Everyday Life in Russia* (Cambridge, Mass., 1994)는 다른 것과 같이 일상적 문화를 초월하기 위한 러시아와 소비에트의 충동에 대해 많은 것을 이야기 하고 있는 번득이는 작품이다.

1920년대와 1930년대의 문화 혁명에서의 예술적 아방가르드의 역할은 복잡하고 논란이 많은 주제다. 최근 일부 사학자들은 사회주의적 사실주의 발전에 대한 아방가르드의 기여를 강조하고 있다. 즉 Boris Groys, *The Total Art of Stalinism, Avant-garde, Aesthetic Dictatorship and Beyond*, trans. Charles Rougle (Princeton, 1992); Igor Golomshtock, *Totalitarian Art, trans. Robert Chandler* (London, 1990)이다. 다른 사람들은 아방가르드를 혁명과 신 경제 정책에 포함된 자유주의적 전망으로 묘사하고 있다. 즉 David Elliot, *New Worlds: Russian Art and Society, 1900-1937* (London, 1986); John Bowit, *The Russian Avant-garde: Theory and Criticism, 1902-34* (New York, 1976)이다.

구성주의자들에 대해선 Christine Lodder, *Russian Constructivism* (New Haven, 1983)로 시작해야 한다. 또한 George Rickey, *Constructivism: Origins and Evolution* (New York, 1995); Richard Andrews et al. (eds.), *Art into Life: Russian Constructivism, 1914-1932* (New York, 1990); Alexander Lavrent'ev and John Bowit, *Varvara Stepanova: A Constructivist Life* (London, 1988); John Milner, *Vladimir Tatlin and the Russian Avant-garde* (New Haven, 1983); Peter Noever (ed.), *Aleksandr M. Rodchenko, Varvara F. Stepanova: The Future is Our Only Goal* (New York, 1991)를 보라. 또한 뛰어난 논문인 Christine Kaier, 'The Russian Constructivist "Object" and the Revolutionizing of Everyday Life, 1921-1929, Ph.D. diss. (Univ. of California, 1995)에서 많은 것을 배웠다. 프롤레트쿨트에 대한 최고의 안내서는 Lynn Mally, *Culture of the Future: The Proletkult Movement in Revolutionary Russia* (Berkeley, 1990)이다.

소비에트 영화에 대해선 Peter Kenez, *Cinema and Soviet Society, 1917-1953* (Cambridge, 1992); Dmitry and Vladimir Shiapentokh, *Soviet Cinematography, 1978-1997: Ideological Conflict and Social Reality* (NewYork, 1993); Richard Taylor and lan Christie (eds.), I*nside the Film Factory: New Approaches to Russian and Soviet Cinema* (London, 1991); 같은 편집자 *The Film Factory: Russian and Soviet Cinema in Documents, 1896-1959*, trans. R. Taylor (Cambridge, Mass., 1988); Richard Taylor, *The Politics of the Soviet Cinema 1917-7929* (Cambridge, 1979); Denise Youngblood, *Movies for the Masses: Popular Cinema and Soviet Society in the 1920s* (Cambridge, 1992); 같은 저자의 *Soviet Cinema in the Silent Era, 1917-1935* (Ann Arbor, 1985); Richard Taylor and Derek Spring (eds.), *Stalinism and Soviet Cinema* (London, 1995)를 권한다. *kinoki*에 대해 더 알고 싶은 사람은 *Kino-Eye: The Writings of Dziga Vertov*, ed. Annette Michelson, trans. Kenneth O'Brien(Berkeley, 1984)을 읽어 보라. Kuleshov와 Pudovkin에 대해서도 역시 *Lev Kuleshov on Film: Writings of Lev Kuleshov*, trans. and ed. Ronald Levaco (Berkeley, 1974); Vsevolod Pudovkin, *Film Technique and Film Acting*, trans. I. Montagu (New York, 1970)를 읽어보라. 아이젠슈테인에 대해선 Ronald Bergan의 전기 *Eisenstein: A Life in Conflict* (London., 1997)과 그의 역사 영화에 대해 탁월하게 설명하고 있는 Jason Goodwin, *Eisenstein, Cinema and History* (Urbana,1993)이 있다. 다른 한편으로 David Bordwell, *The Cinema of Eisenstein* (Cambridge, Mass., 1993); Ian Christie and Richard Taylor (eds.), *Eisenstein Rediscovered* (London, 1993) 그리고 더 오래되긴 했지만 여전히 흥미로운 책 Jay Leyda and Zina Voynow, *Eisenstein at Work* (New York, 1982)를 추천한다.

메이어홀드에 대한 가장 좋은 영어책 개괄서는 Edward Braun, *The Theatre of Meyerhold: Revolution and the Modern Stage* (London, 1986)이며 또한 같은 저자의 (ed.), *Meyerhold on Theatre* (London, 1969)를 보라; Robert Leach's study, *Vsevolod Meyerhold* (Cambridge, 1989)도 읽어볼 만하다. 생체 역학에 대한 더 협소한 주제에 대해선 Alma Law and Mel Gordon's book, *Meyerhold, Eisenstein, and Biomechanics: Actor Training in Revolutionary Russia* (Jefferson, N.C.,1996)를 필수적으로 읽어야 한다. 소비에트 아방가르드 극장에 대해 더 많은 것을 알고 싶은 사람에겐 뛰어난 소비에트 학자의 작품인 *Konstantin Rudnitsky, Russian and Soviet Theatre: Tradition and Avant-garde, trans. R. Permar* (London, 1988)을 권한다. 또한 Lars Kleberg, *Theatre as Action: Soviet Russian Avant-garde Aesthetics, trans. Charles Rougle* (London, 1993); Nancy Van Norman Baer, *Theatre in Revolution: Russian Avant-garde Stage Design 1918-1935* (London, 1991)이 있다. 거리 예술과 극장에 대해서는 Vladimir Tolstoi *et al.* (eds.), *Street Art of the Revolution: Festivals and Celebrations in Russia 1918-33* (London, 1990)과 James von Geldern, *Bolshevik Festivals, 1917-1920* (Berkeley, 1993)을 보라.

쇼스타코비치는 점증하는 연구보고서의 주제다. 가장 최근의 정확한 전기로는 Laurel Fay, *Shostakovich: A Life* (Oxford, 2000)를 보라. 반체제 인사로서의 쇼스타코비치에 대한 묘사에 의문을 가질 수도 있지만 Ian MacDonald, *The New Shostakovich* (London,1990)을 참조할 만한 가치가 있다. David Fanning (ed.), *Shostakovich Studies* (Cambridge, 1995); Allan Ho and Dmitry Feofanov (eds.), *Shostakovich Reconsidered* (London, 1998)와 Rosamund Bartlett (ed.), *Shostakovich in Context* (Oxford, 2000), 특히 쇼스타코비치의 삶과 예술에 대한 미묘한 해석을 하고 있는 Richard Taruskin의 'Shostakovich and Us'가 있다. 또한 전공자에겐 Esti Sheinberg, *Irony, Satire, Parody and the Grotesque in the Music of Shostakovich* (Ashgate, 2000)을 권한다. Elizabeth Wilson, *Shostakovich: A Life Remembered* (London.,1994)는 쇼스타코비치에 대한 가치 있는 회고록을 포함하고 있다. 이 카테고리에서 나는 Dmitri Sollertinsky and Liudmilla Sollertinsky, *Pages from the Life of Dmitri Shostakovich*, trans. G. Hobbs and C.Midgley (New York, 1980)와 *Story of a Friendship: The Letters of Dmitry Shostakovich to Isaak Glickman, 1941-1975* (Cornell, 1997)에서 많은 것을 배웠다. Solomon Volkov's *Testimony: The Memoirs of Dmitri Shostakovich* (New York, 1979) 는 논란이 많은 작품으로 이 책은 쇼스타코비치가 저자에게 말한 것을 기록하고 있을 수도 기록하지 않고 있을 수도 있다. 쇼스타코비치와 영화에 대해선 주로 Tatiana Egorova, *Soviet Film Music: An Historical Survey* (Amsterdam,1997)에서 인용했다.

그의 죽음에 대한 최근 연구는 아직 영어 문헌에 반영되어야 하지만 마야코프스키에 대한 연구 보고서는 더 오래되었다. 그 작품들 중에서 Victor Terras, *Vladimir Mayakovsky* (Boston, 1983); Edward Brown, *Mayakovsky: A Poet in the Revolution* (Princeton, 1973); A. D. P. Briggs, *Vladimir Mayakovsky: A Tragedy* (Oxford, 1979); Wiktor Woroszylski and Bolesaw Taborski, *The Life of Mayakovsky* (London, 1972)를 추천한다. 특히 브릭과 마야코프스키의 복잡한 관계에 대해서 더 많은 사실들은 Vahan Barooshian, *Brik and Mayakovsky* (New York, 1978)와 Ann Charters and Samuel Charters, *I Love: The Story of Vladimir Mayakovsky and Lili Brik* (London, 1979)을 보라.

소비에트 풍자극에 대해 현실적으로 만족스러운 작품은 없다. 조쉬첸코에 대해 더 알고 싶은 사람에겐 Gregory Carleton, *The Politics of Reception: Critical Constructions of Mikhail Zoshchenko* (Evanston, 111.,1998); Linda Scatton, *Mikhail Zoshchenko: Evolution of a Writer* (Cambridge,1993) 그리고 A. B. Murphy, *Mikhail Zoshchenko: A Literary Profile* (Oxford,1981)를 추천한다. 불가코프에 대해선 Leslie Milne, *Mikhail Bulgakov: A Critical Biography* (Cambridge, 1990); Edythe Haber, *Mikhail Bulgakov: The Early Years* (Cambridge, 1998) 그리고 Julie Curtiss, *Bulgakov's Last Decade: The Writer as*

Hero (Cambridge, 1987)를 참조하라. 플라토노프에 대해선 Thomas Seifrid, *Andrei Platonov: Uncertainties of Spirit* (Cambridge, 1992)와 플라토노프에 대한 평가인 Joseph Brodsky, 'Catastrophes in the Air', in *Less Than One* (Harmondsworth, 1986)을 보라. 자먀틴과 오웰의 1984년에 대한 그의 영향에 대해 더 알고 싶은 사람에겐 Gary Kern (ed.), *Zamyatin's We: A Collection of Critical Essays* (Ann Arbor, 1988)와 Robert Russell, *Zamiatin's We* (Bristol, 2000)를 읽는 것으로 시작하라.

Sheila Fitzpatrick (ed.). *Cultural Revolution in Russia. 1928-1951* (Bloomington,1978)과 같은 저자의 *The Cultural Front: Power and Culture in Revolutionary Russia* (Cornell, 1992)는 '문화 혁명' 으로서 5개년 개획에 대한 생각을 개진하고 있다. 당시의 문학 정책은 오래되긴 했지만 시대에 뒤떨어졌다고 볼 수는 없는 작품인 Harriet Borland, *Soviet Literary Theory and Practice during the First Five-year Plan, 1928-1932* (New York, 1950)으로 시작하라. 그리고 1920년대와 1930년대에 대해선 더 개괄적으로 Victor Eriich, *Modernism and Revolution: Russian Literature in Transition* (Cambridge, Mass., 1994)로 시작하라. Katerina Clark's *The Soviet Novel: History as Ritual* (Chicago,1981)는 문학적 형태로서의 사회주의적 사실주의 소설의 탁월한 연구이다. 이 주제에 대한 다른 좋은 책들엔 Abram Tertz, *On Socialist Realism* (NewYork, 1960); Nina Kolesnikoff and Walter Smyrniw (eds.);. *Socialist Realism Revisited* (Hamilton, 1994); Thomas Lahusen, *How Life Writes the Book: Real Socialism and Socialist Realism in Stalin's Russia* (Cornel), 1997); 그리고 Piotr Fast, *Ideology, Aesthetics, Literary History: Socialist Realism and Its Others* (New York, 1999)이 포함되어 있다. 소비에트 독서 습관과 대중 문화에 대해서는 또한 Jeffery Brooks, *Thank You, Comrade Stalin! Soviet Public Culture from Revolution to Cold War* (Princeton, 2000); 그리고 Stephen Lovell, *The Russian Reading Revolution: Print Culture in the Soviet and Post-Soviet Eras* (London, 2000)에 빚을 지고 있다. 러시아 문학의 소비에트화에 대해선 Maurice Friedberg, *Russian Classics in Soviet jackets* (New York, 1962)이 있다. 푸쉬킨 숭배에 대해 더 많은 것을 알고 싶은 사람은 Marcus Levitt, *Russian Literary Politics and the Pushkin Celebration of 1880* (Cornell, 1989)를 보라. 나는 또한 Vera Dunham, *In Stalin's Time: Middle-class Values in Soviet Fiction* (Cambridge, 1976)의 직관적 주장을 권한다.

나데즈다 만델스탐의 회고록 *Hope Against Hope*, trans. M. Hayward (London,1989)보다 공포정치 시대 전체의 삶을 더 잘 묘사하고 있는 것은 없다. 만델스탐에 대해 더 많은 것을 알고 싶은 사람은 Clarence Brown, *Mandelstam* (Cambridge, 1973)를 보라. Vitaly Shentalinsky, *The KGB's Literary Archive*, trans. John Crowfoot (London, 1995)는 KGB문서로부터의 유용한 정보들을 담고 있다. 이 주제에 대해선 또한 공포정치에 대한 저명한 역사가의 훌륭한 책 Robert Conquest, *Tyrants and Typewriters: Communiques in the Struggle for Truth* (Lexington, Mass., 1989)이 있다.

전쟁기에 대해선 유용한 에세이집 Richard Stites, *Culture and Entertainment in Wartime Russia* (Bloomington, 1995)이 있다. 프로코피에프에 대해선 Daniel Jaffe, *Sergey Prokofiev* (London1998)나 Barlow Robinson, *Sergei Prokofiev* (London 1987)로 시작하는 것이 가장 좋을 것이다. 나는 또한 Izrael Nestyev, *Prokofiev* (Stanford, 1960); David Gutman, *Prokofiev* (London 1990); 그리고 Neil Minturn, *The Music of Sergei Prokofiev* (New Haven, 1997)로부터 많은 것을 배웠다.

소비에트 제국에 대한 전후 러시아 문화의 수출에 대해선 회고록 Iurii Elagin, *Taming of the Arts* (Tenafly, N.J., 1988)을 권한다. 토착적 음악 문화의 러시아화에 대해선 M. Slobin (ed.), *Returning Culture: Musical Changes in Central and Eastern Europe* (Durham, N.C., 1996); Maria Frolova-Walker, '"National in Form, Socialist in Content": Musical Nation-building in the Soviet Republics', *Journal of the American Musicological Society*, vol. 51, no. 2. (199 8), pp. 331-50; T. C. Levin, 'Music in Modern Uzbekistan: The Convergence of Marxist Aesthetics and Central Asian Tradition', *Asian Music*, vol.] 2., no. i (1979), pp.149-58.에 유용한 논문들이 있다.

그로스만에 대해 더 많은 것을 위해선 John Garrard and Carol Garrard, *The Bones of Berdichev: The Life and Pate of Vastly Grossman* (New York, 1996); and Frank Ellis, *Vasiliy Grossman: The Genesis and Evolution of a Russian Heretic* (Oxford, 1994)을 참조하는 것이 좋을 것이다.

파스테르나크에 대해선 Lazar Fleishman, *Boris Pasternak: The Poet and His Politics* (Cambridge, Mass., 1990), and Larissa Rudova, *Understanding Boris Pasternak* (Columbia, S.C., 1997)에서 배울 것이 많긴 하지만 Christopher Barnes, *Boris Pasternak: A Literary Biography*, 2 vols. (Cambridge, 1989-98)로 시

작하라. Peter Levi (Boris Pasternak, London, 1991)는 시 분야에서 훌륭하다. 두 권의 회고록이 또한 읽을 만하다 하나는 그의 아들인 Evgeny Pasternak의 *Boris Pasternak: The Tragic Years 193 0-60*, trans. Michael Duncan (London, 1991)이며 다른 하나는 그의 오랜 연인인 (그리고 닥터 지바고에서 라라의 영감이 된) Olga Ivinskaya의 *A Captive of Time: My Years with Pasternak: The Memoirs of Olga Ivinskaya*, trans. Max Hayward(London,1979)이다.

과학소설의 주제에 대해선 좋은 책 Rosalind Marsh, *Soviet Science Fiction since Stalin: Science, Politics and Literature* (London,1986)이 있다. 또한 David Suvin, 'The Utopian Tradition of Russian Science Fiction', *Modern language Review*, no. 66 (1971), pp. 138-51.을 보라. 스탈린 이후의 영화에 대해선 Josephine Woll, *Reel Images: Soviet Cinema and the Thaw* (London, 2000)에 많은 빚을 지고 있다. 타르코프스키에 대해 더 많이 알고 싶은 사람에겐 Maya Turovskaya, *Tarkovsky: Cinema as Poetry* (London, 1989); Vida Johnson and Graham Petrie, *The Films of Andrei Tarkovsky: A Visual Fugue* (Bloomington,1994); Mark Le Fanu, *The Cinema of Andrei Tarkovsky* (London, 1987); 그리고 Tarkovsky 자신의 영화 예술에 대한 해석인 *Sculpting in Time: Reflections on the Cinema*, trans. K. Hunter-Blair (Austin, 1986)를 권한다.

제8장 해외의 러시아 망명객

이민 공동체에 대한 가장 권위적인 작품은 Marc Raeff, *Russia Abroad: A Cultural History of the Russian Emigration, 1919-1939* (New York, 1990)이다. 파리에 대해서는 훌륭한 책인 Robert Johnston, *New Mecca, New Babylon: Paris and the Russian Exiles,1920-1941* (Montreal, 1988)이 있다. 그리고 베를린에 있는 러시아인들에 대해서는 Robert Williams, *Culture in Exile: Russian Emigres in Germany, 1881-1941* (Ithaca, 1972)이 있다. Nina Berberova의 뛰어난 회고록인 *The Italics Are Mine*, trans. Philippe Radley (London, 1991) 는 이민자들에 대해 알기 위해서는 필수적으로 읽어야 한다. *Ivan Bunin: From the Other Shore, 1920-1933: A Portrait from Letters, Diaries and Fiction*, ed. T. Marullo (Chicago,1995)은 덜 환기적이긴 하지만 그래도 언급할 가치가 있다. Michael Glenny and Nor-man Stone (eds.), *The Other Russia: The Experience of Exile*

(London, 1990)는 유용한 회상집이다.

츠베타예바에 대해선 전기인 Maria Razumovsky, *Marina Tsvetaeva: A Critical Biography*, trans. A. Gibson (Newcastle, 1994); 혹은 Lily Feiler, *Marina Tsvetaeva: The Double Beat of Heaven and Hell* (Durham, N.C.,1994)로 시작하라. 세 개의 다른 전기가 읽을만하다 즉 Viktoria Schweitzer, *Tsvetaeva*, trans. Robert Chandler and H. T. Willetts (London, 1992); Elaine Feinstein, *Marina Tsvetayeva* (London, 1989); and Simon Karlinsky, *Marina Tsvetaeva: The Woman, Her World and Her Poetry* (Cambridge, 1985)이다. Joseph Brodsky는 'ootnote to a Poem', in *Less Than One: Selected Essays* (London, 1986), pp. 195-2.61.에서 그녀의 시에 대한 전문적인 통찰력을 보여주고 있다. 그녀의 시에 대한 더 세부적인 연구는 Michael Makin, *Marina Tsvetaeva: Poetics of Appropriation* (Oxford, 1993)을 보라.

라흐마니노프에 대해선 Geoffrey Norris, *Rachmaninoff* (Oxford, 2000); Barrie Martyn, *Rachmaninov: Composer, Pianist, Conductor* (London, 1990); Julian Haylock, *Sergei Rakhmaninov: An Essential Guide to His Life and Works* (London, 1996); Sergei Bertensson and Jay Leyda, *Sergei Rachmaninoff* (London, 1965); 그리고 고전적 소비에트의 설명인 Nikolai Bazhanov, *Rachmaninov*, trans. A. Bromfield (Moscow, 1983)을 권한다.

나보코프의 훌륭한 전기인 Brian Boyd, *Nabokov: The Russian Years* (London, 1990); and *Nabokov: The American Years* (London,1991)이 있다. 또한 Neil Cornwell's *Vladimir Nabokov* (Plymouth, 1999)도 있다. Vladimir Alexandrov의 에세이 요약 *The Garland Companion to Vladimir Nabokov* (New York, 1995)은 가치있고 광범위한 자료다. *The Nabokov-Wilson Letters: 1940-71*, ed. Simon Karlinsky (New York,1980)는 읽어볼 만한 가치가 있다. 또한 아주 즐거운 Stacy Schiff의 *Vera* (Mrs Vladimir Nabokov)에 많은 빚을 지고 있다. 하지만 나보코프에 대한 책들 중 그 자신의 회고록인 *Speak, Memory: An Autobiography Revisited* (Harmondsworth, 1969)를 대신할 만한 것은 없다.

찾아보기

* 숫자 뒤의 n은 저자주, i는 삽화를 나타낸다.

〈ㄱ〉

〈ㄹ〉

〈ㅂ〉

〈ㅅ〉

〈ㅊ〉

〈ㅋ〉

〈ㅌ〉

〈ㅎ〉

〈기타〉